Guido Armellini Adriano Colombo
Luigi Bosi Matteo Marchesini

Con altri occhi

La letteratura e i testi

Dal Duecento al Trecento

PER IL COMPUTER E PER IL TABLET

L'eBook multimediale

1 REGÌSTRATI
Vai su **my.zanichelli.it** e iscriviti come studente

2 ATTIVA IL TUO LIBRO
Una volta entrato in **myZanichelli**, inserisci la **chiave di attivazione** che trovi sul bollino argentato in questa pagina

3 CLICCA SULLA COPERTINA
Puoi:
- **scaricare l'eBook offline** sul tuo computer o sul tuo tablet
- **sfogliare un'anteprima** dell'eBook online

ZANICHELLI

Realizzazione editoriale:
- Coordinamento editoriale: Marina Di Simone
- Realizzazione editoriale e contributo progettuale: Nuova Libra - Bologna
- Redazione: Marco Della Greca, Dario Scorza per Nuova Libra - Bologna
- Ricerca iconografica: Matteo Pasini per Nuova Libra - Bologna
- Progetto grafico e impaginazione: Ampa srl
- Disegni: Inklink Musei
- Cartine: Bernardo Mannucci

Contributi:
- Contributo alla scheda *Un oggetto racconta un'epoca*: Andrea Grillini
- Contributi alla stesura dei *Dialoghi con il Testo*: Lucia Gasperini
- Contributo alla stesura del capitolo su Dante Alighieri: Magda Indiveri
- Verso la prova INVALSI: Lucia Gasperini
- CLIL Literary Comparisons: Richard Rice
- *Altrove nel mondo*: Iolanda Guardi
- *La biblioteca dei letterati*: Andrea Severi
- Contributo alla realizzazione del *Laboratorio di analisi e scrittura* della sezione "Le arti": Patrizia Zani
- *Dialogo con l'epoca*: Marco Della Greca per Nuova Libra - Bologna
- Indice dei nomi e delle opere: Michele Armellini
- Pagine *A scuola di lavoro*: Riccardo Falcinelli (progetto grafico e impaginazione); Chiara Ghigliazza (disegni)

Per le consulenze didattiche l'Editore ringrazia i professori: Roberta Benali, Daniela Bernardini, Marisa Bernardini, Simonetta Burnelli, Elisabetta Cecconi, Roberto Centi, Gianluca D'Acunti, Ruben Francischiello, Sergio Pasquarella.

Copertina:
- Progetto grafico: Falcinelli & Co., Roma
- Realizzazione: Roberto Marchetti e Francesca Ponti
- Immagine di copertina: Giotto, **Giovacchino tra i pastori** (particolare). Padova, Cappella Scrovegni.
  © 2017 Foto Scala, Firenze

Prima edizione: gennaio 2018

Ristampa:
5 4 3 2 2018 2019 2020 2021 2022

Zanichelli garantisce che le risorse digitali di questo volume sotto il suo controllo saranno accessibili, a partire dall'acquisto dell'esemplare nuovo, per tutta la durata della normale utilizzazione didattica dell'opera. Passato questo periodo, alcune o tutte le risorse potrebbero non essere più accessibili o disponibili: per maggiori informazioni, leggi my.zanichelli.it/fuoricatalogo

File per sintesi vocale
L'editore mette a disposizione degli studenti non vedenti, ipovedenti, disabili motori o con disturbi specifici di apprendimento i file pdf in cui sono memorizzate le pagine di questo libro. Il formato del file permette l'ingrandimento dei caratteri del testo e la lettura mediante software screen reader. Le informazioni su come ottenere i file sono sul sito http://www.zanichelli.it/scuola/bisogni-educativi-speciali

Grazie a chi ci segnala gli errori
Segnalate gli errori e le proposte di correzione su **www.zanichelli.it/correzioni**.
Controlleremo e inseriremo le eventuali correzioni nelle ristampe del libro.
Nello stesso sito troverete anche l'errata corrige, con l'elenco degli errori e delle correzioni.

Zanichelli editore S.p.A. opera con sistema qualità
certificato CertiCarGraf n. 477
secondo la norma UNI EN ISO 9001:2015

Questo libro è stampato su carta che rispetta le foreste.
www.zanichelli.it/chi-siamo/sostenibilita

Stampa: La Fotocromo Emiliana
Via Sardegna 30, 40024 Osteria Grande (Bologna)
per conto di Zanichelli editore S.p.A.
Via Irnerio 34, 40126 Bologna

Realizzazione delle risorse digitali:
- Coordinamento redazionale: Gianluca Canè
- Realizzazione eBook: Jacopo Bassi
- Stesura esercizi interattivi ZTE: Nuova Libra - Bologna
- Sviluppo software Booktab: duDAT srl, Bologna

Per Biblioteca:
- Stesura delle risorse per le analisi visuali dei testi antologici: Lucia Gasperini, Enrico Galimberti
- Stesura delle risorse per i *Percorsi tematici*: Enrico Galimberti
- Editing e rilettura testi con inserimento in piattaforma, stesura risorse multimediali (mappe concettuali, carte d'autore, linee del tempo): Candida Messori

ISTRUZIONI PER L'USO DI QUESTO LIBRO

Un'idea di letteratura Non esiste una cosa chiamata letteratura. Esistono uomini e donne che scrivono libri, uomini e donne che li leggono. Spesso scrittori e lettori si trovano d'accordo nel definire "opere letterarie" alcuni dei testi contenuti nei libri, ma la definizione varia col variare delle epoche e dei gusti. Anche gli specialisti, i critici, gli storici letterari non sono riusciti fino a oggi a inventare un criterio certo e definitivo per distinguere ciò che è "letterario" da ciò che non lo è. In questo libro definiremo "opere letterarie" i testi che un lettore può leggere semplicemente perché ama leggerli. Non importa che abbiano un'utilità pratica (come si esige da un manuale per l'uso di un computer), o che raccontino fatti reali (come deve fare un saggio storico), ma che sappiano commuovere, divertire, emozionare chi li legge.

"Con altri occhi" Ci sono opere scritte nel più lontano passato che parlano di un mondo scomparso e propongono idee superate, ma restano ugualmente giovani e attuali: i lettori di oggi ci trovano personaggi, situazioni, sentimenti che parlano alla loro mente e al loro cuore come se l'antico scrittore fosse un contemporaneo. Qualcosa di simile può avvenire anche con scrittori che in partenza potrebbero sembrarci inesorabilmente estranei per la distanza delle loro convinzioni dalle nostre: per esempio scrittori atei se siamo religiosi, o religiosi se siamo atei. Anche in questo caso leggendo le loro opere ci può capitare di scoprire qualcosa di importante, di vero e di nuovo su noi stessi e sul nostro mondo che non ci saremmo mai aspettati, e senza bisogno di cambiare le nostre idee di partenza. Abbiamo guardato le cose della nostra vita "con altri occhi" e ne siamo usciti arricchiti.

Una scommessa dall'esito imprevedibile Ma il successo non è garantito. Non c'è nessuna opera di nessun autore di cui si possa predire con certezza che avrà un effetto folgorante su *ogni* lettore. E, se la scintilla non scoccherà, l'esperienza non potrà dirsi pienamente riuscita. Potrete aver incamerato informazioni su un autore e su ciò che ha scritto, e questo avrà arricchito la vostra cultura; ma non lo avrete davvero *incontrato*. Da questo punto di vista il cuore dello studio della letteratura, più che un'acquisizione di conoscenze e competenze, è una scommessa: sulla capacità delle opere letterarie di parlare anche a voi, e sulla vostra capacità di ascoltarle e di dialogare con loro. Una scommessa esigente, dall'esito imprevedibile, che può passare per le strade più varie, diverse da persona a persona: impossibile prevedere percorsi standardizzati o verifiche oggettive. Il fattore risolutivo è costituito dagli esseri umani che fanno parte del gioco: da un lato gli scrittori e le loro parole; dall'altro voi, i vostri compagni e i vostri insegnanti. L'esito della scommessa dipende totalmente dalla qualità delle relazioni che si instaureranno fra questi interlocutori.

Lo scopo di questo libro Ne consegue che un libro di testo non può pretendere di svolgere un ruolo da protagonista. Può però fare del suo meglio in due direzioni. Prima di tutto può cercare di non nuocere, di non frapporre diaframmi troppo ingombranti fra i veri protagonisti del dialogo. E poi può cercare di propiziare un buon incontro con gli autori e le opere: sgombrare gli ostacoli linguistici e concettuali determinati dalle distanze culturali e storiche, e proporre percorsi e modi di lettura che facciano appello all'intelligenza e all'immaginazione dei lettori.

Per questo motivo abbiamo dato ai volumi una struttura semplice e ricorrente, che aiuti il lettore a orientarsi agevolmente e a trovare con facilità quello che sta cercando. Ogni epoca è divisa in tre parti (**Il contesto**, **I generi**, **Gli autori**), e per tutto il corso del libro si susseguono due sezioni, che svolgono funzioni nettamente diverse: il **Profilo** e i **Testi**.

Il *Profilo*: una mappa Il *Profilo* è un racconto sintetico delle vicende della nostra letteratura dal Medioevo ai nostri giorni. Il suo compito è di aiutarvi a individuare, e a collocare nel tempo e nello spazio, quelle opere letterarie che, in base all'esperienza delle generazioni che ci hanno preceduti, vale la pena di leggere. Quando si racconta una storia letteraria (come qualsiasi altra storia) si fanno sempre delle scelte: quali scrittori, quali opere, quali fatti includere e quali escludere, quanto spazio dare a ciascuno; e, a seconda delle simpatie e delle antipatie, si parla con maggiore o minore passione di un autore o di un tema piuttosto che di un altro. Anche la storia che stiamo per raccontarvi non è neutrale: risente dei nostri gusti e delle nostre idee, che, naturalmente, non sono indiscutibili. Ma siamo convinti che, per quanto brillanti siano le nostre intuizioni e fondati i nostri giudizi, sono comunque meno importanti del *vostro* incontro diretto con le opere, e delle opinioni e valutazioni che scaturiranno da questo dialogo. Per questo ci siamo sforzati di non strafare: sintetiche notizie sulla vita e le opere degli autori, quante bastano per avvicinare a ciò che hanno scritto e – se è il caso – per suscitare simpatia e curiosità per loro; informazioni essenziali sulle caratteristiche sociali e culturali delle epoche in cui sono vissuti.

I *Testi*: esplorazioni del territorio Insomma, il *Profilo* è come una mappa o una guida turistica: serve per dare informazioni e proporre percorsi possibili ma non ha nessun valore in sé. Se mi avventuro in un paese che non conosco, una guida mi è necessaria, perché mi suggerisce degli itinerari, mi consiglia delle soste, mi dà dei riferimenti di spazio e di tempo, mi aiuta a collocare in un quadro complessivo le mie esplorazioni. Ma la semplice lettura della mappa non può certo sostituire il gusto di scoprire con i miei occhi e di percorrere con i miei piedi il territorio che sto scoprendo. Fuori di metafora, il *Profilo* può condurvi fino all'inizio del viaggio, cioè all'incontro diretto con le opere e con gli autori, o può servirvi a riepilogare e inquadrare la vostra esperienza di lettura dopo che l'avete vissuta, ma in nessun caso può sostituirla.

Per questo la parte più importante del libro è la successiva, costituita dalle sezioni *I testi*, che propongono una scelta di opere o di parti di opere che le generazioni passate ci hanno lasciato in eredità. Accompagnati dai vostri insegnanti, potrete incontrare direttamente quelle opere e i loro autori, cercare di ricostruire le loro intenzioni originarie, dialogare con loro e fra di voi alla ricerca dei significati che possono avere o non avere oggi per noi, confrontare diverse interpretazioni e valutazioni. Perché uno degli aspetti più belli e sorprendenti dell'esperienza letteraria è che la stessa opera, lo stesso autore, possono suscitare interpretazioni diverse, magari opposte, e tutte possono essere ugualmente preziose per costruire cooperativamente un significato condiviso. I **Dialoghi con il testo**, i **Laboratori**, le proposte di **Percorsi** e le altre parti esercitative hanno lo scopo di stimolare questo lavoro di comprensione, analisi, contestualizzazione, interpretazione, confronto. Ma questa seconda parte del libro, oltre a essere la più importante, è anche quella che meno si presta a "istruzioni per l'uso" predefinite, perché toccherà ai vostri insegnanti e a voi decidere di volta in volta quali testi leggere, quali competenze esercitare, quanto tempo dedicare alle diverse tappe del vostro viaggio nella letteratura. Se questo libro avrà contribuito, almeno in parte, a renderlo interessante e vivo, avrà pienamente raggiunto il suo scopo.

Gli autori

TESTI AUDIO

ANALISI

Duecento e Trecento

Un oggetto racconta un'epoca: la *Mappa mundi* di Hereford

CONTESTO

1 I GENERI

IL PROFILO

1 I GENERI

I TESTI

2 DANTE ALIGHIERI
IL PROFILO

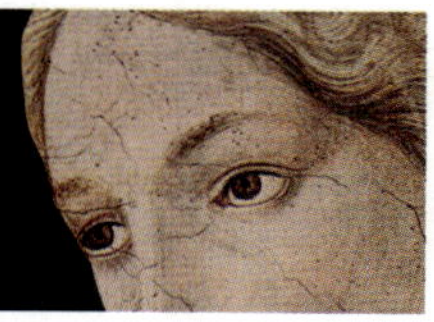

2 DANTE ALIGHIERI
I TESTI

3 FRANCESCO PETRARCA

IL PROFILO

3 FRANCESCO PETRARCA

I TESTI

4 GIOVANNI BOCCACCIO

IL PROFILO

ZTE ONLINE

4 GIOVANNI BOCCACCIO
I TESTI

TESTI NELL'EBOOK

BIBLIOTECA

Biblioteca è un ambiente online che ospita risorse per lo studio e l'insegnamento della letteratura italiana, un laboratorio aperto in cui creare percorsi personali, attingendo anche da *Collezioni* o dal web.
La piattaforma contiene **1000 testi** tratti dalla BIZ (Biblioteca Italiana Zanichelli), **150 analisi visuali**, **10 percorsi tematici** e oltre **500 risorse** fra brani critici, linee del tempo, mappe delle opere, cartine.
▶ biblioteca.scuola.zanichelli.it

Sfogliando la sezione **"Periodi e autori"** troverete **150 analisi visuali** di brani letterari, da Dante a Pasolini, da Petrarca a Montale. **Brani critici**, **cartine**, **linee del tempo**, **mappe delle opere principali** seguono ogni analisi e la inquadrano nel suo contesto storico e culturale.

Documenti letterari e artistici, fonti storiche e filosofiche, domande che guidano nella lettura e nell'interpretazione dei documenti, indicazioni utili allo svolgimento di un elaborato compongono i **dieci percorsi tematici** che arricchiscono l'offerta di *Biblioteca*. Questi percorsi affrontano, in un'ottica interdisciplinare, temi che attraversano la storia della letteratura: per esempio *La fortuna* da Dante a Guicciardini fino ad approdare alle riflessioni filosofiche di Hans Jonas.

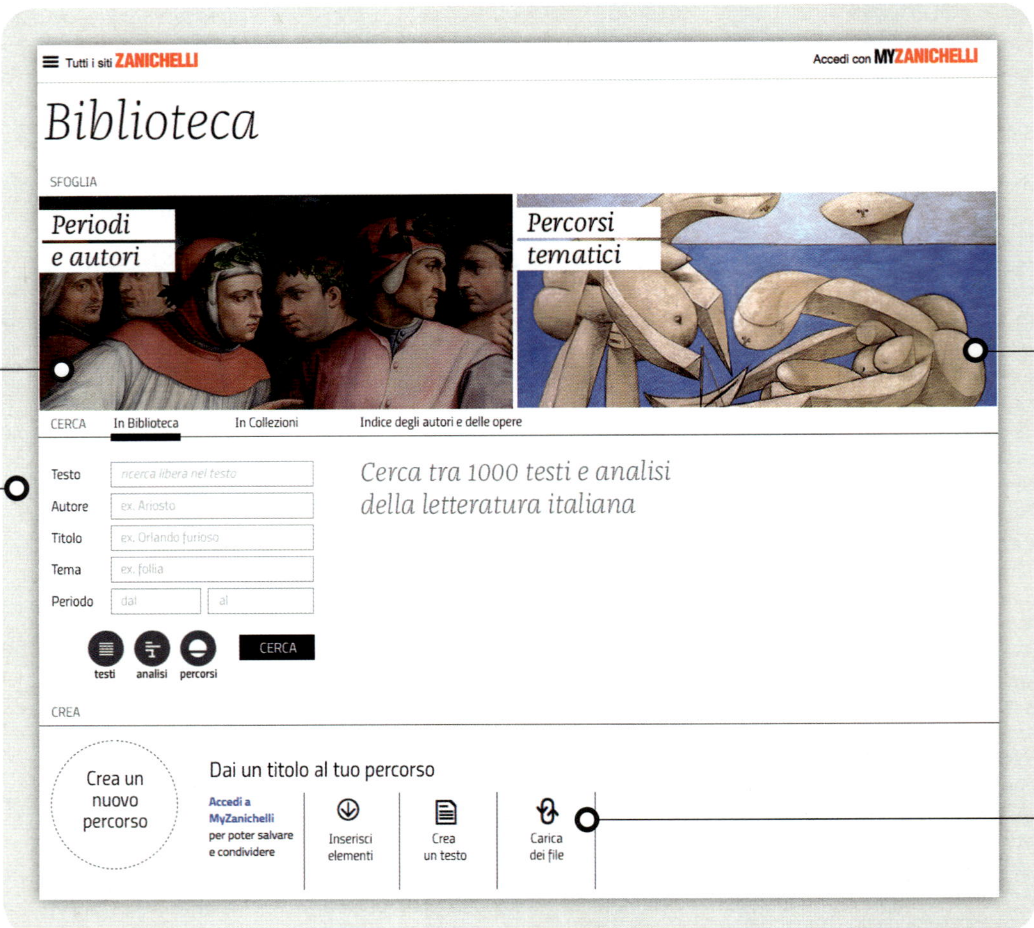

È possibile cercare i 1000 testi di *Biblioteca* e le analisi visuali **per autore o per titolo**, o anche riferendosi al **tema dominante del brano**, scrivendo per esempio "esilio" o "follia". Una particolare **ricerca** è quella **a tutto testo**, pensata per lavori più mirati e approfonditi su un autore o un modello stilistico.

Con questo pannello è possibile **creare percorsi personali**. Si può trascinare all'interno della nuova traccia qualsiasi elemento di *Biblioteca* o di *Collezioni*: analisi visuali, testi, linee del tempo. È possibile infine aggiungere al percorso pensieri e commenti, creando slide direttamente da qui.

I **percorsi** permettono di accostarsi ad alcuni **temi che hanno ispirato scrittori, poeti, artisti, filosofi, storici** di tutti i tempi e di tutti i luoghi (fortuna, limite, perdita dell'Io, viaggio, aldilà, natura, guerra, amore, follia, magico), guidando nella lettura e nell'interpretazione di alcune delle loro opere e offrendo **spunti e consigli utili** per svolgere un elaborato.

TESTI DELL'ANTOLOGIA PRESENTI NEI PERCORSI DI BIBLIOTECA

- **IL LIMITE**
  T 59 Dante Alighieri *Ulisse*
- **IL VIAGGIO**
  T 33 Marco Polo *«Un bello costume»*
- **L'ALDILÀ**
  T 55 Dante Alighieri *L'ingresso dell'Inferno*
- **LA GUERRA**
  T 24 Turoldo *Verso lo scontro di Roncisvalle*
- **L'AMORE**
  T 10 Giacomo da Lentini *Amor è uno desio che ven da core*
  T 72 Francesco Petrarca *L'amore per Laura*

Le **analisi visuali** (fornite di testi audio) guidano nello studio degli **aspetti formali e strutturali dei testi letterari** (struttura, stile, linguaggio, temi, confronto...), aiutando a coglierne le peculiarità e a comprendere le scelte degli autori, e nel contempo aprendo la strada all'interpretazione e al confronto con altri autori.

COM'È FATTO QUESTO LIBRO

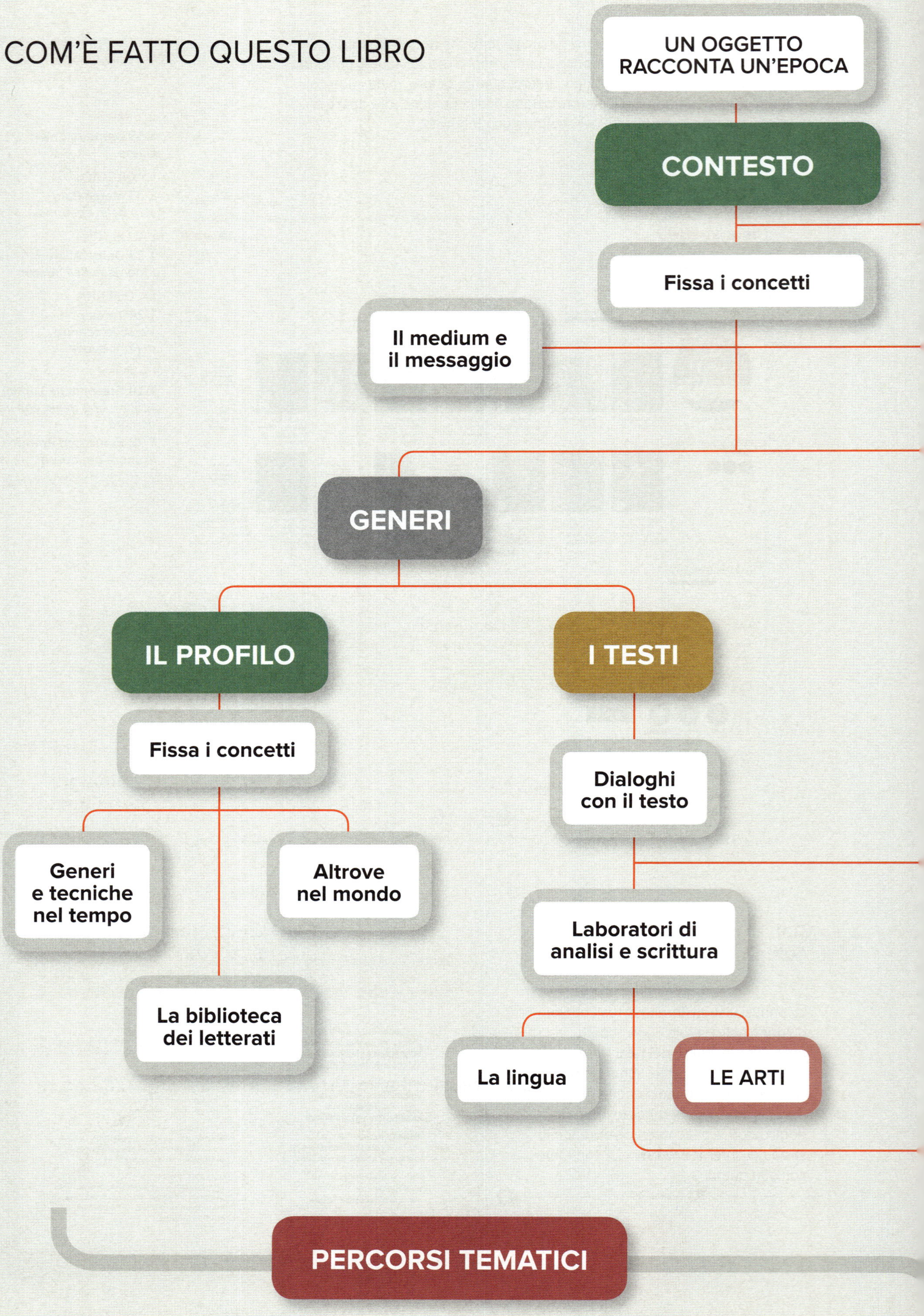

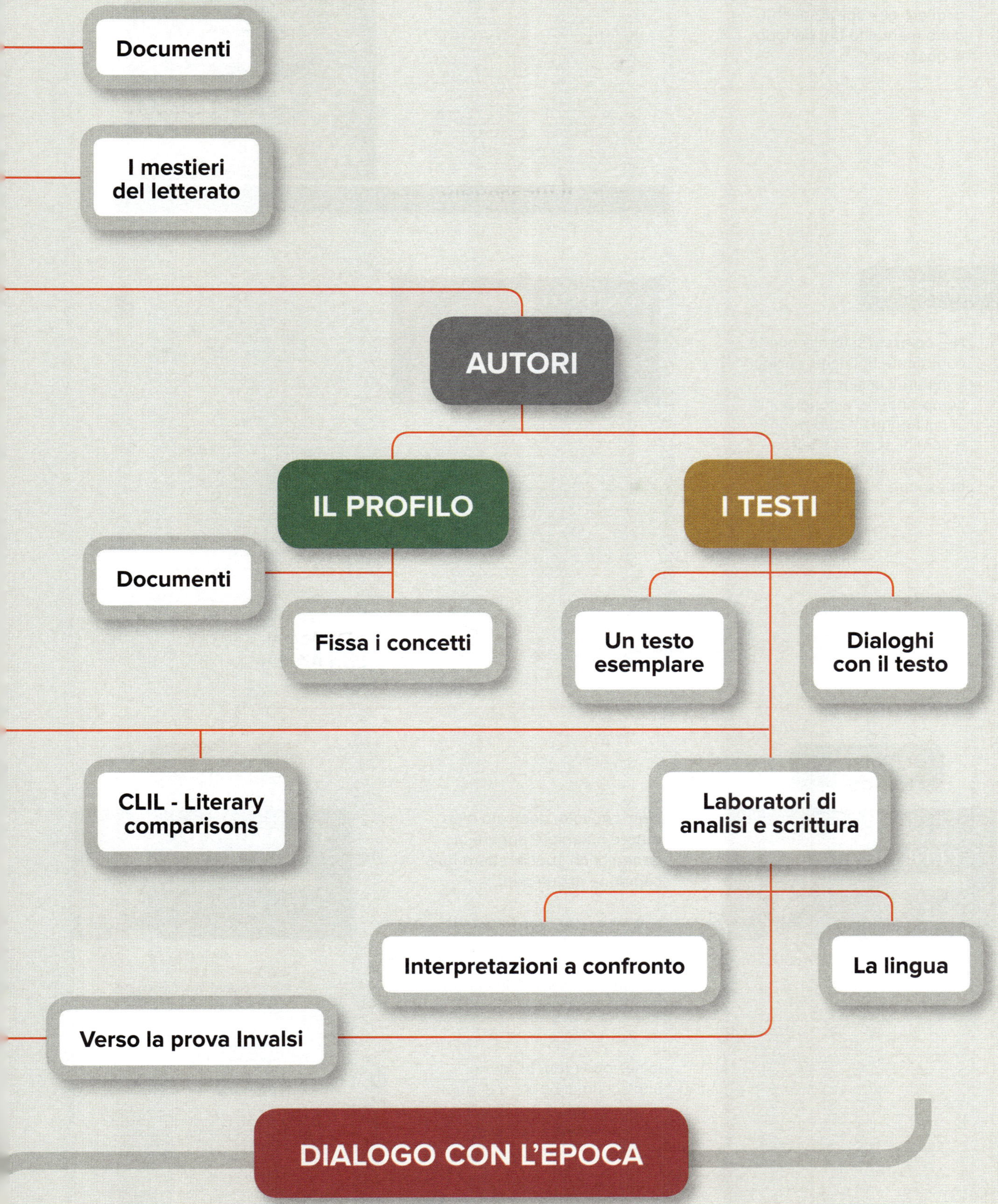

Documenti
I mestieri del letterato
AUTORI
IL PROFILO
I TESTI
Documenti
Fissa i concetti
Un testo esemplare
Dialoghi con il testo
CLIL - Literary comparisons
Laboratori di analisi e scrittura
Interpretazioni a confronto
La lingua
Verso la prova Invalsi
DIALOGO CON L'EPOCA

UN OGGETTO RACCONTA UN'EPOCA

Subito prima del **CONTESTO**, per entrare in argomento, si descrive e si racconta la storia di un oggetto che nella sua esemplarità permette di cogliere gli aspetti salienti della mentalità del periodo in questione

IL CONTESTO

Nel **CONTESTO** si forniscono le coordinate politiche, sociali e culturali essenziali per comprendere le condizioni in cui hanno vissuto donne e uomini, scrittori e lettori dell'epoca letteraria in questione.

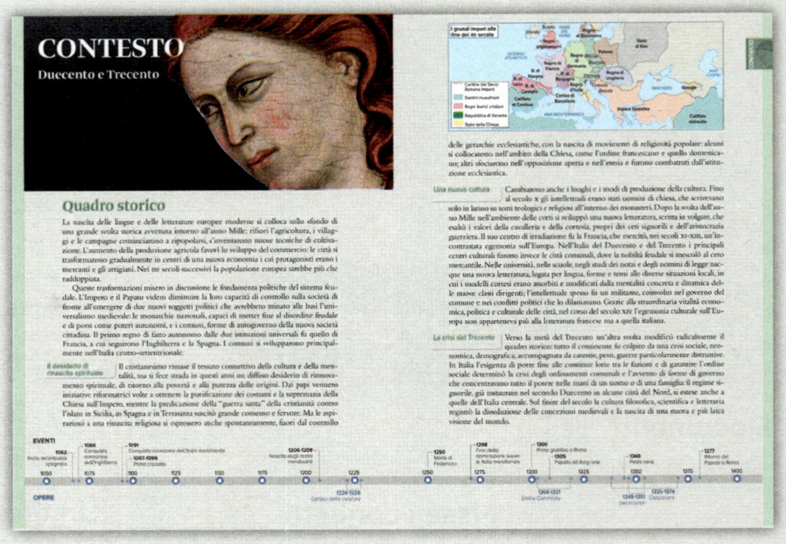

IL PROFILO

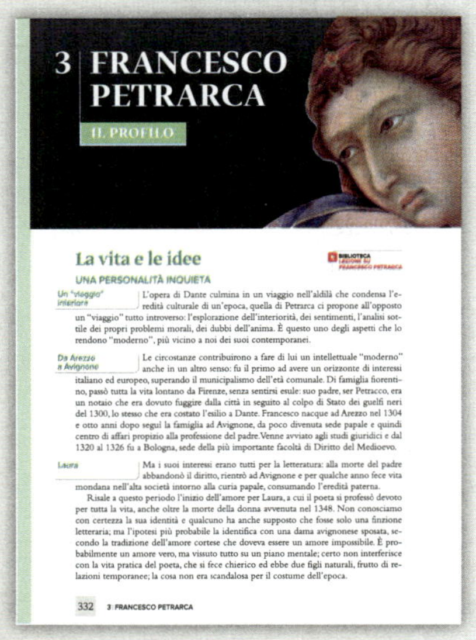

Ogni capitolo, dedicato a un **autore** maggiore oppure ai **generi** di un'epoca letteraria, si compone di due parti:

IL PROFILO è un racconto delle vicende della letteratura, con informazioni sulla vita, le idee, le opere, la società in cui sono vissuti gli autori;

la sezione **I TESTI** propone una scelta di opere o di parti di opere che le generazioni passate ci hanno lasciato in eredità.

I TESTI

IL PROFILO

Fissa i concetti

Alla fine del Contesto e di ciascun Profilo sono presenti una **mappa di sintesi concettuale** e alcune domande per verificare l'apprendimento degli argomenti studiati.

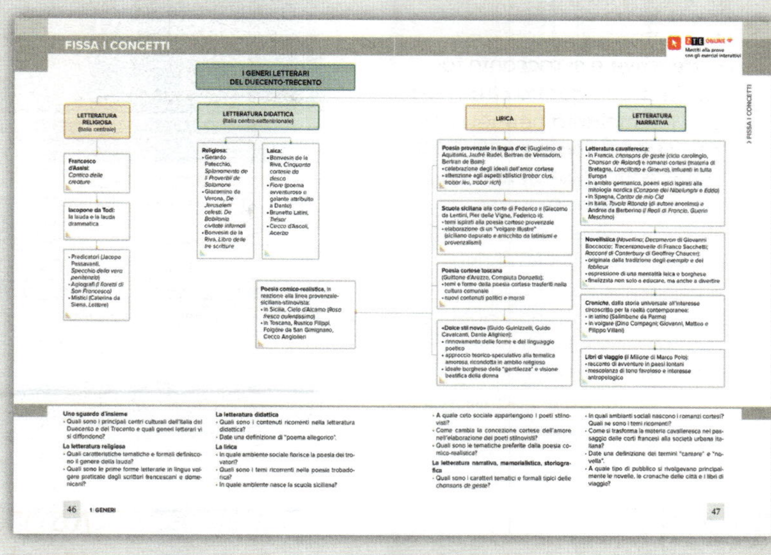

Documenti

I **DOCUMENTI** sono una serie di testi scelti come testimonianza dei temi centrali dell'epoca e delle vicende biografiche di ciascun autore maggiore.

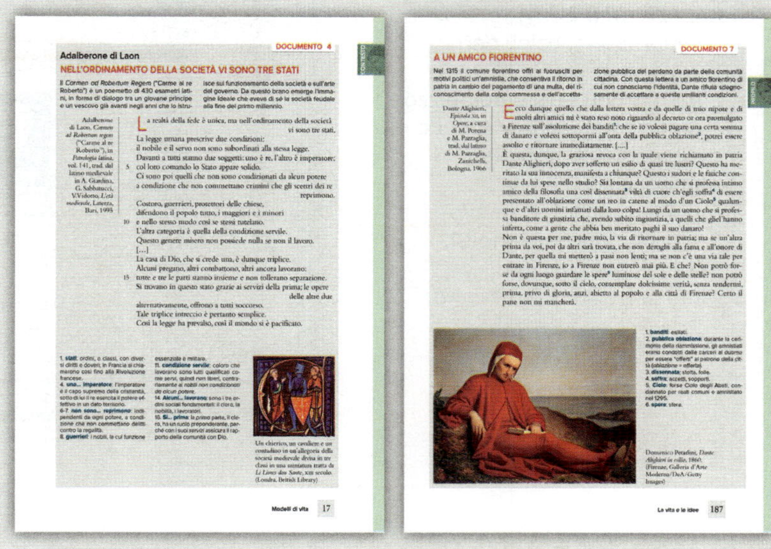

Schede di approfondimento

Alcune **SCHEDE DI APPROFONDIMENTO** permettono di conoscere meglio le condizioni materiali di vita degli scrittori (**I mestieri del letterato**), le loro letture (**La biblioteca dei letterati**), il modo in cui veniva diffusa la loro opera (**Il medium e il messaggio**), la storia dei principali generi letterari (**Generi e tecniche nel tempo**), quello che accadeva, nello stesso periodo, nella letteratura extra-europea (**Altrove nel mondo**).

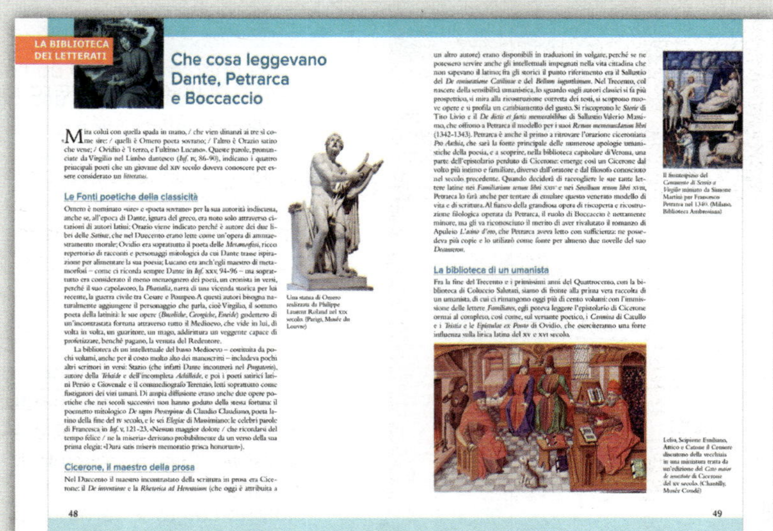

I TESTI

Un testo esemplare

Le sezioni **I testi** relative agli autori maggiori si aprono con **UN TESTO ESEMPLARE,** un testo che per i suoi aspetti tematici e stilistici si rivela particolarmente adatto a introdurre il mondo poetico e umano dell'autore in questione. Il testo è seguito da una lunga e approfondita **Analisi del testo**.

Dialoghi con il testo

Tutti gli altri testi antologizzati sono seguiti da una scheda di **DIALOGO CON IL TESTO**, un luogo in cui avviare in maniera attiva un lavoro di comprensione, analisi, contestualizzazione, interpretazione, confronto.

Interpretazioni a confronto

Ogni capitolo dedicato agli autori maggiori si chiude con una breve **antologia della critica** e alcuni esercizi di confronto tra le diverse interpretazioni proposte.

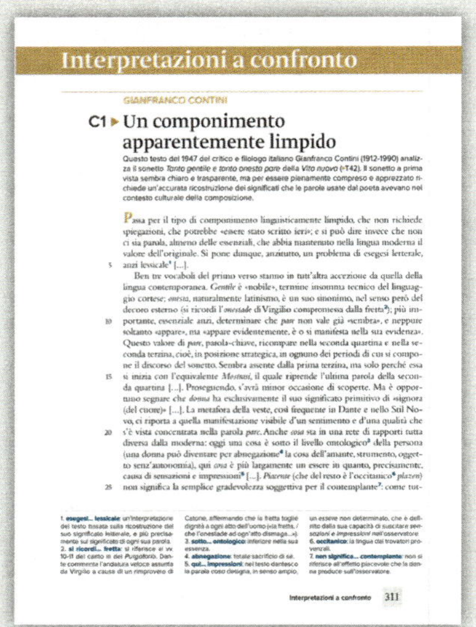

LE ARTI

Ogni capitolo dedicato ai generi contiene una sezione **LE ARTI**, in cui l'analisi di alcune opere aiuta a comprendere tendenze e fenomeni dell'arte figurativa e a metterli in dialogo con la letteratura coeva.

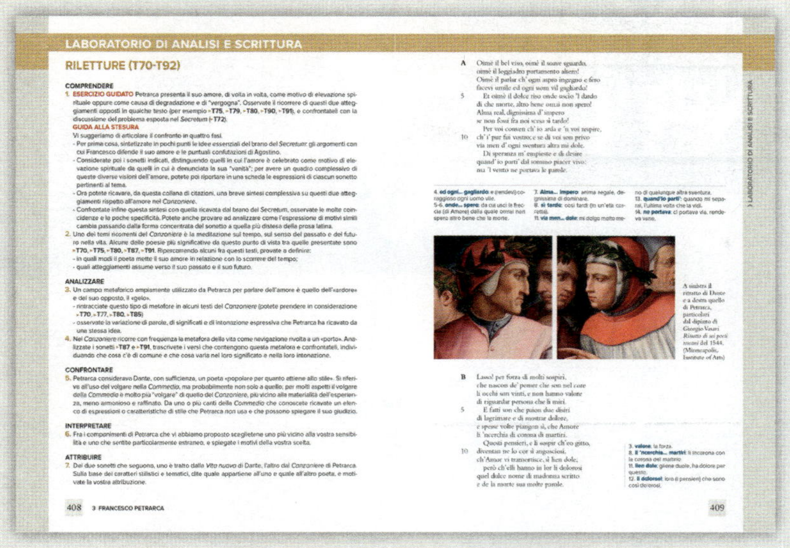
LABORATORIO DI ANALISI E SCRITTURA
RILETTURE (T70-T92)
COMPRENDERE
ANALIZZARE
CONFRONTARE
INTERPRETARE
ATTRIBUIRE
408 3 FRANCESCO PETRARCA
409

Laboratori di analisi e scrittura

I **LABORATORI DI ANALISI E SCRITTURA** che seguono i testi di ogni genere letterario e di ogni autore maggiore contengono una ricca proposta di attività: **rilettura** dei testi antologizzati per specifici lavori di comprensione, analisi, confronto, contestualizzazione, interpretazione; **analisi del testo** di brani o poesie aggiuntive; spunti tematici per **Scrivere un testo argomentativo**; esercizi di scrittura creativa (**Alla maniera di...**).

La lingua

Le schede **LA LINGUA** ripercorrono le tappe della formazione e dell'evoluzione della lingua letteraria italiana, soffermandosi sui principali fenomeni fonetici, morfologici, sintattici, lessicali e stilistici.

LA LINGUA
La lingua letteraria nel Duecento e nel Trecento
Una lingua ancora instabile
160 1 I GENERI

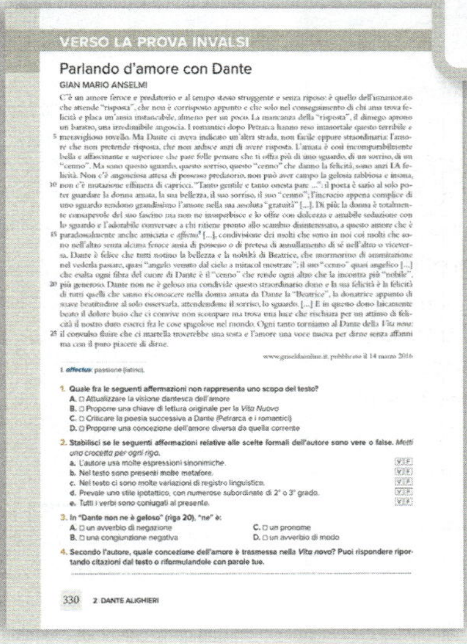
VERSO LA PROVA INVALSI
Parlando d'amore con Dante
GIAN MARIO ANSELMI
330 2 DANTE ALIGHIERI

Verso la prova Invalsi

Chiude ogni capitolo una doppia pagina di esercitazione per la **PROVA INVALSI** prevista nell'ultimo anno.

I PERCORSI TEMATICI

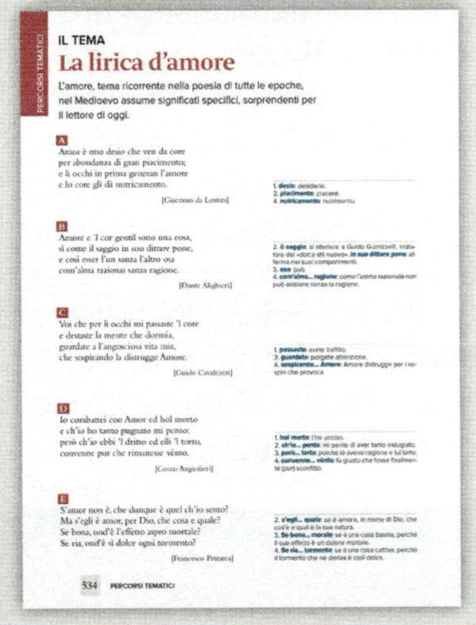
IL TEMA
La lirica d'amore
L'amore, tema ricorrente nella poesia di tutte le epoche, nel Medioevo assume significati specifici, sorprendenti per il lettore di oggi.
534 PERCORSI TEMATICI

I **PERCORSI TEMATICI** e il **DIALOGO CON L'EPOCA**, collocati in fondo al volume, offrono l'occasione di rileggere e ricollegare i testi, i fenomeni, le questioni centrali della letteratura sulla base di alcuni spunti tematici (l'amore, la donna, la guerra ecc.), fornendo tracce di esercitazione utili in vista dell'**Esame di Stato**.

All'Esame sono dedicati anche gli **STRUMENTI E MATERIALI PER LA PROVA SCRITTA**, una serie di attività di riflessione sul lessico, lettura, comprensione, analisi e sintesi di documenti, finalizzata alla stesura di un testo argomentativo su un tema interdisciplinare.

DIALOGO CON L'EPOCA

DIALOGO CON L'EPOCA
Il Duecento e il Trecento
550 DIALOGO CON L'EPOCA

DUECENTO E TRECENTO

Un oggetto racconta un'epoca

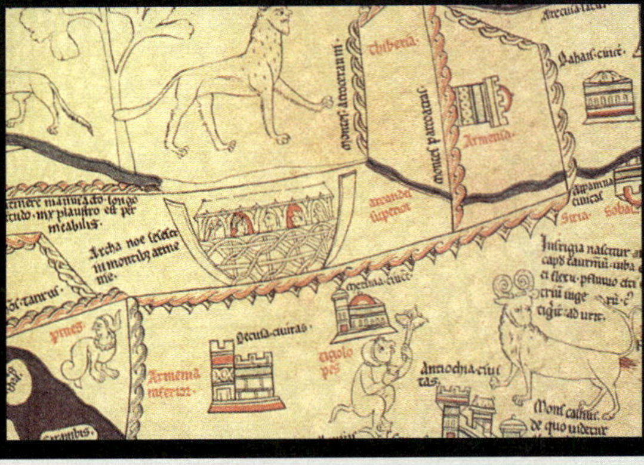

La mappa rappresenta un'immagine del mondo tipica dei secoli XIII e XIV, l'epoca che stiamo per raccontarvi: un grande cerchio circondato dalle acque, diviso in tre parti, identificate con le parole *Europa*, *Asia*, *Affrica*. I punti cardinali sono disposti in modo anomalo rispetto alle nostre abitudini: l'Est, che allude al sorgere del sole e simbolicamente alla resurrezione di Cristo, è collocato nella parte alta della mappa; l'Ovest nella parte bassa; il Nord e il Sud rispettivamente a sinistra e a destra di chi guarda.

Anche la scelta e la disposizione dei luoghi seguono una logica che oggi ci è completamente estranea. Al centro del mondo c'è Gerusalemme **1**, la città dove Gesù fu crocifisso. All'estremità superiore il giardino dell'Eden **2**, da cui secondo la Bibbia furono scacciati Adamo ed Eva, raffigurato come un'isola circolare bagnata da quattro fiumi. All'estremità inferiore lo stretto di Gibilterra **3**, con le colonne che secondo la mitologia greca Ercole pose come invalicabile limite a ovest del mondo. Circa a metà strada fra Gerusalemme e lo stretto di Gibilterra, sulla costa di un Mar Mediterraneo gremito di strane isole, c'è Roma **4**, accompagnata dal verso latino *Roma caput mundi tenet orbis frena rotundi* ("Roma capo del mondo tiene le briglie dell'orbe rotondo").

Altri luoghi e riferimenti, sparsi apparentemente alla rinfusa, sono il Mar Rosso **5**, il fiume Gange **6**, il Delta del Nilo **7**, la Torre di Babele **8**, l'arca di Noè **9**, la Grecia, con Corinto, Atene, l'Olimpo e il labirinto del Minotauro **10**. Quanto più ci si allontana da Gerusalemme, tanto più la carta è sguarnita di popolazione umana e abitata da creature mostruose e terrificanti. Nella parte più alta, al di sopra del giardino dell'Eden, siede il Cristo Risorto, che giudica le anime dei defunti: alla sua destra i salvati, alla sua sinistra i dannati.

Inutile dire che a nessun geografo del nostro tempo verrebbe in mente di disegnare una mappa fatta in questo modo: nella *Mappa mundi* di Hereford le credenze religiose e l'esperienza concreta, i riferimenti alla Bibbia e alla mitologia classica, i racconti dei mercanti e le riflessioni dei teologi si intrecciano nella costruzione di un'immagine del mondo e della vita umana lontanissima dalle nostre concezioni, e piena di significati da decifrare. È quello che ci proponiamo di fare nelle pagine che seguono.

A sinistra in alto
Particolare con la città di Gerusalemme.
Sotto
Particolare con l'arca di Noè.

Riproduzione della *Mappa mundi* di Hereford, Cattedrale di Hereford, 1300 circa.

1. Gerusalemme
2. Giardino dell'Eden
3. Stretto di Gibilterra
4. Roma
5. Mar Rosso
6. Fiume Gange
7. Delta del Nilo
8. Torre di Babele
9. Arca di Noè
10. Labirinto del Minotauro

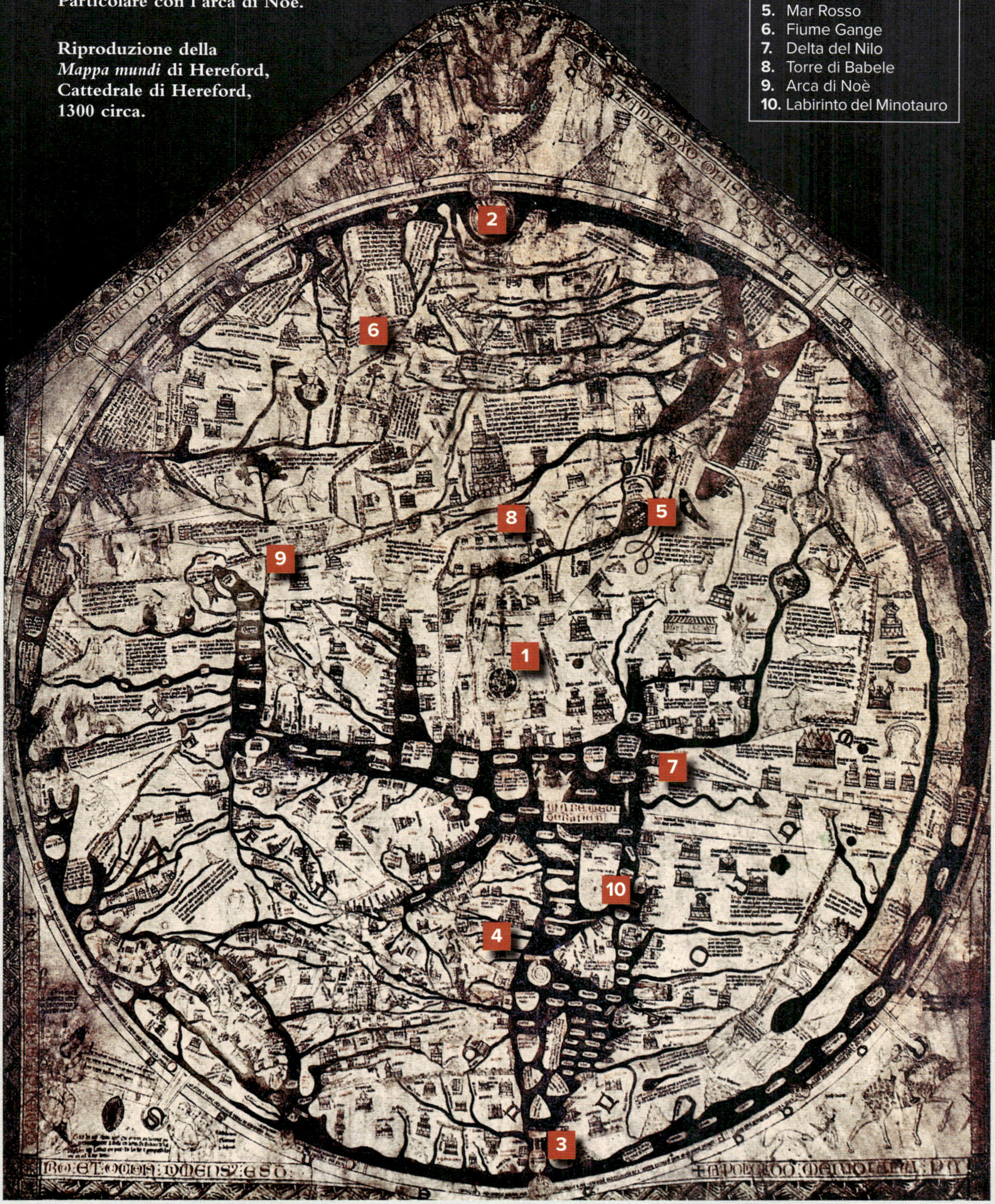

CONTESTO

Duecento e Trecento

Quadro storico

La nascita delle lingue e delle letterature europee moderne si colloca sullo sfondo di una grande svolta storica avvenuta intorno all'anno Mille: rifiorì l'agricoltura, i villaggi e le campagne cominciarono a ripopolarsi, s'inventarono nuove tecniche di coltivazione. L'aumento della produzione agricola favorì lo sviluppo del commercio: le città si trasformarono gradualmente in centri di una nuova economia i cui protagonisti erano i mercanti e gli artigiani. Nei tre secoli successivi la popolazione europea sarebbe più che raddoppiata.

Queste trasformazioni misero in discussione le fondamenta politiche del sistema feudale. L'Impero e il Papato videro diminuire la loro capacità di controllo sulla società di fronte all'emergere di due nuovi soggetti politici che avrebbero minato alle basi l'universalismo medievale: le monarchie nazionali, capaci di metter fine al disordine feudale e di porsi come poteri autonomi, e i comuni, forme di autogoverno della nuova società cittadina. Il primo regno di fatto autonomo dalle due istituzioni universali fu quello di Francia, a cui seguirono l'Inghilterra e la Spagna. I comuni si svilupparono principalmente nell'Italia centro-settentrionale.

Il desiderio di rinascita spirituale

Il cristianesimo rimase il tessuto connettivo della cultura e della mentalità, ma si fece strada in questi anni un diffuso desiderio di rinnovamento spirituale, di ritorno alla povertà e alla purezza delle origini. Dai papi vennero iniziative riformatrici volte a ottenere la purificazione dei costumi e la supremazia della Chiesa sull'Impero, mentre la predicazione della "guerra santa" della cristianità contro l'islam in Sicilia, in Spagna e in Terrasanta suscitò grande consenso e fervore. Ma le aspirazioni a una rinascita religiosa si espressero anche spontaneamente, fuori dal controllo

EVENTI

- 1062 Inizio *reconquista* spagnola
- 1066 Conquista normanna dell'Inghilterra
- 1091 Conquista normanna dell'Italia meridionale
- 1097-1099 Prima crociata
- 1206-1208 Nascita degli ordini mendicanti

1050 · 1075 · 1100 · 1125 · 1150 · 1175 · 1200 · 1225

OPERE

- 1224-1226 *Cantico delle creature*

delle gerarchie ecclesiastiche, con la nascita di movimenti di religiosità popolare: alcuni si collocarono nell'ambito della Chiesa, come l'ordine francescano e quello domenicano; altri sfociarono nell'opposizione aperta e nell'eresia e furono combattuti dall'istituzione ecclesiastica.

Una nuova cultura Cambiarono anche i luoghi e i modi di produzione della cultura. Fino al secolo x gli intellettuali erano stati uomini di chiesa, che scrivevano solo in latino su temi teologici e religiosi all'interno dei monasteri. Dopo la svolta dell'anno Mille nell'ambiente delle corti si sviluppò una nuova letteratura, scritta in volgare, che esaltò i valori della cavalleria e della cortesia, propri dei ceti signorili e dell'aristocrazia guerriera. Il suo centro di irradiazione fu la Francia, che esercitò, nei secoli XI-XIII, un'incontrastata egemonia sull'Europa. Nell'Italia del Duecento e del Trecento i principali centri culturali furono invece le città comunali, dove la nobiltà feudale si mescolò al ceto mercantile. Nelle università, nelle scuole, negli studi dei notai e degli uomini di legge nacque una nuova letteratura, legata per lingua, forme e temi alle diverse situazioni locali, in cui i modelli cortesi erano assorbiti e modificati dalla mentalità concreta e dinamica delle nuove classi dirigenti; l'intellettuale spesso fu un militante, coinvolto nel governo del comune e nei conflitti politici che lo dilaniavano. Grazie alla straordinaria vitalità economica, politica e culturale delle città, nel corso del secolo XIV l'egemonia culturale sull'Europa non apparteneva più alla letteratura francese ma a quella italiana.

La crisi del Trecento Verso la metà del Trecento un'altra svolta modificò radicalmente il quadro storico: tutto il continente fu colpito da una crisi sociale, economica, demografica, accompagnata da carestie, pesti, guerre particolarmente distruttive. In Italia l'esigenza di porre fine alle continue lotte tra le fazioni e di garantire l'ordine sociale determinò la crisi degli ordinamenti comunali e l'avvento di forme di governo che concentravano tutto il potere nelle mani di un uomo o di una famiglia: il regime signorile, già instaurato nel secondo Duecento in alcune città del Nord, si estese anche a quelle dell'Italia centrale. Sul finire del secolo la cultura filosofica, scientifica e letteraria registrò la dissoluzione delle concezioni medievali e la nascita di una nuova e più laica visione del mondo.

Letteratura, lingua, società

I LIBRI, LE IMMAGINI, LA VOCE

Nel Duecento e nel Trecento – i secoli in cui nasce la letteratura italiana – concetti come "autore", "libro", "letteratura" avevano un significato diversissimo da oggi. Gli scrittori non guadagnavano denaro grazie alle vendite delle loro opere; non c'erano librerie dove un pubblico di lettori potesse comprare, a un prezzo ragionevole, i libri più in voga, né case editrici che li distribuissero e li propagandassero; la professione del letterato non era ben distinta da quella dello scienziato, del politico, del teologo. Una chiara consapevolezza di queste differenze rispetto a oggi è necessaria per capire il valore che autori come Dante, Petrarca, Boccaccio attribuivano alle loro opere e il senso che esse avevano per i loro contemporanei.

Il libro

La stampa non era ancora stata inventata e i libri erano scritti a mano: molto meno maneggevoli di quelli che oggi abbiamo ogni giorno a disposizione, erano oggetti artigianali unici, estremamente rari e preziosi. Chi voleva procurarsene uno da tenere a casa, di solito doveva copiarselo da sé o pagare un copista che lo facesse per conto suo.

Fino al secolo XII l'unico luogo in cui si erano conservati e copiati sistematicamente i libri – principalmente opere dell'antichità classica, testi sacri o di argomento filosofico e teologico – erano stati i monasteri. A partire dal Duecento, con lo sviluppo delle università, nascono le prime botteghe di editori-librai dove i testi di studio sono copiati e venduti agli studenti; sul finire del secolo alla costosa e rara pergamena utilizzata fino ad allora si sostituisce la carta. Ma il libro resta un oggetto di lusso, riservato a un pubblico ristretto.

Le immagini e la voce

Il fatto che i libri fossero pochi e molto costosi non costituiva un problema per la società medievale: la grande maggioranza della popolazione non sapeva leggere, e trovava risposta al suo bisogno di immaginare, di conoscere e di svagarsi attraverso canali diversi da quello della parola scritta. I valori, le fantasticherie, i sentimenti collettivi erano espressi e plasmati in massima parte dal linguaggio del-

Monaci amanuensi al lavoro in una placca d'avorio del X secolo. (Vienna, Kunsthistorisches Museum/Scala)

San Girolamo allo *scriptorium* con altri monaci nella biblioteca del monastero, 1485 circa. (Madrid, Museo Lázaro Galdiano/Scala)

le immagini e dalla comunicazione orale: gli affreschi e i bassorilievi delle chiese raccontavano le storie della Bibbia e raffiguravano le gioie e le pene dell'aldilà; durante le celebrazioni liturgiche le prediche accendevano il sentimento religioso e suscitavano le paure e le speranze dei fedeli; nei castelli, agli angoli delle piazze, durante i mercati e i pellegrinaggi i giullari intrattenevano un pubblico aristocratico o popolare con canti e storie ora avventurose ora comiche, accompagnati da danze, acrobazie, giochi. Anche i libri erano utilizzati per una lettura pubblica ad alta voce.

LA LINGUA: DAL LATINO AI VOLGARI

Una seconda radicale differenza rispetto a oggi è costituita dalla situazione linguistica. Per averne un'idea bisogna fare un passo indietro nel tempo.

La formazione del volgare

Dopo la caduta dell'Impero romano d'Occidente il latino era sopravvissuto come lingua scritta, tramandata di generazione in generazione da un ristretto gruppo di dotti, quasi tutti appartenenti al clero, che erano in grado di leggere i testi antichi e di scriverne di nuovi; nell'uso quotidiano invece esso si era progressivamente modificato, trasformandosi in numerosissime parlate locali, da cui erano emerse le nuove lingue, dette "volgari" (da *vulgus*, "popolo" in latino), che non avevano una forma scritta. Nei secoli VIII-X si parlava in volgare e si scriveva in latino; ma il latino era sconosciuto alla stragrande maggioranza della popolazione, che non sapeva né leggere né scrivere. Anche la nobiltà feudale e gli stessi sovrani erano il più delle volte analfabeti.

I primi documenti in volgare

Intorno all'anno Mille profonde trasformazioni sociali impongono il passaggio dei volgari europei dal parlato allo scritto. L'agricoltura si sviluppa, aumenta la popolazione, decollano l'artigianato e gli scambi commerciali, rinascono le città, si creano nuove strutture politiche. Per sancire accordi commerciali, dare

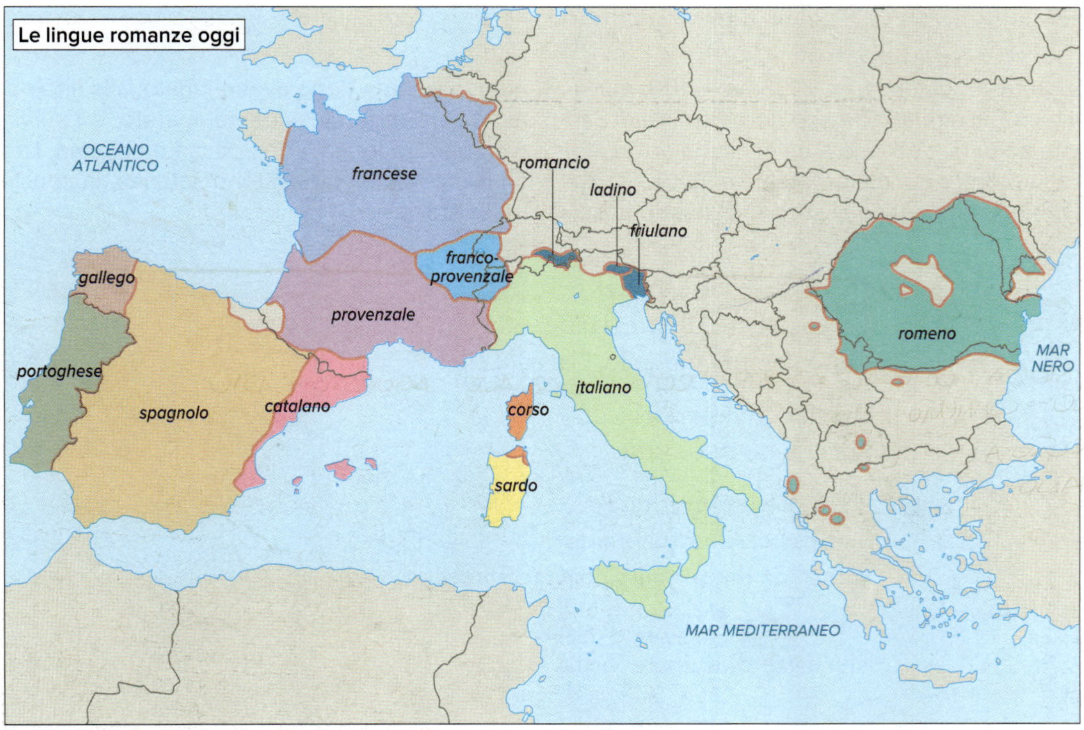

diffusione e comprensibilità alle leggi, consentire la trasmissione delle informazioni a distanza c'è bisogno di una lingua scritta che sia conosciuta e padroneggiata dai nuovi protagonisti della vita sociale: feudatari inurbati, artigiani, mercanti, uomini politici, giuristi. ▸D1 Così i primi documenti in volgare sono legati a finalità pratiche (contratti, testimonianze giuridiche, atti legali).

La nascita delle letterature romanze

Ma man mano che i volgari scritti si diffondono e si stabilizzano, si comincia a sperimentarne anche un uso letterario. Tra le lingue neolatine o "romanze" – così chiamate perché derivano dall'evoluzione del latino, parlato dai Romani – quelle che per prime elaborano una loro letteratura sono la lingua d'oc e la lingua d'oïl (così dette dalla parola che significa "sì"), usate rispettivamente in Provenza e nella regione di Parigi (secoli XI-XII); le letterature spagnola e portoghese nascono nel XII secolo. In Italia, centro dell'ex Impero romano, dove l'uso del latino era più radicato, i primi testi poetici in volgare siciliano, umbro e toscano vedono la luce solo all'inizio del Duecento.

DOCUMENTO 1

PRIME TESTIMONIANZE DEL VOLGARE

I due testi che riportiamo sono le prime testimonianze scritte di volgari italiani. Il primo, Il Placito capuano, è tratto dalla sentenza di un giudice di Capua redatta attorno al 960 e riguardante una lite sui confini di proprietà tra i benedettini e un feudatario. Il documento è scritto in latino, ma il giudice ha inserito nella sua sentenza una dichiarazione di un testimone, mantenendo la lingua volgare in cui è stata proferita.

da B. Migliorini, *Storia della lingua italiana*, Sansoni, Firenze, 1960

Sao ko kelle terre, per kelle fini que ki contene, trenta anni le possette parte sancti benedicti.

[So che quelle terre, entro quei confini che qui si descrivono, trent'anni le ha avute in possesso l'amministrazione di San Benedetto.]

Il secondo testo, databile fra il 1084 e il 1100, è un'iscrizione che illustra un affresco della Basilica di San Clemente a Roma, dedicato a un miracolo del santo: la scritta in volgare riporta le violente e triviali esortazioni rivolte da un pagano ai servi che stanno trascinando il santo dopo averlo legato; alla fine quest'ultimo sarà miracolosamente liberato, e i servi si troveranno tra le mani una pesante colonna. La scritta in latino commenta, in tono solenne, la conclusione della storia.

Fili de le pute, traite!
Gosmari, Alberte, Traite!
Falite dereto colo palo, Carvoncelle!

Duritia cordis vestri
Saxa traere meruistis.

[Figli di puttana, tirate!
Gosmario, Albertello, tirate!
Spingi da dietro col palo, Carboncello!

Per la durezza del vostro cuore
Meritaste di trainare sassi.]

GLI SCRITTORI E IL PUBBLICO

Tre fasi storiche

Dunque: i primi scrittori della letteratura italiana avevano a che fare con lingue che, nella forma scritta, erano appena nate, in via di definizione e destinate per lo più a usi non letterari; le persone che sapevano leggere erano poche, i libri pochissimi e non fruttavano alcun guadagno ai loro autori; i miti, i valori, i racconti che esprimevano i sentimenti collettivi erano veicolati in massima parte dalle immagini e dalla parola parlata o cantata. È chiaro che, in una simile situazione, l'attività letteraria non era un mezzo per guadagnarsi da vivere. Ma allora come si mantenevano gli scrittori? E a che scopo scrivevano i loro libri? Per rispondere a queste domande bisogna distinguere, schematicamente, tre diverse fasi storiche: il periodo precedente la già citata svolta del secolo XI; il momento culminante della civiltà comunale; la trasformazione dei comuni in signorie e principati.

Chierici...

Abbiamo già accennato che, fino al secolo X, per oltre mezzo millennio, gli intellettuali erano stati uomini di Chiesa, che scrivevano esclusivamente in latino: i loro studi erano finalizzati all'interpretazione della Sacra Scrittura, alla preghiera, alla predicazione e alla riflessione teologica; del loro mantenimento si preoccupava l'istituzione ecclesiastica; spesso insegnavano nelle scuole monastiche e vescovili, destinate alla formazione del clero. Nei secoli successivi, quando anche i laici si cimenteranno con la scrittura, i chierici manterranno il predominio nel campo della produzione teologica e filosofica in latino.

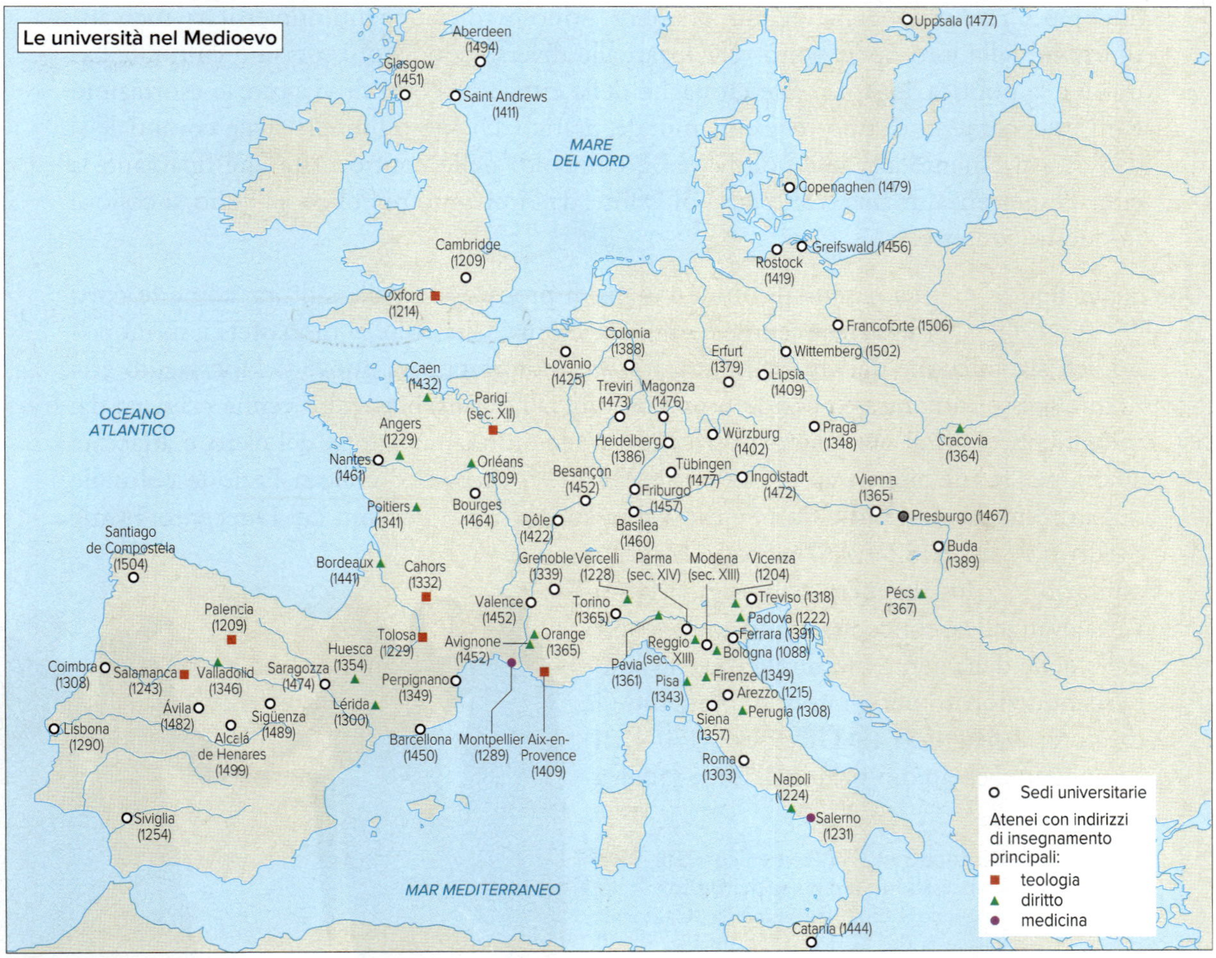

... e laici

I mutamenti sociali del secolo XI propiziano la nascita di una nuova cultura, scritta in volgare ed elaborata da letterati non appartenenti al clero, in cui ai temi religiosi si affianca la celebrazione di valori umani e terreni come il coraggio, l'amore, la liberalità, la lealtà. L'ambiente in cui inizialmente si sviluppa questa tematica è quello dell'aristocrazia e delle corti: il primo e più significativo esempio si ha in Francia a partire dal secolo XI; qualcosa di simile avverrà in Italia nel Duecento alla corte siciliana di Federico II. Per i nobili e i funzionari che attorniano i sovrani l'attività letteraria non è un mestiere ma un *hobby*, un modo per celebrare i modelli di comportamento cavallereschi e cortesi, conferendo prestigio a sé e al proprio signore.

L'intellettuale comunale: Dante

Ma in Italia la figura dell'intellettuale laico è strettamente legata allo sviluppo della società comunale. Nel Duecento e nel primo Trecento, specie nelle città della Toscana e dell'Emilia e in particolare a Firenze, le occasioni di dibattito e di decisione offerte dalle istituzioni partecipative, i problemi politici e amministrativi posti dal governo dei comuni, le esigenze dei viaggi e dei commerci richiedono una serie di competenze che la cultura tradizionale non può offrire: si sviluppano così scuole laiche, dapprima private, poi finanziate dal comune, e le università. Il principale compito degli intellettuali è quello di formare i ceti dirigenti, di dare alla città un'identità culturale e politica.

Anche in questo caso l'attività letteraria non è la prima occupazione con la quale ci si guadagna da vivere: in gran parte gli scrittori sono giudici e notai che per le esigenze della loro professione hanno elaborato un volgare colto, adatto anche ai passatempi poetici più o meno impegnativi; più raramente sono medici, docenti universitari, mercanti. I temi delle loro opere sono vari, legati alle diverse condizioni sociali e culturali: l'amore e la politica, le storie e le cronache della città, i racconti di viaggio, le esortazioni e gli insegnamenti di tipo religioso, morale, pratico. Di solito l'intellettuale comunale si dedica attivamente alla vita politica ed è coinvolto nelle controversie che dilaniano la città: l'esperienza umana e letteraria di Dante, dall'impegno pubblico all'esilio, si colloca in questo contesto.

Una nuova figura di chierico: il frate

La nascita di nuovi luoghi di produzione della cultura, come le corti feudali, le scuole comunali, le università, tolse ai monasteri il monopolio dell'elaborazione del sapere; ne scaturirono interpretazioni nuove del messaggio cristiano, spesso in contrasto con le posizioni ufficiali della Chiesa, che venne criticata dai movimenti ereticali per l'eccessiva ricchezza e la mondanizzazione del clero, e attaccata anche per le sue affermazioni dottrinali. Su questo sfondo si colloca l'azione culturale degli ordini francescano e domenicano, fondati nei primi decenni del Duecento. FRANCESCO D'ASSISI (1182-1226) raccolse la diffusa aspirazione a un recupero dell'originaria povertà evangelica, concepita come condivisione delle pene della gente più umile e come amore incondizionato per gli uomini e per tutte le creature; DOMENICO DI GUZMÁN (1170-1221) s'impegnò a creare un ordine di dotti predica-

L'incontro tra San Domenico e San Francesco in un dipinto del Beato Angelico, 1430. (San Francisco, California Palace of the Legion of Honor)

tori, capaci di fronteggiare gli eretici sia sul piano teologico sia dal punto di vista del costume morale. I due ordini incarnano un nuovo modello di chierico: non più il monaco chiuso nel suo monastero perso nella campagna ma il frate pienamente inserito nella vita urbana, dedito alla predicazione e al dialogo con la gente. Gli esponenti più colti dei due ordini si introducono nelle università e ne monopolizzano gli insegnamenti teologici e filosofici, offrendo alla Chiesa una formidabile arma in difesa dell'ortodossia.

Il regime signorile: mecenatismo e carriera ecclesiastica

I tre tipi di intellettuale che abbiamo tratteggiato fin qui – il chierico, l'aristocratico-dignitario di corte, l'intellettuale borghese del comune – non sono specialisti della letteratura: sono chiamati "letterati" perché sanno leggere e scrivere, senza fare troppe distinzioni tra i diversi usi (teologico, giuridico, politico o letterario) a cui destinano questa loro competenza. Verso la metà del Trecento, mentre sull'intera Europa si abbatte una drammatica crisi economica, sociale, demografica, in Italia l'affermarsi del regime signorile propizia la nascita di una nuova figura di intellettuale: il letterato distaccato dai conflitti politici e dalle beghe municipali, che vede nella letteratura, proprio per la sua lontananza dai problemi della vita pratica, un'attività privilegiata, a cui vuole dedicarsi totalmente, libero da altri impegni professionali. Non potendo appoggiarsi ai proventi di un altro mestiere, il letterato a tempo pieno ha due possibilità: mettere il proprio talento al servizio di un signore in cambio della sua protezione e ospitalità, o abbracciare la carriera ecclesiastica, l'unica che offre rendite sicure e il tempo libero necessario per dedicarsi agli studi.

Il letterato di professione: Petrarca e Boccaccio

L'attività letteraria diventa così un'occupazione specialistica, condotta a un livello tecnico sempre più perfezionato, rivolta a un pubblico di addetti ai lavori che supera largamente i confini di una città; il modello è la letteratura classica, riscoperta e studiata con accanimento; la lingua preferita è il latino, oppure un volgare estremamente elegante e raffinato. Lo scrittore che meglio incarna questo modello è Francesco Petrarca, intellettuale di fama europea, ricercato e corteggiato dai signori dell'epoca: grazie alle rendite ecclesiastiche e al prestigio dei suoi studi può permettersi di viaggiare per i maggiori centri culturali, scegliendo di volta in volta la corte presso la quale risiedere. In Toscana, dove il regime comunale dura più a lungo, sopravvive la figura dello scrittore dilettante, giurista, mercante o uomo politico, che chiude i suoi orizzonti nell'ambito della società municipale. Un caso intermedio è rappresentato da Boccaccio, che da un lato accetta incarichi pubblici del comune fiorentino, dall'altro abbraccia la carriera ecclesiastica e si dà da fare, sia pure senza successo, per garantirsi una posizione presso una corte.

Il pubblico

Abbiamo parlato degli scrittori; ma chi erano i lettori? La risposta non può essere univoca e ben definita. Molto schematicamente possiamo dire che, fino al secolo XII, i chierici che scrivevano di teologia e di filosofia erano letti da altri chierici, o da chi studiava per diventarlo, e che i poeti-cortigiani dei secoli XII-XIII si rivolgevano a una ristretta cerchia di aristocratici. Nei secoli XIII-XIV nelle città comunali il pubblico era invece abbastanza ampio, sia perché erano aumentate le persone che sapevano leggere sia perché l'offerta letteraria si era molto diversificata, rispondendo alle esigenze di diversi strati della popolazione; alcuni libri poi erano letti in pubblico ad alta voce e potevano diventare molto popolari (è il caso della *Commedia* di Dante). Nell'ultimo periodo che abbiamo tratteggiato scrittori raffinati come Petrarca erano letti da un pubblico socialmente più ristretto ma geograficamente più ampio, grazie anche all'uso del latino, comune a tutti gli intellettuali d'Europa.

Correnti di pensiero, modelli culturali

Dio architetto dell'Universo sul frontespizio di una Bibbia miniata, 1220-1230. (Vienna, Österreichische Nationalbibliothek)

IL CRISTIANESIMO E L'EREDITÀ CLASSICA

I criteri di realtà

Un'altra profonda differenza tra il nostro presente e l'epoca in cui nasce la letteratura italiana è costituita dalla diversa visione del mondo e della vita. Se un uomo di oggi legge la *Commedia* di Dante è portato a interpretare il viaggio nell'aldilà che vi è raccontato come un'avventura della fantasia, una storia puramente immaginaria; per un uomo del Medioevo non era così. La mentalità dominante era integralmente religiosa e i dogmi del cristianesimo, il senso del sacro e del magico, le ansie e le speranze legate al soprannaturale modellavano dei criteri di realtà molto diversi dai nostri: angeli e diavoli, profezie e apparizioni di santi, miracoli e visioni dell'aldilà entravano nella vita quotidiana come fatti del tutto plausibili. Come non si faceva fatica a immaginare il Padreterno che crea il mondo in sei giorni, o dà vita ad Adamo impastandolo nel fango, così non sembrava affatto impossibile che un uomo potesse trovarsi di punto in bianco davanti all'imboccatura dell'Inferno e scendesse a esplorarlo.

Il simbolismo medievale

Per l'uomo medievale la vera realtà non è quella che si vede con gli occhi e si tocca con le mani: nulla di ciò che accade può essere casuale, perché ogni fatto, anche minimo, ha un suo posto preciso nei piani di Dio; nessun fenomeno della natura si esaurisce nella sua pura consistenza fisica, perché attraverso ogni frammento della creazione Dio rivela all'uomo qualche aspetto del suo mistero. Così il mondo appare come un immenso repertorio di simboli da decifrare: si scrivono "lapidari", "florari", "bestiari", testi didattico-scientifici in cui le pietre, le piante, gli animali (reali e favolosi) vengono catalogati in base alle realtà divine o diaboliche a cui rimandano e alle relative virtù, benefiche o malefiche; i fatti della storia vengono interpretati alla luce della rivelazione cristiana, secondo un piano provvidenziale che inizia con la creazione, culmina con la nascita di Gesù e terminerà con il giudizio finale, che molti predicatori e teologi prospettano come imminente; nel movimento degli astri e in tutti i fenomeni e i ritmi della natura si rintraccia la presenza di numeri simbolici (tre come le persone della Trinità, sette come i sacramenti, dieci come i comandamenti, dodici come gli apostoli, e così via). Non esiste una linea di demarcazione tra scienza e religione e tra storia e mito.

▸D2

Il rapporto con il mondo classico

In questo quadro si colloca il problema – fondamentale per la cultura medievale – del rapporto con l'antichità classica. La mentalità medievale non era in grado di collocare gli scrittori e i filosofi del passato nel loro contesto storico, di riconoscerne pacificamente la lontananza e la diversità: o le loro idee potevano inserirsi nell'ambito delle verità del cristianesimo, e allora valeva la pena di studiarle, oppure andavano condannate in blocco. Nei primi secoli del pensiero cristiano l'atteggiamento prevalente nei confronti della cultura classica era stato negativo: San Girolamo (347-420), il traduttore della Bibbia in latino, aveva condannato «i carmi dei poeti, la sapienza profana, la pompa dei discorsi retorici» come «cibo del diavolo»; e ancora cinque secoli dopo il monaco e cardinale Pier Damiani contrapponeva la «semplicità di Cristo» e l'«ingenuità del vero sapiente» alle «favole menzognere» e agli «ingegnosi argomenti» degli autori pagani.

L'interpretazione allegorica

Ma il pensiero medievale non poteva fare a meno degli strumenti intellettuali offerti dal mondo classico. Già nel v secolo Sant'Agostino aveva affermato che «le dottrine dei pagani» non contengono solo «false e superstiziose immaginazioni», ma anche «precetti utilissimi di morale»; e, nel secolo successivo, papa Gregorio Magno aveva interpretato la «sapienza profana» come una «scala» data da Dio all'uomo per aiutarlo ad ascendere «all'altezza della Divina Scrittura». L'atteggiamento che gradualmente si affermò fu quello dell'integrazione della letteratura e della filosofia pagana entro i confini della dottrina cristiana. Una via maestra di questo assorbimento fu l'interpretazione allegorica: come i numeri, le pietre, gli animali, anche le opere degli antichi potevano essere interpretate simbolicamente, cercando in esse insegnamenti morali e spirituali, preannunci e prefigurazioni delle verità della fede, nascosti sotto il velo delle favole pagane. Da un atteggiamento di condanna si passò così all'estremo opposto, cristianizzando gli autori classici e attribuendo loro una sapienza straordinaria: è il caso di uno scrittore come Virgilio, visto come una specie di mago, detentore di poteri occulti e addirittura profeta di Cristo (così si interpretò la sua *Ecloga* IV, in cui aveva celebrato immaginosamente la nascita del figlio di un amico come evento miracoloso, annunciatore di una nuova era di pace e di abbondanza per l'umanità).

DOCUMENTO 2

Ugo di San Vittore

IL MONDO È UN LIBRO SCRITTO DA DIO

Ugo di San Vittore (circa 1096-1141), nato probabilmente in Inghilterra, fu maestro di teologia nell'Abbazia di San Vittore a Parigi. Il suo pensiero esercitò una larga influenza nel XII secolo. Questo brano è tratto da *De tribus diebus* ("I tre giorni dell'invisibile luce"), un'opera teologica scritta intorno al 1123.

Ugo di San Vittore, *De tribus diebus*, cap. IV, trad. dal latino a cura di S. Vanni Rovighi, in *Grande Antologia Filosofica Marzorati*, Marzorati, Milano, 1973, vol. IV

Questo mondo sensibile, infatti, è quasi un libro scritto dal dito di Dio, cioè creato dalla virtù[1] divina, e le singole creature sono come figure, non inventate dall'arbitrio dell'uomo[2], ma istituite dalla volontà divina per manifestare la sapienza invisibile di Dio. Ma come un analfabeta, quando vede un libro aperto, scorge i segni, ma non capisce il senso, così lo stolto e l'*uomo animale*[3], che non capisce le cose divine (*I Cor.*, II) in queste creature visibili vede l'aspetto esteriore, ma non ne capisce l'interiore significato. Colui che è spirituale[4], invece, ed è capace di valutare tutte le cose, mentre considera di fuori la bellezza dell'opera[5], vi legge dentro quanto mirabile sia la sapienza del Creatore. Pure, non vi è nessuno a cui le opere di Dio non appaiano mirabili, anche se l'insipiente[6] mira in esse soltanto l'aspetto esteriore, mentre il sapiente da ciò che vede fuori scorge il pensiero della divina sapienza, così come se di una ed identica scrittura uno lodasse il valore o la forma dei segni, l'altro il senso e il significato.

1. **virtù**: potenza.
2. **non inventate... uomo**: diverse da quelle che l'uomo pone sui libri di propria volontà (*arbitrio*).
3. ***l'uomo animale***: l'uomo che vive nei limiti della propria natura, non elevata dalla grazia divina. L'espressione è tratta dalla *Prima lettera ai Corinti* di San Paolo.
4. **Colui che è spirituale**: l'uomo che vive nella grazia di Dio.
5. **opera**: il creato, opera di Dio.
6. **l'insipiente**: lo sciocco non illuminato dalla fede.

Il dibattito su Aristotele

Nei secoli XIII-XIV il dibattito sul rapporto con la cultura classica si concentrò principalmente sull'opera di Aristotele, riscoperta in gran parte attraverso traduzioni e commenti di autori arabi ed ebrei. In realtà sotto il nome di Aristotele erano stati tramandati anche testi di altri autori dell'antichità classica o appartenenti alle tradizioni araba, ebraica e orientale. Dal *corpus* di tutti questi testi aristotelici e pseudo-aristotelici emergeva una visione del mondo globale e sistematica, tutta basata sulle capacità conoscitive della ragione. Il filosofo greco era considerato come la massima espressione del sapere umano non illuminato dalla vera religione; dal confronto tra le sue idee e le Sacre Scritture scaturiva un problema che investiva i fondamenti stessi dell'esperienza religiosa e che si sarebbe ripresentato in varie forme nella storia del cristianesimo fino ai nostri giorni: in che rapporto entrano la conoscenza umana e la rivelazione? Fede e ragione possono integrarsi e sorreggersi a vicenda o c'è tra loro un insanabile conflitto? Protagonisti del dibattito furono, su fronti opposti, i massimi esponenti intellettuali degli ordini domenicano e francescano.

San Tommaso: la cristianizzazione di Aristotele

Il tentativo di conciliare il pensiero aristotelico con il cristianesimo trova un'organica sistemazione nell'opera del più eminente filosofo domenicano, TOMMASO D'AQUINO (circa 1221-1274). Egli afferma che
▸D3 la ragione è uno strumento essenziale per la conoscenza delle realtà naturali e soprannaturali e che essa non contraddice in nessun modo la fede e la rivelazione cristiana: nell'infinito ordine dell'universo, ogni cosa ha un posto ben definito che ha in Dio la sua ragione suprema; compito della conoscenza umana è ricostruire quest'ordine, in un cammino graduale verso quell'intelligenza perfetta che è Dio. Ne scaturisce una visione unitaria, gerarchica e ferreamente logica del sapere e dell'universo, che da un lato viene incontro all'esigenza medievale di inserire ogni aspetto della vita in un quadro integralmente religioso e dall'altro dà un nuovo valore alle realtà terrene e alle capacità conoscitive dell'uomo. Guardato con sospetto da parte della gerarchia ecclesiastica, l'adattamento del pensiero di Aristotele ai dogmi del cristianesimo operato da Tommaso diverrà con il trascorrere del tempo la filosofia ufficiale della Chiesa cattolica.

I francescani: Guglielmo di Occam

In opposizione all'aristotelismo i filosofi dell'ordine francescano privilegiano l'esperienza religiosa individuale, la fede, il rapporto diretto con Dio, senza i quali i ragionamenti dei filosofi non possono portare a nessuna verità: «Invito il lettore – scrive BONAVENTURA DA BAGNOREGIO (1217-1274) – in primo luogo al gemito e alla preghiera [...]. Che egli non abbia a credere che basti la lettura senza l'unzione, la speculazione senza la devozione, la scienza senza l'amore, l'intelligenza senza l'umiltà, lo studio senza la grazia divina». Un'importanza rivoluzionaria hanno, nel Trecento, le posizioni del francescano inglese GUGLIELMO DI OCCAM (circa 1280-1349), che separa nettamente la teologia dalla scienza, affermando che Dio, l'anima, i grandi misteri della speculazione religiosa possono essere conosciuti solo attraverso la fede e la rivelazione; il mondo sensibile invece deve essere esplorato attraverso un'indagine razionale, basata sull'esperienza. Fino a quel momento il pensiero medievale aveva dato per scontato che tutto ciò che c'era da sapere, sia nella sfera naturale sia in quella soprannaturale, era già stato rivelato, che ogni verità andava ricercata nei testi sacri o nelle opere degli autori antichi più autorevoli. La netta estraneità tra fede e ragione postulata da Guglielmo, liberando il sapere scientifico dal vincolo dei dogmi della religione, apre la strada al concetto moderno della scienza come ricerca di ciò che è sconosciuto, non ancorata a un deposito di verità precostituite ma fondata sull'osservazione e sull'esperienza.

DOCUMENTO 3

CONTESTO

Tommaso d'Aquino

LE VERITÀ DI FEDE NON SONO INCOMPATIBILI CON LA RAGIONE

Questo brano è tratto dalla *Summa contra gentiles* ("Trattato contro gli infedeli"), un'opera scritta tra il 1259 e il 1268 su incarico dell'ordine domenicano, come manuale per i missionari che avrebbero dovuto convertire gli "infedeli" (musulmani ed ebrei) nelle regioni spagnole conquistate dai regni cristiani. In questo dibattito interculturale Tommaso deve far leva sull'unico terreno comune con i suoi interlocutori, quello della ragione naturale. Si pone così il problema di una dimostrazione razionale delle verità del cristianesimo.

Tommaso d'Aquino, *Summa contra gentiles* ("Trattato contro gli infedeli"), libro I, capp. 7-8, trad. dal latino di T.S. Centi, Utet, Torino, 1975

Sebbene la verità della fede cristiana superi la capacità della ragione, tuttavia i princìpi naturali della ragione non possono essere in contrasto con codesta verità[1]. Infatti:

1. I princìpi innati[2] nella ragione si dimostrano verissimi: al punto che è impossibile pensare che siano falsi. E neppure è lecito ritenere che possa esser falso quanto si ritiene per fede, essendo confermato da Dio in maniera così evidente. Perciò essendo contrario al vero solo il falso, com'è evidente dalle loro rispettive definizioni, è impossibile che una verità di fede possa essere contraria a quei princìpi che la ragione conosce per natura.
2. Inoltre, le idee che l'insegnante suscita nell'anima del discepolo contengono la dottrina del maestro[3], se costui non ricorre alla finzione: il che sarebbe delittuoso attribuire a Dio. Ora, la conoscenza dei princìpi a noi noti per natura ci è stata infusa da Dio, essendo egli l'autore della nostra natura[4]. Quindi anche la sapienza divina possiede questi princìpi[5]. Perciò quanto è contrario a tali princìpi è contrario alla sapienza divina; e quindi non può derivare da Dio. Le cose dunque che si tengono[6] per fede, derivando dalla rivelazione divina, non possono mai essere in contraddizione con le nozioni avute dalla conoscenza naturale.
3. In più, ragioni contrarie legano l'intelletto nostro al punto da non poter procedere alla conoscenza della verità[7]. Perciò se Dio ci infondesse conoscenze contrastanti[8], impedirebbe al nostro intelletto di conoscere la verità. Il che non si può pensare di Dio.

Bernardo Daddi, *Tommaso d'Aquino*, 1333. (Los Angeles, Getty Museum)

1. **codesta verità**: la verità conosciuta per fede.
2. **innati**: radicati per natura in ogni uomo fin dalla nascita. Si tratta dei princìpi logici fondamentali, come quello di non-contraddizione (una cosa non può essere contemporaneamente vera e falsa).
3. **le idee... maestro**: Dio è come un "maestro" che trasmette le sue idee al "discepolo", cioè all'uomo.
4. **la conoscenza dei princìpi... natura**: essendo l'uomo creato da Dio, i princìpi innati della ragione umana vi sono stati immessi (*conoscenza... infusa*) da lui.
5. **Quindi... princìpi**: i princìpi razionali, se derivano da Dio, si trovano anche nella mente divina.
6. **si tengono**: si credono, si affermano.
7. **ragioni contrarie... verità**: quando la ragione si trova di fronte a princìpi che portano a conclusioni contrastanti, la ricerca della verità si blocca.
8. **se Dio... contrastanti**: se le verità di fede e quelle razionali, entrambe derivate da Dio, fossero in contrasto tra loro.

Modelli di vita

La preghiera, la guerra, il lavoro

Altrettanto intrisa di tematiche religiose e teologiche fu la riflessione sulla natura e sulla struttura della società.

Attorno al 1025 Adalberone, vescovo di Laon, scriveva per il re dei Franchi Roberto ▸D4 il Pio un poema che compendiava il pensiero dell'epoca sull'argomento. I cristiani devono essere riuniti in una sola comunità rigidamente gerarchica, organizzata in base a tre funzioni complementari, affidate a tre diverse categorie sociali: al vertice gli *oratores*, i chierici specialisti della preghiera, che mettono in contatto l'umanità con Dio; subito sotto i *bellatores*, membri dell'aristocrazia guerriera, che proteggono la fede con le armi, combattendo contro gli eretici, gli infedeli e tutti i nemici della cristianità; sul gradino più basso i *laboratores*, che hanno il compito di mantenere gli altri due con il lavoro manuale. Così concepita, la società umana rispecchia e simboleggia l'ordine celeste: il suo assetto – che rimanda al mistero dell'unità e trinità di Dio – è fissato da sempre e deve durare per sempre; ogni idea di cambiamento o di passaggio da una categoria sociale all'altra si configura come un atto sacrilego. La preghiera e la guerra sono attività nobili e senza macchia; il lavoro una «misera occupazione mondana».

Cavalleria...

Nello schema trinitario di Adalberone il compito che spetta ai nobili è la "guerra santa", combattuta in nome della religione e della Chiesa. Attorno a questo concetto si sviluppano i valori e i modelli di comportamento della cavalleria, nei quali l'intera aristocrazia guerriera si riconosce: la forza fisica, il coraggio, il senso dell'onore, la rigida fedeltà alle gerarchie ecclesiastiche e feudali. Il personaggio letterario che meglio incarna questa fusione di valori militari e religiosi è Rolando, il paladino di Carlo Magno, fervido massacratore di "infedeli", pronto a sacrificare la sua vita e quella dei suoi compagni per la fede cristiana e per l'imperatore.

... e cortesia

Ma, man mano che, grazie al fiorire dell'economia, nelle corti il tenore di vita si fa lussuoso e raffinato, l'ideale cavalleresco si apre a suggestioni più mondane. Da un lato l'aristocrazia feudale non si accontenta più dell'immagine rude e ascetica del cavaliere di Dio, dall'altro vuole distinguersi dai ceti borghesi emergenti che in alcuni casi raggiungono e superano il suo livello di benessere economico. Così nel secolo XII, a partire dalle corti feudali di Provenza e di Francia, si diffonde un modello di vita elitario, codificato dalla lirica dei trovatori, dai romanzi cavallereschi, dai trattati sull'arte di amare e di vivere nella corte, che si basa sulla contrapposizione tra la "cortesia" dell'aristocratico e la "villania" del resto della popolazione: il nobile si distingue per la finezza dei modi, la sublimità dei sentimenti, la galanteria e il rispetto per la donna, il culto dell'eleganza e delle buone maniere, il disinteresse per il denaro e la disponibilità a donarlo o a sperperarlo.

L'amore cortese

Tra le virtù cortesi un posto tutto particolare tocca all'amore; non si tratta però del sentimento – bellissimo ma molto comune – che ognuno di noi può provare nella vita quotidiana. L'amore cortese può essere sperimentato solo da pochissimi uomini di squisita sensibilità nei confronti di una donna bellissima e di animo nobile, il più delle volte irraggiungibile (molto spesso già sposata con un altro): nel desiderarla e nel corteggiarla l'innamorato dà prova di una dedizione totale e di un'adorazione religiosa simile a quella che il cavaliere ha per la fede cristiana e per il suo sovrano: ogni gioia e ogni valore viene dalla donna amata, ogni coraggiosa impresa è compiuta nel suo nome, ogni atto vergognoso o sconveniente è un'offesa al suo onore.

DOCUMENTO 4

Adalberone di Laon

NELL'ORDINAMENTO DELLA SOCIETÀ VI SONO TRE STATI

Il *Carmen ad Robertum Regem* ("Carme al re Roberto") è un poemetto di 430 esametri latini, in forma di dialogo tra un giovane principe e un vescovo già avanti negli anni che lo istruisce sul funzionamento della società e sull'arte del governo. Da questo brano emerge l'immagine ideale che aveva di sé la società feudale alla fine del primo millennio.

Adalberone di Laon, *Carmen ad Robertum regem* ("Carme al re Roberto"), in *Patrologia latina*, vol. 141, trad. dal latino medievale in A. Giardina, G. Sabbatucci, V.Vidotto, *L'età medievale*, Laterza, Bari, 1995

La realtà della fede è unica, ma nell'ordinamento della società vi sono tre stati.
La legge umana prescrive due condizioni:
il nobile e il servo non sono subordinati alla stessa legge.
Davanti a tutti stanno due soggetti: uno è re, l'altro è imperatore;
col loro comando lo Stato appare solido.
Ci sono poi quelli che non sono condizionati da alcun potere
a condizione che non commettano crimini che gli scettri dei re reprimono.
Costoro, guerrieri, protettori delle chiese,
difendono il popolo tutto, i maggiori e i minori
e nello stesso modo così se stessi tutelano.
L'altra categoria è quella della condizione servile.
Questo genere misero non possiede nulla se non il lavoro.
[...]
La casa di Dio, che si crede una, è dunque triplice.
Alcuni pregano, altri combattono, altri ancora lavorano:
tutte e tre le parti stanno insieme e non tollerano separazione.
Si trovano in questo stato grazie ai servizi della prima; le opere delle altre due
alternativamente, offrono a tutti soccorso.
Tale triplice intreccio è pertanto semplice.
Così la legge ha prevalso, così il mondo si è pacificato.

1. **stati**: ordini, o classi, con diversi diritti e doveri; in Francia si chiamarono così fino alla Rivoluzione francese.
4. **uno... imperatore**: l'imperatore è il capo supremo della cristianità, sotto di lui il re esercita il potere effettivo in un dato territorio.
6-7. **non sono... reprimono**: indipendenti da ogni potere, a condizione che non commettano delitti contro la regalità.
8. **guerrieri**: i nobili, la cui funzione essenziale è militare.
11. **condizione servile**: coloro che lavorano sono tutti qualificati come *servi*, quindi non liberi, contrariamente ai nobili *non condizionati da alcun potere*.
14. **Alcuni... lavorano**: sono i tre ordini sociali fondamentali: il clero, la nobiltà, i lavoratori.
16. **Si... prima**: la *prima* parte, il clero, ha un ruolo preponderante, perché con i suoi *servizi* assicura il rapporto della comunità con Dio.

Un chierico, un cavaliere e un contadino in un'allegoria della società medievale divisa in tre classi in una miniatura tratta da *Li Livres dou Sante*, XIII secolo. (Londra, British Library)

Cultura cortese e morale religiosa

L'amore cortese, i cui atteggiamenti e comportamenti erano rigidamente codificati come i rituali della vita di corte, portava l'innamorato a un progressivo perfezionamento spirituale, ma era anche un amore sensuale, ossessionato dalla bellezza fisica della donna e dal desiderio di possederla; in più, non era finalizzato alla procreazione e si svolgeva sempre al di fuori di quella faccenda pratica e utilitaria che era il matrimonio nell'epoca feudale: la distanza dal modello religioso del cavaliere tutto preso dalla "guerra santa" era enorme. Tuttavia, tra la cultura signorile e la morale ecclesiastica non ci fu un conflitto aperto. La supremazia delle norme morali ufficiali non venne mai formalmente contestata e i teorici dell'amore cortese sapevano ricorrere a opportuni accomodamenti: è il caso del chierico francese ANDREA CAPPELLANO (circa 1150-1220), autore del trattato *De amore* (1185), che nei primi due libri della sua opera insegna le regole nel comportamento amoroso; e nel terzo inaspettatamente (e diplomaticamente) ritratta le tesi appena esposte.

▸D5

DOCUMENTO 5

Andrea Cappellano

L'AMORE NOBILITA

Andrea Cappellano alla fine del XII secolo fu cappellano di corte della contessa Maria di Champagne. Il suo trattato *De amore* è diviso in tre libri. Nel primo si dà una definizione dell'amore e si spiega come possa essere ottenuto; segue una lunga esemplificazione dei discorsi amorosi che possono essere scambiati tra innamorati di varia condizione sociale. Il secondo libro tratta una casistica delle situazioni che possono presentarsi tra gli innamorati, prescrivendo il comportamento da tenere in ciascun caso. Nel terzo libro improvvisamente l'autore ritratta tutto quello che ha detto ed espone le ragioni per cui il saggio deve tenersi lontano dall'amore. Questo brano è tratto dal primo libro.

Andrea Cappellano, *De amore*, Libro I, trad. dal latino medievale di J. Insana, SE, Milano, 1992

Questo è l'effetto d'amore: poiché il vero amante non può peccare di avidità[1], l'amore dà bellezza all'uomo incolto e rozzo, dà nobiltà anche ai più umili, rende umili anche i superbi, e l'innamorato generalmente è molto compiacente con tutti. Che cosa meravigliosa è l'amore che fa splendere l'uomo di tante virtù e gli insegna ad avere tanti buoni costumi!

C'è nell'amore un altro merito, degno di lunga lode: l'amore rende l'amante quasi casto perché chi è illuminato dal raggio di un solo amore, difficilmente pensa di fare l'amore con un'altra anche se bella. Finché pensa esclusivamente al suo amore, orrida e brutta gli appare alla mente qualsiasi altra donna.

E voglio, Gualtieri[2], che questo tu tenga sempre a mente: se l'amore avesse pesi e contrappesi tali da condurre sempre al porto della quiete i suoi naviganti dopo lo sconvolgimento di molte tempeste[3], io starei sempre legato alle catene della sua schiavitù. Ma poiché con la sua mano muove pesi ineguali[4], decisamente non credo nella giustizia di un giudice tanto sospetto come lui. E perciò rifiuto per il momento il suo giudizio, perché: «Spesso abbandona i naviganti in mezzo all'onda tempestosa».

1. **peccare di avidità**: desiderare ricchezze.
2. **Gualtieri**: il trattato *De amore* è rivolto a un giovane innamorato che porta questo nome.
3. **se l'amore... tempeste**: se nell'amore le sofferenze e le gioie si equilibrassero e permettessero di raggiungere la serenità, dopo esperienze tempestose; il concetto è espresso con la tradizionale metafora della vita come navigazione.
4. **muove pesi ineguali**: fa pendere la bilancia da una sola parte. In questa parte del brano, l'autore deplora l'ingiustizia d'amore, le sofferenze che infligge ai suoi seguaci. Questo tema sarà ripreso nel terzo libro, in cui l'autore ritratta tutto ciò che ha detto in lode dell'amore.

CONTESTO

La donna

Il culto della cortesia conferisce un carattere più "femminile" alla cultura cavalleresca, sia perché ingentilisce il rude modello del guerriero attraverso l'esaltazione dei sentimenti teneri tradizionalmente attribuiti alle donne, sia perché non dipinge più la donna come occasione di tentazione e di peccato ma come esempio di virtù fisiche e morali, fonte di elevazione e di finezza spirituale per l'uomo innamorato. Questo mutamento di prospettive corrisponde a una nuova posizione assunta dalle donne del ceto aristocratico: non più soggette al totale arbitrio della famiglia e del signore, prendono parte alla vita intellettuale come protettrici e ispiratrici degli scrittori; gli autori di poesie amorose e di romanzi cavallereschi scrivono prima di tutto per loro.

PERCORSO
- Le donne come soggetto e come oggetto della scrittura (I), p. 542

I valori borghesi

Nei comuni italiani dei secoli XIII e XIV il modello di vita cortese che proveniva dalla Francia doveva integrarsi con la mentalità e i bisogni dei ceti urbani emergenti. I mercanti, gli artigiani, i banchieri, a differenza dei signori feudali, non dovevano il proprio benessere economico alla nobiltà di nascita ma al fiuto affaristico, al calcolo razionale, allo spirito di iniziativa, e avevano una concezione tutt'altro che negativa del guadagno, del risparmio, del lavoro: tutti valori in contrasto sia con la svalutazione dei beni terreni propugnata dalla Chiesa sia con il disprezzo per il denaro e per le attività produttive tipico dell'uomo di corte. In più la loro ascesa economica e politica non poteva essere vista con favore dai sostenitori di quell'idea gerarchica e immobilistica della società che era profondamente radicata nella mentalità dell'epoca: a quasi tre secoli di distanza dalle teorizzazioni di Adalberone, Dante si scaglierà ancora contro la «gente nova e i subiti guadagni» (*Inf.*, XVI, v. 73), ed esalterà le poche famiglie rimaste in possesso del «pregio della borsa e della spada» (*Purg.*, VIII, v. 129), ossia della liberalità propria della nobiltà cortese.

Ma i nuovi ceti mercantili e finanziari non avevano una coscienza di sé abbastanza forte da tradursi in aperta contrapposizione alle concezioni dominanti. Per farsi perdonare la ricerca del profitto e l'accumulazione della ricchezza il nuovo ricco poteva ricorrere a un complesso di riti, preghiere, donazioni che gli consentiva di vivere in pace con la morale religiosa e con la Chiesa. Quanto ai costumi e alle idealità, la tendenza dominante era quella di prendere a modello l'antica classe dirigente, e spesso i ricchi mercanti e i banchieri si davano da fare per essere armati cavalieri, o diventavano nobili sposando una donna di famiglia titolata. La più significativa testimonianza letteraria della mentalità di questa nuova "aristocrazia borghese" è offerta dalle novelle del *Decameron*, dove Boccaccio affianca ai valori aristocratici della cortesia e della finezza spirituale quelli borghesi dell'intelligenza, della ricerca dell'utile individuale, della capacità di trarsi d'impaccio con trovate astute ed espedienti spregiudicati.

Una dama che ha tra le braccia un cagnolino riceve una lirica in omaggio da un poeta inginocchiato in una miniatura tratta dal *Codice Manesse*, canzoniere in lingua tedesca, del XIV secolo. (Heidelberg, Universitätsbibliothek)

La laicizzazione della cultura

Attraverso questo processo di azione reciproca tra cultura ecclesiastica, aristocratica e borghese, i modelli culturali dominanti tendono, sia pure senza mettere in discussione l'ortodossia religiosa, a una progressiva laicizzazione. Il mercante che conosce nuove terre e incontra nuovi popoli guarda agli uomini e alle cose con lo sguardo incuriosito e realistico che traspare dai libri di viaggio del Duecento e del Trecento; la nuova volontà di esplorare la realtà, anche oltre i confini delle verità rivelate, trova una rappresentazione esemplare nell'Ulisse di Dante, spinto dall'ardore «di divenir del mondo esperto, / e de li vizi umani e del valore» (*Inf.*, XXVI, vv. 98-99); l'affermarsi di una visione più problematica e concreta della vita si esprime nelle novelle di Boccaccio, dove le vicissitudini dei personaggi non sono guidate da un disegno provvidenziale ma scaturiscono di volta in volta dall'intreccio tra il capriccio del caso e l'iniziativa dell'uomo; la stessa esaltazione cortese dell'amore approda, con Petrarca, all'analisi dei sentimenti e degli stati d'animo di un individuo concreto, in cui l'esperienza singola acquista un valore centrale, indipendente dai sistemi filosofici e teologici codificati.

Nuove concezioni della società

Parallelamente all'affermarsi dei ceti borghesi, una serie di grandiosi mutamenti politici (il fallimento delle pretese teocratiche dei papi, la crisi dell'Impero come istituzione universale, lo sviluppo delle monarchie nazionali, dei comuni e delle signorie) porta anche a una graduale laicizzazione delle concezioni della società.

Già San Tommaso, coerentemente con la sua rivalutazione della ragione e delle realtà terrene, aveva riconosciuto che l'autorità politica, alla quale compete la promozione della giustizia e della pace sulla terra, deve essere autonoma dall'autorità ecclesiastica, che esercita invece il suo primato nell'ambito spirituale. Su una posizione simile si attesta Dante, convinto della necessità delle due "guide" (il papa e l'imperatore) che, con poteri distinti, devono collaborare in vista della felicità terrena e soprannaturale dell'uomo; ma la sua posizione risulta decisamente anacronistica, nell'epoca del declino dei due poteri universali. Più al passo coi tempi è il *Defensor pacis* di MARSILIO DA PADOVA (circa 1280-1343), che si pone il problema del fondamento dell'autorità del sovrano, facendola derivare dal consenso popolare: escludendo che l'organizzazione della società debba ispirarsi a un ordine provvidenziale precostituito, Marsilio libera la riflessione politica da ogni implicazione teologica e apre la strada a una concezione moderna e laica dello Stato.

I villani, il "carnevalesco"

In questo giro d'orizzonte sulla società medievale abbiamo lasciato da parte una grossa fetta della popolazione: i "villani", che lavorano nei campi, non sanno leggere e sono quindi produttori e fruitori di una cultura orale, di cui non abbiamo tracce dirette. Possiamo farcene un'idea vaga e parziale dai cenni letterari che ce ne hanno lasciato le classi superiori, da cui emerge un'immagine negativa del mondo rurale, visto come l'opposto del mondo ordinato e disciplinato della città: rozzo, ignorante, animalesco, legato a superstizioni e usanze pagane. Leggendo tra le righe, possiamo ricostruire i tratti di una visione del mondo propria delle classi subalterne di quella e di altre epoche, che nei secoli successivi influenzerà anche la letteratura colta e che gli studiosi contemporanei definiscono "carnevalesca": la sua espressione più tipica è appunto il carnevale, o comunque la festa popolare, un'esplosione di vitalità e di ilarità in cui si esaltano il corpo e gli aspetti più materiali dell'esistenza (mangiare, bere, far l'amore, defecare), si negano le gerarchie codificate e ci si prende gioco dei valori considerati più sacri dalla cultura dominante.

Una scena di mercato in una miniatura del XV secolo. (Parigi, Bibliothèque Nationale de France/ Josse/Scala)

L'idea di letteratura

Gerarchia di contenuti...

Nel Medioevo la letteratura non è concepita come un'attività intellettuale distinta dalle altre, con caratteristiche e finalità proprie: la bellezza di un testo, il piacere dei lettori non sono considerati valori autonomi, degni di essere perseguiti per se stessi; ciò che conta è l'insegnamento morale, religioso o pratico che se ne può trarre. Così le opere che affrontano in tono serio argomenti nobili ed edificanti come la religione, la guerra, l'amore spirituale, le imprese dei cavalieri e degli eroi del passato, sono considerate più valide di quelle che hanno per oggetto temi meno elevati e per scopo l'intrattenimento.

... e di stili

A questa gerarchia di contenuti corrisponde una gerarchia di stili. Il Medioevo eredita dall'antichità classica lo studio della retorica (arte del ben parlare), e lo applica anche alla parola scritta, mutuandone una classificazione che risponde a quel bisogno di regole e modelli che pervade tutta la cultura del tempo: per gli argomenti più elevati bisogna usare lo stile "sublime" o "tragico", per quelli intermedi lo stile "mediano", per i più bassi lo stile "umile o "comico"; fra i tre livelli stilistici e tematici non ci deve essere mescolanza. Fino al XII secolo la retorica si occupa solo della scrittura in latino: nonostante i risultati espressivi raggiunti dalle letterature d'oc e d'oïl, il volgare è ancora ritenuto una lingua inferiore, indegna di una specifica codificazione di stili.

La retorica nell'epoca comunale

Nel secolo XIII in Italia, con lo sviluppo della società comunale, l'arte di parlare e scrivere acquista una funzione nuova, connessa con l'evoluzione della lingua della comunicazione quotidiana: da un lato la capacità di sostenere in modo persuasivo una tesi in un discorso pubblico diventa una risorsa fondamentale della vita politica; dall'altro la qualità della scrittura accentua l'autorevolezza delle leggi e dei documenti ufficiali redatti in volgare, e conferisce lustro ai nuovi ceti dirigenti. Nelle università e nelle scuole comunali la retorica si lega strettamente alle materie giuridiche e diventa una disciplina portante degli studi. Il primo maestro di retorica che accosta ai modelli latini esempi di prosa volgare è il bolognese GUIDO FABA (XIII secolo); nella seconda metà del Duecento si cominciano a scrivere manuali di retorica in volgare come la *Rettorica* (p. 22), traduzione e commento del *De inventione* di Cicerone del fiorentino BRUNETTO LATINI (circa 1220-1294). La piena rivalutazione letteraria del volgare e la sua legittimazione ad affrontare anche temi elevati sono teorizzate nel *De vulgari eloquentia* (1303-1304) di Dante, che applica anche a esso la teoria dei tre stili, con riferimento specifico al linguaggio della poesia.

▸D6

La teoria e la pratica: la *Commedia*

L'idea di letteratura che emerge dalla *Commedia* di Dante si inserisce perfettamente nelle categorie del pensiero medievale. L'autore presenta la sua opera come un messaggio insieme religioso, politico e morale rivolto all'umanità intera, fatto di visioni e di profezie, di insegnamenti scientifici e teologici: un "poema sacro", interpretabile in chiave allegorica come la Bibbia e le grandi opere del passato, che non va letto per la sua bellezza ma per le verità che contiene. Da uomo medievale Dante tende a non fare distinzioni tra la letteratura e la vita reale e vede con sospetto il piacere estetico fine a se stesso: non è un caso che due suoi personaggi tra i più famosi, Paolo e Francesca, cadano nel peccato di adulterio per la suggestione delle storie d'amore narrate dai romanzi cortesi (*Inferno,* V). Per conferire il massimo di efficacia al suo messaggio, Dante si discosta dai precetti della retorica del suo tempo e dalle stesse tesi espresse nel *De vulgari eloquentia*, mescolando in un'unica opera stili che in teoria avrebbero dovuto restare divisi: per raccontare un viaggio che spazia dalle scene animalesche e puzzolenti dell'Inferno alla visione beatifica di Dio ricorre ai toni più diversi, dal plebeo al sublime, adattando il livello espressivo alla situazione rappresentata.

Petrarca e Boccaccio: l'autonomia della letteratura

Nel corso del Trecento, parallelamente al processo di laicizzazione della cultura e al mutare della condizione sociale degli intellettuali, anche l'idea di letteratura acquista una sua autonomia dalla religione. Lo si vede bene dall'opera degli altri due "grandi" dell'epoca, appartenenti a una generazione successiva a quella di Dante. Boccaccio scrive novelle che hanno l'esplicito scopo di divertire i lettori, e si giustifica per i contenuti piccanti e i toni irriverenti di alcune di esse con l'argomento che la letteratura in fondo è una finzione, a cui non si possono applicare gli stessi criteri di giudizio che valgono per la vita reale. Petrarca concepisce la poesia come la più nobile delle attività intellettuali, una ricerca della bellezza e dell'armonia svincolata dagli interessi pratici e dalle implicazioni filosofiche e teologiche, che trova il suo scopo in se stessa; la sua lingua preferita è il latino e il suo stile si modella sui classici, visti come maestri di equilibrio spirituale e di perfezione formale. Per entrambi lo scopo di un'opera non consiste soltanto nella trasmissione di un contenuto dottrinale ma anche nella qualità e nell'eleganza della sua scrittura: si incrina così quella ferrea unità del sapere teologico e letterario che era stata tipica del pensiero medievale e si apre la strada alla nuova cultura dell'umanesimo.

DOCUMENTO 6

Brunetto Latini

SIGNIFICATO PRATICO E CIVILE DELLO STUDIO DELLA RETORICA

La *Rettorica* è la traduzione del trattato di Cicerone *De inventione*. L'"invenzione" era la prima delle cinque parti in cui si suddivideva la retorica e concerneva l'arte di trovare gli argomenti del discorso. Ai brani tradotti sono intercalati ampi commenti del traduttore, segnalati con la formula: «Qui parla lo sponitore». Riportiamo un brano tratto dal primo intervento dello "sponitore".

Brunetto Latini, *Rettorica* in *La prosa del Duecento*, I, a cura di C. Segre e M. Marti, Ricciardi, Milano-Napoli, 1956

Ed èe[1] rettorica una scienza di bene dire, ciò è rettorica quella scienza per la quale noi sapemo ornatamente[2] dire e dittare[3]. In altra guisa[4] è così diffinita: rettorica è scienza di ben dire sopra la causa proposta[5], cioè per la quale noi sapemo ornatamente dire sopra la quistione aposta[6]. Anco hae una più piena diffinizione in questo modo: rettorica è scienza d'usare piena e perfetta eloquenzia nelle publiche cause e nelle private[7]; ciò viene a dire scienza per la quale noi sapemo parlare pienamente e perfettamente nelle publiche e nelle private questioni – e certo quelli parla pienamente e perfettamente che nella sua diceria mette parole adorne, piene di buone sentenzie[8]. Publiche questioni son quelle nelle quali si tratta il convenentre[9] d'alcuna cittade o comunanza di genti. Private sono quelle nelle quali si tratta il convenentre d'alcuna spiciale persona.

1. **èe**: è. In fiorentino le parole tronche sono spesso rese piane con l'aggiunta di una -e.
2. **ornatamente**: in maniera elegante, raffinata.
3. **dittare**: comporre lettere di stile sostenuto (che venivano dettate a uno scrivano).
4. **In altra guisa**: in altro modo.
5. **la causa proposta**: la tesi che si vuole sostenere.
6. **la quistione aposta**: la questione in discussione.
7. **nelle publiche... private**: nelle discussioni politiche e in quelle giudiziarie, in cui si trattano interessi privati.
8. **buone sentenzie**: concetti acuti.
9. **il convenentre**: la situazione.

NO

FISSA I CONCETTI

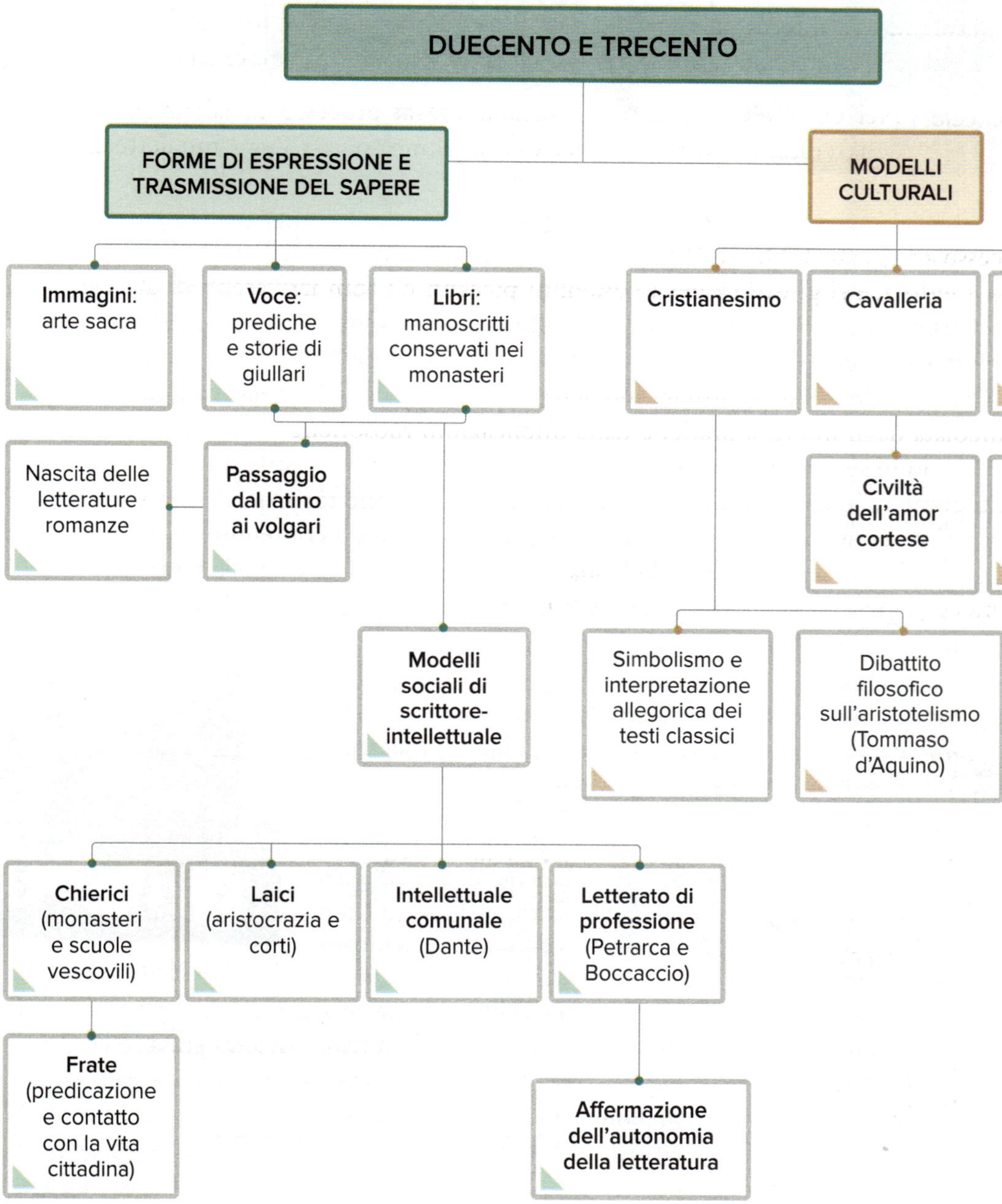

Letteratura, lingua, società

- In quale epoca e in quali circostanze storiche i volgari europei divennero lingue scritte?
- Nel Medioevo l'attività letteraria non era un mezzo per guadagnarsi da vivere. Come si mantenevano dunque gli scrittori nelle diverse fasi storiche che abbiamo tratteggiato (Alto Medioevo, civiltà comunale, regime signorile)?
- In che cosa la figura del frate si differenzia da quella del monaco?

Correnti di pensiero, modelli culturali

- Che cosa si intende con l'espressione "simbolismo medievale"?
- Quale atteggiamento assunse nei confronti del pensiero aristotelico Tommaso d'Aquino? Quale posizione assunsero al riguardo i filosofi dell'ordine francescano?
- Quali sono i tratti fondamentali dell'amore cortese?
- Che cosa si intende con l'espressione "laicizzazione della cultura"?

I MESTIERI DEL LETTERATO

Dal notaio al chierico

Malgrado la prima poesia del suo canone si debba a un frate, Francesco d'Assisi, e malgrado nel Duecento abbiano avuto un ruolo notevole altri religiosi come Iacopone da Todi e Guittone d'Arezzo, la letteratura italiana delle origini mostra una forte impronta laica. A fondare la lirica siciliana sono alcuni collaboratori dell'imperatore Federico II; e dopo la metà del secolo ne riprendono l'eredità altri intellettuali toscani impegnati a loro volta nelle istituzioni. Dai notai come Giacomo da Lentini, funzionari imperiali del Sud, la nuova letteratura volgare passa così nelle mani dei notai funzionari dei comuni del Centro-Nord.

Gli intellettuali italiani si inseriscono presto nel tessuto politico delle città, al cui servizio mettono le loro doti di oratori, di scrittori e di eruditi. Tipico rappresentante di questa letteratura civile e pedagogica è il notaio Brunetto Latini, che nelle sue opere divulga il sapere enciclopedico medievale a un pubblico non specialistico, e lo propone come guida dell'azione pratica. Giuristi sono anche Guido Guinizzelli e Cino da Pistoia. Ma già nella generazione di Cino, poeti come Guido Cavalcanti e Dante si dedicano all'attività letteraria senza esercitare professioni legali, e intrattengono un rapporto più drammatico con la politica. Tra Duecento e Trecento, infatti, i comuni entrano in crisi, e con loro il legame tra la produzione letteraria e il radicamento civico. Emerge così una figura di intellettuale svincolata dalle istituzioni. Nelle opere dell'esule Dante, costretto a far parte per se stesso, la politica diventa un'utopia. Il letterato, privo ormai di un mestiere ben definito, deve giustificare in modi nuovi il proprio ruolo, tanto più che di solito proviene da una piccola aristocrazia declassata o dai ceti mercantili, e quindi si trova ai margini della classe dirigente. Per compensare questa condizione marginale, contrappone allora all'eccellenza dovuta al censo e al sangue una superiorità legata al livello culturale e alla nobiltà spirituale (il "cor gentile" degli stilnovisti).

Cavalieri con falcone in una miniatura tratta dal *Codex Manesse*, XIV secolo. (Heidelberg, Universitätsbibliothek)

Intellettuali "puri" e chierici

A metà Trecento le cose cambiano ancora più radicalmente. Oltre a sottrarsi alla carriera giuridica, Francesco Petrarca considera i saperi e le professioni tipiche dell'intellettuale medievale incompatibili con la letteratura. Soprattutto, la sua biografia mostra che la fine del mondo dei vecchi letterati-giuristi coincide con la crisi degli intellettuali laici. L'autore del *Canzoniere* non è infatti soltanto un letterato "puro": è anche un chierico, come lo diventerà in età avanzata Boccaccio, il "borghese" autore del *Decameron*. Essere chierici significa poter contare sulle rendite derivanti dai terreni della Chiesa, i cosiddetti benefici ecclesiastici, anche senza dover ricoprire effettivamente gli incarichi in teoria legati a questi benefici. Fino al concilio di Trento di metà Cinquecento, la qualifica non comporta infatti grandi rinunce o impegni: Petrarca e Boccaccio mantengono amanti e figli naturali; e le novelle boccaccesche, come quelle di tanti altri religiosi fino alla Controriforma, sono piene di satire sul clero.

Grazie alla sua fama precoce, Petrarca riesce a sfruttare al massimo una tale condizione: accumula parecchi benefici, e così può barcamenarsi tra diversi signori senza dover dipendere interamente dalla loro ospitalità. Ma anche Boccaccio, che si dichiara scandalizzato da questo comportamento, pur con esiti meno fortunati tenta in realtà di procurarsi le stesse posizioni dell'amico. Per giustificare questo nuovo status, l'autore del *Canzoniere* afferma che è meglio essere sottoposti a un uomo solo piuttosto che alle imprevedibili volontà di un popolo. Prende atto che la poesia non ha più un radicamento geografico, e si disillude a poco a poco sull'impegno pubblico del letterato, impotente a influire su forze ormai infinitamente più grandi di lui.

Un ritratto di Francesco Petrarca in un affresco di Andrea del Castagno, 1450 circa. (Firenze, Galleria degli Uffizi)

Petrarca, intellettuale modello per gli umanisti

Così se «Dante fu un esule; Petrarca fu un apolide», come ha scritto lo storico Franco Gaeta riassumendo la differenza di condizione tra i due fondatori della nostra letteratura, il visionario politico che vuole chiudere il cosmo intero in un poema e il lirico ripiegato su se stesso. Questo passaggio porta con sé un paradosso apparente: il medievale teologo Dante è un laico, l'umanista Petrarca un chierico; il laico, municipale autore della *Commedia* ambisce a una visione e a un'azione pubblica universali, mentre il chierico cosmopolita si chiude nella sua biblioteca.

Petrarca è insomma il capostipite di un ceto intellettuale che accetta di cedere a priori una parte della propria libertà ai prìncipi e ai mecenati, con l'obiettivo di preservare in cambio uno spazio di *otium* per gli studi. Dalla sua esperienza, e dal suo mito, trarranno alimento molte successive vicende di umanisti, laici o chierici, che si metteranno al servizio dei nuovi signori. E lo faranno con più o meno riserve e autonomia, a seconda degli avvenimenti destinati a ridisegnare generazione dopo generazione la mappa instabile degli Stati italiani e della Chiesa.

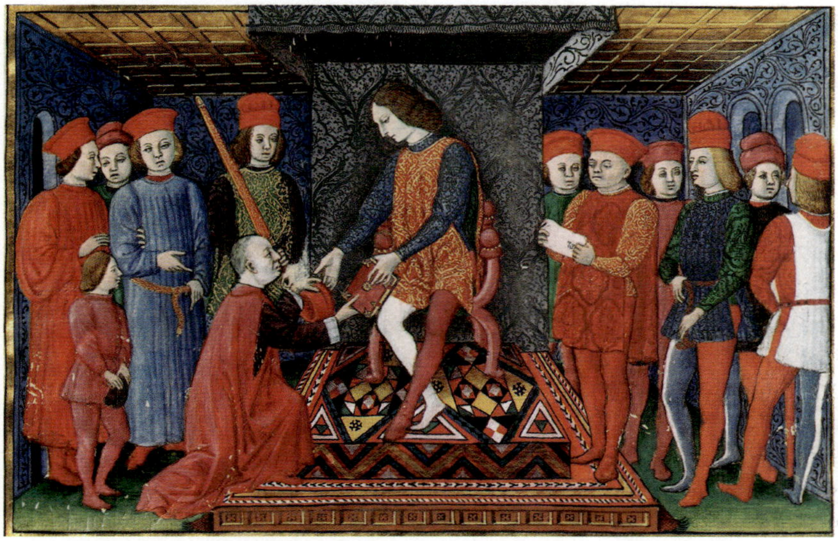

Il duca di Milano Galeazzo Maria Sforza e la sua corte in una miniatura del 1464. (Parigi, Bibliothèque Nationale de France/ DeA/Getty Images)

IL MEDIUM E
IL MESSAGGIO

Dal libro monastico al libro scolastico

Per secoli, durante il Medioevo, le attività della lettura e della scrittura hanno trovato posto quasi soltanto dentro i monasteri. Qui, nei cosiddetti *scriptoria*, gli amanuensi copiavano i libri, e garantivano così una continuità alla tradizione culturale del mondo antico. Erano luoghi piuttosto rumorosi, perché chi aveva a che fare con le pagine le leggeva a voce alta e intratteneva con esse un vero e proprio rapporto fisico. Non si era ancora diffusa l'abitudine della lettura silenziosa, né esistevano metodi che agevolassero la ricerca di determinati passi all'interno di un codice: scorrerlo era come avanzare in un fitto bosco senza mappe, e per orientarsi nei campi del sapere si dovevano imparare complicate tecniche mnemoniche.

Questa situazione cambiò intorno al secolo XII. Mentre molte zone europee tornavano a urbanizzarsi, i manoscritti uscirono dai monasteri e iniziarono a circolare tra i funzionari comunali, nei primi studi universitari e negli ambienti degli ordini mendicanti (domenicani, francescani) legati al nuovo mondo cittadino. Da monastico, il libro si fece così "scolastico": lo studio e la preghiera cominciarono a diventare atti separati, e le esigenze didattiche imposero una diversa impaginazione del testo, in grado di facilitare una rapida memorizzazione visiva. La colata compatta di scrittura si divise in paragrafi, i titoli vennero evidenziati col colore, le glosse furono vergate a parte in caratteri più piccoli, e per la prima volta degli indici alfabetici consentirono di reperire con comodità le informazioni. Nello stesso periodo, inoltre, la rotondeggiante grafia minuscola carolina, elaborata e diffusa in Europa ai tempi di Carlo Magno, fu sostituita con gli spigolosi segni gotici.

Un amanuense al lavoro nel suo studiolo in una miniatura del 1490 circa. (Londra, British Library)

La nascita del commercio dei libri

Come ha spiegato il filosofo Ivan Illich in un saggio del 1993, verso il 1150 questi cambiamenti, insieme a una serie di invenzioni e tecniche variamente combinate, contribuirono a trasformare la pagina «da spartito in testo». In sostanza, il testo divenne un contenuto "astratto", cioè si staccò nella percezione comune dal suo supporto materiale, dal fitto bosco di parole e disegni da cui sembrava fino allora inscindibile. Chi sfogliava un libro non si perdeva più in un paesaggio intricato, ma poteva usarlo come una mappa di luoghi concettuali: uno strumento già perfetto per nutrire le nascenti dispute della filosofia scolastica.

Con le università nacque anche il commercio. Si moltiplicarono i librai-cartolai, che organizzavano la copiatura e la distribuzione dei codici appaltando il lavoro a scribi anche laici delle più varie estrazioni. Presso alcune botteghe autorizzate, i professori depositavano le versioni riviste dei testi di studio ufficiali, che per favorire una copiatura più veloce venivano noleggiate a pezzi (i fascicoli sciolti detti *pecie*). Senz'altro fondamentale, in questa espansione del mercato, fu poi il passaggio al libro di carta (importata dall'Asia con la mediazione degli arabi), che nel Duecento soppiantò quello fatto di pergamena derivata dalla pecora.

Il processo di laicizzazione e di diffusione della cultura coinvolse anche il destino dei volgari europei. Per un millennio, l'alfabeto latino era stato usato solo per scrivere la lingua di Cicerone, e le lingue effettivamente parlate avevano lasciato appena rare tracce scritte tra le righe dei codici latini. Intorno al secolo XIII, invece, iniziarono a essere ritenute degne di fissarsi in codici a sé stanti. Le biblioteche ospitarono testi di diritto canonico e di teologia, trattati filosofici e scientifici greci e arabi, raccolte di prediche e classici. Non erano più i chiusi depositi dei monasteri, che intorno al Mille contenevano in media venti o trenta codici con brani della Bibbia e dei padri della Chiesa, ma le collezioni delle università e degli ordini mendicanti, che raccoglievano ormai migliaia di opere e aprivano ampie sale di consultazione dove i libri venivano incatenati ai banchi.

Una nicchia con libro in un affresco di Taddeo Gaddi, XIV secolo. (Firenze, Basilica di Santa Croce)

Le innovazioni di Petrarca

La situazione tornò a modificarsi con la nascita del movimento umanistico. Anche qui, il pioniere fu Petrarca, e su più piani. Il poeta del *Canzoniere*, infatti, non si limitò a deplorare la grafia gotica, tentando di riprendere la carolina e inaugurando quella semigotica, che divenne poi la scrittura umanistica aggraziata e rotonda di Poggio Bracciolini e Niccolò Niccoli, destinata a diventare in Italia il modello dei testi a stampa. Insoddisfatto del pesante libro da banco, arrivò addirittura a inventarsi una specie di tascabile, cioè un "libretto da mano" di piccola dimensione, che a inizio Cinquecento il grande editore Aldo Manuzio trasformò poi in prodotto tipografico. Ma soprattutto, Petrarca criticò il processo produttivo che metteva i testi più raffinati nelle mani di qualunque copista, anche il più improvvisato, esponendoli perciò a una inarrestabile catena di fraintendimenti e di errori di trascrizione. Con pochi amici letterati, sognava di potersi riappropriare di tutte le fasi del lavoro scrittorio, e a questo scopo preparò di sua mano alcuni codici di rara eleganza (che ci sono in parte pervenuti, mentre di Dante non abbiamo neppure un autografo). Ma le sue esigenze di controllo e rigore trovarono una risposta soltanto un secolo dopo la sua morte, con l'invenzione della stampa.

Una lezione universitaria alla Sorbona di Parigi in una miniatura del XV secolo. (Troyes, Bibliothèque municipale)

1 | I GENERI

IL PROFILO

I luoghi e i generi

LA MAPPA DEI GENERI LETTERARI

La frammentazione linguistica e culturale

L'Italia del Duecento è caratterizzata da una situazione di grande frammentazione, in cui ogni centro ha una fisionomia culturale distinta. Così la letteratura italiana muove i suoi primi passi in ambienti radicalmente diversi, dando voce a sensibilità disparate: dal mondo povero e mistico dell'Umbria francescana al fasto aristocratico della corte siciliana di Federico II al dinamismo economico e politico della società comunale toscana. Alle suggestioni provenienti dalle situazioni locali si mescolano variamente gli influssi delle letterature provenzale e francese e le rielaborazioni della cultura latina.

La frammentazione è anche linguistica: i testi letterari del Duecento non sono scritti in un italiano unitario, che all'epoca non esisteva, ma nei volgari delle varie città e regioni. Solo nel Trecento, grazie all'egemonia economica e culturale di Firenze e al prestigio dei suoi scrittori, autori di altre regioni iniziano a scrivere in toscano; ma ancora per secoli i vari dialetti resteranno le sole lingue parlate dalla popolazione.

Una mappa dei generi letterari

Su questo sfondo estremamente disomogeneo nascono e si diffondono, nelle varie aree geografiche, diversi generi letterari. Molto schematicamente possiamo tratteggiarne i filoni principali:

- **la poesia religiosa dell'Italia centrale**. Nell'Umbria percorsa dal rinnovamento spirituale da lui promosso, Francesco d'Assisi, poco prima di morire, compone il *Cantico delle creature* (1224). Tra il secolo XIII e XIV, in un clima di religiosità popolare e di attesa della fine del mondo, la poesia religiosa si diffonde in altre regioni dell'Italia centrale, specie nella forma della lauda e della lauda drammatica;
- **la lirica d'amore e cortese**. Tra il 1230 e il 1250 in Sicilia, alla corte di Federico II, un gruppo di raffinati intellettuali scrive poesie d'amore e di cortesia sul modello dei trovatori provenzali. Nella seconda metà del secolo la tematica si diffonde nelle città dell'Emilia e della Toscana, dove fiorisce il «dolce stil novo», espressione di gruppi in-

tellettuali legati alla nuova civiltà comunale. Nel Trecento il filone della poesia amorosa sboccherà nel *Canzoniere* di Petrarca;

- **la poesia comico-realistica**. Sempre sullo sfondo della società comunale toscana si sviluppa una poesia di tono burlesco e parodistico, come controcanto al raffinato intellettualismo del «dolce stil novo»;
- **la letteratura didattica**. Nell'Italia padana del secondo Duecento, terreno di diffusione di eresie e di movimenti di rinnovamento spirituale, nasce una letteratura in versi e in prosa che si propone di dispensare insegnamenti religiosi, morali, pratici; in Toscana e in Emilia questo filone si modella sulle esigenze di divulgazione culturale tipiche della società comunale. La *Commedia* di Dante, grande compendio del sapere medievale, ne è fortemente influenzata;
- **la letteratura cavalleresca**. Le imprese dei paladini di Carlo Magno e dei cavalieri della Tavola Rotonda, narrate dalle canzoni di gesta e dai romanzi cortesi di Francia, sono tradotte e rielaborate da cantastorie popolari e da scrittori colti, che le fanno circolare, nei secoli XIII e XIV, dall'Italia settentrionale alla Toscana;
- **altre forme della prosa**. Bloccata dalla concorrenza del latino, la prosa volgare si sviluppa più tardi della poesia. Il genere della novella nasce in Toscana a partire dagli ultimi decenni del Duecento, e culmina col *Decameron* (1349-1351) di Boccaccio. Nel Trecento, in Umbria e in Toscana, si diffondono le prose di contenuto religioso scaturite dagli ambienti domenicani e francescani; nello stesso secolo i libri di memorie e di viaggi scritti da mercanti danno voce alla nuova mentalità borghese, e le opere storiche e cronachistiche riflettono lo spirito municipalistico della società comunale.

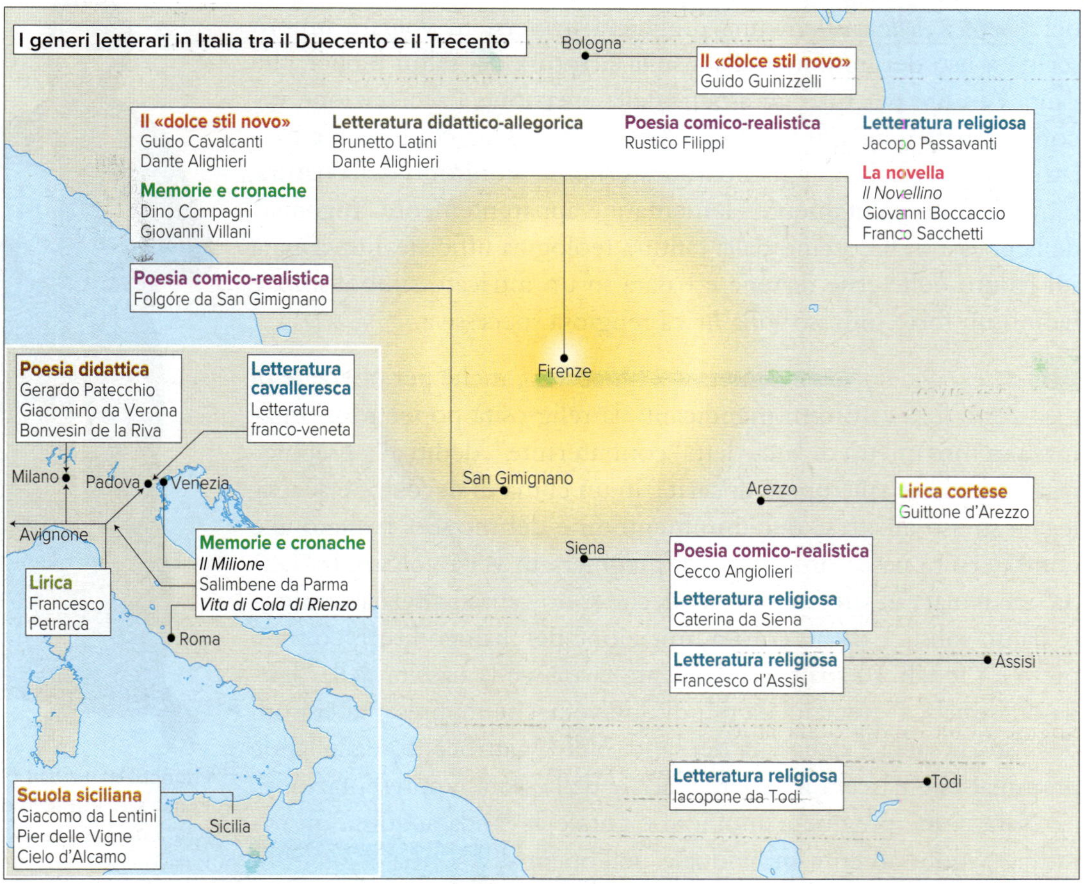

Ritardo e precocità della letteratura italiana

Abbiamo già notato che in Italia la letteratura in volgare si sviluppa più tardi che in altri paesi europei. Ma la sua evoluzione è straordinariamente rapida: in meno di un secolo si passa dai primi incerti tentativi a un capolavoro come la *Commedia*, e già nella seconda metà del Trecento all'egemonia europea delle letterature d'oc e d'oïl si sostituirà quella della letteratura italiana. Questa capacità di raggiungere in pochissimo tempo livelli qualitativi tanto alti dipende probabilmente dalla stessa circostanza che ha ritardato la nascita della letteratura in volgare: la presenza ingombrante e viva della cultura latina. Quest'ultima offre agli scrittori del Duecento e del Trecento un repertorio di generi, temi e forme stilistiche codificati da una tradizione secolare che costituiscono un patrimonio comune per gli intellettuali: grazie a questo apporto, la letteratura italiana delle origini non parte da zero ma nasce, in un certo senso, già adulta.

La letteratura religiosa

LA POESIA RELIGIOSA DELL'ITALIA CENTRALE

Il Cantico delle creature

Il primo poeta della letteratura italiana è Francesco d'Assisi, straordinaria figura di mistico e riformatore religioso. Figlio di un mercante, fa vita cavalleresca, studia latino e francese e partecipa a imprese d'arme; nel 1206, in seguito a una crisi religiosa, rinuncia ai beni del padre e si dedica a una totale e intransigente povertà, dapprima in solitudine, poi con alcuni discepoli; nasce così l'ordine francescano, il più ampio e rivoluzionario tra i movimenti religiosi ortodossi del Duecento. Francesco è autore – oltre che di varie opere in latino – del *Cantico delle creature*, una preghiera in versi in volgare umbro scritta a uso dei frati, modellata sulla struttura dei salmi biblici, che canta l'amore per tutti gli aspetti della creazione, l'accettazione incondizionata e lieta di tutto ciò che viene da Dio, comprese la malattia e la morte. L'atteggiamento fraterno nei confronti della natura, l'intonazione volutamente elementare e apparentemente "ingenua" della poesia si discostano dalla cultura teologica ufficiale, imperniata sul rifiuto delle cose terrene e basata su un intricato simbolismo, e hanno un forte influsso sulla lirica religiosa successiva.

▸T1

Giunta Pisano, San Francesco, XIII secolo. (Città del Vaticano, Pinacoteca)

La lauda

Verso la metà del Duecento, anche per opera degli ordini mendicanti, la religiosità popolare si organizza in movimenti di laici, detti "confraternite", dediti alla preghiera, all'ascetismo, alle opere di carità, in un clima di devozione accesa, legata spesso all'attesa dell'imminente fine del mondo. In seno alle confraternite nasce una forma di preghiera in versi volgari, la "lauda", articolata in strofe e ritornelli, che sono cantati alternativamente da un solista e da un coro, a imitazione del dialogo liturgico tra il prete e i fedeli. La struttura dialogata favorisce la nascita della "lauda drammatica", recitata da più di due voci, che rappresenta episodi della storia sacra e della vita dei santi. Nel Quattrocento dalle laude drammatiche nascerà il genere teatrale della sacra rappresentazione.

Nata come preghiera anonima e corale, la lauda acquista un carattere vigorosamente individuale nell'opera di Iacopone da Todi (circa 1235-1306). Di famiglia nobile, notaio di professione, intorno ai trent'anni abbandona la vita mondana e si dà alla mendicità e alla penitenza; si fa francescano e si avvicina agli spirituali, la corrente più radicale dell'ordine, fedele agli ideali di totale povertà del fondatore, malvista dall'autorità ecclesiastica e perseguitata da papa Bonifacio VIII: scomunicato, è rinchiuso in prigione per cinque anni. Liberato da Benedetto XI, muore di lì a poco. Le sue laude – circa novanta – riflettono le vicende tormentate della sua vita e affrontano una grande varietà di temi: le invettive contro Bonifacio VIII, gli ardori dell'amore mistico, il disprezzo per le brutture del corpo e il desiderio di castigarle attraverso le più terribili sofferenze, il rifiuto delle seduzioni terrene e del sapere profano, ▸T2 il commosso racconto della passione di Cristo. L'indole focosa di Iacopone, «empazzato d'amore» per Dio, si esprime attraverso accostamenti di parole dotte e popolari, immagini crude, una sintassi spezzata, che danno alle sue poesie un'intonazione appassionata e violenta:

Amor de caritate, perché m'ài ssì feruto?
Lo cor tutt'ho partuto, et arde per amore.
Arde et encende, nullo trova loco,
non pò fuggir, però ched è legato,
sì sse consuma como cera a ffoco,
vivendo mor, languisce stemperato;
domanda de poter fugire un poco,
et en fornace tròvasse locato.

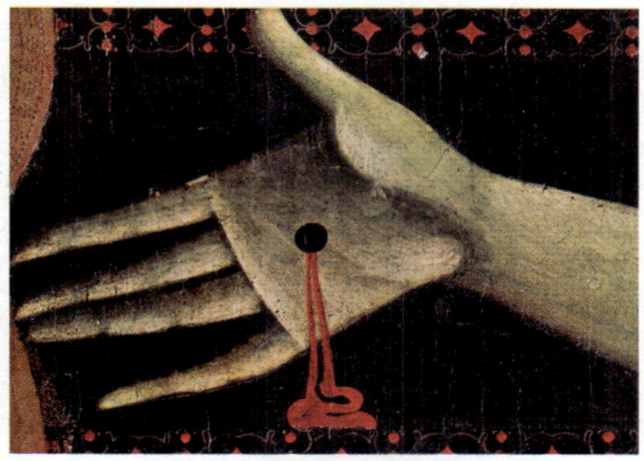
Particolare del Crocifisso dipinto da Cimabue tra il 1268 e il 1271. (Arezzo, Chiesa di San Domenico)

PREDICATORI, AGIOGRAFI, MISTICI

Nel Trecento la letteratura religiosa in volgare si esprime anche in prosa, proseguendo i generi dell'agiografia (racconto della vita di un santo) e della predica, fino ad allora scritti in latino. Centro di irradiazione di questa produzione è la Toscana, dove particolarmente attiva è la presenza degli ordini mendicanti.

Gli scrittori francescani

Dopo la morte di San Francesco vengono scritte numerose storie della sua vita, da cui traspare il fascino della sua singolare personalità. Le più antiche, scritte in latino da alcuni dei primi compagni, mettono in evidenza la radicalità dei suoi gesti e del suo messaggio, interpretato nella prospettiva intransigente degli spirituali; in seguito si tende a delineare un'immagine del santo più moderata e accettabile dalla gerarchia ecclesiastica.

In questo quadro si collocano *I fioretti di San Francesco*, traduzione anonima in volgare toscano da un originale latino del tardo Duecento. La narrazione, di tono ingenuo e fiabesco, è scandita in episodi esemplari che tendono ad addolcire la figura del santo: ▸T3 Francesco che predica agli uccelli, che ammansisce il lupo di Gubbio, che spiega a frate ▸T7 Leone la sua idea evangelica e paradossale della «perfetta letizia».

I domenicani

Lo strumento fondamentale dell'azione degli ordini mendicanti è la predicazione, attività nella quale si specializzano i domenicani. Si predica, naturalmente, in volgare; per colpire l'immaginazione e il sentimento di un pubblico ingenuo si utilizzano gli *exempla*, semplici racconti di contenuto edificante, attingendo spesso da repertori in latino. A volte i predicatori trascrivono e raccolgono in volume le loro prediche. Tra questi un autore che esercita una notevole forza di suggestione anche sul lettore di oggi è il domenicano fiorentino Jacopo Passavanti (circa 1302-1357). Il suo *Specchio della vera penitenzia*, rielaborazione delle prediche tenute nella quaresima del 1354, alterna alle parti dottrinali rapidi e inquietanti *exempla*, centrati sul tema delle insidie diaboliche e delle pene infernali che incombono sulla vita umana: concepiti per spingere gli ascoltatori alla conversione, oggi possono essere letti come folgoranti racconti fantastici e dell'orrore.

▸T4 ▸T5

Scena infernale tratta da una miniatura del *Libro delle Ore di Catherine of Cleves*, 1440. (New York, Morgan Library)

Caterina da Siena

Un posto unico nella letteratura del secolo occupa Caterina da Siena (1347-1380), donna e per di più incolta, che seppe partecipare con straordinaria autorevolezza alle vicende ecclesiastiche e politiche del suo tempo. Figlia di un tintore di tessuti, suora terziaria domenicana, si dà fin da giovanissima alle opere di carità, vivendo una vita ascetica e accesamente mistica. È autrice di circa 380 *Lettere* (1370-1380) dettate ai suoi seguaci, rivolte ai destinatari più diversi: da personaggi umili e anonimi alle massime autorità dell'epoca. In esse Caterina dà voce a un'accesa religiosità, prendendo di petto con indomita franchezza i problemi morali e politici che lacerano la società e la vita della Chiesa. Il linguaggio delle *Lettere* è energico e passionale, ricco di immagini bibliche e di espressioni popolaresche; particolarmente intense sono le lettere al suo consigliere spirituale frate Raimondo da Capua, intrise dell'ossessivo e sensuale riferimento alla passione e al sangue di Cristo. Più letteraria è l'intonazione di un breve trattato teologico, *Dialogo della divina provvidenza*, dettato ai discepoli nel 1378.

▸T6

La letteratura didattica

Come abbiamo già accennato, un atteggiamento in senso ampio "didattico", cioè orientato a insegnare, è tipico della mentalità medievale, e percorre un po' tutte le opere dell'epoca. Qui chiamiamo "letteratura didattica" quella in cui l'intenzione di istruire e di educare è più esplicita: si tratta di opere indigeste per un lettore non specialista, ma utili per rendersi conto delle caratteristiche della cultura medievale e della sua distanza dalla nostra.

LA POESIA DIDATTICA DELL'ITALIA DEL NORD

Nelle regioni dell'Italia settentrionale, percorse nel Duecento da fermenti di rinnovamento religioso e sociale e animate da una rigogliosa vita cittadina, un'ampia gamma di testi didattici composti in versi, nei vari volgari della regione, si affianca alla letteratura latina di contenuto analogo.

Temi religiosi...

Ricorrono, naturalmente, opere di carattere religioso e edificante, basate sulla parafrasi e il commento di testi biblici, come lo *Splanamento* ("spiegazione") *de li Proverbii de Salamone* di Gerardo Patecchio, notaio a Cremona nella prima metà del Duecento. Si delinea anche il tema della visione dell'aldilà, che culminerà nella *Commedia* di Dante: ingenue ma efficaci descrizioni di un paradiso con muri di perle, fiumi d'oro e fontane d'argento, e di un inferno dove i peccatori sono cotti allo spiedo o in pentoloni ribollenti da demoni cornuti si trovano nel *De Jerusalem celesti. De Babilonia civitate infernali* ("La Gerusalemme celeste. Babilonia, la città infernale"), del francescano GIACOMINO DA VERONA (seconda metà del secolo XIII). Più articolato è il *Libro delle tre scritture* del frate milanese maestro di grammatica BONVESIN DE LA RIVA (circa 1240-1315), che lega la descrizione dell'aldilà a una visione complessiva della vicenda umana: dalle pene dell'inferno ("scrittura nera"), alla redenzione attuata dalla passione di Cristo ("scrittura rossa") alla beatitudine del paradiso ("scrittura d'oro").

PROFILO

... e laici

Ma si affacciano anche i più svariati interessi di tipo "laico", legati alla visione del mondo e al desiderio di conoscenza dei ceti emergenti nelle città comunali: lo stesso Bonvesin è autore delle *Cinquanta cortesie da desco*, in cui spiega ai nuovi ricchi come un vero signore deve comportarsi a tavola; del *Contrasto tra la rosa e la viola*, contrapposizione simbolica tra l'arroganza dei nobili e la sobrietà dei borghesi; e di un trattato in latino sulle *Meraviglie della città di Milano*.

LA LETTERATURA DIDATTICO-ALLEGORICA IN TOSCANA

Il poema allegorico

Nel secondo Duecento anche in Toscana si sviluppa una produzione didattica legata alle tematiche religiose e morali e alle esigenze culturali della società comunale; la sua forma più praticata è il poema allegorico, derivato principalmente dall'influsso della letteratura francese in lingua d'oïl, il volgare più diffuso in Europa tra gli intellettuali. In questo genere letterario si esprimono, in forma narrativa, l'enciclopedismo e il simbolismo tipici della cultura medievale, secondo una struttura costante che sarà alla base della *Commedia* dantesca: il protagonista compie un viaggio di conoscenza e perfezionamento spirituale, nel corso del quale incontra personaggi, situazioni, avventure che simboleggiano concetti filosofici, categorie morali, sentimenti, componendo un quadro complessivo di nozioni e di valori. Il primo grande poema allegorico della letteratura europea è il *Roman de la Rose* ("Romanzo della Rosa"), scritto in lingua d'oïl da Guillaume de Lorris e da Jean de Meung tra il 1230 e il 1280, nel quale il sapere dell'epoca è inserito in una narrazione avventurosa e galante. Tra i poemi toscani che si ispirano a esso il più notevole è il *Fiore*, che ne riassume i contenuti in 232 sonetti ed è attribuito da alcuni studiosi al giovane Dante.

Brunetto Latini

Il più importante autore di opere didattiche nell'Italia del Duecento è il fiorentino Brunetto Latini, tipico esponente della nuova figura di intellettuale nata con la società comunale: notaio, militante guelfo, protagonista della vita politica della città, dopo la vittoria ghibellina a Montaperti (1260) andò in esilio in Francia, dove compose le sue opere maggiori; ritornò a Firenze dopo la battaglia di Benevento (1266). La sua autorevolezza intellettuale è celebrata da Dante, che ne ricorda la «cara e buona immagine paterna» nel canto XV dell'*Inferno*, e dalla *Cronica* di Giovanni Villani. Il ruolo centrale occupato da Brunetto nella società fiorentina della fine del Duecento è legato alla vastità dei suoi interessi e alla compenetrazione tra
▸D6 impegno politico e divulgazione culturale: oltre alla Rettorica (p. 22), di cui abbiamo già parlato, compose il *Trésor*, compendio enciclopedico di tutto il sapere del tempo, scritto in lingua d'oïl, che ebbe diffusione europea. In volgare fiorentino scrisse il *Tesoretto*, poema didascalico che riprende, in versi toscani e in forma narrativa, i temi del *Trésor*; e il *Favolello*, un poemetto sull'amicizia.

LA POESIA DIDATTICA:
- GIACOMINO DA VERONA *Il cuoco di Babilonia, la città infernale*
- BRUNETTO LATINI *L'inizio del viaggio*

La *Commedia* e dintorni

Nel corso del Trecento la tradizione del poema didattico subisce una brusca svolta grazie alla rapida e straordinaria diffusione della *Commedia*. La struttura metrica, lo stile, le situazioni narrative del poema di Dante diventano un modello obbligato, sia pure in una situazione culturale che va rapidamente cambiando e mette in discussione quella compattezza e unità del sapere che l'avevano ispirato: anche due grandi innovatori come Petrarca e Boccaccio comporranno, con mediocri risultati, poemi di imitazione dantesca. Un singolare caso di antidantismo è costituito invece da CECCO D'ASCOLI, scrittore e scienziato bruciato come eretico nel 1327, che nel poema astronomico, astrologico e naturalistico *Acerba* afferma di volersi attenere alle verità della scienza in contrasto con Dante, accusato di cantare «al modo delle rane», di indulgere a «fabule» e «ciance», «imaginando cose vane».

La lirica

ORIGINI DELLA LIRICA ILLUSTRE

La lirica provenzale

La lirica illustre, legata all'ambiente delle corti, è il primo genere in volgare a raggiungere una piena definizione letteraria e un'ampia diffusione europea. Come la letteratura didattico-allegorica, ha le sue radici fuori d'Italia: il suo centro di irradiazione è il Sud della Francia, dove muove i primi passi all'inizio del secolo XII. Scritta in provenzale (lingua d'oc), ha come sfondo l'ambiente della corte, dove il benessere e l'affinamento dei costumi della classe nobiliare producono una domanda di cultura elitaria, elegante, capace di dar lustro al signore e di cantare una visione del mondo diversa da quella trasmessa dalla tradizionale cultura clericale. Questi caratteri di esclusività ne fanno una letteratura a circuito chiuso: i poeti – detti trovatori dal verbo *trobar* ("comporre poesia") – vivono all'interno della corte e scrivono parole e musica di componimenti che vengono cantati, con l'accompagnamento di uno strumento a corde, per un pubblico a loro affine per gusti e condizione sociale.

Il tema principale della lirica trobadorica è l'amore cortese, i cui atteggiamenti e comportamenti, codificati in regole minuziose, ritornano con minime e ingegnose varianti nei testi dei diversi poeti: la venerazione per la donna, il desiderio erotico spesso non soddisfatto, l'esperienza amorosa come perfezionamento ed elevazione spirituale. Ma non mancano componimenti di contenuto politico, moraleggiante, comico. Inizialmente le liriche dei trovatori erano scritte per essere cantate e accompagnate dalla musica; solo a partire dal XIII secolo iniziano a circolare raccolte scritte finalizzate alla lettura, complete di *razos* (spiegazioni) e di *vidas* (le biografie, spesso romanzate, degli autori: segno di un interesse, nuovo per il Medioevo, per l'individualità dell'artista). Tra i generi della poesia provenzale che hanno più influenzato la letteratura successiva ricordiamo la canzone, per lo più dedicata all'amore cortese, il sirventese (di contenuto vario, spesso polemico), l'alba (congedo tra due amanti dopo una notte d'amore), la pastorella (dialogo tra una donna di condizione sociale bassa e un cavaliere che tenta di sedurla). I trovatori, estremamente attenti agli aspetti tecnici della loro arte, distinguevano tre tipi di stile: il *trobar clus*, enigmatico e oscuro, il *trobar leu*, semplice e aggraziato, e il *trobar rich*, ricco e adorno.

▸T8 Il più antico trovatore è GUGLIELMO IX duca d'Aquitania (1071-1126), un grande signore feudale autore di testi raffinati, spesso sensuali e irriverenti; della generazione suc-
▸T9 cessiva fanno parte BERNART DE VENTADORN, JAUFRÉ RUDEL, RAIMBAUT D'AURENGA e la CONTESSA DI DIA, attivi attorno alla metà del secolo, cantori dell'amore cortese, che in

A sinistra Trovatori in una miniatura tratta dalle *Cantigas de Santa Maria*, raccolta di canzoni monofoniche spagnole in onore della Vergine Maria, XIII secolo. (Madrid, San Lorenzo dell'Escorial) **A destra** Danza di dame e cavalieri in una miniatura tratta da un'edizione del 1430 del *Romanzo della Rosa*. (Vienna, Österreichische Nationalbibliothek)

Jaufré diventa «amore di lontano», appassionata dedizione a una donna mai conosciuta; tra il XII e il XIII secolo opera BERTRAN DE BORN, esaltatore della bellezza della guerra feudale.

Quando la crociata contro gli Albigesi (1208-1229) distrusse le corti provenzali, numerosi trovatori ripararono presso altre corti. Così la poesia provenzale si diffuse in Europa, influenzando profondamente le nascenti letterature romanze; in lingua d'oc scrissero anche trovatori italiani, come Sordello da Goito, citato da Dante nel canto VI del *Purgatorio*.

La scuola siciliana

Negli stessi anni in cui nell'Italia centrale prendono forma i primi testi della poesia religiosa in volgare, in Sicilia, in un ambiente sociale e culturale diversissimo, nasce, sul modello della poesia provenzale, la prima vera e propria scuola poetica della letteratura italiana. Le fa da sfondo la corte di Federico II di Svevia, impegnata nella costruzione di uno Stato "moderno", accentrato, autonomo dalle ingerenze della Chiesa: in questo quadro si collocano la fondazione dell'Università di Napoli, la prima che possa dirsi "statale", e la promozione di una cultura di ispirazione laica, basata sugli studi giuridici e retorici e sulla valorizzazione del volgare. I poeti della scuola siciliana sono funzionari di corte, magistrati e notai alle dipendenze dell'imperatore, organicamente legati alla sua politica culturale. Tra i pochi di cui abbiamo qualche notizia ricordiamo GIACOMO DA LENTINI (circa 1210-1260), iniziatore della scuola, al quale è attribuita l'invenzione del sonetto, forma metrica importantissima per la letteratura italiana ed europea; PIER DELLE VIGNE (circa 1190-1249), plenipotenziario di Federico poi caduto in disgrazia, posto da Dante tra i suicidi nel canto XIII dell'*Inferno*, autore anche di un epistolario che fu considerato un modello di prosa latina; lo stesso imperatore e i suoi figli. Scrivono in un siciliano arricchito da innesti provenzali e latini, a cui Dante attribuirà la qualifica di «volgare illustre» per la nobiltà della sua intonazione; le forme metriche più praticate sono la canzone, di origine provenzale, e il sonetto. Il tema unico delle loro liriche è l'amore cortese, secondo il modello dei trovatori, ridotto ad alcuni motivi ricorrenti (le manifestazioni dell'amore, la gioia o la sofferenza che ne conseguono, la visione della donna e i suoi effetti sull'innamorato) e a un repertorio fisso di immagini rigidamente codificate, che ritornano nei diversi autori senza apprezzabili particolarità individuali, con un gusto della ripetizione e della millimetrica variazione tipico di una cerchia intellettuale ristretta e aristocratica. La scuola siciliana ha una vita molto breve, che va dalle prime opere di Giacomo da Lentini alla morte di Federico II (1250);

▸T10 ▸T11

ma la sua codificazione di forme e di temi influisce profondamente sullo sviluppo della lirica in Italia.

La poesia cortese toscana

L'eredità della scuola siciliana è raccolta da alcuni poeti toscani, che la adattano al proprio volgare e la innestano nel clima dinamico e conflittuale delle città comunali: se sul piano formale il riferimento resta l'imitazione dei provenzali, sul piano tematico all'amore cortese si affiancano nuovi contenuti politici e morali, legati alle vicende contemporanee. La personalità più vigorosa è GUITTONE D'AREZZO (circa 1235-1294), intellettuale e uomo pubblico guelfo. La sua vita è segnata da una drammatica crisi spirituale, che lo spinge, all'età di trent'anni, ad abbandonare moglie e figli per entrare nell'Ordine dei Cavalieri di Santa Maria; da quel momento, rinnegata la precedente poesia amorosa, dedica il suo impegno letterario a tematiche politiche e morali, esprimendo un'aspra condanna dei conflitti e delle violenze che dilaniano le città toscane. Formato sui provenzali e sui latini, studioso di retorica, Guittone è molto attento agli aspetti tecnici e formali della scrittura poetica: il virtuosismo e il gusto per le soluzioni difficili e oscure lo avvicinano alle esperienze provenzali del *trobar clus*. Considerato un caposcuola dai poeti toscani della sua generazione (fra i quali la rimatrice COMPIUTA DONZELLA e BONAGIUNTA ORBICCIANI), sarà criticato da Dante, che nel *De vulgari eloquentia* relegherà la sua produzione nel campo della lirica municipale, «rozza» e «campagnola».

T13

T14

Contadini danzano durante una festa popolare in una miniatura tratta dal *Libro delle Ore di Charles d'Angoulême*, XV secolo. (Parigi, Bibliothèque Nationale de France)

LA POESIA POPOLARE E GIULLARESCA

Caratteri generali

Come abbiamo già accennato, fin dai primi secoli del Medioevo è capillarmente diffusa, oltre alla poesia scritta, una poesia orale, legata alla visione del mondo e ai modi espressivi delle classi popolari. Spesso legata alla musica e alla danza, si esegue in occasione di feste e ritrovi. La diffondono per le strade, le piazze e i mercati i giullari, che sono insieme attori, giocolieri, mimi e cantanti a pagamento, e si rivolgono a un pubblico vastissimo, dai gusti elementari; a volte riescono a trovare sistemazione presso una corte, e allora adeguano la loro vena popolaresca alla nuova clientela. Tra questo tipo di poesia e la poesia colta ci sono influenze reciproche: il poeta popolare riprende, in forma semplificata e a volte parodistica, i modelli dotti; e viceversa il poeta raffinato utilizza a modo suo gli spunti offerti dalla produzione popolare. Dalle poche testimonianze scritte che ci sono rimaste – testi anonimi o attribuiti a giullari – possiamo farci l'idea di un linguaggio e di una metrica approssimativi e di una forma spesso basata sul dialogo o comunque su un'intonazione che si presta alla recitazione e al mimo; i temi sono abbastanza vicini a quelli della poesia comica (l'elogio del bere e del mangiare, l'imprecazione contro padri o mariti gelosi, l'invettiva contro le donne), o si basano su una trasposizione a livello popolare di motivi tipici della lirica amorosa (il dialogo tra l'amante e l'amata, l'addio tra due innamorati).

Rosa fresca aulentissima

A testimoniare l'incertezza dei confini tra la poesia colta e quella popolare citiamo *Rosa fresca aulentissima*, composta fra il 1231 e il 1250 dal ▸T12 siciliano CIELO D'ALCAMO, vissuto al tempo di Federico II; riprendendo in chiave popolaresca il genere della pastorella, l'autore mette in scena il dialogo tra un giovane popolano e una ragazza che alla fine accetta di far l'amore con lui in cambio di una promessa di eterna fedeltà:

A lo letto ne gimo alla bon'ora
ché chissà cosa n'è data in ventura.

Nonostante che il tema e lo stile rinviino sicuramente a un modello popolare, gli studiosi non riescono a mettersi d'accordo su chi sia stato realmente Cielo d'Alcamo: un giullare dotato di una certa cultura o un poeta colto della corte sveva che si divertiva a imitare i modi giullareschi?

IL «DOLCE STIL NOVO»

Una nuova concezione dell'amore

In polemica con le oscurità e le durezze di Guittone – che resta comunque un fondamentale anello di congiunzione con le esperienze precedenti – si definisce la poetica di un gruppo di poeti per lo più fiorentini, attivi tra la fine del Duecento e l'inizio del Trecento, intenzionati a elaborare un modo nuovo di fare poesia, basato su scelte linguistiche eleganti, armoniose, equilibrate: caratteri che Dante, nel canto XXIV del *Purgatorio*, riassumerà nella formula «dolce stil novo». Sono esponenti di famiglie agiate, di formazione universitaria, attivamente impegnati nella politica del comune, tanto che quasi tutti, prima o poi, sono costretti all'esilio. Consapevoli di costituire un'élite intellettuale contrapposta alla vecchia classe feudale, nei loro testi elaborano un nuovo concetto di "gentilezza", intesa come elevatezza morale e non come nobiltà di nascita, e scrivono in un fiorentino colto e raffinato per un ristretto pubblico di affini. Affrontano la lirica amorosa con un impegno filosofico e intellettuale nuovo, inquadrando il tema dell'amore nell'ambito dei problemi teologici che appassionano la cultura del tempo: il rapporto tra il corpo e l'anima, tra le passioni terrene e la devozione a Dio, tra la Bellezza e la Verità.

Guido Guinizzelli

Il gruppo degli stilnovisti riconobbe come maestro e fondatore il giudice bolognese GUIDO GUINIZZELLI (circa 1230-1276), definito da Dante «il padre / mio e de li altri miei miglior che mai / rime d'amor usar dolci e leggiadre» (*Purg.*, XXVI, vv. 97-99). Le sue prime poesie sono di ispirazione guittoniana; poi, ▸T15 nella canzone *Al cor gentil rempaira sempre amore* e in alcuni sonetti depurati da ogni accento realistico o intonazione aspra, dà il via alla nuova moda poetica. Nella canzone la donna è rappresentata come un angelo che con la sua bellezza prefigura la beatitudine del Paradiso; solo uomini dotati di un cuore "gentile" possono sperimentare l'amore che scaturisce dalla sua visione, che agisce beneficamente sull'anima dell'innamorato con la stessa efficacia delle forze che governano l'universo: il sole e le stelle che infondono virtù nelle pietre preziose, la luce di Dio che guida l'azione delle intelligenze angeliche. La concezione cortese dell'amore viene così profondamente rimaneggiata, inquadrata in un'ottica cristiana, investita di un gusto per la speculazione filosofica che era generalmente assente nelle opere dei provenzali e dei siciliani: l'innamoramento è studiato come fenomeno oggettivo e universale, slegato dalle vicende biografiche del poeta; la donna non è un concreto essere umano ma un'aspirazione ideale personificata, senza caratteri fisici o psicologici individuali. L'analisi della straordinaria intensità dell'esperienza amorosa, che assorbe completamente le risorse conoscitive e psicologiche dell'innamorato, ritorna nei sonetti, dove la visione della donna si traduce ora in contemplazione e lode delle sue virtù beatificanti, ora in angoscia per la sua inafferrabile superiorità.

T16

Guido Cavalcanti

Di questi due temi il primo sarà particolarmente approfondito e accentuato da Dante, che, con la *Vita nuova*, scriverà il capolavoro dello «stil novo»; il secondo dal suo fraterno amico, il fiorentino Guido Cavalcanti (circa 1255-1300). Di parte guelfa, è coinvolto negli scontri fra le famiglie dei Cerchi e dei Donati, e nel 1300 viene espulso dalla città da un decreto dei Priori (fra cui lo stesso Dante). Nello stesso anno, rientrato a Firenze per la revoca della condanna, muore di una febbre malarica contratta durante l'esilio. Cavalcanti è stato un intellettuale di grande rilievo nella Firenze del tempo, rimasto nella memoria dei posteri nel modo in cui ce lo presenta una famosa novella di Boccaccio: «leggiadrissimo» e «costumatissimo» filosofo, tutto assorbito dai suoi studi, individualista e anticonformista, in odore di eresia e di ateismo. Nelle sue poesie più tipiche l'amore non è rappresentato, alla maniera di Guinizzelli, come sintesi di bontà e di bellezza, di sentimento e di spiritualità, ma come sconvolgente conflitto tra i sentimenti e la ragione: l'innamorato è sbigottito di fronte all'irraggiungibile splendore della donna, incapace di coglierne ed esprimerne l'assoluta perfezione, e il suo cuore si fa teatro di un drammatico scontro fra le diverse facoltà psichiche (personificate in "spiritelli", secondo una concezione mutuata dal filosofo arabo Averroè, vissuto nel secolo XII) che lo precipita nella paura e nella morte:

T104

T17

Veder poteste, quando v'inscontrai,
quel pauroso spirito d'amore
lo qual sòl apparir quand'om si more,
e 'n altra guisa non si vede mai.
Elli mi fu sì presso, ch'i' pensai
ch'ell'uccidesse lo dolente core:
allor si mise nel morto colore
l'anima trista per voler trar guai; [*Rime*, XXII]

Due donne in un particolare di un affresco di Giovanni da Milano, 1365. (Firenze, Basilica di Santa Croce)

La precisione da scienziato con cui Guido denomina e analizza le reazioni fisiche e mentali prodotte dalla passione amorosa non attenua la violenza dell'emozione, espressa con parole scarne, «disfatt'e paurose», che sanno colpire anche il lettore di oggi, superando le difficoltà linguistiche e l'estrema lontananza culturale delle categorie filosofiche dello «stil novo». Oltre che nelle liriche dedicate alle «crudeltà d'amore» Cavalcanti ha dato prova dell'eleganza e della duttilità del suo stile in componimenti di intonazione scherzosa, o affettuosa e malinconica, come la famosa ballata dell'esilio *Perch'i' no spero di tornar giammai*.

T18

T19

Tra gli altri poeti del gruppo – tutti caratterizzati da scelte linguistiche «dolci e leggiadre» e dalla ripresa di motivi, parole e immagini di matrice guinizzelliana – il più abbordabile e simpatico per un lettore non specialista è probabilmente Cino da Pistoia (1270-1336): meno filosofo di Dante e Cavalcanti, più disposto ad avvicinarsi con la poesia a una concreta storia personale, dà voce a sentimenti teneri e malinconici in versi di morbida musicalità.

PROFILO

LA POESIA COMICO-REALISTICA

Una definizione

Sempre tra la seconda metà del Duecento e i primi anni del Trecento si diffonde in Toscana un genere poetico che si contrappone alla linea provenzale-siciliana-stilnovista basata sull'idealizzazione della realtà e sulla ricerca di un linguaggio letterario raffinato: l'intonazione è comica e satirica; i temi e i sentimenti cantati sono i più elementari (il bisogno di denaro, il desiderio sessuale, la rabbia contro i rivali in amore e gli avversari politici, le invettive contro le donne brutte o ritrose). Secondo il principio medievale della congruenza tra il tema e lo stile le scelte lessicali sono comuni e triviali, e contrappongono all'astrattezza della poesia illustre il gusto per la definizione concreta di nomi, oggetti, luoghi e circostanze; la sintassi è elementare e vicina al parlato. A differenza degli stilnovisti, gli autori di queste poesie non costituiscono un gruppo compatto, e non elaborano teorie sulla loro attività letteraria; ma la loro rozzezza è soltanto apparente: si tratta di poeti colti e consapevoli, che sperimentano un altro tipo di scrittura, e spesso si divertono a parodiare la compunzione dei loro contemporanei "seri". Del resto il confine non è netto: anche Guinizzelli, Cavalcanti e Dante si sono cimentati con lo stile comico, così come poeti specializzati nel genere comico hanno scritto liriche in stile illustre. Dietro ai modi e ai temi di questo tipo di produzione sta la nuova visione del mondo della borghesia comunale, faziosamente immersa nelle beghe della vita cittadina, portata a dissacrare l'idealismo aristocratico dei modelli cortesi e a celebrare gli aspetti concreti e materiali della vita; ma non mancano i precedenti letterari, come la poesia in latino dei goliardi (i chierici che frequentavano la città per compiere i loro studi universitari e gradualmente si laicizzavano), nata nelle prime università, dedicata alla satira dei costumi clericali e all'elogio del vino e dell'amore; e i *fabliaux* francesi, brevi racconti in versi di carattere giocoso, satirico e spesso osceno.

PERCORSO
• Il comico e il satirico, p. 538

Rustico Filippi

Iniziatore della poesia comica in volgare è considerato il fiorentino Rustico Filippi, attivo tra il 1260 e il 1290. La sua produzione è costituita sia da sonetti aulici di stampo guittoniano sia da sonetti comici; la sua specialità sono le invettive contro nemici reali o inventati, caratterizzate da rude e grossolana violenza:

Dovunque vai con teco porti il cesso,
oi buggeressa vecchia puzzolente,
ché qualunque persona ti sta presso
si tura il naso e fugge immantinente.

Cecco Angiolieri

Più vari sono i temi di Cecco Angiolieri, nato a Siena attorno al 1260 da una ricca famiglia di banchieri e morto circa nel 1312, gravato dai debiti, dopo aver subìto multe e processi e dilapidato l'eredità paterna. Nei suoi sonetti si ritrae come frequentatore di taverne, bestemmiatore, giocatore, sempre in bilico tra il piacere di far baldoria e la cupezza per la sfortuna che lo perseguita, in perenne lite ▸T20 col padre avaro, la moglie brontolona e l'amata Becchina che non lo ricambia e vuole solo i suoi soldi. L'apparente immediatezza e spontaneità dei suoi versi non deve trarre in inganno: Cecco è un letterato abile e colto, che sa scimmiottare beffardamente la lirica stilnovista alternando stile sublime e basso, e piazza le sue battute dopo un sapiente dosaggio degli effetti, passando dalle iperboli più paradossali alla quotidianità più comune: come quando, in preda al suo feroce umor nero, immagina, in un crescendo forsennato, di essere vento, fuoco, imperatore, Dio, per meglio distruggere il mondo ed eliminare i genitori; ma poi conclude, realisticamente:

S'i' fosse Cecco, com'i' sono e fui,
torrei le donne giovani e leggiadre:
▸T21 *le vecchie e laide lasserei altrui.*

Folgóre da San Gimignano

Vicino a questi poeti per il gusto della descrizione concreta e per l'esaltazione degli aspetti materiali dell'esistenza, ma alieno da intenzioni comiche e satiriche, è Folgóre da San Gimignano, vissuto tra la fine del Duecento e l'inizio del Trecento. È autore tra l'altro di due "corone", rispettivamente di quattordici e di otto sonetti, nelle quali insegna a una «brigata nobile e cortese» come passare piacevolmente i dodici mesi dell'anno e i sette giorni della settimana: l'argomento ricorda la poesia didattica, ma il tono è spigliato e vivace, animato dai colori, dall'allegria, dal fasto di una vita agiata e raffinata. Folgóre rimpiange la società cortese e i suoi costumi aristocratici («Cortesia, cortesia, cortesia chiamo, / e da nessuna parte mi risponde», si lamenta in un altro sonetto), e li ripropone nel contesto della società comunale, spogliati dagli ideali feudali, come un bel sogno di vita felice e spensierata, simile a quella che di lì a pochi anni condurrà l'«onesta brigata» immaginata da Boccaccio nel *Decameron*.

LA LIRICA NEL TRECENTO

Se si esclude l'opera di Petrarca, la lirica del Trecento può considerarsi una continuazione un po' stanca dei temi e dei modi sperimentati nel secolo precedente: la lauda lirica e drammatica, lo stilnovo, la poesia comico-realistica, la poesia di argomento politico e morale. L'unica novità dal punto di vista dei generi poetici è costituita dalla poesia per musica, rivolta a un pubblico borghese e signorile, che dà luogo a nuove forme metriche come il madrigale e la ballata. Il Trecento è comunque dominato dalle figure di Dante e Petrarca: il modello dantesco agisce principalmente sulla poesia politica e didascalica, quello petrarchesco sulla poesia amorosa di fine secolo.

Nel corso del secolo, sia per l'influsso dei due "grandi" sia per l'emigrazione di poeti e intellettuali toscani esuli nelle corti del Nord, la tradizione fiorentina allarga la sua influenza all'Italia settentrionale, dove anche i poeti locali cominciano a scrivere in una lingua toscaneggiante; nell'Italia centrale e meridionale invece la penetrazione toscana è irrilevante.

La letteratura narrativa, memorialistica, storiografica

SVILUPPI LETTERARI DELLA PROSA IN VOLGARE

Le opere in prosa volgare che abbiamo citato finora – vite di santi, raccolte di lettere o di prediche, trattati – sono per lo più state scritte nel Trecento e risultano in gran parte da traduzioni e rielaborazioni di testi latini ("volgarizzamenti"). Nel corso del Duecento, infatti, la prosa italiana fatica ad affermarsi e ad acquistare una propria autonomia: negli stessi anni in cui fioriscono le prime importanti esperienze nel campo della poesia volgare, chi vuole scrivere in una prosa elegante e dotta preferisce solitamente affidarsi ancora al latino, oppure a un volgare nobilitato da una tradizione letteraria come la lingua d'oïl (è il caso del *Trésor* di Brunetto Latini). Il processo attraverso il quale gradualmente si delinea una prosa letteraria in volgare è legato agli sviluppi della società comunale:

man mano che il volgare si diffonde come lingua d'uso in campo giuridico e politico, i notai e i funzionari dei comuni si impegnano a codificarne una versione raffinata e colta, subordinata a regole precise, come quelle applicate alla prosa latina e greca; un passo importante in questa direzione è costituito dall'applicazione anche al toscano dei precetti della retorica, avviata fin dall'inizio del secolo a Bologna da Guido Faba, proseguita da Brunetto Latini e culminata nel *De vulgari eloquentia* di Dante. Anche i volgarizzamenti di opere latine danno un importante contributo alla nobilitazione della prosa italiana: il traduttore, trovandosi di fronte a un testo complesso per lingua e per stile, è costretto ad arricchire il proprio volgare, a modellarlo sulla dignità formale dell'originale.

Così, nella seconda metà del Duecento e nel Trecento, un numero crescente di autori sceglie di scrivere anche in prosa volgare, venendo incontro alla domanda di cultura di quei ceti cittadini che vogliono imparare, distrarsi, divertirsi attraverso la lettura, ma non conoscono o non amano il latino. I generi letterari più strettamente legati a questi sviluppi della prosa sono il romanzo cavalleresco, la novella, le cronache e i libri di viaggio.

LA LETTERATURA CAVALLERESCA

Le *chansons de geste*

Negli stessi anni in cui in Provenza nasceva la poesia dei trovatori, nel Nord della Francia circolavano le *chansons de geste*, poemi epici in lingua d'oïl cantati nelle corti e nelle piazze da una categoria specializzata di giullari. Il loro tema principale è costituito dalle imprese di Carlo Magno e dei suoi paladini in lotta contro i musulmani. I valori celebrati sono quelli della cavalleria: la nobiltà di sangue, il coraggio, la forza fisica, la fedeltà fino alla morte alle gerarchie ecclesiastiche e feudali, la "guerra santa" contro i nemici della fede. Anche quando incominciano a essere tramandate per iscritto, le *chansons* mantengono le caratteristiche tipiche della trasmissione orale (ripetitività, suddivisione in episodi autosufficienti, semplicità di linguaggio). La più famosa è la ▸T24 *Chanson de Roland* (1080-1100), centrata sull'eroica morte del paladino Orlando, personaggio destinato ad avere uno straordinario successo presso i più diversi pubblici nei secoli successivi. Il racconto è elementare e potente, senza analisi psicologiche o divagazioni avventurose, tutto basato sulla netta contrapposizione tra bene e male, cristiani e non cristiani; i fatti storici dell'epoca carolingia sono rielaborati e idealizzati per offrire un monolitico e incisivo modello di comportamento per la società francese dell'epoca delle crociate. La fortuna delle *chansons de geste* dura fino al XIII secolo, quando lasciano posto a rimaneggiamenti in prosa; nelle canzoni più tarde compaiono elementi amorosi, comici, fantastici, in risposta alle nuove esigenze del pubblico delle corti, stanco del rude ascetismo del modello cavalleresco e affascinato da un ideale di vita più raffinato e gaudente.

Cavalieri armati in una miniatura del XV secolo. (Londra, British Library)

I romanzi cortesi

Ma il genere che meglio risponde a questa evoluzione del gusto è il romanzo cortese, nato in Francia nel XII secolo. A differenza delle canzoni di gesta, non racconta imprese militari collettive ma avventure di singoli cavalieri che perseguono una propria meta individuale, spesso estranea ai modelli di comportamento dominanti. È scritto in versi, ma concepito per la lettura e non per la recitazione;

le trame, ampie e movimentate, sono ricche di digressioni, pause, svolte, che mirano a coinvolgere e appassionare il lettore; grande spazio è dato al tema dell'amore cortese, agli elementi meravigliosi e fiabeschi. Due sono i filoni principali: la "materia antica", ossia la rielaborazione in chiave medievale di storie e leggende dell'antichità classica (*Romanzo di Tebe*, *Romanzo di Troia*, *Romanzo di Alessandro*); e la "materia di Bretagna", dedicata alle favolose imprese di re Artù e dei cavalieri della Tavola Rotonda, che raggiunge i suoi esiti più avvincenti e raffinati nei romanzi di CHRÉTIEN DE TROYES, attivo tra il 1160 e il 1190 (*Erec e Enide*, *Cligès*, *Lancillotto*, *Ivano*, *Perceval*). Alcuni temi, storie e personaggi della "materia di Bretagna" furono particolarmente amati nel Medioevo, e si impressero profondamente nell'immaginario della cultura occidentale, influenzandola fino ai nostri giorni: il mito dell'"avventura" come esperienza eccezionale, legata a un ideale di vita aristocratico, più nobile e grande di quello offerto dalla realtà comune e quotidiana; l'idea dell'amore come forza assoluta, che può travolgere il vincolo

La regina Isotta libera Tristano e insieme si imbarcano per raggiungere il reame di Logres in una miniatura di Everard De Espinques del XV secolo. (Chantilly, Musée Condé)

T25 del matrimonio (*Lancillotto e Ginevra*), e condurre fino alla morte (*Tristano e Isotta*); il motivo dell'eroe che si perfeziona gradualmente e scopre il senso della propria vita nel perseguimento di un bene prezioso e inaccessibile (*Perceval* p. 559).

La letteratura epico-cavalleresca in Europa

Dalla Francia la poesia cavalleresca – *chansons de geste* e romanzo cortese – si diffuse anche nel resto dell'Europa, influenzò profondamente gli sviluppi delle diverse letterature nazionali e diede vita a numerosissime riprese, rielaborazioni, contaminazioni, in prosa e in poesia, sia a livello dotto sia a livello popolare. Nei paesi germanici e anglosassoni era già presente una produzione epica di una certa rilevanza, il cui frutto più antico e importante è *Beowulf*, poema in lingua inglese arcaica risalente agli anni prima del Mille. Al Duecento risalgono invece la stesura della *Canzone dei Nibelunghi* e dell'*Edda*, poemi epici ispirati a eventi e personaggi leggendari della mitologia nordica. In Spagna l'influenza delle *chansons de geste* si traduce in una serie di poemi cavallereschi, il più famoso dei quali è il *Cantar de mio Cid* (seconda metà del secolo XII), opera che celebra le imprese del condottiero Rodrigo Díaz de Vivar, personaggio realmente esistito e protagonista della *reconquista* spagnola contro i musulmani.

Traduzioni e rielaborazioni italiane dei modelli francesi

Le storie e i personaggi delle *chansons de geste* e dei romanzi cortesi si diffondono in Italia a partire dal Duecento, dando vita a filoni narrativi di grande successo presso diversi strati sociali. Entrando in contatto con ambienti cittadini, borghesi e popolari, molto lontani dal clima culturale e dallo stile di vita delle corti francesi, la materia cavalleresca si spoglia delle implicazioni religiose, morali e ideologiche originarie, e viene ripresa come un repertorio di belle avventure e di personaggi affascinanti, adatto all'intrattenimento di un pubblico vasto.

Nell'Italia settentrionale fin dal Duecento le gesta dei paladini di Carlo Magno ritornano in poemi di gusto popolareggiante, scritti in una lingua ibrida, mista di elementi francesi e veneti (la cosiddetta "letteratura franco-veneta"). Rivolte a un pubblico cittadino di artigiani e mercanti capaci di leggere ma estranei alla cultura "alta" sono le riduzioni in prosa volgare dei romanzi cortesi, che incominciano a circolare nel secolo XIV: i più noti sono la *Tavola Ritonda* (circa 1320-1340) di un anonimo autore pisano, e *I Reali di Francia* e il *Guerin Meschino* del toscano ANDREA DA BARBERINO (circa 1370-1431), che hanno goduto di eccezionale popolarità fino al secolo scorso.

A temi carolingi, bretoni e classici ma anche a fatti contemporanei si ispirano i "cantari", poemetti in ottava rima che venivano recitati nelle piazze da giullari specializzati, detti poi "canterini": la vena ingenua e popolaresca di questi scrittori-interpreti è ben rappresentata da ANTONIO PUCCI (circa 1310-1388), campanaro e banditore del comune di Firenze, autore, oltre che di cantari cavallereschi e ispirati alla storia fiorentina, del *Centiloquio*, riduzione in versi della *Cronica* di Giovanni Villani, e della *Proprietà di Mercato Vecchio*, poemetto in terzine sugli usi popolari della sua città.

Questo insieme di opere, diffuso oralmente e attraverso la scrittura, non raggiunge livelli di alta qualità letteraria, ma attesta la grande diffusione della letteratura cavalleresca presso i più diversi strati sociali: su questa base nasceranno, nel Quattrocento e nel Cinquecento, i poemi di Pulci, Boiardo e Ariosto.

LA NOVELLA

Dall'*exemplum* alla novella

La forma di narrazione più diffusa nella prosa volgare duecentesca è costituita dalla volgarizzazione o dall'invenzione di *exempla*, brevi racconti di contenuto morale e di scopo edificante corrispondenti alle intenzioni religiose e didattiche dominanti nella cultura medievale e spesso inseriti nelle prediche o nei trattati. Ma circolano anche altri tipi di storie, variamente influenzate dalle leggende antiche, dalle fiabe popolari, dagli scherzi dei giullari, dai *fabliaux* e dalla narrativa cavalleresca di origine francese, nelle quali si fa luce una mentalità più laica e scanzonata, e alle finalità educative si affianca l'intenzione di divertire il nuovo pubblico borghese delle città. Nascono così le prime raccolte di novelle, che accostano alle storie esemplari dei santi e dei miracoli i gesti e le frasi celebri degli antichi e dei cavalieri, le beffe, gli episodi comici o bizzarri della vita cittadina.

Il *Novellino*

▸T26 ▸T27 ▸T28

La più rappresentativa di queste raccolte è il *Novellino* (1281-1300), antologia di cento brevi novelle composta da uno sconosciuto autore fiorentino. Sono «fiori di parlare, di belle cortesie e di belli risposi e di belle valentie, di belli donari e di belli amori» rivolti a «chi avrà cuore nobile e intelligenza sottile» perché possa imitarle e raccontarle «a prode e a piacere di coloro che non sanno e disiderano sapere»: l'intenzione dichiarata di intrattenere il lettore, la proposta di un ideale laico di cortesia e di bellezza, l'esplicito riferimento al pubblico borghese desideroso di assimilare la finezza di costumi della nobiltà sono tutti tratti tipici del nuovo genere letterario.

Dopo il *Decameron*

Il punto d'arrivo di questo processo è il *Decameron* (1349-1351) di Boccaccio, l'opera narrativa in volgare più letta e più diffusa del Trecento. Nella versione boccacciana la novella mette in secondo piano gli intenti educativi per cercare la propria giustificazione nella sua intrinseca qualità letteraria e nella sua capacità di intrattenere, divertire, commuovere; sceglie di preferenza i suoi soggetti nel presente, facendo coincidere luoghi e personaggi con l'ambiente sociale dei lettori a cui si rivolge; sperimenta una grandissima varietà di intonazioni, scelte tematiche e stilistiche, che fungeranno da modello per la narrativa europea dei secoli successivi.

Dopo un libro bellissimo e inimitabile come il *Decameron*, è difficile cimentarsi con la novella: tra i novellieri post-boccacciani, tutti molto al di sotto del loro modello e chiusi nel piccolo mondo municipalistico della società comunale in declino, il più interessante è FRANCO SACCHETTI (circa 1332-1400): nato a Ragusa (oggi Dubrovnik) in Dalmazia, si trasferisce a Firenze, dove si dà alla mercatura e partecipa attivamente alla vita pubblica della città, rivestendo varie cariche pubbliche. La sua opera più importante è il *Trecentonovelle* (1385-1392), che riprende la materia contemporanea con preferenza per l'ambiente fiorentino e per gli aneddoti di tono comico e burlesco narrati con piglio vivace e stile colloquiale; di mentalità più angusta di Boccaccio, conclude ogni novella con un commento edificante, ispirato a una morale conservatrice e spesso misogina.

▸T29

Geoffrey Chaucer

Ma il vero continuatore di Boccaccio si trova fuori d'Italia: è l'inglese GEOFFREY CHAUCER (circa 1340/43-1400), il primo autore che abbia dato dignità al volgare inglese medievale, che prima di lui non era considerato una lingua letteraria. In qualità di diplomatico compie diversi viaggi in Francia e in Italia, impadronendosi delle lingue e delle letterature di questi paesi, che influenzarono la sua produzione letteraria. Non ci sono prove dirette della sua conoscenza dell'opera di Boccaccio, ma almeno una delle sue opere minori pare ispirata alla *Teseida* del fiorentino, e nel suo capolavoro, *I racconti di Canterbury*, è ripresa l'idea della raccolta di racconti a cornice, realizzata per la prima volta nel *Decameron*: alcuni pellegrini, che rappresentano un campionario delle categorie sociali dell'epoca (lo Studente, il Mercante, la Priora, il Mugnaio, l'Oste, il Cavaliere...), si incontrano in viaggio e proseguono insieme verso Canterbury, dove è venerata la tomba di Thomas Becket, il santo nazionale inglese; per ingannare la noia del viaggio, raccontano quattro novelle ciascuno. Nelle 24 novelle, per la maggior parte in versi, Chaucer riprende i temi più diversi della narrativa medievale, comici e tragici, avventurosi e fantastici, e definisce realisticamente le caratteristiche psicologiche e sociologiche dei diversi narratori, offrendo un quadro multiforme e pittoresco della società inglese del suo tempo.

▸T30

CRONACHE, MEMORIE E LIBRI DI VIAGGIO

Dalle storie universali alle cronache

Il Duecento eredita dai secoli precedenti un'idea della storia tutta basata sulla centralità della religione e sull'idea della provvidenza: le opere storiografiche erano concepite come storie universali, che partivano dalla creazione del mondo per giungere al presente, pescavano dalla Bibbia e dalle più varie fonti antiche e contemporanee, e inserivano vicende reali e immaginarie nel quadro di un disegno divino predeterminato. I mutamenti culturali che si realizzano nel corso del secolo mettono in primo piano i fatti contemporanei, gli interessi più concreti della borghesia comunale: nascono così le cronache, centrate su eventi vicini nel tempo e circoscritte a una dimensione cittadina o regionale.

Le cronache in latino: Salimbene da Parma

Le cronache composte nel Duecento sono per lo più in latino; compaiono principalmente nell'Italia meridionale e in Toscana, nell'area veneta e genovese. La più interessante, anche per il lettore di oggi, è la *Cronica* del francescano SALIMBENE DA PARMA (1221-circa 1288), imperniata sugli avvenimenti italiani tra il 1168 e il 1287 e basata in gran parte sull'esperienza diretta dell'autore, che ebbe contatti con i personaggi più significativi del suo tempo; scritta in un latino rapido ed efficace, intriso di elementi sintattici e lessicali vicini al volgare, è ricca di vivaci descrizioni di personaggi, di notazioni di costume, di episodi pittoreschi.

Le cronache in volgare: Dino Compagni e Giovanni Villani

Nel Trecento le cronache più importanti sono scritte in volgare da autori toscani. Il mercante fiorentino DINO COMPAGNI (circa 1260-1324), guelfo bianco appassionatamente impegnato nella vita politica cittadina, concentra la sua *Cronica delle cose occorrenti ne' tempi suoi* sulla narrazione del conflitto politico svoltosi a Firenze tra il 1280 e il 1312, dal quale lui e la sua parte uscirono sconfitti; attraverso una prosa nervosa e concitata la cronaca disegna un quadro tragico e fosco della corruzione della vita politica della città, animato dallo sdegno e dalla tristezza dell'uomo politico costretto all'inazione. Più pacato il tono della *Cronica* di GIOVANNI VILLANI (circa 1280-1348), anch'egli mercante e fiorentino, continuata dopo la sua morte dal figlio Matteo e dal nipote Filippo; guelfo nero, Villani è rappresentante di una classe agiata che tiene saldamente le redini del potere nella Firenze del tempo: la sua cronaca inizia, secondo i dettami della storia universale, con l'episodio biblico della torre di Babele per giungere agli avvenimenti contemporanei, raccontati con ritmo sereno e, per il lettore di oggi, alquanto noioso; per lo storico invece essa risulta una fonte più attendibile di quella di Compagni, per la meticolosità e l'equilibrio della narrazione. Tra le cronache scritte fuori dall'ambiente toscano particolarmente drammatica e suggestiva è la *Vita di Cola di Rienzo*, composta nella seconda metà del Trecento da un anonimo romano, in un volgare romanesco spezzato, espressivo e violento, in netto contrasto col modello di prosa ampia ed elegante lanciato da Boccaccio.

▸T31
▸T32

I libri di viaggio: il *Milione*

Lo stesso pubblico di mercanti e artigiani che leggeva volentieri le cronache delle città si appassionava ai racconti di viaggio, che descrivevano, in bilico tra realtà e fantasia, i paesi lontani, fuori dai confini della cristianità. Il più affascinante è il *Milione*, resoconto dei viaggi del mercante veneziano MARCO POLO (1254-1324), giunto col padre Niccolò e con lo zio Matteo fino in Cina, dove diventa fiduciario del Gran Khan del Catai. Tornato in Italia, nel 1298 partecipa alla battaglia di Curzola tra veneziani e genovesi, e finisce in carcere per un anno, come prigioniero di guerra. Qui detta a un autore di romanzi cavallereschi suo compagno di prigionia, Rustichello da Pisa, le sue memorie di viaggio, che oggi conosciamo col titolo il *Milione*. Fin dalle prime righe dell'opera l'autore stimola la curiosità del lettore preannunciando «tutte le grandissime maraviglie e le gran diversitadi delle genti d'Erminia, di Persia e di Tarteria, d'India e di molte altre province»: la narrazione alterna ai capitoli di tono favoloso, basati sulle leggende e le fantasticherie che circolavano in Europa a proposito dei paesi esotici, capitoli circostanziati e precisi, frutto dell'esperienza personale.

▸T33

Il grande pregio del libro, apprezzabile a piccole dosi anche oggi, è costituito dal continuo intrecciarsi di diversi modi di approccio: il gusto per il fiabesco dell'uomo medievale; la tendenza all'osservazione precisa, scientifica, dell'esploratore curioso; l'attenzione ai fatti economici e sociali dell'esperto mercante.

Marco Polo entra a Pechino accompagnato da Odorico da Pordenone in una miniatura tratta da un'edizione francese del *Libro delle Meraviglie*, 1410. (Parigi, Bibliotèque Nationale de France)

PROFILO

FISSA I CONCETTI

I GENERI LETTERARI DEL DUECENTO-TRECENTO

LETTERATURA RELIGIOSA (Italia centrale)

Francesco d'Assisi: *Cantico delle creature*

Iacopone da Todi: la lauda e la lauda drammatica

- Predicatori (Jacopo Passavanti, *Specchio della vera penitenzia*)
- Agiografi *(I fioretti di San Francesco)*
- Mistici (Caterina da Siena, *Lettere*)

LETTERATURA DIDATTICA (Italia centro-settentrionale)

Religiosa:
- Gerardo Patecchio, *Splanamento de li Proverbii de Salomone*
- Giacomino da Verona, *De Jerusalem celesti. De Babilonia civitate infernali*
- Bonvesin de la Riva, *Libro delle tre scritture*

Laica:
- Bonvesin de la Riva, *Cinquanta cortesie da desco*
- *Fiore* (poema avventuroso e galante attribuito a Dante)
- Brunetto Latini, *Trésor*
- Cecco d'Ascoli, *Acerba*

Poesia comico-realistica, in reazione alla linea provenzale-siciliana-stilnovista:
- in Sicilia, Cielo d'Alcamo (*Rosa fresca aulentissima*)
- in Toscana, Rustico Filippi, Folgóre da San Gimignano, Cecco Angiolieri

Uno sguardo d'insieme
- Quali sono i principali centri culturali dell'Italia del Duecento e del Trecento e quali generi letterari vi si diffondono?

La letteratura religiosa
- Quali caratteristiche tematiche e formali definiscono il genere della lauda?
- Quali sono le prime forme letterarie in lingua volgare praticate dagli scrittori francescani e domenicani?

La letteratura didattica
- Quali sono i contenuti ricorrenti nella letteratura didattica?
- Date una definizione di "poema allegorico".

La lirica
- In quale ambiente sociale fiorisce la poesia dei trovatori?
- Quali sono i temi ricorrenti nella poesia trobadorica?
- In quale ambiente nasce la scuola siciliana?

LIRICA

Poesia provenzale in lingua d'oc (Guglielmo di Aquitania, Jaufré Rudel, Bertran de Ventadorn, Bertran de Born):
- celebrazione degli ideali dell'amor cortese
- attenzione agli aspetti stilistici (*trobar clus*, *trobar leu*, *trobar rich*)

Scuola siciliana alla corte di Federico II (Giacomo da Lentini, Pier delle Vigne, Federico II):
- temi ispirati alla poesia cortese provenzale
- elaborazione di un "volgare illustre" (siciliano depurato e arricchito da latinismi e provenzalismi)

Poesia cortese toscana (Guittone d'Arezzo, Compiuta Donzella):
- temi e forme della poesia cortese trasferiti nella cultura comunale
- nuovi contenuti politici e morali

«Dolce stil novo» (Guido Guinizzelli, Guido Cavalcanti, Dante Alighieri):
- rinnovamento delle forme e del linguaggio poetico
- approccio teorico-speculativo alla tematica amorosa, ricondotta in ambito religioso
- ideale borghese della "gentilezza" e visione beatifica della donna

LETTERATURA NARRATIVA

Letteratura cavalleresca:
- in Francia, *chansons de geste* (ciclo carolingio, *Chanson de Roland*) e romanzi cortesi (materia di Bretagna, *Lancillotto e Ginevra*), influenti in tutta Europa
- in ambito germanico, poemi epici ispirati alla mitologia nordica (*Canzone dei Nibelunghi* e *Edda*)
- in Spagna, *Cantar de mio Cid*
- in Italia, *Tavola Ritonda* (di autore anonimo) e Andrea da Barberino (*I Reali di Francia*, *Guerin Meschino*)

Novellistica (*Novellino*; *Decameron* di Giovanni Boccaccio; *Trecentonovelle* di Franco Sacchetti; *Racconti di Canterbury* di Geoffrey Chaucer):
- originata dalla tradizione degli *exempla* e dei *fabliaux*
- espressione di una mentalità laica e borghese
- finalizzata non solo a educare, ma anche a divertire

Croniche, dalla storia universale all'interesse circoscritto per la realtà contemporanea:
- in latino (Salimbene da Parma)
- in volgare (Dino Compagni; Giovanni, Matteo e Filippo Villani)

Libri di viaggio (il *Milione* di Marco Polo):
- racconto di avventure in paesi lontani
- mescolanza di tono favoloso e interesse antropologico

- A quale ceto sociale appartengono i poeti stilnovisti?
- Come cambia la concezione cortese dell'amore nell'elaborazione dei poeti stilnovisti?
- Quali sono le tematiche preferite dalla poesia comico-realistica?

La letteratura narrativa, memorialistica, storiografica

- Quali sono i caratteri tematici e formali tipici delle *chansons de geste*?
- In quali ambienti sociali nascono i romanzi cortesi? Quali ne sono i temi ricorrenti?
- Come si trasforma la materia cavalleresca nel passaggio dalle corti francesi alla società urbana italiana?
- Date una definizione dei termini "cantare" e "novella".
- A quale tipo di pubblico si rivolgevano principalmente le novelle, le cronache delle città e i libri di viaggio?

LA BIBLIOTECA DEI LETTERATI

Che cosa leggevano Dante, Petrarca e Boccaccio

«Mira colui con quella spada in mano, / che vien dinanzi ai tre sì come sire: / quelli è Omero poeta sovrano; / l'altro è Orazio satiro che vene; / Ovidio è 'l terzo, e l'ultimo Lucano». Queste parole, pronunciate da Virgilio nel Limbo dantesco (*Inf.* IV, 86-90), indicano i quattro principali poeti che un giovane del XIV secolo doveva conoscere per essere considerato un *litteratus*.

Una statua di Omero realizzata da Philippe Laurent Roland nel XIX secolo. (Parigi, Musée du Louvre)

Le Fonti poetiche della classicità

Omero è nominato «sire» e «poeta sovrano» per la sua autorità indiscussa, anche se, all'epoca di Dante, ignara del greco, era noto solo attraverso citazioni di autori latini; Orazio viene indicato perché è autore dei due libri delle *Satirae*, che nel Duecento erano lette come un'opera di ammaestramento morale; Ovidio era soprattutto il poeta delle *Metamorfosi*, ricco repertorio di racconti e personaggi mitologici da cui Dante trasse ispirazione per alimentare la sua poesia; Lucano era anch'egli maestro di metamorfosi – come ci ricorda sempre Dante in *Inf.* XXV, 94-96 – ma soprattutto era considerato il meno menzognero dei poeti, un cronista in versi, perché il suo capolavoro, la *Pharsalia*, narra di una vicenda storica per lui recente, la guerra civile tra Cesare e Pompeo. A questi autori bisogna naturalmente aggiungere il personaggio che parla, cioè Virgilio, il sommo poeta della latinità: le sue opere (*Bucoliche*, *Georgiche*, *Eneide*) godettero di un'incontrastata fortuna attraverso tutto il Medioevo, che vide in lui, di volta in volta, un guaritore, un mago, addirittura un veggente capace di profetizzare, benché pagano, la venuta del Redentore.

La biblioteca di un intellettuale del basso Medioevo – costituita da pochi volumi, anche per il costo molto alto dei manoscritti – includeva pochi altri scrittori in versi: Stazio (che infatti Dante incontrerà nel *Purgatorio*), autore della *Tebaide* e dell'incompleta *Achilleide*, e poi i poeti satirici latini Persio e Giovenale e il commediografo Terenzio, letti soprattutto come fustigatori dei vizi umani. Di ampia diffusione erano anche due opere poetiche che nei secoli successivi non hanno goduto della stessa fortuna: il poemetto mitologico *De raptu Proserpinae* di Claudio Claudiano, poeta latino della fine del IV secolo, e le sei *Elegiae* di Massimiano: le celebri parole di Francesca in *Inf.* V, 121-23, «Nessun maggior dolore / che ricordarsi del tempo felice / ne la miseria» derivano probabilmente da un verso della sua prima elegia: «Dura satis miseris memoratio prisca honorum»).

Cicerone, il maestro della prosa

Nel Duecento il maestro incontrastato della scrittura in prosa era Cicerone: il *De inventione* e la *Rhetorica ad Herennium* (che oggi è attribuita a un altro autore) erano disponibili in traduzioni in volgare, perché se ne potessero servire anche gli intellettuali impegnati nella vita cittadina che non sapevano il latino; fra gli storici il punto riferimento era il Sallustio del *De coniuratione Catilinae* e del *Bellum iugurthinum*. Nel Trecento, col nascere della sensibilità umanistica, lo sguardo sugli autori classici si fa più prospettico, si mira alla ricostruzione corretta dei testi, si scoprono nuove opere e si profila un cambiamento del gusto. Si riscoprono le *Storie* di Tito Livio e il *De dictis et factis memorabilibus* di Sallustio Valerio Massimo, che offrono a Petrarca il modello per i suoi *Rerum memorandarum libri* (1342-1343). Petrarca è anche il primo a ritrovare l'orazione ciceroniana *Pro Archia*, che sarà la fonte principale delle numerose apologie umanistiche della poesia, e a scoprire, nella biblioteca capitolare di Verona, una parte dell'epistolario perduto di Cicerone: emerge così un Cicerone dal volto più intimo e familiare, diverso dall'oratore e dal filosofo conosciuto nel secolo precedente. Quando deciderà di raccogliere le sue tante lettere latine nei *Familiarium rerum libri* XXIV e nei *Senilium rerum libri* XVIII, Petrarca lo farà anche per tentare di emulare questo venerato modello di vita e di scrittura. Al fianco della grandiosa opera di riscoperta e ricostruzione filologica operata da Petrarca, il ruolo di Boccaccio è nettamente minore, ma gli va riconosciuto il merito di aver rivalutato il romanzo di Apuleio *L'asino d'oro*, che Petrarca aveva letto con sufficienza: ne possedeva più copie e lo utilizzò come fonte per almeno due novelle del suo *Decameron*.

Il frontespizio del *Commento di Servio a Virgilio* miniato da Simone Martini per Francesco Petrarca nel 1340. (Milano, Biblioteca Ambrosiana)

La biblioteca di un umanista

Fra la fine del Trecento e i primissimi anni del Quattrocento, con la biblioteca di Coluccio Salutati, siamo di fronte alla prima vera raccolta di un umanista, di cui ci rimangono oggi più di cento volumi: con l'immissione delle lettere *Familiares*, egli poteva leggere l'epistolario di Cicerone ormai al completo, così come, sul versante poetico, i *Carmina* di Catullo e i *Tristia* e le *Epistulae ex Ponto* di Ovidio, che eserciteranno una forte influenza sulla lirica latina del XV e XVI secolo.

Lelio, Scipione Emiliano, Attico e Catone il Censore discutono della vecchiaia in una miniatura tratta da un'edizione del *Cato maior de senectute* di Cicerone del XV secolo. (Chantilly, Musée Condé)

GENERI E TECNICHE NEL TEMPO

Il sonetto: rigidità metrica e duttilità tematica

A differenza della canzone, importata in Italia dalla lirica provenzale, il sonetto è nato in Italia. La sua origine è incerta, ma gli studiosi tendono oggi ad attribuirne l'invenzione al caposcuola dei rimatori siciliani Giacomo da Lentini, ▸T10 che forse la ricavò dalla trasformazione di una stanza di canzone.

Fin dall'inizio la rigida gabbia metrica del sonetto (due quartine e due terzine di endecasillabi con schemi fissi di rime) si mostra disponibile ai temi e ai toni più vari. C'è il sonetto di stile sostenuto, aulico (pensate allo stilnovismo ▸T16) e c'è il suo opposto comico (Cecco Angiolieri ▸T21); ci sono quello epistolare e quello didattico, quello filosofico e quello politico, e perfino quello che propone ragionamenti di critica letteraria. C'è, ancora, la "collana", ossia una serie di più sonetti legati da un unico tema, come quelli che Folgóre da San Gimignano, contemporaneo di Dante, scrisse sui giorni della settimana e sui mesi dell'anno. Alla corte di Federico II, e poi nella Toscana del pieno e tardo Duecento, lo scambio di sonetti diventò un mezzo per dialogare, discutere, scatenare tenzoni: i poeti si rispondevano letteralmente "per le rime", cioè scrivevano componimenti con lo stesso schema di rime scelto dal loro interlocutore. Una famosa tenzone comica, al limite dell'insulto, è quella che vide protagonisti Dante e il suo amico Forese Donati.

Da Petrarca al primo Novecento

Ma il sonetto acquista un ruolo centrale nella lirica italiana soltanto mezzo secolo più tardi, con Petrarca ▸T70; e due secoli dopo è ancora l'esempio del suo *Canzoniere*, esportato anche in altre lingue, a imporlo con alcune varianti nella maggiore poesia europea del rinascimento. Nei secoli rimane costante la paradossale coesistenza di rigidità metrica e disponibilità tematica: il sonetto potrà diventare grottesco e stravagante nel Seicento, galante e salottiero nel Settecento. Tra la fine del secolo XVIII e l'inizio del XIX, Alfieri e Foscolo sono forse gli ultimi due importanti poeti in lingua italiana a considerare decisivo il confronto con la sua griglia metrica: il primo, com'è tradizione, se ne serve in un canzoniere, mentre il secondo ne inserisce pochi esemplari memorabili in una produzione lirica ridotta. Al contrario, è sintomatico che Leopardi, il maggiore poeta dell'Ottocento italiano, non abbia inserito nei suoi *Canti* nessun sonetto. Chi invece negli stessi anni ne scrive più di duemila, ma in gergo romanesco, è Giuseppe Gioacchino Belli, che per offrire un affresco della plebe di Roma sfrutta in tutti i modi le risorse offerte dalla brevità e dalla struttura simmetrica del sonetto, dimostrando che ogni successione di quartine e terzine possa trasformarsi in un ritratto compiuto o in un perfetto atto teatrale, in un apologo tagliente o in un denso raccontino.

Un'edizione miniata del *Canzoniere* di Francesco Petrarca del 1470. (Brescia, Biblioteca Queriniana)

Un libro aperto nel particolare di un dipinto di Lorenzo Lotto del 1547. (New York, Metropolitan Museum of Art)

Ma nella poesia in lingua italiana la crisi testimoniata dall'opera leopardiana continua a fine Ottocento con Pascoli, l'altro grande lirico del secolo, che confina i suoi pochi sonetti tra gli esercizi di gioventù. Più legati all'architettura dei quattordici versi rimangono invece il suo maestro Carducci, e il suo versatilissimo coetaneo D'Annunzio, che scrive anche qualche sonetto con versi più corti dell'endecasillabo. A inizio Novecento, lo stampo è ripreso dai nuovi poeti crepuscolari: soprattutto Guido Gozzano, che coi suoi esemplari di ottimo artigianato si conferma l'ultimo erede di una tradizione lirica secolare. Ma di lì a poco, contagiati dagli esperimenti moderni e avanguardistici, i poeti sentono ormai questa forma chiusa come un vincolo troppo stretto. Così la composizione di sonetti viene presto confinata al mondo dei versificatori dilettanti, o al massimo, in autori di primo piano come Saba, contrassegna alcuni episodi minori ed eccentrici.

La fortuna nel secondo Novecento

Ma a partire dalla seconda metà del secolo XX si torna ad avvertire il bisogno di limiti e armature metriche, e anche nella maggiore lirica italiana si sviluppa una poetica che riutilizza le forme classiche. Nascono così i sonetti di Giorgio Caproni, e poi quelli di Andrea Zanzotto, di Giovanni Raboni e di Patrizia Valduga, che si presentano spesso come *collage* composti da allusioni e citazioni della tradizione poetica di tutti i tempi. Del resto il sonetto ha rivelato fin dall'inizio una vocazione a guardarsi allo specchio, a riflettere o a giocare su se stesso. Forse il migliore omaggio che sia stato tributato a questa forma metrica è un "metasonetto" di Guido Gozzano, che la definisce un «nobile edifizio / eretto su quattordici colonne», una «forma esatta più che ogni altra mai, / prodigio di parole indistruttibile, / come i vecchi gioielli ereditari».

- La "collana" di sonetti:
  - Folgóre da San Gimignano *Di maggio*
- La tenzone comica:
  - Dante Alighieri *Chi udisse tossir la malfatata*
- Il sonetto nel Seicento:
  - Ciro da Pers *Orologio da rote*
- Il sonetto nel Settecento:
  - Giambattista Zappi *Sogno*
- L'esempio di Alfieri:
  - Vittorio Alfieri *Tacito orror di solitaria selva*
- L'esempio di Foscolo:
  - Ugo Foscolo *Alla sera*
- Il sonetto romanesco di Belli:
  - Giuseppe Gioacchino Belli *Er giorno der giudizzio*
- Il ritorno novecentesco del sonetto:
  - Andrea Zanzotto *Sonetto del che fare e che pensare*

GENERI E TECNICHE NEL TEMPO

La canzone fra continuità e metamorfosi

Musici di corte ritratti in una miniatura del *Codex Manesse*, XIV secolo. (Heidelberg, Universitätsbibliothek)

▸T8 ▸T9 ▸T81

Insieme al sonetto, la canzone si afferma tra Duecento e Trecento come la forma più rilevante e tipica della poesia italiana. Ma mentre il sonetto ha la sua origine in Italia, la canzone ricalca i modelli della letteratura provenzale, originariamente accompagnati da una melodia. I suoi argomenti sono molto vari (amore, politica, religione, filosofia, bilanci autobiografici...) e la sua struttura metrica si basa di solito su un'alternanza di endecasillabi e settenari. Nella sua versione classica è composta da strofe dette "stanze" (in provenzale *coblas*) che ripetono un uguale schema di rime, e si chiude con un breve "congedo", in cui il poeta si rivolge a un destinatario o al suo stesso testo personificato. Ogni stanza è formata da una "fronte", divisa in due unità ritmiche dette "piedi", e da una "sirma", che può essere divisa in "volte"; in molti casi, l'ultimo verso della fronte è collegato al primo verso della sirma dal ritorno della stessa rima, che viene chiamata "chiave". Ecco per esempio la prima stanza della canzone di Petrarca *Chiare, fresche e dolci acque*:

Fronte	Piede 1	7	Chiare fresche e dolci **acque** a
		7	ove le belle m**embra** b
		11	pose colei che sola a me par d**onna**; C
	Piede 2	7	gentil ramo ove pi**acque**, a
		7	con sospir mi rim**embra**, b
		11	a lei di fare al bel fianco col**onna**; C
Sirma		7	erba e fior che la g**onna** c
		7	leggiadra rico**verse** d
		7	co l'angelico s**eno**; e
		7	aere sacro ser**eno** e
		11	ove Amor co' begli occhi il cor m' ap**erse**: D
		7	date udienzia insi**eme** f
		11	a le dolenti mie parole estr**eme**. F

Rima Chiave

Dante e Petrarca

▸T13 ▸T45

Alle origini, nei siciliani come Giacomo da Lentini, si trovano spesso canzoni tutte giocate su versi brevi, settenari o perfino ottonari. Il ruolo centrale dell'endecasillabo si afferma in Toscana, prima con Guittone d'Arezzo e Chiaro Davanzati, poi con Lapo Gianni e con Dante, che nel *De vulgari eloquentia* codifica con grande rigore teorico la forma-canzone, e la indica come il genere più elevato di composizione in versi. Applicato nella pratica, questo rigore dà ai suoi testi una straordinaria complessità retorica, come si vede bene nelle rime petrose: le sole, in realtà, di cui i poeti successivi riprenderanno frequentemente gli schemi metrici.

▸T78 Molto diversa è l'idea che della canzone ha Petrarca. Anziché basarsi su un'astratta gerarchia a priori delle forme, i suoi testi sembrano obbedire soprattutto a ragioni di armonia e di tono. Tornando a servirsi con abbondanza del settenario, l'autore del *Canzoniere* lavora a rendere lo stile levigato e soave anche nei passaggi più riflessivi, aspri o solenni: al livello della struttura, come a quello lessicale, punta su una poesia piana, lineare, sciolta. Se Dante sperimentava e addensava, Petrarca uniforma e simmetrizza, creando l'archetipo della canzone classica che durerà poi nei secoli.

Cantori rappresentati in un bassorilievo di Luca della Robbia realizzato nel 1431-1438. (Firenze, Museo dell'Opera del Duomo)

Un modello che si evolve nei secoli

Ma a differenza del sonetto, giunto immutato all'Ottocento senza soluzioni di continuità, la canzone passa lungo la sua storia attraverso una complicata serie di contaminazioni, travestimenti, fenomeni carsici. Nel Cinquecento, oltre ai calchi petrarchisti di Bembo o Della Casa, è infatti fondamentale la riscoperta e l'imitazione di alcuni modelli antichi. Così gli argomenti e i toni più alti vengono in parte assorbiti da un nuovo tipo di canzone, dalla struttura molto diversa, che si richiama a Pindaro e apre la strada all'ode o all'inno; mentre la produzione più leggera e intima, trascritta in strofe e versi brevi, si ispira ad Anacreonte (Gabriello Chiabrera). Questa seconda forma avrà una grande fortuna fino al Settecento dell'Arcadia, e metricamente anche oltre: spesso sotto il nome di "ode" o "inno", per esempio, tornerà a ospitare contenuti civili in Parini, e in Manzoni.

Quanto alla canzone classica, la sua tradizione viene riepilogata e insieme dissolta nell'opera di Giacomo Leopardi, che rifacendosi ai componimenti "a selva" di Alessandro Guidi (1650-1712) propone una "canzone libera" in cui le stanze di endecasillabi e settenari, prive d'interna ripartizione, sono variabili per lunghezza, alternanza dei versi e posizione delle rime.

Una citazione merita infine quel tipo particolare di canzone che è la sestina, composta da sei stanze indivisibili di sei endecasillabi (più tre endecasillabi di commiato), dove al posto delle rime ricorrono a fine verso le stesse parole, ma collocate in ogni stanza su posizioni differenti, "a scalare". Inaugurata da Dante sull'esempio del provenzale Arnaut Daniel, la sestina si lega in Petrarca a temi naturalistici o cosmologici, e sopravvive poi fino a Carducci e D'Annunzio; mentre nella modernità novecentesca, quando le forme classiche, dopo la rivoluzione del verso libero, verranno recuperate in chiave ironica o straniante, le possibilità di sottile gioco manieristico offerte dal suo schema solleciteranno autori molto diversi come Ungaretti e Fortini, Pound e Auden.

Luca della Robbia, *Orfeo canta e suona il liuto*, 1437. (Firenze, Museo dell'Opera del Duomo)

- LA CANZONE PROVENZALE:
  - RAIMBAUT D'AURENGA *Non canto per augello né per fiore*
  - BERNART DE VENTADORN *Quando la lodoletta vedo*
- LA CANZONE TOSCANA:
  - DANTE ALIGHIERI *«Ben converrà che la mia donna mora»*
- LA CANZONE "ANACREONTICA":
  - GABRIELLO CHIABRERA *Riso di bella donna*
- LA CANZONE CIVILE TRA SETTECENTO E OTTOCENTO:
  - GIUSEPPE PARINI *La salubrità dell'aria*
  - GIUSEPPE PARINI *La caduta*
  - ALESSANDRO MANZONI *Marzo 1821*
  - ALESSANDRO MANZONI *Il Cinque Maggio*
- LA CANZONE "LIBERA":
  - GIACOMO LEOPARDI *A Silvia*
- LA SESTINA:
  - DANTE ALIGHIERI *Al poco giorno e al gran cerchio d'ombra*
  - FRANCESCO PETRARCA *Non à tanti animali il mar fra l' onde*

ALTROVE NEL MONDO

La letteratura persiana tra misticismo ed "epicureismo"

Nei secoli dopo il Mille l'islam sperimentò nel misticismo una delle sue tendenze culturali più interessanti. La spinta ad approfondire gli aspetti interiori del pensiero religioso è presente in questa civiltà sin dai suoi inizi, ma fu solo a partire dal secolo XII che il sufismo, la forma di ricerca mistica dell'islam, si organizzò in congregazioni dedite, sotto la guida di un maestro, alla ricerca della via divina. Le confraternite sufi erano da sempre molto attive sul territorio e contribuirono allo sviluppo di una letteratura nelle lingue locali. Si creò così una ricchissima produzione letteraria: in Persia, per esempio, essa diede frutti di straordinario splendore nel periodo che va dal secolo XI al XIV, inserendosi in una tradizione precedente che considerava la poesia come la massima espressione artistica.

Bellezza e Amore

I due cardini della letteratura sufi sono Bellezza e Amore: essi sono le qualità dell'Essere supremo, origine di tutte le realtà sensibili. Per celebrare questa suprema e ineffabile realtà, i poeti mistici costruiscono componimenti di assoluta perfezione formale, impreziosendoli con immagini allegoriche che costituiscono quasi un codice cifrato, interpretabile a molti livelli di significato. Le metafore più ricorrenti sono quelle della passione amorosa ed estatica, il vino e l'ebbrezza che esso dà, la bellezza del creato e di tutte le sue creature (i fiori, gli alberi, il canto degli usignoli). Anche in questo contesto culturale, come nella coeva tradizione mistica europea, spiritualità e corporeità sono dunque strettamente intrecciate: nella ricchissima tradizione poetica in lingua persiana il sentimento mistico assume una forte carica di erotismo, che rende difficile scindere i due ambiti dell'amore sacro e dell'amore profano. Formalmente quest'ambiguità è dovuta anche al fatto che, nella lingua persiana, il pronome di terza persona singolare è lo stesso sia per il maschile sia per il femminile.

Due amanti in una miniatura persiana di Reza Abbasi del 1630. (New York, Metropolitan Museum of Art)

Khayyàm e Rūmī

I più importanti poeti persiani del periodo furono 'Attār, Hāfez, Sa'di, Jami, che cantarono il desiderio e l'amore mistico in versi raffinati. Uno dei nomi più noti in Europa è quello di Omar Khayyàm (1048-1131): la sua figura di matematico, filosofo, astronomo e poeta rappresenta un perfetto esempio della concezione musulmana del sapiente. Le sue quartine sono spesso animate dal tema dell'esaltazione del vino e dell'erotismo, legato alla constatazione della caducità della vita. Secondo molti interpreti, tut-

Intellettuali arabi riuniti nella biblioteca di Bassora in una miniatura del 1240. (Parigi, Bibliothèque Nationale de France)

tavia, i suoi versi nascondono contenuti mistici e le immagini terrene sarebbero da interpretarsi allegoricamente.

Fin quando sprecherai tu la vita adorando te stesso?
E ad affannarti a correr dietro all'Essere e al Nulla?
Bevi vino, ché una Vita che ha in fondo solo la Morte
Meglio è che passi nel sonno, meglio è che passi in ebbrezza.

Omar Khayyām, *Quartine*, a cura di A. Bausani, Einaudi, Torino, 1956

Molto noto è anche il teologo e poeta sufi Jalāl al-Dīn Rūmī (1207-1273), considerato il massimo mistico della letteratura persiana.

Entra nel cuore del fuoco, diventa farfalla, diventa farfalla.
Estraniati da te stesso, distruggi la casa: e poi,
vieni con gli innamorati nella stessa casa, nella stessa casa.
Va' e lava il cuore, con sette acque, da ogni astio,
poi per il vino dell'amore diventa coppa, diventa coppa.
Devi diventare tutta anima per meritarti gli innamorati:
se vai dagli ebbri, va' come ebbro, va' come ebbro.

Persia Mystica. Poeti sufi dell'età classica, a cura di V. Del Re McWeeny, trad. dal persiano di V. Del Re McWeeny, ETS, Pisa, 2004

UN LIBRO

Annemarie Schimmel, *La saggezza dell'Islam. Un'antologia di massime e poesia*, trad. dal tedesco di B. Anceschi, Feltrinelli, Milano, 2003

I "dervisci rotanti"

Oltre che per i suoi versi, Rūmī è celebre in quanto fondatore della confraternita dei Mevlevi, o "dervisci rotanti", così chiamati per il modo caratteristico in cui eseguono il *dhikr*, l'esperienza cultuale per raggiungere l'estasi mistica. Durante questa pratica essi compiono delle rotazioni con una mano rivolta verso l'alto (il cielo) e una verso il basso (la terra) che rappresenta un particolare esercizio interiore volto a creare un equilibrio tra le varie componenti, corporee e spirituali, dell'individuo. Praticando questo culto per anni il derviscio riesce a raggiungere lo stato di equilibrio per un tempo sempre più lungo, allo scopo di renderlo permanente, giungendo così all'unione con Dio.

1 | I GENERI

I TESTI

▸ p. 30

La letteratura religiosa

- Iacopone da Todi, *O iubelo de core*
- Iacopone da Todi, *O Signor, per cortesia*

Nel Duecento e nel Trecento in varie parti d'Italia si sviluppa una letteratura religiosa in volgare, scaturita dall'esigenza di esprimere e di incanalare la religiosità popolare: si delineano così vari generi, in poesia e in prosa, legati a diversi aspetti e forme dell'esperienza religiosa. La preghiera collettiva e individuale trova un'espressione poetica nella lauda (▸T2), fiorita attorno alla metà del Duecento in Umbria e nell'Italia centrale, sulla scia del rinnovamento spirituale promosso da San Francesco (▸T1). Nel secolo successivo la letteratura religiosa in volgare si esprime anche in prosa, attraverso il racconto della vita dei santi, di cui l'esempio più famoso sono *I fioretti di San Francesco* (▸T3), e la raccolta di prediche centrate su esempi di peccati puniti e di virtù premiate, come lo *Specchio della vera penitenzia* del domenicano Jacopo Passavanti (▸T4-T5). Un caso a parte è costituito dalle *Lettere* di Caterina da Siena (▸T6), terziaria domenicana, che documentano la straordinaria presenza nella cultura del secolo della prima scrittrice della letteratura italiana, capace di fondere travolgenti slanci mistici e acceso impegno politico in una scrittura energica e passionale.

FRANCESCO D'ASSISI

T1 ▸ Cantico delle creature

Il *Cantico delle creature*, intitolato originariamente *Laudes creaturarum* ("Lode delle creature"), è considerato il primo testo poetico della letteratura italiana. Francesco d'Assisi lo scrisse negli ultimi anni di vita, tra il 1224 e il 1226. Stando alla tradizione, dopo averlo composto invitò i suoi seguaci ad andare tra la gente cantandolo, come "giullari di Dio".

▸ **METRO**: versi di diversa lunghezza, legati da assonanze e a volte da rime, modellati sul ritmo dei Salmi biblici.

Altissimu, onnipotente, bon Signore,
tue so' le laude, la gloria e l'honore et onne benedictione.

Ad te solo, Altissimo, se konfano,
et nullu homo ène dignu te mentovare.

Laudato sie, mi' Signore, cum tucte le tue creature,
spetialmente messor lo frate sole,
lo qual'è iorno, et allumini noi per lui.
Et ellu è bellu e radiante cum grande splendore:
de te, Altissimo, porta significatione.

Laudato si', mi' Signore, per sora luna e le stelle:
in celu l'ài formate clarite et pretiose et belle.
Laudato si', mi' Signore, per frate vento
et per aere et nubilo et sereno et onne tempo,
per lo quale a le tue creature dài sustentamento.

Laudato si', mi' Signore, per sor'aqua,
la quale è multo utile et humile et pretiosa et casta.

1. **Altissimu**: Altissimo. L'alternanza delle desinenze in -u e in -o (v. 3) è caratteristica del volgare umbro.
2. **tue so'**: sono tue, spettano a te. **laude**: lodi. Nella liturgia le lodi (*laudes*) sono i salmi che si recitano al mattino. **honore**: la *h* iniziale è uno dei tanti esempi di grafia latina presenti nel testo. **et... benedictione**: e ogni benedizione. È evidente l'influenza del latino (la congiunzione *et*, il gruppo consonantico *ct* al posto di *z*).
3. **Ad**: a (forma latina). **se konfano**: si addicono.
4. **et... mentovare**: e nessun (*nullu*, dal latino "*nullus*") uomo è degno di menzionarti, di pronunciare il tuo nome. L'aggiunta di una sillaba (o "epìtesi") al verbo "essere" (*ène*) è caratteristica dell'umbro.
5. **Laudato sie**: sii lodato. La ripetizione di questo attacco (anàfora) ricalca la struttura del Salmo 148, il canto di lode a Dio recitato al mattino dagli Ebrei. **mi'**: mio. **cum tucte**: insieme a tutte.
6. **spetialmente**: specialmente. **messor... sole**: il signor fratello sole. Il testo è noto anche come *Cantico di frate Sole*.
7. **lo... iorno**: il quale è la luce del giorno. **et... lui**: e tu tramite esso (*per lui*) ci illumini.
8. **Et... bellu**: ed esso è bello. **radiante**: raggiante.
9. **de... significatione**: è segno di te, cioè simboleggia la tua grandezza.
10. **per**: può significare "attraverso" (in questo caso l'orante, che non può lodare direttamente Dio, lo loda nelle sue creature), oppure "a causa di" (si loda Dio per il fatto che ha creato l'universo), oppure "da parte di" (complemento d'agente: Dio è lodato dalle sue creature). **sora**: sorella.
11. **celu**: cielo. **l'ài formate**: le hai create. **clarite**: luminose. **pretiose**: preziose.
13. **et... sereno**: e per l'aria e per il cielo nuvoloso e per quello sereno. **onne**: ogni.
14. **per... quale**: tramite il quale. **sustentamento**: sostentamento, il necessario per vivere.
16. **humile**: umile. **casta**: pura, anche in senso religioso. L'acqua è infatti usata nelle cerimonie battesimali come elemento purificatore.

Francesco d'Assisi (1182-1226), figlio di un commerciante di tessuti, trascorse una giovinezza da ricco borghese, studiò latino e francese e si avviò a una carriera militare. Ma tra il 1206 e il 1207, in seguito a una profonda crisi spirituale, compì una svolta radicale: si ritirò in un eremo, cominciò ad assistere i lebbrosi e fece pubblica rinuncia di tutti i suoi averi per dedicarsi alla riforma della Chiesa. Cominciò così a predicare la povertà, l'amore per la natura e l'assoluta fedeltà ai Vangeli, e fondò un nuovo ordine religioso che ottenne una prima provvisoria approvazione da papa Innocenzo III nel 1210. L'insegnamento di Francesco ebbe un immediato successo e coinvolse anche donne e laici. Nel 1219 Francesco si recò in Siria per annunciare il Vangelo al sultano al-Malik al Kamil. Visto inizialmente con sospetto dalle gerarchie ecclesiastiche per i suoi precetti radicali, l'ordine venne riconosciuto nel 1223 da papa Onorio III. Oltre al *Cantico delle creature*, di Francesco ci restano soltanto testi in latino: alcune laude e la *Regula* dell'ordine.

Laudato si', mi' Signore, per frate focu,
per lo quale ennallumini la nocte:
et ello è bello et iocundo et robustoso et forte.

Laudato si', mi' Signore, per sora nostra matre terra,
la quale ne sustenta et governa,
et produce diversi fructi con coloriti flori et herba.

Laudato si', mi' Signore, per quelli ke perdonano per lo tuo amore
et sostengo infirmitate et tribulatione.

Beati quelli ke 'l sosterrano in pace,
ka da te, Altissimo, sirano incoronati.

Laudato si', mi' Signore, per sora nostra morte corporale,
da la quale nullu homo vivente pò skappare:
guai a quelli ke morrano ne le peccata mortali;
beati quelli ke trovarà ne le tue sanctissime voluntati,
ka la morte secunda no 'l farrà male.

Laudate e benedicete mi' Signore et rengratiate
et serviateli cum grande humilitate.

Francesco d'Assisi, *Cantico delle Creature*, in *Poeti del Duecento*, a cura di G. Contini, I, Ricciardi, Milano-Napoli, 1960

17. **focu**: fuoco.
18. **ennallumini... nocte**: illumini la notte.
19. **iocundo**: giocondo. **robustoso**: robusto.
20. **matre**: madre.
21. **ne... governa**: ci dà nutrimento e ci mantiene.
22. **fructi**: frutti. **coloriti**: variopinti.
23. **per... amore**: in nome del tuo amore.
24. **sostengo... tribulatione**: sopportano malattie e sofferenze.
25. **'l sosterrano in pace**: sopporteranno ciò (*'l*, pronome neutro riferito a *infirmitate* e *tribulatione* del v. 24) serenamente.
26. **ka... incoronati**: perché (*ka*) da te, Altissimo, saranno premiati.
27. **corporale**: fisica, che riguarda solo il corpo (contrapposta alla morte spirituale del v. 31).
28. **pò skappare**: può scampare.
29. **quelli... mortali**: coloro che moriranno mentre sono in situazione di peccato mortale.
30. **quelli... voluntati**: coloro che (la morte fisica) troverà mentre stanno rispettando le tue volontà.
31. **morte secunda**: la seconda morte, cioè l'eterna dannazione dell'anima. **no... male**: non farà loro alcun male, in quanto non li riguarderà.
32. **rengratiate**: ringraziatelo.
33. **serviateli**: servitelo.

San Francesco predica agli uccelli in una tavola di Giotto, 1295-1300. (Parigi, Musée du Louvre/Josse/Scala)

DIALOGO CON IL TESTO

COMPRENDERE

I temi del *Cantico* Anche a distanza di secoli, una caratteristica evidente di questo inno di ringraziamento e di lode è l'apparente semplicità: il *Cantico delle creature* è un testo scritto per essere compreso e condiviso – ed eventualmente cantato o recitato – dal più ampio numero possibile di persone; in questo quadro si colloca la scelta del volgare.

Si possono distinguere quattro momenti della preghiera.

- Una parte iniziale, nella quale Francesco afferma che solo Dio è degno di essere glorificato e onorato, ma anche che nessuno può pronunciare il suo nome.
- La "lode delle creature" scaturisce da queste premesse: se Dio non può essere nominato, si può però glorificarlo in ciò che ha creato per l'uomo. Il sole, il cielo, le stagioni, l'acqua, il fuoco e la terra sono presentati come trasparenti manifestazioni della potenza e della bontà del Creatore, immediatamente accessibili a qualunque essere umano.
- Seguono alcuni versi di sapore più esplicitamente morale, che riguardano direttamente la creatura uomo.
- Infine, l'invito a lodare e ringraziare Dio *cum grande humilitate.*

● **Individuate nel testo i confini fra queste parti.**

Una visione positiva delle realtà terrene Ne emerge una visione del cristianesimo e del rapporto tra uomo e Dio lontana dalla religiosità ufficiale dell'epoca, imperniata sul rifiuto delle cose terrene e oppressa dalla paura e dal senso del peccato: l'esaltazione degli aspetti materiali della natura e l'accettazione incondizionata e lieta di ciò che viene da Dio, compresa la morte, disegnano un mondo armonioso e fraterno, in cui vale la pena di vivere con fiducia. Diversamente da quanto avveniva nella cultura teologica ufficiale, i vari aspetti della creazione non sono visti come spunti per l'elaborazione di intellettualistici significati simbolici, ma come cose buone in sé, che parlano direttamente di Dio.

ANALIZZARE

Un linguaggio gioioso e immediato La lingua adottata è il volgare, comprensibile dalla maggioranza dei fedeli. In particolare, si tratta di un volgare illustre: da una parte evita i tratti dialettali più spiccati del volgare umbro, dall'altra mantiene intatte alcune forme ed espressioni latine. Il risultato è un linguaggio di immediata comprensione e al tempo stesso di tono elevato. Anche le scelte stilistiche contribuiscono all'effetto di gioia e immediatezza. Notiamo in particolare:

- la struttura sintattica elementare, scandita da una formula ripetuta;
- il ricorrere in ogni parte del testo di una metafora che allude al rapporto amorevole tra l'uomo e le altre creature;
- la frequenza di aggettivi elogiativi e gioiosi riferiti agli attributi e alle proprietà degli elementi naturali.

● **Ripercorrendo il testo, indicate la formula, la metafora e qualcuno degli aggettivi elogiativi.**

INTERPRETARE

I significati del *per* Uno tra i punti più controversi nell'interpretazione del *Cantico* è il significato da attribuire al *per* che ricorre a partire dal v. 10 (*per sora luna, per frate vento...*).

● **Applicando le ipotesi interpretative che abbiamo suggerito in nota, spiegate quali diversi significati attribuiscano al testo. Può essere interessante discutere su quale di essi sia più convincente.**

San Francesco rinuncia ai beni materiali in un affresco di Giotto, 1292-1296. (Assisi, Basilica di San Francesco)

CONFRONTARE

Il *Cantico* e la Bibbia

- **Il testo è ricco di riferimenti alla Bibbia. Confrontatelo con il Salmo 148, individuando i caratteri comuni.**

1 Alleluia.
Lodate il Signore dai cieli;
lodatelo nei luoghi altissimi.

2 Lodatelo, voi tutti i suoi angeli;
lodatelo, voi tutti i suoi eserciti!

3 Lodatelo, sole e luna;
lodatelo voi tutte, stelle lucenti!

4 Lodatelo, cieli dei cieli,
e voi acque al di sopra dei cieli!

5 Tutte queste cose lodino il nome del Signore,
perch'egli comandò, e furono create;

6 ed egli le ha stabilite in eterno;
ha dato loro una legge che non sarà trasgredita.

7 Lodate il Signore dal fondo della terra,
voi mostri marini e oceani tutti,

8 fuoco e grandine, neve e nebbia,
vento impetuoso che esegui i suoi ordini;

9 monti e colli tutti,
alberi fruttiferi e cedri tutti;

10 animali selvatici e domestici,
rettili e uccelli;

11 re della terra e popoli tutti,
prìncipi e giudici della terra;

12 giovani e fanciulle,
vecchi e bambini!

13 Lodino il nome del Signore
perché solo il suo nome è esaltato;
la sua maestà è al di sopra della terra e del cielo.

14 Egli ha ridato forza al suo popolo,
è motivo di lode per tutti i suoi fedeli,
per i figli d'Israele, il popolo che gli sta vicino.
Alleluia.

La Sacra Bibbia, Società Biblica di Ginevra, 1994

SAN FRANCESCO
visto da Liliana Cavani, Franco Zeffirelli, Roberto Rossellini

Francesco, giullare di Dio
Regia: Roberto Rossellini
Sceneggiatura: Roberto Rossellini, Federico Fellini
Cast: Nazario Gerardi (Francesco)
Paese e anno di produzione: Italia (1950)
Durata: 75 minuti

Francesco d'Assisi
Regia: Liliana Cavani
Sceneggiatura: Liliana Cavani, Tullio Pinelli
Cast: Lou Castel (Francesco)
Paese e anno di produzione: Italia (1966)
Durata: 126 minuti

Fratello sole, sorella luna
Regia: Franco Zeffirelli
Sceneggiatura: Franco Zeffirelli, Suso Cecchi D'Amico, Lina Wertmüller
Cast: Graham Faulkner (Francesco)
Paese e anno di produzione: Italia, Gran Bretagna (1972)
Durata: 75 minuti

Francesco
Regia: Liliana Cavani
Sceneggiatura: Liliana Cavani, Roberta Mazzoni
Cast: Mickey Rourke (Francesco)
Paese e anno di produzione: Italia, Germania (1989)
Durata: 158 minuti

Fra i molti film dedicati a San Francesco, interessante e utile per riflettere sulla figura del santo è quello di Liliana Cavani, *Francesco* (1989). Francesco viene presentato come un *outsider*, una sorta di vagabondo, un anarchico e ribelle radicale votato alla solitudine: un antieroe contemporaneo, molto diverso dal santo che ci ha consegnato l'agiografia tradizionale. La scelta di un attore "scandaloso" come Mickey Rourke si rivela vincente: il fisico, quasi michelangiolesco, si impone all'attenzione dello spettatore, e può contribuire a spiegare il carisma e la sensualità del santo, giustificandone l'inclinazione all'azione più che alla contemplazione. Francesco si muove in un Medioevo livido e drammatico fino alla disperazione, in cui Dio sembra assente, mentre miseria, malattia e morte sembrano essere le protagoniste assolute.

Vale la pena ricordare anche il film precedente su San Francesco della stessa regista, intitolato *Francesco d'Assisi*, uscito nel 1966. Ancora, l'anticonformismo e la ribellione caratterizzano la figura del santo, che ha come interprete un altro attore fuori dagli schemi: Lou Castel. L'opposizione di Francesco al denaro e al potere anticipa la protesta giovanile della fine degli anni '60. Anche questo film è caratterizzato dalla forte fisicità dei corpi denudati, dei paesaggi spogliati, in opposizione alla dolciastra tradizione hollywoodiana.

Interessante il confronto con il film di Franco Zeffirelli *Fratello sole, sorella luna* del 1972, dove il poverello di Assisi compare in versione zuccherosa. Le immagini da *dépliant* turistico mostrano un San Francesco lontano dalle tensioni che caratterizzano i film sopra citati. Qualche spezzone, magari dove sono presenti le canzoni di Claudio Baglioni, può essere utile per confrontare le diverse interpretazioni del santo più popolare d'Italia.

Resta da ricordare *Francesco giullare di Dio*, di Roberto Rossellini (1950), film di una semplicità estrema, povero nei mezzi quanto lo era San Francesco, caratterizzato dall'uso di attori non professionisti – veri frati – nel desiderio di raggiungere un maggiore spessore di verità. Al centro del film è il tema della santità come "follia". Rossellini lascia emergere con forza il legame della religiosità con la terra, il corpo, la natura. La pioggia, la neve, il fango diventano coprotagonisti nella ricerca della «perfetta letizia». La visione di qualche spezzone può risultare utile per confrontarsi con un linguaggio filmico distante da quello contemporaneo.

Scena tratta dal film *Francesco, giullare di Dio* diretto da Roberto Rossellini nel 1950.

Scena tratta dal film *Fratello sole, sorella luna* diretto da Franco Zeffirelli nel 1972. (Alamy)

Scena tratta dal film *Francesco* diretto da Liliana Cavani nel 1989.

IACOPONE DA TODI

T2 ▸ Donna de Paradiso

La «donna [signora] de Paradiso» di questa lauda è Maria, che ai piedi della croce assiste alla morte di Gesù. Nel *Vangelo di Giovanni* – l'unico a menzionarne la presenza – la scena è descritta con queste parole: «Stavano presso la croce di Gesù sua madre, la sorella di sua madre, Maria di Clèofa e Maria di Màgdala. Gesù allora, vedendo la madre e lì accanto a lei il discepolo che egli amava, disse alla madre: "Donna, ecco il tuo figlio!". Poi disse al discepolo: "Ecco tua madre!". E da quel momento il discepolo la prese nella sua casa». Iacopone rielabora il racconto di Giovanni conferendo a Maria, appena citata dall'Evangelista, un ruolo centrale.

Con questo testo Iacopone inaugura la "lauda drammatica", recitata da più di due voci, dalla quale, nel Quattrocento, nascerà il genere teatrale della sacra rappresentazione. In questo caso le voci sono quattro: Maria, Gesù, il nunzio che racconta le vicende della passione (forse lo stesso Giovanni) e la folla.

▸ **METRO**: ballata strutturata in quartine di settenari, con rime AAAX, introdotte dalla ripresa YYX.

«Donna de Paradiso,
lo tuo figliolo è preso
Iesù Cristo beato.
Accurre, donna e vide
che la gente l'allide;
credo che lo s'occide,
tanto l'ò flagellato»

«Como essere porria,
che non fece follia,
Cristo, la spene mia,
om l'avesse pigliato?».

«Madonna, ello è traduto,
Iuda sì ll'à venduto;
trenta denar' n'à auto,
fatto n'à gran mercato».

«Soccurri, Madalena,
ionta m'è adosso piena!
Cristo figlio se mena,
como è annunziato».

«Soccurre, donna, adiuta,
cà 'l tuo figlio se sputa

Un particolare del *Crocifisso* di Cimabue, 1271. (Arezzo, Chiesa di San Domenico)

2. **preso**: catturato.
4. **Accurre**: accorri. **vide**: vedi.
5. **l'allide**: lo percuote.
6. **che... occide**: che finirà per essere ucciso.
7. **l'ò**: l'hanno.
8-11. **Como essere porria... pigliato?**: com'è possibile che sia stato fatto prigioniero (*om l'avesse pigliato*) Cristo, la mia speranza (*spene*), che non fece nulla di male (*follia*)?
12. **ello... traduto**: egli è (stato) tradito.
13. **Iuda**: Giuda Iscariota, l'apostolo che tradì Gesù. **sì**: (così).
14. **n'à auto**: ne ha avuti (in ricompensa del tradimento).
15. **fatto... mercato**: ha fatto un gran guadagno.
16-19. **Soccurri... annunzïato**: accorri in mio aiuto, Maddalena (una donna del seguito di Gesù)! Mi è giunta (*ionta*) addosso una grande pena (*piena*): Cristo, mio figlio, è trascinato via (*se mena*), come è stato annunciato. La passione e la morte di Cristo erano già state profetizzate sia nell'Antico Testamento sia da Gesù stesso.
20. **donna**: Maria. **adiuta**: aiuta (Gesù).
21. **cà... sputa**: perché tuo figlio è fatto oggetto di sputi.

e la gente lo muta;
òlo dato a Pilato».

«O Pilato, non fare
el figlio meo tormentare,
ch'eo te pòzzo mustrare
como a ttorto è accusato».

«*Crucifige, crucifige!*
Omo che se fa rege,
secondo nostra lege
contradice al senato».

«Prego che mm'entennate,
nel meo dolor pensate!
Forsa mo vo mutate
de que avete pensato».

«Traiàn for li latruni,
che sian soi compagnuni;
de spine s'encoroni,
ché rege ss'è clamato!».

«O figlio, figlio, figlio,
figlio, amoroso giglio!
Figlio, chi dà consiglio
al cor me' angustïato?

Figlio occhi iocundi,
figlio, co' non respundi?
Figlio, perché t'ascundi
al petto o' sì lattato?»

«Madonna, ecco la croce,
che la gente l'aduce,
ove la vera luce
déi essere levato».

«O croce, e que farai?
El figlio meo torrai?
E que ci aponerai,
che no n'à en sé peccato?».

22. **muta**: trascina via.
23. **òlo**: lo hanno. **Pilato**: il procuratore romano della Giudea, che ordinò la crocifissione.
25. **meo**: mio.
26. **ch'eo... mustrare**: poiché io posso dimostrarti.
28. ***Crucifige***: Crocifiggilo (in latino). È l'invocazione della folla a Pilato affinché Gesù venga crocifisso.
29. **Omo... rege**: l'uomo che si proclama re.
31. **contradice al senato**: va contro l'autorità di Roma.
32. **mm'entennate**: mi diate ascolto.
33. **nel... pensate**: pensate al mio dolore.
34-35. **Forsa... pensato**: forse ora (*mo*) cambierete idea rispetto a ciò che (*de que*) avete pensato.
36. **Traiàn... latruni**: tiriamo fuori i ladroni. La folla si riferisce ai due ladri che furono crocifissi con Gesù.
37. **soi compagnuni**: suoi compagni.
39. **ché... clamato**: poiché si è proclamato re.
42. **consiglio**: conforto.
44. **iocundi**: giocondi, che danno gioia.
45. **co'**: perché.
46. **t'ascundi**: ti nascondi.
47. **al... lattato**: al seno da cui sei stato allattato.
49. **l'aduce**: la porta.
50-51. **ove... levato**: dove Gesù (*la vera luce*) deve essere sollevato.
53. **torrai**: prenderai.
54. **E... aponerai**: e di che cosa lo incolperai.
55. **che... peccato**: (lui) che non ha in sé alcun peccato.

Iacopone da Todi (circa 1235-1306), di famiglia nobile, studiò diritto a Bologna e fu notaio di professione. Secondo le antiche biografie si convertì dopo aver scoperto che la moglie, morta tragicamente durante una festa da ballo, portava un cilicio per espiare la vita mondana a cui la spingeva il marito. Sconvolto da questa rivelazione, Iacopone distribuì i suoi beni ai poveri e si diede alla mendicità e alla penitenza. Fattosi francescano, fu un intransigente esponente degli spirituali, la corrente più radicale dell'ordine, fedele agli ideali di totale povertà del fondatore, perseguitata da papa Bonifacio VIII. Prese apertamente posizione contro il pontefice e nel 1297 fu tra i firmatari del manifesto di Longhezza, che ne chiedeva la destituzione. Scomunicato e rinchiuso in prigione per cinque anni, fu liberato da Benedetto XI; ritiratosi in convento vicino a Perugia vi morì tre anni dopo. È autore di un centinaio di *Laude* rivolte ai confratelli dell'ordine francescano, e probabilmente dello *Stabat Mater*, sequenza liturgica sulla Passione di Cristo.

«Soccurri, plena de doglia,
cà ’l tuo figliol se spoglia;
la gente par che voglia
che sia martirizzato».

«Se i tollit’el vestire,
lassatelme vedere,
com’en crudel firire
tutto l’ò ensanguenato».

«Donna, la man li è presa,
ennella croc’è stesa;
con un bollon l’ò fesa,
tanto lo ’n cci ò ficcato.

L’altra mano se prende,
ennella croce se stende
e lo dolor s’accende,
ch’è plu multiplicato.

Donna, li pè se prènno
e clavellanse al lenno;
onne iontur’aprenno,
tutto l’ò sdenodato».

«Et eo comenzo el corrotto;
figlio, lo meo deporto,
figlio, chi me tt’à morto,
figlio meo dilicato?

Meglio aviriano fatto
ch’el cor m’avesser tratto,
ch’ennella croce è tratto,
stace descilïato!»

«O mamma, o’ n’èi venuta?
Mortal me dà’ feruta,
cà ’l tuo plagner me stuta,
ché ’l veio sì afferato».

«Figlio, ch’eo m’aio anvito,
figlio, pat’e mmarito!
Figlio, chi tt’à firito?

Il *Crocifisso* dipinto da Cimabue nel 1271. (Arezzo, Chiesa di San Domenico)

56-57. **Soccurri... spoglia**: soccorrilo, piena di dolore (*doglia*), perché il tuo figliolo viene spogliato (*se spoglia*).
60. **Se... vestire**: se gli togliete i vestiti.
61. **lassatelme**: lasciatemelo.
62-63. **com’en... ensanguenato**: come nel ferirlo crudelmente lo hanno tutto insanguinato.
65. **ennella**: e sulla.
66. **bollon**: chiodo. **l’ò fesa**: l’hanno ferita.
67. **tanto... ficcato**: tanto ce l’hanno ficcato.
71. **ch’è plu multiplicato**: che è ancor più accresciuto.
72. **li... prènno**: vengono presi i piedi.
73. **clavellanse**: sono inchiodati. **lenno**: legno (della croce).
74. **onne... aprenno**: aprendo ogni giuntura.
75. **tutto... sdenodato**: l’hanno tutto slogato.
76. **Et... corrotto**: e io do inizio al mio lamento.
77. **lo meo deporto**: mia gioia.
78. **chi... morto**: chi mi ti ha ucciso?
79. **dilicato**: delizioso.
80-83. **Meglio... descilïato**: avrebbero fatto meglio se mi avessero strappato il cuore, che ora è trascinato (*tratto*) sulla croce, e ci sta straziato.
84. **o’... venuta**: dove sei venuta.
85. **Mortal... feruta**: mi infliggi una ferita mortale.
86-87. **cà... afferato**: poiché il tuo piangere, che vedo così angoscioso (*afferato*), mi uccide.
88. **ch’eo... anvito**: ho ben motivo (di piangere).
89. **pat’e mmarito**: padre e marito. Allusione al dogma della trinità: oltre a essere figlio di Maria, Cristo, in quanto Dio, è anche suo padre, perché l’ha creata, e suo marito perché, come Spirito Santo, le ha fatto concepire Gesù.

Figlio, chi tt'à spogliato?»
«Mamma, perché te lagni?
Voglio che tu remagni,
che serve mei compagni,
ch'êl mondo aio aquistato».
«Figlio, questo non dire!
Voglio teco morire,
non me voglio partire
fin che mo 'n m'esc' el fiato.
C'una aiàn sepultura,
figlio de mamma scura,
trovarse en afrantura
mat'e figlio affocato!»
«Mamma col core afflitto,
entro 'n le man' te metto
de Ioanni, meo eletto;
sia to figlio appellato.
Ioanni, èsto mea mate:
tollila en caritate,
àginne pietate,
cà 'l core sì à furato».
«Figlio, l'alma t'è 'scita,
figlio de la smarrita,
figlio de la sparita,
figlio attossecato!
Figlio bianco e vermiglio,
figlio senza simiglio,
figlio, e a ccui m'apiglio?
Figlio, pur m'ài lassato!
Figlio bianco e biondo,
figlio volto iocondo,
figlio, perché t'à el mondo,
figlio, cusì sprezzato?
Figlio dolc'e placente,
figlio de la dolente,
figlio àte la gente
mala mente trattato.
Ioanni, figlio novello,
morto s'è 'l tuo fratello.
Ora sento 'l coltello
che fo profitizzato.
Che moga figlio e mate
d'una morte afferrate,
trovarse abraccecate
mat'e figlio impiccato!»

Iacopone da Todi, *Laude*, a cura di F. Mancini, Laterza, Bari, 1974

92. **te lagni**: ti lamenti.
93. **remagni**: rimanga, resti in vita.
94-95. **che... aquistato**: che tu assista i miei compagni, che ho acquistato nel mondo.
97. **teco**: con te.
99. **fin... fiato**: finché mi esce ancora il respiro.
100-103. **C'una aiàn... affocato**: che abbiamo (*aiàn*) almeno la stessa (*una*) sepoltura, figlio di mamma infelice (*scura*): che madre e figlio soffocato si trovino a condividere la stessa sofferenza (*trovarse en afrantura*).
105-106. **entro... eletto**: ti metto tra le mani di Giovanni, il mio prediletto (l'apostolo che nel suo Vangelo designa se stesso con l'espressione «il discepolo che Gesù amava»).
107. **sia... appellato**: sia chiamato figlio tuo.
108. **èsto mea mate**: ecco mia madre.
109. **tollila en caritate**: prendila con amore.
110. **àginne pietate**: abbine pietà.
111. **cà... furato**: poiché ha il cuore così trafitto.
112. **l'alma... 'scita**: l'anima è uscita da te.
114. **sparita**: disperata.
115. **attossecato**: avvelenato.
116. **vermiglio**: rosso.
117. **senza simiglio**: senza pari.
118. **a... m'apiglio**: a chi mi appoggio.
119. **pur**: del tutto.
123. **cusì sprezzato**: così disprezzato.
124. **placente**: bello.
125. **dolente**: addolorata.
126. **àte**: ti ha.
128. **novello**: nuovo.
130-131. **Ora... profitizzato**: nel *Vangelo di Luca* si narra che quando Gesù bambino venne portato al tempio per la circoncisione, l'anziano Simeone profetizzò a Maria: «E anche a te una spada trafiggerà il cuore» (*Luca*, 2, 35).
132. **moga**: muoiano.
133. **d'una... afferrate**: afferrati da una stessa morte.
134. **abraccecate**: abbracciati.
135. **impiccato**: crocifisso.

DIALOGO CON IL TESTO

COMPRENDERE

Un uomo agonizzante e sua madre Rispetto al racconto del *Vangelo di Giovanni*, Iacopone sposta l'attenzione dalla figura di Cristo a quella di Maria, rappresentata come una madre che grida la sua disperazione per la morte del figlio. Questa scelta conferisce una straordinaria intensità emotiva alla lauda e sottolinea il carattere profondamente umano della passione di Cristo: attraverso il dolore della madre, Gesù è visto prima di tutto come un uomo agonizzante. Non è un caso che Iacopone non faccia alcun cenno alla prospettiva della resurrezione: la divinità di Cristo non è messa in discussione, ma non è su di essa che si concentra l'attenzione dell'autore. C'è un unico punto nel quale Iacopone si riferisce a Cristo come Dio, facendo indirettamente cenno alle persone della Trinità: ma anche in questo caso ciò che viene sottolineato è la profondità del legame affettivo fra Maria e Gesù.

- **Individuate nel testo questo riferimento.**

Umanità e povertà La rappresentazione di Cristo come uomo inerme e dolorante, raffigurato nella sua fisicità e avvolto da un fortissimo sentimento terreno come l'amore materno, si inquadra nelle concezioni della corrente più radicale del movimento francescano, fedele agli ideali di totale povertà del fondatore: ricerca dei segni del divino nell'esperienza concreta e quotidiana, amore della povertà come vicinanza alla figura umile e dolente di Gesù.

ANALIZZARE

Il simbolismo dei numeri Il tema di Cristo sofferente è sottolineato dalla struttura della lauda, legata al simbolismo dei numeri: se si eccettua la ripresa, le strofe sono trentatré, come gli anni di Gesù al momento della morte, e quelle dedicate al racconto della passione sono tre (il numero simbolico per eccellenza, che richiama le persone della Trinità), collocate esattamente al centro della poesia.

La struttura drammatica La forza espressiva del testo è legata alla sua struttura drammatica, basata sull'alternanza di battute distribuite tra i personaggi da una regia sapiente e vigorosa.

- **Ricostruite la struttura con uno schema, indicando i versi attribuiti a ciascun personaggio (il nunzio, Maria, Gesù, la folla).**

Le scelte stilistiche Tra le scelte stilistiche che conferiscono al dialogo un'intonazione potentemente emotiva potete notare:
- la struttura sintattica, basata sulla prevalenza della coordinazione sulla subordinazione;
- il ricorrere della coordinazione per asindeto;
- le frasi esclamative col verbo all'infinito;
- la distribuzione del lessico dotto e di quello popolare (latinismi nelle battute del nunzio e della folla, espressioni e locuzioni quotidiane in quelle di Cristo e della Madonna).

- **Individuate nel testo un esempio di ciascuna di queste scelte stilistiche.**

INTERPRETARE

La parola "mamma"

- **Gesù nei Vangeli chiama Maria «donna», non la chiama mai «mamma»: secondo voi quale significato può avere l'uso di questo appellativo da parte di Iacopone?**

Fra parola e immagine

- **Per il suo argomento questo testo si può accostare alla *Deposizione* di Antelami (▸T36) e al *Compianto su Cristo morto* di Giotto (▸T40). A quale delle due opere figurative vi pare più vicino? Per quali aspetti?**

ANONIMO

T3 ▸ La perfetta letizia

I fioretti del glorioso messere santo Francesco e de' suoi frati, di autore anonimo, furono tradotti in volgare toscano, tra il 1370 e il 1390, da un originale latino del tardo Duecento, e sono la più famosa tra le opere dedicate al santo negli anni successivi alla sua morte. Nel Medioevo il titolo "Fiore" indicava un'antologia di passi scelti, quasi sempre a scopo didattico; "fioretti" sono dunque brevi episodi della vita di Francesco, che illustrano la sua santità. Quello che segue è uno degli episodi più famosi: i protagonisti sono Francesco e frate Leone, uno fra i primi seguaci del santo, di cui fu anche confessore.

Come andando per cammino santo Francesco e frate Leone, gli spuose quelle cose che sono perfetta letizia.

Venendo una volta santo Francesco da Perugia a Santa Maria degli Angeli[1] con frate Leone a tempo di verno[2], e il freddo grandissimo fortemente il crucciava[3] chiamò frate Leone il quale andava un poco innanzi, e disse così: «O frate Leone avvegnadio che[4] i frati Minori in ogni terra dieno grande esempio di santità e di buona edificazione[5]; nientedimeno scrivi e nota diligentemente che non è ivi perfetta letizia». E andando santo Francesco più oltre, il chiama la seconda volta: «O frate Leone, benché il frate Minore allumini[6] i ciechi, stenda gli attratti[7], iscacci i demoni, renda l'udire a' sordi, e l'andare a' zoppi, il parlare a' mutoli e, ch'è maggior cosa, risusciti il morto di quattro dì; scrivi che non è in ciò perfetta letizia». E andando un poco, santo Francesco grida forte: «O frate Leone, se il frate Minore sapesse tutte le lingue e tutte le scienze e tutte le scritture, sì che sapesse profetare e rivelare, non solamente le cose future, ma eziandio[8] i segreti delle coscienze e degli animi; scrivi che non è in ciò perfetta letizia». Andando un poco più oltre, santo Francesco chiama[9] ancora forte: «O frate Leone, pecorella di Dio, benché il frate Minore parli con lingua d'Angelo, e sappia i corsi delle stelle e le virtù delle erbe, e fóssongli[10] rivelati tutti i tesori della terra, e conoscesse le virtù degli uccelli e de' pesci e di tutti gli animali e degli uomini e degli albori[11] e delle pietre e delle radici e delle acque; scrivi che non è in ciò perfetta letizia». E andando ancora un pezzo, santo Francesco chiama forte: «O frate Leone, benché il frate Minore sapesse sì bene predicare, ch'egli convertisse tutti gl'infedeli alla fede di Cristo; scrivi che non è ivi perfetta letizia».

E durando questo modo di parlare bene[12] due miglia, frate Leone con grande ammirazione[13] il domandò[14] e disse: «Padre, io ti priego dalla parte[15] di Dio che tu mi dica dove è perfetta letizia». E santo Francesco gli rispose: «Quando noi giungeremo a Santa Maria degli Angeli, così bagnati per la piova e agghiacciati per lo freddo e infangati di loto[16] e afflitti di fame, e picchieremo la porta del luogo[17], e il portinaio verrà adirato e dirà: «Chi siete voi?» e noi diremo: «Noi siamo due de'

1. **Santa Maria degli Angeli**: era una cappelletta nei pressi di Assisi. Ora è stata inglobata da una basilica imponente.
2. **a tempo di verno**: durante l'inverno.
3. **crucciava**: tormentava.
4. **avvegnadio che**: benché.
5. **buona edificazione**: buon esempio.
6. **allumini**: dia la vista.
7. **stenda gli attratti**: raddrizzi gli storpi.
8. **eziandio**: anche.
9. **chiama**: grida.
10. **fóssongli**: gli fossero.
11. **albori**: alberi.
12. **bene**: per ben.
13. **ammirazione**: stupore.
14. **il domandò**: lo interrogò.
15. **dalla parte**: in nome.
16. **loto**: melma.
17. **del luogo**: del convento.

vostri frati»; e colui dirà: «Voi non dite vero, anzi siete due ribaldi che andate ingannando il mondo e rubando le limosine de' poveri: andate via»; e non ci aprirà, e faracci stare di fuori alla neve e all'acqua, col freddo e colla fame insino alla notte; allora se noi tante ingiurie e tanta crudeltà e tanti commiati[18] sosterremo pazientemente senza turbazione e senza mormorare di lui, e penseremo umilmente e caritativamente che quello portinaio veramente ci conosca[19], e che Iddio il faccia parlare contro a noi; o frate Leone, scrivi che ivi è perfetta letizia. E se noi persevereremo picchiando[20], ed egli uscirà fuori turbato[21], e come gaglioffi[22] importuni ci caccerà con villanie e con gotate[23] dicendo: «Partitevi quinci[24], ladroncelli vilissimi, andate allo spedale[25], ché qui non mangerete voi né ci albergherete»; se noi questo sosterremo pazientemente e con allegrezza e con buono amore; o frate Leone, scrivi che quivi è perfetta letizia. E se noi, pur[26] costretti dalla fame e dal freddo e dalla notte, pur picchieremo[27] e chiameremo e pregheremo per l'amore di Dio con grande pianto che ci apra e méttaci pur[28] dentro, e quegli più scandolezzato[29] dirà: «Costoro sono gaglioffi importuni, io li pagherò bene, com'ei son degni»[30]; e uscirà fuori con uno bastone nocchieruto[31], e piglieràcci per lo cappuccio e gitteràcci in terra e involgeràcci nella neve e batteràcci a nodo a nodo[32] con quello bastone: se noi tutte queste cose sosterremo pazientemente e con allegrezza, pensando le pene di Cristo benedetto, le quali noi dobbiamo sostenere per suo amore[33]; o frate Leone, scrivi che in questo è perfetta letizia. E però[34] odi la conclusione, frate Leone. Sopra tutte le grazie e doni dello Spirito santo, le quali Cristo concede agli amici suoi, si è vincere se medesimo[35], e volentieri per lo amore di Cristo sostenere pene, ingiurie e obbrobri e disagi; imperò che[36]

18. **commiati**: rifiuti.
19. **veramente ci conosca**: ci conosca per ciò che veramente siamo, cioè due truffatori.
20. **persevereremo picchiando**: continueremo a bussare alla porta.
21. **turbato**: arrabbiato.
22. **gaglioffi**: furfanti.
23. **gotate**: schiaffi sulle guance (gote).
24. **Partitevi quinci**: andatevene da qui.
25. **spedale**: ospizio.
26. **pur**: sempre.
27. **pur picchieremo**: continueremo a bussare.
28. **méttaci pur**: ci ammetta infine.
29. **scandolezzato**: irato.
30. **io... degni**: gli darò quello che si meritano.
31. **nocchieruto**: pieno di nodi.
32. **a nodo a nodo**: giuntura per giuntura.
33. **le pene... amore**: le sofferenze della passione di Cristo, che anche noi dobbiamo sopportare per amor suo.
34. **però**: perciò.
35. **Sopra... se medesimo**: superare se stessi, e sopportare volontariamente per amore di Cristo sofferenze, oltraggi, offese e disagi è qualcosa di più grande delle grazie e dei doni dello Spirito Santo, che Dio concede a coloro che ama.
36. **imperò che**: poiché.

San Francesco in estasi in un affresco di Giotto, XIII secolo. (Assisi, Basilica di San Francesco)

in tutti gli altri doni di Dio noi non ci possiamo gloriare, però che non sono nostri, ma di Dio, onde dice l'Apostolo[37]: «Che hai tu, che tu non abbi da Dio? e se tu l'hai avuto da lui perché te ne glorii, come se tu l'avessi da te?» Ma nella croce della tribolazione e della afflizione ci possiamo gloriare, però che questo è nostro, e perciò dice l'Apostolo: «Io non mi voglio gloriare se non nella croce del nostro Signore Gesù Cristo».

Al quale sia sempre onore e gloria *in saecula saeculorum*[38], Amen.

Anonimo, *I fioretti di San Francesco*, a cura di L. Morini, Rizzoli, Milano, 1979

37. **l'Apostolo**: San Paolo, nella *Prima lettera ai Corinti*, 4, 7. La citazione successiva è dalla *Lettera ai Galati*, 4, 14.
38. ***in saecula saeculorum***: per tutti i secoli dei secoli (in latino). È la conclusione delle preghiere nella liturgia cattolica.

DIALOGO CON IL TESTO

COMPRENDERE

Un insegnamento trasparente Il racconto di episodi più o meno leggendari della vita di Francesco ha uno scopo eminentemente didattico, e la lezione sulla *perfetta letizia* ne è un chiaro esempio: il frate minore non solo accetta di subire le umiliazioni e le sofferenze per amore di Gesù, ma si sforza di farlo con *allegrezza*.

ANALIZZARE

Linguaggio colorito e vivace Anche gli aspetti formali riflettono la gioia e la voluta ingenuità del messaggio di Francesco: il linguaggio è colorito e l'insegnamento avviene per esempi vivaci. Perfino una figura secondaria come frate Leone, che camminando infreddolito si limita ad annotare pazientemente le idee paradossali del suo maestro e solo dopo un lungo silenzio si decide a fargli la domanda risolutiva, ha una sua vitalità di personaggio, del quale possiamo intuire la semplicità e l'assoluta fedeltà a Francesco.

CONFRONTARE

Un riferimento biblico Anche un testo di intonazione semplice e popolare come questo non è "spontaneo" come potrebbe sembrare a una lettura superficiale: oltre che alle due citazioni bibliche indicate nella nota 37, è possibile accostarlo a un celebre brano della prima lettera di San Paolo ai Corinti (13, 1-3) che riportiamo. «Se parlo le lingue degli uomini e anche quelle degli angeli, ma non ho amore, sono un metallo che rimbomba, uno strumento che suona a vuoto. Se ho il dono di essere profeta e di conoscere tutti i misteri, se possiedo tutta la scienza e anche una fede da smuovere i monti, ma non ho amore, io non sono niente. Se do ai poveri tutti i miei averi, se offro il mio corpo alle fiamme, ma non ho amore, non mi serve a nulla.»

● **In che cosa consiste la somiglianza?**

Il miracolo della fonte di San Francesco in un affresco di Giotto, XIII secolo. (Assisi, Basilica di San Francesco)

JACOPO PASSAVANTI

T4 ▸ D'uno carbonaio che vidde una femina nella fossa de' carboni

L'*exemplum* che segue, tratto dallo *Specchio della vera penitenzia di Passavanti*, contiene le caratteristiche tipiche del genere: intenzioni edificanti, immagini macabre, effetti paurosi.

Leggesi scritto da Eliando[1], che fu uno povero uomo che temeva Iddio, nel contado di Niversa[2], el quale era carbonaio, avendo amicizia col Conte; e di quella arte si vivea[3]. E avendo egli acceso una volta la fossa de' carboni, e stando una notte a guardàrela in una sua capannetta, in sulla mezzanotte sentì grandi strida[4]. Uscì fuori per vedere chi fosse; e vidde venire una femina in verso la fossa, correndo e stridendo, tutta scapigliata; e drieto le venìa uno cavaliere in sun uno orribile cavallo: e degli occhi e del naso e degli orecchi e de la bocca del cavaliere usciva fuoco ardentissimo. Giugnendo la femina[5] alla fossa ardente, passò più oltre, e non ardiva d'entrare nella fossa; ma, correndo intorno alla fossa, fu sopraggiunta dal cavaliere che le correa dietro; e presela per gli sua lattenti[6] capegli, e crudelmente la fedì[7] per lo mezzo del petto col coltello ch'egli avea in mano. E cadendo in terra con molto spargimento di sangue, sì[8] la riprese per gli insanguinati capelli, e gittòlla nella fossa de' carboni ardenti, e lasciòlla[9] stare per spazio di un'ora; e tutta focosa e arsa[10] la ricolse, e così, ponendola in sul collo del cavallo, e con istrida[11], se n'andò per la via ch'era venuto. E così vidde la seconda e terza notte il carbonaio la visione. Donde, essendo dimestico, il carbonaio, del Conte di Niversa, e sì per l'arte che facea e sì perché il Conte era uomo spirituale, andòssene a lui e narrògli[12] quello che avea veduto. El Conte disse: – Io voglio venire teco[13], e vedere questa cosa. – Et essendo la notte el Conte e 'l carbonaio nella capanna, nella ora usata[14] venne la femina, e il cavaliere drieto; e féciono tutto ciò che è scritto di sopra. El Conte, veggendo pure[15] con grande paura, prese ardire e uscì fuori della

1. **Eliando**: Hélinand de Froidmont, monaco francese vissuto a cavallo tra i secoli XII e XIII, autore di sermoni e di altre opere di argomento religioso.
2. **Niversa**: Nevers, città della Francia centrale.
3. **e di quella... vivea**: campava con quel lavoro.
4. **strida**: urla, grida.
5. **Giugnendo la femina**: quando la donna giunse.
6. **lattenti**: il significato non è chiaro; forse "bianchi come il latte".
7. **fedì**: trafisse.
8. **sì**: allo stesso modo.
9. **gittòlla... lasciòlla**: la gettò... la lasciò.
10. **focosa e arsa**: infuocata e bruciata.
11. **con istrida**: gridando.
12. **essendo... narrògli**: il carbonaio, avendo dimestichezza col Conte di Nevers, sia per il lavoro che faceva sia perché il Conte era uomo religioso, si recò da lui e gli narrò.
13. **teco**: con te.
14. **nella ora usata**: alla solita ora.
15. **veggendo pure**: pur avendo assistito.

Jacopo Passavanti (circa 1302-1357), fiorentino, entrò giovanissimo nell'ordine domenicano, studiando prima a Firenze e poi a Parigi. Dopo aver insegnato per alcuni anni a Pisa, Siena e Roma, nel 1340 diventò priore del convento fiorentino di Santa Maria Novella, dove rimase fino alla morte. Lo *Specchio dello vera penitenzia* è la rielaborazione delle prediche quaresimali da lui tenute a Santa Maria Novella nel 1354, concepite per offrire ai fedeli una sorta di guida alla penitenza: vi si trovano quarantotto *exempla*, esempi edificanti sui quali erano imperniate le prediche.

Un particolare dell'affresco di Giovanni da Modena, XV secolo. (Bologna, Basilica di San Petronio)

L'Inferno in un affresco di Giovanni da Modena, XV secolo. (Bologna, Basilica di San Petronio)

capanna. Partendosi il cavaliere molto spietato colla donna attraverso in sul cavallo, gridò il Conte e scongiurollo che gli dovesse sporre quella visione[16]. Volse il cavaliero il cavallo, e fortemente piangendo disse: – Poi che tu, Conte, vuogli sapere i nostri martirii[17], i quali Iddio t'ha voluti mostrare, sappia che io fu' Gufredi, tuo cavaliere, e nutrito[18] in tua corte. Questa femina contro a cui io sono tanto crudele e fiero[19], è donna Beatrice, moglie che fu del tuo caro cavaliere Berlinghieri. Noi prendemo amore di disonesto piacere, conducémoci a peccato[20], il quale condusse lei ch'ella uccise[21] il suo marito; e così perseveramo infino alla infermità della morte[22]. Ma nella infermità della morte, in prima[23] ella e poi io ci conducemo a penitenzia, e confessando il nostro peccato ricevemo misericordia da Dio. Lo quale ci mutò la pena dello inferno in pena del purgatorio. Sappia, Conte, che noi non siamo dannati; anzi ha stanziata[24] la divina iustizia che, come noi ci amavamo di disonesto amore, così ogni notte ci perseguitiamo come hai veduto. E così facciamo purgatorio; e quando piacerà a Dio, aranno fine e nostri martirii. – E domandando il Conte che gli desse ad intendere meglio e più specificatamente le loro pene, rispose il cavaliere: – Perché[25] questa donna per amore di me uccise il marito, l'è stata data questa penitenzia, che ogni notte, quanto ha stanziato la divina iustizia, patisce per le [mie] mani pene di morte di coltello; e imperò ch'ella ebbe in verso di me ardente amore di carnale concupiscenzia, per le mie mani è gittata ogni notte ad ardere nel fuoco, come nella visione vi fu mostrato; e come già ci vedemo[26] con grande disio e con piacere di gran diletto, così ora ci veggiamo con grande odio, e perseguitiamoci con grande sdegno; e come uno fu cagione all'altro di accendimento di disonesto amore, così l'uno all'altro è cagione

16. **Partendo... visione**: mentre il cavaliere molto crudele partiva con la donna posta di traverso sopra il cavallo, il Conte gridò e lo pregò di volergli spiegare ciò che aveva visto.
17. **martirii**: sofferenze.
18. **nutrito**: cresciuto, vissuto.
19. **fiero**: feroce.
20. **prendemo... peccato**: cominciammo a desiderare un piacere proibito e giungemmo a peccare.
21. **condusse... uccise**: spinse lei a uccidere.
22. **perseveramo... morte**: portammo avanti la nostra relazione fino alla malattia che ci condusse alla morte.
23. **in prima**: per prima.
24. **stanziata**: stabilito.
25. **Perché**: poiché.
26. **come già ci vedemo**: come un tempo ci vedemmo.

di grande tormento; che ogni pena ch'io fo patire a lei, patisco io; che col coltello con che io la ferisco tutto è fuoco che non si spegne[27]; gittandola nel fuoco, tutto ardo di quello medesimo fuoco che arde ella. Questo cavallo è uno demonio, al quale siamo dati a tormentare. Oimmè, che molte sono l'altre nostre pene: pregate Iddio per noi, e fate dire delle messe, a ciò che Iddio abbrievi le nostre pene. – E detto questo, si partirono come fosse una saetta. Non ci incresca adunque sofferire[28] qui[29] uno poco di penitenzia, a ciò che noi possiamo scampare di quelle orribili pene e dolorosi tormenti dell'altra vita, alle quali ci conviene pur venire[30].

Jacopo Passavanti, *Specchio della vera penitenzia*, in *Scrittori di religione del Trecento*, a cura di G. De Luca, Ricciardi, Milano, 1954

27. **col coltello... spegne**: frase di significato oscuro: probabilmente nel testo manca qualche parola.
28. **Non... sofferire**: non ci dispiaccia dunque di sopportare.
29. **qui**: in questa vita.
30. **alle quali... venire**: alla quale, che lo vogliamo o no, ci toccherà di giungere prima o poi.

DIALOGO CON IL TESTO

COMPRENDERE

Un testo scritto per impressionare i lettori

Nel racconto di Passavanti si possono notare alcuni espedienti utilizzati dall'autore per impressionare e ammaestrare il pubblico popolare a cui erano rivolte le sue prediche:
- il ricorso a una fonte autorevole come Eliando;
- la presenza di un personaggio umile, nel quale gli ascoltatori potevano facilmente identificarsi;
- l'inserimento nella storia della spiegazione del contrappasso, cioè della relazione tra peccato e pena;
- l'esortazione morale conclusiva, che rende esplicito il senso del racconto.

● **Il cavaliere spiega il contrappasso istituendo quattro relazioni fra il peccato e la pena. Ricostruitele costruendo una tabella su questo modello.**

Peccato	Punizione
1) La donna ha ucciso il marito.	La donna viene uccisa dall'amante.

ANALIZZARE

I particolari macabri Il vero centro della predica è la visione della pena ultraterrena che il cavaliere e la sua amata stanno espiando. È una scena terrificante, concepita per terrorizzare i fedeli, che ci possiamo immaginare mentre ascoltano nel buio di una chiesa, e prepararli ad accettare di buon grado l'insegnamento finale.

● **Le intenzioni comunicative dell'autore sono sottolineate dall'insistenza su particolari orribili e macabri: indicatene qualcuno che vi sembra particolarmente impressionante.**

Lo stile elementare Tutto centrato sull'insegnamento morale che vuole trasmettere, l'*exemplum* ha un andamento spoglio, privo di descrizioni particolareggiate, analisi psicologiche dei personaggi, raffinatezze di stile. Proprio questa asciuttezza conferisce all'apparizione ultraterrena un carattere repentino e inquietante, che consente a un lettore di oggi di leggerla come un folgorante frammento di letteratura *horror*.

● **Una caratteristica legata all'origine orale della raccolta è la sintassi coordinata e ripetitiva. Selezionate un frammento del testo e analizzatelo da questo punto di vista.**

CONFRONTI Il tema della caccia infernale sarà ripreso da Boccaccio, probabilmente dalla stessa fonte a cui si è ispirato Passavanti, in una novella del *Decameron* (▸T102), che però capovolge completamente il significato della morale finale.

JACOPO PASSAVANTI

T5 ▸ D'uno monaco che insuperbì

▸ PERCORSO
• Le donne come soggetto e come oggetto della scrittura (I), p. 542

È un altro *exemplum* tratto dallo *Specchio della vera penitenzia*, ambientato nel deserto, dove nei primi secoli del cristianesimo si ritiravano gli eremiti a praticare le virtù della povertà e dell'astinenza dai piaceri terreni.

D'uno monaco che insuperbì e cadde nel vizio della carne, e di poi tornò a penitenzia.

Leggesi nella Vita de' Santi Padri[1], che fu uno monaco il quale, essendo stato lungo tempo nel diserto, e stato con molte virtù, ma non avea quella umiltà che dovea; ma come era in grande oppinione della gente ch'egli fusse pieno di molte virtudi, e egli in se medesimo si teneva vie più[2]; a ciò che non si perdesse[3], permise Iddio che fosse tentato e vinto dal vizio della carne. Il diavolo si trasfigura in abito feminile, e venne di nottetempo alla cella di costui; e cominciòssi a rammaricare molto dolorosamente della sua disavventura, dicendo come ella era capitata in quel luogo diserto, e la notte scura non la lasciava vedere la via diritta[4]. El freddo era grande; e dimostrava grande trièmito, e paura delle fiere[5]. E così con lamentevoli voci pregava che no' la lasciasse perire: per solo Iddio[6], la ricevesse in uno canto della sua cella. Mosso costui a pietade, aperse la finestra, e domandò questa fenima-diavolo della fortunosa condizione[7]. Et ella più piangea; onde che l'aperse, e mettela drento[8]; e domandòlla s'ella volesse mangiare. Dicendo che no, ma mostrava segni di grande freddura, il santo accese il fuoco; e stando al fuoco, e risguardando l'uno l'altro, e stando e sbavigliando[9], e mostrando i piedi e le gambe, dicendo parole dolci e suave al suo stato[10], e domandava lui quanto tempo era stato in quello diserto, e per che facea tanta penitenzia. E così sorridendo diceva paroli dolci, e gittava inverso di lui un pudico sguardo, sì come la diabolica natura sapeva accon-

Beato Angelico, *La Tebaide*, 1420. Il dipinto illustra la vita dei Padri del deserto presso Tebe. (Firenze, Galleria degli Uffizi)

1. **Vita de' Santi Padri**: si tratta delle *Vite dei Padri*, composte tra il V e il VI secolo in greco e in latino, che narrano storie esemplari di santi dei primi secoli del cristianesimo.
2. **ma come... più**: ma poiché (*come*) era molto considerato dalla gente perché ritenuto molto virtuoso, allora (e) si stimava ancora di più.
3. **si perdesse**: perdesse l'anima, si dannasse.
4. **non la lasciava... diritta**: non le consentiva di trovare la strada giusta (*diritta*).
5. **fiere**: belve.
6. **per solo Iddio**: solo per amor di Dio.
7. **domandò... condizione**: chiese alla donna-diavolo informazioni sulla sua sventurata (*fortunosa*) situazione.
8. **onde che... drento**: per cui le aprì e la fece entrare.
9. **sbavigliando**: sbadigliando. Il soggetto di questo gerundio, come dei seguenti, è la donna-diavolo.
10. **parole... suave al suo stato**: parole che esprimevano molta ammirazione e sollecitudine per la condizione del monaco.

ciare[11]. E così a poco a poco si venìa appressando[12] in verso di lui, e toccando l'aspro mantello e la ruvida cocolla[13], le mani e le braccia per la lunga etade e grande penitenzia vizze[14] e magre e fredde, porgeva le mani infino al petto e alla bianca barba. Averesti veduto quello vecchio male arrivato[15]! La innata concupiscenzia, che nella vecchia carne e nelle ossa aride era addormentata, si cominciò a risentire[16]; e la favilla quasi spenta si raccese in fiamma; e le frigide membra si risentirono con oltraggioso orgoglio. Il misero, combattuto drento, e di fuori assediato da ogni parte, e non si argomentando da niuna parte[17], preso e legato[18] s'arrende. E consentendo a fare il peccato, stese le mani per abbracciare quella diabolica figura; la quale subito sparì, e no' la rivedde[19] più. Rimase costui confuso e scornato; e di subbito vènnono di sopra alla cella sua multitudine di demonii, facendo beffe di lui; dicendo: – O monaco che poco è salivi in cielo[20], come se' caduto, e rovinato, e vilmente abbattuto! Che volesti fare? Mai non apparirai più fra gli altri e fra le genti. – Ritornando il monaco in sè, pianse, e fece penitenzia, e confessò il suo peccato, e Iddio gli perdonò. E rimase umiliato, il quale in prima[21] era superbo. La superbia è odiosa a Dio e agl'uomini; infino al cominciamento[22] del mondo fu in odio a Dio la superbia; e niuna cosa dispiace tanto a Dio quanto la testa alta. Dopo il peccato, si debbe la persona umiliare.

Jacopo Passavanti, *Specchio della vera penitenzia*, in *Scrittori di religione del Trecento*, a cura di G. De Luca, Ricciardi, Milano, 1954

11. **acconciare**: preparare, produrre.
12. **appressando**: avvicinando.
13. **cocolla**: il mantello col cappuccio che portano i frati.
14. **vizze**: avvizzite, flaccide.
15. **Averesti veduto quello... arrivato**: avresti dovuto vedere quel vecchio malcapitato.
16. **risentire**: risvegliare.
17. **non si argomentando... parte**: avendo perso completamente la capacità di ragionare.
18. **preso e legato**: imprigionato e immobilizzato. È una metafora per significare "totalmente sconfitto".
19. **rivedde**: rivide.
20. **poco è... cielo**: poco mancava che salissi in cielo.
21. **il quale in prima**: lui che prima.
22. **infino al cominciamento**: fin dall'inizio.

DIALOGO CON IL TESTO

COMPRENDERE

Un monito contro la superbia Come nell'*exemplum* precedente (▸T4), Passavanti fa riferimento inizialmente a una fonte autorevole (la *Vita de' Santi Padri*) e conclude il racconto con una riflessione morale che è implicitamente un'esortazione a guardarsi dalla superbia. Il racconto su cui è imperniata la predica in questo caso non è terribile come quello precedente, se si esclude l'idea inquietante dell'onnipresenza del diavolo e della sua capacità di assumere le vesti più seducenti per tentare gli uomini.

● **In che cosa consiste il peccato di superbia compiuto dal monaco?**

ANALIZZARE

Una descrizione meticolosa e spregiudicata Anziché puntare sulla paura, il predicatore sceglie di stimolare la partecipazione psicologica dei suoi ascoltatori attraverso la minuziosa e spregiudicata descrizione dei gesti seduttivi della diavolessa e del risvegliarsi improvviso del desiderio nel corpo avvizzito del vecchio monaco, a cui fa seguito la repentina scomparsa della bella ragazza e l'apparizione della *moltitudine di demonii*.

● **Ripercorrete nell'*exemplum* le fasi della strategia seduttiva messa in atto dalla donna-diavolo.**

CONFRONTI Una situazione come quella rappresentata in chiave moraleggiante da questo *exemplum* si presta a essere affrontata anche in maniera umoristica e irriverente. Potete trovarne un esempio nella novella decima della terza giornata del *Decameron*.

CATERINA DA SIENA

T6 ▸ Lettera a frate Raimondo

PERCORSO
• Le donne come soggetto e come oggetto della scrittura (I), p. 542

È una delle 381 *Lettere* che Caterina da Siena indirizzò, tra il 1370 e il 1380, a diversi destinatari, intervenendo sulle tematiche religiose e politiche centrali dell'epoca. Questa è rivolta al suo direttore spirituale, il domenicano Raimondo da Capua; l'episodio narrato si svolge a Siena, nell'anno 1375.

Al nome di Gesù Cristo crucifisso e di Maria dolce.

A voi, dilettissimo e carissimo padre e figliuolo[1] mio caro in Cristo Gesù. Io Caterina, serva e schiava de' servi di Dio, scrivo a voi e racomandomivi[2] nel pretioso sangue del Figliuolo di Dio, con desiderio di vedervi affogato e anegato nel sangue dolce del Figliuolo di Dio, el quale sangue è intriso col fuoco dell'ardentissima carità sua[3]. Questo desidera l'anima mia, cioè di vedervi in esso sangue, voi e Nanni e Iacomo[4]. Figliuolo, io non veggo altro remedio che veniamo[5] a quelle virtù principali le quali sono necessarie a noi; non potrebbe venire, dolcissimo padre, l'anima vostra, la quale mi s'è fatta cibo, e non passa ponto di tempo che io non prenda[6] questo cibo alla mensa del dolce agnello[7], svenato[8] con tanto ardentissimo amore. Dico che, se non fuste anegati nel sangue, non perverreste alla virtù piccola della vera umilità, la quale nasciarà dell'odio, e l'odio dell'amore[9]. E così l'anima n'esce con perfettissima purità, sì come el ferro esce purificato della fornace. Così voglio che vi serriate nel costato uperto[10] del Figliuolo di Dio, el quale è una bottiga[11] aperta, piena d'odore, in tanto che 'l peccato diventa odorifero[12].

1. **padre e figliuolo**: Raimondo è il direttore spirituale di Caterina, ma è anche un suo seguace.
2. **racomandomivi**: mi raccomando a voi.
3. **con desiderio... sua**: secondo la teologia cristiana, il sangue versato da Gesù Cristo ha portato la salvezza all'umanità, l'ha liberata dal peso del peccato. Caterina desidera che frate Raimondo sia pervaso dalla gioia che scaturisce da questa purificazione e dall'ardente amore di Cristo; ma nessuna parafrasi concettuale può rendere il fervore mistico che anima le metafore dell'annegamento e del fuoco.
4. **Nanni e Iacomo**: due discepoli della santa.
5. **non veggo... veniamo**: non vedo altro mezzo attraverso il quale raggiungere.
6. **non... prenda**: non passa un attimo senza che io prenda.
7. **alla mensa... agnello**: riferimento all'Eucaristia. Nella liturgia cattolica Cristo è «l'agnello che toglie i peccati del mondo».
8. **svenato**: dissanguato.
9. **nasciarà... amore**: nascerà dall'odio (di se stessi), e l'odio di se stessi nascerà dall'amore (di Cristo).
10. **vi serriate... uperto**: vi rinchiudiate nel costato aperto. Secondo il racconto dei Vangeli, Gesù, quando era in croce, fu ferito al costato da una lancia.
11. **bottiga**: bottega; in senso metaforico "rifugio".
12. **piena... odorifero**: ricca di profumo, tanto che persino il peccato diventa profumato.

Caterina Benincasa, nota oggi come **Santa Caterina da Siena** (1347-1380), figlia di un tessitore, entrò a diciott'anni nell'ordine laico delle mantellate domenicane, dedicandosi all'assistenza degli orfani e degli infermi. Richiamato dalla fama della sua vita ascetica, si radunò attorno a lei un gruppo di fedeli, guidati da ecclesiastici colti, a cui Caterina dettava le sue lettere (1370-1380), rivolte a chierici e laici, re e papi, umili e potenti: in esse l'appassionato misticismo si coniuga con l'impegno politico, volto a ottenere il ritorno della sede papale da Avignone a Roma (Gregorio XI, dopo la visita di Caterina nel 1376, decise di tornare a Roma l'anno seguente), a organizzare la crociata, a propiziare la riforma della Chiesa. Mentre le lettere furono raccolte e ordinate dai suoi seguaci in un epistolario, Caterina lavorò personalmente al *Dialogo della Divina Provvidenza* (1378), un breve trattato teologico. Caterina è la prima scrittrice della letteratura italiana. La straordinaria autorevolezza con cui, donna e per di più incolta, partecipò alle vicende ecclesiastiche e politiche del suo tempo fa di lei un personaggio unico nella cultura del secolo.

Ine[13] la dolce sposa[14] si riposa nel letto del fuoco e del sangue, ine vede ed è manifestato el segreto del cuore del Figliuolo di Dio. O botte spillata[15], la quale dài bere e inebbrii ogni inamorato desiderio, e dài letitia e illumini ogni intendimento[16], e riempi ogni memoria che ine s'affadiga, in tanto che altro non può ritenere[17], né altro intendere, né altro amare se non questo dolce e buono Gesù, sangue e fuoco, ineffabile amore! Poi che[18] l'anima mia sarà beata di vedervi così anegati, io voglio che facciate come colui che attegne[19] l'acqua con la secchia, cioè per smisurato desiderio versare l'acqua sopra 'l capo de' fratelli vostri, e' quali sono membri nostri, legati nel corpo della dolce sposa[20]. E guardate che per illusioni di dimonio, le quali so che v'ànno dato impaccio e daranno, o per detto di creatura non tiriate adietro[21], ma sempre perseverate, ogni otta che vedeste la cosa più fredda[22], infine che[23] vediamo spargere el sangue con dolci e amorosi desiderii.

Su su, padre mio dolcissimo, e non dormiamo più, ché io odo novelle che io non voglio più né letto né testi[24]. Ò cominciato già a ricévare uno capo[25] nelle mani mie, el quale mi fu di tanta dolcezza, che 'l cuore no 'l può pensare, né la lingua parlare, né l'occhio vedere, né orecchie udire.

Andò el desiderio di Dio, tra gli altri misterii fatti inanzi[26], e' quali non dico, ché troppo sarebbe longo. Andai a visitare colui che vi sapete[27], e elli ricevette tanto conforto e consolatione che si confessò e disposesi molto bene. E fecemi-

13. **Ine**: lì (nel costato).
14. **la dolce sposa**: l'anima che si è rifugiata in Cristo.
15. **botte spillata**: il cuore di Gesù è come una botte aperta, da cui stilla il sangue sparso per la salvezza dell'umanità.
16. **intendimento**: intelletto.
17. **riempi... ritenere**: occupi tutta la memoria, che vi si affatica a tal punto che non può ricordare (*ritenere*) nient'altro.
18. **Poi che**: dopo che.
19. **attegne**: attinge.
20. **de' fratelli... sposa**: i confratelli di Raimondo sono membri della Chiesa, il corpo di cui fanno parte Caterina e Raimondo stesso, la dolce sposa di Cristo. Le metafore della Chiesa come corpo e come sposa sono di origine biblica.
21. **guardate... adietro**: badate di non indietreggiare (*che... non tiriate adietro*) per le tentazioni del diavolo, che so che vi tormentano e vi tormenteranno, o per le parole di qualche persona.
22. **ogni... fredda**: ogni volta che vedete il fervore raffreddarsi, diventare meno intenso.
23. **infine che**: fino a che non.
24. **novelle... testi**: notizie tali che non voglio più né letto né guanciali.
25. **uno capo**: la testa mozzata di Nicolò di Toldo, il giovane perugino condannato a morte della cui esecuzione sta per parlare.
26. **Andò... inanzi**: così fu la volontà di Dio, oltre agli altri eventi misteriosi (miracolosi) operati prima.
27. **colui che vi sapete**: Nicolò di Toldo.

Giovanni di Paolo, *Santa Caterina da Siena riceve le stimmate*, 1465. (New York, Metropolitan Museum of Art)

si promettare[28] per l'amore di Dio che, quando venisse el tempo della giustizia[29], io fusse con lui, e così promisi e feci. Poi, la mattina inanzi la campana[30], andai a lui, e ricevette grande consolatione; menàlo[31] a udire la messa e ricevette la santa comunione, la quale mai più[32] non aveva ricevuta.Era quella volontà acordata e sottoposta alla volontà di Dio; solo v'era rimaso uno timore di non essere forte in su quello punto[33]: ma la smisurata e affocata[34] bontà di Dio lo ingannò, creandoli tanto affetto e amore nel desiderio di me in Dio, che non sapeva stare senza lui[35], dicendo: Sta' meco[36] e non m'abandonare, e così non starò altro che bene, e morrò contento! e teneva el capo suo in sul petto mio. Io sentivo uno giubilo, uno odore del sangue suo, e non era senza l'odore del mio, el quale io aspetto di spandere per lo dolce sposo Gesù. Crescendo el desiderio nell'anima mia e sentendo el timore suo, dissi: Confortati, fratello mio dolce, ché tosto giognaremo alle nozze[37]. Tu n'andarai[38] bagnato nel sangue dolce del Figliuolo di Dio, col dolce nome di Gesù, el quale non voglio che t'esca della memoria; io t'aspettarò al luogo della giustitia. Or pensate, padre e figliuolo, che 'l cuore suo perdé ogni timore, la faccia sua si transmutò di tristitia in letitia, godeva e esultava e diceva: Unde[39] mi viene tanta gratia che la dolcezza dell'anima mia m'aspettarà al luogo santo della giustitia? (è gionto a tanto lume[40] che chiama el luogo della giustitia luogo santo!). E diceva: Io andarò tutto gioioso e forte, e parrammi mille anni che io ne venga[41], pensando che voi m'aspettarete ine; e diceva parole tanto dolci che è da scoppiare della bontà di Dio! Aspettàlo[42] al luogo della giustitia, e aspettai ine con continua oratione e presentia di Maria e di Caterina vergine e martire[43]. Prima che giognesse elli[44], posimi giù, e distesi el collo in sul ceppo: ma non mi venne fatto che io avessi l'effetto pieno di me ine su[45]. Pregai e constrinsi[46] Maria che io volevo questa gratia, che in su quello punto gli desse uno lume e pace di cuore, e poi el vedesse tornare al fine suo[47]. Empissi[48] tanto l'anima mia che, essendo la moltitudine del popolo, non potevo vedere creatura[49], per la dolce promessa fatta a me. Poi egli gionse, come uno agnello mansueto, e, vedendomi, cominciò a rìdare[50], e volse[51] che io gli facesse el segno della croce; e, ricevuto el segno, dissi: Giuso[52] alle nozze, fratello mio dolce, ché testé[53] sarai alla vita durabile[54]! Posesi giù con grande mansuetudine, e io gli distesi el collo, e chinàmi[55] giù e ramentàli[56] el sangue dell'agnello: la bocca sua non diceva, se non "Gesù" e "Caterina",

28. **fecemisi promettare**: si fece promettere da me.
29. **tempo della giustizia**: il momento dell'esecuzione.
30. **inanzi la campana**: prima che suonasse la campana della prima messa, cioè all'alba.
31. **menàlo**: lo condussi.
32. **più**: prima.
33. **in... punto**: al momento della morte.
34. **affocata**: infuocata.
35. **lo ingannò... lui**: l'"inganno" operato dalla bontà divina consiste nell'ispirare nel condannato tanto amore e affetto per Caterina che egli non riesce a stare senza di lei, e quindi senza Dio, rivelatosi a lui attraverso la santa.
36. **meco**: con me.
37. **tosto... nozze**: presto giungeremo alle nozze dell'anima con Dio, cioè alla morte.
38. **n'andarai**: te ne andrai (verso la morte).
39. **Unde**: da dove.
40. **è... lume**: è così illuminato da Dio.
41. **parrammi... venga**: non vedo l'ora di arrivarci.
42. **Aspettàlo**: lo aspettai.
43. **con continua... martire**: in continua preghiera e alla presenza spirituale di Maria e di Santa Caterina d'Alessandria, la martire del III-IV secolo per cui Caterina da Siena nutriva una venerazione particolare.
44. **giognesse elli**: lui arrivasse.
45. **ma... su**: ma, pur stando con la testa sul ceppo (*ine su*), non riuscii a provare in me la sensazione del condannato a morte.
46. **Pregai e constrinsi**: pregai con tanto ardore da costringere.
47. **tornare al fine suo**: ricongiungersi a Dio, fine ultimo di ogni uomo.
48. **Empissi**: si colmò (di gioia).
49. **essendo... vedere creatura**: pur essendoci una grande folla, non vedevo nessuno.
50. **rìdare**: sorridere.
51. **volse**: volle.
52. **Giuso**: giù, china il capo.
53. **testé**: presto.
54. **durabile**: eterna.
55. **chinàmi**: mi chinai.
56. **ramentàli**: gli ricordai.

Maestro Nicola Francke, *Cristo dolente*, 1435. (Amburgo, Kunsthalle)

e così dicendo[57] ricevetti el capo nelle mani mie, fermando l'occhio nella divina bontà, dicendo: Io voglio[58]!

Allora si vedeva Dio e Uomo, come si vedesse la chiarità del sole, e stava aperto e riceveva sangue nel sangue suo[59]: uno fuoco di desiderio santo, dato e nascosto nell'anima sua per gratia, riceveva nel fuoco della divina sua carità[60]. Poi che ebbe ricevuto el sangue e 'l desiderio suo, ed[61] egli ricevette l'anima sua e la misse nella bottiga aperta del costato suo, pieno di misericordia, manifestando la prima verità che per sola gratia e misericordia egli el riceveva, e non per veruna altra operatione[62]. O, quanto era dolce e inestimabile a vedere la bontà di Dio, con quanta dolcezza e amore aspettava quella anima partita dal corpo, – vòlto l'occhio della misericordia verso di lui, – quando venne a 'ntrare dentro nel costato, bagnato nel sangue suo, che valeva per lo sangue del Figliuolo di Dio[63]! Così ricevuto da Dio, – per potentia fu potente a poterlo fare[64], – el Figliuolo, sapientia, verbo incarnato, gli donò e feceli participare el crociato amore, col quale elli ricevette la penosa e obrobiosa morte, per l'obedientia che elli osservò del Padre in utilità dell'umana natura e generatione[65]. Le mani dello Spirito santo el serravano dentro. Ma elli faceva uno atto dolce, da trare mille cuori[66] (non me ne maraviglio, però che già gustava la divina dolcezza): volsesi come fa la sposa quando è gionta all'uscio dello

57. **così dicendo**: mentre diceva così.
58. **fermando... voglio**: fissando lo sguardo in Dio, e accettando risolutamente la morte, per Nicolò e per se stessa.
59. **Allora... suo**: nel rapimento estatico, Caterina vede Gesù (*Dio e Uomo*) col costato aperto, e il suo sangue unirsi a quello di Nicolò.
60. **uno fuoco... carità**: (Gesù) riceveva nel fuoco del suo amore divino l'ardore del santo desiderio di Nicolò, suscitato in lui dalla grazia di Dio.
61. **ed**: allora.
62. **manifestando... operatione**: Dio (*la prima verità*) mostra di ricevere l'anima di Nicolò solamente per grazia e misericordia e non per alcuna opera compiuta da lui.
63. **che valeva... Dio**: il sangue di Nicolò acquista valore perché entra in rapporto con quello sparso da Cristo.
64. **per potentia... fare**: Dio in quanto potenza lo poté fare (di "ricevere" il condannato). L'inciso serve a completare gli attributi della Trinità: la *potentia del Padre*, la *sapientia del Figliuolo*, le *mani dello Spirito santo*.
65. **el Figliuolo... generatione**: Cristo (designato con tre appellativi attribuitigli dalla teologia) gli concesse di partecipare all'amore crocifisso (*crociato*) col quale egli subì la dolorosa e vergognosa (*obrobiosa*) morte, in obbedienza a Dio Padre e per la redenzione del genere umano.
66. **Ma elli... cuori**: ma egli (Nicolò) faceva un gesto tanto dolce da conquistare (*trare*) mille cuori.

sposo, che volle l'occhio e 'l capo adietro, inchinando chi l'à acompagnata[67], e con l'atto dimostra segni di ringratiamento. Riposto che fu[68], l'anima mia si riposò in pace e in quiete, in tanto odore di sangue che io non potei sostenere[69] di levarmi el sangue, che m'era venuto adosso, di lui. Oimè, misera miserabile, non voglio dire più: rimasi nella terra con grandissima invidia[70].

Parmi che la prima pietra sia già posta[71], e però[72] non vi maravigliate se io non v'impongo che 'l desiderio di vedervi altro che anegati nel sangue e nel fuoco che versa el costato del Figliuolo di Dio. Or non più negligentia, figliuoli miei dolcissimi, poi che 'l sangue cominciò a versare e a ricévare vita[73].

Caterina da Siena, *Epistolario*, a cura di U. Meattini, Edizioni Paoline, Roma, 1979

67. **volsesi... acompagnata**: si volse come fa la sposa quando è giunta alla porta dello sposo, e volge il capo all'indietro, facendo un inchino a chi l'ha accompagnata.
68. **Riposto che fu**: dopo che il cadavere fu sepolto.
69. **non... sostenere**: non ebbi la forza.
70. **rimasi... invidia**: rimasi sulla terra, invidiosa per non aver potuto morire come Nicolò.
71. **Parmi... posta**: a Caterina sembra che l'assistenza offerta a Nicolò e la sua santa morte siano la prima pietra del grande edificio di amore e di redenzione che intende costruire con suoi seguaci.
72. **però**: perciò.
73. **versare... vita**: l'espressione è oscura. Probabilmente vuol dire che il sangue versato da Nicolò ha ricevuto da Cristo la vita eterna.

DIALOGO CON IL TESTO

COMPRENDERE

Emozioni umane e slancio visionario La lettera documenta una caratteristica tipica dell'opera di Caterina: la compenetrazione tra una travolgente esperienza mistica e un altrettanto intenso coinvolgimento nella vita e nelle relazioni umane. Sia le esortazioni a frate Raimondo, a cui è dedicata la prima parte della lettera (rr. 1-31), sia la commovente visita al condannato (rr. 32-56) e la cruenta scena della decapitazione (rr. 57-93) sono poste sotto il segno del sangue purificatore di Cristo e del fuoco del suo amore, richiamati ossessivamente nel corso del testo: affetti ed emozioni umane sono potenziati e trasfigurati dall'irrompere di un incontenibile slancio visionario, che culmina nel penultimo capoverso della lettera (*Allora si vedeva...*), nel quale la santa, rapita in estasi, contempla una scena che va oltre i limiti della percezione umana.

- **Nell'ultima parte della lettera a frate Raimondo (rr. 90-93) Caterina riprende le esortazioni iniziali: quali insegnamenti vuole trasmettere a frate Raimondo e ai suoi seguaci?**

ANALIZZARE

Immagini accesamente sensuali La forza di questa esperienza insieme spirituale, sentimentale e sensuale è resa attraverso metafore e immagini che conferiscono alle realtà soprannaturali evocate una fisicità e una concretezza sconvolgenti. Così il sangue purificatore di Cristo nel quale Caterina vorrebbe frate Raimondo *affogato e anegato*, ricompare nella cronaca dell'esecuzione come vero sangue umano (*m'era venuto adosso*); l'anima del frate diventa *cibo* per la santa; Cristo è una *bottiga aperta, piena d'odore*.

- **Individuate nel testo altre immagini materiali e corporee usate dall'autrice per dar voce a percezioni, concetti, emozioni.**

CONFRONTARE

Differenze di intonazione e di stile La lettera di Caterina e il brano tratto dai *Fioretti di San Francesco* (▸T3) sono accomunati da un'intensa ispirazione religiosa, ma è difficile pensare a due modi più diversi di presentare la stessa tematica.

- **Provate a definire le differenze di intonazione e di stile fra i due testi.**

RILETTURE (T1-T6)

ANALIZZARE

1. I testi riportati in ▸T1-T6 sono scritti nei volgari di diverse parti d'Italia. Selezionatene due (per esempio il ▸T2 e il ▸T5) e mettetene in evidenza alcune tipiche caratteristiche linguistiche.
2. Un tema ricorrente nella letteratura religiosa medievale è il capovolgimento della logica e dei giudizi terreni in nome di una "santa follia" che induce il cristiano a comportamenti incompatibili con la mentalità mondana. Individuate nei testi ▸T1-T6 qualche esempio che vi sembra particolarmente evidente.

CONTESTUALIZZARE

3. Ripercorrendo i testi ▸T1-T6 e collocandoli cronologicamente e spazialmente, definite le caratteristiche tematiche e formali dei generi nei quali si articola la letteratura religiosa nel Duecento e nel Trecento, le diverse funzioni che svolgono, le esperienze e gli ordini religiosi da cui scaturiscono.

INTERPRETARE

4. Tra i concetti, le visioni e gli atteggiamenti della religiosità medievale presenti in ▸T1-T6 (per esempio la fraternità di Francesco con la natura, la "santa follia" di Iacopone, la sua valorizzazione dell'umanità di Cristo, il misticismo di Caterina...) quali vi sembrano legati a concezioni definitivamente superate e quali vi sembrano ancora vivi nell'esperienza religiosa di oggi?

ANALISI DEL TESTO

● Analizzate il testo che segue, rispondendo alle domande del questionario oralmente o per iscritto. Potete svolgere l'esercizio rispondendo separatamente a ogni domanda, o integrando le singole risposte in un discorso complessivo, nell'ordine che vi sembra più efficace.

FRANCESCO D'ASSISI

T7 ▸ Della vera e perfetta letizia

Questo testo, secondo gli studi più recenti, è la versione originale, attribuita allo stesso Francesco d'Assisi, dell'apologo sulla perfetta letizia reso famoso dai *Fioretti di San Francesco* e riportato in ▸T3. Ve lo presentiamo, tradotto dal latino, nella forma conservata da un codice fiorentino dei primi anni del Trecento.

Lo stesso [frate Leonardo] raccontò che un giorno il beato Francesco, presso Santa Maria degli Angeli[1], chiamò frate Leone e gli disse: «Frate Leone, scrivi». Questi rispose: «Eccomi, sono pronto». «Scrivi – disse – qual è la vera letizia».

«Viene un messo e dice che tutti i maestri di Parigi[2] sono entrati nell'Ordine; scrivi: non è vera letizia. Così pure che sono entrati nell'Ordine tutti i prelati d'Oltralpe, arcivescovi e vescovi; e perfino il re di Francia e d'Inghilterra[3]; scrivi: non è vera letizia. E se ti giunge ancora notizia che i miei frati sono andati tra gli infedeli e li hanno convertiti tutti alla fede, oppure che io abbia ricevuto da Dio tanta grazia da guarire gli infermi e da fare molti miracoli; ebbene io ti dico: neppure qui è vera letizia.»

1. **Santa Maria degli Angeli**: la Porziuncola, piccola chiesa in cui Francesco aveva radunato i suoi primi compagni fondando un convento che, secondo il suo progetto, doveva essere un luogo semplice e libero da vincoli formali.
2. **i maestri di Parigi**: gli insegnanti di teologia e filosofia dell'università di Parigi che ai tempi di Francesco erano considerati i migliori maestri di queste discipline in tutta Europa.
3. **perfino... Inghilterra**: dietro a questi inverosimili annunci c'è, però, un riferimento realistico all'enorme successo che il movimento religioso fondato da Francesco andava conoscendo mentre egli era ancora in vita.

«Ma qual è vera letizia?»

«Ecco tornando io da Perugia nel mezzo della notte, giungo qui, ed è un inverno fangoso e così rigido che, all'estremità della tonaca, si formano dei dondoli d'acqua congelata, che mi percuotono continuamente le gambe fino a far uscire il sangue da tali ferite. E io immerso tutto nel fango, nel freddo e nel ghiaccio, giungo alla porta e, dopo aver a lungo picchiato e chiamato, viene un frate e chiede: "Chi sei?". Io rispondo: "Frate Francesco". E quegli dice: "Vattene, non è ora decente questa per andare in giro, non entrerai". E mentre io insisto ancora, egli risponde: "Vattene, tu sei un semplice e un idiota[4], qui non ci puoi venire ormai; noi siamo tanti e tali che non abbiamo bisogno di te". E io sempre resto davanti alla porta e dico: "Per amor di Dio, accoglietemi per questa notte". E quegli risponde: "Non lo farò. Vattene dai Crociferi[5] e chiedi là".

Ebbene, se io avrò avuto pazienza e non mi sarò turbato, io ti dico che qui è la vera letizia e qui è la vera virtù e la salvezza dell'anima».

Francesco d'Assisi, *Guardate l'umiltà di Dio. Tutti gli scritti*, a cura di B. Salvarani, Garzanti, Milano, 2014

4. **un semplice... idiota**: una persona povera e ignorante; sono gli stessi appellativi con cui Francesco soleva definire se stesso, in voluta contrapposizione al clero del tempo che cercava di affermarsi col potere della ricchezza o della cultura.
5. **Crociferi**: riferimento a un ospedale che esisteva allora non molto lontano dalla Porziuncola e che era affidato all'ordine dei Crociferi.

COMPRENDERE

1. Confrontate questo testo con il ▸**T3** ed esponete le differenze tra i due modi di raccontare lo stesso episodio, specie per quanto riguarda l'attribuzione del ruolo di protagonista e la maggiore o minore presenza di riferimenti realistici alla situazione storica in cui si svolse la vicenda di Francesco d'Assisi.

CONTESTUALIZZARE

2. Secondo gli studi più recenti, l'apologo sulla perfetta letizia fu dettato da Francesco nel periodo finale della sua vita, quando egli entrò in un sofferto contrasto con il suo ordine religioso, al punto da lasciarne la guida, perché gli sembrava che stesse abbandonando la povertà e la semplicità degli inizi. Individuate nella versione attribuita a Francesco gli elementi della narrazione riconducibili a questo contesto e, aiutandovi anche con le note, spiegate in che cosa si differenzia dalla versione dei *Fioretti*, sia rispetto all'uditorio a cui intende rivolgersi sia rispetto al messaggio che vuole comunicare.

INTERPRETARE

3. In quale dei due testi vi sembra che l'episodio sia stato elaborato in una forma letteraria più godibile e quindi anche più ricercata dal punto di vista stilistico? Rispondete portando qualche esempio di singole espressioni o modi di organizzare il discorso, presenti nel testo prescelto, che sostenga la vostra tesi.

SCRIVERE UN TESTO ARGOMENTATIVO

- Facendo riferimento ai testi ▸**T1-T6**, scrivete un breve testo sull'argomento.

LA LETTERATURA RELIGIOSA NEI SECOLI XIII-XIV

Per l'esposizione vi suggeriamo la seguente scaletta:
- indicate i luoghi, gli ambienti e le coordinate temporali della composizione dei testi in questione;
- definite i diversi generi a cui appartengono;
- indicate le esperienze e gli ordini religiosi da cui scaturiscono;
- sceglietene due che vi sembrano particolarmente diversi, per i tipi di religiosità a cui danno voce e/o per il linguaggio in cui le esprimono, e mettetene in luce le differenze.

▸ p. 34

La lirica

La più antica forma di lirica d'arte in volgare è la poesia provenzale, fiorita dalla fine del secolo XI alla fine del secolo XIII presso le corti feudali della Francia meridionale; il tema centrale è l'"amor cortese", un amore ideale fortemente condizionato dall'ambiente aristocratico di corte, codificato in forme rituali minuziose e raffinate. Questa tematica ha un'ampia influenza sulla poesia italiana delle origini. Nei decenni centrali del Duecento i temi e i modi dei trovatori provenzali sono ripresi dalla prima vera e propria scuola poetica della letteratura italiana, nata presso la corte siciliana di Federico II di Svevia, orientata a sviscerare gli aspetti psicologici e intellettuali dell'esperienza amorosa. Nella seconda metà del secolo, l'influenza della lirica cortese si diffonde nelle città dell'Emilia e della Toscana, dove fiorisce il «dolce stil novo», espressione di gruppi intellettuali legati alla civiltà comunale, che ne rielaborano i temi e le forme in sintonia con gli sviluppi della cultura filosofica e teologica; i massimi esponenti dello «stil novo» sono Guido Guinizzelli, Guido Cavalcanti e Dante. Come controcanto al raffinato intellettualismo degli stilnovisti si sviluppa negli stessi anni, sempre sullo sfondo della società comunale toscana, una poesia di tono grottesco e parodistico, che raggiunge i risultati più godibili con Cecco Angiolieri.

I trovatori provenzali

- BERNART DE VENTADORN *Quando la lodoletta vedo*
- CONTESSA DI DIA *Sono stata in grave angoscia*

Nella poesia dei trovatori provenzali il tema dell'"amor cortese" ritorna con minime e ingegnose varianti: l'esperienza amorosa è rappresentata come un omaggio feudale a una donna difficilmente accessibile (▸T8), generalmente sposata; non mancano i testi che esprimono la gioia sensuale dell'amore corrisposto, ma la nota più tipica è quella dell'amore irrealizzabile, che raggiunge il massimo di astrazione nell'"amore di terra lontana" di JAUFRÉ RUDEL (▸T9).

GUGLIELMO D'AQUITANIA

T8 ▸ Nella dolcezza della primavera

PERCORSO
- La lirica d'amore, p. 534
- Le donne come soggetto e come oggetto della scrittura (I), p. 542

Le poesie d'amore di Guglielmo d'Aquitania, come quelle degli altri trovatori, non sono in relazione con precise vicende biografiche: cantano una situazione d'amore astratta, non una singola esperienza vissuta. Questo testo presenta alcuni dei temi più tipici dell'amor cortese, che ricorreranno quasi invariati nella lirica provenzale successiva.

▸ **METRO**: nell'originale, canzone di strofe di sei versi rimati AABCBC; traduzione verso a verso, senza vincoli metrici.

Guglielmo d'Aquitania (1071-1126) fu uno dei più potenti feudatari del suo tempo; trascorse la sua vita tra le guerre e partecipò a due crociate, in Terrasanta e in Spagna. Si sposò due volte ed ebbe una condotta sessuale giudicata scandalosa dai contemporanei. È il più antico trovatore noto e di lui ci restano dieci poesie.

Nella dolcezza della primavera
i boschi rinverdiscono, e gli uccelli
cantano, ciascheduno in sua favella,
giusta la melodia del nuovo canto.
È tempo, dunque, che ognuno prenda agio
di quello che piú brama.

Dall'essere che più mi giova e piace
messaggero non vedo, né sigillo:
perciò non trovo posa né allegrezza,
né ardisco farmi innanzi
finché non sappia di certo se l'esito
sarà quale domando.

Del nostro amore accade
come del ramo di biancospino,
che sta sulla pianta tremando
la notte alla pioggia ed al gelo,
fino al domani, che il sole s'effonde
per il verde fogliame sulle fronde.

Ancora mi rimembra d'un mattino
che facemmo la pace tra noi due,
e che mi diede un dono cosí grande:
il suo amore e il suo anello.
Dio mi conceda ancor tanto di vita
che sotto il suo mantello possa metter le mani!

Io non ho cura degli altrui discorsi
che dal mio Buon-Vicino mi distacchino;
delle chiacchiere so come succede
per picciol motto che si profferisce:
altri van dandosi vanto d'amore,
noi disponiamo di carne e coltello.

Guglielmo d'Aquitania, *Come il ramo di biancospino*, in *Antologia delle letterature medievali d'oc e d'oïl*, a cura di A. Roncaglia, trad. dall'antico provenzale di A. Roncaglia, Edizioni Nuova Accademia, Milano, 1989

Un cavaliere offre il cuore alla sua dama in un arazzo del XV secolo. (Parigi, Musée du Louvre)

3. **in sua favella**: nella propria lingua (il verso proprio di ogni specie).
4. **giusta la**: secondo la.
5-6. **prenda... brama**: si soddisfi in ciò che più desidera.
7. **Dall'essere... piace**: da colei che amo.
8. **sigillo**: l'impronta di ceralacca che si poneva a chiusura delle lettere.
9. **posa**: quiete, riposo.
17. **s'effonde**: sparge i suoi raggi.
19. **mi rimembra**: mi ricordo.
25. **degli altrui discorsi**: delle chiacchiere dei malevoli.
26. **mio Buon-Vicino**: è il *senhal*, lo pseudonimo sotto cui si nasconde la donna amata; il vero nome, secondo il codice d'amore della lirica provenzale, deve restare segreto.
28. **per picciol... profferisce**: per le frasi da poco che si dicono.
30. **noi... coltello**: il significato è volutamente enigmatico. Il senso degli ultimi due versi è: "altri si vantano a parole di avere l'amore, noi due facciamo sul serio", ma il poeta preferisce lasciare nel vago la propria affermazione. In questa traduzione coltello e carne sembrano essere una metafora della penetrazione sessuale. Ma nell'originale non c'è esattamente *carne*, bensì la *pessa*, "il pezzo": un'altra interpretazione possibile si riferisce alla cerimonia di investitura feudale, dove il signore concedeva al vassallo un pezzo di terra, e in alcuni rituali il coltello simboleggiava il potere trasmesso.

DIALOGO CON IL TESTO

COMPRENDERE

Dolori e gioie di un amore lontano Ciascuna strofa contiene un discorso in sé concluso, ma ripercorrendole in ordine si può riconoscere un filo conduttore e risolvere l'apparente contraddizione tra le espressioni di tristezza e quelle di gioia per l'amore corrisposto:
- la primavera invita animali e uomini ad amare;
- il poeta soffre perché la donna è lontana e da lei non giungono messaggi;
- ma l'amore potrà rifiorire, come il biancospino si rianima al sole dopo aver sofferto pioggia e gelo;
- infatti tra la donna e il poeta esiste un patto, una promessa d'amore;
- questa promessa dà al poeta un'orgogliosa certezza, con cui può sfidare le chiacchiere malevole e le vanterie erotiche di altri.

Sentimento erotico e riti aristocratici Attraverso questi sviluppi, la poesia offre un piccolo repertorio delle situazioni amorose codificate nella lirica provenzale:
1. la donna è lontana e inaccessibile, l'innamorato è in una situazione penosa, paralizzato dall'ossequio e dalla timidezza;
2. il rapporto tra l'innamorato e l'amata si configura come un patto e come un omaggio feudale; molti particolari si possono interpretare in questo senso: l'anello e il coltello facevano parte del rituale dell'investitura, e anche l'immagine francamente erotica del v. 24 vi può rientrare (nella cerimonia il signore apriva il suo mantello e vi accoglieva dentro il vassallo);
3. si tratta dunque di un amore fortemente ritualizzato e idealizzato, ma contemporaneamente sensuale: le espressioni dei vv. 24 e 30 possono avere un doppio senso, erotico e di rito feudale;
4. la coppia dell'innamorato e dell'amata si oppone aristocraticamente al volgo inferiore di quelli che sparlano e si vantano senza ragione.

In questo modo la poesia provenzale esprime la sintesi di un sentimento erotico intenso e dell'ideologia aristocratica dell'ambiente in cui nasceva e si diffondeva.

La figura di due amanti incisa sulla cassa in avorio di uno specchio francese del 1410. (Baltimore, Walters Art Museum)

● **Indicate i versi riferibili alle situazioni indicate al punto 1 e al punto 4.**

ANALIZZARE

Il fascino di uno stile pieno di contrasti I versi dei poeti provenzali ci giungono da una cultura molto lontana dalla nostra, di cui non possediamo tutti i riferimenti; forse per questo ci danno un'impressione ambigua, ci appaiono un miscuglio strano e affascinante di spontaneità e di sofisticazione: da un lato immagini delicate e fresche della natura, espressioni dirette, quasi ingenue, di amore e desiderio; dall'altro sensi multipli, allusioni enigmatiche, espressioni cifrate.

● **Individuate nel testo qualche esempio di questi due tipi di espressioni.**

INTERPRETARE

Anche oggi l'amore ha i suoi riti? L'insieme di regole e di riti con cui nella lirica provenzale viene rappresentata e celebrata l'esperienza amorosa è certo assai lontano dal modo in cui essa viene vissuta al giorno d'oggi. Eppure nella nostra società consumistica, anche a opera dei mass-media, il bisogno di codificare l'esperienza amorosa secondo alcuni elementi di ritualità e alcuni modelli di comportamento sembra permanere.

● **Dite in che misura siete d'accordo con questa affermazione, motivando la vostra tesi.**

JAUFRÉ RUDEL

T9 ▸ Quando il rivolo della sorgente

È una delle canzoni dell'"amore di lontano" che hanno reso Jaufré Rudel il più popolare dei trovatori.

▸ **METRO**: nell'originale, canzone di strofe di sette versi con cinque rime diverse che si ripetono di strofa in strofa variando la posizione, secondo uno dei complicati giochi metrici propri della lirica provenzale. Traduzione verso a verso senza vincoli metrici.

Quando il rivolo della sorgente
illimpidisce, cosí come suole,
e sboccia la rosa di macchia
e l'usignoletto fra i rami
modula, gorgheggia e fila
il suo dolce canto, e l'affina,
ben è ragione ch'io pure il mio gorgheggi.
Amore di terra lontana,
per voi tutto il cuore mi duole.
E non posso trovarci medicina
se non corro alla sua esca
seguendo il fascino d'un dolce amore
entro un verziere o sotto cortinaggi
con desiata compagna.
Poiché occasione ognora me ne manca
non meraviglio se n'ardo,
ché mai piú bella cristiana
non fu, né Iddio permette che sia,
né giudea, né saracena:
ben si pasce di manna colui
che del suo amore conquista alcun poco.

Immagine di un poeta in una miniatura tratta dal *Codice Manesse*, canzoniere medievale in lingua tedesca, 1305-1340. (Heidelberg, Universitätsbibliothek)

1-3. **Quando... macchia**: in primavera; lo scenario primaverile in apertura della poesia è una convenzione della poesia provenzale.
5-6. **fila... canto**: snoda la melodia come filando la lana da una matassa. **l'affina**: lo perfeziona.
7. **ben è ragione**: è giusto.
11. **corro alla sua esca**: mi lascio attrarre da questo amore, come un pesce dall'esca.
13. **verziere**: giardino, luogo ombroso. **sotto cortinaggi**: in un letto a baldacchino.
15. **ognora**: sempre.
20. **si pasce di manna**: si nutre di un cibo divino. La manna è il cibo fatto cadere miracolosamente da Dio sugli ebrei in fuga dall'Egitto durante la traversata del deserto del Sinai.

Jaufré Rudel (secolo XII) fu principe di Blaia, presso Bordeaux; sappiamo che nel 1148 partecipò alla seconda crociata in Terrasanta, dove forse morì. Di lui ci restano sei canzoni ispirate a un «amore di terra lontana», su cui venne costruita la leggenda del suo amore per una contessa di Tripoli del Libano; il poeta sarebbe spirato nel momento in cui la raggiungeva e stava per vederla per la prima volta. Il mito fu popolare nell'Ottocento, e a esso si ispirarono tra gli altri Heine e Carducci.

Di sospirare il mio cuore non cessa
a quella creatura che piú di tutte io amo,
e credo che m'inganna il desío
se la concupiscenza me la toglie,
ché più di spina è pungente
il duolo che con gioia risana,
onde non voglio che mi si compianga.

Senza rotolo di pergamena
invio la composizione, che cantiamo
in semplice lingua volgare,
a don Ugo Bruno, per mezzo di Figlioccio:
mi piace che la gente pittavina
di Berry e di Guyenne
e di Bretagna se ne allieti.

Jaufré Rudel, *Amore di terra lontana*, in *Antologia delle letterature medievali d'oc e d'oïl*, a cura di A. Roncaglia, trad. dall'antico provenzale di A. Roncaglia, Edizioni Nuova Accademia, Milano, 1989

24-25. **credo... toglie**: credo che sarò deluso, ingannato dal mio desiderio, se me la toglie la passione sensuale (di un altro? Il senso non è chiaro).
26-27. **ché più di spina... risana**: il dolore amoroso, che è sanato dalla gioia del possesso, punge più di una spina.
29. **Senza... pergamena**: senza trascriverla su un materiale cartaceo pregiato. L'ultima strofa funge da congedo: il poeta invia la composizione a un personaggio importante (*don Ugo Bruno*), per mezzo di un giullare indicato con lo pseudonimo (*senhal*) di Figlioccio, e si augura che sia sentita e cantata dalla gente di varie regioni della Francia.
33. **gente pittavina**: abitanti del Poitou, provincia della Francia occidentale.

DIALOGO CON IL TESTO

COMPRENDERE

Un amore elegante e rarefatto Dell'*amor de lohn*, l'«amore di terra lontana» di Jaufré sono state proposte varie interpretazioni; qualcuno ha voluto vederci un'allegoria del desiderio di vedere la Terrasanta, altri hanno proposto significati religiosi: il vero amore è per una donna invisibile, così come per il cristiano la realtà vera è quella che sta al di là delle apparenze sensibili. Ci sia o non ci sia un significato allegorico nell'*amor de lohn*, resta il fatto che Jaufré è riuscito a creare più di ogni altro trovatore un'immagine dell'amore estremamente rarefatta, che porta al grado estremo quell'elegante astrazione dei sentimenti che caratterizza la lirica provenzale.

INTERPRETARE

Ambiguità del non detto Questa poesia affascina e insieme sconcerta per la sua indeterminatezza. Il linguaggio del poeta in superficie è semplice e piano e ha espressioni toccanti, apparentemente spontanee; ma le situazioni a cui si riferisce sono taciute, e si creano sorprendenti ambiguità: così nella seconda strofa il significato potrebbe anche essere che il poeta si consola (*trovarci medicina*) dell'amore di terra lontana con amori di facile soddisfazione (*entro un verziere o sotto cortinaggi*). Ma questa interpretazione può essere contestata per più di una ragione.

- **Cercate le espressioni del testo che possono essere citate per sostenere o controbattere questa interpretazione.**

▸ p. 35

• Stefano Protonotaro *Pir meu cori alligrari*

La scuola siciliana

A differenza dei trovatori, i poeti della scuola siciliana, in particolare Giacomo da Lentini, mettono in secondo piano la concezione feudale, che modella il rapporto tra l'amante e l'amata sulle regole e sui rituali del vassallaggio, per concentrarsi sugli aspetti psicologici e intellettuali dell'esperienza amorosa, come la definizione teorica della natura dell'amore (▸T10) o il rapporto tra amore sacro e amore profano (▸T11), e non scrivono per il canto ma per la lettura. Oltre ai generi metrici ripresi dai provenzali, praticano una forma nuova, che avrà una straordinaria fortuna nella letteratura italiana: il sonetto. Un caso a parte è costituito da Cielo d'Alcamo, di cui ci è giunto un unico componimento che mette in parodia l'amore cortese (▸T12). Di lui non si hanno notizie, e anche la sua appartenenza alla corte di Federico II è stata messa in discussione; tuttavia la lingua in cui scrive, la padronanza metrica e la conoscenza delle formule tipiche della poesia trobadorica fanno pensare a un suo legame, diretto o indiretto, con i poeti della scuola siciliana.

ANALISI

GIACOMO DA LENTINI

T10 ▸ Amor è uno desio che ven da core

PERCORSO
• La lirica d'amore, p. 534

BIBLIOTECA PERCORSO TEMATICO
• L'amore

Questo sonetto di Giacomo da Lentini fa parte di una tenzone (una specie di discussione che avveniva attraverso lo scambio di componimenti poetici) iniziata da Jacopo Mostacci, un altro poeta della corte di Federico II, a proposito della natura dell'amore.

▸ **METRO**: sonetto.

Amor è uno desio che ven da core
per abondanza di gran piacimento;
e li occhi in prima generan l'amore
e lo core li dà nutricamento.

Ben è alcuna fiata om amatore
senza vedere so 'namoramento,
ma quell'amor che stringe con furore
da la vista de li occhi à nascimento.

Che li occhi rapresentan a lo core
d'onni cosa che veden bono e rio,
com'è formata naturalmente;

e lo cor, che di zo è concepitore,
imagina, e piace quel desio:
e questo amore regna fra la gente.

Due donne in un particolare dell'*Adorazione dei Magi* di Gentile da Fabriano, 1423. (Firenze, Galleria degli Uffizi)

Giacomo da Lentini, *Poesie*, a cura di R. Antonelli, Bulzoni, Roma, 1979

2. **per... piacimento**: per una sovrabbondanza di piacere.
3. **in prima**: dapprima.
4. **li dà nutricamento**: gli dà nutrimento.
5-6. **Ben... 'namoramento**: è vero che esiste qualche volta (*alcuna fiata*) un innamorato che non ha visto l'oggetto del suo amore (*'namoramento*).
7. **stringe con furore**: fa soffrire crudelmente.
8. **da la vista... nascimento**: nasce dalla visione (dell'essere amato).
9-11. **Che li occhi... naturalmente**: perché gli occhi raffigurano (*rapresentan*) al cuore le qualità buone e quelle cattive (*bono e rio*) di ogni cosa (che vedono), così com'è in natura (*formata naturalmente*).
12. **che... concepitore**: che accoglie ciò.
13. **imagina... desio**: immagina (ciò che gli occhi gli hanno trasmesso), e gli piace il desiderio che ne scaturisce.
14. **questo... gente**: questo è l'amore che regna tra gli uomini.

Giacomo da Lentini (circa 1210-1260), nato a Lentini, nella Sicilia orientale, fu notaio alla corte di Federico II. Le informazioni bibliografiche su di lui sono molto scarse. C'è la sua firma su alcuni documenti dell'imperatore. Citato da Dante (*Purgatorio*, XXIV, 56) come iniziatore della scuola siciliana, ha lasciato un canzoniere di una quarantina di liriche, il più ricco tra quelli che ci sono pervenuti. Tutte le liriche hanno al centro la tematica amorosa. A lui si attribuisce l'invenzione del sonetto.

DIALOGO CON IL TESTO

COMPRENDERE

Una definizione teorica dell'amore A una prima lettura il sentimento di cui parla il sonetto può assomigliare a un normale innamoramento: vedere qualcuno che ci colpisce per il suo aspetto, fantasticarci sopra, scoprire che dentro di noi sta nascendo un'attrazione sempre più forte. Ma l'intonazione minuziosa e un po' pedante ci fa capire che Giacomo da Lentini non si propone semplicemente di esprimere una situazione psicologica individuale: ciò che gli interessa è una rigorosa definizione teorica della natura dell'amore e delle modalità della sua nascita, elaborata con la solennità dovuta a un dibattito che si svolge in una ristretta cerchia di intellettuali.

ANALIZZARE

L'invenzione del sonetto Giacomo da Lentini è considerato l'inventore del sonetto, e mostra di padroneggiare pienamente questa forma metrica.

- **Ripercorrendo il testo strofa per strofa, completate lo schema secondo il modello proposto, notando come l'andamento dell'argomentazione sia articolato in modo da adattarsi perfettamente allo schema delle quartine e delle terzine.**

Prima quartina	Anticipa il contenuto dell'intero sonetto: l'amore è un sentimento generato dalla vista e nutrito dal cuore.
Seconda quartina	NONOSTANTE SI INNAMORINO SENZA VEDERE LA DONNA, NELL'AMORE C. NON SUCCEDE XCHÉ NASCE SOLO DALLA VISTA DELLA DONNA
Prima terzina	OCCHI RAPP. DONNA COSÌ COME È IN NATURA
Seconda terzina	IL CUORE ACCOGLIE RAPP. OCCHI CI FANTASTICA SU E INIZIA A PROVARE IL DESIDERIO CHE POI È L'AMORE

CONTESTUALIZZARE

Scuola siciliana e amore cortese Nel contesto della corte di Federico II, a cui Giacomo da Lentini appartiene, il riferimento obbligato erano le teorie dell'amore cortese elaborate da Andrea Cappellano, il cui trattato *De amore* (►D5, p. 18) cominciava con questa definizione: «L'amore è una passione innata che procede per visione e per incessante pensiero di persona d'altro sesso, per cui si desidera soprattutto godere l'amplesso dell'altro, e nell'amplesso realizzare concordemente tutti i precetti d'amore. [...] Ti dimostro chiaramente che la passione è innata poiché la passione, a ben guardare la verità, non nasce da nessuna azione, ma la passione nasce dal solo pensiero che l'animo concepisce davanti alla visione. Quando, infatti, uno vede una donna che corrisponde al suo amore e che è bella secondo il suo gusto, subito in cuor suo comincia a desiderarla, e quanto più la pensa, tanto più arde d'amore, fino a che non giunge a più pieno pensiero. E comincia a pensare alle fattezze della donna, a riconoscere le sue membra, a immaginare i propri gesti, e a frugare i segreti di quel corpo che desidera possedere tutto per il proprio piacere [...]. Dunque la passione innata nasce da visione e da pensiero» (Andrea Cappellano, *De amore*, trad. dal latino medievale di J. Insana, Milano, SE, 2002).

- **Quali concetti espressi da Andrea Cappellano sono ripresi da Giacomo da Lentini? Quale aspetto viene invece tralasciato, coerentemente con il carattere rarefatto e intellettuale che caratterizza il sonetto?**

AMPLESSO CARNALE

GIACOMO DA LENTINI

T11 ▸ Io m'aggio posto in core a Dio servire

Questo sonetto è dedicato al problematico rapporto tra amore sacro e amore profano: come far convivere la totale dedizione alla donna amata prescritta dalle teorie dell'amore cortese con la totale subordinazione a Dio richiesta dalla religiosità medievale?

▸ **METRO**: sonetto.

Io m'aggio posto in core a Dio servire,
com'io potesse gire in paradiso,
al santo loco, c'aggio audito dire,
o' si mantien sollazzo, gioco e riso.
Sanza mia donna non vi voria gire,
quella c'à blonda testa e claro viso,
che sanza lei non poteria gaudere,
estando da la mia donna diviso.
Ma no lo dico a tale intendimento,
perch'io pecato ci volesse fare;
se non veder lo suo bel portamento
e lo bel viso e 'l morbido sguardare:
che 'l mi teria in gran consolamento,
veggendo la mia donna in ghiora stare.

Giacomo da Lentini da *Poesie*, a cura di R. Antonelli, Bulzoni, Roma, 1979

1. **m'aggio... core**: mi sono proposto. *Aggio*, usato in maniera riflessiva, è una forma tipica dei dialetti meridionali per "ho", così come l'uso dell'ausiliare "avere" per "essere".
2. **com'io potesse**: affinché io possa (l'uso del congiuntivo imperfetto al posto del presente è un'altra forma caratteristica dei dialetti meridionali). **gire**: andare.
3: **al santo loco**: apposizione del *paradiso* (v. 2). **c'aggio... dire**: di cui ho sentito parlare.
4. **o'... riso**: dove (*o'*) durano eternamente festa, gioia e letizia.
5. **voria**: vorrei.
6. **c'a blonda... viso**: che ha i capelli biondi e un viso luminoso.
7. **poteria gaudere**: potrei provare gioia.
8. **estando**: stando.
9-10. **Ma no... fare**: ma non lo dico con l'intenzione di fare peccato con lei.
11. **se non**: ma solo per. **portamento**: comportamento, contegno.
12. **'l morbido sguardare**: lo sguardo dolce, soave (che la donna rivolge intorno a sé).
13-14. **che... stare**: perché riterrei per me (*l mi teria*) una grande consolazione vedere la mia donna nella gloria (*ghiora*) del paradiso.

TESTI T11

DIALOGO CON IL TESTO

COMPRENDERE

Conciliare amor sacro e amor profano Fin dalla pubblicazione del *De amore* di Andrea Cappellano le teorie dell'amore cortese furono viste con sospetto dalle autorità ecclesiastiche, non solo per la svalutazione del matrimonio e l'elogio dell'amore sensuale, ma anche per l'inconciliabilità tra la dedizione totale alla persona amata e l'altrettanto totale devozione dovuta a Dio secondo i princìpi religiosi. In questo sonetto Giacomo da Lentini prova ad attenuare il conflitto tra l'amore sacro e l'amore profano, conciliando l'impegno di *servire* Dio con la felicità che scaturisce dal *gaudere* della bellezza della donna: il poeta vuole andare in paradiso, ma lassù non potrebbe essere pienamente felice se non ci fosse anche la sua donna, non perché voglia peccare con lei, ma perché desidera contemplarla nella gloria della beatitudine celeste.

CONTESTUALIZZARE

La novità di questo sonetto L'idea per cui solo la presenza della donna avrebbe potuto permettere di provare a pieno la gioia paradisiaca ricorreva già, in forma di cenno iperbolico, nella poesia provenzale. Ciò che contraddistingue la lirica del fondatore della scuola siciliana è la scelta di dedicare al tema un intero sonetto: non si tratta di un'asserzione azzardata fatta di passaggio, ma di una questione teorica rilevante, affrontata per rispondere alle esigenze di un pubblico interessato a una definizione filosofica dell'amore e del suo rapporto con la religione. L'intento che anima Giacomo da Lentini conferisce al testo il tono un po' didascalico tipico di alcune poesie dei canzonieri siciliani.

- **Confrontate questo sonetto col precedente, individuando affinità e differenze relative alla rappresentazione dell'amore.**

INTERPRETARE

Una difficile conciliazione La conciliazione tra i due tipi di amore conserva dei margini di ambiguità. Può essere interessante discutere se nel testo la bilancia penda dalla parte dell'amore cortese o del sentimento religioso.

- **Fino a che punto il poeta spiritualizza l'amore terreno e fino a che punto interpreta in termini terreni le gioie del paradiso?**

CONFRONTI **Una più approfondita compenetrazione fra tematica religiosa e tematica amorosa sarà attuata dai poeti stilnovisti (▸T15-T19).**

CIELO D'ALCAMO

T12 ▸ Rosa fresca aulentissima

▸ **PERCORSO**
- Il comico e il satirico, p. 538

Questo componimento poetico è un "contrasto", un dialogo in cui ciascuna strofa coincide con la battuta di uno dei due protagonisti: l'uomo che corteggia la donna e la donna che si tira indietro in modo via via meno convinto. Si può considerare una ripresa in chiave popolaresca e parodistica del genere della pastorella (dialogo tra una donna di condizione sociale bassa e un cavaliere che tenta di conquistarla) tipico della tradizione provenzale. Delle trentadue strofe che compongono il testo riportiamo le prime quattordici e le ultime cinque.

▸ **METRO**: strofe di tre settenari doppi (con il primo emistichio sempre sdrucciolo) e due endecasillabi, con schema di rime AAABB.

«Rosa fresca aulentissima,   ch'apari inver' la state,
le donne ti disiano,   pulzell' e maritate:
tràgemi d'este focora,   se t'este a bolontate;
   per te non ajo abento notte e dia,
   penzando pur di voi, madonna mia.»

1-2. **Rosa fresca... maritate**: rosa fresca profumatissima (*aulentissima*), che apari verso l'estate, le donne ti desiderano, nubili (*pulzelle*) e sposate. Oggetto del desiderio è il fiore, non la donna di cui è simbolo.
3. **tràgemi... bolontate**: liberami da questi fuochi d'amore, se lo vuoi.
4. **per te... dia**: a causa tua non ho pace notte e giorno.
5. **pur di voi**: solo a voi.

Di **Cielo d'Alcamo** (prima metà del XIII secolo), autore di quest'unica poesia a noi pervenuta, non si sa praticamente nulla, a parte la probabile nascita nella città siciliana di Alcamo. Secondo alcuni studiosi fu un giullare; non si sa esattamente quali rapporti l'abbiano legato alla scuola siciliana. La sua poesia è citata da Dante nel *De vulgari eloquentia*, come esempio della lingua dei siciliani di media condizione.

«Se di meve trabàgliti,   follia lo ti fa fare.
Lo mar potresti arompere,   a venti asemenare,
l'abere d'esto secolo   tutto quanto asembrare:
avere me non pòteri a esto monno;
avanti li cavelli m'aritonno.»

«Se li cavelli artónniti,   avanti foss'io morto,
ca'n issi sì mi pèrdera   lo solaccio e 'l diporto.
Quando ci passo e véjoti,   rosa fresca de l'orto,
bono conforto dónimi tuttore:
poniamo che s'ajunga il nostro amore.»

«Ke 'l nostro amore ajùngasi,   non boglio m'atalenti:
se ci ti trova pàremo   cogli altri miei parenti,
guarda non t'arigolgano   questi forti correnti.
Como ti seppe bona la venuta,
consiglio che ti guardi a la partuta.»

«Se i tuoi parenti trovanmi,   e che mi pozzon fare?
Una difensa mèttoci   di dumili' agostari:
non mi toccara pàdreto   per quanto avere ha 'n Bari.
Viva lo 'mperadore, grazi' a Deo!
Intendi, bella, quel che ti dico eo?»

«Tu me no lasci vivere   né sera né maitino.
Donna mi so' di pèrperi,   d'auro massamotino.
Se tanto aver donàssemi   quanto ha lo Saladino,
e per ajunta quant'ha lo soldano,
toccare me non pòteri a la mano.»

«Molte sono le femine   c'hanno dura la testa,
e l'omo con parabole   l'adimina e amonesta:
tanto intorno procàzzala   fin che ll' ha in sua podesta.
Femina d'omo non si può tenere:

Fregi con rose in una miniatura del *Libro delle Ore di Anna di Bretagna*, 1503-1508. (New York, Morgan Library)

6. **Se... trabàgliti**: se ti tormenti per me.
7. **arompere**: arare. **asemenare**: seminare.
8. **l'abere... asembrare**: raccogliere tutte le ricchezze di questo mondo.
9. **pòteri**: potresti.
10. **avanti... aritonno**: piuttosto mi taglio i capelli, cioè mi faccio monaca.
11. **Se... morto**: se ti tagli i capelli, che io sia ucciso prima.
12. **ca'... diporto**: perché con essi perderei la mia consolazione e il mio piacere.
13. **Quando... véjoti**: quando passo qui (*ci*) e ti vedo.
14. **bono... tuttore**: mi dai sempre grande piacere.
15. **poniamo che s'ajunga**: facciamo che si congiunga.
16. **Ke... m'atalenti**: che il nostro amore si congiunga non voglio che mi piaccia.
17. **pàremo**: mio padre.
18. **guarda... correnti**: bada che non ti prendano (*arigolgano*) quei veloci corridori (*forti correnti*).
19-20. **Como... partuta**: come ti andò bene l'arrivo (*venuta*), ti consiglio di fare attenzione (*ti guardi*) alla partenza.
22. **Una difensa... agostari**: gli assegno una multa di duemila augustali (monete d'oro coniate nel 1231). Nelle *Costituzioni melfitane* Federico II aveva stabilito che un suddito aggredito, pronunciando il nome dell'imperatore, potesse stabilire la somma che i suoi aggressori avrebbero dovuto pagare se avessero insistito nei loro propositi.
23. **per quanto... Bari**: per quanta ricchezza c'è in Bari: espressione proverbiale, legata al fatto che Bari era fra le città più ricche dell'Italia meridionale nel XIII secolo.
25. **eo**: io.
27. **Donna... massamotino**: sono proprietaria di *pèrperi* (monete d'oro greche) e di *oro massamotino* (oro pregiato, usato per coniare le monete dei califfi almohadi, che regnavano sull'Africa del Nord).
28. **Se... donàssemi**: se mi donassi tante ricchezze. **Saladino**: Salah-el-Din, sovrano d'Egitto morto nel 1193.
29. **soldano**: il sultano d'Egitto.
30. **toccare... mano**: non mi potresti toccare nemmeno la mano.
32. **parabole**: parole. **adimina e amonesta**: domina e persuade.
33. **intorno procàzzala**: le incalza da tutti i lati. **podesta**: potere.
34. **Femina... tenere**: la donna non può fare a meno dell'uomo.

guàrdati, bella, pur de ripentere.»

«K'eo ne pur ripentésseme?   davanti foss'io aucisa
ca nulla bona femina   per me fosse ripresa!
Aersera passàstici,   correnno a la distesa.
Aquìstati riposa, canzoneri:
le tue parole a me non piaccion gueri.»

«Quante sono le schiantora   che m'ha' mise a lo core,
e solo purpenzànnome   la dia quanno vo fore!
Femina d'esto secolo   tanto non amai ancore
quant'amo teve, rosa invidïata:
ben credo che mi fosti distinata.»

«Se distinata fósseti,   caderia de l'altezze,
ché male messe fòrano   in teve mie bellezze.
Se tutto adivenìssemi, tagliàrami le trezze,
e consore m'arenno a una magione,
avanti che m'artocchi 'n la persone.»

«Se tu consore arènneti,   donna col viso cleri,
a lo mostero vènoci   e rènnomi confleri:
per tanta prova vencerti   fàralo volonteri.
Conteco stao la sera e lo maitino:
besogn'è ch'io ti tenga al meo dimino.»

«Boimè tapina misera,   com'ao reo distinato!
Geso Cristo l'altissimo   del tutto m'è airato:
concepìstimi a abàttare   in omo blestiemato.
Cerca la terra ch'este granne assai,
chiù bella donna di me troverai.»
Cèrcat'ajo Calabrïa,   Toscana e Lombardia,
Puglia, Costantinopoli,   Genoa, Pisa e Soria,
Lamagna e Babilonïa   e tutta Barberia:

Due amanti raccolgono frasche nella rappresentazione del mese di maggio tratta dal *Libro delle Ore di Enrico* VIII miniata da Jean Poyer, 1500. (New York, Morgan Library)

35. **guàrdati... ripentere**: attenta, bella, a non doverti pentire.
36-37. **K'eo... ripresa**: che io me ne debba pentire? che io sia uccisa prima che (*davanti... ca*) una donna onesta possa essere ripresa per causa mia. Non vuole che il suo cattivo esempio infanghi le altre donne per bene.
38. **Aersera... distesa**: ieri sera passasti di qui, correndo a perdifiato.
39. **Aquìstati riposa, canzoneri**: datti pace, canterino.
40. **gueri**: per nulla (francesismo).
41. **le schiantora**: i dolori. **a lo core**: nel cuore.
42. **e solo... fore**: anche (e) soltanto pensandoci di giorno, quando vado fuori.
43. **Femina... ancore**: non ho mai (*ancore*) amato tanto una donna di questo mondo.
44. **teve**: te.
46. **caderia de l'altezze**: cadrei dall'altezza (della mia condizione).
47. **ché... bellezze**: poiché le mie bellezze sarebbero sprecate con te.
48. **Se tutto... tagliàrami**: se tutto ciò mi avvenisse, mi taglierei.
49. **consore... magione**: mi farei suora (*consore*) in un convento (*magione*).
50. **avanti... persone**: prima che mi tocchi nella persona.
51. **cleri**: chiaro, luminoso.
52. **a lo... confleri**: vengo al monastero e mi faccio frate.
53. **per... volonteri**: per vincerti in una resistenza tanto grande, lo farei volentieri.
54. **Conteco... maitino**: sto (nel senso di "starei") con te sera e mattina.
55. **besogn'è... dimino**: bisogna che ti abbia in mio potere.
56. **Boimè... distinato**: ohimé misera, che cattivo destino ho (*ao*).
57. **del tutto m'è airato**: è molto adirato con me.
58. **concepìstimi... blestiemato**: mi ha concepito per incontrare un uomo blasfemo (*blestiemato*).
59. **Cerca**: esplora. **este**: è.
62. **Soria**: Siria.
63. **Lamagna... Barberia**: la Germania e Baghdad e tutta l'Africa.

donna non ci trovai tanto cortese,
per che sovrana di meve te prese.»

«Poi tanto trabagliàstiti,   faccioti meo pregheri
che tu vadi adomànnimi   a mia mare e a mon peri.
Se dare mi ti degnano,   menami a lo mosteri,
e sposami davanti da la jente;
e poi farò le tuo comannamente.»
[...]
«Sazzo che m'ami, e àmoti   di core paladino.
Lèvati suso e vatene,   tornaci a lo matino.
Se ciò che dico fàcemi,   di bon cor t'amo e fino.
Quisso t'adimprometto sanza faglia:
te' la mia fede che m'hai in tua baglia.»
«Per zo che dici, càrama,   neiente non mi movo.

Inanti prenni e scànnami: tolli esto cortel novo.
Esto fatto far pòtesi   inanti scalfi un uovo.
Arcompli mi' talento, amica bella,
ché l'arma co lo core mi si 'nfella.»
«Ben sazzo, l'arma dòleti,   com'omo ch'ave arsura.

Esto fatto non pòtesi   per null'altra misura:
se non ha' le Vangelïe,   che mo ti dico "Jura",
avere me non puoi in tua podesta;
inanti prenni e tagliami la testa.»
«Le Vangelïe, càrama?   ch'io le porto in seno:

a lo mostero présile   (non ci era lo patrino).
Sovr'esto libro jùroti   mai non ti vegno meno.
Arcompli mi' talento in caritate,
ché l'arma me ne sta in suttilitate.»

Fregi con rose in una miniatura del *Libro delle Ore di Giovanna I di Castiglia*, 1500. (Londra, British Library)

TESTI

T12

65. **per che**: per cui. **te prese**: ti ho scelta.
66. **Poi... pregheri**: dal momento che ti sei tanto affannato, ti faccio una mia preghiera.
67. **adomànnimi**: a domandarmi in sposa. **peri**: padre.
68. **menami a lo mosteri**: portami in chiesa.
69-70. **sposami... comannamente**: sposami pubblicamente e poi farò ciò che comanderai.
135. **paladino**: nobile. Nel brano che abbiamo saltato, l'uomo ha rifiutato villanamente la prospettiva del matrimonio e ha continuato a fare le sue profferte alternando aggressioni verbali e lusinghe; la donna ha continuato a rifiutarlo. Da questo verso in poi si profila una svolta. La battuta iniziale è della donna.
136. **Lèvati suso**: alzati. **tornaci**: torna qui.
137. **Se ciò... fino**: se fai per me (*fàcemi*) ciò che dico, ti amo con cuore sincero e devoto; *fino* è l'aggettivo usato dalla tradizione cortese per indicare la forma più perfetta di amore.
138. **Quisso... faglia**: ti prometto questo senza fallo.
139. **te' la mia fede... baglia**: abbi la mia promessa che mi hai in tua balìa, in tuo potere.
140. **Per zo**: nonostante ciò. **càrama**: cara mia. **neiente**: per niente.
141. **Inanti**: piuttosto. **tolli**: prendi.
142. **Esto... uovo**: questo fatto (far l'amore) si può fare più in fretta che scaldare un uovo.
143. **Arcompli mi' talento**: soddisfa il mio desiderio.
144. **l'arma... 'nfella**: l'anima e il cuore si intristiscono.
145. **Ben... arsura**: lo so bene:, l'anima (*arma*) ti duole come (*soffre*) un uomo che ha sete.
146. **Esto... misura**: questo fatto (il far l'amore) non si può realizzare a nessun'altra condizione.
147. **se... "Jura"**: se non hai il Vangelo in modo che (*che mo*) possa dirti "Giura". La donna vorrebbe che il suo interlocutore le promettesse amore eterno facendo un giuramento sul Vangelo.
150. **Le... seno**: il Vangelo, mia cara? ma io lo porto in seno.
151. **a lo... patrino**: l'ho preso in chiesa (il prete non c'era).
152. **jùroti... meno**: ti giuro che non verrò mai meno, cioè non smetterò mai di amarti.
153. **in caritate**: per favore.
154. **suttilitate**: consunzione.

«Meo sire, poi juràstimi, eo tutta quanta incenno.
Sono a la tua presenzïa, da voi non mi difenno.
S'eo minespreso àjoti, merzé, a voi m'arenno.
A lo letto ne gimo a la bon'ora,
ché chissa cosa n'è data in ventura.»

Cielo d'Alcamo, *Rosa Fresca Aulentissima*, in *Poeti del Duecento*, a cura di G. Contini, Ricciardi, Milano-Napoli, 1960, tomo I

155. **poi juràstimi**: poiché mi hai fatto il giuramento. **incenno**: brucio.
156. **a la tua presenzïa**: a tua disposizione. **da voi**: il passaggio dal tu al voi esprime un atteggiamento di devozione.
157. **minespreso àjoti**: ti ho maltrattato. **merzé**: perdono.
158. **ne gimo a la buon'ora**: andiamocene subito.
159. **ché... ventura**: perché questa cosa ci è data in sorte.

DIALOGO CON IL TESTO

COMPRENDERE

Una caricatura dell'amor cortese Un uomo chiede a una donna di fare l'amore con lui, alternando spropositati complimenti e brutali ingiunzioni; la donna prima si nega e minaccia, poi esige di essere sposata, infine si concede volentieri, accontentandosi di uno sbrigativo giuramento su un Vangelo che l'uomo dichiara di aver rubato in una chiesa. Una schermaglia di questo tipo è quanto di più lontano si possa pensare dai raffinati rituali dall'amore cortese.
Eppure non mancano atteggiamenti e frasi che fanno pensare alla tradizione cortese e trobadorica: la metafora della rosa, il motivo della ferita d'amore, il viso luminoso (*cleri*) della donna.
Ciò che l'autore ha voluto mettere in scena è una situazione comica: un uomo e una donna del popolo che si sforzano di imitare il modello cortese e ne scimmiottano i modi e le formule, senza uscire però da una visione grevemente materialistica e fisica dell'amore. Il trapasso dall'aulicità dell'attacco (*Rosa fresca aulentissima*) alla spiccia brutalità della battuta conclusiva (*A lo letto ne gimo a la bon'ora*), pronunciata per di più da una donna, dà il senso complessivo del componimento.
Se ne può concludere che l'intenzione dell'autore, che si tratti di un giullare colto o di un uomo di corte, è di mettere in caricatura i formulari intellettualistici della lirica amorosa e delle teorie dell'amore cortese, mettendoli bruscamente a contatto con la rozza concretezza del mondo popolare.

- **Nel testo sono presenti altri elementi da cui emerge una visione del rapporto uomo-donna che risulta inconciliabile con le teorie dell'amore cortese. Indicatene un esempio che vi pare particolarmente evidente.**

ANALIZZARE

Le tecniche del gioco parodistico L'estrema vivacità con cui si susseguono le battute fa pensare che il testo sia stato composto per essere recitato o cantato di fronte a degli spettatori colti, capaci di cogliere l'intento parodistico dell'autore.
La forma metrica contribuisce al ritmo dinamico del dialogo, combinando all'interno di ciascuna strofa due ritmi diversi, che producono un effetto di accelerazione quando i personaggi pronunciano la parte culminante delle loro battute.

- **Analizzate questa soluzione metrica, mettendo a confronto la diversa lunghezza dei versi che si susseguono regolarmente nelle strofe.**

Il testo gioca sull'accostamento tra formule, metafore e immagini auliche della tradizione cortese e metafore e modi di dire dialettali e popolareschi: nonostante la distanza linguistica e culturale, anche un lettore di oggi può cogliere questa differenza di registro.

- **Individuate nel testo qualche esempio dei due diversi livelli di stile.**

MISTERO BUFFO
di Dario Fo

Sopra La marcia degli Zanni in un dipinto di Dario Fo.
A destra La copertina del disco con la registrazione di *Mistero Buffo* di Dario Fo del 1973. (Collettivo Teatrale La Comune)

Quando si parla di letteratura, si intende di solito l'insieme dei testi scritti, in prosa o poesia, i quali contribuiscono a determinare la cosiddetta cultura "alta". Ma la letteratura scritta ha da sempre intrattenuto (anche senza dichiararli) forti legami con la cultura orale e popolare. Questi legami sono particolarmente evidenti per quanto riguarda la poesia comico-realistica, nella quale, per temi d'ispirazione e tono satirico, è possibile rinvenire un rapporto molto stretto con le giullarate, cioè gli spettacoli con i quali i giullari divertivano il pubblico nelle fiere, nei mercati o anche nelle corti. Dario Fo (attore e regista, premio Nobel per la letteratura nel 1997) ha messo in scena nel 1969, e portato in giro per tutta Italia negli anni seguenti, lo spettacolo teatrale *Mistero buffo*; in esso interpreta alcune delle giullarate più note, sulla base di una ricostruzione che si affida in gran parte alla fantasia, per sopperire alla scarsità di documenti.

Alla base dello spettacolo ci sono in particolare i testi medievali appartenenti al filone della sacra rappresentazione, detta "mistero", ma interpretati in chiave "buffa", cioè dai giullari appunto. Gesù, la Madonna, i santi e gli angeli sono umanizzati ai limiti dell'irriverenza, ma senza scurrilità, anzi con un affetto che dimostra un sentimento religioso sincero, mentre i potenti sono oggetto di una satira violenta. In particolare, in una scena che lo mette a confronto con papa Bonifacio VIII, Cristo appare come il campione dei deboli e degli oppressi, che terrorizza i ricchi e si fa portavoce dei poveri, in una genuina ansia di riscatto qui e ora, non in un aldilà troppo distante: il papa, che si prepara col suo ricco apparato di ori e velluti per andare in processione, incontra Cristo, povero e macilento; con la sua sola presenza, Gesù mette a nudo la superbia e la corruzione della Chiesa e, al colmo di un'ira "evangelica", dà una pedata nel sedere al papa. Il tutto retto dalla forza comica di un istrione del calibro di Dario Fo, che recita da solo e affida la narrazione alla lingua franca fatta di parole inventate e di contaminazioni tra diversi dialetti dell'Italia settentrionale che era usata dai giullari.

Particolarmente suggestiva appare la dissacrante reinterpretazione di *Rosa fresca aulentissima* di Cielo d'Alcamo: non opera erudita e aristocratica, come la maggior parte dei critici tende a ritenere, ma testo di origine popolare, nato per essere recitato nelle piazze. Scanzonato e dissacrante, fin quasi all'oscenità. In un'intervista, così Dario Fo sintetizza il tema del celebre componimento: «Ebbene, la cosa incredibile è che questo è un pezzo di alta cultura in chiave di grosso teatro, di passione, di ironia. C'è questo giovane che finge di essere nobile e parla con una giovane, una servetta che è affacciata a un balcone, e le fa dichiarazioni d'amore. E a un certo punto, siccome lui ci va giù pesante, la ragazza dice: "Senti, parliamoci chiaro: io, piuttosto che venire a fare l'amore con te, piuttosto mi tondo il cranio, cioè mi rapo il cranio e vado suora. Così non ti vedo più, per la miseria, con tutte le tue proposte pesanti eccetera". "Ah, sì?" dice il giovane. "Tu vai suora? Ebbene, io vado frate. Vado in convento, mi preparo bene, poi vengo nel tuo convento, ti confesso e al momento buono gnac!" è un fissato cronico, proprio, ce l'ha qui l'idea. E lei allora dice: "Piuttosto che accettare una violenza tua, io mi butto nel mare e mi annego." E lui dice: "Ti anneghi? E allora io vengo giù in fondo al mare, ti raccolgo, ti porto sulla riva, ti distendo, guardo intorno e ri-gnac!" Proprio fissato. E la ragazza terrorizzata, sgomenta, con molto candore, dice: "Ma non c'è nessun piacere a far l'amore con le annegate." [...] Ebbene: questo è all'inizio della nostra cultura. Si sa anche l'anno: 1225. Cielo d'Alcamo, ovvero Ciullo d'Alcamo, che è il classico nome dei giullari, Ciullo significa fare l'amore, fottere, quindi sarebbe Fottitore d'Alcamo: ecco questo personaggio è fondamentale ed è riconosciuto anche dagli stranieri come quello che ha dato impianto, gioco alla lingua italiana. Ne parla anche Dante Alighieri. [...]».

▸ p. 36

La poesia cortese toscana

• Guittone d'Arezzo *Tuttor ch'eo dirò «gioi'», «gioiva cosa»*
• Bonagiunta Orbicciani *Voi, ch'avete mutata la mainera*

La poesia cortese toscana immerge l'eredità della scuola siciliana nelle tensioni politiche e culturali della società comunale. Guittone d'Arezzo, il più vigoroso esponente del gruppo, coniuga l'imitazione formale dei trovatori provenzali con nuovi contenuti, legati alle vicende storiche contemporanee (▸T13). Una rielaborazione da un punto di vista femminile delle tematiche della poesia amorosa cortese è offerta da un sonetto dell'unica autrice di cui abbiamo notizia nell'ambito della lirica italiana dell'epoca, Compiuta Donzella (▸T14).

GUITTONE D'AREZZO

T13 ▸ Ahi lasso, or è stagion de doler tanto

PERCORSO
• Immagini della guerra, Vol. 2 p. 574

Nel 1260 i ghibellini esiliati da Firenze sconfissero i guelfi a Montaperti con l'aiuto del comune di Siena e dei cavalieri tedeschi mandati da re Manfredi, e ripresero il potere nel comune fiorentino. Il guelfo Guittone d'Arezzo dedica questa canzone alla situazione storica successiva alla battaglia, vista come un'irrimediabile sconfitta della libertà e della pace della città.

▸ **METRO**: canzone di stanze di quindici versi, endecasillabi e settenari, con rime ABBA CDDC (fronte), EFGg, FfE (sirma), seguite da un congedo che ripete lo schema metrico della sirma.

Ahi lasso, or è stagion de doler tanto
a ciascun om che ben ama Ragione,
ch'eo meraviglio u' trova guerigione,
che morto no l'ha già corrotto e pianto,
vedendo l'alta Fior sempre granata
e l'onorato antico uso romano
ch'a certo pèr, crudel forte villano,
s'avaccio ella no è ricoverata:
   ché l'onorata sua ricca grandezza
e 'l pregio quasi è già tutto perito,
e lo valor e 'l poder si desvia.
Oh lasso, or quale dia
fu mai tanto crudel dannaggio audito?
Deo, com'hailo sofrito,
deritto pera e torto entri 'n altezza?

1-2. **Ahi... Ragione**: ahimè, ora è un momento (*stagion*) di così grande dolore per ogni uomo che ami davvero la Giustizia (*Ragione*). *Lasso* significa "infelice".
3-4. **ch'eo... pianto**: che io mi meraviglio che in qualche luogo (*u'*) possa trovare salvezza (*guerigione*), e che il lutto (*corrotto*) e il pianto non l'abbiano già ucciso (*morto*).
5. **l'alta Fior**: la nobile Firenze. *Fior*, femminile secondo l'uso provenzale, è il giglio, simbolo della città. **granata**: fruttificante, florida (dal verbo "granare", mettere chicchi o semi).
6. **uso romano**: tradizione romana. Firenze si vantava di essere erede della civiltà di Roma.
7. **ch'a certo pèr**: che certamente è destinata a perire. **crudel forte villano**: cosa crudele molto (*forte*) vergognosa.
8. **s'avaccio... ricoverata**: se subito (*avaccio*) essa (Firenze) non viene salvata (*ricoverata*).
9. **ricca**: potente.
10. **pregio**: prestigio.
11. **si desvia**: cambia strada, si allontana da Firenze.
12. **dia**: giorno.
13. **dannaggio**: danno, sventura.
14. **com'hailo sofrito**: come hai potuto tollerarlo.
15. **deritto... altezza**: che il diritto perisca e l'ingiustizia (*torto*) trionfi.

Altezza tanta êlla sfiorata Fiore
fo, mentre ver' se stessa era leale,
che ritenëa modo imperïale,
acquistando per suo alto valore
provinci' e terre, press'o lunge, mante;
e sembrava che far volesse impero
sì como Roma già fece, e leggero
li era, c'alcun no i potea star avante.
E ciò li stava ben certo a ragione,
ché non se ne penava per pro tanto,
como per ritener giustizi' e poso;
e poi folli amoroso
de fare ciò, si trasse avante tanto,
ch'al mondo no ha canto
u' non sonasse il pregio del Leone.

Leone, lasso, or no è, ch'eo li veo
tratto l'onghie e li denti e lo valore,
e 'l gran lignaggio suo mort'a dolore,
ed en crudel pregion mis' a gran reo.
E ciò li ha fatto chi? Quelli che sono
de la schiatta gentil sua stratti e nati,
che fun per lui cresciuti e avanzati
sovra tutti altri, e collocati a bono;
e per la grande altezza ove li mise

La Battaglia di Montaperti in una miniatura di Giovanni di Ventura, XIII secolo. (Siena, Biblioteca Comunale/Scala)

16-17. **Altezza... leale**: nella (*êlla*) ormai sfiorita Firenze ci fu (*fo*) tanta grandezza finché essa fu leale con se stessa, cioè finché i fiorentini si comportarono lealmente tra di loro.
18. **che... imperïale**: che possedeva una dignità imperiale.
19. **acquistando**: conquistando.
20. **press'o lunge**: vicino o lontano. **mante**: molte (dal francese *maint*), riferito a *provinci' e terre*.
22-23. **e leggero... avante**: e le era facile (*leggero*), dato che nessuno poteva starle (*i potea star*) davanti.
24. **E ciò... ragione**: e ciò le spettava per giusto diritto.
25-26. **ché... poso**: poiché non si dava da fare (*ne penava*) tanto per suo vantaggio (*per pro*), quanto (*como*) per instaurare giustizia e pace (*poso*).
27. **e poi folli amoroso**: e poiché le fu gradito.
28. **si trasse avante tanto**: avanzò a tal punto.
29. **no ha canto**: non c'è un luogo.
30. **u'... Leone**: dove non risuonasse l'elogio del Leone (nell'emblema della città figurava un leone rampante).
31. **Leone, lasso, or no è**: Leone, ahimè, ora non è più.
31-32. **ch'eo... lo valore**: poiché io gli vedo (*veo*) strappati via le unghie, i denti e il valore.
33-34. **e 'l gran... reo**: (e poiché vedo) i suoi cittadini più nobili (*gran lignaggio*) uccisi con strazio, e messi in crudele prigione con grande ingiustizia (*a gran reo*).
35. **E ciò... chi**: e chi gli ha fatto ciò.
36. **schiatta gentil**: nobile stirpe. **stratti**: discesi.
37-38. **che fun... bono**: che furono dal Leone (*per lui*) allevati, posti sopra tutti gli altri, collocati in posizione sociale privilegiata. Si riferisce ai ghibellini.

ennantîr sì, che ’l piagâr quasi a morte;
ma Deo di guerigion feceli dono,
ed el fe’ lor perdono,
e anche el refedier poi, ma fu forte
e perdonò lor morte:
or hanno lui e soie membre conquise.

Conquis’è l’alto Comun fiorentino,
e col senese in tal modo ha cangiato,
che tutta l’onta e ’l danno che dato
li ha sempre, como sa ciascun latino,
li rende, e i tolle il pro e l’onor tutto:
ché Montalcino av’abattuto a forza,
Montepulciano miso en sua forza,
e de Maremma ha la cervia e ’l frutto;
Sangimignan, Poggiboniz’ e Colle
e Volterra e ’l paiese a suo tene;
e la campana, le ’nsegne e li arnesi
e li onor tutti presi
ave con ciò che seco avea di bene.
E tutto ciò li avene
per quella schiatta che più ch’altra è folle.

Foll’è chi fugge il suo prode e cher danno
e l’onor suo fa che vergogna i torna,
e di bona libertà, ove soggiorna
a gran piacer, s’aduce a suo gran danno
sotto signoria fella e malvagia,
e suo signor fa suo grand’ enemico.
A voi che siete ora in Fiorenza dico,
che ciò ch’è divenuto, par, v’adagia;

La rappresentazione di Firenze in una miniatura di Convenevole da Prato del 1335. (Londra, British Library)

40. **ennantîr sì**: insuperbirono a tal punto. **’l piagâr**: lo ferirono. Si riferisce alla prima cacciata dei guelfi da Firenze, nel 1248.
41. **di guerigion feceli dono**: gli (al Leone) concesse di guarire. Riferimento all’effimera pace del 1251 tra guelfi e ghibellini e al conseguente ritorno dei guelfi in città.
42. **el fe’ lor**: egli (il Leone) concesse loro (ai ghibellini).
43-44. **e anche... morte**: in seguito lo ferirono (*el refedier*) ancora (*anche*), ma fu generoso e risparmiò loro la morte. Si riferisce alla congiura ghibellina del 1258, i cui responsabili non furono giustiziati ma condannati all’esilio.
45. **or... conquise**: ora (dopo la battaglia di Montaperti) hanno sconfitto lui (il Leone) e le sue membra (i possedimenti di Firenze, o i suoi cittadini).
46-50. **Conquis’è... tutto**: è stato sconfitto il prestigioso comune fiorentino, e ha scambiato le parti con quello di Siena al punto che (quest’ultimo) gli restituisce (*li rende*) tutta la vergogna (*onta*) e il danno che (Firenze) gli ha sempre inflitto, come sa ogni italiano (*ciascun latino*), e toglie a Firenze ogni onore e vantaggio (*pro*).
51. **ché Montalcino... forza**: poiché (Siena) ha conquistato con la forza Montalcino.
52. **miso en sua forza**: sottomesso.
53. **de Maremma... frutto**: riceve dalla Maremma la cerva (un simbolico tributo che veniva inviato a Firenze come segno di sudditanza dai conti di Santa Flora, signori della Maremma) e le tasse (*e ’l frutto*).
54. **Poggiboniz’ e Colle**: Poggibonsi e Colle Val d’Elsa.
55. **Volterra... tene**: tiene come suoi Volterra e il suo contado (*’l paiese*).
56-58. **la campana... bene**: ha preso (*presi ave*) anche la campana di guerra, le insegne, le armi (*arnesi*) e tutti i simboli dell’onore cittadino, con tutto ciò che c’era (*avea*) di buono con queste cose (*seco*).
59-60. **E tutto... folle**: e tutto questo le accade a causa di quella stirpe (*schiatta*) che è più folle d’ogni altra. Il riferimento è alla famiglia degli Uberti, capi del partito ghibellino.
61. **prode**: vantaggio. **cher**: cerca.
62. **l’onor... torna**: fa in modo che il suo onore si trasformi in vergogna.
63-66. **di bona... enemico**: da uno stato di benefica libertà, dove vive felicemente, si riduce con suo grave danno sotto un potere traditore (*fella*) e crudele, e fa del suo peggior nemico il suo signore.
67. **dico**: lo dico.
68. **che... v’adagia**: perché sembra che quanto è accaduto vi piaccia (*v’adagia*).

Guittone d'Arezzo (circa 1235-1294), intellettuale e uomo politico guelfo, figlio di un ricco camerlengo di Arezzo, fu considerato un maestro di prosa volgare per le sue *Lettere* di argomento religioso e edificante; il fatto saliente della sua vita fu una crisi religiosa che, intorno ai trent'anni, gli fece abbandonare moglie e figli per entrare nell'Ordine dei Cavalieri di Santa Maria. Le poesie precedenti alla conversione sono di argomento prevalentemente amoroso, con uno stile di ascendenza provenzale; quelle successive polemizzano aspramente contro i vizi dei concittadini e le lotte intestine che dilaniano le città toscane.

e poi che li Alamanni in casa avete,
servitei bene e faitevo mostrare
le spade lor, con che v'han fesso i visi,
padri e figliuoli aucisi;
e piacemi che lor dobiate dare,
perch'ebber en ciò fare
fatica assai, de vostre gran monete.

Monete mante e gran gioi' presentate
ai Conti e a li Uberti e alli altri tutti,
ch'a tanto grande onor v'hano condutti,
che miso v'hano Sena in podestate;
Pistoia e Colle e Volterra fanno ora
guardar vostre castella a loro spese;
e 'l Conte Rosso ha Maremma e 'l paiese,
Montalcin sta sigur senza le mura;
de Ripafratta temor ha 'l pisano,
e 'l perogin che 'l lago no i tolliate;
e Roma vol con voi far compagnia.
Onor e segnoria
adunque par e che ben tutto abbiate:
ciò che desïavate
potete far, cioè re del toscano.

Baron lombardi e romani e pugliesi
e toschi e romagnuoli e marchigiani,

Un fiorino d'oro del XIII secolo. (Firenze, Museo del Bargello)

69. **li Alamanni**: i tedeschi di Manfredi di Svevia, che aiutarono i ghibellini a Montaperti.
70. **servitei**: serviteli. **faitevo**: fatevi.
71. **con... fesso**: con le quali vi hanno ferito.
72. **aucisi**: uccisi.
73-75. **piacemi... monete**: mi fa piacere (*piacemi*) che gli dobbiate dare tante vostre monete poiché fecero molta fatica nel fare ciò.
76. **gran gioi'**: preziosi gioielli.
77. **Conti**: i conti Guidi, tanto noti da essere designati con il solo titolo nobiliare. Insieme agli Uberti erano la più potente famiglia del partito ghibellino.
79. **v'hano... podestate**: che hanno messo Siena in vostro potere. L'affermazione, come le seguenti, è ironica.
80-81. **fanno... spese**: fanno sorvegliare le vostre fortezze a loro spese. In realtà questo avviene perché le fortezze sono state conquistate dai nemici di Firenze.
82. **'l Conte Rosso**: Aldobrandino dei conti di Soana, un guelfo che in realtà dopo Montaperti perse i suoi possedimenti.
83. **sigur**: sicuro. **senza le mura**: perché sono state abbattute dai nemici.
84. **de Ripafratta... pisano**: i pisani temono il castello di Ripafratta. In realtà i pisani non dovevano più temere Ripafratta, che prima di Montaperti era stata una roccaforte guelfa, tolta dai fiorentini ai pisani.
85. **'l perogin... tolliate**: i perugini temono che gli togliate il lago Trasimeno.
86. **vol... compagnia**: vuole stringere un'alleanza con voi.
87-88. **Onor... abbiate**: sembra dunque che abbiate ottenuto onore e signoria e ogni bene.
89-90. **ciò... toscano**: potete fare ciò che desideravate, cioè diventare sovrani di tutta la Toscana.
91. **Baron**: signori (vocativo). **lombardi**: dell'Italia settentrionale. **pugliesi**: dell'Italia meridionale non insulare.

Fiorenza, fior che sempre rinovella,
a sua corte v'apella,
che fare vol de sé rei dei Toscani,
dapoi che li Alamani
ave conquisi per forza e i Senesi.

Guittone d'Arezzo, *Ahi lasso, or è stagion de doler tanto*, in *Poeti del Duecento*, a cura di G. Contini, Ricciardi, Milano-Napoli, 1960, tomo I

93. **rinovella**: si rinnova, rifiorisce.
94. **v'apella**: vi chiama.
95. **rei**: re.
96-97. **dapoi... Senesi**: da quando ha sconfitto con la forza i Tedeschi e i Senesi (detto naturalmente in tono ironico).

DIALOGO CON IL TESTO

COMPRENDERE

Lamento, invettiva e sarcasmo sulla libertà perduta Guittone, da appassionato uomo di parte, interpreta la sconfitta guelfa a Montaperti come una vergognosa liquidazione dell'autonomia comunale fiorentina, e la denuncia con tristezza, sarcasmo, indignazione, ricorrendo a tutte le risorse di un'oratoria accesa e sapiente. Il discorso si sviluppa in modo serrato, attraverso una studiata e organica progressione degli argomenti:

- l'esordio, modellato sulla tradizione funebre del compianto (il *planh* dei provenzali), esprime la desolazione dell'autore per la vittoria dell'ingiustizia sul diritto, e rievoca la passata grandezza di Firenze, ora perduta;
- segue una denuncia dei responsabili della rovina e una circostanziata descrizione della vergogna presente;
- da questo quadro amaro scaturisce l'invettiva dell'autore contro la follia dei fiorentini e il loro servilismo verso i nuovi padroni;
- l'invettiva si trasforma gradualmente in un sarcastico elogio della situazione presente, che culmina con l'invito finale a tutti i signori d'Italia a mettere le mani su Firenze, preda disponibile per chiunque vorrà dominarla.

● **Individuate nel testo questi temi e i punti di passaggio da uno all'altro.**

ANALIZZARE

Uno stile alto e solenne Lo stile della canzone è alto e solenne, adatto alla gravità della situazione denunciata, e ai sentimenti di desolazione e di sdegno provati dall'autore. Per ottenere questo risultato, Guittone ha dispiegato pienamente le sue competenze retoriche, disseminando in ogni parte del testo figure e artifici adatti a conferire al discorso un andamento teso e sostenuto.

La compattezza della struttura logica e argomentativa è sottolineata dalla ripresa, all'inizio di ogni strofa, dell'ultima parola della strofa precedente, secondo un uso della poesia provenzale (strofe *capfinidas*).

● **Individuate nel testo questi termini e notate come si tratti sempre di parole-chiave, che hanno un significato concettuale ed emotivo importante nel contesto della poesia.**

Dal punto di vista sintattico si possono individuare interrogazioni retoriche, frasi esclamative, inversioni, accoppiamenti di sostantivi o aggettivi di significato simile (*grandezza e 'l pregio*, *fella e malvagia*), coordinazione per polisindeto.

● **Individuate nel testo un esempio per ognuno di questi elementi.**

CONFRONTI Questa canzone si può considerare all'origine della poesia civile italiana come si svilupperà per opera di Dante (▸T62) e di Petrarca (▸T82). In particolare il tema dei violenti conflitti fra guelfi e ghibellini e il riferimento alla battaglia di Montaperti ritorneranno nel dialogo fra Dante e Farinata, nel canto X dell'*Inferno* (▸T57).

COMPIUTA DONZELLA

T14 ▸ A la stagion che 'l mondo foglia e fiora

PERCORSO
- Le donne come soggetto e come oggetto della scrittura (I), p. 542

Che cosa diventa la lirica amorosa cortese se la voce che parla non è maschile ma femminile? Ne abbiamo un raro esempio in questo sonetto, attribuito a Compiuta Donzella.

▸ **METRO**: sonetto.

A la stagion che 'l mondo foglia e fiora
acresce gioia a tutti fin' amanti:
vanno insieme a li giardini alora
che gli auscelletti fanno dolzi canti;
la franca gente tutta s'inamora,
e di servir ciascun tragges' inanti,
ed ogni damigella in gioia dimora;
e me, n'abondan marrimenti e pianti.
Ca lo mio padre m'ha messa 'n errore,
e tenemi sovente in forte doglia:
donar mi vole a mia forza segnore,
ed io di ciò non ho disio né voglia,
e 'n gran tormento vivo a tutte l'ore;
però non mi ralegra fior né foglia.

Compiuta Donzella, *A la stagion che 'l mondo foglia e fiora*, in *Poeti del Duecento*, a cura di G. Contini, Ricciardi, Milano-Napoli, 1960, tomo II

Fiori in una miniatura tratta dal *Libro delle Ore di Anna di Bretagna*, 1503-1508. (New York, Morgan Library)

1. **A la... fiora**: in primavera, la stagione in cui il mondo si ricopre di foglie e di fiori.
2. **acresce**: cresce. **fin' amanti**: gli amanti capaci di amore cortese.
3-4. **alora che**: nell'ora in cui.
5. **franca**: nobile d'animo; il significato è affine a quello del *fin'* del v. 2.
6. **di... inanti**: tutti si offrono al servizio d'amore.
8. **e me... pianti**: io invece sono sommersa da afflizioni e pianti.
9. **Ca**: perché. **m'ha... errore**: mi ha messa in una situazione di sofferenza e di smarrimento.
10. **tenemi... doglia**: mi tiene sempre (*sovente*) in una condizione di grande dolore.
11-12. **donar... voglia**: mi vuol dare marito contro il mio desiderio.
14. **però**: perciò.

Il nome di **Compiuta Donzella** è lo pseudonimo di una rimatrice fiorentina del secolo XIII, autrice di tre sonetti ispirati alla tradizione trobadorica, sulla quale non abbiamo nessuna notizia. Sappiamo solo che questa insolita voce femminile dovette far scalpore nella Toscana duecentesca: molti poeti le inviarono dei sonetti, uno dei quali è attribuito a Guido Guinizzelli, e Guittone d'Arezzo le indirizzò una lettera, della cui autenticità però gli studiosi dubitano. Qualcuno ha persino pensato che lo pseudonimo coprisse un rimatore fiorentino che voleva prendersi gioco dei suoi colleghi assumendo i panni di una donna, ma l'ipotesi è priva di fondamento.

DIALOGO CON IL TESTO

COMPRENDERE

Sentirsi infelici mentre la natura è in festa Il sonetto si apre col motivo del paesaggio primaverile come invito a gioire e ad amare, consueto nella tradizione cortese, dai trovatori ai poeti della scuola siciliana. Subentra poi il lamento per una situazione individuale di infelicità, in contrasto con la gioia che promana dalla natura: anche questo motivo è abituale.

- **Individuate nel testo quale sia il motivo di questa infelicità.**
- **Individuate nel testo il passaggio dal primo al secondo motivo.**

ANALIZZARE

Una costruzione equilibrata e armoniosa Il sonetto si sviluppa con naturalezza, grazie a una costruzione equilibrata e armoniosa. Potete notare in particolare:

- la suddivisione del testo in due parti uguali, corrispondenti ai due nuclei tematici della poesia (invito della natura alla gioia / infelicità della protagonista), scandita dall'attacco personale *e me* del v. 8;
- la ripresa nell'ultimo verso del motivo iniziale, che conferisce al testo un andamento "circolare".

CONTESTUALIZZARE

Uno sguardo femminile Oltre che per la sua eleganza stilistica, il sonetto è interessante in quanto offre una declinazione degli ideali dell'amore cortese da un punto di vista femminile: se da un lato ricalca gli stereotipi della tradizione, dall'altro mette in luce la concreta condizione di subordinazione delle donne nella società dell'epoca.

- **Quale rapporto di potere tipico di una società patriarcale emerge dal testo?**

Scena galante rappresentata su un arazzo del 1520. (Parigi, Musée National du Moyen Age/Josse/Scala)

► p. 37

Il «dolce stil novo»

- GUIDO GUINIZZELLI *Lo vostro bel saluto e 'l gentil sguardo*
- GUIDO CAVALCANTI *Perché non fuoro a me gli occhi dispenti*

Il «dolce stil novo», tendenza poetica diffusasi in Toscana tra la fine del Duecento e l'inizio del Trecento, è basato su una lingua colta, armoniosa e raffinata e affronta la tematica amorosa in un'ottica filosofica e spirituale: l'amore è considerato uno strumento di elevazione morale e la figura femminile è fortemente idealizzata, quasi angelicata.

Il maestro riconosciuto dei poeti del «dolce stil novo» è il bolognese GUIDO GUINIZZELLI, che in una famosa canzone definisce la poetica del gruppo, inquadrando il tema dell'amore nel contesto delle dispute teologiche del tempo, centrate sul rapporto tra il corpo e l'anima, tra passioni terrene e devozione a Dio, tra Bellezza e Verità (►T15). Nell'opera di Guinizzelli l'esperienza amorosa si configura come contemplazione e lode delle virtù beatificanti della donna-angelo (►T16), ma anche come sgomento e angoscia per la sua inafferrabile superiorità. Il primo di questi temi sarà portato alle estreme conseguenze da Dante nella *Vita nuova* (►T43-T47); il secondo è ripreso da GUIDO CAVALCANTI, che rappresenta l'amore come sconvolgente e distruttivo conflitto tra i sensi e la ragione (►T17-T18), ma si cimenta anche con componimenti di intonazione più leggera (►T19).

GUIDO GUINIZZELLI

T15 ► Al cor gentil rempaira sempre amore

Questa canzone, che sarà più volte citata e ripresa da Dante, sintetizza i presupposti dottrinali del «dolce stil novo».

► **METRO**: canzone di sei stanze di endecasillabi e settenari secondo lo schema ABAB (fronte), cDcEdE (sirma); l'ultima stanza funge da congedo.

Al cor gentil rempaira sempre amore
come l'ausello in selva a la verdura;
né fe' amor anti che gentil core,
né gentil core anti ch'amor, natura:
ch'adesso con' fu 'l sole,
sì tosto lo splendore fu lucente,
né fu davanti 'l sole;
e prende amore in gentilezza loco
così propïamente
come calore in clarità di foco.

1. **cor gentil**: cuore nobile. **rempaira**: ritorna come alla sua patria, alla sua dimora naturale.
2. **come... verdura**: come l'uccello (*ausello*) nel bosco, tra il verde delle foglie.
3-4. **né fe'... natura**: la natura non creò l'amore prima del (*anti che*) cuore nobile, né il cuore nobile prima dell'amore.
5-7. **ch'adesso... sole**: perché, non appena il sole fu creato, subito (*sì tosto*) vi fu lo splendore della luce, né lo splendore apparve prima del sole.
8. **prende... loco**: si insedia (*prende... loco*) nella nobiltà d'animo.
9-10. **così... foco**: altrettanto naturalmente (*così propïamente*) quanto il calore nello splendore del fuoco.

Guido Guinizzelli (circa 1235-1276) nacque a Bologna, dove svolse la professione di giudice. Politicamente impegnato dalla parte dei ghibellini, quando nel 1274 nella sua città s'imposero i guelfi, andò in esilio a Monselice, dove morì. Dei componimenti che ci ha lasciato (cinque canzoni, quindici sonetti e alcuni frammenti) solo una canzone e alcuni sonetti hanno i caratteri tematici e formali tipici del «dolce stil novo»; gli altri seguono la tradizione siciliana e guittoniana. Nella *Commedia* (*Purg.*, XXVI, vv. 97-98) Dante gli riconosce il ruolo di iniziatore della nuova poesia.

Foco d'amore in gentil cor s'aprende
come vertute in petra prezïosa,
che da la stella valor no i discende
anti che 'l sol la faccia gentil cosa;
poi che n'ha tratto fòre
per sua forza lo sol ciò che li è vile,
stella li dà valore:
così lo cor ch'è fatto da natura
asletto, pur, gentile,
donna a guisa di stella lo 'nnamora.

Amor per tal ragion sta 'n cor gentile
per qual lo foco in cima del doplero:
splendeli al su' diletto, clar, sottile;
no li stari' altra guisa, tant'è fero.
Così prava natura
recontra amor come fa l'aigua il foco
caldo, per la freddura.
Amore in gentil cor prende rivera
per suo consimel loco
com'adamàs del ferro in la minera.

Fere lo sol lo fango tutto 'l giorno:
vile reman, né 'l sol perde calore;
dis' omo alter: «Gentil per sclatta torno»;
lui semblo al fango, al sol gentil valore:
ché non dé dar om fé
che gentilezza sia fòr di coraggio
in degnità d'ere'
sed a vertute non ha gentil core,
com' aigua porta raggio
e 'l ciel riten le stelle e lo splendore.

11. **s'aprende**: si accende.
12. **vertute**: il pregio, le proprietà. Secondo i lapidari medievali ogni pietra preziosa aveva delle specifiche proprietà derivanti da influssi degli astri.
13-14. **che... cosa**: nella quale (pietra) non scende dalla stella il suo valore prima che il sole la renda una nobile cosa. Secondo le credenze medievali, per accogliere gli influssi delle stelle le pietre dovevano essere depurate da ogni impurità attraverso l'azione del sole.
15-16. **poi... vile**: dopo che il sole, con la sua energia (*forza*), ne ha estratto (*tratto fòre*) ciò che vi è di impuro.
18-20. **così... 'nnamora**: così allo stesso modo della (*a guisa di*) stella la donna fa innamorare il cuore che è creato dalla natura eletto (*asletto*), puro, nobile.
21-22. **Amor... doplero**: l'amore risiede in un cuore nobile per la stessa ragione per la quale la fiamma sta in alto nel candeliere (*doplero*, un candelabro a due braccia).
23. **splendeli... sottile**: vi risplende a suo piacere, luminoso, puro.
24. **no li... fero**: non vi potrebbe stare in altro modo, tanto è impetuoso. Secondo la scienza medievale il fuoco tendeva per natura verso l'alto per congiungersi alla sfera del fuoco.
25. **prava natura**: un animo vile.
26-27. **recontra... freddura**: si scontra con l'amore come l'acqua per la sua freddezza (si scontra) col fuoco caldo.
28. **rivera**: dimora.
29. **per... loco**: come in un luogo adatto a sé.
30. **com'adamàs... minera**: come il diamante nel minerale di ferro. Secondo i lapidari medievali i diamanti avevano la capacità di attirare il ferro.
31. **Fere... fango**: il sole colpisce (*fere*) il fango.
32. **vile reman**: (il fango) resta impuro.
33. **dis' omo... torno**: l'uomo superbo dice: «Sono nobile di stirpe».
34. **semblo**: paragono. **al sol... valore**: al sole (paragono) la vera nobiltà (*gentil valore*).
35-37. **ché... ere'**: perché non si deve credere che la nobiltà risieda fuori dal cuore (*coraggio*), nella dignità di essere erede.
38. **sed... core**: se non si ha un cuore nobile, incline alla virtù.
39-40. **com' aigua... splendore**: allo stesso modo come l'acqua si fa attraversare dal raggio, ma (e) il cielo conserva le stelle e lo splendore. Questi versi hanno avuto due interpretazioni: secondo la prima l'acqua, come il fango del v. 31, indicherebbe l'animo vile, incapace di trattenere in sé le virtù della donna, mentre il cielo alluderebbe all'animo nobile, capace di accoglierle. Secondo l'altra interpretazione l'acqua che accoglie il raggio è il cuore gentile, e il cielo sarebbe l'immagine della donna, sorgente di virtù.

Dame e cavalieri amoreggiano nell'illustrazione miniata del pianeta Venere contenuta nel *De Sphaera*, trattato di Astrologia, del 1470. (Modena, Biblioteca Estense)

Splende 'n la 'ntelligenzïa del cielo
Deo crïator più che 'n nostr'occhi 'l sole:
ella intende suo fattor oltra 'l cielo,
e 'l ciel volgiando, a Lui obedir tole;
e con' segue, al primero,
del giusto Deo beato compimento,
così dar dovria, al vero,
la bella donna, poi che 'n gli occhi splende
del suo gentil, talento
che mai di lei obedir non si disprende.

Donna, Deo mi dirà: «Che presomisti?»,
sïando l'alma mia a lui davanti.
«Lo ciel passasti e 'nfin a Me venisti
e desti in vano amor Me per semblanti:
ch'a Me conven le laude
e a la reina del regname degno,
per cui cessa onne fraude».
Dir Li porò: «Tenne d'angel sembianza
che fosse del Tuo regno;
non me fu fallo, s'in lei posi amanza».

Guido Guinizzelli, *Al cor gentil rempaira sempre amore*, in *Poeti del Duecento*, a cura di G. Contini, Ricciardi, Milano-Napoli, 1960, tomo II

41-42. **Splende... sole**: Dio creatore risplende nell'intelligenza del cielo (le nove intelligenze angeliche che determinano il movimento delle sfere celesti) più di quanto risplenda il sole ai nostri occhi.
43-44. **ella... tole**: essa (l'intelligenza angelica) conosce (*intende*) il suo creatore (*fattor*) al di là del cielo (al quale presiede) e prende (*tole*) a ubbidirgli, facendo girare (*volgiando*) il cielo.
45-50. **con' segue... disprende**: come (*con'*) immediatamente (*al primero*) segue la felice esecuzione (*beato compimento*) della volontà del giusto Dio, così in verità (*al vero*) la bella donna, dal momento in cui risplende negli occhi del suo innamorato (*gentil*), dovrebbe comunicargli (*dar*) un desiderio (*talento*) che non si distoglie (*si disprende*) mai dall'ubbidire a lei.
51. **Che presomisti?**: che presunzione hai avuto?
52. **sïando l'alma mia**: quando la mia anima sarà.
54. **desti... semblanti**: desti Me come paragone per un amore terreno, e quindi vano.
55-57. **ch'a Me... fraude**: mentre solo a Me si addicono (*conven*) le lodi, e alla regina del santo (*degno*) regno, grazie alla quale viene meno ogni peccato (*fraude*). Si riferisce alla Madonna.
58. **Li porò**: gli potrò.
58-59. **Tenne... regno**: aveva l'aspetto di un angelo che appartenesse al tuo regno.
60. **non me fu fallo**: non fu colpa mia.
amanza: amore.

DIALOGO CON IL TESTO

COMPRENDERE

Una nuova concezione dell'amore Questa canzone imprime una svolta radicale alla lirica amorosa, staccandosi dalla tradizione provenzale e siciliana per enunciare i postulati fondamentali del «dolce stil novo»:

- esiste un legame inscindibile e reciproco tra amore e *cor gentile*, per cui non può esistere l'uno senza l'altro;
- l'amore appartiene alla sfera dei fenomeni naturali buoni: attraverso l'amore per la donna l'uomo di animo nobile si perfeziona;
- la «gentilezza» che rende l'uomo adatto all'amore non coincide con la nobiltà di nascita ma con la nobiltà morale e spirituale;
- la donna ha la «sembianza» di un angelo: non distoglie l'innamorato dalla fede, ma predispone la sua anima all'incontro con Dio.

Indicate i versi dedicati all'enunciazione di ciascuno di questi princìpi.

Amore cortese e visione religiosa La novità non sta tanto nei singoli concetti, già presenti in forma più o meno episodica nelle teorie di Andrea Cappellano e dei suoi seguaci, ma nel tessuto degli argomenti filosofici che li connettono tra di loro e li inseriscono in una visione complessiva della realtà, con l'intenzione di recuperare alcune idee base dell'amore cortese in chiave religiosa. Il presupposto è quello aristotelico-tomista di un universo dominato da un unico principio, che agisce in campo naturale e soprannaturale garantendo l'ordine del creato: l'amore è visto come una manifestazione di quest'unico principio provvidenziale, e le sue caratteristiche sono illustrate e dimostrate attraverso una serie di analogie tratte prima dal mondo della natura e poi dalle realtà soprannaturali. Questo passaggio graduale dal mondo terreno a quello celeste conferisce al discorso un andamento ascendente, sempre più elevato e solenne: così la depurazione dell'amore dagli elementi sensuali e fisici per privilegiare gli aspetti intellettuali e spirituali, già avviata dai siciliani, viene portata a conseguenze estreme.

- **Ognuna delle asserzioni che abbiamo elencato sopra è espressa attraverso analogie, ma la maggiore insistenza è dedicata a due concetti-chiave. Ricostruite queste relazioni costruendo uno schema sul modello di quello seguente.**

Concetti	Analogie
Esiste un legame inscindibile e reciproco tra amore e *cor gentil*, per cui non può esistere l'uno senza l'altro.	Come l'ausello in selva a la verdura (v. 2); come il sole e la sua luce (vv. 5-7); ....
La gentilezza che rende l'uomo adatto all'amore non coincide con la nobiltà di nascita ma con la nobiltà morale e spirituale.	Uomo nobile di nascita = fango; vera nobiltà = sole (vv. 31-32); ....

ANALIZZARE

Una fitta trama di richiami linguistici L'arduo impianto filosofico e teologico del componimento è sostenuto da una serie di scelte stilistiche che conferiscono al testo un carattere organico e unitario:

- la ripresa all'inizio di ogni stanza, tranne l'ultima, che funge da congedo, di una parola dell'ultimo verso della stanza precedente legata a essa da un rimando semantico o fonetico: *foco / Foco*, *'nnamora / Amor*, *ferro / Fere*, *splendore / Splende*;
- il ritorno in ogni strofa, tranne l'ultima, della parola-chiave *gentil*;
- il ritorno delle stesse rime e a volte delle stesse parole-rima in stanze diverse.

- **Rintracciate nelle diverse stanze le parole-rima ricorrenti ed evidenziate come si leghino ai concetti portanti dell'argomentazione di Guinizzelli.**

CONTESTUALIZZARE

La nobiltà spirituale e i nuovi valori della borghesia Il tratto più dirompente della canzone di Guinizzelli è la sostituzione della nobiltà di sangue con quella spirituale, caratterizzata dal «cor gentile».

- **Per apprezzare pienamente il significato di questa rivoluzione concettuale, mettete a confronto il contesto feudale nel quale sono nate le teorie dell'amore cortese con la condizione sociale di Guinizzelli e con la situazione storica nella quale egli operava.**

Un tentativo di fusione fra la tematica amorosa e quella religiosa si trova anche nel sonetto *Io m'aggio posto in core a Dio servire* di Giacomo da Lentini (▸T11).

- **Confrontate il sonetto di Giacomo da Lentini con questo testo di Guinizzelli, spiegando le differenze esistenti fra di essi alla luce dei diversi contesti storici e sociali dei due autori.**

CONFRONTI Nel canto V dell'*Inferno* (vv. 100-138) (▸T56) Francesca racconta a Dante la del sentimento amoroso tra lei e Paolo, fondendo la teoria guinizzelliana esposta in questa canzone con la concezione dell'amore cortese precedente al «dolce stil novo».

GUIDO GUINIZZELLI

T16 ▸ Io voglio del ver la mia donna laudare

PERCORSO
- La lirica d'amore, p. 534
- Le donne come soggetto e come oggetto della scrittura (I), p. 542

In questo sonetto Guinizzelli riprende il tema tradizionale della lode della donna arricchendolo di nuove implicazioni morali e religiose.

▸ **METRO**: sonetto.

Io voglio del ver la mia donna laudare
ed asembrarli la rosa e lo giglio:
più che stella dïana splende e pare,
e ciò ch'è lassù bello a lei somiglio.

Verde river' a lei rasembro e l'âre,
tutti color di fior', giano e vermiglio,
oro ed azzurro e ricche gioi per dare:
medesmo Amor per lei rafina meglio.

Passa per via adorna, e sì gentile
ch'abassa orgoglio a cui dona salute,
e fa 'l de nostra fé se non la crede;

e nolle pò apressare om che sia vile;
ancor ve dirò c'ha maggior vertute:
null' om pò mal pensar fin che la vede.

Guido Guinizzelli, *Io voglio del ver la mia donna laudare*, in *Poeti del Duecento*, a cura di G. Contini, Ricciardi, Milano-Napoli, 1960, tomo II

1. **del ver**: secondo verità.
2. **asembrarli**: paragonarle.
3. **stella dïana**: la stella del mattino (*dïana*, del dì), cioè Venere, che compare prima dell'alba ed è particolarmente splendente; propriamente Venere è un pianeta, ma ai medievali sfuggiva la distinzione fra stelle e pianeti. **splende e pare**: si manifesta splendente; il verbo "parere", nel lessico della lirica del Duecento-Trecento, non significa tanto "sembrare" quanto "manifestarsi", "rivelare la propria essenza profonda".
4. **ciò... somiglio**: paragono a lei tutto quanto vi è di bello lassù nel cielo.
5. **Verde... e l'âre**: paragono a lei la verde campagna (*river'*) e l'aria.
6. **tutti... vermiglio**: tutti i colori dei fiori, giallo e rosso.
7. **oro ed azzurro**: pietre preziose (*azzurro* indica i lapislazzuli). **ricche... dare**: ricchi gioielli (*gioi*), degni di essere regalati (*per dare*).
8. **medesmo... meglio**: persino Amore per merito suo (*per lei*) diventa più perfetto, oppure ingentilisce meglio (i cuori).
9. **adorna**: bella. **gentile**: nobile d'animo.
10. **abassa... salute**: sconfigge l'orgoglio di colui al quale rivolge un saluto. Il termine *salute* allude anche alla salvezza spirituale (*salus* in latino).
11. **fa... crede**: lo converte alla nostra fede se già non è credente.
12. **nolle... vile**: non le si può avvicinare nessuno che sia ignobile d'animo.
13. **vertute**: potere.
14. **null'om... pensar**: nessuno può avere cattivi pensieri.

Andrea del Verrocchio, *Dama col Mazzolino*, 1475. (Firenze, Museo del Bargello)

DIALOGO CON IL TESTO

COMPRENDERE

Effetti morali e religiosi dell'amore Dal punto di vista dei temi il sonetto si può dividere in due parti.

- Il tema delle quartine è la lode della bellezza della donna, che attraverso una serie di analogie viene assimilata a tutte le cose belle del creato; ritorna qui in forma implicita un concetto centrale della canzone *Al cor gentil* (▸T15): la donna è la più alta manifestazione dell'ordine provvidenziale che regola l'universo e che si mostra con maggiore evidenza negli aspetti più preziosi e nobili della natura;
- Le terzine sono dedicate a due temi nuovi per la lirica amorosa: le virtù morali e spirituali della donna e il potere miracoloso della sua presenza e del suo saluto su coloro che la incontrano. Gli effetti dell'amore non riguardano più soltanto il piano delle emozioni ma anche la sfera morale e religiosa (la sconfitta dell'orgoglio e dei cattivi pensieri, l'allontanamento degli uomini moralmente indegni, la conversione degli infedeli al cristianesimo).

Questa nuova tematica integra perfettamente il tema amoroso nell'ambito della visione cristiana e apre la via a una concezione dell'amore del tutto inedita; se l'amore cortese cantato dai siciliani era già lontano dal sentimento che può provare oggi chiunque, con Guinizzelli e coi suoi amici stilnovisti la distanza si fa siderale.

Vestali intorno a un altare in un particolare delle *Storie di Romolo e Remo* di Gentile da Fabriano, XV secolo. (Foligno, Palazzo Trinci)

ANALIZZARE

Armonia tra contenuto e forma La struttura tematica del sonetto è costruita in modo ordinato e quasi schematico: dichiarazione di intenti, lodi della donna, effetti della sua apparizione.

- **Analizzate il sonetto dal punto di vista sintattico e studiate il rapporto che intercorre tra metro e sintassi, soffermandovi in particolare sulla presenza o meno di *enjambements*. Spiegate infine in che modo questo rapporto coopera a tale idea di ordine e di nitidezza.**

Un sonetto "dolce" e "novo" La compostezza formale che identifica il movimento poetico del «dolce stil novo» ispira anche le scelte foniche e lessicali di questo testo; i suoni sono dolci, le rime abbastanza comuni, il lessico semplice e piano. La semplicità del dettato poetico è in realtà il prodotto di un'elaborazione stilistica raffinata: la prima quartina, per esempio, si apre e si chiude con un verbo alla prima persona singolare; oppure il chiasmo a cavallo fra il v. 1 (oggetto + verbo all'infinito) e il v. 2 (verbo all'infinito + oggetto doppio) muove e varia il testo senza fargli perdere misura ed equilibrio.

CONTESTUALIZZARE

Una nuova figura di donna Questo testo porta a compimento il processo di spiritualizzazione della donna su cui si fonda la rivisitazione della figura femminile nello stilnovo rispetto alla tradizione cortese.

- **Confrontate questo sonetto con la canzone *Al cor gentil* (▸T15). In che modo viene trattato il tema della viltà nei due testi? E quale spazio ricevono gli effetti salvifici della donna?**

CONFRONTI I temi affrontati da Guinizzelli nelle due terzine sono anticipati da Giacomo da Lentini nel sonetto *Io m'aggio posto in core* (▸T11) e saranno ripresi nel sonetto *Tanto gentile e tanto onesta pare* di Dante (▸T42).

ANALISI

GUIDO CAVALCANTI

T17 ▸ Chi è questa che vèn, ch'ogn'om la mira

Questo sonetto è dedicato alla lode della donna, tema centrale già nella poesia di Guinizzelli (▸T16), ma Cavalcanti lo affronta in maniera nuova.

▸ **METRO**: sonetto.

Chi è questa che vèn, ch'ogn'om la mira,
che fa tremar di chiaritate l'âre
e mena seco Amor, sì che parlare
null'omo pote, ma ciascun sospira?

O Deo, che sembra quando li occhi gira!
dical'Amor, ch'i' nol savria contare:
cotanto d'umiltà donna mi pare,
ch'ogn'altra ver' di lei i' la chiam'ira.

Non si poria contar la sua piagenza,
ch'a le' s'inchin'ogni gentil vertute,
e la beltate per sua dea la mostra.

Non fu sì alta già la mente nostra
e non si pose 'n noi tanta salute,
che propiamente n'avïan canoscenza.

Guido Cavalcanti, *Rime*, IV, a cura di D. De Robertis, Einaudi, Torino, 1986

Domenico Ghirlandaio, *Ritratto di donna*, 1488. (New York, Metropolitan Museum of Art)

1. **Chi è questa che vèn**: l'espressione, che vuol dare il senso di un'apparizione miracolosa, è ispirata ad alcuni passi della Bibbia: «Chi è costei che avanza?» (*Cantico dei cantici*, 6, 9); «Chi è costui che viene?» (*Isaia*, 63, 1). **ch'ogn'om la mira**: che ogni uomo la guarda con ammirazione.
2. **che... âre**: che fa vibrare di luce l'aria attorno a sé.
3. **mena seco Amor**: conduce con sé Amore, cioè fa innamorare chi la contempla.
3-4. **sì che... pote**: così che nessun uomo può parlare.
5-6. **O Deo... contare**: o Dio, che cosa sembra quando volge lo sguardo, lo dica Amore, perché io non lo saprei riferire.
7. **cotanto... pare**: mi sembra a tal punto umile e benevola.
8. **ch'ogn'altra... ira**: che ogni altra donna rispetto a lei (*ver' di lei*) la chiamo superba e sdegnosa (*ira*). *Ira* è l'opposto di *umiltà* (v. 7).
9. **Non... piagenza**: non si potrebbe descrivere la sua bellezza.
10. **ch'a le'... vertute**: dato che a lei si inchina ogni nobile virtù.
11. **la... mostra**: la bellezza la indica come sua dea.
12-13. **Non fu... noi tanta salute**: la nostra capacità intellettuale non fu mai così profonda e non fu posta mai in noi tanta grazia divina (*salute*: salvezza dell'anima).
14. **che... canoscenza**: da poterne avere conoscenza in modo adeguato (*propiamente*).

Guido Cavalcanti (circa 1250-1300), nato a Firenze da una nobile famiglia guelfa, fu discepolo di Brunetto Latini e partecipò attivamente alla vita politica del comune, occupando diverse cariche, finché l'emanazione degli Ordinamenti di giustizia di Giano della Bella (1293) escluse tutti i magnati e i cavalieri da ogni incarico pubblico. Nelle lotte tra bianchi e neri si schierò con i bianchi, sostenendo la famiglia dei Cerchi contro quella dei Donati, e si trovò coinvolto in disordini e scontri violenti; a causa di questi episodi nel 1300 i Priori (tra cui il suo fraterno amico Dante) decisero di espellerlo dalla città insieme ai più autorevoli rappresentanti delle due fazioni. Rifugiatosi a Sarzana, in Liguria, fu colpito da una febbre malarica, della quale morì nello stesso anno, appena rientrato in Firenze per la revoca della condanna.

DIALOGO CON IL TESTO

COMPRENDERE

La donna come creatura soprannaturale Da Guinizzelli Cavalcanti riprende il tema della lode e la concezione trascendente della donna, vista come una creatura eccezionale, dotata di virtù fisiche e spirituali che rimandano a realtà soprannaturali.

- **Individuate nel testo le doti fisiche e morali attribuite alla donna.**

Un ideale irraggiungibile Tipicamente cavalcantiano è invece il tema introdotto a partire dal v. 6 (*i' nol savria contare*): l'essenza della donna è tanto elevata e irraggiungibile da non poter essere espressa a parole né compresa intellettualmente. Il tema della lode sfocia così in una denuncia dei limiti della conoscenza umana, incapace di afferrare e descrivere ciò che l'uomo ama e desidera più di ogni altra cosa.

- **Tenendo conto di questi concetti, provate a spiegare perché, a differenza di Guinizzelli (▸T15-T16), Cavalcanti non istituisca paragoni fra la donna e gli aspetti della natura.**

ANALIZZARE

L'espressione dello stupore Il testo si apre con una lunga interrogazione (vv. 1-4), che esprime con slancio e naturalezza lo stupore del poeta di fronte all'apparizione della donna.

- **Questi primi versi sono caratterizzati da una forte concentrazione di artifici metrici e retorici; individuate nel testo:**
  - **l'unico *enjambement*;**
  - **il ricorrere degli stessi suoni (vocalici e/o consonantici) nei vv. 1-3.**
- **Provate ad analizzare in particolare quelli del v. 2: quale rapporto si può instaurare tra suono e significato?**

Una domanda senza risposta La domanda della prima quartina è lasciata volutamente senza risposta, a significare l'inconoscibilità della donna, che è il tema a cui sono dedicate le strofe successive. Queste ultime hanno un andamento più faticoso della prima, come per sottolineare la tensione della mente verso qualcosa che non può raggiungere.

- **Si può notare in particolare:**
  - **il passaggio da un soggetto individuale e definito a uno collettivo e indefinito: in quale punto del testo?**
  - **la somiglianza della struttura sintattica delle due terzine: analizzatela.**

CONFRONTARE E INTERPRETARE

Guinizzelli e Cavalcanti

- **Confrontate questo sonetto con *Io voglio del ver la mia donna laudare* (▸T16) di Guinizzelli e dite quale dei due secondo voi può avere maggiore impatto su un lettore di oggi.**

Coppie di giovani amanti raffigurati sul bordo di una scacchiera in avorio, 1415. (Firenze, Museo del Bargello/Scala)

T18 ▸ Tu m'hai sì piena di dolor la mente

PERCORSO
- La lirica d'amore, p. 534

L'inaccessibile superiorità della donna cantata nel sonetto precedente (▸T17) provoca nel poeta smarrimento e angoscia: a questo tema è dedicato il sonetto che segue.

▸ **METRO**: sonetto.

Tu m'hai sì piena di dolor la mente,
che l'anima si briga di partire,
e li sospir' che manda 'l cor dolente
mostrano agli occhi che non può soffrire.
Amor, che lo tuo grande valor sente,
dice: «E' mi duol che ti convien morire
per questa fiera donna, che niente
par che pietate di te voglia udire».
I' vo come colui ch'è fuor di vita,
che pare, a chi lo sguarda, ch'omo sia
fatto di rame o di pietra o di legno,
che si conduca sol per maestria
e porti ne lo core una ferita
che sia, com'egli è morto, aperto segno.

Guido Cavalcanti, *Rime*, VIII, a cura di D. De Robertis, Einaudi, Torino, 1986

1. **Tu... mente**: tu mi hai riempito la mente di tanto dolore.
2. **si briga di**: si dà da fare per.
4. **mostrano... soffrire**: rivelano agli occhi che (il cuore) non può resistere.
5. **tuo**: della donna.
6. **E' mi duol... morire**: mi dispiace che tu debba morire.
7. **fiera**: crudele.
7-8. **che niente... udire**: che sembra non voler affatto (*niente*) ascoltare (parole che implorino) pietà di te.
10. **sguarda**: guarda.
12. **che si conduca... maestria**: che si muova solo per l'ingegno di chi lo ha costruito.
14. **che... segno**: che sia un segno evidente di come egli è morto.

DIALOGO CON IL TESTO

COMPRENDERE

Distruttività dell'amore Il tema delle pene d'amore, tradizionale nella lirica amorosa, è affrontato da Cavalcanti con grande forza tragica: lo sconvolgimento prodotto dall'innamoramento ha frammentato l'unità psichica e fisica del poeta in parti diverse (*mente*, *anima*, *cor*), che agiscono in modo dissociato, esprimendo una situazione di distruzione e di sfacelo. Anche una figura positiva e compassionevole come quella di Amore non può che constatare le condizioni disperate del poeta, ridotto ormai a un automa che si muove meccanicamente, ma dentro è morto. Dal testo sono assenti i riferimenti religiosi che comparivano nel sonetto precedente (▸T17): in un componimento di questo tenore ogni accenno a Dio o alla salvezza dell'anima avrebbe introdotto un elemento di speranza incompatibile col clima cupo e disperato che lo pervade.

Uno stilnovista eretico Secondo alcuni studiosi la dissociazione dell'io in anima, cuore e mente, che caratterizza questa e altre poesie di Cavalcanti, deriverebbe dall'influenza del filosofo arabo spagnolo Averroè (1126-1198), elaborata dal poeta in termini inconciliabili con le concezioni degli altri stilnovisti, tesi a interpretare il sentimento amoroso come esperienza di elevazione spirituale e strada verso la salvezza. I capisaldi della concezione cavalcantiana dell'amore sarebbero i seguenti:

- la passione amorosa è un fenomeno irrazionale, che perturba violentemente l'anima e il cuore;
- la mente riesce a registrarne gli effetti, ma non è in grado di controllarli e di agire su di essi;
- questo contrasto tra l'intensa attività della sfera sensitiva e l'impotenza della sfera razionale produce una lacerazione interiore che conduce alla morte spirituale.

● **Si può trovare una conferma indiretta di questa concezione nelle diverse funzioni (attive o passive) attribuite rispettivamente alla mente, all'anima, al cuore in un punto preciso del testo: provate a individuarlo.**

ANALIZZARE

Una rappresentazione movimentata Fin dall'apostrofe iniziale, le due quartine hanno un'intonazione drammatica, movimentata dall'accavallarsi di diversi soggetti (la donna, l'anima, i sospiri, il cuore, Amore) che interagiscono animatamente. Nelle due terzine invece tutta l'attenzione è concentrata sul corpo disanimato del poeta, reso dalla potente immagine dell'uomo *fatto di rame o di pietra o di legno* che si muove soltanto *per maestria*.
La suddivisione del discorso in tre periodi, legati alle scansioni metriche del sonetto, dà luogo a tre scene ben distinte, separate da incisivi stacchi.

● **Individuate i punti di confine fra le tre scene e date un titolo a ciascuna di esse.**

GUIDO CAVALCANTI

T19 ▸ Perch'i' no spero di tornar giammai

▶ **PERCORSO**
• La lirica d'amore, p. 534

Si è pensato a lungo che questa poesia di nostalgia e di lontananza fosse stata scritta da Cavalcanti durante il suo esilio da Firenze. In realtà si inserisce nel filone tutto letterario dell'"amore di lontano", inaugurato da Jaufré Rudel (▸T9) e giunto attraverso la scuola siciliana ai poeti stilnovisti.

▶ **METRO**: ballata di stanze di dieci endecasillabi e settenari secondo lo schema ABAB (fronte), Bccddx (sirma), precedute da una ripresa (vv. 1-6) con schema uguale a quello della sirma.

Perch'i' no spero di tornar giammai,
ballatetta, in Toscana,
va' tu, leggera e piana,
dritt'a la donna mia,
che per sua cortesia
ti farà molto onore.

Tu porterai novelle di sospiri
piene di dogli' e di molta paura;
ma guarda che persona non ti miri
che sia nemica di gentil natura:

1. **Perch'i'**: poiché io.
2. **ballatetta**: diminutivo di ballata, per esprimere affetto.
3. **leggera e piana**: veloce e lieve.
6. **ti... onore**: ti accoglierà degnamente. L'espressione, come *per sua cortesia* del verso precedente, è mutuata dal cerimoniale cortese di stampo feudale.
7. **novelle**: notizie.
8. **dogli'**: dolori.
9-10. **guarda... natura**: bada che non ti veda nessuno che sia ostile alla gentilezza d'animo (e quindi che sia incapace d'amare, secondo l'identificazione guinizzelliana tra «amore» e «cuor gentile»).

ché certo per la mia disaventura
tu saresti contesa,
tanto da lei ripresa
che mi sarebbe angoscia;
dopo la morte, poscia,
pianto e novel dolore.

Tu senti, ballatetta, che la morte
mi stringe sì, che vita m'abbandona;
e senti come 'l cor si sbatte forte
per quel che ciascun spirito ragiona.
Tanto è distrutta già la mia persona,
ch'i' non posso soffrire:
se tu mi vuoi servire,
mena l'anima teco
(molto di ciò ti preco)
quando uscirà del core.

Deh, ballatetta, a la tu' amistate
quest'anima che trema raccomando:
menala teco, nella sua pietate,
a quella bella donna a cu' ti mando.
Deh, ballatetta, dille sospirando,
quando le se' presente:
«Questa vostra servente
vien per istar con voi,
partita da colui
che fu servo d'Amore».

Tu, voce sbigottita e deboletta
ch'esci piangendo de lo cor dolente,
coll'anima e con questa ballatetta

11. **disaventura**: infelicità.
12. **contesa**: osteggiata.
13. **ripresa**: criticata.
14. **mi sarebbe**: mi provocherebbe.
15. **poscia**: poi.
18. **mi stringe sì**: mi incalza in modo tale.
19. **si sbatte forte**: pulsa con violenza.
20. **per quel... ragiona**: a causa di ciò che ogni mio spirito dice. Gli spiriti sono la personificazione degli affetti e delle funzioni vitali.
22. **soffrire**: resistere.
24. **mena l'anima teco**: conduci con te la mia anima.
27. **amistate**: amicizia.
29. **pietate**: sofferenza, angoscia.
33. **servente**: fedele. È riferito all'anima del poeta.
35. **partita**: separata.

Una donna con cesto di fiori in un particolare della *Nascita di San Giovanni Battista* di Domenico Ghirlandaio, 1490. (Firenze, Santa Maria Novella)

va' ragionando della strutta mente.
Voi troverete una donna piacente,
di sì dolce intelletto
che vi sarà diletto
starle davanti ognora.
Anim', e tu l'adora
sempre, nel su' valore.

Guido Cavalcanti, *Rime*, XXXV, a cura di D. De Robertis, Einaudi, Torino, 1986

40. **va'... mente**: continua a parlare della mente distrutta. È il tema, ricorrente in Cavalcanti, della frantumazione dell'io.
41. **Voi**: la voce, l'anima e la ballatetta. **piacente**: adorna di ogni bellezza.
42-44. **di sì... ognora**: di carattere così dolce che sarà per voi un piacere stare sempre (*ognora*) al suo cospetto.
45-46. **Anim'... valore**: e tu, anima, adorala sempre per la sua virtù.

DIALOGO CON IL TESTO

COMPRENDERE

L'intonazione affettuosa Ciò che colpisce a una prima lettura è la differenza di tono tra questa poesia e le altre di Cavalcanti che abbiamo presentato: non ci sono scene drammatiche, né intricate rappresentazioni di complesse situazioni fisiche e psicologiche, ma un'analisi introspettiva svolta in forma intima e confidenziale. L'affettuosità con la quale il poeta si rivolge alla sua *ballatetta* pervade tutta la poesia, smorzando la tragicità dei sentimenti espressi e conferendo al discorso un fluido andamento colloquiale.

Nella poesia sono comunque presenti i temi ricorrenti dell'opera cavalcantiana:
- la frantumazione dell'io, espressa mediante personificazioni;
- il tema della paura e dell'angoscia;
- il tema della distruzione e della morte.

● **Individuate queste tematiche nel testo.**

L'identificazione del poeta con la sua ballata Specifico della poesia è il punto di vista da cui questi temi sono affrontati: il poeta si identifica con la sua ballata e attraverso lei si proietta in un indeterminato futuro successivo alla sua morte (vv. 23-26); questo gli consente di prendere una certa distanza dalle sue sofferenze, di contemplarle quasi come se non gli appartenessero più, con un atteggiamento più malinconico che tragico.

Nel testo ogni riferimento alla condizione di angoscia del poeta è accostato alla presenza amichevole e consolatrice della *ballatetta*.

● **Individuate i versi in cui è presente questo accostamento.**

Un'idea elevata della poesia La ballata è vista dal poeta come custode della sua *anima*, equivalente della sua *voce*: è la parte migliore di lui, che sarà accolta benevolmente dalla donna e potrà stare con lei. Cavalcanti esprime così un'idea elevata della poesia, come veicolo privilegiato della personalità dell'autore e somma espressione dell'esperienza amorosa, tipica dei poeti stilnovisti e condivisa soprattutto da Dante.

Motivi canonici della poesia amorosa I caratteri cavalcantiani della ballata si innestano su alcuni motivi canonici della lirica amorosa:
- il nesso tra amore e gentilezza;
- il servizio d'amore;
- la lode della donna;
- la reverenza verso di lei, che giunge fino all'adorazione.

● **Indicate i versi nei quali compaiono questi motivi.**

ANALIZZARE

L'effetto di naturalezza L'intonazione semplice e affettuosa della poesia è sottolineata dalla semplicità delle strutture sintattiche, che conferisce al periodo un andamento scorrevole e fluido. Al complessivo effetto di naturalezza e di armonia contribuisce la musicalità della forma metrica, caratterizzata dalla frequenza delle rime e dalla regolare alternanza di blocchi di versi lunghi e di versi brevi.

● **Il carattere colloquiale della ballata è messo in evidenza dal ricorrere della figura dell'apostrofe e dall'uso frequente di pronomi di seconda persona: individuateli nel testo.**

▸ p. 39

La poesia comico-realistica

Contemporaneamente all'affermarsi del «dolce stil novo» si diffonde in Toscana un genere poetico che contrappone all'idealizzazione e all'astrattezza della poesia illustre l'esaltazione degli aspetti più comuni e materiali della vita, espressa con un linguaggio elementare e concreto. Il rappresentante più abile e complesso di questo filone è Cecco Angiolieri, autore di sonetti (▸T20-T21) che faranno da modello agli scrittori comici e realistici dei secoli successivi.

- Rustico Filippi *Oi dolce mio marito Aldobrandino*
- Rustico Filippi *Dovunque vai conteco porti il cesso*
- Cecco Angiolieri *La mia malinconia è tanta e tale*
- Cecco Angiolieri *Tre cose solamente m'ènno in grado*
- Folgóre da San Gimignano *Di maggio*

CECCO ANGIOLIERI

T20 ▸ «Becchin'amor!». «Che vuo', falso tradito?»

Becchina è la popolana amata da Cecco che ritorna spesso nei suoi componimenti. Questo sonetto riporta un battibecco tra i due.

▸ **METRO**: sonetto.

PERCORSO
- La lirica d'amore, p. 534
- Il comico e il satirico, p. 538
- Le donne come soggetto e come oggetto della scrittura (I), p. 542

«Becchin'amor!». «Che vuo', falso tradito?».
«Che mi perdoni». «Tu non ne se' degno».
«Merzé, per Deo!». «Tu vien' molto gecchito».
«E verrò sempre». «Che sarammi pegno?».
«La buona fé». «Tu ne se' mal fornito».
«No inver' di te». «Non calmar, ch'i' ne vegno!».
«In che fallai?». «Tu sa' ch'i' l'abbo udito».
«Dimmel, amor». «Va', che ti veng'un segno!».
«Vuo' pur ch'i' muoia?». «Anzi mi par mill'anni».

1. **tradito**: traditore.
3. **Merzé**: pietà. **gecchito**: umile.
4. **Che sarammi pegno?**: che garanzia ne ho?
6. **No... di te**: non nei tuoi confronti. **Non... vegno**: non cercare di calmarmi, perché ne ho appena avuto esperienza.
7. **fallai**: sbagliai. **Tu sa'... udito**: tu sai che l'ho sentito dire.
8. **che ti... segno**: che ti venga un accidente. Con segno si allude a uno di quei difetti fisici per cui l'uomo diventerebbe un "segnato da Dio".
9. **Vuo' pur**: vuoi addirittura. **mi par mill'anni**: non vedo l'ora.

Di **Cecco Angiolieri** (circa 1260-1312), nato a Siena da un'illustre famiglia di banchieri, abbiamo poche notizie biografiche: le multe per infrazioni alla disciplina militare, i processi, il rifiuto dei figli di accettare la sua eredità perché gravata da debiti. L'immagine di lui che possiamo trarre da queste scarne informazioni ritorna, condita da una buona dose di finzione letteraria, nell'autoritratto romanzato che egli traccia nei suoi sonetti, nei quali si cimenta con le risorse offerte dal filone comico-realistico della lirica, elaborando un repertorio di forme e temi a cui attingeranno i poeti giocosi dei secoli successivi.

«Tu non di' bene». «Tu m'insegnerai».
«Ed i' morrò». «Omè, che tu m'inganni!».
«Die tel perdoni». «E ché non te ne vai?».
«Or potess'io!». «Tègnoti per li panni?».
«Tu tieni 'l cuore». «E terrò co' tuo guai».

Cecco Angiolieri, *Le Rime*, a cura di A. Lanza, Archivio Guido Izzi, Roma, 1990

10. **di'**: dici. **Tu m'insegnerai**: l'intonazione è evidentemente sarcastica.
11. **Omè... inganni**: ahimé, purtroppo non dici il vero (dicendo che morirai).
12. **Die**: Dio.
13. **Tègnoti... panni?**: ti trattengo forse per i vestiti?
14. **E terrò... guai**: e continuerò a tenerlo per tuo danno.

DIALOGO CON IL TESTO

COMPRENDERE

Una parodia dell'amor cortese Il sonetto si può leggere come una parodia del genere cortese del contrasto (dialogo tra due personaggi allegorici o tra due innamorati), ridotto a un colorito alterco popolaresco, concentrato in vivaci e brevissime battute: Cecco implora Becchina di perdonarlo e lei lo tratta sempre più brutalmente, finché, con un'ambigua battuta finale, sembra accettare burberamente di fare la pace.
Considerate separatamente le battute dei due personaggi:
- quelle di Cecco ripropongono, sia pure in chiave comica, alcuni atteggiamenti tipici dell'innamorato della lirica amorosa "alta";
- quelle di Becchina capovolgono l'immagine sublime e incorporea della donna cortese e stilnovista.

● **Quali atteggiamenti e caratteristiche di ciascuno dei personaggi emergono dal dialogo?**

ANALIZZARE

Un contrasto di stili La caratteristica formale più evidente è la vivacità del testo, costituito da fulminee battute, che occupano metà verso ciascuna. Ai diversi atteggiamenti dei due innamorati corrispondono diverse scelte linguistiche: brandelli di linguaggio alto e cortese nelle battute di Cecco, locuzioni popolaresche e intonazione aggressiva in quelle di Becchina.

● **Individuatene qualche esempio nel testo.**

ANALISI

CECCO ANGIOLIERI

T21 ▸ S'i' fosse foco, ardere' il mondo

PERCORSO
- Il comico e il satirico, p. 538

Un genere della lirica provenzale era il *plazer*, un componimento in cui si enumeravano realtà piacevoli (bei paesaggi, raffinate conversazioni, amori aristocratici). Cecco lo riprende, formulando un elenco di desideri, che sono però assai lontani da quelli idilliaci del modello cortese.

▸ **METRO**: sonetto.

S'i' fosse foco, ardere' il mondo;
s'i' fosse vento, lo tempestarei;
s'i' fosse acqua, i' l'annegherei;
s'i' fosse Dio, mandereil en profondo;

1. **ardere'**: brucerei.
2. **tempestarei**: colpirei con tempeste.
4. **mandereil en profondo**: lo sprofonderei.

s'i' fosse papa, serei allor giocondo,
ché tutti 'cristiani embrigarei;
s'i' fosse 'mperator, sa' che farei?
a tutti mozzarei lo capo a tondo.

S'i' fosse morte, andarei da mio padre;
s'i' fosse vita, fuggirei da lui:
similemente faria da mi' madre.

S'i' fosse Cecco com'i' sono e fui,
torrei le donne giovani e leggiadre:
le vecchie e laide lasserei altrui.

5. **giocondo**: allegro.
6. **embrigarei**: metterei nei guai.
7. **sa'**: sai.
8. **a tondo**: tutto attorno, completamente.
13. **torrei**: mi prenderei.
14. **laide**: brutte.

Cecco Angiolieri, *Le Rime*, a cura di A. Lanza, Archivio Guido Izzi, Roma, 1990

DIALOGO CON IL TESTO

COMPRENDERE

Sfogo di una furia apocalittica Le prime tre strofe sono all'insegna di quella «malinconia», intesa come frustrazione e rabbia, che è un ingrediente fondamentale dell'autoritratto di Cecco. Il poeta sfoga il suo cattivo umore prendendosela con l'intera umanità e col pianeta che la ospita: augura imparzialmente la morte tanto al padre quanto alla madre; e non si fa scrupolo di coinvolgere nella sua furia distruttiva, oltre agli elementi della natura (vv. 1-3), anche le più venerate istituzioni religiose (v. 5) e laiche (v. 7), e addirittura Dio (v. 4).

Un finale comico Nell'ultima strofa c'è un improvviso ridimensionamento: dopo aver formulato i desideri più smisurati e impossibili, Cecco ritorna bruscamente alla realtà, e trapassa dalla furia apocalittica al sorridente e spavaldo maschilismo di una battuta da osteria. Gran parte della comicità del sonetto sta in questo repentino mutamento di atteggiamento e di tono.

- **Nel punto culminante del sonetto, per accentuare l'effetto di comicità, Cecco pone sotto forma di ipotesi un evidente dato di realtà. Di quale dato si tratta?**

ANALIZZARE

L'uso dell'anafora Il sonetto è tutto costruito sulla figura dell'anafora, basata sulla ripetizione della formula *s'i' fosse* seguita dal condizionale (*ardere'*, *tempestarei*, *annegherei*...), che conferisce al discorso un andamento scandito e martellante.
Ci sono però alcune abili variazioni di ritmo. I cambiamenti del rapporto fra metrica e sintassi producono un effetto di rallentamento nel passaggio dalla prima alla seconda quartina e dalla prima alla seconda terzina.

- **Descrivete la struttura delle strofe, osservando la presenza dei seguenti aspetti:**
  - **frasi brevi o lunghe, accostate per coordinazione o per subordinazione;**
  - **punteggiatura;**
  - **rapporto fra pause metriche e pause sintattiche.**

  Spiegate poi in che cosa consiste il rallentamento.

La perfetta calibrazione degli effetti mette in evidenza il carattere colto e letterario dell'opera di Cecco, smentendo l'impressione di immediatezza e spontaneità che un testo come questo può suscitare a una prima lettura.

CONTESTUALIZZARE

Il rovesciamento della tradizione Il proposito anticortese e antistilnovista di Angiolieri si svela nell'ultima terzina, quando l'immagine tradizionale delle *donne giovani e leggiadre* è imbarbarita dall'accostamento con un verbo esplicito come *torrei* e dall'uso plurale dell'espressione che nega l'unicità convenzionale della donna amata.

- **Per avere un'idea della ripresa del *plazer* in lingua italiana potete leggere il sonetto di Dante *Guido, i' vorrei...* (▸T48), un testo che presenta inclinazioni e atmosfere molto diverse da quelle evocate in *S'i' fosse foco*. Mettete in evidenza le differenze più evidenti.**

RILETTURE (T8-T21)

COMPRENDERE

1. In questo brano sull'amore nel Medioevo, inserite negli spazi vuoti i termini riportati di seguito: *cavalieri, corte, cortese, donna, doveri, gelosia, servizio, signore.*

Nell'amore .... la donna ha non solo diritti ma anche ....: è noto che l'amante, se leso nei suoi diritti, può lasciare ufficialmente il suo ...., come il vassallo può lasciare il servizio del suo .... Da una parte c'è il singolo corteggiatore e il suo amore è esclusivo, dall'altro c'è la ...., che come "domna" di una corte ha dei doveri nei confronti di molti. Il possesso individuale è impossibile perché è impossibile che si realizzino contemporaneamente le pretese di possesso di tutti i .... che servono alla corte [...] La donna appartiene a tutti, è per così dire possesso comune della .... Perciò nell'ambito dell'amore cortese non c'è posto per la ...., ancor meno per quella del marito.

Erich Kölher, *Sociologia della fin'amor*, trad. dal tedesco di M. Mancini, Liviana, Padova, 1976

CONFRONTARE

2. Scegliete una poesia dei trovatori (▸**T8-T9**), una della scuola siciliana (▸**T10-T12**) e una stilnovista (▸**T14-T18**) che vi consentano di mettere in evidenza gli elementi di continuità e di discontinuità fra le tre diverse fasi della lirica amorosa.

3. Scegliete una poesia stilnovista (▸**T15-T19**) e una comico-realistica (▸**T20-T21**), e mettete in luce come la seconda sia una ripresa parodistica dei temi e delle forme della prima.

ANALIZZARE

4. Nel Duecento nascono due generi metrici che avranno grande fortuna nei secoli successivi: il sonetto e la canzone. Tra i testi riportati in ▸**T8-T19** mettete a confronto una canzone con un sonetto di contenuto simile, cercando di analizzare l'effetto che la diversa forma metrica può determinare sulla costruzione del discorso.

INTERPRETARE

5. Le idee dell'amore proposte tanto dalla poesia di ispirazione cortese e stilnovista quanto da quella comico-realistica sono letterarie e convenzionali, lontane dall'esperienza amorosa come la possiamo vivere oggi. Tra i componimenti (▸**T8-T19**) sceglietene uno particolarmente estraneo al vostro modo di sentire e uno nel quale avete trovato qualche affinità con la vostra esperienza, e motivate la vostra scelta.

6. Si possono trovare nell'attuale arte di massa (romanzi rosa, serial televisivi, canzoni), ma anche nella produzione colta, rappresentazioni dell'amore che assomigliano per qualche aspetto a quella cortese-stilnovista o a quella comico-realistica: sceglietene un esempio e analizzate ciò che lo accomuna e ciò che lo differenzia da questi antichi modelli letterari.

ATTRIBUIRE

7. Presentiamo le prime quartine di quattro sonetti. Attribuite ciascuna di esse a uno di questi autori: Giacomo da Lentini, Guinizzelli, Cavalcanti, Angiolieri, motivando la vostra scelta.

A

O donna mia, non vedestù[1] colui[2]
che 'n su lo core mi tenea la mano
quando ti rispondea fiochetto e piano[3]
per la temenza de li colpi suoi?

1. **vedestù**: vedesti tu.
2. **colui**: Amore.
3. **fiochetto e piano**: con voce fioca e flebile.

B I' sono innamorato, ma non tanto
che non men passi ben leggeramente;
di ciò mi lodo e tègnomi valente,
ch'a l'Amor non so dato tutto quanto.

C Vedut'ò la lucente stella diana[4]
ch'apare anzi che 'l giorno rend'albore[5],
c'à preso forma di figur umana;
sovr'ogn'altra me par che dea[6] splendore

D Or come pote sì gran donna intrare
per gli occhi mei, che sì piccioli sone?
E nel mio core come pote stare,
che 'nentr'esso[7] la porto laonque i' vone[8]?

4. **diana**: mattutina. È Lucifero, l'astro che precede il sorgere del sole.
5. **anzi... albore**: prima che albeggi.
6. **dea**: dia.
7. **'nentr'esso**: dentro di esso (il mio cuore).
8. **laonque i' vone**: dovunque io vada.

ANALISI DEL TESTO

● Analizzate questo sonetto di Cavalcanti, rispondendo alle domande del questionario oralmente o per iscritto. Potete svolgere l'esercizio rispondendo separatamente a ogni domanda, o integrando le singole risposte in un discorso complessivo, nell'ordine che vi sembra più efficace. (▸T8-T19)

GUIDO CAVALCANTI

T22 ▸ Voi che per li occhi mi passaste 'l core

Voi che per li occhi mi passaste 'l core
e destaste la mente che dormia,
guardate a l'angosciosa vita mia,
che sospirando la distrugge Amore.
E' vèn tagliando di sì gran valore,
che' deboletti spiriti van via:
riman figura sol en segnoria
e voce alquanta, che parla dolore.
Questa vertù d'amor che m'ha disfatto
da' vostr'occhi gentil' presta si mosse:
un dardo mi gittò dentro dal fianco.
Sì giunse ritto 'l colpo al primo tratto,
che l'anima tremando si riscosse
veggendo morto 'l cor nel lato manco.

Guido Cavalcanti, *Rime*, a cura di D. De Robertis, Einaudi, Torino, 1986

1. **Voi... core**: voi che, passando attraverso i miei occhi, mi avete trafitto il cuore.
4. **che... Amore**: (la mia vita) che Amore distrugge a forza di sospiri. Il *la* è pleonastico.
5. **E' vèn... valore**: Egli (Amore) avanza colpendo e spaccando con forza così grande.
6. **deboletti spiriti**: gli spiriti vitali indeboliti; la filosofia naturale del tempo denominava "spiriti" le facoltà fisiche o psichiche dell'essere umano.
7. **riman... segnoria**: resta soltanto l'aspetto del viso (*figura*), in potere di Amore.
8. **voce... dolore**: un po' di voce che esprime dolore.
9. **vertù**: forza.
10. **presta**: veloce.
11. **dentro dal**: nel.
12. **Sì... tratto**: il colpo giunse così preciso al primo scoccare dell'arco.
13. **si riscosse**: si svegliò, ebbe un sussulto.
14. **veggendo... manco**: vedendo nella parte sinistra il cuore colpito a morte.

COMPRENDERE

1. Il tema del sonetto è svolto una prima volta nelle quartine e ripreso nelle terzine: riassumetelo con una frase.
2. Cavalcanti descrive una situazione di disgregazione dell'io in tanti frammenti separati: individuateli nel testo e indicate le emozioni e i comportamenti attribuiti dal poeta a ciascuno di essi.

ANALIZZARE

3. L'intonazione tragica della lirica è sottolineata dal ricorrere di immagini di distruzione e di morte: individuatele nel testo.
4. L'effetto drammatico è accentuato dal frequente mutamento del soggetto sintattico, che conferisce al testo un andamento spezzato e movimentato: indicate strofa per strofa quali sono i soggetti delle frasi in cui è suddivisa la poesia.

CONTESTUALIZZARE

5. Le caratteristiche tematiche e stilistiche del testo sono tipiche della poesia di Cavalcanti: attraverso un confronto con una o più altre liriche del poeta (▸**T17-T19**) individuate gli elementi comuni.
6. Scegliete una lirica di un altro poeta stilnovista e confrontatela con questa, mettendo in evidenza la specificità di Cavalcanti rispetto ad altri poeti del gruppo.

INTERPRETARE

7. Nella prima strofa il poeta si rivolge alla donna amata: come si può interpretare secondo voi l'esortazione a "guardare"? Che cosa si aspetta il poeta dalla donna? O non si aspetta niente (e in questo caso perché le si rivolge)?

ANALISI DEL TESTO

● Analizzate questo sonetto di Cecco Angiolieri rispondendo alle domande del questionario oralmente o per iscritto. Potete svolgere l'esercizio rispondendo separatamente a ogni domanda, o integrando le singole risposte in un discorso complessivo, nell'ordine che vi sembra più efficace.

CECCO ANGIOLIERI

T23 ▸ Qualunque giorno non veggio 'l mi' amore

Qualunque giorno non veggio 'l mi' amore,
la notte come serpe mi travollo,
e sì mi giro, che paio un bigollo,
tanta è la pena che sente 'l meo core.

Parmi la notte ben cento mill'ore,
dicendo: «Dio, sarà ma' dì, vedròllo?»;
e tanto piango, che tutto m'immollo,
ch'alcuna cosa m'alleggia 'l dolore.

2. **travollo**: rigiro, forma dialettale senese, come il *bigollo* ("trottola") del v. 3.
5. **Parmi... ore**: la notte mi sembra lunga centomila ore.
6. **dicendo... vedròllo?**: mentre continuo a dire: «Domani lo vedrò (il mio amore)?».
7. **m'immollo**: mi bagno (di lacrime).
8. **ch'alcuna... dolore**: perché (il pianto) mi allevia un poco (*alcuna cosa*) il dolore.

Ed i' ne son da lei così cangiato:
ché 'n una ched e' giungo 'n sua contrada,
sì mi fa dir ch'i' vi son troppo stato,
e ched i' voli, sì tosto men vada,
però ch'ell' ha 'l su' amor a tal donato,
che per un mille più di me li aggrada.

Cecco Angiolieri, *Le rime*, a cura di A. Lanza, Archivio Guido Izzi, Roma, 1990

9. **cangiato**: ricambiato.
10. **ché... contrada**: che non appena giungo nella sua strada.
11. **sì... stato**: subito mi manda a dire che ci sono stato troppo a lungo.
12. **ched i'... vada**: che io me ne vada tanto in fretta da volare via.
14. **che... aggrada**: che le piace mille volte più di me.

COMPRENDERE

1. Il tema centrale del sonetto è quello delle pene d'amore, che in questo caso viene svolto attraverso la rappresentazione del contrasto fra le aspettative del poeta e il comportamento della donna amata: indicate in quali parti della poesia vengono descritti i due atteggiamenti e in che cosa consistono.
2. Il tema delle pene d'amore è trattato da Angiolieri in modo chiaramente parodistico: dite in quali punti del testo questo intento risulta più evidente e in che modo esso è realizzato.

ANALIZZARE

3. L'effetto comico del testo è spesso prodotto dall'accostamento di espressioni appartenenti all'ambito proprio della poesia amorosa con espressioni appartenenti all'ambito della quotidianità più materiale: individuate qualcuno di questi accostamenti.

CONFRONTARE

4. Confrontate questo sonetto con quello di Cavalcanti (▸**T18**) indicando i punti che sono fatti oggetto di parodia da parte di Cecco.

ALLA MANIERA DI...

1. Componete un testo in versi (possibilmente un sonetto, ma se non avete dimestichezza con la metrica potete usare il verso libero) sullo schema di *S'i' fosse foco* di Cecco Angiolieri (▸**T21**), mantenendo intatta la struttura anaforica (*Se fossi... Se fossi...*) e cercando di ottenere un simile effetto comico.
2. Se si eccettua il sonetto di Compiuta Donzella (▸**T14**), le poesie d'amore che abbiamo presentato esprimono un punto di vista maschile sulla donna, vista come un oggetto di desiderio più o meno spirituale; anche quando i testi sembrano dare la parola alle donne (▸**T12**, ▸**T20**), sono pur sempre scritti da maschi. Scrivete un breve testo in prosa o in versi in cui rappresentate un sex symbol maschile di oggi (nel momento in cui scriviamo potrebbe essere Leonardo Di Caprio, o Brad Pitt) come uomo "angelicato" e/o in chiave comico-realistica.

La letteratura narrativa

Le letterature medievali presentano una vasta gamma di forme e filoni narrativi, modellati sulla cultura e sulle attese di pubblici diversi. Le imprese dei paladini di Carlo Magno e le avventure dei cavalieri della Tavola Rotonda ispirano la letteratura cavalleresca nata nelle corti di Francia tra il XII e il XIII secolo: una materia narrativa che, divulgata a livello popolare, avrà grande influenza sugli sviluppi delle altre letterature europee, e dell'italiana in particolare. Il genere della novella si afferma invece a partire dal secolo XIII nelle città, in risposta alla domanda di narrazione del nuovo pubblico borghese: lo stesso pubblico esigente e curioso a cui si rivolgevano i resoconti delle avventure di viaggio dei mercanti e le cronache dedicate alla rievocazione degli eventi della storia locale.

▸ p. 41

La letteratura cavalleresca

Le *chansons de geste*, ispirate alle gesta di Carlo Magno e dei suoi paladini contro i musulmani, rappresentano con elementare vigore narrativo i valori nei quali si riconosceva il pubblico francese nell'età delle Crociate: la guerra santa contro gli infedeli, l'eroismo militare, la disponibilità a dare la propria vita per il re e per la fede (▸T24). Poco dopo la *chanson de geste* nasce il romanzo cortese, che riflette una civiltà e un gusto diversi: quello di una nobiltà più laica, raffinata, individualista. I cicli leggendari relativi a re Artù e ai cavalieri della Tavola Rotonda (▸T25), alla ricerca del Sacro Graal, alla storia d'amore e di morte di Tristano e Isotta sono ispirati ai valori dell'amore cortese, al gusto dell'avventura individuale, e immersi in un clima favoloso, pieno di elementi di magia.

• Antonio Pucci *Un'avventura di Brito di Bretagna*

TUROLDO

T24 ▸ Verso lo scontro di Roncisvalle

PERCORSO
- Immagini della guerra, Vol. 2, p. 574
- La materia cavalleresca, Vol. 2, p. 558

BIBLIOTECA PERCORSO TEMATICO
- La guerra

La più antica e famosa canzone di gesta è la *Chanson de Roland* ("Canzone di Orlando"), scritta probabilmente tra il 1080 e il 1100 da un letterato di cui non sappiamo nulla; è un poema di circa 4000 versi. Nel manoscritto più antico che la conserva, risalente al secolo XII, la lingua è l'anglonormanno, cioè la varietà di francese portata in Inghilterra dai Normanni, che avevano conquistato parte di quel paese nel 1066. Il tema si rifà a un episodio della spedizione compiuta da Carlo Magno contro i musulmani di Spagna nel 778: nella realtà storica attestata dai cronisti del tempo, durante la ritirata dell'esercito franco, al passo di Roncisvalle, sui Pirenei, la retroguardia fu attaccata da bande di montanari baschi, e nello scontro perirono alcuni nobili della corte di Carlo, tra i quali è citato un certo Hruodlandus. Col tempo, nell'immaginario collettivo questo scontro secondario divenne un momento centrale di una grandiosa guerra tra il mondo cristiano e quello musulmano, e Roland (Orlando) il suo eroe; questi appare nella *Chanson*, a distanza di tre secoli dai fatti, e resterà per altri cinque secoli il protagonista della letteratura cavalleresca.
Nella finzione del poema, l'imperatore Carlo, dopo sette anni di guerra, ha sottomesso quasi tutta la Spagna sconfiggendo i saraceni; il loro re, Marsilio, è assediato a Saragozza. Vengono avviate trattative di pace, e Carlo invia come ambasciatore il conte Gano di Maganza; costui, pieno di livore contro il proprio figliastro Orlando, il più valoroso dei paladini, tradisce e si mette d'accordo con Marsilio: convincerà Carlo a ritirarsi e a lasciare

indietro una retroguardia, che i saraceni potranno circondare e distruggere. Così avviene: a Roncisvalle la retroguardia comandata da Orlando viene attaccata da un numero soverchiante di saraceni.

A questo punto si inserisce il brano che riportiamo. Nel seguito del poema sarà narrata la morte eroica di Orlando e di tutti i suoi compagni, poi il ritorno di Carlo che sconfiggerà i Saraceni e punirà il traditore Gano.

▶ **METRO**: nell'originale anglonormanno, strofe (lasse) di varia lunghezza di decasillabi legati tutti a una medesima assonanza per ciascuna lassa; nella traduzione, endecasillabi o dodecasillabi che in ogni lassa mantengono uguale l'ultima vocale accentata.

81

È sopra un poggio Oliviero montato:
bene di qui scopre il regno di Spagna,
e dei pagani le schiere sterminate.
Splendono gli elmi d'oro e di gemme ornati;
e scudi e spiedi e usberghi ricamati;
e gonfaloni attaccati alle lance.
Ma le colonne non potrebbe contare:
ce ne son tante che il numero non sa;
dentro se stesso ne resta assai turbato.
Com'egli può, cala dal poggio al basso,
vien dai Francesi ed ogni cosa narra.

82

Disse Oliviero: "I pagani ho veduti:
nessuno in terra ne vide mai di più.
Ne abbiam davanti centomila con scudi,
elmi allacciati e bianchi usberghi chiusi,
lance diritte, lucenti spiedi bruni.
Battaglia avrete, quale mai non ci fu.
Da Dio, signori, vi venga ogni virtù!
Restate in campo, perché non siam battuti!"
Dicono i Franchi: "Maledetto chi fugge!
Anche a morire, non mancherà nessuno".

1. **Oliviero**: uno dei paladini di re Carlo, rimasto con Orlando nella retroguardia che si trova a Roncisvalle.
3. **pagani**: musulmani. Le canzoni di gesta confondono l'islam con una religione pagana politeista: tutti i non cristiani sono messi assieme senza alcuna distinzione.
5. **spiedi**: tipo di lance. **usberghi**: corazze.
6. **gonfaloni**: drappi di stoffa con l'insegna del cavaliere.

Turoldo è il nome che compare alla fine del manoscritto più antico che ci abbia conservato la *Canzone di Orlando*, trovato a Oxford. In questa copia l'ultimo verso dice: «Qui finisce la gesta che Turoldo scrive». Non sappiamo chi sia questo Turoldo; non sappiamo nemmeno se intendeva dire di essere l'autore del poema o semplicemente il copista che lo aveva trascritto.

83

Disse Oliviero: "I pagani han gran forza,
e i nostri Franchi mi pare che sian pochi!
Compagno Orlando, suonate il vostro corno.
Carlo l'udrà: coi suoi farà ritorno".
Risponde Orlando: "Sarebbe agir da folle!
Nella mia Francia io perderei il mio nome.
Di Durendala or darò grandi colpi:
l'arrosserò fino nell'elsa d'oro.
Son giunti ai valichi con lor danno i felloni:
giuro che tutti son dannati a morte".
[...]

Un olifante, corno da caccia in avorio del XII secolo. (New York, Metropolitan Museum of Art)

87

Orlando è prode ed Oliviero è saggio.
Hanno bravura meravigliosa entrambi.
Poiché a cavallo si trovano ed in armi,
anche a morire, non schiveran battaglia.
Son prodi i conti, le parole son alte
Ora i pagani con gran furor cavalcano.
Disse Oliviero: "Orlando, un po' guardate!
Son qui vicini, e troppo lungi è Carlo!
Voi l'olifante non voleste suonare:
se il re qui fosse, noi non avremmo danno.
Guardate a monte verso i valichi d'Aspra:
vedete come triste è la retroguardia!
Chi questa fa, non ne farà più un'altra".
Risponde Orlando: "Non dite enormità!
Sia maledetto il cuore che s'abbatte!
Al nostro posto noi rimarremo in campo:
da noi verranno i colpi e il battagliare!"

88

Vedendo Orlando che vi sarà battaglia,
si fa più fiero che leone o leopardo.
Grida ai Francesi ed Oliviero chiama:
"Signor compagno, amico, non parlare!
L'imperatore, che ci affidò i suoi Franchi,
qui ventimila ne ha radunati tali
che a suo vedere nessuno vi è codardo.

24. **il vostro corno**: Orlando possiede un corno fatato, che con il suo suono può raggiungere Carlo anche a molte miglia di distanza, per invocare aiuto.
27. **perderei il mio nome**: chiedere aiuto sarebbe un disonore per un paladino.
28. **Durendala**: la spada di Orlando. Nelle canzoni di gesta e nei poemi cavallereschi le spade e gli elmi hanno un nome proprio, come i cavalli.
30. **felloni**: traditori.
40. **olifante**: il corno di Orlando (il termine *olifante* si riferisce al materiale di cui è fatto, l'avorio). **non voleste suonare**: nel brano che abbiamo omesso Oliviero ripete per tre volte la richiesta di suonare il corno e Orlando altrettante volte rifiuta.
44. **Chi questa... altra**: Oliviero vuol dire che tutti i soldati franchi moriranno in questa battaglia.

Or per il proprio signore grandi mali
giusto è soffrire, e gran freddo e gran caldo:
e deve perdersi anche sangue, anche carne.
Tu con la lancia colpisci, io con la spada,
con Durendala, che mi donò il sovrano!
Se muoio, certo potrà dir chi l'avrà
ch'essa fu in mano a un nobile vassallo".

89

In altra parte c'è il vescovo Turpino.
Sprona il cavallo, sale uno scabro picco,
chiama i Francesi, questo sermone dice:
"Prodi signori, Carlo ci lasciò qui:
per il sovrano dobbiamo ben morire.
Date soccorso alla gente di Cristo!
Battaglia avrete, voi ne siete convinti,
ché vedete i Saracini coi vostri occhi.
Pregate Dio, le vostre colpe dite!
Vi assolverò: le anime avrete libere.
Martiri santi sarete, se morite,
e avrete i seggi nel più alto Paradiso".
Smontano i Franchi, s'inginocchiano e chinano,
e l'arcivescovo per Dio li benedice:
per penitenza comanda di colpire.

90

S'alzano i Franchi, si mettono ora in piedi:
assolti e liberi dai peccati si sentono;
ché l'arcivescovo per Dio li ha benedetti.
Montano dopo sui rapidi destrieri:
armati sono da buoni cavalieri,
tutti già pronti per il combattimento.
Il conte Orlando si volge ad Oliviero:
"Signor compagno, lo sapevate bene
che il conte Gano ci ha fatto tradimento:
ha ricevuto oro, denaro, averi.
L'imperatore vendicar ci dovrebbe!
Il re Marsilio ci ha preso come merce;
ma con le spade pagar bene ci deve".

Un cavaliere cristiano, identificato con il conte Ugo di Vaudemont, con la moglie in un rilievo funerario del XII secolo. (Nancy, Chiesa dei Francescani/Lessing)

62. **vassallo**: nel sistema feudale è colui che, in cambio di un giuramento di fedeltà e obbedienza, ha ricevuto dal sovrano un territorio in concessione. In questo contesto il termine significa più genericamente "servitore".
63. **vescovo Turpino**: una specie di cappellano militare dei paladini di Carlo Magno. Un personaggio di questo nome fu arcivescovo di Reims e passò nella leggenda delle canzoni di gesta. A Turpino venne poi attribuita una cronaca delle imprese di Carlo Magno, alla quale si facevano risalire tutte le vicende inventate in realtà dai poeti.
64. **uno scabro picco**: un ruvido sperone di roccia.
65. **sermone**: discorso, predica.
71. **le vostre colpe dite**: confessatevi. La confessione, seguita dall'assoluzione collettiva, assicurerà ai guerrieri di andare in Paradiso appena morti.
73. **Martiri**: morti per la fede.
77. **per penitenza**: la penitenza, cioè la pena che il confessore assegna al fedele per riparare ai suoi peccati, qui s'identifica con il combattimento.
89-90. **Il re... deve**: Marsilio ci ha comprato corrompendo Gano; ma ora se ci vuole avere dovrà combattere.

91

Orlando è giunto ai valichi di Spagna
su Vegliantivo, l'agile suo cavallo:
l'armi sue porta, che bene gli si adattano.
Ora il suo spiedo il prode va agitando,
e contro il cielo va la punta girando,
legato in cima un gonfalone bianco:
le frange d'oro gli batton sulle mani.
Nobile ha il corpo, e il viso lieto e chiaro.
Lo va seguendo da presso il suo compagno:
quelli di Francia a difesa lo chiamano.
Verso i pagani fieramente egli guarda,
guarda benigno e dolce verso i Franchi
e con parole cortesi ad essi parla;
"Prodi signori, andate a lenti passi!
Questi pagani martirio van cercando.
Avrem quest'oggi bottino bello e grande:
mai n'ebbe tale nessun dei re di Francia".
Così gli eserciti si vanno avvicinando.

92

Disse Oliviero: "Parlar non m'interessa.
Voi l'olifante suonare non voleste,
ed ora Carlo non potete più averlo.
Colpa quel prode non ha, ché non sa niente;
né chi è laggiù biasimare si deve.
Via, cavalcate per quanto voi potete,
prodi signori, ed il campo tenete!
Per Dio vi prego: siate soltanto attenti
a ferir bene, a dar colpi e riceverne!
Non ci scordiamo quale è il grido del re".
E allora gridano tutti quanti i Francesi.
Chi avesse udito "Mongioia!", ora potrebbe
ben ricordare che cosa è la prodezza.
Dopo cavalcano, Dio, con tanta fierezza!
Dànno di sprone per andare più in fretta,
vanno a colpire – che cos'altro farebbero? –,
ma i Saracini non temono per niente.
Franchi e pagani, eccoli stretti insieme!

Turoldo, *La canzone di Orlando*, a cura di M. Bensi, trad. dall'anglonormanno di R. Lo Cascio, Rizzoli, Milano, 1985

Carlo Magno e i suoi paladini in una miniatura del XIV secolo. (Bruxelles, Bibliothèque royale de Belgique)

109. **Parlar non mi interessa**: ormai le parole non servono; risponde all'invito di Orlando del v. 52 (*non parlare!*).

120. **Mongioia**: grido di guerra dei Franchi.

DIALOGO CON IL TESTO

COMPRENDERE

L'idealizzazione della guerra La *Canzone di Orlando* ci propone un'immagine della guerra come uno splendido spettacolo, fatto di eserciti sterminati, armi rilucenti al sole, stendardi al vento. In questo scenario grandioso si muovono personaggi eroici, semplici e rudi, animati da sentimenti elementari e profondi: la fede, l'onore, il coraggio. L'autore mostra di avere una convinzione assoluta nella "verità" di quello che narra: non è necessario che creda che i fatti si siano svolti proprio come nel suo racconto, quello che per lui è assolutamente "vero" sono gli ideali che i suoi eroi incarnano.

Ecco alcuni motivi che ispirano il brano:

- l'onore del guerriero;
- la fedeltà feudale al sovrano e alla patria;
- la devozione religiosa, che si identifica totalmente con lo spirito guerriero;
- lo splendore delle armi e degli eserciti schierati.

● **Per ciascuno di questi motivi, indicate i versi in cui è particolarmente in evidenza.**

È un mondo senza sfumature: tutto il bene sta da una parte, tutto il male dall'altra. Questo ci può ricordare i fanatismi patriottici o religiosi che sono alla base dei momenti più sanguinosi della nostra storia antica, recente e anche attuale. Molti lettori oggi respingono lo spirito guerriero a cui si ispira la *Canzone di Orlando*, eppure sono ugualmente affascinati dal poema.

ANALIZZARE

Una solenne semplicità Lo stile della *Canzone di Orlando* è semplice e solenne: la sintassi è elementare, i periodi sono brevi e le frasi quasi sempre coordinate; ogni verso racchiude un concetto compiuto ed è raro che una frase scavalchi la fine del verso per chiudersi nel successivo.

L'effetto di solennità è rafforzato dalla tecnica della ripetizione: nei versi ritornano formule quasi identiche (per esempio, vv. 76 e 80); interi episodi sono narrati più volte, con piccole variazioni (per esempio, il rimprovero di Oliviero a Orlando per non aver voluto suonare il corno). Ogni serie di versi costituisce un'unità conclusa, quasi che il racconto cominciasse ogni volta da capo (per esempio, v. 91: *Orlando è giunto ai valichi di Spagna...*).

L'utilizzo di uno stile formulare e ripetitivo, che caratterizza la dimensione orale tipica della *chanson de geste*, crea un effetto di staticità: non si ha la sensazione di assistere a un movimento di avvenimenti nel tempo, ma a una serie di quadri staccati. I personaggi sono come bloccati in grandiose pose statuarie.

INTERPRETARE

Attualità dell'eroe senza macchia e senza paura Il mondo della *Canzone di Orlando* può apparire lontano dalla nostra mentalità. Eppure, basta pensare a certi prodotti dell'odierna cultura di massa (film, fumetti, serial televisivi), per vedere che spesso anche questi ci propongono eroi "senza macchia e senza paura", che incarnano il bene assoluto contro il male assoluto. Questo significa che un certo modo di concepire l'"eroe" ha ancora un suo fascino, che c'è qualcosa di comune tra noi e gli antichi ascoltatori delle gesta di Orlando.

● **Individuate un eroe della cultura di massa che abbia caratteristiche comparabili a quelle dell'Orlando del poema, spiegando i motivi della vostra scelta.**

La *Chanson de Roland* illustrata in otto scene in una miniatura tratta dalle *Grandes Chroniques de France*, XIV secolo. (San Pietroburgo, Museo dell'Ermitage)

ANONIMO

T25 ▸ Il bacio di Ginevra

A partire dal Duecento, in Francia, i romanzi cortesi in versi sono soppiantati nel gusto dei lettori da quelli in prosa. Si tratta per lo più di compilazioni anonime che mettono assieme materiali tratti dai poemi di diversi autori. Il *Lancelot* ("Lancillotto"), composto tra il 1220 e il 1235, riprende la storia di un eroe che era già stato protagonista di un poema di Chrétien de Troyes, il maggiore autore di romanzi cortesi: Lancillotto ama la regina Ginevra, sposa di re Artù di cui è cavaliere, e affronta varie prove per meritare il suo amore. Nel passo che riportiamo Lancillotto ottiene da Ginevra la promessa che il suo amore sarà ricambiato, e ne ha in pegno il primo bacio; mediatore della tresca tra i due è il nobile Galeotto, amico di Lancillotto.

«Dama!» così dice Galeotto «... abbiate mercè[1] di lui: ché piú v'ama che se medesimo...»
«Io n'avrò,» dice ella «tal mercè come voi vorrete: perché voi avete fatto quanto io vi richiesi. Ben debbo dunque fare quanto vorrete voi; ma egli non mi prega di nulla.»
«Dama!» fa Galeotto «certo! ché egli non ne ha punto di potere: ché niuno può altri amare, senz'aver tema[2]. Ma io ve ne prego per lui. Se non ve ne potessi aiutar io, sí vi dovreste adoperar da voi: ché piú ricco tesoro non potreste voi conquistare.»
«Certo,» fa ella «lo so bene, ed io ne farò ciò che voi me ne domanderete.»
«Dama!» fa Galeotto «gran mercè[3]! E io vi prego che voi gli concediate il vostro amore, e che lo prendiate a vostro cavaliere per sempre, e diveniate la sua leal dama per tutto il tempo della vostra vita. E cosí l'avrete fatto piú ricco che se gli aveste donato tutto il mondo.»
«Cosí,» fa ella «io consento: ch'egli sia tutto mio, ed io tutta sua, e che per voi siano ammendati i torti e le violazioni dei patti[4].»
«Dama!» fa Galeotto «gran mercè! Ma ora ci vuole un primo pegno[5].»
«Voi non diviserete[6] cosa alcuna,» fa la regina «ch'io non compia.»

Il primo bacio tra Lancillotto e Ginevra in una miniatura tratta dal *Roman de Lancelot du Lac*, XIV secolo. (New York, Morgan Library)

1. **mercè**: pietà; nel codice dell'amor cortese, "aver pietà" significa ricambiare l'amore.
2. **ché niuno... tema**: perché nessuno può amare un'altra persona, senza avere timore, timidezza.
3. **gran mercè!**: una grande grazia gli fate!
4. **per voi siano ammendati... patti**: voi (Galeotto) puniate i torti fatti in violazione dei patti. L'amore è un patto fra gli innamorati, il mezzano – cioè colui che fa da mediatore – ha il compito di garantirne il rispetto.
5. **un primo pegno**: un primo atto d'amore, che serva da garanzia dell'impegno.
6. **diviserete**: stabilirete.

«Dama!» fa Galeotto «gran mercè! Baciatelo dunque innanzi a me, per cominciamento di verace amore.»

«Del baciare non veggo io ora né luogo né tempo. E non temete ch'io cosí volentieri non ne sia desiosa[7], quanto egli ne sia; ma quelle dame son là, che si meravigliano molto di che noi abbiam fatto tutto questo tempo, e non potrebb'essere che non lo vedessero. E nonpertanto[8], s'egli lo vuole, io lo bacerò molto volentieri.»

Ed egli[9] n'è sí lieto e sí sbigottito, che non può rispondere se non soltanto: «Dama, gran mercè!».

«Ah, dama,» fa Galeotto «non dubitate punto[10] del suo volere, che ci è tutto. E sappiate che niuno se ne accorgerà: perché noi ci trarremo in disparte tutti tre insieme, come a prender consiglio[11].»

«Di che mi farei ora pregare?» fa ella. «Piú lo voglio io che voi e lui.»

Allora si traggono in disparte tutti tre insieme e fan sembiante[12] di prender consiglio. E la regina vede che il cavaliere non osa far piú. Allora lo prende ella per le guance e sí lo bacia innanzi a Galeotto, assai lungamente, tanto che la dama di Maloalto s'accorse ch'ella lo baciava.

Anonimo, *Lancillotto*, in *Antologia delle letterature medievali d'oc e d'oïl*, a cura di A. Roncaglia, Nuova Accademia, Milano, 1989

7. **desiosa**: desiderosa.
8. **nonpertanto**: tuttavia.
9. **egli**: Lancillotto, presente al colloquio e finora muto.
10. **punto**: affatto.
11. **come a prender consiglio**: come se dovessimo discutere una questione riservata.
12. **fan sembiante**: fingono.

DIALOGO CON IL TESTO

COMPRENDERE

Riti e regole dell'amor cortese L'amor cortese è un codice che prescrive minutamente gli atteggiamenti e i comportamenti che gli amanti devono tenere; l'incontro che sancisce la nascita di un amore si svolge come un rituale, secondo regole precise.

- L'innamorato è incapace di qualunque iniziativa, paralizzato dal rispetto che gli incute l'amata, vista come una figura superiore.
- Per questo si serve di un messaggero, che si comporta in tutto come un sensale di affari: propone una specie di contratto, esige un bacio come garanzia d'impegno reciproco, è incaricato di garantire il rispetto del patto.
- La dama accetta l'amore come un signore feudale che concede a un suo sottoposto una grazia speciale (*gran mercè!*).
- La concessione è un premio ai meriti dell'innamorato: da qui l'idea delle "prove" che il cavaliere deve affrontare e dell'amore come mezzo di elevazione morale.

● **Individuate il passo in cui il valore di Lancillotto è offerto come mezzo di pagamento, in cambio dell'amore.**

Ciò che in questa storia può colpire un lettore di oggi è l'assenza di aspetti che nella concezione moderna sembrano inseparabili dall'amore. Il consenso di Ginevra non pare essere dovuto a un sentimento di attrazione per una specifica persona, ma ai suoi meriti oggettivi di cavaliere, inoltre non c'è il minimo accenno a uno scrupolo morale, essendo Ginevra sposata: che una gran dama abbia il suo cavaliere, fuori del matrimonio, appare una regola sociale accettata.

CONFRONTI Quest'episodio, in questa versione o in un'altra simile, ispirò a Dante l'episodio centrale del canto V dell'*Inferno* (▸T56).

LANCILLOTTO E GINEVRA
di Robert Bresson

DA VEDERE

Lancillotto e Ginevra
Regia: Robert Bresson
Sceneggiatura: Robert Bresson
Cast: Luc Simon (Lancillotto), Laura Duke Condominas (Ginevra)
Paese e anno di produzione: Francia, Italia (1974)
Durata: 85 minuti

Le figure di Lancillotto e Ginevra emanano da sempre un fascino notevole, complice probabilmente il filtro della sensibilità romantica che ha visto in loro gli amanti tragici per eccellenza. Le loro storie sono state trasposte sul grande schermo varie volte, visto che contengono gli elementi chiave per rendere coinvolgente il loro colpevole amore: un contesto medievale adatto a essere ricostruito in modo fantastico, un intreccio di avventure cavalleresche e, specialmente, gli ostacoli che impediscono che i due si amino liberamente, il principale dei quali – il giuramento di fedeltà che lega Lancillotto a re Artù – diventa anche un tormento etico.

Se *Excalibur* di John Boorman (1981, 140') è il film che meglio di altri sfrutta gli elementi fantastici e avventurosi, *Lancillotto e Ginevra* di Robert Bresson (1974, 85') presenta invece una rilettura molto rigorosa della vicenda narrata a suo tempo da Chrétien de Troyes, rifiutando qualsiasi concessione allo spettacolo. Non a caso, il film inizia col ritorno di Lancillotto dalla ricerca del Graal, evidenziando fin da subito il fallimento dell'impresa. Ma sotto il segno del fallimento e della sconfitta si inscrive il film nel suo complesso: è tutto il mondo bretone, spogliato dallo splendore mitico, a essere coinvolto nello smacco totale, in una visione tragica della storia. La caoticità e l'insensatezza delle vicende storiche sono sottolineate anche dalla colonna sonora: su tutto prevalgono i suoni del cozzare delle spade e dei rumori del ferro delle armature, che letteralmente imprigionano i protagonisti in una trappola metallica. Anche l'amore colpevole di Lancillotto e Ginevra viene privato di ogni aspetto romantico e mostrato nella sua irrealizzabilità, con i due amanti immobilizzati e schiacciati dalle loro stesse contraddizioni. Lancillotto alla fine morirà per salvare il suo re, ma questo sacrificio, privo di redenzione, viene mostrato nella sua inutilità. Lancillotto – che ha restituito Ginevra ad Artù – muore sì sospirando il nome della sua amata, ma le sue parole sono coperte dal fracasso della ferraglia delle armature sua e dei suoi compagni caduti nell'imboscata ordita dal traditore Mordred: il finale suggella così quella che un critico ha definito «una parabola sulla tragicità della vita e della morte, sull'impossibilità dell'amore e sul silenzio di Dio». Un film che nella sua coerentissima ricerca stilistica può sconcertare uno spettatore abituato a immagini più tradizionali, ma che, una volta accettato il rigore della ricerca di Bresson, può portare a scoprire una dimensione diversa e più profonda del cinema stesso.

Due scene tratte dal film *Lancillotto e Ginevra* diretto da Robert Bresson nel 1974.

▸ p. 43

La novella

• Dal *Novellino*
Una storia d'amore

Nel Duecento comincia a farsi strada, fra il crescente numero di lettori di opere in volgare, la voglia di leggere non più solo per imparare, ma anche per divertirsi, e per trovare rispecchiati nelle vicende narrate i costumi e i fatti della contemporaneità. Nascono così le prime raccolte di novelle, che accostano alle storie esemplari dei santi e dei miracoli i gesti e le frasi celebri degli antichi e dei cavalieri, le beffe, gli episodi comici o bizzarri della vita cittadina. A Firenze la mentalità laica e scanzonata del nuovo pubblico borghese delle città trova risposta nel *Novellino*, i cui brevissimi racconti esibiscono alcuni elementi tipici del nuovo genere: l'intenzione dichiarata di intrattenere piacevolmente i lettori, la ricerca del motto arguto, la sapiente costruzione dell'intreccio, finalizzata a una conclusione ad effetto (▸T26-T28).

La tappa fondamentale nell'evoluzione della novella è segnata dal *Decameron* di Boccaccio. Tra i suoi epigoni italiani, il più interessante è Franco Sacchetti (▸T29). Ma il vero continuatore si trova fuori d'Italia: è l'inglese Geoffrey Chaucer, che, nella raccolta di novelle in versi *I racconti di Canterbury*, riprende i più diversi temi della letteratura medievale, offrendo un quadro multiforme e pittoresco della società del suo tempo (▸T30).

DAL *NOVELLINO*

T26 ▸ Proemio

Con questa introduzione il fiorentino autore del *Novellino* presenta la sua opera ai lettori.

Questo libro tratta d'alquanti fiori di parlare[1]*, di belle cortesie*[2] *e di be' risposi*[3] *e di belle valentie e doni*[4]*, secondo che per lo tempo passato hanno fatti molti valenti uomini*[5].

Quando lo Nostro Signore Gesù Cristo parlava umanamente[6] con noi, infra[7] l'altre sue parole, ne disse che dell'abondanza del cuore parla la lingua[8]. Voi ch'avete i cuori gentili e nobili infra li altri, acconciate[9] le vostre menti e le vostre parole nel piacere[10] di Dio, parlando, onorando e temendo e laudando quel Signore nostro che n'amò[11] prima che elli ne criasse[12], e prima che noi medesimi ce amassimo. E se in alcuna parte, non dispiacendo a lui, si può parlare, per rallegrare il corpo e sovenire e sostentare, facciasi con più onestade e con più cortesia che fare si puote[13]. E acciò che[14] li nobili e gentili sono nel parlare e ne l'opere quasi com'u-

---

1. ***fiori di parlare***: detti scelti (*fiori*) per la loro bellezza.
2. ***cortesie***: atti improntati alla virtù della cortesia, cioè ai modelli di comportamento elaborati dalla classe nobiliare, a cui anche la borghesia emergente amava uniformarsi (finezza, eleganza di eloquio, generosità disinteressata).
3. ***be' risposi***: belle risposte.
4. ***valentie e doni***: atti di valore e generosità.
5. ***secondo... valenti uomini***: come in passato ne hanno fatti molti uomini di valore.
6. **umanamente**: in quanto uomo, nella sua natura umana.
7. **infra**: tra.
8. **ne disse... lingua**: ci (*ne*) disse che le parole esprimono ciò di cui è pieno il cuore. Il riferimento è al *Vangelo di Luca*, 6, 45: «la bocca parla dalla pienezza del cuore».
9. **acconciate**: preparate.
10. **nel piacere**: secondo la volontà.
11. **n'amò**: ci amò.
12. **ne criasse**: ci creasse.
13. **se... puote**: se in qualche circostanza si può parlare per rallegrare, aiutare e sostenere (*sovenire e sostentare*) il corpo, senza dispiacere a Dio, lo si faccia con la maggiore onestà e cortesia possibili.
14. **acciò che**: poiché.

no specchio appo i minori[15], acciò che il loro parlare è più gradito, però ch'esce di più dilicato stormento[16], facciamo qui memoria[17] d'alquanti fiori di parlare, di belle cortesie e di belli risposi e di belle valentie, di belli donari[18] e di belli amori, secondo che per lo tempo passato hanno fatto già molti. E chi avrà cuore nobile e intelligenzia sottile sì li potrà simigliare per lo tempo che verrà per innanzi[19], e argomentare[20] e dire e raccontare in quelle parti dove avranno luogo[21], a prode[22] e a piacere di coloro che non sanno e disiderano di sapere. E se i fiori che proporremo fossero misciati[23] intra molte altre parole, non vi dispiaccia: ché 'l nero è ornamento dell'oro, e per un frutto nobile e dilicato piace talora tutto un orto, e per pochi belli fiori tutto un giardino. Non gravi a' leggitori[24]: ché sono stati molti, che sono vivuti grande lunghezza di tempo, e in vita loro hanno appena tratto uno bel parlare, od alcuna cosa da mettere in conto fra i buoni[25].

Il Novellino, in *La prosa del Duecento*, a cura di C. Segre e M. Marti, Ricciardi, Milano-Napoli, 1959

15. **sono... minori**: per il modo in cui parlano e agiscono sono quasi un modello (*specchio*) per chi è di condizione inferiore.
16. **però... stormento**: poiché proviene da uno strumento (*stormento*) più raffinato.
17. **facciamo qui memoria**: riportiamo.
18. **donari**: doni.
19. **simigliare... per innanzi**: imitare in futuro.
20. **argomentare**: usarli per sostenere la propria opinione.
21. **in... luogo**: là dove saranno opportune.
22. **a prode**: a vantaggio.
23. **misciati**: mescolati.
24. **Non... leggitori**: non dispiaccia ai lettori.
25. **ché... buoni**: poiché sono stati molti coloro che sono vissuti a lungo e tuttavia in vita loro hanno pronunciato una sola bella espressione, o compiuto solo qualche azione tale da farli ricordare tra i valenti.

Il ***Novellino***, il cui titolo originale era *Libro di novelle e di bel parlar gentile*, è una raccolta di cento brevissime novelle composte negli ultimi due decenni del Duecento da un anonimo autore fiorentino.
Fin dal *proemio* (▸T26) sono dichiarati i tratti caratteristici del nuovo genere letterario: l'intenzione di divertire il lettore, la proposta di un ideale laico di cortesia e di arguzia, l'esplicito riferimento al pubblico borghese. Le novelle attingono a varie fonti del mondo classico e medievale: leggende popolari, storie sacre, favole, racconti cavallereschi e mitologici. I temi e i toni sono disparati: aneddoti di contenuto educativo, racconti centrati sull'intelligenza e sull'arte della parola (▸T27), storie d'amore, storielle comiche (▸T28); i protagonisti appartengono alle più diverse epoche ed estrazioni sociali. Lo stile, rispondente al precetto retorico della *brevitas* ("brevità"), concentra l'attenzione del lettore sulla trovata, sulla battuta, sull'episodio che fa da fulcro a ogni novella, con un andamento rapido e vivace.

DIALOGO CON IL TESTO

COMPRENDERE

Novelle per una morale laica Il testo si apre, secondo la mentalità del tempo, con una premessa religiosa, ma subito dopo dichiara l'intenzione di divertire i lettori, e chiarisce che gli insegnamenti che si trarranno dai racconti saranno di carattere mondano (comportamenti cortesi, eloquio elegante, imprese valorose).

Un pubblico di lettori *nobili e gentili* La raccolta di novelle si pone come un'esplicita risposta alle esigenze della nuova classe dirigente cittadina, borghese e laica, desiderosa di appropriarsi dei valori e dei costumi della nobiltà e di trovare nella letteratura volgare una fonte di divertimento intelligente e raffinato.
In particolare il testo delinea una gerarchia sociale che distingue i *nobili e gentili* dai *minori*.

- **All'interno del gruppo sociale dei minori è introdotta un'ulteriore distinzione. In che cosa consiste?**

Le caratteristiche della novella La novella nasce come trascrizione della narrazione orale, di cui conserva le caratteristiche di brevità e semplicità.

- **Ricercate nel testo i riferimenti all'origine della novella come redazione scritta di un'azione in primo luogo orale.**

Nel proemio sono tratteggiate le caratteristiche che le novelle, un genere letterario che si intende rilanciare, presenteranno: i racconti riferiranno azioni meritevoli di essere ricordate per la loro bellezza ed esemplarità; il discorso sarà reso più gradito dall'uso degli accorgimenti retorici che i *nobili e gentili* utilizzeranno; le parole necessarie a esprimere l'insegnamento saranno inserite in un'esposizione più ampia.

CONTESTUALIZZARE

Una nuova letteratura per un pubblico "gentile" L'insistenza del testo sul tema della nobiltà del cuore può essere accostata alla tematica stilnovista del «cor gentile», così come espressa da Guinizzelli (▸T15). In effetti, la prosa del *Novellino* e la poesia del «dolce stil novo» si riferiscono alla stessa *élite* borghese cittadina, di cui intendono esprimere gli ideali e rappresentare il sistema di valori. Si possono però individuare alcune differenze di accenti.

- **Il «cor gentile» stilnovista è legato alla capacità di amare; a che cosa sono legate invece le prerogative dei *nobili e gentili* esaltate dal *Novellino*?**
- **Confrontate la prosa di questo *Proemio* con le poesie stilnoviste: quale delle due modalità espressive ha maggiore efficacia divulgativa? Per quali aspetti?**

DAL *NOVELLINO*

T27 ▸ Tre «be' risposi»

Queste tre novelle sono esempi dei «fiori di parlare» e dei «be' risposi» promessi dall'introduzione del *Novellino* (▸T26). Ne sono protagonisti tre personaggi considerati con sospetto nella società medievale: una donna, un ebreo e un ladro.

XXXVIII

D'uno strologo[1] *ch'ebbe nome Melisus*[2]*, che fu ripreso da una donna.*

Uno lo quale ebbe nome Melisus, grandissimo savio[3] in molte scienzie; e spezialmente in istrologia[4], secondo che si legge in libro sesto di *Civitate Dei*[5], e conta[6] che questo savio albergò una notte in una casetta d'una feminella[7]. Quando andò la sera a letto, disse a quella feminella: – Vedi[8], donna, l'uscio mi lascerai aperto stanotte, perch'io mi sono costumato di levare a provedere le stelle[9]. – La femina

1. ***strologo***: astrologo.
2. ***ch'ebbe... Melisus***: il riferimento è al filosofo Talete di Mileto (*Melisus* o *Milesius* in latino). L'autore, che trae l'aneddoto da una fonte latina, confonde la città di provenienza con il nome proprio.
3. **savio**: sapiente.
4. **istrologia**: astrologia.
5. **secondo... Dei**: come narra il sesto libro del *De civitate Dei* (*La città di Dio*) di Sant'Agostino. In realtà Talete è ricordato nell'ottavo libro dell'opera di Sant'Agostino: l'aneddoto proviene da una traduzione latina delle *Vite dei filosofi* dello scrittore greco Diogene Laerzio (III sec. a.C.).
6. **conta**: racconta.
7. **feminella**: giovane donna.
8. **Vedi**: bada.
9. **mi... stelle**: ho l'abitudine di alzarmi per osservare le stelle.

lasciò l'uscio aperto. La notte piovve; e dinanzi da la casa avea una fossa, ed empiessi[10] d'acqua. Quando elli si levò, sì vi cadde dentro. Quelli cominciò a gridare aiutorio[11]. La femina domandò: – Che hai? – Que' rispuose: – Io sono caduto in una fossa. – Ohi cattivo[12]! – disse la femina – or tu badi[13] nel cielo, e non ti sai tener mente[14] a' piedi? – Levossi[15] questa femina, e aiutollo[16]: che periva in una fossatella d'acqua per poca e per cattiva providenza[17].

LXXIII

Come il Soldano[18], avendo bisogno di moneta, vuolle cogliere cagione[19] a un giudeo.

Il Soldano, avendo bisogno di moneta, fo consigliato che cogliesse cagione a uno ricco giudeo ch'era in sua terra[20], e poi gli togliesse il mobile suo, ch'era grande oltre numero[21]. Il Soldano mandò per[22] questo giudeo, e domandolli[23] qual fosse la migliore fede, pensando: s'elli dirà la giudea, io dirò ch'elli pecca contra la mia. E se dirà la saracina[24], e io dirò: dunque, perché tieni la giudea? El giudeo, udendo la domanda del signore, rispuose: – Messere, elli fu[25] un padre ch'avea tre figliuoli, e avea un suo anello con una pietra preziosa la migliore del mondo. Ciascuno di costoro pregava il padre ch'alla sua fine[26] li lasciasse questo anello. El padre, vedendo che catuno[27] il voleva, mandò per un fino[28] orafo, e disse: – Maestro, fammi due anella così a punto[29] come questo, e metti in ciascuno una pietra che somigli questa. – Lo maestro fece l'anella così a punto, che niuno conoscea il fine[30], altro che[31] 'l padre. Mandò per li figliuoli ad uno ad uno, e a catuno diede il suo in secreto. E catuno si credea avere il fine, e niuno ne sapea il vero altri che 'l padre loro. E così ti dico ch'è delle fedi, che sono tre[32]. Il Padre di sopra[33] sa la migliore; e li figliuoli, ciò siamo[34] noi, ciascuno si crede avere la buona. – Allora il Soldano, udendo costui cosie riscuotersi[35], non seppe che si dire di coglierli cagioni[36], sì[37] lo lasciò andare.

XCI

Come uno si confessò da un frate.

Uno si confessò da un frate, e disse che, essendo elli una volta alla ruba[38] d'una casa, con assai gente: – Il mio intendimento[39] si era di trovare in una cassa cento fiorini d'oro; e io la trovai vòta. Ond'io non ne credo avere peccato[40]. – Il frate

10. **empiessi**: si riempì.
11. **aiutorio**: aiuto.
12. **cattivo**: infelice.
13. **badi**: guardi.
14. **tener mente**: fare attenzione.
15. **Levossi**: si alzò.
16. **aiutollo**: lo aiutò.
17. **providenza**: previdenza; ma è anche una ripresa ironica del *provedere* precedente.
18. ***Soldano***: Sultano d'Egitto e della Siria.
19. ***cogliere cagione***: accusare pretestuosamente.
20. **in sua terra**: nella sua città.
21. **il mobile... numero**: il suo patrimonio, che era tanto grande che non si poteva contare.
22. **mandò per**: fece convocare.
23. **domandolli**: gli domandò.
24. **saracina**: saracena, musulmana.
25. **elli fu**: c'era.
26. **fine**: morte.
27. **catuno**: ciascuno.
28. **fino**: abile, esperto.
29. **così a punto**: perfettamente somiglianti.
30. **niuno... fine**: nessuno (*niuno*) era in grado di riconoscere (*conoscea*) quello autentico (*fine*).
31. **altro che**: tranne.
32. **tre**: l'ebraica, la musulmana e la cristiana.
33. **di sopra**: lassù nei cieli.
34. **ciò siamo**: cioè.
35. **cosie riscuotersi**: così trarsi d'impaccio.
36. **che si dire... cagioni**: che dire per accusarlo.
37. **sì**: così.
38. **alla ruba**: intenzionato a saccheggiare.
39. **intendimento**: intenzione.
40. **Ond'io... peccato**: quindi non credo di aver commesso un peccato.

rispose: – Certo sì hai[41], come se tu li avessi avuti. – Questi si mostrò molto crucciato, e disse: – Per Dio[42], consigliatemi! – E 'l frate rispuose: – Io non ti posso prosciogliere[43] se tu nol rendi[44]. – Ed elli rispuose: – Io lo fo voluntieri, ma non so a cui[45]. – E 'l frate rispuose: – Recali a me, e io li darò per Dio[46]. – Questi li promisse e partìsi[47]. E prese tanta contezza che vi tornò l'altra matina[48], e ragionando[49] co lui, disse che gli era mandato un bello storione e che li le voleva mandare a disinare[50]. Lo frate li ne rendé molte grazie. Partìse questi, e non li le mandò. E l'altro dì[51] tornò al frate con allegra cera[52]. Il frate disse: – Perché mi facesti tanto aspettare? – E que' rispuose: – Oh, credevatelo voi avere? – Certo sì. – E non l'aveste? – No. – Dico ch'è altrettale[53], come se voi lo aveste avuto.

Il Novellino, in *La prosa del Duecento*, a cura di C. Segre e M. Marti, Ricciardi, Milano-Napoli, 1959

41. **Certo sì hai**: certo che hai peccato.
42. **Per Dio**: in nome di Dio.
43. **prosciogliere**: assolvere.
44. **nol rendi**: non li restituisci.
45. **a cui**: a chi.
46. **per Dio**: in offerte alla Chiesa.
47. **promisse e partìsi**: promise e se ne andò.
48. **prese... l'altra matina**: entrò così in confidenza (con il frate) che tornò da lui la mattina successiva.
49. **ragionando**: parlando.
50. **che gli era... disinare**: che gli era arrivato un bello storione e che glielo (*li le*) voleva far arrivare per pranzo.
51. **l'altro dì**: il giorno successivo.
52. **cera**: aspetto.
53. **altrettale**: tale e quale, esattamente.

DIALOGO CON IL TESTO

COMPRENDERE

L'esaltazione di valori borghesi La prima caratteristica che salta agli occhi in queste tre novelle è che, diversamente da quanto aveva dichiarato l'autore nel *Proemio* (▸T26), cioè che «li nobili e gentili» sono per la gente comune un modello di perfezione, qui a trionfare sono i tre personaggi "minori" (la donna, il giudeo, il ladro), a danno del filosofo, del Sultano e del prete. Questo rovesciamento di ruoli doveva riuscire particolarmente gradito al pubblico a cui il *Novellino* si rivolgeva: mercanti e artigiani ammirati dall'eleganza e dalla finezza di eloquio dei ceti aristocratici, ma sospettosi verso l'inettitudine degli uomini di cultura, l'arroganza dei potenti e l'ipocrisia del clero.
A differenza di quanto accade negli *exempla*, la morale è implicita e l'insegnamento religioso cede il passo a valori più laici e concreti, come l'abilità nell'arte della parola, l'intelligenza, la capacità di trarsi d'impaccio con una trovata arguta.

ANALIZZARE

Testi brevi e vivaci La struttura delle tre novelle è semplice ed essenziale: due personaggi di diverso livello si trovano a confronto e quello inferiore ne esce vincitore. L'estrema brevità dei testi concentra tutta l'attenzione del lettore sui «belli parlari» che fanno da fulcro alla storia, con un andamento rapido e vivace, non privo di felici trovate narrative. Potete notare in particolare le rapidissime notazioni psicologiche della terza novella (il ladro che passa dall'essere *crucciato* all'avere *allegra cera*), e gli eleganti giochi lessicali della prima:
- la *fossa* che diventa una *fossatella* quando il malcapitato astrologo rischia di annegarci, mentre con movimento opposto la *feminella* si è trasformata in *femina*;
- la *cattiva providenza* del filosofo che richiama scherzosamente il *provedere le stelle* di poche righe prima.

CONFRONTI La storia del Saladino e del giudeo, nata probabilmente in ambiente ebraico o musulmano nella Spagna del XII secolo, nel clima di tolleranza fra le tre religioni monoteiste che fiorì in quel paese durante il dominio arabo, sarà ripresa da Boccaccio nel *Decameron* nella novella di Melchisedech (giornata I, novella 3).

DAL *NOVELLINO*

T28 ▸ «... e mostrolli il culo»

PERCORSO
- Il comico e il satirico, p. 538

Tra le intenzioni dichiarate dall'autore del *Novellino* (▸T26) c'è quella di offrire un repertorio di storie piacevoli da raccontare in società. Questa novella può considerarsi una nobile antenata di ciò che oggi chiamiamo una barzelletta.

XXXV

Qui conta[1] *del maestro Taddeo*[2] *di Bologna.*

Maestro Taddeo, leggendo[3] a' suoi scolari in medicina, trovò che chi continuo[4] mangiasse nove dì petronciano[5], diverebbe matto. E provavalo secondo la fisica[6]. Un suo scolaro, udendo quel capitolo, propuosesi di volerlo provare. Prese a mangiare de' petronciani, e in capo de' nove dì venne dinanzi al maestro, e disse: – Maestro, il cotale[7] capitolo che leggeste non è vero, però ch'io[8] l'hoe provato, e non sono matto. – E pure alzasi e mostrolli[9] il culo. – Scrivete, – disse il maestro – che tutto questo è[10] del petronciano e provato è; e facciasene nuova chiosa[11].

Il Novellino, in *La prosa del Duecento*, a cura di C. Segre e M. Marti, Ricciardi, Milano-Napoli, 1959

1. ***Qui conta***: in questa novella si racconta.
2. ***Taddeo***: Taddeo di Alderotto da Firenze, morto nel 1295, fu professore di medicina all'Università di Bologna.
3. **leggendo**: facendo lezione. Nel Medioevo i corsi universitari consistevano sostanzialmente nella lettura e nel commento di testi antichi.
4. **continuo**: di continuo.
5. **petronciano**: melanzana.
6. **provavalo... fisica**: lo dimostrava in base ai princìpi della scienza naturale.
7. **il cotale**: quel tale.
8. **però ch'io**: perché io.
9. **alzasi e mostrolli**: si alza e gli mostrò.
10. **è**: è effetto.
11. **facciasene nuova chiosa**: se ne tragga una nuova annotazione da registrare nel libro a conferma di quel capitolo del corso.

Il giurista Antonio da Budrio tiene una lezione ai suoi studenti in una miniatura del XIV secolo. (Roma, Biblioteca Angelica)

DIALOGO CON IL TESTO

COMPRENDERE

Per puro divertimento In questo brevissimo racconto l'intenzione di perseguire il puro divertimento del lettore è ancora più evidente che nei precedenti: non ci sono insegnamenti di vita pratica né esempi di arguzia e di intelligenza, ma solo una storiella bizzarra, basata su fulminanti effetti di sorpresa e di ilarità.

ANALIZZARE

Le strategie narrative In pochissime righe l'autore ha condensato una sapiente dosatura di strategie narrative.

Nella parte finale del testo un brusco scarto nell'uso dei tempi verbali contribuisce a vivacizzare il racconto; resta il dubbio se si tratti di una consapevole scelta tecnica dell'autore o di imperizia nell'uso di una lingua in via di formazione.

- **Individuate nel testo e analizzate il gioco di contraddizioni e di imprevisti salti di tono.**
- **Individuate nel testo il salto verbale in questione.**

T29 ▸ La «forese» e la vigna

Il *Trecentonovelle* conteneva originariamente le 300 novelle del titolo, ma 78 sono andate perdute e molte altre ci sono giunte frammentarie. Le novelle non sono inserite in una cornice, ma si susseguono senza un ordine preciso. Questa riprende i temi boccacciani dell'adulterio e della beffa.

Berto Folchi, essendo in una vigna congiunto con una forese[1]*, alcuno viandante passando di sopra un muro, non accorgendosi, gli salta addosso, il quale*[2] *credendo sia una botta*[3]*, fuggendo grida accorr'uomo, e mette tutto il paese a romore.*

Ben venne ad avere il suo intendimento d'uno amorazzo Berto Folchi[4], e ancora il Priore Oca con sottile inganno a godere una vigna, così bene, come ad effetto del suo volere venisse Sandro Tornabelli[5]. Questo Berto Folchi fu uno piacevole cittadino della nostra città, e leggiadro, e innamorato ne' suoi dì[6]. Costui, avendo più tempo dato d'occhio con una forese nel populo di Santo Felice ad Ema[7], nella per fine[8] un dì, essendo la detta forese in una vigna, il detto Berto non abbandonando questo suo amore, ne venne alla sua[9], e appiè d'un muro a secco che cingea la vigna, dietro al quale passava una via, si puosono[10]. Era nel sollione per un gran caldo, che[11] passando due contadini, che veniano da Santa Maria Impruneta, disse l'uno all'altro:

– Io ho una gran sete; vuo' tu andare in quella vigna per un grappolo d'uve, o vuogli che vi vadia io?

Disse l'altro:

– Vavi[12] pur tu.

Di che l'uno, saltato con una lancia sul muro, e gittatosi di là co' piedi su l'an-

1. ***essendo in una vigna... forese***: mentre stava facendo l'amore con una campagnola (detta così perché vive fuori dalla città).
2. ***il quale***: il viandante
3. ***botta***: rospo. Nel Medioevo lo si credeva velenoso.
4. **Ben... Folchi**: Berto Folchi riuscì a portare a buon fine una sua avventura amorosa.
5. **ancora... Tornabelli**: anche il Priore Oca riuscì a godere i frutti di una vigna, proprio come Sandro Tornabelli (protagonista della novella precedente) riuscì a raggiungere il suo scopo.
6. **leggiadro... dì**: galante e facile agli innamoramenti ai suoi tempi (quando era giovane).
7. **avendo... Ema**: avendo adocchiato da un po' di tempo una contadina nel paese di San Felice a Ema (una località vicina a Firenze, come le altre nominate in seguito).
8. **nella per fine**: alla fine.
9. **ne venne alla sua**: raggiunse il suo scopo.
10. **si puosono**: si misero (a far l'amore).
11. **Era... che**: era piena estate, e faceva tanto caldo che.
12. **Vavi**: vacci.

Franco Sacchetti (circa 1332-1400) nacque a Ragusa, in Dalmazia, figlio di un mercante fiorentino. Si trasferì a Firenze, dove si iscrisse all'Arte del Cambio e si diede alla mercatura compiendo molti viaggi. Dal 1363 partecipò attivamente alla vita pubblica della città, rivestendo varie cariche pubbliche; fu anche podestà e priore in località della Toscana e dell'Emilia. Morì probabilmente di peste. Tra le sue numerose opere (poemetti, meditazioni religiose, raccolte di rime, lettere, uno *Zibaldone* contenente appunti, esercitazioni e un bestiario), la più importante è il *Trecentonovelle*, scritto nell'ultimo decennio del Trecento e apertamente ispirato al *Decameron*.

che di Berto, che era addosso alla detta forese, fu tutt'uno[13]: del quale colpo ebbe maggiore paura e danno Berto che la forese, però che ella si sentì meglio calcata. Il contadino che avea saltato, sentendosi giugnere co' piedi[14] su una cosa molliccia, sanza volgersi addietro, comincia a fuggire per la detta vigna, fracassando e pali e viti, gridando: «Accorr'uomo, accorr'uomo», con le maggiori voci[15] che aveva in testa.

Berto nientedimeno[16] si studiava di fare li fatti suoi, come che gli paresse essere nel travaglio[17]. Al romore del contadino chi correa qua e chi là:

– Che è? che è?

E quelli dicea:

– Oimè! che io ho trovata la maggior botta che mai si trovasse.

Il romore crescea; ed elli li diceano:

– Se' tu impazzato, che tu metti il paese a romore per una botta?

E quelli pur[18] gridava:

– Oimè! fratelli miei, ch'ella è maggiore che un vassoio. Io vi saltai suso, e parvemi saltare come su uno grandissimo polmone, o fegato di bestia; oimè! che io non tornerò mai in me[19].

D'altra parte il suo compagno, o parente che fosse, che aspettava l'uve, temendo forse per briga che aveano, udendo il romore, che colui non fosse assalito e morto[20]; comincia a gridare anco elli: «Accorr'uomo», e fugge indietro quanto puote. Le campane di Santo Felice cominciano a sonare a martello, e quelle da Pozzolatico, e di tutto quel paese. Chi trae[21] dall'un lato e chi dall'altro, e ciascun corre:

– Che è? che romore è questo, e in quest'ora?

La donna s'era spiccata[22] da Berto, fugge verso la casa del marito, gridando:

– Oimè trista[23]! che romore è questo?

E abbattesi al[24] marito, il quale come gli altri verso la piazza di Santo Felice correa, dicendo:

– Oimè! marito mio, che vuol dir questo? ché sallo Dio con quanto diletto facea erba nella vigna per lo bue nostro, ed elli si levò questo busso[25], che son quasi mezza morta.

Berto giugne da un altro lato della piazza, e dice:

– Che novella[26] è questa? che buona ventura è?

Disse il lavoratore[27], che gli avea saltato addosso:

– Come, che è? o non l'avete voi sentito? non credo che niuno vedesse o tro-

13. **saltato... uno**: saltare con un balzo (*lancia*) al di là del muro e piombare coi piedi sulle natiche di Berto fu tutt'uno, avvenne contemporaneamente.
14. **sentendosi... piedi**: sentendo che i suoi piedi atterravano.
15. **con le maggiori voci**: con le grida più alte.
16. **nientedimeno**: tuttavia.
17. **come che... travaglio**: benché provasse grande dolore (per la botta ricevuta).
18. **pur**: ancora.
19. **non tornerò mai in me**: non mi rimetterò più dalla paura.
20. **temendo... morto**: temendo, forse per una lite che avevano, che egli fosse stato aggredito e ucciso.
21. **trae**: accorre.
22. **s'era spiccata**: (che) si era staccata.
23. **Oimé trista**: povera me.
24. **abbattesi al**: si imbatte nel.
25. **ed elli... busso**: quando si sollevò questo trambusto.
26. **novella**: novità, notizia.
27. **lavoratore**: contadino.

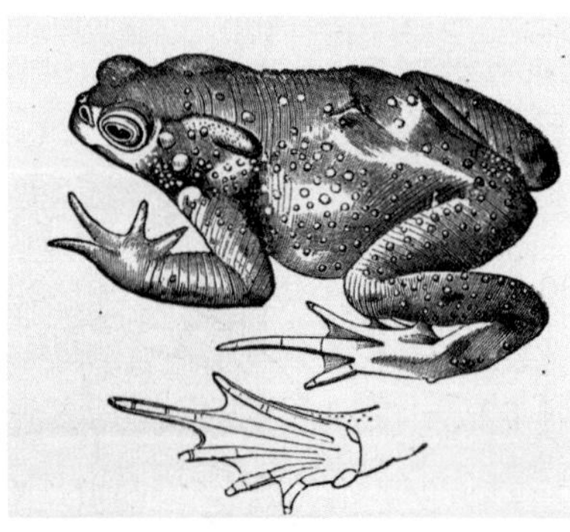
Un rospo in una stampa del XVII secolo.

vasse mai sì gran botta, come io trovai nella tal vigna; e peggio fu che io gli saltai addosso; che è maraviglia ch'ella non mi schizzò il veleno; e pur così[28] non so se io me ne morroe.

Disse Berto:

– In buona fé che tu se' un piacevol uomo[29]; o se tu avessi trovato un diavolo, che avresti tu fatto?

Disse colui:

– Vorrei innanzi trovare un diavolo, che una botta a quel modo.

In questo, l'altro compagno giunse alla piazza trambasciato[30], gridando; e veggendo il compagno, corre ad abbracciarlo, dicendo:

– Oimè! compagno mio, che hai tu aùto[31]? chi t'ha assalito? io credetti che tu fosse stato morto.

E quelli, mezzo smemorato[32], dicea di questa botta. E Berto Folchi verso costoro si volge ancora, e dice:

– Che cortesi uomeni[33] siete voi? avete con questo vostro romore scioperato[34] quanti uomeni ha in questo paese, e io era sopra a fare una mia faccenda, e sono stato sì bestia che io ci son corso[35] anch'io.

E rispondendo, e dicendo, chi di qua e chi di là[36], e Berto dice:

– Egli è buon pezzo che io usai in[37] questo paese, e già fa buon tempo[38] udi' dire che uno trovò una gran botta in quella vigna; forse è questa dessa[39].

Tutti a una voce affermarono che così dovea essere, però che v'erano li muri a secco, e certe muricce[40] di sassi rovinati; egli è possibile che ella vi sia ancora molto cresciuta.

Tutti con questo[41] si tornarono a casa. E appena erano compiuti di partirsi[42], e Berto tornando verso Firenze, che 'l priore Oca, priore del detto luogo, uomo piacevolissimo, tornando da Firenze, non di lungi una balestrata dalla piazza si scontrò in lui[43], il quale salutandolo come molto suo domestico[44], il rimenò[45] addietro, volendo che quella sera si stesse con lui. E accettato Berto e tornando insieme col priore, dice il priore:

– Io ho udito tra via[46] che ci è stato un gran romore; che cosa è stata questa?

Disse Berto:

– Priore mio, se voi mi terrete credenza[47], io vi dirò la più bella novella che fosse poi che voi nasceste.

Il priore dice:

– Berto, ponla su[48] (e porgegli la mano) e così ti giuro, e anco sai che io sono prete.

28. **pur così**: anche se non mi ha spruzzato il veleno.
29. **In buona... uomo**: va' là che sei un bel tipo.
30. **trambasciato**: affannato, sconvolto.
31. **che hai tu aùto**: che cosa ti è capitato.
32. **quelli, mezzo smemorato**: lui, quasi fuori di sé.
33. **cortesi uomeni**: razza di persone.
34. **scioperato**: distolto dalle loro occupazioni.
35. **ci son corso**: sono corso qui.
36. **rispondendo... là**: nel rispondere e nel domandare degli uni e degli altri.
37. **usai in**: frequentai.
38. **già fa buon tempo**: parecchio tempo fa.
39. **è questa dessa**: è proprio quella.
40. **muricce**: muri a secco cadenti.
41. **con questo**: su questa conclusione.
42. **appena... partirsi**: si erano appena separati.
43. **e Berto tornando... lui**: mentre Berto tornava verso Firenze, Oca, il priore di San Felice, uomo simpaticissimo, che veniva da Firenze, si imbatté in lui a una distanza minore di un tiro di balestra dalla piazza.
44. **molto suo domestico**: persona con la quale aveva molta familiarità.
45. **il rimenò**: lo riaccompagnò.
46. **tra via**: per strada.
47. **mi terrete credenza**: manterrete il segreto.
48. **ponla su**: mettila su. Il priore invita Berto a porre la mano sulla sua, per suggellare simbolicamente il suo impegno a tacere.

Di che Berto gli disse il principio, mezzo, e fine di ciò ch'era stato. Il priore era grasso; egli stette un gran pezzo, che non potea ricogliere l'alito, tanto ridea di voglia[49]. E cenato, e albergato con gran festa di ciò insieme[50], il detto Berto la mattina seguente si tornò a Firenze; e 'l priore, dopo la messa, pensò di far sì che quella novella gli valesse qualche cosa[51], dicendo a' suoi popolani e del caso intervenuto, e del romore, ammonendoli tutti che non si accostassino a quella vigna, però che così fatta botta era di gran pericolo, pur guardando altrui, non che schizzando il veleno[52]. Di che pochi erano che vi fossono arditi di entrare dentro, se già non fosse stato Berto e la forese[53]. E 'l priore, veggendo che non era alcuno che la volesse lavorare, s'accordò con colui di cui ell'era, di torla a fitto[54], dicendo:

– Io metterò a rischio[55], e so alcuna orazione, e alcuno incanto che è buono a ciò[56]; e anche quel mio fante è uno mazzamarone[57], che non se ne curerà.

Abbreviando la novella, e' tenne la detta vigna a fitto parecchi anni per una piccola cosa[58], e traevane l'anno, quando cogna[59] otto, e quando cogna diece di vino, e a colui di cui ell'era, pur ch'ella non rimanesse soda[60], ma fosse lavorata, parea guadagnare la detta vigna[61]. E così tirò l'aiuolo[62] il priore Oca, andando spesso Berto a bere di quel vino con lui, facendo sì che alla botta mai non fu più saltato addosso[63].

Che diremo adunque de' casi e degli avvenimenti che amore conduce? Tra quanti nuovi ne furono mai[64], non credo che ne fosse nessuno simile a questo, e con tutta la fortuna[65] a suono di campane a martello, e a romore di popolo, Berto condusse a fine il suo lavorìo[66]; e 'l priore Oca, per dare una buona ammonizione[67] a' suoi popolani, ne guadagnò in parecchi anni forse quaranta cogna di vino: e fugli bene investito[68], però che era goditore, e volentieri facea cortesìa altrui.

Franco Sacchetti *Trecentonovelle*, Novella LIII, in *Opere*, a cura di A. Borlenghi, Rizzoli, Milano, 1957

La vendemmia in un bassorilievo del Maestro dei Mesi di Ferrara, XIII secolo. (Ferrara, Museo della Cattedrale)

49. **non potea... voglia**: non poteva riprendere fiato, tanto rideva di gusto.
50. **cenato... insieme**: dopo che ebbero cenato e fatto festa insieme per ciò che era avvenuto (*di ciò*).
51. **valesse qualche cosa**: portasse un vantaggio.
52. **pur guardando... veleno**: solo guardando una persona, anche senza schizzare veleno.
53. **Di che... la forese**: perciò ce n'erano pochi che avessero il coraggio di entrarci, se si escludono Berto e la contadina.
54. **s'accordò... fitto**: concordò col proprietario (*colui di cui ell'era*) di prenderla in affitto.
55. **metterò a rischio**: affronterò il pericolo.
56. **so... ciò**: conosco alcune preghiere ed esorcismi adatti alla circostanza.
57. **anche... mazzamarone**: poi il mio servo è tanto rozzo, ignorante.
58. **per una piccola cosa**: per poco prezzo.
59. **cogna**: unità di misura di capacità, equivalente all'incirca a 450 litri.
60. **soda**: non coltivata.
61. **parea guadagnare la detta vigna**: sembrava di fare un buon affare con quella vigna.
62. **tirò l'aiuolo**: tirò la rete, cioè colse l'occasione. L'aiuolo era una rete per catturare gli uccelli.
63. **facendo sì... addosso**: facendo in modo che nessuno saltasse più addosso al rospo. Vuol dire che Berto poté continuare i suoi incontri con la contadina senza essere più disturbato.
64. **Tra quanti... mai**: tra tutti i fatti strani (*nuovi*) che sono avvenuti finora.
65. **fortuna**: trambusto.
66. **condusse... lavorìo**: portò a termine la sua impresa.
67. **per dare... ammonizione**: avendo fatto una buona esortazione; buona per lui, naturalmente.
68. **fugli bene investito**: fu ben utilizzato da lui.

DIALOGO CON IL TESTO

COMPRENDERE

La dinamica della beffa Il tema centrale della novella è quello, reso canonico dal *Decameron* di Boccaccio (▸T100), del personaggio capace di uscire d'impaccio e di fare i propri interessi sfruttando le occasioni offerte dal destino e la dabbenaggine del prossimo.

- **Indicate quali personaggi appartengono alla categoria degli ingannatori e quali a quella dei beffati.**
- **Quali eventi fortuiti rendono possibile l'effettuazione della beffa?**

Una narrazione animata Dal modo in cui questo tema è sviluppato emerge il gusto, tipico di Sacchetti, per gli avvenimenti comici e movimentati: il singolare incidente accaduto a Berto mentre amoreggia con la *forese* dà il via a un vivace parapiglia, animato dal gioco delle separazioni e degli incontri tra i personaggi, che fa da struttura alla storia.

- **Ricostruite i movimenti dei personaggi, nel loro separarsi e incontrarsi, costruendo uno schema sul modello di quello seguente.**

Berto	Amoreggia con la contadina (r. ...); viene travolto dal contadino (r. ...); si incontra nuovamente col contadino (r. ...); incontra il priore Oca (r. ...); riprende i suoi incontri con la contadina (r. ...).
Contadina	Amoreggia con Berto (r....); ...
Primo contadino	...
Secondo contadino	...
Marito della contadina	...
Oca	...

L'attenzione alla realtà concreta Un'altra caratteristica di Sacchetti è il realismo dell'ambientazione municipale, con riferimenti a nomi di luoghi noti ai suoi lettori e una minuziosa attenzione ai fatti economici e ai dati materiali.

- **Individuate questi riferimenti nel testo.**

ANALIZZARE

L'andamento vivace L'aspetto saliente della novella è il suo andamento dinamico e vivace, determinato dall'alternanza tra brevi sommari e scene animate da un dialogo colorito, fatto di frasi brevissime.

- **Indicate le righe che fanno da confine tra i sommari e le scene.**

La vendemmia in una pagina miniata del *Tacuinum Sanitatis*, XIV secolo. (Vienna, Nationalbibliothek)

GEOFFREY CHAUCER

T30 ▸ Il racconto dell'Indulgenziere

I *racconti di Canterbury* furono composti tra il 1386 e il 1400 e pubblicati per la prima volta nel 1478. Come nel *Decameron*, i racconti sono inseriti all'interno di una cornice narrativa unitaria: il personaggio che racconta in prima persona incontra in una locanda una compagnia composta da 29 pellegrini, intenzionati a compiere un pellegrinaggio a Canterbury, al reliquiario del santo arcivescovo Thomas Becket. L'oste decide di accompagnare i pellegrini e propone che, per ingannare il tempo durante il percorso, ciascuno dei partecipanti racconti quattro storie: egli stesso, al termine del viaggio, giudicherà quale sia la storia migliore, e colui che l'avrà raccontata vincerà un pasto a spese degli altri. Dopo la presentazione di ciascuno dei pellegrini si susseguono i racconti, che recano traccia della personalità e della condizione sociale dei personaggi che ne sono autori e narratori. Di questo grandioso progetto, rimasto incompiuto, ci sono giunti dieci frammenti da cui risultano 24 racconti, per la maggior parte in versi.

Nel racconto che vi presentiamo il narratore è un frate indulgenziere, che si guadagna da vivere spacciando indulgenze che assolverebbero dalle pene del purgatorio, sulla base di falsi documenti dell'autorità ecclesiastica e di false reliquie di santi. La storia che racconta è invece una storia morale. Nella prima parte, che omettiamo, si parla di tre giovinastri che usano passare il tempo tra taverne e bordelli. Un giorno sentono parlare di un feroce bandito, soprannominato "Morte", che semina il terrore nei dintorni. Con spavalderia decidono di cercarlo e di ucciderlo, e giurano di essere uniti come fratelli in quest'impresa. Usciti dall'osteria in cui si trovano, incontrano un vecchio che gli indica un bosco in cui potranno trovare "Morte". A questo punto la narrazione ha una svolta, cambia argomento e da qui cominciamo la nostra traduzione.

▸ **METRO**: nell'originale, pentametri giambici (versi di dieci sillabe, con qualche irregolarità) a rima baciata. Traduzione verso a verso, con alcune rime e assonanze.

«Ecco, signori», disse, «se avete tanta voglia
di trovar Morte, voltate su per questa curva via,
perché in quel boschetto lo ho lasciato, in fede mia,
sotto un albero, e là deve essere restato;
non si nasconderà certo per le vostre spacconate.
Vedete quella quercia? lo troverete proprio là,
e Dio vi salvi, lui che riscattò l'umanità,
e vi perdoni!» Così questo vecchio parlò;
e ciascuno di questi furfanti si precipitò
finché arrivò a quell'albero, e là trovarono
quasi ben otto staia, così stimarono,
di bei fiorini, coniati tondi, d'oro.
Non si diedero più pensiero di Morte, allora,
ma ciascuno a quella vista era così esultante,
perché i fiorini erano così belli luccicanti,
che si sedettero accanto a quel prezioso mucchio.
Il peggiore di loro fu il primo ad aprir bocca:
«Fratelli», disse, «attenti a quel che dico;
la mia astuzia è grande, anche se scherzo e gioco.
La Fortuna ci ha concesso questo tesoro
per vivere una vita di gioia e di piacere,
e facile come è venuto, così lo spenderemo.

Il personaggio dell'Indulgenziere. (Berkeley, University Library)

Ah! Santo nome di Dio! chi avrebbe immaginato
che oggi avremmo avuto una così bella grazia?
Ma se si può portare quest'oro da questo spiazzo
alla mia casa, o anche alle vostre –
perché sapete bene che tutto quest'oro è nostro –
allora avremmo la più grande felicità.
Ma non si può fare di giorno, in verità.
Che siamo grandi ladri, la gente lo vedrebbe,
e per il nostro tesoro ci impiccherebbe.
Questo tesoro deve essere trasportato di notte
con più accortezza e astuzia che si può.
Perciò propongo che tra noi si tiri a sorte
una paglia, e vediamo a chi tocca la più corta.
E di buona voglia, quello che la avrà,
correrà alla città, e si spiccerà,
e ci porterà pane e vino di nascosto.
E due di noi custodiranno bene in questo posto
questo tesoro; e se non perde tempo,
quando è notte, lo trasporteremo,
mettendoci d'accordo su dove ci par meglio.»
Lo stesso di loro strinse in pugno le paglie,
e disse di tirare, e guardare dove cadesse la sorte;
e toccò al più giovane di loro,
e per la città partì dritto filato.
E non appena se ne fu andato
il primo di loro parlò così all'altro:
«Sai bene che tu sei il mio fratello giurato;
ora ti dirò che cosa è a tuo profitto.
Vedi bene che il nostro socio è partito,
e qui c'è oro, quella grande quantità
che deve essere divisa fra noi tre.
Ma nondimeno, se posso fare in modo
che sia spartito fra noi due soli,
non ti avrei fatto da amico un vero piacere?»
L'altro rispose, «Non so come possa essere.
Lui sa che qui con noi si trova l'oro;
che gli diremo? come possiamo fare?»

Geoffrey Chaucer (1340/45-1400), nato a Londra, figlio di un mercante, entrò giovanissimo a corte come paggio e fece una lunga e onorata carriera di alto funzionario; partecipò ad ambascerie in Francia e in Italia, dove ebbe modo di approfondire la conoscenza dei maggiori scrittori del Trecento; fu controllore delle gabelle, sovraintendente alle costruzioni reali, eletto al Parlamento. Ebbe una vastissima cultura letteraria e tradusse molte opere dal latino e dal francese. Nei suoi poemetti giovanili si avverte l'influsso della letteratura medievale francese (in particolare del *Roman de la Rose*, che Chaucer tradusse), ma gradualmente prevalse l'influenza di Dante e delle opere minori di Boccaccio. Dal 1387 circa, cominciò a comporre il suo capolavoro, i *Canterbury Tales* (*Racconti di Canterbury*), una collana di narrazioni per lo più in versi.

«Resti un segreto», disse il primo briccone,
«e io ti dirò in poche parole
cosa faremo perché tutto vada bene».
«Io ti prometto», disse l'altro, «in buona fede
che per nulla al mondo ti tradirò mai».
«Ora», disse il primo, «noi siamo due, come sai,
e in due saremo più forti di uno.
Tienlo d'occhio, e appena si è seduto
alzati come se volessi con lui scherzare,
e io lo passerò da parte a parte
mentre come per gioco con lui fai la lotta,
e col tuo pugnale pensa a dargli un'altra botta;
e allora tutto quest'oro diviso sarà,
mio caro amico, solo fra me e te.
E poi noi due potremo fare tutto quel che vogliamo,
e giocare a dadi finché ne abbiamo voglia.»
E così si accordarono questi due furfanti
per ammazzare il terzo, come ho raccontato.
Il più giovane, quello che andò in città,
più e più volte in cuore rigirò
la bellezza di quei fiorini nuovi e lucenti.
«Dio santo!» si disse, «se soltanto potessi
avere tutto quel tesoro per me solo,
non c'è uomo che vive sotto il trono
di Dio che sarebbe come me felice!»
E alla fine il Maligno, il nostro nemico
gli mise il pensiero di comprare del veleno
con cui potesse uccidere i suoi due compagni;
perché il nemico lo trovò in tale disposizione
che gli fu facile portarlo a perdizione.
Questo fu il suo aperto intendimento,
ammazzarli tutti e due, senza pentimento.
E via che va, non vuole più indugiare,
nella città, dove trova uno speziale,
e lo pregò che gli volesse vendere
per ammazzare i topi del veleno;
e aggiunse che una puzzola da una siepe sbucava
che, come disse, i capponi gli ammazzava,
e volentieri, se poteva, si voleva vendicare
di quelle bestiacce che di notte lo rovinavano.
Disse lo speziale: «E da me avrai
una cosa che, così Dio salvi la mia anima,
non c'è in tutto il mondo creatura
che mangi o beva di questa mistura
non più di quanto pesa un chicco di avena
che non perda la vita immediatamente;
sì, morirà, e questo in un baleno,

Una scena di assassinio in una miniatura del 1300. (Londra, British Library)

93. **speziale**: farmacista.

che a fare un miglio a piedi ci metti meno,
tanto violento e forte è il veleno.»
Quel maledetto ha preso di sua mano
il veleno in una scatola, e poi corse
nella strada vicina, da un certo signore,
e prese in prestito da lui tre bottiglie
e in due di quelle il veleno mise;
la terza la tenne pulita per berci lui,
perché si preparava per la notte al lavoro duro
di trasportare via da quel posto l'oro.
E quando questo furfante, a lui la mala sorte,
ebbe riempito di vino le tre gran bottiglie,
ai suoi compagni se ne torna di nuovo.
C'è bisogno di fare un lungo sermone?
proprio come avevano pensato prima la sua morte,
proprio così lo hanno ammazzato, e subito.
E così parlò il primo, quando questo fu compiuto:
«Adesso sediamoci e beviamo, e rallegriamoci,
e dopo seppelliremo il suo cadavere».
Così dicendo, per caso gli successe
che la bottiglia col veleno prendesse,
e bevve, e offrì da bere anche al compare
per cui in un attimo tutti e due eran morti.
Ma certo io credo che Avicenna stesso
in nessun canone o capitolo mai descrisse
più orrendi segni di avvelenamento
di quelli che ebbero nell'ultimo tormento.
Quei due omicidi così dunque finirono
e il falso avvelenatore con loro finì.
O peccato maledetto di tutte le maledizioni!
O omicidio traditore, o perdizione!
O ghiottoneria, vizio del gioco, lussuria!
O tu che offendi Cristo con volgari ingiurie
e gran bestemmie, per abitudine e superbia!
Ahimè, umanità, come può accadere
che verso il tuo creatore, che ti generò
e col suo prezioso sangue ti riscattò
tu sia così falsa e cattiva, ahimè?
Ora, brave persone, Dio vi perdoni le vostre colpe
e vi guardi dal peccato dell'avarizia!
Il mio santo perdono vi può guarire,
purché offriate nobili o sterline,
oppure spille d'argento, cucchiai, anelli.
Chinate il capo sotto questa bolla santa!
Venite, donne, offrite la vostra lana!
Scrivo subito i vostri nomi nel mio registro;
e andrete alla beatitudine del Paradiso.

130. **Avicenna**: nome di un medico e filosofo arabo del secolo XI, tradotto e molto studiato nel Medioevo; un suo trattato era intitolato *Canone di medicina*.
148. **nobili**: il nobile è una moneta inglese circolante nel Trecento.
150. **bolla santa**: la bolla è un documento ufficiale dell'autorità ecclesiastica; in questo caso, quello che autorizza a concedere indulgenze.

Io vi assolvo, in virtù del mio alto potere,
voi che offrite, così chiaro come è vero
che siete nati. Ecco, signori, così io predico,
e Gesù Cristo, delle nostre anime medico,
vi garantisca di avere il suo perdono,
che così è il meglio; io non vi imbroglio.
Però, signori, c'è una cosa che dimenticavo:
ho reliquie e indulgenze nella mia bisaccia,
le migliori che si trovino in Inghilterra,
le ho ricevute dalle mani del papa.
Se qualcuno di voi vuole, per devozione,
fare un'offerta, e avere la mia assoluzione,
si faccia avanti adesso, si metta giù in ginocchio
e umilmente riceva il mio perdono;
oppure prendete il perdono mentre andate,
a ogni miglio fresco e rinnovato,
purché offriate, sempre di nuovo,
nobili o spiccioli, ma che siano buoni.
Per quelli che son qui è un onore
aver con sé un competente indulgenziere
ad assolvervi, mentre cavalcate,
per qualunque incidente possa capitare.
Per disgrazia potrebbero cadere uno o due
giù dal cavallo, e rompersi il collo in due.
Vedete per voi tutti quale garanzia
è che per caso io sia in vostra compagnia,
che vi potrei assolvere, gente alta e bassa,
nel momento che l'anima dal corpo trapassa.
Consiglio che sia il nostro Oste qui a cominciare
perché è il più involtolato nel peccato.
Fatti avanti, messer Oste, e offri per primo subito
e bacerai le reliquie a una a una,
su, per un soldo! Apri adesso il borsellino.»
«No, no!» disse quello, «che Dio mi maledica!
Che mi venga un bene», disse, «questo non sarà!
Mi vorresti far baciare le tue vecchie brache
giurando che sono le reliquie di un santo,
anche se sono ancora dal tuo sedere colorate!
Ma, per la croce che ritrovò sant'Elena,
vorrei tenere in mano i tuoi coglioni
invece di reliquie o altra roba santa.
Fatteli tagliare, ti aiuterò a portarli;
dovrebbero avere per tabernacolo della merda di maiale!»
L'Indulgenziere non rispose una parola;
era così sistemato che non aprì più bocca.

Geoffrey Chaucer, *Il racconto dell'Indulgenziere*, da *Canterbury Tales*, Fragment VI, vv. 760-957, Dent & Sons, London, 1990; trad. dall'inglese medievale di A. Colombo

156. **Ecco... predico**: fin qui il frate indulgenziere ha ripetuto la predica con cui di solito in pubblico conclude la sua storia; ora si rivolge ai suoi compagni di viaggio.
192. **che ritrovò sant'Elena**: secondo una leggenda molto diffusa, Sant'Elena, madre dell'imperatore Costantino, ritrovò la croce su cui era stato suppliziato Gesù.

DIALOGO CON IL TESTO

COMPRENDERE

Il predicatore ipocrita Questo brano è un buon esempio della varietà di temi e di intonazioni che Chaucer ha saputo toccare nei *Racconti di Canterbury*. La storia dei tre furfanti che si danno reciprocamente la morte per la loro avidità è una storia morale, un tipico *exemplum* da predicatore, sul genere di quelli che ci ha lasciato Jacopo Passavanti (▸T4-T5); e infatti chi la narra è un frate, che sta dando prova di come è solito predicare. Ma subito dopo aver deprecato appassionatamente il peccato dell'avidità, il narratore dà prova dello stesso peccato, rivelando cinicamente l'interesse puramente commerciale che lo muove, e viene brutalmente svergognato. Così una storia di violenza e di morte si conclude in una situazione comica, sottolineata dalla volgarità della battuta dell'oste; un racconto morale è usato per uno scopo truffaldino. Ci si può chiedere allora se nelle intenzioni dell'autore il vibrante appello morale che comincia con *O peccato maledetto...* (vv. 136-144) sia da intendere seriamente, o non sia solo un pretesto per il comico contrasto con quel che segue.

- **Esponete e argomentate la vostra opinione in proposito.**

La varietà del mondo Quel che si può concludere è che Chaucer tratta con lo stesso impegno tutti i momenti della narrazione, senza subordinarli l'uno all'altro o a uno scopo principale; a lui non interessa tanto dare un senso unitario al suo testo quanto rappresentare la varietà del mondo, dei tipi umani e delle situazioni che si possono incontrare. Anche la tecnica del racconto a cornice serve a questo scopo. Nella cornice i personaggi narratori compongono una galleria di figure tipiche della società del tempo, trattata in chiave comica e satirica.

- **Definite sommariamente i tratti tipici del frate indulgenziere e dell'oste, e gli elementi di satira di costume che appaiono in questo brano.**

ANALIZZARE

Una narrazione vicina all'oralità Quel che dà omogeneità ai diversi momenti del testo è il tono sempre vivace, disinvolto e colloquiale, adatto alla narrazione orale e alla situazione rappresentata nella cornice.

- **Nel racconto dei "tre furfanti" (vv. 1-135), individuate gli aspetti tipici della narrazione orale: interventi in prima persona del narratore, giudizi morali disseminati nel racconto, salti improvvisi nei tempi verbali.**

CONFRONTI L'atteggiamento di Chaucer, teso a rappresentare la varietà del mondo piuttosto che a dare un senso unitario al suo testo, può essere accostato a Boccaccio, suo predecessore e almeno in parte suo maestro.

Una scena del racconto dell'Indulgenziere incisa su un pannello in legno. (Londra, Museum of London/ Heritage Images/ Getty Images)

▸ p. 44

Cronache, memorie e libri di viaggio

Un posto importante nella prosa del Trecento è occupato dalle cronache e dai libri di viaggio. Al confine fra letteratura e documento, queste opere dovevano il loro successo alla sete di sapere del nuovo pubblico borghese dei comuni: mercanti, artigiani e uomini di legge curiosi di conoscere la storia della loro città e i fatti del mondo. La Firenze del Duecento e del Trecento è la protagonista delle cronache di Dino Compagni (▸T31) e di Giovanni Villani (▸T32). Tra i libri di viaggio ebbe un'enorme diffusione il *Milione*, affascinante resoconto di oltre vent'anni di permanenza in Oriente del mercante veneziano Marco Polo (▸T33).

DINO COMPAGNI

T31 ▸ Le violenze dei neri e le viltà dei bianchi

PERCORSO
- Lo spazio e il tempo nella letteratura e nell'arte (I), p. 546
- Immagini della guerra, Vol. 2, p. 574

La *Cronica delle cose occorrenti ne' tempi suoi*, composta da Dino Compagni tra il 1310 e il 1312, è centrata sulle vicende politiche del comune di Firenze dal 1280 al 1312 ed è composta di tre libri. Nel primo (27 capitoli) sono riassunti rapidamente gli eventi tra il 1280 e il 1299 ed esposti in modo analitico gli antefatti del conflitto tra guelfi bianchi e guelfi neri (1299-1301). Il secondo libro (36 capitoli) è dedicato agli eventi accaduti tra la fine del 1301 e l'autunno del 1303: l'avvento al potere dei neri, i tentativi falliti dei bianchi per rientrare a Firenze, l'oltraggio di Anagni e la morte di Bonifacio VIII. Il terzo libro (42 capitoli) espone le nefaste conseguenze della guerra civile ed esprime l'attesa dell'arrivo di Arrigo VII, nel quale Compagni – come Dante – vedeva l'unica speranza di salvezza per Firenze.
L'opera, vibrante di tensione etica e di passione politica, fu interrotta dopo il fallimento del progetto di Arrigo VII e rimase negli archivi della famiglia Compagni come un documento privato. Solo nel Settecento fu stampata a cura di Ludovico Antonio Muratori ed ebbe un crescente successo per la modernità del taglio narrativo; è infatti una delle prime opere storiche, che non parte cioè dalle origini del mondo, secondo le consuetudini dell'epoca, ma si concentra su un tema circoscritto e attuale.
Il tema centrale della *Cronica* è il feroce conflitto tra guelfi bianchi e neri, che nei primi anni del Trecento sconvolse Firenze. Il brano che riportiamo si riferisce alla vittoria dei neri del 1301: Bonifacio VIII ha inviato a Firenze il falso paciere Carlo di Valois, i fuorusciti neri sono rientrati in città e la fanno da padroni, i priori bianchi (tra cui Compagni stesso) sono costretti a dimettersi, gli sconfitti sono terrorizzati e incapaci di reagire.

XXI.

Molti disonesti peccati si feciono: di femmine vergini, rubare i pupilli; e uomini impotenti spogliati de' loro beni; e cacciavanli della loro città[1]. E molti ordini feciono, quelli che voleano, e quanto e come[2]. Molti furono accusati, e convenía loro confessare aveano fatta congiura, che non l'aveano fatta[3], e erano condanna-

1. **Molti... città**: il periodo può essere riformulato così: "si commisero molti peccati vergognosi: ragazze vergini furono violentate, bambini furono derubati, vecchi furono spogliati dei loro beni, e furono cacciati dalla città". I *pupilli* erano i minorenni, in genere orfani, soggetti a tutela, che non potevano amministrare i loro beni.
2. **E molti... come**: e (i neri) presero molti provvedimenti, nella quantità e nel modo che vollero.
3. **convenía... fatta**: erano costretti a confessare di aver promosso una congiura, benché non fosse vero.

ti in fiorini M per uno[4]. E chi non si difendea, era accusato, e per contumace era condannato nell'avere e nella persona[5]; e chi ubidía, pagava[6]; e dipoi, accusati di nuove colpe, eran cacciati di Firenze sanza nulla piatà.

Molti tesori si nascosono in luoghi segreti: molte lingue si canbiorono in pochi giorni[7]: molte villanie furono dette a' priori vecchi[8] a gran torto, pur da quelli che poco innanzi gli aveano magnificati; molto gli vituperarono per piacere agli adversari; e molti dispiaceri ebbono. E chi disse mal di loro mentirono; perché tutti furono disposti al bene comune e all'onore della republica; ma il combattere non era utile, perché i loro adversari erano pieni di speranza, Iddio gli favoreggiava, il Papa gli aiutava, messer Carlo avean per campione, i nimici non temeano[9]. Sì che, tra per la paura e per l'avarizia, i Cerchi di niente si provvidono: e erano i principali della discordia[10]; e per non dar mangiare a' fanti[11], e per loro viltà, niuna difesa né riparo feciono nella loro cacciata. E essendosene biasimati e ripresi, rispondeano che temeano le leggi[12]. E questo non era vero; però che venendo a' Signori messer Torrigiano de' Cerchi per sapere di suo stato, fu da loro in mia presenza confortato che si fornisse e apparecchiassesi alla difesa, e agli altri amici il dicesse, e che fusse valente uomo[13]. Non lo feciono, però che per viltà mancò loro il cuore: onde i loro adversarii ne presono ardire e inalzorono[14]. Il perché dierono le chiavi della città a messer Carlo[15].

4. **M per uno:** mille per uno.
5. **chi non... persona**: chi non si presentava in giudizio per difendersi veniva ugualmente processato e condannato in contumacia al sequestro dei beni (*nell'avere*) e alla pena capitale (*nella persona*).
6. **chi ubidía, pagava**: chi invece obbediva e si presentava, doveva pagare una multa.
7. **molte lingue si canbiorono... giorni**: in pochi giorni molti cambiarono radicalmente i loro discorsi. Sono i voltagabbana, passati dal partito dei perdenti a quello dei vincitori.
8. **a' priori vecchi**: ai precedenti priori delle Arti (tra i quali lo stesso Compagni), costretti a dimettersi.
9. **i loro adversari... temeano**: i loro avversari erano fiduciosi nelle proprie forze, Dio li favoriva, il papa li appoggiava, Carlo di Valois combatteva per loro, non temevano i nemici.
10. **i Cerchi... discordia**: i Cerchi (capi dei bianchi), non presero nessun provvedimento per difendere la propria fazione, nonostante fossero i protagonisti del conflitto.
11. **dar... fanti**: dover mantenere degli uomini armati.
12. **temeano le leggi**: rispettavano l'ordinamento, promulgato dai priori nel tentativo di mantenere la pace ma sempre disatteso dai neri, che vietava il raduno di gente in armi.
13. **però che... uomo**: perché essendo andato Torrigiano de' Cerchi dai priori precedenti (*a' Signori*) per sapere che cosa ci si attendeva da lui, fu esortato in mia presenza a fare preparativi per la difesa, a dirlo agli amici e a comportarsi da uomo valoroso.
14. **inalzorono**: aumentarono il coraggio.
15. **Il perché dierono le chiavi... Carlo**: questo è il motivo per cui (i priori) dovettero consegnare le chiavi della città a Carlo di Valois.

Distribuzione del cibo ai poveri alle porte di Firenze durante la carestia in una miniatura tratta dallo *Specchio Umano* di Domenico Lenzi detto il Biadaiolo, XIV secolo. (Firenze, Biblioteca Laurenziana/Scala)

Dino Compagni (circa 1260-1324), nato a Firenze, fu mercante e uomo politico di parte guelfa. Partecipò fin da giovanissimo alla vita politica del comune: appena ventenne era già priore e tra il 1282 e il 1301 ricoprì numerose volte le più alte cariche pubbliche. Come priore, nel 1301 si oppose fermamente all'intervento di Carlo di Valois voluto dai neri; quando quest'ultimo giunse a Firenze, fu costretto ad abbandonare per sempre la vita politica, riuscendo però, a differenza di Dante, a evitare l'esilio. Alla *Cronica delle cose occorrenti ne' tempi suoi* lavorò tra il 1310 e il 1312.

Un duello tra i Cerchi e i Donati in una miniatura tratta dalla *Cronica* di Giovanni Villani, XIV secolo. (Città del Vaticano, Biblioteca Apostolica)

XXII.

O malvagi cittadini, procuratori[16] della distruzione della vostra città, dove l'avete condotta! E tu, Amannato di Rota Beccannugi[17], disleale cittadino, iniquamente ti volgesti a' priori e con minacce studiavi le chiavi si dessono[18], guardate le vostre malizie dove ci hanno condotto!

O tu, Donato Alberti, che con fastidio facevi vivere i cittadini[19], dove sono le tue arroganze, che ti nascondesti in una vile cucina di Nuto Marignolli? E tu, Nuto, proposto e anziano del sesto tuo, che per animosità di parte guelfa ti lasciasti ingannare[20]?

O messer Rosso della Tosa, empi il tuo animo grande; che per aver signoria dicesti che grande era la parte tua, e schiudesti i fratelli della parte loro[21].

O messer Geri Spini, empi l'animo tuo: diradica i Cerchi, acciò che possi delle fellonie tue viver sicuro[22].

O messer Lapo Salterelli, minacciatore e battitore de' rettori che non ti serviano nelle tue questioni, ove t'armasti? in casa i Pulci stando nascoso[23].

O messer Berto Frescobaldi, che ti mostravi così amico de' Cerchi, e faceviti mezano della questione per aver da loro in presto fiorini XIIm, ove li meritasti? ove comparisti[24]?

O messer Manetto Scali, che volevi esser tenuto sì grande e temuto, credendoti a ogni tenpo rimanere Signore, ove prendesti l'armi? ove è il séguito tuo? ove sono li cavalli coverti[25]? Lasciastiti sottomettere a coloro, che di niente erano tenuti appresso a te[26].

16. **procuratori**: che avete provocato.
17. **Amannato... Beccannugi**: uno dei priori entrati in carica dopo la vittoria dei neri.
18. **iniquamente... dessono**: ti rivolgesti ai priori falsamente, e con minacce ti davi da fare (*studiavi*) perché le chiavi fossero consegnate a Carlo.
19. **O tu... cittadini**: Donato Alberti, un giudice di parte bianca molto intransigente, aveva fatto vivere i fiorentini nel timore (*fastidio*).
20. **Nuto... ingannare**: i proposti, detti anche anziani, erano membri del governo dei *sesti*, i quartieri della Firenze medievale. Nuto Marignolli, proposto guelfo del Sesto d'Oltrarno, per eccessivo attaccamento al partito guelfo, si era lasciato convincere dai neri che i bianchi fossero intenzionati ad allearsi con i ghibellini.
21. **empi... loro**: soddisfa la tua grande ambizione, tu che pur di accrescere la tua potenza, dicesti che gran parte dei beni e dei privilegi della famiglia ti appartenevano, sottraendoli ai tuoi fratelli.
22. **diradica... sicuro**: sradica i Cerchi, così non dovrai più temere vendetta per le offese che hai loro recato.
23. **minacciatore... stando nascoso**: che minacciavi e facevi picchiare i magistrati che non ti appoggiavano nei tuoi processi, dov'eri quando era il momento di combattere per il tuo partito? Ben nascosto in casa dei Pulci (una famiglia di neri). Lapo Salterelli, giudice di parte bianca, è citato anche da Dante come prototipo del cittadino disonesto (*Par.*, XV, v. 128).
24. **faceviti... comparisti?**: tu che ti proponesti come intermediario nella lite tra Cerchi e Donati (che fu l'origine della guerra tra bianchi e neri) solo per ottenere un prestito di 12.000 fiorini, dove li hai poi restituiti? a quale tribunale ti presentasti (per concordare la restituzione)?
25. **coverti**: protetti con la corazza.
26. **Lasciastiti... te**: ti lasciasti sottomettere da coloro di cui dimostravi di non avere alcun timore.

O voi popolani[27], che disideravate gli ufici e succiavate gli onori e occupavate i palagi de' rettori[28], ove fu la vostra difesa? nelle menzogne, simulando e dissimulando, biasimando gli amici, e lodando i nimici, solamente per campare[29]. Adunque piangete sopra voi e la vostra città.

Dino Compagni, *Cronica*, Libro II, a cura di G. Luzzatto, Einaudi, Torino, 1968

27. **popolani**: nel senso di sostenitori del partito popolare, contrario ai magnati.
28. **che disideravate... rettori**: che desideravate le cariche pubbliche, godevate degli (*succiavate*, "succhiavate") onori che vi conferivano, e vi insediavate come padroni nei palazzi dei governanti.
29. **campare**: aver salva la vita.

DIALOGO CON IL TESTO

COMPRENDERE

La ricostruzione dei fatti Il capitolo XXI si apre su una tragica elencazione delle violenze e delle illegalità che seguirono all'ascesa al potere dei neri. Poi Compagni passa agli argomenti che più suscitano il suo sdegno: le false accuse rivolte a lui e agli altri *priori vecchi*, e le gravi responsabilità dei Cerchi, famiglia leader del partito dei bianchi, colpevole di non aver fatto fronte al suo dovere di difendere l'indipendenza della città.

- **È tipico di Compagni sottolineare gli aspetti psicologici e morali delle vicende storiche. Quali sono le motivazioni alle quali attribuisce l'inazione dei Cerchi?**

La denuncia dei colpevoli Nel capitolo XXII Compagni abbandona la cronaca e l'analisi dei fatti per dare pieno sfogo ai suoi sentimenti di indignazione e di rancore in un veemente accavallarsi di apostrofi, rivolte a quanti permisero e favorirono la resa di Firenze ai neri: nella parte iniziale e finale del capitolo i richiami, rivolti ai *cittadini* e ai *popolani*, sono collettivi; nella parte centrale, che è la più consistente e violenta, i colpevoli sono chiamati per nome uno a uno, e di ciascuno sono svelati impietosamente la malafede, la viltà, i meschini calcoli di tornaconto personale.

ANALIZZARE

Uno stile spezzato e convulso Questi capitoli sono tra i più accesi ed efficaci della *Cronica*: l'autore rinuncia a raccontare distesamente i fatti e si lascia trascinare dalla spinta dell'emozione, adeguando le scelte stilistiche all'erompere della collera e dello sdegno.
Il ritmo incalzante del capitolo XXI è sottolineato dalle scelte sintattiche e retoriche. Notiamo in particolare:
- il ricorrere di frasi brevi, scandite da forti pause sintattiche;
- la prevalenza della coordinazione sulla subordinazione;
- il frequente ricorso all'uso del polisindeto e dell'anafora.

- **Individuate nel testo un esempio di ciascuno di questi procedimenti.**

Aprendo il capitolo XXI Compagni, quasi travolto dalla foga narrativa, contravviene alle regole della sintassi, costruendo un periodo spezzato e convulso, di forte impatto sul lettore.

- **In che cosa consiste l'irregolarità della struttura sintattica?**

Il capitolo XXII è caratterizzato dal martellante ricorrere della figura dell'apostrofe, scandito dall'anafora *O... O... O...* e dall'impetuoso accavallarsi di frasi esclamative e interrogative, anch'esse introdotte da ripetizioni (*dove... dove...*; *ove... ove...*).
Il sarcasmo dell'autore nei confronti dei personaggi presi di mira si esprime in più punti attraverso l'uso dell'ironia antifrastica, consistente nell'affermare qualcosa lasciando intendere che si pensa l'esatto contrario.

- **Indicate nel testo qualche esempio che vi sembra particolarmente efficace.**

GIOVANNI VILLANI

T32 ▸ Come si cominciò ad abitare il mondo

PERCORSO
• Lo spazio e il tempo nella letteratura e nell'arte (I), p. 546

La *Cronica* di Giovanni Villani, scritta con l'intenzione di celebrare «la nobiltà e la grandezza» di Firenze, è costituita da dodici libri, divisi in due blocchi piuttosto diversi: i primi sei, secondo lo schema medievale della storia universale, partono dalla distruzione della torre di Babele per concentrarsi sempre più sulla storia italiana e in particolare di Firenze, giungendo fino alla discesa di Carlo d'Angiò (1265); gli ultimi sei, dedicati agli anni 1266-1346, sono una vera e propria ricostruzione storica della situazione politica ed economica di Firenze, con aperture sulle vicende degli altri Stati italiani e qualche riferimento alle più rilevanti vicende europee. Dopo la morte dell'autore, il fratello Matteo e poi il figlio di questi, Filippo, aggiunsero all'opera rispettivamente undici e quarantadue capitoli, giungendo fino all'anno 1364. La *Cronica* fu pubblicata per la prima volta solo nel 1537 (libri I-X) e nel 1554 (libri XI-XII).
Dopo un'introduzione nella quale l'autore espone le sue intenzioni e finalità, e invoca la benedizione divina sul proprio lavoro, la *Cronica* comincia il suo racconto a partire dalla distruzione della torre che, secondo il libro della *Genesi* (11, 1-9), gli uomini costruirono a Babele, con l'intenzione di raggiungere il cielo; Dio punì l'atto di presunzione confondendo le loro lingue e disperdendoli.

Noi troviamo per le storie della Bibbia e per quelle degli Asseriani[1] che Nembrotto il gigante fu il primo re, overo rettore e ragunatore di congregazione di genti[2]; ch'egli per la sua forza e séguito signoreggiò tutte le schiatte[3] de' figliuoli di Noè, le quali furono LXXII; ciò[4] furono XXVII quelle che uscirono di[5] Sem il primo figliuolo di Noè, e XXX quelle di Cam il secondo figliuolo di Noè, e XV quelle di Giaffet il terzo figliuolo di Noè. Questo Nembrot fu figliuolo di Cus che fu figliuolo di Cam il secondo figliuolo di Noè. E per lo suo orgoglio e forza si credette contrastare a Dio, dicendo che Idio era signore del cielo, e egli della terra. E acciò che Dio non gli potesse più nuocere per diluvio d'acqua, come avea fatto alla prima etade[6], sì ordinò di fare la maravigliosa opera della torre di Babel. Onde Iddio, per confondere[7] il detto orgoglio, subitamente mandò confusione in tutti viventi, e che operavano la detta torre fare[8]; e dove[9] tutti parlavano una lin-

1. **Asseriani**: Assiri.
2. **rettore... genti**: governatore e radunatore di popoli.
3. **schiatte**: discendenze. Le genealogie che seguono sono ricavate dalla Bibbia (*Genesi*, 10).
4. **ciò**: cioè.
5. **che uscirono di**: che ebbero origine da.
6. **acciò che... etade**: affinché Dio non potesse più punirlo con un diluvio, come fece alle origini del mondo (*Genesi*, 6-8).
7. **confondere**: umiliare.
8. **subitamente... fare**: improvvisamente confuse tutti i viventi che lavoravano a costruire la torre.
9. **dove**: mentre prima.

Giovanni Villani (circa 1280-1348), mercante fiorentino, si occupò di commercio e di attività bancarie e, tra il 1320 e il 1331, di politica, venendo eletto più volte priore, su posizioni di moderate simpatie per i guelfi neri. La sua carriera politica fu stroncata da un'accusa di peculato, risultata poi infondata. Nel 1346, in seguito al fallimento della banca dei Buonaccorsi, della quale era membro, fu incarcerato, ma nello stesso anno tornò in libertà. Morì vittima dell'epidemia di peste del 1348. La sua unica opera è la *Cronica*, scritta dai primi anni del Trecento alla morte.

gua, ciò era l'ebrea, si variaro[10] in LXXII diversi linguaggi, che l'uno non intendea l'altro. E per cagione di ciò rimase[11] per necessità il lavoro della detta torre, la quale era sì grande che girava LXXX miglia, e era già alta IIIIm[12] passi, e grossa M passi, che ogni passo è braccia[13] III delle nostre. E poi quella torre rimase per le mura della grande città di Babbillonia, la quale è in Caldea, e tanto è a dire Babbillonia quanto confusione[14]. E in quella per lo detto Nembrot e per gli suoi furono prima adorati gl'idoli di falsi Idii[15]. E fu cominciata la detta torre, overo mura di Babillonia, VIIC anni apresso che fu il Diluvio[16], e MMCCCLIIII anni dal cominciamento del secolo infino alla confusione della torre di Babello[17]. E troviamo che si penò a fare anni CVII[18]: e le genti viveano in que' tempi lungamente[19]. E nota che in lunga vita, avendo più mogli, aveano molti figliuoli e discendenti, e multiplicaro in molto popolo, tutto fosse disordinato e sanza legge[20].

Giovanni Villani, *Nuova cronica*, Libro I, cap. II, a cura di G. Porta, Guanda, Parma, 1991

10. **si variaro**: si divisero.
11. **rimase**: si interruppe.
12. **IIIIm**: quattromila.
13. **braccia**: unità di misura lineare, equivalente a mezzo metro circa.
14. **tanto... confusione**: Babilonia è diventata sinonimo di confusione.
15. **in quella... Idii**: fu in quella città che, da parte di Nembrot e dei suoi sudditi, si cominciarono ad adorare le immagini di false divinità.
16. **VIIC... Diluvio**: settecento anni dopo il diluvio.
17. **MMCCCLIIII... torre di Babello**: trascorsero 2354 anni dall'inizio del mondo (*cominciamento del secolo*) fino alla confusione delle lingue della torre di Babele.
18. **troviamo... CVII**: leggiamo che occorsero 107 anni di lavoro per costruirla.
19. **le genti... lungamente**: a quel tempo, le persone vivevano molto a lungo; i protagonisti del libro della Genesi hanno vite che durano alcuni secoli.
20. **multiplicaro... legge**: ebbero una vasta discendenza, benché (*tutto*) il mondo fosse caotico e senza leggi.

DIALOGO CON IL TESTO

COMPRENDERE

Storia sacra e storia profana La storia di Giovanni Villani riprende dal modello storiografico duecentesco l'idea della storia universale, e prende le mosse dalle origini del mondo, assumendo come punto di riferimento centrale la Bibbia, per giungere solo in un secondo tempo alle vicende fiorentine, vero oggetto dell'opera. Vengono messi così sullo stesso piano storia sacra e storia profana, eventi leggendari ed eventi reali: i racconti del libro della *Genesi*, che uno storico del nostro tempo prenderebbe in considerazione esclusivamente come esempi di pensiero mitico, sono considerati fonti storiche a tutti gli effetti.

Giovanni Villani riprende con cura minuziosa aspetti del testo biblico che per un lettore di oggi, anche se credente (ebreo o cristiano), non hanno alcun valore storico o morale.

- **Individuatene qualche esempio nel testo.**

CONFRONTARE

Villani e Compagni Confrontando questo brano con quello tratto dalla *Cronica* di Dino Compagni si può notare la diversità del taglio storiografico: se Villani non fa distinzione fra racconti mitici e concreta realtà storica, Compagni, con atteggiamento più laico, resta aderente ai fatti e attribuisce gli eventi a precise responsabilità umane.

- **Allo scopo di verificare questa affermazione, cita come esempi alcuni passaggi del brano appena letto e del testo di Compagni (▸T31), mettendoli a confronto.**

MARCO POLO

T33 ▸ «Un bello costume»

PERCORSO
- Lo spazio e il tempo nella letteratura e nell'arte (I), p. 546

BIBLIOTECA PERCORSO TEMATICO
- Il viaggio

Il *Milione*, così chiamato dal soprannome "Emilione" che i familiari dell'autore usavano per distinguersi dagli altri Polo, assai numerosi a Venezia, fu scritto inizialmente in lingua d'oïl, con il titolo *Divisament dou monde* ("Descrizione del mondo"), o *Livre des merveilles du monde* ("Libro delle meraviglie del mondo"). La redazione originaria è andata perduta; ne sono rimaste però numerose traduzioni in vari volgari e anche in latino. Frutto della collaborazione tra due personaggi profondamente diversi – Marco Polo, un mercante che aveva trascorso la maggior parte della vita in viaggio per il mondo, e Rustichello da Pisa, un autore di modesti romanzi d'amore in prigione da dieci anni – si presenta fin dall'inizio con l'espressione "il nostro libro", a sottolineare la corresponsabilità dei due autori.
Il testo è costituito da 233 capitoli (209 nella versione toscana a cui ci riferiamo): dopo un capitolo introduttivo e un prologo, che offre una serie di informazioni autobiografiche, il libro segue tappa per tappa il viaggio Venezia-Pechino e ritorno, con frequenti interruzioni descrittive, narrative, trattatistiche. A capitoli circostanziati e precisi, basati sull'esperienza diretta di Marco, se ne alternano altri, in cui prevale il racconto fantastico e l'intonazione favolosa. Questa varietà di registri narrativi consentì al *Milione* di rispondere sia alle esigenze dei mercanti, assetati di notizie utili alla loro attività, sia alla curiosità del più vasto pubblico, affascinato dalle meraviglie di un mondo fino ad allora sconosciuto.
In questo brano del *Milione* Marco Polo descrive una delle tante province da lui visitate per conto del Gran Khan Qubilai, il potente sovrano mongolo che lo ospitava.

Gaindu[1] è una provincia verso ponente, né non à se no uno re[2]. E' sono idoli[3], e sono al Grande Kane[4]; e v'à città e castella asai[5]. E v'à uno lago ove si truova molte perle, ma 'l Grande Kane non vuole che se ne cavino[6], ché se ne cavassero quante se ne troverebboro, diventerebbero sí vili che serebber per nulla[7]; ma 'l Grande Sire ne fa tòrre[8] solamente quante ne bisognano a lui; e chi altri ne cavasse, perderebbe la persona[9]. Ancora v'à una montagna ove si truovano pietre in grande quantità, che si chiamano turchie[10], e sono molto belle; e 'l Grande Sire non le lascia trare se non per suo comandamento.

1. **Gaindu**: corrispondente all'attuale provincia di Sichuan, bagnata dal Fiume Azzurro, una delle principali vie di comunicazione della Cina.
2. **né... re**: e ha un solo re.
3. **E'... idoli**: essi (gli abitanti di Gaindu) sono idolatri.
4. **sono... Kane**: sono sottoposti al Gran Khan.
5. **v'à... asai**: vi sono (*v'à*) parecchi (*asai*) città e castelli.
6. **cavino**: raccolgano.
7. **ché... nulla**: perché se raccogliessero tutte quelle che si potrebbero trovare, perderebbero valore, tanto da non valere nulla.
8. **tòrre**: raccogliere.
9. **perderebbe la persona**: perderebbe la vita, verrebbe condannato a morte.
10. **turchie**: turchesi (al tempo quasi sconosciuti in Occidente).

Marco Polo (1254-1324), nato a Venezia, all'età di diciassette anni partì per l'Oriente con il padre e lo zio, due ricchi mercanti veneziani. Il viaggio durò tre anni, e li condusse fino in Cina, alla corte del Gran Khan del Catai; il giovane Marco conquistò presto la fiducia del potente sovrano, che gli affidò importanti missioni diplomatiche. Rientrato in Italia, nel 1298 partecipò alla battaglia di Curzola tra veneziani e genovesi, e finì in carcere per un anno, come prigioniero di guerra. Qui dettò al compagno di prigionia Rustichello da Pisa, autore di romanzi cavallereschi, le sue memorie di viaggio, che oggi conosciamo col titolo il *Milione*.

E sí vi dico che in questa terra à un bello costume[11], che nol si tengono a vergogna[12] se uno forestiere o altra persona giace co[13] la moglie o co la figliuola od alcuna femmina ch'egli abbiano in sua casa; anzi lo tengono a bene[14], e dicono che li loro idoli gline danno molti beni temporali[15]; e perciò fanno sí grande larghità di loro femmine a' forestieri[16], com'io vi dirò. Che sappiate che quando uno uomo di questa contrada vede che gli vegna uno forestiere a casa, incontanente[17] esce di casa, e comanda a la moglie e all'altra famiglia[18] ch'al forestiere sia fatto ciò ch'e' vuole come a la sua persona[19]; e esce fuori, e sta a sua villa[20] o altrove tanto che 'l forestiere vi dimora 3 die[21]. E 'l forestiere fa appiccare[22] suo cappello o altra cosa a la finestra a significare ch'egli è ancora là entro, perché 'l marito o altro forestiere no v'andasse; e fin quello segnale stae alla casa, mai non vi torna. E questo si fa per tutta questa provincia.

Egli ànno muneta com'io vi dirò. Egli prendono la sel[23] e fannola cuocere e gíttalla in forma[24], e pesa questa forma da[25] una mezza libbra; e le quattro venti di questi tali sel ch'io v'ò detto, vagliono uno saggio d'oro fino[26], e questa è la picciola moneta ch'egli spendo[27].

Egli ànno bestie che fanno il moscado in grande quantità[28]; egli ànno pesci assai e càvagli del[29] lago ch'io v'ò detto, ove si truova le perle. Leoni, lupi cervieri[30], orsi, dani[31], cavriuoli, cervi ànno assai; e tutti uccegli ànno assai. Vino di vigne non ànno, ma fanno vino di grano e di riso co molte spezie, e è buono bevigione[32]. In questa provincia nasce garofani[33] assai: egli è un àlbore[34] piccolo che fa le foglie grandi quasi come corbezze[35], alcuna cosa[36] più lunghe e più strette; lo fiore fa bianco, piccolo come il garofano. Egli ànno zinzibero[37] in grande abondanza, e canella e altre spezie assai, che nonne vegnono in nostra contrada[38].

Marco Polo, *Milione*, cap. CXVI, a cura di E. Mazzali, Garzanti, Milano, 1982

11. **à un bello costume**: c'è una piacevole usanza.
12. **nol... vergogna**: non ritengono un disonore.
13. **giace co**: fa l'amore con.
14. **lo... bene**: lo ritengono un fatto positivo.
15. **gline... temporali**: li premiano con numerosi vantaggi concreti (*beni temporali*).
16. **fanno... forestieri**: sono tanto generosi nell'offrire le loro donne ai forestieri.
17. **incontanente**: immediatamente.
18. **all'altra famiglia**: al resto della famiglia.
19. **ch'al... persona**: che lo straniero sia soddisfatto in tutto come se si trattasse dello stesso padrone di casa.
20. **a sua villa**: in una sua casa di campagna.
21. **die**: giorni (dal latino).
22. **appiccare**: appendere.
23. **la sel**: il sale (dal francese).
24. **fannola... forma**: lo fanno cuocere e lo versano in uno stampo.
25. **da**: circa.
26. **le... fino**: ottanta (*quattro venti*, dal francese *quatre-vingts*) di queste monete di cui vi ho detto valgono un fiorino (*uno saggio d'oro fino*).
27. **la picciola... spendo**: moneta spicciola che essi spendono.
28. **ànno... quantità**: si riferisce al mosco, una specie di cervo asiatico senza corna dotato di una ghiandola che secerne un prodotto chiamato muschio, dall'odore molto intenso, usato in profumeria.
29. **càvagli del**: li pescano dal.
30. **lupi cervieri**: linci.
31. **dani**: daini.
32. **bevigione**: bevanda.
33. **garofani**: l'arbusto dal quale si ottengono i chiodi di garofano.
34. **àlbore**: albero.
35. **corbezze**: corbezzoli, arbusti che producono frutti commestibili dall'aspetto simile alle ciliegie.
36. **alcuna cosa**: appena.
37. **zinzibero**: zenzero.
38. **che nonne... contrada**: che non crescono dalle nostre parti (cioè, in Occidente).

Nicolò e Matteo Polo incontrano Qubilai, nipote di Gengis Khan, in una miniatura tratta da un'edizione francese del *Libro delle Meraviglie*, 1400-1420. (Parigi, Bibliothèque Nationale de France)

DIALOGO CON IL TESTO

COMPRENDERE

L'interesse per il diverso La curiosità di Marco Polo, nella provincia di Gaindu come del resto in quasi tutte le terre da lui visitate, è attirata da tre categorie di fenomeni:

- le meraviglie (per esempio animali, minerali o vegetali di cui in Occidente si ignorava o quasi l'esistenza);
- l'economia (la moneta e il suo valore, la politica economica del sovrano);
- usi e costumi: più ancora che dalle meraviglie naturali e dall'economia, Marco Polo è affascinato dalle consuetudini dei popoli che incontra, specie se sono in contrasto con quelle vigenti in Europa.

● **Individuate nel testo le osservazioni ascrivibili a ciascuna di queste categorie, indicando quelle che potevano interessare più da vicino la mentalità pratica dei mercanti e quelle che potevano parlare alla curiosità e al desiderio d'evasione di un pubblico più vasto.**

Può essere interessante notare che Marco Polo, nel riferire un'abitudine sessuale in netto contrasto con la morale dell'Europa cristiana, non esprime nessuna condanna morale, e anzi la giudica positivamente: è l'atteggiamento del mercante-viaggiatore, che ha imparato dal confronto con usi e costumi diversi a mettere provvisoriamente tra parentesi le categorie del proprio mondo e a considerare i popoli che incontra con sguardo curioso e imparziale.

ANALIZZARE

La struttura e lo stile La struttura del capitolo su Gaindu riprende uno schema pressoché identico in tutto il *Milione*: a un breve cenno introduttivo – posizione geografica, situazione politica e credo religioso della provincia – fa seguito la descrizione particolareggiata di ciò che la rende unica. Lo stile è quello del *reportage*: considerazioni di carattere generale (*e v'à città e castella asai*) si alternano a osservazioni minuziose (per esempio, la descrizione del garofano). Il narratore, che parla in prima persona, compare di rado, e ogni volta ne approfitta per rivolgersi al lettore, coinvolgendolo tramite formule come *vi dico*, *che sappiate* o *com'io vi dirò*.

L'estrazione delle perle nella regione di Gaindu in una miniatura tratta da un'edizione francese del *Libro delle Meraviglie*, 1400-1420. Le perle vengono presentate al Gran Khan Qubilai che possiede il monopolio assoluto sulla produzione. (Parigi, Bibliothèque Nationale de France)

RILETTURE (T24-T33)

CONFRONTARE

1. Il romanzo cortese (▸**T25**) può essere accostato alla lirica trobadorica (▸**T8-T9**) per la concezione dell'amore. Confrontando i testi, indicate le affinità nella rappresentazione del sentimento amoroso.
2. Confrontate i testi riportati in ▸**T24** e ▸**T25**, indicando le differenze tematiche e stilistiche fra i due generi letterari a cui appartengono.
3. Tra i racconti del *Novellino* (▸**T26-T28**) e *I racconti di Canterbury* di Chaucer (▸**T30**), contemporanei al *Trecentonovelle* di Sacchetti (▸**T29**), c'è quasi un secolo di distanza. Alle spalle di Chaucer e di Sacchetti c'è il fondamentale precedente del *Decameron* di Boccaccio. Facendo riferimento alle novelle che avete letto, delineate qualche aspetto dell'evoluzione formale del genere tra la fine del Duecento e la fine del Trecento (dimensioni; definizione di ambienti, personaggi, situazioni; tecniche narrative; maggiore o minore legame con i modi dell'espressione orale).
4. I brani tratti dalle *Croniche* di Compagni e di Villani (▸**T31-T32**) mettono in evidenza diversi atteggiamenti nei confronti dei fatti narrati, a cui corrispondono diverse scelte di stile. Confrontateli, individuando affinità e differenze tematiche e stilistiche.

CONTESTUALIZZARE

5. Confrontate i testi di di Dino Compagni (▸**T31**), Giovanni Villani (▸**T32**) e Marco Polo (▸**T33**) inquadrandoli nel processo di laicizzazione della cultura che si sviluppa fra Duecento e Trecento: quali esempi della nuova mentalità laica e della tradizionale visione religiosa si possono notare?
6. Ripercorrete i testi di questa sezione (▸**T24-T33**) e collocateli nelle loro coordinate di tempo e di spazio, definendo i diversi generi letterari e gli ambienti sociali a cui fanno riferimento.

ANALISI DEL TESTO

● Analizzate il testo che segue, rispondendo alle domande del questionario oralmente o per iscritto. Potete svolgere l'esercizio rispondendo separatamente a ogni domanda, o integrando le singole risposte in un discorso complessivo, nell'ordine che vi sembra più efficace.

DINO COMPAGNI

T34 ▸ «Scrivere il vero delle cose certe»

Nelle pagine iniziali della *Cronica* Dino Compagni (▸**T31**) enuncia il contenuto, le intenzioni e i presupposti metodologici dell'opera. Ve ne presentiamo alcuni brani.

COMINCIA IL PRIMO LIBRO.

I.

Quando io incominciai, propuosi di scrivere il vero delle cose certe[1] che io vidi e udi', peró che furono cose notevoli, le quali nei loro principî nullo le vide certamente come io[2]: e quelle che chiaramente non vidi, proposi di scrivere secondo udienza[3]; e perché molti secondo le loro volontà corrotte trascorrono nel dire, e corrompono il vero[4], proposi di scrivere secondo la maggior fama[5]. E acciò che gli strani[6] possano meglio intendere le cose advenute, diró la forma[7]

1. **il... certe**: la verità su fatti accertati.
2. **però che... io**: poiché avvennero fatti importanti di cui nessuno conosceva bene quanto me le origini e le cause (*principî*). Per le cariche pubbliche ricoperte, Compagni aveva avuto modo di seguire da vicino gli sviluppi delle vicende fiorentine.
3. **secondo udienza**: secondo quanto ho udito raccontare.
4. **secondo... vero**: spinti da intenzioni immorali, nel raccontare si allontanano dalla verità e la corrompono.
5. **secondo... fama**: attenendomi alla versione più condivisa.
6. **strani**: stranieri, non fiorentini.
7. **diró la forma**: spiegherò le caratteristiche.

Una veduta a volo d'uccello della città di Firenze, XV secolo. (Firenze, Museo di Firenze com'era)

della nobile città, la quale è nella provincia di Toscana, edificata sotto il segno di Marte[8] [...]. La detta città di Firenze è molto bene popolata, e generativa per la buona aria[9]; i cittadini bene costumati[10], e le donne molto belle e adorne; i casamenti bellissimi, pieni di molte bisognevoli arti[11], oltre all'altre[12] città d'Italia. Per la quale cosa molti di lontani paesi la vengono ad vedere, non per necessità, ma per bontà de' mestieri e arti, e per belleza e ornamento della città.

II.

Piangano adunque i suoi cittadini sopra loro e sopra i loro figliuoli; i quali, per loro superbia e per loro malizia e per gara d'uficî[13], ànno così nobile città disfatta, e vituperate le leggi, e barattati gli onori in picciol tempo, i quali i loro antichi con molta fatica e con lunghissimo tempo ànno acquistato[14]; e aspettino la giustizia di Dio, la quale per molti segni promette loro male siccome a colpevoli, i quali erano liberi da non potere essere soggiogati[15].

Dino Compagni, *Cronica*, a cura di G. Luzzatto, Einaudi, Torino, 1968

8. **sotto... Marte**: nell'antichità, Marte era il dio protettore di Firenze.
9. **generativa... aria**: all'epoca si credeva che il buon clima favorisse la generazione.
10. **bene costumati**: ben vestiti.
11. **pieni... arti**: le case erano ricche di botteghe nelle quali si praticavano attività artigianali (*arti*), necessarie a soddisfare le esigenze dei cittadini (*bisognevoli*).
12. **oltre all'altre**: più che nelle altre.
13. **per gara d'uficî**: a causa della lotta per ottenere cariche pubbliche.
14. **ànno così... acquistato**: in poco tempo hanno distrutto una città così nobile, ne hanno offeso le leggi e venduto i privilegi (*onori*) che i loro antenati avevano conquistato con tanto sforzo in moltissimi anni. Si riferisce ai guelfi neri che, appena giunti al potere, avevano sottomesso Firenze al papa, in cambio dell'appoggio politico.
15. **per molti... soggiogati**: in base a molti segnali, sembra promettere a loro grandi mali perché sono colpevoli, in quanto erano tanto liberi da poter conservare la loro indipendenza. Compagni accusa i neri di aver spontaneamente rinunciato alla libertà della città; i segni ai quali allude sono probabilmente la discesa e i primi successi di Arrigo VII nel 1310-1311.

COMPRENDERE

1. Che cosa si propone Compagni nello scrivere la sua *Cronica*?
2. A quali criteri intende attenersi per quanto riguarda le fonti del suo racconto?
3. Che immagine dà della città di Firenze e dei suoi abitanti?

ANALIZZARE

4. Il testo è caratterizzato da un improvviso cambiamento di intonazione e di stile, segnalato dal cambiamento del modo dei verbi reggenti. In quale punto? In che consiste il cambiamento del modo verbale?

CONTESTUALIZZARE

5. Confrontate questo brano con quello tratto dalla *Cronica* di Giovanni Villani (▸**T32**), mettendo in luce le differenze di atteggiamento nei confronti dei fatti narrati

SCRIVERE UN TESTO ARGOMENTATIVO

● **ESERCIZIO GUIDATO** Facendo riferimento ai brani indicati, scrivete un testo sull'argomento proposto.

LA NOVELLA E IL PUBBLICO BORGHESE

La novella nasce in risposta alle esigenze del pubblico borghese delle città, caratterizzato da mentalità e gusti diversi da quelli dell'aristocrazia feudale. Sceglietene qualcuna e mettete in evidenza i tratti della nuova mentalità che ne emergono.

GUIDA ALLA STESURA

Scrivete un breve testo che, a partire dall'analisi delle novelle lette, illustri i tratti della nuova mentalità borghese, sviluppando la seguente scaletta:

- concretezza della rappresentazione della società del tempo (vi suggeriamo di fare riferimento alla varietà di ambientazione delle novelle e alla varietà delle figure sociali);
- la centralità dell'interesse economico (rintracciate i vari riferimenti al denaro);
- la superiorità di personaggi di estrazione popolare e appartenenti ai ceti urbani (verificatela nei testi e spiegatene i motivi);
- la celebrazione dell'intelligenza in tutte le sue varie forme (ricavate dai testi le diverse manifestazioni dell'intelligenza);
- l'orizzonte etico tutto terreno;
- gli elementi di critica morale e sociale (l'avidità del clero) e gli spunti di tolleranza religiosa rintracciabili in una novella del *Novellino*;
- il realismo stilistico (rilevate l'uso del discorso diretto, la varietà dei registri, le scelte lessicali);
- la finalità di intrattenimento di questo genere letterario (potete richiamare la seconda parte del Proemio del *Novellino* e verificare se quanto affermato possa valere anche per i testi di Sacchetti e di Chaucer).

Fate in modo che il vostro testo si concluda con una sintesi sul tipo della seguente: «Pertanto la novella rappresenta bene la nuova mentalità borghese». A questo punto potete caratterizzare tale mentalità facendo riferimento ai nuovi valori, al nuovo significato attribuito alla cultura in genere e alla letteratura, alla concezione di una gerarchia fondata sul merito.

SCRIVERE UN TESTO ARGOMENTATIVO

● Facendo riferimento ai brani ▸**T24-T33**, scrivete un testo sull'argomento proposto.

LA LETTERATURA NARRATIVA NEI SECOLI XIII-XIV

Per l'esposizione vi suggeriamo di seguire le seguenti tracce:

- indicate i luoghi, gli ambienti e le coordinate temporali della loro composizione;
- definite i diversi generi a cui appartengono;
- indicate il tipo di pubblico a cui si rivolgono;
- fra il Duecento e il Trecento si sviluppa un processo di progressiva laicizzazione della cultura. Individuate due testi che vi sembrano particolarmente lontani da questo punto di vista e mettetene in luce le differenze.

ALLA MANIERA DI...

● Il racconto del *Novellino* riportato in ▸**T28** può considerarsi un antenato dell'odierna barzelletta. Riscrivetelo con linguaggio e ambientazione moderni, cercando di valorizzarne gli effetti di sorpresa e di ilarità.

La lingua letteraria nel Duecento e nel Trecento

La varietà dei volgari Parlare di una "lingua letteraria italiana" per i primi due secoli della nostra letteratura sarebbe improprio. In primo luogo perché in questi secoli non esiste ancora un "italiano" unitario, ma solo un insieme di "volgari" tutti suscettibili, all'inizio, di essere adottati per testi letterari. In secondo luogo, perché è difficile parlare di "lingua letteraria" quando ancora non esiste una tradizione che abbia codificato, reso stabili, gli usi linguistici destinati alla letteratura. Vedremo come lessico e grammatica dei nostri primi scrittori siano ancora incerti e oscillanti.

La tradizione lirica Tutto questo vale meno per la poesia lirica, l'unico genere letterario in cui si forma subito una tradizione. Alle sue origini sono i poeti della scuola siciliana, che prendendo a modello i trovatori provenzali elaborano un siciliano letterario; questo però ci è giunto in gran parte attraverso copie fatte in Toscana, che adattavano per quanto possibile la lingua a quella del copista. Poche tracce del siciliano letterario sopravvivono nella poesia toscana: un caso è *eo* ("io") di Guittone (▸T13, vv. 3, 31). Ma per lo più i rimatori toscani adattano le forme del siciliano letterario al loro volgare, mentre sono ancora influenzati fortemente dalla poesia provenzale. Si forma così una sorta di tradizione comune, interregionale, che è il primo embrione di una lingua letteraria italiana. Un buon esempio è la lingua del bolognese Guinizzelli, che ha poche tracce del volgare dell'autore (così *dis'*, "dice" ▸T15, v. 33), mentre eredita dai siciliani *aigua* ("acqua", v. 39), *amanza* (v. 60), ed è pieno di forme di origine francese o provenzale, come *rempaira* ("ritorna", v. 1), *semblo* ("paragono", v. 34). Alcune di queste forme sono comuni anche agli stilnovisti fiorentini, e nel complesso non c'è una grande distanza tra la lingua di Guinizzelli e quella di Cavalcanti o di Dante nella *Vita nuova*.

Una lingua ancora instabile

Fonetica: consonanti Per il resto, e soprattutto fuori dalla poesia lirica, sono molti i segni di una lingua non ancora del tutto codificata. Per esempio troviamo molte oscillazioni per quanto riguarda le consonan-

Una lezione universitaria in una miniatura di Jean Andre del XIV secolo. (Cambrai, Biblioteca Municipale/Lessing)

ti doppie; in particolare la consonante non viene raddoppiata nel punto d'incontro tra un prefisso e un verbo o un nome, come si fa regolarmente nell'italiano moderno: sono esempi *acresce*, *ralegra* (Compiuta Donzella ▸T14, vv. 2, 14), *rafina*, *abassa* (Guinizzelli ▸T16, vv. 8, 10). Reciprocamente, in Passavanti leggiamo *vidde* ("vide" ▸T4), presente anche in altri autori.

Fonetica: vocali Altre oscillazioni riguardano le vocali. Per esempio, nel toscano antico abbiamo spesso il dittongo *uo* dove la lingua moderna ha *o*, specialmente dopo un gruppo consonantico: *truova*, *truovano* in Marco Polo (▸T33, rr. 2 e 6 – testo che riflette l'origine pisana dell'amanuense, non quella veneziana dell'esploratore); ma può accadere di trovare in uno stesso testo *rispose* e *rispuose* (*Novellino* ▸T27, rr. 38 e 21). Per un'altra tipica alternanza vocalica, quella tra *o* e *u*, ancora il *Novellino* ha *fo* ("fu", come scriveva anche Guittone ▸T13, v. 17) e nello stesso racconto *fu* (▸T27, rr.16 e 21).

Morfologia La morfologia è pure instabile. Tra gli articoli non valgono ancora le regole attuali per la scelta tra "un" e "uno", tra "lo" e "il" (più spesso in toscano *el* e, dopo vocale, *'l*). Così in uno stesso capitolo dei *Fioretti di San Francesco* (▸T3) possiamo leggere *il freddo, lo cappuccio, lo amore, uno bastone* (rr. 4, 45, 51 e 44). Tra i pronomi personali, *li* o *i* ha la funzione dell'attuale "gli": *li rende, e i tolle* ("gli rende, e gli toglie", Guittone ▸T13, v. 50); viceversa *gli* può avere il valore di "li", ma con alternanze come *faceali portare... gli facea risvegliare* (Marco Polo); *elli* o *egli* possono essere usati sia per il singolare sia per il plurale (*egli ànno*, Marco Polo ▸T33, r. 21).

Tra scritto e parlato

Sintassi Nella sintassi, alcuni fenomeni indicano la tendenza a trasferire nello scritto il periodare rilassato, non sempre coerente, proprio del parlato. Uno è la ripetizione della congiunzione *che* riscontrabile nel *Novellino* ▸T28: *trovò che chi continuo mangiasse nove dì petronciano, che diverebbe matto* (rr. 3-4). Un altro, caratteristico della prosa delle origini, è la cosiddetta paraipotassi: a un legame subordinante (ipotassi) si affianca una congiunzione coordinante (paratassi). Quest'ultima può essere *sì*, che si trova tipicamente davanti alla frase principale quando una subordinata la precede; per esempio: *cadendo in terra con molto spargimento di sangue, sì la riprese per gli insanguinati capelli* (Passavanti ▸T4, rr. 11-12). Qui notiamo un'altra caratteristica della sintassi dei primi secoli, l'uso molto esteso del gerundio, che in questo caso ha un soggetto sottinteso diverso da quello della reggente: chi cade è la donna, chi la riprende è il cavaliere; un costrutto del genere oggi sarebbe certamente segnalato come errore.
Si può ricondurre al parlato anche l'uso disinvolto dei tempi nelle narrazioni: passato e presente narrativo si alternano spesso capricciosamente, come in questo passo di Sacchetti: *In questo, l'altro compagno giunse alla piazza trambasciato, gridando; e veggendo il compagno, corre ad abbracciarlo* (▸T29, r. 61).
Queste tendenze a una sintassi rilassata e di tipo parlato furono contrastate dalla lettura e traduzione di testi latini (come è noto, la sintassi del periodo in latino è molto rigorosa), per cui le vediamo progressivamente ridursi; per esempio, non si trovano nel brano di Dino Compagni (▸T31). Ma la loro scomparsa fu lenta, tanto che le ritroveremo quasi tutte nella prosa di Boccaccio, pure tanto latineggiante e sorvegliata.

La base toscana e le influenze esterne

Toscanismi Vari aspetti della lingua dei testi toscani dei secoli XIII-XIV hanno caratteri spiccatamente regionali, che non si sono conservati nella lingua letteraria divenuta "italiana" nei secoli seguenti.

- L'elisione della vocale finale di una parola è molto diffusa e si pratica anche se la parola successiva non comincia per vocale: basti pensare al verso di Cavalcanti: *ch'a le' s'inchin'ogni gentil vertute* (▸T17, v. 10). Una vocale può cadere anche all'inizio di una parola (aferesi): nello stesso sonetto troviamo *'n* per "in".
- La *-d* aggiunta a certi monosillabi quando

segue una parola che comincia per vocale (detta eufonica, cioè che facilita la pronuncia), che in seguito si è conservata solo in *ad*, *ed*, in questi primi secoli si aggiunge anche a *che* e *se*: *sed a vertute* (Guinizzelli ▸T15, v. 38), *ched i' voli* (Angiolieri ▸T23, v. 12).

- La lingua fiorentina ama l'accento piano (penultima sillaba), per cui spesso aggiunge una *-e* o una sillaba *-ne* alle parole tronche per farle piane: così leggiamo *èe*, *hae*, *diène*.
- Nella coniugazione verbale, sono tipicamente fiorentine certe forme della terza persona plurale, come nel passato remoto *feciono*, *nascosono* in Compagni (▸T31, r. 2, r. 9); sono poi frequenti le forme che eliminano la sillaba finale *-no*, come *multiplicaro*, in Villani (▸T32, r. 23), oppure *Cavalcaro tanto, che li trovaro* (*Novellino*).

Gallicismi A questo toscanismo di base si sovrappongono le correnti che provengono d'Oltralpe: nel Duecento e Trecento è forte l'influenza prima del provenzale, per il prestigio della lirica trobadorica, poi del francese, che si appoggia alla fama dei poemi cavallereschi nonché all'ascendente politico ed economico del paese più popoloso d'Europa. Un tipico fenomeno di origine transalpina è il proliferare di suffissi nominali come *-aggio*, *-anza/-enza*, *-mento*, in parte spariti nei secoli seguenti. Ecco allora parole come *dannaggio* (Guittone ▸T13, v. 13), *piagenza* (Cavalcanti ▸T17, v. 9).

Latinismi Un'altra influenza ben avvertibile proviene dal latino. Ovviamente gran parte delle parole usate nei volgari d'Italia sono di origine latina, ma possiamo parlare di "latinismi" quando vengono recuperate parole della lingua antica che erano cadute dall'uso, come *magna* per "grande", oppure si cerca di restaurare la forma originaria latina nella grafia: *adversari* in Compagni (▸T31, r. 11), *laude*, *laudare*, che si affermano nella lirica cortese al posto di "lode", "lodare". Influivano su queste scelte l'abitudine di leggere e a volte tradurre gli autori latini, e il desiderio di nobilitare la propria lingua accostandola a quella dei padri.

Fenomeni di lunga durata

Forme e significati desueti La lingua degli autori dei primi secoli ha poi certi caratteri che si sono mantenuti a lungo nell'italiano letterario, ma oggi sono dimenticati; essi potrebbero creare qualche difficoltà di comprensione, per cui è opportuno che ve ne impossessiate fin da ora.

- Alcuni pronomi possono avere forme o significati diversi dagli attuali:
  - *ne* è spesso usato con il significato di "ci" (prima persona plurale): *ne pare* ("ci pare", Villani);
  - *altrui* può significare "a qualcun altro", o più genericamente "a qualcuno": Angiolieri ▸T21, v. 14; Sacchetti ▸T29, r. 95;
  - il relativo *cui*, oltre ai valori attuali, può avere quello di complemento oggetto ("che", o anche "colui che"): *e fagli uccidere cui egli vuole* (Marco Polo).
- Lo stesso accade per alcuni avverbi:
  - *però* significa costantemente "perciò", con valore conclusivo, non avversativo (dal latino *per hoc*); da qui la congiunzione composta *però che* ("per questo che", "perché"): *però che non sono nostri, però che questo è nostro* (*I fioretti di San Francesco* ▸T3);
  - *onde* non significa solo "da dove", ma anche "di cui", "da cui"; a inizio di periodo viene a significare "per cui", "quindi" (Villani ▸T32, r. 11);
  - *u'* (dal latino *ubi*) significa "dove": *meraviglio u' trova guerigione* ("mi domando dove trova rimedio", Guittone ▸T13, v. 3);
  - *poscia* (dal lat. *postea*) significa "poi": *dopo la morte, poscia* (Cavalcanti ▸T19, v. 15).
- Sono da ricordare certe forme antiche del verbo essere: *fia* per "sarà", "sarebbe", *così fia grande l'odio della morte, come delle ferite* (Compagni); *fuoro* per "furono" (Cavalcanti).
- Nella sintassi, un fatto di rilievo è l'uso di un pronome soggetto davanti a un verbo impersonale, o quando il soggetto vero segue (analogamente a quanto accade in inglese, francese, tedesco, ma non nell'italiano moderno): *E' mi duol che ti convien morire* (Cavalcanti ▸T18, v. 6, dove *e'* è una forma abbreviata: *egli* > *ei* > *e'*).

Significati antichi Tra le parole "piene" (nomi, verbi, aggettivi), bisogna fare attenzione a quelle che hanno mantenuto la forma invariata (e dopo quasi otto secoli è un "record linguistico"!), ma hanno perso il significato che era predominante. Per esempio:

- *novella*, accanto al significato attuale, aveva quello di "novità", "notizia";
- *terra* poteva significare "città" (per esempio in *Novellino* ▸T27, r. 17, ma questo senso si mantiene fino ai *Promessi sposi*);
- *ragionare* poteva avere il senso attuale, ma più spesso significava "discorrere", "conversare";
- *conviene* significava "è necessario", "bisogna", senza quel riferimento all'interesse personale ("convenienza") che ha oggi: *ti convien morire* (Cavalcanti ▸T18, v. 6).

Il lessico tipico della tradizione cortese contiene molte parole che hanno poi cambiato significato:

- *gentile* significa "nobile", dapprima in senso sociale, poi in senso spirituale, come sappiamo, a opera dei poeti del dolce stil novo;
- la *cortesia* è il comportamento proprio di chi ha la raffinata educazione richiesta dagli ambienti di corte;
- accanto alla *cortesia* sta l'*onestade*, che è un fatto di decoro e garbo, non di lealtà e correttezza nel senso attuale;
- il contrario di queste virtù è la *villania* (e qui il lessico riflette un pregiudizio sociale, perché *villano*, abitante della villa, "campagna", è il contadino). Di solito la parola è usata nel senso di "insulto", "insolenza": *molte villanie furono dette a' priori vecchi* (Compagni ▸T31 r. 10);
- *virtù*, spesso nelle forme *vertù*, *vertute*, ha in primo luogo il significato di "potere" come facoltà mentale o forza naturale (vedete Guinizzelli nella sua canzone-manifesto ▸T15, v. 38); a esso si aggiunge poi quello di "qualità morale" (Cavalcanti ▸T17, v. 10);
- *salute*, infine, significa in primo luogo "salvezza", in particolare dell'anima, ma anche "saluto", e su questa ambiguità gioca Guinizzelli (*abassa orgoglio a cui dona salute* ▸T16, v. 10).

QUESTIONI DI LINGUA

1. Nel sonetto di Guinizzelli ▸T16, ai vv. 5-6 ci sono due parole modellate sul francese: individuatele con l'aiuto di un dizionario etimologico.
2. Un caso di sintassi irregolare e vicina all'uso parlato, fino a configurare un vero e proprio anacoluto, si trova all'inizio del primo racconto del *Novellino* riportato in ▸T27; analizzatelo.
3. Potete trovare esempi del più tipico costrutto paraipotattico (*sì* pleonastico posto davanti alla frase principale quando è preceduta da una subordinata) nei seguenti brani: *Novellino* ▸T26, ▸T27, ▸T28; Villani ▸T32. Individuate qualche esempio.
4. Il fenomeno del mancato raddoppiamento di una consonante tra un prefisso e la base di un verbo o di un nome (*rafina, abassa, soborghi*) è molto diffuso: trovatene esempi nei testi che avete letto.
5. L'abbondanza di elisioni nella parlata toscana è ben verificabile in Angiolieri; elencate tutte quelle che incontrate in uno dei suoi sonetti (▸T20-T21).
6. Individuate forme verbali di terza persona plurale non più in uso nell'italiano moderno in uno dei seguenti testi: Cavalcanti ▸T17; Compagni ▸T31.
7. Individuate dove si trovano e che cosa significano l'avverbio *però* e le congiunzioni *però che*, *acciò che* in almeno uno dei seguenti testi: Compagni ▸T31, Villani ▸T32.
8. Individuate un esempio dell'uso di *novella* nel senso di "notizia" in uno dei seguenti testi: Caterina da Siena ▸T6; Cavalcanti ▸T19; Sacchetti ▸T29.

LE ARTI

La nascita dei "volgari" figurativi

Un bianco mantello di chiese

«Poco dopo l'anno Mille, su quasi tutta la Terra, e soprattutto in Italia e nelle Gallie, si ricominciò a costruire le basiliche. Si sarebbe detto che il mondo stesso si scuotesse per lasciare gli abiti della vecchiaia, e si rivestisse di un bianco mantello di chiese»: così scriveva, attorno al 1050, il monaco francese Rodolfo il Glabro. Nei secoli XI-XII la costruzione delle grandi chiese viene avvertita come un segno di rinascita, un simbolo della lotta vittoriosa della Chiesa contro il male e il disordine del mondo. Per i villaggi cresciuti intorno ai monasteri e per le città in via di sviluppo è una grande impresa collettiva, che mobilita per decenni tutte le risorse della comunità e ne cambia radicalmente la vita.

Lo stile romanico

Avviene così nelle arti figurative un processo che si può paragonare alla nascita delle letterature volgari. In tutta Europa, col decadere del feudalesimo e il rifiorire della civiltà urbana, un nuovo linguaggio architettonico nasce dalla fusione tra l'eredità colta dell'arte classica e i modi costruttivi di impronta popolare: è lo stile che più tardi sarà definito "romanico". Sono chiese massicce e potenti, poggiate su mura robuste quasi senza finestre per reggere il peso delle coperture in pietra che vengono a sostituirsi a quelle in legno: il confronto tra questi poderosi edifici e le precarie e anguste abitazioni che li circondavano doveva essere schiacciante.
Poiché la chiesa era un prodotto collettivo, gli artisti erano considerati dei semplici artigiani e non si teneva nota dei loro nomi. Fanno eccezione Lanfranco e Wiligelmo, rispettivamente l'architetto e il principale scultore del Duomo di Modena (▸T35).

Lo stile gotico

A partire dalla metà del XII secolo, nella Francia del Nord si afferma un nuovo stile, che sarà definito "gotico". È l'arte della monarchia e della Chiesa francesi, di una società in cui va formandosi una classe dirigente unitaria animata dall'ideale cortese. Risponde a un gusto più raffinato, a una religiosità più portata a valorizzare la natura e le cose umane. Le grandi cattedrali francesi costruite nel secolo XIII sono molto diverse dalle chiese romaniche: il peso non poggia più sulle pareti ma su sostegni esterni e su pilastri snelli; dalle amplissime finestre con le vetrate dipinte a colori vivaci filtra una luce che rende leggere e incorporee le strutture di pietra; le sculture, basate su ritmi eleganti e su linee fluenti, mostrano un interesse nuovo per la rappresentazione della natura e dei sentimenti umani; le dimensioni stesse, enormemente sviluppate in verticale, danno un senso di elevazione e di slancio verso l'alto (▸T37).

Scultura e pittura in Italia

Dalla Francia lo stile gotico si irradia in tutta Europa, e in Italia assume aspetti specifici e vari, legati alle diverse situazioni locali e alla persistenza dell'eredità classica. Benedetto Antelami innesta una nuova raffinatezza compositiva sulla tradizione della scultura romanica (▸T36); Nicola Pisano coniuga il nuovo gusto naturalistico con un equilibrio e una solennità d'impianto classico, mentre Giovanni Pisano si mostra più vicino ai modelli francesi per la vivacità e il dinamismo delle sue sculture (▸T38). I pittori italiani sono più lenti degli scultori nell'accogliere il nuovo spirito dell'arte gotica: le *Maestà* di Cimabue, Duccio di Buoninsegna e Giotto (▸T39) danno un'idea delle linee di sviluppo di questo processo: la "scuola fiorentina", culminante in Giotto, conferisce alle scene sacre una concretezza e una drammaticità inedita, con un vigore figurativo che può far pensare all'essenzialità e alla forza comunicativa del linguaggio dantesco (▸T40); la "scuola senese", che ha il suo massimo esponente in Simone Martini (▸T41), predilige le composizioni raffinate e le linee eleganti, conferendo alle immagini religiose un lirismo prezioso di gusto aristocraticamente "cortese".

LANFRANCO, WILIGELMO

T35 ▸ Il Duomo di Modena

La costruzione del Duomo di Modena è raccontata così da un cronista del tempo: «Essendo trascorsi settecentocinquanta e più anni da quando il nostro patrono Geminiano migrò dai vivi, la chiesa in cui il suo corpo fu onorevolmente sepolto [...] sembrava minacciare rovina a causa di molte crepe e fenditure che scendevano fino alle fondamenta. Spinti dal timore di un crollo, gli ecclesiastici e il popolo presero consiglio sul da farsi. Una sola voce unanime, un solo clamore risuona per la città intera: bisogna restaurare, bisogna riedificare la chiesa di tanto patrono! [...]. Nell'anno 1099, dunque, gli abitanti della città si danno intorno a cercare un architetto capace per tale opera [...], e finalmente per grazia di Dio si trova un uomo di nome Lanfranco, mirabile architetto; col suo consiglio si dà inizio alla fondazione della cattedrale col concorso del popolo, a lode e gloria di Dio onnipotente, padre dell'Unigenito figlio suo signor nostro Gesù Cristo, della beata sempre vergine Maria e del nostro patrono San Geminiano, il giorno 10 di giugno [...], con lodi, inni e canti, con ceri, lampade e processione dei sacri testi e con onore e gloria».
In contrasto con le consuetudini dell'epoca, che non dava rilievo all'individualità dei singoli artisti, sia il costruttore Lanfranco sia lo scultore Wiligelmo, attivi nell'area padana tra il XI e il XII secolo, sono nominati in lapidi elogiative sulla facciata e sull'abside. Questo fatto indica che il loro eccezionale valore era già avvertito dai contemporanei.

A sinistra Lanfranco, Duomo di Modena, 1099-1106. (Mark E. Smith/Scala)
Sopra Wiligelmo, *Storie della Genesi*, *Creazione di Adamo*, 1099-1106. (Modena, Cattedrale di San Geminiano)
Sotto Wiligelmo, *Storie della Genesi*, *Peccato originale*, 1099-1106. (Modena, Cattedrale di San Geminiano)

Wiligelmo, *Storie della Genesi, Cacciata dal Paradiso Terrestre e Condanna al lavoro della terra*, 1099-1106. (Modena, Cattedrale di San Geminiano)

DIALOGO CON L'OPERA

Una struttura elementare e potente Le cattedrali romaniche, luoghi di preghiera ma anche di riunione e di discussione, sintesi dei sentimenti religiosi, dei valori condivisi e dei legami sociali che univano la comunità cittadina, avevano un aspetto poderoso, che le distingueva nettamente dalle precarie e anguste abitazioni che le circondavano. Solitamente sono edifici massicci, poggiati su mura robuste quasi senza finestre, di struttura elementare e potente, in cui le forti partizioni che scandiscono la facciata riprendono quelle dell'interno.

- **Tenendo conto che la grande finestra circolare (rosone) è stata aggiunta nel XIII secolo, provate a definire il gioco di simmetrie su cui si basa la facciata.**

Un racconto per immagini Le immagini scolpite o dipinte sulla facciata e all'interno delle cattedrali componevano un organico discorso visivo progettato per istruire e educare un pubblico analfabeta: storie dell'Antico e del Nuovo Testamento, scene dell'Inferno e del Paradiso, demoni e animali mostruosi di significato simbolico. Nel bassorilievo dedicato da Wiligelmo alle storie della *Genesi* si susseguono quattro scene consecutive: Dio padre sorretto da due angeli inginocchiati, la creazione di Adamo, la creazione di Eva, il peccato originale.

- **L'intenzione educativa si esprime, oltre che nella potente elementarità della composizione e delle forme, nella precisione con cui viene illustrato e sintetizzato il racconto biblico. Chi di voi conosce il libro della *Genesi* può spiegare perché Adamo ed Eva nella scena del peccato si coprano il sesso con una foglia.**

- **Nelle cattedrali romaniche le sculture non sono semplici ornamenti, ma si inseriscono organicamente nella struttura architettonica: individuate nella riproduzione gli elementi decorativi della facciata che Wiligelmo riprende nel suo bassorilievo.**

Il peso del peccato e della finitezza Le spoglie ed essenziali figure scolpite da Wiligelmo, corpi massicci, gravati dal peso della materia, che sembrano quasi emergere a fatica dalla pietra, sono l'esempio di un'arte che non vuole imitare l'apparenza esterna delle cose, ma esprimere il significato profondo della loro esistenza: in questo caso si può pensare alla fatica della condizione umana oppressa dal peccato e dalla finitezza.

Fra arte e letteratura L'effetto impresso nella mente e nella fantasia del popolo analfabeta dalle raffigurazioni delle cattedrali sarà espresso, circa tre secoli dopo, dal poeta francese François Villon (▸Vol. 2, T8), in una poesia dedicata alla madre, *Ballade pour prier Notre Dame*:

Donna io sono povera e anziana,
che niente sa; non ho mai letto lettera.
Vedo, al monastero di cui sono parrocchiana,
un paradiso dipinto, dove sono arpe e liuti
e un inferno dove i dannati son bolliti:
uno mi dà paura, l'altro gioia e lietezza.

BENEDETTO ANTELAMI

T36 ▸ *Deposizione*

Della vita di Benedetto Antelami (circa 1150-1230) non sappiamo nulla, se non che la sua attività si svolse prevalentemente a Parma e che probabilmente ebbe contatti diretti con l'arte francese. Scultore e architetto, lavorò alla decorazione del Duomo di Parma, e progettò e adornò il Battistero della stessa città. La *Deposizione* del Duomo di Parma, scolpita nel 1178, faceva originariamente parte di un pulpito.

Benedetto Antelami, *Deposizione*, 1178. (Parma, Duomo)

DIALOGO CON L'OPERA

Gli elementi della scena All'interno di una cornice di viticci ornamentali che si innestano l'uno nell'altro con perfezione geometrica è rappresentata la scena della deposizione di Cristo. Al centro della composizione sta la croce, dalla quale pende il corpo di Gesù, sorretto da Giuseppe d'Arimatea, l'uomo che secondo i Vangeli offrì il proprio sepolcro per la sepoltura del Cristo, e da Maria, che tiene amorevolmente il braccio del figlio già liberato dal chiodo; dalla parte opposta Nicodemo, il dottore della legge che aveva difeso Gesù di fronte al Sinedrio, toglie il secondo chiodo. La linea orizzontale delle braccia della croce è proseguita a destra e a sinistra dalle ali degli arcangeli Gabriele e Raffaele in volo, e si conclude, ai due estremi della composizione, con due immagini personificate: a sinistra il sole e a destra la luna. Il sole spande la sua luce su un corteo che comprende tre pie donne, un apostolo, Maria, e un'immagine femminile che rappresenta la Chiesa, con nella mano destra il calice, simbolo della passione, e nella sinistra la bandiera delle Crociate. La luna illumina invece i soldati romani – alcuni dei quali si spartiscono la veste di Gesù – e una figura femminile che impersona la religione ebraica, costretta dall'arcangelo Raffaele a chinare il capo in segno di sconfitta. Sopra la linea orizzontale determinata dalle braccia della croce si distende una scritta in latino: «Nel secondo mese dell'anno 1178 lo concluse uno scultore. Questo scultore fu Benedetto detto Antelami».

- **Provate a formulare un'interpretazione sul significato simbolico della posizione del sole e della luna in relazione ai due cortei che muovono verso la croce.**

Antelami, Wiligelmo... La *Deposizione* di Antelami è stata realizzata quasi un secolo dopo le sculture di Wiligelmo per il Duomo di Modena (▸T35).

- **Confrontate le due opere, facendo riferimento a:**
  - **le diverse cornici in cui sono incastonate le scene;**
  - **le pose delle figure e il modo più o meno stilizzato di raffigurarne i corpi;**
  - **il carattere più o meno elaborato delle composizioni;**
  - **la ricchezza delle allusioni simboliche.**

Dal confronto scaturisce una diversità di gusto e di ispirazione che può fare riferimento a coppie di aggettivi come: elegante/potente; leggero/pesante; elaborato/essenziale; raffinato/spoglio.

- **Attribuiteli a ciascuna delle due opere.**

... e il Portale di Chartres È probabile che Antelami sia stato influenzato dalle prime realizzazioni della scultura gotica francese, come le figure del Portale dei Re della Cattedrale di Chartres (▸T37), scolpite nel 1145-1155.

- **Confrontatele con le opere di Wiligelmo e di Antelami, individuando affinità e differenze nella rappresentazione dei corpi e delle vesti.**

Due particolari del Portale dei Re della Cattedrale di Notre-Dame a Chartres.

T37 ▸ Cattedrale di Chartres

La Cattedrale di Chartres fu costruita al posto di una preesistente cattedrale romanica, distrutta da un incendio nel 1194, e fu consacrata nel 1260. La concezione generale della costruzione risale comunque al 1194-1195. È la più nota delle chiese gotiche francesi.

In alto a sinistra Una vetrata della Cattedrale di Notre-Dame a Chartres, 1200-1210.
Sopra Rosone e vetrata del transetto della Cattedrale di Notre-Dame a Chartres, 1200-1210.

A sinistra La facciata della Cattedrale di Notre-Dame a Chartres, 1145-1155.
Sotto Archi e contrafforti della Cattedrale di Notre-Dame a Chartres, 1145-1155.

DIALOGO CON L'OPERA

«Come una ruota di bicicletta» Nata nella Francia del Nord come arte della monarchia e della Chiesa francesi, in una società guidata da una classe dirigente animata dall'ideale cortese, l'architettura gotica si basa su princìpi e tecniche costruttive completamente nuovi, capaci di tradurre in forme e immagini un gusto raffinato, intellettualmente elaborato, amante della bellezza e delle sperimentazioni ardite. Tra le innovazioni tipiche delle cattedrali gotiche individuabili attraverso la riproduzione fotografica si possono notare le seguenti:

- il peso non poggia più sulle pareti ma su sostegni esterni e su pilastri snelli, tra cui la chiesa sembra sospesa – ha scritto lo storico dell'arte Ernst Gombrich – «come una ruota di bicicletta tra i suoi sottilissimi raggi»;
- all'arco "a tutto sesto" (cioè semicircolare) delle costruzioni romaniche subentra l'arco "a sesto acuto" (di forma ogivale), che consente alle costruzioni di svilupparsi verso altezze mai raggiunte;
- i muri sono ridotti a esili ossature di pietra, entro le quali si aprono amplissime finestre con le vetrate dipinte in colori brillanti;
- la luce che se ne sprigiona sembra rendere incorporee e immateriali le strutture costruttive dell'interno;
- le sculture, basate su ritmi eleganti e linee fluenti, mostrano un interesse nuovo per la raffigurazione delle fisionomie e dei sentimenti umani.

Luce umana e luce divina Grazie a questa vera e propria rivoluzione del linguaggio architettonico e figurativo, le nuove cattedrali immergevano i fedeli in un ambiente luccicante di ori e di colori preziosi, proteso verso altezze sovrumane, apparentemente libero dal peso della materia. La luminosità e lo splendore che pervadevano gli immensi edifici potevano essere interpretati come segno della luce divina che illumina la mente degli uomini: un tema ricorrente nella riflessione filosofica e nel pensiero mistico che si stava sviluppando negli stessi anni.

Chartres, Parma e Modena

- **Per apprezzare la novità dell'architettura gotica, confrontate la Cattedrale di Chartres col Duomo di Modena (▸T35) dal punto di vista del rapporto tra orizzontalità e verticalità, del numero e delle dimensioni delle finestre, dell'impressione complessiva di peso o di leggerezza.**
- **Un altro confronto può essere svolto tra le sculture di Wiligelmo (▸T35), di Antelami (▸T36) e della Cattedrale di Chartres.**

Fra arte, filosofia e letteratura La ferrea logica organizzativa della costruzione e l'uso della bellezza terrena come via per innalzare l'anima a Dio sono stati accostati dagli studiosi alla rigorosa sistematicità e alla valorizzazione delle realtà terrene del pensiero di San Tommaso (▸D3, p. 15).

Il passaggio dalla scabra rudezza del gusto romanico alla raffinatezza e all'intellettualismo del gusto gotico può essere accostato, in campo letterario, al passaggio dalle canzoni di gesta (▸T24) ai romanzi cortesi (▸T25) e alla poesia trobadorica (▸T8-T9).

Nella *Commedia* di Dante l'avvicinamento del poeta a Dio nel suo viaggio nell'aldilà è espresso attraverso immagini via via più incorporee, rarefatte e luminose, che possono far pensare al ruolo centrale attribuito alla luce nelle cattedrali gotiche. Per averne un'idea potete leggere, per esempio, i punti culminanti del canto XXXIII del *Paradiso* (▸T68).

Un amanuense in una scultura del portale della Cattedrale di Notre-Dame a Chartres, 1145-1155.

NICOLA E GIOVANNI PISANO

T38 ▸ Due *Adorazioni dei Magi*

Nicola Pisano (circa 1215-1280), di origine pugliese, si formò nell'Italia meridionale, a contatto con l'ideale di restaurazione del mondo classico che animava la corte di Federico II. Fu architetto e scultore, e svolse la maggior parte della sua attività in Toscana; scolpì il pulpito del Battistero di Pisa con l'*Adorazione dei Magi* ed altre scene sacre nel 1260. Suo figlio Giovanni (circa 1250-1320), nato a Pisa, si formò alla scuola del padre, col quale collaborò a opere di scultura. Dopo la morte di Nicola si trasferì a Siena, dove lavorò come architetto e come scultore. La sua *Adorazione dei Magi* fa parte del pulpito realizzato tra il 1302 e il 1310 per il Duomo di Pisa.

Nicola Pisano, *Adorazione dei Magi*, 1260. (Pisa, Pulpito del Battistero)

Giovanni Pisano, *Adorazione dei Magi*, 1302-1310. (Pisa, Pulpito del Duomo)

DIALOGO CON L'OPERA

Gli elementi della rappresentazione L'*Adorazione dei Magi* di Nicola Pisano è centrata su cinque personaggi principali: i tre Magi (due inginocchiati e uno in piedi) che portano i loro doni, la Madonna seduta con atteggiamento maestoso, e Gesù bambino in grembo alla madre, che riceve il dono del primo dei Magi. In secondo piano, da destra a sinistra, si distinguono San Giuseppe, un angelo, e i tre cavalli dei Magi. Lo scultore ha innestato il nuovo gusto gotico per la raffigurazione naturalistica su un senso dell'equilibrio e della robustezza plastica ispirato alla tradizione classica greco-romana; potete notare, in particolare:

- la naturalezza della rappresentazione dei corpi umani e animali;
- l'accurata definizione delle proporzioni, dei panneggi, delle chiome e delle barbe;
- la nobile compostezza delle fisionomie e delle pose;
- l'equilibrio e la solidità dell'organizzazione spaziale.

Da Nicola a Giovanni Basta uno sguardo superficiale per notare che l'*Adorazione dei Magi* di Giovanni è più vivace e movimentata. Secondo l'uso medievale, scene cronologicamente successive sono inserite nello stesso riquadro: possiamo vedere contemporaneamente i tre Magi svegliati dall'angelo, alla ricerca del Messia neonato, e già arrivati alla capanna della sacra famiglia. Lo svolgimento della storia è animato da cani, cavalli e persino animali esotici come i cammelli, e sullo sfondo si possono cogliere alcuni frammenti di paesaggio di sottile gusto naturalistico.

Il carattere dinamico della composizione è sottolineato dalla grande varietà delle pose dei personaggi e degli animali, e dalla predilezione tipicamente gotica per i ritmi eleganti e curvilinei. Tutte queste caratteristiche avvicinano Giovanni, assai più del padre, ai modelli provenienti dalla Francia.

- **Individuate nella riproduzione della scultura qualche esempio di questi procedimenti stilistici.**

Da Wiligelmo a Giovanni Pisano

- **Confrontate queste sculture con quelle di Wiligelmo (▸T35), di Antelami (▸T36) e della Cattedrale di Chartres (▸T37), individuando affinità e differenze dai seguenti punti di vista:**
  - **la maggiore o minore complessità compositiva;**
  - **il maggiore o minore interesse per la verosimiglianza;**
  - **la predilezione per l'essenzialità o per la definizione dei particolari;**
  - **la ricerca della sobrietà o dell'eleganza;**
  - **il maggiore o minore interesse per la rappresentazione dei sentimenti dei personaggi;**
  - **il predominio della plasticità delle forme o della fluidità dei ritmi lineari.**

Fra arte e letteratura Il piacere di raccontare che traspare dall'*Adorazione dei Magi* di Giovanni Pisano può far pensare al gusto della narrazione che caratterizza i romanzi cortesi nati in Francia (▸T25) e ripresi in un secondo tempo da autori italiani, con un percorso geograficamente e cronologicamente parallelo a quello seguito dall'arte gotica.

CIMABUE, DUCCIO DI BUONINSEGNA, GIOTTO

T39 ▸ Tre *Maestà*

PERCORSO
- Lo spazio e il tempo nella letteratura e nell'arte (I), p. 546

Sulla vita di Cenni di Pepo, detto Cimabue (circa 1240-1302), il maggiore pittore fiorentino del Duecento, abbiamo poche notizie: attivo soprattutto a Firenze, lavorò anche ad Assisi, a Roma e a Pisa. Anche sul senese Duccio di Buoninsegna (circa 1255-1318) le informazioni sono scarse: sappiamo che svolse il suo lavoro di pittore nella città natale, dove trascorse gran parte della vita. Non molto più ricche sono le notizie biografiche su Giotto (circa 1267-1337), considerato il più grande pittore del Trecento, per le quali rinviamo all'introduzione a ▸T40.

Il titolo di *Maestà*, che accomuna i tre dipinti, si riferisce a una raffigurazione della Madonna in trono, con il Bambino in braccio, contornata da angeli.

Duccio di Buoninsegna, *Madonna Rucellai*, 1285 circa. (Firenze, Galleria degli Uffizi)

Giotto, *Madonna d'Ognissanti*, 1310 circa. (Firenze, Galleria degli Uffizi)

Cimabue, *Maestà*, 1280 circa. (Firenze, Galleria degli Uffizi)

DIALOGO CON L'OPERA

Fra astrazione e realtà sensibile Cimabue riprende una serie di caratteristiche della pittura bizantina (secoli VI-XII) che esprimono una visione del mondo tutta proiettata verso l'aldilà, poco interessata all'apparenza esterna delle cose, ai sentimenti terreni, alla riproduzione dei rapporti spaziali come li vedono i nostri occhi:

- lo sfondo dorato, che dà l'impressione di uno spazio irreale, senza la dimensione della profondità;
- la posa frontale e le fisionomie nobilmente inespressive dei personaggi;
- la sproporzione tra le dimensioni della Madonna con il Bambino e quelle delle figure di contorno, a sottolineare la gerarchia tra i personaggi.

Su questi schemi precostituiti Cimabue sperimenta però nuove forme pittoriche, ispirate da un desiderio di aderenza alla realtà sensibile: il trono e i panneggi che avvolgono i corpi di alcuni angeli (ai lati della Madonna) e profeti (nella parte bassa del dipinto) danno un'idea di rilievo e di solidità fisica che contraddice la rigida bidimensionalità del resto del quadro.

Armonia ed eleganza Al contrario di Cimabue, Duccio non è interessato alla rappresentazione tridimensionale dei volumi, ma all'eleganza delle linee, al ritmo fluido e raffinato della composizione, all'armonia degli accostamenti di colore.

● **Provate ad analizzare la *Maestà* di Duccio in relazione:**
- **alla presenza o all'assenza dei caratteri tipici della pittura bizantina che abbiamo elencato a proposito di Cimabue;**
- **alla maggiore o minore verosimiglianza dei rapporti spaziali e delle posizioni delle figure;**
- **ai punti del dipinto in cui è particolarmente evidente la presenza di linee sinuose e ornamentali, incuranti degli effetti di realtà e di profondità.**

Un mondo umano e concreto Con Giotto abbiamo l'impressione di passare da una dimensione astratta e spirituale a un mondo concreto e umano: permangono lo sfondo d'oro e la sproporzione tra le dimensioni dei personaggi, ma l'impostazione spaziale è radicalmente nuova.

● **Individuate nell'immagine i più evidenti aspetti di novità dell'opera di Giotto:**
- **l'uso del chiaroscuro attraverso il quale i corpi dei personaggi acquistano peso e volume;**
- **le tecniche rappresentative che danno l'impressione di uno spazio tridimensionale;**
- **la disposizione delle figure nello spazio, nettamente diversa da quella attuata da Cimabue e Duccio.**

Interpretazioni dello stile gotico

● **Confrontando questi dipinti con le sculture di Antelami (▸T36), della Cattedrale di Chartres (▸T37), di Nicola e Giovanni Pisano (▸T38), provate ad abbozzare qualche parentela tra i diversi modi in cui pittori e scultori interpretarono l'arte gotica.**

"Scuola fiorentina" e "scuola senese" Cimabue e Giotto sono all'origine di una "scuola fiorentina" che cerca attraverso il disegno e il chiaroscuro di dare l'impressione della profondità spaziale come la percepiscono i nostri occhi; il passo successivo sarà l'"invenzione" della prospettiva da parte dei pittori del Quattrocento (▸Vol. 2, T17, T19). Duccio è invece il capostipite della "scuola senese", che avrà il suo massimo esponente trecentesco in Simone Martini (▸T41).

T40 ▸ *Compianto su Cristo morto*

PERCORSO
- Lo spazio e il tempo nella letteratura e nell'arte (I), p. 546

Giotto di Bondone (circa 1267-1337), nato a Colle di Vespignano, presso l'attuale comune di Vicchio, a nord di Firenze, è considerato il più grande pittore del Trecento. Formatosi probabilmente a Firenze nella bottega di Cimabue (▸T39), lavorò ad Assisi, a Padova e a Firenze, dipingendo grandi cicli di affreschi e pitture su tavola; a Firenze lavorò anche come architetto. Il *Compianto su Cristo morto* fa parte del ciclo di affreschi della Cappella degli Scrovegni di Padova, realizzato da Giotto tra il 1303 e il 1305, su commissione di Enrico Scrovegni, uno dei più ricchi mercanti della città.

Giotto, *Compianto su Cristo morto*, 1303-1305. (Padova, Cappella degli Scrovegni)

DIALOGO CON L'OPERA

Gli elementi della rappresentazione Sullo sfondo di una collina brulla sormontata da un albero spoglio, il corpo riverso di Gesù morto è abbracciato da Maria e attorniato da un gruppo di pie donne in lacrime; nella parte destra, alle spalle delle due donne che sostengono le mani e i piedi del Cristo, stanno San Giovanni con le braccia spalancate, e altri due apostoli in atteggiamento pensoso e rassegnato.

L'impatto di una scena reale Anche in questo affresco, come nella *Madonna d'Ognissanti* (▸T39), Giotto dà prova della sua capacità di creare su una superficie piatta l'illusione del volume dei corpi e della profondità dello spazio. Si tratta di un cambiamento radicale nell'idea della pittura: secondo Giotto le immagini non devono più limitarsi a illustrare le vicende e i concetti nel modo più chiaro ed elementare, rifacendosi a modelli codificati, ma dare agli spettatori l'illusione che le scene si svolgano sotto i loro occhi, con la drammaticità e l'impatto emotivo di una scena reale. I personaggi non sono disposti frontalmente e in ordine gerarchico, secondo le convenzioni della pittura del tempo, ma sembrano quasi colti di sorpresa, nelle pose dettate dall'esplodere della disperazione: il volto di Maria è deformato dal pianto; Giovanni si curva verso il corpo esanime di Gesù con le braccia aperte in un appassionato gesto di desolazione; due figure velate e accovacciate voltano le spalle agli spettatori; persino gli angeli partecipano al clima di lutto, solcando il cielo con picchiate e impennate violente, in atteggiamenti di pianto e di disperazione. La concretezza della rappresentazione è sottolineata dall'abolizione del tradizionale sfondo dorato, sostituito da un paesaggio naturale che accentua la tragicità della scena col suo carattere spoglio.

L'autonomia del linguaggio pittorico Attraverso queste scelte figurative Giotto non esprime più le verità religiose per via simbolica e astratta, ma cerca di renderle persuasive e commoventi, potenziando le risorse proprie del linguaggio pittorico, che cessa di essere una specie di surrogato della scrittura a uso del pubblico analfabeta. Il fatto che un ricco mercante padovano lo abbia incaricato di adornare la tomba di famiglia dimostra che la sua fama raggiunge committenti di ogni parte d'Italia e che la sua opera è apprezzata dal grosso pubblico: Giotto è il primo pittore trattato come un intellettuale di spicco e non come un semplice artigiano.

Giotto, Antelami, Iacopone Questo affresco può essere confrontato con la *Deposizione* di Antelami (▸T36) in relazione alla struttura compositiva, all'impostazione spaziale, agli atteggiamenti dei personaggi, al maggiore o minore interesse per i sentimenti umani.

- **Provate ad accostare queste due opere alla lauda *Donna de Paradiso* di Iacopone da Todi (▸T2) e individuate quale le è più affine per il tipo di religiosità che esprime.**

Giotto e Dante Un accostamento d'obbligo è quello tra Giotto e Dante: entrambi danno vita a un'arte profondamente religiosa che valorizza la realtà e i sentimenti umani; entrambi inventano uno stile "volgare" capace di rivaleggiare con i più alti esempi dell'arte antica; entrambi sintetizzano nella loro opera un'amplissima gamma di riferimenti culturali, riuscendo a parlare sia alle classi colte che ai ceti borghesi emergenti e al pubblico popolare. Un confronto più limitato e circoscritto si può fare, per esempio, tra questo affresco e il brano della *Vita nuova* dedicato alla morte di Beatrice (▸T46), per il clima apocalittico che li pervade.

Hanno detto di lui Per apprezzare la stima riscossa da Giotto presso i maggiori intellettuali contemporanei, può essere utile passare in rassegna i giudizi di Dante, Boccaccio e Petrarca:
«Credette Cimabue nella pintura / tener lo campo, e ora ha Giotto il grido, / sì che la fama di colui è scura» (Dante, *Purg.*, XI, vv. 94-96, ▸T63).
«[...] ebbe un ingegno di tanta eccellenza, che niuna cosa dà la natura [...] che egli con lo stile e con la penna o col pennello non dipignesse sì simile a quella, che non simile, anzi piuttosto dessa paresse, intanto che molte volte nelle cose da lui fatte si truova che il visivo senso degli uomini vi prese errore, credendo quello essere vero che era dipinto. [...] meritamente una delle luci della fiorentina gloria dirsi puote» (Boccaccio, *Decameron*, giornata IV, novella 5).
«[...] un mio dipinto che rappresenta la Vergine Maria, opera di Giotto, pittore egregio, la cui bellezza gli ignoranti non capiscono, mentre ne restano ammirati i maestri dell'arte» (Petrarca, *Lettere familiari*).

SIMONE MARTINI

T41 ▸ *Annunciazione*

Simone Martini (circa 1284-1344), nato a Siena, operò come pittore, oltre che nella sua città, a Napoli per invito del re Roberto d'Angiò, a Pisa, a Orvieto e ad Assisi. Nel 1340 papa Benedetto XII lo invitò alla sua corte ad Avignone, dove strinse amicizia con Petrarca, e dipinse per lui un ritratto di Laura, citato in due famosi sonetti del poeta e andato perduto. L'*Annunciazione* è una pala d'altare, dipinta nel 1333 per una cappella del Duomo di Siena con la collaborazione del pittore senese Lippo Memmi, cognato di Simone, al quale spettano probabilmente i due santi laterali.

Simone Martini, *Annunciazione*, 1333. (Firenze, Galleria degli Uffizi)

DIALOGO CON L'OPERA

Gli elementi della rappresentazione La scena dell'*Annunciazione* è incorniciata entro cinque archi a sesto acuto sormontati da guglie riccamente adornate secondo il gusto dell'architettura gotica francese (▸T37). Ai lati sono raffigurati Santa Margherita e Sant'Ansano, uno dei patroni di Siena. L'arcangelo Gabriele impugna un ramoscello d'ulivo, simbolo di pace, e porge il suo saluto a Maria («Ave Maria, gratia plena», dice la scritta dorata che gli esce dalla bocca), che sembra ritrarsi con un atteggiamento di pudore e di umiltà. Tra le due figure c'è un vaso di gigli bianchi, simbolo di purezza, al di sopra del quale aleggia lo Spirito Santo in forma di colomba, circondato da cherubini in volo.

Forme sinuose ed aggraziate Nonostante la bidimensionalità del fondo dorato, tipica delle pale d'altare dell'epoca (▸T39), si vede che Simone Martini ha appreso la lezione di Giotto (▸T40): le venature marmoree del pavimento danno l'impressione della profondità; le figure sono collocate in uno spazio tridimensionale; il vaso al centro del dipinto e il libro di preghiere che la Madonna tiene in mano hanno la solidità di oggetti reali.
Si può notare però che a Simone non interessa tanto il problema della verosimiglianza e della concretezza della rappresentazione quanto l'elaborazione di forme sinuose e delicate, di contorni elegantemente curvilinei, di sottili armonie coloristiche: i corpi esili e aggraziati dell'angelo e di Maria sembrano privi di peso, le pieghe degli abiti preziosamente ricamati compongono morbidi e raffinati arabeschi.

Simone Martini nel panorama dell'arte gotica Non è difficile individuare le analogie tra la pittura di Simone Martini e quella di Duccio di Buoninsegna, iniziatore della "scuola senese" (▸T39).

- **Istituite un confronto, oltre che con la pittura di Duccio, anche con la scultura di Giovanni Pisano (▸T38), interprete del gusto gotico più raffinato.**
- **Per impostare un confronto tra le tecniche e le intenzioni comunicative di Giotto e Simone, confrontate questo dipinto con la *Madonna d'Ognissanti* (▸T39).**

Tra arte e letteratura La fisionomia, l'espressione e l'atteggiamento di Maria possono essere accostati alle doti fisiche e morali attribuite alla donna dalla lirica amorosa di ispirazione cortese: bellezza quasi incorporea, umiltà, nobiltà spirituale.

Simone Martini, *Annunciazione*, 1333, due particolari. (Firenze, Galleria degli Uffizi)

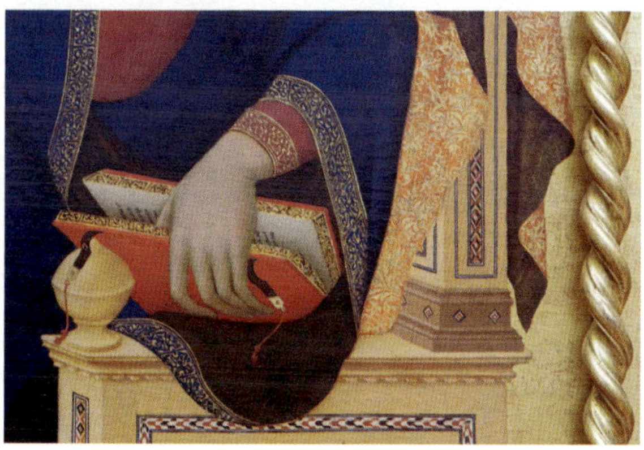

ATTRIBUIRE

1. Vi presentiamo due affreschi, che rappresentano rispettivamente una *Maestà* e un *Annuncio a Sant'Anna*. Uno di essi è stato dipinto da Giotto, l'altro da Simone Martini. Attribuite ciascuna opera al suo autore e spiegate i motivi dell'attribuzione.

2. Vi presentiamo due bassorilievi, raffiguranti rispettivamente la *Natività* e la *Nascita di Gesù*. Uno è contrassegnato da caratteristiche tipiche dello stile romanico, l'altro del gotico. Attribuite ciascuna opera alla sua epoca, motivando la vostra tesi con riferimenti alle immagini.

3. Queste due *Crocifissioni* sono state entrambe eseguite nella seconda metà del Duecento; una è di Giotto, l'altra di Bonaventura Berlinghieri.
Individuate qual è la *Crocifissione* di Giotto e motivate la risposta mettendo in luce i seguenti aspetti:
- la presenza del fondo oro;
- il modo in cui è stato reso il costato di Cristo (con linee convenzionali e astratte o con un chiaroscuro che suggerisce il reale volume del corpo?);
- la forma della croce;
- il modo in cui è stato reso il drappeggio della tela che cinge i fianchi di Cristo;
- il modo in cui è stato raffigurato il volto di Cristo (verosimile o astratto?).

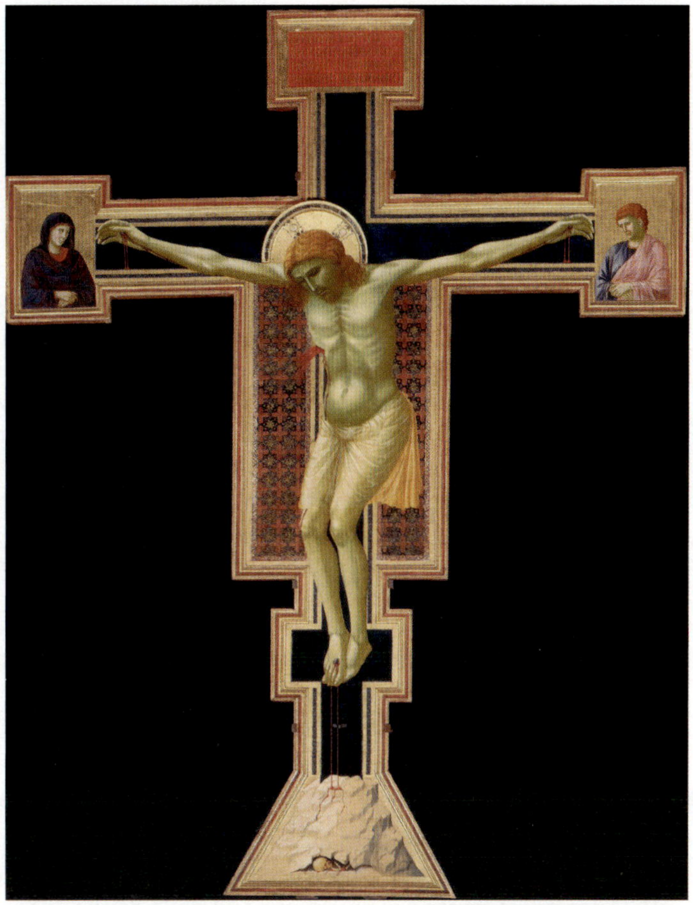

L'istruzione femminile nel Medioevo

Non sappiamo esattamente in quale misura le donne partecipassero del generale processo di crescita dell'istruzione. Non sappiamo perciò se nella fascia dei lettori che si era formata in città anche le donne fossero presenti con un certo rilievo. Il cronista Giovanni Villani, descrivendo lo stato di Firenze all'inizio del Trecento, accenna a ragazzi maschi e femmine, «fanciulli e fanciulle», che vanno a scuola per imparare a leggere. Senza escludere che Villani desse cifre imprecise e forse troppo alte, possiamo ritenere che al suo tempo l'istruzione femminile avesse fatto progressi sensibili. Giovanni Boccaccio, poco dopo la metà del secolo, nel proemio del *Decameron* parla delle donne, indicandole come il pubblico a cui egli destina l'opera, affinché con la lettura possano svagarsi (nel chiuso delle loro stanze e nell'ozio a cui sono costrette) e consolarsi delle pene d'amore. Boccaccio aveva in mente un tipo ideale di donna educata alla cortesia: una donna borghese ma di buona condizione sociale, che è anche una buona lettrice.
Altri elementi fanno intravedere una realtà diversa. Fra gli scrittori – in quest'epoca in cui scrivere piaceva a molti – le donne mancano quasi del tutto. Fra le testimonianze che vengono dall'area mercantile, e che spesso riguardano l'istruzione dei figli, nessuna racconta un percorso scolastico femminile fuori dell'ambiente familiare. Il mercante Giovanni Morelli, vissuto fra il Tre e il Quattrocento, uno dei più attenti ai temi dell'educazione, sostenitore convinto del valore formativo della lettura, ricorda con compiacimento le proprie sorelle, Sandra e soprattutto Mea, che sanno leggere e scrivere alla pari di un uomo. Un altro mercante invece, Paolo da Certaldo, vissuto nella seconda metà del Trecento, sconsiglia decisamente al padre di famiglia di consentire che le figlie imparino a leggere, salvo il caso in cui debbano entrare in convento. I predicatori, come Giordano da Pisa, raccomandavano alle donne il silenzio. E le donne, nella struttura cittadina, erano escluse dall'esercizio di poteri pubblici, e quindi da un uso pubblico della parola. Esse erano generalmente escluse dagli studi superiori, dall'università, dalla lettura in latino [...]
Quanto conosciamo della condizione femminile nella società cittadina induce a pensare che le donne rimanessero sostanzialmente estranee al mondo dei libri e che le capacità di lettura non andassero, per la maggior parte, oltre un livello elementare. La loro educazione avveniva in famiglia, secondo un modello in cui prevalevano i requisiti fisici e morali, in vista del matrimonio e della procreazione. Le maggiori occasioni vennero alle donne dalla vita religiosa, e dalla sua intensa dinamica (di pensiero e di movimenti, dentro le istituzioni e fuori) nel Due e Trecento. Gravitano nell'area degli Ordini mendicanti, pur rimanendo laiche e vivendo fuori di monasteri e conventi, le figure femminili che maggiormente spiccano per l'aspetto intellettuale e letterario: la beata Angela da Foligno (1248-1309), grande esponente del misticismo, e santa Caterina da Siena, cioè Caterina Benincasa (1347-1380), figlia di un tintore, terziaria domenicana. Caterina non sapeva scrivere e dettò ai discepoli la sua opera.

La posizione della donna, in Remo Ceserani, Lidia De Federicis, *Il materiale e l'immaginario, 1. Dall'alto Medioevo alla società urbana*, Loescher, Torino, 1995

1. Lo scopo principale del testo è:
- **A.** □ criticare la marginalità della donna nella cultura trecentesca
- **B.** □ ricostruire il grado di partecipazione della donna alla vita culturale del Trecento
- **C.** □ riportare le testimonianze di Villani e Boccaccio sul tema dell'istruzione femminile
- **D.** □ mostrare la pragmatica concretezza della cultura mercantile del Trecento

2. Le fonti relative all'istruzione femminile del Trecento sono:
- **A.** □ coerenti nel riconoscere la marginalità della posizione femminile nella cultura medievale
- **B.** □ coerenti nel riconoscere il progressivo ingresso della donna nei luoghi della cultura
- **C.** □ contraddittorie, in quanto menzionano processi di segno opposto
- **D.** □ contraddittorie, perché evidenziano come le donne laiche avessero maggiori opportunità di quelle religiose

3. Che tipo di complemento è "della condizione femminile" (riga 22)?

....

4. Che cosa significa che Caterina fu una "terziaria domenicana" (righe 30-31)?

....

Le parole al tempo di Internet

STEFANO NATOLI

Nel tredicesimo secolo il Dolce Stil Novo svincolò la lingua del "volgare" e fece decollare lo stile della scrittura. Otto secoli dopo accade il contrario: il linguaggio digitale, quella sorta di volgare riservato solo fino a 15 anni fa a pochi iniziati, è entrato a far parte del vocabolario e della vita comune, creando un nuovo stile di comunicazione. Forse non "dolce" come quello "novo" di Dante, Cavalcanti e Guinizelli, ma senz'altro originale e destinato a durare nel tempo. Parte da questo accostamento – forse irriverente, senz'altro provocatorio – "Dolce Stil Web", il nuovo libro di Pino Bruno che accende i riflettori sul linguaggio del web svelandone origini e significati. "Un libro pieno di tutte le storie – piccole e grandi – che stanno dietro le parole della rete", dice lo scrittore Gianrico Carofiglio presentando il nuovo lavoro del giornalista scientifico di Rai 3 che frequenta il mondo digitale dagli albori. "Non un semplice manuale o un semplice dizionario ancorché appetibile e divertente", quanto una sorta di bussola a disposizione dei navigatori della rete, di quel mondo virtuale che da oltre dieci anni mette in contatto persone dalle provenienze più diverse facendole dialogare in quello strano slang fatto di un misto di inglese, spagnolo, informatica, neologismi, faccine ricavate dalla punteggiatura e icone animate. Chattare, uploadare, downloadare, rippare, scaricare, blobbare, craccare sono termini della rete ormai entrati nel linguaggio comune, non solo quello degli internauti: "Il web, ma direi tutto il mondo digitale – dice l'autore del volume edito da Sperling & Kupfer – sta imponendo il suo linguaggio anche a chi non lo frequenta". Il merito di Bruno è di aver rastrellato dalla rete oltre 500 parole che poi ha tradotto e interpretato, fornendo una chiave di lettura e suggerendo i contesti per un loro uso appropriato. Per spiegare termini complessi come sniffer o deep linking (il linkare in profondità o in modo scorretto) Bruno intreccia nozioni storiche e modi di dire prendendo i lettori quasi per mano. Non a caso il libro inizia con i "Fondamentali", con quei termini cioè che fino a non molti anni fa erano usati soltanto dagli specialisti, come "browser", "url", "home page", "lan", "nickname", "login", "account", "password", "client", "surver", hyperlink, html, upload. Termini che costituiscono l'abc del navigatore, ma che ormai non bastano più. Internet è infatti esploso e con esso i termini che utilizza: si fa la spesa su ebay, si paga con PayPal (e in modalità sicura SSL), ci si protegge con antivirus, firewall e antispyware, si comunica con YouTube e Facebook, si videotelefona con Skype, si cerca in rete tramite google e yahoo!, si consulta wikipedia, ci si collega in modalità wi-fi e si mettono in connessione più apparati utilizzando bluetooth. Una galassia di termini e sigle che spesso scoraggia anche i più temerari. E che rende ancora più utile il lavoro di Pino Bruno. Un lavoro arricchito da una ricca appendice che propone fra l'altro utili "consigli per i bambini che usano internet" e per i loro genitori e per la gestione corretta della password. Un libro, insomma, da leggere e da tenere il più possibile vicino al computer. Ha infatti un pregio indiscutibile: agevola la navigazione su Internet, rendendola più ricca e certamente più consapevole.

«Il Sole 24 Ore», 19 giugno 2009

1. **Stabilisci se le seguenti informazioni relative al libro di Pino Bruno sono vere (V) o false (F).** *Metti una crocetta per ogni riga.*
   a. Pino Bruno è un giornalista scientifico. V F
   b. Il libro è una critica all'uso dilagante di termini inglesi nella lingua italiana. V F
   c. Il libro vuole rendere i lettori più consapevoli nella navigazione in Internet. V F
   d. Una parte centrale del libro è dedicata alla storia delle parole della rete. V F

2. **Con quale verbo o espressione si potrebbe sostituire "svincolò" (riga 1)?** ....

3. **Perché, secondo l'autore, i "termini che costituiscono l'abc del navigatore... non bastano più" (righe 23-24)?**

   ....

   ....

4. **"Rendendola più ricca e certamente più consapevole" (riga 32) è una proposizione:**
   A. ☐ modale **B.** ☐ finale **C.** ☐ temporale **D.** ☐ causale

2 | DANTE ALIGHIERI

IL PROFILO

La vita e le idee

BIBLIOTECA
LEZIONE SU DANTE ALIGHIERI

UN POETA PROFETA

Un uomo del Medioevo e di oggi

In *Se questo è un uomo* Primo Levi racconta la sua tragica esperienza di ebreo nel *lager* di Auschwitz. Tra gli orrori e le violenze di ogni giorno un momento di sollievo gli è offerto dal rapido colloquio con un compagno francese, per il quale traduce, in una breve pausa del lavoro forzato, il XXVI canto dell'*Inferno*, dedicato all'ultimo viaggio di Ulisse; e mentre estrae a fatica dalla memoria i versi di Dante, per un attimo gli pare di intravedere «qualcosa di gigantesco [...] forse il perché del nostro destino, del nostro essere oggi qui...». Questo dialogo tra due uomini alle prese con i problemi più drammatici della sopravvivenza può darvi un'idea della straordinaria profondità dei significati culturali e umani acquisiti nel corso dei secoli dall'opera di Dante. Eppure Dante è un uomo totalmente immerso nelle idee, nei valori, nei pregiudizi del Medioevo: dipinge un'immagine dell'aldilà a cui oggi nessuno può prestar fede; propugna idee politiche che già ai suoi tempi erano superate; ha una visione della morale, della religione, dell'amore molto lontana dalla nostra. Leggere le sue opere significa esplorare un affascinante paradosso tipico dell'esperienza letteraria: com'è possibile che un uomo del passato, impastato di una cultura diversissima dalla nostra, possa dirci cose attuali e vive, diventare nostro contemporaneo e nostro amico?

La giovinezza

Sulla vita di Dante abbiamo poche notizie sicure. Nasce nel 1265 a Firenze da una famiglia di piccola nobiltà, proprietaria di case e terreni che le assicurano un moderato benessere. Quando ha 12 anni il padre lo vincola per contratto, come si usava allora, a sposare una certa Gemma della potente famiglia dei Donati; il matrimonio, da cui nasceranno tre o quattro figli, avviene una decina di anni dopo. Alla morte del padre (1283) a Dante tocca amministrare i beni della famiglia e non gli è necessario lavorare per vivere: combatte a Campaldino e a Caprona in due delle tante guerre tra Firenze e le altre città toscane; si dedica alla poesia e stringe relazioni con letterati e poeti. I suoi principali punti di riferimento sono da un lato la figura di intellettuale comunale rappresentata da Brunetto Latini, dall'altro i poeti della scuola che egli stesso nella *Commedia* definirà «dolce stil novo»: tra essi gli è particolarmente caro Guido Cavalcanti, il «primo amico», al quale dedica un sognante sonetto: «Guido, i' ▸T27 vorrei che tu e Lapo ed io / fossimo presi per incantamento [...]».

Beatrice e gli studi filosofici

La donna cantata da Dante nella maggior parte delle sue poesie d'amore è Beatrice (probabilmente Bice Portinari, sposata con Simone de' Bardi e morta prematuramente nel 1290). Nella realtà i contatti con lei devono essere stati rari e occasionali; ma l'amore stilnovista si nutre di lontananza e di impossibilità: raccogliendo con slancio e dedizione radicali le concezioni di Guinizzelli, Dante vede in Beatrice l'ideale supremo, la sintesi dei valori spirituali che danno un senso alla vita. La storia interiore di questo amore è cantata nella *Vita nuova* (1293-1294), che è anche un bilancio delle esperienze affettive e intellettuali di Dante dopo la profonda crisi determinata dalla morte di Beatrice.

Negli stessi anni per reagire allo sconforto si dà agli studi filosofici presso i conventi francescano e domenicano di Firenze: la consolazione della filosofia è tanto grande che «in picciol tempo, forse di trenta mesi, [...] lo suo amore cacciava e distruggeva ogni altro pensiero» (*Convivio*). La ricerca di perfezione ideale che aveva animato le poesie stilnoviste per Beatrice prende ora una strada più esplicitamente morale, e Dante si dà con passione all'attività politica, con l'intenzione di costruire nella realtà quella giustizia e quella verità che ha trovato teorizzate nei libri dei filosofi e dei teologi.

L'attività politica

In una Firenze lacerata dalle lotte tra le fazioni e minacciata dai disegni espansionistici di papa Bonifacio VIII, Dante si propone di dare il suo contributo per riportare la concordia tra i cittadini e difendere l'autonomia della città: tra i guelfi bianchi e i neri sceglie i bianchi, la parte «nella quale, secondo il suo giudicio, era più di ragione e di giustizia» (Boccaccio, *Trattatello in laude di Dante*); si oppone ripetutamente alle pretese del papa senza farsi spaventare dalle minacce di scomunica; nel 1300, eletto tra i sei priori, non esita a condannare al confino, tra i capi più violenti delle fazioni contrapposte, anche esponenti del suo partito, compreso l'amico Guido.

Nello stesso anno la situazione precipita. Proprio mentre Dante è a Roma come membro di un'ambasceria presso Bonifacio VIII, un colpo di Stato propiziato dal papa porta al potere i neri: si scatenano i saccheggi, le persecuzioni, i processi sommari. Accusato di essersi opposto al papa e di essersi appropriato di denaro pubblico, Dante viene condannato a una multa e a due anni di confino. La seconda accusa è falsa e infamante: Dante rifiuta di presentarsi a Firenze e nel 1302 viene condannato in contumacia a essere bruciato vivo. Da quel momento è tagliato fuori dalla sua città, che molti anni dopo, ormai vicino alla morte, ricorderà come il ▸D8 «bello ovile ov'io dormi' agnello / nimico ai lupi che li danno guerra» (p. 188).

Sandro Botticelli, *Ritratto di Dante Alighieri*, 1495. (Cologny, Bibliothèque Martin Bodmer)

L'esilio

L'esilio sconvolge la vita di Dante. Ridotto come «legno sanza vela e sanza governo, portato a diversi porti e foci e liti dal vento secco che vapora la dolorosa povertade» (*Convivio*), è costretto a vagare «peregrino, quasi mendicando», tra le corti dell'Italia centrale e settentrionale, in cerca di ospitalità. Ora accolto con condiscendenza, ora onorato per la sua crescente fama di intellettuale, sperimenta ▸T66 «come sa di sale / lo pane altrui, e come è duro calle / lo scendere e 'l salir per l'altrui scale» (*Par.*, XVII).

Ma proprio la durezza dell'esperienza dell'esilio, la consapevolezza di pagare ingiustamente per le sue scelte di giustizia e di verità, rafforzano in lui un forte senso di superiorità rispetto alle violenze e agli intrighi di una vita politica corrotta. «L'esilio che mi è dato a onor mi tegno», afferma in una poesia scritta poco dopo la condanna; e ancora nel 1315 rifiuta di sottostare alle condizioni ▸D7 umilianti di un'amnistia concessa ai fuorusciti che gli consentirebbe di rientrare nell'amata Firenze.

• L'ESILIO
«Sono stato legno sanza vela e sanza governo»

Questa situazione di sradicamento ha importanti conseguenze sul piano culturale e ideologico. Ormai per Dante «il mondo è patria come l'acqua ai pesci» (*De vulgari eloquentia*): il suo orizzonte non è più ristretto alla società fiorentina ma si apre sull'Italia e sull'intera cristianità; la sua vicenda gli sembra assumere un valore esemplare, come segno del disordine e dell'ingiustizia che dominano il mondo; si sente investito di una missione profetica, portatore di un messaggio che deve ricondurre l'umanità intera all'ordine e alla pace. Così decide di far parte per sé, prendendo le distanze dalla «compagnia malvagia e scempia» degli altri esuli che vogliono rientrare in Firenze con la forza. E si dà con impegno caparbio al lavoro letterario, lasciandosi definitivamente alle spalle l'esperienza stilnovista per dedicarsi a opere in cui la riflessione scientifica e filosofica si coniuga con un'urgente ispirazione religiosa, politica e morale: tra il 1304 e il 1313, con pochissimi libri a disposizione, tra continui spostamenti di corte in corte, scrive il *Convivio*, il *De vulgari eloquentia*, l'*Inferno* e il *Purgatorio*.

L'appoggio ad Arrigo VII

Lo sconfortante spettacolo di un'Italia lacerata da continui conflitti, la peregrinazione per corti popolate di esuli cacciati dalle loro città convincono Dante che l'unico rimedio alla degenerazione politica e morale del mondo stia nella restaurazione delle due autorità universali: un imperatore che sappia governare con forza e giustizia la cristianità e un papa che si dedichi totalmente ai problemi religiosi e spirituali. Così quando Arrigo VII discende in Italia per ristabilire il potere imperiale (1310), vede in lui il «nuovo Cesare» che farà cessare le lotte fratricide e gli consentirà di tornare a Firenze: in suo sostegno scrive lettere violentissime ai principi italiani e ai suoi concittadini «sceleratissimi» che si oppongono all'azione dell'imperatore. Ma nel 1313 Arrigo muore senza aver portato a termine la sua impresa. Nonostante l'amara delusione, Dante resta tenacemente fermo nelle sue convinzioni, che proprio in quegli anni espone sistematicamente nel *Monarchia*.

Arrigo VII attraversa le Alpi con il suo seguito in una miniatura tratta dal *Codex Balduini Trevirensis* del XIV secolo. (Monaco di Baviera, Deutsches Museum Verkehrszentrum)

DOCUMENTO 7

A UN AMICO FIORENTINO

Nel 1315 il comune fiorentino offrì ai fuorusciti per motivi politici un'amnistia, che consentiva il ritorno in patria in cambio del pagamento di una multa, del riconoscimento della colpa commessa e dell'accettazione pubblica del perdono da parte della comunità cittadina. Con questa lettera a un amico fiorentino di cui non conosciamo l'identità, Dante rifiuta sdegnosamente di accettare a queste umilianti condizioni.

PROFILO

Dante Alighieri, *Epistola* XII, in *Opere*, a cura di M. Porena e M. Pazzaglia, trad. dal latino di M. Pazzaglia, Zanichelli, Bologna, 1966

Ecco dunque quello che dalla lettera vostra e da quelle di mio nipote e di molti altri amici mi è stato reso noto riguardo al decreto or ora promulgato a Firenze sull'assoluzione dei banditi[1]: che se io volessi pagare una certa somma di danaro e volessi sottopormi all'onta della pubblica oblazione[2], potrei essere assolto e ritornare immediatamente. [....]

È questa, dunque, la graziosa revoca con la quale viene richiamato in patria Dante Alighieri, dopo aver sofferto un esilio di quasi tre lustri? Questo ha meritato la sua innocenza, manifesta a chiunque? Questo i sudori e le fatiche continue da lui spese nello studio? Sia lontana da un uomo che si professa intimo amico della filosofia una così dissennata[3] viltà di cuore ch'egli soffra[4] di essere presentato all'oblazione come un reo in catene al modo d'un Ciolo[5] qualunque e d'altri uomini infamati dalla loro colpa! Lungi da un uomo che si professa banditore di giustizia che, avendo subito ingiustizia, a quelli che gliel'hanno inferta, come a gente che abbia ben meritato paghi il suo danaro!

Non è questa per me, padre mio, la via di ritornare in patria; ma se un'altra prima da voi, poi da altri sarà trovata, che non deroghi alla fama e all'onore di Dante, per quella mi metterò a passi non lenti; ma se non c'è una via tale per entrare in Firenze, io a Firenze non entrerò mai più. E che? Non potrò forse da ogni luogo guardare le spere[6] luminose del sole e delle stelle? non potrò forse, dovunque, sotto il cielo, contemplare dolcissime verità, senza rendermi, prima, privo di gloria, anzi, abietto al popolo e alla città di Firenze? Certo il pane non mi mancherà.

Domenico Petarlini, *Dante Alighieri in esilio*, 1860. (Firenze, Galleria d'Arte Moderna/DeA/Getty Images)

1. **banditi**: esiliati.
2. **pubblica oblazione**: durante la cerimonia della riammissione, gli amnistiati erano condotti dalle carceri al duomo per essere "offerti" al patrono della città (*oblazione* = offerta).
3. **dissennata**: stolta, folle.
4. **soffra**: accetti, sopporti.
5. **Ciolo**: forse Ciolo degli Abati, condannato per reati comuni e amnistiato nel 1295.
6. **spere**: sfere.

Gli ultimi anni

Tra il 1313 e il 1318 è a Verona, alla corte di Cangrande della Scala, dove si ricongiunge con la moglie e i figli. Da lì passa a Ravenna, sotto la protezione di Guido Novello da Polenta: circondato da una solida fama può lavorare in un clima sereno all'ultima parte del suo poema. Ha appena terminato il *Paradiso* e spera ormai di poter ritornare con onore a Firenze grazie al riconoscimento del suo valore di poeta, quando Guido Novello lo manda come ambasciatore a Venezia; ammalatosi sulla via del ritorno, muore nel 1321 a Ravenna, dove è sepolto con grandi onori funebri «in abito di poeta e di grande filosofo» (Giovanni Villani, *Cronica*).

DOCUMENTO 8

IL «BELLO OVILE OV'IO DORMI' AGNELLO»

Il rimpianto per la condanna immeritata e la nostalgia di Firenze non abbandonano Dante in nessun momento della sua vita. Negli ultimi anni, quando sta concludendo la *Commedia*, concepisce la speranza di poter finalmente tornare con onore in patria, grazie all'unanime riconoscimento conquistato attraverso il suo capolavoro. Ne sono testimonianza i primi versi del canto XXV del *Paradiso*.

Dante Alighieri, *Paradiso*, XXV, vv. 1-12, in *La Divina Commedia*, a cura di N. Sapegno, La Nuova Italia, Firenze, 1995

Se mai continga che 'l poema sacro
al quale ha posto mano e cielo e terra,
sí che m'ha fatto per molti anni macro,
Vinca la crudeltà che fuor mi serra
Del bello ovile ov'io dormi' agnello,
nimico ai lupi che li danno guerra;
Con altra voce omai, con altro vello
Ritornerò poeta, e in sul fonte
del mio battesmo prenderò 'l cappello;
Però che ne la fede, che fa conte
L'anime a Dio, quivi intra' io, e poi
Pietro per lei sí mi girò la fronte.

1. **continga**: accada; regge il *vinca* del v. 4.
1-2. **'l poema... terra**: la *Commedia*, poema che affronta argomenti sacri, e alla cui composizione hanno dato materia tanto i misteri soprannaturali (*cielo*) quanto l'esperienza umana (*terra*).
3. **sí... macro**: tanto che (la fatica di scriverlo), durata molti anni, mi ha logorato (*fatto... macro*).
4. **la crudeltà**: dei concittadini. **fuor mi serra**: mi esclude, mi tiene fuori.
5. **bello ovile**: Firenze.
5-6. **agnello... guerra**: riprendendo un'immagine ricorrente nella Bibbia, Dante rappresenta se stesso come un *agnello*, simbolo di innocenza indifesa, in conflitto coi fiorentini malvagi, *lupi* che devastano la città (*li danno guerra*).
7. **con altra... vello**: con la voce e la chioma (*vello*) cambiate dall'età: la voce più forte e autorevole, i capelli imbiancati.
8-9. **in sul... cappello**: sul mio fonte battesimale assumerò la corona d'alloro (*cappello*), contrassegno del valore poetico.
10-11. **però che... io**: poiché proprio in quel fonte battesimale (*quivi*) io feci ingresso (*intra' io*) nella fede, che rende le anime conosciute e gradite (*conte*) a Dio.
11-12. **poi... fronte**: per quella fede (*per lei*) San Pietro mi ha incoronato nel modo che ho detto prima (*sí*). Il riferimento è al canto precedente, nel quale San Pietro, dopo aver esaminato Dante sulla fede, gli ruota intorno tre volte, a significare la sua gioiosa approvazione.

Andrea del Castagno, *Dante Alighieri*, 1448-1451. (Firenze, Galleria degli Uffizi)

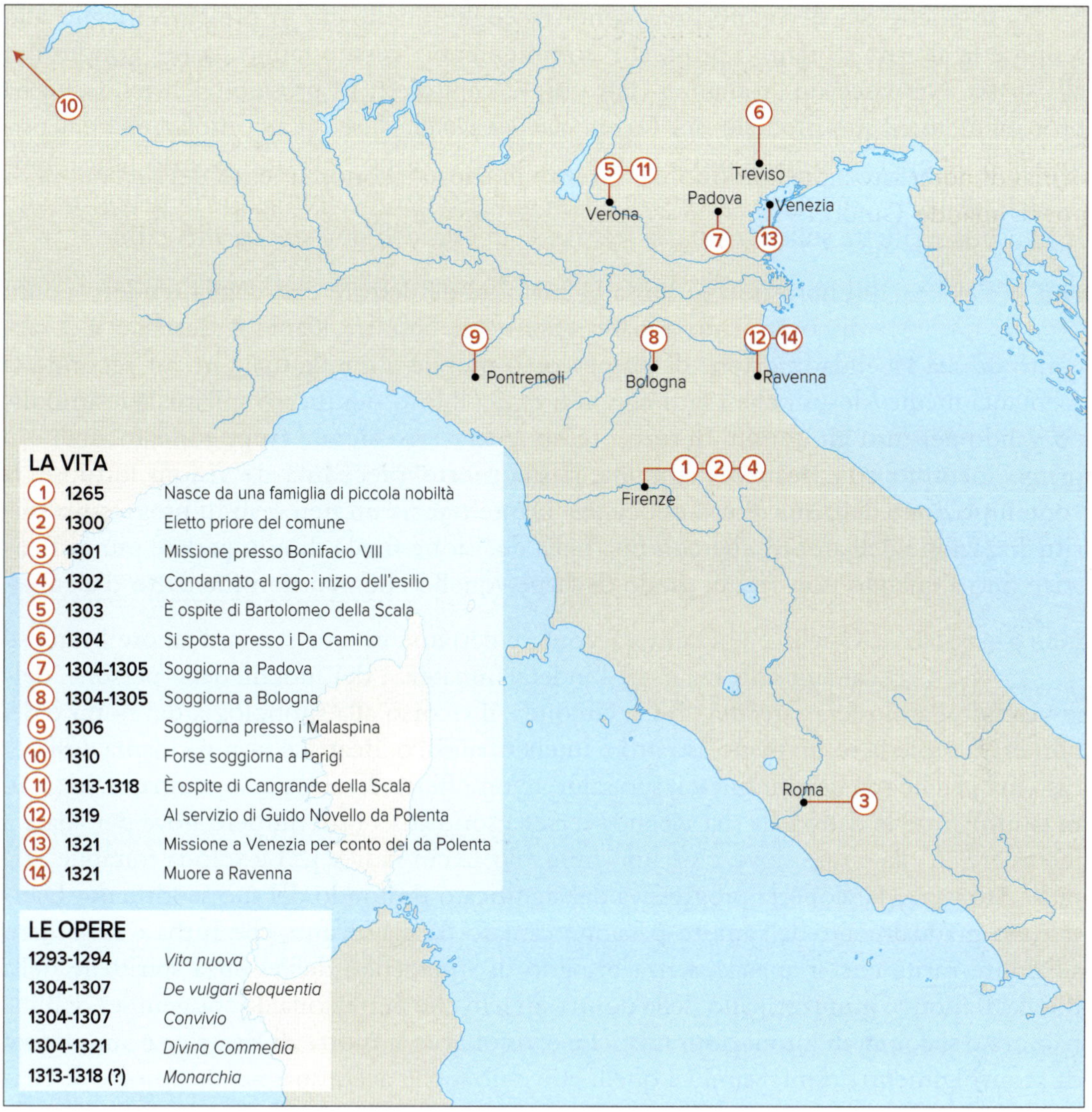

Le *Rime*, la *Vita nuova*, il *Fiore*

Le rime giovanili

Tra le poesie scritte da Dante, alcune sono state antologizzate da lui stesso nella *Vita nuova* e nel *Convivio*; le altre, composte in diversi momenti della vita e non raccolte in un unico libro organico, sono oggi comprese sotto il titolo generico di *Rime*.

Le più antiche, scritte a partire dal 1283, riprendono la maniera artificiosa e oscura di Guittone d'Arezzo; ma ben presto Dante, sotto l'influsso di Cavalcanti e Guinizzelli, si avvicina alla poetica stilnovista. Il tema centrale è l'amore (principalmente per Beatrice ma anche per altre donne) che fa soffrire o gioire l'innamorato e lo eleva spiritualmente.

▸T69

La *Vita nuova*

Dopo la morte di Beatrice, Dante attraversa un periodo di profondo smarrimento, che lo induce ad approfondire, con l'aiuto della teologia e della filosofia, la sua concezione dell'esperienza amorosa: nella *Vita nuova* egli vuole riepilogare la storia del suo amore per Beatrice per metterne in luce il significato più autentico, che solo ora gli sembra di aver compreso a fondo.

Tra le poesie del decennio precedente raccoglie quelle che si prestano meglio allo scopo e le alterna a brani di prosa che commentano i versi e fanno da filo conduttore alla storia. Ne nasce un "romanzo" fatto di 42 capitoletti in prosa e 31 liriche, che ha probabilmente il suo modello nel *De consolatione philosophiae* ("La consolazione della filosofia") un'opera in versi e prosa scritta dal filosofo latino Severino Boezio (circa 480-526), il quale, trovandosi in carcere in attesa dell'esecuzione, immagina di dialogare con la Filosofia e riflette sulla fortuna, la felicità, la libertà dell'uomo e su altri temi.

La trama

Il libro non soddisfa la curiosità del lettore che voglia rendersi conto di come siano andate *realmente* le cose tra Dante e Beatrice: è il racconto di una vicenda interiore, di un percorso morale e intellettuale in cui, secondo la mentalità medievale, più che i fatti concreti conta il loro significato spirituale e simbolico, valido per tutti gli uomini di tutti i tempi. Attraverso alcune tappe fondamentali – il
▸T43 primo incontro con Beatrice bambina, la sua morte, preceduta da visioni luttuose, la
▸T46 contemplazione della sua gloria nei cieli – Dante traccia un percorso di progressiva spiritualizzazione dell'amore, che culmina nella decisione finale di non parlare più di Bea-
▸T47 trice fino a quando non sarà in grado di dirne «quello che mai non fue detto d'alcuna».

Tra realtà e simbolo

Quella che Dante racconta è certamente una storia d'amore basata su alcuni fatti reali, ma l'indeterminatezza dei luoghi, delle persone, delle vicende, l'atmosfera rarefatta che la circonda, il ricorso alla simbologia dei nomi e dei numeri la proietta su un piano astratto e intellettualistico: Beatrice non si chiama così per
▸T42 caso ma perché «dà beatitudine»; il suo saluto è un'offerta di salvezza soprannaturale (*salus* in latino); tutte le date della sua vicenda terrena sono basate sul numero nove per «dare a intendere ch'ella è uno nove, cioè uno miracolo, la cui radice [...] è solo la mirabile Trinità». Attraverso la scoperta progressiva del significato profondo del suo sentimento Dante passa gradualmente dall'amore-passione cantato da Cavalcanti, che turba e fa soffrire,
▸T44 all'amore-carità che si appaga, senza bisogno di «merzede», dell'essenza spirituale della
▸T45 donna. Il motivo guinizzelliano della donna-angelo che perfeziona il «cor gentile» dell'innamorato si colora di intonazioni mistiche e visionarie: la morte di Beatrice è annunciata da sconvolgimenti cosmici simili a quelli che nei Vangeli accompagnano la morte di Cristo, e Dante febbricitante crede di vederla ascendere al cielo tra gli angeli:

Levava li occhi miei bagnati in pianti,
e vedea, che parean gocce di manna,
li angeli che tornavan suso in cielo,
e una nuvoletta avean davanti,
dopo la qual gridavan tutti Osanna. [*Donna pietosa e di novella etate*]

Lo stile

Così un'opera tutta nutrita di cultura medievale – dai commenti biblici alle vite dei santi, dagli scritti dei mistici alle teorie cortesi e stilnoviste dell'amore – comunica ancora, sotto schemi intellettuali per noi quasi incomprensibili, la sua natura «fervida e passionata», secondo la definizione di Dante. La lingua elevata, fluida e musicale delle poesie, accostata a una prosa "poetica", ritmata, ricca di latinismi e di immagini tratte dalla tradizione lirica, avvolge in un clima teso e assorto l'alternarsi di riflessioni, sogni, visioni, raccoglimenti, e sa trasmettere anche ai lettori di oggi il senso di un'ispirata e intensa avventura intellettuale.

Le rime della maturità

Ma l'aristocratica finezza del linguaggio stilnovista è solo una delle strade battute da Dante. Tra l'ultimo decennio del secolo e i primi anni dell'esilio (circa 1290-1305) sperimenta un'amplissima gamma di forme poetiche, appropriandosi dei più diversi metri, temi e stili che la lirica del suo tempo gli offre: si delinea l'immagine di un poeta straordinariamente eclettico, capace di alternare all'assorta musicalità della *Vita nuova* i toni più aspri, energici, stridenti, scurrili.

PROFILO

La tenzone con Forese Donati e il *Fiore*

Nei tre sonetti della "tenzone" con Forese Donati (una specie di duello verbale in cui i due poeti, a turno, si insolentiscono in versi), scritti attorno al 1290, si cimenta con lo stile comico, alla maniera di Cecco Angiolieri e di Rustico Filippi, dando prova di una forza aggressiva che ritroveremo nei canti più caneglieschi e truci del basso *Inferno*. Di intonazione comica è anche il *Fiore*, scritto probabilmente qualche anno dopo e attribuito da alcuni studiosi a Dante, come abbiamo già accennato: è un rimaneggiamento in 232 sonetti del *Roman de la Rose*, ricco di francesismi, di anomalie metriche e di allusioni scurrili; se è di Dante, conferma il suo talento di spericolato sperimentatore.

• LA TENZONE CON FORESE
Chi udisse tossir la malfatata

Le "rime petrose"

Altrettanto lontane dalle dolcezze e dalle finezze spirituali dello stilnovo sono le "rime petrose", quattro componimenti dedicati a una donna detta «Pietra» per la granitica durezza del suo cuore. L'amore vi è rappresentato come un desiderio rabbioso e insoddisfatto, una lotta feroce tra il poeta incalzato dalla passione e la donna «che m'ha ferito il cuore e che m'invola / quello ond'io ho più gola». Lo stile, sotto l'influsso del *trobar clus* provenzale, predilige i suoni aspri, le parole rare, l'esibizione di un virtuosismo tecnico che emerge anche dalla complessità delle forme metriche (due canzoni, una sestina, una sestina doppia). Gli sfondi sono cristalline e gelide visioni di paesaggi pietrificati:

la terra fa un suol che par di smalto,
e l'acqua morta si converte in vetro
per la freddura che di fuor la serra. [*Io son venuto al punto de la rota*]

E quando il poeta immagina di poter finalmente mettere le mani sulla donna, la passione si tinge di colori sadici:

Omè, perché non latra
per me, com'io per lei, nel caldo borro?
ché tosto griderei: «Io vi soccorro»;
e fare'l volentier sì come quelli
che ne' biondi capelli
ch'Amor per consumarmi increspa e dora
►T49 *metterei mano, e piacere'le allora.* [*Così nel mio parlar voglio esser aspro*]

Le rime filosofiche e dell'esilio

Un terzo gruppo di rime, sui temi della nobiltà e della virtù, è legato agli studi teologici e filosofici a cui Dante si dedica dopo la morte di Beatrice. Lo stile è ancora quello, teso e appassionato, della poesia amorosa, a significare che la ricerca intellettuale e morale è vissuta dal poeta con la stessa totale dedizione profusa nella celebrazione della sua donna. Un analogo sentimento, ma più energico e aggressivo, anima le rime scritte nei primi anni dell'esilio: in esse Dante contrappone a un mondo devastato e corrotto, in cui dovunque trionfa la violenza, la sua solitaria e sdegnosa posizione di esule. Sullo sfondo del disordine presente si profila il sogno di una società pacificata, governata dalle leggi di giustizia volute da Dio:

Ma tu, foco d'amor, lume del cielo,
questa vertù che nuda e fredda giace
levala su vestita del tuo velo,
ché sanza lei non è in terra pace. [*Se vedi li occhi miei di pianger vaghi*]

Studiosi autorevoli hanno affermato che il campionario di temi e di stili offerto dalle poesie di Dante a questo punto della sua carriera poetica è talmente ricco che, anche se non avesse scritto la *Commedia*, sarebbe ugualmente il più grande poeta dell'epoca.

Le opere dottrinali

IL *CONVIVIO*

L'esilio strappa bruscamente a Dante i principali punti di riferimento affettivi, politici, economici, e lo costringe a ridefinire la propria visione del mondo, a dare un significato nuovo al suo impegno di uomo pubblico e di intellettuale. Ne scaturisce un'ampia e approfondita riflessione filosofica, teologica, letteraria, che trova il suo sbocco in due trattati scritti tra il 1304 e il 1307: il *Convivio* e il *De vulgari eloquentia*. Entrambi resteranno incompiuti per lasciare spazio alla stesura della *Commedia*.

La struttura, i destinatari, la lingua

Il *Convivio* doveva essere composto di 15 parti: una di introduzione generale e 14 di commento ad altrettante canzoni. Dante ne porta a termine quattro: quella introduttiva più tre, dedicate a tre delle sue rime di contenuto filosofico. Il titolo (*Convivio* significa "banchetto") si riferisce all'intenzione di offrire il cibo della sapienza a quanti ne sono privi: l'opera vuole inquadrare in un organismo unitario tutti i temi della cultura del tempo, dalla teologia alla filosofia alla politica, secondo la mentalità enciclopedica tipica della letteratura didattica medievale. La novità sta nel fatto che argomenti tradizionalmente affrontati in latino e riservati a una ristretta cerchia di dotti, principalmente chierici, sono trattati in lingua volgare, per un più vasto pubblico di «principi, baroni, cavalieri, e molt'altra nobile gente, non solamente maschi ma femine, che sono molti e molte [...] volgari, e non litterati». Il volgare – scrive Dante – può esprimere «altissimi e novissimi concetti», trattare tutti gli argomenti e cimentarsi con tutti gli stili; è, rispetto al latino, come un «sole nuovo, lo quale surgerà là dove l'usato tramonterà».

La missione dell'intellettuale

Nell'introduzione Dante dichiara di accingersi a scrivere un'opera erudita per risollevare la propria reputazione di intellettuale, avvilita dall'esilio; ma la motivazione più profonda è di ordine morale. «La scienza – scrive citando Aristotele – è ultima perfezione de la nostra anima, ne la quale sta la nostra ultima felicitade»: diffondere il sapere significa combattere contro il disordine che opprime l'umanità e richiamarla al vero scopo della sua esistenza. Un simile compito può essere svolto solo da uno studioso incorruttibile e disinteressato, che non sia «amico di sapienza per utilitade» come «li legisti, li medici e quasi tutti li religiosi», ma miri unicamente a «inducere li uomini a scienza e vertù». Attribuendo a se stesso questo compito, Dante prosegue la costruzione di quella figura di solitario e profetico "cantore della rettitudine" che troverà il suo pieno compimento nella *Commedia*.

T50

I temi

È altamente improbabile che il *Convivio* sia una lettura piacevole per un lettore di oggi. Per gli studiosi è importante, oltre che per l'appassionato elogio del volgare che apre prospettive nuove alla letteratura italiana, per il definirsi di alcuni temi fondamentali nell'evoluzione del pensiero di Dante. Nella quarta parte del trattato, per esempio, Dante ripropone il concetto stilnovista che la vera nobiltà non è legata alla nascita ma alla «bontà de l'animo». E afferma la necessità dell'Impero come unico governo per tutta l'umanità: poiché tutte le discordie e le violenze nascono dalla cupidigia dei singoli, «conviene di necessitade tutta la terra [...] essere Monarchia, cioè uno solo principato, e uno prencipe avere; lo quale, tutto possedendo e più desiderare non possendo, li regi tegna contenti ne li termini de li regni, sì che pace intra loro sia».

Lo stile

Un altro motivo di interesse riguarda lo stile. In contrasto con la natura «fervida e passionata» della *Vita nuova*, il *Convivio* vuole essere un'opera «temperata e virile»: la prosa che Dante vi sperimenta non procede più in modo evocativo, per illuminazioni improvvise, ma secondo un rigoroso ordine logico, basato sulla chiarezza, il vigore, la lucidità delle argomentazioni.

IL *DE VULGARI ELOQUENTIA*

Le risorse del volgare come lingua letteraria, già messe in evidenza nel *Convivio*, sono l'argomento centrale del trattato in prosa latina *De vulgari eloquentia*, progettato in quattro libri, di cui solo il primo e parte del secondo furono portati a termine. La scelta del latino e l'andamento accademico lo destinano, a differenza del *Convivio*, a un pubblico di specialisti, italiani e non.

Lo svolgimento

Dante inizia proclamando la supremazia del volgare, lingua «naturale» che si impara fin dall'infanzia, sul latino, che egli ritiene una lingua «artificiale» inventata dai dotti, che si apprende solo con lo studio. Disegna poi un percorso storico che parte dalla lingua ebraica, donata da Dio a Adamo, per giungere all'episodio biblico della torre di Babele, causa della differenziazione linguistica. Tra le lingue parlate al suo tempo, si sofferma sul «volgare del *sì*», usato in Italia, e ne passa in rassegna quattordici varietà regionali: ▸T51 nessuna di esse offre un linguaggio letterario degno di trattare argomenti elevati e utilizzabile in ogni parte della penisola; esso infatti dovrebbe essere «aulico» e «curiale», adatto cioè a essere parlato in un'ipotetica corte d'Italia governata unitariamente da un principe. Poiché questa corte non esiste, occorre che a creare un volgare «illustre» cooperino i più validi letterati delle varie parti d'Italia, superando i particolarismi delle parlate locali, sull'esempio di quanto hanno iniziato a realizzare i poeti siciliani e stilnovisti. Il trattato si interrompe nel momento in cui Dante sta illustrando i caratteri dello stile «tragico», il più elevato secondo la retorica medievale.

La costruzione della torre di Babele in una miniatura tratta dal *Libro delle Ore* del Duca di Bedford del 1423. (Londra, British Library)

I temi dell'opera

Il trattato è evidentemente datato e molte sue teorie appaiono oggi fantasiose e bizzarre a chi non le collochi nel quadro della cultura dell'epoca. Ci sono però alcuni concetti nuovi, tipici di Dante, di grande importanza storica:

- i giudizi, anche molto duri, che Dante pronuncia sui poeti del suo tempo e della generazione precedente documentano i gusti e la poetica di uno scrittore che si è lasciato alle spalle i limiti dell'ambiente fiorentino per allargare i suoi orizzonti di scrittore all'Italia intera;
- la sottolineatura del rapporto tra unità linguistica e unità politica d'Italia e la tesi che una lingua italiana debba nascere dal contributo di diversi dialetti saranno al centro della discussione di scrittori e intellettuali per tutto il corso della nostra storia letteraria;
- la catalogazione dei volgari regionali offre una prima carta dialettale d'Italia, preziosa per gli storici della lingua;
- l'affermazione della maggiore nobiltà di una lingua parlata rispetto a una lingua codificata dalla tradizione letteraria mette in discussione una gerarchia che durerà ben oltre l'epoca di Dante.

IL *MONARCHIA*

Ancora in latino, e ancora rivolto a un pubblico europeo di dotti, è il trattato in tre libri *Monarchia*, di data incerta ma probabilmente scritto dopo la discesa in Italia dell'imperatore Arrigo VII. In questa opera Dante affronta nuovamente il tema, già toccato nel *Convivio*, della monarchia universale, e sferra un appassionato attacco alle tesi teocratiche formulate dal suo acerrimo nemico Bonifacio VIII, che volevano l'imperatore subordinato al papa.

Lo svolgimento

Nel primo libro Dante sostiene – con argomenti analoghi a quelli esposti nel *Convivio* – la necessità di una monarchia universale per la salvaguardia della giustizia e della pace. Nel secondo dimostra che Dio ha scelto per questa funzione l'impero di Roma, destinandolo a governare legittimamente l'umanità. Nel terzo afferma che l'imperatore, come il papa, trae il suo potere direttamente da Dio; T52 le due autorità, distinte e indipendenti l'una dall'altra, devono collaborare per la realizzazione dei due fini dell'umanità: la felicità terrena, a cui è preposto l'imperatore, e la beatitudine celeste, di cui deve preoccuparsi il papa.

I temi dell'opera

Un imperatore che governi saggiamente l'umanità tenendo a freno le cupidigie dei singoli, e un papa tutto intento alle cose dello spirito, che non si immischi nelle faccende politiche: sullo sfondo dell'irreversibile crisi politica e morale delle due istituzioni universali, questa proposta ci appare un'utopia, modellata su un passato abbellito dalla fantasia, più che un'ipotesi concretamente praticabile. Tuttavia ha un impatto molto forte sul dibattito teologico e politico del tempo: da un lato sembra incrinare le salde gerarchie del pensiero religioso ufficiale attribuendo un valore autonomo alle finalità terrene dell'uomo; dall'altro ridimensiona fortemente l'autorità del papa a favore di quella dell'imperatore. Poco dopo la morte di Dante, nel 1329, il *Monarchia* sarà bruciato pubblicamente come libro eretico, concepito «per distruggere con la frode la verità salvifica». Nel Cinquecento sarà letto con interesse nell'ambiente della Riforma protestante: la Chiesa cattolica lo includerà nell'*Indice dei libri proibiti*, dove resterà fino al 1881.

LE ALTRE OPERE IN LATINO

Le lettere

Tra le altre opere di Dante, le più interessanti sono tredici lettere in latino, tutte del periodo dell'esilio, rivolte a destinatari illustri e composte secondo le regole elaborate dalla retorica medievale. Più significative sono quelle di contenuto politico, di tono violento e profetico, nelle quali Dante si presenta come colui che ha ricevuto da Dio il compito di predicare il ripristino della pace e della giustizia, non lesinando le rampogne e le minacce di punizione divina. Di attribuzione discussa è la lettera con la quale Dante dedica il *Paradiso* a Cangrande della Scala, molto importante perché descrive la struttura della *Commedia* e il significato che l'autore intende attribuirle.

▸T53

Le ecloghe e la *Questio de aqua et de terra*

Ispirate al modello virgiliano sono due ecloghe (1319-1320), componimenti pastorali in esametri latini scritti per rispondere al professore universitario di Bologna Giovanni del Virgilio, che aveva invitato Dante ad abbandonare il volgare adoperato nella *Commedia* per scrivere un poema in latino che piacesse ai dotti e gli guadagnasse la corona di poeta nello studio bolognese. Dante, nel ribadire la sua intenzione di ottenere la gloria proprio con la *Commedia* e a Firenze, fa sfoggio della sua abilità di comporre in latino. Nello stesso anno, partecipando a una di quelle dispute in cui filosofi e teologi, a colpi di citazioni di Aristotele, discutevano pubblicamente sugli argomenti più disparati, espone nella Chiesa di Sant'Elena a Verona una relazione in latino «sul sito e la forma dell'acqua e della terra».

La *Commedia*

UN «POEMA SACRO»

Il genere

La *Commedia*, scritta probabilmente tra il 1304-1307 e l'anno della morte di Dante, inizia dove si interrompono il *Convivio* e il *De vulgari eloquentia*. A quel punto del suo percorso Dante si rende conto che la sua intenzione di offrire a un pubblico ampio un sapere globale, nutrito delle certezze morali e politiche consolidate dall'esilio, può risultare più incisiva ed efficace se, anziché utilizzare la forma del trattato e dell'argomentazione razionale, si appoggia alla forza comunicativa della poesia. La tradizione letteraria gli offre come modello il poema didattico-allegorico, importato in Toscana da Brunetto Latini, che Dante coniuga col tema del viaggio nell'aldilà, già presente nel sesto libro dell'*Eneide* e affrontato in termini cristiani nelle «visioni» di Giacomino da Verona e Bonvesin de la Riva. Ma la *Commedia* si differenzia nettamente dalla precedente letteratura didattica. Il suo scopo non è di offrire ai lettori un repertorio enciclopedico di nozioni a scopo pratico o erudito, ma di «allontanare quelli che vivono questa vita dallo stato di miseria e condurli a uno stato di felicità» (*Lettera a Cangrande*): le notizie astronomiche e astrologiche, le riflessioni filosofiche, teologiche e politiche che, nel poema, vengono a comporre una straordinaria sintesi della cultura medievale, sono tutte animate da questa profonda urgenza morale e religiosa.

▸T53

Il modello di mondo

L'esempio più evidente è offerto dal modello di mondo che, sulla scorta delle concezioni del tempo, Dante disegna nel suo poema. La Terra, divisa in un emisfero abitato e in uno coperto dall'Oceano, sta immobile al centro dell'universo. Attorno a essa ruotano nove cieli, sfere trasparenti concentriche mosse da nove schiere di angeli sotto l'impulso di Dio; oltre il nono cielo si estende, immobile, l'Empireo, dove stanno Dio e le anime beate. L'Inferno è un enorme buco a forma di imbuto rovesciato che si apre nell'emisfero terrestre abitato nei pressi di Gerusalemme e arriva fino al centro della Terra: è stato provocato dalla caduta di Lucifero quando Dio l'ha scaraventato giù dal cielo per punire la sua superbia. La Terra, che si è ritratta per non toccare il corpo dell'angelo ribelle, è emersa agli antipodi di Gerusalemme, in mezzo all'Oceano, e ha formato la montagna del Purgatorio, dove le anime dei peccatori degni di perdono si purificano prima di ascendere al Paradiso.

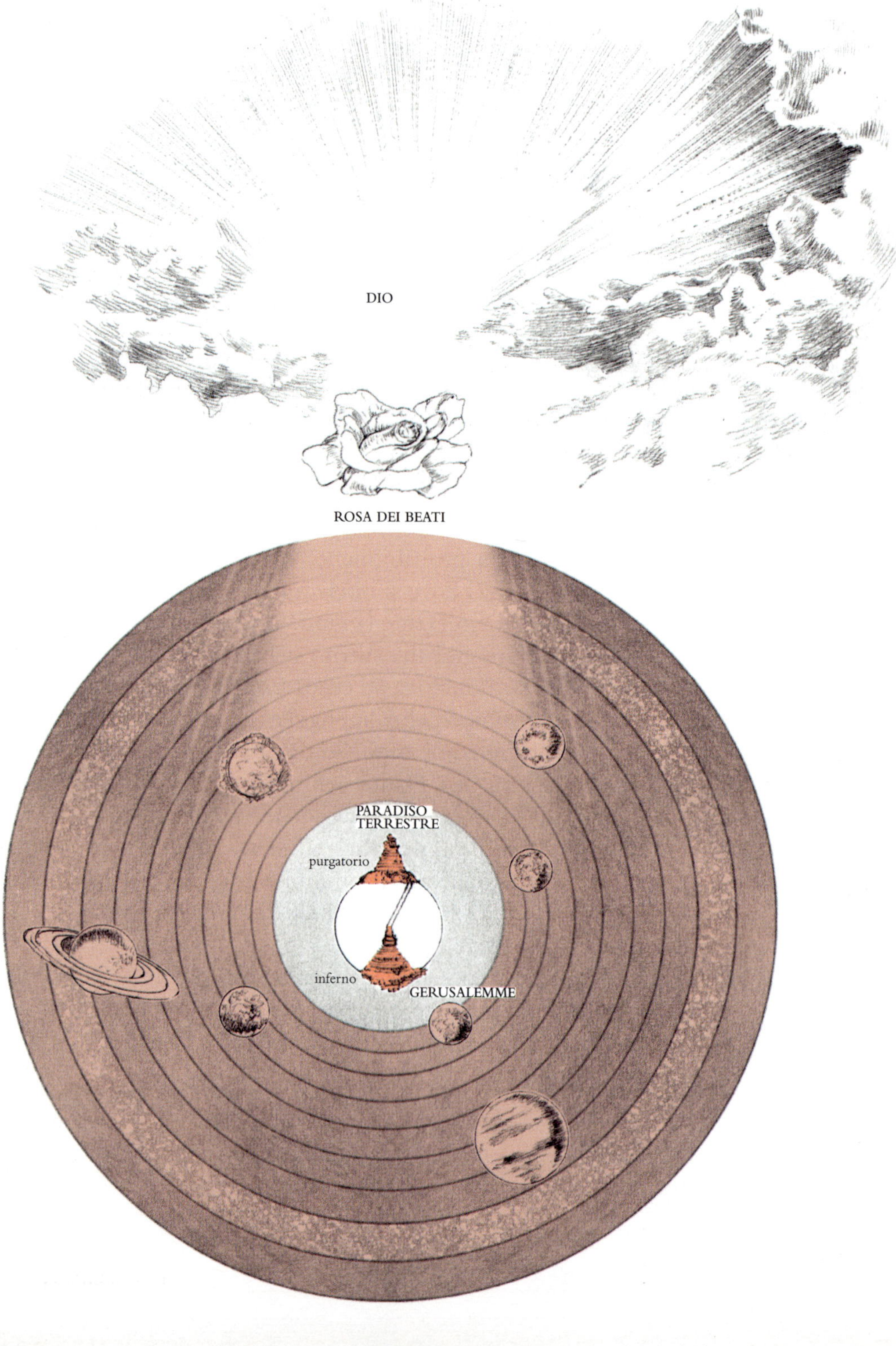

Nella struttura e nel funzionamento di questa macchina perfetta è impressa l'infinita intelligenza e giustizia del suo creatore. L'uomo è posto al centro dell'universo, libero di scegliere tra il bene e il male, esposto sia agli influssi benefici che provengono dai cieli sia alle tentazioni e agli orrori che salgono dall'Inferno. Quanto più ci si allontana dal centro della Terra, dove è incastrato Lucifero, tanto più si attenua l'influsso malefico del diavolo e si accentua l'influenza salvifica di Dio: nell'Inferno i peccatori sono distribuiti in nove cerchi o gradini concentrici, tanto più bassi quanto più grave è la colpa da espiare.

Analogamente, le sette cornici del Purgatorio ospitano categorie di peccati via via più lievi man mano che si sale verso il cielo. Anche i cieli del Paradiso hanno una loro organizzazione diversificata, basata sulla specifica virtù che appartiene a ciascuno di essi e sulla diversa velocità della loro rotazione, proporzionale alla vicinanza a Dio, «l'amor che move il sole e l'altre stelle».

La trama

Il viaggio di Dante attraverso i tre regni dell'aldilà inizia il Venerdì Santo dell'anno 1300 e dura sette giorni. Smarritosi in una «selva oscura», simbolo del peccato, vi incontra Virgilio, mandato in suo soccorso da Beatrice. Il poeta latino gli annuncia che, per uscire dalla selva, dovrà percorrere l'Inferno, il Purgatorio e il Paradiso: nei primi due regni gli farà da guida lui stesso; nel terzo questo compito toccherà a Beatrice.

▸T54 ▸T60

Dante scende nell'Inferno, un'immensa voragine, piena di orrori, fetori e grida, dove, con l'aiuto di Virgilio, si incontra, si scontra e dialoga con molti dannati, puniti, secondo la legge del contrappasso, con un supplizio che richiama per somiglianza o per contrasto il peccato commesso. Spesso si commuove sul loro destino, ma non mancano le occasioni in cui si compiace dell'atrocità delle loro pene. Giunto al fondo dell'Inferno, dove Lucifero è conficcato nel ghiaccio al centro della Terra, risale per un lungo condotto verso la superficie, dove sorge, su un'isola in mezzo all'oceano agli antipodi di Gerusalemme, la montagna del Purgatorio.

▸T61 ▸T64

Qui i peccatori non dimorano in un solo girone, ma li percorrono tutti e sette, sostando soltanto in quelli relativi alle colpe che hanno commesso; il dialogo che Dante instaura con loro è sereno e affettuoso, illuminato dalla speranza del Paradiso. Come per le anime, anche per Dante l'ascesa della montagna si configura come una graduale purificazione, segnata dalla progressiva cancellazione di sette P impresse dalla spada fiammeggiante di un angelo sulla sua fronte all'inizio della salita. Giunto sulla vetta, Dante si trova in un vasto giardino fiorito, il Paradiso terrestre da cui furono cacciati Adamo ed Eva. Qui Virgilio si congeda da Dante e compare Beatrice. Il significato allegorico di questo avvicendamento è che, per raggiungere la salvezza, la ragione umana, sia pure sorretta da una retta coscienza, non può bastare: occorre che l'uomo sia illuminato dalla fede e dalla rivelazione divina.

▸T65 ▸T68

Guidato da Beatrice, Dante sale attraverso i nove cieli che circondano la Terra. I beati si mostrano a Dante nei diversi cieli, corrispondenti alle loro qualità e virtù; man mano che si sale, ogni parvenza terrena e umana scompare e le anime appaiono come fiamme, splendori, luci, in un clima sempre più rarefatto e luminoso. Nell'ottavo cielo Dante è interrogato da San Pietro, San Giacomo e San Giovanni sulle tre virtù teologali (fede, speranza, carità); superato l'esame e visitato il nono cielo, giunge nell'Empireo, dove, assistito non più da Beatrice ma da San Bernardo (simbolo del misticismo), può contemplare la Vergine e i beati, e infine, in un'illuminazione improvvisa e sconvolgente, immergersi nella visione di Dio.

LA PLURALITÀ DI SIGNIFICATI E DI TONI

Nelle intenzioni di Dante la *Commedia* è un «poema sacro», e, come la Sacra Scrittura, non ha un unico significato: «È dunque il soggetto di tutta l'opera, se si prende alla lettera, lo stato delle anime dopo la morte [...]. Ma se si considera l'opera sul piano allegorico, il soggetto è l'uomo in quanto, per i meriti e demeriti acquisiti con libero arbitrio, ha conseguito premi e punizioni da parte della giustizia divina» (*Lettera a Cangrande*). ▸T53 Così il viaggio di Dante nei tre regni simboleggia la sua esperienza spirituale di conoscenza e di redenzione, ma traccia anche il cammino che l'intera umanità deve compiere per liberarsi dalla miseria e dalla corruzione e per raggiungere la felicità e la pace. Ammesso a penetrare i misteri più nascosti dell'universo, Dante è chiamato da Dio, come gli antichi profeti, ad annunciare l'urgente necessità di una conversione radicale, che coinvolge tutti gli aspetti della vita dell'uomo: i comportamenti morali, gli ordinamenti politici, le concezioni teologiche e filosofiche sono profondamente corrotti e solo un cambiamento globale potrà frenare la punizione divina. Per questo la *Commedia* non è solo l'avvincente racconto di un viaggio in mondi fantastici ma è anche profezia, invettiva, trattazione scientifica, manifesto politico, preghiera, atto di fede; e assume tutte le forme e tutte le intonazioni adatte a istruire, ammonire, spaventare, persuadere, commuovere il lettore medievale (al quale – è bene ricordarlo – i regni dell'aldilà raffigurati nel poema apparivano del tutto concreti e verosimili).

L'unità del poema

Questa grande varietà di significati e di toni è unificata da una fitta rete di corrispondenze, simmetrie, parallelismi che danno vita a una struttura poderosa e compatta. Un rilievo tutto particolare ha da questo punto di vista la simbologia dei numeri, basata sul tre e sul dieci (simboli rispettivamente della trinità e della perfezione) e sui loro multipli: la *Commedia* è divisa in tre cantiche in terzine, di 33 canti ciascuna, tranne l'*Inferno* che ne ha uno in più, di introduzione all'opera intera; così i canti sono in tutto 100. Anche la disposizione dei singoli canti nel poema, la struttura interna dei tre regni, il ritorno ciclico di temi e immagini nel corso della narrazione rispondono a un ordine rigoroso, che non ha una funzione puramente estetica ma vuole modellarsi sull'ordine perfetto che Dio ha impresso nell'architettura dell'universo. A una logica altrettanto ferrea si ispira l'idea della storia che emerge gradualmente nel corso del poema: dalla creazione all'incarnazione di Gesù, dallo sviluppo dell'Impero romano fino allo stesso viaggio di Dante, gli eventi sono scanditi secondo un disegno provvidenziale da cui traspaiono l'infinita giustizia e la razionalità perfetta della mente divina.

Simbolismo e realismo

Se la gloria di Dio risplende in ogni parte della creazione, non c'è nessun frammento della realtà, per quanto basso e vile, che non meriti di essere rappresentato nella sua concreta e individuata corporeità. Nell'aldilà di Dante non c'è nulla di vago o di indefinito: i bui paesaggi pieni di grida e di mostri dell'*Inferno*, così come le scene primaverili del *Purgatorio*, hanno tutta la solidità e la fisicità della natura terrena; e anche negli ultimi canti del *Paradiso*, dove non ci sono più paesaggi materiali e Dante si sforza di esprimere con parole un'esperienza indicibile, le visioni e i rapimenti mistici sono evocati attraverso fantasmagorie di musiche, di luci e di colori, forme astratte, figure geometriche di straordinaria nitidezza ed efficacia figurativa. Un discorso analogo vale per gli svariatissimi personaggi – antichi e contemporanei, mitici e storici, famosi e sconosciuti, tratti dall'epica classica, dalla Bibbia e dalla cronaca contemporanea – che Dante incontra lungo il suo cammino: presi a simbolo di un vizio o di una virtù, sono bloccati in ritratti incisivi e potenti, che danno forma concreta ai più diversi aspetti della natura umana, dalla fetida animalità dei dannati del basso Inferno alla serena mansuetudine delle anime purganti alla pura beatitudine dei santi; ma sono anche personaggi "vivi", che esercitano un forte fascino sui lettori, indipendentemente dal loro significato simbolico. Così tra i dannati Dante incontra uomini e donne animati da passioni eroiche e da sentimenti umani autentici, in drammatico contrasto con l'orrore e la degradazione che li circondano. È il caso di Ulisse, che, prima di affrontare il suo ultimo viaggio, esprime nell'esortazione rivolta ai suoi compagni un'altissima concezione della natura umana:

PROFILO

Considerate la vostra semenza:
fatti non foste a viver come bruti,
▸T59 *ma per seguir virtute e canoscenza.* [*Inf.*, XXVI]

Analogamente, il clima rarefatto e spirituale del *Paradiso* è contrappuntato dal riemergere di passioni e tensioni del mondo materiale, come l'invettiva di San Pietro contro papa Bonifacio VIII, fremente di uno sdegno più terreno che celestiale:

Quelli che usurpa in Terra il loco mio,
il loco mio, il loco mio, che vaca
ne la presenza del figliol di Dio,
fatt'ha del cimitero mio cloaca
▸T67 *del sangue e della puzza* [...] [*Par.*, XXVII]

Lo stile

Questa grande varietà di situazioni è raffigurata con una duttilità stilistica completamente nuova. Nella *Lettera a Cangrande* Dante interpreta ▸T53 il titolo *Commedia* (l'aggettivo «divina» fu un'aggiunta di Boccaccio, poi ripresa da un'edizione cinquecentesca) come allusione a un'opera che all'inizio è «paurosa e fetida», ha una conclusione «buona, desiderabile e gradita» ed è scritta in stile «dimesso e umile». In realtà il poema stravolge completamente la tripartizione degli stili codificata dalla retorica medievale: l'ambizione di coniugare speculazione filosofica e narrazione, di rappresentare ogni aspetto dell'universo, dai più turpi meandri dell'Inferno alla visione del mistero di Dio, esige una lingua nuova e sperimentale, capace di aderire a una sterminata varietà di immagini, personaggi, concetti, sentimenti. Così Dante riprende gli stili più diversi sperimentati nelle *Rime* e li mescola tra loro, adattando di volta in volta il livello espressivo alla situazione narrativa.

Esempi di stile "comico" e plebeo si hanno nella rappresentazione delle baruffe tra i demoni e i dannati, nelle invettive contro la corruzione politica e religiosa, o nelle descrizioni in cui Dante vuole raffigurare con particolare violenza la degradazione del peccato.

Ma non manca lo stile dolce ed elegiaco, frequente specialmente nel clima nostalgico del *Purgatorio*:

Era già l'ora che volge il disio
ai naviganti e intenerisce il core,
lo dì che han detto ai dolci amici addio; [*Purg.*, VIII]

Il Paradiso terrestre in un dipinto di Giovanni di Paolo del 1445. (New York, Metropolitan Museum of Art)

Lo stile sublime è particolarmente presente nei canti di discussione dottrinale, sempre più numerosi man mano che dall'Inferno si sale in Paradiso, e raggiunge un limite estremo quando Dante mobilita tutte le sue risorse di poeta per tradurre in parole la sconvolgente esperienza della visione di Dio. Una lettura dei punti culminanti dei canti XXXI-XXXIII potrà darvi un'idea della straordinaria tensione stilistica che nasce dallo sforzo di dare una forma verbale a concetti e sentimenti umanamente inesprimibili.

Così la lingua della *Commedia* scardina i limiti di quel «volgare illustre» che Dante stesso aveva teorizzato nel *De vulgari eloquentia*: il lessico, principalmente fiorentino, svaria dai termini più dotti a quelli più familiari e scurrili, e non mancano i prestiti da altri volgari, i latinismi, i francesismi e le parole nuove, inventate per dar forma a emozioni o concetti che la lingua codificata non sapeva esprimere adeguatamente. Questa estrema inventività ed eterogeneità linguistica conferiscono al volgare della *Commedia* una complessità e una duttilità del tutto nuove, degne di competere da pari a pari – secondo l'intenzione consapevole di Dante – con le grandi opere dell'antichità classica. Da questo punto di vista, oltre a essere il fondatore della lingua e della letteratura italiana, Dante è il primo grande scrittore europeo.

Dante e i suoi lettori

INTERPRETAZIONI DELLA *COMMEDIA*

I contemporanei

Man mano che la *Commedia* veniva divulgata (l'*Inferno* e il *Purgatorio* tra il 1313 e il 1316, il *Paradiso* dopo la morte di Dante), nell'Italia centrale e settentrionale la gente la leggeva, se la copiava, ne imparava dei pezzi a memoria: se gli intellettuali ne ammiravano la vastità della dottrina, gli artigiani, i bottegai e la gente del popolo erano colpiti dalla forza narrativa con cui era rappresentato quel mondo ultraterreno che condensava le loro speranze e i loro terrori, e vi riconoscevano volentieri personaggi impressi nella fantasia o nella memoria collettiva. Dopo la morte del poeta la *Commedia* si leggeva nelle chiese e nelle università, ed era oggetto di eruditi commenti scritti. La figura stessa di Dante, sapiente sdegnoso e solitario, divenne quasi proverbiale: alcuni pensavano che fosse stato davvero nell'aldilà.

«Parole rozze e disonorate»

A partire dalla seconda metà del Trecento, con l'affermarsi dell'umanesimo, l'entusiasmo per la *Commedia* si affievolì: le concezioni religiose e politiche di Dante erano estranee agli orientamenti della nuova civiltà; il suo stile non rientrava nei canoni estetici di una letteratura ispirata all'ideale classico di armonia e di compostezza. Pietro Bembo, il principale teorico del classicismo umanistico-rinascimentale, gli rimproverò di non aver «voluto pigliar fatica di dire con più vaghe e onorate voci quello che [...] egli ha detto con rozze e disonorate», e contrappose alla lingua «dura e spiacevole» della *Commedia* il lessico scelto ed elevato della lirica petrarchesca (1525). Il ridimensionamento della grandezza di Dante giunse al culmine nel Settecento, quando l'illuminismo mise sotto accusa il Medioevo come epoca rozza e oscurantista.

L'«apice delle letterature»

Perché Dante tornasse al centro dell'interesse dei lettori e degli studiosi bisognava aspettare l'Ottocento romantico, che ne apprezzò la forza visionaria, il vigore del messaggio morale e civile, valorizzando proprio quegli aspetti "barbarici" che il gusto umanistico e illuministico criticava. Da allora l'opera dantesca è stata letta, studiata, rielaborata da scrittori e critici di tutte le nazioni e tutte le lingue. «Dante – ha scritto il poeta inglese Thomas Stearn Eliot – è il poeta più *universale* che abbia scritto in lingua moderna». Eugenio Montale ha definito la *Commedia* «l'ultimo miracolo della poesia mondiale». E lo scrittore argentino Jorge Luis Borges gli ha fatto eco: «Credo che l'apice della letteratura e delle letterature sia la *Commedia*» (p. 315).

▸C4

PROFILO

"Poeta suo malgrado"?

Questi giudizi di tre dei maggiori scrittori del Novecento si inquadrano nell'ambito dell'unanime ammirazione per l'autore italiano più conosciuto e più studiato nel mondo: negli ultimi due secoli la grandezza della poesia dantesca è rimasta indiscussa. Ci sono stati però studiosi che hanno voluto distinguere il Dante poeta dal Dante filosofo e teologo, svalutando il sistema di pensiero che fa da struttura al poema, e isolandone qua e là i frammenti giudicati autenticamente poetici: Dante sarebbe un "poeta suo malgrado", capace di superare, grazie a una straordinaria forza creativa, i limiti della visione del mondo sua e del suo tempo. Per cogliere pienamente la poesia della *Commedia*, bisognerebbe svincolarla dall'architettura dottrinale e teologica del poema, considerata un ingombro inutile e superato.

Un'unità inscindibile

A questa valutazione, che condanna tutto ciò che appartiene alla cultura medievale e salva solo ciò che va d'accordo con la sensibilità moderna del critico, si è contrapposta una linea interpretativa, oggi largamente dominante, che considera la *Commedia* nella sua globalità, come un'opera in cui la fede religiosa, le concezioni filosofiche e teologiche, il sentimento e la ragione si saldano in un'unità inscindibile. «Per leggere il poema nel modo in cui esso esige di essere letto – ha scritto il critico americano Charles Singleton – occorre che i lettori compiano lo sforzo di stabilire al fondo della loro mente ciò che la mentalità medievale accoglieva senza esitazioni: un *itinerarium mentis ad Deum* [...] come avvenimento reale dell'anima» (p. 314).

▸C3

Dante e noi

Per questo spesso gli studiosi più autorevoli, e anche molti libri scolastici, mettono in guardia da una lettura per frammenti, da un'ingenua identificazione con i personaggi più appassionanti o le scene più commoventi, e invitano a un rigoroso studio preliminare, a una lettura filologicamente e storiograficamente avvertita. Ma probabilmente neppure quegli artigiani e quei bottegai che nel Trecento recitavano Dante a memoria avevano letto tutto il poema, capivano fino in fondo ogni sottinteso e decifravano alla perfezione ogni concetto filosofico. Noi vi consigliamo di cimentarvi direttamente col testo, senza preoccuparvi troppo se non capite tutto alla prima lettura, di godervi tranquillamente la *suspense* e i colpi di scena, la straordinaria galleria di tipi umani mossi da passioni strane e terribili, i mostri e i demoni dell'*Inferno*; progressivamente, attraverso una lettura più approfondita della prima cantica e assaggi sempre più consistenti delle altre due, scoprirete quanta profondità intellettuale, ansia di conoscenza, sapienza stilistica, Dante abbia saputo condensare nel suo poema. E forse riconoscerete nella sua figura di solitario ricercatore della verità e della giustizia un interlocutore che può dirci qualcosa, oggi, sul senso della nostra vita.

Statua in bronzo di Dante realizzata da Ettore Ximenes nel 1921. (Washington, Meridian Hill Park)

FISSA I CONCETTI

DANTE ALIGHIERI (1265-1321)

VITA E IDEE

- Incontro con Beatrice, supremo ideale femminile e spirituale
- Studi filosofici: ricerca della perfezione morale
- Attività politica
  - Militanza nei guelfi bianchi
  - Condanna all'esilio (1302)
  - Speranza in Arrigo VII

LE *RIME*, LA *VITA NUOVA*, IL *FIORE*

- ***Vita nuova*** (1293-1294): racconto retrospettivo dell'amore di Dante per Beatrice; selezione di poesie disposte in modo da disegnare un percorso intellettuale e poetico esemplare
- ***Rime***: vasta gamma di forme poetiche e di metri ("rime petrose", tenzone con Forese Donati)
- ***Fiore*** (soltanto attribuito a Dante): rimaneggiamento del *Roman de la Rose*

LE OPERE DOTTRINALI

- ***Convivio*** (1304-1307, incompiuto): opera enciclopedica in volgare, per un vasto pubblico
- ***De vulgari eloquentia*** (1304-1307, incompiuto): trattato in latino sulle risorse del volgare come lingua letteraria
- ***Monarchia*** (datazione incerta): trattato in latino di argomento politico, in tre libri

La vita e le idee

- Quali furono le fonti di sostentamento di Dante nel corso della sua vita?
- Come si collocò nell'ambito delle lotte politiche che laceravano Firenze?
- Quali conseguenze ebbe sulla sua visione del mondo l'esperienza dell'esilio?

Le opere dottrinali

- Sintetizzate le concezioni linguistiche che Dante ha espresso sia nel *Convivio*, sia nel *De vulgari eloquentia*.
- Facendo riferimento alle vicende biografiche di Dante e al contenuto del trattato *Monarchia*, sintetizzate gli aspetti fondamentali del suo pensiero politico.
- Considerando tutte le opere di Dante, quali sono scritte in latino e quali in volgare? Come si possono interpretare queste diverse scelte linguistiche?
- Nelle sue opere Dante riprende filoni e generi della letteratura a lui contemporanea. Di ciascuna di esse indicate i precedenti e gli eventuali caratteri di novità.

LA *COMMEDIA* (1304-1321)

- Poema didattico-allegorico
- Tema del viaggio nell'aldilà
- Struttura organica e unitaria: tre cantiche in terzine di 33 canti ciascuna (tranne l'*Inferno* che ne ha uno in più, di introduzione all'opera intera)
- Pluralità di significati e di temi (morale, politica, teologia, filosofia ecc.)
- Fitta rete di corrispondenze e allegorie
- Simbolismo e realismo narrativo
- Grande duttilità stilistica (dottrina dei tre stili)

DANTE E I SUOI LETTORI

- Immediata e straordinaria diffusione della *Commedia* tra dotti e gente comune
- Condanna di umanesimo e illuminismo
- Profeta poetico e politico per il romanticismo
- "Poeta suo malgrado?"
  - Momenti di altissima poesia in una struttura astratta e didascalica
  - Profonda identità di struttura e poesia, di pensiero religioso e sentimento umano (Singleton)

La *Commedia*

- Sintetizzate le tappe di composizione e di pubblicazione della *Commedia*.
- Come si inquadra la *Commedia* nell'ambito dei generi letterari dell'epoca?
- Quali sono le implicazioni teologiche e morali del modello di mondo che fa da sfondo alla *Commedia*?
- Quali sono le tappe fondamentali della trama della *Commedia*?
- Qual è il significato allegorico del viaggio compiuto da Dante?
- Quali caratteristiche della struttura garantiscono la salda unità del poema?
- Quale rapporto si può istituire fra il linguaggio della *Commedia* e la teoria degli stili codificata dalla retorica medievale?
- Quale idea della funzione dell'intellettuale emerge dalle opere di Dante?

Dante e i suoi lettori

- Quali caratteri della poesia dantesca, svalutati nel periodo umanistico e illuministico, sono apprezzati dalla sensibilità romantica?

2 DANTE ALIGHIERI

I TESTI

UN TESTO ESEMPLARE — ANALISI

T42 ▸ Tanto gentile e tanto onesta pare

PERCORSO
- La lirica d'amore, p. 534
- Le donne come soggetto e come oggetto della scrittura (I), p. 542

Il capitolo XXVI della *Vita nuova* (vedi p. 208) si colloca in un momento culminante del processo di progressiva spiritualizzazione dell'amore raccontato nell'opera. Dante, per mantenere segreto il suo sentimento secondo i precetti dell'amore cortese, ha finto di corteggiare altre donne, e Beatrice, offesa, gli ha negato quel saluto beatifico nel quale egli riponeva tutta la sua felicità. Ma questo evento drammatico non produce disperazione nel poeta: la strada da seguire ora è quella dell'amore totalmente disinteressato, che si appaga della lode della donna senza aspettarsi nulla in cambio. Viene così superata la logica dell'amore cortese, che spera in qualche «merzede» da parte dell'amata, e sono portate all'estremo le concezioni morali e religiose del «dolce stil novo».

▸ **METRO**: il testo include un sonetto.

XXVI. Questa gentilissima donna, di cui ragionato è ne le precedenti parole[1], venne in tanta grazia de le genti[2], che quando passava per via, le persone correano per vedere lei; onde[3] mirabile letizia me ne giungea. E quando ella fosse presso d'alcuno, tanta onestade[4] giungea nel cuore di quello, che non ardia di levare li occhi[5], né di rispondere a lo suo saluto; e di questo molti, sì come esperti, mi potrebbero testimoniare[6] a chi non lo credesse. Ella coronata e vestita d'umilitade s'andava, nulla gloria mostrando di ciò ch'ella vedea e udia[7]. Diceano molti, poi che passata era: «Questa non è femmina, anzi è uno de li bellissimi angeli del cielo». E altri diceano: «Questa è una maraviglia[8]; che benedetto sia lo Segnore, che sì

1. **di cui... parole**: di cui si è parlato nelle precedenti poesie.
2. **venne... genti**: suscitò tanta ammirazione e benevolenza nella gente.
3. **onde**: per cui.
4. **onestade**: umiltà.
5. **ardia... li occhi**: osava alzare lo sguardo.
6. **di questo... testimoniare**: molti potrebbero essermi testimoni di ciò, avendone fatta esperienza.
7. **nulla... udia**: non dimostrando alcun orgoglio per l'ammirazione che vedeva e udiva intorno a sé.
8. **maraviglia**: miracolo.

mirabilemente sae adoperare[9]!». Io dico ch'ella si mostrava sì gentile e sì piena di tutti li piaceri[10], che quelli che la miravano[11] comprendeano in loro[12] una dolcezza onesta e soave, tanto che ridicere non lo sapeano; né alcuno era lo quale potesse mirare lei, che nel principio nol convenisse sospirare[13]. Queste e più mirabili cose da lei procedeano virtuosamente[14]: onde io pensando a ciò, volendo ripigliare lo stilo de la sua loda[15], propuosi[16] di dicere parole, ne le quali io dessi ad intendere de le sue mirabili ed eccellenti operazioni[17]; acciò che non pur coloro che la poteano sensibilemente vedere, ma li altri sappiano di lei quello che le parole ne possono fare intendere[18]. Allora dissi questo sonetto, lo quale comincia: *Tanto gentile.*

Tanto gentile e tanto onesta pare[19]
la donna mia quand'ella altrui saluta[20],
ch'ogne lingua deven tremando muta,
e li occhi no l'ardiscon di guardare[21].
Ella si va, sentendosi laudare,
benignamente d'umiltà vestuta[22];
e par che sia una cosa venuta
da cielo in terra a miracol mostrare[23].
Mostrasi sì piacente[24] a chi la mira,
che dà per li occhi[25] una dolcezza al core,
che 'ntender no la può[26] chi no la prova:
e par che de la sua labbia si mova[27]
un spirito soave pien d'amore,
che va dicendo a l'anima: Sospira.

Dante Alighieri, *Vita nuova*, XXVI, in *Opere minori*, a cura di D. De Robertis e G. Contini, Ricciardi, Milano-Napoli, 1995, volume I, tomo I

9. **sì... adoperare**: sa agire così meravigliosamente.
10. **piena... piaceri**: dotata di ogni virtù.
11. **miravano**: contemplavano.
12. **comprendeano in loro**: erano colmati da.
13. **né alcuno... sospirare**: e non c'era nessuno che potesse contemplarla senza essere immediatamente (*nel principio*) spinto a sospirare.
14. **da lei... virtuosamente**: emanavano da lei per la sua virtù.
15. **lo stilo... loda**: lo stile usato nelle poesie in lode di Beatrice.
16. **propuosi**: decisi.
17. **dicere... operazioni**: scrivere poesie (*dicere parole*) nelle quali io facessi capire (*dessi ad intendere*) i meravigliosi e straordinari effetti dei suoi comportamenti.
18. **acciò che... intendere**: affinché non solo (*non pur*) coloro che potevano vederla materialmente con i loro occhi (*sensibilemente*), ma anche gli altri sapessero di lei ciò che si può capire attraverso la poesia.
19. **Tanto... pare**: si manifesta tanto nobile e decorosa nei suoi atteggiamenti.
20. **quand'ella altrui saluta**: quando saluta qualcuno (*altrui*).
21. **ch'ogne lingua... guardare**: che ognuno ammutolisce (*ogne lingua deven muta*) per la trepidazione (*tremando*) e non osa alzare gli occhi per guardarla.
22. **Ella... vestuta**: ella procede, sentendosi lodare, benevolmente vestita d'umiltà. L'atteggiamento umile della donna manifesta la sua benevolenza verso gli altri.
23. **par... mostrare**: si manifesta come una creatura scesa dal cielo sulla terra per mostrare un miracolo di Dio.
24. **piacente**: bella.
25. **dà per li occhi**: trasmette attraverso la vista.
26. **'ntender no la può**: non può comprenderla.
27. **par... mova**: sembra che dal suo volto emani.

Busto di dama in terracotta del XIX secolo. (Collezione privata)

ANALISI DEL TESTO

COMPRENDERE

Un'apparizione miracolosa Per comprendere il tema centrale del sonetto incluso in questo brano, bisogna tenere presente che il verbo "parere", che ricorre in tre punti cruciali del testo (vv. 1, 7, 12), non ha il significato che gli diamo noi oggi. Se così fosse, il primo verso si potrebbe tradurre: "La mia donna *sembra* tanto gentile e onesta (ma potrebbe non esserlo...)". Invece per Dante la parola *pare* significa "appare" (come un'apparizione soprannaturale), "si manifesta pienamente", "mostra la sua vera essenza". Un significato analogo ha il verbo *mostrare / Mostrasi* che fa da cerniera fra le quartine e le terzine (vv. 8-9). Non si tratta dunque della semplice descrizione di una bella donna che passeggia e saluta gli astanti allietandoli con la sua bellezza, ma dell'evocazione di un'apparizione straordinaria, attraverso la quale si rivela una verità assoluta. Gli attributi morali (*gentile, onesta, benignamente d'umiltà vestuta*) e la bellezza (*piacente*) di Beatrice sono una manifestazione terrena di realtà soprannaturali, un veicolo del messaggio di salvezza inviato da Dio agli uomini. Anche il saluto della donna, che lascia senza parole coloro che lo ricevono (vv. 2-3), non è un semplice gesto di gentilezza, ma un vero e proprio atto salvifico (in latino *salus* significa "salvezza"), un esplicito annuncio di questa redenzione che viene dall'alto. Per questo Beatrice è presentata come una creatura celeste, *una cosa venuta / da cielo in terra a miracol mostrare* (vv. 7-8).

Una lode corale Il carattere soprannaturale dell'apparizione è sottolineato dalla totale assenza di riferimenti all'aspetto fisico di Beatrice e alla situazione concreta nella quale si svolge la scena. Ciò che interessa a Dante è far comprendere al lettore le *mirabili ed eccellenti operazioni* della donna (r. 16 del testo in prosa), cioè l'efficacia salvifica della sua apparizione. Il possessivo *mia* (v. 2) è l'unico riferimento al poeta; per il resto non compaiono pronomi o verbi in prima persona: Beatrice non è trasfigurata dallo sguardo soggettivo di un innamorato che proietta su di lei i suoi sentimenti, ma è presentata per quello che veramente è, per le sue qualità oggettive che si riversano su tutti gli astanti e che ogni uomo benintenzionato può riconoscere. Per questo la poesia ha un carattere corale, e coinvolge nella lode un vasto pubblico di spettatori ammutoliti ed estatici, a cui si fa riferimento attraverso l'uso di pronomi e aggettivi indefiniti (*altrui*, v. 2; *ogne lingua,* v. 3; *chi*, vv. 9, 11) o di locuzioni impersonali, che alludono a una pluralità indeterminata di soggetti (*li occhi*, v. 4; *al core*, v. 10; *a l'anima*, v. 14).

CONTESTUALIZZARE

Beatrice e il simbolismo medievale Questa trasfigurazione della donna, nella quale Dante riprende e spinge al limite estremo temi e motivi già presenti nelle poesie di Guinizzelli (▸T15-T16), si inserisce nell'ambito di una mentalità molto lontana dalla nostra. Per noi conoscere un oggetto o un fenomeno significa indagarne le caratteristiche intrinseche, considerandolo nella sua concreta materialità. Per i contemporanei di Dante invece ogni aspetto della realtà manifesta il suo vero significato soltanto se si riesce a cogliere il posto che esso occupa nel disegno di Dio, individuandone le relazioni segrete con il mondo soprannaturale. Dunque, per i lettori a cui Dante si rivolgeva, la visione della bellezza e della nobiltà spirituale di Beatrice come manifestazione di una verità ultraterrena non risultava sorprendente e astrusa come può apparire a noi oggi: era un caso esemplare della tendenza, condivisa dalla cultura dell'epoca, a considerare i fenomeni terreni come simboli e tramiti di valori divini.

ANALIZZARE

Una struttura lineare Il tono rapito ed estatico col quale è descritto l'incedere di Beatrice è sottolineato dall'andamento lineare e pacato del discorso. Tra le scelte stilistiche che conferiscono al sonetto questa intonazione, un ruolo importante ha l'ordine in cui sono disposti i temi:

a) La donna appare e saluta con tanta gentilezza e dignità (vv. 1-2)
b) che gli astanti non osano guardarla e parlare (vv. 3-4).
c) Incede con umiltà tra le lodi (vv. 5-6)
d) e si manifesta come un essere celeste (vv. 7-8).
e) È così carica di bellezza (v. 9),

f) che infonde una dolcezza inesprimibile (vv. 10-11):
g) l'espressione del suo volto ispira una soavità (vv. 12-13)
h) che invita l'anima a sospirare (v. 14).

Il sonetto si apre concentrando subito l'attenzione del lettore sull'apparizione e sugli atti di Beatrice (a), e vi ritorna, all'inizio di ogni strofa e di ogni periodo, in relazione al suo incedere (c), alla sua bellezza (e) e alla dolcezza che promana dalla sua fisionomia (f). Gli effetti prodotti dalla visione e le riflessioni sul suo significato (b, d, f, h) sono intercalati fra le varie fasi dell'apparizione. Così la struttura tematica si sviluppa con fluidità e naturalezza, ritornando ciclicamente sull'immagine della donna, che costituisce il centro delle suggestioni beatificanti, suscitate dagli atti o dalle qualità di volta in volta evocati dal poeta.

La fluidità della sintassi e del ritmo Anche la struttura sintattica coopera a questo effetto di serena scorrevolezza attraverso una rete di simmetrie fra le frasi: le principali sono tutte dedicate a Beatrice, e gli effetti prodotti sugli astanti sono affidati a frasi subordinate (due consecutive e due relative). Il clima estatico e sospeso dell'apparizione è rafforzato dal ritmo lento impresso alla lettura dall'ampiezza dei tre periodi in cui si articola il discorso (vv. 1-4, 5-8, 9-14), e dagli *enjambements* (*pare / la donna mia*, vv. 1-2; *venuta / da cielo in terra*, vv. 7-8; *si mova / un spirito*, vv. 12-13), che scandiscono con forti pause tre momenti particolarmente intensi dell'evocazione.

Una trama di suoni Il sonetto è tutto intessuto di assonanze e allitterazioni. Si può notare in particolare il ricorrere di nasali (n) e di dentali (t, d) che, accoppiate, rallentano e addolciscono la pronuncia:

TaNTo geNTile e TaNTo oNesTa pare
la DoNNa Mia quaND'ella alTrui saluTa,
ch'oGNe liNGua deveN TremaNDo MuTa,
e li occhi No l'arDiscoN di guarDare.

Fino all'ultimo verso, nel quale l'andamento morbido e attutito impresso dal ricorrere di questi suoni viene interrotto da una forte pausa sintattica, seguita dal sussurro su cui si chiude, sfumando, la poesia:

che va DiceNDo a l'aNiMa: Sospira.

L'impressione complessiva di armonia e di fluidità è rafforzata dalla consonanza fra le prime e le ultime rime delle quartine (*pare*, *guardare*, *laudare*, *mostrare*) e le due prime e le due ultime delle terzine (*mira*, *core*, *amore*, *sospira*), che conferisce un senso di unità e di continuità al testo.

INTERPRETARE

Un misto di distanza e lontananza Una prerogativa singolare di questo sonetto è l'impressione di naturalezza e di facilità che produce, fin dalla prima lettura, sul lettore di oggi. Abbiamo messo in rilievo come il suo significato sia del tutto estraneo alle nostre categorie di pensiero, e come le parole che lo compongono abbiano significati molto lontani da quelli a cui le associamo abitualmente: senza un commento che ce le spieghi, rischiamo di fraintenderne gravemente il senso. Eppure la poesia risuona al nostro orecchio come qualcosa di limpido e di familiare. Come spiegare questo fenomeno?

A nostro parere *Tanto gentile e tanto onesta pare* è un caso esemplare della capacità della grande poesia di essere contemporaneamente molto lontana e molto vicina rispetto ai lettori di epoche successive. Se la accostiamo con una lettura superficiale, ci può sembrare una splendida poesia d'amore, non tanto lontana dai sentimenti smisurati che proviamo quando siamo innamorati. Se la collochiamo nel contesto storico e culturale nel quale è nata, ci rendiamo conto che nessun uomo di oggi, per quanto innamorato, si sentirebbe di riferire a una donna le caratteristiche attribuite da Dante a Beatrice. Questa convivenza fra un forte senso di identificazione e un senso altrettanto forte di alterità è un carattere tipico dell'esperienza letteraria, attraverso il quale si arricchiscono sia il testo sia il lettore: il testo, nell'incontro con i lettori di oggi, acquista significati nuovi, diversi da quello che Dante aveva intenzione di attribuirgli; e i lettori, immedesimandosi in un modo così diverso di concepire l'amore, scoprono in se stessi nuove capacità di pensare e di immaginare le esperienze umane.

CONFRONTI Per analizzare in modo più approfondito il significato delle parole-chiave della poesia, potete far riferimento al testo di Gianfranco Contini (▸C1, p. 311).

▸ p. 189

La *Vita nuova*

- *La seconda apparizione di Beatrice*
- *«Ben converrà che la mia donna mora»*

La *Vita nuova* (1293-1294) è un racconto retrospettivo dell'amore di Dante per Beatrice, scritto dopo la morte della donna, ma è anche una selezione delle poesie composte nel decennio precedente, disposte in modo da disegnare un percorso intellettuale e poetico esemplare. Il libro, che ha probabilmente il suo modello nel *De consolatione philosophiae* ("La consolazione della filosofia") di Severino Boezio, è costituito di 31 liriche collegate da un commento in prosa, che di ciascuna dà un'interpretazione e un'analisi della struttura, inserendola nel disegno unitario della narrazione.

La vita «nuova» (rinnovata, illuminata) incomincia per Dante all'età di nove anni, quando incontra per la prima volta Beatrice (▸T43). La rivede nove anni dopo e il suo saluto lo riempie di beatitudine. Dante finge di corteggiare altre donne, seguendo il codice dell'amore cortese, che impone di mantenere segreto il proprio sentimento, per difendere la reputazione dell'amata; ma quando Beatrice, offesa, gli rifiuta il saluto, decide di dedicare la propria opera solo alla lode di lei (▸T44-T45). La morte di Beatrice, preceduta da visioni e presagi luttuosi (▸T46), lo getta nel più profondo sconforto, alleviato dalla pietà di una «donna gentile». Ma Dante torna ben presto al culto esclusivo di Beatrice che, in una visione, gli compare trionfante nella gloria dei cieli: d'ora in poi non parlerà più di lei fino a quando non sarà in grado di dirne «quello che mai non fue detto d'alcuna» (▸T47).

Dal punto di vista letterario e intellettuale l'opera si può leggere come un progressivo approfondimento del concetto stilnovista dell'amore. Nella prima parte Dante, animato da un sentimento che reca ancora qualche traccia di passionalità, desidera un qualche tornaconto, seppure assolutamente casto (la visione di Beatrice, il suo saluto); dopo la negazione del saluto, decide di dedicarsi esclusivamente alla lode di lei, e rinuncia a ogni tipo di vantaggio per vivere nel culto puramente religioso della donna, vista come una creatura insieme umana e celeste. La morte di Beatrice porta all'estremo limite la spiritualizzazione dell'amore, elevando lo spirito del poeta fino all'Empireo, tra i beati.

Il testo è stato tradizionalmente diviso dalla critica in 42 capitoli, ma un'edizione più recente, curata da Guglielmo Gorni, li ha ridotti a 31. Per comodità didattica, manteniamo la numerazione originaria.

Dipinto novecentesco della pittrice francese Elisabeth Sonrel ispirato alla *Vita nuova* di Dante. Nel trittico sono raffigurati tre incontri di Dante con Beatrice: alla festa per l'arrivo della primavera, in una strada fiorentina e nel Paradiso Terrestre. (Collezione privata)

T43 ▸ «Comincia la vita nuova»

In questo brano iniziale della *Vita nuova* Dante delinea rapidamente i caratteri generali dell'opera e descrive il suo primo incontro con Beatrice.

3 SPIRITI: CUORE, CERVELLO, STOMACO

I. In quella parte del libro de la mia memoria dinanzi a la quale poco si potrebbe leggere[1], si trova una rubrica[2] la quale dice: *Incipit vita nova*[3]. Sotto la quale rubrica io trovo scritte le parole le quali è mio intendimento d'assemplare in questo libello[4]; e se non tutte, almeno la loro sentenzia[5].

II. Nove fiate già appresso lo mio nascimento era tornato lo cielo de la luce quasi a uno medesimo punto, quanto a la sua propria girazione[6], quando a li miei occhi apparve prima[7] la gloriosa donna de la mia mente[8], la quale fu chiamata da molti Beatrice li quali non sapeano che si chiamare[9]. Ella era in questa vita già stata tanto, che ne lo suo tempo lo cielo stellato era mosso verso la parte d'oriente de le dodici parti l'una d'un grado, sì che quasi dal principio del suo anno nono[10] apparve a me, ed io la vidi quasi da la fine del mio nono[11]. Apparve vestita di nobilissimo colore, umile e onesto[12], sanguigno[13], cinta[14] e ornata a la guisa che a la sua giovanissima etade si convenia[15]. In quello punto dico veracemente che lo spirito de la vita[16], lo quale dimora ne la secretissima camera[17] de lo cuore, cominciò a tremare sì fortemente, che apparia ne li menimi polsi orribilmente[18]; e tremando disse queste parole: «Ecce deus fortior me, qui veniens dominabitur michi»[19]. In quello punto lo spirito animale, lo quale dimora ne l'alta camera ne la quale tutti li spiriti sensitivi portano le loro percezioni[20], si cominciò a maravigliare molto, e parlando spezialmente a li spiriti del viso[21], sì disse queste parole: «Apparuit iam

1. **In quella... leggere**: nella parte del libro della mia memoria prima della quale si potrebbero leggere poche cose (perché troppo lontane e indefinite, come i ricordi dell'infanzia). La metafora del libro per indicare la memoria era diffusa nella cultura medievale.
2. **rubrica**: capitolo (dal latino *ruber*, "rosso", perché in genere i titoli dei capitoli erano scritti in inchiostro rosso).
3. ***Incipit vita nova***: comincia la vita nuova, cioè rinnovata dall'amore.
4. **è mio... libello**: è mia intenzione ricopiare (*assemplare*) in questo libretto.
5. **sentenzia**: significato complessivo.
6. **Nove... girazione**: già nove volte (*fiate*) dopo la mia nascita il cielo del sole (*de la luce*) era ritornato quasi allo stesso punto, in base all'orbita (*girazione*) che gli è propria. Perifrasi astronomica, di gusto tipicamente medievale, per dire che Dante aveva quasi compiuto nove anni.
7. **prima**: per la prima volta.
8. **gloriosa... mente**: la signora (nel senso del latino *domina*) della mia anima (*mente*), che ora è nella gloria del Paradiso (*gloriosa*).
9. **li quali... chiamare**: i quali non sapevano il valore del nome che pronunciavano. Beatrice significa "colei che dà beatitudine": molti che la chiamavano così non si rendevano conto di quanto quel nome corrispondesse alla realtà. Più avanti Dante affermerà, in linea con le teorie medievali sull'etimologia, che i nomi non sono etichette convenzionali con le quali indichiamo le cose, ma recano traccia dell'essenza degli oggetti che designano.
10. **Ella era... nono**: ella aveva vissuto tanto, che, dal momento della sua nascita (*ne lo suo tempo*), il cielo delle stelle fisse si era mosso di un dodicesimo di grado verso est. Secondo le concezioni astronomiche di Dante il cielo delle stelle fisse si muoveva di un grado ogni secolo: dividendo cento per dodici si deduce che Beatrice, al momento del primo incontro con Dante, aveva otto anni e tre mesi.
11. **quasi... mio nono**: nel momento della sua prima apparizione a Dante, Beatrice sta cominciando il suo nono anno di vita, e Dante lo sta concludendo. È un primo riferimento al valore simbolico del nove (il numero della Trinità moltiplicato per se stesso), che ritornerà più volte nell'opera a designare Beatrice e la sua perfezione spirituale.
12. **umile e onesto**: modesto e decoroso. Per metonimia, gli abiti di Beatrice designano le virtù morali della fanciulla.
13. **sanguigno**: rosso, simbolo di altissima dignità e di ardore spirituale.
14. **cinta**: stretta da una cintura.
15. **a la guisa... convenia**: come (*a la guisa*) si addiceva alla sua giovanissima età.
16. **spirito de la vita**: Dante riprende una teoria diffusa nel suo tempo secondo la quale le funzioni della vita fisica e psichica dell'uomo sono svolte da tre "spiriti". Lo *spirito de la vita* ha sede nella cavità più interna del cuore, distribuisce nelle vene il sangue e il calore, e regola le passioni.
17. **secretissima camera**: cavità più nascosta.
18. **apparia... orribilmente**: il suo tremito si mostrava nelle più piccole arterie (*menimi polsi*) in modo spaventoso (*orribilmente*).
19. **Ecce... michi**: ecco un dio più forte di me che, venendo, mi dominerà. La frase è modellata su esempi biblici.
20. **lo spirito... percezioni**: è l'"anima sensitiva", che ha sede nel cervello (*alta camera*), nel quale ciascuno degli spiriti che presiedono ai cinque sensi riporta le percezioni. Svolge funzioni di grado inferiore a quelle svolte dallo *spirito de la vita* (vedi nota 16).
21. **viso**: vista.

beatitudo vestra[22]». In quello punto lo spirito naturale, lo quale dimora in quella parte ove si ministra lo nutrimento nostro[23], cominciò a piangere, e piangendo disse queste parole: «Heu miser, quia frequenter impeditus ero deinceps![24]». D'allora innanzi dico che Amore segnoreggiò la mia anima, la quale fu sì tosto a lui disponsata[25], e cominciò a prendere sopra me tanta sicurtade e tanta signoria per la vertù che li dava la mia imaginazione[26], che me convenia[27] fare tutti li suoi piaceri[28] compiutamente. Elli mi comandava molte volte che io cercasse per vedere questa angiola[29] giovanissima; onde io ne la mia puerizia molte volte l'andai cercando, e vedeala di sì nobili e laudabili portamenti[30], che certo di lei si potea dire quella parola del poeta Omero: «Ella non parea figliuola d'uomo mortale, ma di deo[31]». E avvegna che[32] la sua imagine, la quale continuatamente meco stava, fosse baldanza d'Amore a segnoreggiare me[33], tuttavia era di sì nobilissima vertù, che nulla volta sofferse[34] che Amore mi reggesse[35] sanza lo fedele consiglio de la ragione in quelle cose là ove cotale consiglio fosse utile a udire[36]. E però che[37] soprastare a[38] le passioni e atti di tanta gioventudine[39] pare alcuno parlare fabuloso[40], mi partirò[41] da esse; e trapassando[42] molte cose le quali si potrebbero trarre de l'essemplo onde nascono queste[43], verrò a quelle parole le quali sono scritte ne la mia memoria sotto maggiori paragrafi[44].

Dante Alighieri, *Vita nuova*, I-II, in *Opere minori*, a cura di D. De Robertis e G. Contini, Ricciardi, Milano-Napoli, 1995, volume I, tomo I

22. **Apparuit... vestra**: già è apparsa la vostra beatitudine.
23. **lo spirito... nostro**: lo spirito che distribuisce il nutrimento alle membra, che risiede nella parte in cui si regola l'assimilazione del cibo (*ove si ministra lo nutrimento nostro*), cioè nel fegato.
24. **Heu... deinceps!**: Povero me, che d'ora in poi sarò spesso impedito! L'amore impedirà a Dante di mangiare.
25. **sì... disponsata**: così presto sposata a lui.
26. **cominciò... imaginazione**: cominciò ad avere su di me tanta baldanza e tanto dominio per la forza che gli dava la mia fantasia (immaginando continuamente Beatrice).
27. **me convenia**: ero costretto.
28. **piaceri**: voleri.
29. **angiola**: angelo, figura angelicata.
30. **vedeala... portamenti**: la vedevo di così nobili e lodevoli comportamenti.
31. **Ella... deo**: probabilmente allude al passo del VI libro dell'*Odissea*, in cui Ulisse si rivolge a Nausicaa dicendo: «Sei dea o sei mortale?». Dante non conosceva i poemi omerici direttamente, ma attraverso citazioni e riferimenti di altri autori.
32. **avvegna che**: sebbene.
33. **fosse... me**: incoraggiasse (*fosse baldanza d'*) Amore a esercitare su di me il suo dominio.
34. **sofferse**: permise.
35. **reggesse**: governasse.
36. **in quelle... udire**: nelle questioni in cui fosse utile ascoltare il parere della ragione.
37. **però che**: poiché.
38. **soprastare a**: indugiare su.
39. **di tanta gioventudine**: di età così giovanile.
40. **parlare fabuloso**: un discorso inverosimile.
41. **mi partirò**: mi allontanerò.
42. **trapassando**: tralasciando.
43. **l'essemplo onde nascono queste**: il *libro de la memoria* citato all'inizio, dal quale sono tratte le cose che Dante ha esposto finora. L'*essemplo* è il testo originale che il copista trascrive totalmente o in parte.
44. **sotto maggiori paragrafi**: in paragrafi più circostanziati e più importanti.

DIALOGO CON IL TESTO

COMPRENDERE

Un'autobiografia idealizzata Fin dalle prime righe la *Vita nuova* si presenta come un'autobiografia spirituale: Dante dichiara di voler estrarre dal *libro de la memoria* i ricordi che riguardano la vita della sua anima, rinnovata e illuminata dall'amore per Beatrice; questi ricordi non saranno riportati per filo e per segno, ma nel loro significato profondo (*sentenzia*).

Portando all'estremo le concezioni stilnoviste (▸T15-T19), Dante racconta la sua esperienza amorosa come una storia di progressiva conversione intellettuale, religiosa e morale, suscitata da una donna che non è un comune essere umano ma una creatura soprannaturale.

Questo processo di idealizzazione è attuato attraverso una serie di scelte tematiche, riferimenti culturali e notazioni psicologiche:

- l'uso di elaborate perifrasi astronomiche, che inseriscono l'incontro con Beatrice nell'am-

bito dell'ordine provvidenziale che regola i moti dell'universo;
- il ricorso al simbolismo dei nomi, dei numeri, dei colori;
- i riferimenti alla cultura filosofica e scientifica del tempo;
- la sottolineatura del carattere sconvolgente, ma non passionale o irrazionale, dell'esperienza psicologica di Dante.

● **Individuate nel testo alcuni esempi di queste scelte.**

CONTESTUALIZZARE

I libri nel Medioevo L'immagine del libro della memoria è una suggestiva metafora che Dante sviluppa pienamente richiamando le diverse fasi della produzione libraria: l'autore si rappresenta come un copista nell'atto di copiare il suo testo dal libro della memoria a partire dal capitolo intitolato *Incipit vita nova*.

● **Aiutandovi con le note, cercate nel testo altri termini tecnici che rimandano alla realizzazione materiale dei libri nel Medioevo.**

ANALIZZARE

La solennità dello stile La tensione intellettuale e morale del testo è sottolineata dalle scelte stilistiche, che conferiscono solennità alla prosa:
- il ricorrere della figura dell'anafora e i parallelismi sintattici;
- l'uso di latinismi e di citazioni latine.

● **Individuate nel testo qualche esempio di queste scelte formali.**

CONFRONTARE

Dante e Cavalcanti Il tema del tremore all'apparizione della donna e quello degli spiriti parlanti sono caratteristici della poesia di Guido Cavalcanti, il «primo amico», più volte citato nella *Vita nuova*, pur senza essere chiamato per nome.

● **Confrontando questo testo con ▸T17 e ▸T18, indicate i versi in cui compaiono questi temi, e cercate di mettere in luce il diverso significato che assumono in Cavalcanti e in Dante.**

T44 ▸ Le «parole che lodano la donna mia»

Beatrice ha tolto a Dante il suo saluto, ed egli è tanto turbato dalla sua presenza che non riesce a reggerne la vista, eppure desidera ardentemente vederla. Da questa situazione drammatica scaturisce la "poetica della lode": d'ora in poi Dante cercherà la sua felicità nelle poesie che celebrano la virtù di Beatrice, senza desiderare nessun'altra gratificazione.

XVIII. Con ciò sia cosa che per la vista mia molte persone avessero compreso lo secreto del mio cuore[1], certe donne, le quali adunate s'erano dilettandosi l'una ne la compagnia de l'altra, sapeano bene lo mio cuore, però che ciascuna di loro era stata a molte mie sconfitte[2]; e io passando appresso di[3] loro, sì come da la fortuna menato[4], fui chiamato da una di queste gentili donne. La donna che m'avea chiamato era donna di molto leggiadro parlare[5]; sì che quand'io fui giunto dinanzi da loro, e vidi bene che la mia gentilissima donna non era con esse, rassicurandomi[6] le salutai, e domandai che piacesse loro[7]. Le donne erano molte, tra le quali

1. **Con ciò... cuore**: poiché a causa del mio aspetto (*per la vista mia*) molte persone avevano intuito il segreto del mio cuore. Allude all'amore per Beatrice.
2. **sapeano... sconfitte**: conoscevano bene i miei sentimenti dal momento che ognuna di loro aveva assistito a molti dei miei momenti di smarrimento in occasione delle apparizioni di Beatrice.
3. **appresso di**: vicino a.
4. **sì... menato**: come portato dalla sorte, che per Dante è la provvidenza divina.
5. **di molto... parlare**: capace di parlare in modo amabile, elegante.
6. **rassicurandomi**: perché Beatrice non era presente.
7. **che piacesse loro**: che cosa volessero.

n'avea[8] certe che si rideano tra loro[9]; altre v'erano che mi guardavano aspettando che io dovessi dire[10]; altre v'erano che parlavano tra loro. De le quali una, volgendo li suoi occhi verso me e chiamandomi per nome, disse queste parole: «A che fine ami tu questa tua donna, poi che tu non puoi sostenere la sua presenza? Dilloci[11], ché certo lo fine di cotale amore conviene che sia novissimo»[12]. E poi che m'ebbe dette queste parole, non solamente ella, ma tutte l'altre cominciaro ad attendere in vista la mia risponsione[13]. Allora dissi queste parole loro: «Madonne, lo fine del mio amore fue già[14] lo saluto di questa donna, forse di cui voi intendete[15], e in quello dimorava la beatitudine, ché era fine di tutti li miei desiderii. Ma poi che le piacque di negarlo a me, lo mio segnore Amore, la sua merzede[16], ha posto tutta la mia beatitudine in quello che non mi puote venire meno[17]». Allora queste donne cominciaro a parlare tra loro; e sì come talora vedemo cadere l'acqua mischiata di bella neve[18], così mi parea udire le loro parole uscire mischiate di sospiri. E poi che alquanto ebbero parlato tra loro, anche mi disse questa donna che m'avea prima parlato, queste parole: «Noi ti preghiamo che tu ne dichi[19] ove sta questa tua beatitudine». Ed io, rispondendo lei, dissi cotanto[20]: «In quelle parole[21] che lodano la donna mia». Allora mi rispuose questa che mi parlava: «Se tu ne dicessi vero[22], quelle parole che tu n'hai dette in notificando la tua condizione, avrestù operate con altro intendimento[23]». Onde[24] io, pensando a queste parole, quasi vergognoso mi partio[25] da loro, e venia dicendo fra me medesimo: «Poi che è tanta beatitudine in quelle parole che lodano la mia donna, perché altro parlare è stato lo mio[26]?». E però propuosi[27] di prendere per matera de lo mio parlare sempre mai[28] quello che fosse loda di questa gentilissima; e pensando molto a ciò, pareami avere impresa troppo alta matera quanto a me[29], sì che non ardia[30] di cominciare; e così dimorai[31] alquanti dì con disiderio di dire e con paura di cominciare.

Dante Alighieri, *Vita nuova*, XVIII, in *Opere minori*, a cura di D. De Robertis e G. Contini, Ricciardi, Milano-Napoli, 1995, volume I, tomo I

Beatrice nega il saluto a Dante in un'illustrazione di Evelyn Paul realizzata per la *Vita nuova* tradotta in inglese da Dante Gabriel Rossetti, 1915. (Collezione privata)

8. **n'avea**: ce n'erano.
9. **che si rideano tra loro**: probabilmente l'ilarità scaturisce dal ricordo di un episodio narrato in un capitolo precedente della *Vita nuova* (a una festa di nozze alcune donne, avendo notato l'estremo turbamento di Dante all'apparire di Beatrice, si erano prese gioco di lui).
10. **dovessi dire**: parlassi.
11. **Dilloci**: diccelo.
12. **conviene... novissimo**: deve essere straordinario, fuori del comune.
13. **cominciaro... risponsione**: cominciarono visibilmente (*in vista*) a prestare attenzione alla mia risposta.
14. **fue già**: un tempo fu.
15. **forse... intendete**: alla quale alludete, se capisco bene (*forse*).
16. **lo mio signore... merzede**: Amore, che è il mio signore, per la sua benevolenza.
17. **ha posto... meno**: ha riposto tutta la mia beatitudine in ciò che non mi può essere tolto (a differenza del saluto), ossia in un amore del tutto disinteressato.
18. **sì come... neve**: è un'immagine tratta dalla Bibbia: «Come infatti la pioggia e la neve scendono dal cielo [...], così sarà della parola uscita dalla mia bocca» (*Isaia*, 55, 10-11).
19. **ne dichi**: ci dica.
20. **cotanto**: solo questo.
21. **parole**: poesie.
22. **ne dicessi vero**: ci dicessi la verità.
23. **quelle parole... intendimento**: quelle poesie che tu hai scritto su questo tema (*n'hai dette*), facendo conoscere la tua condizione psicologica (*stato*), tu le avresti (*avrestù*) realizzate in modo diverso, con altro significato (*intendimento*). La donna rimprovera Dante per aver scritto finora poesie che non miravano a lodare Beatrice in modo totalmente gratuito, ma a ottenere il suo saluto o a esprimere le sofferenze amorose del poeta.
24. **Onde**: e così.
25. **mi partio**: mi allontanai.
26. **altro... mio**: ho scritto poesie di altro genere.
27. **propuosi**: decisi.
28. **sempre mai**: sempre.
29. **pareami... me**: mi sembrava di aver concepito un argomento troppo superiore alle mie forze (*quanto a me*).
30. **ardia**: ardivo, avevo il coraggio.
31. **dimorai**: esitai.

DIALOGO CON IL TESTO

COMPRENDERE

Verso un amore totalmente disinteressato La *Vita nuova* si presenta come un percorso di progressiva spiritualizzazione dell'amore: di episodio in episodio l'esperienza descritta da Dante si allontana sempre più vertiginosamente dal sentimento amoroso come può essere vissuto da un comune essere umano. Così, in questo brano, è evidente che la conversazione tra Dante e le donne non ha un'intenzione realistica, ma vuole tradurre in forma di dialogo lo sviluppo del suo pensiero: se Beatrice non gli concede più il suo saluto, e se lui stesso è talmente sconvolto dalla presenza di lei da non riuscire a reggerne l'impatto psicologico, la strada da seguire è quella dell'amore totalmente disinteressato, che si appaga della lode della donna senza aspettarsi nulla in cambio (neppure un compenso puramente spirituale come il suo saluto).

- **Individuate nel testo il passo in cui Dante raggiunge questa consapevolezza.**
- **La maturazione di Dante passa anche attraverso la vergogna: spiegate da che cosa è generato questo sentimento.**

La poetica della lode Viene così superata la logica dell'amore cortese, che spera in qualche «merzede» da parte dell'amata, e sono portate all'estremo le concezioni morali e religiose del «dolce stil novo». L'amore per Beatrice si modella ormai sull'esperienza dei mistici, che trovano la loro gioia più piena nel contemplare e nel lodare Dio indipendentemente dall'attesa di una ricompensa. Ne deriva una svolta nell'opera di Dante: nonostante il timore che la materia scelta sia troppo alta per le sue capacità, d'ora in poi non parlerà più delle proprie sofferenze amorose, ma, quando il *disiderio di dire* avrà vinto sulla *paura di cominciare*, scriverà soltanto poesie in lode della sua donna.

Nel dialogo tra Dante e le donne emergono le diverse fasi del percorso intellettuale e psicologico che porta Dante a ridefinire le finalità e i temi della sua poesia:

- la felicità riposta nel saluto di Beatrice;
- l'incapacità di reggere l'impatto psicologico della sua presenza;
- la negazione del saluto;
- la felicità riposta esclusivamente nella lode;
- la decisione di dedicare solo a questo tema tutta la sua opera.

- **Indicate i punti del testo nei quali emergono queste fasi.**

ANALIZZARE

Un dialogo rarefatto Le donne che parlano con Dante sono presentate come interlocutrici di straordinaria gentilezza e finezza spirituale, capaci di comprendere l'altezza del suo amore e di guidare il poeta stesso nel suo cammino di purificazione. Il dialogo che intrecciano con il poeta è sospeso in un'atmosfera rarefatta, lontanissima dagli ordinari scambi di parole fra persone comuni, funzionale a fare da contrappunto all'evoluzione spirituale di Dante. Alla sospensione della scena contribuisce l'assenza di qualsiasi elemento cronachistico (notazioni temporali, spaziali, fisiche).

- **Nel corso del colloquio le donne sembrano oscillare fra simpatia, indulgente derisione, compassione, rimprovero. Individuate nel testo questi diversi atteggiamenti.**

Dante incontra Beatrice in un dipinto di Raffaello Sorbi del 1863. (Collezione privata)

T45 ▸ Donne ch'avete intelletto d'amore

PERCORSO
- La lirica d'amore, p. 534

La canzone inclusa in questo capitolo è la prima lirica ispirata alla "poetica della lode" (▸T44).

▸ **METRO**: il testo include una canzone di cinque stanze di endecasillabi; schema delle rime: ABBC ABBC (fronte), CDD, CEE (sirma).

XIX. Avvenne poi che passando per uno cammino[1] lungo lo quale sen gia[2] uno rivo chiaro molto[3], a me giunse tanta volontade di dire, che io cominciai a pensare lo modo ch'io tenesse[4]; e pensai che parlare di lei non si convenia che io facesse, se io non parlasse a donne in seconda persona[5], e non ad ogni donna, ma solamente a coloro che sono gentili e che non sono pure femmine[6]. Allora dico che la mia lingua parlò quasi come per[7] sé stessa mossa, e disse: *Donne ch'avete intelletto d'amore*. Queste parole io ripuosi ne la mente[8] con grande letizia, pensando di prenderle per mio cominciamento[9]; onde[10] poi, ritornato a la sopradetta cittade[11], pensando alquanti die[12], cominciai una canzone con questo cominciamento, ordinata nel modo che si vedrà di sotto ne la sua divisione[13]. La canzone comincia: *Donne ch'avete*.

Donne ch'avete intelletto d'amore[14],
i' vo'[15] con voi de la mia donna dire,
non perch'io creda sua laude finire[16],
ma ragionar per isfogar la mente[17].
Io dico che pensando il suo valore[18],
Amor sì dolce mi si fa sentire,
che s'io allora non perdessi ardire[19],
farei parlando innamorar la gente.
E io non vo' parlar sì altamente,
ch'io divenisse per temenza vile[20];
ma tratterò del suo stato gentile[21]
a respetto di lei leggeramente[22],
donne e donzelle[23] amorose, con vui,

1. **cammino**: sentiero.
2. **sen gia**: scorreva.
3. **uno rivo... molto**: un ruscello dalle acque molto limpide.
4. **lo modo... tenesse**: lo stile da utilizzare.
5. **parlare... persona**: non era conveniente (*convenia*) che parlassi di lei se non a un uditorio di donne, rivolgendomi a esse con la seconda persona plurale ("voi").
6. **a coloro... femmine**: non a ogni donna in quanto femmina, ma solo a donne dotate della virtù della cortesia (*gentili*), cioè che siano in grado di capire l'amore di Dante.
7. **per**: da.
8. **mente**: memoria.
9. **per mio cominciamento**: come inizio della mia poesia.
10. **onde**: per cui.
11. **la sopradetta cittade**: Firenze, mai chiamata per nome nella *Vita nuova*.
12. **pensando alquanti die**: dopo aver pensato per alcuni giorni.
13. **ordinata... divisione**: organizzata nella maniera che verrà spiegata più avanti, nell'analisi della sua struttura; è il commento che seguirà la canzone, basato su una suddivisione in parti.
14. **ch'avete... amore**: che capite che cos'è l'amore.
15. **i' vo'**: io voglio.
16. **non... finire**: non perché io creda di riuscire a esaurire (*finire*) con le mie parole ciò che c'è da dire in sua lode.
17. **ma... mente**: ma (voglio) parlare (*ragionar*) per dare sfogo (*isfogar*) a ciò che mi ingombra la mente.
18. **pensando il suo valore**: quando penso alle sue virtù.
19. **s'io... ardire**: se io in quel momento (*allora*) non mi perdessi d'animo (per la mia incapacità a trattare un argomento così elevato).
20. **io... vile**: non voglio poetare in modo così elevato (quanto l'argomento richiederebbe; *sì altamente*), per non perdere coraggio (*divenisse... vile*) per timore (*temenza*) di non riuscire a mantenermi a quel livello).
21. **stato gentile**: nobiltà.
22. **a respetto... leggeramente**: in modo superficiale rispetto alla grandezza delle sue virtù.
23. **donne e donzelle**: donne sposate e nubili.

ché non è cosa da parlarne altrui[24].
Angelo clama in divino intelletto[25]
e dice: «Sire[26], nel mondo si vede
maraviglia ne l'atto che procede
d'un'anima che 'nfin qua su risplende[27]».
Lo cielo, che non have altro difetto
che d'aver lei[28], al suo segnor la chiede,
e ciascun santo ne grida merzede[29].
Sola Pietà nostra parte difende[30],
che parla Dio, che di madonna intende[31]:
«Diletti miei, or sofferite in pace[32]
che vostra spene sia quanto me piace
là 'v'è alcun che perder lei s'attende[33],
e che dirà ne lo inferno: O mal nati,
io vidi la speranza de' beati[34]».

Madonna è disiata in sommo cielo[35]:
or voi[36] di sua virtù farvi savere.
Dico, qual vuol gentil donna parere[37]
vada con lei, che quando va per via,
gitta nei cor villani Amore un gelo[38],
per che onne lor pensero agghiaccia e pere[39];
e qual soffrisse di starla a vedere[40]
diverria nobil cosa, o si morria[41].
E quando trova alcun che degno sia
di veder lei, quei prova sua vertute[42],
ché li avvien, ciò che li dona, in salute[43],
e sì l'umilia, ch'ogni offesa oblia[44].
Ancor l'ha Dio per maggior grazia dato
che non pò mal finir chi l'ha parlato[45].

Dice di lei Amor: «Cosa mortale

Dante e Beatrice rappresentati in una statuetta in alabastro del XIX secolo. (Collezione privata)

24. **altrui**: con altri.
25. **Angelo... intelletto**: un angelo entro l'intelligenza divina invoca (*clama*). A differenza degli uomini gli angeli comunicano con la mente divina senza bisogno di parole.
26. **Sire**: Signore.
27. **nel mondo... risplende**: sulla terra è possibile contemplare (*si vede*) un miracolo nei comportamenti di una creatura (*ne l'atto che procede / d'un'anima*) che *risplende* fin quassù, nel cielo.
28. **non... lei**: non ha altra mancanza (*difetto*) tranne che non accogliere lei.
29. **ne grida merzede**: chiede la grazia (*grida merzede*) di averla (*ne*).
30. **Sola... difende**: solo la Misericordia divina (*Pietà*) difende le ragioni di noi mortali (*nostra parte*).
31. **che parla... intende**: tanto è vero che Dio, che allude alla mia donna (*che di madonna intende*), parla così (*dice*).
32. **Diletti... pace**: angeli e santi da me prediletti (*Diletti miei*), ora sopportate con rassegnazione.
33. **che vostra... attende**: che colei in cui sperate (*vostra spene*) rimanga (*sia*) quanto io voglio sulla terra (*là*), dove c'è uno che si aspetta di doverla perdere. Naturalmente si tratta di Dante.
34. **dirà... beati**: giunto all'inferno, dirà: «O dannati (*mal nati*), in terra ho visto una donna in cui anche i santi riponevano la loro speranza». Non si tratta di un preannuncio della *Commedia*: Dante prevede che dovrà scendere all'inferno per i suoi peccati.
35. **Madonna... cielo**: Beatrice (*Madonna*) è desiderata nel cielo più alto (l'Empireo).
36. **voi**: voglio.
37. **qual... parere**: qualunque di voi voglia apparire (ed essere) una donna gentile.
38. **gitta... gelo**: Amore lancia nei cuori *villani* (l'opposto dei "cuori gentili" che sanno comprendere e apprezzare la cortesia della donna) un gelo paralizzante.
39. **per che... pere**: a causa del quale ogni loro pensiero si ghiaccia e muore (*pere*).
40. **qual... vedere**: chiunque avesse la capacità (*soffrisse*) di contemplarla.
41. **diverria... morria**: diventerebbe una creatura nobile (*nobil cosa*) o morirebbe (*si morria*).
42. **prova sua vertute**: sperimenta il potere di lei.
43. **ché li... salute**: poiché ciò che ella gli dona si trasforma per lui (*li avvien*) in salvezza.
44. **sì... oblia**: lo rende così umile, che dimentica (*oblia*) ogni ingiuria.
45. **Ancor... parlato**: ancora Dio le ha concesso, per grazia superiore, che chi le ha parlato non può essere dannato.

come esser pò sì adorna[46] e sì pura?».
Poi la reguarda, e fra se stesso giura
che Dio ne 'ntenda di far cosa nova[47].
Color di perle ha quasi, in forma quale
convene a donna aver, non for misura[48]:
ella è quanto de ben pò far natura[49];
per essemplo di lei bieltà si prova[50].
De[51] li occhi suoi, come ch'ella[52] li mova,
escono spirti d'amore inflammati,
che feron[53] li occhi a qual che allor la guati[54],
e passan sì che 'l cor ciascun retrova[55]:
voi le vedete Amor pinto nel viso[56],
là 've non pote alcun mirarla fiso[57].

Canzone, io so che tu girai[58] parlando
a donne assai[59], quand'io t'avrò avanzata[60].
Or t'ammonisco, perch'io t'ho allevata
per figliuola d'Amor giovane e piana[61],
che là 've giugni tu diche[62] pregando:
«Insegnatemi gir[63], ch'io son mandata
a quella di cui laude so' adornata»[64].
E se non vuoli andar sì come vana[65],
non restare ove sia gente villana:
ingegnati, se puoi, d'esser palese[66]
solo con donne o con omo cortese,
che ti merranno là[67] per via tostana[68].
Tu troverai Amor con esso lei[69];
raccomandami a lui come tu dei[70].

Dante Alighieri, *Vita nuova*, XIX, in *Opere minori*, a cura di D. De Robertis e G. Contini, Ricciardi, Milano-Napoli, 1995, volume I, tomo I

46. **adorna**: bella.
47. **Dio... nova**: Dio intende farne una cosa straordinaria, miracolosa (*nova*).
48. **Color... misura**: ha un colorito quasi di perla, in una forma corporea adatta (*quale convene*) a una donna ideale, non priva di misura.
49. **è... natura**: è quanto di meglio possa produrre la natura.
50. **per essemplo... prova**: prendendo lei come norma (*per essemplo di lei*) si può giudicare ogni altra bellezza.
51. **De**: da.
52. **come ch'ella**: non appena ella.
53. **feron**: colpiscono.
54. **a qual... guati**: a chiunque la guardi in quel momento.
55. **passan... retrova**: (gli *spirti d'amore*) si fanno strada (*passan*) in modo tale che ciascuno di essi raggiunge il cuore.
56. **pinto nel viso**: dipinto, rispecchiato nello sguardo.
57. **là 've... fiso**: dove nessuno può guardarla con sguardo fermo (*fiso*).
58. **girai**: andrai.
59. **a donne assai**: a molte donne.
60. **avanzata**: messa avanti, resa pubblica.
61. **t'ho... piana**: ti ho allevata come una figlia d'Amore, giovane e semplice (*piana*). La poesia è generata da Amore e Dante ne è solo il padre adottivo.
62. **là 've giugni tu diche**: là dove tu giunga, dica.
63. **gir**: il cammino.
64. **a quella... adornata**: a colei della cui lode sono abbellita.
65. **non... vana**: non vuoi vagabondare senza risultato (*sì come vana*).
66. **ingegnati... palese**: fai in modo, se puoi, di mostrarti.
67. **ti merranno là**: ti condurranno là (cioè da Beatrice).
68. **via tostana**: la via più veloce.
69. **con esso lei**: insieme con lei.
70. **dei**: devi.

Dante Gabriel Rossetti, *The Salutation of Beatrice*, 1859. (Ottawa, National Gallery of Canada)

DIALOGO CON IL TESTO

COMPRENDERE

Una svolta decisiva Nel canto XXIV del *Purgatorio*, in un dialogo col poeta toscano Bonagiunta Orbicciani, Dante designerà *Donne ch'avete intelletto d'amore* come la svolta determinante della sua poesia verso il «dolce stil novo». Anche nel contesto della *Vita nuova* la canzone è presentata con un'attenzione speciale: la premessa in prosa (che coinvolge anche il brano che abbiamo riportato in ▸T44) è più circostanziata e ampia che in altre occasioni; e il testo poetico è introdotto con particolare solennità, come frutto di una sorta di ispirazione divina (*la mia lingua parlò quasi come per se stessa mossa*), su cui si è sedimentato un lavoro di composizione particolarmente lento e meditato (*pensando alcuni die*).

- **Come Dante spiegherà nel commento che la segue, questa canzone è suddivisa in proemio, trattazione e congedo. Indicate nel testo l'articolazione in queste tre parti.**

Motivi consueti in una sintesi nuova In realtà, se isoliamo uno per uno i temi che compongono la canzone, non troviamo nulla di totalmente inedito: la lode della donna, gli effetti miracolosi della sua apparizione, i riferimenti morali e religiosi sono motivi ricorrenti nella poesia precedente di Dante e dei suoi amici. La novità consiste piuttosto nell'aver sintetizzato tutti questi temi in un discorso unitario e nell'averli portati alle estreme conseguenze.

- **Ripercorrendo il testo, individuate in particolare:**
  - **l'esplicito riferimento a un pubblico ristretto e selezionato;**
  - **la centralità della lode della donna, senza cenno alle pene d'amore del poeta;**
  - **la radicalizzazione del tema guinizzelliano della donna-angelo (Beatrice non assomiglia a un angelo, è già una creatura soprannaturale, reclamata dai beati in cielo);**
  - **la presenza di riferimenti all'aspetto fisico della donna, volti a raffigurarla come l'assoluto capolavoro di Dio.**

In particolare il lessico stilnovista caratterizza il verso iniziale delle tre strofe centrali dedicate alla lode di Beatrice.

- **Riconoscete le parole-chiave.**

Le virtù di Beatrice Il carattere celestiale di Beatrice è sottolineato dall'alternanza di due scenari, uno celeste (vv. 15-29) e uno terreno (vv. 30-56), nei quali vari personaggi rendono testimonianza dell'eccezionalità delle sue virtù.

- **Raccogliete le doti attribuite a Beatrice rispettivamente dall'Angelo, dal poeta e da Amore.**

ANALIZZARE

La "dolcezza" dello stile L'aggettivo «dolce» attribuito da Dante allo stile inaugurato da *Donne ch'avete intelletto d'amore* si riferisce principalmente alla facilità della comprensione e all'andamento fluido e musicale. Le parole utilizzate sono di registro medio: i latinismi e i francesismi presenti sono comuni nel linguaggio poetico del tempo. Si colloca in questo contesto anche la scelta di usare soltanto versi endecasillabi, la cui ampiezza e flessibilità consente al poeta di conferire al discorso una grande melodiosità e scorrevolezza.

- **L'intenzione di semplicità del poeta è esplicitamente indicata da alcuni aggettivi e avverbi presenti nella prima e nell'ultima strofa: individuateli nel testo.**

Il discorso si sviluppa in modo ordinato e lineare, con passaggi graduali e ben scanditi, unificati dal tema delle lodi della donna.

- **Date un titolo a ogni strofa, e mettete in evidenza come ciascuna di esse si inserisca armoniosamente nel tessuto complessivo della poesia.**

Si può notare, infine, come Dante cerchi di rendere mosso e vivace un testo di carattere dottrinale, ricorrendo con frequenza alla figura dell'apostrofe e a battute di dialogo in forma di discorso diretto.

- **Indicate i diversi destinatari delle apostrofi del poeta e i personaggi che prendono di volta in volta la parola.**

T46 ▸ Visione della morte di Beatrice

Dante ha appreso da alcune «donne gentili» che il padre di Beatrice è morto, e che lei è «amarissimamente piena di dolore». Dopo poco il poeta si ammala, e nel nono giorno dell'infermità ha una terribile allucinazione.

XXIII. Appresso ciò per pochi dì avvenne che in alcuna parte de la mia persona mi giunse una dolorosa infermitade[1], onde[2] io continuamente soffersi per nove dì amarissima pena; la quale mi condusse a tanta debolezza, che me convenia[3] stare come coloro li quali non si possono muovere. Io dico che ne lo nono giorno, sentendome dolere quasi intollerabilemente, a me giunse uno pensero lo quale era de la mia donna. E quando ei[4] pensato alquanto di lei, ed io ritornai pensando a la mia debilitata vita[5]; e veggendo come leggiero era lo suo durare[6], ancora che sana fosse[7], sì cominciai a piangere fra me stesso di tanta miseria[8]. Onde, sospirando forte, dicea fra me medesimo: «Di necessitade convene che la gentilissima Beatrice alcuna volta si muoia[9]». E però[10] mi giunse uno sì forte smarrimento, che chiusi li occhi e cominciai a travagliare sì come farnetica persona[11] ed a imaginare in questo modo: che ne lo incominciamento de lo errare che fece la mia fantasia[12], apparvero a me certi visi di donne scapigliate, che mi diceano: «Tu pur[13] morrai»; e poi, dopo queste donne, m'apparvero certi visi diversi[14] e orribili a vedere, li quali mi diceano: «Tu se' morto». Così cominciando ad errare la mia fantasia, venni a quello ch'io non sapea ove io mi fosse[15]; e vedere mi parea donne andare scapigliate piangendo per via, maravigliosamente triste[16]; e pareami vedere lo sole oscurare, sì che le stelle si mostravano di colore ch'elle mi faceano giudicare che piangessero[17]; e pareami che li uccelli volando per l'aria cadessero morti, e che fossero grandissimi tremuoti[18]. E maravigliandomi in cotale fantasia, e paventando assai[19], imaginai alcuno amico che[20] mi venisse a dire: «Or non sai? la tua mirabile donna è partita di questo secolo[21]». Allora cominciai a piangere molto pietosamente; e non solamente piangea ne la imaginazione, ma piangea con li occhi, bagnandoli di vere lagrime. Io imaginava di guardare verso lo cielo, e pareami vedere moltitudine d'angeli li quali tornassero in suso[22], ed aveano dinanzi da loro una nebuletta[23] bianchissima. A me parea che questi angeli cantassero gloriosamente, e le

1. **Appresso... infermitade**: pochi giorni dopo ciò, accadde che una (*alcuna*) parte del mio corpo (*persona*) venne colpita da una dolorosa malattia (*infermitade*). Si riferisce alla morte del padre di Beatrice.
2. **onde**: per cui.
3. **me convenia**: dovevo, ero costretto.
4. **ei**: ebbi.
5. **ed io ritornai... vita**: tornai a pensare alla mia vita indebolita dalla malattia; *ed* rinforza la subordinata *quando*: si tratta dell'uso sintattico della paraipotassi, diffuso nell'italiano del Trecento.
6. **come... durare**: com'era effimera la sua durata.
7. **ancora... fosse**: sebbene fosse sana. Il discorso vale a maggior ragione nel caso della vita di Dante, afflitta da un'infermità.
8. **tanta miseria**: una sorte così infelice.
9. **Di necessitade... muoia**: Necessariamente accadrà (*convene*) che un giorno o l'altro (*alcuna volta*) anche la gentilissima Beatrice muoia.
10. **però**: perciò.
11. **travagliare... persona**: affannarmi come una persona in preda al delirio (*farnetica*).
12. **ne lo... fantasia**: al principio del delirio (*errare*) della mia facoltà immaginativa.
13. **pur**: inevitabilmente.
14. **diversi**: strani, mostruosi.
15. **venni... fosse**: giunsi al punto di non sapere dove mi trovavo.
16. **maravigliosamente triste**: straordinariamente afflitte.
17. **si mostravano... piangessero**: si presentavano rosse (come gli occhi di chi piange). I catastrofici segni di lutto della natura riprendono passi della Bibbia riferiti alla fine del mondo o alla morte di Cristo: «Il sole si oscurerà, e la luna non darà più la sua luce» (*Matteo*, 24, 29), «ed ecco vi fu un grande terremoto» (*Matteo*, 28, 2) «e la luna divenne come di sangue, e le stelle caddero dal cielo» (*Apocalisse*, 6, 12-13).
18. **tremuoti**: terremoti.
19. **paventando assai**: temendo molto.
20. **alcuno amico che**: che uno dei miei amici.
21. **è partita... secolo**: ha lasciato questa vita.
22. **in suso**: in su, verso il cielo (dopo essere scesi sulla terra per prendere l'anima di Beatrice).
23. **nebuletta**: nuvoletta. È l'anima di Beatrice.

Dante Gabriel Rossetti, *Visione della morte di Beatrice*, 1880. (Liverpool, Walker Art Gallery)

parole del loro canto mi parea udire che fossero queste: *Osanna in excelsis*[24]; e altro non mi parea udire. Allora mi parea che lo cuore, ove era tanto amore, mi dicesse: «Vero è che morta giace la nostra donna». E per questo mi parea andare per vedere lo corpo ne lo quale era stata quella nobilissima e beata anima; e fue sì forte la erronea fantasia[25], che mi mostrò questa donna morta: e pareami che donne la covrissero[26], cioè la sua testa, con uno bianco velo; e pareami che la sua faccia avesse tanto aspetto d'umilitade, che parea che dicesse: «Io sono a vedere lo principio de la pace[27]». In questa imaginazione mi giunse tanta umilitade per vedere lei[28], che io chiamava la Morte, e dicea: «Dolcissima Morte, vieni a me, e non m'essere villana[29], però che tu dei essere gentile, in tal parte se' stata[30]! Or vieni a me, che molto ti disidero; e tu lo vedi, ché io porto già lo tuo colore[31]». E quando io avea veduto compiere tutti li dolorosi mestieri che a le corpora de li morti s'usano di fare[32], mi parea tornare ne la mia camera, e quivi mi parea guardare verso lo cielo; e sì forte era la mia imaginazione, che piangendo incominciai a dire con verace voce[33]: «Oi anima bellissima, come è beato colui che ti vede!». E dicendo io queste parole con doloroso singulto di pianto, e chiamando la Morte che venisse a me, una donna giovane e gentile, la quale era lungo[34] lo mio letto, credendo che lo mio piangere e le mie parole fossero solamente per lo dolore de la mia infermitade, con grande paura cominciò a piangere. Onde altre donne che per la camera erano s'accorsero di me, che io piangea, per lo pianto che vedeano fare a questa[35]; onde faccendo lei partire da me[36], la quale era meco di propinquissima sanguinitade congiunta[37], elle si trassero verso me[38] per isvegliarmi, credendo che io sognasse, e diceanmi: «Non dormire più», e «Non ti sconfortare». E parlandomi così, sì mi cessò la forte fantasia entro in quello punto ch'io[39] volea dicere: «O Beatrice, benedetta sie tu»; e già detto avea «O Beatrice», quando riscotendomi apersi li occhi, e vidi che

24. ***Osanna in excelsis***: gloria nell'alto dei cieli. Sono le parole con cui, nel *Vangelo di Marco* (11, 10), è salutato l'ingresso di Gesù in Gerusalemme.
25. **fue sì forte la erronea fantasia**: il delirio della mia immaginazione fu così intenso.
26. **covrissero**: coprissero.
27. **sono... pace**: sono ammessa a contemplare la fonte della pace, cioè Dio.
28. **per vedere lei**: per il fatto di vedere lei.
29. **non m'essere villana**: non essere scortese con me. L'aggettivo *villana* si contrappone al *gentile* che segue.
30. **in tal... stata**: dal momento che sei stata in una donna così gentile.
31. **lo tuo colore**: il pallore della morte.
32. **tutti... fare**: tutte le pietose cure (*dolorosi mestieri*) che si usano prestare ai corpi dei defunti.
33. **verace voce**: la voce vera, non sognata.
34. **lungo**: presso.
35. **Onde altre donne... questa**: per cui altre donne che si trovavano nella camera si accorsero che io piangevo, a causa del fatto che vedevano piangere questa donna.
36. **faccendo... me**: dopo averla fatta allontanare da me.
37. **la quale... congiunta**: che era legata a me da un legame di strettissima parentela. Si tratta probabilmente di una sorella.
38. **si trassero verso me**: mi si accostarono.
39. **entro... io**: proprio nel momento (*punto*) in cui io.

io era ingannato[40]. E con tutto che io chiamasse[41] questo nome, la mia voce era sì rotta dal singulto del piangere, che queste donne non mi pottero intendere, secondo il mio parere; e avvegna che io vergognasse[42] molto, tuttavia per alcuno ammonimento d'Amore[43] mi rivolsi a loro. E quando mi videro[44], cominciaro a dire: «Questi pare morto», e a dire tra loro: «Proccuriamo[45] di confortarlo»; onde molte parole mi diceano da confortarmi, e talora mi domandavano di che io avesse avuto paura. Onde io, essendo alquanto riconfortato, e conosciuto lo fallace imaginare[46], rispuosi a loro: «Io vi diroe quello ch'i' hoe avuto»[47]. Allora, cominciandomi dal principio infino a la fine, dissi loro quello che veduto avea, tacendo lo nome di questa gentilissima. Onde poi, sanato di questa infermitade, propuosi di dire parole di questo che m'era addivenuto[48], però che mi parea che fosse amorosa cosa da udire[49]; e però ne dissi questa canzone: *Donna pietosa e di novella etate*, ordinata sì come manifesta la infrascritta divisione[50].

Dante Alighieri, *Vita nuova*, XXIII, in *Opere minori*, a cura di D. De Robertis e G. Contini, Ricciardi, Milano-Napoli, 1995, volume I, tomo I

40. **vidi... ingannato**: mi accorsi che ciò che avevo creduto di vedere era un inganno della fantasia.
41. **con tutto che io chiamasse**: benché invocassi.
42. **avvegna... vergognasse**: per quanto io mi vergognassi.
43. **per... Amore**: per un consiglio di Amore.
44. **mi videro**: si resero conto della mia condizione debilitata.
45. **Proccuriamo**: cerchiamo.
46. **conosciuto... imaginare**: resomi conto della falsità di ciò che avevo creduto di vedere.
47. **quello... avuto**: ciò che mi è accaduto.
48. **propuosi... addivenuto**: decisi di spiegare quello che mi era successo.
49. **che fosse... udire**: che fosse un tema amoroso degno di essere ascoltato da altri.
50. **ordinata... divisione**: costruita come è spiegato dalla divisione scritta dopo (*infrascritta*). Alla canzone preannunciata da Dante segue un'analisi basata su una suddivisione in parti.

DIALOGO CON IL TESTO

COMPRENDERE

Una visione apocalittica L'evocazione della morte di Beatrice, presentita da Dante nel delirio durante una malattia, può apparire a un lettore di oggi come uno straordinario squarcio di narrativa fantastica, in cui si susseguono momenti e immagini di crescente tragicità: frasi minacciose, volti sinistri, apocalittiche immagini naturali, situazioni psicologiche di angoscia.

- **Riassumete le diverse fasi della narrazione: la situazione di partenza, le immagini viste da Dante nel delirio, le sue reazioni psicologiche, il risveglio e il dialogo con le donne che lo assistono.**

Un lutto universale In realtà anche gli elementi inquietanti della visione si inseriscono perfettamente nel disegno intellettuale e religioso della *Vita nuova*. Attraverso la "poetica della lode" Dante ha cominciato a presentare Beatrice come una creatura celeste, venuta sulla terra per portare la salvezza agli uomini; ora il presagio della sua morte è accompagnato dagli stessi segni soprannaturali che, secondo i Vangeli, accompagnarono la morte di Cristo, e tutta la narrazione è disseminata di citazioni bibliche. Il dolore di Dante, il suo desiderio di morte non sono tanto un sentimento individuale quanto l'espressione del lutto di tutto il creato per la scomparsa dell'«anima bellissima» che le donava una beatitudine celeste.

ANALIZZARE

Una prosa spezzata e drammatica Un tratto caratteristico di questa parte della *Vita nuova* è l'andamento spezzato della sintassi, che conferisce alla narrazione un'intonazione concitata e drammatica, attraverso l'uso frequentissimo del discorso diretto e il ricorrere della figura del polisindeto.

- **Indicate qualche punto del testo in cui l'uso di questa figura vi pare particolarmente evidente ed efficace, e spiegate i motivi della vostra scelta.**

T47 ▸ Oltre la spera

Dopo la morte di Beatrice Dante crede di trovare conforto al suo dolore nella vista di una «donna pietosa» che dimostra compassione per lui, ma un'apparizione di Beatrice lo riconduce sulla retta via. L'ultima parte dell'opera è tutta dedicata a lei, splendente nella gloria del Paradiso.

▸ **METRO**: il testo include un sonetto.

XLI. Poi mandaro due donne gentili a me pregando che io mandasse loro di queste mie parole rimate[1]; onde[2] io, pensando la loro nobilitade[3], propuosi di mandare loro e di fare una cosa nuova, la quale io mandasse a loro con esse[4], acciò che più onorevolemente adempiesse li loro prieghi[5]. E dissi allora uno sonetto, lo quale narra del mio stato, e manda'lo a loro co lo precedente sonetto accompagnato, e con un altro che comincia: *Venite a intender*[6]. [...]

Oltre la spera che più larga gira[7]
passa 'l sospiro[8] ch'esce del[9] mio core:
intelligenza nova, che l'Amore
piangendo mette in lui, pur su lo tira[10].
Quand'elli è giunto là dove disira[11],
vede una donna, che riceve onore,
e luce sì, che per lo suo splendore
lo peregrino spirito la mira[12].
Vedela tal, che quando 'l mi ridice,
io no lo intendo, sì parla sottile
al cor dolente, che lo fa parlare[13].
So io che parla di quella gentile[14],
però che spesso ricorda Beatrice,
sì ch'io lo 'ntendo ben, donne mie care[15].

XLII. Appresso questo sonetto apparve a me una mirabile visione, ne la quale io vidi cose che mi fecero proporre di non dire più di questa benedetta infino a tanto che io potesse più degnamente trattare di lei[16]. E di venire a ciò io studio[17] quanto

1. **Poi... rimate**: dopo ciò, due donne gentili mi mandarono un messaggio (*mandaro... a me*) per pregarmi che inviassi a loro queste poesie. Si riferisce alle ultime poesie riportate, o in genere alle poesie in morte di Beatrice.
2. **onde**: per cui.
3. **pensando... nobilitade**: in considerazione della loro nobiltà spirituale.
4. **propuosi... esse**: decisi di inviare loro le poesie e di scriverne una nuova da mandare insieme alle altre.
5. **acciò che più onorevolmente... prieghi**: per esaudire le loro preghiere in modo più conforme alla loro nobiltà (*più onorevolemente*).
6. **co lo... *intender***: insieme col sonetto precedente (*Deh peregrini che pensosi andate*, il componimento contenuto nel capitolo precedente della *Vita nuova*) e con un altro che comincia *Venite a intender*, di cui si è persa traccia.
7. **Oltre... gira**: oltre la sfera celeste che ruota attorno alla Terra col giro più ampio (al di là del Primo Mobile, nell'Empireo, sede dei beati).
8. **'l sospiro**: il desiderio di Beatrice.
9. **del**: dal.
10. **intelligenza... tira**: una capacità di comprendere straordinaria (*intelligenza nova*) che Amore, piangendo per la morte di Beatrice, mette in esso, lo spinge continuamente (*pur*) verso l'alto.
11. **Quand'elli... disira**: quando il sospiro (*elli*) è giunto dove desidera, cioè nell'Empireo, dove il desiderio si acquieta perché ha raggiunto il bene che cercava.
12. **luce... mira**: splende tanto (*luce sì*) che lo spirito pellegrino la contempla incantato. Lo *spirito* è detto *peregrino* perché ha lasciato la Terra.
13. **Vedela... parlare**: la vede tale che, quando me ne parla (*'l mi ridice*), non lo comprendo, tanto difficile (*sottile*) è il linguaggio con cui si rivolge al mio cuore addolorato, che è quello che lo fa parlare.
14. **So... gentile**: ma io so per certo che parla di Beatrice (*quella gentile*).
15. **però che... care**: perché spesso cita il nome di Beatrice, in modo tale che io lo comprendo bene, donne a me care. Si rivolge alle due donne gentili alle quali ha dedicato il sonetto.
16. **ne la quale... lei**: in cui io vidi cose che mi fecero decidere (*proporre*) di non parlare più di questa (donna) benedetta fino a quando io fossi in grado di trattare di lei più degnamente.
17. **di venire a ciò io studio**: per giungere a questo mio intento io mi impegno (*studio*).

posso, sì com'ella sae veracemente[18]. Sì che, se piacere sarà di colui a cui tutte le cose vivono, che la mia vita duri per alquanti anni[19], io spero di dicer di lei quello che mai non fue detto d'alcuna. E poi piaccia a colui che è sire de la cortesia[20], che la mia anima se ne possa gire[21] a vedere la gloria de la sua donna, cioè di quella benedetta Beatrice, la quale gloriosamente mira ne la faccia di colui *qui est per omnia secula benedictus*[22].

Dante Alighieri, *Vita nuova*, XLI-XLII, in *Opere minori*, a cura di D. De Robertis e G. Contini, Ricciardi, Milano-Napoli, 1995, volume I, tomo I

18. **sì com'ella sae veracemente**: Beatrice, nella sua condizione di beata, conosce perfettamente tutti i pensieri di Dante.
19. **se piacere... anni**: se piacerà a colui che è la causa e lo scopo di tutte le creature viventi (Dio) che la mia vita duri ancora qualche anno.
20. **sire de la cortesia**: Amore, signore delle virtù cortesi.
21. **gire**: andare.
22. **mira... *benedictus***: contempla faccia a faccia colui "che è benedetto per tutti i secoli" (Dio). C'è qui un riferimento alla *Prima lettera ai Corinti* di San Paolo (13, 12): «Ora vediamo oscuramente, come in uno specchio; allora invece vedremo faccia a faccia».

DIALOGO CON IL TESTO

COMPRENDERE

Un'esperienza inesprimibile a parole Finché Beatrice era viva, Dante poteva lodarla come manifestazione terrena della beatitudine celeste (▸T43). Ora che è ascesa in Paradiso tra i beati, l'amore di Dante si spiritualizza ancora di più: il desiderio di lei dona al poeta un'*intelligenza nova*, che consente al suo spirito di salire fino al cielo, dove può contemplarla nel pieno della gloria divina: è una visione ineffabile, non afferrabile dalla lingua e dalla mente umane.

Nel tentativo di dar voce a un'esperienza inesprimibile in parole, il sonetto ricorre a uno sdoppiamento: da un lato il «sospiro», lo «spirito» di Dante; dall'altro la sua individualità terrena, a cui il poeta fa riferimento in prima persona.

- **Distinguete le azioni riferite a ciascuno dei due soggetti.**

Il preannuncio della *Commedia* Il sonetto anticipa i temi del viaggio in cielo e dell'ineffabilità della visione celeste, che Dante svilupperà meravigliosamente nel *Paradiso*. Ma il preannuncio della *Commedia* è ancora più esplicito nel brano conclusivo in prosa, in cui il poeta fa cenno a una *mirabile visione*: Dante non parlerà più di Beatrice fino a quando, con l'aiuto di Dio, non potrà dire di lei *quello che mai non fue detto d'alcuna*. Nei fatti il suo silenzio su Beatrice durerà più di dieci anni, fino alla composizione del secondo canto dell'*Inferno*, nel quale il poeta ritornerà a nominare la sua donna, per attribuirle un ruolo centrale nel suo viaggio nell'aldilà, vedendo in lei non tanto il bene in sé ma una guida al sommo bene.

- **Nel ▸T64 (vv. 58-145) potete leggere il modo in cui nella *Commedia* Dante immagina il ricongiungimento con Beatrice, che gli farà da guida nei cieli del Paradiso.**

ANALIZZARE

"Vedere" e "parlare" Sia nella parte in versi sia nella parte in prosa ricorrono con grandissima frequenza verbi riferiti alle facoltà della vista ("vedere", "mirare") e della parola ("ridire", "parlare", "dire", "ricordare", "trattare").

- **Individuateli nel testo e spiegate che cosa significano di volta in volta.**

CONTESTUALIZZARE

Oltre lo stilnovismo Nella *Vita nuova* Dante delinea un percorso di spiritualizzazione del sentimento amoroso: l'attaccamento al saluto che il poeta mostra ancora nei capitoli iniziali lascia spazio a una lode più disinteressata, centrata sugli effetti prodigiosi della donna, e culmina, con il capitolo conclusivo, nella rinuncia a parlare di Beatrice fino a quando non sarà in grado di andare oltre lo stilnovo.

- **Ripercorrendo i testi ▸T42-T47 individuate le tappe dell'evoluzione del sentimento amoroso all'interno dell'opera.**

▸ p. 190

Le *Rime*

- *Chi udisse tossir la malfatata*
- *Al poco giorno e al gran cerchio d'ombra*
- *Se vedi li occhi miei di pianger vaghi*

Le poesie di Dante che non sono state raccolte da lui stesso nella *Vita nuova* e nel *Convivio* sono oggi comprese sotto il titolo generico di *Rime*. Sono 54 componimenti in diverso metro, scritti in diversi momenti della vita dell'autore, dal periodo fiorentino agli anni dell'esilio, a cui se ne aggiungono altri 26, di dubbia attribuzione. La raccolta testimonia la grande varietà di temi e di forme sperimentati da Dante prima della *Commedia*: dallo stile «dolce» legato al modello di Guinizzelli e Cavalcanti (▸T48), a quello aspro e difficile delle "rime petrose" (▸T49).

ANALISI

T48 ▸ Guido, i' vorrei...

In questo sonetto, composto negli anni giovanili, Dante si rivolge a due suoi amici poeti (Guido Cavalcanti, che risponderà a Dante con il sonetto *S'io fosse quelli che d'amor fu degno*, in cui si lamenta della durezza della sua donna, e il notaio Lapo Gianni De' Ricevuti) per esprimere uno *spensierato sogno d'evasione e d'amicizia*.

▸ **METRO**: sonetto.

Guido, i' vorrei che tu e Lapo ed io
fossimo presi per incantamento,
e messi in un vasel ch'ad ogni vento
per mare andasse al voler vostro e mio,
sì che fortuna od altro tempo rio
non ci potesse dare impedimento,
anzi, vivendo sempre in un talento,
di stare insieme crescesse 'l disio.
E monna Vanna e monna Lagia poi
con quella ch'è sul numer de le trenta
con noi ponesse il buono incantatore:
e quivi ragionar sempre d'amore,
e ciascuna di lor fosse contenta,
sì come i' credo che saremmo noi.

Dante Alighieri, *Rime*, in *Opere minori*, a cura di D. De Robertis e G. Contini, Ricciardi, Milano-Napoli, 1995, volume I, tomo I

2. **fossimo... incantamento**: fossimo rapiti come per magia.
3. **vasel**: vascello. **ad ogni vento**: qualunque vento spirasse.
4. **per mare andasse al voler vostro e mio**: andasse per mare secondo il volere vostro e mio.
5. **fortuna... rio**: tempesta o altro tempo cattivo.
7. **in un talento**: uniti dagli stessi desideri.
8. **di stare... disio**: crescesse il desiderio di stare insieme.
9. **monna... Lagia**: le donne rispettivamente di Guido e di Lapo. Il termine *monna* (= madonna) designava le donne sposate.
10. **quella... trenta**: la donna amata da Dante. Il poeta aveva scritto un componimento poetico (andato perduto) dedicato alle sessanta più belle donne di Firenze; l'amata è colei che occupa il trentesimo posto, quello centrale dal punto di vista numerico e nel cuore del poeta. Secondo la *Vita nuova* in quel componimento Beatrice occupava il nono posto. Dunque in questo sonetto non si tratta di lei.
11. **ponesse**: questo congiuntivo è retto a distanza dal condizionale *vorrei* del v. 1. **buono incantatore**: il valente mago autore dell'*incantamento* (v. 2); probabilmente si riferisce al mago Merlino, precettore di re Artù nei romanzi cavallereschi.
12. **ragionar**: conversare.

DIALOGO CON IL TESTO

COMPRENDERE

Un sogno d'evasione sempre attuale Insieme a *Tanto gentile e tanto onesta pare* (▸T42) questa è la poesia di Dante più conosciuta e amata dai lettori di oggi. Anche in questo caso possiamo osservare come il poeta, restando ancorato agli usi e alla cultura del suo tempo, riesca a esprimere sentimenti universali, nei quali possono riconoscersi pubblici di epoche molto lontane e diverse. I temi sono tipici della poesia cortese e stilnovista:

- la piccola cerchia dei poeti orgogliosi della loro superiorità spirituale;
- l'amicizia intellettuale;
- l'amore elevato, di cui è bello *ragionar* ("conversare") tra anime elette.

La suggestione che il sonetto esercita anche su un lettore ignaro dei costumi dell'epoca deriva dall'atmosfera magica e favolosa creata dalle immagini del mare, della nave, e del *buono incantatore*, che proietta gli ideali evocati fuori del tempo e dello spazio, sullo sfondo di un paesaggio perennemente sereno, in un clima di perfetta concordia e felicità.

ANALIZZARE E INTERPRETARE

Fluidità e naturalezza Il tono sognante del sonetto è sottolineato da scelte stilistiche che danno al lettore un'impressione di grande fluidità e naturalezza: la figura dell'apostrofe all'inizio del componimento, il ricorrere di parole che si riferiscono al desiderio e al suo appagamento, la costruzione del periodo, il ricorrere della figura del polisindeto.

- **Quale intonazione conferisce alla poesia l'apostrofe iniziale?**
- **Individuate nel testo le parole appartenenti al campo semantico del desiderio.**
- **La costruzione del periodo è semplice o complessa?**
- **In quali punti del testo viene usato il polisindeto? Quali intenzioni comunicative esprime, secondo voi?**

CONTESTUALIZZARE

La tradizione francese La lista delle situazioni piacevoli si ispira alla tradizione letteraria d'Oltralpe: i modelli di riferimento di Dante sono da un lato il *plazer* (componimento in cui si enumeravano realtà piacevoli) della poesia provenzale, e dall'altro i romanzi cavallereschi, nei quali si parla della «nave di gioia e di piacere» del Mago Merlino, che naviga senza remi e senza vele.

Dante e Petrarca, in primo piano, con i poeti toscani Guido Cavalcanti, Giovanni Boccaccio, Cino da Pistoia e Guittone d'Arezzo in un dipinto di Giorgio Vasari del 1544. (Minneapolis, Institute of Arts)

T49 ▸ Così nel mio parlar voglio esser aspro

PERCORSO
• La lirica d'amore, p. 534

È la più celebre delle quattro "rime petrose", dedicate attorno al 1296 a una donna detta «Petra» per la granitica durezza del suo cuore. Lo stile segna una svolta radicale nell'opera di Dante: dall'intonazione «dolce» e «piana» della *Vita nuova* a un linguaggio che predilige i suoni aspri, le parole rare, i virtuosismi tecnici, sul modello del *trobar clus* del provenzale Arnaut Daniel.

▸ **METRO**: canzone di sei stanze di endecasillabi e settenari, seguite da un congedo di cinque versi strutturato metricamente come la sirma; schema di rime: ABbC ABbC (fronte), CDdEE (sirma); FGfHH (congedo).

Così nel mio parlar voglio esser aspro
com'è ne li atti questa bella petra,
la quale ognora impetra
maggior durezza e più natura cruda,
e veste sua persona d'un dïaspro
tal che per lui, o perch'ella s'arretra,
non esce di faretra
saetta che già mai la colga ignuda;
ed ella ancide, e non val ch'om si chiuda
né si dilunghi da' colpi mortali,
che, com'avesser ali,
giungono altrui e spezzan ciascun'arme:
sì ch'io non so da lei né posso atarme.

Non trovo scudo ch'ella non mi spezzi
né loco che dal suo viso m'asconda:
ché, come fior di fronda,
così de la mia mente tien la cima.
Cotanto del mio mal par che si prezzi
quanto legno di mar che non lieva onda;
e 'l peso che m'affonda
è tal che non potrebbe adequar rima.

Una dama con cagnolino in un particolare del *Trionfo della morte* di Buonamico Buffalmacco del 1341. (Pisa, Salone degli Affreschi)

1-4. **Così... cruda**: voglio essere nel mio modo di parlare così aspro (duro nel suono e nei concetti) come è negli atteggiamenti questa bella pietra (la donna dal cuore di pietra) la quale sempre racchiude in sé maggior durezza e natura più crudele.
5-8. **e veste... ignuda**: e riveste il suo corpo di una pietra dura (*dïaspro*) tale che, grazie a esso (*per lui*) o a causa del fatto che ella si tira indietro, non esce mai dalla *faretra* (l'apposito astuccio) una freccia che la possa sorprendere indifesa (*ignuda*). La donna è invulnerabile alle frecce con cui Amore colpisce i cuori. Nei lapidari medievali il diaspro era pietra preziosa che difendeva, grazie alla sua durezza, qualunque persona casta che la portasse con sé.
9-10. **ed ella... mortali**: invece lei uccide, e non serve (*non val*) che uno (*om*) si corazzi (*chiuda*) o si allontani dai colpi mortali.
11-12. **che... arme**: i quali, come se avessero le ali, raggiungono il destinatario (*giungono altrui*) e spezzano qualunque armatura.
13. **sì ch'io... atarme**: così che io non so e non posso difendermi (*atarme*: trovare aiuto) da lei.
15. **dal suo... m'asconda**: mi nasconda dalla sua vista.
16-17. **ché... cima**: perché, come un fiore sta in cima al ramo, così lei sta in cima ai miei pensieri.
18-19. **Cotanto... onda**: pare che si curi (*prezzi*) del mio male (il desiderio amoroso inappagato) tanto quanto una nave (*legno*) si preoccupa di un mare che non solleva onde.
20-21. **e 'l peso che m'affonda rima**: e invece il peso che mi fa sprofondare (*m'affonda*) è tale che nessuna poesia (*rima*) potrebbe esprimerlo adeguatamente (*adequar*).

Ahi angosciosa e dispietata lima
che sordamente la mia vita scemi,
perché non ti ritemi
sì di rodermi il core a scorza a scorza
com'io di dire altrui chi ti dà forza?
   Ché più mi triema il cor qualora io penso
di lei in parte ov'altri li occhi induca,
per tema non traluca
lo mio penser di fuor sì che si scopra,
ch'io non fo de la morte, che ogni senso
co li denti d'Amor già mi manduca:
ciò è che 'l pensier bruca
la lor vertù, sì che n'allenta l'opra.
E' m'ha percosso in terra, e stammi sopra
con quella spada ond'elli ancise Dido,
Amore, a cui io grido
merzé chiamando, e umilmente il priego:
ed el d'ogni merzé par messo al niego.
Egli alza ad ora ad or la mano, e sfida
la debole mia vita, esto perverso,
che disteso a riverso
mi tiene in terra d'ogni guizzo stanco:
allor mi surgon ne la mente strida;
e 'l sangue, ch'è per le vene disperso,
fuggendo corre verso
lo cor, che 'l chiama; ond'io rimango bianco.
Elli mi fiede sotto il braccio manco
sì forte che 'l dolor nel cor rimbalza;
allor dico: «S'elli alza
un'altra volta, Morte m'avrà chiuso
prima che 'l colpo sia disceso giuso».

22-23. **Ahi... scemi**: ahi, lima angosciosa e spietata, che corrodi (*scemi*) silenziosamente (*sordamente*) la mia vita. La *lima* è una metafora dell'angoscia amorosa del poeta.
24-26. **perché... forza?**: perché non hai ritegno (*ti ritemi*) di rodere il mio cuore a pezzo a pezzo come io ho ritegno di dichiarare ad altri il nome di colei che ti dà tanta forza? Il codice dell'amore cortese impediva di rivelare il nome della donna amata.
27-30. **Ché... scopra**: perché quando penso a lei in un luogo in cui gli altri mi possano vedere (*ov'altri li occhi induca*), il cuore mi trema per paura che il mio pensiero traspaia di fuori al punto di venire scoperto (*sì che si scopra*).
31-32. **ch'io... manduca**: più di quanto tremo per paura della morte, che già mi mangia (*manduca*) coi denti dell'Amore tutte le facoltà mentali (*ogni senso*).
33-34. **ciò è... opra**: in altre parole la forza (*vertù*) di quei denti (*lor*) logora (*bruca*) l'intelletto (*pensier*), in modo tale che ne impedisce la sua funzione (*opra*).
35-36. **E' m'ha... Dido**: egli (Amore) mi ha gettato a terra, e mi sta sopra con quella spada con cui uccise Didone (la regina di Cartagine che nell'*Eneide* si uccide per amore di Enea con la spada donatale dall'eroe troiano).
38. **merzé chiamando**: chiedendo pietà. **il priego**: lo prego.
39. **el... niego**: egli pare deciso a negare ogni pietà.
40-43. **Egli... stanco**: Amore alza di tanto in tanto la mano e toglie speranza (*sfida*) alla mia debole vita, questo malvagio (*perverso*), che mi tiene a terra disteso, rovesciato e incapace per stanchezza di ogni movimento (*guizzo*).
44. **allor... strida**: allora sorgono grida di disperazione nella mia mente (non ha la forza di far uscire il grido).
45-47. **e 'l sangue... bianco**: e il sangue sparso per le vene corre velocemente verso il cuore, che lo richiama a sé; per cui io mi sbianco in volto. L'impallidire è descritto fisiologicamente come effetto del ritirarsi del sangue dal volto.
48. **fiede**: ferisce. **sotto... manco**: sotto il braccio sinistro, cioè al cuore.
50-52. **S'elli... giuso**: se alza (la mano) un'altra volta, la morte mi avrà preso (*chiuso*) prima ancora che il colpo sia calato giù.

Così vedess'io lui fender per mezzo
lo core a la crudele che 'l mio squatra;
poi non mi sarebb'atra
la morte, ov'io per sua bellezza corro:
ché tanto dà nel sol quanto nel rezzo
questa scherana micidiale e latra.
Omè, perché non latra
per me, com'io per lei, nel caldo borro?
ché tosto griderei: «Io vi soccorro»;
e fare'l volentier, sì come quelli
che ne' biondi capelli
ch'Amor per consumarmi increspa e dora
metterei mano, e piacere'le allora.

S'io avèssi le belle trecce prese,
che fatte son per me scudiscio e ferza,
pigliandole anzi terza,
con esse passerei vespero e squille:
e non sarei pietoso né cortese,
anzi farei com'orso quando scherza;
e se Amor me ne sferza,
io mi vendicherei di più di mille.
Ancor ne li occhi, ond'escon le faville
che m'infiammano il cor, ch'io porto anciso,
guarderei presso e fiso,
per vendicar lo fuggir che mi face;
e poi le renderei con amor pace.

Canzon, vattene dritto a quella donna
che m'ha ferito il core e che m'invola
quello ond'io ho più gola,
e dàlle per lo cor d'una saetta:
ché bell'onor s'acquista in far vendetta.

Un marito geloso afferra la moglie per i capelli e si accinge a picchiarla in una miniatura tratta da un'edizione del *Roman de la Rose* del XV secolo. (Londra, British Library)

Dante Alighieri, *Rime*, in *Opere minori*, a cura di D. De Robertis e G. Contini, Ricciardi, Milano-Napoli, 1995, volume I, tomo I

53-54. **Così... squatra**: allo stesso modo potessi io vedere lui (Amore) spaccare in mezzo il cuore della crudele che squarta il mio.
55-56. **poi... corro**: allora non mi sembrerebbe cupa (*atra*) la morte, incontro alla quale corro a causa della sua bellezza.
57-58. **ché... latra**: perché colpisce (*dà*) tanto di giorno (*nel sol*) quanto di notte (*nel rezzo*: all'ombra) questa assassina (*scherana*) micidiale e ladra. Da notare la ripetizione di *latra* con due diversi significati al v. 58 e al v. 59.
59-60. **Omè... borro?**: ohimé, perché non grida (*latra*, come una cagna) per me, come faccio io per lei, nel caldo baratro (*borro*) della passione?
61. **vi soccorro**: vi vengo in aiuto.
62-65. **e fare'l... allora**: e lo farei volentieri, perché (*sì come quelli che*) metterei la mano nei biondi capelli che Amore arriccia (*increspa*) e indora per rovinarmi (*consumarmi*), e allora finalmente le piacerei.
67. **fatte... ferza**: per me sono diventate uno scudiscio e una sferza (con cui Amore mi frusta).
68-69. **pigliandole... squille**: pigliandole di buon mattino, non le lascerei fino alla sera. *Terza*, *vespero* e *squille* erano momenti della giornata indicati col nome delle funzioni religiose prescritte per ciascuno: *terza* coincide con le nove del mattino, *vespro* è un'ora del pomeriggio, *squille* della sera.
71. **com'orso quando scherza**: allude a un proverbio del tempo ("Non ischerzare con l'orso se non vuogli essere morso").
72-73. **e se... mille**: e se Amore mi sferza con esse (*ne*), mi vendicherei più di mille volte tanto.
74-77. **Ancor... face**: ancora, guarderei da vicino e fissamente (*presso e fiso*) in quegli occhi da cui escono le scintille (*faville*) che mi infiammano il cuore, che io porto ucciso (*anciso*) dentro di me, per vendicarmi del fatto che lei ora mi sfugge.
78. **e poi le renderei... pace**: e poi le darei il mio perdono (*pace*) insieme con il mio amore.
80-81. **m'invola... gola**: mi sottrae ciò di cui ho più desiderio.
82. **dàlle... saetta**: trapassale il cuore con una freccia.

DIALOGO CON IL TESTO

COMPRENDERE

La concentrazione tematica La passione infelice del poeta e la spietata indifferenza della donna all'amore sono di fatto gli unici due temi che la canzone sviluppa, anche quando, nella quinta strofa, si ipotizza un rovesciamento dei ruoli fra i due: qui infatti il dolore lancinante nel proposito di vendetta è attribuito alla *petra*, mentre l'insensibilità alla sua passione è ostentata dal poeta.

Un cambiamento di poetica Fin dal primo verso Dante dichiara l'intenzione di adeguare il linguaggio alla crudeltà della donna nei suoi confronti. Anche lo stile dunque si contrappone apertamente a quello «dolce» e «piano» delle rime amorose precedenti. La necessità di elaborare uno stile in grado di esprimere la rovinosità dell'esperienza amorosa conduce il poeta a riconoscere la difficoltà di trovare una formulazione lirica adeguata per dare voce alla sua inaudita sofferenza.

- **Riconoscete nella canzone il punto in cui il poeta allude all'ineffabilità della sua condizione sentimentale.**

CONFRONTI La ricerca di un'espressione adeguata riflette l'importanza che Dante attribuisce alla corrispondenza fra stile e materia trattata; vedi a questo proposito il passo del *De vulgari eloquentia* dedicato a questo tema (▸T51).

ANALIZZARE

Artificiosità e violenza espressiva Il linguaggio della poesia è fatto quasi interamente di similitudini e di metafore che, insieme all'andamento complesso e involuto della sintassi e alla scelta di parole rare, rendono ardua la comprensione. Questa artificiosità dello stile, che obbliga il lettore a uno sforzo per ricostruire il significato del testo, è, oltre a una prova di abilità tecnica, un mezzo per esprimere l'esasperata violenza dell'esperienza descritta.

- **Le metafore e le similitudini che affollano il testo mirano a rendere il carattere materiale, istintuale, ferocemente aggressivo della passione amorosa. Catalogatele e raggruppatele attorno a tre fondamentali campi semantici:**
  - il divorare e l'essere divorati; V. 31-32
  - le percosse, il duello, la lotta; V. 35 36-V. 5
  - l'animalità. V. 71 - V. 59 V. 12 - V. 40 - V. 68

- **L'asprezza dello stile è data anche dall'insistenza ossessiva sui suoni più stridenti e disarmonici. Individuate in particolare il frequente ricorrere, specie in fine di verso, di gruppi consonantici dalla pronuncia aspra e sgradevole, di consonanti dure come la "z" e la "r" e di altri effetti di suono cupo e aggressivo.**

CONTESTUALIZZARE

Capovolgimento dell'amore stilnovista In questa canzone le concezioni stilnoviste sono capovolte. Dello stilnovo sono presenti tutti gli elementi topici: gli occhi, i capelli, la personificazione d'Amore, la fenomenologia degli effetti che lo sguardo produce nel cuore del poeta; ma l'esperienza amorosa, anziché tradursi in sentimenti di dolcezza o di sofferenza edificante, suscita nell'innamorato un'infelicità rovinosa, che provoca reazioni esasperate.

- **Individuate i punti del testo nei quali l'amore è presentato come desiderio fisico insoddisfatto, accompagnato da rancore e desiderio di vendetta, intriso di spinte sadiche e masochistiche.**

- **Un analogo discorso vale per gli appellativi e le caratteristiche attribuiti alla donna amata: raccoglieteli e confrontateli con quelli di Beatrice nella *Vita nuova*.**

CONFRONTARE

La crudeltà dell'amore in Dante e in Cavalcanti Il tema dell'amore come forza crudele che fa soffrire l'amante non è una totale novità: ritorna già con frequenza nelle poesie di Guido Cavalcanti (▸T18). Ci sono però profonde differenze nell'immagine della donna e nella risposta dell'innamorato alla sofferenza amorosa.

- **Attraverso un confronto fra i testi, fate emergere queste differenze.**

Le opere dottrinali

▸ p. 192

Il *Convivio*

- «Sono stato legno sanza vela e sanza governo»
- «Non avrebbe lo latino così servito a molti»
- Amor che ne la mente mi ragiona

TESTI T50

L'opera, composta fra il 1304 e il 1307 e rimasta interrotta al quarto trattato, doveva essere composta di 15 parti: una di introduzione generale e 14 di commento ad altrettante canzoni di contenuto filosofico:

- nel **primo trattato** Dante definisce le finalità e i contenuti dell'opera (▸T50), finalizzata tra l'altro a risollevare la sua reputazione di intellettuale avvilita dall'esilio, e motiva la scelta di utilizzare il volgare, adatto a rivolgersi a un pubblico ampio e capace di sostituire il latino anche nella trattazione degli argomenti più elevati;
- il **secondo trattato** è dedicato al commento della canzone *Voi che 'ntendendo il terzo ciel movete* e ne spiega il significato profondo. Letteralmente è una lode della «donna gentile» che, secondo il racconto della *Vita nuova*, consolò Dante dopo la morte di Beatrice; allegoricamente si riferisce alla Filosofia, «figlia di Dio, regina di tutto, nobilissima e bellissima»;
- il **terzo trattato** commenta la canzone *Amor che ne la mente mi ragiona*, anch'essa dedicata letteralmente alla «donna gentile» e allegoricamente alla Filosofia, che conduce l'uomo alla vera felicità, confermandolo nella fede;
- il **quarto trattato** illustra la canzone *Le dolci rime d'amor ch'i' solia*, che ha per tema la vera nobiltà, definita come una dote individuale, non legata alla nascita.

ANALISI

T50 ▸ «Un generale convivio»

È la parte iniziale del primo capitolo del *Convivio*, nel quale Dante definisce le finalità della sua opera e il pubblico al quale intende rivolgersi.

Sì come dice lo Filosofo nel principio della Prima Filosofia[1], tutti li uomini naturalmente[2] desiderano di sapere. La ragione di che[3] puote essere ed è che ciascuna cosa, da providenza di prima natura impinta, è inclinabile a la sua propria perfezione[4]; onde, acciò che la scienza è ultima perfezione de la nostra anima, ne la quale sta la nostra ultima felicitade, tutti naturalmente al suo desiderio semo subietti[5]. Veramente da questa nobilissima perfezione molti sono privati per diverse cagioni[6], che dentro a l'uomo e di fuori da esso lui rimovono da l'abito di scienza[7]. Dentro da l'uomo possono essere due difetti e impedi[men]ti: l'uno da la parte del corpo, l'altro da la parte de l'anima. Da la parte del corpo è quando le parti sono indebitamente disposte, sì che nulla ricevere può, sì come sono sordi e muti e loro simili[8]. Da la parte de l'anima è quando la malizia[9] vince in essa, sì che si fa

1. **Sì come... Filosofia**: come dice Aristotele (nel Medioevo il "Filosofo" per eccellenza) nel libro della *Metafisica* (la parte della filosofia che studia le cause prime delle cose).
2. **naturalmente**: per natura.
3. **di che**: di ciò.
4. **ciascuna... perfezione**: ogni creatura, spinta (*impinta*) dalla propria natura voluta dalla provvidenza divina, tende (è *inclinabile*) alla propria perfezione.
5. **onde... subietti**: perciò, dato che la conoscenza è la somma (*ultima*) perfezione dell'anima, in cui risiede la felicità più alta, tutti per natura la desideriamo.
6. **cagioni**: motivi.
7. **lui... scienza**: lo distolgono dalla ricerca della conoscenza.
8. **Da la parte... simili**: dal punto di vista fisico gli impedimenti alla conoscenza si hanno quando le parti del corpo sono conformate in modo non regolare, così che l'individuo non può accogliere nessun insegnamento (*nulla ricevere può*), come avviene ai ciechi, ai muti e a tutti quelli che hanno simili difetti.
9. **malizia**: inclinazione al male.

seguitatrice di viziose delettazioni, ne le quali riceve tanto inganno che per quelle ogni cosa tiene a vile[10]. Di fuori da l'uomo possono essere similemente due cagioni intese, l'una de le quali è induttrice di necessitade, l'altra di pigrizia[11]. La prima è la cura familiare e civile[12], la quale convenevolemente a sé tiene de li uomini lo maggior numero, sì che in ozio di speculazione esser non possono[13]. L'altra è lo difetto del luogo dove la persona è nata e nutrita, che tal ora sarà da ogni studio non solamente privato, ma da gente studiosa lontano[14].

Le due di queste cagioni, cioè la prima da la parte [di dentro e la prima da la parte] di fuori, non sono da vituperare[15], ma da escusare e di perdono degne; le due altre, avvegna che l'una più, sono degne di biasimo e d'abominazione[16]. Manifestamente adunque può vedere chi bene considera, che pochi rimangono quelli che a l'abito da tutti desiderato[17] possano pervenire, e innumerabili quasi sono li 'mpediti che di questo cibo sempre vivono affamati[18]. Oh beati quelli pochi che seggiono[19] a quella mensa dove lo pane de li angeli si manuca[20]! e miseri quelli che colle pecore hanno comune cibo[21]! Ma però che ciascuno uomo a ciascuno uomo naturalmente è amico[22], e ciascuno amico si duole del difetto di colui ch'elli ama, coloro che a così alta mensa sono cibati non sanza misericordia sono inver di quelli che in bestiale pastura veggiono erba e ghiande sen gire mangiando[23]. E acciò che misericordia è madre di beneficio[24], sempre liberalmente[25] coloro che sanno porgono de la loro buona ricchezza a li veri poveri[26], e sono quasi fonte vivo, de la cui acqua si refrigera[27] la naturale sete che di sopra è nominata. E io adunque, che non seggio a la beata mensa, ma, fuggito de la pastura del vulgo, a' piedi di coloro che seggiono ricolgo di quello che da loro cade, e conosco la misera vita di quelli che dietro m'ho lasciati[28], per la dolcezza ch'io sento in quello che a poco a poco ricolgo, misericordievolmente mosso[29], non me dimenticando,

10. **si fa... vile**: (l'anima) si mette a cercare piaceri illeciti (*viziose delettazioni*), a causa dei quali viene tanto sviata da considerare ogni cosa inferiore a essi.
11. **l'una... pigrizia**: la prima delle quali induce l'anima a occuparsi delle necessità materiali (*necessitade*), l'altra alla pigrizia.
12. **la cura... civile**: il dedicarsi alle occupazioni familiari e agli impegni politici.
13. **la quale... possono**: la quale attività, come è giusto (*convenevolemente*), occupa la maggior parte degli uomini, che così non possono vivere la vita ritirata e tranquilla adatta allo studio della filosofia (*ozio di speculazione*).
14. **lo difetto... lontano**: i limiti del luogo in cui uno è nato e cresciuto, che può essere non solo privo di *studio* (università), ma anche lontano da una comunità di studiosi (che consenta uno scambio culturale).
15. **Le due... vituperare**: i due motivi di impedimento allo studio a cui Dante si riferisce sono il primo di quelli relativi al corpo (i difetti fisici) e il primo di quelli relativi all'anima (gli impegni familiari e politici); entrambi i motivi non sono da biasimare (*vituperare*).
16. **le due altre... abominazione**: gli altri due motivi di impedimento (l'abbandonarsi a piaceri illeciti e l'esser tagliati fuori da ogni scambio culturale) sono degni di biasimo e di condanna (*abominazione*), anche se (*avvegna che*) il primo è più condannabile del secondo.
17. **a l'abito... desiderato**: al raggiungimento della condizione (*abito*, cioè la conoscenza), che tutti desiderano.
18. **innumerabili... affamati**: quasi impossibili da contare sono quelli che, a causa di questi impedimenti, non possono mai saziare la loro fame di conoscenza.
19. **seggiono**: siedono.
20. **manuca**: mangia. Il *pane degli angeli* (espressione tratta dal Salmo 77 nella Bibbia) è la scienza teologica e filosofica.
21. **miseri... cibo**: infelici quelli che si nutrono dello stesso cibo delle pecore. È la ricerca dei piaceri di poco valore, che accomuna gli uomini agli animali.
22. **però... amico**: poiché (*però che*) ogni uomo è per natura legato da amicizia a tutti gli altri uomini. Secondo Aristotele l'uomo è un "animale sociale".
23. **coloro... mangiando**: coloro che si sono cibati all'alta mensa della filosofia e della teologia nutrono compassione per quelli che essi vedono vagare (*gire*) mangiando erbe e ghiande, come bestie (*in bestiale pastura*).
24. **acciò... beneficio**: poiché la compassione è all'origine del desiderio di fare del bene.
25. **liberalmente**: generosamente.
26. **li veri poveri**: coloro che mancano della vera ricchezza, cioè del sapere.
27. **si refrigera**: si placa.
28. **E io... lasciati**: e io, che non siedo all'alta mensa del sapere, ma (sono) riuscito ad abbandonare i piaceri volgari, di cui si ciba la maggioranza (*la pastura del volgo*), raccolgo ai piedi di coloro che siedono alla mensa le briciole cadute, e conosco com'è oscura la vita di coloro che mi sono lasciato alle spalle. Dante non si presenta come uno studioso, ma come un semplice discepolo dei dotti, che raccoglie le briciole della loro sapienza.
29. **misericordievolmente mosso**: mosso a misericordia.

per li miseri alcuna cosa ho riservata, la quale a li occhi loro, già è più tempo, ho dimostrata[30]; e in ciò li ho fatti maggiormente vogliosi[31]. Per che ora volendo loro apparecchiare[32], intendo fare un generale convivio di ciò ch'i' ho loro mostrato, e di quello pane ch'è mestiere a così fatta vivanda, sanza lo quale da loro non potrebbe essere mangiata[33]. E questo [è quello] convivio, di quello pane degno, con tale vivanda qual io intendo indarno [non] essere ministrata[34]. E però ad esso non s'assetti alcuno male de' suoi organi disposto, però che né denti né lingua ha né palato[35]; né alcuno assettatore di vizii[36], perché lo stomaco suo è pieno d'omori venenosi contrarii, sì che mai vivanda non terrebbe[37]. Ma vegna[38] qua qualunque è [per cura] familiare o civile ne la umana fame rimaso[39], e ad una mensa con li altri simili impediti[40] s'assetti; e a li loro piedi si pongano tutti quelli che per pigrizia si sono stati[41], che non sono degni di più alto sedere[42]; e quelli e questi prendano la mia vivanda col pane, che la farò loro e gustare e patire[43]. La vivanda di questo convivio sarà di quattordici maniere ordinata, cioè quattordici canzoni sì d'amor come di vertù materiate[44], le quali sanza lo presente pane aveano d'alcuna oscuritade ombra, sì che a molti loro bellezza più che loro bontade era in grado[45]. Ma questo pane, cioè la presente disposizione, sarà la luce la quale ogni colore di loro sentenza farà parvente[46].

Dante Alighieri, *Convivio*, I, 1, in *Opere minori*, a cura di C. Vasoli e D. De Robertis, Ricciardi, Milano-Napoli, 1995, volume II, tomo I

30. **non me... dimostrata**: non avendo dimenticato la mia precedente condizione (*non me dimenticando*), ho riservato, per quegli infelici che vi si trovano ancora, qualcosa che ho divulgato già da tempo. L'*alcuna cosa* di cui parla Dante sono le sue rime dottrinali e filosofiche, già conosciute prima della composizione del *Convivio*.
31. **in ciò... vogliosi**: per questi motivi li ho resi ancor più desiderosi di conoscere.
32. **Per che... apparecchiare**: per la qual cosa, avendo deciso di dar loro da mangiare (*apparecchiare*).
33. **un generale... mangiata**: un banchetto in cui metterò in tavola sia ciò che ho già divulgato (le canzoni dottrinali) sia quel *pane* (i trattati in prosa) che è necessario (è *mestiere*) per una simile vivanda, perché senza di esso la *vivanda* non potrebbe essere mangiata (cioè capita).
34. **questo... ministrata**: questo è quel banchetto, con quel pane che è più adatto (*degno*) e con quelle vivande che non voglio siano servite invano (*indarno... essere ministrata*).
35. **però... palato**: perciò a questo convito non si sieda (*s'assetti*) nessuno che abbia organi di assimilazione mal conformati, perché non ha denti o lingua o palato adatti ad assimilarlo. Dante esclude dal suo banchetto coloro che per impedimenti fisici non sono in grado di colmare la loro fame di sapere (vedi la nota 8).
36. **assettatore di vizii**: seguace dei vizi.
37. **perché... terrebbe**: perché il suo stomaco è pieno di umori velenosi nocivi, così che non potrebbe mai digerire la vivanda servita.
38. **vegna**: venga.
39. **qualunque... rimaso**: chiunque sia rimasto insaziato di quella fame di sapere veramente degna dell'uomo (*ne la umana fame rimaso*) perché distolto dagli impegni familiari e politici.
40. **simili impediti**: impediti nel cammino verso la conoscenza per ragioni simili.
41. **quelli... stati**: coloro che sono stati fermi (*si sono stati*) per pigrizia. Sono quelli che, vivendo in luoghi privi di università e di vita culturale, non si sono mossi per cercarle.
42. **di più alto sedere**: di sedere più in alto, cioè alla mensa insieme agli altri.
43. **patire**: smaltire, digerire.
44. **di quattordici... materiate**: composta di quattordici portate, cioè di quattordici canzoni che hanno per tema (*materiate*) la virtù e l'amore.
45. **le quali... grado**: le quali, senza il *pane* dei commenti in prosa, non erano del tutto chiare, così che molti le apprezzavano per la loro bellezza più che per la rilevanza dei contenuti (*bontade*).
46. **la presente... parvente**: la spiegazione che segue (*presente*) sarà la luce che renderà manifesto (*parvente*) ogni aspetto (*colore*) del loro significato (*sentenza*).

Una famiglia accompagna il figlio presso un istitutore in una miniatura tratta da un'edizione francese dell'*Economia* di Aristotele del XV secolo. (Chantilly, Musée Condé/Scala)

DIALOGO CON IL TESTO

COMPRENDERE

Le finalità dell'opera Da questo brano introduttivo emerge chiaramente che Dante attribuisce alla sua opera un alto valore morale e sociale. Tutti gli uomini hanno in sé il desiderio della conoscenza, nella quale consiste la loro piena realizzazione; col *Convivio* egli intende venire incontro a questa profonda esigenza, rivolgendosi a coloro che non hanno potuto soddisfarla, perché presi dagli impegni della famiglia e della vita politica.

- **Questi concetti, e anche il preannuncio della struttura dell'opera, sono espressi attraverso un uso continuato di metafore relative al cibo e al mangiare. Ripercorrendo il testo, spiegate il significato delle metafore del "convivio", delle due "mense", delle "vivande" e del "pane".**

I destinatari del "banchetto" Il suo pubblico dunque è costituito dalla nuova classe dirigente del comune, nata dall'unione tra i ceti mercantili e la nobiltà feudale: non si tratta di intellettuali di professione, ma di cittadini impegnati nella vita attiva, che hanno bisogno di una crescita culturale per elevarsi spiritualmente, in modo da svolgere virtuosamente le loro funzioni. Il ruolo che Dante attribuisce a se stesso è quello del divulgatore, che fa da tramite tra i filosofi e i teologi e coloro che non hanno potuto studiare.

- **In che modo l'intento dell'autore influenza la scelta della lingua in cui è scritto il *Convivio*?**

ANALIZZARE

Una dimostrazione deduttiva Oltre che per i suoi contenuti, il testo è interessante per l'organizzazione del discorso, che segue un andamento tipico della cultura del tempo. Il punto di partenza (*tutti li uomini naturalmente desiderano di sapere*) è una massima di Aristotele, autorità indiscussa della scienza medievale, che resterà per tutta l'opera un riferimento incontestabile. Questo concetto è sostenuto attraverso una dimostrazione deduttiva: si parte da una premessa generale (*ciascuna cosa* [...] *è inclinabile a la sua propria perfezione*) a cui se ne accosta un'altra più circoscritta (*la scienza è ultima perfezione de la nostra anima*).

- **Da questo accostamento scaturisce la conclusione, che potete trarre da voi o cercare nel testo.**
- **Segue poi una serie di sottili distinzioni che limitano la generalità dei princìpi enunciati. Ricostruitele a partire da questo schema.**

Gli impedimenti al sapere possono essere
- 1) dentro l'uomo; in questo caso possono riguardare:
  - 1.1) ....
  - 1.2) ....
- 2) fuori dall'uomo; in questo caso sono:
  - 2.1) ....
  - 2.2) ....

Tra questi impedimenti quelli giustificabili sono ....

Dante intende rivolgersi
- 1) prima di tutto a ....
- 2) in secondo luogo a ....

▸ p. 193

Il *De vulgari eloquentia*

• *Il latino e il volgare*

Composto fra il 1304 e il 1307, come il *Convivio,* il trattato in prosa latina *De vulgari eloquentia* ("Sull'eloquenza volgare") avrebbe dovuto articolarsi in almeno quattro libri, ma si interrompe al capitolo XIV del secondo. È dedicato alla definizione delle caratteristiche che fanno della lingua volgare uno strumento di alta espressione letteraria.

- Il **primo libro** capovolge la gerarchia tradizionale proclamando la superiorità del volgare, lingua naturale che si apprende nell'infanzia, sul latino, che Dante ritiene una lingua "artificiale" inventata dai dotti. Traccia poi un percorso cronologico che inizia con la lingua parlata da Adamo nel giardino dell'Eden, condivisa dall'intera umanità fino alla frammentazione delle lingue seguita alla costruzione della Torre di Babele. Si concentra poi su tre lingue di nobile tradizione letteraria: la lingua d'oc, la lingua d'oïl, e la lingua del sì, cioè l'insieme dei volgari italiani, di cui individua e analizza 14 varietà, parlate nelle diverse regioni. Nessuna di queste varianti può essere considerata «illustre», adatta a trattare argomenti elevati. Si tratta di elaborare un volgare che sia «cardinale», cioè capace di fungere da cardine per tutti i volgari d'Italia; «aulico», cioè degno di essere parlato in una reggia (*aula* in latino medievale) se l'Italia fosse governata da un sovrano; «curiale», cioè abbastanza elegante da essere parlato nelle corti più eccellenti (*«excellentissimis curiis»*). Questo compito tocca ai più validi scrittori e dotti delle diverse parti d'Italia.
- Il **secondo libro** illustra i possibili usi letterari del volgare illustre, destinato a trattare i temi più nobili: le armi, l'amore e la virtù (▸T51). La forma metrica più adatta a questo stile è la canzone, consacrata da una lunga tradizione che dai trovatori provenzali giunge fino allo stesso Dante. Il libro prosegue analizzando gli elementi costitutivi della canzone, ma a questo punto il trattato si interrompe.

TESTI T51

T51 ▸ I temi e gli stili

+VEDI Q. APPUNTI

PERCORSO
• Il comico e il satirico, p. 538

In questo brano, tratto dal secondo libro del *De vulgari eloquentia*, Dante approfondisce due questioni inerenti al "volgare illustre": chi possa utilizzarlo, e per trattare quali temi.

CHI DEVE USARE QUESTO VOLGARE ILLUSTRE

II.1 [...] E dato che la lingua è lo strumento necessario di ciò che concepiamo[1] non altrimenti che[2] il cavallo lo è per il cavaliere, e ai migliori cavalieri convengono[3] i migliori cavalli, come si è detto, alle concezioni più alte converrà la lingua migliore. Ma le concezioni più alte non possono trovarsi se non dove si trovano cultura e ingegno, e perciò la lingua migliore non conviene se non a quelli che possiedono ingegno e cultura. E così la lingua migliore non converrà a tutti i versificatori, visto che i più scrivono versi senza cultura e senza ingegno, e di conseguenza neppure il volgare che è migliore[4]. Perciò, se non si addice a tutti, non tutti debbono farne uso, perché nessuno deve agire contro il principio della convenienza.

1. **la lingua... concepiamo**: la lingua è l'unico strumento che l'uomo ha per esprimere il suo pensiero.
2. **non altrimenti che**: come.
3. **convengono**: si addicono.
4. **il volgare che è il migliore**: si riferisce al «volgare illustre», al quale Dante ha dedicato la parte precedente del trattato.

II.2 [...] E pertanto, poiché quello cui diamo il nome di illustre è il migliore di tutti i volgari, ne viene di conseguenza che solo gli argomenti più nobili sono degni di venir trattati in tale volgare, e sono quelli che chiamiamo, nella scala degli argomenti da trattare, i degnissimi[5].

Ma ora mettiamoci in cerca di quali siano questi argomenti. Per la cui chiara determinazione bisogna sapere che l'uomo, coerentemente al fatto che è fornito di un'anima a triplice dimensione, vale a dire vegetativa, animale e razionale[6], percorre una triplice via. Poiché, in quanto è essere vegetativo, persegue l'utile[7], e in questo si accomuna alle piante; in quanto è animale, il piacere, e in ciò sta con le bestie; in quanto essere razionale, cerca l'onesto[8], e in questo è solo, o partecipa della natura degli angeli[9]. È chiaramente in vista di queste tre finalità che noi facciamo tutto ciò che facciamo; e poiché nell'àmbito di ognuna di esse ci sono cose di maggiore e di massima portata, in quanto tali, quelle di massima portata vanno trattate nei modi più alti, e di conseguenza nel volgare più alto.

Ma occorre discutere quali siano queste cose di massima portata. E per prima cosa nell'àmbito dell'utile: qui, se consideriamo attentamente lo scopo di tutti quelli che ricercano l'utilità, troveremo che non si tratta di null'altro che della salvezza[10]. In secondo luogo per ciò che costituisce il piacere: e qui affermiamo che fornisce il grado massimo del piacere ciò che dà piacere in quanto è l'oggetto più prezioso dei nostri appetiti[11]; che è l'amore fisico. In terzo luogo, per l'onesto: e qui nessuno dubita che si tratti della virtù. Perciò queste tre, vale a dire salvezza, amore e virtù, si rivelano quelle realtà auguste che si devono trattare nei modi più alti, o cioè tali si rivelano gli argomenti che hanno più stretta relazione con esse, come la prodezza nelle armi, l'amore ardente e la retta volontà[12]. [...]

II.4 [...] Nell'àmbito poi degli argomenti che si presentano come materia di poesia, dobbiamo aver la capacità di distinguere se si tratta di cantarli in forma tragica, o comica, o elegiaca[13]. Con tragedia vogliamo significare lo stile superiore, con commedia quello inferiore, con elegia intendiamo lo stile degli infelici[14]. Se gli argomenti scelti appaiono da cantare in forma tragica, allora bisogna assumere il volgare illustre, e di conseguenza annodare la canzone[15]. Se invece siamo a livello comico, allora si prenderà talora il volgare mediocre, talora l'umile, e i criteri di distinzione in proposito ci riserviamo di esibirli nel quarto libro di quest'opera. Se infine siamo a livello elegiaco, occorre prendere solamente il volgare umile.

Dante Alighieri, *De vulgari eloquentia*, II, 1, 2, 4, in *Opere minori*, a cura di P.V. Mengaldo e B. Nardi, trad. dal latino di P.V. Mengaldo, Ricciardi, Milano-Napoli, 1996, volume III, tomo I

5. **i degnissimi**: i più degni di tutti.
6. **è fornito... razionale**: secondo la filosofia scolastica l'anima dell'uomo ha tre nature: la *vegetativa* ha il compito di conservare la salute fisica, la sensitiva (*animale*) fissa le sensazioni in immagini e ricordi, l'*intellettiva* elabora razionalmente i concetti a partire dalle sensazioni.
7. **l'utile**: ciò che è utile alla sua sopravvivenza.
8. **l'onesto**: il bene morale.
9. **in questo... angeli**: in quanto essere razionale, che cerca il bene morale, l'uomo non è accomunato a nessun'altra creatura, se non agli angeli, esseri puramente spirituali.
10. **salvezza**: la salute, la conservazione della propria vita. Non si riferisce alla salvezza in senso religioso.
11. **appetiti**: desideri.
12. **la prodezza... volontà**: *la prodezza nelle armi*, finalizzata alla difesa della vita (*salute*); *l'amore ardente*, che è la forma più alta del godimento amoroso (*piacere*); *la retta volontà*, che persegue la virtù (*onesto*). Queste sono le tre supreme finalità dell'anima, a cui devono riferirsi i temi della poesia più elevata.
13. **in forma... elegiaca**: secondo la retorica medievale, Dante istituisce una gerarchia tra gli stili, legandola a tre generi letterari, la tragedia, la commedia e l'elegia, che nel Medioevo erano concepiti come tre forme di narrazione, senza riferimento al carattere teatrale delle prime due.
14. **con elegia... infelici**: secondo un'errata etimologia comunemente accettata all'epoca, si faceva derivare dal latino *elegus* ("infelice"), ed era quindi lo stile degli infelici, come scrive Dante poco oltre.
15. **annodare la canzone**: la canzone, secondo Dante la forma più alta della poesia, si "annoda" in quanto è "legata" dai vincoli del metro e della rima. La prosa invece è un linguaggio "sciolto".

DIALOGO CON IL TESTO

COMPRENDERE

Le idee Nei paragrafi II.1 e II.2 Dante afferma che il volgare *illustre* deve essere usato dai poeti migliori, per trattare gli argomenti più nobili (epici, amorosi e morali); nel paragrafo II.4 formula la teoria dei tre stili, che prevede una corrispondenza fra stile e materia del discorso.

ANALIZZARE

Prima dimostrazione: quali poeti per il volgare *illustre* Il discorso è costruito con un rigore deduttivo tipicamente medievale. La prima parte, volta a dimostrare che solo i grandi poeti concepiscono i pensieri alti cui il volgare illustre si addice, è basata su una serrata sequenza di premesse e conseguenze.

- **Rileggete il paragrafo II.1 e ricostruite la dimostrazione secondo la tabella proposta.**

Premesse	Conseguenza
La lingua sta alle idee come il cavallo sta al cavaliere; ai cavalieri migliori si addicono i cavalli migliori.	La lingua migliore si addice alle idee più elevate.
La lingua migliore si addice alle idee più elevate; le idee più elevate si trovano dove si trovano cultura e ingegno.	...
La lingua migliore deve essere usata da chi possiede cultura e ingegno; la maggior parte dei poeti scrive senza cultura e senza ingegno.	...

Seconda dimostrazione: quali argomenti elevati La struttura espositiva del paragrafo II.2 è tesa a individuare quali siano gli argomenti da trattare con lo stile più elevato.

- **Ripercorrete il testo e sintetizzate i contenuti secondo lo schema proposto.**

L'uomo è dotato di anima
→ vegetativa → che persegue .... lo scopo più elevato è L'UTILE - SOPRAVVIVENZA
→ animale → che persegue .... lo scopo più elevato è IL PIACERE
→ razionale → che persegue .... lo scopo più elevato è IL BENE MORALE

Terza dimostrazione: quali stili Quanto affermato in II.4 discende logicamente dalle precedenti dimostrazioni. In particolare, in questo paragrafo si sostiene che la narrazione di tipo tragico, che racconta vicende di prìncipi e nobili, comincia lietamente e finisce luttuosamente, deve essere scritta in stile elevato; la narrazione comica, che racconta vicende di gente comune, incomincia tristemente e finisce lietamente, deve essere scritta in stile medio o umile.

CONTESTUALIZZARE

La scommessa di Dante Ciò che differenzia il discorso di Dante dalle idee codificate nel suo tempo è l'affermazione che gli argomenti più alti e nobili possono essere trattati nel «volgare illustre», oltre che in latino; le potenzialità della poesia volgare vengono equiparate a quelle della grande poesia del passato: anche qui si delinea la scommessa umana e letteraria che Dante affiderà al suo poema. Da questo punto di vista è particolarmente interessante il cenno che, nel paragrafo finale, Dante fa allo stile comico come stile "inferiore", proprio mentre si accinge a comporre un'opera che vorrà intitolare *Comedìa*.

- **In base a quanto sapete della *Commedia*, vi sembra che ci sia coerenza fra le asserzioni del *De vulgari eloquentia* sulla gerarchia fra gli stili e ciò che Dante realizzerà nel suo capolavoro?**

► p. 194

Il *Monarchia*

Il trattato in prosa latina *Monarchia*, in tre libri, è di datazione incerta, ma probabilmente è stato scritto nel 1310-1313, in concomitanza con la discesa di Arrigo VII in Italia, dalla quale Dante sperava una restaurazione dell'autorità imperiale. È l'unica opera teorica in prosa che Dante abbia completato. La tesi di fondo è la necessità di una monarchia universale che unifichi sotto il suo dominio tutto il mondo cristiano.

- Il **primo libro** sostiene la necessità di un unico dominio politico per la salvaguardia della giustizia e della pace nel mondo: solo un monarca che concentra nelle sue mani tutti i beni materiali può liberare i suoi sudditi dal vizio della cupidigia e assicurare il rispetto delle leggi.
- Il **secondo libro** dimostra che Dio ha scelto per questa funzione l'impero di Roma, che ha svolto il compito provvidenziale di unificare tutti gli uomini sotto un'unica legge, preparando il terreno alla nascita di Gesù e alla diffusione del cristianesimo.
- Il **terzo libro** affronta il problema del rapporto tra l'autorità del papa e quella dell'imperatore. Dante confuta entrambe le tesi contrapposte che all'epoca sostenevano la supremazia di una delle due autorità sull'altra: il potere spirituale del papa e il potere temporale dell'imperatore devono essere distinti e reciprocamente autonomi, per poter svolgere il compito che Dio conferisce a ciascuno di essi (►T52).

T52 ► Il papa e l'imperatore

Il brano, tratto dal terzo libro del trattato, affronta il punto culminante dell'argomentazione di Dante.

Due fini, adunque, cui tendere, l'ineffabile[1] Provvidenza pose innanzi all'uomo: vale a dire la beatitudine di questa vita, consistente nell'esplicazione delle proprie facoltà e raffigurata nel paradiso terrestre[2]; e la beatitudine della vita eterna, consistente nel godimento della visione di Dio, cui la virtù propria dell'uomo non può giungere senza il soccorso del lume divino[3], e adombrata nel paradiso celeste[4]. A queste [due] beatitudini, come a [due] conclusioni diverse, conviene arrivare con procedimenti diversi[5]. Alla prima invero noi perveniamo per mezzo delle dottrine filosofiche, purché le seguiamo praticando le virtù morali e quelle intellettuali; alla seconda invece giungiamo per mezzo degl'insegnamenti divini che trascendono la ragione umana, purché li seguiamo praticando le virtù teologiche, cioè la fede, la speranza e la carità. Benché queste conclusioni e questi procedimenti siano stati

1. **ineffabile**: inesprimibile (perché tanto sublime da non poter essere descritta compiutamente con parole umane).
2. **la beatitudine... terrestre**: un primo fine dell'uomo è raggiungere la felicità in questa vita, che consiste nella piena attuazione (*esplicazione*) delle proprie capacità; questo fine ebbe la sua realizzazione più alta nella condizione di Adamo ed Eva nel paradiso terrestre.
3. **cui la virtù... divino**: l'uomo non può giungere alla felicità eterna con le sue sole forze (*virtù propria*), ma ha bisogno della rivelazione e della fede, che gli sono donate da Dio (*soccorso del lume divino*).
4. **adombrata... celeste**: raffigurata dalla condizione delle anime beate in Paradiso.
5. **con procedimenti diversi**: utilizzando mezzi diversi.

Il papa e l'imperatore in un particolare dell'affresco di Andrea Bonaiuti *La Chiesa Militante*, 1366-1368. (Firenze, Santa Maria Novella)

TESTI

T52

a noi mostrati, quelli dalla ragione umana, tutta quanta per noi spiegata ad opera dei filosofi, questi dallo Spirito Santo che per mezzo dei profeti e degli scrittori ispirati[6], per mezzo di Gesù Cristo, figliuol di Dio, a lui coeterno[7], e dei suoi discepoli ci ha rivelato la verità sovrannaturale a noi necessaria, tuttavia l'umana cupidigia se li butterebbe dietro le spalle[8], se gli uomini, a guisa di[9] cavalli, portati dalla loro bestialità ad andar vagando, non fossero trattenuti nel loro viaggio «con la briglia e col freno». Per questo fu necessaria all'uomo una duplice guida corrispondente al duplice fine: cioè il sommo Pontefice, che conducesse il genere umano alla vita eterna per mezzo delle dottrine rivelate; e l'Imperatore, il quale indirizzasse il genere umano alla felicità temporale per mezzo degl'insegnamenti della filosofia. E siccome a questo porto nessuno, o soltanto pochi, e anche questi con soverchia[10] difficoltà, possono arrivare, se il genere umano, sedati i flutti della blanda[11] cupidigia, non riposa libero nella tranquillità della pace, a questo fine appunto deve tendere con tutte le forze colui che ha cura del mondo e che dicesi Principe romano[12], che si possa cioè vivere liberamente in pace in questa aiuola[13] dei mortali. E siccome la disposizione di questo mondo è conseguenza della disposizione risultante dal ruotare dei cieli[14], perché gli utili insegnamenti della libertà e della pace vengano applicati senza intoppo ai luoghi e ai tempi, è necessario che a questo curatore sia provveduto da Colui che ha presente al suo sguardo tutta quanta la disposizione dei cieli[15]. Or questi è soltanto colui che tal disposizione preordinò, sì che per mezzo di essa, nella sua provvidenza, ogni cosa ha legato al posto che le

6. **scrittori ispirati**: gli autori della Bibbia, che scrissero sotto la guida dello Spirito Santo (*ispirati*).
7. **a lui coeterno**: eterno come lui.
8. **l'umana... spalle**: l'avidità farebbe dimenticare agli uomini tutti gli insegnamenti filosofici e teologici. Secondo Dante la *cupidigia* è la principale fonte del disordine e della violenza imperanti nel mondo.
9. **a guisa di**: come.
10. **soverchia**: enorme.
11. **blanda**: seducente, allettatrice.
12. **colui... romano**: l'imperatore. In precedenza Dante ha dimostrato che il Sacro Romano Impero è il legittimo erede dell'impero di Roma.
13. **aiuola**: la Terra, chiamata *aiuola* nel senso di piccola aia, spazio ristretto e circoscritto, per sottolinearne la piccolezza. La stessa espressione si trova nel *Paradiso* (XXII, 151): «l'aiuola che ci fa tanto feroci».
14. **la disposizione... cieli**: il funzionamento del mondo è influenzato dalla rotazione dei cieli e delle stelle, che fanno piovere sulla Terra i loro influssi, agendo sui comportamenti umani.
15. **questo... cieli**: l'imperatore, che deve occuparsi di mantenere la pace nel mondo, deve essere scelto direttamente da Dio, che ha presente in modo completo il funzionamento dell'universo.

spetta. Se così è, egli solo elegge, egli solo conferma poiché non ha alcuno sopra di sé. [...] Così appar dunque evidente che l'autorità del Monarca temporale[16] discende in esso senza alcun intermediario dal Fonte dell'universale autorità; il qual Fonte, unito nella rocca della sua semplice natura, si spande in molteplici rivi per sovrabbondanza della sua bontà[17].

E ciò mi par che basti ormai al raggiungimento della mèta propostami. Giacché è stata svelata appieno la verità sul problema, se al benessere del mondo fosse necessario l'ufficio[18] del Monarca, e sul problema se il popolo romano a buon diritto si sia arrogato l'Impero, nonché sull'ultimo quesito, se l'autorità del Monarca dipendesse immediatamente da Dio oppure da qualche altro. La verità, per altro, a riguardo dell'ultima questione non va intesa così strettamente, nel senso che il Principe romano non sottostia in qualche cosa al romano Pontefice, essendo la beatitudine di questa vita mortale ordinata[19] in qualche modo alla beatitudine immortale. Usi pertanto Cesare quella riverenza verso Pietro[20], che il figlio primogenito ha da usare verso il padre; sì che, illuminato dalla luce della grazia paterna, possa con maggiore efficacia irraggiare[21] la terra, al cui governo è stato preposto soltanto da Colui che di tutte le cose spirituali e temporali ha il dominio.

Dante Alighieri, *De Monarchia*, III, 15, in *Opere minori*, a cura di P.V. Mengaldo e B. Nardi, trad. dal latino di P. Mazzantini, Ricciardi, Milano-Napoli, 1996, volume III, tomo I

16. **temporale**: terreno.
17. **il qual Fonte... della sua bontà**: Dio, pur rimanendo sempre uno e uguale a se stesso nella sua pura essenza, si manifesta nella creazione in varie forme per poter realizzare il proprio piano di salvezza.
18. **ufficio**: compito, opera.
19. **ordinata**: orientata, finalizzata.
20. **Cesare... Pietro**: rispettivamente l'imperatore e il papa.
21. **irraggiare**: illuminare.

DIALOGO CON IL TESTO

COMPRENDERE

Una visione provvidenzialistica della politica Nel controbattere la tesi di Bonifacio VIII, secondo il quale l'imperatore doveva essere sottomesso al papa, Dante fa riferimento a una visione provvidenzialistica della società, che lega gli ordinamenti politici al disegno di Dio sull'umanità.

- **Ricostruite i concetti fondamentali del brano a partire dai seguenti punti:**
  - **i due fini stabiliti da Dio per l'umanità e le due guide necessarie per raggiungerli;**
  - **gli ostacoli che si frappongono alla conquista della felicità terrena e il modo in cui l'imperatore deve fronteggiarli;**
  - **il motivo per cui il potere dell'imperatore deve discendere direttamente da Dio.**

L'imperatore di fronte al papa Le argomentazioni di Dante si collocano nel quadro di un'utopistica idea di pace universale, in cui non ci siano conflitti tra le due autorità. Per questo, nella parte finale del testo, dopo aver asserito la reciproca autonomia dell'Impero e del Papato, in quanto entrambi istituiti direttamente da Dio, Dante riconosce che, in una situazione di concordia tra le due istituzioni, fra di esse possa e debba sussistere comunque una certa disparità.

- **Quale atteggiamento deve avere l'imperatore rispetto al papa? Per quale motivo?**

ANALIZZARE

La struttura argomentativa L'articolazione del ragionamento su due binari, quello terreno e quello celeste, si riflette nell'impostazione del discorso. Due sono i fini a cui l'uomo tende per volontà divina, due sono i *procedimenti* che gli sono dati ecc.

- **Osservate se Dante conduce il discorso in maniera ordinata, prendendo sempre in considerazione prima una dimensione e poi l'altra, oppure se invece inverte talvolta questa disposizione.**

▸ p. 195

La *Commedia*

• *Elogio di Firenze antica (Par., xv, vv. 97-129)*

Il titolo Dante voleva dare al suo poema il titolo di *Commedia*, più precisamente di *Comedìa*, con l'accento alla greca: lo si desume dalla *Lettera a Cangrande* (▸T53), e da due passi dell'*Inferno* in cui l'opera è designata con questo nome (XVI, v. 128: «questa comedìa»; XXI, v. 2: «la mia comedìa»). L'aggettivo "divina" fu aggiunto da Boccaccio nella prima redazione del suo *Trattatello in laude di Dante* per sottolineare lo straordinario valore dell'opera, e divenne stabilmente parte del titolo a partire dal Cinquecento.

La composizione Le date di composizione non sono certe: è probabile che Dante abbia messo mano all'*Inferno* fra il 1304 e il 1307, al *Purgatorio* dopo il 1308, e che abbia lavorato al *Paradiso* dal 1316 al 1321.

La struttura La struttura del poema è scandita dal ritorno del numero tre, simbolo della Trinità, del dieci, numero perfetto, e dei loro multipli.

- Ciascuna delle tre cantiche (*Inferno*, *Purgatorio*, *Paradiso*) è costituita da 33 canti, più il primo canto dell'*Inferno*, che funge da introduzione all'intera opera; il totale complessivo dà 100.
- Un'organizzazione analoga ritorna nella topografia di ciascuno dei tre regni ultraterreni: l'Inferno ha un vestibolo e nove cerchi (= 10); il Purgatorio ha nove parti (la spiaggia, l'Antipurgatorio, sette cornici) più il Paradiso terrestre (= 10); il Paradiso nove cieli più l'Empireo (= 10).
- Tre fiere impediscono il cammino a Dante all'inizio del viaggio: la lonza, il leone, la lupa. Tre guide lo accompagnano nel suo percorso: Virgilio nell'Inferno e nel Purgatorio; Beatrice nel Paradiso; San Bernardo lo introduce alla contemplazione di Dio.
- Il numero tre ritorna nella struttura metrica pensata da Dante per il poema: la terzina detta "dantesca" o "terza rima", composta di endecasillabi legati da rima incatenata (ABABCBDCDEFE...).

La disposizione delle anime Il numero tre ritorna anche nella disposizione delle anime all'interno di ciascuno dei regni dell'aldilà, che nel poema è esposta da Virgilio per quanto riguarda l'Inferno (canto XI) e il Purgatorio (canto XVII).

- Nell'**Inferno** (▸T54-T60) i dannati sono suddivisi in tre categorie: incontinenti (incapaci di frenare le passioni), violenti e fraudolenti. La tripartizione corrisponde a un grado crescente di gravità del peccato commesso, a cui corrisponde una gravità crescente del castigo subìto: gli incontinenti sono collocati nella parte più alta della voragine infernale (dal secondo al quinto cerchio), e subiscono pene meno tremende; i violenti sono collocati nel settimo cerchio; i fraudolenti, che hanno fatto un uso distorto della ragione, la facoltà più elevata donata da Dio agli uomini, occupano la parte più bassa dell'Inferno (ottavo e nono cerchio), e subiscono le pene più gravi. Estranee a questa tripartizione sono alcune categorie particolari di anime: gli ignavi (Antinferno), i giusti che non hanno conosciuto la vera fede e i bambini che non sono stati battezzati (Limbo), e gli eretici (sesto cerchio).
- Nel **Purgatorio** (▸T61-T64) la gradazione è inversa: quanto più si sale verso la cima del monte tanto meno la colpa e la forma di espiazione sono gravi. Dopo l'Antipurgatorio, dedicato ai negligenti, che si pentirono solo al momento della morte, il criterio della suddivisione è costituito da mancanze riferite alla facoltà

dell'amore: nella parte più bassa (primi tre gironi) si sconta il peccato di aver indirizzato l'amore verso un oggetto sbagliato; nella parte intermedia (quarto girone) di aver amato il bene ma con poco vigore; nella parte più alta (dal quinto al settimo girone) di aver troppo amato i beni terreni.

- Nel **Paradiso** (▸T65-T68) i beati che abbandonano temporaneamente l'Empireo per incontrare Dante sono distribuiti nei nove cieli secondo tre categorie, corrispondenti a un grado crescente di beatitudine: spiriti mondani (cieli della Luna, di Mercurio e di Venere, più vicini alla Terra); spiriti attivi (cieli del Sole, di Marte e di Giove); spiriti contemplativi (cielo di Saturno).

I brani della *Divina Commedia* riportati sono ripresi dall'edizione a cura di Natalino Sapegno (La Nuova Italia, Firenze, 1997).

T53 ▸ Lettera a Cangrande: il contenuto, lo stile e lo scopo della *Commedia*

È l'ultima delle tredici lettere di Dante che ci sono giunte, tutte scritte in latino, di contenuto pubblico e ufficiale. In essa Dante dedica il *Paradiso* a Cangrande della Scala, signore di Verona presso il quale aveva trovato ospitalità e protezione durante l'esilio. La datazione è incerta: alcuni studiosi ritengono che sia stata scritta attorno al 1316, quando Dante aveva da poco messo mano al *Paradiso*; altri pensano che la sua stesura sia avvenuta a poema concluso, intorno al 1320. Anche l'attribuzione della lettera a Dante non è sicura; ma anche se il testo non fosse stato scritto da lui, offrirebbe comunque un'importante testimonianza dell'interpretazione che i contemporanei del poeta diedero della sua opera. In questo brano della lettera l'autore illustra il rapporto che si instaura nel poema fra senso letterale e senso allegorico, e ne illustra i contenuti e le finalità.

Per chiarire quello che si dirà bisogna premettere che il significato di codesta opera non è uno solo, anzi può definirsi un significato *polisemos*[1], cioè di più significati. Infatti il primo significato è quello che si ha dalla lettera[2] del testo, l'altro è quello che si ha da quel che si volle significare con la lettera del testo. Il primo si dice letterale, il secondo invece significato allegorico o morale o anagogico[3]. Questi diversi modi di trattare un argomento si possono esemplificare, per maggior chiarezza, con i versetti: «Allorché dall'Egitto uscì Israele, e la casa di Giacobbe (si partì) da un popolo barbaro; la nazione giudea venne consacrata a Dio; e dominio di Lui venne ad essere Israele[4]». Infatti se guardiamo alla sola lettera del testo, il significato è che i figli di Israele uscirono d'Egitto, al tempo di Mosè; se guardiamo all'allegoria, il significato è che noi siamo stati redenti da Cristo; se guardiamo al significato morale, il senso è che l'anima passa dalle tenebre e dalla infelicità del peccato allo stato di grazia; se guardiamo al significato anagogico, il senso è che

1. ***polisemos***: termine greco; significa – come spiega Dante di seguito – dotato *di più significati*.
2. **lettera**: significato letterale.
3. **allegorico... anagogico**: sono tre livelli di interpretazione testuali diffusi nella cultura medievale. Il senso *allegorico* riguarda in generale le verità nascoste sotto il significato letterale di un testo; il senso *morale* si riferisce alle indicazioni che devono guidare l'azione umana; il senso *anagogico*, tipico dei testi sacri, rinvia a verità relative alla vita spirituale. Dei «quattro sensi» della scrittura Dante si era occupato anche nel *Convivio* (II, 1).
4. **Allorché... Israele**: è una citazione biblica, dal Salmo 113, nel quale viene celebrato l'esodo degli Ebrei dall'Egitto verso la terra promessa. Nella tradizione cristiana le vicende del popolo ebraico narrate nell'Antico testamento vengono interpretate come prefigurazioni della vita e dell'insegnamento di Cristo.

Dante Alighieri mostra il libro della *Divina Commedia.* Alla sua sinistra la città di Firenze; alle sue spalle la montagna del Purgatorio e, sopra, i cieli del Paradiso; alla sua destra l'Inferno. Affresco di Domenico di Michelino del 1465. (Firenze, Cattedrale di Santa Maria del Fiore)

l'anima santificata esce dalla schiavitù della presente corruzione terrena alla libertà dell'eterna gloria. E benché questi significati mistici siano definiti con diversi nomi, generalmente si possono tutti definire allegorici, in quanto si differenziano dal significato letterale ossia storico. Infatti la parola "allegoria" deriva dal greco "alleon" che è reso in latino con "alienum" ossia "diverso".

Ciò premesso è chiaro che il soggetto di un'opera, sottoposto a due diversi significati, sarà duplice. E perciò si dovrà esaminare il soggetto della presente opera se esso si prende alla lettera e poi se s'interpreta allegoricamente. È dunque il soggetto di tutta l'opera, se si prende alla lettera, lo stato delle anime dopo la morte inteso in generale; su questo soggetto e intorno ad esso si svolge tutta l'opera. Ma se si considera l'opera sul piano allegorico, il soggetto è l'uomo in quanto, per i meriti e demeriti acquisiti con libero arbitrio, ha conseguito premi e punizioni da parte della giustizia divina. [...]

Il titolo del libro è: "Incomincia la Comedìa di Dante Aligheri, fiorentino di nascita, non di costumi". Per capire il titolo bisogna sapere che la parola "comedìa" deriva dalla parola "comos" che significa "villaggio" e "oda" che significa "canto", per cui "comedìa" come se fosse "canto villareccio[5]". Ed è la comedìa un genere di narrazione poetica diverso da tutti gli altri. Si diversifica dalla tragedìa per la materia in questo che la tragedìa all'inizio è meravigliosa e placida e alla fine, cioè nella conclusione, fetida[6] e paurosa; ed è detta tragedìa per questo da "tragos" che significa "capro" e "oda", come se fosse "canto del capro", cioè fetido come il capro; come risulta dalle tragedìe di Seneca[7]. La comedìa invece inizia dalla narra-

5. **la parola... «canto villareccio»**: l'interpretazione etimologica delle parole *comedìa* e *tragedìa* – che nel Medioevo non indicavano esclusivamente componimenti teatrali – è ripresa dal trattato *Magnae derivationes* di Uguccione da Pisa, letterato del XIII secolo.
6. **fetida**: moralmente abietta; il significato letterale dell'aggettivo è "maleodorante", come si capisce più sotto in riferimento al *capro*.
7. **Seneca**: Lucio Anneo Seneca, filosofo e scrittore latino vissuto nel I secolo d.C., fu anche autore di tragedie di argomento macabro e truce.

zione di situazioni difficili, ma la sua materia finisce bene, come risulta dalle comedìe di Terenzio[8]. È questa la ragione per cui alcuni dettatori[9] presero l'abitudine di adoperare, nelle formule di saluto, la frase: "Ti auguro tragico principio e comica fine". Similmente tragedìa e comedìa si diversificano per il linguaggio che è alto e sublime nella tragedìa, dimesso e umile nella comedìa, come dice Orazio nella sua *Poetica*[10] quando dichiara che è permesso qualche volta agli scrittori di comedìe di esprimersi come gli scrittori di tragedìe e viceversa:

> Ma qualche volta anche la comedìa si alza di tono
> e Cremete irato rimprovera con tumido linguaggio
> e nella tragedìa Telefo e Peleo si dolgono con discorso
> pedestre[11] ecc.

E da questo è chiaro che Comedìa si può definire la presente opera. Infatti se guardiamo alla materia, all'inizio essa è paurosa e fetida perché tratta dell'Inferno, ma ha una fine buona, desiderabile e gradita, perché tratta del Paradiso. Per quel che riguarda il linguaggio questo è dimesso e umile perché si tratta della parlata volgare che usano anche le donnette. [...]

Il fine di tutta l'opera e della parte[12] potrebbe essere anche molteplice, cioè vicino e lontano[13]; ma tralasciata una ricerca così sottile, si può dire in breve che il fine di tutta l'opera e della parte consiste nell'allontanare quelli che vivono questa vita dallo stato di miseria e condurli a uno stato di felicità.

Il genere poi di filosofia nel cui ambito qui si procede in tutta l'opera e nella parte è l'attività morale, cioè l'etica; perché sia tutta l'opera sia la parte sono state concepite non per la speculazione ma per l'operare[14]. Infatti se in qualche luogo o passaggio la materia è svolta sotto la forma propria dell'attività speculativa, non lo è al fine dell'attività speculativa in sé, ma al fine dell'operare; giacché, come dice il Filosofo nel secondo libro della *Metafisica*: «in relazione a qualcosa e a un momento i filosofi pratici qualche volta sono indotti all'attività speculativa[15]».

Dante Alighieri, *Epistola* XIII, in *Opere minori*, a cura di A. Frugoni, G. Brugnoli, E. Cecchini, F. Mazzoni, trad. dal latino di G. Brugnoli, Ricciardi, Milano-Napoli, 1979, volume III, tomo II

Dante Alighieri con il libro aperto della *Divina Commedia* in un dipinto del Bronzino del 1530. (Firenze, Galleria degli Uffizi)

8. **Terenzio**: commediografo latino del II secolo a.C.
9. **dettatori**: nel Medioevo erano gli scrittori specializzati nella composizione di lettere.
10. **Orazio... *Poetica***: l'*Ars poetica* del poeta latino Orazio (I secolo a.C.), considerato nel Medioevo una fondamentale autorità nel campo dell'estetica.
11. **Ma qualche volta... pedestre**: ma qualche volta anche la commedia usa toni più elevati e Cremete (nome tipico di un personaggio di commedia), arrabbiato, fa i suoi rimproveri con un linguaggio pomposo e altisonante (*tumido*), e nella tragedia Telefo (figlio di Eracle) e Peleo (padre di Achille) esprimono il loro dolore con un linguaggio basso (*pedestre*).
12. **di tutta... parte**: della *Commedia* nel suo insieme, e del *Paradiso* in particolare.
13. **vicino e lontano**: un fine più immediato e uno più a lungo termine.
14. **Il genere... operare**: la *Commedia* ha una finalità pratica (orientata all'agire morale), e non puramente speculativa (orientata alla conoscenza).
15. **come dice... speculativa**: nella *Metafisica* di Aristotele, punto di riferimento centrale del pensiero medievale, il filosofo greco afferma che gli studiosi che si occupano dell'agire morale (*filosofi pratici*) possono affrontare particolari argomenti anche dal punto di vista speculativo.

DIALOGO CON IL TESTO

COMPRENDERE

L'allegoria Nella prima parte del testo (rr. 1-26) Dante distingue tra il significato letterale della *Commedia* (*lo stato delle anime dopo la morte*) e un significato più profondo (il modo in cui gli uomini usano la loro libertà, attirandosi la ricompensa o la punizione divina): il poema contiene la verità ultima, ciò che per la mentalità medievale dà senso alla vita e alla morte di ogni essere umano. L'idea che la *Commedia* contenga un messaggio drammaticamente impegnativo tanto per chi l'ha scritto quanto per chi lo leggerà è sottolineato dal fatto che Dante sembra voler equiparare il suo poema alla Bibbia, attribuendo a esso i quattro livelli di significato che tradizionalmente venivano considerati propri delle Sacre Scritture. La *Commedia* non è concepita dal suo autore come una semplice composizione letteraria, ma come uno strumento di verità, di edificazione morale, di profezia ispirata.

- **Individuate e spiegate quali sono i quattro livelli di significato di cui parla Dante.**
- **Per comprendere la Bibbia servono tutti e quattro i livelli di significato; per la *Commedia* – suggerisce Dante – ne bastano due: quali?**

Il titolo e lo stile Nella seconda parte del testo (rr. 27-62) Dante lega il significato del titolo del poema al suo contenuto (il passaggio da un inizio doloroso a una conclusione felice) e alla sua forma (lo stile *dimesso e umile*). Questo secondo aspetto sembra in contrasto con l'idea altissima della *Commedia* espressa nelle righe precedenti. Bisogna però notare che, a differenza che nel *De vulgari eloquentia* (▸T51), qui è l'insistenza sul contenuto ad avere il sopravvento, e non in riferimento alla sua umiltà, ma al rapporto tra l'inizio aspro e la fine lieta. Quanto allo stile, Dante, nel riferirsi al linguaggio delle *donnette*, vuole alludere alla scelta del volgare: una lingua parlata dal popolo, della quale egli aveva la massima considerazione (▸T50).

- **Osservate come Dante introduca, quasi di passaggio, un avallo autorevole a quella mescolanza tra stili di diverso livello che praticherà nella *Commedia*, in contrasto con i principi della retorica medievale. In quale punto del testo?**

Una pluralità di stili per un poema universale Per comprendere meglio le intenzioni di Dante, occorre accostare il titolo *Comedìa* all'appellativo, apparentemente in contrasto, di «poema sacro», attribuito dal poeta alla sua opera nel canto XXV del *Paradiso* (▸D8, p. 188): se il primo appellativo allude a contenuti e scelte stilistiche "umili", il secondo si riferisce al carattere profetico e alla straordinaria elevatezza dei temi affrontati. L'ambizione di Dante era di abbracciare tutti gli aspetti dell'universo, dai più turpi meandri dell'Inferno alla visione del mistero di Dio, ed esigeva una lingua nuova e sperimentale, capace di aderire a una sterminata varietà di immagini, personaggi, concetti, sentimenti, dai più bassi ai più sublimi. Così nella *Commedia* le rigide distinzioni della retorica del tempo sono scardinate e Dante va oltre le sue stesse teorizzazioni, attuando una spregiudicata mescolanza degli stili più diversi che si modella di volta in volta sulla specificità delle situazioni narrative.

- **Come definireste invece, dal punto di vista dello stile, l'andamento espositivo dell'*Epistola*?**

Un messaggio per l'umanità Un altro aspetto importante della lettera riguarda le finalità della *Commedia* (*allontanare quelli che vivono questa vita dallo stato di miseria e condurli a uno stato di felicità*): convinto di vivere in un momento cruciale e drammatico della storia, Dante non si limita a esporre nel suo poema un repertorio di conoscenze e di affermazioni dottrinali, ma gli affida un messaggio di radicale rinnovamento morale, religioso e politico, rivolto a tutta l'umanità. Anche da questo punto di vista la *Commedia* si distacca dai modelli offerti dalla tradizione, superando il carattere meramente enciclopedico ed erudito dei poemi didascalico-allegorici precedenti.

L'*Inferno*

L'Inferno si è formato quando Lucifero è stato scaraventato giù dal cielo da Dio per punire la sua ribellione. La Terra, ritraendosi per non toccare il suo corpo, ha generato una cavità a forma di imbuto. Lucifero si trova nel punto più profondo dell'Inferno, collocato al centro della Terra.

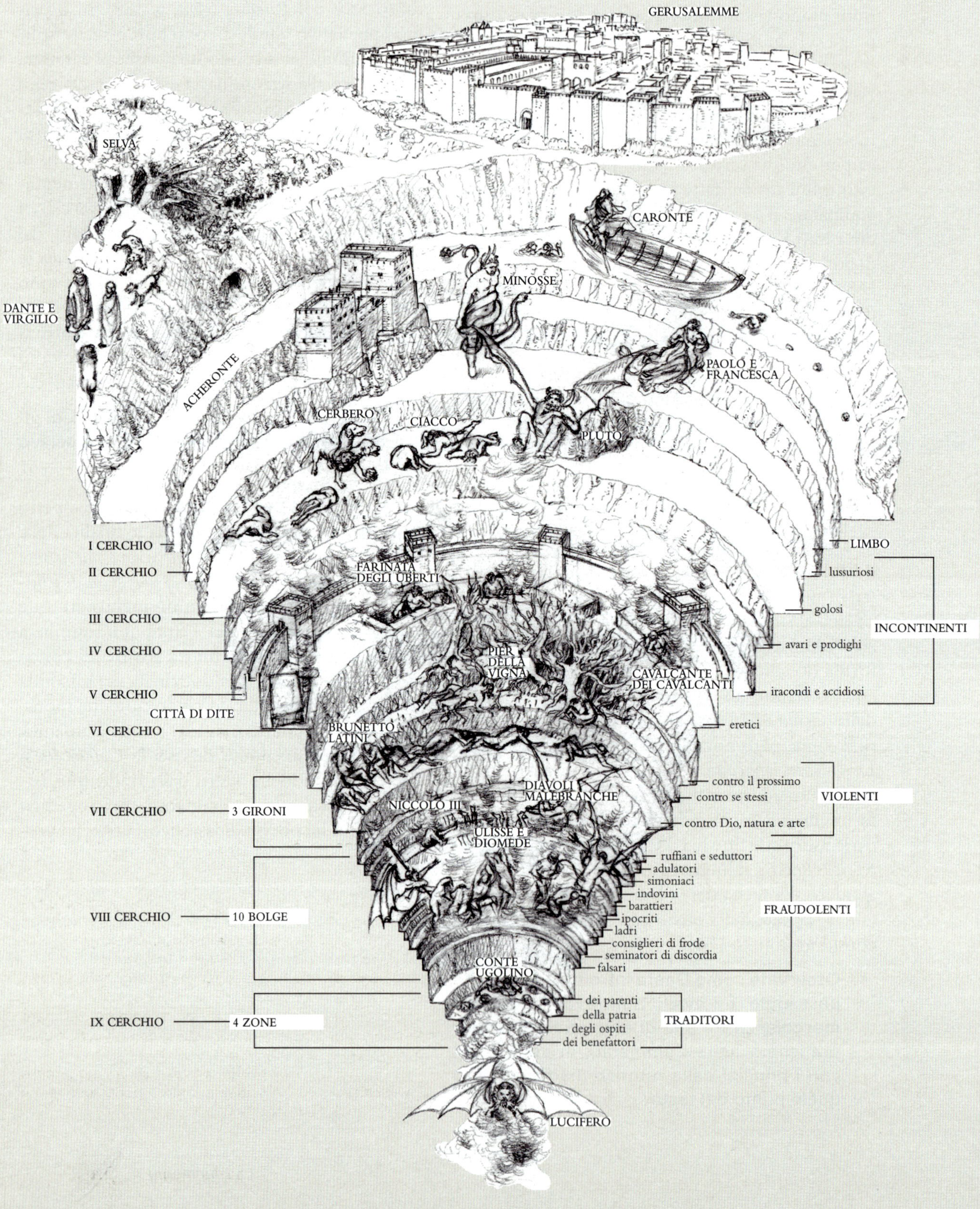

ANALISI CANTO INTEGRALE

T54 ▸ L'inizio del viaggio (*Inf.*, I, 1-90)

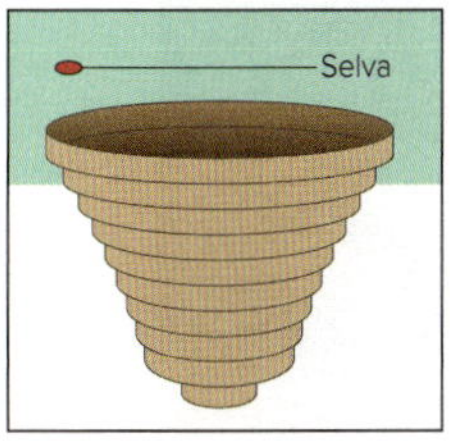

Si apre il poema e il protagonista-narratore espone la situazione iniziale, l'ambiente in cui viene a trovarsi, i sentimenti provati, gli incontri straordinari che gli accadono.

▸ **METRO**: terza rima.

Nel mezzo del cammin di nostra vita
mi ritrovai per una selva oscura,
che la diritta via era smarrita.
Ahi quanto a dir qual era è cosa dura
esta selva selvaggia e aspra e forte
che nel pensier rinova la paura!
Tant'è amara che poco è più morte;
ma per trattar del ben ch'i' vi trovai,
dirò de l'altre cose ch'i' v'ho scorte.
Io non so ben ridir com'i' v'intrai,
tant'era pien di sonno a quel punto
che la verace via abbandonai.
Ma poi ch'i' fui al piè d'un colle giunto,
là dove terminava quella valle
che m'avea di paura il cor compunto,
guardai in alto, e vidi le sue spalle
vestite già de' raggi del pianeta
che mena dritto altrui per ogne calle.
Allor fu la paura un poco queta,
che nel lago del cor m'era durata
la notte ch'i' passai con tanta pièta.
E come quei che con lena affannata
uscito fuor del pelago a la riva
si volge a l'acqua perigliosa e guata,

Dante perso nella selva oscura in una rappresentazione di Gustave Doré del 1861. (Collezione privata)

1. **Nel mezzo... vita**: ai tempi di Dante si riteneva (prendendo per fonte la Bibbia – *Salmi* 89, 10 – e alcuni autori cristiani medievali) che la vita media durasse 70 anni, e quindi Dante dichiara implicitamente di averne 35: nella finzione narrativa siamo dunque nel 1300, anno del primo giubileo indetto da papa Bonifacio VIII. *Nostra* si giustappone a *mi*: il piano universale e quello individuale si intrecciano.
2. **selva oscura**: la selva rappresenta il peccato. In essa non penetra la luce del sole, quindi allegoricamente la grazia divina.
4-6. **Ahi quanto... paura**: ahi, quanto è difficile (*cosa dura*) descrivere a parole questa (*esta*) selva selvaggia, intricata (*aspra*) e complicata da percorrere (*forte*), che solo a ripensarlo, fa ritornare la paura.
7. **Tant'è... morte**: questa (condizione) è così dolorosa (*amara*) che quella provocata dalla morte lo è solo poco di più.
8. **per... trovai:** Dante preannuncia il senso e gli sviluppi successivi del poema. Proprio nella selva, figura del male, si è imbattuto nel cammino che conduce alla salvezza. Per trattare di questo "bene" si accinge a raccontare il suo viaggio, nonostante il dolore e l'amarezza del ricordo.
9. **scorte:** viste.
11. **pien... a quel punto**: il sonno dell'anima, ottenebrata dal peccato in quel momento.
13-15. **Ma poi... compunto**: Ma dopo che (*poi ch'*) io (*i'*) fui giunto ai piedi di un colle, là dove terminava quella valle che mi aveva trafitto (*compunto*) il cuore di paura. La selva è pianeggiante (*valle*) e termina con un colle, allegoria della salvezza.
15. **m'avea... compunto**: mi aveva turbato il cuore per la paura.
16. **le sue spalle... calle**: sulla sommità (*spalle*) del colle sta sorgendo il sole (*pianeta*) che ovunque (*per ogni calle*, "per ogni strada") guida gli uomini (*mena... altrui*) sulla retta via (*dritto*). Secondo la cosmologia tolemaica il sole è un *pianeta*, che gira intorno alla Terra, qui è anche allegoricamente simbolo della grazia divina.
19-20. **Allor... durata**: si acquietò allora la paura che aveva albergato nella cavità del cuore (rappresentato come un *lago* in cui affluisce il sangue).
21. **pièta:** affanno, angoscia.
22. **quei**: colui. **lena affannata**: respiro affannoso.
23. **uscito... riva**: scampato dal mare (*pelago*, per esteso da un naufragio), e giunto a riva.
24. **si volge... guata**: si gira a guardare intensamente il mare pericoloso (a cui è sfuggito).

così l'animo mio, ch'ancor fuggiva,
si volse a retro a rimirar lo passo
che non lasciò già mai persona viva.
Poi ch'èi posato un poco il corpo lasso,
ripresi via per la piaggia diserta,
sì che 'l piè fermo sempre era 'l più basso.
Ed ecco, quasi al cominciar de l'erta,
una lonza leggiera e presta molto,
che di pel macolato era coverta;
e non mi si partía dinanzi al volto,
anzi 'mpediva tanto il mio cammino,
ch'i' fui per ritornar più volte vòlto.
Temp'era dal principio del mattino,
e 'l sol montava 'n sù con quelle stelle
ch'eran con lui quando l'amor divino
mosse di prima quelle cose belle;
sì ch'a bene sperar m'era cagione
di quella fiera a la gaetta pelle
l'ora del tempo e la dolce stagione;
ma non sì che paura non mi desse
la vista che m'apparve d'un leone.
Questi parea che contra me venisse
con la test'alta e con rabbiosa fame,
sì che parea che l'aere ne tremesse.
Ed una lupa, che di tutte brame
sembiava carca ne la sua magrezza,
e molte genti fé già viver grame,
questa mi porse tanto di gravezza
con la paura ch'uscía di sua vista,
ch'io perdei la speranza de l'altezza.
E qual è quei che volontieri acquista,
e giugne 'l tempo che perder lo face,
che 'n tutt'i suoi pensier piange e s'attrista;

Dante incontra le fiere in un'edizione miniata della *Divina Commedia* del XV secolo. (Parigi, Bibliothèque Nationale de France)

26-27. **si volse... viva**: si volse indietro (*a retro*) a riguardare il passaggio (*passo*) che non lasciò mai vivo nessuno. Il peccato senza pentimento porta alla morte spirituale, alla dannazione eterna.
28. **ei**: ebbi. **lasso**: stanco.
29. **piaggia diserta**: pendio solitario.
30. **'l piè... basso**: Dante procede in salita, per questo il piede fermo è sempre più in basso dell'altro che si alza.
31. **al ... l'erta**: all'inizio della salita.
32-33. **una lonza... coverta**: la *lonza* è un animale simile a una lince, snella (*leggiera*) e veloce (*presta*), con il pelo a macchie (*macolato*). Nel Medioevo era considerata allegoria della lussuria.
34. **non... volto**: non si allontanava dalla mia vista (*volto*).
36. **fui... volto**: più di una volta mi voltai per ritornare indietro.
37-40. **Temp'era... belle**: era l'alba e il sole saliva nella costellazione dell'Ariete (*con quelle stelle*), che era con Dio quando mise in moto i corpi celesti (*quelle cose belle*). Nel Medioevo si pensava che Dio avesse iniziato la creazione in un mattino di primavera.
41-43. **sì... stagione**: così l'alba (*l'ora del tempo*) e la primavera (*la dolce stagione*) mi facevano ben sperare riguardo a quella fiera dalla pelle maculata (*gaetta*, forse dal provenzale *caiet*).
44-45. **ma... leone**: ma (quella speranza) non fu tanto forte da non farmi spaventare per la comparsa (*vista*) di un leone. Nel Medioevo il leone era il simbolo del peccato di superbia.
48. **sì che... tremesse**: così sembrava che l'aria tremasse (*tremesse*).
49-50. **che... magrezza**: che per la sua magrezza sembrava carica (*carca*) di tutte le voglie (*brame*). Nel Medioevo la lupa simboleggiava la cupidigia.
51. **molte... grame**: aveva fatto vivere male molta gente. Secondo Dante la cupidigia, di cui è simbolo la lupa, è il peccato che più affligge l'umanità.
52. **mi porse... gravezza**: mi provocò tanta angoscia.
53. **con la paura... vista**: con la paura che emanava dal suo aspetto.
54. **perdei... altezza**: persi ogni speranza di salire.
55-57. **qual... s'attrista**: come l'avaro, che accumula con gioia le ricchezze, e quando viene il momento che gliele fa perdere, piange e si dispera totalmente.

tal mi fece la bestia sanza pace,
che, venendomi 'ncontro, a poco a poco
mi ripigneva là dove 'l sol tace.
Mentre ch'i' rovinava in basso loco,
dinanzi a li occhi mi si fu offerto
chi per lungo silenzio parea fioco.
Quando vidi costui nel gran diserto,
«*Miserere* di me», gridai a lui,
«qual che tu sii, od ombra od omo certo!».
Rispuosemi: «Non omo, omo già fui,
e li parenti miei furon lombardi,
mantoani per patria ambedui.
Nacqui *sub Julio*, ancor che fosse tardi,
e vissi a Roma sotto 'l buono Augusto
nel tempo de li dèi falsi e bugiardi.
Poeta fui, e cantai di quel giusto
figliuol d'Anchise che venne di Troia,
poi che 'l superbo Iliòn fu combusto.
Ma tu perché ritorni a tanta noia?
perché non sali il dilettoso monte
ch'è principio e cagion di tutta gioia?».
«Or se' tu quel Virgilio e quella fonte
che spandi di parlar sì largo fiume?»,
rispuos' io lui con vergognosa fronte.
«O de li altri poeti onore e lume,
vagliami 'l lungo studio e 'l grande amore
che m'ha fatto cercar lo tuo volume.
Tu se' lo mio maestro e 'l mio autore,
tu se' solo colui da cu' io tolsi
lo bello stilo che m'ha fatto onore.
Vedi la bestia per cu' io mi volsi;
aiutami da lei, famoso saggio,
ch'ella mi fa tremar le vene e i polsi».

58. **tal mi fece**: altrettanto disperato (*senza pace*) mi rese.
59-60. **che, venendomi... tace**: che, venendomi incontro, a poco a poco mi spingeva indietro, nella selva oscura. Nella selva il sole non penetra, è assente. Un verbo uditivo è usato per rendere una sensazione visiva (sinestesia).
61. **rovinava**: precipitavo.
63. **chi... fioco**: uno che, per essere stato a lungo in silenzio, sembrava senza voce (*fioco*), incapace di parlare.
64. **gran diserto**: un altro modo per descrivere la selva, e quindi il peccato, sicuramente tratto dalla Bibbia.
65. ***Miserere***: "Abbi pietà" in latino. L'espressione, frequente nella liturgia cristiana, è l'inizio del Salmo 50.
66. **qual... certo:** chiunque tu sia, un fantasma o un uomo vivo.
67. **Non omo... fui**: non sono un uomo vivo, ma lo sono stato.
68. **parenti**: genitori (secondo il significato latino di *parentes*).
70. ***sub Julio*... tardi**: al tempo di Giulio Cesare (letteralmente "sotto Giulio", in latino), sebbene fosse troppo tardi per essere conosciuto da lui. Virgilio aveva solo 26 anni quando Cesare fu ucciso.
71-72. **e vissi... bugiardi**: e vissi a Roma, durante il regno del buon Augusto, al tempo degli dèi pagani.
73-75. **Poeta fui... combusto**: fui poeta, e cantai del pio Enea, figlio di Anchise, che venne (in Italia) da Troia, dopo che la superba Ilio (la rocca della città) fu bruciata (*combusto*).
76. **noia**: pena, angoscia.
77. **dilettoso**: che dà felicità, perché conduce alla salvezza.
78. **ch'è... gioia**: che è principio e causa (*cagion*) di gioia perfetta (*tutta gioia*).
79-80. **quella fonte... fiume**: quella fonte da cui scorre un così grande fiume di eloquenza (*di parlar*).
81. **vergognosa**: umile, riverente.
83. **vagliami**: mi valga, mi avvantaggi presso di te.
84. **cercar**: leggere con passione.
85. **'l mio autore**: l'autore per eccellenza, quello che ha su di me la maggiore autorità.
86. **tolsi**: appresi.
87. **lo bello stilo... onore:** lo stile alto dell'epica, proprio dell'*Eneide*, usato da Dante nelle opere che gli avevano dato fama.

DIALOGO CON IL TESTO

COMPRENDERE

La vita di Dante come cammino dell'umanità Il significato letterale è chiarissimo: Dante si è perso in un bosco, gli sembra di aver trovato il modo di ritrovare la strada, si avvia, ma gli si parano davanti tre belve spaventose. L'ultima in particolare lo fa retrocedere per la paura; mentre sta per perdere la speranza e tornare sui suoi passi, gli appare un defunto che si rivela essere un grande scrittore del passato. Ma il lettore capisce che il significato della storia non è tutto qui e non riguarda solo il personaggio Dante. Lo scrittore statunitense Ezra Pound ha scritto che nell'*incipit* della *Commedia* sentiamo il cammino allegorico di *everyman*, di "ogni uomo". Il viaggio di Dante è il viaggio dell'intera umanità, di ogni singolo essere umano, dalla selva del male e dello smarrimento alla luce della verità e della salvezza.

- **Questa compenetrazione tra la vicenda individuale di Dante e il cammino a cui è chiamata tutta l'umanità è suggerito fin dai primi due versi da un aggettivo e da un pronome personale: individuateli.**
- **Anche nel raffigurare la lupa, la fiera che più delle altre spaventa Dante, il protagonista-narratore sottolinea che si tratta dell'allegoria di un peccato che non è solo individuale ma collettivo: in quale verso?**

Un'introduzione all'intera opera Il primo canto della *Commedia* non fa da prologo soltanto all'*Inferno*, ma all'intera opera. Per questo l'*Inferno* è composto di 34 canti contro i 33 delle altre due cantiche.

- **Indicate il verso nel quale Dante esplicita in estrema sintesi lo scopo del suo poema e mettetelo a confronto con la finalità attribuita alla *Commedia* nella lettera a Cangrande (▸T53).**

Nel canto XXV del *Paradiso* (▸D8, p. 188) Dante definirà la *Commedia* «poema sacro/al quale ha posto mano cielo e terra»: un'impresa non soltanto umana, ma voluta e guidata dalla provvidenza divina.

- **Anche nel brano che abbiamo riportato è presente un'allusione all'influsso celeste sul viaggio di Dante: in quali versi?**

CONTESTUALIZZARE

Il valore allegorico di Virgilio Dante riconosce a Virgilio una grandissima autorità, non soltanto letteraria, e lo implora di salvarlo dalla lupa, per consentirgli di uscire dalla selva. Nei versi seguenti, che non abbiamo riportato, Virgilio acconsentirà e preannuncerà a Dante il viaggio che li attende. Da quel momento farà da guida al poeta attraverso l'Inferno e il Purgatorio.

- **Raccogliete informazioni su Virgilio, compilando una tabella simile a quella seguente: chi è stato nel mondo romano e che cosa ha scritto, che cosa ha rappresentato nel Medioevo in generale e per Dante, che cosa incarna a livello allegorico nel poema.**

Virgilio nel suo tempo	Nel Medioevo	Nella *Commedia*
....	....	....

ANALIZZARE

Un *incipit* dinamico Senza indugi introduttivi, il lettore entra in contatto fin dai primi versi con la situazione iniziale del viaggio di Dante: lo smarrimento, il peccato, la lontananza da Dio rappresentati dalla selva. Sono versi caratterizzati da una forte densità espressiva. Si possono notare in particolare:
- una grande frequenza di aggettivi, molto rari nel resto del canto;
- le figure del polisindeto e della paronomasia.

- **Individuate questi elementi nel testo e cercate di definire le intenzioni comunicative che possono aver ispirato questa scelta stilistica di Dante.**

Similitudini funzionali La figura della similitudine ritorna nella *Commedia* con grandissima frequenza, e non ha quasi mai uno scopo puramente ornamentale, ma di rafforzamento e approfondimento dei concetti e delle emozioni. In questo primo canto ce ne sono due, di grande ampiezza, che fanno riferimento a situazioni e sentimenti contrapposti.

- **Individuate le similitudini e spiegate in che cosa consiste la contrapposizione.**

INTERPRETARE

La belva che è in noi Il vizio che più terrorizza Dante è la cupidigia: a essa addebita il tragico disordine nel quale è caduta la società del suo tempo.

- **Vi sembra che anche oggi il desiderio smodato di possesso possa essere considerato la piaga principale della società? Discutete su questo tema facendo riferimento alle caratteristiche della cupidigia presenti nel testo di Dante e mettendole a confronto con i problemi del mondo contemporaneo.**
- **Quale animale pensate che potrebbe rappresentare i vostri difetti e limiti che vi fanno più paura?**

CANTO INTEGRALE

T55 ▸ L'ingresso dell'Inferno (*Inf.*, III, 1-69)

Virgilio ha vinto le esitazioni iniziali di Dante, e ora i due viandanti si trovano di fronte all'ingresso dell'Inferno.

▸ **METRO**: terza rima.

BIBLIOTECA PERCORSO TEMATICO
• L'aldilà

PER ME SI VA NE LA CITTÀ DOLENTE,
PER ME SI VA NE L'ETTERNO DOLORE,
PER ME SI VA TRA LA PERDUTA GENTE.
GIUSTIZIA MOSSE IL MIO ALTO FATTORE;
FECEMI LA DIVINA PODESTATE,
LA SOMMA SAPIENZA E 'L PRIMO AMORE.
DINANZI A ME NON FUOR COSE CREATE
SE NON ETTERNE, E IO ETTERNO DURO.
LASCIATE OGNE SPERANZA, VOI CH'INTRATE.
Queste parole di colore oscuro
vid'io scritte al sommo d'una porta;
per ch'io: «Maestro, il senso lor m'è duro».
Ed elli a me, come persona accorta:
«Qui si convien lasciare ogne sospetto;
ogne viltà convien che qui sia morta.
Noi siam venuti al loco ov'i' t'ho detto
che tu vedrai le genti dolorose
c'hanno perduto il ben de l'intelletto».
E poi che la sua mano a la mia pose

Dante segue Virgilio all'interno della fenditura che porta all'ingresso dell'Inferno in una miniatura del XV secolo. (Parigi, Bibliothèque Nationale de France)

1. **PER ME**: attraverso di me.
2. **ETTERNO**: senza fine.
3. **PERDUTA GENTE**: i dannati, che hanno perso ogni possibilità di grazia divina.
4. **GIUSTIZIA... FATTORE**: La giustizia indusse Dio (*il mio alto fattore*, "creatore") a crearmi.
5-6. **LA DIVINA... AMORE**: Dio, indicato attraverso gli attributi delle tre persone della Trinità, *divina potestate* (il Padre), *somma sapienza* (il Figlio), *primo amore* (lo Spirito Santo).
7. **DINANZI A ME**: prima dell'Inferno furono create solo cose eterne (gli angeli, i cieli, la materia). L'Inferno è esistito da quando Lucifero, capo degli angeli ribelli, fu scaraventato da Dio fuori dal Paradiso.
8. **ETTERNO DURO**: durerò per sempre (come al v. 2).
10. **di colore oscuro**: in doppio senso, nere e incomprensibili, ma anche minacciose.
12. **il senso... duro**: il loro significato mi è difficile da capire.
13. **elli**: Virgilio. **accorta**: saggia, attenta, pronta a cogliere le emozioni di Dante.
14-15. **Qui si... morta**: qui è necessario (*si convien*) lasciare ogni timore (*sospetto*), qui è necessario che venga rifiutata (*sia morta*) ogni viltà. Il verbo "morire" è usato in senso transitivo.
16. **ov'io t'ho detto**: nel primo canto (vv. 114-117) Virgilio aveva detto a Dante, che, per uscire dalla selva, avrebbe dovuto percorrere l'Inferno.
17. **genti dolorose**: i dannati, che vivono nell'*etterno dolore*.
18. **il ben dell'intelletto**: Dio, il bene supremo dell'intelletto umano; i dannati non potranno mai vederlo.
19. **poi... pose**: dopo che mi ebbe preso per mano.

con lieto volto, ond'io mi confortai,
mi mise dentro a le segrete cose.
Quivi sospiri, pianti e alti guai
risonavan per l'aere sanza stelle,
per ch'io al cominciar ne lagrimai.
Diverse lingue, orribili favelle,
parole di dolore, accenti d'ira,
voci alte e fioche, e suon di man con elle
facevano un tumulto, il qual s'aggira
sempre in quell'aura sanza tempo tinta,
come la rena quando turbo spira.
E io ch'avea d'orror la testa cinta,
dissi: «Maestro, che è quel ch'i' odo?
e che gent'è che par nel duol sì vinta?».
Ed elli a me: «Questo misero modo
tengon l'anime triste di coloro
che visser sanza 'nfamia e sanza lodo.
Mischiate sono a quel cattivo coro
de li angeli che non furon ribelli
né fur fedeli a Dio, ma per sé fuoro.
Caccianli i ciel per non esser men belli,
né lo profondo inferno li riceve,
ch'alcuna gloria i rei avrebber d'elli».
E io: «Maestro, che è tanto greve
a lor, che lamentar li fa sì forte?».
Rispuose: «Dicerolti molto breve.
Questi non hanno speranza di morte,
e la lor cieca vita è tanto bassa,
che 'nvidiosi son d'ogne altra sorte.
Fama di loro il mondo esser non lassa;
misericordia e giustizia li sdegna:
non ragioniam di lor, ma guarda e passa».

21. **mi mise... cose**: mi introdusse nelle cose nascoste (ai vivi), sotterranee.
22. **alti guai**: forti lamenti ("guaiti", in italiano moderno).
23. **aere sanza stelle**: la volta dell'Inferno è chiusa, senza cielo.
24. **per ch'io... lagrimai**: per cui io mi misi a piangere appena li sentii.
25. **favelle**: pronunce.
26. **accenti**: esclamazioni.
27. **voci**: suoni inarticolati. **Suon... elle**: battere di mani insieme alle voci.
29. **in quell'aura... tinta**: in quell'aria eternamente scura.
30. **come... spira**: il propagarsi del fragore (*tumulto*, v. 28) è paragonato al vorticoso movimento della sabbia (*rena*) alzata da un vortice di vento (*turbo*).
33. **nel duol sì vinta**: così sopraffatta dal dolore.
34-36. **Questo... lodo**: questo misero contegno è tenuto dalle anime malvage (*triste*) di coloro che vissero senza meritarsi né infamia né lode. La formula è diventata proverbiale per indicare chi non ha compiuto né il bene né il male ma si è sempre vilmente rifiutato di prendere posizione.
37. **cattivo coro**: vile schiera.
39. **per sé fuoro**: fecero parte a sé. Sono gli angeli che non si schierarono con Dio e nemmeno con Lucifero durante la sua ribellione.
40. **Caccianli... belli**: i cieli li respingono per non essere resi meno belli (dalla loro presenza).
42. **ch'alcuna... d'elli**: perché (*ch'*) i colpevoli (*rei*) potrebbero avere una qualche (*alcuna*) gloria dal fatto di subire la medesima loro punizione. Coloro che si sono ribellati attivamente a Dio potrebbero compiacersi confrontando la propria ribellione con l'ignavia degli altri.
43-44. **tanto greve a lor**: così doloroso per loro.
46. **non hanno... morte**: non possono sperare di morire, di annientarsi per sempre, in modo da liberarsi dalla loro sofferenza.
47. **bassa**: vile, ignobile.
48. **'nvidiosi... sorte**: sono invidiosi di ogni altra condizione, anche quella dei dannati.
49. **Fama di loro... lassa**: il mondo non permette che ci sia memoria di loro tra i vivi.
50. **misericordia... sdegna**: sono esclusi sia dal Paradiso (dove risplende la *misericordia* di Dio) sia dall'Inferno (dove trionfa la sua *giustizia*).

E io, che riguardai, vidi una 'nsegna
che girando correva tanto ratta,
che d'ogne posa mi parea indegna;
e dietro le venía sì lunga tratta
di gente, ch'i' non averei creduto
che morte tanta n'avesse disfatta.
Poscia ch'io v'ebbi alcun riconosciuto,
vidi e conobbi l'ombra di colui
che fece per viltade il gran rifiuto.
Incontanente intesi e certo fui
che questa era la setta d'i cattivi,
a Dio spiacenti e a' nemici sui.
Questi sciaurati, che mai non fur vivi,
erano ignudi e stimolati molto
da mosconi e da vespe ch'eran ivi.
Elle rigavan lor di sangue il volto,
che, mischiato di lagrime, ai lor piedi
da fastidiosi vermi era ricolto.

52-54. **una 'nsegna... indegna**: uno stendardo o bandiera che ruotava così veloce (*ratta*) che mi sembrava incapace (*indegna*) di qualsiasi pausa (*posa*).
55-57. **e dietro... disfatta**: e dietro di essa veniva una schiera (*tratta*) così lunga di gente che io non avrei creduto che la morte ne avesse distrutta (*disfatta*) tanta.
58. **Poscia**: dopo.
59-60. **colui... rifiuto**: colui che per viltà fece il gran rifiuto; l'ombra che Dante riconosce nella folla non viene nominata, ma i commentatori (a partire dal figlio di Dante, Pietro Alighieri) concordano nell'identificarla con l'eremita Pietro di Morrone, che fu eletto papa nel 1294 col nome di Celestino V e rifiutò il papato dopo pochi mesi. La sua abdicazione aprì la strada al pontificato di Bonifacio VIII, considerato da Dante una delle cause principali della rovina della società del suo tempo.
61. **Incontanente**: immediatamente. **intesi**: compresi.
62. **cattivi**: vili.
63. **spiacenti**: sgraditi.
64. **Questi... vivi**: questi sciagurati, che non hanno mai veramente vissuto. Secondo Dante chi non fa uso della sua ragione per discernere il bene dal male e comportarsi di conseguenza, anche se fisicamente è vivo, spiritualmente è morto.
65. **stimolati**: punti.
69. **fastidiosi**: schifosi. **ricolto**: raccolto.

DIALOGO CON IL TESTO

COMPRENDERE

La porta Come si entra nell'Inferno? Dante può contare su una tradizione consolidata, in ambito sia medievale sia classico. L'Inferno è un regno sotterraneo, a cui si accede attraverso una porta: *Atri ianua Ditis*, "le porte del nero Dite", recita il v. 127 del libro VI dell'*Eneide*, il libro che racconta della discesa agli Inferi di Enea e che è modello privilegiato della *Commedia*. E proprio alla porta dell'Inferno Dante dà la parola all'inizio del canto, dimostrando fin da questi primi versi una capacità straordinaria di racchiudere in pochissime parole una grande densità di significati, teologici e non.

- **Quali informazioni sulla natura e sull'origine dell'Inferno si traggono dalla scritta?**

Virgilio *maestro* In tre punti del testo Dante si rivolge a Virgilio chiamandolo *maestro* e chiedendogli spiegazioni o informazioni. È una relazione insegnante-discepolo che ricorrerà con grande frequenza nel prosieguo del poema. Le risposte di Virgilio sono rivolte a Dante ma valgono anche per i lettori.

- Virgilio informa Dante sul significato di ciò che si presenta lungo il cammino, e al tempo stesso lo esorta ad assumere atteggiamenti consoni alla sua missione. In che cosa consistono di volta in volta le informazioni e le esortazioni?

Il contrappasso degli ignavi Il contrappasso (dal latino *contra pati*, "patire il contrario") è la legge che nell'Inferno dantesco regola le punizioni dei dannati: può basarsi sull'analogia o più spesso sul contrasto tra la pena e il peccato compiuto. In questo caso gli ignavi, che in vita non hanno mai preso posizione, sono tormentati dagli stimoli fastidiosi e dolorosi delle mosche e delle vespe. Se in vita tutto il loro impegno è stato concentrato nel non prendere posizione e non reagire, ora questa passività diventa incapacità eterna di difendersi dalle mosche e dalle vespe.

ANALIZZARE

Sensazioni visive e uditive L'Inferno è un luogo claustrofobico, tenebroso. Appena entrato, Dante non vede nulla. Ode una sequenza di suoni raccapriccianti alla cui fonte non è in grado di risalire. L'attesa di una spiegazione crea nel lettore una sensazione di *suspense*, che si scioglierà con l'apparizione improvvisa di una visione orribile.

- Ripercorrete i passaggi di questo svelamento, raccogliendo i riferimenti a sensazioni visive e uditive disseminati nel testo.

L'introduzione alle anime dannate La presentazione dei peccatori che si mostrano alla vista di Dante avviene attraverso una progressiva focalizzazione. Nel contesto ricostruito attraverso colori e suoni il protagonista scorge una schiera di anime, ne descrive la condizione a cui la legge del contrappasso le condanna in eterno e poi si concentra su di una (o più anime in altri canti) con cui solitamente interloquisce e di cui approfondisce la sorte.

- In questo canto Dante non parla con nessuna delle anime. Perché Virgilio invita Dante a non soffermarsi presso i dannati?

INTERPRETARE

Il giudizio sugli ignavi Sull'ignavia Dante si era pronunciato anche nel *Convivio* (II, VII, 3-4, in *Opere minori*, a cura di C. Vasoli e D. De Robertis, Ricciardi, Milano-Napoli, 1995, volume II, tomo I):
«Onde, quando si dice l'uomo vivere, si dee intendere l'uomo usare la ragione, che è sua speziale vita e atto de la sua più nobile parte. E però [*perciò*] chi da la ragione si parte [*allontana*], e usa pur [*soltanto*] la parte sensitiva, non vive uomo, ma vive bestia; sì come dice quello eccellentissimo Boezio: "Asino vive". Dirittamente [*In maniera corretta*] dico però [*perciò*] che lo pensiero è propio atto de la ragione, perché le bestie non pensano, che non l'hanno; e non dico pur de le minori bestie, ma di quelle che hanno apparenza umana e spirito di pecora, o d'altra bestia abominevole.»

In un passo dell'*Apocalisse* (3,14-16), che Dante aveva sicuramente presente, si immagina che il Cristo risorto scriva una lettera a ciascuna delle sette chiese dell'Asia:
«All'angelo della chiesa di Laodicea scrivi: Queste cose dice l'Amen, il testimone fedele e veritiero, il principio della creazione di Dio: "Io conosco le tue opere: tu non sei né freddo né fervente. Oh, fossi tu pur freddo o fervente! Così, perché sei tiepido e non sei né freddo né fervente, io ti vomiterò dalla mia bocca."»

- Perché secondo voi Dante esprime tanto disprezzo per coloro che non si schierano, che non fanno né il bene né il male, e vivono senza meritare né infamia né lode? Per rispondere a questa domanda, fate riferimento ai due brani proposti e a ciò che sapete sul rapporto fra Dante e il contesto storico in cui visse.
- Chi si astiene dal prendere posizione è veramente più condannabile di chi compie attivamente il male? Dite se condividete o non condividete quest'opinione, facendo riferimento a esempi di ignavia tipici della società di oggi.

CONFRONTARE

Il libro VI dell'*Eneide* Una fonte fondamentale di Dante è il libro VI dell'*Eneide*, nel quale, come si è detto, Virgilio narra la discesa di Enea nel regno dei morti. Ne riportiamo alcuni versi (vv. 548-561) nella traduzione di Luca Canali:
«Enea scruta, e subito sotto una rupe a sinistra / vede ampie mura circondate da un triplice bastione, / che un rapido fiume accerchia con

fiamme roventi, / il tartareo Flegetonte, e rotola scroscianti macigni. / Di fronte, la porta, enorme, e colonne d'acciaio massiccio, / tali che nessuna forza d'uomini, né gli stessi celesti / potrebbero distruggerle in guerra; la torre si erge ferrea nell'aria; / Tisifone assisa, avvolta in un mantello insanguinato, / custodisce insonne il vestibolo notte e giorno. / Di qui si odono gemiti, e risuonano crudeli percosse; / poi uno stridore di ferro, e strascicate catene. / Ristette Enea e indugiò sbigottito allo strepito: / «Che specie di delitti? o vergine, dimmi, e quali / castighi li straziano? che alti lamenti nell'aria?».

Confrontate questo brano con il testo di Dante e individuate le somiglianze.

ANALISI CANTO INTEGRALE

T56 ▸ Paolo e Francesca (*Inf.*, V, 73-142)

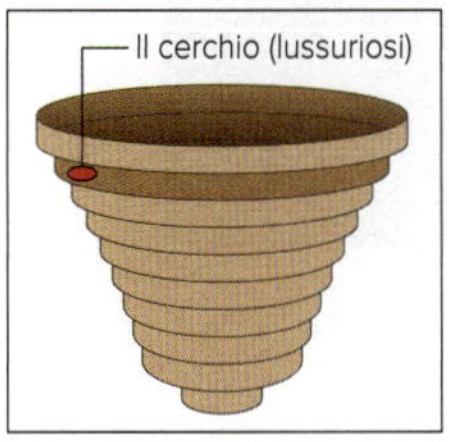

Dopo la "pausa" nel luminoso Limbo degli «spiriti magni», filosofi, scienziati, poeti, grandi personaggi del mito e dell'antichità (IV, vv. 106-151), ora Dante e Virgilio scendono nel girone dei lussuriosi, sbatacchiati qua e là da una tempesta di vento impetuoso, analoga all'impulso della passione amorosa che li ha travolti in vita. Dante nota che due anime restano unite nella tempesta e chiede di parlare con loro, in nome dell'amore che le conduce.

▸ **METRO**: terza rima.

I' cominciai: «Poeta, volentieri
parlerei a quei due che 'nsieme vanno,
75 e paion sì al vento esser leggieri».
Ed elli a me: «Vedrai quando saranno
più presso a noi; e tu allor li priega
78 per quello amor che i mena, ed ei verranno».
Sì tosto come il vento a noi li piega,
mossi la voce: «O anime affannate,
81 venite a noi parlar, s'altri nol niega!».
Quali colombe dal disio chiamate
con l'ali alzate e ferme al dolce nido
84 vegnon per l'aere dal voler portate;
cotali uscir de la schiera ov'è Dido,
a noi venendo per l'aere maligno,
87 sì forte fu l'affettuoso grido.
«O animal grazïoso e benigno
che visitando vai per l'aere perso

75. **paion... leggieri**: il vento cioè li travolge con una forza intensa a cui essi non sono capaci di contrapporsi.
76-78. **vedrai... verranno**: li vedrai quando saranno più vicini a noi; allora tu pregali (*li priega*) per quell'amore che li conduce (*i mena*) e loro (*ei*) verranno.
79. **Sì tosto... piega**: non appena (*Sì tosto come*) il vento li fece girare verso di noi.
80. **affannate**: angosciate, tormentate.
81. **s'altri nol niega**; se qualcuno (cioè Dio) non lo proibisce.
82. **disio**: desiderio, passione amorosa.
84. **aere**: aria. **voler**: sinonimo di *disio*.
85-87. **cotali... grido**: così uscirono dalla fila dove si trovava Didone, venendo a noi attraverso l'aria infernale (*maligno*), tanto forte fu il mio grido affettuoso. Didone è la regina abbandonata da Enea nell'*Eneide* e per questo suicida, considerata lussuriosa perché antepose la passione per Enea alla ragione che le imponeva di mantenersi fedele al marito morto. Didone era stata indicata a Dante da Virgilio qualche verso sopra.
88. **animal... benigno**: essere vivente, creatura animata (*animal*) cortese e benevola.
89. **aere perso**: l'aria scura; *perso* è vocabolo tecnico dei tintori (derivante dalla tonalità delle stoffe persiane), che indica un colore tra il purpureo e il nero.

noi che tignemmo il mondo di sanguigno,

se fosse amico il re de l'universo,
noi pregheremmo lui de la tua pace,
poi c' hai pietà del nostro mal perverso.

Di quel che udire e che parlar vi piace,
noi udiremo e parleremo a voi,
mentre che 'l vento, come fa, si tace.

Siede la terra dove nata fui
su la marina dove 'l Po discende
per aver pace co' seguaci sui.

Amor, ch'al cor gentil ratto s'apprende,
prese costui de la bella persona
che mi fu tolta; e 'l modo ancor m'offende.

Amor, ch'a nullo amato amar perdona,
mi prese del costui piacer sì forte,
che, come vedi, ancor non m'abbandona.

Amor condusse noi ad una morte:
Caina attende chi a vita ci spense».
Queste parole da lor ci fuor porte.

Quand'io intesi quell'anime offense,
china' il viso, e tanto il tenni basso,
fin che 'l poeta mi disse: «Che pense?».

Quando rispuosi, cominciai: «Oh lasso,
quanti dolci pensier, quanto disio
menò costoro al doloroso passo!».

Poi mi rivolsi a loro e parla' io,
e cominciai: «Francesca, i tuoi martiri
a lagrimar mi fanno tristo e pio.

Ma dimmi: al tempo d'i dolci sospiri,
a che e come concedette Amore

Giuseppe Frascheri, *Dante e Virgilio incontrano Paolo e Francesca*, 1846. (Savona, Galleria d'Arte Moderna)

90. **noi... sanguigno**: noi che tingemmo il mondo col nostro sangue. Anche il termine *sanguigno* è dell'arte dei tintori.
92. **de la**: per la.
93. **poi... perverso**: poiché hai pietà della nostra terribile sofferenza (*mal perverso*).
96. **mentre che**: fino a che. **si tace**: si calma.
97-99. **Siede... sui**: la città in cui sono nata si trova sulla costa dove il Po con i suoi affluenti (*seguaci*) sfocia nel mare. È Ravenna, città natale di Francesca, figlia di Guido il Vecchio da Polenta, andata in sposa a Gianciotto Malatesta per convenienza familiare; Francesca si innamorò di Paolo, fratello del marito, che li sorprese e li uccise entrambi.
100. **ch'al cor... apprende**: che veloce (*ratto*) si unisce a ogni cuore nobile. Esplicito riferimento alla teoria cortese dell'identità tra cuore nobile e amore (▸D5, p. 18)
101. **bella persona**: bel corpo.
102. **'l modo... offende**: l'interpretazione di queste parole è controversa. Potrebbero riferirsi al modo in cui Francesca fu uccisa (se riferito a *che mi fu tolta*), oppure al modo in cui Paolo l'amò (se riferito a *Amor... prese costui*). Il modo dell'uccisione o la smodata passione di Paolo continuano a far soffrire Francesca.
103. **ch'a nullo... perdona**: che non permette (*perdona*) a nessun (*nullo*) amato di non amare a sua volta. Ancora un riferimento alla teoria dell'amore cortese.
104. **del costui piacer**: della bellezza fisica di costui.
106. **ad una morte**: a un'unica morte.
107. **Caina... spense**: *Caina* (il cerchio finale dell'Inferno, dove stanno i traditori dei parenti) attende chi ci ha ucciso.
109. **offense**: ferite, colpite.
110. **il viso**: lo sguardo.
112. **Oh lasso**: ahimè!
114. **menò... passo**: condusse costoro al peccato, che produsse tanto dolore.
116. **martiri**: tormenti.
117. **a lagrimar... pio**: mi rendono triste e pietoso, al punto da piangere.
118. **al tempo... sospiri**: quando ancora gli innamorati non hanno tradotto in parole il loro sentimento.

che conosceste i dubbiosi disiri?».
  E quella a me: «Nessun maggior dolore
che ricordarsi del tempo felice
ne la miseria; e ciò sa 'l tuo dottore.
  Ma s'a conoscer la prima radice
del nostro amor tu hai cotanto affetto,
dirò come colui che piange e dice.
  Noi leggiavamo un giorno per diletto
di Lancialotto come amor lo strinse;
soli eravamo e sanza alcun sospetto.
  Per più fiate li occhi ci sospinse
quella lettura, e scolorocci il viso;
ma solo un punto fu quel che ci vinse.
  Quando leggemmo il disiato riso
esser baciato da cotanto amante,
questi, che mai da me non fia diviso,
  la bocca mi baciò tutto tremante.
Galeotto fu il libro e chi lo scrisse:
quel giorno più non vi leggemmo avante».
  Mentre che l'uno spirto questo disse,
l'altro piangea; sì che di pietade
io venni men così com'io morisse;
  e caddi come corpo morto cade.

Jean Auguste Dominique Ingres, *Paolo e Francesca*, XIX secolo. (Città del Messico, Museo Soumaya)

119-120. **a che... disiri?**: in quale occasione e come l'amore permise che conosceste i vostri incerti desideri? I desideri degli innamorati sono *dubbiosi* per l'incertezza di essere corrisposti.
121-123. **Nessun... miseria**: non c'è maggior dolore che ricordare i momenti felici in un momento di infelicità. È una citazione dal filosofo Boezio: «In ogni avversità della sorte essere stati felici costituisce una tristissima disgrazia» (*De consolatione philosophiae*, II, 4, 2).
123. **il tuo dottore**: il tuo maestro Virgilio. Forse qui Virgilio è chiamato in causa perché dimora nel Limbo, condannato eternamente alla lontananza da Dio, e rimpiange la felicità della vita terrena; oppure il riferimento è al passo del II libro dell'*Eneide* in cui Enea viene invitato da Didone a raccontare la notte di Troia. Alla richiesta di Didone, Enea risponde *Infandum, regina, iubes renovare dolorem* ("Tu mi chiedi, o regina, di rinnovellare un dolore indicibile"; *Eneide* II, 3).
125. **cotanto affetto**: un desiderio così intenso. Anche qui la citazione esplicita è all'inizio del II libro dell'*Eneide*, v. 10: "ma se è così grande in te il desiderio di conoscere le nostre sventure...".
126. **dirò... dice**: parlerò unendo alle parole le lacrime. Da notare il poliptoto *dirò... dice*.
127. **per diletto**: per piacere.
128. **Lancialotto**: Lancillotto, cavaliere della Tavola Rotonda, protagonista di romanzi del ciclo arturiano, nei quali si narra dell'amore del cavaliere per Ginevra, moglie di Artù.
129. **sanza alcun sospetto**: senza alcun presentimento (di quello che sarebbe successo).
130. **più fiate... sospinse:** più volte (*fiate*) spinse i nostri sguardi a incrociarsi.
131. **scolorocci il viso**: ci fece impallidire.
133. **il disiato riso**: la bocca desiderata (della regina Ginevra); nel romanzo di Lancillotto è invece la regina Ginevra a prendere l'iniziativa di baciare l'amato (vedi a questo proposito il ▸T25), secondo il rito feudale dell'investitura del cavaliere a opera del signore, che viene replicato nel rapporto amoroso.
134. **cotanto**: di tanto valore.
135. **fia**: sarà; in questo verso si riecheggia la formula liturgica del matrimonio.
137. **Galeotto:** Galeotto è il siniscalco di Lancillotto, che fa da mediatore tra lui e Ginevra. Dante qualifica il libro e il suo autore col nome del personaggio, perché hanno propiziato il realizzarsi dell'amore peccaminoso. Ancora oggi il termine "galeotto" designa per antonomasia chi favorisce i rapporti amorosi.
138. **quel giorno... avante**: quel giorno non proseguimmo più la lettura. L'interruzione è dovuta all'insorgenza della passione o, secondo altri critici, all'arrivo del marito Gianciotto che uccide i due amanti.
140-142. **sì che... cade**: cosicché per la compassione mi sentii mancare come se stessi morendo; e caddi come cade un corpo morto.

DIALOGO CON IL TESTO

COMPRENDERE

Lo sfondo e i personaggi Nella parte iniziale del canto, che precede i versi qui riportati, i lussuriosi sono definiti «peccator carnali, / che la ragion sommettono al talento». La loro pena consiste nell'essere trascinati e scaraventati qua e là da un vento vorticoso, come in vita furono travolti dalla passione amorosa. Su questo sfondo tempestoso e caotico si stagliano, al centro del canto, con un improvviso zoom, le figure dei cognati amanti, i due protagonisti. La loro entrata in scena introduce un cambiamento di tono: a differenza degli altri dannati, che subiscono individualmente la loro condanna, le due anime restano unite; e il loro volo verso Dante le sottrae temporaneamente al caotico tumulto della tempesta infernale, inserendole in una situazione di dialogo intimo e affettuoso.

- **Nei vv. 73-93 ritornano con grande frequenza figure ed espressioni che evocano sentimenti di affetto, di dolcezza, di gentilezza e di nobiltà spirituale. Individuatele nel testo.**

Dire e non dire L'episodio che vede protagonisti Paolo e Francesca aveva occupato le cronache degli ultimi anni del Duecento. Francesca da Polenta, figlia di Guido signore di Ravenna, poco dopo il 1275, andò in sposa a Giovanni Malatesta signore di Rimini, detto Gianciotto, ovvero Gianni lo zoppo. Il matrimonio, combinato per sancire la pacificazione fra le due famiglie dopo anni di conflitti, era dettato da ragioni puramente politiche. Il fratello di Giovanni, Paolo Malatesta, più giovane e più affascinante, entrò in contatto con Francesca e i due ebbero una relazione, che fu scoperta dal marito e punita con l'uccisione di entrambi.
Dante, confidando nella risonanza dell'avvenimento presso i contemporanei, ma anche per dare all'episodio un valore universale, non nomina i protagonisti, a eccezione di Francesca, e sintetizza la storia in pochi elementi essenziali, tralasciandone altri, che avrebbero consentito un'informazione più completa sui personaggi, sui loro moventi e sul contesto in cui si svolsero gli eventi. Contemporaneamente si sofferma su aspetti che in un resoconto puramente cronachistico sarebbero superflui.

- **Ripercorrete il racconto di Francesca e mettete in luce, in particolare, ciò che il personaggio *non* dice, spingendo i lettori a riempire con l'immaginazione i "vuoti" del racconto.**
- **Quali sono invece i commenti e i particolari psicologici introdotti nel canto che non entrerebbero in una semplice cronaca dei fatti?**

Il coinvolgimento di Dante Il dialogo con Francesca è il primo colloquio fra Dante e un'anima dannata. Il poeta sta muovendo i primi passi del percorso intrapreso per uscire dalla sua condizione di peccatore e ora si trova di fronte un'anima che dal peccato è stata sconfitta e che ne patirà le conseguenze per l'eternità. Il suo coinvolgimento emotivo è molto intenso, anche perché non si sente estraneo al peccato di Francesca, e in un certo senso ammira la forza di un amore capace di tenere unite due anime anche fra gli orrori dell'Inferno.

- **Definite gli atteggiamenti e i sentimenti di Dante nelle diverse fasi del colloquio.**

Tra pietà e condanna Nonostante l'estrema commozione, Dante è pienamente consapevole che il sentimento che unisce Paolo e Francesca è colpevole: un cedimento al desiderio dei sensi che impedisce di discernere la verità più profonda dell'amore, che è amore spirituale, illuminato dalla ragione e ispirato da Dio. La tensione drammatica che percorre il testo nasce dalla coesistenza conflittuale di questi atteggiamenti di compassione e di condanna.

- **Indicate i punti del testo in cui è sottolineato il carattere sensuale e fisico dell'attrazione fra i due amanti.**

L'insufficienza delle virtù terrene A turbare Dante, in particolare, contribuisce la considerazione che le doti terrene dell'uomo a poco valgono nel giudizio di Dio rispetto alla gravità di un'azione peccaminosa. Le qualità dei due cognati – e di Francesca in particolare – appaiono con evidenza: nobili sentimenti, cultura letteraria, raffinatezza. Eppure l'aver ceduto all'amore sensuale li condanna in eterno al tormento del vento infernale.

- **Il turbamento di Dante è catalizzato da una domanda apparentemente invadente che egli pone a Francesca: quale?**

ANALIZZARE

La presentazione dei personaggi L'incontro fra Dante, Francesca e Paolo ha un andamento "teatrale", che conferisce drammaticità al racconto. A questo effetto cooperano i diversi modi di presentazione dei personaggi.

- Dante è insieme narratore e personaggio: le sue emozioni e i suoi pensieri sono presentati attraverso le notazioni narrative, i gesti e gli atteggiamenti, e le parole che pronuncia in quanto personaggio.
- Francesca è interamente definita attraverso il dialogo.
- Paolo è rappresentato dalle parole di Francesca e dalla descrizione del suo pianto negli ultimi versi.

- **Ricostruite le informazioni offerte di volta in volta su ciascuno dei due amanti. Notate in particolare le differenze di comportamento nella vita terrena e nell'Inferno.**

Mutamenti di tono La gentilezza d'animo di Francesca, lo scambio di sentimenti benevoli fra lei e Dante fanno contrasto con la violenza dell'uccisione subìta e con la gravità del peccato e della pena.

- **A questo contrasto corrisponde un'alternanza di espressioni e immagini ora affettuose e dolci, ora dure e tragiche. Indicate qualche esempio di queste diverse intonazioni.**

CONTESTUALIZZARE

(Auto)critica dell'amore cortese Il forte coinvolgimento emotivo di Dante non è soltanto un fatto privato. I concetti e le parole utilizzate per raccontare la relazione fra Paolo e Francesca sono quelli tipici delle teorie cortesi sull'amore provenienti dalla Francia, riprese dalla scuola siciliana e dai poeti stilnovisti e diffuse nella cultura e nella letteratura dell'epoca. Non a caso il cedimento alla tentazione è favorito dalla lettura di un romanzo di contenuto erotico-cavalleresco di moda in quegli anni negli ambienti aristocratici.

Per comprendere il significato del canto è importante tener presente che Dante stesso, nelle opere giovanili, aveva appassionatamente contribuito a elaborare e diffondere l'idea dell'amore che ora condanna (lo "sviamento giovanile" testimoniato nella *Vita nuova*). La condanna della concezione cortese dell'amore – spiritualmente elevata, psicologicamente suggestiva, ma ancorata al culto della bellezza terrena e chiusa alla trascendenza dell'amore divino – si può leggere anche come una sofferta autocritica del poeta stesso.

- **Considerate alcuni testi rappresentativi dell'amor cortese (▸D5, p. 18, ▸T10, ▸T14, ▸T25) e indicate le parole e i concetti ripresi da Dante in questo brano.**

INTERPRETARE

Una voce femminile Dante ha deciso di dare totalmente la parola a Francesca e di lasciare Paolo sullo sfondo.

- **Secondo voi quali motivi possono aver ispirato questa scelta? Che differenza ci sarebbe stata se il racconto fosse stato affidato a una voce maschile anziché femminile?**

Una frase di difficile interpretazione Come abbiamo indicato in nota, il v. 102 contiene una frase (*e 'l modo ancor m'offende*) che ha suscitato interpretazioni contrastanti.

- **Quale delle due ipotesi suggerite dalla nota vi sembra quella più persuasiva, in base alla vostra interpretazione complessiva del testo?**

Ary Scheffer, *Le ombre di Francesca da Rimini e di Paolo Malatesta appaiono a Dante e Virgilio*, 1855. (Parigi, Musée du Louvre)

CANTO INTEGRALE

T57 ▸ Farinata e Cavalcante (*Inf.*, X, 22-93)

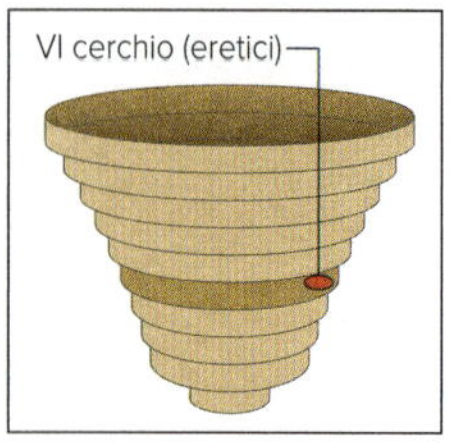

Entrati nella città di Dite, grazie all'intervento di un messaggero celeste che neutralizza le proteste dei demoni e delle Furie, i pellegrini si trovano in una valle desolata, disseminata di tombe di pietra scoperchiate e arroventate, dentro le quali stanno – così ha spiegato Virgilio – gli eretici; Dante vuole parlare con uno di loro. Ecco che uno spirito si leva in piedi e fuoriesce dal sepolcro con il busto, rivolgendosi a Dante in modo orgoglioso.

▸ **METRO**: terza rima.

«O Tosco che per la città del foco
vivo ten vai così parlando onesto,
piacciati di restare in questo loco.
La tua loquela ti fa manifesto
di quella nobil patria natio,
a la qual forse fui troppo molesto».
Subitamente questo suono uscío
d'una de l'arche; però m'accostai,
temendo, un poco più al duca mio.
Ed el mi disse: «Volgiti! Che fai?
Vedi là Farinata che s'è dritto:
da la cintola in sù tutto 'l vedrai».
Io avea già il mio viso nel suo fitto;
ed el s'ergea col petto e con la fronte
com'avesse l'inferno a gran dispitto.
E l'animose man del duca e pronte
mi pinser tra le sepulture a lui,
dicendo: «Le parole tue sien conte».
Com'io al piè de la sua tomba fui,
guardommi un poco, e poi, quasi sdegnoso,
mi dimandò: «Chi fuor li maggior tui?».
Io ch'era d'ubidir disideroso,
non gliel celai, ma tutto gliel'apersi;
ond'ei levò le ciglia un poco in suso,

22. **O Tosco**: toscano. Dante viene riconosciuto per la sua parlata. **città del foco**: Dite è rappresentata come una città con torri e mura infuocate.
23. **onesto**: in modo elevato, cortese.
24. **piacciati... loco**: abbi la compiacenza di fermarti in questo luogo.
25-27. **La tua... molesto**: il tuo modo di parlare (*loquela*) rivela che sei natio di quella nobile patria (Firenze) alla quale forse arrecai troppo danno (*fui troppo molesto*).
28. **Subitamente**: d'improvviso. **uscío**: uscì; la "o" finale permette di rendere il verso piano.
29. **arche**: tombe, sarcofaghi. **però**: perciò.
30. **al duca mio**: alla mia guida; *duca* è uno dei diversi epiteti con cui Dante appella Virgilio.
32. **Farinata**: Manente degli Uberti, detto Farinata, apparteneva a una famiglia nobile e potente della Firenze del Duecento. Ghibellino, nel 1248 mandò in esilio molti guelfi grazie all'appoggio dell'imperatore Federico II. Morto l'imperatore, le sorti si rovesciarono e Farinata dovette andare in esilio a Siena. Nel 1260 partecipò alla sanguinosissima battaglia di Montaperti, che riportò al potere i ghibellini. In quell'occasione si batté per non distruggere Firenze (v. 92). Morì nel 1264, e nel 1283 fu celebrato a Firenze contro di lui un processo postumo per eresia, che si concluse con la condanna. **s'è dritto**: si è alzato in piedi.
33. **da la cintola... vedrai**: Farinata si trova all'interno del sarcofago, per cui anche se è in piedi Dante può vederlo solo dalla vita (*cintola* "cintura") in su.
34. **viso**: sguardo. **fitto**: fissato.
35. **col petto... fronte**: col petto in fuori e con la fronte alta.
36. **come... dispitto**: come se avesse grande disprezzo per l'Inferno.
37-39. **l'animose... conte**: le mani incoraggianti e pronte della mia guida mi spinsero tra le tombe verso di lui, dicendo: «Le tue parole siano adeguate (rispettose)».
41. **sdegnoso**: sprezzante.
42. **li maggior tui**: i tuoi antenati (*maiores*, alla latina).
44. **non... gliel'apersi**: non glielo nascosi, ma glielo svelai con franchezza.
45. **ond'ei... suso**: per cui egli aggrottò lievemente le sopracciglia.

Dante incontra Farinata e Cavalcante in una miniatura tratta da un'edizione della *Divina Commedia* del xv secolo. (Parigi, Bibliothèque Nationale de France)

poi disse: «Fieramente furo avversi
a me e a miei primi e a mia parte,
sì che per due fiate li dispersi».
«S'ei fur cacciati, ei tornar d'ogne parte»,
rispuos'io lui, «l'una e l'altra fiata;
ma i vostri non appreser ben quell'arte».
Allor surse a la vista scoperchiata
un'ombra, lungo questa, infino al mento:
credo che s'era in ginocchie levata.
Dintorno mi guardò, come talento
avesse di veder s'altri era meco;
e poi che 'l sospecciar fu tutto spento,
piangendo disse: «Se per questo cieco
carcere vai per altezza d'ingegno,
mio figlio ov'è? e perché non è teco?».
E io a lui: «Da me stesso non vegno:
colui ch'attende là, per qui mi mena
forse cui Guido vostro ebbe a disdegno».
Le sue parole e 'l modo de la pena
m'avean di costui già letto il nome;
però fu la risposta così piena.

47. **a miei... parte**: ai miei antenati e alla mia fazione.
48. **per due fiate li dispersi**: per due volte (*fiate*) li mandai in esilio; Dante si riferisce alle due cacciate dei guelfi, avvenute nel 1248 e nel 1260 (vedi nota v. 32).
49-51. **S'ei... arte**: se essi furono cacciati, tornarono da ogni luogo in cui si erano rifugiati – risposi – in entrambe le occasioni (*l'una e l'altra fiata*), la vostra fazione (i ghibellini) non imparò invece l'arte del ritorno.
52. **surse... scoperchiata**: si alzò dall'apertura (*vista scoperchiata*) del sarcofago.
53. **un'ombra**: è Cavalcante Cavalcanti, padre di Guido, il poeta grande amico di Dante. **lungo questa**: a fianco dell'ombra di Farinata.
54. **in ginocchie levata**: alzata sulle ginocchia.
55-56. **talento avesse**: desiderasse.
56. **s'altri... meco**: se un'altra persona era con me.
57. **poi... spento**: dopo che la dubbiosa speranza (*sospecciar*) fu definitivamente delusa.
58-60. **Se... teco**: se puoi percorrere (da vivo) questa cupa prigione grazie al tuo grande ingegno, dov'è mio figlio? Perché non è con te? Cavalcante considera la cultura e l'intelligenza del figlio non inferiori a quelle di Dante.
61. **da me... vegno**: non vengo per mio merito.
62-63. **colui... disdegno**: colui che mi aspetta là (Virgilio), attraverso questi luoghi (*per qui*) mi conduce (*mena*) – se riuscirò a giungervi (*forse*) – a una persona (Beatrice) da cui forse Guido rifuggì. Probabilmente Dante vuol dire che Guido, nel suo razionalismo materialista, non ha voluto accogliere la grazia divina, simboleggiata appunto da Beatrice.
64. **'l modo de la pena**: la forma della punizione.
65. **letto**: svelato. Le tendenze eterodosse di Cavalcante erano ben note.
66. **però**: perciò. **piena**: esauriente.

Di subito drizzato gridò: «Come
dicesti? elli ebbe? non viv'elli ancora?
non fiere li occhi suoi lo dolce lume?».
Quando s'accorse d'alcuna dimora
ch'io facea dinanzi a la risposta,
supin ricadde e più non parve fora.
Ma quell'altro magnanimo a cui posta
restato m'era, non mutò aspetto,
né mosse collo, né piegò sua costa;
e sé continuando al primo detto,
«S'elli han quell'arte», disse, «male appresa,
ciò mi tormenta più che questo letto.
Ma non cinquanta volte fia raccesa
la faccia de la donna che qui regge,
che tu saprai quanto quell'arte pesa.
E se tu mai nel dolce mondo regge,
dimmi: perché quel popolo è sì empio
incontr'a' miei in ciascuna sua legge?».
Ond'io a lui: «Lo strazio e 'l grande scempio
che fece l'Arbia colorata in rosso,
tal orazion fa far nel nostro tempio».
Poi ch'ebbe sospirando il capo mosso,
«A ciò non fu' io sol», disse, «né certo
sanza cagion con li altri sarei mosso.
Ma fu' io solo, là dove sofferto
fu per ciascun di tòrre via Fiorenza,
colui che la difesi a viso aperto».

Dante incontra Farinata e Cavalcante in una miniatura di Guglielmo Giraldi tratta da un'edizione della *Divina Commedia* del 1478. (Città del Vaticano, Biblioteca Apostolica)

67-68. **Come... ebbe**: l'uso del passato remoto da parte di Dante fa pensare a Cavalcante che Guido sia morto.
69. **non... lume**: la dolce luce (del sole) non ferisce (*fiere*) più i suoi occhi.
70. **d'alcuna dimora**: di una certa esitazione. Il motivo dell'esitazione di Dante è un dubbio che esporrà più avanti a Farinata (vv. 94-108): i dannati conoscono il futuro ma sembrano ignorare il presente.
72. **parve fora**: apparve fuori (dalla tomba).
73-74. **magnanimo**: nobile d'animo, cioè Farinata. **a cui... m'era**: per la cui richiesta mi ero fermato.
75. **piegò sua costa**: ruotò il busto.
76. **sé... detto**: proseguendo il suo discorso precedente.
77-78. **S'elli han... letto**: se essi hanno appreso male l'arte del ritorno, questo mi tormenta più dello stare in questo giaciglio infuocato. L'uso della parola *letto* per indicare l'arca infuocata è evidentemente un eufemismo.
79-80. **non cinquanta... regge**: non si accenderà cinquanta volte il viso della regina di quaggiù (Proserpina, dea dell'Oltretomba, identificata con la luna), cioè non passeranno cinquanta mesi.
81. **quanto quell'arte pesa**: quanto l'arte del ritorno sia difficile.
82. **se... regge**: così tu possa tornare. La frase ha il valore di un augurio.
83-84. **quel popolo... legge**: il popolo fiorentino (*quel popolo*) è così crudele (*empio*) verso i miei parenti in ogni sua legge. Gli Uberti furono esclusi da tutti i provvedimenti di amnistia e condannati al rogo in contumacia.
85-87. **Lo strazio... tempio**: il dolore e la grande strage che colorò di rosso il torrente Arbia (nella pianura di Montaperti dove avvenne la battaglia del 1260) fa fare questa preghiera nel nostro tempio, cioè fa fare questa legislazione nelle nostre assemblee.
88. **mosso**: scosso.
89. **A ciò... sol**: a compiere questi fatti non fui io solo.
89-90. **né certo... mosso**: e certo io e gli altri non avremmo fatto ciò senza ragione.
91-92. **là dove... Fiorenza**: quando sarebbe stato tollerato da tutti distruggere (*tòrre via*) Firenze.

DIALOGO CON IL TESTO

COMPRENDERE

Il contesto del dialogo Il dialogo si svolge nell'ambientazione del sesto cerchio, come si legge nell'apertura del canto che precede i versi qui riportati: le anime degli eretici, fra cui sono annoverati anche i materialisti, sono chiuse in sepolcri roventi sullo sfondo delle mura della città di Dite. Il contrappasso è chiaro: i sepolcri evocano la morte in vita dell'anima non illuminata dalla fede in Dio; le fiamme puniscono, bruciandola, l'arroganza di false credenze.

Due interlocutori molto diversi Al centro del canto un duplice incontro, con personaggi molto diversi: da un lato Farinata, statuario esempio di passione politica; dall'altro Cavalcante, commovente rappresentazione dell'amore paterno. Il contrasto fra i due uomini è sottolineato dall'improvvisa apparizione di Cavalcante all'interno del dialogo fra Farinata e Dante: Farinata-Dante (vv. 22-51); Cavalcante-Dante (vv. 52-72); Farinata-Dante (vv. 73-93).
Dopo la patetica interruzione di Cavalcante, Farinata riprende senza batter ciglio il discorso con Dante nel punto esatto nel quale si era interrotto, a sottolineare quanto sia appassionato e totalizzante il suo coinvolgimento.

Nobiltà del nemico Dante dialoga con Farinata alla pari, controbattendo a tutti gli attacchi che il ghibellino rivolge alla sua famiglia con puntuali rinfacci, ma lo definisce *magnanimo*, aggettivo che usa nell'*Inferno* solo per Virgilio. È un nemico, ma Dante gli rende l'onore delle armi con piena convinzione. Possiamo schematizzare la fisionomia del personaggio in questi tratti:
- un alto senso di sé e della propria dignità;
- una passione politica che sconfina nella faziosità;
- l'amore per la città di Firenze.

● **Indicate i punti del testo dai quali traspaiono queste caratteristiche di Farinata.**

Il confronto dialettico tra Dante e Farinata Queste caratteristiche del personaggio sono sottolineate dall'andamento del dialogo, che alterna toni cortesi, sprezzanti, solenni, riflessivi. Da un approccio interlocutorio si passa a un crescendo di ostilità, per giungere in conclusione a un implicito riconoscimento reciproco.

● **Individuate queste diverse fasi all'interno del testo.**

Amore di padre Farinata è totalmente preso dalla passione politica e rimane indifferente alla tragedia dell'uomo che condivide il suo sepolcro. Cavalcante, al contrario, è del tutto estraneo alle questioni pubbliche che appassionano Farinata e interamente concentrato sul suo sentimento privato. Quanto il primo è forte e corrucciato, tanto l'altro è fragile e dolente.

● **Quali sentimenti nei confronti del figlio emergono dalle parole rivolte a Dante?**

Un personaggio assente Accanto ai presenti, accomunati nella loro diversità emotiva dalla perdizione eterna delle loro anime, si riconosce un altro personaggio, quello di Guido Cavalcanti, ancora vivo nel momento in cui Dante immagina di compiere il suo viaggio, ma già condannato dal suo *disdegno* per la fede a rimanere escluso dalla beatitudine prima della sua morte fisica.

Un incontro catartico Ora che Dante ha visto in Farinata e Cavalcante gli effetti rovinosi di una faziosità eccessiva e di un materialismo radicale è pronto per prendere le distanze da due atteggiamenti ai quali per carattere e formazione era naturalmente incline. La menzione di Guido rinforza inoltre la convinzione secondo cui per assurgere alla beatitudine le doti umane sono insufficienti ed è invece necessaria la grazia divina.

ANALIZZARE

Effetti narrativi L'episodio è caratterizzato da una presenza quasi esclusiva del dialogo, che conferisce alla narrazione un andamento movimentato e drammatico, segnato in particolare dall'effetto di sorpresa per l'apparizione di Cavalcante e dal conseguente clima di attesa suscitato dall'interruzione del dialogo con Farinata. Un procedimento tipico di Dante consiste nel suscitare nel lettore una curiosità che sarà appagata nei versi successivi. A volte si tratta di sensazioni uditive indefinite a cui segue una descrizione visiva della fonte che le ha prodotte; altre volte si parte dalla descrizione visiva di un evento o di un personaggio per svelarne soltanto in seguito il significato o l'identità. Nel caso di Farinata si tratta per prima cosa di una voce anonima che apostrofa Dante (v. 22), seguita dalla designazione dell'interlocutore da parte di Virgilio (v. 32), a cui segue la descrizione fisica del personaggio (vv. 35-36) e infine lo sviluppo del dialogo.

- **Attraverso quali passaggi viene introdotto Cavalcante? In che punto viene svelata al lettore la sua identità?**
- **Il contrasto fra i personaggi di Farinata e di Cavalcante è sottolineato dalla diversità dei loro gesti e atteggiamenti corporei: confrontateli mettendone in luce le diverse implicazioni psicologiche.**

L'oratoria di Farinata Il discorso di Farinata è retoricamente impostato, come si addice all'eloquio di un politico: anche limitandosi alla prima parte del suo dialogo con Dante si nota che si apre con un'apostrofe, prosegue con alcune perifrasi, è impreziosito da latinismi, culmina in una *climax* potenziata dal polisindeto.

- **Riconoscete queste caratteristiche stilistiche nei vv. 22-51.**

CONTESTUALIZZARE

Le colpe dei padri Un filo conduttore che si può riconoscere nelle diverse vicende dei personaggi di questo canto è il tema della responsabilità paterna nei confronti dei figli: non solo quella dell'"epicureo" Cavalcante rispetto a Guido, ma anche quella di Farinata che con le sue scelte politiche esclude per sempre i suoi discendenti dalla possibilità di rientrare a Firenze. Lo stesso Dante viveva l'esperienza drammatica di aver causato con la propria posizione l'allontanamento dei suoi figli dalla città.

INTERPRETARE

Affinità fra Dante e Farinata Come già è avvenuto con Paolo e Francesca (▸T56), Dante riconosce in Farinata qualcosa di se stesso: in parte ne prende le distanze e in parte prova simpatia e apprezzamento.

- **In che cosa sono simili Dante e Farinata? All'interno di quest'affinità che cosa viene implicitamente condannato e che cosa viene esaltato?**

CONFRONTI **Per approfondire lo studio di questo passo dell'Inferno, leggete il testo del filologo e critico tedesco Erich Auerbach (▸C2, p. 312).**

T58 ▸ «Vidi gente attuffata in uno sterco...» (*Inf.*, XVIII, 103-136)

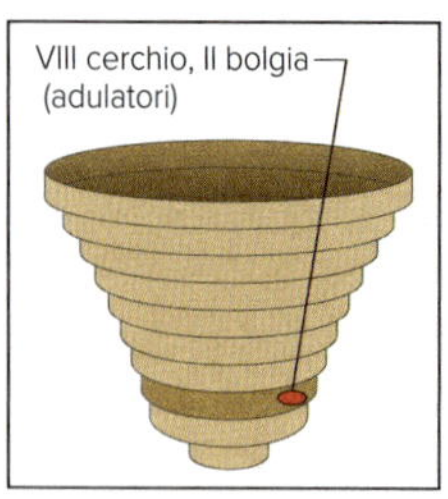

Dante e Virgilio sono discesi nell'ottavo cerchio, chiamato Malebolge, un anello di pietra suddiviso in dieci fossati concentrici (le bolge), uniti da ponticelli di pietra. La prima bolgia racchiude i ruffiani e i seduttori, nudi e frustati da diavoli; nella seconda, dove sono puniti gli adulatori, Dante e Virgilio si trovano di fronte a uno spettacolo particolarmente disgustoso.

▸ **METRO**: terza rima.

Quindi sentimmo gente che si nicchia
ne l'altra bolgia e che col muso scuffa,
e sé medesma con le palme picchia.
    Le ripe eran grommate d'una muffa,

103. **Quindi**: da qui, dal secondo argine della bolgia. **si nicchia**: geme in modo sommesso. "Nicchiare" è un verbo toscano.

104. **scuffa**: anche questo è un verbo popolare toscano. Indica il respirare ansimante e rumoroso di chi si ingozza ingordamente di qualche cibo.

105. **sé medesma picchia**: colpisce sé stessa (*medesma*) con le mani (*palme*).
106. **Le ripe... grommate**: le pareti della bolgia erano incrostate.

per l'alito di giù che vi s'appasta,
che con li occhi e col naso facea zuffa.

Lo fondo è cupo sì, che non ci basta
loco a veder sanza montare al dosso
de l'arco, ove lo scoglio più sovrasta.

Quivi venimmo; e quindi giù nel fosso
vidi gente attuffata in uno sterco
che da li uman privadi parea mosso.

E mentre ch'io là giù con l'occhio cerco,
vidi un col capo sì di merda lordo,
che non parea s'era laico o cherco.

Quei mi sgridò: «Perché se' tu sì gordo
di riguardar più me che li altri brutti?».
E io a lui: «Perché, se ben ricordo,

già t'ho veduto coi capelli asciutti,
e se' Alessio Interminei da Lucca:
però t'adocchio più che li altri tutti».

Ed elli allor, battendosi la zucca:
«Qua giù m'hanno sommerso le lusinghe
ond'io non ebbi mai la lingua stucca».

Appresso ciò lo duca «Fa che pinghe»,
mi disse «il viso un poco più avante,
sì che la faccia ben con l'occhio attinghe

di quella sozza e scapigliata fante
che là si graffia con l'unghie merdose,
e or s'accoscia e ora è in piedi stante.

Taide è, la puttana che rispuose
al drudo suo quando disse "Ho io grazie
grandi apo te?": "Anzi maravigliose!".

E quinci sien le nostre viste sazie».

Dante e Virgilio scorgono Taide tra i dannati che brulicano nelle Malebolge in un'incisione di Gustave Doré del 1861. (Collezione privata)

107. **l'alito... vi s'appasta**: le esalazioni che vengono dal fondo della bolgia che qui si condensano appiccicandosi alle pareti della bolgia.
108. **con li... zuffa**: offendeva (*facea zuffa*) gli occhi e il naso (per l'aspetto e l'odore disgustosi).
109-111. **Lo fondo... sovrasta**: il fondo è così buio e stretto, che non abbiamo abbastanza spazio per vederlo senza salire sulla sommità (*dosso*) dell'arco, dove il ponte di pietra (*scoglio*) è più alto (*sovrasta*).
112. **Quivi**: in quel punto. **quindi**: da lì.
114. **che... parea mosso**: sembrava prelevato (*mosso*) dai cessi (*privadi*) delle persone.
116. **lordo**: sporco.
117. **che... clerco**: che non si vedeva se era un laico o un chierico, cioè se avesse o no la chierica, che contraddistingueva gli uomini di Chiesa.
118. **gordo**: ingordo, desideroso.
119. **brutti**: sporchi, imbrattati.
122. **Alessio Interminei**: Alessio Interminelli, nobile lucchese del Duecento del quale abbiamo scarse notizie.
123. **però t'adocchio**: perciò ti fisso.
125. **lusinghe**: adulazioni.
126. **stucca**: sazia, nauseata; il verso significa che egli non si stancò mai di dire adulazioni.
127. **Appresso ciò**: dopo ciò. **fa che pinghe**: spingi.
128. **il viso**: lo sguardo.
129. **sì... attinghe**: in modo da poter vedere bene in faccia.
130. **sozza... fante**: sporca e spettinata donnaccia (il termine *fante* indica solitamente la donna di servizio).
132. **che or ... stante**: ora si accovaccia ora sta in piedi.
133. **Taide**: è un personaggio della commedia *Eunucus* dello scrittore latino Terenzio (II secolo a.C.).
134. **drudo**: amante.
134-135. **"Ho io... meravigliose!"**: "Ho acquisito grandi benemerenze presso di te?". "Non solo grandi ma grandissime, straordinarie". All'amante che le chiede se le è grata per un suo regalo, la prostituta risponde in modo adulatorio, accentuando i meriti che egli ha acquisito presso di lei. In realtà nella commedia di Terenzio il dialogo non si svolgeva fra la prostituta e l'amante, ma fra la prostituta e un mezzano: Dante probabilmente non aveva presente il testo di Terenzio ma una citazione che ne fa Cicerone nel suo dialogo *De amicitia*; da qui l'inesattezza.
136. **quinci... sazie**: di questo (*quinci*) i nostri occhi siano sazi.

DIALOGO CON IL TESTO

COMPRENDERE

Un concentrato di degradazione Nell'ottavo e nel nono cerchio, gli ultimi due dell'Inferno, sono puniti i dannati che si sono macchiati della colpa più grave: aver distorto la ragione, facoltà donata da Dio agli uomini per conoscere la verità, usandola per scopi malvagi. Il giudizio di Dante si fa severo e sprezzante fino alla ferocia, e il linguaggio mobilita tutte le sue risorse per rappresentare i livelli più bassi dell'abiezione umana. Lo stesso nome "Malebolge" è inventato dal poeta, a partire dalla parola "bolgia", che significava "borsa". Il brano che abbiamo riportato si riferisce alla seconda di queste "cattive borse", caratterizzata da un concentrato di sporcizia, di fetore, di degradazione che non ha eguale in altri punti della *Commedia*.

- **Descrivete le modalità della pena, i gesti e gli atteggiamenti dei dannati: quale contrappasso si può istituire fra la colpa degli adulatori e il loro castigo?**

Gli adulatori dell'Inferno I personaggi che Dante riconosce nella seconda bolgia sono un lucchese a lui contemporaneo, di cui abbiamo poche notizie dirette, e un personaggio d'invenzione ripreso dalla commedia latina, la prostituta Taide, adulatrice di professione. Entrambi hanno perso per effetto della pena la riconoscibilità delle loro caratteristiche terrene: di Alessio Interminelli non si comprende più, tanto è imbrattato, se è un laico o un ecclesiastico, e Taide non mantiene alcun tratto di femminilità.

- **Che tipo di rapporto si instaura fra Dante e Alessio Interminelli? Quale evidente differenza si nota rispetto ai dialoghi con i dannati che abbiamo proposto nei testi precedenti (▸T56-T57)?**

ANALIZZARE

I livelli più grevi dello stile comico In netto contrasto con gli ultimi due brani che abbiamo presentato, lo stile è improntato ai livelli più grevi dello stile comico:
- rime aspre e sonorità bizzarre;
- lessico triviale e plebeo;
- metafore relative al mangiare riferite al senso della vista.

- **Individuate nel testo queste caratteristiche linguistiche.**

L'udito, l'olfatto, la vista Come spesso avviene nella *Commedia*, le sensazioni uditive anticipano ciò che Dante sta per vedere, creando nel lettore un senso di attesa; in questo caso anche le sensazioni olfattive cooperano in modo decisivo a costruire il contesto nauseabondo della narrazione.

- **Ripercorrendo il testo, ricostruite questa successione di sensazioni.**

CONFRONTI Sorprendentemente incontreremo altri esempi di greve e violento stile comico in uno dei canti più luminosi e rarefatti del *Paradiso* (▸T66).

Dante e Virgilio sostano sul ponte di pietra che attraversa le Malebolge in una miniatura tratta da un'edizione della *Divina Commedia* del XV secolo. (Parigi, Bibliothèque Nationale de France)

T59 ▸ Ulisse (*Inf.*, XXVI, 55-142)

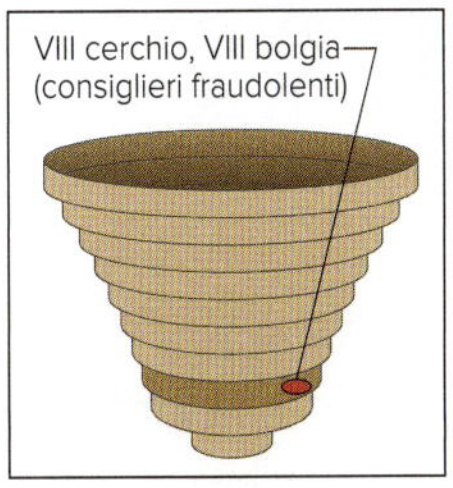

L'ottava bolgia è occupata dai "consiglieri fraudolenti", coloro che usarono la loro intelligenza e la loro capacità di parola per indurre altri a commettere frodi. Davanti ai due pellegrini si estende una buia vallata in cui brillano fiamme – come lucciole – che circondano i peccatori. Dante è incuriosito da una fiamma che, a differenza delle altre, è biforcuta, e domanda a Virgilio quali anime vi si trovino.

▸ **METRO**: terza rima.

BIBLIOTECA PERCORSO TEMATICO
- Il limite

Rispuose a me: «Là dentro si martira
Ulisse e Diomede, e così insieme
a la vendetta vanno come a l'ira;
  e dentro da la lor fiamma si geme
l'agguato del caval che fe' la porta
onde uscì de' Romani il gentil seme.
  Piangevisi entro l'arte per che, morta,
Deidamía ancor si duol d'Achille,
e del Palladio pena vi si porta».
  «S'ei posson dentro da quelle faville
parlar», diss'io, «maestro, assai ten priego
e ripriego, che 'l priego vaglia mille,
  che non mi facci de l'attender niego
fin che la fiamma cornuta qua vegna;
vedi che del disio ver' lei mi piego!».
  Ed elli a me: «La tua preghiera è degna
di molta loda, e io però l'accetto;
ma fa che la tua lingua si sostegna.
  Lascia parlare a me, ch'i' ho concetto
ciò che tu vuoi; ch'ei sarebbero schivi,
perch'e' fuor greci, forse del tuo detto».
  Poi che la fiamma fu venuta quivi

Dante e Virgilio incontrano le anime di Ulisse e Diomede in una miniatura veneta del XIV secolo. (Venezia, Biblioteca Marciana/DeA/Scala)

55. **si martira**: si punisce.
56. **Ulisse e Diomede**: eroi della guerra tra greci e troiani, protagonisti di molte imprese comuni.
57. **a la vendetta... ira:** vanno insieme alla punizione (*vendetta*) di Dio come insieme andarono contro la sua collera, peccando.
58-59. **si geme... caval**: si è puniti per il famoso inganno ordito da Ulisse nei confronti dei troiani, l'enorme cavallo di legno lasciato sulla spiaggia che fu creduto un dono e portato dentro la città, dal cui ventre cavo uscirono i soldati greci nella notte, espugnando Troia.
59-60. **fé la porta... seme**: l'inganno del cavallo fu causa (*fé la porta*) della sconfitta di Troia e quindi della fuga di Enea, nobile progenitore (*gentil seme*) dei Romani secondo il racconto di Virgilio nell'*Eneide*.
61. **arte**: artificio, inganno.
62. **Deidamía**: è la figlia di Licomede, re di Sciro, sedotta da Achille, quando si trovava presso la corte di quel sovrano. Achille vi era stato nascosto, travestito da donna, dalla madre Teti, per evitargli di partecipare alla guerra di Troia. Ulisse riuscì a scoprire l'inganno e lo condusse in guerra. Per questo Deidamía, dopo morta, si duole ancora dell'abbandono di Achille.
63. **e del Palladio... porta**: e vi si punisce il furto del Palladio. Il Palladio era la statua di Pallade Atena custodita sulla rocca della città di Troia. Ulisse e Diomede vi penetrarono con l'inganno e la rubarono per privare la città della protezione della dea.
66. **'l priego vaglia mille**: che la preghiera valga per mille. Dante esprime con quest'iperbole un fortissimo desiderio di parlare con i due eroi.
67-69. **che non... piego**: che tu non mi impedisca di aspettare (*che non mi facci de l'attender niego*) finché la fiamma biforcuta (*cornuta*, che si divide in cima in due lingue) venga (*vegna*) qui; vedi che mi protendo verso di lei per il desiderio.
71. **però**: perciò.
72. **si sostegna**: si trattenga, cioè taccia.
73. **concetto**: compreso.
74-75. **ei sarebbero... detto**: essi forse non si degnerebbero di parlare con te (*sarebbero schivi... del tuo detto*), perché furono greci. Le parole di Virgilio sono forse da riferire alla fama di superbia che avevano i greci, oppure alla propria soggezione di fronte a personaggi così celebri, o ancora, più banalmente, al fatto che Ulisse e Diomede non avrebbero compreso Dante, che non parlava il greco.

dove parve al mio duca tempo e loco,
in questa forma lui parlare audivi:
«O voi che siete due dentro ad un foco,
s'io meritai di voi mentre ch'io vissi,
s'io meritai di voi assai o poco
quando nel mondo li alti versi scrissi,
non vi movete; ma l'un di voi dica
dove per lui perduto a morir gissi».
Lo maggior corno de la fiamma antica
cominciò a crollarsi mormorando,
pur come quella cui vento affatica;
indi la cima qua e là menando,
come fosse la lingua che parlasse,
gittò voce di fuori e disse: «Quando
mi diparti' da Circe, che sottrasse
me più d'un anno là presso a Gaeta,
prima che sì Enea la nomasse,
né dolcezza di figlio, né la pièta
del vecchio padre, né 'l debito amore
lo qual dovea Penelopé far lieta,
vincer potero dentro a me l'ardore
ch'i' ebbi a divenir del mondo esperto
e de li vizi umani e del valore;
ma misi me per l'alto mare aperto
sol con un legno e con quella compagna
picciola da la qual non fui diserto.
L'un lito e l'altro vidi infin la Spagna,
fin nel Morrocco, e l'isola d'i Sardi,
e l'altre che quel mare intorno bagna.

77. **dove... loco**: dove a Virgilio (*mio duca*) parve opportuno (*tempo e loco*).
79. **due... foco**: in due nella stessa fiamma.
80-82. **s'io meritai... scrissi**: se io ho acquistato meriti ai vostri occhi (*di voi*) durante la mia vita, se ho acquistato meriti ai vostri occhi, poco o molto, quando nella mia vita terrena scrissi i versi illustri (in cui si parla di voi). Nel secondo libro dell'*Eneide* si racconta la disfatta della città di Troia, ma i due eroi sono citati anche in altri punti del poema.
84. **dove... gissi**: letteralmente, dove da lui (*per lui*, complemento d'agente) si andò (*gissi*) a morire. In forma attiva: "dove egli andò a morire". **perduto**: Ulisse si è perduto, nel senso che è scomparso senza lasciare traccia, ma l'aggettivo allude anche alla perdizione derivante dall'aver sfidato i limiti posti da Dio.
85. **Lo maggior corno**: la punta più alta.
86. **crollarsi**: agitarsi.
87. **pur... affatica**: proprio come una fiamma che il vento agita.
91. **mi diparti' da Circe**: mi allontanai da Circe (la maga che trattenne Ulisse presso di sé nell'isola di Eea per più di un anno).
93. **prima... nomasse**: prima che Enea le desse questo nome. Secondo le *Metamorfosi* di Ovidio, Enea chiamò il luogo Gaeta in ricordo della sua nutrice Caieta.
94-96. **né dolcezza... lieta**: né il tenero affetto per il figlio Telemaco né la devozione (*pièta)* per il padre Laerte né l'amore richiesto e consacrato dal matrimonio (*debito*) per la sposa Penelope.
97. **ardore**: ardente desiderio.
98. **a divenir... esperto**: a fare esperienza del mondo.
99. **e de li... valore**: sia dei vizi sia delle umane virtù.
100. **alto**: profondo.
101. **legno:** nave. **compagna**: compagnia.
102. **diserto**: abbandonato.
103-104. **L'un lito e l'altro... Sardi**: vidi le due rive (*lito*, "litorale", "riva") del Mediterraneo, quella europea e quella africana, fino alla Spagna e al Marocco, e la Sardegna.

Ulisse racconta i momenti salienti del suo viaggio a Dante e Virgilio in una miniatura tratta da un'edizione della *Divina Commedia* del XV secolo. (Parigi, Bibliothèque Nationale de France)

Io e' compagni eravam vecchi e tardi
quando venimmo a quella foce stretta
dov'Ercule segnò li suoi riguardi

acciò che l'uom più oltre non si metta;
da la man destra mi lasciai Sibilia,
da l'altra già m'avea lasciata Setta.

"O frati," dissi, "che per cento milia
perigli siete giunti a l'occidente,
a questa tanto picciola vigilia

d'i nostri sensi ch'è del rimanente
non vogliate negar l'esperienza,
di retro al sol, del mondo sanza gente.

Considerate la vostra semenza:
fatti non foste a viver come bruti,
ma per seguir virtute e canoscenza".

Li miei compagni fec'io sì aguti,
con questa orazion picciola, al cammino,
che a pena poscia li avrei ritenuti;

e volta nostra poppa nel mattino,
de' remi facemmo ali al folle volo,
sempre acquistando dal lato mancino.

Tutte le stelle già de l'altro polo
vedea la notte, e 'l nostro tanto basso,
che non surgea fuor del marin suolo.

106-109. **Io e' compagni... metta**: io e i miei compagni eravamo vecchi e stanchi (*tardi*) quando arrivammo a quello stretto passaggio (*foce*) in cui Ercole pose i suoi segnali (*riguardi*), affinché l'uomo non vada oltre. Si tratta delle mitiche colonne d'Ercole, l'attuale stretto di Gibilterra.

110-111. **Sibilia... Setta**: Siviglia (*Sibilia*) sulla costa spagnola, Ceuta (*Setta*) su quella africana.

112-117. **"O frati... gente**: "O fratelli", dissi, "che attraverso centomila pericoli (*perigli*) siete giunti al confine occidentale del mondo, non vogliate negare a questo così breve periodo di vita (*tanto picciola vigilia d'i nostri sensi*, la veglia della vita prima del sonno della morte) che ci rimane (*ch'è del rimanente*) di conoscere (*l'esperienza*) il mondo disabitato (*sanza gente*), al di là del sole.

118. **semenza**: origine.

119. **fatti... bruti**: non siete stati creati per vivere come bestie.

120. **canoscenza**: conoscenza.

121-122. **aguti... al cammino**: desiderosi di proseguire il viaggio con questo breve discorso.

123. **che a pena... ritenuti**: che dopo avrei fatto fatica a trattenerli.

124. **volta... mattino**: rivolta la poppa (la parte posteriore della nave) verso oriente (*nel mattino*). La nave si dirige dunque verso occidente.

125. **de' remi... volo**: trasformammo i remi in ali per il nostro folle volo.

126. **dal lato mancino**: a sinistra, verso sudovest.

127-129. **Tutte le stelle... suolo**: nella notte apparivano tutte le stelle dell'*altro polo* (il polo antartico, la volta celeste visibile dall'emisfero australe) e il *nostro polo*, cioè il cielo dell'emisfero boreale, si era tanto abbassato che era nascosto dall'orizzonte del mare.

Cinque volte racceso e tante casso
lo lume era di sotto da la luna,
poi che ’ntrati eravam ne l’alto passo,
quando n’apparve una montagna, bruna
per la distanza, e parvemi alta tanto
quanto veduta non avea alcuna.
Noi ci allegrammo, e tosto tornò in pianto;
ché de la nova terra un turbo nacque
e percosse del legno il primo canto.
Tre volte il fé girar con tutte l’acque;
a la quarta levar la poppa in suso
e la prora ire in giù, com’altrui piacque,
infin che ’l mar fu sovra noi richiuso».

130-131. **Cinque volte... luna**: la luce del Sole sulla parte inferiore della Luna (quella che guarda verso la Terra) si era accesa e oscurata per cinque volte. Erano passati cinque mesi.
132. **poi che... passo:** dopo che avevamo intrapreso il rischioso cammino.
133-134. **n’apparve... distanza**: ci apparve una montagna oscura e indistinta a causa della distanza. È la montagna del Purgatorio, che Dante collocava agli antipodi di Gerusalemme.
136. **tornò in pianto**: (la gioia) si volse in pianto.
137. **turbo**: turbine.
138. **il primo canto**: il lato anteriore, la prua.
139. **con tutte l’acque**: con l’acqua marina che ruotava vorticosamente insieme alla nave.
140. **levar... suso**: alzare in alto (*in suso*) la poppa. Il vento ha prodotto un gorgo nel quale la nave si impenna e si inabissa in verticale.
141. **com’altrui piacque**: come piacque a Dio (*altrui*).
142. **infin che**: fino a che.

Le anime di Ulisse e Diomede avvolte dalle fiamme in un dipinto di William Blake del 1827. (Londra, Tate Gallery)

DIALOGO CON IL TESTO

COMPRENDERE

Un interlocutore d’eccezione Ai tempi di Dante l’*Odissea* non era stata ancora tradotta in latino integralmente; Dante quindi conosceva solo delle sintesi, il racconto che ne fa Ovidio nel libro XIV delle *Metamorfosi* e i riferimenti al viaggio di Ulisse riportati da Virgilio nell’*Eneide*. Circolava però la leggenda della prosecuzione del viaggio di Ulisse, che invece di fermarsi a Itaca, non contento dei suoi dieci anni di peregrinazioni, aveva ripreso il mare.
Come risulta dai vv. 58-63, Ulisse non è all’Inferno per questo viaggio, ma in quanto consigliere fraudolento, per aver consigliato l’inganno del cavallo di Troia e per aver ucciso i propri nemici in un agguato notturno al campo troiano. Dante tuttavia dedica solo due rapide terzine alla definizione del peccato di Ulisse e, dopo l’introduzione di Virgilio, lascia tutto lo spazio al racconto del viaggio, senza quelle interruzioni e quei commenti che solitamente punteggiano i suoi incontri con le anime dannate: un trattamento eccezionale che sottolinea la profonda suggestione che il personaggio suscita in Dante.

- **Oltre all’ampiezza ininterrotta dedicata al monologo di Ulisse, altri punti del testo sottolineano il rispetto quasi reverenziale che Dante nutre per il suo personaggio: in quali versi?**

Il viaggio di Ulisse... Il racconto di Ulisse, tanto solenne e avvincente da lasciare Dante ammutolito, si conclude comunque con un fallimento: il desiderio di esplorare il mondo oltre le colonne d’Ercole si è infranto contro il limite invalicabile posto da Dio all’iniziativa umana. Come nel caso di Francesca (▸T56), il lettore è posto di fronte a una coesistenza di sentimenti opposti, di coinvolgimento e di condanna, di ammirazione e di riprovazione. Nel corso dei secoli si è molto discusso se in Dante prevalgano i primi o i secondi. Per approfondire questa tematica è importante definire i tratti fondamentali del ritratto di Ulisse che emergono dal canto:

- un appassionato desiderio di conoscenza;
- la disponibilità ad anteporre questo desiderio agli affetti più cari e più sacri;
- il rifiuto di ogni limite che possa ostacolarlo;
- la disponibilità a rischiare la vita propria e altrui;
- una straordinaria capacità di persuasione attraverso la parola.

● **Indicate i punti del testo in cui appare ciascuna di queste caratteristiche.**

... e il viaggio di Dante Abbiamo notato che nella vicenda di Paolo e Francesca Dante rivedeva una parte di sé (l'esaltazione dell'amore cortese) che doveva lasciarsi alla spalle per percorrere il cammino di redenzione. Nell'incontro con Ulisse avviene qualcosa di simile. Anche Dante, nel *Convivio*, aveva attribuito alla conoscenza e alla ragione umana un valore altissimo, tendenzialmente assoluto: «la scienza è ultima perfezione de la nostra anima, ne la quale sta la nostra ultima felicitade» (▸T50). Ma ora, impegnato in un viaggio che, come quello di Ulisse, si prefigge la piena conoscenza della verità, si è reso conto che la ragione umana non può raggiungere il suo fine ultimo se non si sottomette alla volontà di Dio e non si affida totalmente alla sua grazia.

Quando racconterà il suo approdo alla riva di quel Purgatorio che Ulisse aveva potuto vedere solo per un attimo, confusamente e di lontano, lo commenterà con questi versi: «Venimmo poi in sul lito diserto, / che mai non vide navicar sue acque / omo, che di tornar sia poscia esperto» (*Purg.* I, vv. 130-132).

● **Esplicitate il riferimento implicito al viaggio di Ulisse.**

La pena di Ulisse Nella sua condizione di dannato Ulisse è legato a Diomede; i due eroi greci insieme tramarono inganni a favore del loro popolo: il fatto che le loro astuzie non fossero volte a conseguire un vantaggio personale ne accrebbe la fama letteraria. La loro complicità nell'inganno è replicata adesso dall'unione indissolubile all'interno di un'unica fiamma a due "corni".

● **Che rapporto è possibile riconoscere fra la colpa e la pena dei consiglieri fraudolenti?**

ANALIZZARE

***Enjambements* e altre figure** Il carattere solenne e incalzante del racconto di Ulisse è sottolineato dall'uso incisivo di figure metriche e retoriche:

- *enjambements* (*Quando / mi diparti' da Circe*, vv. 90-91);
- allitterazioni (*Ma Misi Me*, v. 100);
- assonanze (*vOltA nOstrA pOppA*, v. 124).

● **Trovate altri esempi di queste figure.**

● **Nella parte centrale del racconto di Ulisse è presente una metafora che condensa potentemente la smisurata temerarietà del viaggio: individuatela nel testo e spiegatene il significato.**

● **Indicate altre espressioni disseminate nel testo che sottolineano la sproporzione fra l'immensa audacia dell'impresa e l'esiguità di forze e di numero dei protagonisti.**

CONTESTUALIZZARE

La cronaca, la storia, il mito Un aspetto della *Commedia* che può sconcertare un lettore di oggi è il disinvolto accostamento fra personaggi realmente esistiti, tratti dalla storia o dalla cronaca, e personaggi mitici come Ulisse. Dante li rappresenta senza fare distinzioni sul loro carattere reale o immaginario, storico o puramente letterario.

● **Aiutandovi col profilo e con altri testi dell'epoca, dite quale caratteristica tipica del pensiero medievale si ritrova in questa equiparazione.**

INTERPRETARE

Il silenzio di Dante A differenza di quanto avviene negli altri canti, Dante non dialoga con Ulisse e non dà voce alle proprie reazioni di fronte al racconto del viaggio. È un "vuoto" della narrazione che stimola l'immaginazione del lettore.

● **Secondo voi come si può interpretare questo silenzio? Quali sentimenti non esplicitati può aver provato il personaggio Dante nei diversi momenti dell'incontro?**

CANTO INTEGRALE

T60 ▸ Ugolino (*Inf.*, XXXII, 124-139; XXXIII, 1-78)

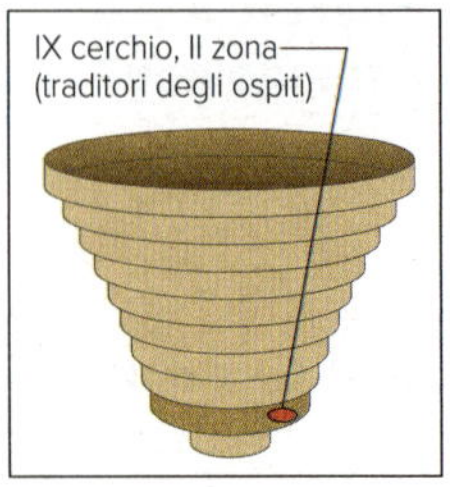

Nella parte più bassa dell'Inferno Dante e Virgilio vengono depositati dal gigante Anteo in una specie di lago che è ghiacciato per il vento prodotto dalle ali di Lucifero. È il nono cerchio, dove si trovano i traditori della patria e i traditori degli ospiti. I primi sono immersi nel ghiaccio fino al collo col viso rivolto verso il basso; i secondi in posizione supina col volto rivolto verso l'alto, in modo che le lacrime si congelino nei loro occhi. Dopo altri incontri, Dante si sofferma davanti a una buca dove due anime sono indissolubilmente legate.

▸ **METRO**: terza rima.

XXXII

Noi eravam partiti già da ello,
ch'io vidi due ghiacciati in una buca,
sì che l'un capo a l'altro era cappello;
e come 'l pan per fame si manduca,
così 'l sovran li denti a l'altro pose
là 've 'l cervel s'aggiugne con la nuca:
non altrimenti Tideo si rose
le tempie a Menalippo per disdegno,
che quei faceva il teschio e l'altre cose.
«O tu che mostri per sì bestial segno
odio sovra colui che tu ti mangi,
dimmi 'l perché», diss'io, «per tal convegno,
che se tu a ragion di lui ti piangi,
sappiendo chi voi siete e la sua pecca,
nel mondo suso ancora io te ne cangi,
se quella con ch'io parlo non si secca».

XXXIII

La bocca sollevò dal fiero pasto
quel peccator, forbendola a' capelli
del capo ch'elli avea di retro guasto.
Poi cominciò: «Tu vuo' ch'io rinovelli
disperato dolor che 'l cor mi preme
già pur pensando, pria ch'io ne favelli.

XXXII
124. **ello**: lui. Bocca degli Abati, l'ultimo dannato in cui Dante e Virgilio si sono imbattuti.
125. **due ghiacciati**: due dannati ghiacciati.
126. **sì... cappello**: così che la testa di uno faceva da cappello all'altro.
127-129. **e come... nuca**: e come si mastica (*manduca*) il pane per fame, così quello che stava sopra (*'l sovran*) azzannava la testa di quello che stava sotto, dove il cervello si congiunge al midollo spinale (*nuca* nel lessico medievale).
130-131. **Tideo... Menalippo**: personaggi tebani coinvolti nella guerra dei Sette contro Tebe. Menalippo ferì a morte Tideo, re di Tebe, il quale prima di morire si fece portare la testa del nemico, anche lui morto per mano di Anfiarao, e l'addentò.
132. **l'altre cose**: la materia cerebrale.
133. **per sì bestial segno**: in modo così animalesco.
135-139. **dimmi... secca**: "dimmi il motivo", io dissi, "a questo patto (*convegno*): che se tu a buon diritto (*a ragione*) ti lamenti (*ti piangi*) di lui, quando avrò saputo chi siete e il suo peccato (*pecca*), io possa ancora ricambiarti (*cangi*) (del tuo racconto) nel mondo dei vivi (*suso*) (riferendo ai vivi le sue colpe verso di te), se la mia lingua (*quella con ch'io parlo*) non si secca".
XXXIII
1. **fiero**: ferino, bestiale.
2. **forbendola a' capelli**: pulendola nei capelli.
3. **di retro guasto**: maciullato (*guasto*) nella parte posteriore.
4-6. **Tu vuo'... favelli**: tu vuoi che io rinnovi il disperato dolore che mi opprime il cuore al solo pensiero (*già pur pensando*), prima ancora che ne parli. Di nuovo un riferimento al racconto di Enea all'inizio del II libro dell'*Eneide*: "un dolore indicibile, regina, mi chiedi di rinnovare...".

Ma se le mie parole esser dien seme
che frutti infamia al traditor ch'i' rodo,
parlare e lagrimar vedrai inseme.

Io non so chi tu se' né per che modo
venuto se' qua giù; ma fiorentino
mi sembri veramente quand'io t'odo.

Tu dei saper ch'i' fui conte Ugolino,
e questi è l'arcivescovo Ruggieri:
or ti dirò perché i son tal vicino.

Che per l'effetto de' suo' mai pensieri,
fidandomi di lui, io fossi preso
e poscia morto, dir non è mestieri;

però quel che non puoi avere inteso,
cioè come la morte mia fu cruda,
udirai, e saprai s'e' m'ha offeso.

Breve pertugio dentro da la muda,
la qual per me ha 'l titol de la fame,
e 'n che conviene ancor ch'altrui si chiuda,

m'avea mostrato per lo suo forame
più lune già, quand'io feci 'l mal sonno
che del futuro mi squarciò 'l velame.

Questi pareva a me maestro e donno,
cacciando il lupo e' lupicini al monte
per che i Pisan veder Lucca non ponno.

Con cagne magre, studiose e conte
Gualandi con Sismondi e con Lanfranchi
s'avea messi dinanzi da la fronte.

In picciol corso mi paríeno stanchi
lo padre e' figli, e con l'agute scane
mi parea lor veder fender li fianchi.

Quando fui desto innanzi la dimane,

Dante, Virgilio e il Conte Ugolino in una miniatura di Bartolomeo di Fruosino tratta da un'edizione della *Divina Commedia* del XIV secolo. (Parigi, Bibliothèque Nationale de France)

7-8. **esser... rodo**: devono (*dien*) essere causa di infamia per il traditore che sto mordendo.
10-12. **Io non so... t'odo**: Io non so chi tu sia, né in che modo sei venuto quaggiù; ma mi sembri proprio fiorentino quando ti ascolto.
13. **conte Ugolino**: Ugolino della Gherardesca, di nobile famiglia pisana e ghibellina con molti feudi sparsi per l'Italia, usò il suo potere politico per benefici personali, passando senza scrupoli da una fazione all'altra. Divenuto podestà di Pisa, fu accusato di tradimento dall'arcivescovo Ruggieri degli Ubaldini, che in precedenza gli si era finto amico. Condannato, fu rinchiuso nella Torre dei Gualandi con due figli e due nipoti. La prigionia durò alcuni mesi, poi non si trovò più nessuno che pagasse per mantenerli in vita e furono lasciati morire di fame.
15. **perché... vicino**: perché sono per lui un simile vicino.
16. **mai pensieri**: pensieri malvagi.
18. **morto**: fatto morire. **dir... mestieri**: non c'è bisogno di dirlo. All'epoca l'episodio era universalmente noto.
19. **però**: perciò.
20. **cruda**: crudele.
22. **Breve pertugio... muda**: una piccola feritoia interna alla torre della Muda. La torre dei Gualandi era chiamata così forse perché vi soggiornavano le aquile per fare la muta, cioè per cambiare le penne.
23. **la qual... fame**: che a causa mia è chiamata "torre della fame".
24. **che... chiuda:** che dovrà ancora chiudersi per imprigionare qualcuno.
25. **per lo suo forame**: attraverso la sua apertura.
26. **più lune**: più cicli lunari, indicandomi il passaggio di diversi mesi.
26-27. **'l mal sonno... velame**: l'incubo che mi rivelò il futuro.
28-30. **Questi... ponno**: Costui mi sembrava capo e signore (*donno*, da *dominus*) mentre cacciava il lupo e i lupacchiotti sul monte a causa del quale i pisani non possono (*ponno*) vedere Lucca. Si tratta del monte San Giuliano. Il lupo e i lupacchiotti rappresentano Ugolino e i suoi figli.
31. **studiose e conte**: bramose ed esperte.
32. **Gualandi... Lanfranchi**: tre famiglie ghibelline alleate di Ruggieri.
33. **dinanzi da la fronte**: dinanzi a sé.
34. **picciol corso**: breve inseguimento. **paríeno**: parevano.
35. **agute scane**: aguzze zanne.
36. **lor fender li fianchi**: squarciare loro i fianchi.
37. **desto**: sveglio. **innanzi la dimane**: prima dell'alba.

Dante e Virgilio davanti alle anime del Conte Ugolino della Gherardesca e dell'arcivescovo Ruggieri degli Ubaldini in un dipinto di Gustave Doré del 1861. (Bourg-en-Bresse, Musée de Brou)

pianger senti' fra 'l sonno i miei figliuoli
ch'eran con meco, e dimandar del pane.
  Ben se' crudel, se tu già non ti duoli
pensando ciò che 'l mio cor s'annunziava;
e se non piangi, di che pianger suoli?
  Già eran desti, e l'ora s'appressava
che 'l cibo ne solëa essere addotto,
e per suo sogno ciascun dubitava;
  e io senti' chiavar l'uscio di sotto
a l'orribile torre; ond'io guardai
nel viso a' mie' figliuoi sanza far motto.
  Io non piangea, sì dentro impetrai:
piangevan elli; e Anselmuccio mio
disse: "Tu guardi sì, padre! che hai?".
  Perciò non lagrimai né rispuos'io
tutto quel giorno né la notte appresso,
infin che l'altro sol nel mondo uscío.
  Come un poco di raggio si fu messo
nel doloroso carcere, e io scorsi
per quattro visi il mio aspetto stesso,
  ambo le man per lo dolor mi morsi;
ed ei, pensando ch'io 'l fessi per voglia
di manicar, di subito levorsi

40-42. **Ben se'... suoli?**: Sei davvero crudele, se già non ti addolori pensando a ciò che il mio cuore immaginava; e se non piangi, di che cosa sei solito piangere?
44. **ne... addotto**: ci era portato di solito.
45. **dubitava**: temeva, sospettava.
46. **chiavar**: inchiodare.
48. **motto**: parola.
49. **sì dentro impetrai**: tanto il mio cuore si fece di pietra.
50. **Anselmuccio**: il più giovane dei due nipoti di Ugolino.
51. **sì**: in un tal modo.
53. **appresso**: seguente.
54. **infin... uscìo**: finché spuntò (*uscìo*) il sole del giorno successivo.
55. **raggio**: luce. **si fu messo**: penetrò.
59. **'l fessi:** lo facessi.
60. **manicar**: mangiare. **levorsi**: si alzarono.

e disser: "Padre, assai ci fia men doglia
se tu mangi di noi: tu ne vestisti
queste misere carni, e tu le spoglia".
Queta'mi allor per non farli più tristi;
lo dì e l'altro stemmo tutti muti;
ahi dura terra, perché non t'apristi?
Poscia che fummo al quarto dì venuti,
Gaddo mi si gittò disteso a' piedi,
dicendo: "Padre mio, ché non m'aiuti?".
Quivi morì; e come tu mi vedi,
vid'io cascar li tre ad uno ad uno
tra 'l quinto dì e 'l sesto; ond'io mi diedi,
già cieco, a brancolar sovra ciascuno,
e due dì li chiamai, poi che fur morti:
poscia, più che 'l dolor, poté 'l digiuno».
Quand'ebbe detto ciò, con li occhi torti
riprese 'l teschio misero co' denti,
che furo a l'osso, come d'un can, forti.

61. **assai... doglia**: avremo meno dolore.
64. **Queta'mi**: mi acquietai.
68. **Gaddo:** il quartogenito di Ugolino.
69. **ché**: perché.
72. **mi diedi**: cominciai.
74. **poi che**: dopo che.
75. **poscia... digiuno**: poi il digiuno fu più potente del dolore. Frase ambigua: significa che la disperazione di Ugolino cessò a causa della morte per fame o che egli si cibò dei figli?
76. **torti**: obliqui, biechi, con un'espressione animalesca.
78. **che... forti**: che nell'addentare l'osso furono forti come quelli di un cane.

DIALOGO CON IL TESTO

COMPRENDERE

Truce bestialità e inermi sentimenti umani

L'episodio si apre e si chiude con la stessa orribile immagine: Ugolino che azzanna il capo di Ruggieri. Il tema del mangiare e della fame, con le sue componenti grevi e animalesche, pervade tutta la vicenda, coniugandosi con sentimenti dissonanti: feroce spirito di vendetta, terrore, appassionata dedizione filiale, disperato amore paterno. Questo inestricabile intreccio di truce bestialità e di inermi sentimenti umani fa di Ugolino un personaggio straordinariamente terribile, non a caso collocato nel luogo più profondo della voragine infernale. L'atroce disperazione del padre che è stato costretto a vedere morir di fame i propri figli, e che ora è condannato a sfogare per l'eternità il suo odio insaziabile sul misero cranio del suo carnefice, rappresenta nel modo più pieno l'essenza stessa dell'Inferno: trionfo della cieca bestialità sui più teneri affetti umani, oscurità totale e senza rimedio, assenza di qualsiasi spiraglio di luce e di speranza.

- **Qual è lo scopo principale per cui Ugolino risponde a Dante?**
- **Ripercorrendo il testo indicate i momenti della narrazione maggiormente caratterizzati dal tema della bestialità e della ferocia e quelli riferiti ai sentimenti affettuosi che intercorrono fra Ugolino e i suoi figli.**

Impotenza di Ugolino Come avviene nell'incontro con Ulisse (▸T59), Dante non interrompe con interlocuzioni o domande il racconto del protagonista, lasciando che sprigioni da sé tutta la sua forza drammatica. La vicenda non è narrata per esteso ma condensata in alcuni momenti culminanti, caratterizzati da descrizioni di gesti e da brevissime battute intervallate da lunghe pause di sbigottito silenzio. È significativo che gli unici a parlare siano i figli e i nipoti: Ugolino è impietrito, immobilizzato, totalmente impotente di fronte alla tragedia dei suoi cari, incapace di portare loro qualsiasi aiuto o consolazione.

- **In alcuni momenti del suo racconto Ugolino interrompe la narrazione per rivolgersi direttamente a Dante: individuateli nel testo e spiegate quale relazione Ugolino vorrebbe instaurare col suo interlocutore.**

ANALIZZARE

I tempi del racconto Dal punto di vista della velocità della narrazione, il lungo racconto di Ugolino (vv. 22-75) è caratterizzato, oltre che dalla pausa introspettiva costituita dal sogno, da un'alternanza di brevi sommari e di rapidissime scene dialogate.

- **Indicate i versi iniziali e finali di ciascuna di queste fasi e a ciascuna date un titolo.**

Il Conte Ugolino racconta a Dante la tragica fine dei suoi quattro figli in un'incisione di Jan Van der Straet del 1587. (Collezione privata)

Enjambements Nel brano compreso fra i vv. 43-63 c'è una concentrazione elevata di *enjambements*, che accentuano la drammaticità dei momenti chiave del racconto.

- **Individuateli nel testo e sottolineate le parole messe in rilievo dalle pause metriche che le precedono e/o le seguono.**

Allitterazioni L'immagine che apre il canto XXIII – Ugolino che rode il capo dell'arcivescovo Ruggieri e usa i capelli del nemico come mostruoso tovagliolo – e quella che chiude l'episodio – gli occhi torvi, i denti che frantumano le ossa del cranio forti come denti di cane – sono caratterizzate da uno stile aspro, adeguato alla violenza della scena. In entrambe il ricorrere di suoni gutturali ("ch", "gh") e vibranti ("r") contribuisce all'effetto: *La boCCa sollevò dal fieRo pasto / Quel peCCatoR foRBendola a' Capelli / del Capo CH'egli avea di ReTRo Guasto.*

- **Verificate la presenza di suoni simili nei vv. 76-78.**

CONTESTUALIZZARE

Le colpe dei padri Come nel canto di Farinata (▸T57) nell'episodio di Ugolino ricorre il tema delle colpe dei padri che ricadono sui figli.

- **Confrontateli da questo punto di vista, evidenziando le connotazioni specifiche che il tema assume nei diversi personaggi.**

INTERPRETARE

Un verso ambiguo Il v. 75 ha dato origine a diverse interpretazioni e a un dibattito tra i critici ancora non risolto.

- **Secondo voi quale delle due spiegazioni proposte dalla nota è più persuasiva? Rispondete mettendo in luce come l'alternativa da voi scelta contribuisca a definire la figura di Ugolino e il significato complessivo del canto.**

Ugolino e Francesca A prima vista due personaggi come Ugolino e Francesca (▸T56) non hanno nulla in comune. Eppure ci sono affinità nella modalità del loro incontro con Dante, nella pena alla quale sono condannati, nelle stesse parole che pronunciano.

- **Provate a definire queste affinità.**

Il *Purgatorio*

Nel canto XVI del *Purgatorio* Virgilio espone a Dante la natura del peccato umano, che può errare in due modi: o perché diretto verso un oggetto sbagliato, o perché esercitato con eccessivo o scarso vigore verso oggetti in sé buoni. L'amore rivolto al male dà origine ai peccati di superbia, invidia e ira; l'amore rivolto al bene supremo, ma fiacco, è punito nella cornice degli accidiosi; l'amore eccessivo per i beni terreni è purgato nelle cornici degli avari, dei golosi e dei lussuriosi.

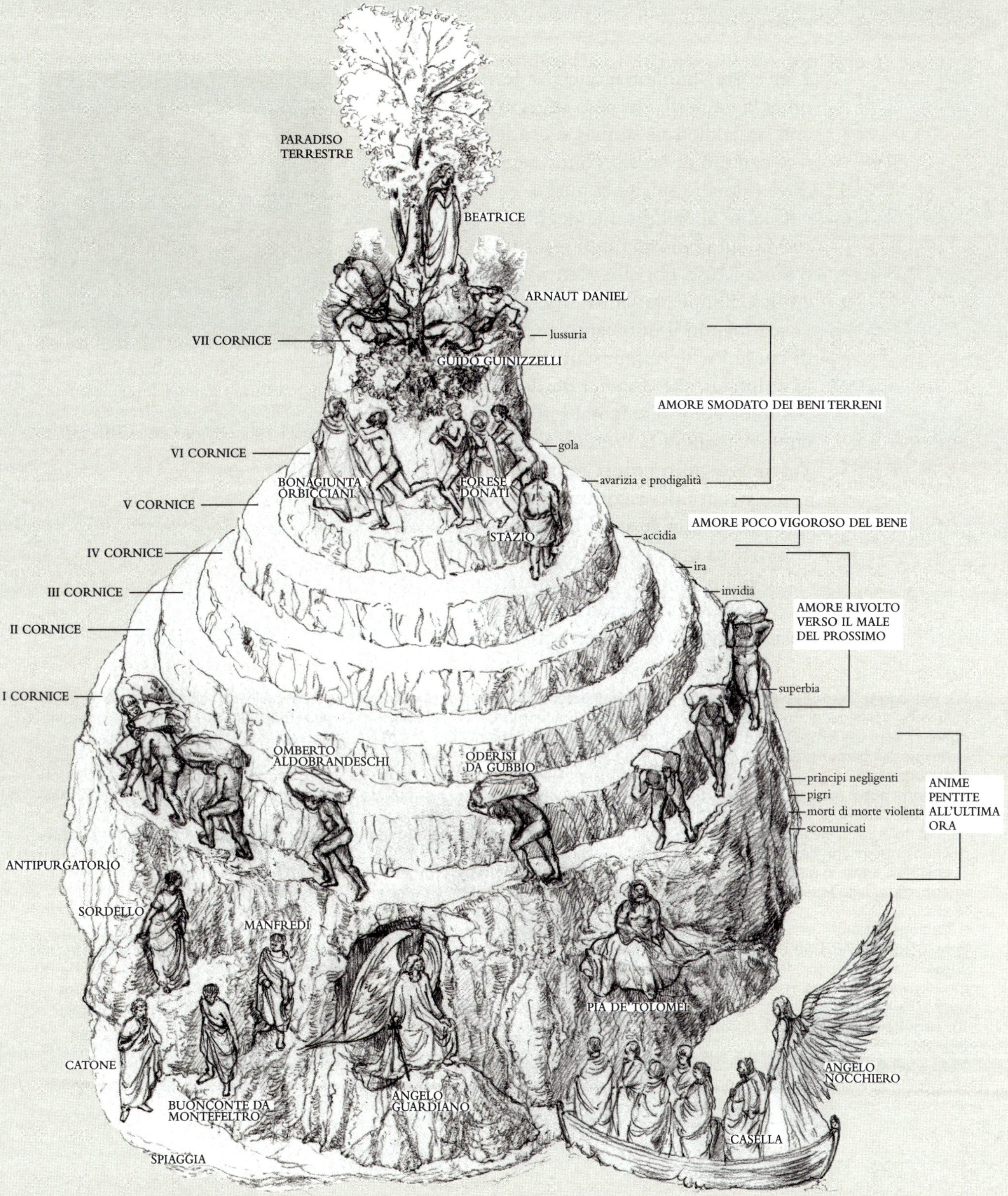

ANALISI CANTO INTEGRALE

T61 ▸ «Dolce color d'orïental zaffiro»

(*Purg.*, I, 1-21)

Si apre la nuova cantica e ciò che colpisce il lettore è la luce: dal buio assoluto della voragine infernale in cui i pellegrini hanno incontrato l'orrore e hanno faticato per risalire, Dante e Virgilio sono emersi su di una spiaggia, all'alba. Il loro stupore si espande in una felicità che è tanto più grande perché segue l'angoscia infernale.

▸ **METRO**: terza rima.

Per correr miglior acque alza le vele
omai la navicella del mio ingegno,
che lascia dietro a sé mar sì crudele;
e canterò di quel secondo regno
dove l'umano spirito si purga
e di salire al ciel diventa degno.
Ma qui la morta poesì resurga,
o sante Muse, poi che vostro sono;
e qui Calliopè alquanto surga,
seguitando il mio canto con quel suono
di cui le Piche misere sentiro
lo colpo tal, che disperar perdono.
Dolce color d'orïental zaffiro,
che s'accoglieva nel sereno aspetto
del mezzo, puro infino al primo giro,
a li occhi miei ricominciò diletto,
tosto ch'io usci' fuor de l'aura morta
che m'avea contristati li occhi e 'l petto.
Lo bel pianeto che d'amar conforta
faceva tutto rider l'oriente,
velando i Pesci ch'erano in sua scorta.

Dante e Virgilio su un vascello in una miniatura tratta da un'edizione della *Divina Commedia* del XV secolo. (Parigi, Bibliothèque Nationale de France)

1-3. **Per correr... crudele**: Ormai la piccola nave del mio ingegno, che abbandona un mare così crudele (l'Inferno), alza le vele per percorrere acque migliori.
5. **si purga**: si purifica.
7. **la morta poesì resurga**: la poesia che finora ha trattato la morte eterna dei dannati risorga, si elevi in modo degno del nuovo tema che deve affrontare.
8. **poi che... sono**: in quanto poeta Dante appartiene alle Muse, protettrici delle arti.
9. **Calliopè**: Calliope, la musa dell'epica, la maggiore delle nove dee. **alquanto surga**: si elevi un poco. Il grado massimo di elevazione sarà riservato al Paradiso.
10. **seguitando**: seguendo, accompagnando.
10-12. **quel suono... perdono**: quella musica di cui le Piche sentirono così fortemente il colpo, da perdere ogni speranza di poter scampare alla punizione. Secondo il racconto delle *Metamorfosi* di Ovidio le nove figlie di Pierio, re della Tessaglia, fiere della loro bellissima voce, sfidarono le Muse in una gara di canto. Vinte da Calliope, furono trasformate in gazze (*Piche*). Il racconto mitologico, invitando all'umiltà, allude alla debolezza delle forze umane di Dante, che, per cantare il regno divino del Purgatorio, ha bisogno di un accompagnamento sovrumano come quello di Calliope.
13. **orïental zaffiro:** pietra preziosa che veniva dall'Oriente, di colore azzurro. Nei lapidari medievali era simbolo di purezza e di speranza.
14-15. **s'accoglieva... giro**: si raccoglieva, si concentrava (il soggetto è *color*) nella serenità dell'aria, fino all'orizzonte (il *primo giro*). Nella fisica medievale la parola *mezzo* designava lo spazio che sta fra i sensi e ciò che essi percepiscono: l'"aria" che si interpone fra lo sguardo dell'osservatore e l'immagine percepita.
16-18. **a li occhi... petto**: restituì la gioia ai miei occhi, non appena uscii fuori dall'aria morta (dell'Inferno) che mi aveva rattristato gli occhi e il cuore.
19. **Lo bel pianeto che d'amar conforta**: Venere, il pianeta che induce (*conforta*) all'amore. È la stella che tramonta per ultima.
20. **rider**: in Dante l'atto di ridere, in quanto manifestazione di gioia, è presente anche nelle cose inanimate, in quanto riflettono l'amore e la gloria di Dio. Qui si riferisce allo splendore luminoso dell'alba.
21. **velando i Pesci**: appannando (con la sua luce) la costellazione dei Pesci che si trovava in congiunzione con esso. I riferimenti astronomici alludono al prossimo sorgere del sole.

DIALOGO CON IL TESTO

COMPRENDERE

Un nuovo inizio I primi versi del *Purgatorio* danno voce a emozioni nuove: serenità, sollievo dopo tanto orrore, apertura alla speranza; e contemporaneamente esprimono la consapevolezza che il tema della nuova cantica esige l'impiego di uno stile più elevato, adeguato alla materia affrontata: per trattare della purificazione delle anime in cammino verso la beatitudine del Paradiso e l'incontro con Dio, il poeta non può fare affidamento soltanto sulle proprie capacità ma ha bisogno di una guida e di un'ispirazione soprannaturali.
Nelle prime quattro terzine questi temi sono espressi attraverso:
- una metafora;
- una sintetica descrizione del Purgatorio;
- un riferimento mitologico.

- **Individuateli nel testo e spiegatene il significato.**

La struttura del proemio Il proemio è classicamente articolato nella protasi, che dichiara l'argomento della cantica, e nell'invocazione alle Muse per propiziarsi la necessaria ispirazione. Dante si rivolge alle Muse e specificamente a Calliope, che in quanto patrona della poesia epica simboleggia la consapevole volontà di Dante di innalzare, con la materia, anche il registro della sua poesia.

- **Distinguete le due parti che compongono il proemio.**

Azzurro, il sorriso del mondo Dopo l'invocazione iniziale alle Muse, la prima immagine del Purgatorio con cui il lettore viene a contatto è una luminosità diffusa e risplendente che riempie di gioia Dante, appena uscito dalla livida e tetra voragine infernale. L'estensione del cielo amplifica la luce dell'aurora: tutto sembra brillare. La natura ride per esprimere amore, il sentimento governato da Venere, la stella che appare più luminosa nell'orizzonte del mattino. Gli orrori dell'Inferno sono superati, lasciati per sempre alle spalle, e comincia una storia totalmente nuova.

- **C'è un punto del testo nel quale Dante fa riferimento esplicito alla propria gioia. Individuatelo.**

ANALIZZARE

La lentezza del ritmo L'ampio periodo che occupa i vv. 13-18 evoca, con il suo ritmo lento e riposato, il clima di assorta serenità che pervade il paesaggio.

- **Quale fenomeno metrico introduce fin dal v. 13 un effetto di rallentamento del ritmo?**

Aggettivi evocativi Per qualificare la luminosa trasparenza del cielo Dante utilizza aggettivi estremamente semplici e di grande efficacia evocativa, contrapposti ad altri, che fanno riferimento all'esperienza negativa che Dante si lascia alle spalle.

- **Individuate gli uni e gli altri nel testo.**

Figure e sensazioni La rigenerazione liberatoria, estatica che Dante vive nel passaggio al Purgatorio è rimarcata da alcune figure retoriche: la sinestesia con cui il colore del cielo è definito *dolce* e l'antitesi che oppone l'*aura morta* all'*orïental zaffiro*.

- **L'opposizione riguarda anche le sensazioni che i due ambienti, quello infernale e quello purgatoriale, comunicano a Dante. Individuatela nel passo.**

CONTESTUALIZZARE

La nozione di Purgatorio La nozione di Purgatorio come luogo intermedio di espiazione era ignota al mondo cristiano fino al Medioevo. Nella Bibbia non ce n'è traccia. Lo storico francese Jacques Le Goff ha dedicato studi molto interessanti al mutamento di mentalità che portò, dal rigido dualismo Bene/Male, alla necessità di teorizzare un livello intermedio, a cui non fu estranea la volontà della Chiesa di attribuirsi la facoltà di poter propiziare un alleviamento delle pene in cambio di suffragi. Il dogma che ne sancì l'esistenza risale al concilio di Lione del 1274. Meno di tre secoli dopo, la fede nel Purgatorio sarà uno dei motivi di conflitto fra la Chiesa di Roma e la riforma protestante. Sicuramente l'immagine del Purgatorio come montagna che sorge nel mezzo dell'oceano deve molto a Dante, che ne fa una tappa decisiva del suo percorso, un momento di rasserenamento e di crescita umana dopo gli orrori dell'Inferno.

ANALISI CANTO INTEGRALE

T62 ▸ «Ahi serva Italia» (*Purg.*, VI, 76-151)

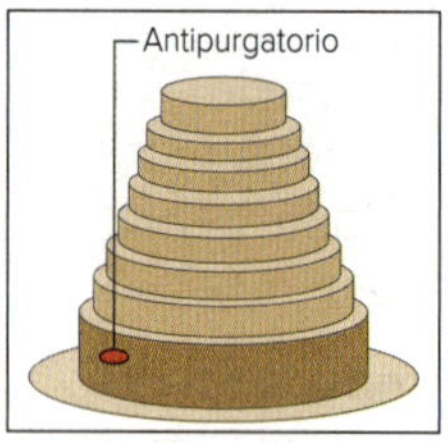

Dopo una breve sosta sulla spiaggia, comincia la dura salita della collina per accedere all'Antipurgatorio. Nel sesto canto Dante e Virgilio si trovano nel girone dei negligenti, dove incontrano un'anima solitaria, dall'atteggiamento altero. A Virgilio, che gli chiede di indicargli la strada migliore per proseguire il viaggio, lo spirito risponde chiedendo ai due viandanti chi siano e da che paese vengano. Virgilio ha appena pronunciato il nome «Mantova» che l'ombra lo prende fra le braccia: è Sordello da Goito, il più grande poeta italiano in lingua provenzale, felice di poter abbracciare un suo compatriota. Nel vedere i due lombardi che si abbracciano con tanto affetto, Dante prorompe in un'invettiva contro l'Italia del suo tempo.

PERCORSO
- Immagini della guerra, Vol. 2, p. 574

▸ **METRO**: terza rima.

Ahi serva Italia, di dolore ostello,
nave sanza nocchiere in gran tempesta,
non donna di province, ma bordello!
   Quell'anima gentil fu così presta,
sol per lo dolce suon de la sua terra,
di fare al cittadin suo quivi festa;
   e ora in te non stanno sanza guerra
li vivi tuoi, e l'un l'altro si rode
di quei ch'un muro e una fossa serra.
   Cerca, misera, intorno da le prode
le tue marine, e poi ti guarda in seno,
s'alcuna parte in te di pace gode.
   Che val perché ti racconciasse il freno
Iustiniano, se la sella è vota?
Sanz'esso fora la vergogna meno.
   Ahi gente che dovresti esser devota,
e lasciar seder Cesare in la sella,
se bene intendi ciò che Dio ti nota,
   guarda come esta fiera è fatta fella
per non esser corretta da li sproni,

76-78. **Ahi... bordello**: Ahimè, Italia schiava, casa (*ostello*) del dolore, nave senza timoniere (*nocchiere*) in una grande tempesta, non signora (*donna*, da *domina*) di province, ma bordello. Per Dante è libero solo chi ubbidisce alla vera autorità voluta da Dio, cioè all'imperatore (▸T52). L'Italia, che ubbidisce a tante autorità, è dunque schiava. Il termine *bordello* indica un luogo di corruzione.
79. **Quell'anima gentil**: Sordello. **presta**: pronta.
79-81. **Quell'anima... festa**: Quell'anima nobile (Sordello) fu così veloce (*presta*) ad accogliere in modo festoso il suo concittadino qui (in Purgatorio) solo per aver sentito il dolce nome (*suono*) della sua città (*terra*).
82. **in te**: in Italia, in antitesi col *quivi* del v. 81. Dante nota con indignazione che l'amor di patria è più vivo in Purgatorio, tra i morti, che in terra, tra i vivi (v. 83).
83-84. **l'un... serra**: ci si strazia (*si rode*) tra coloro che vivono nella stessa città, che un solo muro e un solo fossato circondano (*serra*).
85-87. **Cerca... gode**: esplora, infelice, le tue regioni marittime (*marine*) lungo le coste (*prode*), e poi esamina le regioni interne (*in seno*), (per vedere) se qualche parte di te è in pace.
88-89. **Che val... vota**: a che è servito che Giustiniano ti tirasse le redini (*ti racconciasse il freno*), cioè ti dotasse di leggi e di ordinamenti, se la tua sella è vuota? L'Italia è paragonata a un cavallo non governato: l'opera dell'imperatore Giustiniano, che fece raccogliere e ordinare le leggi romane da una sua commissione di esperti nel *Corpus iuris civilis*, è inutile, se manca un'autorità che le faccia rispettare.
90. **Sanz'esso... meno**: se non ci fosse il *freno* (v. 88), cioè se mancassero le leggi, la vergogna sarebbe (*fora*) minore. Il disordine che impera in Italia è ancora più vergognoso se si pensa che Giustiniano l'ha dotata di buone leggi.
91-92. **gente... sella**: gente di Chiesa, che dovresti essere dedita alla religione, e lasciare che l'imperatore (*Cesare*) eserciti il suo potere.
93. **se... nota**: se interpreti correttamente ciò che Dio ti ordina. Il riferimento è al precetto evangelico «Date a Cesare quel che è di Cesare, a Dio quello che è di Dio» (*Matteo*, 22, 21).
94-95. **guarda... sproni**: guarda come questa bestia è diventata ribelle (*fella*) perché non viene corretta dagli speroni.

poi che ponesti mano a la predella.
O Alberto tedesco ch'abbandoni
costei ch'è fatta indomita e selvaggia,
e dovresti inforcar li suoi arcioni,
giusto giudicio da le stelle caggia
sovra 'l tuo sangue, e sia novo e aperto,
tal che 'l tuo successor temenza n'aggia!
Ch'avete tu e 'l tuo padre sofferto,
per cupidigia di costà distretti,
che 'l giardin de lo 'mperio sia diserto.
Vieni a veder Montecchi e Cappelletti,
Monaldi e Filippeschi, uom sanza cura:
color già tristi, e questi con sospetti!
Vien, crudel, vieni, e vedi la pressura
d'i tuoi gentili, e cura lor magagne;
e vedrai Santafior com'è oscura!
Vieni a veder la tua Roma che piagne
vedova e sola, e dì e notte chiama:
«Cesare mio, perché non m'accompagne?».
Vieni a veder la gente quanto s'ama!
e se nulla di noi pietà ti move,
a vergognar ti vien de la tua fama.
E se licito m'è, o sommo Giove
che fosti in terra per noi crucifisso,
son li giusti occhi tuoi rivolti altrove?
O è preparazion che ne l'abisso
del tuo consiglio fai per alcun bene
in tutto de l'accorger nostro scisso?

L'Allegoria del Cattivo Governo in un affresco di Ambrogio Lorenzetti, 1338-1339. (Siena, Palazzo Pubblico)

96. **poi che... predella**: da quando tu (gente di Chiesa) hai preso in mano le redini (la *predella* è quella parte della briglia che sta a contatto col muso del cavallo). Secondo Dante l'Italia è guidata dalla Chiesa, perché le città e i signori guelfi che dominano la penisola fanno capo al papa.
97-99. **O Alberto... arcioni**: O Alberto tedesco, che abbandoni costei che è diventata (*fatta*) indomita e selvaggia e (invece) dovresti inforcare i suoi arcioni. L'imperatore Alberto I di Asburgo nei dieci anni del suo impero (1298-1308), tutto preso dai problemi della Germania, non si occupò mai dell'Italia, consentendo a Bonifacio VIII di usurpare il potere temporale.
100-101. **giusto... sangue**: cada (*caggia*) dai cieli un giusto castigo (*giudicio*) sopra la tua stirpe (*sangue*). **novo e aperto**: straordinario e chiaro.
102. **tal... aggia**: tanto che il tuo successore ne abbia timore. Il *giudicio* (v. 100) a cui Dante allude è probabilmente la morte prematura di Rodolfo III, figlio di Alberto, o l'uccisione dello stesso Alberto per mano del nipote: fatti già avvenuti quando il poeta scriveva, ma che egli immagina di invocare come futuri.
103-105. **Ch'avete... diserto**: perché tu e tuo padre (l'imperatore Rodolfo I) avete tollerato (*sofferto*), legati (*distretti*) laggiù in Germania (*costà*) dall'avidità, che l'Italia (*'l giardin de lo 'mperio*) fosse abbandonata (*diserto*).
106-107. **Montecchi... Filippeschi**: famiglie guelfe e ghibelline in lotta tra loro: i *Montecchi* erano ghibellini di Verona, i *Cappelletti* guelfi di Cremona, i *Monaldi* guelfi e i *Filippeschi* ghibellini di Orvieto.
107. **sanza cura**: negligente.
108. **color... sospetti**: i Montecchi e i Cappelletti (*color*) sono abbattuti (*tristi*) perché le città lombarde tra loro contese sono cadute nelle mani di signori che hanno saputo sfruttare i loro conflitti; i Monaldi e i Filippeschi (*questi*) sono timorosi (*con sospetti*) di un'imminente rovina.
109-110. **pressura... gentili**: condizione umiliata delle famiglie di più antica nobiltà imperiale. **magagne**: danni, guasti.
111. **Santafior**: la contea degli Aldobrandeschi, in Maremma, alla quale attorno al 1300 il comune di Siena aveva tolto gran parte dei suoi antichi domini. **oscura**: decaduta.
113. **vedova e sola**: perché priva dell'imperatore, suo sposo e protettore.
114. **m'accompagne**: mi fai compagnia.
115. **la gente... s'ama**: detto con intenzione ironica.
116. **nulla**: nessuna.
117. **a vergognar ti vien... fama**: vieni a vergognarti del discredito di cui ti sei coperto.
118. **licito**: permesso. **sommo Giove**: Dio.
120. **son... altrove**: la tua giustizia si è allontanata da noi, ci ha abbandonati.
121-123. **O è.... scisso**: oppure (con questi mali presenti) prepari (*preparazion... fai*) nella profondità (*abisso*) della tua sapienza (*consiglio*) un qualche bene assolutamente lontano (*scisso*) dalla nostra capacità di comprendere (*accorger nostro*).

Ché le città d'Italia tutte piene
son di tiranni, e un Marcel diventa
ogne villan che parteggiando viene.
Fiorenza mia, ben puoi esser contenta
di questa digression che non ti tocca,
mercé del popol tuo che si argomenta.
Molti han giustizia in cuore, e tardi scocca
per non venir sanza consiglio a l'arco;
ma il popol tuo l'ha in sommo de la bocca.
Molti rifiutan lo comune incarco;
ma il popol tuo sollicito risponde
sanza chiamare, e grida: «I' mi sobbarco!».
Or ti fa lieta, ché tu hai ben onde:
tu ricca, tu con pace e tu con senno!
S'io dico 'l ver, l'effetto nol nasconde.
Atene e Lacedemona, che fenno
l'antiche leggi e furon sì civili,
fecero al viver bene un picciol cenno
verso di te che fai tanto sottili
provedimenti, ch'a mezzo novembre
non giugne quel che tu d'ottobre fili.
Quante volte, del tempo che rimembre,
legge, moneta, officio e costume
hai tu mutato, e rinovate membre!
E se ben ti ricordi e vedi lume,
vedrai te somigliante a quella inferma
che non può trovar posa in su le piume,
ma con dar volta suo dolore scherma.

---

125. **un Marcel**: un grand'uomo, un salvatore della patria. Probabilmente Dante si riferisce a Marco Claudio Marcello, console nel 222 a.C., vincitore dei galli e dei cartaginesi.
126. **ogne... viene**: ogni individuo proveniente dal contado (*villan*) che si mette a capo di una fazione (*parteggiando viene*). Secondo Dante, una delle cause della decadenza della vita comunale era l'allargamento della classe dirigente a politicanti senza tradizioni familiari né nobiltà.
127. **Fiorenza mia**: l'ultimo interlocutore a cui Dante si rivolge, in tono amaramente sarcastico, è Firenze.
128. **non ti tocca**: non ti riguarda. Utilizzando l'ironia antifrastica Dante vuol significare che Firenze è implicata nella sua invettiva più di ogni altra città d'Italia.
129. **si argomenta**: si dà da fare (per non meritare una simile accusa).
130-132 **Molti... bocca**: molti (fuori di Firenze) hanno un profondo sentimento della giustizia, ma questo sentimento si esprime tardi (*tardi scocca*), per non giungere a una decisione (*venir... a l'arco*) senza ponderazione (*senza consiglio*); ma i tuoi cittadini ne parlano continuamente a vanvera.
133. **Molti... incarco**: molti (fuori di Firenze) rifiutano le cariche pubbliche.
134. **sollicito**: in gran fretta.
135. **sanza chiamare**: senza essere chiamato. **I' mi sobbarco**: io sono pronto.
136. **ti fa... onde**: rallegrati, che ne hai ben ragione.
137. **tu ricca... senno**: tu che sei così ricca, pacifica e assennata.
138. **s'io dico... nasconde**: se dico la verità, lo dimostrano i risultati (*l'effetto*) dei tuoi comportamenti.
139. **Lacedemona**: Sparta. **fenno**: fecero, istituirono.
141-144. **fecero... fili**: realizzarono un piccolo abbozzo (*picciol cenno*) di buona convivenza civile rispetto a te, che fai dei provvedimenti tanto *sottili* – nel senso di "astuti" e "fragili" – che quello che hai deciso (*fili*) a ottobre a metà novembre non vale più.
145. **del tempo che rimembre**: nel tempo che puoi ricordare (*rimembre*).
146. **officio**: cariche pubbliche.
147. **e rinovate membre**: (e quante volte) hai rinnovato le tue membra, cioè i tuoi cittadini. Si riferisce agli esili e ai ritorni delle fazioni contrapposte nelle guerre cittadine.
148. **vedi lume**: ci vedi bene, riesci ancora a renderti conto della realtà.
149-150. **vedrai... piume**: vedrai che assomigli a quella malata che non riesce a trovare riposo nel suo letto (*in su le piume*).
151. **con... scherma**: voltandosi e rivoltandosi (*con dar volta*) si illude di alleviare il dolore.

DIALOGO CON IL TESTO

COMPRENDERE

Degenerazione dell'Impero e del Papato In ognuna delle tre cantiche il canto VI è dedicato al tema politico: nell'*Inferno* Dante si era concentrato sulla decadenza di Firenze e nel *Paradiso* allargherà il campo d'osservazione al territorio dell'Impero romano; qui nel *Purgatorio* si riferisce invece all'Italia intera, devastata dallo stravolgimento di quell'ordine che la provvidenza divina ha stabilito per una pacifica e giusta convivenza tra gli uomini. Le continue discordie che dilaniano la società, il declino delle famiglie feudali e delle città, il dilagare della violenza e della cupidigia sono dovuti al fatto che il Papato e l'Impero – le due istituzioni che dovrebbero guidare la cristianità – non svolgono il compito loro assegnato da Dio:

- l'imperatore, preso dai suoi interessi in Germania, non si occupa di Roma, sede e centro dell'Impero, e non svolge quel compito di comando e di freno che dovrebbe bloccare le avidità particolaristiche e garantire la pace;
- la Chiesa approfitta della latitanza dell'imperatore per usurparne il potere, lasciando campo libero alle rivalità e alle violenze.

● **Indicate le parti del testo dedicate a ciascuno di questi temi.**

Firenze Gli ultimi versi sono dedicati a Firenze. In questa parte il coinvolgimento emotivo di Dante raggiunge il culmine e, accanto alle responsabilità istituzionali, vengono indicate le cause della decadenza nei comportamenti dei cittadini.

● **Dante rivolge alla sua città una serie di sferzanti accuse, sarcasticamente rovesciate attraverso la figura dell'ironia antifrastica. Di quali accuse si tratta?**

ANALIZZARE

Una concentrazione di apostrofi I concetti non sono enunciati seguendo un ordine razionale, ma si accavallano con drammaticità, sotto la spinta di una violenta indignazione. Il ritmo dell'invettiva è scandito da un incalzante susseguirsi di apostrofi, in cui si alternano intonazioni diverse: rimproveri accorati, accuse sferzanti, maledizioni che invocano il castigo divino, accenti di disperata preghiera, feroce sarcasmo.

● **Compilate la seguente tabella, indicando i destinatari delle apostrofi e le intonazioni prevalenti utilizzate di volta in volta da Dante.**

Versi	Destinatario	Intonazione
76-90	Italia	Rimproveri accorati
....	....	....
....	....	....
....	....	....

Altre figure retoriche Un'altra figura che contribuisce a sottolineare il coinvolgimento emotivo di Dante e il suo desiderio di scuotere i sentimenti dei lettori è l'anafora, che dà voce allo sdegno e conferisce al testo un andamento martellante. A rendere vibrante il discorso di Dante coopera anche l'uso enfatico della personificazione.

● **Indicate i versi nei quali sono presenti queste figure.**

L'ironia antifrastica Nei versi dedicati a Firenze, Dante si rivolge alla città con sprezzante sarcasmo, usando la figura dell'ironia antifrastica, che consiste nel dire l'opposto di ciò che si intende.

● **Oltre che nei versi dedicati a Firenze, dove ritorna sistematicamente la figura dell'ironia antifrastica?**

CONTESTUALIZZARE

Le concezioni politiche di Dante Per un'esposizione ragionata delle concezioni politiche di Dante, potete fare riferimento al brano del trattato *Monarchia* riportato in ▸T52.

● **Confrontate i due testi, mettendo in evidenza i temi comuni.**

ANALISI CANTO INTEGRALE

T63 ▸ «La vostra nominanza è color d'erba...» (*Purg.*, XI, 73-120)

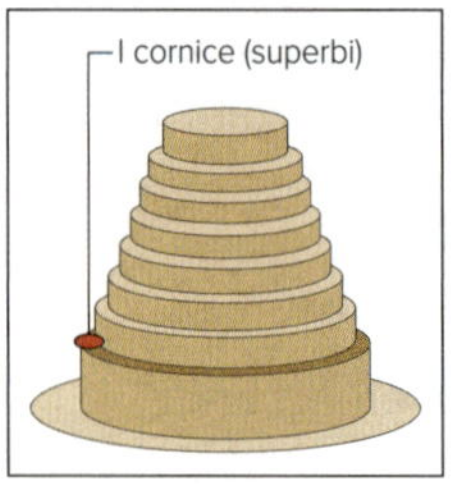

Dante e Virgilio sono saliti al primo dei sette gironi del Purgatorio, dedicato al peccato di superbia; le anime procedono gravate da pesanti massi, e cantano il Padre Nostro. Alla richiesta di Virgilio di mostrar loro un varco agevole per salire (Dante ha un corpo e quindi il suo passo è sempre faticoso), l'anima del nobile toscano Umberto Aldobrandeschi indica la via. Poi, faticosamente, un'altra anima si rivolge a Dante.

▸ **METRO**: terza rima.

Ascoltando chinai in giù la faccia;
e un di lor, non questi che parlava,
si torse sotto il peso che li 'mpaccia,
e videmi e conobbemi e chiamava,
tenendo li occhi con fatica fisi
a me che tutto chin con loro andava.
«Oh!», diss'io lui, «non se' tu Oderisi,
l'onor d'Agobbio e l'onor di quell'arte
ch'alluminar chiamata è in Parisi?».
«Frate», diss'elli, «più ridon le carte
che pennelleggia Franco Bolognese;
l'onore è tutto or suo, e mio in parte.
Ben non sare' io stato sì cortese
mentre ch'io vissi, per lo gran disio
de l'eccellenza ove mio core intese.
Di tal superbia qui si paga il fio;
e ancor non sarei qui, se non fosse
che, possendo peccar, mi volsi a Dio.
Oh vana gloria de l'umane posse!
com' poco verde in su la cima dura,
se non è giunta da l'etati grosse!
Credette Cimabue ne la pittura
tener lo campo, e ora ha Giotto il grido,
sì che la fama di colui è scura:

Dante e Virgilio oltrepassano la porta del Purgatorio e arrivano nel primo girone dei superbi sulla cui parete sono scolpiti esempi di umiltà. Affresco di Luca Signorelli, 1499-1502. (Orvieto, Duomo)

75-78. **si torse... andava**: si girò (*torse*) sotto il peso che li ostacola nei movimenti (*li 'mpaccia*), e mi vide e mi riconobbe e mi chiamava, tenendo a fatica gli occhi fissi su di me che andavo con loro tutto chinato.
79-80. **Oderisi... Agobbio**: Oderisi, l'onore di Gubbio. Oderisi da Gubbio era un miniatore famoso ai tempi di Dante, morto intorno al 1299.
80-81. **l'onor di quell'arte... Parisi**: l'onore di quell'arte che a Parigi è chiamata miniare. *Alluminare* viene dal francese *enluminer*, che rimanda al colore vivace – solitamente il rosso, ottenuto dal minio – con cui si decoravano le pagine manoscritte.
82-83. **Frate... Bolognese**: fratello, splendono di più le pagine miniate da Franco Bolognese (un altro miniatore, di cui non abbiamo notizie).
84. **l'onore... parte**: la gloria ora è tutta sua, e mia soltanto in minima parte.
85-87. **Ben non sare' io... intese**: Certo non sarei stato così cortese, cioè non avrei riconosciuto la sua superiorità, finché fui in vita, per il grande desiderio di primeggiare verso il quale si rivolse il mio cuore.
88. **si paga il fio**: si sconta la pena.
89-90. **se... Dio**: se non fosse avvenuto che, essendo ancora nella possibilità di peccare, mi rivolsi a Dio (chiedendogli perdono).
91. **vana... posse**: inutile gloria di ciò che gli umani possono fare.
92-93. **com' poco... grosse**: quanto poco verdeggia sulla punta dei rami se non è seguita da epoche di ignoranza e di volgarità (*etati grosse*). Oderisi asserisce che la fama di un artista può durare a lungo soltanto se dopo di lui ci sono epoche rozze, che non producono opere più grandi delle sue.
94. **Cimabue**: Cenni di Pepo, detto Cimabue (▸T39).
95. **tener lo campo**: essere padrone del campo. **ora... grido**: ora è Giotto (▸T39-T40) che ha fama (*il grido*).
96. **la fama... scura**: la fama di Cimabue (*colui*) è oscurata da quella di Giotto.

così ha tolto l'uno a l'altro Guido
la gloria de la lingua; e forse è nato
chi l'uno e l'altro caccerà del nido.
Non è il mondan romore altro ch'un fiato
di vento, ch'or vien quinci e or vien quindi,
e muta nome perché muta lato.
Che voce avrai tu più, se vecchia scindi
da te la carne, che se fossi morto
anzi che tu lasciassi il "pappo" e 'l "dindi",
pria che passin mill'anni? ch'è più corto
spazio a l'etterno, ch'un muover di ciglia
al cerchio che più tardi in cielo è torto.
Colui che del cammin sì poco piglia
dinanzi a me, Toscana sonò tutta;
e ora a pena in Siena sen pispiglia,
ond'era sire quando fu distrutta
la rabbia fiorentina, che superba
fu a quel tempo sì com'ora è putta.
La vostra nominanza è color d'erba,
che viene e va, e quei la discolora
per cui ella esce de la terra acerba».
E io a lui: «Tuo vero dir m'incora
bona umiltà, e gran tumor m'appiani;
ma chi è quei di cui tu parlavi ora?».

97-98. **così... lingua**: allo stesso modo Guido Cavalcanti (▸T17-T19) ha tolto a Guido Guinizzelli (▸T15-T16) la gloria del nuovo stile poetico.
99. **chi... nido**: chi scaccerà entrambi dalla loro posizione. Dante allude a se stesso.
100. **il mondan romore**: la fama terrena. **fiato**: soffio.
101. **ch'or... quindi**: che ora viene da una parte ora viene da un'altra.
102. **muta... lato**: cambia nome perché cambia direzione.
103-106: **Che voce... mill'anni?**: quanta fama (*voce*) avrai in più, se sarai morto vecchio (*se vecchia scindi da te la carne*), di quanta ne avresti se fossi morto prima di imparare a parlare (*anzi che tu lasciassi il "pappo" e il "dindi"*), da qui a mille anni? *Pappo* (= pappa) e *dindi* (= soldi) sono parole del linguaggio infantile.
106-108. **ch'è più corto... torto**: che (riferito a *mill'anni*) in confronto all'eternità sono più brevi di un battito di ciglia rispetto al movimento di rotazione del cielo che ruota più lento. È l'ottavo cielo, il cielo delle stelle fisse, che, secondo i calcoli della scienza medievale, aveva un tempo di rotazione di un grado al secolo.
109. **sì poco piglia**: cammina con passi così piccoli.
110. **sonò:** fece risuonare (del suo nome).
111. **sen pispiglia**: se ne bisbiglia, se ne parla a bassa voce.
112. **ond'era sire**: di cui (riferito a Siena) era signore.
112-113. **quando... fiorentina**: quando Siena sconfisse Firenze (nella battaglia di Montaperti del 1260).
113-114. **che... putta**: che allora era tanto superba quanto oggi è corrotta (*putta* = puttana).
115. **La vostra... d'erba**: la vostra fama è come il verde dell'erba.
116-117. **quei... acerba**: quello stesso sole grazie al quale è spuntata giovane e tenera (*acerba*), la secca e la fa ingiallire. Ripresa di un'immagine che ricorre in vari punti della Bibbia: «Grida che ogni carne è come l'erba e che tutta la sua grazia è come il fiore del campo. L'erba si secca, il fiore appassisce quando il soffio del Signore vi passa sopra» (*Isaia*, 40, 6-7); «I giorni dell'uomo sono come l'erba; egli fiorisce come il fiore dei campi; se lo raggiunge un colpo di vento esso non esiste più e non si riconosce più il luogo dov'era» (*Salmi*, 103, 15-16).
118. **m'incora**: mi infonde nel cuore.
119. **gran tumor**: il gonfiore della superbia.
120. **chi è... ora**: chi è quello di cui stavi parlando. Si tratta di Provenzano Salvani, nobile senese noto per la sua smodata superbia.

Dante e Virgilio con le anime dei superbi che avanzano trasportando grandi massi sulla schiena in un'incisione di Gustave Doré del 1861. (Collezione privata)

DIALOGO CON IL TESTO

COMPRENDERE

Il contrappasso Nel contrappasso Dante immagina i superbi schiacciati da un macigno che li costringe a camminare chinati, umiliati. L'immagine è tra le più potenti, anche perché Dante, per parlare con i suoi interlocutori, deve chinarsi, assumendo la loro stessa posa. Questo gesto avvicina alla terra, alla polvere; in questo modo l'uomo rammenta che è lui stesso polvere e che i suoi tentativi di elevarsi sopra i suoi simili sono in contraddizione con la sua vocazione di creatura di Dio.

Dante e Oderisi In Oderisi Dante vede una parte di se stesso: anche lui sa di essere vittima di quel *gran disio de l'eccellenza* che è proprio dell'artista consapevole della propria grandezza, desideroso di fare della sua opera un egoistico strumento di autoaffermazione. Più avanti, nel canto XIII (vv. 136-138), riconoscerà che la pena del Purgatorio che teme particolarmente è proprio quella destinata ai superbi.

- **Già in questo canto Dante dichiara esplicitamente di aver bisogno di essere liberato dal vizio della superbia: in quale verso?**

Peso della superbia, leggerezza della fama Gli accostamenti fra Oderisi e Franco Bolognese, Cimabue e Giotto, i due Guidi e Dante stesso, hanno la funzione di mettere in rilievo il carattere effimero della gloria terrena e in particolare della fama che viene dall'arte e dalla letteratura: la fama di un artista sulla cresta dell'onda, considerato in una certa epoca il migliore di tutti, può essere oscurata, nel giro di una generazione, dall'affermazione di un continuatore capace di rispondere al gusto mutato di un nuovo pubblico.

- **Un verso in particolare fissa in maniera lapidaria l'evanescenza di ogni successo terreno: quale?**
- **Opposta al peso del macigno che opprime le anime purganti, la fama terrena è paragonata a qualcosa di leggerissimo e mutevole: individuate nel testo le immagini e i concetti che ne sottolineano il carattere fragile e la breve durata.**

La concezione del tempo Intrecciata al tema della caducità della gloria terrena è la riflessione sul tempo. Il tempo della vita terrena – suggerisce Dante – è il frutto di un'artificiale costruzione dell'uomo dimentico di essere creazione divina di passaggio sulla terra. L'unica dimensione autentica del tempo è quella ultraterrena, eterna, al cospetto della quale la fama è *fiato / di vento.*

ANALIZZARE

Un incontro festoso Come spesso avviene nel Purgatorio, l'incontro fra Dante e Oderisi è fraterno, festoso. I versi dedicati all'inizio del colloquio sottolineano il protendersi dei due personaggi l'uno verso l'altro attraverso la descrizione dei movimenti del corpo: il chinarsi di Dante (vv. 73, 78), la contorsione di Oderisi sotto il peso del macigno (v. 75), il suo sguardo faticosamente teso a cercare il volto dell'interlocutore (v. 77).

- **Analizzate in particolare il v. 76, cercando di definire le scelte formali che sottolineano con straordinaria intensità lo slancio di Oderisi.**

L'impostazione retorica Il discorso di Oderisi procede con la solennità che si addice agli insegnamenti morali: è stilisticamente elevato, è connotato da frequenti metafore, risuona di echi biblici.

- **Cercate nel testo esempi di queste scelte formali.**

Un superbo muto Alla figura di Umberto Aldobrandeschi, tratteggiata nei versi che precedono il passo qui riportato, e a quella di Oderisi se ne aggiunge una terza che non proferisce verbo, anch'essa emblematica dell'evanescenza della fama terrena (vv. 118-120). È l'anima del ghibellino senese Provenzan Salvani, la cui risonanza di un tempo si è affievolita nel presente in un tenue bisbiglio.

- **Individuate le allitterazioni e le onomatopee con cui Dante evoca lo spegnimento della fama di questo personaggio.**

CONTESTUALIZZARE

Dante storico dell'arte e della letteratura Il grande storico dell'arte Roberto Longhi ha scritto che, nel mettere a confronto Cimabue con Giotto, Dante ha fondato «la critica, e perciò la storia, dell'arte italiana», perché «non mirava ad affermare la superiorità del secondo sul primo, ma soltanto a storicizzare il cambiamento di gusto dall'una all'altra generazione».

- **Facendo riferimento ai dipinti riportati in ▸T39-T40, definite le novità stilistiche introdotte da Giotto.**
- **Accostando le arti figurative alla letteratura, Dante, pur senza citarsi esplicitamente, attribuisce a se stesso nei confronti di Guinizzelli e Cavalcanti un ruolo simile a quello svolto da Giotto nei confronti di Cimabue (vv. 98-99): quali sono le fondamentali novità di temi e di stili che lo differenziano dai suoi due predecessori?**

INTERPRETARE

Una contraddizione? Ci si potrebbe chiedere se, nell'identificarsi con colui che *caccerà dal nido* i due Guidi, Dante non cada nello stesso peccato di superbia che dovrebbe essersi lasciato alle spalle nel suo percorso di purificazione.

- **Esprimete la vostra opinione, facendo riferimento ad altri punti del testo che avvalorino o confutino questo sospetto.**

CANTO INTEGRALE

T64 ▸ Beatrice (*Purg.*, XXX, 13-146)

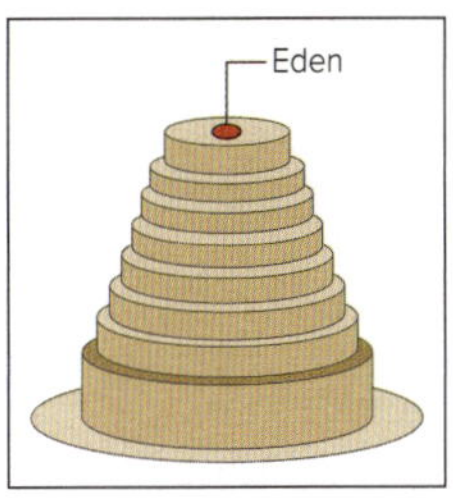

Tutti i gironi sono stati percorsi. Dante e Virgilio, a cui si è unito il poeta latino Stazio, incontrato nella quinta cornice del Purgatorio, sono approdati al Paradiso terrestre, in cima al monte. Qui i pellegrini assistono a una grandiosa processione allegorica, che simboleggia, attraverso diverse figure e personaggi, il progressivo manifestarsi della rivelazione cristiana nella storia degli uomini, celebrando un gioioso e solenne trionfo della fede e della verità. Ma Dante non immagina quale emozione lo attende.

▸ **METRO**: terza rima.

Quali i beati al novissimo bando
surgeran presti ognun di sua caverna,
la revestita voce alleluiando;
   cotali in su la divina basterna
si levar cento, *ad vocem tanti senis*,
ministri e messaggier di vita etterna.
   Tutti dicean: "*Benedictus qui venis!*",
e fior gittando e di sopra e dintorno,

13-15. **Quali... alleluiando:** come i beati risorgeranno pronti (*presti*) all'ultimo appello (*novissimo bando*) nel giorno del giudizio universale, uscendo ognuno dalla sua bara (*caverna*) cantando alleluia con la voce nuovamente inserita nel corpo (*rivestita*). Nel giorno del giudizio le anime dei defunti si rivestiranno dei loro corpi.
16-18. **cotali in su la divina... etterna**: così si alzarono in cento ministri e messaggeri della vita eterna (gli angeli) sul carro divino (*divina basterna*), alla voce di un anziano di tale maestà (*ad vocem tanti senis*, in latino). Il cuore della processione è costituito da un luminoso carro trainato da un grifone alato, che rappresenta il trionfo della Chiesa. Nel corteo che fa da cornice al carro, 24 vecchi simboleggiano i libri dell'Antico Testamento: quello che rappresenta il *Cantico dei cantici* ha appena intonato il verso *Veni, sponsa, de Libano* («vieni sposa dal Libano»), espressione tratta dal *Cantico* e riferita dalla tradizione cattolica alla Chiesa; ma qui, come vedremo, l'allusione è a Beatrice che sta per comparire.
19. ***Benedictus qui venis***: "benedetto tu che vieni". Nei Vangeli «Benedetto colui che viene nel nome del Signore» è l'acclamazione rivolta dalla folla a Gesù che entra a Gerusalemme.

"Manibus, oh, date lilia plenis!".
Io vidi già nel cominciar del giorno
la parte oriental tutta rosata,
e l'altro ciel di bel sereno addorno;
e la faccia del sol nascere ombrata,
sì che, per temperanza di vapori
l'occhio la sostenea lunga fiata:
così dentro una nuvola di fiori
che da le mani angeliche saliva
e ricadeva in giù dentro e di fori,
sovra candido vel cinta d'uliva
donna m'apparve, sotto verde manto
vestita di color di fiamma viva.
E lo spirito mio, che già cotanto
tempo era stato ch'a la sua presenza
non era di stupor, tremando, affranto,
sanza de li occhi aver più conoscenza,
per occulta virtù che da lei mosse,
d'antico amor sentì la gran potenza.
Tosto che ne la vista mi percosse
l'alta virtù che già m'avea trafitto
prima ch'io fuor di puerizia fosse,
volsimi a la sinistra col respitto
col quale il fantolin corre a la mamma
quando ha paura o quand'elli è afflitto,
per dicere a Virgilio: «Men che dramma
di sangue m'è rimaso che non tremi:
conosco i segni de l'antica fiamma»;

L'apparizione di Beatrice col capo cinto da una ghirlanda di olivo in un'incisione di Gustave Doré del 1861. (Collezione privata)

21. ***Manibus... plenis***: "offrite gigli a piene mani". Sono le parole che, nel libro VI dell'*Eneide* (v. 883), Anchise pronuncia in onore del giovane Marcello, della famiglia di Augusto, morto nel fiore degli anni. Accostando questa citazione a quella evangelica, Dante ribadisce la sua convinzione che l'*Eneide* si possa e si debba leggere come una profezia della rivelazione cristiana.
22. **Io vidi già**: Dante introduce un paragone tra la visione dell'alba con il sole velato e la visione degli angeli che spargono fiori. Questo gli permette di fissare lo sguardo su qualcosa che altrimenti sarebbe troppo luminoso.
24. **l'altro... addorno**: l'altra parte del cielo ornata di un azzurro limpido.
25. **ombrata**: velata.
26. **per temperanza di vapori**: a causa dei vapori che temperavano lo splendore del sole.
27. **lunga fiata**: a lungo
28. **così dentro... fiori**: seconda parte della similitudine. Lo splendore di Beatrice è velato dai fiori e quindi può essere sostenuto dagli occhi di Dante.
29. **da le mani angeliche**: dalle mani degli angeli (che spargono fiori).
30. **dentro e di fori**: dentro e fuori dal carro.
31. **sovra... uliva**: col capo cinto di una ghirlanda di olivo sopra un velo candido. L'ulivo, in quanto attributo di Pallade Atena, è simbolo di sapienza.
32-33. **sotto... viva**: sotto al mantello verde l'abito è rosso fiammante. Così Beatrice apparve a Dante a nove anni (come leggiamo nella *Vita nuova*). I tre colori bianco, verde e rosso rappresentano le tre virtù teologali: fede, speranza e carità.
34-36. **già cotanto... affranto**: per tanto tempo non aveva più provato sgomento (*non era... affranto*) alla sua presenza per lo stupore, tremando. Dalla morte di Beatrice (1290) al viaggio nell'aldilà collocato da Dante nel 1300 erano passati dieci anni.
37. **sanza... conoscenza**: senza che dagli occhi mi venisse maggiore conoscenza (di lei). Dante non ha ancora riconosciuto Beatrice sotto il velo che le copre il capo.
38-39. **per... potenza**: per un'occulta virtù che si mosse da lei, sentì la grande potenza di un antico amore. Si rinnova il sentimento d'amore provato da Dante per Beatrice negli anni giovanili.
40-45. **Tosto che... afflitto**: Non appena (*tosto*) nella vista mi percosse l'alta potenza che già mi aveva trafitto prima che io uscissi dall'infanzia (*puerizia*), mi girai (*volsimi*) a sinistra con l'incertezza (*respitto*) con cui il bambino (*fantolin*) corre dalla mamma quando ha paura o quando soffre.
46. **Men che dramma**: meno di una goccia (la dracma era in Grecia una misura minima di peso, corrispondente a 3 grammi).
48. **conosco... fiamma**: traduzione letterale del verso dell'*Eneide* (IV, 23), in cui Didone confessa alla sorella l'innamoramento per Enea.

ma Virgilio n'avea lasciati scemi
di sé, Virgilio dolcissimo patre,
Virgilio a cui per mia salute die'mi;
né quantunque perdeo l'antica matre,
valse a le guance nette di rugiada
che, lagrimando, non tornasser atre.
«Dante, perché Virgilio se ne vada,
non pianger anco, non piangere ancora;
ché pianger ti conven per altra spada».
Quasi ammiraglio che in poppa e in prora
viene a veder la gente che ministra
per li altri legni, e a ben far l'incora;
in su la sponda del carro sinistra,
quando mi volsi al suon del nome mio,
che di necessità qui si registra,
vidi la donna che pria m'apparío
velata sotto l'angelica festa,
drizzar li occhi ver' me di qua dal rio.
Tutto che 'l vel che le scendea di testa,
cerchiato de le fronde di Minerva,
non la lasciasse parer manifesta,
regalmente ne l'atto ancor proterva
continuò come colui che dice
e 'l più caldo parlar dietro reserva:
«Guardaci ben! Ben son, ben son Beatrice.
Come degnasti d'accedere al monte?
non sapei tu che qui è l'uom felice?».
Li occhi mi cadder giù nel chiaro fonte;
ma veggendomi in esso, i trassi a l'erba,
tanta vergogna mi gravò la fronte.

49-51. **ma Virgilio... die'mi**: ma Virgilio ci aveva abbandonato (*lasciati scemi di sé*), Virgilio dolcissimo padre, Virgilio a cui mi affidai (*die'mi*) per la mia salvezza.
52-54. **né quantunque... atre**: e tutto ciò che (*quantunque*) Eva (*antica matre*) aveva perduto dopo il peccato, cioè le bellezze del Paradiso terrestre, non valse a impedire che le mie guance purificate (*nette di*) dalla rugiada ritornassero offuscate (*atre*) dalle lacrime (*lagrimando*). Sulla spiaggia del Purgatorio Virgilio aveva ripulito con la rugiada il viso di Dante dalle impurità infernali.
55. **Dante**: è la prima volta che nel poema compare il nome del poeta, apostrofato da Beatrice. **perché**: per il fatto che.
56. **non piangere... ancora**: non piangere così presto.
57. **ché pianger... spada**: perché è giusto che tu pianga per ben altro dolore, cioè per i rimproveri che Beatrice sta per rivolgere a Dante.
58-60. **Quasi ammiraglio... incora**: come un ammiraglio che, spostandosi da poppa a prua, controlla i suoi sottoposti (*la gente che ministra*) sulle altre navi della flotta (*per li altri legni*), e li incoraggia (*l'incora*) a lavorare bene.
63. **che... registra**: Dante si scusa per aver citato il proprio nome: lo ha fatto *di necessità*, perché Beatrice lo aveva pronunciato per richiamarlo.
64. **che pria m'apparío**: che prima mi apparve.
65. **l'angelica festa**: la nuvola di fiori gettati dagli angeli.
66. **ver' me... dal rio**: verso di me dall'altra parte del fiume, il Lete, che scorre nel Paradiso terrestre, nel quale Dante si immergerà per dimenticare i suoi peccati.
67-69. **Tutto che... manifesta**: nonostante che il velo che le copriva il capo, cinto dalla ghirlanda d'olivo (*le fronde di Minerva*, dea a cui la pianta era sacra), non consentisse di vederla distintamente.
70. **proterva**: altera, severa.
71-72. **come colui... riserva**: come chi avvia un discorso e tiene per ultime (*dietro reserva*) le parole più accese.
73. **Guardaci... Beatrice**: guardami bene! Sono proprio io, Beatrice.
74. **come degnasti**: come hai potuto ritenerti degno.
75. **non sapei... felice**: non sapevi tu che questo è il luogo della felicità (concesso solo agli innocenti).
76-78. **mi cadder... gravò la fronte**: per la vergogna Dante abbassa gli occhi, ma si vede riflesso nel fiume e li rivolge alla terra.

Così la madre al figlio par superba,
com'ella parve a me; perché d'amaro
sente il sapor de la pietade acerba.
Ella si tacque; e li angeli cantaro
di sùbito "*In te, Domine, speravi*";
ma oltre "*pedes meos*" non passaro.
Sì come neve tra le vive travi
per lo dosso d'Italia si congela,
soffiata e stretta da li venti schiavi,
poi, liquefatta, in sé stessa trapela,
pur che la terra che perde ombra spiri,
sì che par foco fonder la candela;
così fui sanza lagrime e sospiri
anzi 'l cantar di quei che notan sempre
dietro a le note de li etterni giri;
ma poi che 'ntesi ne le dolci tempre
lor compatire a me, più che se detto
avesser: "Donna, perché sì lo stempre?",
lo gel che m'era intorno al cor ristretto,
spirito e acqua fessi, e con angoscia
de la bocca e de li occhi uscì del petto.
Ella, pur ferma in su la detta coscia
del carro stando, a le sustanze pie
volse le sue parole così poscia:
«Voi vigilate ne l'etterno díe,
sì che notte né sonno a voi non fura
passo che faccia il secol per sue vie;
onde la mia risposta è con più cura
che m'intenda colui che di là piagne,
perché sia colpa e duol d'una misura.

79. **par superba**: appare severa.
80- 81. **perché... acerba**: perché l'amore materno inasprito dal rimprovero (*pietade acerba*) ha un sapore amaro.
83. ***In te, Domine, speravi***: "In te, Signore, ho sperato", in latino. Sono le prime parole del Salmo 30, che canta la fiducia del credente nel perdono e nella misericordia di Dio.
84. ***pedes meos***: gli angeli si fermano all'ottavo versetto del salmo, *statuisti in loco spatioso pedes meos*, "hai posto i miei piedi in un luogo spazioso".
85-90. **Sì come... candela**: come la neve si congela tra i rami degli alberi (*vive travi*) sulla dorsale appenninica (*per lo dosso d'Italia*), spinta e compressa dai venti del Nordest (*venti schiavi*, che soffiano dalla Schiavonia o Slavonia, la Croazia di oggi), e poi, liquefatta, gocciola dagli strati superiori a quelli inferiori (*in sé stessa trapela*), non appena che (*solo che*) l'Africa spira i suoi venti, sì che sembra un fuoco che fa sciogliere una candela. L'Africa è chiamata *terra che perde ombra* perché a mezzogiorno le ombre tendono a sparire man mano che ci si avvicina all'equatore.
91-93. **così... giri**: così io restai senza lacrime e sospiri prima del canto (*anzi 'l cantar*) degli angeli, che cantano (*notan*) sempre seguendo la partitura scritta nei cieli (*le note de li etterni giri*).
94-96. **poi... avesser**: dopo che ebbi compreso nelle dolci modulazioni del loro canto (*tempre*) che essi partecipavano al mio stato d'animo come se (*par che*) avessero detto.
96. **stempre**: avvilisci, scoraggi.
97-99. **lo gel... petto**: il gelo che mi si era ristretto attorno al cuore diventò (*fessi*) spirito e acqua, e uscì dal petto con angoscia della bocca e degli occhi.
100-102. **Ella, pur ferma... poscia**: Ella, sempre stando ferma sul suddetto lato (*coscia*) del carro, poi (*poscia*) rivolse così le sue parole alle sante sostanze (gli angeli).
103. **Voi... díe:** voi vegliate nell'eterna luce di Dio.
104-105. **sì che... vie**: in modo che né la notte né il sonno vi sottraggano (*fura*) il più piccolo passo che il mondo (*secol*) faccia nel suo cammino.
106-108. **onde... misura**: perciò la mia risposta si preoccupa specialmente che mi comprenda colui che piange dall'altra parte del fiume (*di là*), in modo tale che il suo dolore sia commisurato alla sua colpa.

Salvatore Postiglione, *Dante e Beatrice*, 1906. (Collezione privata)

Non pur per ovra de le rote magne,
che drizzan ciascun seme ad alcun fine
111 secondo che le stelle son compagne,
ma per larghezza di grazie divine,
che sì alti vapori hanno a lor piova,
114 che nostre viste là non van vicine,
questi fu tal ne la sua vita nova
virtualmente, ch'ogne abito destro
117 fatto averebbe in lui mirabil prova.
Ma tanto più maligno e più silvestro
si fa 'l terren col mal seme e non colto,
120 quant'elli ha più di buon vigor terrestro.
Alcun tempo il sostenni col mio volto:
mostrando li occhi giovanetti a lui,
123 meco il menava in dritta parte volto.
Sì tosto come in su la soglia fui
di mia seconda etade e mutai vita,
126 questi si tolse a me, e diessi altrui.

109-111. **Non pur... compagne**: non solo per influsso (*ovra*) delle sfere celesti (*rote magne*), che indirizzano ogni creatura concepita (*seme*) a un fine determinato (*alcun*), a seconda della costellazione che accompagna la sua nascita. Inizia un altro ampio periodo la cui frase principale è *questi fu tal ne la sua Vita nuova* (v. 115).
112-114. **ma... vicine**: ma per abbondanza di grazie divine, che piovono da nubi così alte (*sì alti vapori hanno lor piova*), che il nostro sguardo non può avvicinarle.
115-117. **questi... prova**: questi (Dante) fu tale, potenzialmente (*virtualmente*), nella sua giovinezza (*vita nova*), che qualsiasi condotta appropriata (*abito destro*) avrebbe prodotto in lui una mirabile riuscita (*prova*).
118-120. **Ma tanto... terrestro**: ma il terreno, se seminato con semi cattivi (*mal seme*) e non coltivato (*non colto*), diventa tanto più improduttivo (*maligno*) e selvatico (*silvestro*) quanto più è ricco di vigore naturale (*terrestro*).
121. **Alcun... volto**: per un certo tempo gli fui di sostegno e di guida col mio sguardo.
122-123. **mostrando li occhi... volto**: mostrandogli i miei occhi di giovinetta, lo conducevo (*il menava*) con me per la diritta via.
124-125. **Sì tosto... vita**: non appena fui sulla soglia della giovinezza (*mia seconda etade*) e passai dalla vita mortale alla vita eterna (*mutai vita*). Secondo le concezioni di Dante la giovinezza, che segue all'adolescenza, ha inizio a venticinque anni, l'età che aveva Beatrice quando morì.
126. **si tolse... altrui**: si sottrasse a me e si diede ad altri. Si tratta della *donna gentile* che, secondo la *Vita nuova* (XXXVIII), sostituì Beatrice nel cuore di Dante: distaccandosi da Beatrice, il poeta abbandona la via che conduce a Dio per correre dietro a seduzioni terrene. Nel *Convivio* (II, XII, 5-6) la donna gentile è da intendersi allegoricamente come la Filosofia.

Quando di carne a spirto era salita
e bellezza e virtù cresciuta m'era,
fu' io a lui men cara e men gradita;
e volse i passi suoi per via non vera,
imagini di ben seguendo false,
che nulla promession rendono intera.
Né l'impetrare ispirazion mi valse,
con le quali e in sogno e altrimenti
lo rivocai: sì poco a lui ne calse!
Tanto giù cadde, che tutti argomenti
a la salute sua eran già corti,
fuor che mostrarli le perdute genti.
Per questo visitai l'uscio d'i morti,
e a colui che l'ha qua sù condotto,
li preghi miei, piangendo, furon porti.
Alto fato di Dio sarebbe rotto,
se Leté si passasse e tal vivanda
fosse gustata sanza alcuno scotto
di pentimento che lagrime spanda».

127-130. **Quando... vera**: quando ero ascesa dalla vita del corpo a quella dello spirito e mi erano aumentate (*cresciuta m'era*) la bellezza e la virtù, io gli fui meno cara e meno gradita; e rivolse i suoi passi per una strada sbagliata (*non vera*).
131. **imagini... false**: seguendo false immagini di bene.
132. **nulla... intera**: non mantengono pienamente nulla di ciò che promettono.
133. **Né... valse**: e non mi servì ottenere (*impetrare*) da Dio buone ispirazioni.
134. **e in sogno e altrimenti**: in sogno e in altro modo, cioè in visioni celesti, evocate in vari punti della *Vita nuova*.
135. **rivocai**: richiamai. **a lui ne calse**: gliene importò.
136-137. **tutti... corti**: tutti i mezzi erano insufficienti (*corti*) a salvarlo.
138. **fuor che... genti**: tranne che mostrargli i dannati dell'Inferno.
139. **l'uscio dei morti**: il Limbo, alle soglie dell'Inferno.
140. **colui... condotto**: Virgilio.
141. **li prieghi miei**: le mie preghiere.
142-146. **Alto... spanda**: la suprema legge di Dio sarebbe violata, se si oltrepassasse il fiume Lete e se ne gustasse il nutrimento senza un prezzo (*scotto*) di pentimento che faccia versare lacrime. Passando il fiume Lete e bevendo la sua acqua si dimentica il male commesso, ma per ottenere questa grazia occorre prima pentirsi: ciò che avverrà a Dante nel canto successivo.

DIALOGO CON IL TESTO

COMPRENDERE

Un incontro sconvolgente Preceduta da un fastoso corteo floreale e canoro che la annuncia con parole solenni, tratte dalla Bibbia e dall'*Eneide*, a significare il valore salvifico della sua presenza, Beatrice appare finalmente a Dante: è il compimento del desiderio più grande, espresso fin dal momento in cui era nata in lui la prima idea del viaggio nell'aldilà (▸T47) e coltivato per tanti anni; ma l'incontro non è affettuoso e rasserenante come forse il lettore avrebbe potuto ingenuamente immaginare. Il primo sentimento di Dante è di angoscia e di sgomento di fronte alla *gran potenza* dell'*antico amor*: un turbamento tanto sconvolgente che il poeta si protende verso Virgilio, con l'ansia di un bambino spaventato che cerca rifugio fra le braccia della mamma. Ma Virgilio è scomparso, senza una parola, e Dante, nonostante si trovi dopo tanti anni di fronte alla donna amata, non prova un sentimento di consolazione: si sente solo, abbandonato, e scoppia in pianto.

Allegoria e sentimenti umani L'apparizione di Beatrice e la simultanea scomparsa di Virgilio hanno un valore simbolico: nel percorso di perfezionamento e purificazione compiuto fino a questo punto Dante ha potuto farsi guidare dal lume della retta ragione umana; ora, nel passaggio fra Purgatorio e Paradiso, la sola ragione non basta più: bisogna esporsi alla luce abbagliante della fede e della rivelazione, e il passaggio non è indolore.

- **Ripercorrendo il testo e aiutandovi con le note, riepilogate i diversi attributi simbolici che accompagnano l'apparizione di Beatrice.**

Il significato allegorico del passaggio di consegne fra Virgilio e Beatrice non attenua l'intensità dei sentimenti umani provati da Dante.

- **Quali espressioni dei vv. 43-51 sottolineano con forza l'amore di Dante per Virgilio e il suo smarrimento nel non trovarlo più al suo fianco?**

Le prime parole di Beatrice, le reazioni di Dante Le prime parole di Beatrice (vv. 55-57, 73-75) sono dure: hanno lo scopo di mettere in crisi Dante, di indurlo al pentimento.
Il modo in cui Dante vede Beatrice in questa prima fase dell'incontro è espresso da due similitudini (la prima decisamente sorprendente) riferite alla donna.

- **Individuatele nel testo e spiegate quale tipo di relazione donna-poeta ciascuna di esse suggerisce.**
- **Il canto degli angeli (vv. 82-84) produce in Dante un forte effetto emotivo, che viene illustrato da un'ampia similitudine (vv. 85-99): come cambia la sua situazione psicologica?**

La requisitoria conclusiva Nella parte finale del canto un ampio discorso di Beatrice passa in rassegna le tappe fondamentali della vita di Dante. Come sempre avviene nel poema, si tratta contemporaneamente della storia personale del poeta e della parabola di vita di ogni credente: dall'innocenza al peccato, dall'intervento della grazia divina al pentimento e alla redenzione.

- **Sintetizzate con un titolo ciascuna delle diverse fasi della vita di Dante riepilogate da Beatrice.**

La ricercatezza retorica Il canto è caratterizzato da uno stile elevato e denso di figure. Abbiamo già attirato la vostra attenzione su alcune similitudini: quella che assimila Dante a un bambino in cerca della mamma, quelle riguardanti la figura di Beatrice e quella del pianto di Dante dopo il canto degli angeli.

- **Indicatene un'altra in cui il percorso esistenziale di Dante è accostato ai ritmi della natura.**

INTERPRETARE

Il nome di Dante Molti critici hanno individuato in questo canto il centro ideale del poema, quello che più di ogni altro esprime il senso del viaggio di Dante, come vicenda insieme personale e universale.

- **In base all'idea complessiva che vi siete fatti della *Commedia*, quali aspetti del canto si possono portare a sostegno di questa interpretazione?**
- **In questo contesto, quale significato può avere il fatto che nel v. 55 compaia per l'unica volta nel poema e in tutta l'opera di Dante il nome del poeta, pronunciato da Beatrice?**

Dante incontra Beatrice in Paradiso in una miniatura del XIV secolo. (Venezia, Biblioteca Marciana/Bridgeman)

Il *Paradiso*

I beati abitano tutti lo stesso cielo, l'Empireo, ma appaiono a Dante dislocati nei cieli sottostanti perché solo attraverso una diversa collocazione spaziale delle anime egli può comprendere il loro diverso grado di beatitudine (*Par.*, IV, vv. 28-48).

T65 ▸ L’ordine del mondo (*Par.*, I, 1-12; 100-142)

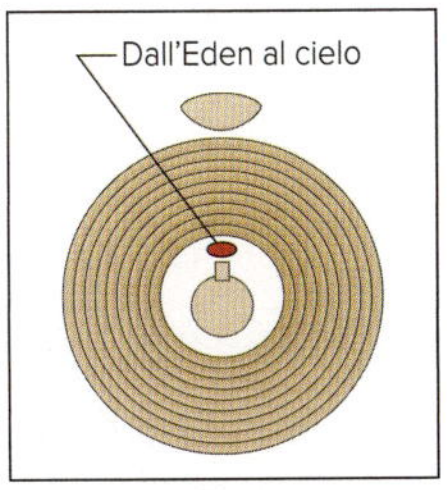

Dal canto I del *Paradiso* riportiamo due brani. I vv. 1-12 introducono il lettore alla terza cantica, mettendo in luce quanto sia arduo tradurre in parole un’esperienza che travalica i limiti umani. Nel brano successivo Dante, accompagnato da Beatrice, sta salendo a velocità vertiginosa dal giardino del Paradiso terrestre verso il primo cielo, e non sa spiegarsi come questo possa avvenire, visto che è appesantito dal corpo; Beatrice gli dà una spiegazione che si può leggere come un breve trattato di cosmologia medievale.

▸ **METRO**: terza rima.

PERCORSO
- Lo spazio e il tempo nella letteratura e nell’arte (I), p. 546

La gloria di colui che tutto move
per l’universo penetra, e risplende
in una parte più e meno altrove.
Nel ciel che più de la sua luce prende
fu’ io, e vidi cose che ridire
né sa né può chi di là sù discende;
perché appressando sé al suo disire,
nostro intelletto si profonda tanto,
che dietro la memoria non può ire.
Veramente quant’io del regno santo
ne la mia mente potei far tesoro,
sarà ora materia del mio canto.

[Dante fissa i suoi occhi in quelli di Beatrice e sale sentendosi parte di un’esperienza oltre l’umano, per la quale inventa il verbo “trasumanar”. Pieno di dubbi, chiede a Beatrice come sia possibile salire tra corpi leggeri, lui che è pesante…]

Ond’ella, appresso d’un pio sospiro,
li occhi drizzò ver me con quel sembiante
che madre fa sovra figlio deliro,
e cominciò: «Le cose tutte quante
hanno ordine tra loro, e questo è forma
che l’universo a Dio fa simigliante.
Qui veggion l’alte creature l’orma
de l’etterno valore, il qual è fine
al quale è fatta la toccata norma.

1. **La gloria... move**: la grandezza e lo splendore di Dio, colui che dà movimento a tutte le cose, celesti e terrene.
2-3. **per l’universo... altrove**: secondo la simbologia medievale la grandezza di Dio si manifesta come luce, che si diffonde (*penetra*) in tutto l’universo e *risplende* con maggiore o minore intensità nelle cose create a seconda della maggiore o minore disposizione di ciascuna ad accoglierla.
4. **Nel ciel... prende:** nell’Empireo, il cielo che riceve maggiormente la luce di Dio.
5-6. **che... discende**: che chi scende in terra dal Paradiso (*lassù*) non è in grado in alcun modo di riferire.
7-9. **perché... ire**: perché il nostro intelletto, avvicinandosi a Dio, oggetto supremo del suo desiderio (*desire*), si inabissa (*sprofonda*) in lui così profondamente che la memoria non può tenergli dietro (*dietro... ire*).
10-11. **Veramente quant’io... far tesoro**: tuttavia (*Veramente*) quel tanto che del Paradiso (*regno santo*) ho potuto custodire con cura (*far tesoro*) nella mia memoria.
12. **materia**: argomento.
100-102. **Ond’ella... deliro**: per cui ella, dopo aver sospirato pietosamente, indirizzò lo sguardo verso di me, con quell’atteggiamento (*sembiante*) che una madre assume rivolgendosi a un figlio che delira per la malattia.
103-105. **Le cose... simigliante**: tutte le cose create sono coordinate tra loro in modo da costituire un tutto armonico, e quest’ordine è il principio essenziale (*forma*, nella terminologia della filosofia scolastica) che rende l’universo simile a Dio.
106-108. **Qui veggion... norma**: qui le creature superiori (cioè gli angeli e forse gli uomini «di alto intelletto») vedono l’impronta di Dio (*etterno valore*), il quale è il fine al quale tende l’ordine che ho citato (*toccata norma*).

Ne l'ordine ch'io dico sono accline
tutte nature, per diverse sorti,
più al principio loro e men vicine;
onde si muovono a diversi porti
per lo gran mar de l'essere, e ciascuna
con istinto a lei dato che la porti.
Questi ne porta il foco inver la luna;
questi ne' cor mortali è permotore;
questi la terra in sé stringe e aduna:
né pur le creature che son fore
d'intelligenza quest'arco saetta
ma quelle c'hanno intelletto e amore.
La provedenza, che cotanto assetta,
del suo lume fa 'l ciel sempre quieto
nel qual si volge quel c'ha maggior fretta;
e ora lí, come a sito decreto,
cen porta la virtú di quella corda
che ciò che scocca drizza in segno lieto.
Vero è che, come forma non s'accorda
molte fiate a l'intenzion de l'arte,
perch'a risponder la materia è sorda;
cosí da questo corso si diparte
talor la creatura, c'ha podere
di piegar, cosí pinta, in altra parte;
e sí come veder si può cadere
foco di nube, sí l'impeto primo
l'atterra torto da falso piacere.
Non dei piú ammirar, se bene stimo,
lo tuo salir, se non come d'un rivo

109-111. **Ne l'ordine... vicine**: all'ordine di cui parlo concorrono (*sono accline*) tutte le cose create (*nature*), ciascuna a suo modo (*per diverse sorti*), secondo che siano più o meno vicine al loro principio comune, cioè Dio.
112-114. **onde... porti**: perciò le varie creature si muovono verso differenti destinazioni (*porti*), attraverso il grande mare dell'esistenza (l'intero creato), ciascuna guidata da un istinto che le è stato infuso per orientarla (*porti*).
115-117. **Questi... aduna**: questo ordine solleva (*porta*) il fuoco verso il cielo della Luna, imprime movimento (*è permotore*) alle funzioni vitali degli animali (*cor mortali*), tiene unita e compatta (*stringe e aduna*) la Terra. Sono tre esempi degli "istinti" che dirigono la vita dell'universo: quello che fa salire il fuoco in alto, per ricongiungersi alla sfera del fuoco, posta presso il cielo della Luna; quello che anima la vita degli animali; quello che tiene unita e salda la Terra.
118-120. **né pur... amore**: e questo tipo di istinto (metaforicamente *arco*) non scaglia verso la meta (*saetta*) soltanto le creature irrazionali (*che son fore d'intelligenza*), ma anche quelle che hanno intelligenza (*intelletto*) e volontà (*amore*), cioè gli uomini.
121-123. **La provedenza... fretta**: la provvidenza di Dio, che governa (*assetta*) un così grande organismo (*cotanto*), rende quieto e appagato con la sua luce il cielo nel quale ruota la più veloce delle sfere celesti (*quel c'ha maggior fretta*), cioè l'Empireo. Secondo la cosmologia medievale la Terra è circondata da nove cieli, l'ultimo dei quali, il Primo Mobile, gira più velocemente degli altri, in quanto è il più vicino all'Empireo, la sede di Dio.
124-126. **e ora... lieto**: e ora all'Empireo (*lí*), come a un luogo destinato a noi (*sito decreto*), ci porta la forza (*virtú*) di quella spinta (*corda*) che indirizza a una meta gioiosa (*segno lieto*) tutto ciò che lancia. L'Empireo, cioè la beatitudine celeste, è il fine a cui tende naturalmente l'uomo.
127-129. **come forma... sorda**: come molte volte (*fiate*) la forma di un'opera non corrisponde (*s'accorda*) al progetto dell'artista (*arte*, cioè "artefice"), perché la materia di cui è fatta non è adatta (*è sorda*).
130-132. **così... parte**: così talora la creatura si allontana (*diparte*) dal tracciato decretato per lei (*corso*), perché ha il potere, per quanto indirizzata istintivamente al bene (*così pinta*), di volgersi al male (*in altra parte*).
133-135. **e sí... piacere**: e come si può vedere il fuoco cadere dalla nube sotto forma di fulmine, così l'inclinazione originaria (*impeto primo*), che spingerebbe l'uomo verso il cielo, lo rivolge verso la terra (*l'atterra*), sviato da una falsa idea di felicità (*falso piacere*).
136 -138. **Non dei... imo**: se ben ragiono (*stimo*), non devi dunque meravigliarti del tuo salire verso il cielo, più di quanto non ti meraviglieresti di un fiume (*rivo*) che da un alto monte scende giù a valle (*giuso ad imo*).

138 se d'alto monte scende giuso ad imo.
Maraviglia sarebbe in te se, privo
d'impedimento, giù ti fossi assiso,
141 com'a terra quiete in foco vivo».
Quinci rivolse inver lo cielo il viso.

139-141. **Maraviglia... vivo**: dovresti semmai meravigliarti (*Maraviglia sarebbe in te*) se, privo del peso dei peccati (*impedimento*), tu fossi rimasto attaccato alla terra (*giú... assiso*), così come ti meraviglierebbe, sulla terra, l'immobilità (*quiete*) di una fiamma viva. Nell'ascesa del Purgatorio Dante si è purificato di tutti i peccati: dunque l'attrazione naturale che l'Empireo esercita su ogni uomo in lui può funzionare a pieno regime.
142. **il viso**: lo sguardo.

DIALOGO CON IL TESTO

COMPRENDERE

Raccontare l'indicibile Anche il *Paradiso*, come il *Purgatorio* (▸T61), si apre con un'introduzione alla materia della cantica. Nei primi versi si susseguono due concetti, che saranno oggetto di riflessione e di approfondimento per tutta la restante estensione del poema:
- la gloria di Dio, che compenetra di sé tutto l'universo, si manifesta con diversi gradi di splendore nelle diverse cose create (vv.1-3);
- chi ha percepito il fulgore della presenza di Dio non può renderla adeguatamente perché la memoria umana non è in grado di trattenere in sé un'esperienza che la trascende (vv. 4-9).

Raccontare un'esperienza che non può essere detta in parole umane: il Paradiso è tutto sospeso su questo paradosso. Dante si limiterà a riferire quell'eco parziale che gli è rimasta nella memoria, e dovrà forzare al massimo le risorse del linguaggio umano per farla risuonare nella mente dei lettori con l'intensità e la precisione che l'oggetto della narrazione richiede.

L'ordine del mondo I vv. 100-142 si possono considerare un approfondimento del tema contenuto nella prima terzina: lo stupore di Dante per un fenomeno che sembra sfidare le leggi della natura è un'occasione per definire meglio in quali gradi e in quali forme il divino è presente nelle diverse realtà create.
La risposta di Beatrice traccia una grandiosa rappresentazione dell'universo, nella quale si compenetrano la scienza e la fede, il rigore razionale e il sentimento religioso, il senso della straordinaria varietà del creato e l'ammirazione per la potente unitarietà del suo disegno complessivo. Ne sintetizziamo i passaggi fondamentali:
1) tutte le cose create sono coordinate tra loro in un disegno armonico che rende l'universo simile a Dio, armonia perfetta;
2) esse però concorrono all'ordine universale in modi diversi, a seconda che siano più o meno vicine al Creatore;
3) dunque ciascuna di esse si muove in base a un impulso proprio, che la spinge irresistibilmente verso il suo fine specifico;
4) questo vale per le creature prive di ragione, ma anche per quelle dotate di intelletto e di amore, come le creature umane;
5) queste ultime sono naturalmente attratte dall'Empireo, dove risiede Dio;
6) avviene però che gli uomini non scelgano il loro vero bene ma si lascino attrarre da piaceri illusori; per questo sono schiacciati contro la terra;
7) questo impedimento non riguarda Dante, che si è liberato dal peso del peccato, e tende naturalmente a elevarsi verso Dio.

● **Ripercorrendo il testo individuate i versi dedicati a ciascuno di questi concetti.**

La trasformazione di Dante Grazie alle parole di Beatrice Dante prende coscienza del cambiamento che è avvenuto in lui. Gli ostacoli che adesso deve superare per giungere alla visione di Dio non sono né il richiamo del peccato né la fatica della salita alla sommità del Purgatorio: rimangono i limiti dell'intelletto, che egli supererà di cielo in cielo.

ANALIZZARE

Uno stile paradisiaco La lingua di Dante si innalza per adeguarsi alla nuova e più elevata materia: serve un volgare capace di raccontare la verità della salvezza. Il lessico si arricchisce di termini filosofici e latinismi e l'esposizione si appoggia alla potenza emozionale e comunicativa delle metafore e delle similitudini.

- **Individuate qualche esempio delle scelte lessicali e retoriche che vi sembrano particolarmente efficaci e significative.**

INTERPRETARE

Ambivalenza della natura umana A differenza delle creature prive di ragione, gli esseri umani sono capaci di conoscere Dio e di stabilire con lui un rapporto d'amore, ma sono anche gli unici che possono deviare dall'armonia perfetta dell'universo, generando peccato e disordine.

- **Secondo voi, nel discorso di Beatrice e nel pensiero di Dante prevale una visione positiva o negativa della natura umana?**

ANALISI CANTO INTEGRALE

T66 ▸ Cacciaguida: la missione di Dante

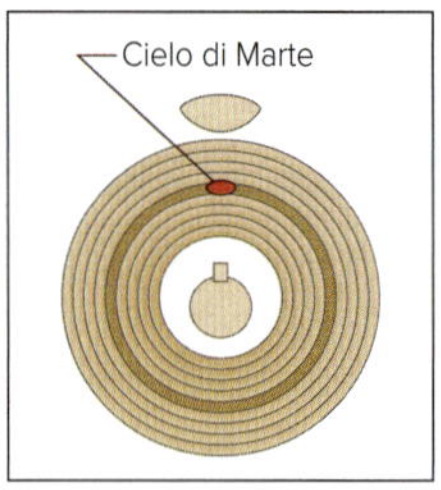

(*Par.*, XVII, 46-75; 106-142)

Dante immagina che il suo percorso nell'aldilà sia avvenuto nel 1300, quindi prima della sua condanna; ma il motivo dell'esilio ritorna più volte nel poema, attraverso le predizioni delle anime incontrate nel corso del viaggio. Nei tre canti centrali del *Paradiso* Dante ha un lungo e intenso colloquio con Cacciaguida, il suo antenato morto nella seconda crociata: a lui Dante chiede un chiarimento a proposito delle oscure profezie sull'esilio che gli sono state rivolte fino a quel momento.

▸ **METRO**: terza rima.

Qual si partío Ippolito d'Atene
per la spietata e perfida noverca,
tal di Fiorenza partir ti convene.
Questo si vuole e questo già si cerca,
e tosto verrà fatto a chi ciò pensa
là dove Cristo tutto dì si merca.
La colpa seguirà la parte offensa
in grido, come suol; ma la vendetta
fia testimonio al ver che la dispensa.
Tu lascerai ogne cosa diletta
più caramente; e questo è quello strale
che l'arco de lo essilio pria saetta.
Tu proverai sì come sa di sale

46-47. **Qual... noverca**: come Ippolito si allontanò da Atene a causa della spietata e perfida matrigna (*noverca*, latinismo). Dante fa riferimento al libro XV delle *Metamorfosi* del poeta latino Ovidio, nel quale si racconta che Ippolito, figlio di Teseo re di Atene, non avendo ceduto alle voglie della matrigna Fedra, fu accusato ingiustamente da lei di aver tentato di sedurla; Teseo, prestando fede alla calunnia, cacciò il giovane dalla città.
48. **tal... convene**: così è necessario, stabilito dal destino, che tu ti allontani da Firenze.
49-50. **Questo... pensa**: il tuo esilio (*Questo*) è desiderato e preparato (*si cerca*) e presto sarà messo in atto da chi lo progetta.
51. **là... merca**: nella curia romana, dove si fa mercato (*merca*) di Cristo dalla mattina alla sera (*tutto dì*). Si riferisce ai traffici e agli intrighi politici di papa Bonifacio VIII, che fece trionfare a Firenze la fazione dei guelfi neri.
52-53. **La colpa... suol**: la colpa sarà attribuita (*seguirà*) dall'opinione comune (*in grido*) ai vinti (*parte offensa*), come sempre accade.
53-54. **ma la vendetta... dispensa**: ma la giusta punizione (*vendetta*) sarà (*fia*) testimonianza della verità di Dio (*ver*) che la somministra.
55-57. **Tu lascerai... saetta**: tu lascerai ogni cosa da te più caramente amata (*diletta*); e questa è la prima freccia (*strale*) che l'arco dell'esilio scocca (*saetta*), cioè il primo dolore provocato dall'esilio.

lo pane altrui, e come è duro calle
lo scendere e 'l salir per l'altrui scale.
E quel che più ti graverà le spalle,
sarà la compagnia malvagia e scempia
con la qual tu cadrai in questa valle;
che tutta ingrata, tutta matta ed empia
si farà contr'a te; ma, poco appresso,
ella, non tu, n'avrà rossa la tempia.
Di sua bestialitate il suo processo
farà la prova; sì ch'a te fia bello
averti fatta parte per te stesso.
Lo primo tuo refugio e 'l primo ostello
sarà la cortesia del gran Lombardo
che 'n su la scala porta il santo uccello;
ch'in te avrà sì benigno riguardo,
che del fare e del chieder, tra voi due,
fia primo quel che tra li altri è più tardo.

L'anima di Cacciaguida a colloquio con Dante e Beatrice in un'incisione di Gustave Doré del 1861. (Collezione privata)

[*Cacciaguida prosegue esaltando le virtù di Cangrande della Scala, poi tace. Dante gli sottopone un dubbio.*]

«Ben veggio, padre mio, sì come sprona
lo tempo verso me, per colpo darmi
tal, ch'è più grave a chi più s'abbandona;
per che di provedenza è buon ch'io m'armi,
sì che, se loco m'è tolto più caro,
io non perdessi li altri per miei carmi.
Giù per lo mondo sanza fine amaro,
e per lo monte del cui bel cacume
li occhi de la mia donna mi levaro,

59-60. **come è... scale**: che percorso doloroso è salire e scendere le scale delle case altrui, ossia entrare e uscire dalle abitazioni di chi ti offrirà ospitalità.
62-63. **la compagnia... valle**: la *compagnia* dei fuorusciti da Firenze, *malvagia* e sciocca (*scempia*), insieme alla quale precipiterai nell'abisso (*valle*) dell'esilio. È la coalizione di bianchi e di ghibellini che, cacciati da Firenze, compirono vari infruttuosi tentativi armati di ritornare in città, da cui Dante, dopo un iniziale coinvolgimento, prese le distanze.
65. **si farà**: diventerà.
66. **ella... tempia**: essa (la *compagnia*), non tu, avrà le tempie rosse di sangue. Si riferisce probabilmente alla battaglia della Lastra (1304) e ad altri tentativi di rimpatrio degli esuli fiorentini, che si risolsero in sanguinose sconfitte.
67-68. **Di sua... prova**: il loro modo di procedere (*processo*) darà la prova della loro stoltezza.
68-69. **a te... stesso**: per te sarà motivo di onore essertene stato per tuo conto.
70. **ostello**: dimora ospitale.
71-72. **del gran... uccello**: del gran signore dell'Italia settentrionale (*gran Lombardo*), che nel suo stemma ha una scala sormontata dall'aquila imperiale (*santo uccello*). È quasi sicuramente Bartolomeo della Scala, signore di Verona (1301-1304), che ospitò Dante in una fase iniziale dell'esilio. Ma Dante vuole soprattutto elogiare Cangrande, fratello minore di Bartolomeo, di cui fu ospite fra il 1313 e il 1318: a lui sono dedicati i versi che seguono quelli che qui riportiamo.
73-75. **ch'in te... tardo**: che avrà verso di te un atteggiamento tanto benevolo che tra voi due, nel donare (*fare*) e nel chiedere, sarà primo quello che nei rapporti abituali (*tra li altri*) è secondo. Contrariamente a quanto avviene di solito tra un benefattore e un beneficato, Bartolomeo verrà incontro ai bisogni di Dante prima ancora che lui li abbia espressi.
106-108. **Ben veggio... s'abbandona**: vedo bene, padre mio, come il tempo incalza (*sprona*) contro di me per infliggermi un colpo tale (l'esilio), che è tanto più duro (*grave*) quanto più ci si abbandona allo sconforto. Il tempo è rappresentato come un nemico a cavallo che si accinge all'assalto.
109. **per che di provedenza... armi**: per cui sarà bene che io mi armi di previdenza.
110-111. **sí che... carmi**: così che, una volta che mi sia stata tolta la patria (*loco... piú caro*), io non debba perdere ogni altro rifugio a causa dei miei versi (*carmi*). Come spiegheranno i versi successivi, Dante teme che, se divulgherà le amare verità che ha appreso nel suo viaggio, nessun potente vorrà ospitarlo alla sua corte.
112. **lo mondo... amaro**: l'Inferno.
113-114. **lo monte... levaro**: la montagna del Purgatorio, dalla cui cima (*cacume*, latinismo) gli occhi di Beatrice mi sollevarono in cielo. L'ascensione di Dante in Paradiso avviene, fin dall'inizio, quando Beatrice guarda verso l'alto.

e poscia per lo ciel di lume in lume,
ho io appreso quel che s'io ridico,
a molti fia sapor di forte agrume;
e s'io al vero son timido amico,
temo di perder viver tra coloro
che questo tempo chiameranno antico».
La luce in che rideva il mio tesoro
ch'io trovai lí, si fe' prima corusca,
quale a raggio di sole specchio d'oro;
indi rispuose: «Coscienza fusca
o de la propria o de l'altrui vergogna
pur sentirà la tua parola brusca.
Ma nondimen, rimossa ogne menzogna,
tutta tua vision fa manifesta;
e lascia pur grattar dov'è la rogna.
Ché se la voce tua sarà molesta
nel primo gusto, vital nodrimento
lascerà poi, quando sarà digesta.
Questo tuo grido farà come vento,
che le piú alte cime piú percuote;
e ciò non fa d'onor poco argomento.
Però ti son mostrate in queste rote,
nel monte e ne la valle dolorosa
pur l'anime che son di fama note,
che l'animo di quel ch'ode, non posa
né ferma fede per essemplo ch'aia
la sua radice incognita e ascosa,
né per altro argomento che non paia».

115. **di lume in lume**: di pianeta in pianeta. Dante e Beatrice si trovano nel cielo di Marte, e hanno percorso i cieli della Luna, di Mercurio, di Venere e del Sole, che nella cosmologia medievale sono pianeti ruotanti attorno alla Terra.
116-117. **ho appreso... agrume**: sono venuto a sapere cose che, se le ridico, lasceranno la bocca amara (*fia sapor di forte agrume*) a molti.
118-120. **e s'io... antico**: d'altra parte, se mi mostro timoroso nell'amore per la verità, temo di non sopravvivere nella memoria dei posteri, che chiameranno antico il tempo in cui viviamo.
121-123. **La luce... oro**: la luce in cui risplendeva (*rideva*) Cacciaguida, il tesoro che trovai nel cielo di Marte (*lí*), prima si fece lampeggiante (*corusca*) come una lamina (*specchio*) d'oro esposta ai raggi del sole. Le anime del cielo di Marte appaiono a Dante come un brulicare di luci. L'aumento dello splendore corrisponde alla gioia offerta a Cacciaguida dalla possibilità di indirizzare Dante verso la sua alta missione.
124-126. **Coscienza... brusca**: chi ha la coscienza oscurata (*fusca*) dalla vergogna propria o dei propri familiari (*altrui*) certamente (*pur*) troverà aspre le tue parole.
127. **nondimen**: tuttavia.
128. **tutta... manifesta**: rivela tutto ciò che hai visto.
129. **lascia... rogna**: lascia che chi ha la rogna se la gratti. Fuor di metafora, lascia che chi è in colpa soffra.
130-132. **se la tua... digesta**: se le tue parole saranno sgradevoli al primo assaggio (*nel primo gusto*), lasceranno in seguito un nutrimento vitale, quando saranno digerite. Vuol dire che le parole di Dante, fastidiose al primo ascolto, produrranno una salutare conversione in chi le vorrà meditare.
134. **le piú alte... percuote**: quanto più alta è la cima, tanto più impetuosamente il vento la colpisce (immagine presente già in Orazio). Il *grido* (v. 133) di Dante sferzerà con particolare violenza i potenti.
135. **non... argomento**: non è un piccolo motivo di gloria.
136-138. **Però... note**: perciò ti sono state mostrate in queste sfere celesti (*rote*), nel monte (del Purgatorio) e nella valle dolorosa (dell'Inferno) soltanto (*pur*) le anime di persone famose.
139-142. **che l'animo... non paia**: poiché (*Però... che*) l'attenzione di chi ascolta non si accontenta (*posa*) e non si lascia convincere (*ferma fede*) da esempi (*essemplo*) che abbiano radici sconosciute e nascoste (*ascosa*), né da altre argomentazioni che non siano evidenti (*che non paia*).

DIALOGO CON IL TESTO

COMPRENDERE

Significati dell'esilio La prima parte del discorso di Cacciaguida traccia una potente sintesi delle vicissitudini politiche di Dante. Attraverso le parole del suo antenato il poeta esprime il significato che la vicenda dell'esilio ha assunto per lui a distanza di quasi vent'anni, e costruisce un autoritratto basato su una radicale contrapposizione:

- da un lato la perfidia dei fiorentini, gli intrighi di Bonifacio VIII e della curia romana, la *bestialitate* dei bianchi fuorusciti;
- dall'altro la figura eroica e solitaria del poeta, che affronta i dolori e le umiliazioni sorretto soltanto da una salda fiducia nella giustizia divina e che sceglie fieramente l'isolamento pur di tener fede a un ideale di coerenza e di rettitudine;
- l'unico luogo dove Dante potrà sperimentare un rapporto di affinità e di reciprocità è la corte scaligera durante il suo soggiorno a Verona, caratterizzata da una *cortesia* che contrasta nettamente con la violenza del mondo circostante.

● **Indicate i versi riferiti a ciascuno di questi temi.**

I dubbi di Dante Di fronte alla prospettiva dell'esilio Dante, diviso fra due preoccupazioni contrapposte, chiede consiglio a Cacciaguida.

● **In che cosa consistono le due preoccupazioni che causano l'incertezza di Dante?**

La missione del poeta La risposta di Cacciaguida è netta: la missione di Dante lo metterà in conflitto con i potenti del suo tempo, ma la testimonianza di giustizia e di verità che verrà dal suo poema favorirà quella profonda conversione dell'umanità che, come lo stesso Dante ha scritto nella *Lettera a Cangrande*, dovrà «allontanare quelli che vivono questa vita dallo stato di miseria e condurli a uno stato di felicità» (▸T53). Per perseguire questo altissimo scopo egli dovrà mettere da parte ogni calcolo di interesse personale, ogni timidezza, ogni paura, e affrontare con la sola forza della parola i potenti corrotti da cui deriva l'infelice condizione del mondo: Dio stesso ha progettato le tappe del suo viaggio nell'aldilà perché sulla terra possa risuonare il suo *grido* (v. 133), simile a quello degli antichi profeti della Bibbia.

ANALIZZARE

Figure... La perentorietà del testo è sottolineata, oltre che dalla metafora del *grido*, da altre potenti metafore e perifrasi, relative alle vicende e all'opera di Dante.

● **Indicatene qualcuna che vi pare particolarmente efficace e spiegate i motivi della vostra scelta.**

... e stili Lo stile dominante è alto e solenne, coerentemente con la serietà del momento, a partire dai riferimenti alla materia classica. Ma si possono notare anche salti nello stile "basso", che esprimono con vigore il carattere duro e aspro del destino di Dante e dell'impatto della sua opera sui suoi contemporanei.

● **Indicate alcune di queste espressioni.**

INTERPRETARE

Profezie sul passato e sul futuro Alcune delle profezie pronunciate dai personaggi che Dante incontra nel suo viaggio si riferiscono a eventi che, quando Dante scriveva, erano già avvenuti: attraverso questo espediente letterario il poeta pronuncia il suo giudizio sulle vicende del suo tempo e sul ruolo che al loro interno attribuisce a se stesso. In altri casi le profezie alludono a qualcosa che, quando Dante scriveva, non era ancora avvenuto: nei vv. 119-120 il poeta si chiede che cosa avverrà del suo nome fra *coloro / che questo tempo chiameranno antico*, cioè fra i posteri, di cui facciamo parte anche noi; Cacciaguida gli risponde nei vv. 130-135.
Il fatto che leggiamo ancora oggi la *Commedia* ne conferma ampiamente la "durata" attraverso i secoli. Ci si può chiedere però se i motivi per cui l'opera di Dante ci parla ancora siano quelli indicati da Cacciaguida o se non siano invece altri, legati a un gusto e a una visione del mondo che per ovvi motivi ai tempi di Dante non si potevano prevedere.

● **Dite che cosa ne pensate, facendo riferimento alle aspettative di Dante e ai motivi di attualità o inattualità che riscontrate oggi nella sua opera.**

CANTO INTEGRALE

T67 ▸ «Quelli ch'usurpa in terra il luogo mio» (*Par.*, XXVII, 1-66)

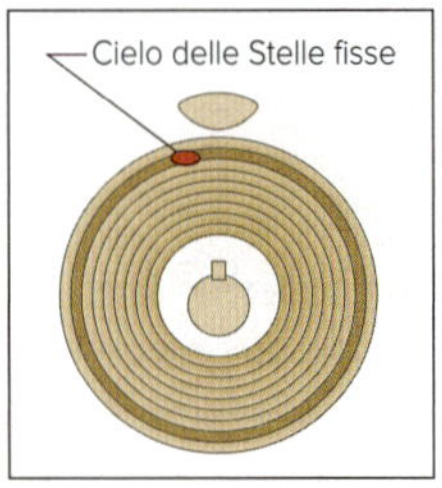

Dante è giunto al cielo delle Stelle fisse. Qui San Pietro, San Iacopo e San Giovanni lo hanno interrogato rispettivamente sulla fede, sulla speranza e sulla carità, e Dante ha posto alcune domande all'anima di Adamo. Improvvisamente Pietro, che appare a Dante come una fiaccola sfavillante, cambia colore, passando dal bianco al rosso, e prorompe in un'invettiva contro la Chiesa del tempo.

▸ **METRO**: terza rima.

«Al Padre, al Figlio, a lo Spirito Santo»,
cominciò, «gloria!», tutto 'l paradiso,
sì che m'inebriava il dolce canto.
   Ciò ch'io vedeva mi sembiava un riso
de l'universo; perché mia ebbrezza
intrava per l'udire e per lo viso.
   Oh gioia! oh ineffabile allegrezza!
oh vita integra d'amore e di pace!
oh sanza brama sicura ricchezza!
   Dinanzi a li occhi miei le quattro face
stavano accese, e quella che pria venne
incominciò a farsi più vivace,
   e tal ne la sembianza sua divenne,
qual diverrebbe Iove, s'elli e Marte
fossero augelli e cambiassersi penne.
   La provedenza, che quivi comparte
vice e officio, nel beato coro
silenzio posto avea da ogne parte,
   quand'io udi': «Se io mi trascoloro,
non ti maravigliar; ché, dicend'io,
vedrai trascolorar tutti costoro.
   Quelli ch'usurpa in terra il luogo mio,

2. **tutto 'l paradiso**: tutti i beati cantano il *Gloria*, l'antico inno liturgico, che celebra la presenza eterna e immutabile del Dio uno e trino nell'universo.
4-5. **mi sembiava... dell'universo**: mi sembrava una festa di tutto il creato.
5-6. **mia ebbrezza... viso**: la mia felicità travolgente (*ebbrezza*) mi penetrava attraverso l'udito e la vista (*viso*), i due soli sensi che, secondo le concezioni medievali, restano attivi in Paradiso.
8. **integra**: completa.
9. **sanza... ricchezza**: la gioia del Paradiso è *sicura* perché è acquisita per sempre, *sanza brama* perché chi la possiede non ha nessun altro desiderio.
10. **face**: fiaccole. San Pietro, San Iacopo, San Giovanni e Adamo compaiono a Dante come fiaccole splendenti.
11. **quella... venne**: San Pietro, che per primo si è accostato a Dante.
12. **vivace**: splendente.
13-15. **e tal... penne**: e divenne nell'aspetto (*sembianza*) come diverrebbe Giove se lui e Marte fossero uccelli e si scambiassero le penne. Da bianco che era (come il pianeta Giove), San Pietro diventa rosso (come il pianeta Marte). Nella singolare similitudine i colori delle penne stanno agli uccelli come i colori dei raggi stanno agli astri.
16-18. **La provedenza... parte**: la provvidenza, che là (*quivi*, in Paradiso) distribuisce a ciascun beato il suo compito (*officio*) e l'ordine in cui deve avvicendarsi con gli altri (*vice*), aveva imposto un silenzio generale nel coro dei beati.
19. **mi trascoloro**: cambio colore.
20. **dicend'io**: mentre parlerò e per quello che dirò (valore temporale e causale).
22. **Quelli**: colui; è Bonifacio VIII, in carica nella primavera del 1300, quando Dante immagina di compiere il suo viaggio. **luogo**: posto; Bonifacio lo *usurpa* perché con i suoi comportamenti si è reso indegno del compito di vicario di Cristo a cui sono chiamati i papi, successori di San Pietro.

San Giacomo e San Giovanni interrogano Dante sulla fede, sulla speranza e sulla carità in una miniatura di Giovanni di Paolo del XV secolo. (Londra, British Library)

il luogo mio, il luogo mio, che vaca
ne la presenza del Figliuol di Dio,
  fatt'ha del cimitero mio cloaca
del sangue e de la puzza; onde 'l perverso
che cadde di qua sù, là giù si placa».
  Di quel color che per lo sole avverso
nube dipigne da sera e da mane,
vid'io allora tutto 'l ciel cosperso.
  E come donna onesta, che permane
di sé sicura, e per l'altrui fallanza,
pur ascoltando, timida si fane,
  così Beatrice trasmutò sembianza;
e tale eclissi credo che 'n ciel fue,
quando patì la supprema possanza.
  Poi procedetter le parole sue
con voce tanto da sé trasmutata,
che la sembianza non si mutò piùe:
  «Non fu la sposa di Cristo allevata
del sangue mio, di Lin, di quel di Cleto,
per essere ad acquisto d'oro usata;

23-24. **vaca... Dio**: è vuoto agli occhi di Cristo (anche se non appare vuoto agli uomini).
25-26. **fatt'ha... puzza**: ha trasformato Roma, luogo del martirio e della sepoltura di Pietro, in una fogna dove si raccolgono tutte le violenze (*sangue*) e le turpitudini (*puzza*). Si allude alla brutalità con cui Bonifacio VIII impose l'egemonia del Papato sull'Italia e alla corruzione della curia romana.
26-27. **onde... placa**: per cui il perfido (*perverso*) Lucifero, che fu gettato giù dal cielo (*di qua sù*), sulla terra (*là giù*) si rallegra (*si placa*). Lucifero è l'angelo che, ribellatosi a Dio, fu scaraventato giù dal cielo e si infisse nel centro della Terra, aprendo con la sua caduta la voragine dell'Inferno.
28-30. **Di quel color... cosperso**: io vidi allora tutto il cielo cosparso di quel colore rosseggiante che tinge le nubi al tramonto (*sera*) o all'alba (*mane*) quando il sole le colpisce di fronte (*avverso*).
31-32. **che... sicura**: che resta certa della propria onestà.
32-33. **per l'altrui... fane**: è presa da vergogna (*timida si fane*) per colpa d'altri (*altrui fallanza*) al solo sentirne parlare (*pur ascoltando*).
34. **trasmutò sembianza**: cambiò aspetto, arrossendo come gli altri beati oppure impallidendo, come sostengono altri critici.
35-36. **tale eclissi... possanza**: credo che in cielo si verificò un'eclissi simile a quella che accompagnò la morte di Cristo (*supprema possanza*).
38-39. **con voce... piùe**: con voce non più alterata di quanto era stato alterato il suo aspetto.
40-42. **Non fu... usata**: la Chiesa, sposa di Cristo, non fu nutrita dal sangue del martirio mio e dei miei successori per essere utilizzata per accumulare denaro. *Lin* e *Cleto* sono San Lino e Sant'Anacleto, papi del I secolo, martirizzati come San Pietro.

ma, per acquisto d'esto viver lieto,
e Sisto e Pio e Calisto e Urbano
sparser lo sangue dopo molto fleto.
Non fu nostra intenzion ch'a destra mano
d'i nostri successor parte sedesse,
parte da l'altra del popol cristiano;
né che le chiavi che mi fuor concesse,
divenisser signaculo in vessillo
che contra battezzati combattesse;
né ch'io fossi figura di sigillo
a privilegi venduti e mendaci,
ond'io sovente arrosso e disfavillo.
In vesta di pastor lupi rapaci
si veggion di qua sù per tutti i paschi:
o difesa di Dio, perché pur giaci?
Del sangue nostro Caorsini e Guaschi
s'apparecchian di bere: o buon principio,
a che vil fine convien che tu caschi!
Ma l'alta provedenza, che con Scipio
difese a Roma la gloria del mondo,
soccorrà tosto, sì com'io concipio.
E tu, figliuol, che per lo mortal pondo
ancor giù tornerai, apri la bocca,
e non asconder quel ch'io non ascondo».

43-45. **per acquisto... fleto**: affinché essa fosse di guida all'acquisto della felicità eterna (*esto viver lieto*), Sisto, Pio, Callisto e Urbano sparsero il loro sangue dopo molto pianto (*fleto*). Dante si riferisce ai papi dei secoli II e III che piansero per le persecuzioni contro i cristiani e subirono essi stessi il martirio.
46-48. **Non fu... cristiano**: non fu intenzione di noi primi papi che una parte del popolo cristiano sedesse alla destra e un'altra alla sinistra dei nostri successori. Il riferimento è a una famosa pagina del *Vangelo di Matteo* (25, 31-46) in cui si parla del giudizio finale: «Quando il Figlio dell'uomo verrà nella sua gloria [...] egli separerà gli uni dagli altri, come il pastore separa le pecore dai capri, e porrà le pecore alla sua destra e i capri alla sua sinistra», i primi destinati alla vita eterna, i secondi alla dannazione. Bonifacio e i papi della sua risma hanno fatto una blasfema caricatura del giudizio finale, dividendo la cristianità in due partiti e favorendone uno (i guelfi) contro l'altro (i ghibellini).
49-51. **né... combattesse**: né che le chiavi che mi furono concesse da Cristo diventassero insegne (*signaculo*) su una bandiera (*vessillo*) che facesse guerra a dei cristiani. Si riferisce allo stemma pontificio, nel quale comparivano le chiavi del regno dei cieli affidate da Cristo a San Pietro in un passo del *Vangelo di Matteo* (16, 19).
52-54. **né... disfavillo**: né che la mia immagine fosse impressa sul sigillo che sancisce privilegi concessi per denaro (*venduti*) in mala fede (*mendaci*), a causa dei quali io spesso arrossisco di vergogna (*arrosso*) e brucio d'ira (*disfavillo*). L'immagine di San Pietro faceva da contrassegno ai sigilli papali impressi sui documenti relativi alla vendita di benefici ecclesiastici.
55-56. **In vesta... paschi**: dal Paradiso (*di qua sù*) si vedono aggirarsi per tutti i pascoli (*paschi*) lupi rapaci travestiti da (*in vesta di*) pastori. Sono i prelati indegni e avidi che hanno ricevuto cariche ecclesiastiche in cambio di denaro. La metafora dei lupi travestiti da agnelli è tratta ancora dal *Vangelo di Matteo* (7, 15): «Guardatevi dai falsi profeti che vengono a voi in veste di pecore, mentre internamente sono lupi rapaci».
57. **o difesa di Dio, perché pur giaci?**: o soccorso di Dio, perché continui ad assistere senza intervenire (a difesa del tuo gregge)?
58-59. **Del sangue... bere**: già Caorsini e Guasconi si apprestano a bere il sangue nostro. Allude a Clemente V di Guascogna e a Giovanni XXII di Cahors, papi succeduti a Bonifacio VIII, accusati di approfittare dell'eredità spirituale dei papi martiri per arricchirsi.
59-60. **o buon... caschi!**: o santo inizio della Chiesa, a quale misera fine sei destinato!
61-63. **Ma l'alta... concipio**: ma la divina provvidenza che, attraverso Scipione, assicurò (*difese*) a Roma il dominio sul mondo (*la gloria del mondo*), verrà in aiuto della cristianità nel modo che io già conosco (*concipio*). Dante si riferisce alla vittoria di Scipione contro Annibale nella Seconda guerra punica, che salvò Roma e fece da premessa al suo dominio su tutto il mondo. La profezia si riferisce probabilmente all'avvento di un imperatore che, ridimensionando il potere della Chiesa, ne moralizzerà la condotta.
64-66. **E tu... ascondo**: E tu, figliolo, che a causa del tuo corpo mortale (*mortal pondo*) tornerai di nuovo giù sulla terra, apri la bocca (parla), e non tenere nascosto (*asconder*) quello che io non ti ho tenuto nascosto.

DIALOGO CON IL TESTO

COMPRENDERE

Un fortissimo contrasto La caratteristica dominante del brano è costituita dal fortissimo contrasto fra lo sfondo armonioso, splendente, vibrante di gioia, delle prime tre terzine, e i toni ferocemente crudi dell'invettiva di San Pietro, accompagnata dall'arrossarsi di sdegno dei beati e di Beatrice. Ma è proprio la luminosità e la grandiosità dello sfondo ad accentuare la perentorietà e l'autorevolezza della requisitoria di colui che, secondo la tradizione della Chiesa romana, è il primo vicario di Cristo: la corruzione della Chiesa è condannata, per bocca di Pietro, dall'intera comunità dei beati.

- **Attraverso quali percezioni sensibili è resa l'armonia che regna nel cielo delle Stelle fisse (vv. 1-18)?**

I destinatari dell'invettiva L'indignazione si appunta contro Bonifacio VIII e i papi della sua risma, dipinti come usurpatori della cattedra di San Pietro, politicamente faziosi, corrotti, complici del demonio, e considerati i primi responsabili della violenza e della depravazione che dilaga nella società. L'invettiva raggiunge il culmine della tensione con l'appello alla punizione divina (v. 57) e la violenta metafora del sangue dei martiri bevuto dai papi (vv. 58-60).

- **Ai papi degeneri San Pietro muove tre accuse molto circostanziate (vv. 46-54): di quali comportamenti sono colpevoli?**

Esortazione e profezia Poi il tono si fa più pacato, per conferire solennità alla profezia e all'esortazione che concludono il discorso:
- dopo tanta vergognosa degenerazione, Dio verrà in aiuto della cristianità, riconducendo la Chiesa e il mondo entro i contorni del suo disegno provvidenziale (vv. 61-63);
- a Dante è affidato il compito di dare piena testimonianza alla verità, senza tacere nulla di ciò che gli è stato rivelato (vv. 64-66).

ANALIZZARE

Dolcezza... L'atmosfera gioiosa dell'inizio del canto è sottolineata da una dosata gradazione di figure ed effetti ritmici:
- il mutamento dell'ordine normale delle parole in una frase;
- un forte *enjambement* che dà rilievo a una parola-chiave;
- la mobilità delle costruzioni sintattiche che accompagnano il passaggio dall'evocazione iniziale del canto dei beati alle risonanze gioiose che esso suscita nel poeta.

- **Cercate queste scelte formali nei vv. 1-9.**

... e asprezza dello stile Di tutt'altro registro la parte del testo dedicata all'invettiva di San Pietro. Notiamo in particolare:
- l'uso di espressioni violente e scurrili, in forte contrasto col clima rarefatto dello sfondo;
- il ricorso a sonorità aspre, specialmente nelle parole che chiudono i versi;
- la presenza di figure retoriche di ripetizione che scandiscono il ritmo.

- **Individuate nel testo uno o più esempi per ciascuna di queste scelte stilistiche.**

INTERPRETARE

La reazione di Beatrice Dopo il tripudio di armonia con cui il canto si apre e prima della requisitoria di San Pietro, Dante dedica un intermezzo, forse sorprendente per il lettore, alla reazione di Beatrice, distinguendo il suo trascolorare rispetto a quello degli altri beati e paragonandolo al cambiamento di colore determinato dall'eclissi che si verificò a causa della crocifissione di Cristo.

- **Secondo voi, Beatrice impallidisce o arrossisce in questo canto?**
- **A che cosa si può ricondurre l'insistenza su questa reazione emotiva di Beatrice (significato allegorico, affettivo, letterario...)?**

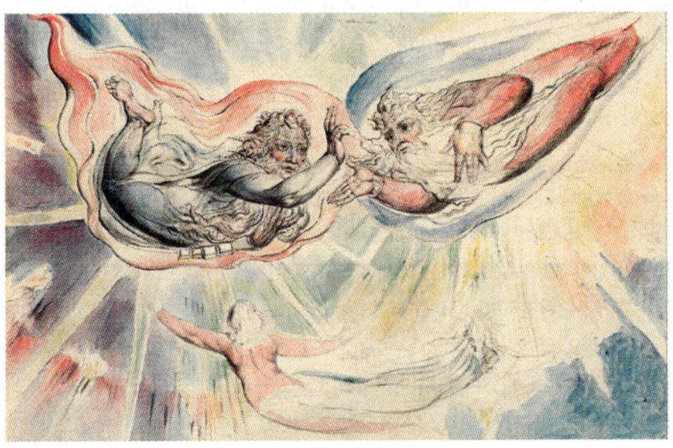

San Pietro e San Giacomo con Dante e Beatrice in un acquerello di William Blake del 1827. (Melbourne, National Gallery)

T68 ▸ La visione di Dio (*Par.*, XXXIII, 1-145)

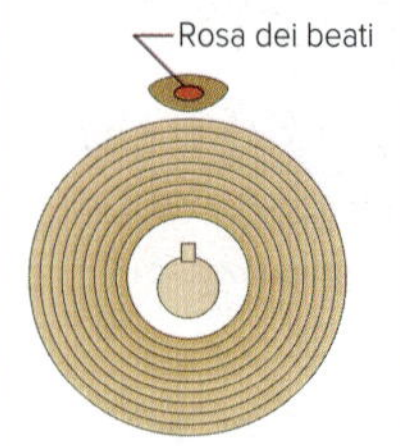

Beatrice, terminato il suo compito, ha ripreso il suo posto nella rosa dei beati e a guidare Dante subentra San Bernardo, uno dei più grandi mistici del Medioevo. Il canto finale della *Commedia* inizia con la preghiera che il santo indirizza alla Vergine Maria perché per sua intercessione Dante possa contemplare Dio. La grazia viene concessa e Dante si sprofonda nella visione della Trinità e dei suoi misteri.

▸ **METRO**: terza rima.

«Vergine Madre, figlia del tuo figlio,
umile e alta più che creatura,
termine fisso d'etterno consiglio,
tu se' colei che l'umana natura
nobilitasti sì, che 'l suo fattore
non disdegnò di farsi sua fattura.
Nel ventre tuo si raccese l'amore,
per lo cui caldo ne l'etterna pace
così è germinato questo fiore.
Qui se' a noi meridiana face
di caritate, e giuso, intra' mortali,
se' di speranza fontana vivace.
Donna, se' tanto grande e tanto vali,
che qual vuol grazia e a te non ricorre,
sua disianza vuol volar sanz'ali.
La tua benignità non pur soccorre
a chi domanda, ma molte fiate
liberamente al dimandar precorre.
In te misericordia, in te pietate,
in te magnificenza, in te s'aduna
quantunque in creatura è di bontate.
Or questi, che da l'infima lacuna
de l'universo infin qui ha vedute
le vite spiritali ad una ad una,

1-2. **Vergine... creatura:** San Bernardo implora Maria di intercedere per Dante, rivolgendosi a lei con tre accostamenti paradossali, tradizionali nella devozione mariana. Maria è vergine eppure madre; è figlia di Dio, come tutti gli umani, ma al tempo stesso ha generato Gesù, seconda persona della Trinità; era una donna umile, ma è stata nobilitata più di ogni altra creatura dalla missione affidatale da Dio.
3. **termine fisso... consiglio**: punto fermo stabilito dalla provvidenza divina (*etterno consiglio*) per attuare la redenzione dell'umanità tramite la nascita di Gesù.
4-6. **tu se' colei... fattura**: tu sei colei che nobilitasti a tal punto la natura umana, che il creatore (*fattore*) accettò di divenire egli stesso una sua creatura (*fattura*).
7. **Nel ventre... amore**: nel tuo ventre si è acceso nuovamente l'amore tra Dio e l'umanità che era stato interrotto dal peccato originale.
8-9. **per lo cui... fiore**: per il cui calore nella pace eterna del Paradiso è fiorita la rosa dell'Empireo (*questo fiore*), quindi il Paradiso e l'insieme dei beati.
10-12. **Qui se'... vivace**: qui (in Paradiso) sei per noi una fiaccola luminosa come il sole a mezzogiorno (*meridiana face*) e giù (*giuso*, sulla terra), sei una fonte sempre viva di speranza.
13. **tanto vali**: hai tanto valore presso Dio.
14-15. **che qual... sanz'ali**: che chi desidera la grazia e non ricorre a te, il suo desiderio vuole volare senza ali, cioè è irrealizzabile. È un anacoluto.
16. **non pur soccorre**: non va soltanto in aiuto.
17. **fiate**: volte.
18. **liberamente al dimandar precorre**: spontaneamente anticipa la richiesta.
20. **magnificenza**: straordinaria generosità. **s'aduna**: si concentra.
21. **quantunque... bontade**: tutto il bene di cui può essere capace una creatura.
22. **questi**: San Bernardo indica Dante. **infima lacuna**: la voragine più bassa (il lago Cocito nel fondo dell'Inferno).
24. **le vite spiritali**: le condizioni delle anime separate dai corpi.

supplica a te, per grazia, di virtute
tanto, che possa con li occhi levarsi
più alto verso l'ultima salute.

E io, che mai per mio veder non arsi
più ch'i' fo per lo suo, tutti miei prieghi
ti porgo, e priego che non sieno scarsi,

perché tu ogne nube li disleghi
di sua mortalità co' prieghi tuoi,
sì che 'l sommo piacer li si dispieghi.

Ancor ti priego, regina, che puoi
ciò che tu vuoli, che conservi sani,
dopo tanto veder, li affetti suoi.

Vinca tua guardia i movimenti umani:
vedi Beatrice con quanti beati
per li miei prieghi ti chiudon le mani!».

Li occhi da Dio diletti e venerati,
fissi ne l'orator, ne dimostraro
quanto i devoti prieghi le son grati;

indi a l'etterno lume s'addrizzaro,
nel qual non si dee creder che s'invii
per creatura l'occhio tanto chiaro.

E io ch'al fine di tutt' i disii
appropinquava, sì com' io dovea,
l'ardor del desiderio in me finii.

Bernardo m'accennava, e sorridea,
perch'io guardassi suso; ma io era
già per me stesso tal qual ei volea:

ché la mia vista, venendo sincera,
e più e più intrava per lo raggio
de l'alta luce che da sé è vera.

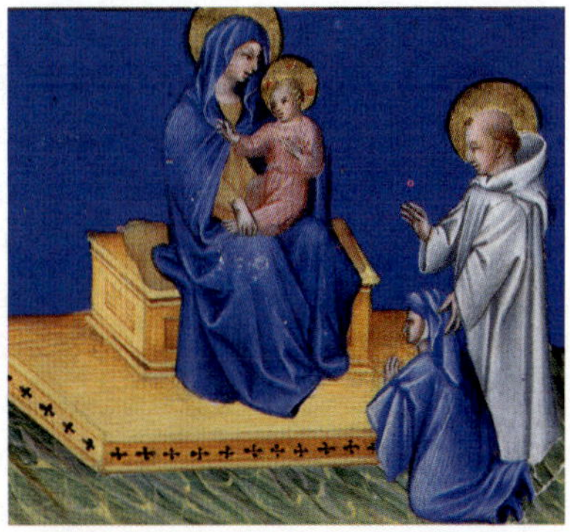

San Bernardo invoca la Vergine Maria perché per sua intercessione Dante possa contemplare Dio. Miniatura di Giovanni di Paolo del XV secolo. (Londra, British Library)

25-27. **supplica... salute**: ti supplica che gli sia data, per grazia divina, tanta virtù che possa elevarsi più in alto, verso la visione della salvezza suprema (*ultima salute*), cioè di Dio.
28-29. **che mai per mio... suo**: che non arsi mai di desiderio più di quanto non ardo per il suo.
29. **prieghi**: preghiere.
30. **non sieno scarsi:** siano sufficienti.
31-33. **perché... dispieghi**: perché con le tue preghiere tu dissipi (*disleghi*), ogni limite (*nube*, metafora) legato alla sua condizione mortale, in modo che l'aspetto di Dio, gioia suprema, gli si riveli completamente.
35-36. **che conservi... suoi**: che possa (dopo la visione) mantenere puri i suoi sentimenti. Altri intendono "che tu mantenga".
37-39. **Vinca... mani**: la tua custodia (*guardia*) sconfigga le passioni (*movimenti*) umane: vedi quanti beati insieme a Beatrice ti supplicano a mani giunte (*ti chiudon le mani*) perché tu accolga la mia preghiera (*li miei prieghi*).
40. **li occhi**: di Maria.
41. **l'orator**: l'orante, colui che aveva pregato. **ne dimostraro**: ci mostrarono.
42. **grati**: graditi.
43. **a l'etterno... s'adrizzaro**: si volsero all'eterna luce di Dio.
44-45. **nel qual... chiaro**: verso il quale non si può pensare che alcuna creatura rivolga uno sguardo tanto limpido. Nessun essere umano può guardare a Dio con uno sguardo più puro e penetrante di quello di Maria.
46-47. **ch'al... appropinquava**: che mi avvicinavo al più alto di tutti i desideri.
47-48. **sì com'io... finii**: com'era doveroso, portai al massimo grado l'ardore del mio desiderio.
49. **m'accennava**: mi faceva cenno.
50. **suso**: verso l'alto.
50-51. **io... volea**: io ero già per mia iniziativa come lui voleva.
52. **la mia... sincera**: il mio sguardo, facendosi perfettamente puro.
53-54. **e più... vera**: penetrava sempre di più nel raggio della luce sublime che è vera di per sé. Mentre tutte le creature sono un riflesso della luce divina, la luce di Dio trae il suo splendore da se stessa.

Da quinci innanzi il mio veder fu maggio
che 'l parlar mostra, ch'a tal vista cede,
e cede la memoria a tanto oltraggio.

Qual è colui che somniando vede,
che dopo il sogno la passione impressa
rimane, e l'altro a la mente non riede,

cotal son io, ché quasi tutta cessa
mia visione, e ancor mi distilla
nel core il dolce che nacque da essa.

Così la neve al sol si disigilla;
così al vento ne le foglie levi
si perdea la sentenza di Sibilla.

O somma luce che tanto ti levi
da' concetti mortali, a la mia mente
ripresta un poco di quel che parevi,

e fa la lingua mia tanto possente,
ch'una favilla sol de la tua gloria
possa lasciare a la futura gente;

ché, per tornare alquanto a mia memoria
e per sonare un poco in questi versi,
più si conceperà di tua vittoria.

Io credo, per l'acume ch'io soffersi
del vivo raggio, ch'i' sarei smarrito,
se li occhi miei da lui fossero aversi.

E' mi ricorda ch'io fui più ardito
per questo a sostener, tanto ch'i' giunsi
l'aspetto mio col valore infinito.

Oh abbondante grazia ond'io presunsi
ficcar lo viso per la luce etterna,
tanto che la veduta vi consunsi!

San Bernardo da Chiaravalle in un dipinto di Filippino Lippi del 1486. (Firenze, Badia Fiorentina)

55-57. **Da... oltraggio**: da quel momento ciò che vidi fu maggiore (*maggio*) di quanto possa esprimere la parola, che di fronte a quella visione si dà per vinta, e anche la memoria si arrende di fronte a tanto eccesso (*oltraggio*).
58-63. **Qual è... essa:** come colui che vede in sogno qualcosa, e svegliatosi gli resta l'impressione provata (*la passione impressa*), ma non la ricorda nettamente (*a la mente non riede*), così sono io, perché la mia visione si è dileguata (*cessa*) quasi del tutto, e ancora mi fa filtrare nel cuore la sua dolcezza.
64. **si disigilla**: si scioglie.
65-66. **così... Sibilla**: così la profezia della Sibilla cumana, scritta su foglie leggere (*levi*), si perdeva al vento. Il riferimento è al libro III dell'*Eneide* (vv. 443-450): la Sibilla cumana deponeva le sue previsioni scritte sulle foglie nel suo antro; se qualcuno apriva la porta, il vento le rimescolava, e non era più possibile ricostruirne il significato.
67-68. **ti levi... mortali**: ti elevi al di sopra dei pensieri umani.
68-69. **a la mia mente... parevi**: rendi (*ripresta*) alla mia memoria una traccia sia pure esigua di come allora mi apparivi.
70-72. **e fa... gente**: e rendi la mia lingua (la capacità espressiva) tanto potente, da essere capace di tramandare ai posteri (*a la futura gente*) anche solo una favilla della tua gloria.
73-75. **ché... vittoria**: in modo che, riaffiorando alla mia memoria e risuonando un poco in questi versi, la tua potenza vittoriosa (*vittoria*) sarà meglio compresa (*più si conceperà*) dai lettori futuri.
76-78. **Io credo... aversi**: per l'intensità (*acume*) della luce divina (*vivo raggio*) da cui fui investito (*ch'io soffersi*), io credo che, se i miei occhi si fossero distolti (*aversi*) da lei, sarei rimasto abbagliato (*smarrito*).
79-81. **E'... infinito**: mi ricordo che proprio per questo io fui più audace nel sopportarlo, tanto che congiunsi il mio sguardo (*aspetto*) con l'essenza infinita di Dio. *E'* ("egli"), nell'uso toscano, è pronome pleonastico della forma impersonale.
82-84. **Oh abbondante... consunsi**: oh sovrabbondante grazia divina, in virtù della quale osai (*presunsi*) fissare lo sguardo (*ficcar lo viso*) nella luce eterna, tanto che esaurii in essa tutta la mia facoltà visiva (*la veduta vi consunsi*).

Nel suo profondo vidi che s'interna,
legato con amore in un volume,
ciò che per l'universo si squaderna:
sustanze e accidenti e lor costume
quasi conflati insieme, per tal modo
che ciò ch'i' dico è un semplice lume.
La forma universal di questo nodo
credo ch'i' vidi, perché più di largo,
dicendo questo, mi sento ch'i' godo.
Un punto solo m'è maggior letargo
che venticinque secoli a la 'mpresa,
che fé Nettuno ammirar l'ombra d'Argo.
Così la mente mia, tutta sospesa,
mirava fissa, immobile e attenta,
e sempre di mirar faceasi accesa.
A quella luce cotal si diventa,
che volgersi da lei per altro aspetto
è impossibil che mai si consenta;
però che 'l ben, ch'è del volere obietto,
tutto s'accoglie in lei, e fuor di quella
è defettivo ciò ch'è lì perfetto.
Omai sarà più corta mia favella,
pur a quel ch'io ricordo, che d'un fante
che bagni ancor la lingua a la mammella.
Non perché più ch'un semplice sembiante
fosse nel vivo lume ch'io mirava,
che tal è sempre qual s'era davante;

85-87. **Nel suo profondo... squaderna**: vidi che, nella più profonda interiorità divina (*profondo... che s'interna*), tutto ciò che nell'universo è sparso (*si squaderna*) è legato da un vincolo d'amore in un unico volume. In Dio, tutto ciò che nel mondo è separato è ricondotto a unità.
88. **sustanze... costume**: le sostanze, gli accidenti e le loro relazioni. Nel lessico della filosofia scolastica le "sostanze" sono l'essenza delle cose, ciò che sussiste in sé; gli "accidenti" ciò che non è essenziale, le modalità contingenti che le sostanze possono assumere.
89. **conflati**: compenetrati, amalgamati.
89-90. **per tal... lume**: in modo tale che ciò che io dico è un semplice barlume (*lume*) di ciò che ho visto.
91-93. **La forma... godo**: sono certo (*credo*) di aver visto l'idea essenziale che tiene unito l'universo (*La forma universal di questo nodo*), perché, dicendo questo, sento di gioire con maggior larghezza (*più di largo*).
94-96. **Un punto... Argo**: un solo punto della visione di Dio determina in me una dimenticanza maggiore (*maggior letargo*) di quella prodotta dai venticinque secoli trascorsi dall'impresa che provocò l'ammirazione di Nettuno quando vide l'ombra della nave Argo. Il riferimento è all'impresa degli Argonauti, i marinai della nave Argo, che, secondo il mito, si recarono sotto la guida di Giasone nella Colchide per conquistare il vello d'oro e che attraversarono per la prima volta il mare con una nave.
97-99. **Così... accesa**: allo stesso modo la mia mente, totalmente assorta (*sospesa*), guardava fissa, immobile, attenta, e ardeva per il desiderio di guardare.
100-102. **A quella... consenta**: di fronte a quella luce si diventa tali che è assolutamente impossibile (*è impossibil che mai si consenta*) distoglierne lo sguardo per vedere altro (*per altro aspetto*).
103-105. **però... perfetto**: perché il bene sommo, che è l'obiettivo della volontà, si raccoglie totalmente in quella luce (*in lei*), e tutto ciò che in lei è perfetto, fuori di lei è carente (*defettivo*).
106-108. **Omai... mammella**: ormai la mia parola (*favella*) sarà più inadeguata (*corta*), anche solo (*pur*) in relazione a quello che ricordo, di quella di un bambino (*fante*) che succhia ancora la mammella (della mamma).
109-111. **Non perché... davante**: non perché nella luce divina che io contemplavo vi fosse più di una sola e semplice immagine (*sembiante*), perché essa è sempre identica a se stessa, immutabile (*tal è sempre qual s'era davante*).

ma per la vista che s'avvalorava
in me guardando, una sola parvenza,
114 mutandom'io, a me si travagliava.
Ne la profonda e chiara sussistenza
de l'alto lume parvermi tre giri
117 di tre colori e d'una contenenza;
e l'un da l'altro come iri da iri
parea reflesso, e 'l terzo parea foco
120 che quinci e quindi igualmente si spiri.
Oh quanto è corto il dire e come fioco
al mio concetto! e questo, a quel ch'i' vidi,
123 è tanto, che non basta a dicer «poco».
O luce etterna che sola in te sidi,
sola t'intendi, e da te intelletta
126 e intendente te ami e arridi!
Quella circulazion che sì concetta
pareva in te come lume reflesso,
129 da li occhi miei alquanto circunspetta,
dentro da sé, del suo colore stesso,
mi parve pinta de la nostra effige:
132 per che 'l mio viso in lei tutto era messo.
Qual è 'l geomètra che tutto s'affige
per misurar lo cerchio, e non ritrova,
135 pensando, quel principio ond'elli indige,
tal era io a quella vista nova:
veder voleva come si convenne
138 l'imago al cerchio e come vi s'indova;

Nell'empireo, il più alto dei cieli, viene mostrata a Dante la dimora di Dio. Incisione di Gustave Doré del 1861. (Collezione privata)

112-114. **ma... travagliava**: ma per la vista che in me si potenziava (*s'avvalorava in me*) attraverso la contemplazione (*guardando*), quell'unica immagine (*parvenza*) si trasformava (*travagliava*) ai miei occhi, nella misura in cui io stesso cambiavo (*mutandom'io*). L'immagine di Dio è unica e immutabile, ma Dante ne percepisce nuovi aspetti grazie alla progressiva crescita della sua facoltà visiva.
115-117. **Ne la profonda... contenenza**: nella profonda e luminosa (*chiara*) essenza della luce di Dio mi apparvero tre cerchi o sfere (*giri*) di tre colori e della stessa dimensione (*contenenza*). Sono le tre persone della Trinità, che secondo il dogma sono uguali fra di loro e distinte negli attributi.
118-120. **e l'un... spiri**: e il primo sembrava riflesso dal secondo, come un arcobaleno (*iri*) da un altro arcobaleno, e il terzo sembrava un fuoco che spirasse con uguale intensità da ciascuno dei primi due (*quinci e quindi*). Il primo cerchio è il Padre; il secondo è il Figlio, generato dal Padre; il terzo è lo Spirito Santo che, procede dal Padre e dal Figlio, come un fuoco d'amore emanato da entrambi.
121. **corto**: insufficiente.
121-122. **fioco... concetto**: inadeguato rispetto a ciò che ho compreso in Paradiso.
122-123. **e questo... «poco»**: e ciò che ho compreso (*questo*) rispetto a ciò che ho visto è così insufficiente, che a renderne l'idea (*a dicer*) non basta la parola "poco".
124-126. **O luce... arridi**: o luce eterna che hai il tuo fondamento solo in te stessa (*sola in te sidi*), che sola ti comprendi, che essendo da te compresa e comprendendoti, ami e gioisci. Evocazione della Trinità e dell'amore che intercorre fra le tre persone: Padre (*O luce etterna... intendi*); Figlio (*e da te... intendente*); Spirito Santo (*te ami e arridi*).
127-129. **Quella circulazion... circunspetta**: quella sfera o cerchio (*circulazion*) che appare concepita in te come luce riflessa, contemplata (*circunspetta*) a lungo dai miei occhi. È il Figlio, riflesso del Padre.
130-131. **dentro... effigie**: mi apparve dipinta (*pinta*) al suo interno (*dentro da sé*), col suo stesso colore, dell'immagine umana (*la nostra effigie*). La seconda persona della Trinità ha impressa in se stessa l'immagine dell'uomo: nell'incarnazione Cristo è divenuto vero uomo pur restando al tempo stesso vero Dio.
132. **per che... messo**: per questo il mio sguardo era totalmente assorto in lei.
133-135. **Qual è... indige**: come lo studioso di geometria (*geomètra*) che tutto si concentra a calcolare la quadratura del cerchio (*per misurar lo cerchio*) e, per quanto ci rifletta (*pensando*), non trova la formula (*principio*) di cui egli ha bisogno (*indige*). La "quadratura del cerchio" consiste nel tentativo di costruire un quadrato di superficie equivalente a un cerchio dato; questo problema, che ha impegnato i matematici fin dalle origini della geometria, fu dimostrato matematicamente irrisolvibile soltanto nel secolo XIX, ma già ai tempi di Dante era considerato di impossibile soluzione.
136-138. **tal... indova**: così ero io di fronte a quella visione straordinaria (*nova*); volevo vedere come quell'immagine umana si adattasse al cerchio e come

ma non eran da ciò le proprie penne:
se non che la mia mente fu percossa
da un fulgore in che sua voglia venne.
A l'alta fantasia qui mancò possa;
ma già volgeva il mio disio e 'l velle,
sì come rota ch'igualmente è mossa,
l'amor che move il sole e l'altre stelle.

vi si collocasse (*indova*, vocabolo coniato da Dante).
139. **ma... penne**: ma le ali della mia mente (*penne*) non erano sufficienti a un tale volo.
140-141. **se non che... venne**: finché la mia mente fu colpita da un lampo di luce nel quale (*in che*) ogni suo desiderio fu esaudito.
142. **alta fantasia**: la forza dell'immaginazione. **possa**: capacità, forza.
143-145. **ma già... stelle**: ma già Dio, l'amore che muove il Sole e tutto il firmamento, muoveva tutti i miei desideri e la mia volontà (*velle*) secondo il moto uniforme di tutte le parti della ruota (*come rota ch'igualmente è mossa*). Nell'attimo in cui gli è concessa la rivelazione del supremo mistero di Dio, Dante sperimenta la condizione dei beati: la felicità incondizionata che nasce dalla totale sintonia dell'intelligenza e della volontà con *l'amor che move il sole e l'altre stelle*.

DIALOGO CON IL TESTO

COMPRENDERE

Dire l'indicibile Fin dal primo verso il canto, accostando termini umanamente inconciliabili (*Vergine madre, figlia del tuo figlio*), mette il lettore di fronte al carattere razionalmente incomprensibile del dogma dell'incarnazione: un Dio che diventa pienamente uomo restando al tempo stesso pienamente Dio instaura rapporti paradossali con la sua madre umana. Lo stesso mistero sarà evocato negli ultimi versi, quando, nel momento culminante della visione di Dio, Dante si sforzerà invano di comprendere con le sue forze la divinità e l'umanità del Figlio (vv. 127-139): solo un fulgore divino che improvvisamente percuoterà la sua mente gli consentirà di intuire per un istante una verità che va oltre le capacità del pensiero (vv. 140-145).
Per Dante quella verità inaccessibile è il punto d'arrivo dei desideri più profondi di ogni essere umano, l'unica fonte della sapienza, della giustizia, dell'amore di cui il mondo ha disperatamente bisogno: da qui la tensione drammatica fra desiderio e impossibilità di dire che percorre tutto il Paradiso e che in questo canto raggiunge il suo culmine.

La preghiera a Maria La prima parte del canto (vv. 1-45) è dedicata alla preghiera che San Bernardo rivolge alla Vergine. L'intonazione è solenne e pacata, la struttura riprende ordinatamente i momenti tipici della preghiera cristiana: l'invocazione a Maria attraverso il vocativo, la lode delle sue virtù, e infine le richieste che le sono indirizzate. Dante riconosce così a Maria il ruolo di amorevole intermediaria fra Dio e gli uomini: in origine, quando ha generato Cristo, e ora che, consentendo al poeta di sostenere la visione di Dio, permette all'umanità di completare il suo cammino di salvezza.

- **Individuate nel testo i tre momenti della preghiera.**

San Bernardo chiede per Dante un accrescimento delle facoltà visive e conoscitive (vv. 25-27) e un superamento dei limiti della natura mortale (vv. 31-33), perché egli possa accedere alla piena visione del mistero divino. Il Paradiso intero si unisce alla preghiera del santo (vv. 37-39), a sottolineare che non si tratta soltanto della vicenda personale di Dante, ma della sua possibilità di compiere fino in fondo una missione che ha un respiro universale: portare salvezza, attraverso il suo poema, al «mondo che mal vive» (*Purg.*, XXXII, v. 103).

Vedere e raccontare Si apre a questo punto la parte più fervida e tesa del canto, centrata sulla visione di Dio. Dopo San Bernardo nessun personaggio pronuncerà parole, tutto sarà affidato al muto linguaggio degli sguardi, e Dante dovrà cercare di dar voce a un'esperienza che ha al suo centro il senso della vista, vertiginosamente potenziato: non a caso i verbi "vedere" e "mirare" ricorrono nel canto con frequenza quasi ossessiva. Rispetto a ciò che ho visto – dichiara Dante al lettore – ciò che riesco a dire è poco, anzi infinitamente meno di poco. Questo scarto radicale fra la visione e la descrizione è spiegato da Dante attraverso il rapporto che intercorre fra la vista, la memoria e il linguaggio (vv. 55-57), che è anche il rapporto esistente fra il Dante-personaggio, che, assistito miracolosamente dalla grazia divina, *vide*, e il Dante-autore, che può affidarsi soltanto alle risorse terrene del ricordare e del dire.

Dante esprime il divario fra ciò che ha visto e ciò che può raccontare con tre similitudini: il risveglio da un sogno, la neve che si scioglie, le foglie della Sibilla disperse dal vento (vv. 58-66).

- **Spiegate il nesso fra ciascuna di esse e il racconto di Dante.**

La visione di Dio Anche la visione di Dio è suddivisa in tre fasi, riconducibili rispettivamente:
- all'idea di Dio come principio unitario che dà senso e ordine alla molteplicità caotica dell'universo (vv. 85-93);
- al dogma dell'unità e trinità di Dio (vv. 115-120);
- al dogma dell'incarnazione (vv. 127-132).

Dante rende ciascuno di questi concetti attraverso immagini visive, nello strenuo tentativo di tradurre in termini sensibili e razionalmente accessibili verità che vanno oltre la percezione e l'intelletto umano. Dopo la terza visione, quando il tentativo di comprendere come sia possibile la compresenza di umano e divino fallisce, Dio stesso illumina Dante con un'intuizione folgorante totalmente intraducibile in immagini o in parole (vv. 140-145): ormai il poeta non guarda più a Dio e al mondo dall'esterno ma si fonde nel tutto, perché ogni suo desiderio e volontà sono mossi dall'amore divino in armonia con l'universo.

ANALIZZARE

Un'alternanza di elevazioni e di cedimenti Il percorso verso la contemplazione di Dio è un'alternanza di slanci verso l'alto e di momenti di cedimento: come se Dante, nel suo progressivo immergersi nella luce divina, prima di lanciarsi nella fase successiva della visione, dovesse fare un passo indietro per riprendere fiato, riconoscendo l'infinita distanza fra l'esiguità delle sue forze e l'immensità del nuovo balzo che sta per compiere.

- **Analizzate il testo da questo punto di vista, indicando i versi dedicati rispettivamente alle diverse fasi della visione di Dio e ai momenti di sosta e di ripiegamento.**

Figure Per dare consistenza al resoconto di esperienze totalmente ignote al lettore in questo canto Dante ricorre soprattutto a metafore e a similitudini, figure che arricchiscono la comunicazione rimandando ad altre realtà, in questo caso più concrete e comprensibili. Anche le perifrasi contribuiscono alla chiarezza dell'espressione, distendendola.

- **Cercate nel testo esempi di queste figure.**

INTERPRETARE

Un fante che bagni ancor la lingua alla mammella Fra le tante dichiarazioni di ineffabilità che ricorrono nel canto, colpisce particolarmente quella che prelude alla visione della Trinità, in cui Dante paragona le proprie capacità linguistiche a quelle di un lattante (vv. 106-108). In molti punti della sua opera Dante si dimostra pienamente consapevole del suo valore di poeta e dell'eccellenza dei suoi strumenti linguistici; ora si paragona a un bambino incapace di parlare.

- **Secondo voi le due auto-rappresentazioni sono conciliabili oppure si escludono a vicenda? Motivate la risposta facendo riferimento alla vostra interpretazione complessiva della figura del poeta.**

La parola conclusiva Il *Paradiso* termina con la parola *stelle*, la stessa con cui si chiudono sia l'*Inferno* (*E quindi uscimmo a riveder le stelle*, *Inf.*, XXXIV, 139) sia il *Purgatorio* (*puro e disposto a salire a le stelle*, *Purg.*, XXXIII, 145). La lettura trasversale dei versi conclusivi delle tre cantiche fornisce in estrema sintesi la progressione del viaggio oltremondano.

- **Confrontate le posizioni che le *stelle* assumono al termine di ciascuna tappa del cammino di Dante: quale significato può avere secondo voi la scelta di concludere ogni cantica, e l'intero poema, con la ripresa di questa parola?**

GIANFRANCO CONTINI

C1 ▸ Un componimento apparentemente limpido

Questo testo del 1947 del critico e filologo italiano Gianfranco Contini (1912-1990) analizza il sonetto *Tanto gentile e tanto onesta pare* della *Vita nuova* (▸T42). Il sonetto a prima vista sembra chiaro e trasparente, ma per essere pienamente compreso e apprezzato richiede un'accurata ricostruzione dei significati che le parole usate dal poeta avevano nel contesto culturale della composizione.

Passa per il tipo di componimento linguisticamente limpido, che non richiede spiegazioni, che potrebbe «essere stato scritto ieri»; e si può dire invece che non ci sia parola, almeno delle essenziali, che abbia mantenuto nella lingua moderna il valore dell'originale. Si pone dunque, anzitutto, un problema di esegesi letterale, anzi lessicale[1] [...].

Ben tre vocaboli del primo verso stanno in tutt'altra accezione da quella della lingua contemporanea. *Gentile* è «nobile», termine insomma tecnico del linguaggio cortese; *onesta*, naturalmente latinismo, è un suo sinonimo, nel senso però del decoro esterno (si ricordi l'*onestade* di Virgilio compromessa dalla fretta[2]); più importante, essenziale anzi, determinare che *pare* non vale già «sembra», e neppure soltanto «appare», ma «appare evidentemente, è o si manifesta nella sua evidenza». Questo valore di *pare*, parola-chiave, ricompare nella seconda quartina e nella seconda terzina, cioè, in posizione strategica, in ognuno dei periodi di cui si compone il discorso del sonetto. Sembra assente dalla prima terzina, ma solo perché essa si inizia con l'equivalente *Mostrasi*, il quale riprende l'ultima parola della seconda quartina [...]. Proseguendo, s'avrà minor occasione di scoperte. Ma è opportuno segnare che *donna* ha esclusivamente il suo significato primitivo di «signora (del cuore)» [...]. La metafora della veste, così frequente in Dante e nello Stil Novo, ci riporta a quella manifestazione visibile d'un sentimento e d'una qualità che s'è vista concentrata nella parola *pare*. Anche *cosa* sta in una rete di rapporti tutta diversa dalla moderna: oggi una cosa è sotto il livello ontologico[3] della persona (una donna può diventare per abnegazione[4] la cosa dell'amante, strumento, oggetto senz'autonomia), qui *cosa* è più largamente un essere in quanto, precisamente, causa di sensazioni e impressioni[5] [...]. *Piacente* (che del resto è l'occitanico[6] *plazen*) non significa la semplice gradevolezza soggettiva per il contemplante[7]: come tut-

1. **esegesi... lessicale**: un'interpretazione del testo basata sulla ricostruzione del suo significato letterale, e più precisamente sul significato di ogni sua parola.
2. **si ricordi... fretta**: si riferisce ai vv. 10-11 del canto III del *Purgatorio*. Dante commenta l'andatura veloce assunta da Virgilio a causa di un rimprovero di Catone, affermando che la fretta toglie dignità a ogni atto dell'uomo («la fretta, / che l'onestade ad ogn'atto dismaga...»).
3. **sotto... ontologico**: inferiore nella sua essenza.
4. **abnegazione**: totale sacrificio di sé.
5. **qui... impressioni**: nel testo dantesco la parola *cosa* designa, in senso ampio, un *essere* non determinato, che è definito dalla sua capacità di suscitare *sensazioni e impressioni* nell'osservatore.
6. **occitanico**: la lingua dei trovatori provenzali.
7. **non significa... contemplante**: non si riferisce all'effetto piacevole che la donna produce sull'osservatore.

to insiste sulla manifestazione delle qualità, [...], così *piacente* allude a un attributo oggettivo in quanto si palesa[8], «fornita di bellezza», «determinante l'effetto che la bellezza necessariamente produce» [...].

Riassumendo in uno schema di parafrasi la nostra esposizione, si ottiene press'a poco:

«Tale è l'evidenza della nobiltà e del decoro di colei ch'è la mia signora, nel suo salutare, che ogni lingua trema tanto da ammutolirne, e gli occhi non osano guardarla. Essa procede, mentre sente le parole di lode, esternamente atteggiata alla sua interna benevolenza, e si fa evidente la sua natura di essere venuto di cielo in terra per rappresentare in concreto la potenza divina. Questa rappresentazione è, per chi la contempla, così carica di bellezza che per il canale degli occhi entra in cuore una dolcezza conoscibile solo per diretta esperienza. E dalla sua fisionomia muove, oggettivata[9] e fatta visibile, una soave ispirazione amorosa che non fa se non suggerire all'anima di sospirare».

Gianfranco Contini, *Un'idea di Dante*, Einaudi, Torino, 1976

8. **come tutto... palesa**: come in ogni altro punto del testo la descrizione insiste sul manifestarsi delle doti possedute dalla donna, così la parola *piacente* si riferisce a una qualità oggettiva capace di produrre un effetto sull'osservatore.

9. **oggettivata**: incarnata in un essere concreto.

ERICH AUERBACH

C2 ▸ Un mondo di personaggi e di passioni terrene

Erich Auerbach (1892-1957), filologo e critico tedesco, ha dedicato alcuni studi fondamentali alla letteratura medievale e a Dante. In *Mimesis* (1946), attraverso l'analisi stilistica di una serie di autori (da Omero a Virginia Woolf), individua un filone della letteratura occidentale caratterizzato da una spinta realistica. Il testo che vi proponiamo è tratto da questo saggio. Si riferisce al canto X dell'*Inferno*, nel quale Dante incontra, fra gli eretici, Farinata degli Uberti e Cavalcante Cavalcanti (▸T57).

Nel nostro passo, vi sono due dannati, i quali vengono introdotti in stile illustre, e la cui personalità terrena è conservata con piena realtà nella loro dimora ultraterrena. Farinata è, come sempre, grande e superbo, e Cavalcante ama la luce del mondo e suo figlio non meno, anzi, nel suo dubbio, più caldamente che in terra[1]. Così ha voluto Dio, e così tutto questo s'inserisce nel realismo figurale[2] della tradizione cristiana. Ma mai prima esso fu spinto tanto lontano; mai, forse nemmeno nell'antichità, è stata impiegata tanta arte e tanta potenza espressiva per raggiungere una tale intensità, quasi dolorosa, di rappresentazione della forma terrena

1. **ama... terra**: Cavalcante, padre del poeta Guido, fuorviato da una frase di Dante, è indotto a pensare erroneamente che il figlio sia morto; da qui la sua accorata domanda: «non viv'elli ancora? / Non fiere li occhi suoi lo dolce lume?» ("Non è più vivo? La dolce luce del sole non colpisce più i suoi occhi?", vv. 68-69), da cui traspaiono i sentimenti evidenziati da Auerbach.

2. **realismo figurale**: Auerbach individua nella *Commedia* una concezione *figurale* della realtà, tipica della cultura medievale, abituata a leggere ogni fatto o situazione in chiave religiosa, sul modello dell'interpretazione simbolica che vedeva negli eventi e nei personaggi dell'Antico Testamento una prefigurazione degli eventi e dei personaggi dei Vangeli (per esempio, il sacrificio di Isacco era visto come "figura" del sacrificio di Gesù). In questo senso la figura non è soltanto un simbolo, ma ha una sua consistenza reale in se stessa. Al-

dell'essere umano. Ciò è consentito a Dante appunto dalla *indistruttibilità cristiana dell'uomo totale*[3], e proprio per averla espressa con tanta potenza e con tale realtà, egli aprì la strada all'autonomia dell'essenza terrena; egli creò nel mezzo dell'aldilà un mondo di personaggi e di passioni terrene, che esce dalla cornice e diventa indipendente. La figura supera il compimento[4] o, meglio, il compimento serve a dare ancor maggiore rilievo alla figura. Si ammira Farinata e si piange con Cavalcante; quello che più ci commuove non è che Dio li abbia dannati, ma che l'uno sia incrollabile e che l'altro provi un così acuto rimpianto del figlio e della dolce luce. La terribile condizione dei dannati serve soltanto quale mezzo per accrescere l'effetto di questi sentimenti del tutto terreni [...].

Chiunque oda il grido di Cavalcante: «non fiere li occhi suoi il dolce lome?» o chiunque legga il verso dolce e incantevolmente femmineo pronunciato da Pia de' Tolomei[5] («e riposato de la lunga via», *Purg.*, v. 131), con cui prega Dante di rammentarla sulla terra, sente in sé un impulso che si volge agli uomini piuttosto che all'ordine divino dove essi hanno trovato il loro compimento; e ci si rende conto della loro condizione eterna nell'ordine divino solo in quanto essa è un teatro che con la sua irrevocabilità aumenta ancora l'effetto di questa umanità conservata in tutta la sua forza. Si perviene a un'esperienza immediata della vita, che sopraffà tutto il resto, a una rappresentazione dell'uomo tanto varia e ampia quanto profonda, a un'illuminazione dei suoi impulsi e delle sue passioni che porta a una partecipazione calorosa e senza riserve e perfino all'ammirazione della loro molteplicità e grandezza. E in questa immediata e ammirata partecipazione alla vita dell'uomo, l'indistruttibilità dell'uomo storico e individuale, stabilita dentro l'ordine divino, si dirige *contro* quello stesso ordine divino, lo fa suo servo e l'eclissa[6]. L'immagine dell'uomo si pone davanti all'immagine di Dio. L'opera di Dante ha realizzato l'essenza figurale-cristiana dell'uomo e nel realizzarla l'ha distrutta. La potente cornice s'infranse per la strapotenza delle immagini che essa incluse. I rozzi disordini, a cui condusse il buffonesco realismo dei misteri dell'alto Medioevo[7], sono, per l'esistenza d'una concezione figurale-cristiana dell'accadere, di gran lunga meno pericolosi dell'alto stile d'un così grande poeta, in cui gli uomini vedono e riconoscono se stessi. In questa realizzazione la figura diventa indipendente, sicché nell'Inferno ci sono ancora grandi anime, e nel Purgatorio alcune anime per la dolcezza d'una poesia, d'un'opera umana, dimenticano per alcuni istanti la via della purificazione. E in conseguenza delle speciali condizioni del compimento di sé nell'aldilà, la persona umana si afferma ancor più potente, più concreta e singolare che nell'antica poesia.

Erich Auerbach, *Mimesis. Il realismo nella letteratura occidentale*, Einaudi, Torino, 1956

lo stesso modo nel poema i personaggi sono presentati da due punti di vista: da un lato nella loro concretezza storica; dall'altro in una prospettiva di eternità, per il significato (di salvezza o di dannazione) che la loro storia assume nel piano di Dio. Ma questo secondo significato non ne attenua la concretezza umana: in questo sta il *realismo* evidenziato dall'autore.

3. ***indistruttibilità... totale***: la tradizione ebraico-cristiana non scinde l'anima dal corpo, ma considera l'essere umano nella sua indissolubile unità fisica e spirituale.

4. **La figura... compimento**: le caratteristiche psicologiche e le vicende terrene dei personaggi sono *figura* della sorte eterna attribuita loro dal giudizio divino, nella quale si manifesta il loro significato più profondo e definitivo (*compimento*). Ma la vitalità dei personaggi è talmente forte che la condizione eterna di beati o di dannati non ne cancella l'umanità terrena, anzi la esalta.

5. **Pia de' Tolomei**: una donna uccisa dal marito Nello dei Pannocchieschi, incontrata da Dante nel canto V del *Purgatorio*, che chiede al poeta di ricordarla al termine del suo viaggio: «Deh, quando tu sarai tornato al mondo / e riposato de la lunga via / – seguitò 'l terzo spirito al secondo – / ricorditi di me, che son la Pia» (vv. 130-133).

6. **l'eclissa**: lo fa sparire.

7. **il buffonesco... Medioevo**: le intonazioni plebee assunte dalle sacre rappresentazioni nei primi secoli del Medioevo.

CHARLES SINGLETON

C3 ▸ Un viaggio della mente e del cuore verso Dio

Charles Singleton (1909-1985) è il più importante studioso americano dell'opera di Dante. Questo brano è tratto da *Viaggio a Beatrice*, del 1957.

La conversione dell'anima dal peccato alla grazia, non era priva, al tempo di Dante, di una precisa determinazione dottrinale circa le modalità e la forma del suo evento[1]. Ogni qualvolta avesse luogo, la conversione seguiva normalmente uno schema riconoscibile, per gradi e tappe, fino al suo compimento. Rintracciare questo schema quale era fissato nella teologia dell'epoca di Dante, diventa allora lo scopo dei capitoli che seguono. Qui dobbiamo renderci conto di un principio che ha validità generale nella *Commedia*: il poeta non ha inventato la dottrina. La forma del poema è determinata dalla verità che esso deve contenere e rivelare nella sua struttura, e tale verità non è frutto originale della mente del poeta. Dante vede da poeta, e da poeta realizza, quello che è già concettualmente elaborato e fissato nella dottrina cristiana.

Al suo tempo, ormai, secoli di meditazione avevano determinato quale avrebbe dovuto essere nella sua essenza il percorso di un viaggio a Dio che si compia nell'anima e in questa vita. Non è il poeta che formula tale concezione: egli vi aderisce, piuttosto, perché è qualcosa di così saldamente fissato al fondo della mente del suo lettore, che, senza dubbio alcuno, egli – come poeta – potrà farvi appello; in tal modo, dallo svolgimento del viaggio letterale attraverso la vita dell'oltretomba, può gradatamente emergere la figura familiare del viaggio dell'anima. L'allegoria di Dante, quindi, si attua sempre nei modi di un'evocazione: richiama alla mente ciò che è familiare. Il lettore ha la sensazione di star riconoscendo qualcosa che gli era già noto, fintanto che tutto uno schema di significato non abbia preso completamente forma. E ciò intende essere parte non piccola del piacere che può arrecare la poesia.

È chiaro che per noi la difficoltà consiste proprio in questo. La figura dell'*itinerarium mentis ad Deum*[2], un tempo così familiare, ora lo è molto meno. Certamente, nessun poeta ai nostri giorni potrebbe valersene, come Dante fece allora con tanta fiducia. Ora lo schema va innanzi tutto ristabilito nella mente del lettore, e reso riconoscibile come cosa pubblica e chiaramente definita, come verità di cui è partecipe la generalità dei Cristiani. Soltanto allora potrà essere evocato nei modi dell'allegoria.

Senza dubbio, alcuni lettori del poema diranno che i nostri sforzi di restaurazione non valgono quello che costano. Ci verranno a dire che, per quanto ci si adoperi, non potremo trasformarci in «lettori del tempo di Dante». Il che è innegabilmente vero; senza dubbio, ci sarà sempre una considerevole differenza tra possedere un certo grado di familiarità con un corpo di dottrine quasi per retaggio[3]

1. **la conversione... evento**: Singleton sostiene che la *Commedia*, nella sua struttura e nel suo significato allegorico, si appoggia a un'idea della conversione, come percorso dell'anima verso la salvezza, elaborata dalla teologia medievale: un "viaggio verso Dio" scandito in tappe precise, che erano ben presenti alla mente del lettore dell'epoca.
2. ***itinerarium... Deum***: percorso della mente verso Dio.
3. **retaggio**: eredità.

naturale o, invece, in virtù di uno sforzo deliberatamente compiuto per recuperarlo e restaurarlo nella nostra mente. Tuttavia, concessa questa scoraggiante differenza, che altro possiamo fare? Le verità che il poeta costruiva entro il suo poema gli sembravano verità permanenti. Se la realtà si è rivelata diversa, non è colpa del poeta, né del poema; anzi, è meglio non parlare neppure di colpa. Noi dobbiamo semplicemente prendere atto di ciò che è successo: il cuore inquieto del pellegrino cristiano si è acquietato, e lo stesso concetto di un viaggio della mente e del cuore verso Dio in questa vita, richiede ora uno sforzo di immaginazione storica tale che avrebbe costituito un vero scandalo per la mentalità medievale.

Potranno esserci altri lettori, che per leggere il poema nel modo in cui esso esige d'esser letto, saranno disposti a compiere lo sforzo di ristabilire al fondo della loro mente ciò che la mentalità medievale accoglieva senza esitazioni, l'ampio e indubitabile disegno di una possibilità offerta all'uomo ora, nel grande dramma di salvazione che è la vita di quaggiù. Questa possibilità consiste in un *itinerarium mentis ad Deum*, in quanto evento reale che ha luogo nella vita di qualcuno: una conversione dal dolore e dalla miseria del peccato allo stato di grazia, come avvenimento reale dell'anima – e, per questo poeta medievale, qualcosa che può prendere vita nello specchio dell'allegoria.

Charles Singleton, *Viaggio a Beatrice*, il Mulino, Bologna, 1957

JORGE LUIS BORGES

C4 ▸ Un libro che tutti dobbiamo leggere

Jorge Luis Borges (1899-1986), scrittore argentino, è uno dei maestri indiscussi della letteratura del Novecento. Il testo che riportiamo è tratto da una conferenza sulla *Commedia* di Dante tenuta a Buenos Aires nel 1977.

Tutta la *Commedia* è piena di preziosità di questo genere[1]. Ma ciò che l'alimenta è il suo essere narrativa. Quando ero giovane si disprezzava la forma narrativa e la si definiva aneddotica[2] e si dimenticava che la poesia inizia come narrativa, che nelle radici della poesia c'è l'epica e l'epica è il genere poetico originario, narrativo. Nell'epica c'è il tempo, nell'epica c'è il prima, l'adesso, il poi; tutto questo si trova nella poesia.

Consiglierei al lettore di dimenticare le dispute tra guelfi e ghibellini, di dimenticare la scolastica[3] e di dimenticare anche le allusioni mitologiche e i versi di Virgilio che Dante ripete, a volte addirittura migliorandoli, per eccellenti che siano già in latino. Conviene, almeno all'inizio, attenersi al racconto. Credo che nessuno possa sottrarvisi [...].

1. **Tutta... genere**: si riferisce ad artifici stilistici di alcuni versi della *Commedia* analizzati nella parte precedente della conferenza.
2. **aneddotica**: troppo legata al resoconto di vicende particolari. Si riferisce a una concezione critica del primo Novecento secondo la quale la forma più elevata della letteratura era la poesia, per il suo carattere "puro", sganciato dalla prosaicità dell'esperienza quotidiana.
3. **la scolastica**: la filosofia medievale.

Un romanzo contemporaneo richiede cinquecento o seicento pagine per farci conoscere qualcuno, ammesso che lo si conosca. A Dante basta un solo momento. E in quel solo momento il personaggio è definito per sempre. Dante cerca il momento centrale inconsciamente. Io ho voluto fare la stessa cosa in molti racconti e questa scoperta, che nel Medioevo è la scoperta di Dante, di presentare un momento come compendio di una vita, mi ha sempre affascinato. In Dante ci sono personaggi che vivono quanto il volger di poche terzine, e senza dubbio la loro vita è eterna. Vivono in una parola, in un atto, non oltre questo; sono parte di un canto, ma questa parte è eterna. Continuano a vivere, a rinnovarsi nella memoria e nell'immaginazione degli uomini [...].

Se ho scelto la *Commedia* per questa prima conferenza è perché sono un uomo di lettere e credo che l'apice della letteratura e delle letterature sia la *Commedia*. Questo non implica che condivida la sua teologia né che sia d'accordo con la sua mitologia. Vi ritroviamo la mitologia cristiana e quella pagana mescolate. Ma non si tratta di questo. Bensì del fatto che nessun libro mi ha mai dato emozioni estetiche così intense. E io sono un lettore, ripeto, edonista[4]; nei libri cerco emozioni.

La *Commedia* è un libro che tutti dobbiamo leggere. Non farlo è privarci del miglior dono che la letteratura può offrirci, è arrenderci a un singolare ascetismo. Perché negarci la felicità di leggere la *Commedia*? E poi non si tratta di una lettura difficile. Difficile è ciò che sta dietro la lettura: le opinioni, le discussioni; ma il libro in sé è un libro cristallino [...].

Voglio solamente sottolineare che nessuno ha il diritto di privarsi di questa felicità, la *Commedia*; di privarsi di leggerla in modo ingenuo. Solo in seguito verranno i commenti, il desiderio di sapere che significato hanno le allusioni mitologiche, di vedere come Dante prese un grande verso di Virgilio e, forse, lo migliorò traducendolo. All'inizio si deve leggere il libro con la confidenza di un bambino, abbandonarsi ad esso; e allora ci accompagnerà per tutta la vita. Per quanto mi riguarda, mi ha accompagnato per tanti anni e so che appena lo aprirò, domani, scorgerò cose che non ho visto sino ad ora. So che questo libro andrà oltre la mia veglia e le nostre veglie.

4. **edonista**: che cerca il piacere.

Jorge Luis Borges, *Sette notti*, Feltrinelli, Milano, 1980

CESARE GARBOLI

C5 ▸ Un monumento alla capacità di odiare

Il brano che riportiamo è tratto da *Dante e Guido*, un articolo pubblicato per la prima volta su «la Repubblica» del 31 agosto 2000. Il suo autore, Cesare Garboli (1928-2004), è stato uno dei più originali saggisti del secondo Novecento italiano.

Quando oggi mi sorprendo a pensare alla *Commedia*, finisco quasi sempre per immaginare la profezia dantesca – rivelazione concentrata in tempi brevissimi di ciò che in realtà si snocciola lungo una vita occupando un bel pezzo di storia profana – come un monumento innalzato e dedicato soprattutto alla capacità di odiare. A torto si crede che l'odio si regali a tutti i cristiani, tra l'altro nei termini estremi e testardamente coerenti con cui esso si consacra nella *Commedia*. La capacità di odiare nasce in Dante da frustrazionc politica, o, più semplicemente, dalla condanna a trascorrere una vita forzatamente inattiva e a parlare in eterno inascoltato. Ma la frustrazione figura talmente sublimata[1] che non è facile, tra le tante bufere e le improvvise schiarite trascendenti, riconoscere il tratto più negativo e creativo della personalità di Dante, la radice della sua esperienza.

Materiale e strumento d'arte privilegiato, l'odio non è impiegato solo nell'*Inferno*. È visibile nel *Purgatorio*, si nasconde nel *Paradiso*. Si nutrono d'odio anche quelle chimeriche fantasie di risarcimento[2] che provengono da una superba e quasi derisoria vocazione alla sconfitta, fantasie amare ma intimamente trionfali, segretamente gratificanti. Nessuno come l'autore della *Commedia*, «predicatore di giustizia» (*Epist.*, XII, 3), tagliato fuori dal selvaggio e delittuoso andirivieni guelfo e ghibellino, bianco e nero, e dagli innumerevoli negoziati e compromessi d'epoca fra papi e banchieri, imperatori e mercanti, monarchi e cardinali, ha saputo godere di quella perversione mentale, di quel piacere impotente, o, che è lo stesso, di quell'onnipotenza immaginaria che nasce dal seviziare, torturare, dilaniare con la fantasia i propri nemici vincenti, insediati dove si decidono i destini del mondo, e dal guardarli sanguinare assaporandone i «mille atroci spasimi»[3], per dirla con un altro italiano che un po' di odio ne masticava, Giuseppe Verdi.

Siamo tutti cresciuti in Italia balbettando senza saperlo la lingua inventata da Dante, ma siamo anche nati e cresciuti solidali con la sua crudeltà pacificamente ideologizzata[4]. Solidali con un sadismo neutralizzato dai valori morali, promosso e legittimato da giudizio trascendente[5], inavvertibile in tutta la sua ferocia perché grottesco, capriccioso, barbaramente e comicamente concreto e carnale, e quindi inattendibile come i mostri e i satanassi degli affreschi medievali, incaricati di far paura quanto più chiamati a sollevare davanti ai regni tartarei[6] tanti incuriositi "oh!" di meraviglia. Gli sterpi dei suicidi, il fango dei golosi, le arche roventi degli atei che non credono alla sepoltura, la merda dei ruffiani, la pece bollente e appiccicosa dei funzionari corrotti, lo strazio di Maometto, tutto andava giù digerito grazie a quella magica parola, a quella pillola, il contrappasso. Eri goloso? Crepa nel fango. Vendevi indulgenze? A testa in giù nel budello di fuoco. Il sadismo veniva ricondotto autorevolmente a esempio supremo di rigorismo ideologico e d'intransigenza morale. Il super-io[7] dantesco era intoccabile. Così Dante si è eretto nelle scuole nostrane a coscienza religiosa, morale e politica del Medioevo al tramonto, e la capacità di odiare si è data un segno diverso grazie al risucchio in cielo di tutto ciò che è passionale e vendicativo.

Cesare Garboli, *Pianura proibita*, Adelphi, Milano, 2002

1. **sublimata**: nel linguaggio psicoanalitico, "sublimare" significa nascondere e controllare i propri istinti trasferendoli in una dimensione più nobile, piegandoli a fini più elevati. Secondo Garboli Dante nella *Commedia* ha a tal punto nobilitato i suoi sentimenti di frustrazione che il lettore stenta a riconoscerli.
2. **chimeriche fantasie di risarcimento**: fantasie irrealizzabili di rivalsa, di compensazione. Una persona profondamente frustrata può arrivare a compiacersi amaramente delle sue sconfitte e a cullarsi in impossibili sogni di vendetta.
3. **«mille atroci spasimi»**: l'espressione proviene da un verso del *Trovatore* (1853), opera lirica di Giuseppe Verdi (1813-1901).
4. **crudeltà... ideologizzata**: come Garboli spiega nelle righe successive, Dante copre le sue fantasie crudeli con la maschera nobile della religione: le legittima innalzandole a immagini della giustizia divina. Qui il termine "ideologia" indica un sistema di credenze destinato a giustificare e a occultare i moventi di fondo che ne stanno alla base.
5. **giudizio trascendente**: secondo Garboli nella *Commedia* il sadismo viene reso accettabile facendolo coincidere col giudizio di Dio, che trascende, cioè va al di là, dell'uomo.
6. **regni tartarei**: regni dell'aldilà. Nell'antichità classica il Tartaro era un oltretomba sotterraneo.
7. **super-io**: nel linguaggio della psicoanalisi, il luogo interiore in cui dominano la coscienza e la censura degli istinti. Qui sta per "giudizio morale".

DIALOGO CON I TESTI

COMPRENDERE

1. Aiutandovi eventualmente con un vocabolario, definite i significati odierni delle parole «gentile», «onesta», «pare», «donna», «cosa», e mettetene in luce la differenza rispetto a quelli evidenziati da Contini (▸C1). Per esemplificare, potete ricorrere a delle frasi (per esempio: "In quel negozio i commessi sono gentili"; "Non può averti imbrogliato: è una persona onesta").
2. Riassumete in una frase la tesi espressa da Auerbach (▸C2).
3. Spiegate il concetto di «figura» e di «compimento» (▸C2).
4. Riassumete in una frase la tesi espressa da Singleton (▸C3).
5. In che senso la struttura tripartita della *Commedia* (*Inferno*, *Purgatorio*, *Paradiso*) si può interpretare come allegoria di un «viaggio della mente verso Dio» (▸C3)?
6. Dante è visto da Borges (▸C4) come un maestro per gli scrittori di tutti i tempi. Per quale aspetto della sua opera?

CONFRONTARE

7. L'approccio alla *Commedia* proposto da Borges (▸C4) si differenzia nettamente da quello proposto da Singleton (▸C3). In che cosa consiste la differenza? Quale delle due posizioni vi sembra più convincente? Per quali motivi?

INTERPRETARE

8. Tra i personaggi della *Commedia* sceglietene uno che a vostro parere «sfonda la cornice» (▸C2) con particolare forza, e motivate la vostra scelta.
9. Garboli (▸C5) invita a mettere in discussione l'immagine severa e moralistica del Dante padre della patria, che è stata diffusa da una lunga tradizione scolastica. Seguendo la traccia del suo ragionamento, provate a indicare alcuni luoghi della *Commedia* in cui le reazioni del Dante personaggio, malgrado le giustificazioni teologiche, sembrano lasciar emergere umori e rabbie irriducibilmente individuali.

RILETTURE (T42-T68)

COMPRENDERE

1. Tracciate un ritratto di Dante che tenga conto dell'esperienza dell'esilio (▸**D8**, p. 188, ▸**T66**), dei suoi sentimenti nei confronti di Firenze (▸**D7**, p. 187) del significato morale che attribuisce alla composizione della *Commedia* (▸**T53**).
2. Nella *Vita nuova* Dante delinea un percorso di progressiva spiritualizzazione del sentimento amoroso. Ripercorrendo i testi ▸**T42-T47** individuatene le tappe fondamentali.
3. Il pensiero di Dante è basato su un'impalcatura teologica. Ripercorrendo i testi ▸**T65** e ▸**T67**, individuate i fondamenti religiosi che fanno da sostegno alle sue concezioni politiche e linguistiche.

ANALIZZARE

4. Le *Rime* (▸**T48-T49**) sono caratterizzate da una grande varietà di contenuti e di stili:
   - definite le diverse scelte tematiche e formali dei due testi;
   - individuate elementi di continuità e di discontinuità rispetto alle liriche della *Vita nuova*.
5. Scegliete due brani della *Commedia* particolarmente lontani dal punto di vista della lingua e dello stile, e confrontateli dal punto di vista tematico e formale. In che misura Dante rispetta le intenzioni enunciate nella *Lettera a Cangrande* (▸**T53**)?

CONFRONTARE

6. **ESERCIZIO GUIDATO** Confrontate il testo in cui Dante enuncia le caratteristiche generali del *Convivio* (▸**T50**) con quelli relativi alla *Commedia* (▸**T53**, ▸**T66**) dal punto di vista delle finalità, dei destinatari, delle scelte linguistiche e di stile.

   GUIDA ALLA STESURA

   Convivio

   È utile ripercorrere la struttura delle argomentazioni con l'aiuto degli esercizi proposti nel Dialogo con il testo. Cercate nel brano ▸**T50** i passi utili a sviluppare i punti seguenti.
   - Quale ruolo Dante si attribuisce? Come si colloca rispetto a quelli che siedono alla «beata mensa»?
   - Quale motivazione personale lo spinge a comporre l'opera? Perché polemizza con i «litterati»?
   - A quali categorie di persone è rivolta la sua opera? Tra le categorie indicate il poeta stabilisce una gerarchia, su quale base? C'è una tipologia dei destinatari?
   - La metafora del convivio è articolata in modo tale da abbracciare tutti gli aspetti dell'argomentazione. Mettete in evidenza le precise corrispondenze istituite.
   - Quale rapporto si può istituire tra la scelta del volgare e la tipologia dei destinatari?
   - La ricerca della conoscenza ha un significato etico. Da quali passi si può ricavare questo significato?

   Commedia

   Cercate nei brani ▸**T53** e ▸**T66** i passi utili a sviluppare i punti seguenti.
   - Nella *Lettera a Cangrande* e nel canto XVII del *Paradiso* è esplicitamente indicata la finalità della *Commedia*. Individuate le analogie con la finalità del *Convivio*, ma mettete in rilievo anche le differenze legate alla missione che è affidata a Dante.
   - Quali sono i destinatari dell'opera e quali saranno gli effetti della *Commedia* su di loro? Con quale metafora tali effetti sono espressi?
   - La scelta del volgare è argomentata anche sulla base del genere letterario e delle scelte stilistiche conseguenti. Riassumete le caratteristiche del genere.
   - Il canto è un esempio di mescolanza degli stili. Citate i versi che possono illustrare tale mescolanza.
   - Il programma stilistico enunciato nella *Lettera a Cangrande* è stato a vostro parere rispettato?

   Sintetizzando le osservazioni precedenti, mostrate come dal *Convivio* alla *Commedia*:
   - si rafforzino e si approfondiscano le motivazioni etiche;
   - si allarghi la cerchia del pubblico individuato come destinatario dell'opera;
   - si accresca in Dante la consapevolezza del valore della propria opera, dei rischi e della gloria dell'impresa;
   - cambino le scelte linguistiche e stilistiche.

CONTESTUALIZZARE

7. Inserite le idee politiche di Dante nel contesto storico nel quale è vissuto: fino a che punto erano realizzabili? Gli sviluppi successivi della storia gli hanno dato ragione?
8. Nel *De vulgari eloquentia* (▸**T51**) e nella *Commedia* (▸**T63**) Dante accomuna, sotto il segno del «dolce stil novo», il suo nome a quello di Guido Cavalcanti (▸**T17-T19**), indicando come comune precursore Guido Guinizzelli (▸**T15-T16**). Partendo da uno o più testi della *Vita nuova* (▸**T42-T47**), individuate i denominatori comuni con i poeti citati; a quale o quali Dante vi sembra più vicino e per quali motivi?

INTERPRETARE

9. Italo Calvino nelle sue *Lezioni americane* (1988) contrappone la «leggerezza» della poesia di Cavalcanti alla «pesantezza» di quella di Dante:

Possiamo dire che due vocazioni opposte si contendono il campo della letteratura attraverso i secoli: l'una tende a fare del linguaggio un elemento senza peso, che aleggia sopra le cose come una nube, o meglio un pulviscolo sottile, o meglio ancora come un campo di impulsi magnetici; l'altra tende a comunicare al linguaggio il peso, lo spessore, la concretezza delle cose, dei corpi, delle sensazioni.
Alle origini della letteratura italiana – e europea – queste due vie sono aperte da Cavalcanti e da Dante. [...] Quando Dante vuole esprimere leggerezza, anche nella *Divina Commedia*, nessuno sa farlo meglio di lui; ma la sua genialità si manifesta nel senso opposto, nell'estrarre dalla lingua tutte le possibilità sonore ed emozionali e d'evocazione di sensazioni, nel catturare nel verso il mondo in tutta la varietà dei suoi livelli e delle sue forme e dei suoi attributi, nel trasmettere il senso che il mondo è organizzato in un sistema, in un ordine, in una gerarchia dove tutto trova il suo posto.

Italo Calvino, *Lezioni americane*, Milano, Garzanti, 1988

Cercate qualche punto dell'opera di Dante in cui questo carattere di «peso» sia particolarmente evidente, ed eventualmente qualche eccezione, dalla quale traspaia la caratteristica della «leggerezza».

ATTRIBUIRE

10. **ESERCIZIO GUIDATO** Riportiamo i primi versi di due poesie di Dante. In base alle loro caratteristiche tematiche e formali, dite quale appartiene alle rime stilnoviste e quale alle rime «petrose».

A
Amor, tu vedi ben che questa donna
la tua vertù non cura in alcun tempo,
che suol de l'altre belle farsi donna;
e poi s'accorse ch'ell'era mia donna
per lo tuo raggio ch'al volto mi luce,
d'ogne crudelità si fece donna;
sì che non par ch'ell'abbia cor di donna,
ma di qual fiera l'ha d'amor più freddo;

B
Voi che savete ragionar d'Amore,
udite la ballata mia pietosa,
che parla d'una donna disdegnosa,
la qual m'ha tolto il cor per suo valore.
Tanto disdegna qualunque la mira,
che fa chinare gli occhi di paura,
però ch'intorno a' suoi sempre si gira
d'ogni crudelitate una pintura;

ANALISI DEL TESTO

● Analizzate e commentate il sonetto riportato in ▸**T48** rispondendo alle seguenti domande oralmente o per iscritto. Potete svolgere l'esercizio rispondendo separatamente a ogni domanda, o integrando le singole risposte in un discorso complessivo, nell'ordine che vi sembra più efficace.

COMPRENDERE

1. Sintetizzate in due frasi il contenuto del sonetto.

ANALIZZARE

2. Nel sonetto ricorrono con grande insistenza aggettivi, sostantivi e verbi che alludono al desiderio e al piacere: individuateli nel testo.
3. Indicate i versi nei quali sono presenti le figure dell'apostrofe e del polisindeto.
4. Fra le rime delle quartine e delle terzine c'è un'affinità di suoni: indicate di quali rime si tratta e cercate di definire quale effetto essa produce sulla lettura.

5. Analizzate la costruzione sintattica dei periodi e i suoi rapporti con la struttura metrica, evidenziando gli eventuali *enjambements*, e dite che tipo di ritmo (veloce, rallentato...) ne scaturisce secondo voi.

CONTESTUALIZZARE

6. Individuate i temi tipici della poesia cortese e stilnovista presenti nel testo, indicando i versi che li contengono.

INTERPRETARE

7. Riprendendo gli aspetti finora evidenziati (o alcuni di essi) e facendo riferimento alla vostra esperienza di lettura, formulate un'interpretazione complessiva del sonetto.

ANALISI DEL TESTO

● Analizzate questo sonetto tratto dalle *Rime* di Dante, rispondendo alle domande del questionario che segue oralmente o per iscritto. Potete svolgere l'esercizio rispondendo separatamente a ogni domanda, o integrando le singole risposte in un discorso complessivo, nell'ordine che vi sembra più efficace.

T69 ▸ Di donne io vidi una gentile schiera

Di donne io vidi una gentile schiera
questo Ognissanti prossimo passato,
e una ne venia quasi imprimiera,
veggendosi l'Amor dal destro lato.
De gli occhi suoi gittava una lumera,
la qual parëa un spirito infiammato;
e i' ebbi tanto ardir ch'in la sua cera
guarda', e vidi un angiol figurato.
A chi era degno donava salute
co gli atti suoi questa benigna e piana,
e 'mpiva 'l core a ciascun di vertute.
Credo che de lo ciel fosse soprana,
e venne in terra per nostra salute:
là 'nd'è beata chi l'è prossimana.

Dante Alighieri, *Rime*, in *Opere minori*, a cura di D. De Robertis e G. Contini, Ricciardi, Milano-Napoli, 1995, volume I, tomo I

1. **schiera**: compagnia.
2. **questo... passato**: nella recente festa di Tutti i Santi. Si riferisce a un gruppo di donne riunite nel corso di una festa svolta in occasione della ricorrenza religiosa.
3. **imprimiera**: prima.
4. **veggendosi... lato**: si vedeva Amore procedere alla sua destra, in segno d'onore.
5. **lumera**: luce.
7. **cera**: volto.
8. **vidi... figurato**: vidi raffigurato un angelo (si riferisce alla donna stessa, o più probabilmente ad Amore).
10. **benigna e piana**: benevola e dolce.
11. **'mpiva... vertute**: riempiva di virtù il cuore di ciascuno.
12. **soprana**: sovrana.
14. **là... prossimana**: è perciò beata chi le è vicina.

COMPRENDERE

1. Fate una parafrasi della poesia.

CONTESTUALIZZARE

2. Elencate i temi tipici della poesia stilnovista presenti nel testo.

ANALIZZARE

3. Nel sonetto ricorrono alcune parole-chiave della poesia stilnovista di Dante: individuatele nel testo.
4. Individuate i punti nei quali il poeta fa uso della prima persona e cercate di spiegare il percorso evolutivo indicato dai verbi che designano le sue azioni.
5. Ricostruite la struttura tematica della poesia, indicando l'ordine nel quale si susseguono i suoi motivi.
6. Analizzate la struttura metrica e la struttura sintattica, mettendo in luce la coincidenza o la non coincidenza delle pause.

INTERPRETARE

7. Confrontate questo sonetto con *Tanto gentile e tanto onesta pare* (▸**T42**), individuando le affinità tematiche e le diversità formali: a partire da questo confronto, esprimete una preferenza per uno dei due testi, facendo riferimento alla vostra esperienza di lettura.

SCRIVERE UN TESTO ARGOMENTATIVO

● **ESERCIZIO GUIDATO** Facendo riferimento ai documenti forniti, scrivete un testo sull'argomento proposto.

IL DISEGNO DI DIO E IL MALE DEL MONDO

Dante Alighieri, *La provvidenza e il libero arbitrio* (*Inf.*, VII, vv. 73-90)

Nel canto VII dell'*Inferno* Dante si trova nel quarto cerchio, dove sono puniti gli avari e i prodighi, che hanno peccato per l'atteggiamento tenuto nei confronti delle ricchezze. Virgilio, interrogato da Dante, gli spiega che l'arricchimento e l'impoverimento degli uomini dipende dalla Fortuna, un'intelligenza angelica che governa le vicende terrene secondo il piano provvidenziale di Dio.

Colui lo cui saver tutto trascende,
fece li cieli e diè lor chi conduce
sì ch'ogni parte ad ogne parte splende,
distribuendo igualmente la luce:
similemente a li splendor mondani
ordinò general ministra e duce
che permutasse a tempo li ben vani
di gente in gente e d'uno in altro sangue,
oltre la difension d'i senni umani;
per ch'una gente impera e l'altra langue,
seguendo lo giudicio di costei,
che è occulto come in erba l'angue.
Vostro saver non ha contasto a lei;
questa provede, giudica, e persegue
suo regno come il loro li altri dei.
Le sue permutazion non hanno triegue:
necessità la fa esser veloce;
sì spesso vien chi vicenda consegue.

73. **Colui... trascende**: Dio, il cui sapere sovrasta ogni cosa.
74. **diè... conduce**: assegnò ogni cielo a chi lo guida, cioè alle intelligenze angeliche che ne determinano il moto.
75-76. **sì... luce**: in modo che ogni coro angelico irradi il suo splendore in uno dei cieli, distribuendo la luce di Dio in modo uniforme.
77-78. **similemente... duce**: allo stesso modo Dio assegnò ai beni della terra un'intelligenza che li amministra e li governa (*ministra e duce*). Questa intelligenza è la Fortuna, la dea bendata del mondo classico e pagano, che Dante reinterpreta come ministra dell'imperscrutabile volontà divina.
79-81. **che permutasse... umani**: che facesse passare, al tempo decretato dalla provvidenza divina (*a tempo*), i beni terreni (*vani* perché non sono fonte di salvezza per l'uomo) da un popolo all'altro, da una famiglia all'altra, in un modo che supera la possibilità di difesa e di reazione dell'intelletto umano (*difension d'i senni umani*).
82. **per ch'**: e quindi avviene che.
84. **l'angue**: il serpente.
85. **non... lei**: non può combattere con lei.
86. **provede... persegue**: vede, giudica e governa.
87. **li altri dei**: gli angeli.
88. **permutazion**: cambiamenti. **triegue**: interruzioni, soste.
89. **necessità... veloce**: il volere di Dio le impone di capovolgere velocemente le sorti degli uomini.
90. **sì... consegue**: così spesso appare nel mondo (*vien*) qualcuno che subisce (*consegue*) un cambiamento di condizione (*vicenda*).

Dante Alighieri, *La provvidenza e il libero arbitrio* (*Purg.*, XVI, vv. 67-82)

Nella terza cornice del Purgatorio, Dante incontra Marco Lombardo, un personaggio realmente esistito di cui sappiamo poco, noto ai contemporanei per la sua saggezza. Dante gli chiede quale sia la causa del male che domina il mondo, e Marco risponde con un ampio discorso, di cui riportiamo la prima parte.

Voi che vivete ogne cagion recate
pur suso al cielo, pur come se tutto
movesse seco di necessitate.
Se così fosse, in voi fora distrutto
libero arbitrio, e non fora giustizia
per ben letizia, e per male aver lutto.
Lo cielo i vostri movimenti inizia;
non dico tutti, ma, posto ch'i' 'l dica,
lume v'è dato a bene e a malizia,
e libero voler; che, se fatica
ne le prime battaglie col ciel dura,
poi vince tutto, se ben si notrica.
A maggior forza e a miglior natura
liberi soggiacete; e quella cria
la mente in voi, che 'l ciel non ha in sua cura.
Però, se 'l mondo presente disvia,
in voi è la cagione, in voi si cheggia; [...]

67-69. **Voi... necessitate**: voi viventi attribuite ogni causa degli eventi terreni soltanto al cielo, come se esso determinasse col suo moto (*movesse*) tutto ciò che accade.
70-72. **Se... lutto**: se le cose andassero così, il libero arbitrio dell'uomo sarebbe negato, e non sarebbe giusto essere compensati per il bene compiuto con la felicità, e puniti per il male commesso con la sofferenza.
73. **inizia**: avvia, dà un primo impulso.
74. **non dico tutti**: alcuni comportamenti dell'uomo, come i moti involontari dell'istinto, non sono determinati dal moto dei cieli. **posto... dica**: anche se lo fossero.
75. **lume... malizia**: vi è stata data la luce della ragione per distinguere il bene dal male.
76. **libero voler**: una libera volontà.
76-78. **che... notrica**: la quale volontà, se fa fatica nei primi conflitti contro i moti del cielo, in seguito, se si nutre di buone abitudini, riesce a vincere tutte le cattive inclinazioni.
79-80. **A maggior... soggiacete**: voi, che siete liberi, siete sottoposti a una potenza e a una natura superiore a quella dei cieli, cioè all'influsso diretto di Dio.
80-81. **quella... cura**: la potenza e la natura di Dio (*quella*) creano in voi l'anima razionale (*mente*) che i cieli non hanno in loro potere.
82. **Però**: perciò. **disvia**: devia dalla strada giusta.
83. **cagione**: la causa, la responsabilità. **si cheggia**: va ricercata.

Dante Alighieri, *La lupa* (*Purg.*, XX, vv. 10-15)

Nel primo canto dell'*Inferno*, tre belve sbarrano il passo a Dante: una lonza, un leone e una lupa, simboli rispettivamente della lussuria, della superbia e della cupidigia. L'immagine della lupa ritorna nel canto XX del *Purgatorio*. Nella quinta cornice, dove sono purificate le anime di coloro che sono stati avidi dei beni terreni, Dante prorompe in un'invettiva.

Maladetta sie tu, antica lupa,
che più che tutte l'altre bestie hai preda
per la tua fame sanza fine cupa!
O ciel, nel cui girar par che si creda
le condizion di qua giù trasmutarsi,
quando verrà per cui questa disceda?

11-12. **che... cupa**: che più di ogni altro vizio catturi gli esseri umani a causa della tua avidità insaziabile (*sanza fine cupa* = infinitamente profonda).
13-15. **O ciel... disceda**: o cielo, nel cui movimento si crede che stia la ragione dei mutamenti delle condizioni umane (*di qua giù*), quando verrà colui grazie al quale essa (la lupa) sarà allontanata dal mondo (*disceda*)?

San Paolo, *La cupidigia radice di ogni male*

Nella prima lettera a Timoteo, un testo del Nuovo Testamento ben noto a Dante, San Paolo individua nella cupidigia la «radice di ogni specie di male».

Invece quelli che vogliono arricchire cadono vittime di tentazioni, di inganni e di molti desideri insensati e funesti, che affondano gli uomini nella rovina e nella perdizione. Infatti la cupidigia è radice di ogni specie di mali; e alcuni che vi si sono dati, si sono sviati dalla fede e si sono procurati molti dolori. Ma tu, uomo di Dio, fuggi queste cose, e ricerca la giustizia, la pietà, la fede, l'amore, la costanza e la mansuetudine.

(1 *Tim.* 6, 9-11)

Natalino Sapegno, *La concezione politica di Dante nel* De Monarchia

Affinché poi il genere umano sia «nella condizione di pervenire all'operazione che gli è propria con maggior libertà e agio», occorre che esso «si trovi nel riposo e nella tranquillità della pace»; donde l'opportunità che «vi sia un solo che regoli e regga», perché l'assetto pacifico del mondo sia assicurato nell'ordine e nella giustizia, al di sopra degli interessi particolari e mediante il loro equilibrio e contemperamento. Solo un imperatore, la cui giurisdizione si estende di diritto ai confini della terra abitata, tutto possedendo, non ha più nulla da desiderare; la sua volontà è assolutamente libera dalla cupidigia, che spesso corrompe e intorbida i giudizi terreni; il suo amore verso tutti gli uomini è puro e disinteressato [...]. Il libero arbitrio si definisce come il giudizio libero che determina il moto della volontà verso l'azione. Solo quando l'appetito si muove secondo l'esclusivo dettato della ragione, non prevenuta né asservita da agenti esteriori di qualsivoglia specie, si può parlare di vera libertà. Tale condizione non si avvera sempre nell'ambito delle istituzioni sociali limitate; perché i governi corrotti [...] – le tirannidi, le oligarchie, le demagogie – asserviscono l'uomo ai loro fini. Solo il monarca, che ama ugualmente gli uomini e vuole che tutti diventino buoni, assicura nella giustizia la libertà.

Natalino Sapegno, *Dante*, in *Storia della letteratura italiana*, volume II, Garzanti, Milano, 1965

Hans Jonas, *«Dio non ha più nulla da dare: ora tocca all'uomo»*

Nel saggio *Il concetto di Dio dopo Auschwitz*, il filosofo ebreo tedesco Hans Jonas (1903-1993) si chiede se si possa ancora conciliare l'idea tradizionale di un Dio onnipotente e buono con le ingiustizie e le tragedie che travagliano il mondo, di cui l'orrore dei campi di sterminio è il simbolo più evidente. La sua conclusione è che, per salvaguardare la bontà di Dio, occorre mettere in discussione la sua onnipotenza. Riportiamo un brano tratto dalla parte conclusiva del saggio.

Se Dio può essere compreso solo in un certo modo e in un certo grado, allora la sua bontà (a cui non possiamo rinunciare) non deve escludere l'esistenza del male; e il male c'è solo in quanto Dio non è onnipotente. Solo a questa condizione possiamo affermare che Dio è comprensibile e buono e che nonostante ciò nel mondo c'è il male. [...] La creazione fu l'atto di assoluta sovranità, con cui la Divinità ha consentito a non essere più, per lungo tempo, assoluta[1] – un'opzione radicale a tutto vantaggio dell'esistenza di un essere finito capace di autodeterminare se stesso[2] – un atto infine dell'autoalienazione[3] divina. [...] Dopo essersi affidato totalmente al divenire del mondo, Dio non ha più nulla da dare: ora tocca all'uomo dare. E l'uomo può dare, se nei sentieri della sua vita si cura che non accada o non accada troppo sovente, e non per colpa sua, che Dio abbia a pentirsi di aver concesso il divenire al mondo.

Hans Jonas, *Il concetto di Dio dopo Auschwitz*, Il Melangolo, Genova, 1991

1. **La creazione... assoluta**: appoggiandosi a un antico filone della tradizione ebraica, Jonas avanza l'ipotesi che Dio, nel creare il mondo, si sia "ritirato" per fargli spazio, accettando di non avere potere su di esso: la Divinità ha scelto di non essere più *assoluta* (priva di vincoli, illimitata) per tutta la durata del mondo.
2. **un'opzione... stesso**: con la scelta (*opzione*) di ritirarsi dal mondo, Dio ha affidato ogni responsabilità all'uomo, l'*essere finito* capace di guidare i propri comportamenti (*autodeterminare se stesso*).
3. **autoalienazione**: limitando la propria onnipotenza, Dio si è spogliato della sua divinità, per propria scelta è diventato "altro" da quello che era originariamente.

GUIDA ALLA STESURA

Come si conciliano la bontà e l'onnipotenza di Dio con il male del mondo? Questa domanda – che tormenta i credenti di ogni epoca – viene affrontata da Dante in molti punti della sua opera. I brani qui riportati possono farvi da guida per uno svolgimento articolato nei punti seguenti.

- Quale rapporto istituisce Dante tra la provvidenza divina e l'azione umana?
- Qual è secondo lui la causa principale del disordine del mondo?
- Quale ordinamento politico può garantire l'armonia tra la volontà di Dio e la convivenza umana?
- Se avete preso in considerazione il testo di Jonas, provate ad accostare, per somiglianza e per contrasto, la sua posizione a quella di Dante.

SCRIVERE UN TESTO ARGOMENTATIVO

● **ESERCIZIO GUIDATO** Facendo riferimento ai documenti forniti, scrivete un testo sull'argomento proposto.

EVASIONE FRA POESIA E CANZONE

Il sonetto *Guido, i' vorrei...* (▸**T48**) è dedicato all'evocazione di un viaggio fantastico e perfettamente felice. Questo tema ritorna con frequenza nella letteratura. Tra i numerosi esempi che si potrebbero fare ve ne proponiamo due: la poesia *Moesta et errabunda* ("Triste ed errabonda", in latino), pubblicata nel 1857 dal poeta francese Charles Baudelaire, e il testo di *Yellow submarine*, una famosissima canzone, scritta nel 1966 dai Beatles, gruppo rock inglese simbolo degli ideali e dei gusti dei giovani degli anni Sessanta del Novecento.

Moesta et errabunda

Dis-moi, ton cœur parfois s'envole-t-il, Agathe,
Loin du noir océan de l'immonde cité,
Vers un autre océan où la splendeur éclate,
Bleu, clair, profond, ainsi que la virginité?
Dis-moi, ton cœur parfois s'envole-t-il, Agathe?
La mer, la vaste mer, console nos labeurs!
Quel démon a doté la mer, rauque chanteuse
Qu'accompagne l'immense orgue des vents grondeurs,
De cette fonction sublime de berceuse?
La mer, la vaste mer, console nos labeurs!
Emporte-moi, wagon! enlève-moi, frégate!
Loin! loin! ici la boue est faite de nos pleurs!
– Est-il vrai que parfois le triste cœur d'Agathe
Dise: Loin des remords, des crimes, des douleurs,
Emporte-moi, wagon, enlève-moi, frégate?
Comme vous êtes loin, paradis parfumé,
Où sous un clair azur tout n'est qu'amour et joie,
Où tout ce que l'on aime est digne d'être aimé,
Où dans la volupté pure le cœur se noie!
Comme vous êtes loin, paradis parfumé!
Mais le vert paradis des amours enfantines,
Les courses, les chansons, les baisers, les bouquets,
Les violons vibrant derrière les collines,
Avec les brocs de vin, le soir, dans les bosquets,
– Mais le vert paradis des amours enfantines,
L'innocent paradis, plein de plaisirs furtifs,
Est-il déjà plus loin que l'Inde et que la Chine?
Peut-on le rappeler avec des cris plaintifs,
Et l'animer encor d'une voix argentine,
L'innocent paradis plein de plaisirs furtifs?

Moesta et errabunda

Dimmi, il tuo cuore a volte, Agata, prende il volo
lontano dal nero oceano dell'immonda città,
là, verso un altro oceano dove la luce esplode,
chiaro, azzurro, profondo, come la verginità?
Dimmi, il tuo cuore a volte, Agata, prende il volo?
Il mare, il vasto mare, consola i nostri affanni!
Quale dèmone ha dato al mare, rauca cantante
che l'organo immenso dei venti rombanti accompagna,

questa sublime funzione di ninnananna?
Il mare, il vasto mare, consola i nostri affanni!
Rapiscimi, vagone! Portami con te, nave!
Lontano! lontano! qui il fango è fatto dei nostri pianti!
– È vero che a volte il triste cuore d'Agata
dice: Lontano dai rimorsi, dai crimini, dai dolori,
rapiscimi, vagone! portami con te, nave!
Come sei lontano, Paradiso profumato,
dove sotto un cielo azzurro tutto è solo amore e gioia,
dove tutto ciò che si ama è degno d'essere amato,
dove nella voluttà pura il cuore annega!
Come sei lontano Paradiso profumato!
Ma il verde Paradiso degli amori infantili,
le corse, le canzoni, i baci, i mazzi di fiori,
i violini che vibrano dietro le colline,
con le brocche di vino, di sera, nei boschetti,
– ma il verde Paradiso degli amori infantili,
l'innocente Paradiso dei piaceri furtivi
ormai è più lontano dell'India e della Cina?
Possiamo richiamarlo con grida lamentose,
e animarlo ancora d'una voce argentina,
l'innocente Paradiso dei piaceri furtivi?

Charles Baudelaire, *Les fleurs du mal*, Carlo Martello, Milano, 1954; trad. dal francese di G. Armellini

Yellow submarine

In the town where I was born
lived a man who sailed the sea
and he told us of his life
in the land of submarines.
So we sailed on to the sun,
till we found the sea of green,
and we lived beneath the waves,
in our yellow submarines.
We all live in a yellow submarine
yellow submarine, yellow submarine,
we all live in a yellow submarine
yellow submarine, yellow submarine.
And our friends are all aboard,
many more of them live next door,
and the band begins to play.
We all live...
As we live a life of ease,
everyone of us has all we need,
sky of blue and sea of green,
in our yellow submarine.
We all live...

Il sottomarino giallo

Nella città dove sono nato
viveva un uomo che navigava per mare,
e ci raccontò della sua vita
nel paese dei sottomarini.
Così navigammo su verso il sole
fino a quando trovammo il mare verde,
e vivemmo sotto le onde
nel nostro sottomarino giallo.
Noi viviamo tutti in un sottomarino giallo
sottomarino giallo, sottomarino giallo,
noi viviamo tutti in un sottomarino giallo,
sottomarino giallo, sottomarino giallo.
E i nostri amici sono tutti a bordo,
e abitiamo tutti vicino
e la banda comincia a suonare.
Noi viviamo...
Così facciamo una vita comoda
e abbiamo tutto quel che ci serve
cielo azzurro e mare verde
nel nostro sottomarino giallo.
Noi viviamo...

da *Il libro delle canzoni dei Beatles*, trad. dall'inglese di U. Santucci, Mondadori, Milano, 1972

GUIDA ALLA STESURA

Quali temi, immagini, situazioni ritornano nei tre testi? La canzone dei Beatles assomiglia di più alla poesia di Baudelaire o a quella di Dante? Per quali aspetti? Da quali riferimenti si può capire che i tre testi sono stati scritti in epoche diverse e per pubblici diversi?

Il plurilinguismo dantesco

Un particolare tratto dalla *Madonna del Magnificat* di Sandro Botticelli, 1481. (Firenze, Galleria degli Uffizi)

Dante innovatore

Eredità del passato A prima vista la lingua di Dante non è diversa da quella degli altri autori toscani del Duecento-Trecento, soprattutto degli amici della cerchia stilnovista. Persistono per esempio fenomeni del toscano parlato, come l'aggiunta di "-e" alle parole tronche per farle piane: *diroe, hoe, fue, piùe* (▸T46, r. 59; ▸T67, vv. 35, 39), oppure il dittongo "uo" dove l'italiano ha "o": *rispuosemi* (▸T54, v. 67), *la sua mano alla mia puose* (▸T55, v. 19).

Innovazioni Ma rispetto ai suoi contemporanei Dante tende a una lingua meno legata all'ambiente municipale e comincia a liberarsi anche di alcune eredità della tradizione poetica siculo-toscana: i sicilianismi si riducono a poche sopravvivenze, tra cui alcune "rime siciliane" (vedi sotto), si riducono anche i suffissi di origine transalpina "-aggio", "-enza", così caratteristici degli scrittori antichi: tra i pochi usati da Dante che non siano restati nell'italiano successivo possiamo citare *disïanza* (▸T68, v. 15), *temenza* (▸T62, v. 102). Allo stesso modo risulta in riduzione un altro fenomeno tipico del toscano antico, l'abbondanza di elisioni, che segnalavano l'aderenza della lingua scritta a quella parlata: basta confrontare un sonetto di Dante con uno di Cavalcanti o di Angiolieri per rendersene conto.

Tutto questo fa sì che una poesia della *Vita nuova* ci appaia meno arcaica di una di Guinizzelli o di Cavalcanti; nella canzone *Donna pietosa e di novella etate* incontriamo versi che potrebbero essere stati scritti ieri, come «Morta è la donna tua, ch'era sì bella»: un fatto davvero eccezionale, a più di sette secoli di distanza, e unico nelle letterature europee.

Dante sperimentatore

Stile comico e "petroso" Altri luoghi della poesia dantesca possono farci un effetto diverso; il fatto è che Dante è uno sperimentatore, pronto a cimentarsi in ogni varietà di lingua e di stile. Così nei versi comici della tenzone con Forese moltiplica le forme plebee fiorentine, e anche non fiorentine; nelle rime "petrose" sono più fitti i sicilianismi e i provenzalismi che ricordano i maestri a cui il poeta si ispira in queste prove: *ancide* "uccide", *ancise* "uccise", *anciso* "ucciso" (▸T49, vv. 9, 36, 75), *atarme* "aiutarmi" (v. 13).

Stile elevato Quando i temi e lo stile sono più elevati abbondano invece i latinismi: da *laudare*, che la *Vita nuova* ha in comune con gli altri canzonieri stilnovisti (▸T42, v. 5), al più raro *labbia* "viso" (▸T42, v. 12), che si troverà ancora nella *Commedia*. Sono di gusto latineggiante anche le forme non troncate *nobilitade* (▸T47, r. 2) e – nel *Convivio* – *liberalitade, dignitate*.

Dante prosatore

La sintassi del periodo Gli ultimi esempi citati appartengono a testi in prosa; è questo il campo in cui Dante appare più decisamente un pioniere: nelle prose della *Vita nuova* e in quella del *Convivio* non vediamo quei segni di una sintassi ancora incerta, di una faticosa presa di distanza dal parlato, che sono così evidenti nei prosatori anteriori e contemporanei. Dante è il primo che affronta in prosa volgare argomenti di alto impegno filosofico e morale, e il suo periodare ben costruito, modellato sul latino della filosofia medievale, rispecchia con chiarezza la struttura del pensiero.

Effetti di stile Le elaborate strutture sintattiche sono poste al servizio di effetti stilistici diversi nelle due opere. Nelle prose della *Vita nuova* si ha un effetto di rallentamento, a cui contribuisce la scelta costante delle espressioni più lunghe e composte: *de lo* al posto di "dello", il relativo *lo quale* preferito ai più rapidi "che", "cui", le locuzioni congiuntive *avvegna che* ("succeda pure che" → "sebbene", ▸T50, r. 21), *con tutto che* ("anche in presenza di tutto questo" → "nonostante", ▸T46, r. 52), *però che* ("per questo, che" → "perché", ▸T43, r. 33; ▸T46, r. 36); se aggiungiamo le frequenti ripetizioni di parole, capiamo come si ottiene un effetto di tempo rallentato, di rapimento estatico. Nel *Convivio* invece le strutture del periodo, spesso assai complesse ma rigorosamente equilibrate, hanno l'effetto di sottolineare la salda architettura del pensiero, di illuminarne i passaggi analitici scanditi secondo i canoni della filosofia scolastica.

La *Commedia*

Un impasto stilistico eterogeneo Tutte queste esperienze confluiscono nell'impasto stilistico straordinariamente eterogeneo della *Commedia*. Nel trattato *De vulgari eloquentia* (▸T51) Dante aveva teorizzato una lingua unitaria illustre, priva di aspetti municipali, con un'attenta selezione del lessico. Ma questo ideale si realizza forse in alcune canzoni dottrinali come quelle incluse nel *Convivio*, mentre è estraneo alla *Commedia*. Parole che nel *De vulgari eloquentia* erano condannate come troppo "puerili" per il volgare illustre compaiono nella *Commedia*, ad esempio *babbo* e *mamma* (▸T64, v. 44), e così parole giudicate troppo plebee, municipali o campagnole. Ma già in quel trattato il volgare illustre era riservato alla poesia di stile "tragico", mentre allo stile "comico" conveniva «talora il volgare mediocre, talora l'umile», e il titolo *Commedia* dato al poema nella dedica a Cangrande della Scala (▸T53) si riferisce appunto a questa scelta di stile mezzano. Esso consente al poeta di muoversi con grande libertà su tutti i livelli, nel continuo variare delle situazioni narrative, degli argomenti, dei toni. Del resto non è forse un caso che l'inizio della stesura del poema abbia coinciso con l'interruzione del trattato: il progetto della *Commedia* era troppo grandioso per rientrare negli schemi teorici di cui Dante disponeva.

Il fiorentino e le altre tradizioni volgari Con la stessa libertà si muove la *Commedia* sul piano strettamente linguistico: la lingua del poema è sostanzialmente fiorentina, ma il poeta attinge largamente, quando gli serve, a parole e forme di altre parti d'Italia, soprattutto a quelle che ha incontrato nei poeti volgari del Duecento.

Tipica a questo proposito è la cosiddetta "rima siciliana": i poeti della scuola siciliana giungono a Dante attraverso le trascrizioni di copisti toscani, i quali tendevano a ricondurre al loro volgare le forme del siciliano, soprattutto nel vocalismo. Poteva accadere che nella trascrizione una parola modificata nella terminazione fosse in rima non più esatta con la finale di un altro verso: per esempio, nel sonetto di Giacomo da Lentini riportato in ▸T11, al v. 7, *gaudere* è in rima con *dire* (evidentemente l'originale siciliano aveva *gaudire*). I poeti toscani avevano adottato questa possibilità come convenzione, e anche Dante se ne serve: fra i brani qui riportati se ne trovano esempi nel canto I dell'*Inferno* (▸T54, vv. 44, 46, 48) e nell'episodio di Farinata (▸T57). Un altro sicilianismo di origine letteraria è *aggia* "abbia" (▸T62, v. 102). Ma altrove si può trovare un settentrionalismo come *brolo* ("giardino"), e le forme dell'Italia centrale *avria*, *poria* e simili alternano con *avrebbe*, *potrebbe*.

Dante nella *Commedia* non ha scrupoli puramente linguistici, e prende dalla lingua dei suoi concittadini e dei poeti di altre regioni qualunque forma possa servire in un dato luogo a esprimere il suo pensiero nelle ben scandite terzine. Basta osservare come nell'episodio del conte Ugolino (▸T60) usa a poca distanza tre forme diverse per "mangiare": il latinismo *manduca* (XXXII, v. 127), *mangi* (XXXII, v. 134), il fiorentino popolare *manicar* (XXXIII, v. 60).

Latinismi Un altro contributo alla varietà del lessico della *Commedia* lo danno i latinismi, cioè le forme modellate sul lessico latino (ne sono state contate circa 500 diverse), già frequenti nelle prose e poesie duecentesche; compaiono soprattutto là dove l'argomento è elevato o parla un personaggio antico ed autorevole: si veda per esempio, nell'invettiva di San Pietro (▸T67), nel giro di pochi versi, *fleto* "pianto" (v. 45), *signaculo* "insegna" (v. 50), *concipio* "concepisco" (v. 63).

Verbi derivati Uno dei tratti che più caratterizzano l'espressività dantesca è l'uso di verbi derivati con prefisso da nomi, che condensano in una parola pensieri e immagini. Sono spesso espressioni coniate da Dante, come «l'alito di giù che vi *s'appasta*» ("si condensa come in una pasta", ▸T58, v. 107), «che *pennelleggia* Franco Bolognese» ("dipinge coi pennelli", ▸T63, v. 83), «*s'infutura* la tua vita» ("si prolunga nel futuro", *Par.* XVII, v. 98), «ciò che per l'universo *si squaderna*» ("si dispiega, si apre come un blocco di fogli", ▸T68, v. 87). Questa creatività linguistica sembra manifestare l'impazienza di un pensiero che, oltre a servirsi di tutto il lessico di cui dispone, lo costruisce nel momento stesso in cui ne ha bisogno per esprimersi con efficacia e concisione.

QUESTIONI DI LINGUA

1. Analizzate le ripetizioni di parole nel primo capitoletto della *Vita nuova* (▸T43) e dite quale effetto stilistico producono a vostro avviso.
2. Cercate le forme *fia* in ▸T56, ▸T57, ▸T60, ▸T66 e *fora* in ▸T59, ▸T62; che cosa significano? A quale verbo, tempo e modo appartengono?
3. Nella lettura di Dante si possono incontrare parole che nell'italiano attuale sono rimaste invariate quanto alla forma, ma hanno cambiato significato. Spiegate il significato che hanno nel testo le seguenti parole:
   - *altrui* (▸T42, v. 2);
   - *fortuna* (▸T48, v. 5);
   - *gentile* (▸T42, v. 1; ▸T46, r. 36; ▸T47, v. 12);
   - *noia* (▸T54, v. 76)
   - *novella* (▸T46, r. 63);
   - *onde* (▸T55, v. 20; ▸T57, vv. 45, 85; ▸T58, v. 126; ▸T63, v. 112; ▸T64, v. 106; ▸T67, v. 54);
   - *ragionare* (▸T48, v. 12; ▸T55, v. 51);
   - *talento* (▸T48, v. 7; ▸T57, v. 55).
4. Individuate alcuni esempi di rima siciliana nel canto di Farinata (▸T57).
5. Individuate i latinismi nel primo incontro tra Dante e Virgilio (▸T54, vv. 64-78).
6. Individuate i latinismi nella preghiera di San Bernardo alla Vergine (▸T68, vv. 1-39).
7. Nell'invettiva di San Pietro (▸T67) individuate i verbi derivati tipici di Dante.

Parlando d'amore con Dante

GIAN MARIO ANSELMI

C'è un amore feroce e predatorio e al tempo stesso struggente e senza riposo: è quello dell'innamorato che attende "risposta", che non è corrisposto appunto e che solo nel conseguimento di chi ama trova felicità e placa un'ansia instancabile, almeno per un poco. La mancanza della "risposta", il diniego aprono un baratro, una irredimibile angoscia. I romantici dopo Petrarca hanno reso immortale questo terribile e meraviglioso rovello. Ma Dante ci aveva indicato un'altra strada, non facile eppure straordinaria: l'amore che non pretende risposta, che non ardisce anzi di avere risposta. L'amata è così incomparabilmente bella e affascinante e superiore che pare folle pensare che ti offra più di uno sguardo, di un sorriso, di un "cenno". Ma sono questo sguardo, questo sorriso, questo "cenno" che danno la felicità, sono anzi LA felicità. Non c'è angosciosa attesa di possesso predatorio, non può aver campo la gelosia rabbiosa e insana, non c'è mutazione effimera di capricci. "Tanto gentile e tanto onesta pare ...": il poeta è sazio al solo poter guardare la donna amata, la sua bellezza, il suo sorriso, il suo "cenno"; l'incrocio appena complice di uno sguardo rendono grandissimo l'amore nella sua assoluta "gratuità" [...]. Di più: la donna è totalmente consapevole del suo fascino ma non ne insuperbisce e lo offre con dolcezza e amabile seduzione con lo sguardo e l'adorabile conversare a chi ritiene pronto allo scambio disinteressato, a questo amore che è paradossalmente anche amicizia e *affectus*[1] [...], condivisione dei molti che sono in noi coi molti che sono nell'altro senza alcuna feroce ansia di possesso o di pretesa di annullamento di sé nell'altro o viceversa. Dante è felice che tutti notino la bellezza e la nobiltà di Beatrice, che mormorino di ammirazione nel vederla passare, quasi "angelo venuto dal cielo a miracol mostrare"; il suo "cenno" quasi angelico [...] che esalta ogni fibra del cuore di Dante è il "cenno" che rende ogni altro che la incontra più "nobile", più generoso. Dante non ne è geloso ma condivide questo straordinario dono e la sua felicità è la felicità di tutti quelli che sanno riconoscere nella donna amata da Dante la "Beatrice", la donatrice appunto di soave beatitudine al solo osservarla, attendendone il sorriso, lo sguardo. [...] E in questo dono laicamente beato il dolore buio che ci convive non scompare ma trova una luce che rischiara per un attimo di felicità il nostro duro esserci fra le cose spigolose nel mondo. Ogni tanto torniamo al Dante della *Vita nova:* il convulso fluire che ci martella troverebbe una sosta e l'amore una voce nuova per dirne senza affanni ma con il puro piacere di dirne.

www.griseldaonline.it, pubblicato il 14 marzo 2016

1. ***affectus***: passione (latino).

1. Quale fra le seguenti affermazioni non rappresenta uno scopo del testo?
- **A.** ☐ Attualizzare la visione dantesca dell'amore
- **B.** ☐ Proporre una chiave di lettura originale per la *Vita Nuova*
- **C.** ☐ Criticare la poesia successiva a Dante (Petrarca e i romantici)
- **D.** ☐ Proporre una concezione dell'amore diversa da quella corrente

2. Stabilisci se le seguenti affermazioni relative alle scelte formali dell'autore sono vere o false. *Metti una crocetta per ogni riga.*
- **a.** L'autore usa molte espressioni sinonimiche. V F
- **b.** Nel testo sono presenti molte metafore. V F
- **c.** Nel testo ci sono molte variazioni di registro linguistico. V F
- **d.** Prevale uno stile ipotattico, con numerose subordinate di 2° o 3° grado. V F
- **e.** Tutti i verbi sono coniugati al presente. V F

3. In "Dante non ne è geloso" (riga 20), "ne" è:
- **A.** ☐ un avverbio di negazione
- **B.** ☐ una congiunzione negativa
- **C.** ☐ un pronome
- **D.** ☐ un avverbio di modo

4. Secondo l'autore, quale concezione dell'amore è trasmessa nella *Vita nova*? Puoi rispondere riportando citazioni dal testo o riformulandole con parole tue.

....

Dante e l'Islam

UMBERTO ECO

È ormai assodata l'influenza di molte fonti musulmane sull'autore della *Divina Commedia*. Ma oggi, turbati dalla violenza fondamentalista, tendiamo a dimenticare i rapporti profondi tra la cultura araba e quella occidentale

Nel 1919 Miguel Asín Palacios pubblicava un libro ("La escatologia musulmana en la Divina Comedia") che aveva fatto subito molto rumore. In centinaia di pagine identificava analogie impressionanti tra il testo dantesco e vari testi della tradizione islamica, in particolare le varie versioni del viaggio notturno di Maometto all'inferno e al paradiso. Specie in Italia ne era nata una polemica tra sostenitori di quella ricerca e difensori dell'originalità di Dante. Si stava per celebrare il sesto centenario della morte del più "italiano" dei poeti, e inoltre il mondo islamico era guardato piuttosto dall'alto al basso in un clima di ambizioni coloniali e "civilizzatrici": come si poteva pensare che il genio italico fosse debitore delle tradizioni di "extracomunitari" straccioni? [...]
Ormai è assodato che Dante abbia subito l'influenza di molte fonti musulmane. Il problema non è se lui le avesse avvicinate direttamente ma come sarebbero potute pervenirgli. Si potrebbe cominciare dalle molte visioni medievali, dove si raccontava di visite ai regni dell'oltretomba. Sono la "Vita di san Maccario romano", il "Viaggio di tre santi monaci al paradiso terrestre", la "Visione di Tugdalo", sino alla leggenda del pozzo di san Patrizio. Fonti occidentali, certo, ma ecco che Asín Palacios le paragonava a tradizioni islamiche, mostrando che anche in quei casi i visionari occidentali avevano appreso qualcosa dai visionari dell'altra sponda del Mediterraneo. E dire che Asín Palacios non conosceva ancora quel "Libro della Scala", ritrovato negli anni Quaranta del secolo scorso, tradotto dall'arabo in castigliano e poi in latino e antico francese. Poteva conoscere Dante questa storia del viaggio nell'oltretomba del Profeta? Poteva averne avuto notizia attraverso Brunetto Latini, suo maestro, e la versione latina del testo era contenuta in una "Collectio toledana", dove Pietro il Venerabile, abate di Cluny, aveva fatto raccogliere testi arabi filosofici e scientifici – tutto questo prima della nascita di Dante. [...]
Ha ancora senso leggere questo libro, dopo che tante ricerche successive gli hanno in gran parte dato ragione? Lo ha, perché è scritto piacevolmente e presenta una mole immensa di raffronti tra Dante e i suoi "precursori" arabi. E lo ha ai giorni nostri quando, turbati dalle barbare follie del fondamentalismi musulmani, si tende a dimenticare i rapporti che ci sono sempre stati tra la cultura occidentale e la ricchissima e progredita cultura islamica dei secoli passati.

«L'Espresso», *La bustina di Minerva*, 12 dicembre 2014

1. **Nella frase "Specie in Italia ne era nata una polemica" (righe 4-5), "ne" è:**
   A. □ un pronome che significa "da esso" (il libro) o "da essa" (la pubblicazione)
   B. □ un avverbio di luogo che rafforza il complemento "in Italia"
   C. □ un avverbio di negazione che anticipa i giudizi negativi suscitati dal libro
   D. □ un pronome partitivo usato in maniera pleonastica

2. **Il termine "assodato" (riga 9) significa:**
   A. □ ipotizzato **B.** □ dimostrato **C.** □ negato **D.** □ indurito

3. **Per quali ragioni il saggio di Asín Palacios ha suscitato polemiche? Indicane due.**
   1. ....
   2. ....

4. **Completa in modo opportuno il seguente periodo.**
   Secondo ...., la lettura di *Dante e l'Islam* è un'esperienza .... per varie ragioni: il volume presenta una grande quantità di .... fra Dante e i suoi modelli arabi; richiama .... che ci sono sempre stati fra cultura occidentale e civiltà islamica; inoltre è scritto in maniera molto ....

3 | FRANCESCO PETRARCA

IL PROFILO

La vita e le idee

BIBLIOTECA
LEZIONE SU FRANCESCO PETRARCA

UNA PERSONALITÀ INQUIETA

Un "viaggio" interiore

L'opera di Dante culmina in un viaggio nell'aldilà che condensa l'eredità culturale di un'epoca, quella di Petrarca ci propone all'opposto un "viaggio" tutto introverso: l'esplorazione dell'interiorità, dei sentimenti, l'analisi sottile dei propri problemi morali, dei dubbi dell'anima. È questo uno degli aspetti che lo rendono "moderno", più vicino a noi dei suoi contemporanei.

Da Arezzo a Avignone

Le circostanze contribuirono a fare di lui un intellettuale "moderno" anche in un altro senso: fu il primo ad avere un orizzonte di interessi italiano ed europeo, superando il municipalismo dell'età comunale. Di famiglia fiorentino, passò tutta la vita lontano da Firenze, senza sentirsi esule: suo padre, ser Petracco, era un notaio che era dovuto fuggire dalla città in seguito al colpo di Stato dei guelfi neri del 1300, lo stesso che era costato l'esilio a Dante. Francesco nacque ad Arezzo nel 1304 e otto anni dopo seguì la famiglia ad Avignone, da poco divenuta sede papale e quindi centro di affari propizio alla professione del padre. Venne avviato agli studi giuridici e dal 1320 al 1326 fu a Bologna, sede della più importante facoltà di Diritto del Medioevo.

Laura

Ma i suoi interessi erano tutti per la letteratura: alla morte del padre abbandonò il diritto, rientrò ad Avignone e per qualche anno fece vita mondana nell'alta società intorno alla curia papale, consumando l'eredità paterna.

Risale a questo periodo l'inizio dell'amore per Laura, a cui il poeta si professò devoto per tutta la vita, anche oltre la morte della donna avvenuta nel 1348. Non conosciamo con certezza la sua identità e qualcuno ha anche supposto che fosse solo una finzione letteraria; ma l'ipotesi più probabile la identifica con una dama avignonese sposata, secondo la tradizione dell'amore cortese che doveva essere un amore impossibile. È probabilmente un amore vero, ma vissuto tutto su un piano mentale; certo non interferisce con la vita pratica del poeta, che si fece chierico ed ebbe due figli naturali, frutto di relazioni temporanee; la cosa non era scandalosa per il costume dell'epoca.

I canonicati

Intanto provvedeva alla propria sistemazione: abbracciata la carriera ecclesiastica, entrò al servizio della potente famiglia Colonna come cappellano di famiglia. Ottenne in seguito diversi canonicati senza cura d'anime (in pratica il diritto di riscuotere le rendite ecclesiastiche di varie località senza nessun obbligo, nemmeno di visitarle, secondo un costume diffuso all'epoca); questo gli assicurò un'esistenza abbastanza agiata. Sia per incarico dei suoi padroni sia per curiosità di conoscere il mondo, cominciò a fare viaggi in Francia, nelle Fiandre, in Germania; nel 1336 vide per la prima volta Roma, con la commozione di un appassionato dell'antichità.

L'incoronazione

Per sfuggire alla vita agitata della capitale pontificia Petrarca si ritirò in un podere che si comprò a Valchiusa, non lontano da Avignone, dove poté realizzare il suo ideale di una vita appartata e dedita agli studi. Intanto cresceva la sua fama di erudito e di poeta e si intensificavano i contatti con i più importanti personaggi della Chiesa, della politica e della cultura europea, grazie anche a una fittissima corrispondenza in latino. Nel 1341 ebbe l'onore di essere incoronato poeta a Roma, in Campidoglio, per iniziativa del re di Napoli Roberto d'Angiò, grande protettore di letterati: non fu solo la consacrazione del suo successo, ma anche il riconoscimento ufficiale di un prestigio nuovo per tutta la categoria dei letterati.

La crisi interiore

Si colloca in questo periodo una crisi spirituale stimolata da vari episodi, tra cui la monacazione del fratello Gherardo, suo compagno di studi e svaghi in gioventù. Non fu una conversione, ma un ripensamento del rapporto fra i suoi interessi mondani (la cultura classica, la ricerca di onori e fama, la condotta privata) e la fede cristiana a cui aderiva, come è ovvio per un uomo del suo tempo. Testimonia questo dibattito interiore il dialogo latino *Secretum*, cominciato nel 1342. Petrarca non fece una scelta netta, si sforzò anzi di conciliare il cristianesimo con l'amore per la cultura pagana antica, la poesia, la gloria; ma il conflitto rimase sempre aperto nel suo animo.

▸T71

Petrarca e Cola di Rienzo

Un episodio cruciale per il poeta fu il tentativo di Cola di Rienzo, eletto tribuno del popolo romano nel 1347, che ambiva a restaurare la Repubblica romana e farne il centro di un impero italiano e universale: era un sogno di restaurazione dell'antico, che rispondeva anche all'esigenza di superare la frammentazione politica italiana. Petrarca, imbevuto di cultura classica, aderì con entusiasmo al programma e vi collaborò con una serie di violente lettere pubbliche in cui esaltava il tribuno, lo ammoniva per i suoi errori, lo difendeva quando, sconfitto, fu prigioniero dell'imperatore e poi del papa. Non ebbe paura, per questo, di mettersi contro la curia avignonese e di rompere con i Colonna.

Il Palazzo dei Papi ad Avignone in una miniatura francese del 1409. (Parigi, Bibliothèque Nationale de France)

Il ritorno in Italia

Questa rottura fu tra i motivi che lo spinsero ad abbandonare la Provenza; dopo un soggiorno in varie città italiane, nel 1353 si stabilì a Milano, ospite onorato di Giovanni Visconti, arcivescovo e signore della città. In qual conto fosse tenuto è dimostrato dalle missioni diplomatiche che gli vennero affidate: a Venezia, a Parigi presso il re di Francia, a Praga presso l'imperatore Carlo IV di Boemia. Ma la sua scelta fu criticata da coloro che gli rinfacciavano di essersi fatto cortigiano dopo aver declamato contro le corti, e in particolare dagli amici fiorentini, tra i quali uno dei più cari era Giovanni Boccaccio, che gli rimproveravano di essersi posto al servizio dei "tiranni" nemici della libertà comunale fiorentina. La sua risposta fu che una dipendenza materiale non intaccava la sua libertà interiore e la possibilità di coltivare gli studi.

▸D9

DOCUMENTO 9

L'AMICIZIA CON I TIRANNI

Quando nel 1355 gli fu riferito che un cardinale francese della curia di Avignone lo aveva definito «amico dei tiranni», Petrarca scrisse un violento libello di risposta, il cui titolo completo è, in traduzione, *Invettiva contro un uomo di alta condizione, ma di nessuna scienza o virtù*. Riportiamo il passo in cui risponde più direttamente all'accusa.

Francesco Petrarca, *Invectiva contra quendam magni status hominem* ("Invettiva contro un uomo di alta condizione"), trad. dal latino di P.G. Ricci, a cura di G. Martellotti, Ricciardi, Milano-Napoli, 1955

Con l'animo non sono sottoposto se non a Colui che mi ha dato l'animo, ovvero a qualcuno che io mi sia convinto essergli profondamente amico[1]: ed è una specie rarissima. [...] Tolti questi, non c'è uomo al quale l'animo mio sia sottomesso. Come vedi, la parte migliore di me o è libera oppure, priva di libertà per motivi gradevoli e nobili[2], non aspira a esser libera in modo differente e teme di esservi costretta e vi si rifiuta. Questo per l'animo. L'altra parte di me, quella terrena, conviene[3] sia sottoposta ai signori di quei luoghi nei quali abita. Come negarlo, infatti, quando vedo che coloro i quali comandano gli inferiori sono sottoposti ai superiori, e che tutto si riduce a quel detto di Cesare[4]: «l'umanità vive per pochi»? [...] Volgiti verso qualsivoglia parte della terra, non c'è località che non abbia la sua tirannide; dove non ci sono tiranni, tiranneggiano i popoli[5]; e così, quando t'illudi di essere sfuggito a un tiranno solo, incappi in molti.

Roberto d'Angiò, re di Napoli, in una miniatura di Convenevole da Prato del XIV secolo. Fu un grande protettore dei letterati, nel 1341 incoronò poeta Francesco Petrarca a Roma. (Londra, British Museum)

1. **a Colui... amico**: a Dio, che mi ha creato, o ai pochi buoni, amici di Dio, che possono essere anche amici miei.
2. **per motivi... nobili**: per l'amicizia, che impone dei vincoli.
3. **conviene**: è necessario.
4. **detto di Cesare**: una frase attribuita a Giulio Cesare dal poeta latino Lucano nella *Farsaglia*.
5. **dove... popoli**: nelle repubbliche.

Gli ultimi anni

Lasciò Milano nel 1361 e l'anno successivo si stabilì a Venezia, dove ottenne una casa col patto che avrebbe lasciato in eredità alla Repubblica la sua biblioteca, da trasformarsi in biblioteca pubblica. La motivazione della delibera del Gran Consiglio suona: «Considerando quanto questa offerta presentata da Messer Francesco Petrarca (la cui fama è oggi così grande nell'intero mondo che, a memoria d'uomo, non c'è mai stato fra i Cristiani un filosofo morale o un poeta paragonabile a lui) possa tornare a lode a Cristo e a S. Marco evangelista, così come pure di prestigio e fama alla nostra città...».

Ma dopo qualche anno il poeta lasciò Venezia e divenne ospite di Francesco Carrara, signore di Padova, dal quale ebbe una villa ad Arquà, sui Colli Euganei. Fu ancora attivo nella vita pubblica, partecipando alla campagna per il ritorno dei papi da Avignone a Roma, ma si dedicò soprattutto all'interminabile revisione delle sue opere latine e volgari e alla corrispondenza coi numerosi amici e discepoli: tutta una generazione di uomini di lettere lo venerava come maestro. In una delle ultime lettere a Boccaccio scrisse: «C'è una lode che non respingo: quella di aver suscitato in Italia, e forse anche fuori d'Italia, questi nostri studi trascurati da molti secoli»; e si augurava che la morte lo cogliesse «mentre leggo o scrivo, oppure, se così piacerà a Cristo, mentre prego e piango». Morì ad Arquà nel 1374.

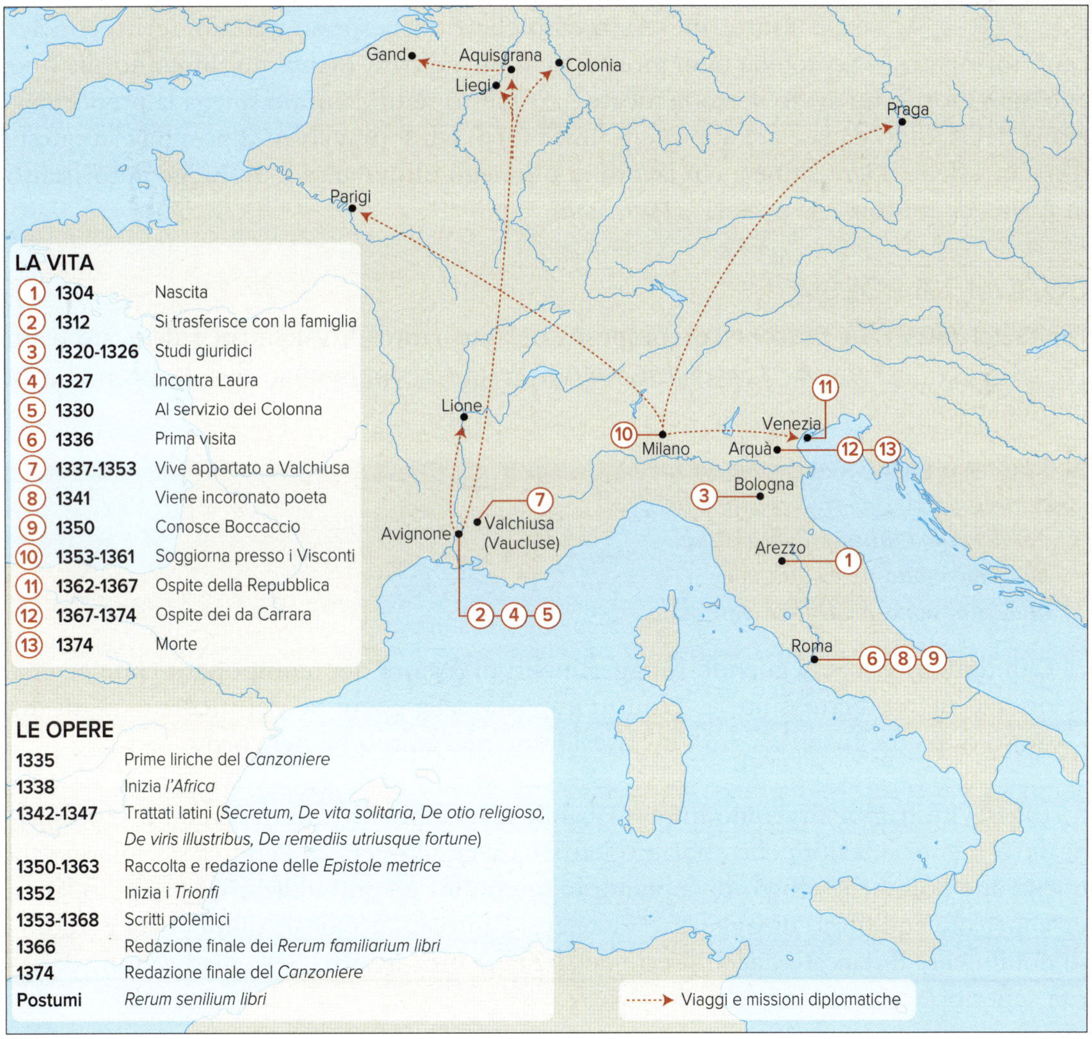

LA SCOPERTA DELL'INDIVIDUO

Una ininterrotta autobiografia

L'aspetto più nuovo dell'opera di Petrarca è il carattere soggettivo. L'io del poeta domina nei versi in volgare, per quanto idealizzato; e in forme di confessione più diretta domina gran parte dell'opera latina: il *Secretum*, le opere polemiche, le epistole in versi e in prosa; queste ultime in particolare accompagnano la sua vita quasi giorno per giorno come un perenne autoritratto (da esse traiamo quasi tutte le prossime citazioni). Non si tratta di un "io" proposto come esempio ideale del percorso di redenzione di ogni cristiano, come nella *Commedia*: l'"io" di Petrarca è un individuo concreto, con le sue vicende e le sue contraddizioni.

Le contraddizioni

Il successo esterno si accompagna al conflitto interiore. Il florido canonico, il cortigiano onorato, il poeta armonioso si dichiara afflitto da una perenne irrequietudine: «La mia volontà ondeggia, i desideri si urtano e in quest'urto si dilaniano». Da una parte c'è il desiderio di gloria, l'amore per la cultura classica, l'amore per Laura, dall'altra l'aspirazione a una perfezione di vita cristiana intesa asceticamente, come disprezzo dei valori mondani. Gli manca un centro, una salda architettura ideale che dia unità a questo conflitto; nella crisi delle istituzioni e della cultura medievale si sente solo (individuo, appunto).

▸T72

La fuga del tempo

Sentirsi individuo vuol dire anche sentirsi limitato, soggetto al tempo e alla morte, un sentimento che ritorna spesso nei suoi scritti con accenti tormentosi: «Sento che ogni giorno, ogni ora ed ogni istante mi spingono alla fine; che ogni giorno mi avvio verso la morte...». Questo stato d'animo spiega la preoccupazione del ricordo da lasciare ai posteri, unica forma di sopravvivenza possibile su questa terra: una delle opere latine a cui lavorò di più negli ultimi anni è un lungo autoritratto in forma di epistola "Ai posteri" (*Posteritati*).

L'*OTIUM*, LA POESIA

La serenità del dotto

In un sonetto composto nel suo ritiro di Valchiusa e dedicato a un amico (*Canzoniere,* CXIV), Petrarca rappresenta così la propria vita quotidiana:

Qui mi sto solo, e come Amor m'invita
or rime e versi, or colgo erbette e fiori [...]
Né del vulgo mi cal né di fortuna,
né di me molto né di cosa vile
né dentro sento né di fuor gran caldo.

Qui dimoro solo, e seguendo i suggerimenti di Amore ora (compongo) rime e versi, ora raccolgo erbette e fiori... Non m'importa della gente né del successo, né di me stesso o di cose materiali, non mi riscaldo né nell'animo né nel corpo.

Questa immagine di sereno imperturbabile raccoglimento contrasta con le espressioni di tormento interiore che abbiamo letto. La vita e l'opera di Petrarca si svolgono fra questi due poli, nello sforzo di superare inquietudini e contraddizioni per approdare a un superiore equilibrio di saggezza. Nasce così l'autoritratto ideale di un poeta e studioso nobilmente distaccato dalle miserie della vita pratica, assorto nella meditazione di verità superiori.

"Vivere coi morti" La meditazione avviene attraverso la frequentazione dei grandi libri dell'antichità. Le opere latine di Petrarca inanellano un continuo florilegio di citazioni degli autori antichi: non solo ogni affermazione generale ma anche ogni minima esperienza personale si rispecchia nelle loro parole. L'età presente gli appare corrotta e vile, tutta presa da bassi interessi materiali; nei classici trova una realtà superiore e veramente sua: «mi diletto a stare coi morti piuttosto che coi vivi». Non stupisce allora trovare nella raccolta delle *Familiares* ("Lettere familiari") un gruppo di lettere indirizzate ai grandi scrittori latini, come ad amici.

Francesco Petrarca nel suo studio in un affresco del XIV secolo. (Padova, Sala dei Giganti)

La scrittura Come la lettura, così lo scrivere è per Petrarca un bisogno fondamentale: «Languo e mi tormento sempre, meno che quando sto scrivendo». Scrivere significa sollevare la propria esperienza su un piano di superiore dignità e compostezza, realizzare l'equilibrio spirituale nell'armonia dello stile. In una lettera sul tema dell'"eloquenza" (la prosa letteraria, diremmo oggi), il poeta pone sullo stesso piano l'esigenza di correggere i propri costumi e quella di correggere il proprio stile: l'eleganza formale non è meno importante del valore morale dei contenuti.

L'aristocrazia dello spirito Una letteratura così intesa ha un valore sociale in quanto permette di comunicare esperienze e insegnamenti a uomini lontani nello spazio e nel tempo; ma la sua utilità è riservata a pochi spiriti eletti: «La poesia è cosa dolcissima, tale però che sono atti a gustarla solo rarissimi ingegni d'indole eccelsa e nobilmente distaccati da tutte le cose umane». Tutti gli altri sono il "volgo", per il quale il poeta ostenta il massimo disprezzo. Il "volgo" include non solo gli strati sociali inferiori, esclusi dalla cultura, ma tutti coloro che danno la preminenza a interessi materiali. Nelle *Invective contra medicum* ("Invettive contro un medico") Petrarca rivendica l'inutilità pratica della poesia come un titolo di superiorità sulle vili "arti meccaniche" necessarie alla vita.

Latino e volgare Questa concezione spiega il ritorno al latino come unica lingua di cultura, di cui Petrarca è il banditore, in opposizione alla democratizzazione culturale che la civiltà comunale aveva prodotto con la letteratura in volgare. Spiega anche il suo atteggiamento reticente rispetto alla popolarità di Dante («quel nostro concittadino, popolare per quel che riguarda lo stile, ma indubbiamente nobile per il contenuto»). In una lettera a Boccaccio il poeta si difende così dall'accusa di essere invidioso della fama dantesca: «non si dica ch'io invidio a costui l'applauso e le rauche grida dei tintori, degli osti, dei lanaioli e di altri la cui lode è un'offesa». E aggiunge (contro il vero) di aver da tempo abbandonato la poesia in volgare per tema che le sue composizioni finiscano sulla bocca di questa sorta di gente.

PETRARCA E L'ARISTOCRAZIA DELLO SPIRITO
- *Dante poeta «popolare»* (in *Epistole*)
- *«Stare coi morti»* (in *Epistole*)
- *«Sul confine di due popoli»* (in *Rerum memorandum libri*)

L'UMANESIMO

Restaurazione del latino classico

La scelta del latino è uno degli elementi con cui Petrarca dà inizio a quel moto di cultura che dopo la sua morte dominerà per un secolo e che chiamiamo "umanesimo". Il suo latino è diverso da quello medievale, che era in primo luogo la lingua della filosofia scolastica, povera e schematica, "barbara" (cioè lontana dai modelli antichi) nella grammatica e nel lessico. Petrarca si sforza di imitare i grandi classici, soprattutto Cicerone e Virgilio, di riprodurre la loro sonora eleganza in prosa e in versi. Quest'opera sarà continuata e perfezionata dagli umanisti del secolo seguente: «Francesco Petrarca», scriverà nel 1436 Leonardo Bruni «fu il primo il quale ebbe tanta grazia d'ingegno, che riconobbe e rivocò in luce l'antica leggiadria dello stilo perduto e spento» (▸ Vol. 2, D2, p. 11).

La caccia ai libri antichi

▸D10

Petrarca è anche un pioniere nella ricerca delle opere antiche trascurate dalla cultura medievale, che giacevano dimenticate nelle biblioteche dei monasteri. Non si stanca di frugare le biblioteche, tempesta gli amici di richieste perché cerchino, gli copino, gli prestino i libri ritrovati; una delle sue scoperte sono le *Lettere* di Cicerone, a cui si ispira nel pubblicare le proprie. Questa ricerca comporta un mutamento di atteggiamento culturale: la letteratura antica non è più un patrimonio definito da conservare, ma un terreno da esplorare, e così il sapere gli appare un campo aperto alla scoperta di cose nuove: «mai all'acutezza dell'ingegno umano sarà chiusa la via a nuove indagini».

DOCUMENTO 10

LA PASSIONE DEI LIBRI

Il brano è tratto da una lettera che Petrarca scrisse, forse nel 1346, dalla Provenza a Giovanni dell'Incisa, suo parente e priore del Convento di San Marco a Firenze, pregandolo di procurargli dei libri di cui accludeva la lista.

Francesco Petrarca, *Epistole* (*Familiarum rerum libri*, "Le familiari"), trad. dal latino di U. Dotti, UTET, Torino, 1978

Tu poi, se mi vuoi bene, fa' che persone colte e fidate frughino per la Toscana, cerchino negli scaffali dei monasteri e degli studiosi per riuscire a trovare qualcosa, diciam così, capace di calmare o eccitare la mia sete[1]. Del resto, benché tu sappia benissimo in quali laghi peschi o per quali boscaglie vada a caccia[2], tuttavia, perché non ti possa sbagliare, ho accluso a parte una nota di quanto soprattutto desidero; e perché sia più zelante, ricordati che ho rivolto uguali preghiere ad altri amici in Inghilterra, Francia e Spagna. Che nessuno dunque ti preceda in premure e diligenza; datti da fare e addio.

1. **calmare... sete**: i libri placheranno il desiderio, ma insieme ne faranno sorgere di nuovi.
2. **in quali... caccia**: metaforicamente, in quali ambiti vado cercando libri.

Barthélémy d'Eyck, *Natura morta con libri*, 1445. (Amsterdam, Rijksmuseum)

L'umanesimo cristiano

Il sapere che lo interessa non è la sistematica spiegazione razionale dell'universo che la filosofia scolastica aveva costruito sulla base di Aristotele e di cui Dante era stato l'ultimo grande divulgatore. Petrarca ostenta disinteresse per Aristotele e disprezzo per l'aristotelismo delle università a cui dedica uno dei suoi sferzanti scritti polemici, *De sui ipsius et multorum ignorantia* ("Sull'ignoranza propria e di molti altri", vedi p. 565). Disprezza soprattutto gli studi di filosofia naturale (la "scienza" del tempo): per lui vale solo la filosofia morale, lo studio dell'animo umano e delle vie della salvezza; un campo non tanto di dimostrazioni razionali quanto di persuasione, educazione, eloquenza. I suoi autori sono i grandi moralisti dell'antichità, Cicerone, Seneca, soprattutto Agostino: nell'autore delle *Confessioni* trova un modello di introspezione morale e vede realizzata la conciliazione tra amore per la cultura classica e fede cristiana.

IL LETTERATO E IL POTERE

La letteratura come professione

Nella storia della cultura Petrarca è stato il primo a considerare la letteratura come propria esclusiva professione. Ha potuto realizzare questo ideale perché era in sintonia con le condizioni del suo tempo, con le esigenze di politica culturale delle corti signorili presso le quali passò gran parte della vita. In questi ambienti la cultura non era più intesa alla maniera comunale, come strumento di regolazione della vita sociale o di educazione popolare, ma come un modo per dare lustro alla signoria, estendendo l'egemonia politica al piano della cultura.

Il letterato cortigiano

Petrarca ha insomma inaugurato la figura sociale del poeta cortigiano che sarà dominante nella nostra letteratura per quattro secoli. Questa posizione comporta per il letterato dei rischi morali di servilismo, opportunismo, distacco dai problemi della maggioranza della società. Il problema viene posto al poeta dalle critiche che gli vengono per la sottomissione a diversi signori, da parte di avversari ma anche di amici; in una lettera a Boccaccio del 1366 risponde di essere stato sempre «il più libero degli uomini [...] anche se è necessario che nel corpo e nelle altre cose sia soggetto ai potenti».

Opportunismo e indipendenza

Questa distinzione tra una libertà puramente interiore e la sudditanza materiale poteva fare da paravento all'opportunismo, di cui c'è qualche manifestazione nella sua vita: esaltò prima il re di Napoli Roberto d'Angiò, capo del partito guelfo, e poi i Visconti ghibellini; parteggiò per Venezia finché ne fu ospite e poi per Padova contro Venezia quando cambiò protettore. Ma queste erano per lui scelte senza importanza: era indifferente alle alternative medievali tra guelfi e ghibellini o tra comune e signoria ("tirannide di molti" e "tirannide di uno solo", nei suoi termini). Quando vide in gioco i princìpi a cui teneva seppe dare prova di indipendenza, come nella campagna a favore di Cola di Rienzo contro la curia avignonese. Il grande prestigio di cui godeva, la possibilità di trovare sempre nuovi protettori, gli permisero di mantenere una certa autonomia.

Gli ideali

Tra gli ideali a cui si mantenne fedele, alcuni non erano diversi da quelli che aveva professato Dante: la restaurazione dell'autorità imperiale, il ritorno dei papi a Roma, la riforma morale della Chiesa. I suoi atteggiamenti più nuovi sono altri e discendono dalla passione umanistica: nell'Impero non vede tanto la monarchia universale della cristianità quanto proprio la continuazione dell'Impero romano antico, il dominio imposto ai "barbari" da un popolo di superiore civiltà; Roma è ancora di diritto la signora del mondo. Scrive nella *Invectiva contra eum qui maledixit Italie* ("Invettiva contro uno che ha detto male dell'Italia"), rivolta contro un esponente del clero francese: «Questo barbaro si ricorda dell'antica schiavitù, e con il collo ancora calloso per il giogo di Roma, come uno schiavo fuggitivo, tremebondo sparla da lontano della sua padrona».

L'orgoglio nazionalistico e l'aspirazione alla concordia tra gli Stati italiani contro i "barbari" (non l'unità politica nazionale, che non è concepibile al suo tempo) sono i ▸T82 motivi ispiratori della sua più celebre poesia politica, la canzone *Italia mia*. Erano idee nutrite di memorie storiche, una politica da letterato; ma rispondevano anche a esigenze reali, nel periodo in cui alla crisi delle istituzioni universali e del particolarismo comunale faceva da contraltare il consolidarsi delle monarchie nazionali.

Le opere

LE OPERE LATINE

Un'opera interminabile

Di Petrarca oggi leggiamo soprattutto il *Canzoniere* in volgare, ma la parte più estesa della sua opera, e quella a cui l'autore dichiarava di tenere di più, è in latino. Questa produzione non ha un ordine cronologico certo, perché l'autore è ritornato sugli stessi scritti più volte, a distanza di anni, per rivedere, ampliare, migliorare lo stile, in un'incontentabile ricerca di perfezione; tanto che molte opere non sono mai state finite.

Le lettere

La parte della sua produzione latina che si legge ancora con più interesse è l'epistolario, che comprende circa 550 lettere suddivise in varie ▸T73 raccolte: i *Rerum familiarium libri* ("Lettere agli amici"), le *Sine nomine*, violente invettive politiche pubblicate "Senza il nome del destinatario" per prudenza, i *Rerum senilium libri* ("Lettere della vecchiaia"), pubblicati dai discepoli dopo la sua morte, e la incompiuta *Posteritati* ("Ai posteri").

Le lettere mischiano notizie private, riflessioni morali, considerazioni politiche, attacchi e autodifese. Hanno dunque i caratteri di un epistolario privato, ma sono concepite come un'opera letteraria: l'idea di pubblicarle venne a Petrarca dalla scoperta delle *Lettere* di Cicerone. Anche se in gran parte furono realmente spedite ai destinatari, l'autore nel raccoglierle le sottopose a un'attenta revisione, eliminando i particolari troppo privati, fondendone diverse in una, aggiungendo anche lettere nuove di sana pianta. Del resto, fin dal momento in cui venivano indirizzate non erano una comunicazione strettamente privata: erano lette nella cerchia dei dotti vicini al destinatario, copiate, commentate; quelle di argomento politico poi avevano un po' la funzione di un moderno articolo di giornale.

Così le lettere vengono a costituire una specie di autoritratto ideale, in cui vita e letteratura si fondono: in questo saranno un modello per l'epistolografia degli umanisti.

Il *Secretum*

Uno straordinario documento di indagine interiore è il *Secretum* (o *De secreto conflictu curarum mearum*, "Il segreto conflitto dei miei affanni"), ▸T71 ▸T72 un dialogo in tre libri cominciato nel 1342, nel periodo della crisi spirituale, e divulgato solo dopo la morte del poeta. L'autore introduce se stesso a dialogare con Agostino, il suo scrittore cristiano prediletto, che nelle *Confessioni* aveva dato un grande esempio di introspezione morale.

La forma dialogata serve a esprimere uno scontro di tendenze nell'animo dell'autore. Agostino rimprovera a Francesco di essere egli stesso la causa della propria infelicità, perché la debolezza di volontà gli impedisce di staccarsi dagli affetti terreni che lo turbano. Poi passa a un esame di coscienza, condotto da confessore secondo lo schema canonico dei sette peccati capitali, che le appassionate difese di Francesco inquadrano nella sua esperienza concreta. Infine la requisitoria di Agostino colpisce l'amore per Laura e il desiderio di gloria, le due passioni centrali nella vita di Francesco, che tenta di giustificarle come mezzo di elevazione morale. Il conflitto resta senza soluzione, perché Francesco non può in coscienza promettere di abbandonare del tutto i suoi interessi profani.

Andrea Della Robbia, *Sant'Agostino*, 1490. (Madrid, Museo Thyssen-Bornemisza)

L'interesse del *Secretum* è nel lucido e impietoso scavo nella propria interiorità, riferito a princìpi morali universali ma impastato di esperienza vissuta. Per la prima volta la psicologia di un individuo viene valorizzata nella sua complessità e nelle sue stesse contraddizioni, ponendo le basi di quello che sarà uno dei grandi temi della cultura europea.

Gli opuscoli polemici

Scritti in diverse occasioni, i *pamphlets* che Petrarca dedicò ai suoi avversari sono un documento prezioso delle sue posizioni culturali e politiche, oltre che della sua suscettibilità. Tra questi, abbiamo già citato le *Invective contra medicum* ("Invettive contro un medico"), il *De sui ipsius et multorum ignorantia* ("Sull'ignoranza propria e di molti altri"), scritto contro quattro filosofi aristotelici padovani che avevano messo in dubbio il sapere del poeta, e l'*Invectiva contra eum qui maledixit Italie* ("Invettiva contro uno che ha detto male dell'Italia").

I trattati morali e storici

Sono più vicini alla tradizione medievale i trattati. Il *De vita solitaria* ("La vita solitaria") e il *De otio religioso* ("L'ozio religioso", scritto dopo una visita al fratello che si era fatto monaco) esaltano la vita ritirata e contemplativa contro l'affanno della vita cittadina e ambiziosa. Il *De remediis utriusque fortune* ("Rimedi alla fortuna favorevole e avversa") è una serie di dialoghi che raccomandano la moderazione razionale delle passioni, secondo l'insegnamento della filosofia antica. L'opera, oggi quasi dimenticata, avrà ampia circolazione nel Rinascimento, così come il *De viris illustribus* ("Gli uomini illustri"), una raccolta di biografie di grandi personaggi dell'antichità.

Le opere latine in versi

Petrarca intendeva affidare la sua fama di poeta all'*Africa*, un poema epico che avrebbe dovuto celebrare in dodici libri la vittoria di Scipione Africano sui cartaginesi: un nuovo poema nazionale italico sull'esempio dell'*Eneide*. Esso rimase incompiuto, ma le parti divulgate ebbero grande fama tra i contemporanei: è per questi versi che Petrarca venne incoronato poeta a Roma. Ai lettori di oggi il poema appare invece fiacco e monotono, privo di vigore narrativo. Sono più adatte alla ▸T74 natura lirica dell'ispirazione petrarchesca le *Epistole metrice* ("Epistole in versi"), che mescolano, alla maniera delle lettere in prosa, confessioni personali e discussioni dottrinali.

IL *CANZONIERE*: STRUTTURA E TEMI

L'opera di una vita

Petrarca affettava un tono di sufficienza per la sua poesia in volgare: in una lettera a Boccaccio del 1359 ne parla come di «uno scherzo, un sollazzo, una esercitazione dell'ingegno», a cui «sacrificai appena il primo fiore della giovinezza». Il titolo che diede alla raccolta delle sue rime (che oggi chiamiamo *Canzoniere*) ha questo sapore distaccato: *Rerum vulgarium fragmenta* ("Frammenti di cose in volgare"). Ma in realtà il *Canzoniere* fu concepito come un'opera organica, sintesi dell'esperienza umana e poetica di una vita. Petrarca ci tornò sopra per quarant'anni, almeno dal 1335 in poi, e redasse ben nove stesure successive, via via arricchite di nuovi componimenti, riordinate, corrette: l'ultima, di cui abbiamo il manoscritto, risale all'anno della sua morte (1374), e contiene ancora indicazioni per ulteriori revisioni.

Una "storia" idealizzata

Il *Canzoniere* comprende 366 liriche, in grande maggioranza sonetti (317), poi canzoni (29), nove sestine, sette ballate e quattro madrigali. Poche di queste poesie affrontano temi morali o politici (le canzoni *Italia mia* e *Spirto gentil*, dedicata a Cola di Rienzo, i sonetti contro la curia avignonese). Tutte le altre sono dedicate all'amore per Laura e la loro successione attentamente calcolata viene a costituire una specie di storia ideale di questa passione: i sonetti dedicati di anno in anno agli anniversari del giorno dell'innamoramento segnano una specie di cronologia; uno stacco di alcuni fogli bianchi che si trova nel manoscritto dopo il sonetto 263 segna approssimativamente il passaggio dalle "rime in vita" alle "rime in morte" di Laura. Ma in realtà, più che una "storia", il *Canzoniere* propone un'infinita variazione su pochi motivi: la rievocazione dell'innamoramento, la celebrazione della donna, la speranza eternamente delusa di essere corrisposto, l'eterno lamento per il "nodo" di sofferenza a cui l'amore lega il poeta, il pentimento e la preghiera.

▸T82 ▸T70 ▸T76 ▸T79 ▸T80 ▸T77 ▸T78 ▸T90 ▸T93

Temi

Idealità e realtà dell'amore

Laura è descritta con pochi generici attributi: begli occhi, bella mano, «or fino» dei capelli, «perle» dei denti. È un'immagine di perfezione luminosa e lontana, con alcuni tratti delle donne-angelo della tradizione stilnovista; e, come in quella, la visione della donna è una via di elevazione morale:

▸T81

Questa è la vista ch'a ben far m'induce [...]
questa sola dal volgo m'allontana. [LXXII]

Ma il concetto stilnovista dell'amore come elevazione è piegato a un significato laico e terreno. Più volte il poeta gioca sull'assonanza "Laura/lauro": il lauro (nome latino dell'alloro) è sacro ad Apollo, dio delle Muse poetiche: l'amore per la donna si identifica con quello per la poesia e per la gloria.

Inoltre, l'amore nel *Canzoniere* non è un tema filosofico, come in Dante, ma un'esperienza psicologica concreta, fatta di desiderio e di speranza (e sia pure una speranza eternamente rinviata), rivolta a una donna reale. Petrarca è l'inventore di una sottile casistica della relazione amorosa, fatta di incontri e di separazioni, di sguardi e di parole dati o negati, di

Dolci ire, dolci sdegni e dolci paci,
dolce mal, dolce affanno e dolce peso... [CCV]

che sarà ripresa e variata per secoli dalla lirica d'amore.

Laura de Noves e Francesco Petrarca in un affresco del XVI secolo. (Arquà Petrarca, Casa di Francesco Petrarca)

Il sentimento del tempo

Ciò che più dà all'espressione petrarchesca un sapore di esperienza reale è il sentimento del tempo. Nella poesia stilnovista l'amore e la donna erano immersi nel presente fuori del tempo dell'apparizione angelica e dell'adorazione; nel *Canzoniere* invece ogni momento dell'esperienza amorosa si colloca nel fluire del tempo: il passato della rievocazione, il futuro desiderato o temuto, il rimpianto per ciò che avrebbe potuto essere e non è stato. Sullo sfondo, il sentimento dell'inesorabile consumarsi della vita:

▸T87

La vita fugge, e non s'arresta un'ora,
e la morte vien dietro a gran giornate... [CCLXXII]

L'amore come peccato

Questa umanizzazione dei sentimenti incrina la sintesi di amore e religione a cui avevano mirato gli stilnovisti, e lascia adito al senso del peccato: non tanto il peccato sensuale, quanto la dedizione a un valore terreno che allontana dal pensiero di Dio e della vita eterna. Solo nelle rime in morte di Laura si può avere una conciliazione, quando la donna appare al poeta in sogno e lo chiama al cielo; ed è paradossalmente una Laura più viva e umana, più affettuosa rispetto alla Laura inaccessibile delle rime in vita: ormai il poeta può figurarsela come crede. Ma la conciliazione resta episodica e non elimina il conflitto. Le ultime poesie del *Canzoniere* sono di pentimento e aspirazione a una pace ultraterrena:

▸T91

I' vo piangendo i miei passati tempi
i quai posi in amar cosa mortale... [CCCLXV]

Le contraddizioni non risolte

Come abbiamo visto, i temi delle rime petrarchesche sono un groviglio di contraddizioni: Laura è adorata ed è «la mia nemica», l'amore è benedetto ed è un tormento, è una via di perfezionamento ed è peccato. Nel *Canzoniere* non c'è una soluzione: la situazione psicologica è sostanzialmente immobile nella oscillazione tra questi poli. L'unico sbocco dei conflitti è nella lucida introspezione che permette di dominarli analizzando le loro infinite sfumature e li traspone sul piano dell'arte rasserenatrice:

▸T75

Cantai, or piango, e non men di dolcezza
del pianger prendo che del cantar presi... [CCXXIX]

IL *CANZONIERE*: LE FORME

L'immobilità stilistica

A questa immobilità psicologica corrisponde l'omogeneità formale del *Canzoniere*: le differenze di stile tra un componimento e l'altro sono minime e riesce difficile intravedere un'evoluzione dalle rime più antiche alle ultime. In alcune può essere più evidente l'eco degli stilnovisti e della lirica provenzale, i precedenti a cui Petrarca si riallaccia; in qualche componimento di tema politico-religioso si può avvertire un influsso dantesco; ma su tutto domina una sostanziale uguaglianza di tono, linguaggio e procedimenti stilistici.

▸T83

La rielaborazione formale

Questo accade anche perché ciascuna poesia, quale la conosciamo, è frutto di una rielaborazione durata una vita: Petrarca è tornato per anni e anni sugli stessi versi. Un prezioso manoscritto autografo conservato alla Biblioteca Vaticana documenta gli ultimi anni di questo lavoro: si vede come il poeta non si limita a ritoccare l'espressione, ma ristruttura i componimenti, sposta gruppi di ver-

▸T85

si da un sonetto a un altro, sfrutta uno stesso motivo in due o tre variazioni successive.

In margine al manoscritto si trovano annotazioni di lavoro: «Attento qua», «Bisogna rifare da capo questi due versi», «L'inizio non appare abbastanza triste», e altre di sapore più diaristico: «A notte fonda, dopo lunga insonnia, infine mi alzo e mi viene alle mani questa vecchia cosa». Queste annotazioni sono in latino, che per Petrarca rappresenta la lingua scritta destinata a tutti gli usi pratici, mentre il volgare è esclusivamente lingua della poesia: non ha lasciato scritta una sola riga in prosa volgare. Il volgare è una lingua per così dire "astratta", estranea alle esigenze della comunicazione, sede della ricerca di una perfezione assoluta.

L'artificio

Questa ricerca si svolge attraverso un uso insistente e calcolato di tutta la gamma degli artifici retorici ereditati dalla tradizione antica e medievale: la metafora, l'anafora, le eleganti serie di aggettivi («Fresco ombroso fiorito e verde colle»); soprattutto l'antitesi, atta a chiudere le contraddizioni psicologiche in una limpida simmetria eventualmente sottolineata dal chiasmo («lieto nel foco e nel duol pien di speme»), o condensata in ossimoro («Dolci durezze e placide repulse»).

▸T86 ▸T84

L'*aequitas*

L'artificio non è fine a se stesso, ma lo strumento di cui si serve il poeta per risolvere il carattere tormentato dei suoi temi in un'espressione limpida e serena: gli effetti sono sapientemente distribuiti nei versi in modo che nessuna espressione spicchi per troppa intensità emotiva; tutto è riassorbito nel fluire di un discorso nobilmente equilibrato ed armonioso, fino a dare un'impressione illusoria di semplicità.

▸T88

A questo effetto contribuisce la perfetta padronanza del rapporto fra i metri e la sintassi, che in Petrarca ha un carattere fluido, lontano dal modo un po' rigido e schematico con cui gli stilnovisti disponevano le frasi nei versi: i periodi sono sapientemente articolati, spesso modulati da incisi (come i sospirosi «lasso!»); le pause sintattiche possono essere sfasate rispetto agli stacchi tra i versi e le strofe, con un uso nuovo dell'*enjambement*, strumento di distensione e rallentamento del ritmo.

▸T89

Il lessico

In coerenza col suo ideale di nobile armonia, Petrarca si serve di un lessico estremamente selezionato. Il suo è il volgare tutto letterario di un fiorentino che non ha mai vissuto a Firenze: è purificato di ogni elemento troppo locale, di ogni crudezza realistica, ridotto a un repertorio di poche parole attentamente scelte per decoro formale e armonia di suono. La sua idea del lavoro poetico sembra essere quella di sperimentare all'infinito le possibilità di combinazione di un materiale linguistico limitato e prezioso. Tutto l'opposto, insomma, della straordinaria inventiva verbale di Dante.

I *TRIONFI*

Dalla lirica al poema

L'altra opera in volgare di Petrarca è un poema allegorico in terzine, i *Trionfi*, cominciato in età matura e rimasto incompiuto come l'*Africa*. La struttura, costituita da una serie di visioni, si riallaccia a una lunga tradizione medievale.

Comincia col *Trionfo d'Amore*, dedicato a Laura e a una rassegna di poeti d'amore e dei loro personaggi; segue il *Trionfo della Pudicizia*, in cui Laura sconfigge Amore, poi il *Trionfo della Morte*, concluso da una celebre rievocazione del trapasso di Laura, il *Trionfo della Fama*, lungo corteo di personaggi famosi, il *Trionfo del Tempo*, che vince anche la fa-

▸T92

ma, e infine il *Trionfo dell'Eternità*, dedicato alla vita ultraterrena e al giudizio universale.

È evidente l'ambizione di affrontare i grandi temi del destino umano in una ideale ascesa dal terreno all'eterno, dall'individuale all'universale, sull'esempio della *Commedia* e in competizione con essa. E infatti leggendo i *Trionfi* è facile imbattersi in espressioni che echeggiano modi danteschi; ma non si ritrova l'inventiva di quel modello, la sua forza di rappresentazione: la narrazione appare fiacca e sconclusionata, occupata in gran parte da cataloghi di personaggi. Se poi andiamo a cercare quei momenti in cui secondo la critica Petrarca ritrova la sua più autentica ispirazione lirica, ci accorgiamo che in realtà non vanno al di là di qualche bel verso isolato.

Petrarca e i suoi lettori

IL PETRARCHISMO

Un modello culturale

Petrarca ha lasciato in eredità alla cultura europea un modello di intellettuale e poeta che ha avuto per secoli un peso incomparabile. A cominciare dalle sue scelte di vita: la concezione della letteratura come professione e come missione, attività totalizzante che ha il suo valore in se stessa, e la conseguente ricerca di un riconoscimento istituzionale attraverso il ruolo di intellettuale di corte sono rimasti aspetti costanti del letterato, in Italia e fuori. Sul piano culturale, Petrarca ha segnato l'inizio dell'umanesimo, che è alle radici dell'Europa moderna e che in parte condiziona ancora la struttura dei nostri corsi di studio. La sua idea della superiorità di una cultura dello spirito, volta ai temi morali ed esistenziali, sulla cultura oggettivistica delle scienze della natura è all'origine di un dibattito che non si è ancora esaurito. La sua scoperta dell'interiorità e dell'introspezione ha posto uno dei grandi temi della civiltà europea.

Un modello letterario

Anche sul piano letterario l'opera petrarchesca ha lasciato una traccia profonda, che attraverso i secoli è giunta fino a noi. Nel Quattrocento, per gli umanisti, Petrarca è principalmente l'autore delle opere latine, lo studioso dei classici, il maestro di spiritualità, e il *Canzoniere* è considerato un'opera minore. Ma nel Cinquecento le cose cambiano radicalmente: Pietro Bembo, nelle *Prose della volgar lingua* (1525), sostiene che la letteratura in volgare ha ormai una dignità pari a quella latina, e (▸Vol. 2, D10, p. 134) addita il modello per la poesia in Petrarca, «nel quale uno tutte le grazie della volgar poesia raccolte si veggono». Egli stesso cura nel 1501 un'edizione del *Canzoniere*, che diventa un libro di moda: nel corso del secolo si contano 177 ristampe. Da quel momento generazioni di poeti riprenderanno gli aspetti fondamentali dell'eredità petrarchesca: il linguaggio poetico selezionato e armonioso, ricco di metafore e di artifici retorici; l'idea del "canzoniere" come raccolta organica che attraverso la successione delle poesie presenta una vicenda ideale; il concetto stesso di poesia lirica come esplorazione del mondo dei sentimenti individuali, con la preminenza del tema amoroso.

Un fenomeno europeo

Così, a partire dal Cinquecento, il petrarchismo diventa il codice pressoché obbligatorio della poesia lirica italiana: non c'è quasi poeta che non riprenda la lingua, le immagini, i concetti del *Canzoniere*. Se nel Seicento si manifesta qualche reazione antipetrarchista, nel Settecento la poesia arcadica si rifà di nuovo a Petrarca; e gli echi petrarcheschi sono ancora evidenti nei sonetti di Alfieri, di Foscolo, nelle poesie di Leopardi. Il fenomeno è europeo: i fondatori della poesia classicista in Francia, in Spagna, in Inghilterra si ispirano a Petrarca. Anche le arditezze barocche dei sonetti di Góngora e di Shakespeare risentono del gusto petrarchesco per la metafora e l'antitesi.

L'INVENTORE DELLA LINGUA POETICA

Dante e Petrarca

Il confronto tra Petrarca e Dante si offre spontaneo alla mente di ogni lettore, ed è stato svolto molte volte sul piano della differenza di personalità, cultura, atteggiamenti morali e civili. Ma dal punto di vista della storia letteraria successiva, l'aspetto più interessante è quello linguistico; se ne era già accorto Ugo Foscolo nei suoi saggi petrarcheschi scritti in Inghilterra nel 1823-1824: «Questi due fondatori dell'italiana letteratura [...] stabilirono due diverse lingue e scuole di poesia, ed esercitarono fin al tempo presente differentissima influenza. Invece di scegliere, come fa il Petrarca, le più eleganti e melodiose parole e frasi, Dante crea sovente una lingua nuova, e impone a quanti dialetti ha l'Italia il tributo di accozzamenti».

Dante dunque si cimenta coi più diversi stili, crea espressioni nuove, "accozza" parole di svariata provenienza; Petrarca al contrario seleziona, scarta, riduce la sua lingua a un repertorio ristretto di costrutti e parole, alla ricerca di una perfezione assoluta e immobile.

«Plurilinguismo» e «monolinguismo»

Il concetto è stato approfondito da Gianfranco Contini in un saggio del 1951, che oppone il «plurilinguismo» dantesco al «monolinguismo» petrarchesco. Se Dante ha un atteggiamento sperimentale, in Petrarca non si riscontra «nessun esperimento, ove non sia quello di lavorare tutta una vita attorno agli stessi testi fondamentali»; per lui «il volgare è solo sede di esperienze assolute, la sua pluralità e curiosità Petrarca le sposta verso il latino». Sta qui il suo ruolo decisivo nella costituzione della lingua della poesia italiana: la linea dominante, nella storia di questa poesia, è stata classicista e petrarchista; mentre gli esperimenti, le innovazioni, gli scarti dalla norma si sono rifatti all'esempio dantesco. Vista con gli occhi di oggi, l'antitesi è riassunta dal critico in questi termini: «È un fatto che noi moderni ci sentiamo più solidali col temperamento, dico il temperamento linguistico, di Dante; ma è altrettanto un fatto che la sostanza della nostra tradizione è più prossima alla cultura petrarchesca».

Petrarca e noi

Tutto questo fa di Petrarca un nodo centrale per lo studioso di letteratura, ma non solo per lo studioso. Anche il lettore comune, anche tutti coloro che almeno una volta nella vita provano a esprimersi in versi trovano un punto di riferimento nel cantore di Laura, il più antico poeta italiano che abbia cantato l'amore in termini che possiamo sentire ancora nostri. C'è un "petrarchismo" che agisce in ciascuno di noi, lo sappiamo o no, nel modo di rappresentarci e di vivere i nostri sentimenti. E la nostra idea corrente della poesia è ancora per buona parte petrarchesca: espressione di sentimenti sollevati su un piano di armonia dalla limpidezza della parola.

Andrea del Sarto, *Dama con Petrarchino*, 1528. Il Petrarchino era la prima edizione in formato tascabile del *Canzoniere* di Petrarca curata da Pietro Bembo nel 1501 (p. 345). (Firenze, Galleria degli Uffizi)

FISSA I CONCETTI

ZTE ONLINE
Mettiti alla prova con gli esercizi interattivi

FRANCESCO PETRARCA (1304-1374)

- **VITA E IDEE**
  - Intellettuale moderno, "europeo"
  - Carattere soggettivo della sua opera
  - Letterato cortigiano, ma politicamente indipendente
  - Precursore dell'umanesimo
- **LE OPERE**
  - **In latino**
    - Il *Secretum*; lettere, opuscoli e trattati storici
  - **In volgare**
    - Il *Canzoniere*
      - **Struttura e temi**:
        - opera organica e "autobiografica"
        - storia (reale e ideale) dell'amore per Laura
        - sentimento del tempo
        - conflitto interiore tra amore terreno e sentimento religioso
      - **Forme**:
        - omogeneità stilistica
        - equilibrio espressivo
        - sapiente uso degli artifici retorici
        - lessico estremamente selezionato
    - I *Trionfi*
- **PETRARCA E I SUOI LETTORI**
  - Un maestro per gli umanisti del Quattrocento
  - Un modello poetico europeo fino al XVIII secolo ("petrarchismo")
  - L'inventore della lingua poetica ("monolinguismo" petrarchesco)

La vita e le idee

- Quali sono state le fonti di sostentamento di Petrarca? Perché si può dire che egli è stato il primo "letterato di professione"?
- Quale atteggiamento ha avuto Petrarca rispetto alla politica? Quali esplicite prese di posizione ha assunto in questo campo?
- Quali eventi biografici segnalano il grande successo riscosso da Petrarca presso i suoi contemporanei?
- Quale differenza si può individuare tra l'io autobiografico di Dante e quello di Petrarca?
- Quale idea della letteratura e del suo pubblico spiega l'atteggiamento tiepido di Petrarca nei confronti dell'opera di Dante?

Le opere

- Perché è difficile stabilire un ordine cronologico certo delle opere di Petrarca?
- Quali sono i contenuti del suo epistolario?
- A quale genere letterario appartiene il *Secretum*? Qual è il suo tema centrale?
- Quale caratteristica fa del *Canzoniere* un'opera organica e unitaria?
- Quale forma metrica ritorna con maggiore frequenza nel *Canzoniere*?
- Quali differenze si possono individuare fra la rappresentazione dell'amore della tradizione stilnovista e quella di Petrarca nel *Canzoniere*?
- A quale genere letterario appartengono i *Trionfi*? A quale tematica sono dedicati?

3 | FRANCESCO PETRARCA

I TESTI

UN TESTO ESEMPLARE ANALISI

T70 ▸ Erano i capei d'oro a l'aura sparsi

PERCORSO
- La lirica d'amore, p. 534
- Le donne come soggetto e come oggetto della scrittura (I), p. 542
- Lo spazio e il tempo nella letteratura e nell'arte (I), p. 546

Questo sonetto, uno dei capolavori di Petrarca, rievoca il momento dell'innamoramento per Laura, la donna a cui sono dedicati quasi tutti i componimenti del *Canzoniere*.

▸ **METRO**: sonetto.

Erano i capei d'oro a l'aura sparsi
che 'n mille dolci nodi gli avolgea,
e 'l vago lume oltra misura ardea
di quei begli occhi ch'or ne son sì scarsi;
e 'l viso di pietosi color farsi,
non so se vero o falso, mi parea:
i' che l'esca amorosa al petto avea,
qual meraviglia se di subito arsi?
Non era l'andar suo cosa mortale
ma d'angelica forma, e le parole

1. **Erano... sparsi**: i capelli biondi erano sparsi al venticello. L'espressione serve anche ad evocare il nome Laura, con un procedimento ripetuto più volte nel *Canzoniere*.
2. **gli avolgea**: li avvolgeva (scompigliandoli e intrecciandoli).
3. **'l vago... ardea**: la luce seducente (*vago*) brillava oltre modo.
4. **ch'or... scarsi**: che ora sono così avari, privi di quella luce. L'espressione può alludere a un atteggiamento mutato di Laura, che non rivolge più al poeta il suo sguardo luminoso, oppure all'invecchiamento che fa sfiorire la luce degli occhi.
5. **di pietosi... farsi**: assumere espressioni pietose; la "pietà", nel linguaggio della tradizione cortese, indica l'amore ricambiato.
6. **non so se vero o falso**: non so se nella realtà o nella mia visione falsata dall'illusione.
7. **i' che... avea**: io che avevo il petto disposto ad ardere d'amore. L'*esca* è un materiale facilmente infiammabile, usato per accendere il fuoco con la scintilla dell'acciarino.
8. **qual meraviglia se**: non c'è da stupirsi se.
9. **l'andar suo**: il suo incedere, il suo apparire.
10. **forma**: essenza (nel lessico tecnico della filosofia medievale).

sonavan altro che pur voce umana;
uno spirto celeste, un vivo sole
fu quel ch' i' vidi; e se non fosse or tale,
piaga per allentar d'arco non sana.

Francesco Petrarca, *Canzoniere*, xc, in *Rime, Trionfi e poesie latine*, a cura di F. Neri, Ricciardi, Milano-Napoli, 1951

11. **sonavan... umana**: avevano un suono ben diverso da una voce puramente umana.
12. **celeste**: del cielo. **un vivo sole**: un *sole* per luminosità, ma animato.
13. **se... tale**: anche se ora non fosse più così.
14. **piaga... sana**: la ferita inferta da una freccia non guarisce, per quanto si allenti la corda dell'arco che l'ha scagliata. La metafora, che ha la forma di una massima, significa: l'effetto amoroso non cessa, anche se chi lo ha prodotto è cambiato col tempo.

Un particolare tratto dalla *Nascita di Venere* di Sandro Botticelli, 1485. (Firenze, Galleria degli Uffizi)

ANALISI DEL TESTO

COMPRENDERE

Un'immagine luminosa Al centro del sonetto c'è una figura femminile che irradia fascino intorno a sé, tanto che per il poeta è impossibile non innamorarsene (vv. 7-8). La figura non è descritta se non coi pochi tratti stilizzati ereditati dalla tradizione della lirica cortese: *i capei d'oro*, il *vago lume* dei *begli occhi*. Se c'è qualcosa che la caratterizza, sul piano sensibile, è la luminosità, ripresa nell'ultima terzina con la metafora del *vivo sole*; ma la luminosità non è una proprietà della figura vista, è piuttosto un effetto che la sua apparizione produce sul poeta: *fu quel ch' i' vidi* (v. 13). Non siamo di fronte all'oggettivo miracolo che è l'apparizione della donna per gli stilnovisti, tutta la visione è anzi collocata in una dimensione soggettiva; anche l'innamoramento non è attribuito alla virtù sovrumana di un Amore personificato, ma nasce da una condizione psicologica del poeta: *i' che l'esca amorosa al petto avea* (v. 7).

Il ricordo e la riflessione È pur vero che, a partire dalle terzine, l'immagine di Laura assume gli aspetti di un'apparizione sovrumana, con alcuni elementi tipici della donna-angelo di tradizione stilnovista: l'*andar suo* e le *parole* sono più che umani, e la figura appare *angelica forma, spirto celeste*. Mentre però le immagini angeliche degli stilnovisti sono sospese in un presente estatico, quasi in una dimensione senza tempo, la novità introdotta da Petrarca è che la sua visione è una rievocazione della memoria. Essa si manifesta in un passato indefinito, quasi favoloso (*Erano...*, v. 1), a cui si contrappone un presente in cui la visione luminosa è svanita (*ch'or ne son sì scarsi*, v. 4).

In questa scissione dei piani temporali anche l'io del poeta si sdoppia, come avviene nel ricordo, in un io di allora, completamente rapito dall'amore (*di subito arsi*, v. 8; *quel ch'i' vidi*, v. 13), e un io di ora, che dubita (*non so se vero o falso*, v. 6; *e se non fosse or tale*, v. 13); ed è l'io di oggi che infine riflette e giudica l'esperienza amorosa, nelle sentenze che concludono le due parti del sonetto (*qual meraviglia...*, v. 8; *piaga... non sana*, v. 14).

La ricchezza tematica di questa lirica sta dunque nell'unire, nel breve giro del sonetto, l'estasi e la riflessione, la visione della donna come figura sovrumana e la coscienza del carattere soggettivo ed effimero della visione.

CONTESTUALIZZARE

Il rapporto con lo stilnovismo La poesia di Petrarca presenta dunque alcuni elementi che rimandano alla tradizione stilnovista, ma li colloca in un contesto completamente nuovo: la dimensione psicologica individuale, la dimensione dell'esperienza terrena soggetta al tempo e dunque intrinsecamente precaria, mutevole, illusoria. Il punto di vista da cui guardare la vita non è più esterno all'individuo (Dio, il suo piano di salvezza), ma sta nell'interiorità dell'individuo; il cambiamento di prospettiva non è di poco conto, perché sta a significare che l'esperienza di una singola persona, per quanto sia una cosa fragile, ha un valore in sé. Con questo Petrarca pone le basi dell'individualismo che caratterizzerà la moderna cultura occidentale.
Cambiano di conseguenza anche l'immagine e il ruolo della donna amata: non più tramite per la ricerca della salvezza, ma oggetto di desiderio in quanto donna. Per misurare la distanza che corre fra la concezione stilnovista dell'amore e quella più moderna introdotta da Petrarca, basta pensare che qui si parla di una Laura che è invecchiata o può aver mutato sentimenti (*se non fosse or tale*, v. 13), mentre una Beatrice che invecchia o che non sia più associata ad Amore non è concepibile (e infatti Beatrice "deve" morire giovane).

ANALIZZARE

Lessico e figure retoriche Petrarca si serve di un lessico attentamente selezionato: la singola parola non deve spiccare per forza espressiva, ma fondersi nell'armonia dell'insieme; da qui la preferenza per un'aggettivazione generica, quasi stereotipata (*dolci nodi*, v. 2; *vago lume*, v. 3; *begli occhi*, v. 4). Lo stesso si può dire per le metafore, poche e poco vistose: *dolci nodi* è a rigore una metafora, ma ha un senso così indefinito, che non la si nota come artificio retorico. Anche espressioni come *pietosi color* (v. 5), *esca amorosa* (v. 7) sono elementi di un lessico amoroso che a partire dal *Canzoniere* si è diffuso in tutta la lirica d'amore seguente fino a non essere più percepito come metaforico; pure quasi lessicalizzato è *vivo sole* (v. 12), che ricorre quattro volte nel *Canzoniere* sempre con lo stesso significato.
L'espressività in Petrarca si manifesta non per accensioni improvvise, ma per modulazioni delicate. Tale è il contrasto istituito dall'ultimo verso, che presenta una metafora continuata, o una piccola allegoria (l'arco si tende, scocca la freccia, ferisce, poi col tempo si allenta: a ciascun elemento si può far corrispondere un significato inteso). Anche qui le idee non sono originali (l'arco che rinvia all'immagine di Cupido, la ferita d'amore); ma la metafora è condensata nelle poche parole di un endecasillabo, sfruttando ogni possibilità di concentrazione della sintassi (*per allentar d'arco*, v. 14), e così acquista il valore di una sentenza proverbiale, un giudizio definitivo che cala con la sua perentorietà su tutte le "dolci" e "vaghe" illusioni su cui avevano indugiato i versi precedenti.

I tempi verbali A un'ideazione tutta immersa nella dimensione del tempo corrisponde nel sonetto un gioco sapiente dei tempi verbali. La prima parola (*Erano*) è un imperfetto, che per sua natura veicola un passato indefinito e statico, adatto a creare un alone nostalgico, quasi favoloso; questo effetto continua nei due imperfetti in rima che prolungano la descrizione (*avolgea*, v. 2; *ardea*, v. 3), poi siamo precipitati nel presente, rafforzato da *or*, che suona come un'improvvisa presa di coscienza: *ch'or ne son sì scarsi* (v. 4). Lo stesso contrasto continua nella seconda quartina (*mi parea*, v. 6; *avea*, v. 7; contro *non so se vero o falso*, v. 6). Dal v. 8 i tempi del passato si arricchiscono di un'altra opposizione: all'imperfetto, tempo della rievocazione statica di una visione, si aggiunge il passato remoto (*arsi*, v. 8; *i' vidi*, v. 13), tempo dell'evento concluso, che ci dice che in quel clima di favola qualcosa di determinato è comunque accaduto. L'innamoramento è un dato storico, la visione, per quanto forse illusoria, è avvenuta una volta (provate a pensare quale effetto diverso avrebbero prodotto "ardea", "i' vedea").

La struttura tematica e sintattica Come accade per lo più nei sonetti del *Canzoniere*, il discorso si distende nei versi in forme equilibrate e simmetriche. Già la struttura tematica alterna sapientemente i due motivi fondamentali: alla prima e alla terza strofa, tutte centrate sulla visione luminosa e sovrumana della donna, si alternano la seconda e la quarta, dove prevalgono i riferimenti all'io del poeta. Una struttura simmetrica si osserva anche nella distribuzione dei periodi nelle strofe: ciascuna quartina comprende due membri sintattici di due versi ciascuno,

e anche le terzine sono divise in due parti equivalenti da una pausa a metà del secondo verso.
Questa struttura armoniosa è però modulata al suo interno nei punti in cui emergono i temi più inquietanti e complessi:
- la fluidità del discorso è interrotta al v. 4 dall'improvviso passaggio al tempo presente (*ch'or ne son sì scarsi*), e al v. 6 dall'inciso che introduce il dubbio (*non so se vero o falso*);
- la bipartizione delle terzine provoca poi due forti *enjambements* ai vv. 10-11 e 12-13, per il distendersi di una frase tra un emistichio e il verso seguente; essi, per l'innalzamento del tono che esigono, vengono a sottolineare le due affermazioni più forti sul carattere soprannaturale della donna.

INTERPRETARE

Tra conflitto ed equilibrio Tema del sonetto è un'esperienza lacerante: c'è stato nel passato un momento in cui l'amore era estasi e contemplazione, ma quel momento è ormai perduto, consumato dal tempo, e l'amore resta solo come sofferenza, *piaga* insanabile. Ma a questa tematica così bruciante non corrisponde nell'espressione niente di gridato o di lacrimoso: l'intonazione è pacata, il conflitto interiore si risolve in forme di perfetto equilibrio formale, di cui abbiamo analizzato i delicati meccanismi.
Petrarca parla all'uomo moderno come il primo poeta capace di percepire la complessità della coscienza individuale, le sue inquietudini e i suoi conflitti; ma per lui l'essenza e la funzione della poesia sembrano essere quella di comporre la disarmonia dell'esperienza individuale in una superiore armonia di forme, segno dell'equilibrio interiore che può raggiungere il dotto, l'uomo educato alla riflessione e alla frequentazione dei classici. Così nella sua poesia sincerità e artificio sono indissolubilmente legati.
Noi siamo abituati, dal romanticismo in poi, a espressioni più immediate dei sentimenti; per questo alcuni lettori hanno trovato e trovano in Petrarca qualcosa di troppo freddo e artificioso. D'altra parte il bisogno di dominare con la parola le contraddizioni interiori è pure radicato in ciascuno di noi, e in questo il poeta di Laura ha molto da insegnarci; su un piano più strettamente letterario, la ricerca dell'espressione verbale nitida, equilibrata, chiusa in una sua perfezione, è propria anche del gusto moderno per la poesia.
Da queste diverse spinte nascono le diverse reazioni che la lettura di Petrarca può suscitare, a volte anche nello stesso lettore e nella stessa esperienza di lettura.

CONFRONTI Il rapporto di continuità e innovazione con la poesia stilnovista può essere esplorato confrontando questo sonetto con quello di Dante *Tanto gentile* (▸T42). Alcuni spunti per l'analisi:
- la presenza di temi comuni (il carattere soprannaturale della donna, la sua rappresentazione nell'"andare");
- la diversità dei tempi verbali e il suo significato;
- il diverso valore di *pare* (*Tanto gentile*, v. 1) e *parea* (*Erano i capei d'oro*, v. 6).

Dal punto di vista della distribuzione dei periodi sintattici nei versi il sonetto può essere paragonato a *Solo e pensoso* (▸T77), col quale presenta molte affinità e qualche differenza.

Petrarca conversa con Laura in una miniatura tratta da un'edizione dei *Trionfi* del XV secolo. (Science Photo Library/Akg)

▸ p. 340

Le opere latine

- *La fuga del tempo* (in *Epistole*)
- *«Stare con i morti»* (in *Epistole*)
- *Dante poeta «popolare»* (in *Epistole*)
- *«Sul confine di due popoli»* (in *Rerum memorandum libri*)
- *La nobiltà della poesia* (in *Invective contra medicum*)

Le opere latine costituiscono la parte più sostanziosa della produzione di Petrarca, quella a cui l'autore affidava soprattutto la propria fama e la più conosciuta e apprezzata durante la sua vita e nei primi decenni dopo la morte. Le opere più interessanti per il lettore di oggi sono il *Secretum* (▸T71-T72) e l'epistolario (▸T73-T74).

Il **Secretum** (o *De secreto conflictu curarum mearum*, "Il segreto conflitto dei miei affanni"), è un dialogo in tre libri cominciato nel 1342 e divulgato postumo. In esso Petrarca dialoga con Sant'Agostino, autore da lui molto amato per la sua capacità di analisi interiore, il quale gli impone un severo esame di coscienza sulla sua debolezza di volontà, sui peccati a cui è soggetto e infine sulle passioni mondane dell'amore e della gloria.

T71 ▸ «Una funesta malattia dell'animo»

Nel secondo libro del *Secretum* Petrarca viene esaminato da Sant'Agostino sui vizi che lo tengono incatenato al peccato e minacciano la salvezza della sua anima. Una delle discussioni più minuziose è dedicata al peccato di accidia, con cui la teologia medievale designava uno stato di indolenza e di inerzia («tepidezza in ben far» dice Dante, *Purg.*, XVIII, v. 108). IN PROSA TRADOTTA IN ITALIANO DIALOGANO IN 2 STILI DIVERSI

AGOSTINO Sei posseduto da una funesta malattia dell'animo, che i moderni hanno chiamato accidia[1], gli antichi *aegritudo*[2].

FRANCESCO Il nome stesso mi fa orrore.

AGOSTINO Nulla di strano: a lungo e aspramente ne sei tormentato.

FRANCESCO Lo confesso; e vi si aggiunge che in quasi tutti i mali, per cui soffro, è commisto un che di piacevole, sia pur falso[3]: in questa afflizione invece tutto è aspro e misero e orrendo, e la via è sempre aperta alla disperazione e a tutti quei sentimenti che spingono a rovina le anime infelici[4]. Inoltre, delle altre passioni provo assalti tanto frequenti quanto brevi e momentanei; ma questa peste[5] mi afferra talora cosí tenacemente, da tenermi avvinto nei tormenti per giorni e notti intiere; e questi periodi non sono per me come di luce e di vita, ma come notte d'inferno e morte atrocissima. E – questo davvero si può dire il colmo delle miserie[6] – mi pasco[7] di lacrime e di dolore, con non so quale cupa voluttà[8], tanto che a stento me ne stacco.

1. **accidia**: stato d'animo insoddisfatto e, per questo, inerte.
2. ***aegritudo***: letteralmente "malattia".
3. **in quasi tutti... falso**: in tutti gli altri peccati che mi causano sofferenza si mischia un qualche piacere, anche se ingannevole.
4. **disperazione e a tutti... infelici**: la disperazione porta le anime alla perdizione, perché nega la speranza nell'aiuto divino.
5. **questa peste**: cioè la condizione dell'accidia.
6. **il colmo... miserie**: la condizione assurda delle mie sofferenze.
7. **mi pasco**: mi nutro.
8. **cupa voluttà**: piacere, godimento senza luce, sterile.

AGOSTINO Conosci molto bene la tua malattia: ora ne saprai la causa. Dimmi dunque: che cos'è che ti affligge tanto? La caducità dei beni temporali, il dolore del corpo, qualche offesa troppo aspra della sorte?

FRANCESCO Uno qualsiasi di questi motivi non avrebbe, di per sé, tanta efficacia. Se fossi assalito in singolar combattimento, certamente resisterei; ma ora sono sopraffatto da un intiero esercito[9].

Francesco Petrarca, *Secretum*, Libro II, trad. dal latino di E. Bigi, in *Opere*, Mursia, Milano, 1963

9. **Se fossi... esercito**: se fossi assalito da un motivo di infelicità alla volta, sarei sicuramente in grado di resistere; ma in questo momento, nel mio stato di accidia, mi sento vinto dall'insieme di tutti i motivi (*un intiero esercito*) di sofferenza.

DIALOGO CON IL TESTO

COMPRENDERE

L'accidia dell'anima Petrarca rappresenta l'accidia non tanto come un peccato, nei termini della morale medievale, quanto come un'esperienza psicologica: è uno stato di malinconia che lo prende per giorni e giorni e lo sprofonda nel torpore, di cui il poeta non riesce a individuare un motivo specifico, perché tutte le ragioni di tristezza si accumulano confusamente e lo assalgono come *un intiero esercito*. Di conseguenza egli non riesce a reagire, ma subisce passivamente questa *morte atrocissima*, anzi ci si crogiola dentro con morboso compiacimento (*non so quale cupa voluttà*).

ANALIZZARE

Due voci, due modi espressivi Nel *Secretum* l'autore dialoga in sostanza con se stesso, eppure riesce a caratterizzare le due voci che si agitano dentro di lui come due veri personaggi: tanto Francesco si esprime in modo agitato e verboso quanto Agostino è secco e impassibile.

- **Confrontate le battute dei due personaggi da questi punti di vista:**
  - semplicità o complessità della sintassi;
  - presenza o meno di metafore e similitudini.

CONTESTUALIZZARE

Un'inquietudine epocale L'accidia di Petrarca non è solo la condizione di un'anima soggettivamente inquieta, ma è anche l'espressione di un'età che non trova più nella religione la risposta totale ed esclusiva alle domande dell'uomo. L'individuo, anche sulla spinta delle trasformazioni sociali ed economiche del Trecento, avverte un bisogno crescente di rivalutare la dimensione terrena della vita, di conferirle importanza e autonomia. La via intrapresa da Petrarca sboccherà nell'umanesimo, ma il protagonista del *Secretum* non riesce a conciliare l'amore per le cose terrene con la coltivazione dello spirito e l'amore per Dio.

La depressione in chiave medievale L'accidia assomiglia molto a ciò che già nell'antichità classica era denominato "melanconia" e che oggi viene comunemente diagnosticato come "depressione". Petrarca, col suo spirito ipersensibile, è il primo che ci lascia una testimonianza di questa inquietante malattia spirituale moderna.

Un'*Allegoria della Malinconia* dell'artista veneziano Giovanni Bellini, XV secolo. (Venezia, Gallerie dell'Accademia)

T72 ▸ L'amore per Laura

BIBLIOTECA
PERCORSO TEMATICO
• L'amore

Questo brano appartiene al terzo libro del *Secretum*, in cui Agostino rimprovera a Petrarca i due interessi che più lo assorbono: l'amore e la gloria. Sono due passioni nobili, che Francesco cerca di difendere sostenendo che grazie a esse si è elevato e migliorato; ma il santo dimostra inesorabilmente come siano passioni terrene, che allontanano da Dio.

FRANCESCO Almeno questo non vorrei tacere, fosse esso da ascrivere a gratitudine o a stoltezza[1]: che tutto quel poco che mi vedi, sono per essa[2]; né sarei mai giunto a questo grado – se qualcosa vale – di rinomanza o di gloria, se costei non avesse coltivato, con nobilissimi sentimenti, la tenuissima semente di virtú, che natura aveva posto in questo cuore[3]. Fu lei a distogliere il mio animo giovanile da ogni turpitudine[4], a ritrarlo, come dicono, con l'uncino, a farlo mirare ad alte mete. Perché non mi sarei mutato secondo i costumi di chi amavo[5]? Eppure non si è mai trovato nessuno così maledico e mordace[6], che assalisse, per lacerarla, la fama di lei, che osasse dire – per non parlare delle sue azioni – di aver veduto alcunché di condannabile nei suoi gesti e nelle sue parole: così coloro che non avevano lasciato nulla di intatto la risparmiarono, ammirandola e venerandola. Quindi non c'è affatto da meravigliarsi se questa fama tanto insigne arrecò anche a me il desiderio d'una fama più fulgida[7], e alleviò le mie durissime fatiche sostenute per conseguire ciò che desideravo. Che altro infatti desideravo da giovane, se non di piacere proprio a lei sola, che proprio sola a me era piaciuta? E per raggiungere questo scopo, disprezzate le mille attrattive delle voluttà[8], tu ben sai a quanti affanni e fatiche mi sottomettessi anzi tempo[9]. E mi comandi di dimenticare o di amare più tepidamente colei che mi ha allontanato dal volgo, che ha spronato il mio torpido[10] ingegno, e svegliato il mio animo semisopito[11]?

AGOSTINO Infelice, quanto era meglio tacere che parlare! Sebbene anche quando tacevi ti vedessi in tali condizioni nel tuo spirito, tuttavia codeste affermazioni tanto ostinate suscitano in me nausea e sdegno.

FRANCESCO Perché, ti prego?

AGOSTINO Perché pensare il falso è proprio dell'ignorante; ma asserire sfacciatamente il falso, è al tempo stesso dell'ignorante e del superbo.

FRANCESCO Quale prova ti fa certo che io ho pensato o detto il falso?

AGOSTINO Senz'altro tutto quel che ricordi! Anzitutto quando dici che devi a lei di essere quello che sei. Se con ciò intendi che essa ti ha permesso di essere così, senza dubbio tu menti. Ma se intendi che non ti ha permesso di essere qualcosa di più, allora dici il vero. Oh, che grand'uomo saresti potuto riuscire, se essa non t'avesse distolto con le lusinghe della sua bellezza! Quel-

1. **fosse... stoltezza**: che questa idea sia da attribuire alla mia gratitudine per Laura o alla mia stupidità.
2. **quel poco che mi vedi... essa**: quel poco che valgo (che tu vedi) è grazie a lei (Laura).
3. **se costei... cuore**: se Laura non avesse fatto maturare, coi nobilissimi sentimenti che mi ha ispirato, i minimi semi (*tenuissima semente*) di valore che avevo in cuore per natura.
4. **turpitudine**: bassezza vergognosa.
5. **non mi sarei... amavo**: non avrei dovuto cambiare, adeguandomi alla virtù di colei che amavo.
6. **maledico e mordace**: maldicente e caustico, pungente.
7. **questa fama... fulgida**: la fama illustre della virtù di Laura diede anche a me il desiderio di avere una fama più luminosa.
8. **voluttà**: piaceri, godimenti.
9. **anzi tempo**: prima dell'età matura, che è il tempo di disprezzare la voluttà e affrontare fatiche.
10. **torpido**: inerte, indolente.
11. **semisopito**: mezzo addormentato.

Amor sacro e amor profano, dipinto di Tiziano del 1514. (Roma, Galleria Borghese)

lo che sei, te l'ha dunque concesso la bontà della natura; quello che potevi essere, è stata lei a togliertelo; anzi, sei stato tu: essa è innocente. La sua bellezza ti è parsa così affascinante, così dolce, che con l'ardore d'un accesissimo desiderio e una continua pioggia di lacrime ha guastato ogni messe che sarebbe sorta dal seme di virtù che la natura ti aveva concesso[12]. Quanto al fatto, poi, che essa ti avrebbe distolto da ogni turpitudine, te ne glorii a torto: ti ha distolto forse da molte, ma ti ha spinto in affanni più gravi. Non si può infatti dire liberatore, ma piuttosto uccisore chi ha insegnato ad evitare una via insozzata da varie brutture[13], se ha poi condotto ad un precipizio, e chi, mentre risanava le piaghe più piccole, colpiva intanto mortalmente alla gola. E costei, che tu vai dicendo tua guida, se ti ha distolto da molte sconcezze[14], ti ha spinto in uno splendido baratro[15]. Quanto all'averti insegnato a mirare in alto, all'averti allontanato dal volgo, che altro è stato se non l'averti reso suo ammiratore, e – preso dalla dolcezza di lei sola – dispregiatore di ogni altra cosa, e fastidiosamente pigro? Sappi che nei rapporti umani non c'è nulla più insopportabile di questo. Quanto al ricordare che essa ti ha indotto a innumeri fatiche, questa è l'unica verità[16] che vai dicendo. Che grande compenso tu trovi in ciò, puoi pensarlo. Poiché infatti sono multiformi le fatiche che non si possono evitare, quanta follia è il cercarne altre di propria iniziativa! Ma circa il tuo vantarti d'esser divenuto per lei avido di fama piú insigne, compatisco il tuo errore. Poiché ti dimostrerò che, fra i pesi del tuo animo, nessuno è per te più funesto[17]. Ma il mio discorso non è ancora venuto a quel punto.

FRANCESCO Lo schermitore agilissimo finta e colpisce[18]. Io sono impressionato dalla finta come dalla ferita, e comincio a titubare[19] gravemente.

12. **una continua pioggia... concesso**: il pianto continuo ha rovinato ciò che poteva maturare dal tuo ingegno naturale. Il concetto è espresso con una metafora continuata: una *pioggia* eccessiva *di lacrime* ha rovinato il raccolto (*messe*) che avrebbe potuto crescere dal *seme di virtù* che la natura ti aveva dato.

13. **una via... brutture**: la via del vizio, sporca di brutte cose.

14. **sconcezze**: azioni poco decorose, vergognose.

15. **splendido baratro**: ossimoro: l'amore è apparentemente *splendido*, ma è anche un burrone (*baratro*) in cui si precipita.

16. **Quanto... verità**: Agostino accetta l'affermazione di Francesco, ma la ritorce contro di lui; con l'espressione *innumeri fatiche* Francesco intendeva che Laura lo ha spinto a fatiche nobili, per cercare la gloria, mentre il santo la interpreta nel senso di inutili sofferenze d'amore.

17. **ti dimostrerò... funesto**: Agostino dimostrerà che il desiderio di fama, che secondo Francesco giustifica l'amore, è il peso più nocivo che grava sulla sua anima. È l'argomento dell'ultima parte del *Secretum*.

18. **Lo schermitore... colpisce**: Agostino è come un tiratore di scherma che, mentre colpisce (condanna l'amore), minaccia un colpo successivo (condannerà il desiderio di fama).

19. **titubare**: temere.

Il combattimento tra Amore e Castità, dipinto allegorico di Gherardo di Giovanni del Flora del 1475. (Londra, National Gallery)

AGOSTINO Quanto piú gravemente sarai incerto, quando t'infliggerò una ferita gravissima! Costei che tu esalti, cui asserisci di esser debitore di tutto, costei è la tua rovina.

FRANCESCO Dio buono, in che modo me ne potrai convincere?

AGOSTINO Ha distolto il tuo animo dall'amore dei beni celesti, ed ha volto il tuo desiderio dal Creatore alla creatura. E questa sola è stata sempre la via piú facile verso la morte[20].

FRANCESCO Ti prego, non sentenziare con troppa fretta: il suo amore giovò senz'altro a farmi amare Dio.

AGOSTINO Ma ha invertito l'ordine.

FRANCESCO Come?

AGOSTINO Perché bisogna amare tutto il creato per amore del Creatore; e tu, invece, preso dalle attrattive d'una creatura, non hai amato il Creatore come si doveva, ma lo hai ammirato come artefice di lei, quasi non avesse creato nulla di più bello, mentre la venustà[21] corporea è l'ultima delle bellezze.

Francesco Petrarca, *Secretum*, Libro III, trad. dal latino di E. Bigi, in *Opere*, Mursia, Milano, 1963

20. **la morte**: la morte spirituale, il peccato.

21. **venustà**: bellezza

DIALOGO CON IL TESTO

COMPRENDERE

Una sofferta analisi psicologica In questo passaggio del dialogo fra i due personaggi che danno voce alle due anime del poeta, Francesco difende il suo amore per Laura, affermando che questo sentimento lo avrebbe in realtà elevato e spronato a ricercare una gloria più alta, permettendogli di affrontare sforzi incessanti. Agostino però lo smentisce, smontando le sue argomentazioni e portandolo ad ammettere che il suo amore si è indirizzato nei fatti alla bellezza fisica di Laura e non alle qualità della sua anima. La confessione di Francesco è tuttavia soltanto una presa di coscienza di un "errore" morale, da cui però non riesce ad affrancarsi del tutto.

- **Sintetizzate gli argomenti coi quali Agostino dimostra a Francesco la fallacia della sua posizione iniziale.**

CONTESTUALIZZARE

L'amore fra spirito e materia Il testo mette a confronto due concezioni che Petrarca ha ereditato dalla tradizione medievale: da un lato il concetto dell'amore come mezzo di elevazione spirituale, celebrato dalla narrativa e dalla lirica cortese, dall'altro l'idea religiosa per cui i valori mondani, anche i più nobili, sono da rifiutare come un ostacolo all'amore rivolto a Dio. I poeti del «dolce stil novo» e Dante avevano risolto il contrasto facendo della donna un angelo, un'annunciatrice di Dio in terra, ma Petrarca non può spiritualizzare il suo amore fino a questo punto: per quanto collochi Laura in alto, la collega pur sempre a valori mondani, l'amore terreno e la gloria. In lui le due concezioni, ugualmente sentite, restano inconciliabili.
Nel *Secretum*, quindi, Petrarca fa il punto della sua condizione interiore, analizzando le diverse spinte che sente in se stesso, e confessando con sincerità le proprie debolezze; forse per questo carattere così intimo l'autore non si decise mai a pubblicare l'opera, che resta unica nel suo tempo, anticipando di secoli la scoperta della letteratura come strumento di autoanalisi.

- **Anche nel congedo di *Al cor gentil rempaira sempre amore* (▸T15) Guinizzelli pone il problema del rapporto fra amore terreno e amore spirituale, anticipando in un certo senso la tematica del *Secretum*. Quale analogia e quale differenza si può notare fra le concezioni dei due autori?**

ANALIZZARE

L'espressione perfetta della lacerazione Il *Secretum* è concepito come una confessione, ma non si presenta come uno sfogo immediato: la forma letteraria è assai curata, frutto di un lavoro di limatura condotto dall'autore per molti anni. Il desiderio di elevare l'espressione è evidente nelle numerose metafore di cui sono rivestiti i concetti.

- **Indicate alcune di queste metafore.**

CONFRONTARE

Il testo originale Vi proponiamo l'originale latino delle ultime otto battute del brano.

Franciscus Promptissimus dimicator comminatur et vulnerat. Ego autem et vulnere et comminatione permoveor, et titubare iam graviter incipio.
Augustinus Quanto gravius titubabis, cum gravissimum vulnus inflixero! Ista nempe, quam predicas, cui omnia debere te asseris, ista te peremit.
Franciscus Deus bone, quibus hoc michi persuadebitur modis?
Augustinus Ab amore celestium elongavit animum et a Creatore ad creaturam desiderium inclinavit. Que una quidem ad mortem pronior fuit via.
Franciscus Noli, queso, precipitare sententiam: Deum profecto ut amarem, illius amor prestitit.
Augustinus At pervertit ordinem.
Franciscus Quonam modo?
Augustinus Quia cum creatum omne Creatoris amore diligendum sit, tu contra, creature captus illecebris, Creatorem non qua decuit amasti, sed miratus artificem fuisti quasi nichil ex omnibus formosius creasset, cum tamen ultima pulcritudinum sit forma corporea.

- **Confrontate la traduzione della prima battuta di Francesco proposta da E. Bigi con l'originale petrarchesco. Quale figura retorica, presente nel testo latino, è stata omessa nella resa italiana? Qual era la sua funzione nel testo di Petrarca? Avreste tradotto nello stesso modo?**

T73 ▸ L'ascesa al Monte Ventoso

Questa lettera indirizzata a Dionigi di Borgo San Sepolcro, confessore e direttore spirituale di Petrarca, appartiene al gruppo delle *Familiares* (IV, 1). Il poeta racconta un'escursione compiuta nel 1336 con il fratello Gherardo sul Monte Ventoso, in Provenza. Il racconto, sebbene realistico, è pieno di dettagli significativi che ne rivelano il significato allegorico.

A DIONIGI DA BORGO SAN SEPOLCRO, DELL'ORDINE DI SANT'AGOSTINO,
PROFESSORE DELLA SACRA PAGINA.
SUI PROPRI AFFANNI.

Oggi, spinto dal solo desiderio di vedere un luogo celebre per la sua altezza, sono salito sul più alto monte di questa regione, chiamato giustamente Ventoso[1]. Da molti anni mi ero proposto questa gita; come sai, infatti, per quel destino che regola le vicende degli uomini, ho abitato in questi luoghi sino dall'infanzia[2] e questo monte, che a bell'agio si può ammirare da ogni parte, mi è stato quasi sempre negli occhi. Ebbi finalmente l'impulso di realizzare ciò che mi ripromettevo ogni giorno, soprattutto dopo essermi imbattuto, mentre giorni fa rileggevo la storia romana di Livio, nel passo in cui il re dei Macedoni Filippo – quello che fece guerra con Roma – salì sull'Emo, monte della Tessaglia, e di lassù credette di vedere, secondo si diceva, due mari, l'Adriatico e l'Eusino[3]. [...] Senonché, quando dovetti pensare a un compagno di viaggio, nessuno dei miei amici, meravìgliati pure, mi parve in tutto adatto: tanto rara, anche tra persone care, è una perfetta concordia di volontà e di indoli. [...] Finalmente – che pensavi? – mi rivolgo agli aiuti di casa e mi confidai con l'unico fratello[4], di me più giovane e che tu ben conosci. Nulla avrebbe potuto ascoltare con maggiore letizia, felice di potersi considerare, verso di me, fratello ed amico.

Partimmo da casa il giorno stabilito e a sera eravamo giunti a Malaucena[5], alle falde del monte, verso settentrione. Qui ci fermammo un giorno ed oggi, finalmente, con un servo ciascuno, abbiamo cominciato la salita, e molto a stento. La mole del monte, infatti, tutta sassi, è assai scoscesa e quasi inaccessibile, ma ben disse il poeta che "l'ostinata fatica vince ogni cosa[6]". Il giorno lungo, l'aria mite, l'entusiasmo, il vigore, l'agilità del corpo e tutto il resto ci favorivano nella salita; ci ostacolava soltanto la natura del luogo. In una valletta del monte incontrammo un vecchio pastore che tentò in mille modi di dissuaderci dal salire, raccontandoci che anche lui, cinquant'anni prima, preso dal nostro stesso entusiasmo giovanile, era salito fino sulla vetta, ma che non ne aveva riportato che delusione e fatica, il corpo e le vesti lacerati dai sassi e dai pruni, e che non aveva mai sentito dire che altri, prima o dopo di lui, avesse ripetuto il tentativo. Ma mentre ci gridava queste cose, a noi – così sono i giovani, restii ad ogni consiglio – il desiderio cresceva per

1. **chiamato giustamente Ventoso:** il Mont Ventoux, monte a nord di Valchiusa alto poco meno di 2000 metri, deve il suo nome alle forti raffiche di maestrale che soffiano incessantemente sul suo crinale.
2. **sino dall'infanzia**: la famiglia di Petrarca si trasferì a Carpentras, in Provenza, nel 1312, quando il poeta aveva otto anni.
3. **mentre giorni fa... Eusino**: nell'opera *Ab urbe condita libri* (XL, 21, 2) lo storico romano Tito Livio (59 a.C.-17 d.C.) narra dell'ascesa del re di Macedonia Filippo V sul monte Emo, nel nord della Grecia, dalla cui vetta si potevano vedere da una parte l'Adriatico e dall'altra il Mar Nero (chiamato Ponto Eusino dagli antichi).
4. **Fratello**: Gherardo, più piccolo di Francesco di tre anni; nell'aprile del 1343 divenne monaco certosino.
5. **Malaucena**: Malaucène, villaggio a ovest del Monte Ventoso.
6. **il poeta che "l'ostinata... cosa**: citazione dalle *Georgiche* di Virgilio (I, 145-146).

il divieto. Allora il vecchio, accortosi dell'inutilità dei suoi sforzi, inoltrandosi un bel po' tra le rocce, ci mostrò col dito un sentiero tutto erto, dandoci molti avvertimenti e ripetendocene altri alle spalle, che già eravamo lontani.

Lasciate presso di lui le vesti e gli oggetti che ci potevano essere d'impaccio, tutti soli ci accingiamo a salire e c'incamminiamo alacremente. Ma come spesso avviene, a un grosso sforzo segue rapidamente la stanchezza, ed eccoci a sostare su una rupe non lontana. Rimessici in marcia, avanziamo di nuovo, ma con più lentezza; io soprattutto, che mi arrampicavo per la montagna con passo più faticoso, mentre mio fratello, per una scorciatoia lungo il crinale del monte, saliva sempre più in alto. Io, più fiacco, scendevo giù, e a lui che mi richiamava e mi indicava il cammino più diritto, rispondevo che speravo di trovare un sentiero più agevole dall'altra parte del monte e che non mi dispiaceva di fare una strada più lunga, ma più piana. Pretendevo così di scusare la mia pigrizia e mentre i miei compagni erano già in alto, io vagavo tra le valli, senza scorgere da nessuna parte un sentiero più dolce; la via, invece, cresceva e l'inutile fatica mi stancava. Annoiatomi e pentito, oramai, di questo girovagare, decisi di puntare direttamente verso l'alto e quando, stanco e ansimante, riuscii a raggiungere mio fratello, che si era intanto rinfrancato con un lungo riposo, per un poco procedemmo insieme. Avevamo appena lasciato quel colle che già io, dimentico del primo errabondare, sono di nuovo trascinato verso il basso, e mentre attraverso la vallata vado di nuovo alla ricerca di un sentiero pianeggiante, ecco che ricado in gravi difficoltà. Volevo differire la fatica del salire, ma la natura non cede alla volontà umana, né può accadere che qualcosa di corporeo raggiunga l'altezza discendendo. Insomma, in poco tempo, tra le risa di mio fratello e nel mio avvilimento, ciò mi accadde tre volte o più. Deluso, sedevo spesso in qualche valletta e lì, trascorrendo[7] rapidamente dalle cose corporee alle incorporee, mi imponevo riflessioni di questo genere. "Ciò che hai tante volte provato oggi salendo su questo monte, si ripeterà, per te e per tanti altri che vogliono accostarsi alla beatitudine; se gli uomini non se ne rendono conto tanto facilmente, ciò è dovuto al fatto che i moti del corpo sono visibili, mentre quelli dell'animo son invisibili e occulti. La vita che noi chiamiamo beata è posta in alto e stretta, come dicono, è la strada che vi conduce[8]. Inoltre vi si frappongono molti colli, e di virtù in virtù dobbiamo procedere per nobili gradi; sulla cima è la fine di tutto, è quel termine verso il quale si dirige il nostro pellegrinaggio. Tutti vogliono giungervi, ma come dice Ovidio, "volere è poco; occorre volere con ardore per raggiungere lo scopo[9]". Tu certo, se non ti sbagli anche in questo come in tante altre cose, non solo vuoi, ma vuoi con ardore. Cosa dunque ti trattiene? nient'altro, evidentemente, se non la strada più pianeggiante che passa per i bassi piaceri della terra e che a prima vista sembra anche più agevole; ma quando avrai molto vagato, allora sarai finalmente costretto a salire sotto il peso di una fatica malamente differita verso la vetta della beatitudine, oppure a cadere spossato nelle valli dei tuoi peccati; e se mai – inorridisco al pensiero – le tenebre e l'ombra della morte lì dovessero coglierti, dovrai vivere una notte eterna in perpetui tormenti". Non so dirti quanto tale pensiero mi rinfrancasse anima e corpo per il resto del cammino. E potessi compiere con l'anima quel viaggio cui giorno e notte sospi-

7. **trascorrendo**: passando.
8. **stretta... conduce**: citazione dal *Vangelo di Matteo* (VII, 14).
9. **come dice Ovidio... scopo**: la citazione è tratta dalle *Epistulae ex Ponto* (III, 1, 35) che Ovidio scrisse da Tomi, l'odierna città di Costanza in Romania, dove il poeta latino era stato relegato in esilio.

ro così come, superata finalmente ogni difficoltà, oggi l'ho compiuto col corpo! E io non so se quello che in un batter d'occhio e senza alcun movimento locale può realizzare l'anima di sua natura eterna e immortale, debba essere più facile di quello che si deve invece compiere in una successione di tempo, con il concorso di un corpo destinato a morire e sotto il peso grave delle membra.

C'è una cima più alta di tutte, che i montanari chiamano il "Figliuolo"; perché non so dirti; se non forse per ironia, come talora si fa: sembra infatti il padre di tutti i monti vicini. Sulla sua cima c'è un piccolo pianoro e qui, stanchi, riposammo. [...] Ma ecco entrare in me un nuovo pensiero che dai luoghi mi portò ai tempi. "Oggi – mi dicevo – si compie il decimo anno da quando, lasciati gli studi giovanili, hai abbandonato Bologna[10]. Dio immortale, eterna Saggezza, quanti e quali sono stati nel frattempo i cambiamenti della tua vita! Così tanti che non ne parlo; del resto non sono ancora così sicuro in porto da rievocare le trascorse tempeste. Verrà forse un giorno in cui potrò enumerarle nell'ordine stesso in cui sono avvenute, premettendovi le parole di Agostino: "Voglio ricordare le mie passate turpitudini, le carnali corruzioni dell'anima mia, non perché le ami, ma per amare te, Dio mio[11]". Troppi sono ancora gli interessi che mi producono incertezza ed impaccio. Ciò che ero solito amare, non amo più; mento: lo amo, ma meno; ecco, ho mentito di nuovo: lo amo, ma con più vergogna, con più tristezza; finalmente ho detto la verità. È proprio così: amo, ma ciò che amerei non amare, ciò che vorrei odiare; amo tuttavia, ma contro voglia, nella costrizione, nel pianto, nella sofferenza. In me faccio triste esperienza di quel verso di un famosissimo poeta: "Ti odierò, se posso; se no, t'amerò contro voglia[12]". Non sono ancora passati tre anni da quando quella volontà malvagia e perversa che tutto mi possedeva e che regnava incontrastata nel mio spirito cominciò a provarne un'altra, ribelle e contraria; e tra l'una e l'altra da un pezzo, nel campo dei miei pensieri, s'intreccia una battaglia ancor oggi durissima e incerta per il possesso di quel doppio uomo che è in me". [...]

Questi ed altri simili erano i pensieri, padre mio, che mi ricorrevano nella mente. Gioivo dei miei progressi, piangevo sulle mie imperfezioni, commiseravo la comune instabilità delle azioni umane; e già mi pareva d'aver dimenticato il luogo dove mi trovavo e il perché vi ero venuto, quando, lasciate queste riflessioni che altrove sarebbero state più opportune, mi volgo indietro, verso occidente, per guardare ed ammirare ciò che ero venuto a vedere: m'ero accorto infatti, stupito, che era ormai tempo di levarsi, che già il sole declinava e l'ombra del monte s'al-

10. **Oggi... Bologna**: Petrarca studiò giurisprudenza a Bologna fino al 1326; in quell'anno morì il padre e il poeta poté abbandonare quegli studi che non aveva mai amato per dedicarsi alla letteratura.
11. **Voglio... mio**: è l'inizio del libro II delle *Confessioni* di Sant'Agostino.
12. **Ti... voglia**: ancora una citazione da Ovidio (*Amores* III, 11, 35).

Joachim Patinir, *Paesaggio con tentazioni di San'Antonio*, 1510-1520. (Amsterdam, Rijksmuseum)

lungava. [...] Mentre ammiravo questo spettacolo in ogni suo aspetto ed ora pensavo a cose terrene ed ora, invece, come avevo fatto con il corpo, levavo più in alto l'anima, credetti giusto dare uno sguardo alle *Confessioni* di Agostino, dono del tuo affetto, libro che in memoria dell'autore e di chi me l'ha donato io porto sempre con me: libretto di piccola mole ma d'infinita dolcezza. Lo apro per leggere quello che mi cadesse sott'occhio: quale pagina poteva capitarmi che non fosse pia e devota? Era il decimo libro. Mio fratello, che attendeva per mia bocca di udire una parola di Agostino, era attentissimo. Lo chiamo con Dio a testimonio che dove dapprima gettai lo sguardo, vi lessi: "E vanno gli uomini a contemplare le cime dei monti, i vasti flutti del mare, le ampie correnti dei fiumi, l'immensità dell'oceano, il corso degli astri e trascurano se stessi[13]". Stupii, lo confesso; e pregato mio fratello che desiderava udire altro di non disturbarmi, chiusi il libro, sdegnato con me stesso dell'ammirazione che ancora provavo per cose terrene quando già da tempo, dagli stessi filosofi pagani, avrei dovuto imparare che niente è da ammirare tranne l'anima, di fronte alla cui grandezza non c'è nulla di grande. Soddisfatto oramai, e persino sazio della vista di quel monte, rivolsi gli occhi della mente in me stesso e da allora nessuno mi udì parlare per tutta la discesa: quelle parole tormentavano il mio silenzio. Non potevo certo pensare che tutto fosse accaduto casualmente; sapevo anzi che quanto avevo letto era stato scritto per me, non per altri [...]. Ed anche questo pensiero mi venne quasi ad ogni passo; se non ho esitato a spendere tanta fatica e sudore per accostare solo di un poco il mio corpo al cielo, quale croce, quale carcere, quale tormento potrebbero atterrire un'anima nel suo cammino verso Dio, mentre calpesta le superbe vette della temerarietà degli umani destini; e quest'altro: quanti non vengono distratti da questo sentiero per timore dei patimenti o per amore dei piaceri? Veramente felici, se pur ce ne sono, coloro dei quali credo volesse dire il poeta: "Felice chi poté scoprire il perché delle cose e tiene sotto di sé calpestando ogni timore e il destino implacabile e lo strepito dell'esoso Acheronte[14]". Ma quanta fatica dovremo durare per tenere sotto i piedi non una terra più alta, ma le passioni che si levano da istinti terreni!

Tra questi ondeggianti sentimenti del mio cuore, senza accorgermi del sassoso sentiero, nel profondo della notte tornai alla capanna da cui m'ero mosso all'alba, e il chiarore della luna piena ci era di dolce conforto, nel cammino. Mentre poi i servi erano affaccendati nel preparare la cena, mi sono ritirato tutto solo in un angolo della casa per scriverti, in fretta e quasi improvvisandole, queste pagine; non volevo infatti che, differendole, magari mutando con i luoghi i sentimenti, mi si spegnesse il desiderio di scriverti. Tu vedi dunque, amatissimo padre, come io non ti voglia nascondere nulla di me, io che con tanta cura ti svelo non solo tutta la mia vita, ma tutti i miei segreti pensieri, uno per uno; prega per essi, te ne supplico, perché erranti e incerti da tanto tempo, finalmente si arrestino, e dopo essere stati trascinati inutilmente per ogni dove, si rivolgano all'unico bene, veramente certo e duraturo. Addio.

Da Malaucena, 26 aprile

Francesco Petrarca, *Le familiari*, vol. I, trad. dal latino di U. Dotti, Argalia, Urbino, 1974

13. **E... stessi**: un'altra citazione dalle *Confessioni* di Sant'Agostino (X, 8, 15).

14. **Felice... Acheronte**: Virgilio, *Georgiche*, II, 490-492.

DIALOGO CON IL TESTO

COMPRENDERE

Un'esperienza fisica e spirituale Il racconto della scalata del Monte Ventoso suscita l'interesse dei moderni anche se ci si limita al suo significato letterale: è infatti una delle prime testimonianze dell'interesse per l'alpinismo, ovvero dell'amore per la montagna. Ma nell'immaginario medievale ogni esperienza concreta, anche la più insignificante, è considerata un riflesso di una realtà ultraterrena e quindi si carica di significati spirituali. Perciò, se ora sottolineeremo il valore allegorico di questo brano, ciò non significa che Petrarca abbia inventato di sana pianta questa escursione compiuta con il fratello; essa è avvenuta realmente, ma il poeta vuole mostrarci come attraverso essa Dio gli abbia voluto indicare qualcos'altro, ovvero la pratica della purificazione spirituale. E all'incirca a metà della lettera ci indica la doppia chiave di lettura, quando dice a se stesso: *Ciò che hai tante volte provato oggi salendo su questo monte, si ripeterà, per te e per tanti altri che vogliono accostarsi alla beatitudine* (r. 58) e, poco più avanti, *potessi compiere con l'anima quel viaggio cui giorno e notte sospiro così come, superata finalmente ogni difficoltà, oggi l'ho compiuto col corpo!* (r. 76).

- **Nella lettera si alternano sequenze narrative ad altre riflessive. Spiegate in quali punti intervengono queste ultime, che riportano i monologhi interiori di Petrarca.**

Luoghi e tempi della rinascita Numerosi dettagli guidano il lettore verso la lettura allegorica. Innanzitutto, la lettera non si intitola "Una gita in montagna", ma *Sui propri affanni*: la difficile scalata ha reso chiaro al poeta il dissidio interiore che gli rende difficile fare i conti con se stesso nella vita quotidiana. In secondo luogo, è datata 26 aprile, che nell'anno 1336 era un Venerdì santo; e tutta l'esperienza dura tre giorni, di cui i primi due passati in pianura, viaggiando da Carpentras a Malaucène e facendo preparativi (r. 20), il terzo dedicato alla scalata vera e propria. Il racconto, dunque, sembra svolgersi a imitazione della passione e resurrezione di Cristo. Quanto al luogo, la scalata di un'altura come allegoria della ricerca di purificazione richiama il canto I dell'*Inferno*, quando Dante scala il colle illuminato dal sole per salvarsi dalla selva oscura, ma ne viene impedito dalle tre fiere. Infine, la scelta del compagno di viaggio: il fratello minore Gherardo, compagno di divertimenti nella gioventù, dopo una crisi personale aveva deciso di diventare monaco, ovvero di compiere quella scelta irrevocabile che Petrarca non ebbe mai la forza di fare.

- **Provate a indicare il valore allegorico dei seguenti elementi:**
  - **il vecchio pastore che scoraggia i due fratelli;**
  - **l'abbandono di vestiti e oggetti presso il pastore;**
  - **gli smarrimenti di Petrarca, mentre il fratello prende subito la strada giusta.**

CONTESTUALIZZARE

Ricordi passati, dissidi presenti La lettera è databile al 1336, ma la redazione definitiva del testo è del 1352-1353, quasi venti anni dopo, quando il destinatario è morto da dieci anni (1342). Che senso ha inviare una lettera a un defunto per narrargli un ricordo così lontano? Apparentemente nessuno, se non teniamo a mente che Petrarca vuole rivolgersi a un pubblico più ampio, cioè ai posteri, per narrare un evento che non è solo un ricordo passato e concluso, ma una condizione perennemente presente nel suo animo: il dissidio tra l'amore per Laura e l'amore per Dio, tra il desiderio di gloria e la mortificazione di sé, tra l'amore per gli studi classici e quello per la Sacra Scrittura.

- **Confrontate da questo punto di vista la lettera con il brano del *Secretum* riportato nel ▸T72.**

Riferimenti classici e cristiani All'inizio della lettera Petrarca afferma che il desiderio di compiere la scalata gli viene dalla lettura di un brano dello storico latino Livio (r. 10), ma una volta giunto in cima legge le *Confessioni* di sant'Agostino donategli da frate Dionigi. Allegoricamente, dunque, Petrarca indica come possibile soluzione del suo dissidio interiore l'abbandono degli studi classici in favore di quelli cristiani, abbandono che comunque non compirà mai.

- **Esaminate le citazioni presenti nel brano: è possibile distinguere in base al significato quelle derivanti dagli autori classici da quelle prese dalla Sacra Scrittura?**

T74 ▸ La rocca della ragione

Nell'inverno del 1344-1345 Petrarca si trovò chiuso a Parma, assediata a causa di un conflitto tra i Gonzaga e gli Este; in quell'occasione scrisse questa breve epistola in versi indirizzata all'amico umanista Guglielmo da Pastrengo.

▸ **METRO**: nell'originale, esametri latini. Traduzione verso a verso.

Sono preso da febbri violente, e la morte vicina
sospetto. Intanto la sentinella ostinata sull'alta torre
veglia, e tutta la notte borbotta con rauca voce.
Gridano sinistre le trombe; vola intorno l'orrore della guerra;
le ricche campagne sono spogliate da barbariche rapine
e il sangue innocente si sparge per i dolci campi.
Il povero volgo geme, muti stanno sulle soglie i vecchi,
e risuonano per le meste vie i lamenti delle donne.
Mentre ogni cosa mi opprimeva, nell'eccelsa rocca della ragione
mi sono rifugiato; lo confesso, volentieri lascio questi tempi.
Questo è finora lo stato del mio animo; se altro dire
non potrò, vinto dal morbo, per me parlerà l'errante fama.

Francesco Petrarca, *Epistole metrice*, III, 11, in *Opere*, a cura di E. Bigi, Mursia, Milano, 1963; trad. dal latino di A. Colombo

1-2. **la morte... sospetto**: avverto e temo che la morte sia prossima.
5. **barbariche rapine**: i saccheggi compiuti dai mercenari stranieri.
9. **eccelsa rocca della ragione**: la ragione è rappresentata metaforicamente come una cittadella fortificata, una roccaforte sopraelevata in cui è possibile rifugiarsi per guardare più sicuri gli avvenimenti che accadono intorno.
10. **lascio questi tempi**: rifugiandomi nel colloquio con gli autori antichi.
11-12. **se altro... fama**: se, sconfitto dalla malattia, non potrò dire altro, la voce che si spargerà porterà mie notizie.

DIALOGO CON IL TESTO

COMPRENDERE

Tragedia collettiva, isolamento personale In questi versi abbiamo un'immagine drammatica di come si viveva nell'Italia del Trecento tra guerre continue, con una concretezza storica assente nel *Canzoniere*. Anche qui prevale l'invincibile egocentrismo del poeta: la tragedia collettiva è solo lo sfondo per dare un'altra pennellata a quell'autoritratto ideale a cui Petrarca ha dedicato tutta la propria opera.

- **Definite in breve l'atteggiamento che il poeta manifesta di fronte al dramma della guerra e al rischio personale di morte.**

ANALIZZARE

Il latino più concreto del volgare La poesia latina consente a Petrarca un'espressione più varia e libera rispetto a quella in volgare: qui non ci sono i condizionamenti della tradizione cortese, con la sua fissazione quasi esclusiva sui temi amorosi, e delle forme metriche chiuse (sonetto, canzone), che costringono a una selezione rigorosa di parole e temi. Qui si può parlare di sentinelle, saccheggi, della propria febbre e del popolo che soffre. Il linguaggio si ispira al formulario proprio dei poeti classici latini, ma risulta asciutto ed essenziale.

▸ p. 342

Il *Canzoniere*

- *Apollo, s'ancor vive il bel desio* (XXXIV)
- *Non al suo amante più Diana piacque* (LII)
- *Del mar Tirreno a la sinistra riva* (LXVII)
- *De l'empia Babilonia, ond è fuggita* (CXIV)
- *Amor mi manda quel dolce pensero* (CLXVII)
- *Non à tanti animali il mar fra l'onde* (CCXXXVII)
- *Gli occhi di ch'io parlai sì caldamente* (CCXCII)
- *Tranquillo porto avea mostrato Amore* (CCCXVII)

Petrarca concepì presto l'idea di raccogliere la propria opera lirica in volgare in un libro organico, e ci lavorò fino agli ultimi mesi di vita. È giunto fino a noi un insieme di fogli di minute e appunti di mano del poeta (codice Vaticano 3196) che testimonia un lavorio incessante di correzione, revisione, ordinamento e trascrizione delle rime. Analizzandolo, gli studiosi sono giunti all'ipotesi che l'elaborazione di una raccolta sia passata attraverso ben nove fasi, dal 1342 in poi. L'ultima stesura, curata negli ultimi anni di vita e non del tutto compiuta, è conservata in un manoscritto (codice Vaticano 3195) in parte di mano del poeta, in parte di un copista alle sue dipendenze.

Questa versione finale porta il titolo *Rerum vulgarium fragmenta* ("Frammenti di cose volgari"), che mostra l'intenzione di presentare l'opera come un lavoro di minore impegno rispetto alle opere latine. Comprende 366 componimenti, in grande maggioranza sonetti (317); vi sono poi canzoni (29), sestine (9), ballate (7), madrigali (4). Il loro ordinamento è approssimativamente cronologico, se ci si riferisce alla data in cui probabilmente ogni componimento è stato concepito per la prima volta; ma sappiamo che Petrarca correggeva e rifaceva intere strofe anche a distanza di decenni.

Il manoscritto è diviso in due parti, che corrispondono alle due fasi di una ideale storia d'amore: lo stacco è vicino al punto in cui dalle "rime in vita di Laura" si passa alle "rime in morte" di Laura. Questo amore è il tema pressoché esclusivo del *Canzoniere*: poche poesie hanno argomento politico-morale (due canzoni sulle condizioni dell'Italia, tre sonetti contro la curia avignonese), o sono dedicate ad altri amori, o sono rime di corrispondenza e di riflessione morale.

I testi proposti sono ripresi dall'edizione del *Canzoniere* a cura di Ferdinando Neri (Ricciardi, Milano-Napoli, 1951).

Frontespizio con ritratto di Francesco Petrarca tratto da un'edizione del *Canzoniere* del XV secolo. (Montpellier, Musée Atger/DeA/Scala)

ANALISI

T75 ▸ Voi ch'ascoltate in rime sparse il suono (I)

PERCORSO
- Lo spazio e il tempo nella letteratura e nell'arte (I), p. 546

È il sonetto che fa da introduzione al *Canzoniere*; si ritiene che sia stato composto fra il 1345 e il 1350, quando Petrarca decise di raccogliere le «rime sparse» in un libro.

▸ **METRO**: sonetto.

Voi ch'ascoltate in rime sparse il suono
di quei sospiri ond'io nudriva 'l core
in sul mio primo giovenile errore
quand'era in parte altr'uom da quel ch'i' sono:
del vario stile in ch'io piango e ragiono,
fra le vane speranze e 'l van dolore,
ove sia chi per prova intenda amore,
spero trovar pietà, non che perdono.
Ma ben veggio or sì come al popol tutto
favola fui gran tempo, onde sovente
di me medesmo meco mi vergogno;
e del mio vaneggiar vergogna è 'l frutto
e 'l pentersi, e 'l conoscer chiaramente
che quanto piace al mondo è breve sogno.

1. **rime sparse**: poesie sciolte, scritte – come suggerisce il titolo latino (*Rerum vulgarium fragmenta*) – senza continuità. **il suono**: nella tradizione provenzale la poesia lirica, composta per essere accompagnata dalla musica, era un *suono* che si "ascoltava"; Petrarca, che non scrive per musica ma per la lettura, ne fa un *suono* di *sospiri* (v. 2), accentuando il carattere di espressione psicologica della sua poesia.
2. **ond'io nudriva**: di cui nutrivo. La terminazione in *-a* della prima persona dell'imperfetto è la forma normale nell'italiano antico.
3-4. **in sul... ch'i' sono**: al tempo del mio primo errore di gioventù, quando in parte ero un uomo diverso da quello che sono oggi. Il poeta maturo ostenta il suo distacco dal suo amore giovanile.
5-6. **del vario... dolore**: dello stile incostante (*vario*) con cui piango e discorro (*ragiono*), tra speranze e dolori vani (perché l'amore non ha avuto compimento, ma ancor di più perché un amore terreno è in sé cosa vana); va collegato a *spero trovar...* (v. 8).
7. **ove... amore**: in qualunque luogo ci sia qualcuno che comprenda l'amore per averlo provato.
8. **non che**: non solo, oltre che.
10-11. **favola... vergogno**: sono stato oggetto di chiacchiere e derisione per lungo tempo, per cui spesso mi vergogno di me stesso.
12-14. **e del mio vaneggiar... sogno**: e le conseguenze (*frutto*) del mio perdermi dietro le vanità (*vaneggiar*) sono questa vergogna, il pentimento e il comprendere chiaramente che i piaceri terreni sono solo una fugace illusione.

Il proemio del *Canzoniere* in una pagina miniata del 1470. (Venezia, Biblioteca Marciana)

DIALOGO CON IL TESTO

COMPRENDERE

Storia di un'esperienza amorosa Nel sonetto proemiale il poeta tratteggia la natura complessa della sua esperienza amorosa, la cui storia si snoderà attraverso i componimenti del *Canzoniere*: questo sentimento ha tenuto vivo il cuore del poeta quando era giovane, ma lo ha reso ridicolo agli occhi degli altri e lui stesso col tempo si è reso conto della sua inconsistenza. Per questo, oggi che è maturo e si vergogna di aver provato e coltivato un interesse così illusorio, spera di essere compreso e perdonato.

- **Indicate i versi riferiti a ciascuno di questi concetti.**

La poesia come dialogo e come confessione Riepilogando questa storia d'amore e di pentimento Petrarca riflette sul significato complessivo della sua opera lirica in volgare e anticipa alcuni temi che percorrono tutto il *Canzoniere*:
- la poesia è intesa come dialogo con una collettività di lettori (*Voi ch'ascoltate*), invitati a comprenderne il senso, con *pietà* e *perdono*, sulla base di una comune esperienza (v. 7);
- la poesia è espressione soggettiva e sentimentale, il cui tema esclusivo è l'amore; un amore privato dei caratteri filosofici che aveva in Dante e negli stilnovisti e ridotto a esperienza psicologica vissuta: è qualcosa che si conosce *per prova*.

ANALIZZARE

Il confronto fra passato e presente In primo piano è dunque l'io del poeta, un io concreto che ha una propria storia, segnata da una frattura, dal contrasto fra due momenti: tutto il sonetto è impostato sul confronto fra un io del passato e un io del presente, che giudica il primo e prende le distanze da esso.

- **Raccogliete in due colonne le espressioni che si riferiscono al passato e quelle che si riferiscono al presente; sintetizzate in poche parole i sentimenti e gli atteggiamenti del poeta rispetto ai due momenti.**

Turbamento e scelte formali L'abilità di Petrarca nel trovare soluzioni formali per dare espressione al suo dissidio interiore è inesauribile. Nelle quartine, per esempio, si snoda un unico periodo grammaticalmente incompiuto: il *Canzoniere* si apre cioè con un *Voi* che rimane sospeso nel momento in cui irrompe la soggettività del poeta. L'irregolarità sintattica dell'anacoluto, che sottolinea l'invocazione al pubblico dei lettori, evoca la tortuosità del rapporto fra il poeta e i destinatari dei suoi testi: dal biasimo alla comprensione al perdono.

- **Il sonetto è racchiuso fra una metafora (vv. 1-2) e una similitudine (v. 14), che si richiamano fra loro per il suono e per il significato. Individuatele nel testo: quali correlazioni si possono stabilire?**

Un sonetto da ascoltare Se poi, seguendo l'invito del suo autore, si "ascolta" il sonetto proemiale, si nota che il discorso poetico è caratterizzato da una concentrazione non casuale dei suoni nelle diverse strofe. In alcuni casi le allitterazioni enfatizzano il concetto che viene espresso (come nel v. 11 di *me medesmo meco mi vergogno* in cui la "m" mette al centro la riflessione condotta dal poeta su di sé).

- **Individuate le allitterazioni presenti nei vv. 5-6 e 12: quali concetti mettono in evidenza?**

INTERPRETARE

Una implicita contraddizione Il contrasto più significativo del testo resta implicito; il poeta si presenta infatti come un uomo maturo e saggio, che ha ormai compreso e ripudiato la vanità dell'amore, delle sue emozioni (v. 6) e di tutto quanto *piace al mondo*; tuttavia sta introducendo il libro in cui l'espressione di quelle "vanità" è amorosamente raccolta e ordinata, rifinita nella forma.

La contraddizione tra i valori dell'amore e della poesia, da un lato, e la loro vanità, dall'altro, non è dunque superata: essa sta nel cuore della poesia petrarchesca.

T76 ▸ Movesi il vecchierel canuto e bianco (XVI)

Questo sonetto potrebbe essere stato scritto da Petrarca a seguito del suo primo viaggio a Roma nel 1337.

▸ **METRO**: sonetto.

Movesi il vecchierel canuto e bianco
del dolce loco ov'à sua età fornita
et da la famigliuola sbigottita
che vede il caro padre venir manco;

indi traendo poi l'antico fianco
per l'estreme giornate di sua vita
quanto più pò col buon voler s'aita,
rotto dagli anni, e dal cammino stanco;

e viene a Roma, seguendo 'l desio,
per mirar la sembianza di colui
ch'ancor lassù nel ciel vedere spera:

così, lasso, talor vo cercand'io,
Donna, quanto è possibile in altrui
la disiata vostra forma vera.

Uno scorcio di Roma in una miniatura dei fratelli Limbourg del 1416. (Chantilly, Musée Condé)

1-4. **Movesi... manco**: il vecchio con i capelli bianchi e il volto esangue (*canuto e bianco*) parte dall'amato luogo dove ha trascorso (*fornita*) la sua vita e dalla sua famiglia sorpresa (*sbigottita*) che vede il caro padre scomparire ("venir meno", perché è in partenza per Roma).
5-6. **indi... vita**: da lì (*indi*), trascinando il suo vecchio corpo (*fianco*, per sineddoche) negli ultimi giorni della sua vita.
7. **col... s'aita**: si aiuta con la buona volontà.
8. **rotto**: spossato.
10. **la sembianza**: il volto di Gesù, raffigurato sulla "Veronica".
11. **ancor**: di nuovo.
12. **lasso**: misero; **vo**: vado.
13. **in altrui**: in altri volti di donne.

DIALOGO CON IL TESTO

COMPRENDERE

Una similitudine lunga e ardita Il sonetto è interamente occupato da una similitudine, la cui prima parte è molto più estesa della seconda: come un vecchio pellegrino si reca a Roma, incurante delle fatiche e degli acciacchi dell'età, per vedere la reliquia del volto di Gesù (vv. 1-11), così il poeta cerca il viso che desidera (quello di Laura) in altre immagini (vv. 12-14). Lo squilibrio tra le due parti della similitudine è tale che alcuni interpreti hanno sentito la presenza di Laura quasi come accessoria: basti ricordare l'espressione scherzosa di Francesco De Sanctis, secondo cui nella poesia Laura «ci entra per cerimonia, e ci sta a pigione», cioè viene inserita da Petrarca solo per galanteria, ma resta estranea al contesto.

In realtà il paragone è molto significativo proprio la sua arditezza: il viso di Laura, infatti, viene paragonato a quello di Cristo. Entrambi, nella loro sublimità, non sono raggiungibili pienamente da un occhio umano, ma possono essere cercati solo in altre immagini che ne sono la copia imperfetta.

ANALIZZARE

La lotta contro le difficoltà La prima parte della similitudine accentua la difficoltà del viaggio, faticoso per chiunque ma ancor di più per un vecchio, in modo da far risaltare la sua ferrea volontà, che non può essere distolta dal proposito. Mentre però le difficoltà del vecchio sono di tipo oggettivo e fisico, quelle di Petrarca sono soggettive e mentali: per lui il difficile è cercare di trovare Laura *in altrui*, cioè in volti che sono diversi da quello di lei e che contengono solo un vago riflesso della *forma vera* di Laura.

- **Individuate le espressioni che evidenziano le difficoltà fisiche del vecchio.**

CONTESTUALIZZARE

Amor de lonh Il tema del componimento è rafforzato dalla sua collocazione all'interno del *Canzoniere* tra altri due sonetti sull'angoscia della lontananza da Laura (*Io mi rivolgo indietro a ciascun passo* e *Piovonmi amare lagrime dal viso*). Il tema della lontananza inafferrabile della donna amata, frequentissimo in Petrarca, è di ascendenza provenzale (*amor de lonh*, "amore di lontano"): lo approfondì soprattutto il trovatore Jaufré Rudel (▸T9), che secondo una leggenda romantica si sarebbe innamorato di una dama vedendone il ritratto e l'avrebbe vista di persona solo poco prima di morire. In questo sonetto Petrarca ha ripreso e rielaborato con fine originalità il tema del volto dipinto come sostituzione di quello vero.

La Veronica Il telo con il volto di Cristo, conservato nella basilica di San Pietro, è chiamato "Veronica", parola che l'etimologia popolare spiega come "vera icona", cioè "vero volto". Secondo la leggenda Gesù avrebbe impresso il proprio viso sul telo usandolo per asciugarsi il sudore e il sangue mentre saliva sul Calvario. A partire dal secolo XI la reliquia fu oggetto di un culto molto intenso, che spinse molti pellegrini a diventare "romei", cioè a dirigersi a Roma invece che in Terrasanta. Dante nomina la Veronica due volte, nella *Vita Nuova* (XL, 1) e in *Par.* XXXI, 103-108, in una similitudine che Petrarca ebbe certamente presente come modello: «Qual è colui che forse di Croazia / viene a veder la Veronica nostra, / che per l'antica fame non sen sazia, / ma dice nel pensier, fin che si mostra: / "Segnor mio Iesù Cristo, Dio verace, / or fu sì fatta la sembianza vostra?"».

Il velo di Veronica con il volto di Cristo nel particolare di un dipinto di Robert Campin del 1410.

T77 ▸ Solo e pensoso i più deserti campi (XXXV)

PERCORSO
- La lirica d'amore, p. 534
- Lo spazio e il tempo nella letteratura e nell'arte (I), p. 546

In questo sonetto, scritto prima del 1337, Petrarca esprime il suo bisogno di spazi solitari e selvaggi in cui placare l'inquietudine che il suo amore per Laura gli ingenera.

▸ **METRO**: sonetto.

Solo e pensoso i più deserti campi
vo mesurando a passi tardi e lenti,
e gli occhi porto per fuggire intenti
ove vestigio uman la rena stampi.
Altro schermo non trovo che mi scampi
dal manifesto accorger de le genti,
perché negli atti d'allegrezza spenti
di fuor si legge com'io dentro avvampi;
sì ch'io mi credo omai che monti e piagge
e fiumi e selve sappian di che tempre
sia la mia vita, ch'è celata altrui.
Ma pur sì aspre vie né sì selvagge
cercar non so, ch'Amor non venga sempre
ragionando con meco, et io con lui.

Francesco Petrarca presso la fonte di Valchiusa, dipinto di Arnold Bocklin del 1867. (Basilea, Kunstmuseum/ Alinari)

1. **deserti campi**: campagne solitarie.
2. **vo mesurando**: percorro, come misurando. "Misurare uno spazio a passi (rapidi, lenti ecc.)" è una metafora ancora corrente.
3-4. **gli occhi... stampi**: volgo gli occhi attenti a evitare ogni luogo in cui impronte (*vestigio*) umane segnino il terreno (*rena*).
5-6. **Altro... genti**: non trovo altro riparo che mi permetta di evitare che le persone si accorgano in modo evidente (*manifesto*) della mia condizione. Vuole cioè evitare che gli altri si rendano conto che è innamorato; il senso di *manifesto* può anche essere spostato, per ipallage, dall'*accorger de le genti* ai segni che il poeta porta impressi su di sé.
7-8. **negli atti d'allegrezza... avvampi**: negli atteggiamenti privi di gioia si scorge di fuori come dentro io arda d'amore (*avvampi*).
9-11. **sì ch'io... altrui**: così credo che i monti, i campi (*piagge*), i fiumi e i boschi (*selve*) sappiano ormai di che genere (*tempre*) sia la mia vita, che è nascosta agli altri (*altrui*). La "tempra" letteralmente è il trattamento di un metallo che gli dà certe qualità; per estensione, un insieme di proprietà fisiche o psicologiche.
12-14. **Ma pur sì aspre... con lui**: tuttavia (*Ma pur*) non riesco a trovare strade tanto impervie e deserte da impedire ad Amore di seguirmi parlando con me, e io con lui.

DIALOGO CON IL TESTO

COMPRENDERE

La solitudine dell'innamorato La necessità di tener nascosto l'amore è uno dei luoghi comuni della lirica cortese: l'amore, sentimento intimo e prezioso, sarebbe involgarito se andasse sulle bocche altrui. Petrarca dà a questo tema tradizionale un'espressione nuova e toccante: lo inserisce in una situazione precisa, crea la figura dell'innamorato che vaga alla ricerca della solitudine, in un colloquio assorto col paesaggio. Il ritmo lento del suo passo, definito nei primi due versi, scandisce lo scorrere della sua meditazione.

Una natura immateriale Il paesaggio in cui Petrarca cerca rifugio è un luogo descritto per rapidi accenni, non caratterizzato: i sostantivi utilizzati per descriverlo sono generici e l'aggettivazione scarsa e vaga. Gli spazi che il poeta ricerca non hanno un valore in sé, ma, funzionali al suo raccoglimento interiore, sono lo sfondo indistinto e impreciso su cui egli proietta il suo stato d'animo.

- **Indicate le espressioni che si riferiscono al paesaggio e dite in che modi esse creano una scenario naturale:**
  - **vasto e indefinito;**
  - **umanizzato, che fa eco ai sentimenti del poeta.**

ANALIZZARE

L'equilibrio dello schema binario Il sonetto è uno degli esempi più perfetti di come la poesia di Petrarca componga l'espressione di sentimenti patetici in forme di perfetto equilibrio; qui in particolare l'equilibrio è ottenuto con schemi di ripetizione che creano coppie di elementi paralleli o antitetici, a vari livelli:

- Dal punto di vista ritmico, i primi due versi, col ripetersi della cesura "a minore" (dopo cinque sillabe), assumono un ritmo lento e grave, che dà il tono a tutto il componimento; questo effetto è rafforzato dal ritorno di due coppie di aggettivi in posizione iniziale e finale (*solo e pensoso*, *tardi e lenti*).
- Dal punto di vista della sintassi, ciascuna strofa è occupata da un periodo diviso in due frasi di pari lunghezza: così le quartine sono scandite in due coppie di versi, le terzine hanno una pausa a metà del verso centrale; ne consegue una distribuzione alternata di *enjambements*, ora più ora meno marcati.

- **Riconoscete altre figure di parallelismo disseminate nei versi.**
  Analizzate in particolare la doppia antitesi su cui si articolano i vv. 7-8.
  Individuate gli *enjambements*, distinguendo fra le spezzature più forti o più lievi del discorso.

T78 ▸ Ne la stagion che 'l ciel rapido inchina (L)

Questa canzone è databile attorno al 1336-1337, visto l'accenno del v. 55 ai dieci anni trascorsi dall'inizio della passione amorosa per Laura. Appartiene dunque a una fase abbastanza giovanile dell'attività poetica di Petrarca.

▸ **METRO**: canzone di cinque stanze di 14 versi con struttura ABC BAC (fronte), cdd EE FeF (sirma), seguite da un congedo che riprende lo schema della sirma.

Ne la stagion che 'l ciel rapido inchina
verso occidente e che 'l dì nostro vola
a gente che di là forse l'aspetta,
veggendosi in lontan paese sola,
la stanca vecchiarella pellegrina

1-3. **Ne la stagion... aspetta**: nell'ora (*stagion*) in cui il sole (*ciel*: la sfera celeste che lo include) sembra declinare verso occidente con moto più rapido (cioè, al tramonto) e la luce del giorno corre a illuminare le genti che la aspettano *di là*, nell'emisfero occidentale (*forse*: è ignoto se l'altra parte del globo sia abitata).
5. **pellegrina**: in viaggio, lontana da casa.

raddoppia i passi, e più e più s'affretta;
e poi così soletta
al fin di sua giornata
talora è consolata
d'alcun breve riposo, ov'ella oblia
la noia e 'l mal de la passata via.
Ma, lasso, ogni dolor che 'l dì m'adduce
cresce qualor s'invia
per partirsi da noi l'eterna luce.
Come 'l sol volge le 'nfiammate rote
per dar luogo a la notte, onde discende
dagli altissimi monti maggior l'ombra,
l'avaro zappador l'arme riprende,
e con parole e con alpestri note
ogni gravezza del suo petto sgombra:
et poi la mensa ingombra
di povere vivande,
simili a quelle ghiande
le qua' fuggendo tutto 'l mondo onora.
Ma chi vuol si rallegri ad ora ad ora,
ch' i' pur non ebbi ancor, non dirò lieta,
ma riposata un'ora,
né per volger di ciel né di pianeta.
Quando vede 'l pastor calare i raggi
del gran pianeta al nido ov'egli alberga
e 'mbrunir le contrade d'oriente,
drizzasi in piedi e co l'usata verga,
lassando l'erba e le fontane e i faggi,
move la schiera sua soavemente;
poi lontan da la gente,
o casetta o spelunca
di verdi frondi ingiunca;
ivi senza pensier s'adagia e dorme.

Un pastore addormentato tratto da un particolare di un dipinto di Andrea Mantegna, 1450. (New York, Metropolitan Museum of Art)

TESTI

T78

10. **oblia**: dimentica.
11. **noia**: pena.
12. **lasso**: me infelice! L'inciso, che equivale a un semplice "ahimè", è frequente nelle rime di Petrarca. **m'adduce**: mi porta.
13-14. **qualor... luce**: ogni volta che l'*eterna luce* (il sole) si muove per allontanarsi (*partirsi*) da noi.
15. **Come... rote**: appena il sole volge il suo carro (*rote*, per sineddoche) di fuoco. L'immagine del carro di fuoco del Sole appartiene alla mitologia antica.
16. **onde**: per cui.
17. **dagli altissimi... ombra**: l'immagine è ripresa dalla prima *Bucolica* di Virgilio: «e maggiori cadono dagli alti monti le ombre»; *maggior* significa "più lunga".
18-20. **l'avaro zappador... sgombra**: l'avido (bisognoso di guadagno) contadino raccoglie gli attrezzi (*arme*), poi con parole e con canti agresti (*alpestri note*) scaccia dal suo cuore ogni pensiero triste (*gravezza*).
24. **le qua'... onora**: che la gente loda, standone però alla larga. Le ghiande erano, secondo la tradizione, il cibo degli uomini primitivi, simbolo di una vita semplice e sobria, lodata solo a parole.
25. **ad ora ad ora**: di tanto in tanto.
26-27. **ch'i... un'ora**: che io ancora non ho avuto un momento non dirò di felicità, ma nemmeno di tregua (*riposata*).
28. **né... pianeta**: né al mutare delle ore (segnate dal *volger di ciel* del sole), né delle stagioni (segnate dal volgere di qualche altro corpo celeste, *pianeta*).
29-34. **Quando... soavemente**: quando il pastore vede calare i raggi del sole (*gran pianeta*) verso il nido dove esso dimora, e vede oscurarsi le terre (*contrade*) a oriente, si alza in piedi e con il consueto bastone (*usata verga*) sposta con dolcezza (*soavemente*) il suo gregge, lasciando l'erba, le fonti e i faggi.
36-37. **o casetta... ingiunca**: ricopre di fronde (*ingiunca*) una capanna o una grotta, per farsi un giaciglio.

Ahi crudo Amor! ma tu allor più m'informe
a seguir d'una fera che mi strugge
la voce e i passi e l'orme,
e lei non stringi che s'appiatta e fugge.
E i naviganti in qualche chiusa valle
gettan le membra, poi che 'l sol s'asconde,
sul duro legno e sotto a l'aspre gonne.
Ma io, perché s'attuffi in mezzo l'onde,
e lasci Ispagna dietro a le sue spalle
e Granata e Marrocco e le Colonne,
e gli uomini e le donne
e 'l mondo e gli animali
acquetino i lor mali,
fine non pongo al mio ostinato affanno
e duolmi ch'ogni giorno arroge al danno:
ch' i' son già, pur crescendo in questa voglia,
ben presso al decim' anno,
né poss'indovinar chi me ne sciogli.
E perché un poco nel parlar mi sfogo,
veggio la sera i buoi tornare sciolti
da le campagne e da' solcati colli.
I miei sospiri a me perché non tolti
quando che sia? perché no 'l grave giogo?
perché dì e notte gli occhi miei son molli?
Misero me, che volli,
quando primier sì fiso
gli tenni nel bel viso,
per iscolpirlo, imaginando, in parte
onde mai né per forza né per arte
mosso sarà fin ch' i' sia dato in preda
a chi tutto diparte?
Né so ben anco che di lei mi creda.

39-41. **crudo**: crudele. **m'informe... l'orme**: mi disponi (*informe*) a seguire *la voce e i passi e l'orme* di una *fera* (animale selvatico) che mi consuma. La donna amata, con una metafora frequente nel *Canzoniere*, è la preda inseguita in una caccia vana.
43-45. **E i naviganti... gonne**: e i marinai in qualche insenatura riparata (*chiusa valle*) si distendono (*gettan le membra*) sul duro ponte della nave e sotto i loro ruvidi panni (*aspre gonne*), quando il sole tramonta (*s'asconde*).
46. **perché s'attuffi**: per quanto il sole (soggetto sottinteso) s'immerga.
47-48. **lasci... Colonne**: si allontani dalle estremità occidentali del mondo conosciuto; *le Colonne* sono le colonne d'Ercole, nome mitologico dello stretto di Gibilterra.
53. **duolmi... danno**: mi rattrista che ogni giorno aggiunga (*arroge*) qualcosa alla sofferenza.
54-55. **ch' i'... anno**: perché sono già vicino al decimo anno, mentre sempre (*pur*) cresce il mio desiderio.
56. **scioglia**: liberi.
57. **E perché... sfogo**: il poeta giustifica il proseguimento del suo amaro canto (*sfogo*).
58. **sciolti**: liberati dal giogo.
59. **solcati**: arati.
60-61. **I miei... giogo**: perché a me nessuno toglie il *grave giogo* dei *miei sospiri*? Il poeta contrappone la sua condizione all'immagine dei buoi *sciolti* dal giogo.
62. **molli**: bagnati di pianto.
63-65. **che volli... viso**: che cosa ho voluto, quando per la prima volta (*primier*) li fissai (gli occhi) nel bel volto.
66-69. **per iscolpirlo... diparte**: per scolpire (quel viso) con l'immaginazione in un luogo (*parte*, con riferimento al cuore) da cui non potrà essere rimosso né con la forza né con l'artificio fino a quando sarò dato in preda a colei che separa tutti i legami (la morte).
70. **Né... creda**: e non so ancora (*anco*) bene che pensare di lei (se cioè ricambia il mio amore).

Canzon, se l'esser meco
dal mattino a la sera
t'à fatto di mia schiera,
tu non vorrai mostrarti in ciascun loco,
e d'altrui loda curerai sì poco,
ch'assai ti fia pensar di poggio in poggio
come m'à concio 'l foco
di questa viva petra ov' io m'appoggio.

71-73. **Canzon**: comincia il congedo, in cui tradizionalmente il poeta si rivolge al proprio testo e lo invia a un destinatario. **se l'esser... schiera**: se lo stare con me a lungo ti ha reso simile a me (*di mia schiera*: uno dei miei).

75. **d'altrui... poco**: ti curerai così poco degli elogi degli altri. La canzone sarà schiva e amante della solitudine, come il poeta e la sua *schiera*.

76-78. **assai... mi appoggio**: ti basterà pensare, nella solitudine delle campagne (*di poggio in poggio*), come mi ha ridotto il *foco* (amoroso) per la *petra* (la donna dal cuore insensibile) a cui appoggio le mie speranze. Il *foco* e la *petra* sono metafore tradizionali nella lirica amorosa.

DIALOGO CON IL TESTO

COMPRENDERE

Contrasti in parallelo La canzone è costruita su una serie parallela di immagini a contrasto: da un lato figure di esseri semplici, dalla vita dura, che trovano riposo e conforto nella quiete notturna; dall'altro, la figura del poeta che non può trovare pace dal suo affanno.

- **Individuate queste figure con riferimento ai versi in cui compaiono.**

Immagini al tramonto I diversi quadretti che il poeta tratteggia per sottolineare la sua esclusione dalla possibilità di una tregua sono tenuti insieme dal filo rosso del tramonto, che conferisce al testo una generale intonazione malinconica: ciascuna scena si colloca nella fase conclusiva del giorno, evocazione forse del declino della vita; il ripetersi dell'immagine evidenzia l'abilità di Petrarca nel variare la descrizione.

- **Rintracciate le perifrasi con cui viene indicato il momento temporale.**

ANALIZZARE

Ripetizioni e variazioni La perizia letteraria dell'autore si manifesta sia nell'elegante stilizzazione delle immagini che aprono ogni stanza sia nel gioco elaborato delle metafore che trascrivono la passione amorosa.

La serie parallela dei contrasti è attentamente variata: di stanza in stanza la prima parte (immagini di pace) si abbrevia e si estende quella dedicata ai propri sentimenti, in modo da ottenere una gradazione crescente dell'espressione della soggettività.

- **Ripercorrendo il testo, indicate il numero dei versi dedicati in ogni stanza a ciascuno dei due nuclei tematici.**
- **Solo da un certo punto in poi l'affanno del poeta si precisa come pena d'amore; individuate il punto, e mostrate come di stanza in stanza questo tema si arricchisca di particolari.**

Ripetizione e variazione La struttura a contrasti paralleli impone che ogni stanza si apra su un'immagine nuova, quasi ricominciando da capo; ma per assicurare la continuità del discorso Petrarca introduce alcune riprese di immagini e di parole tra la chiusa di una stanza e l'apertura della successiva.

- **Ricostruite gli snodi fra una strofa e l'altra, individuando le riprese di immagini.**

CONTESTUALIZZARE

Un motivo ricorrente della lirica amorosa L'idea dell'amore come immagine che si scolpisce nel cuore passando attraverso gli occhi (vv. 63-69) aveva una lunga tradizione nella lirica cortese, a partire da un sonetto di Giacomo da Lentini, *Amor è uno desio che ven da core* (▸T10).

- **Cercate di definire il diverso atteggiamento con cui questo concetto si presenta nei due componimenti.**

T79 ▸ Benedetto sia 'l giorno e 'l mese e l'anno (LXI)

PERCORSO
- La lirica d'amore, p. 534
- Le donne come soggetto e come oggetto della scrittura (I), p. 542

Il sonetto celebra a distanza di anni il giorno dell'innamoramento, che Petrarca aveva fissato al 6 aprile 1327, ad Avignone. È un tema ricorrente nel *Canzoniere*; il poeta ha voluto sottolinearlo accostando questo testo, nell'ordinamento definitivo della raccolta, a un altro sonetto di anniversario (▸T80).

▸ **METRO**: sonetto.

Benedetto sia 'l giorno e 'l mese e l'anno
e la stagione e 'l tempo e l'ora e 'l punto
e 'l bel paese e 'l loco ov'io fui giunto
da' duo begli occhi che legato m'ànno;

e benedetto il primo dolce affanno
ch' i' ebbi ad esser con Amor congiunto,
e l'arco e le saette ond' i' fui punto,
e le piaghe che 'nfin al cor mi vanno.

Benedette le voci tante ch' io
chiamando il nome de mia Donna ò sparte,
e i sospiri e le lagrime e 'l desio;

e benedette sian tutte le carte
ov' io fama l'acquisto, e 'l pensier mio,
ch' è sol di lei, sì ch'altra non v'à parte.

2. **'l punto**: l'istante.
3-4. **fui giunto... m'ànno**: fui raggiunto dall'effetto dei due begli occhi che mi hanno legato. L'espressione *'l bel paese e 'l loco* si riferisce alla Provenza e ad Avignone.
5-6. **dolce affanno... congiunto**: piacevole tormento che provai nell'innamorarmi; *dolce affanno* esprime il contrasto delle emozioni che suscita l'amore.
7. **le saette... punto**: le frecce da cui fui colpito (*punto*). L'*arco* e le *saette* appartengono alla figura mitologica tradizionale di Amore, dio arciere alato che fa innamorare colpendo al cuore con le sue frecce.
8. **le piaghe... vanno**: le ferite che mi penetrano fino al cuore.
9. **voci**: espressioni; si riferisce ai versi amorosi che ha scritto.
10. **ò sparte**: ho sparso, ho emesso.
12. **carte**: componimenti scritti.
13. **ov'io... l'acquisto**: con cui le procuro fama. La poesia rende onorata e celebre la donna amata.
14. **sì ch'altra... parte**: così che nessun'altra donna vi trova spazio.

Il primo incontro tra Laura e Petrarca nella chiesa di Santa Chiara ad Avignone in un dipinto di Anselm Feuerbach del 1865. (Monaco, Sammlung Schack)

DIALOGO CON IL TESTO

COMPRENDERE

L'amore come elevazione spirituale Il *Canzoniere* esplora la fenomenologia dei sentimenti amorosi nella varietà delle loro manifestazioni. In questo sonetto l'amore è presentato come un'esperienza che, anche attraverso i momenti dolorosi, eleva l'animo e lo colma di dolcezza e di riconoscenza. Questa elevazione spirituale coincide con l'espressione poetica: nelle terzine l'amore viene quasi a identificarsi con le *voci* e le *carte*, motivo di *fama* per la donna (e indirettamente per il poeta stesso).

ANALIZZARE

Uno slancio esclamativo Il componimento è impostato sull'anafora del termine "benedetto" in apertura di ciascuna strofa, che gli dà un tono di litania liturgica e lo pervade di un unico slancio esclamativo, dal principio alla fine. Questa intensità emotiva è equilibrata dall'attenta distribuzione della materia: ciascuna strofa è dedicata a un aspetto distinto dell'esperienza amorosa.

- **Definite ciascuno di questi aspetti e dite se a vostro parere nella successione in cui sono disposti si può riconoscere una gradazione voluta.**

Figure L'indicazione del momento dell'innamoramento con la successione dei sostantivi secondo due *climax* (la prima dal piccolo al grande: *giorno*, *mese*, *anno*; la seconda dal grande al piccolo: *stagione*, *tempo*, *ora*, *punto*), rimarcate dal polisindeto, conferisce all'incontro con Laura il carattere di un evento voluto dal destino, avvenuto in circostanze di tempo eccezionali e privilegiate.

- **Indicate gli altri punti del testo in cui ricorre il polisindeto e cercate di definire che tipo di intonazione questa figura conferisce alla poesia.**

- **Per esprimere le emozioni contrastanti che suscita l'amore, Petrarca fa ricorso a un ossimoro che diventerà comune nella poesia amorosa successiva: individuatelo nel testo.**

CONTESTUALIZZARE

Tradizione religiosa e cortese Il lessico della liturgia si intreccia con l'immaginario della poesia cortese. La metafora dell'amore che lega come un laccio, per esempio, è tradizionale nella lirica cortese, come pure l'idea che l'amore promani dagli occhi della donna.

- **Rintracciate nei testi della tradizione precedente a Petrarca qualche esempio di questo frasario, evidenziando le sfumature particolari che contraddistinguono i singoli usi.**

Un tema ricorrente L'idea dell'amore come elevazione spirituale fu oggetto per Petrarca di tormentosi dilemmi, come mostra il brano del *Secretum* in ▸T72.

- **In quale punto del brano tratto dal *Secretum* si ritrova la stessa idea dell'amore presente nel sonetto?**

Cupido tende il suo arco in una statua romana, copia da un originale greco del II secolo d.C. (San Pietroburgo, Museo dell'Hermitage)

T80 ▸ Padre del ciel, dopo i perduti giorni (LXII)

▸ PERCORSO
- La lirica d'amore, p. 534
- Le donne come soggetto e come oggetto della scrittura (I), p. 542

È uno dei sonetti che, lungo il *Canzoniere*, ricordano gli anniversari del giorno dell'innamoramento. Questo va riferito al 1338 (conclusione dell'undicesimo anno d'amore, come indica il v. 9).

▸ **METRO**: sonetto.

Padre del ciel, dopo i perduti giorni,
dopo le notti vaneggiando spese
con quel fero desio ch' al cor s'accese,
mirando gli atti per mio mal sì adorni,

piacciati omai, col tuo lume, ch' io torni
ad altra vita et a più belle imprese,
sì ch' avendo le reti indarno tese,
il mio duro adversario se ne scorni.

Or volge, Signor mio, l'undecimo anno
ch' i' fui sommesso al dispietato giogo
che sopra i più soggetti è più feroce.

Miserere del mio non degno affanno;
reduci i pensier vaghi a miglior luogo;
rammenta lor come oggi fusti in croce.

1. **perduti**: consumati nelle pene d'amore, dunque *perduti* perché non dedicati a opere più virtuose.
2. **vaneggiando spese**: trascorse seguendo vani pensieri d'amore.
3. **con quel... s'accese**: in compagnia di quel terribile (*fero*) desiderio che si accese nel cuore.
4. **mirando... adorni**: contemplando gli atteggiamenti (di Laura) così leggiadri (*adorni*) per il mio male.
5-6. **piacciati... imprese**: voglia tu ormai che con la luce della tua grazia io ritorni a una vita diversa e ad azioni più virtuose (*belle*).
7-8. **sì... scorni**: cosicché il demonio (*il mio duro adversario*) resti scornato, avendo teso invano (*indarno*) le reti per catturarmi.
9-11. **Or volge... feroce**: ora volge al termine, mio Signore, l'undicesimo anno da quando fui sottomesso al crudele giogo d'amore, che è più duro per quelli che vi si assoggettano di più (in quanto chi più ama più soffre).
12. **miserere**: abbi pietà; dal latino della liturgia. **non degno**: non nobile, perché volto a un oggetto terreno.
13. **reduci i pensier... luogo**: riconduci i pensieri erranti a un luogo migliore (il cielo).
14. **rammenta... croce**: ricorda loro come oggi tu fosti messo in croce; nella ricostruzione di Petrarca l'innamoramento sarebbe avvenuto il Venerdì Santo, ricorrenza della Passione di Cristo. In realtà il 6 aprile 1327, giorno indicato dal poeta, coincide con il lunedì della Settimana Santa.

DIALOGO CON IL TESTO

COMPRENDERE

L'amore come peccato Collocando questo sonetto subito dopo quello delle benedizioni (▸T79), Petrarca sottolinea due modi antitetici estremi di vivere l'amore: da un lato l'amore come elevazione, dall'altro come vaneggiamento (v. 2), passione bruciante (v. 3), errore che allontana da Dio ed esige il pentimento. È qui in primo piano il sentimento religioso, che in Petrarca assume accenti nuovi per intensità soggettiva, non meno di quello amoroso: è un intimo colloquio dell'anima con Dio, un anelito di redenzione che scaturisce da una sofferta esperienza personale. Per dare effetto al suo pentimento il poeta invoca Dio, perché con il suo intervento gli permetta di indirizzare la sua vita verso occupazioni più elevate di una poesia vòlta alla celebrazione di passioni terrene.

ANALIZZARE

Un formulario liturgico Questo sonetto è stato concepito come una preghiera, che si snoda fra due formule liturgiche: *Padre del ciel* (che ricorda il «Padre nostro che sei nei cieli») e *Miserere*.

- **Esaminate la collocazione delle apostrofi e delle espressioni imperative (congiuntivo esortativo e imperativi veri e propri) che scandiscono la preghiera, e spiegate come questi diano una struttura simmetrica al sonetto. Osservate poi come nell'ultima terzina lo schema sia variato, introducendo un elemento di maggiore concitazione emotiva.**

INTERPRETARE

Il senso di una contraddizione La decisione di collocare uno di seguito all'altro due sonetti che danno due interpretazioni opposte dell'amore per Laura può sorprendere il lettore: evidentemente il poeta non persegue l'obiettivo di conferire alla sua opera una coerenza concettuale. Può trattarsi dell'espressione di un drammatico conflitto interiore non risolto oppure di un espediente letterario che gioca sul gusto formale del capovolgimento e dell'antitesi.

- **Secondo voi quale delle due intenzioni prevale? Rispondete facendo riferimento a ciò che sapete di Petrarca e alla vostra impressione soggettiva dei due testi.**

ANALISI

T81 ▸ Chiare fresche e dolci acque (CXXVI)

È la canzone più famosa del *Canzoniere*, databile al 1345. Intreccia i temi del ricordo di una visione di Laura e dell'aspettazione della propria morte.

▸ **METRO**: canzone di cinque stanze di 13 versi con struttura abCabC (fronte), cdeeDfF (sirma), seguite da un congedo con lo schema rimico degli ultimi tre versi della sirma.

Chiare fresche e dolci acque
ove le belle membra
pose colei che sola a me par donna;
gentil ramo ove piacque,
con sospir mi rimembra,
a lei di fare al bel fianco colonna;
erba e fior che la gonna
leggiadra ricoverse
co l'angelico seno;
aere sacro sereno
ove Amor co' begli occhi il cor m' aperse:
date udienzia insieme
a le dolenti mie parole estreme.

1. **acque**: sono le acque della Sorga, presso Valchiusa.
3. **colei... donna**: colei che è l'unica donna per me, l'unica signora ("donna" deriva dal latino *domina*) del mio cuore.
4-6. **gentil ramo... colonna**: pianta nobile alla quale a lei piacque di appoggiare (*far colonna*) il bel fianco (sospirando me ne ricordo).
8. **leggiadra ricoverse**: bella (riferito a gonna) ricoprì.
9. **seno**: lembo, piega della gonna.
10. **aere sacro**: aria resa sacra dalla presenza di Laura.
11. **m' aperse**: mi ferì.
13. **dolenti... estreme**: le ultime parole piene di dolore, pronunciate prima della morte che il poeta sente imminente.

S' egli è pur mio destino,
e 'l cielo in ciò s' adopra,
ch' Amor quest'occhi lagrimando chiuda,
qualche grazia il meschino
corpo fra voi ricopra
e torni l'alma al proprio albergo ignuda;
la morte fia men cruda
se questa spene porto
a quel dubbioso passo,
ché lo spirito lasso
non poria mai in più riposato porto
né in più tranquilla fossa
fuggir la carne travagliata e l'ossa.

Tempo verrà ancor forse
ch' a l'usato soggiorno
torni la fera bella e mansueta
e là 'v' ella mi scorse
nel benedetto giorno
volga la vista disiosa e lieta,
cercandomi; ed o pieta!
già terra infra le pietre
vedendo, Amor l' ispiri
in guisa che sospiri
sì dolcemente che mercé m' impetre,
e faccia forza al cielo,
asciugandosi gli occhi col bel velo.

Da' be' rami scendea,
dolce ne la memoria
una pioggia di fior sovra 'l suo grembo,
ed ella si sedea
umile in tanta gloria,
coverta già de l' amoroso nembo;

Anselm Feuerbach, *Laura nel parco di Valchiusa*, 1864. La donna è sola e Petrarca la osserva da lontano, da dietro a un albero. (Speyer, Historisches Museum)

14-16. **S'egli è pur...chiuda**: se è proprio (*pur*) il mio destino, e il cielo in questo senso si adopera, che Amore chiuda questi occhi lacrimanti (mi faccia morire mentre piango). Il gerundio *lagrimando* ha per soggetto *occhi*, che non è il soggetto della reggente, secondo un uso comune nell'italiano antico.
17-18. **qualche... ricopra**: qualche grazia del cielo faccia sì che il mio misero corpo sia sepolto fra voi (gli elementi del paesaggio che ha invocato nella prima stanza).
19. **torni... proprio albergo ignuda**: l'anima torni priva del corpo alla propria sede (il cielo).
20. **fia men cruda**: sarà meno crudele.
21. **spene**: speranza.
22. **dubbioso passo**: il passaggio della morte, *dubbioso*, ossia incerto e pericoloso, perché vi si decide la sorte dell'anima per l'eternità.
23-26. **lo spirito... l'ossa**: lo spirito stanco e infelice (*lasso*) non potrebbe abbandonare il corpo (*la carne... e l'ossa*) logorato dalla sofferenza in un rifugio più sereno né in una tomba più tranquilla.
27-33. **Tempo verrà... cercandomi**: forse verrà ancora un tempo in cui, in questo luogo dove era solita recarsi (*l'usato soggiorno*), torni la bella e mansueta fiera (Laura), e là, dove ella mi vide in quel giorno benedetto, rivolga lo sguardo pieno di desiderio (*la vista disiosa*) e di gioia (*lieta*), cercandomi. La donna amata è vista come un animale selvatico crudele e inaccessibile.
33. **pieta**: dolore. L'italiano antico distingue *pièta* ("dolore", "angoscia") da *pietà* (usato in senso prevalentemente religioso).
34-35. **già terra... vedendo**: vedendomi già sepolto, ridotto a *terra* fra le *pietre* del sepolcro.
35-39. **Amor l'ispiri... col bel velo**: che Amore la commuova in modo (*guisa*) che sospiri così dolcemente da ottenere per me (*m'impetre*) la misericordia del cielo (*mercé*), e da mutare la volontà di Dio (*faccia forza*), asciugandosi gli occhi con il bel velo (cioè con il suo pianto).
44. **umile... gloria**: umile per quanto glorificata dalla natura con la pioggia di fiori.
45. **coverta... nembo**: coperta già dalla nuvola di fiori, omaggio amoroso.

qual fior cadea sul lembo,
qual su le treccie bionde,
ch'oro forbito e perle
eran quel dì a vederle;
qual si posava in terra e qual su l'onde,
qual con un vago errore
girando parea dir: «Qui regna Amore».
   Quante volte diss'io
allor pien di spavento:
«Costei per fermo nacque in paradiso!»
Così carco d'oblio
il divin portamento
e 'l volto e le parole e 'l dolce riso
m'aveano, e sì diviso
da l'imagine vera,
ch'i' dicea sospirando:
«Qui come venn'io, o quando?»
credendo esser in ciel, non là dov'era.
Da indi in qua mi piace
quest'erba sì, ch'altrove non ò pace.
   Se tu avessi ornamenti quant'ài voglia,
poresti arditamente
uscir del bosco e gir infra la gente.

46-49. **qual fior... vederle**: qualche fiore le cadeva sul lembo (del vestito), qualche altro sulle trecce bionde, che quel giorno parevano (*eran... a vederle*) oro lucente (*forbito*) e perle.
51-52. **con un... girando**: roteando nell'aria con un volteggiare leggiadro.
54. **spavento**: lo sgomento che suscita una visione soprannaturale.
55. **per fermo**: certamente.
56-59. **Così carco d'oblio**: tanto mi avevano riempito di rapimento (*oblio*, dimenticanza della realtà) il suo incedere celestiale, il suo volto, le sue parole, il suo dolce sorriso.
59-60. **sì... vera**: tanto allontanato (*diviso*) dalla visione reale.
64. **Da indi in qua**: da allora in poi.
66. **tu**: il poeta si rivolge alla propria canzone, come è tradizionale nel congedo. **avessi... voglia**: fossi ornata, bella, quanto vorresti.
67. **poresti**: potresti.
68. **uscir... gente**: lasciare questi luoghi campestri e andare (*gir*) fra la gente. È un'espressione di modestia: la canzone potrebbe diffondersi tra il pubblico, lasciando la solitudine campestre in cui è nata, se fosse perfetta come il poeta l'avrebbe voluta.

DIALOGO CON IL TESTO

COMPRENDERE

Visione sentimentale del passato e del futuro I due motivi della canzone – la rievocazione della visione di Laura e il pensiero della propria morte – sono unificati dall'intonazione sentimentale: la prima porta a un dolce rapimento estatico, il secondo è pieno di tenera autocommiserazione. I due temi hanno anche in comune un effetto di distanza temporale: la visione si svolge nel passato, il pensiero della morte è proiettato nel futuro, cosicché entrambi si collocano in una evanescente dimensione di sogno. Siamo riportati al presente solo in due rapidi accenni, in cui appare il poeta che ritorna sul luogo "sacro" al suo amore, che incorniciano la sua meditazione in chiusura della prima e della quinta stanza.

- **Analizzate la distribuzione dei momenti imperniati sul passato e sul futuro: scoprirete una struttura tematica a chiasmo.**

La donna-angelo umanizzata Nella canzone appaiono anche motivi di spiritualizzazione religiosa dell'amore, di vaga ascendenza stilnovista (la donna come creatura ultraterrena, veicolo di salvezza per il poeta); ma è facile vedere come essi siano ridotti alla misura di un sentimento d'amore tutto mondano, fino a toccare una commistione quasi blasfema tra seduzione e preghiera.

- **Individuate nella canzone il luogo di questa commistione.**

ANALIZZARE

Una rappresentazione stilizzata La poesia è ricca di immagini visive, in cui si fondono la donna e il paesaggio; ma queste non mirano a colpire per la forza di rappresentazione, essendo rese con pochi tratti convenzionali e quasi astratti. La situazione è quella della rievocazione nel ricordo; per questo ciò che conta non è l'immagine in sé, ma il suo impatto emotivo: si veda la serie degli aggettivi del primo verso, dove la nota sentimentale (*dolci*) è completamente fusa a quelle descrittive (*chiare fresche*); oppure si osservi come è descritta la pioggia di fiori nella quarta stanza.

Un linguaggio semplice La stilizzazione della descrizione comporta anche una rigorosa selezione del lessico: Petrarca si vieta ogni audacia verbale e ottiene i suoi effetti con la combinazione di elementi lessicali poveri e ripetitivi.

- **Indicate in particolare, nella prima stanza, il ritorno di aggettivi generici e convenzionali, di cui uno ripetuto tre volte.**

Effetti musicali L'effetto di questa poesia è in gran parte musicale. Vi contribuisce la scelta di uno schema strofico in cui prevalgono i settenari, che avvicinano le rime; ogni membro della stanza è poi chiuso da un endecasillabo, che distende il ritmo. In questo metro modulato si adagia una sintassi fatta di periodi ampi, ma per lo più lineari. A differenza del sonetto, che nella sua brevità impone una grande concentrazione espressiva, la stanza di canzone consente al poeta un andamento sintattico più lento e sinuoso; si veda l'inserimento di incisi sospirosi come quelli dei vv. 5 e 41, o la presenza di frasi che aggiungono poco al significato, ma creano un'eco musicale, come quella dei vv. 48-49.

- **Comune coi sonetti è invece la preferenza per un'equilibrata struttura a membri paralleli: analizzate da questo punto di vista la serie delle apostrofi della prima stanza, o la descrizione della pioggia di fiori nei vv. 46-52.**

CONTESTUALIZZARE

Dalla donna angelo alla donna sognata Il modo in cui Petrarca riprende e rielabora la tradizione stilnovista dà la misura della differenza culturale rispetto al pensiero medievale. La donna-angelo è qui sottoposta a una duplice trasformazione: da un lato è raffigurata con un'insistenza sconosciuta alla poesia tradizionale sui tratti fisici della donna, indicativa del carattere irrimediabilmente terreno dell'amore per Laura, dall'altro si presenta come l'apparizione sovrumana di un sogno del poeta perso nella contemplazione della donna.

CONFRONTARE

Petrarca e Dante L'immagine della donna sotto una pioggia di fiori può ricordare l'apparizione di Beatrice nel *Purgatorio* (Dante Alighieri, *Purgatorio*, XXX, vv. 28-39, in *La Divina Commedia*, a cura di N. Sapegno, La Nuova Italia, Firenze, 1995):

> [...] dentro una nuvola di fiori
> che da le mani angeliche saliva
> e ricadeva in giù dentro e di fori,
> sovra candido vel cinta d'uliva
> donna m'apparve, sotto verde manto
> vestita di color di fiamma viva.
> E lo spirito mio, che già cotanto
> tempo era stato ch'a la sua presenza
> non era di stupor, tremando, affranto,
> sanza de li occhi aver più conoscenza,
> per occulta virtù che da lei mosse,
> d'antico amor sentì la gran potenza.

- **Analizzate i due testi mettendo in luce:**
  - **l'analogia dei motivi descrittivi;**
  - **la diversità della situazione emotiva;**
  - **la maggiore o minore precisione descrittiva;**
  - **i significati attribuiti alle due immagini.**

T82 ▸ Italia mia, benché ’l parlar sia indarno (CXXVIII)

Alla fine del 1344 scoppiò un violento conflitto per il possesso di Parma che contrappose Obizzo III d’Este, signore di Ferrara, a Luchino Visconti, signore di Milano. Petrarca si trovava nella città e dovette fuggire. L’occasione gli diede l’ispirazione per comporre questa canzone, uno dei pochi componimenti di argomento politico del *Canzoniere*, che lamenta l’ambizione dei principi italiani, sempre in lotta tra loro, e l’utilizzo di truppe mercenarie.

▸ **METRO**: canzone di sette stanze di 16 versi endecasillabi e settenari, con struttura AbC, BaC (fronte), cDEeDdfGfG (sirma), più un congedo uguale alla sirma.

Italia mia, benché ’l parlar sia indarno
a le piaghe mortali
che nel bel corpo tuo sì spesse veggio,
piacemi almen che’ miei sospir sian quali
spera ’l Tevero e l’Arno
e ’l Po, dove doglioso e grave or seggio.
Rettor del cielo, io cheggio
che la pietà che ti condusse in terra
ti volga al tuo diletto almo paese:
vedi, segnor cortese,
di che lievi cagion che crudel guerra,
e i cor, ch’ endura e serra
Marte superbo e fero,
apri tu, Padre, e ’ntenerisci e snoda;
ivi fa che ’l tuo vero,
qual io mi sia, per la mia lingua s’ oda.

Voi cui fortuna à posto in mano il freno
de le belle contrade,
di che nulla pietà par che vi stringa,
che fan qui tante pellegrine spade?
perché ’l verde terreno
del barbarico sangue si depinga?
Vano error vi lusinga;
poco vedete e parvi veder molto,

1-3. **benché... veggio**: benché le mie parole siano inutili per le ferite mortali che vedo così numerose (*spesse*) nel tuo bel corpo.
4-6. **piacemi... seggio**: almeno mi piace che i miei sospiri siano come quelli che sperano il Tevere, l’Arno e il Po (metaforicamente, l’intera penisola), dove ora siedo addolorato e triste (grave). Petrarca, al momento di comporre la canzone, è a pochi chilometri dal Po.
7-9. **Rettor... paese**: Governatore del cielo (Dio), io ti chiedo che la pietà che ti portò sulla terra ti faccia rivolgere al tuo amato e nobile (*almo*) paese. L’Italia è il paese amato da Dio perché vi ha posto la sede della cristianità.
11. **di che... guerra**: quale guerra (nasce) da quali motivi futili.
12-14. **e i cor’... snoda**: e tu, Padre, apri, ammansisci e sciogli i cuori, che Marte (dio della guerra) superbo e feroce indurisce e chiude.
15-16. **ivi... s’oda**: fa’ che lì (nei cuori dei signori) si oda la tua verità per mezzo della mia lingua, per quanto io sia inadatto (*qual io mi sia*; è una dichiarazione di modestia).
17-19. **Voi... stringa**: o voi, ai quali la sorte ha posto in mano il governo (*freno*) dei bei paesi, per i quali sembra che non vi tocchi (*stringa*) alcuna pietà.
20. **pellegrine**: straniere; prima allusione alle milizie mercenarie.
21-22. **perché... depinga?**: forse affinché il terreno verde (dell’Italia) si tinga di sangue straniero? La domanda è ironica: al contrario, saranno i mercenari stranieri a spargere il sangue degli Italiani.
23. **vi lusinga**: vi illude.
24. **parvi**: vi pare.

ché 'n cor venale amor cercate o fede:
qual più gente possede,
colui è più da suoi nemici avvolto.
O diluvio raccolto
di che deserti strani
per inondar i nostri dolci campi!
Se da le proprie mani
questo n' avvene, or chi fia che ne scampi?
  Ben provvide Natura al nostro stato,
quando de l' Alpi schermo
pose fra noi e la tedesca rabbia;
ma 'l desir cieco encontra 'l suo ben fermo
s' è poi tanto ingegnato,
ch' al corpo sano à procurato scabbia.
Or dentro ad una gabbia
fiere selvagge e mansuete gregge
s'annidan sì che sempre il miglior geme;
et è questo del seme,
per più dolor, del popol senza legge,
al qual, come si legge,
Mario aperse sì 'l fianco
che memoria de l' opra anco non langue,
quando assetato e stanco
non più bevve del fiume acqua che sangue.
  Cesare taccio, che per ogni piaggia
fece l' erbe sanguigne
di lor vene ove 'l nostro ferro mise.
Or par, non so per che stelle maligne,
che 'l cielo in odio n' aggia:
vostra mercé, cui tanto si commise;
vostre voglie divise

25. **ché... fede**: perché cercate amore e fedeltà in un cuore che obbedisce solo al denaro (*venale*), come è quello dei mercenari.
26-27. **qual... avvolto**: colui che possiede più soldati (*gente*) è più circondato (*avolto*) dai suoi nemici.
28-30. **O diluvio... campi**: Oh, che diluvio (di armi) raccolto da quali deserti stranieri, per sommergere i nostri dolci campi.
31-32. **Se... scampi?**: Se questo ci capita (*n'avvene*) per scelta nostra (*da le proprie mani*), chi ci sarà (*fia*) ormai che ci possa salvare (*ne scampi*)?
33. **stato**: condizione.
34-35. **quando... rabbia**: quando pose la barriera delle Alpi tra noi e il furore dei popoli tedeschi.
36-38. **ma... scabbia**: ma l'ambizione (*desir*, dei prìncipi italiani), cieca e ostinata (*fermo*) contro il proprio bene, poi si è data tanto da fare che ha provocato la scabbia in un corpo sano; ovvero, ha creato da sé la propria rovina.
39-41. **Or dentro... geme**: adesso nella stessa (*una*) gabbia stanno insieme bestie selvaggi e greggi di animali mansueti, in modo tale che l'animale più buono soffre.
42-43. **et è... legge**: e questo, per aumentare il dolore, deriva (è) dalla stirpe (*seme*) del popolo senza legge, cioè quello germanico.
44. **come si legge**: nello storico latino Floro (I-II secolo d.C.), che narra il particolare del fiume insanguinato ricordato al v. 48.
45-48. **Mario... sangue**: Mario ferì il petto (*aperse... 'l fianco*) dei germani a tal punto che il ricordo dell'evento (*opra*) ancora non svanisce (*anco non langue*), quando (Mario), assetato e stanco (per la battaglia), non bevve dal fiume più acqua che sangue. Allusione alla battaglia di *Aquae Sextiae* (l'attuale Aix-en-Provence) del 102 a.C., dove Mario inflisse ai Germani una sconfitta così sanguinosa che il fiume Rodano si riempì di sangue, come narra lo storico Floro (*come si legge*, v. 44).
49-51. **Cesare... mise**: non parlo di Cesare, che in ogni valle (*piaggia*) in cui portò le nostre armi (*ferrò*) insanguinò l'erba con il loro sangue (*vene*, per metonimia). È la figura retorica della preterizione, con la quale si finge di non voler parlare di qualcuno o qualcosa mentre in effetti lo si sta facendo.
52-54. **Or... commise**: ora sembra che il cielo ci abbia (*n' aggia*) in odio, non so per colpa di quali stelle ostili: per merito (*mercé*, ironicamente) vostro, (o signori) ai quali si affidò (*commise*) tanto (potere).
55. **voglie divise**: ambizioni che portano alla divisione.

Una scena di battaglia dipinta da Giovanni di Ser Giovanni Guidi detto lo Scheggia nel 1450-1475.

guastan del mondo la più bella parte.
Qual colpa, qual giudicio o qual destino
fastidire il vicino
povero, e le fortune afflitte e sparte
perseguire, e 'n disparte
cercar gente e gradire
che sparga 'l sangue e venda l' alma a prezzo?
Io parlo per ver dire,
non per odio d' altrui né per disprezzo.
   Né v' accorgete ancor per tante prove
del bavarico inganno
ch' alzando il dito colla morte scherza?
Peggio è lo strazio, al mio parer, che 'l danno.
Ma 'l vostro sangue piove
più largamente, ch' altr' ira vi sferza.
Da la mattina a terza
di voi pensate, e vederete come
tien caro altrui che tien sé così vile.
Latin sangue gentile,
sgombra da te queste dannose some;
non far idolo un nome
vano senza soggetto;
ché 'l furor de lassù, gente ritrosa,
vincerne d' intelletto,
peccato è nostro e non natural cosa.

56. **del mondo... parte**: l'Italia, indicata con una perifrasi.
57-62. **Qual... prezzo?**: quale colpa (da espiare), quale giudizio (divino) o quale destino (vi spinge a) infastidire il vicino povero, a perseguitare le sue fortune afflitte e disperse, e a cercare all'estero (*'n disparte*) e ad apprezzare soldati (*gente*) che per denaro (*a prezzo*) spargano il sangue e vendano la propria vita?
63. **ver**: la verità.
65-67. **Né... scherza?**: E non vi accorgete, pur dopo tante prove, dell'inganno tedesco (*bavarico*, riferito ai mercenari germanici), che scherza con la morte alzando il dito? Riferimento al gesto con cui i gladiatori romani si arrendevano; i mercenari tedeschi ingannano i signori per i quali combattono arrendendosi appena possono per evitare la battaglia.
68. **lo strazio**: il disonore arrecato dall'inganno dei mercenari (vv. 65-67), che è peggio di qualsiasi danno.
69-70. **Ma... sferza**: ma il vostro sangue viene sparso maggiormente (a differenza di quello dei mercenari, che fuggono; vv. 65-67), perché (*ch'*) ben altra ira vi spinge. Gli italiani non combattono per denaro, ma per onore, quindi non si sottraggono alla lotta e subiscono danni maggiori.
71-73. **Da la matina... vile**: pensate alla vostra situazione dall'ora del mattutino all'ora terza (cioè, dalle sei alle nove del mattino) e vedrete quanto (poco) può tenere agli altri chi (*che*) stima così poco se stesso (cioè i mercenari, che si vendono per denaro).
74. **sangue gentile**: stirpe nobile.
75. **some**: pesi ingombranti, cioè i mercenari.
76. **non far idolo**: non venerare.
77. **senza soggetto**: senza significato.
78-80. **ché... cosa**: perché non è una cosa naturale, ma una nostra colpa che il furore di lassù (della Germania), una popolazione sciocca (*ritrosa*), ci superi (*vincerne*) in intelligenza.

Non è questo 'l terren ch' i' toccai pria?
non è questo il mio nido,
ove nudrito fui sì dolcemente?
non è questa la patria in ch' io mi fido,
madre benigna e pia,
che copre l' un e l' altro mio parente?
Per Dio, questo la mente
talor vi mova, e con pietà guardate
le lagrime del popol doloroso,
che sol da voi riposo
dopo Dio spera; e pur che voi mostriate
segno alcun di pietate,
vertù contra furore
prenderà l' arme e fia 'l combatter corto:
ché l'antico valore
ne l' italici cor non è ancor morto.

Signor, mirate come 'l tempo vola
e sì come la vita
fugge e la morte n' è sovra le spalle.
Voi siete or qui, pensate a la partita:
ché l' alma ignuda e sola
conven ch' arrive a quel dubbioso calle.
Al passar questa valle
piacciavi porre giù l'odio e lo sdegno,
venti contrari a la vita serena,
e quel che 'n altrui pena
tempo si spende, in qualche atto più degno
o di mano o d' ingegno,
in qualche bella lode,
in qualche onesto studio si converta;
così qua giù si gode
e la strada del ciel si trova aperta.

Canzone, io t' ammonisco

81. **Non... pria?**: non è questa la terra che ho toccato all'inizio, cioè nella quale sono nato?
84. **in ch'io mi fido**: in cui ripongo piena fiducia.
86. **che... parente?**: che ricopre entrambi i miei genitori, che sono sepolti in essa? Il padre del poeta, Pietro di Parenzo, detto Petracco, morì nel 1326; la madre, Eletta Canigiani, nel 1318 o 1319.
87-88. **questo la mente talor vi mova**: almeno questo (cioè il pensiero che l'Italia è la terra in cui siamo nati e dove sono sepolti i nostri avi) commuova la vostra mente.
91. **pur che**: se solo, non appena.
88-91. **e con pietà spera**: e guardate con compassione le sofferenze (*lagrime*) del popolo afflitto che, oltre che da Dio, soltanto da voi spera di avere la pace (*riposo*).
93-94. **vertù... corto**: il valore militare (*vertù*, nel senso del latino *virtus*) prenderà le armi contro la furia, e il combattimento sarà (*fia*) breve.
97. **Signor**: signori (Petrarca si riferisce ancora ai prìncipi italiani).
99. **n' è sovra le spalle**: incombe su di noi.
100. **partita**: la partenza dalla vita, cioè la morte.
101-102. **ché... calle**: perché è necessario (*conven*) che l'anima arrivi nuda e sola a quel passaggio (*calle*) temibile. La morte è definita come un momento di passaggio incerto, come in *Chiare fresche e dolci acque* (►T81, v. 22, *dubbioso passo*).
103-104. **Al passar... sdegno**: nel lasciare (*passar*) questo mondo (*valle*), vi piaccia di abbandonare l'odio e la superbia.
105. **venti... serena**: è un'apposizione riferita a *l'odio e lo sdegno*, visti metaforicamente come venti ostili che impediscono la serenità.
106-110. **e quel... converta**: e quel tempo che si spreca nel creare sofferenze ad altri (*'n altrui pena*) sia dedicato (*si converta*) a qualche azione fisica o intellettuale (*o di mano o d' ingegno*) più degna, a qualche bella lode, a qualche studio onorevole (*onesto*).
111. **qua giù**: in questa vita terrena.

che tua ragion cortesemente dica
perché fra gente altera ir ti convene,
e le voglie son piene
già de l' usanza pessima et antica,
del ver sempre nemica.
Proverai tua ventura
tra magnanimi pochi a chi 'l ben piace;
di' lor: «Chi m'assicura?
I' vo gridando: Pace, pace, pace».

114-115. **che... convene**: che tu esponga le tue parole (*ragion*) in modo cortese, perché devi (*ti convene*) andare (*ir*) tra persone superbe, cioè i prìncipi (che potrebbero reagire male alle dure parole della canzone).
116-118. **e le voglie... nemica**: e le volontà (*voglie*, dei prìncipi) sono già abituate a quell'usanza pessima e antica, cioè l'adulazione, che è sempre nemica della verità.
119-120. **Proverai... piace:** tenterai la tua sorte fra i pochi magnanimi a cui (*a chi*) piace il bene.
121. **m'assicura**: mi protegge.

DIALOGO CON IL TESTO

COMPRENDERE

La tematica politica La fama di Petrarca è legata ai componimenti amorosi, che sono largamente predominanti nel *Canzoniere*; tuttavia egli fu un uomo del suo tempo, visse a contatto con personaggi potenti e di spicco e non tralasciò di affrontare temi politici.
Come è tipico del Medioevo, l'argomento è inquadrato in una prospettiva morale e religiosa: se inizialmente Petrarca critica i principi italiani per un motivo tecnico, l'impiego di milizie mercenarie, nella seconda parte li rimprovera perché con la guerra e l'ambizione rischiano di dannarsi l'anima; a questo atteggiamento peccaminoso il poeta contrappone una vita dedita alla letteratura, che esalta quanto di meglio c'è nell'uomo, mentre la guerra ne esalta la parte più bestiale.

- **Individuate i punti in cui Petrarca svolge queste diverse considerazioni.**

ANALIZZARE

Solennità dello stile Per l'argomento elevato Petrarca impiega uno stile solenne che dispiega tutto il repertorio della retorica classica: la personificazione dell'Italia nei primi versi, che parlano del *bel corpo* ferito (v. 3); l'uso di *exempla* storici (Mario ai vv. 44-48 e Cesare ai vv. 49-51); le commosse domande retoriche là dove Petrarca ricorda l'Italia come luogo dei suoi affetti personali (vv. 81-86); la doppia antitesi *endura e serra... 'ntenerisci e snoda* (vv. 12 e 14).
In tutta la canzone ricorre lo stereotipo, già presente negli storici latini, del popolo germanico come rozzo, violento e bestiale, al quale si contrappone il valore ordinato dei Romani e dei loro discendenti. Questa antitesi si estende anche al paesaggio: le terre germaniche sono solo *deserti strani* (v. 29), quelle italiane sono *bel corpo* (v. 3), *diletto almo paese* (v. 9), *belle contrade* (v. 18), *verde terreno* (v. 21), *dolci campi* (v. 30), *del mondo la più bella parte* (v. 56).

- **Al tono solenne contribuiscono le diverse apostrofi. Individuatele e specificate a quali destinatari si rivolgono di volta in volta.**

CONTESTUALIZZARE

Un modello per i posteri Questo uso massiccio della retorica si ritrova in molte delle canzoni patriottiche dei secoli successivi, che culminano nella canzone *All'Italia* di Giacomo Leopardi (1818). Tuttavia, non si tratta solo di vuote parole: Petrarca individua un problema reale nell'abuso di milizie mercenarie, tanto che un pensatore estremamente concreto e realista come Niccolò Machiavelli concluderà la sua celebre opera *Il principe*, nella quale il problema delle milizie mercenarie è centrale, proprio con i vv. 93-96 di questa canzone: *vertù contra furore / prenderà l' arme, e fia 'l combatter corto: ché l'antico valore / ne l'italici cor non è ancor morto* (▸Vol. 2, 62).

T83 ▸ Pace non trovo e non ò da far guerra (CXXXIV)

In questo sonetto Petrarca esprime l'alternanza di sentimenti suscitati nel suo animo dall'amore per Laura.

▸ **METRO**: sonetto.

Pace non trovo e non ò da far guerra,
e temo e spero, et ardo e son un ghiaccio,
e volo sopra 'l cielo e giaccio in terra,
e nulla stringo e tutto 'l mondo abbraccio.
Tal m' à in pregion, che non m'apre né serra,
né per suo mi riten né scioglie il laccio,
e non m'ancide Amore e non mi sferra,
né mi vuol vivo né mi trae d'impaccio.
Veggio senza occhi e non ò lingua e grido,
e bramo di perir e cheggio aita,
et ò in odio me stesso et amo altrui.
Pascomi di dolor, piangendo rido,
egualmente mi spiace morte e vita:
in questo stato son, Donna, per vui.

1. **non ò da far guerra**: non ho i mezzi per fare la guerra (per liberarsi dal tormento, o per fare in modo che Laura lo ricambi).
2. **e temo e spero**: temo di non essere amato e contemporaneamente spero di esserlo.
4. **nulla... abbraccio**: stringo le braccia, ma le ritrovo vuote.
5. **Tal... serra**: mi tiene in prigione qualcuno così crudele (*Tal*, cioè l'Amore, v. 7) che non mi apre (la porta del carcere) né la chiude.
6. **né... laccio**: né mi prende come suo prigioniero né mi scioglie i vincoli.
7. **m'ancide**: mi uccide. **non mi sferra**: non mi toglie il ferro dalla carne, cioè non cura le mie ferite.
9. **Veggio senza occhi... grido**: la passione mi ha accecato eppure continuo a vedere; non ho più voce eppure grido di dolore.
10. **bramo... aita**: desidero morire e chiedo aiuto.
11. **altrui**: un'altra persona, cioè Laura.
12. **Pascomi di dolor**: mi nutro (*pascomi*, "mi pasco") di dolore.
13. **egualmente... vita**: la morte e la vita mi dispiacciono allo stesso modo.
14. **per vui**: a causa vostra.

DIALOGO CON IL TESTO

COMPRENDERE

Il sonetto dei contrasti L'atteggiamento ambivalente di Petrarca rispetto all'amore per Laura è un tema ricorrente del *Canzoniere*. In particolare lo abbiamo incontrato nei due sonetti consecutivi che rappresentano rispettivamente l'amore come dolce elevazione spirituale (▸T79), e come vaneggiamento e peccato (▸T80). In questo caso le due concezioni antitetiche convivono in un solo componimento, ma, differentemente da quanto avviene nei sonetti citati, non sono legate a riflessioni morali o religiose. Il poeta è dilaniato da sentimenti contrastanti determinati dalla sua totale dipendenza dalla donna e da Amore, che lo tengono in uno stato di sospensione angosciosa e senza via d'uscita.

- **Ripercorrendo il testo, individuate le immagini che fanno riferimento:**
  - **a un'alternanza di sentimenti gioiosi e disperati;**
  - **a una situazione di imprigionamento e di oppressione senza sbocchi;**
  - **alla compenetrazione di atteggiamenti e situazioni contraddittorie.**

Come spesso avviene, Petrarca non focalizza la sua attenzione sulla donna responsabile del tormento ma sulla propria situazione esistenziale e psicologica.

- **Indicate quali versi sono dedicati rispettivamente ai tre soggetti del sonetto: io, Amore e Laura.**

ANALIZZARE

Lacerazione e antitesi Il dissidio insanabile che lacera l'animo del poeta è reso visibile e concreto attraverso un ricorso ossessivo alla figura retorica dell'antitesi. In alcuni casi questa viene ulteriormente rafforzata dalla disposizione a chiasmo.

- **Individuate i versi in cui l'antitesi si accompagna al chiasmo.**

La sintassi e il ritmo La sintassi è estremamente semplice, basata su brevi proposizioni coordinate, sottolineata dalla perfetta coincidenza fra pause metriche e pause sintattiche e dal ricorrere della figura del polisindeto (la ripetizione della congiunzione "e" fra una frase e l'altra).

- **Come definireste il ritmo che la punteggiatura, il coordinamento per polisindeto e la struttura metrica conferiscono al sonetto?**

CONFRONTARE

Petrarca e Cavalcanti Fra i poeti stilnovisti, quello che più ha insistito sulla natura crudele dell'esperienza amorosa è Guido Cavalcanti.

- **Confrontate questo sonetto con *Tu m'hai sì piena di dolor la mente* (▸T18) e *Voi che per li occhi mi passaste 'l core* (▸T22), individuando affinità e differenze.**

INTERPRETARE

L'apostrofe finale La donna che determina la catastrofe psicologica descritta dal sonetto compare soltanto nell'ultimo verso.

- **Come si può interpretare secondo voi la frase che il poeta le rivolge: una constatazione, un'invocazione, un rimprovero, una dichiarazione d'amore o che altro?**

Laura incorona Petrarca in una miniatura del XV secolo. (Firenze, Biblioteca Laurenziana)

T84 ▸ Fiamma dal ciel su le tue treccie piova (CXXXVI)

Fra i pochi componimenti del *Canzoniere* non dedicati all'amore ve ne sono cinque di argomento politico-morale: le canzoni *Italia mia* (▸T82) e *Spirto gentil* (quest'ultima dedicata a Cola di Rienzo) e i tre sonetti consecutivi detti "babilonesi", violente invettive contro la curia pontificia di Avignone, identificata con Babilonia, che, nell'Apocalisse attribuita all'evangelista Giovanni (dove simboleggia Roma), è per antonomasia la sede del potere mondano, malvagio e corrotto. I sonetti "babilonesi" furono composti negli anni 1346-1347.

▸ **METRO**: sonetto.

Fiamma dal ciel su le tue treccie piova,
malvagia, che dal fiume e da le ghiande
per l' altrui impoverir se' ricca e grande,
poi che di mal oprar tanto ti giova;
nido di tradimenti, in cui si cova
quanto mal per lo mondo oggi si spande:
de vin serva, di letti e di vivande,
in cui lussuria fa l' ultima prova.
Per le camere tue fanciulle e vecchi
vanno trescando, e Belzebub in mezzo
co' mantici e col foco e co li specchi.
Già non fostù nudrita in piume al rezzo,
ma nuda al vento e scalza fra gli stecchi:
or vivi sì ch' a Dio ne venga il lezzo.

Monaci al bagno assistiti e sollazzati da giovani fanciulle in una miniatura boema del XVI secolo. (Praga, Biblioteca Nazionale)

1. **Fiamma... piova**: cadano fiamme dal cielo sulla tua testa.
2. **malvagia**: il poeta si rivolge alla Chiesa, personificandola in una figura femminile (*le tue treccie*) che ricorda la *puttana* con cui la simboleggia Dante (*Purg.*, XXXII, 149). L'augurio di una pioggia di fuoco ricorda la punizione biblica delle città corrotte di Sodoma e Gomorra.
2. **dal fiume... ghiande**: da origini di purezza e povertà; *fiume* e *ghiande* erano la bevanda e il cibo degli uomini semplici e primitivi, secondo il mito classico dell'età dell'oro.
3. **per l'altrui impoverir... grande**: facendo impoverire gli altri sei diventata ricca e potente.
4. **poi che... giova**: dato che tanto ti piace agire malvagiamente; è esplicitato il motivo della pioggia di fiamme invocata nel v. 1.
5-6. **si cova... spande:** si prepara tutto il male che poi si diffonde oggi per il mondo. La metafora del *nido* è continuata da *si cova*.
7. **de vin... vivande**: riferimento all'amore per la tavola e per i piaceri sessuali che la corte papale coltivava in maniera smodata.
8. **lussuria... prova**: la Lussuria (uno dei sette peccati capitali, qui personificata) giunge all'estremo della raffinatezza.
9. **Per le camere... vecchi**: nelle camere dei tuoi palazzi vecchi prelati con le loro giovani amanti.
10. **vanno trescando**: si danno a traffici erotici. **Belzebub**: il principe dei demoni, nel Vangelo; il nome deriva da quello di una divinità cananea.
11. **co' mantici... specchi**: coi *mantici* il demonio attizza il *foco* erotico, con gli *specchi* incrementa la libidine moltiplicando le immagini lascive.
12. **fostù**: fosti tu. **nudrita... rezzo**: allevata tra le mollezze (*piume* di materassi) all'ombra (*rezzo*).
14. **or... lezzo**: ora vivi in modo tale che (auguro che) il puzzo dei tuoi peccati salga fino a Dio (e provochi la sua punizione).

DIALOGO CON IL TESTO

COMPRENDERE

Invettiva contro una Chiesa scandalosa Come tanti uomini e donne del suo tempo, Petrarca considerò uno scandalo il trasferimento della sede papale ad Avignone e deplorò la corruzione della Chiesa. Il fatto di essere stato al servizio di una potente famiglia cardinalizia e di aver vissuto a lungo ad Avignone non fece che acuire il suo disgusto per quell'ambiente.

- **Il sonetto è impostato sull'antitesi tra una Chiesa ideale delle origini e la Chiesa reale; desumete dal testo i tratti con cui sono caratterizzate l'una e l'altra, e le accuse precise rivolte alla seconda.**

ANALIZZARE

Energica densità espressiva Il linguaggio dell'invettiva è fitto di riferimenti biblici e risente dello stile dantesco. Mentre la lirica amorosa di Petrarca è caratterizzata da un'estrema sobrietà di mezzi, dalla delicatezza e rarefazione delle immagini, nei sonetti "babilonesi" si impone invece un'energica densità espressiva.

- **Individuate alcune metafore fortemente espressive e i particolari realistici.**
- **L'intonazione aggressiva è sottolineata anche dalla scelta di suoni duri e aspri: indicatene qualche esempio nel testo.**

T85 ▸ L' aura gentil, che rasserena i poggi (CXCIV)

È uno dei sette sonetti del *Canzoniere* che cominciano con *L'aura* ("l'aria, il venticello"), allusione al nome della donna amata, mai nominata esplicitamente, come voleva il codice dell'amore cortese che imponeva il più stretto riserbo.

▸ **METRO**: sonetto.

L' aura gentil, che rasserena i poggi
destando i fior per questo ombroso bosco,
al soave suo spirto riconosco,
per cui conven che 'n pena e 'n fama poggi.
Per ritrovar ove 'l cor lasso appoggi
fuggo dal mi' natio dolce aere tosco;
per far lume al penser torbido e fosco,
cerco 'l mio Sole e spero vederlo oggi:
nel qual provo dolcezze tante e tali
ch'Amor per forza a lui mi riconduce;
poi sì m' abbaglia che 'l fuggir m' è tardo.
I' chiedrei a scampar non arme, anzi ali,
ma perir mi dà 'l ciel per questa luce
ché da lunge mi struggo e da presso ardo.

Le colline toscane nel particolare di un affresco di Benozzo Gozzoli del 1460. (Firenze, Palazzo Medici Riccardi)

1. **poggi**: colli.
2. **destando**: risvegliando, facendo fiorire.
3. **al soave... riconosco**: riconosco (*l' aura*, cioè il venticello) dal suo dolce spirare. Dall'aria riconosce i luoghi, e le emozioni che vi sono associate.
4. **per cui... poggi**: per la quale (*l'aura*, cioè Laura) io devo elevarmi nella pena (amorosa) e nella fama (poetica). Laura è insieme causa di sofferenza e di elevazione spirituale.
5. **Per ritrovar... appoggi**: per ritrovare un luogo dove possa riposare il cuore stanco.
6. **dal mi'... tosco**: dall'aria dolce della mia terra toscana. Petrarca era nato e aveva trascorso la prima infanzia ad Arezzo.
7. **per far... fosco**: per rischiarare i miei pensieri offuscati e bui.
8. **'l mio Sole**: la donna amata.
10. **per forza**: con la sua forza, necessariamente.
11. **sì... tardo**: (il mio Sole) mi abbaglia tanto che non vedo l'ora di fuggire (*'l fuggir m' è tardo*: ogni fuga mi sembra troppo lenta).
12. **chiedrei... ali**: per salvarmi (da questo abbagliamento) vorrei non armi ("armarsi" contro la sofferenza d'amore è metafora consueta), ma ali (per una fuga veloce come un volo).
13. **ma perir... luce**: ma il cielo mi dà in sorte di morire per questa luce (del suo *Sole*).
14. **ché... ardo**: perché da lontano mi struggo dal desiderio, da vicino brucio di sofferenza.

DIALOGO CON IL TESTO

COMPRENDERE

L'aura e i suoi effetti In un testo nell'insieme convenzionale Petrarca si presenta inquieto ed errabondo nell'atto di lasciare i colli toscani per tornare in Provenza, dove vive Laura; la lirica riporta le emozioni del poeta nel rivedere i luoghi legati al suo amore. Risulta centrale la natura ambivalente dell'effetto che Laura ha su di lui: è una luce che può rischiarare i suoi pensieri, ma anche abbagliarlo in maniera insostenibile.

ANALIZZARE

Tra un gioco di parole e una metafora Il sonetto è costruito su due procedimenti ripetuti e variati più volte nel *Canzoniere*: il gioco di parole *L' aura/Laura* e la metafora della donna come *mio Sole*. È notevole la ricchezza di significati che Petrarca riesce a spremere da questi artifici, che qui portano a un'identificazione tra la donna e la forza vivificante della natura: Laura è l'aria che rasserena il paesaggio e dà vita ai fiori, è il sole che illumina i pensieri. Contemporaneamente, con un'antitesi che sta nel cuore dell'ispirazione petrarchesca, la luce di quel *Sole* abbaglia e brucia, e il poeta la cerca e la fugge. Ancora, questa esperienza è insieme elevazione (*fama*) e sofferenza (*pena*).

Antitesi e parallelismi Il nucleo concettuale del sonetto è racchiuso nelle numerose antitesi di cui è costellato; ma l'enfasi emotiva che queste potrebbero comportare è smorzata dall'andamento composto ed equilibrato del discorso, intessuto di eleganti parallelismi.

● **Analizzate in particolare l'antitesi e il parallelismo della seconda quartina.**

Un giardino fiorito in una miniatura di Pacino di Buonaguida del 1335 circa. (Londra, British Library)

INTERPRETARE

Le varianti del testo È questo uno dei sonetti di cui si ha il maggior numero di varianti di mano dell'autore, conservate nel codice Vaticano 3196. Esse riguardano le due quartine, che in una prima stesura appaiono in questa forma:

> L'aura gentil che rasserena i poggi
> e rischiara il meo cor torbido e fosco,
> e 'l soave suo spirto riconosco
> per cui conven che 'n pena e 'n fama poggi.
> Che per trovare ove 'l cor lasso appoggi
> fuggo, chi 'l crederà? il dolce aere tosco,
> per far lume al pensier torbido e fosco
> cerco il mio sole e spero vederlo oggi.

Il carattere provvisorio della stesura è evidente nella ripetizione tra i vv. 2 e 7: l'idea del rischiaramento spirituale si era affacciata subito alla mente del poeta, che poi, con maggiore coerenza di immagini, la associa alla metafora del *Sole* nella seconda quartina. Da qui la necessità di riscrivere il v. 2, che passa attraverso ben sette tentativi:
- «che move i fior e fa romir il bosco»;
- «vel e fa romir il verde ombroso bosco» (*vel*, in latino "oppure", indica che il poeta annota una nuova stesura senza cancellare la precedente, riservandosi di scegliere);
- «che desta i fiori, e fa romir il bosco»;
- «che desta l'acque, e l'erbe, e i fiori e 'l bosco»
- «destando l'acque l'erbe i fiori e 'l bosco»;
- «sento per questo verde ombroso bosco»;
- «destando i fior per questo ombroso bosco».

Si osservi come il poeta conquista subito l'immagine vivificante del "destare" (prima "movere"), ma esita lungamente sull'inserimento di un'immagine uditiva (*romir*, "mormorare") e sull'adozione di una serie enumerativa. Alla fine sceglie l'espressione più fusa e scorrevole, anche nella sintassi.

● **Un altro verso modificato sostanzialmente è il v. 6: che cosa, secondo voi, nella prima versione lasciava insoddisfatto Petrarca?**

T86 ▸ Il cantar novo e 'l pianger delli augelli (CCXIX)

La collocazione di questo sonetto nel *Canzoniere*, verso la fine delle "rime in vita di Laura", consente di datarlo intorno al 1348.

▸ **METRO**: sonetto.

Il cantar novo e 'l pianger delli augelli
in sul dì fanno retentir le valli,
e 'l mormorar de' liquidi cristalli
giù per lucidi freschi rivi e snelli.
   Quella ch' à neve il volto, oro i capelli,
nel cui amor non fur mai inganni né falli,
destami al suon delli amorosi balli,
pettinando al suo vecchio i bianchi velli.
   Così mi sveglio a salutar l' aurora
e 'l sol ch' è seco, e più l'altro ond' io fui
ne' primi anni abbagliato e son ancora;
   i' gli ò veduti alcun giorno ambedui
levarsi inseme, e 'n un punto e 'n un' ora
quel far le stelle, e questo sparir lui.

---

1. **novo**: rinnovato al principio del giorno. **pianger**: il canto degli uccelli è spesso interpretato come un pianto nel *Canzoniere*, senza che questo comporti una sensazione malinconica.
2. **in sul dì**: sul fare del giorno. **retentir**: risuonare. È un calco dal francese, scelto evidentemente per il suo valore musicale.
3. **'l mormorar**: è un nuovo soggetto di *fanno* (v. 2), coordinato a *cantar* e *pianger*. **liquidi cristalli**: acque correnti cristalline.
4. **rivi**: corsi d'acqua. **snelli**: svelti nel movimento.
5. **Quella... capelli**: l'aurora, personificata; il candore (*neve*) del volto e il colore d'oro dei capelli alludono ai colori del cielo.
6. **nel cui... falli**: che fu sempre fedele al suo amore, senza inganni e tradimenti (*falli*). Secondo un mito antico la dea Aurora, innamorata di Titone, ottenne per lui l'immortalità, ma si dimenticò di chiedere l'eterna giovinezza; restò così fedele all'amore per un vecchio (vedi v. 8).
7. **destami... balli**: mi sveglia al suono delle danze amorose (degli animali).
8. **velli**: capelli; i *bianchi velli* possono riferirsi alle nubi o foschie dell'alba.
10. **seco**: con lei. **l'altro**: l'altro sole, Laura. **ond'**: da cui.
11. **ne' primi anni**: in gioventù.
12-13. **i' gli... inseme**: un giorno li ho visti alzarsi insieme tutti e due (il sole e Laura).
14. **quel far le stelle... lui**: (ho visto) il sole (*quel*) far sparire le stelle e Laura (*questo* sole) far sparire il sole. Con un elaborato parallelismo, vuol dire che Laura brilla più del sole quanto il sole brilla più delle stelle.

DIALOGO CON IL TESTO

COMPRENDERE

Un lambiccato complimento galante Il tema del sonetto si riduce a un'immagine festosa della natura all'alba, risolta in un lambiccato complimento galante:

- il risveglio della natura all'alba;
- l'immagine metaforica di Aurora, mitica fanciulla fedele al suo amore;
- il saluto al sole che sorge che con la sua luce rende invisibili le stelle...
- ... e al sole più luminoso, quello del suo amore, che con la sua luce sovrasta il sole stesso.

ANALIZZARE

La musicalità dei versi Il valore di questo sonetto è tutto nella raffinata elaborazione formale, che ne fa uno degli esempi più spinti della ricerca petrarchesca di uno stile prezioso.

Nelle quartine le immagini sono quasi esclusivamente sonore, come a creare uno sfondo musicale per l'esplosione di luce nelle terzine.

- **Osservando la prima quartina, individuate:**
  - **l'effetto sonoro delle rime;**
  - **la frequenza delle consonanti liquide;**
  - **la scelta di vocaboli rari o utilizzati con un significato inconsueto.**

Un indovinello mitologico Nella seconda quartina al gusto dell'effetto musicale si aggiunge quello dei riferimenti mitologici, attraverso un gioco di metafore allusive che propongono al lettore un indovinello (*Quella ch'à...*).

Preziosismo petrarchesco Le terzine sono tutte impostate sulla metafora di Laura come *altro* sole, che crea un gioco di sofisticati scambi concettuali (Laura che abbaglia, i due soli visti "levarsi inseme"), fino al parallelismo finale, che pone una specie di proporzione (Laura sta al sole come il sole sta alle stelle).
La raffinatezza musicale e il gusto dei concetti metaforici ricercati (che più tardi si chiamerà "concettismo") sono gli aspetti costitutivi del petrarchismo, che dominerà la lirica italiana dal Quattrocento all'età barocca.

ANALISI

T87 ▸ La vita fugge e non s' arresta un' ora (CCLXXII)

PERCORSO
- La lirica d'amore, p. 534
- Lo spazio e il tempo nella letteratura e nell'arte (I), p. 546

È uno dei primi sonetti della seconda parte del *Canzoniere*, quella che piange la morte di Laura (avvenuta nel 1348). Qui la scomparsa della donna è solo accennata nell'ultimo verso, a conclusione di una meditazione sul tempo che consuma la vita.

▸ **METRO**: sonetto.

La vita fugge e non s' arresta un' ora,
e la morte vien dietro a gran giornate
e le cose presenti e le passate
mi danno guerra, e le future ancora;
e 'l rimembrare e l'aspettar m' accora
or quinci or quindi, sì che 'n veritate,
se non ch' i' ò di me stesso pietate
i' sarei già di questi pensier fora.
Tornami avanti s' alcun dolce mai
ebbe 'l cor tristo; e poi da l' altra parte
veggio al mio navigar turbati i venti:
veggio fortuna in porto, e stanco omai
il mio nocchier, e rotte arbore e sarte,
e i lumi bei che mirar soglio, spenti.

1-4. **La vita fugge... ancora**: la vita fugge e non si ferma un momento, e la morte la segue a grandi tappe (*giornate* di viaggio) e il presente e il passato mi tormentano, e anche il futuro.
5.**'l rimembrare... m' accora**: ugualmente mi rattrista il ricordo del passato e l'attesa del futuro.
6. **or quinci or quindi**: ora da un lato (passato), ora dall'altro (futuro).
7-8. **se non... fora**: sarei già fuori da questi pensieri (mi sarei ucciso), se non fosse che ho pietà di me stesso; uccidendosi, il poeta si condannerebbe all'inferno.
9-10. **Tornami... tristo**: mi torna dinnanzi alla mente se mai il mio cuore triste ebbe qualcosa di dolce.
11. **veggio... turbati i venti**: vedo i venti scatenati contro la mia navigazione. Comincia la metafora della vita come navigazione, che occupa tutta l'ultima terzina.
12. **veggio... porto**: vedo tempesta nel porto (che rappresenta la fine della vita).
13. **nocchier**: timoniere (la ragione, che deve guidare la navigazione della vita). **arbore e sarte**: gli alberi e i cordami ("sartie") della nave.
14. **i lumi bei... spenti**: spente le belle luci che solevo contemplare. I *lumi* rappresentano contemporaneamente i fari che indicano il porto e, con un'altra metafora, gli occhi di Laura, un tempo contemplati amorosamente e ora *spenti* dalla morte.

DIALOGO CON IL TESTO

COMPRENDERE

L'ossessione del tempo L'idea della fuga inarrestabile del tempo è ossessivamente presente nella psicologia e nell'opera di Petrarca. In questo sonetto è il punto di partenza di una meditazione che coinvolge l'intera esistenza; abbiamo l'immagine di un uomo non solo incalzato dalla morte, ma assediato dai ricordi del passato e dai timori per il futuro, ugualmente dolorosi, e incapace di pensare a una conclusione serena della vita, una volta perduti quei *lumi bei* che la orientavano e le davano un senso.

Una disperazione cosmica La fugacità dell'esistenza, la sua natura effimera e inconsistente, prostrano il poeta al punto tale che sarebbe pronto a togliersi la vita se non lo trattenesse il timore della condanna divina. L'angoscia in cui il pensiero della morte sprofonda Petrarca è poco giustificabile per un poeta cristiano, che dovrebbe vedere nella fine della vita terrena il passaggio desiderato all'eternità (si vedano per esempio i vv. 12-14 del ▸T88). In questo sonetto mancano i buoni propositi di ravvedimento che talvolta Petrarca ha riposto nel futuro e c'è spazio solo per un'inquietudine nevrotica: il passato coincide con la rievocazione dei momenti dolci che non sono più e il futuro, d'altra parte, è sentito carico solo di incertezze e minacce, senza speranza di serenità o di salvezza.

ANALIZZARE

Intensità per accumulo L'intensità espressiva del sonetto è ottenuta nella prima quartina con un effetto di accumulo: una serie di membri paralleli aperti da una serie incalzante di *e* (polisindeto), ripresa nell'apertura della seconda quartina e nell'anafora del v. 6, a scandire con ritmo martellante ciò che ingenera nel poeta angoscia e tormento.

- **In quale altro punto del testo ritornano le figure dell'anafora e del polisindeto?**

La sintassi, le antitesi L'andamento sintattico del testo è dominato dalla coordinazione di frasi brevi che si accavallano, ribadendo quasi ossessivamente l'idea centrale del sonetto; le uniche subordinate si trovano nei due rapidi momenti riflessivi dei vv. 7-8 e 9-10. La tensione prodotta dalla ripetizione della stessa costruzione sintattica è rafforzata dalle antitesi che creano frizioni e opposizioni concettuali, a partire dal primo verso (con la contrapposizione tra "fuggire" e "arrestarsi").

- **Continuate l'elenco delle coppie semantiche di contrari.**

La metafora conclusiva Il sonetto si conclude con una terzina interamente dedicata alla metafora continuata della navigazione, che condensa in immagini una quantità di significati: il ritmo si fa più affannoso, grazie alle pause che precedono una nuova serie di *e*; e nell'ultimo verso l'inciso *che mirar soglio* isola alla fine *spenti* come la parola definitiva di una cupa sentenza di condanna.

CONTESTUALIZZARE

Il ritorno dell'accidia Il contenuto di questo sonetto richiama il male dell'accidia, oggetto di un confronto serrato fra Francesco e Agostino nel *Secretum* (▸T71). Sono cambiate le condizioni esterne che generano nel poeta questa disposizione d'animo, peccaminosa per la morale cristiana, ma la condizione psicologica rimane invariata.

- **Confrontate i due testi, individuando affinità e differenze delle rappresentazioni che il poeta fa di se stesso.**

Una donna viene colpita a morte da un dardo in un particolare dell'affresco *Trionfo della morte* del 1446. (Palermo, Palazzo Abatellis)

T88 ▸ Se lamentar augelli, o verdi fronde (CCLXXIV)

▶ PERCORSO
• La lirica d'amore, p. 534

L'apparizione di Laura al poeta è uno dei temi ricorrenti delle "rime in morte". Un primo gruppo di queste poesie, del quale fa parte questo sonetto, ricevette una forma definitiva tra il 1356 e il 1358.

▶ **METRO**: sonetto.

Se lamentar augelli, o verdi fronde
mover soavemente a l' aura estiva,
o roco mormorar di lucide onde
s' ode d' una fiorita e fresca riva,
là 'v' io seggia d' amor pensoso e scriva;
lei che 'l ciel ne mostrò, terra n' asconde,
veggio et odo et intendo, ch' ancor viva
di sì lontano a' sospir miei risponde:
«Deh, perché inanzi 'l tempo ti consume?»
mi dice con pietate «a che pur versi
degli occhi tristi un doloroso fiume?
Di me non pianger tu, che' miei dì fersi
morendo eterni, e ne l' interno lume,
quando mostrai de chiuder, gli occhi apersi».

1-4. **Se lamentar... riva**: se si odono uccelli che cantano (il canto degli uccelli è spesso interpretato nel *Canzoniere* come un lamento o pianto) o verdi fronde che si muovono dolcemente al venticello estivo o acque limpide (*lucide onde*) che fanno un rumore smorzato (*roco*) dalla riva fiorita e fresca di un ruscello.
5. **là 'v' io... pensoso**: in un luogo in cui io mi trovi seduto pensando all'amore.
6. **lei... n' asconde**: colei che il cielo ci (*ne*) rivelò, la terra ci nasconde; Laura, creatura di origine celeste, è sepolta.
7-8. **veggio... risponde**: i versi si riferiscono a un'apparizione di Laura nell'immaginazione del poeta.
9. **inanzi... consume**: ti distruggi di dolore prima che sia venuto il tuo tempo di morire.
10-11. **a che pur... fiume**: a quale scopo continui a versare un doloroso fiume (di lacrime) dagli occhi afflitti.
12-14. **Di me... apersi**: non piangere per me, perché i miei giorni (la mia vita) divennero (*fersi*: si fecero) eterni quando morii, e nella luce interiore dell'anima (*l'interno lume*) aprii gli occhi nel momento in cui mostrai di chiuderli (per sempre). La morte è vista cristianamente come un passaggio alla vita eterna.

DIALOGO CON IL TESTO

COMPRENDERE

Un incontro immaginario Il paesaggio di Valchiusa descritto nella prima quartina fa da cornice alla figura del poeta che nell'atto di scrivere, immerso in pensieri d'amore, è portato dalla fantasia a vedere Laura (seconda quartina). Le parole che Laura rivolge al poeta occupano le terzine: la donna amata scuote il poeta che si sta consumando nel dolore e lo consola.

L'amore in morte Il paesaggio è stilizzato in pochi elementi, come tutti i paesaggi petrarcheschi, e reso con musicalità dolcissima, in cui si colloca la figura solitaria e trasognata del poeta *d' amor pensoso*. La donna amata, ora che è morta, ha per l'innamorato quella *pietate* che non mostrò da viva: gli reca il conforto cristiano di saperla ora più veramente viva, nella luce eterna di Dio. In una dolce consolazione si pacifica così la tensione fra amore terreno e amore celeste; in altre parole l'amore può portare al poeta pace soltanto adesso che è mancato il suo oggetto.

● **Riconoscete nel paesaggio i tratti tipici del "luogo ameno", evidenziando le analogie e le differenze rispetto alla natura come descritta in ▸T81.**

ANALIZZARE

Una raffinata tessitura verbale Il sonetto ha una tessitura verbale raffinata e calcolata, che però, come spesso accade in Petrarca, non è esibita, ma appare come riassorbita nel ritmo fluido e naturale dei versi. Si può notare, per esempio, come nella prima quartina ciascuno dei versi inizi con una voce verbale e si concluda con un sintagma aggettivo più nome.

- **Il paesaggio della prima quartina ha un fascino musicale, ottenuto con alcuni espedienti fonetici; individuate in particolare:**
  - **il ricorrere, nei versi 1 e 2, dei suoni soffiati *f* e *v*, ripresi dall'allitterazione del v. 4;**
  - **l'intonazione sulle *o* del v. 3.**

Anche il piano retorico è attentamente elaborato con l'equilibrio misurato che contraddistingue la scrittura poetica di Petrarca. Così, per esempio, il contrasto terra/cielo, morte/vita eterna è affidato a tre raffinate antitesi, e il tema del dolore è smorzato al v. 11 dalla costruzione armoniosa ed equilibrata del chiasmo.

- **Individuate le figure retoriche indicate.**

CONFRONTARE

Petrarca e Dante L'apparizione di Laura in cielo ha un precedente nelle visioni di Beatrice dopo la morte, nella parte finale della *Vita nuova*.

- **Confrontando questo sonetto con *Oltre la spera che più larga gira* di Dante (▸T47), analizzate la diversa ispirazione dei due poeti, considerando in particolare:**
  - **l'ambientazione della visione;**
  - **il modo di raffigurare la donna in cielo;**
  - **il contenuto più sentimentale o più intellettuale.**

ANALISI

T89 ▸ Zefiro torna, e 'l bel tempo rimena (CCCX)

PERCORSO
- La lirica d'amore, p. 534
- Lo spazio e il tempo nella letteratura e nell'arte (I), p. 546

Torna la primavera, e tutta la natura è pervasa da una gioia d'amore, ma per il poeta si rinnova solo il dolore per la scomparsa della sua donna. Il sonetto appartiene alle poesie trascritte nel manoscritto definitivo del *Canzoniere* nel 1366-1367.

▸ **METRO**: sonetto.

Zefiro torna, e 'l bel tempo rimena
e i fiori e l' erbe, sua dolce famiglia,
e garrir Progne e pianger Filomena,
e primavera candida e vermiglia;
ridono i prati e 'l ciel si rasserena,
Giove s' allegra di mirar sua figlia,
l' aria e l' acqua e la terra è d' amor piena,
ogni animal d' amar si riconsiglia.
Ma per me, lasso, tornano i più gravi
sospiri, che del cor profondo tragge
quella ch' al ciel se ne portò le chiavi,
e cantar augelletti e fiorir piagge
e 'n belle donne oneste atti soavi
sono un deserto e fere aspre e selvagge.

1. **Zefiro**: venticello primaverile di ponente, così chiamato dai poeti greci e latini. **rimena**: riporta.
2. **famiglia**: compagni dello Zefiro.
3. **garrir... Filomena**: (riporta) il garrire della rondine e il pianto dell'usignolo. Secondo un mito antico, Progne e Filomena erano due fanciulle trasformate in rondine e in usignolo dagli dèi.
6. **Giove... figlia**: il pianeta Giove pare gioire nel contemplare Venere (figlia di Giove secondo la mitologia, e dea dell'amore). È un riferimento astronomico tradotto in chiave mitologica, che allude a un influsso amoroso di Venere sulla natura.
8. **d'amar si riconsiglia**: è ricondotto ad amare.
9. **lasso**: infelice.
10-11. **che del core... chiavi**: che trae dal profondo del cuore quella che, salendo al cielo, ne (del mio cuore) ha portato con sé le chiavi.
12. **piagge**: pendii, campagne.
13. **oneste**: di nobile portamento. **atti soavi**: atteggiamenti leggiadri.
14. **sono**: va collegato a *per me* (v. 9). **fere aspre**: belve selvagge.

DIALOGO CON IL TESTO

COMPRENDERE

Festa della natura, solitudine del poeta Da un lato lo spettacolo luminoso della natura primaverile, dall'altro il poeta, escluso da quella festa d'amore, solo con la sua sofferenza. Tutto il sonetto è costruito su questa opposizione, che lo scandisce nettamente fra le quartine e le terzine.

Come sempre accade nei componimenti di Petrarca, lo scenario naturale non è veramente descritto: non offre la visione di particolari significativi, ma consiste in un seguito di elementi generici e tradizionali; questi poi non sono messi in relazione in una struttura d'insieme, ma vengono isolati e allineati in una successione di frasi coordinate.

- **Individuate i riferimenti mitologici, in cui traspaiono il gusto classicista di Petrarca e il carattere tutto letterario della descrizione.**

ANALIZZARE

Una struttura chiaroscurale La contrapposizione tematica su cui è costruito il sonetto è affidata in primo luogo al significato delle parole scelte: nelle quartine i termini sono positivi e luminosi, nelle terzine compaiono espressioni negative e cupe.

- **Rintracciate esempi significativi di questa distribuzione del lessico.**

Contrasti e riprese L'articolazione del sonetto in due parti è sottolineata da una serie di effetti di contrasto, che sono però anche in parte effetti di ripresa, secondo quel gioco di antitesi e parallelismi che è tipico dello stile petrarchesco. Così da un lato abbiamo il *Ma* che, all'inizio del v. 9, segna incisivamente lo stacco fra le due parti; ma il contrasto è contemporaneamente marcato dalla ripetizione di *torna* (v. 1) e *per me tornano* (v. 9).

Un'inversione di ritmo Ancora, nelle quartine l'effetto festoso è dovuto al ritmo con cui si susseguono gli aspetti del paesaggio, segnato da una serie incalzante di *e* e dalla prevalenza della coordinazione sintattica. Nelle terzine un netto cambiamento di ritmo introduce la sofferenza del poeta, resa dalla presenza di due forti *enjambements*. Il procedimento della coordinazione marcata dal polisindeto della *e* ricompare, invece, nella seconda parte, ai vv. 12-13, a preparare per contrasto l'intonazione aspramente dolorosa del verso finale.

- **Osservate nel testo la diversa distribuzione delle pause sintattiche rispetto ai confini di verso (presenza o assenza di *enjambements*).**

CONFRONTARE

Sonetto e canzone Questo sonetto si può accostare, per struttura tematica, alla canzone *Ne la stagion che 'l cielo rapido inchina* (▸T78).

- **Confrontando i due testi esaminate quali conseguenze comportano la forma chiusa e breve del sonetto e quella più aperta e ampia della canzone quanto a:**
  - **ricchezza e varietà dei temi;**
  - **carattere più concentrato o disteso dell'espressione.**

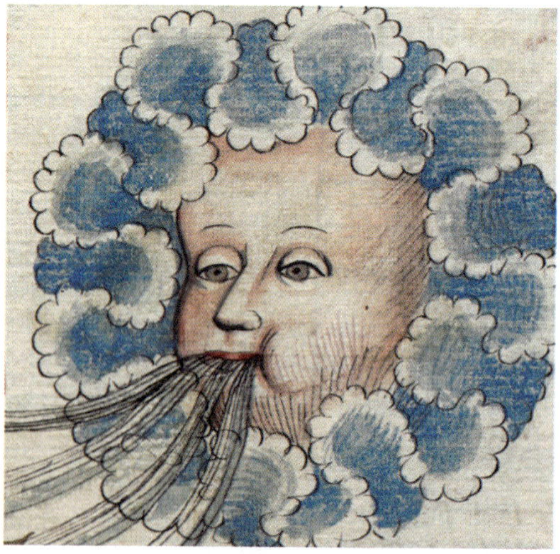

La teoria dei venti in una pagina del trattato *Regimen Sanitatis* miniata da Heinrich von Laufenberg nel 1429. (Marburg, Deutsches Dokumentationszentrum für Kunstgeschichte)

T90 ▸ Quel rosignuol che sì soave piagne (CCCXI)

Questo sonetto segue immediatamente *Zefiro torna, e 'l bel tempo rimena* nel manoscritto del *Canzoniere* curato dal poeta.

▸ **METRO**: sonetto.

Quel rosignuol che sì soave piagne
forse suoi figli o sua cara consorte
di dolcezza empie il cielo e le campagne
con tante note sì pietose e scorte,
e tutta notte par che m' accompagne
e mi rammente la mia dura sorte,
ch' altri che me non ò di chi mi lagne
ché 'n dee non credev' io regnasse Morte.
O che lieve è inganar chi s' assecura!
Que' duo bei lumi assai più che 'l sol chiari
chi pensò mai veder far terra oscura?
Or cognosco io che mia fera ventura
vuol che vivendo e lagrimando impari
come nulla qua giù diletta e dura!

1-2. **Quel rosignuol... consorte**: quell'usignolo che così soavemente piange, forse la perdita dei figli o della cara compagna.
4. **con tante... scorte**: con molte note tali da suscitare pietà e sapienti, esperte.
6. **mi rammente**: mi ricordi.
7-8. **ch' altri... Morte**: che non ho da lagnarmi che di me stesso, perché ho creduto che la Morte non regnasse sulle creature divine (*'n dee*), cioè, ho voluto credere Laura immortale.
9. **che lieve... s' assecura**: come è facile ingannare uno che se ne sta sicuro, non sta in guardia.
10. **duo bei lumi**: gli occhi di Laura.
11. **far**: farsi, diventare.
12. **fera ventura**: dura sorte.
14. **nulla... dura**: a questo mondo nulla di ciò che piace dura a lungo.

DIALOGO CON IL TESTO

COMPRENDERE

Un suono di pianto Lo spunto narrativo che dà vita al sonetto, nella prima quartina, è il canto lamentoso di un usignolo che per tutta una notte si leva nel cielo e nelle campagne intorno. Il dolore che esso trasmette, nella seconda quartina, ricorda al poeta la sua sofferenza per la scomparsa di Laura, creduta illusoriamente immortale. Nelle terzine la riflessione si fa progressivamente più generale: la caducità della bellezza di Laura diventa esempio della natura vana ed effimera di tutti i beni terreni.

● **Lo sviluppo tematico ha un'affinità con quello del sonetto precedente, insieme a una differenza della struttura. Confrontate i due testi da questi punti di vista.**

L'unità sentimentale del poeta con la natura Questo sonetto si distingue dalla serie dei testi in cui il poeta insiste sulla sua diversità rispetto al paesaggio, sull'eccezionalità della sua condizione di sofferenza rispetto a un'umanità e a una natura capaci di sentimenti positivi. L'affinità che Petrarca riconosce fra il suo dolore e quello dell'usignolo è il segno di un pessimismo privo di speranza: il poeta arriva qui a sentenziare che le cose belle della vita sono destinate a finire e riconosce che la loro scomparsa provoca in chi rimane un dolore cocente e ineluttabile.

● **Confrontate lo scenario di questa consonanza fra poeta e natura con quelli che avevano invece motivato la dissonanza dei ▸T78 o ▸T85.**

INTERPRETARE

Uno stile "povero" In questo sonetto Petrarca elabora una suggestione della IV *Georgica* di Virgilio in cui il pianto di Orfeo per il rapimento della moglie Euridice è accostato al canto lamentoso dell'usignolo cui un aratore ha sottratto i piccoli. Tuttavia, lo stile è meno elaborato e prezioso di quello degli altri sonetti che abbiamo presentato, più povero di antitesi, parallelismi, eleganti serie di aggettivi, effetti sonori.

● **Quale relazione si può ipotizzare fra questa diversità formale e il contenuto del componimento?**

T91 ▸ I' vo piangendo i miei passati tempi (CCCLXV)

Sonetto di pentimento e di preghiera, posto a conclusione del *Canzoniere*, è il penultimo componimento della raccolta, seguito dalla canzone *Vergine bella*, che è un'invocazione alla Madonna.

▸ **METRO**: sonetto.

I' vo piangendo i miei passati tempi
i quai posi in amar cosa mortale,
senza levarmi a volo, abbiend' io l' ale
per dar forse di me non bassi esempi.
Tu che vedi i miei mali indegni et empi,
Re del cielo, invisibile, immortale,
soccorri a l' alma disviata e frale,
e 'l suo defetto di tua grazia adempi;
sì che, s'io vissi in guerra ed in tempesta,
mora in pace ed in porto, e se la stanza
fu vana, almen sia la partita onesta.
A quel poco di viver che m' avanza
ed al morir degni esser tua man presta:
tu sai ben che 'n altrui non ò speranza.

2. **i quai... mortale**: che impiegai nell'amare una creatura mortale (Laura).
3-4. **senza... esempi**: senza innalzarmi in volo, (pur) avendo io le ali per poter forse dare prove non basse di me. L'amore ha tenuto il poeta legato a terra, impedendogli di realizzare le potenzialità del suo ingegno.
5. **mali... empi**: peccati indegni e sacrileghi (*empi*); i due aggettivi connotano i peccati dal punto di vista umano e divino.
6. **Re del cielo**: Dio.
7. **soccorri a... frale**: aiuta quest'anima uscita dalla retta via e debole (*frale*, "fragile").
8. **'l suo... adempi**: compensa con la tua grazia le sue mancanze.
10. **mora... in porto**: muoia in pace e in un riparo tranquillo.
10-11. **se... onesta**: se la residenza nel mondo fu frivola, almeno sia virtuoso il distacco.
13. **degni... presta**: la tua mano si degni di essere soccorrevole (*presta*).
14. **'n altrui... speranza**: non ripongo speranza in altri (che in te).

DIALOGO CON IL TESTO

COMPRENDERE

Un'accorata preghiera La rievocazione dell'errore fondamentale della sua vita, l'attaccamento eccessivo a inclinazioni terrene che gli hanno impedito di spiccare il volo, fa piangere il poeta, che si rivolge a Dio indirizzandogli un'accorata preghiera. A introdurla e a chiuderla, fra la seconda quartina e l'ultima terzina, è il pronome *Tu*.

- **Quali dimensioni temporali si succedono nel corso del sonetto? Rispondete con riferimento alle strofe.**
- **Rintracciate le espressioni con cui il poeta ricostruisce la sua vita passata e sintetizzatele in un discorso unitario.**

ANALIZZARE

Un andamento intenso e solenne L'intonazione di preghiera conferisce al sonetto un andamento intenso e solenne. Vi contribuiscono tra l'altro:
- i periodi ampi e pausati che occupano le prime tre strofe;
- le coppie di aggettivi, di significato grave, che occupano la seconda metà di ciascuno dei vv. 5-7;
- l'inciso del v. 6, che pone una pausa fra l'inizio dell'apostrofe a Dio (*Tu*, v. 5) e l'invocazione *soccorri* (v. 7);
- la doppia antitesi *in guerra ed in tempesta*, *in pace ed in porto* nella prima terzina.

CONTESTUALIZZARE

L'amore e la donna fra esaltazione e rifiuto Il raccoglimento religioso dell'uomo che si prepara alla morte porta a un rifiuto radicale dell'esperienza passata.

- **Confrontando questo sonetto con una delle "rime in vita" che celebrano l'amore (▸T79) e con una delle "rime in morte" in cui Laura appare al poeta dal cielo (▸T88), osservate come cambi la valutazione dell'amore e della donna.**

▸ p. 344

I *Trionfi*

A partire dal 1350 circa, Petrarca lavorò a un poema allegorico in terzine, che rimase incompiuto e fu diffuso, in versioni non tutte identiche, dopo la morte dell'autore. È stato intitolato *Trionfi* e consta di sei parti, due delle quali sono divise in due o tre "capitoli", per una lunghezza di circa 1500 versi. È una serie di visioni che affrontano i grandi temi del destino umano in un'ideale ascesa dal terreno all'eterno: si comincia col *Trionfo d'Amore*, dedicato a Laura e a una rassegna di poeti d'amore e dei loro personaggi; seguono il *Trionfo della Pudicizia*, in cui Laura sconfigge Amore; poi il *Trionfo della Morte*, concluso da una celebre rievocazione del trapasso di Laura; il *Trionfo della Fama*, lungo corteo di personaggi famosi; il *Trionfo del Tempo* che vince anche la fama (▸T92), e infine il *Trionfo dell'Eternità* dedicato alla vita ultraterrena e al giudizio universale.

T92 ▸ Trionfo del Tempo

Dopo la visione della Fama che trionfa sulla Morte, assicurando ai personaggi illustri una lunga sopravvivenza nella memoria, appare al poeta l'immagine del Tempo che distrugge ogni cosa umana, compresa la fama.

▸ **METRO**: terzine.

De l'aureo albergo co l'aurora inanzi
sì ratto usciva il Sol cinto di raggi
che detto avresti: «e' si corcò pur dianzi».
Alzato un poco, come fanno i saggi
guardoss' intorno ed a se stesso disse:
«Che pensi? omai convien che più cura aggi.
Ecco, s' un che famoso in terra visse,
de la sua fama per morir non esce,
che sarà de la legge che 'l Ciel fisse?
E se fama mortal morendo cresce,
che spegner si devea, in breve veggio
nostra eccellenzia al fine, onde m'incresce.
Che più s'aspetta? e che puote esser peggio?
che più nel ciel ò io che 'n terra un uomo?
a cui esser egual per grazia cheggio?

1. **De l'aureo albergo**: dalla sede aurea dove si corica la notte.
2. **sì ratto**: così veloce.
3. **e'... dianzi**: egli si è coricato solo un attimo fa. La velocità del Sole, che sembra annullare la durata della notte, è un'immagine della velocità del tempo.
6. **omai... aggi**: ormai è opportuno che tu ti preoccupi di più. Il Sole, portatore dello scorrere del tempo, non può tollerare che la Fama trionfi.
8. **de la sua... esce**: per il fatto di morire non perde la fama.
9. **la legge... fisse**: la legge stabilita dal Cielo (della corruttibilità di ogni cosa umana).
10-12. **E se... m'incresce**: e se con la morte cresce la fama di un mortale, che si dovrebbe spegnere, vedo che in breve la nostra supremazia (mia e del Cielo) finisce, cosa di cui mi rincresce.
14. **che più... uomo?**: che cosa ho in più io in cielo che un uomo in terra? (se non posso vincere la sua fama).
15. **a cui... cheggio?**: dovrei ridurmi a chiedere per grazia di essere uguale a un uomo?

Quattro cavài con quanto studio como,
pasco nell'oceàno, e sprono e sferzo,
e pur la fama d'un mortal non domo!
Ingiuria da corruccio e non da scherzo
avvenir questo a me, s' io fossi in cielo
non dirò primo, ma secondo o terzo!
Or conven che s'accenda ogni mio zelo,
sì ch'al mio volo l'ira addoppi i vanni,
ch' io porto invidia agli uomini e nol celo,
de' quali io veggio alcun dopo mille anni
e mille e mille, più chiari che 'n vita,
ed io m'avanzo di perpetui affanni:
tal son qual era anzi che stabilita
fosse la terra, dì e notte rotando
per la strada ritonda ch'è infinita».
Poi che questo ebbe detto, disdegnando
riprese il corso, più veloce assai
che falcon d'alto a sua preda volando:
più, dico, né pensier poria già mai
seguir suo volo, non che lingua o stile,
tal che con gran paura il rimirai.
Allor tenn' io il viver nostro a vile
per la mirabil sua velocitate
vie più ch' inanzi nol tenea gentile,
e parvemi terribil vanitate
fermare in cose il cor che 'l Tempo preme,
che, mentre più le stringi, son passate.
Però chi di suo stato cura o teme,
proveggia ben, mentr'è l'arbitrio intero,
fondar in loco stabile sua speme,
che quant' io vidi il Tempo andar leggero
dopo la guida sua che mai non posa,
io nol dirò perché poter non spero.

Il trionfo del tempo in una miniatura del XVI secolo. (Parigi, Bibliothèque Nationale de France)

16. **Quattro cavài**: nella mitologia il Sole percorre il cielo su un cocchio tirato da quattro cavalli. **con quanto... como**: con tanta cura accudisco (*como*, "pettino").
17. **pasco nell'oceàno**: nutro nell'oceano. Secondo la mitologia il Sole e il suo cocchio di notte si rifugiano nell'oceano (perché lo si vede tramontare nell'Atlantico).
19-21. **Ingiuria da corruccio... primo**: quest'è un'offesa non da scherzo, ma da fare arrabbiare, anche se io in cielo non fossi il primo.
22. **Or conven... zelo**: ora bisogna che si riscaldi il mio impegno.
23. **sì ch'al... vanni**: cosicché io raddoppi le ali al mio volo.
24. **nol celo**: non lo nascondo.
26. **chiari**: illustri, famosi.
27. **m'avanzo... affanni**: procedo in continui affanni.
28-29. **tal son... terra**: sono tale e quale ero prima che fosse creata la terra. Forse vuol dire: la terra e gli uomini non hanno accresciuto il mio dominio.
31. **disdegnando**: con atteggiamento sdegnoso.
33. **che falcon... volando**: che un falcone (falco addestrato alla caccia) quando dall'alto piomba in volo sulla preda.
34-35. **né pensier... stile**: e nemmeno il pensiero potrebbe mai seguire il suo volo, non solo l'espressione orale (*lingua*) o scritta (*stile*).
37. **tenn' io... vile**: stimai la nostra vita una povera cosa.
39. **vie... gentile**: molto più (*vie più*) di quanto prima la stimavo cosa nobile.
40. **vanitate**: cosa vana, sciocca.
41. **fermare in cose... preme**: fissare il desiderio del cuore su cose che il Tempo incalza.
43-45. **Però... speme**: perciò chi si preoccupa e ha timore per la propria condizione, provveda bene, finché il suo giudizio è sano, a fondare la sua speranza su qualcosa di stabile (non soggetto al tempo).
46. **leggero**: veloce, come cosa che non pesa.
47. **la guida sua**: il Sole.
48. **io nol... spero**: non lo dirò perché sono sicuro di non essere in grado di farlo (*poter non spero*).

I' vidi 'l ghiaccio, e lì stesso la rosa,
quasi in un punto il gran freddo e 'l gran caldo,
che pur udendo par mirabil cosa;
ma chi ben mira col giudizio saldo,
vedrà esser così; ché nol vidi io?
di che contra me stesso or mi riscaldo.
Segui' già le speranze e 'l van desio,
or ò dinanzi agli occhi un chiaro specchio
ov'io veggio me stesso e 'l fallir mio,
e quanto posso al fine m'apparecchio,
pensando al breve viver mio, nel quale
stamani era un fanciullo ed or son vecchio.
Che più d'un giorno è la vita mortale?
Nubil' e brev' e freddo e pien di noia,
che po bella parer, ma nulla vale.
Qui l'umana speranza e qui la gioia,
qui' miseri mortali alzan la testa
e nessun sa quanto si viva o moia.
Veggio or la fuga del mio viver presta,
anzi di tutti, e nel fuggir del sole
la ruina del mondo manifesta.
Or vi riconfortate in vostre fole,
gioveni, e misurate il tempo largo!
Ma piaga antiveduta assai men dole:
forse che 'ndarno mie parole spargo,
ma io v' annunzio che voi sete offesi
da un grave e mortifero letargo,
ché volan l'ore e' giorni e gli anni e' mesi:
inseme, con brevissimo intervallo,
tutti avemo a cercar altri paesi.

49. **I' vidi... rosa**: vidi il ghiaccio dell'inverno trasformarsi in un istante nella fioritura primaverile.
50. **in un punto**: in un istante.
51. **pur udendo**: solo a sentirlo dire.
52. **col giudizio saldo**: giudicando rettamente.
53. **ché nol vidi io?**: perché io non me ne accorsi prima?
54. **mi riscaldo**: mi adiro.
55. **Segui'**: io seguii. **'l van desio**: il vano desiderio. Riprende l'espressione del sonetto I del *Canzoniere* (▸T75, v. 6).
57. **fallir**: errore.
58. **al fine m'apparecchio**: mi preparo alla morte.
60. **era**: ero.
62. **Nubil'**: nuvoloso. **noia**: sofferenza.
63. **po**: può.
64. **Qui**: su questa terra regnano.
65. **qui'**: qui i (elisione dell'articolo).
67. **presta**: rapida.
70. **vi riconfortate... fole**: datevi forza con le vostre favole, illusioni (ironico).
71. **misurate... largo**: considerate il tempo che avete a disposizione come se fosse ampio.
72. **piaga antiveduta... dole**: la ferita prevista fa molto meno male. Fuor di metafora: preparandosi in anticipo alla brevità del tempo, la si rende meno dolorosa.
73. **'ndarno**: invano.
74-75. **offesi... letargo**: danneggiati da un grave sonno mortale (che vi impedisce di vedere la realtà).
77. **con brevissimo intervallo**: tra poco tempo.
78. **tutti... paesi**: tutti dobbiamo andare in un altro mondo.

Jacopo del Sellaio, *Il trionfo del tempo*, 1480-1490. (Fiesole, Museo Bandini)

Non fate contra 'l vero al core un callo,
come sete usi, anzi volgete gli occhi
mentr'emendar si puote il vostro fallo;
non aspettate che la morte scocchi,
come fa la più parte, che per certo
infinita è la schiera degli sciocchi.

Francesco Petrarca, *Trionfi*, vv. 1-84, in *Rime, Trionfi e poesie latine*, a cura di F. Neri, Ricciardi, Milano-Napoli, 1951

79. **Non fate... callo**: non indurite il cuore contro la verità.
80. **sete usi**: siete abituati a fare.
80-81. **volgete... fallo**: volgete gli occhi verso la verità finché si può correggere il vostro errore.
82. **scocchi**: vi colpisca ("scoccare" è il gesto dell'arciere che fa partire la freccia).
84. **infinita... sciocchi**: traduce alla lettera una massima dell'*Ecclesiaste*, libro della Bibbia attribuito a Salomone.

DIALOGO CON IL TESTO

COMPRENDERE

La fugacità del tempo Il tema della fugacità del tempo e della brevità della vita è uno dei più cari a Petrarca (▸T87). Nei *Trionfi* il poeta intende sganciare il tema dal riferimento all'esperienza personale e portarlo su un piano universale, spostandosi dall'analisi dell'interiorità soggettiva, nella quale è maestro, alla descrizione di una realtà oggettiva (anche se immaginaria), come la sfilata di vari personaggi davanti ai suoi occhi.

INTERPRETARE

Un Petrarca "minore"? Pare evidente che Petrarca non era adatto a questa operazione: non per nulla i due grandi poemi che progettò, l'*Africa* in latino e i *Trionfi* in volgare, rimasero incompiuti; allontanandosi dal sentimento vissuto, la sua ispirazione si fa piuttosto fiacca e inconcludente. Il poeta trova energia espressiva solo in alcune immagini che condensano efficacemente l'idea della rapidità del tempo: per esempio i vv. 49-50, 61-62.

- **Potete controllare la validità di questo giudizio confermando o confutando queste osservazioni sul testo:**
  - **la visione è collocata in un paesaggio indefinito, privo di concretezza sensibile;**
  - **il discorso del Sole abbassa il tema della lotta del tempo contro la Fama a una banale ripicca di orgoglio individuale;**
  - **il metro della terzina, con la sua rima incatenata prolungabile all'infinito, induce il poeta a una certa prolissità e a ripetizioni.**

CONFRONTARE

Petrarca e Dante Scrivendo un poema in terzine, Petrarca era portato a confrontarsi col modello dantesco; la presenza di questo modello si può notare nella situazione di base, con un personaggio "io" che narra ed esprime le sue reazioni emotive a ciò che vide.

- **Individuate nel testo altri caratteri stilistici che manifestano il "dantismo" dell'autore. Per esempio:**
  - **il ricorrere del luogo comune dell'impossibilità di rendere con parole ciò che si è visto (il cosiddetto *topos* della ineffabilità);**
  - **l'uso di certe metafore che materializzano il concetto da esprimere, senza troppa preoccupazione per la nobiltà dello stile alto: ce ne sono esempi significativi nelle ultime tre terzine del brano.**
- **Un passo della *Commedia* che tocca temi simili (inconsistenza della fama, brevità delle cose umane) è *Purg.* XI, 91-117 (▸T63). Confrontate i due brani dal punto di vista della capacità di condensare il pensiero e di renderlo concreto con esempi e immagini.**

FRANCESCO DE SANCTIS

C6 ▸ Il mestiere di letterato

Francesco De Sanctis (1817-1883) fu il più importante critico letterario italiano della seconda metà dell'Ottocento. La sua opera maggiore è la *Storia della letteratura italiana* (1871), in cui le vicende della letteratura sono strettamente legate allo sviluppo del pensiero moderno e di una cultura nutrita di valori morali e civili. Il *Saggio critico sul Petrarca* fu pubblicato nel 1869, raccogliendo e rielaborando scritti precedenti.

Tale fu il Petrarca. Ciascuno ha un po' la pedanteria del suo mestiere. Letterato, si avvezzò a considerare gli avvenimenti come una materia letteraria, un tema di orazioni e di poesia. Mirava innanzi tutto a fare un bel lavoro: era un po' come un avvocato: – Il cliente ha perduto la causa, ma io ho fatto una bella arringa. – Cola da Rienzo proclama la repubblica dal Campidoglio: uno de' sogni più accarezzati dal Petrarca. Egli scrive una epistola latina, nella quale, dopo i debiti elogi al tribuno ed al popolo romano, conchiude di non poter far nulla lui, e perché prete, e per le gravi faccende che lo tenevano in Avignone[1]. E quando le cose andavano a male, il Petrarca, supplicato di voler fare pure alcuna cosa, risponde non poter dare altro a Roma che le sue lacrime. Parlava ardito e lo lasciavano dire; ammiravano la bella forma e poco si davano pensiero delle cose. Nelle sue ambascerie spesso non otteneva nulla; ma lodavano l'ingegno, la bella orazione, e gli regalavano un canonicato[2]. Ben altro fu il destino di Dante. Principi e popoli non distinguevano in lui l'uomo dal poeta; sapevano che nella sua immaginazione non ci era niente di più che non fosse pronto a mettere nelle sue azioni, onde meritò di essere perseguito da odii inestinguibili, fu proscritto, povero, e morì, quando il sogno di tutta la sua vita, il suo sogno dell'impero, erasi affatto dileguato; morì in mezzo alle grida trionfatrici dei suoi avversarii. Disdegnoso e vendicativo, volle dei nemici, e li ebbe degni di sé, grandi e implacabili; ma il Petrarca aveva un po' il desiderio femminile di piacere a tutti, e piacque a tutti. E se volete veder la differenza che corre tra questi due uomini, guardateli in faccia. Quel viso bruno e asciutto, con quelle guance incavate, con quella fronte scura, con quegli occhi infossati e divorati da un fuoco interiore, è Dante. E quella faccia bianca da canonico, quelle guance pienotte, con quella fronte serena, con quegli occhi dolcemente pensosi, è Petrarca.

Francesco De Sanctis, *Saggio critico sul Petrarca*, Einaudi, Torino, 1964

1. **conchiude... Avignone**: si riferisce alla lettera del 1347 *A Cola di Rienzo ed al popolo romano*, là dove dice: «E siccome né la mia condizione né la mia professione mi consentono di por mano ad essi [ai fatti], vi dò l'unico aiuto che posso: la parola».
2. **un canonicato**: il titolo di canonico nel "capitolo" (corpo di ecclesiastici) di una chiesa importante, a cui era associata una rendita.

ALBERTO ASOR ROSA

C7 ▸ L'autonomia della cultura letteraria

Alberto Asor Rosa, nato nel 1933, ha insegnato Letteratura italiana all'Università di Roma «La Sapienza» ed è uno dei più autorevoli storici della letteratura italiana. Il brano che presentiamo è tratto da un manuale scritto per le scuole nel 1972, in cui la storia letteraria viene presentata nella prospettiva della storia dei gruppi intellettuali e del loro ruolo nella società.

L'importanza veramente enorme di questo scrittore e poeta sta probabilmente proprio nel fatto che non esiste un solo punto della sua opera che non risponda alla esigenza assolutamente consapevole di fornire un modello imitabile [...] e alla precisa intenzione di far corrispondere tali modelli alla mutata natura e funzione dell'intellettuale contemporaneo. [...]

Tutto in Petrarca è significativo dal punto di vista che dicevamo, e in primo luogo la sua biografia. Figlio di un notaio esule da Firenze e costretto dalla necessità a cercar lavoro presso la corte papale di Avignone, egli ebbe perciò a godere di un distacco tanto fortuito quanto fortunato dalla società comunale dei suoi padri [...]. Cresciuto in Avignone, presso un centro politico e religioso assai corrotto ma di portata europea, s'abituò a guardare alle cose da un punto di osservazione *che trascendeva i localismi e i regionalismi italiani per diventare il punto d'osservazione della Cultura in quanto tale*, la quale non conosce confini e riflette e parla a nome di tutti gli uomini; [...]. Ormai libero da ogni vincolo politico come da ogni professione utilitaristica [...], egli vive della sua intelligenza e della sua cultura [...]. Rispetto agli uomini di cultura delle generazioni precedenti (e si pensi come esempio sommo fra questi allo stesso Dante), egli specializza al più alto grado gli studi di letteratura (è praticamente l'inventore della «filologia», cioè di quella disciplina che studia con attitudine sistematica e scientifica i fenomeni letterari e linguistici) e la poesia stessa, facendone la professione esclusiva della propria vita: rispetto all'indistinzione di funzioni propria della cultura medievale, questo rappresenta un salto decisivo per la costruzione di una mentalità intellettuale moderna. Al tempo stesso, però, egli rivendica alla letteratura e alla poesia, intese come professioni esclusive e specialistiche, una profonda ed essenziale funzione sociale; egli, cioè, non si limita ad affermare il diritto privato di fare degli studi letterari lo scopo e l'interesse unico e totale di un'intera esistenza [...]; egli arriva ad imporre, con il prestigio della propria opera, il riconoscimento istituzionale che la letteratura e la poesia in quanto tali (cioè indipendentemente dalla loro maggiore o minore connessione con un evento storico o con un'ideologia contemporanei) sono arti utili alla società [...]. Si potrà obiettare che questo alto concetto della poesia e della letteratura non è ignoto alla cultura medievale (basti pensare anche in questo caso a Dante): e nessuno vuol negare che anche Petrarca parta da quella tradizione e la sviluppi (più che rifiutarla). Solo un sofisma, però, potrebbe opporsi alla chiara, inconfutabile evidenza[1] del risultato nuovo cui questo lungo processo con Petrarca giunge:

1. **Solo... evidenza**: solo un ragionamento falso e capzioso potrebbe negare l'evidenza.

l'alto concetto della poesia nutrito dalla cultura medievale affonda le sue radici in una visione totale del mondo, in cui morale, religione e letteratura fanno tutt'uno; in Petrarca, al contrario, la letteratura viene come isolata dal contesto ideologico in cui continua a muoversi e proposta essa stessa come valore guida, alto simbolo di nuova vita morale, attività formativa ed educatrice.

Alberto Asor Rosa, *Sintesi di storia della letteratura italiana*, La Nuova Italia, Firenze, 1972

UMBERTO SABA

C8 ▸ In tutto il *Canzoniere* non c'è un verso solo che possa dirsi d'amore

Umberto Saba è uno dei maggiori poeti del Novecento italiano. Questo brano è tratto da *Scorciatoie e raccontini* (1946), una raccolta di brevi testi in prosa, che alternano rapide notazioni autobiografiche, dichiarazioni di poetica, riflessioni sull'arte e sulla società.

Quanto si è discusso per sapere se Laura è, o no, esistita. Ancora ai nostri giorni, [...] un letterato ha tenuta, qui a Roma, una conferenza intorno al piacevole enigma.

Ma non è – almeno non è più – un enigma. Laura è certamente esistita. È esistita; ed era, alla luce di tutti i giorni, una bionda signora; nelle profondità inaccesse[1] (infantili) dell'anima del poeta, era sua madre; era *la donna che non si può avere*[2]. E tutta la fascinosa, un po' monotona, storia del *Canzoniere*, di venti e più anni di corteggiamenti, per non arrivare, per *voler* non arrivare a nulla, è qui. Se Laura che lo loda, lo rimprovera, lo ammonisce a ben fare, siede in sogno sulla sponda del suo letto, si comporta in tutto e per tutto come una tenera madre col suo amato, e un po' indiscreto, bambino, gli si fosse data (ma è questo che il poeta – fingendo desiderarlo – temeva; il *Canzoniere* è pieno di accenti di gratitudine per quella che colla sua «virtù», colla sua «castità» gli risparmiava, con la tentazione, il pericolo di fare brutta figura) sarebbe accaduto al Petrarca quello che accadde al Baudelaire con la bella signora Sabatier, e che non gli accadeva con la sua triste mulatta[3].

La figura di Laura assorbì tutta la tenerezza del poeta. La sua sensualità egli la rivolse ad altro (ebbe – si racconta – non infecondi amori ancillari[4]); a donne che,

1. **inaccesse**: non raggiunte, nascoste.
2. ***la donna... avere***: riferimento alle teorie psicanalitiche di Sigmund Freud (1856-1939), secondo le quali nell'infanzia ogni bambino prova un desiderio di possesso esclusivo nei confronti del genitore di sesso opposto, e un desiderio di morte e sostituzione nei confronti del genitore dello stesso sesso. Secondo Freud questi contenuti psichici nel corso della crescita vengono censurati e sepolti nell'inconscio, ma continuano a condizionare nascostamente i comportamenti dell'età adulta.
3. **sarebbe... mulatta**: Charles Baudelaire (1821-1867) è considerato il più grande poeta francese dell'Ottocento e uno degli iniziatori della poesia moderna. Nella sua opera contrappone l'amore sublime e spirituale per Aglăé-Josephine Savatier all'amore passionale e fisico per Jeanne Duval, di origini miste franco-africane (*mulatta*); il carattere disincarnato del suo sentimento gli impedì di avere rapporti fisici con la *signora Sabatier*. Saba individua in Petrarca la stessa incapacità di conciliare tenerezza e sensualità.
4. **non... ancillari**: Petrarca – che non si poteva sposare in quanto chierico – ebbe due figli da donne rimaste sconosciute, probabilmente di condizione sociale inferiore alla sua. In senso proprio si dice "ancillare" una relazione amorosa con una domestica.

per la diversità delle origini, non potevano richiamare al suo inconscio, sempre vivo e vigile, la presenza – ben altrimenti diletta! – della madre. Ma l'amore, l'amore vero, l'amore intero, vuole una cosa e l'altra; vuole la fusione perfetta della sensualità e della tenerezza: anche per questo è raro. Così non c'è, in tutto il lungo *Canzoniere*, un verso, uno solo, che possa propriamente dirsi d'amore; molte cose ci sono, ma non *La bocca mi baciò tutto tremante*[5], il più bel verso d'amore che sia stato scritto.

Umberto Saba, *Scorciatoie e raccontini*, Einaudi, Torino, 2011

5. ***La bocca... tremante***: il celebre verso del canto V dell'*Inferno* (▸T56), in cui Francesca racconta a Dante lo sbocciare dell'amore fra lei e Paolo.

MARCO SANTAGATA

C9 ▸ Le contraddizioni del desiderio

Questo brano è tratto da *L'amoroso pensiero. Petrarca e il romanzo di Laura*, un saggio di Marco Santagata (1947), critico letterario e scrittore, studioso di Dante e di Petrarca.

In Occidente, la moderna poesia d'amore nasce con Francesco Petrarca [...]. Sul suo esempio i lirici italiani ed europei per secoli hanno fatto dell'amore il loro tema dominante, quasi esclusivo, e ne hanno parlato non solo con i ritmi, le parole, le immagini delle sue poesie, non solo con innumerevoli variazioni su episodi e situazioni del libro in cui le ha raccolte, ma anche con una pressoché unanime adesione all'idea dell'amore impossibile che del racconto della storia sentimentale tra Laura e Francesco appare il nucleo costitutivo. L'amore come perdita e mancanza, come scacco e frustrazione si è così accampato al centro della rimeria[1] petrarcheggiante, e fiumi di lacrime, tempeste di sospiri, tormenti mortali hanno invaso i versi di poeti che, se non ci fosse di mezzo l'amore, non si sospetterebbero affetti da tanta angoscia esistenziale. [...]

È vero, infatti, che il suo libro di rime ruota intorno alla non corresponsione amorosa, che il sentimento di Francesco urta contro il muro di Laura, che i dinieghi dell'amata sono causa di frustrazione, insomma, che l'amore come rapporto interpersonale è irrealizzabile [...]. Tuttavia i lirici petrarchisti e petrarcheggianti si erano fermati alla superficie, tanto che la loro apparente fedeltà nascondeva un sostanziale fallimento. Può sembrare paradossale, ma il loro equivoco era consistito nel considerare Petrarca un poeta d'amore, voglio dire un poeta che celebra e nello stesso tempo lamenta, secondo tradizione, l'infelicità, non esente da felicità, di un amore a due non corrisposto; non avevano capito che Petrarca, nel profondo, è il poeta dell'amore in sé. Per essere più precisi, è il poeta del desiderio[2]. [...]

1. **rimeria**: grande quantità di versi in rima di scarso livello.
2. **Petrarca... in sé**: secondo Santagata il tema centrale della poesia di Petrarca non è semplicemente la storia del suo amore per Laura, ma uno scavo nelle contraddizioni del sentimento dell'amore in quanto tale, e più in generale nelle contraddizioni del *desiderio*, il meccanismo che ci spinge a perseguire finalità e ideali che si rivelano irraggiungibili per i limiti della condizione umana.

Al centro della dimensione interiore non vi è l'amore come rapporto interpersonale, ma la rappresentazione, attraverso il racconto di un complicato rapporto d'amore tra un uomo e una donna, delle contraddizioni del desiderio. Desiderio è la parola chiave della poesia di Petrarca ed è, ripeto, la parola che ne spiega la persistente modernità. [...]

Desiderio per Petrarca significa contraddizione. La parola è estranea al suo vocabolario, ma ciò che essa denota è la cifra più vera e più comprensiva della sua attività di letterato e della sua stessa vita. Petrarca è l'uomo dell'irrisolutezza, del volere e non volere, dell'andare e venire: non conosce la linea retta. Del pari, lo scontro degli opposti, l'affermare negando, il ricusare ciò che è contemporaneamente valorizzato sono il tratto più caratteristico della sua scrittura poetica. [...] Ciò che Petrarca non può dire, perché gli mancano le parole per dirlo, ma che il suo discorso poetico manifesta in molti modi, è che l'irrealizzabilità è insita nella natura stessa del desiderio, che la tensione all'assoluto che lo vivifica scatta e si mantiene grazie all'intangibilità dell'obiettivo, che esso nasce nella mancanza e con la sua presenza la ribadisce. [...] La sua finitezza, la sua impossibilità di realizzarsi sono esattamente i limiti della vita umana: la ricerca di assoluto si scontra con la relatività dell'esistenza, l'ansia di durare con il senso di morte che attanaglia l'individuo.

Marco Santagata, *L'amoroso pensiero. Petrarca e il romanzo di Laura*, Mondadori, Milano, 2014

DIALOGO CON I TESTI

COMPRENDERE

1. Il brano di De Sanctis (▸C6) si conclude con un paragone fra Petrarca e Dante condotto attraverso i ritratti comunemente noti dei due poeti; quali tratti della personalità dell'uno e dell'altro ha voluto rappresentare allegoricamente il critico attraverso i tratti dei loro volti?

2. Nel paragone di De Sanctis è implicito un giudizio morale; dite se lo condividete e perché.

3. Qual è il motivo per cui secondo Saba (▸C8) nel *Canzoniere* «non c'è un verso solo che possa dirsi d'amore»?

4. Che cosa intende Santagata (▸C9) quando individua nelle "contraddizioni del desiderio" il tema centrale del *Canzoniere*?

CONFRONTARE

5. Confrontando i brani di De Sanctis (▸C6)e di Asor Rosa (▸C7), spiegate:
- l'aspetto che entrambi mettono in rilievo della personalità di Petrarca;
- la valutazione diversa che danno di questo aspetto, provando a chiarire i diversi criteri di giudizio impiegati.

6. Sia Saba sia Santagata affermano che il concetto di "poesia d'amore" non è adatto a definire il *Canzoniere* di Petrarca, ma i due testi sono molto diversi per argomentazione, intonazione e conclusioni. Il testo di Saba è tratto da una raccolta di brevi frammenti in prosa intitolata *Scorciatoie e raccontini*; quello di Santagata da un ampio saggio critico interamente dedicato all'analisi e all'interpretazione del *Canzoniere*. Tenendo conto di questa diversa provenienza, confrontate il diverso atteggiamento dei due autori rispetto a Petrarca, i criteri messi in campo per sostenere la propria tesi, la valutazione positiva o riduttiva che ne emerge.

RILETTURE (T70-T92)

COMPRENDERE

1. **ESERCIZIO GUIDATO** Petrarca presenta il suo amore, di volta in volta, come motivo di elevazione spirituale oppure come causa di degradazione e di "vergogna". Osservate il ricorrere di questi due atteggiamenti opposti in qualche testo (per esempio ▸**T75**, ▸**T79**, ▸**T80**, ▸**T90**, ▸**T91**), e confrontateli con la discussione del problema esposta nel *Secretum* (▸**T72**).
   GUIDA ALLA STESURA
   Vi suggeriamo di articolare il confronto in quattro fasi.
   - Per prima cosa, sintetizzate in pochi punti le idee essenziali del brano del *Secretum*: gli argomenti con cui Francesco difende il suo amore e le puntuali confutazioni di Agostino.
   - Considerate poi i sonetti indicati, distinguendo quelli in cui l'amore è celebrato come motivo di elevazione spirituale da quelli in cui è denunciata la sua "vanità"; per avere un quadro complessivo di queste diverse visioni dell'amore, potete poi riportare in una scheda le espressioni di ciascun sonetto pertinenti al tema.
   - Ora potete ricavare, da questa collana di citazioni, una breve sintesi complessiva su questi due atteggiamenti rispetto all'amore nel *Canzoniere*.
   - Confrontate infine questa sintesi con quella ricavata dal brano del *Secretum*, osservate le molte coincidenze e le poche specificità. Potete anche provare ad analizzare come l'espressione di motivi simili cambia passando dalla forma concentrata del sonetto a quella più distesa della prosa latina.
2. Uno dei temi ricorrenti del *Canzoniere* è la meditazione sul tempo, sul senso del passato e del futuro nella vita. Alcune delle poesie più significative da questo punto di vista tra quelle presentate sono ▸**T70**, ▸**T75**, ▸**T80**, ▸**T87**, ▸**T91**. Ripercorrendo alcuni fra questi testi, provate a definire:
   - in quali modi il poeta mette il suo amore in relazione con lo scorrere del tempo;
   - quali atteggiamenti assume verso il suo passato e il suo futuro.

ANALIZZARE

3. Un campo metaforico ampiamente utilizzato da Petrarca per parlare dell'amore è quello dell'«ardore» e del suo opposto, il «gelo».
   - rintracciate questo tipo di metafore in alcuni testi del *Canzoniere* (potete prendere in considerazione ▸**T70**, ▸T77, ▸**T80**, ▸**T85**)
   - osservate la variazione di parole, di significati e di intonazione espressiva che Petrarca ha ricavato da una stessa idea.
4. Nel *Canzoniere* ricorre con frequenza la metafora della vita come navigazione rivolta a un «porto». Analizzate i sonetti ▸**T87** e ▸**T91**, trascrivete i versi che contengono questa metafora e confrontateli, individuando che cosa c'è di comune e che cosa varia nel loro significato e nella loro intonazione.

CONFRONTARE

5. Petrarca considerava Dante, con sufficienza, un poeta «popolare per quanto attiene allo stile». Si riferiva all'uso del volgare nella *Commedia*, ma probabilmente non solo a quello; per molti aspetti il volgare della *Commedia* è molto più "volgare" di quello del *Canzoniere*, più vicino alla materialità dell'esperienza, meno armonioso e raffinato. Da uno o più canti della *Commedia* che conoscete ricavate un elenco di espressioni o caratteristiche di stile che Petrarca *non* usa e che possono spiegare il suo giudizio.

INTERPRETARE

6. Fra i componimenti di Petrarca che vi abbiamo proposto sceglietene uno più vicino alla vostra sensibilità e uno che sentite particolarmente estraneo, e spiegate i motivi della vostra scelta.

ATTRIBUIRE

7. Dei due sonetti che seguono, uno è tratto dalla *Vita nuova* di Dante, l'altro dal *Canzoniere* di Petrarca. Sulla base dei caratteri stilistici e tematici, dite quale appartiene all'uno e quale all'altro poeta, e motivate la vostra attribuzione.

A

Oimè il bel viso, oimè il soave sguardo,
oimè il leggiadro portamento altero!
Oimè il parlar ch' ogni aspro ingegno e fero
facevi umile ed ogni uom vil gagliardo!
Et oimè il dolce riso onde uscìo 'l dardo
di che morte, altro bene omai non spero!
Alma real, dignissima d' impero
se non fossi fra noi scesa sì tardo!
Per voi conven ch' io arda e 'n voi respire,
ch' i' pur fui vostro; e se di voi son privo
via men d' ogni sventura altra mi dole.
Di speranza m' empieste e di desire
quand' io parti' dal sommo piacer vivo:
ma 'l vento ne portava le parole.

4. **ed ogni... gagliardo**: e (rendevi) coraggioso ogni uomo vile.
5-6. **onde... spero**: da cui uscì la freccia (di Amore) dalla quale ormai non spero altro bene che la morte.
7. **Alma... impero**: anima regale, degnissima di dominare.
8. **sì tardo**: così tardi (in un'età corrotta).
11. **via men... dole**: mi dolgo molto meno di qualunque altra sventura.
13. **quand'io parti'**: quando mi separai, l'ultima volta che la vidi.
14. **ne portava**: ci portava via, rendeva vane.

A sinistra il ritratto di Dante e a destra quello di Petrarca, particolari dal dipinto di Giorgio Vasari *Ritratto di sei poeti toscani* del 1544. (Minneapolis, Institute of Arts)

B

Lasso! per forza di molti sospiri,
che nascon de' penser che son nel core
li occhi son vinti, e non hanno valore
di riguardar persona che li miri.
E fatti son che paion due disiri
di lagrimare e di mostrar dolore,
e spesse volte piangon sì, che Amore
li 'ncerchia di corona di martiri.
Questi pensieri, e li sospir ch'eo gitto,
diventan ne lo cor sì angosciosi,
ch'Amor vi tramortisce, sì lien dole;
però ch'elli hanno in lor li dolorosi
quel dolce nome di madonna scritto
e de la morte sua molte parole.

3. **valore**: la forza.
8. **li 'ncerchia... martiri**: li incorona con la corona del martirio.
11. **lien dole**: gliene duole, ha dolore per questo.
12. **li dolorosi**: loro (i pensieri) che sono così dolorosi.

ANALISI DEL TESTO

● Analizzate e commentate il sonetto riportato in ▸T80 rispondendo alle seguenti domande. Potete svolgere l'esercizio rispondendo separatamente a ogni domanda, o integrando le singole risposte in un discorso complessivo, nell'ordine che vi sembra più efficace.

COMPRENDERE

1. Sintetizzate in breve il tema del sonetto.

ANALIZZARE

2. Individuate nel testo le figure dell'anafora e del parallelismo.
3. Analizzate la sintassi del lungo periodo che occupa le due quartine. In quali punti la divisione tra le frasi semplici non coincide con la divisione metrica tra i versi, creando un *enjambement*?
4. Osservate la collocazione delle espressioni di appello a Dio e di preghiera. Quali effetti produce la loro distribuzione nel testo?

CONTESTUALIZZARE

5. Il tema del sonetto presenta notevoli differenze da quello di altre poesie del *Canzoniere*. Sceglietene una e confrontatela con questa dal punto di vista tematico.
6. Inquadrate questo contrasto tematico nella problematica psicologica e morale di Petrarca e del suo tempo.

INTERPRETARE

7. L'analisi tematica mostra nel sonetto una notevole tensione emotiva e morale. L'analisi formale mostra un alto grado di elaborazione. In quale rapporto stanno a vostro parere questi due aspetti?

ANALISI DEL TESTO

● Analizzate questo sonetto del *Canzoniere* (CCC), rispondendo alle domande del questionario che segue oralmente o per iscritto. Potete svolgere l'esercizio rispondendo separatamente a ogni domanda, o integrando le singole risposte in un discorso complessivo, nell'ordine che vi sembra più efficace.

T93 ▸ Quanta invidia io ti porto, avara terra

Quanta invidia io ti porto, avara terra,
ch'abbracci quella cui veder m' è tolto
e mi contendi l'aria del bel volto
dove pace trovai d'ogni mia guerra!
   Quanta ne porto al ciel, che chiude e serra
e sì cupidamente à in sé raccolto
lo spirto da le belle membra sciolto
e per altrui sì rado si disserra!

2. **ch' abbracci... tolto**: che accogli in te colei che mi è impedito di vedere.
3. **l'aria**: l'espressione.
5. **chiude e serra**: racchiude, escludendo me.
6. **sì cupidamente**: con tanto desiderio.
7. **sciolto**: staccato, liberato.
8. **per altrui... disserra**: così raramente si apre per accogliere altri (spiriti). Soggetto è *il ciel*.

Quanta invidia a quell' anime che 'n sorte
ànno or sua santa e dolce compagnia,
la qual io cercai sempre con tal brama!
Quant' a la dispietata e dura morte
ch' avendo spento in lei la vita mia
stassi ne' suoi begli occhi e me non chiama!

Francesco Petrarca, *Canzoniere*, CCC, in *Rime, Trionfi e poesie latine*, a cura di F. Neri, Ricciardi, Milano-Napoli, 1951

Un ritratto di Laura dipinto da Giorgione nel 1506. (Vienna, Kunsthistorisches Museum)

9-10. **'n sorte ànno**: hanno la fortuna di avere.

14. **stassi**: sta, si è insediata.

COMPRENDERE

1. Nel sonetto la morte di Laura è rappresentata secondo due prospettive, quella terrena e quella celeste. Individuate le espressioni che si riferiscono all'una e all'altra.

ANALIZZARE

2. Analizzate la distribuzione nel testo dei due elementi individuati e la struttura tematica che creano.
3. Analizzate l'anafora che apre ogni strofa e il modo in cui varia di caso in caso.
4. Riconoscete l'allitterazione presente nel v. 12 e spiegate quale funzione espressiva può avere.
5. Accanto al tema della morte, nel sonetto compaiono molte espressioni che rinviano al desiderio amoroso: analizzatele.

INTERPRETARE

6. Riprendendo gli aspetti finora evidenziati (o alcuni di essi) e facendo riferimento alla vostra esperienza di lettura, formulate un'interpretazione complessiva del sonetto. Vi suggeriamo alcune possibili piste interpretative:
   - il tono patetico e la presenza di espressioni che possono rinviare a idee macabre;
   - la visione religiosa della morte e l'erotismo oltre la morte;
   - l'espressione intensa del dolore e la sua risoluzione nell'armonia formale.

SCRIVERE UN TESTO ARGOMENTATIVO

- Facendo riferimento ai documenti forniti, scrivete un testo sull'argomento proposto.

L'INTELLETTUALE E LE SIGNORIE

Francesco Petrarca, *Per la libertà del popolo romano*

Un periodo di impegno politico fu per Petrarca quello della Sacra Repubblica Romana di Cola di Rienzo, un giovane notaio di origini plebee, colto e ambizioso, pieno di entusiasmo per la Roma antica, che nel 1347 attraverso un'assemblea popolare spodestò i nobili che dominavano la città e ne prese il governo col titolo antico di tribuno del popolo. La curia papale di Avignone in un primo tempo non fu contraria alla sua azione; ma quando Cola mostrò il proposito di federare a Roma i comuni italiani, e prese titoli e cariche che i papi consideravano sotto la propria giurisdizione, la curia e le famiglie nobili romane si allearono contro di lui: in pochi mesi Cola fu sconfitto e si trovò prigioniero ad Avignone. Petrarca si entusiasmò per il progetto di far rivivere l'antica repubblica romana e fece coi suoi scritti una vera campagna a favore di Cola. Qui riportiamo la prima lettera rivolta nel 1347 «A Cola di Rienzo e al popolo romano», un'orazione a favore del suo regime.

Voi[1] possedete quella libertà che, quanto sia dolce e desiderabile, lo si conosce soltanto quando la si perde. Di questo bene così grande e conosciuto per la prova di tanti anni, godetene con letizia, con sobrietà, con modestia e serenità, rendendone grazia a quel Dio che sa dispensare tali doni, che ancora non pose in oblio[2] la sua Città sacrosanta e non poté sopportare più a lungo di vederla serva, scelta come fu in tutto il mondo come sede dell'impero. E quindi, o uomini forti che succedete a uomini altrettanto forti[3], se con la libertà è ritornato il retto giudizio, ognuno di voi pensi a non abbandonarla se non con la vita, ché senza libertà la vita è soltanto ludibrio[4]. Abbiate sempre sotto gli occhi la trascorsa servitù!

Francesco Petrarca, *Epistole*, trad. dal latino di U. Dotti, UTET, Torino, 1978

1. **Voi:** si rivolge al popolo romano, che si è liberato dall'oppressione dei nobili.
2. **non pose in oblio**: non ha dimenticato.
3. **uomini altrettanto forti:** gli antichi romani.
4. **ludibrio**: cosa spregevole.

Giovanni Boccaccio, *A Francesco Petrarca*

Nel 1353 Petrarca decise di abbandonare definitivamente la Provenza e di stabilirsi in Italia; giunto a Milano, accettò l'offerta di ospitalità del signore della città, l'arcivescovo Giovanni Visconti. Era un momento di forte espansione dei Visconti, che erano diventati la maggiore potenza dell'Italia centro-settentrionale e minacciavano seriamente l'indipendenza dei comuni toscani. Molti intellettuali amici di Petrarca, che consideravano Visconti un tiranno e un aggressore, si scandalizzarono che il poeta si mettesse proprio al suo servizio. Tra questi Boccaccio, che gli scrisse la lettera duramente critica di cui presentiamo un estratto.

Pochi giorni dopo capitò a Ravenna Simonide, costui mi presentò una lettera scritta da Silvano[1] e così, non avendo più dubbi, imprecai al cielo e alla colpa di Silvano, dicendo: «Bisogna proprio crederci! Avrei creduto che le cerbiatte cacciassero le tigri o gli agnelli mettessero in fuga i lupi[2], prima che Silvano si comportasse contro le sue opinioni. Chi in avvenire accuserà i malvagi, chi condannerà gli svergognati, i lascivi, gli avari, dopo che il nostro Silvano è così uscito di strada? Ah dolore! Dove sono finiti il suo onore, la sua santità, la sua saggezza? È diventato amico di uno che proclamava violento, ora un mostruoso Polifemo, ora un ciclope[3]; si è sottomesso spontaneamente, non trascinato, non costretto, al giogo di uno di cui condannava con disgusto la tracotanza, la superbia, la tirannide! [...]

Questo egregio lodatore e cultore della solitudine, che cosa farà circondato dalla folla? lui che era solito esaltare con tanto sublimi elogi la vita libera e povertà decorosa, che farà ora sottomesso a un giogo estraneo e carico di ricchezze vergognose? che cosa celebrerà più lui che era diventato il più illustre nell'esortare alle virtù, nel perseguire i vizi? Io non so che arrossire e dannare la sua azione, e ripetere in pubblico e in privato quei versi di Virgilio: «A che cosa non spingi i petti mortali esecranda fame dell'oro?»[4].

Giovanni Boccaccio, *Opere latine minori*, a cura di A.F. Massera, Laterza, Bari, 1928, trad. dal latino di A. Colombo

1. **Simonide... Silvano**: Boccaccio ama travestire le persone di cui parla nelle sue lettere con nomi antichi; *Silvano* è Petrarca, *Simonide* un amico comune.
2. **Avrei creduto... lupi:** Boccaccio presenta eventi impossibili, per dire quanto è incredibile il comportamento di Petrarca.
3. **ora... ciclope:** altri epiteti che Petrarca avrebbe affibbiato in precedenza al Visconti; nell'*Odissea* Polifemo è appunto un mostruoso ciclope, e Boccaccio mostra di avere in proposito idee approssimative.
4. **A che... oro:** è un celebre passo dell'*Eneide*, citato anche da Dante (*Purg.*, XXII, 41).

▸ D9 Francesco Petrarca, *L'amicizia con i tiranni* (p 334)

Giulio Ferroni, *Petrarca e i potenti*

I suoi rapporti col mondo politico e sociale – che gli appare mediocre, preda della barbarie o della disgregazione – sono sempre determinati in ultima analisi dalla difesa della propria vita intellettuale, della propria autonomia di studioso e di uomo di cultura. Tuttavia egli non rinuncia a cercare il consenso di quel mondo e aspira a primeggiare sulla scena del presente. Desidera allora l'appoggio dei potenti e delle istituzioni ufficiali, serbando comunque una sotterranea diffidenza, una estraneità di fondo verso tutti i signori e i poteri con cui instaura rapporti. Finisce così per non identificarsi mai fino in fondo con le loro posizioni: non è un semplice intellettuale al loro servizio, ma è sempre e soprattutto lui, Francesco Petrarca, capace di mantenere una propria autonoma coscienza, di liberarsi, se necessario, da legami troppo vincolanti.

Giulio Ferroni, *Storia della letteratura italiana*, I, Mondadori, Milano, 2012

Giuseppe Galasso, *Gli intellettuali e le signorie*

Gli intellettuali sono una forza sociale effettiva, che ha dimostrato la sua concreta capacità nel grande movimento di contestazione civile e religiosa dei secoli XII e XIII, nella lotta teorica e pratica dei comuni contro feudalesimo e Impero, nelle lotte interne del comune stesso in cui l'elaborazione di distinte posizioni politiche e la loro giustificazione in sede etica sono andate assumendo un valore impreveduto. Il signore accoglie dotti e letterati alla sua corte per molti motivi: perché essi gli forniscono quei quadri tecnici di cui già il regime podestarile del comune aveva dimostrato l'utilità, se non la necessità; perché essi fuoriescono, generalmente, dagli schieramenti sociali cittadini e gli offrono una preziosa componente di quel potere a base nuova al quale egli è volto; perché giustificano con le loro posizioni e le loro partigianerie guelfe o ghibelline, la sua intromissione negli affari interni di varie città; ma anche perché essi sono un sostegno pubblicistico ormai indispensabile. Con la signoria nasce così "un vero sistema di propaganda, il quale non è diretto, come la propaganda moderna, alle masse ma è volto a convincere e ad influenzare altri intellettuali, cioè altre individualità" [Cusin, *Antistoria d'Italia*, Milano, 1970], che sono però le sole a cui metta conto di riferirsi in quanto opinione pubblica qualificata.

Giuseppe Galasso, *Le forme del potere, classi e gerarchie sociali*, in *Storia d'Italia Einaudi. 1: I caratteri originali*, Einaudi, Torino, 1989

(RI)SCRIVERE

- Le letture del *Canzoniere* vi hanno ormai dato familiarità con la struttura metrica del sonetto e col linguaggio petrarchesco. Vi proponiamo i versi del sonetto CCXXXIV scompigliati, in ordine alfabetico, tranne il primo, che è *O cameretta che già fosti un porto*. Ricostruite l'ordine originale, basandovi sulla struttura metrica e sul significato.

O cameretta che già fosti un porto
a le gravi tempeste mie diurne,
che 'l dì celate per vergogna porto.
che, seguendol, talor levommi a volo;
(chi 'l pensò mai?) per mio refugio chero:
e 'l vulgo a me nemico et odioso
fonte se' or di lagrime notturne,
fuggo, ma più me stesso e 'l mio pensero,
in tanti affanni, di che dogliose urne
Né pur il mio secreto e 'l mio riposo
O letticciuol che requie eri e conforto
solo ver' me crudeli a sì gran torto!
tal paura ho di ritrovarmi solo.
ti bagna Amor con quelle mani eburne,

Il monolinguismo petrarchesco

Una lingua che è ancora la nostra Petrarca ha fondato la lingua della poesia italiana quale è rimasta, sostanzialmente invariata, per cinque secoli. Questo spiega perché la massima parte delle sue parole e costruzioni siano ancora oggi perfettamente comprensibili, spesso anche in uso. Se prendiamo il sonetto I del *Canzoniere* (▸T75), incontriamo pochi e piccoli scarti dalla norma dell'italiano di oggi: tra le forme, le elisioni *'l* per "il", *i'* per "io", *veggio* per "vedo" (continuazione regolare della forma latina, solo più tardi sostituita dalla attuale), la sincope *medesmo*, la forma composta *meco* "con me", e poche altre minime varianti; sul piano dei significati, l'uso di *onde* nel senso di "da cui" o "per cui", *ragiono* nel senso di "parlo".

Un lavoro di selezione Insomma, al 99 per cento la lingua di Petrarca è ancora la nostra. Questo è dovuto certo al successo letterario del poeta, alla suggestione esercitata dalla sua poesia, ma non solo a questo: Dante, che non vale certo meno come poeta, ha contato di meno nella storia della lingua letteraria. Il fatto è che la lingua di Petrarca si prestava meglio a diventare un modello da imitare: mentre Dante lavora per accumulo, prendendo da ogni parte il materiale linguistico che serve alla sua prepotente ispirazione, Petrarca lavora per selezione: sceglie dalla tradizione poetica ciò che gli pare più equilibrato, armonioso, scarta ogni eccesso espressivo come le violenze verbali così efficaci in certi passi della *Commedia*, rifiuta ogni forma che gli pare plebea o semplicemente disarmonica.

Procede per esempio a quella che il critico e filologo Gianfranco Contini chiamò una «spietata soppressione del suffissame transalpino»: di quei nomi suffissati in *-aggio*, *-anza*, *-enza* che pullulavano nella poesia precedente (come *visaggio*, *amanza*), in Petrarca ne sopravvivono ben pochi, in genere gli stessi che sono arrivati fino a oggi, come *speranza*. Poche tracce restano anche dell'eredità provenzale, come *augelli*, che si è impiantato stabilmente nel lessico poetico italiano, così come la forma arcaica *fia* ("sarà").

Vincenzo Catena, *San Girolamo nel suo studio*, XV secolo. (Londra, National Gallery)

Base fiorentina La base della lingua petrarchesca è ancora il fiorentino, ma depurato dei caratteri più strettamente locali. Di questi resta una certa abbondanza di elisioni (*'nfin, i', 'v'* per "ove", *a'* per "ai" ecc.); ma la *-e* aggiunta per far piane le parole tronche è ridotta al solo *fue* (tre volte nel *Canzoniere* contro ventidue nella *Commedia*). Un altro fenomeno del fiorentino parlato trecentesco, l'abbondanza dei dittonghi *ie* e *uo* (*priego, truova*), si riduce fortemente, e certo per scelta consapevole, anche al di là di quel che è restato nell'italiano moderno: abbiamo così *prova* (▸T75, v. 7), *move* (▸T78, v. 34), *inseme* (▸T86, v. 13). Nel complesso, in Petrarca il fiorentino tende a essere ormai la lingua poetica italiana più che la lingua parlata in una città: cosa del resto naturale per un fiorentino esule che non vide mai Firenze.

Latinismi La ricerca di una lingua colta, puramente letteraria, porta naturalmente all'uso di latinismi; ma anche in questo Petrarca si comporta con molta più cautela di Dante: nelle poesie riportate nell'antologia troviamo solo *arbore* (▸T87, v. 13), le forme non tronche *veritate, pietate* (ancora ▸T87, vv. 6-7; ma questa scelta è condizionata anche dalla rima), e un latinismo grafico (*adversario* in ▸T80, v. 8).

Riduzione del lessico L'atteggiamento linguistico di Petrarca, prudente, rigoroso, schifiltoso, comporta anche una certa riduzione del lessico: una lingua selettiva è una lingua fatta di poche parole spesso ripetute. Prendiamo per esempio l'inizio della più celebre e bella canzone petrarchesca, *Chiare fresche e dolci acque* (▸T81): l'aggettivo *chiaro* ricorre 53 volte nel *Canzoniere*, *fresco* 21 volte, *dolce* 250; se andiamo al secondo verso, *bello* compare ben 328 volte su 366 componimenti. Anche questa semplicità lessicale, adatta a cristallizzarsi in formule fisse, ha contribuito a fare del *Canzoniere* un modello di facile imitazione.

QUESTIONI DI LINGUA

1. Che cosa significa la parola *ne* in ▸T80, v. 8?
2. Proponete una parafrasi del pronome *altrui* in ▸T77, v. 11 e ▸T83, v. 11.
3. La preposizione *per* davanti a un infinito in Petrarca e nell'italiano antico può avere valore sia finale (come oggi) sia causale. Distinguete i due valori nei seguenti esempi: ▸T70, v. 14; ▸T77, v. 3; ▸T78, vv. 16, 66.
4. In Petrarca, e in tutta la letteratura italiana fino all'Ottocento, la prima persona singolare dell'imperfetto aveva una forma diversa dalla attuale. Cercate questa forma in ▸T75 e in ▸T81.
5. Indicate il significato delle seguenti espressioni presenti nei componimenti di Petrarca. Provate a rispondere prima di controllare il contesto e le note:
   - *cruda* (▸T81, v. 20);
   - *errore* (▸T75, v. 3; ▸T81 v. 51);
   - *guisa* (▸T81, v. 36);
   - *ragionare* (▸T77, v. 14).

Dare Petrarca al popolo

ANNALISA ANDREONI

Da tempo sono convinta che una delle sfide, forse quella fondamentale, dell'italianistica di oggi sia quella di tornare a parlare alla comunità dei lettori, uscendo dalla cerchia asfittica degli addetti ai lavori. Un tempo, un buon libro sulla letteratura italiana era un libro letto da tutti (tutti coloro che avevano una buona formazione scolastica, ovvio). Oggi è rarissimo che uno dei nostri libri venga letto da chi non è studioso dello stesso ambito disciplinare. Perché ciò accada, occorre che i libri che scriviamo siano, prima di tutto, leggibili per chi non è specialista della materia, vale a dire che devono essere scritti in una lingua davvero comunicativa e non criptica, piena di tecnicismi e dalla sintassi ingarbugliata. [...]

L'obiezione più rilevante mossa ai libri che vogliono essere divulgativi è che inevitabilmente, per rendere accessibili contenuti ostici, diventano approssimativi e, in definitiva, non rigorosi sul piano scientifico. Beh, il rischio c'è, ma non è inevitabile. Chi ne vuole la prova legga *L'amoroso pensiero. Petrarca e il romanzo di Laura* di Marco Santagata, appena uscito per Mondadori. Santagata è uno che queste cose le sa fare. Tra i massimi esperti di Dante e Petrarca, è riuscito nella sfida di scrivere libri fruibili agli studiosi, perché contengono idee e ricerche nuove, e al tempo stesso godibili ai comuni lettori, perché sono pensati per essere comprensibili ai più. L'ha fatto con la biografia *Dante. Il romanzo della sua vita*, con il racconto dell'*Inferno* e ora con Petrarca [...].

Santagata racconta la storia dell'amore di Francesco per Laura e al tempo stesso la storia del libro che quell'amore raccoglie, ma lo fa mettendosi dal punto di ascolto di un lettore di oggi. L'accessibilità al testo è data non dalla semplificazione della materia, che resta impegnativa – viene detto tutto quello che è importante sapere per capire un'operazione così complessa culturalmente e letterariamente come la composizione del *Canzoniere*, ma dalla spiegazione di ciò che un lettore comune non sa del codice comunicativo della poesia e del contesto culturale medioevale, e dalla scrittura, tesa più verso la narrazione che verso l'analisi. Inframmezzate alla narrazione sono proposte al lettore un centinaio di liriche, senza l'appesantimento di alcuna nota linguistica, ma tutte corredate di parafrasi integrale. Il *Canzoniere*, in questo modo, non è diventato facile, è diventato comprensibile ai lettori comuni. Che cosa si impara? Che la divulgazione non deve più essere lasciata alla fascia intermedia dei comunicatori, di quelli, per capirci, che, ignari di Rinascimento, pensano di poterlo divulgare perché saprebbero raccontare, ma devono farla gli specialisti, quelli che lo studiano da una vita e che soli sono capaci di trovare il sinonimo giusto per indicare in maniera semplice una cosa difficile, senza fraintendimenti e banalizzazioni.

«L'Huffington Post», 14 novembre 2014

1. Che cos'è l'"italianistica" (riga 1)? ....

2. Indica quali delle seguenti asserzioni sono presenti (P) e quali non sono presenti (NP) nel testo. *Metti una crocetta per ogni riga.*

a. La divulgazione non implica sempre una semplificazione e un'approssimazione dei contenuti. P NP
b. Per rendere comprensibili i testi letterari è fondamentale l'apparato di note. P NP
c. Santagata ha scritto diversi libri divulgativi. P NP
d. Per fare buona divulgazione conta soprattutto saper narrare. P NP

3. Completa in modo opportuno il seguente periodo.

Santagata è riuscito nella sfida di fare buona divulgazione per vari motivi: tende più alla .... che all'analisi; fornisce al lettore moderno informazioni sul .... dell'epoca in questione; infine, affianca ai testi d'autore ....

4. Secondo te, qual è lo scopo principale di questo testo?

A. □ Recensire il libro *L'amoroso pensiero* di Marco Santagata.
B. □ Dimostrare che la buona divulgazione è quella che rende gli argomenti comprensibili per il lettore medio.
C. □ Ricostruire l'impegno divulgativo dell'italianista Marco Santagata in relazione a Dante e Petrarca.
D. □ Polemizzare con il lettore medio che si sente respinto non solo dalle pubblicazioni scientifiche ma anche dalla letteratura.

L'amoroso pensiero

MARCO SANTAGATA

L'amante che chiede e la dama che rifiuta sono figure originarie della moderna poesia occidentale: si accampano sulla scena fin dai primi testi trobadorici, vi restano fino a Petrarca incluso e, nella versione rinnovata che questi ne dà, vi resteranno per tutta la lunga tradizione lirica da lui influenzata. La letteratura provenzale rifletteva la composizione e le divisioni interne della nobiltà feudale. Gli amanti non potevano incontrarsi perché tra loro sussisteva una disparità di valore: la dama era (o era rappresentata) di rango più elevato dell'innamorato che chiede. Ben presto le modalità dell'amore frustrato si sarebbero cristallizzate in codici poetici e in luoghi comuni privi di implicazioni extraletterarie, ma all'origine del mancato soddisfacimento delle richieste amorose c'erano cause esterne di carattere sociale. [...]

Si può ben dire, allora, che l'impossibilità di Francesco di vedere felicemente realizzato il suo amore per Laura viene da lontano. Sotto questo aspetto Petrarca non è che il punto d'arrivo di una tradizione che ai suoi tempi vigeva già da più di duecento anni. La novità che i suoi imitatori, con rarissime eccezioni, non hanno colto è che lui rompe con la dimensione sociale della poesia. La sua poesia si chiude dentro il rapporto tra l'io e l'oggetto del desiderio. Alla dimensione sociale essa sostituisce quella interiore, ai territori della vita di relazione quelli della soggettività. Al centro della dimensione interiore non vi è l'amore come rapporto interpersonale, ma la rappresentazione, attraverso il racconto di un complicato rapporto d'amore tra un uomo e una donna, delle contraddizioni del desiderio. Desiderio è la parola chiave della poesia di Petrarca ed è, ripeto, la parola che ne spiega la persistente modernità. [...] Noi possiamo fare un passo ulteriore. Desiderio per Petrarca significa contraddizione. La parola è estranea al suo vocabolario, ma ciò che essa denota è la cifra più vera e più comprensiva della sua attività di letterato e della sua stessa vita. Petrarca è l'uomo dell'irrisolutezza, del volere e non volere, dell'andare e venire: non conosce la linea retta. Del pari, lo scontro degli opposti, l'affermare negando, il ricusare ciò che è contemporaneamente valorizzato sono il tratto più caratteristico della sua scrittura poetica. [...] Il desiderio di Petrarca non si risolve nell'amore, ma si identifica con lo slancio vitale. La sua finitezza, la sua impossibilità di realizzarsi sono esattamente i limiti della vita umana: la ricerca di assoluto si scontra con la relatività dell'esistenza, l'ansia di durare con il senso di morte che attanaglia l'individuo.

Marco Santagata, *L'amoroso pensiero*, Mondadori, Milano, 2014

1. **Indica se le seguenti affermazioni relative al testo sono vere o false.** *Metti una crocetta per ogni riga.*
   a. L'amore non corrisposto è un tema presente nella poesia occidentale fin dalle origini. V F
   b. Nella poesia trobadorica l'amore del poeta poteva essere talvolta corrisposto dalla dama, nonostante la sua superiorità sociale. V F
   c. Petrarca libera la trattazione dell'amore dalle implicazioni sociali. V F

2. **Secondo te, qual è lo scopo principale di questo testo?**
   A. ☐ Ripercorrere la storia della lirica delle origini.
   B. ☐ Dimostrare la superiorità di Petrarca sui suoi imitatori.
   C. ☐ Dimostrare la modernità di Petrarca.
   D. ☐ Descrivere la sofferenza d'amore nella poesia lirica.

3. **Qual è il significato dell'espressione "contraddizioni del desiderio" (riga 16)?**
   ....

4. **In analisi del periodo "ripeto" (riga 17) è una proposizione:**
   A. ☐ incidentale
   B. ☐ dichiarativa
   C. ☐ conclusiva
   D. ☐ aggiuntiva

5. **Nel testo nella pagina di fianco si sottolinea l'abilità di Marco Santagata nel rendere accessibile la materia letteraria attraverso «la spiegazione di ciò che un lettore comune non sa [...] del contesto culturale medioevale» (riga 20). Indica quali sono secondo te le parti del testo di Santagata riportato che sostengono quest'opinione.**
   ....

4 GIOVANNI BOCCACCIO

IL PROFILO

La vita e la formazione letteraria

BIBLIOTECA
LEZIONE SU GIOVANNI BOCCACCIO

LA VOGLIA DI ESSERE SCRITTORE

Boccaccio e il Decameron

Per i lettori di oggi Boccaccio è l'autore di una sola opera: il *Decameron*. Se lo accostiamo alla figura austera di Dante e a quella assorta e meditativa di Petrarca, ce lo immaginiamo allegro, irriverente, scherzoso come le sue novelle più famose: anche l'aggettivo "boccaccesco", ancora diffuso nel linguaggio comune, si riferisce al modo spregiudicato e diretto con cui nel *Decameron* è affrontato il tema del sesso. In realtà Boccaccio volle essere uno scrittore eclettico e uno studioso completo, e si diede da fare per tutta la vita per diventarlo, divorando le opere degli autori antichi e moderni, sperimentando i più diversi generi letterari, coltivando rapporti e contatti con gli intellettuali più in vista, costruendo nelle sue opere un'immagine di sé mista di realtà e di invenzione. Per questo la storia della sua vita – priva di eventi pubblici di grande rilievo – si può raccontare seguendo le tappe del suo impegno di scrittore.

A Napoli

Boccaccio nasce a Certaldo o a Firenze nel 1313, figlio illegittimo di un mercante e cambiatore molto ricco. Intorno ai quattordici anni è a Napoli, a far pratica mercantile e bancaria nella succursale del banco fiorentino dei Bardi, di cui il padre è socio. Ma il mestiere di mercante non gli piace, e non gli piacciono neppure gli studi di diritto canonico a cui il padre tenta di avviarlo in un secondo tempo. Napoli è una città vivace e aperta: grazie al prestigio paterno Boccaccio è ammesso alla corte angioina, si dà alla vita mondana, ai divertimenti, agli amori, e si accosta con entusiasmo alle ricche suggestioni culturali che animano l'ambiente intellettuale: i romanzi francesi, le grandi opere latine, la poesia provenzale e fiorentina.

Ben presto scopre che il suo desiderio più profondo è quello di «inventare finzioni» e
▸D11 di diventare un grande poeta. In questi anni spensierati, che in seguito ricorderà sempre con nostalgia, scrive moltissimo, mescolando, con fervore appassionato e un po' confuso, tante influenze e ambizioni: la volontà di trasportare nella lingua volgare l'eleganza e la finezza degli autori francesi e latini; il desiderio, appena dissimulato dalla finzione lette-

DOCUMENTO 11

LA VOCAZIONE ALLA POESIA

Riportiamo una digressione autobiografica tratta dal trattato in latino *Genealogie deorum gentilium*, a cui Boccaccio lavorò dal 1350 alla morte. L'autore rievoca la sua precoce vocazione poetica.

Giovanni Boccaccio, *Genealogie deorum gentilium*, XV, 10, a cura di V. Romano, trad. dal latino di G. Tibaldi, Laterza, Bari, 1951, vol. II

Fin da quando ero nel seno materno ho avuto per natura la vocazione alla poesia e, per quel che ne posso giudicare, sono nato soltanto per questo. Ricordo infatti che mio padre, fin dall'infanzia, indirizzò tutti i suoi sforzi per fare di me un commerciante; e dopo avermi fatto imparare l'aritmetica, mi affidò, non ancora adolescente, in qualità di apprendista, ad un grande commerciante, presso il quale per sei anni non feci altro che sprecare inutilmente un tempo non più recuperabile. Di poi, dato che vari indizi mostravano che ero più adatto allo studio, lo stesso padre mi comandò di iniziare quello del diritto canonico, che mi avrebbe fatto ricco: e sotto un illustre maestro mi affaticai invano per quasi altrettanto tempo. Il mio animo provava un tale fastidio per queste cose che non poteva esservi inclinato né dalla cultura del maestro, né dall'autorità del padre (che insisteva con sempre nuovi consigli), né dalle preghiere o dai rimproveri degli amici, così singolare era l'affetto che lo spingeva alla poesia. E non un capriccio improvviso, ma un'originaria inclinazione del mio spirito, lo faceva tendere con tutte le forze alla poesia. Mi ricordo: non avevo ancora compiuto i sette anni, non avevo ancora visto alcuna opera letteraria, non avevo ascoltato maestri, sapevo appena leggere e scrivere, ed ecco che, per l'impulso stesso della mia natura, nacque in me il desiderio di comporre e scrissi alcune poesie, sia pur prive di ogni valore.

Il ritratto di Giovanni Boccaccio in un dipinto di Andrea del Castagno del 1450. (Firenze, Galleria degli Uffizi)

raria, di parlare di sé e dei suoi amori; il gusto per gli intrecci romanzeschi e per l'analisi delle passioni; l'intenzione di rispondere, con una letteratura di raffinato intrattenimento, alla richiesta di un pubblico aristocratico, specialmente femminile.

Le opere in versi

Sotto la spinta di queste aspirazioni e di questi modelli eterogenei, Boccaccio si cimenta con i generi letterari più diversi. Il *Filostrato* ("Vinto da amore", in un greco alquanto approssimativo) è un poema in ottave scritto intorno al 1335: ispirato al "ciclo troiano", uno dei repertori di storie e di personaggi a cui attingevano i romanzi francesi, narra l'infelice storia di Troilo, figlio di Priamo, che, abbandonato e tradito dall'amata Criseide, muore ucciso da Achille. Le vicende sentimentali – che adombrano situazioni vissute dall'autore alla corte napoletana – sovrastano di gran lunga quelle guerresche; l'ottava, impiegata per la prima volta in un poema italiano colto, diventerà il metro obbligato della poesia cavalleresca successiva. Anche nella *Teseida* (1339-1340), poema in ottave ispirato alla *Tebaide* di Stazio (poeta epico latino del I secolo d.C.), l'aspetto amoroso prevale su quello eroico: sullo sfondo della guerra di Teseo contro le amazzoni si delinea il conflitto tra due guerrieri tebani innamorati della stessa donna. Meno importanti sono *La caccia di Diana* (1335-1337), poemetto mitologico in terzine che celebra la bellezza e la disponibilità erotica delle gentildonne napoletane, e le *Rime*, poesie a imitazione degli stilnovisti e di Dante.

Il *Filocolo*

L'opera napoletana che meglio rispecchia l'atteggiamento sperimentale del giovane Boccaccio è il *Filocolo* ("Fatica d'amore"), scritto tra il 1336 e il 1339, ampio e intricatissimo romanzo che narra la storia dell'amore tra Florio e Biancifiore, una leggenda medievale di origine francese, diffusa in Italia da numerosi cantari. La vicenda, ambientata nei primi tempi dell'era cristiana, segue i due protagonisti dall'infanzia al contrastato lieto fine, tra digressioni, svolte avventurose, divagazioni descrittive, sfoggi di erudizione, incroci con altre storie, dialoghi e monologhi sentimentali. Il romanzo è dedicato a Fiammetta, «gentilissima donna» amata dall'autore, un personaggio sospeso tra confessione autobiografica e finzione letteraria che tornerà nelle opere successive come simbolo delle esperienze sentimentali della giovinezza. Nell'evoluzione artistica di Boccaccio il *Filocolo* conta soprattutto per la sua prosa ampia ed elegante, modellata sui ritmi e sulle scansioni della sintassi latina, in un fitto intreccio di frasi subordinate, inversioni, participi e gerundi, in cui a volte il lettore di oggi rischia di perdersi. Ecco per esempio come i piccoli Florio e Biancifiore, già innamorati, reagiscono a un rimprovero del loro precettore:

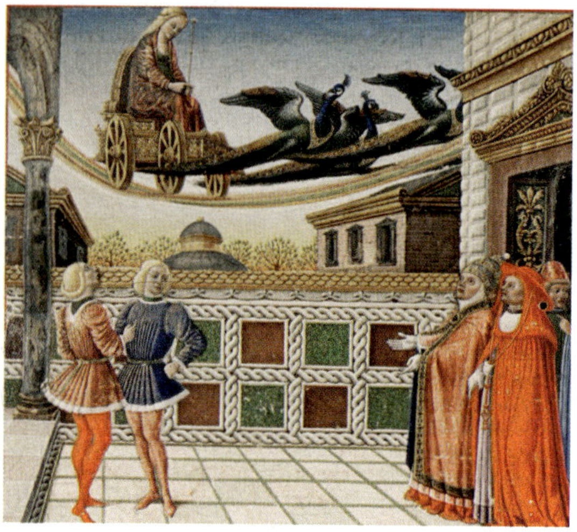

Una scena tratta da un manoscritto miniato del XV secolo del *Filocolo* di Boccaccio. (Oxford, Bodleian Library)

> *Florio e Biancifiore, divenuti i candidi visi come vermiglie rose per vergogna della non usata riprensione, apersero i libri; ma i loro occhi, più disiderosi dell'effetto che della cagione, torti si volgevano verso le disiate bellezze, e la loro lingua, che apertamente narrar soleva i mostrati versi, balbuziando andava errando.*

A Firenze

Intorno al 1340 il fallimento della compagnia dei Bardi e l'inasprirsi dei rapporti tra Napoli e Firenze costringono Boccaccio a tornare nella città toscana. Il brusco mutamento di ambiente e le ristrettezze economiche con cui deve misurarsi per la prima volta hanno su di lui un impatto sgradevole e doloroso. Di qui i ripetuti tentativi – condotti fino alla vecchiaia e tutti falliti – di trovare sistemazione presso una corte, a Ravenna, a Forlì o meglio ancora a Napoli, per poter fare a meno di occuparsi del patrimonio familiare e darsi totalmente alla letteratura. Nel 1348 assiste alla grande pestilenza, che gli uccide il padre.

Il passaggio da Napoli a Firenze segna una svolta importante nell'opera di Boccaccio: da un lato si misura più da vicino con la tradizione fiorentina e col grande modello di Dante; dall'altro si distacca gradualmente dall'influenza della letteratura cortese per accentuare una tendenza alla rappresentazione vivace e realistica che troverà il suo culmine nel *Decameron*.

Il *Ninfale d'Ameto* e l'*Amorosa visione*

La *Comedia delle ninfe fiorentine* o *Ninfale d'Ameto* (1341-1342) è un romanzo pastorale misto di versi e prosa sullo schema della *Vita nuova* di Dante; racconta la storia di Ameto, un rozzo cacciatore che si purifica e si ingentilisce attraverso l'amore per la ninfa Lia; con il suo consueto gusto della contaminazione, Boccaccio mescola il classico tema della rappresentazione del mondo dei pastori con un fitto apparato allegorico tipicamente medievale, trasposto però su un piano mondano e sensuale. Di esplicita imitazione dantesca è l'*Amorosa visione* (1342-1343), macchinoso e monotono poema in terzine che narra un viaggio allegorico dell'autore attraverso raffigurazioni simboliche dei comportamenti e dei valori umani; anche qui lo scopo del viaggio – la ricerca di Fiammetta – non è religioso o soprannaturale ma tutto legato a emozioni terrene.

L'*Elegia di madonna Fiammetta*

Fiammetta ritorna, ma questa volta come personaggio che racconta in prima persona la sua storia, nell'*Elegia di madonna Fiammetta* (1343-1344). È un romanzo psicologico in prosa, che analizza «le misere lagrime, gl'impetuosi sospiri, le dolenti voci e li tempestosi pensieri» della protagonista, abbandonata dall'amante e tormentata dalla gelosia fino a tentare il suicidio, che viene sventato dalle sue ancelle. Per la prima volta nella nostra letteratura la donna non è rappresentata come oggetto dei desideri carnali o dell'amore spirituale di un uomo ma come soggetto attivo della passione, che si confida con altre donne per suscitarne la solidarietà. La profondità e la finezza dell'analisi psicologica è filtrata dal costante riferimento a modelli letterari (tra cui *Le eroine* del poeta latino Ovidio), che talvolta sfocia in situazioni altamente improbabili: come quando Fiammetta, scampata al tentato suicidio e sommersa dalla disperazione, si prende la briga di passare in rassegna le principali eroine della letteratura e del mito per verificare se la sua sventura sia o no maggiore delle loro. La prosa, elegante e studiatissima, porta all'estremo quella latinizzazione della sintassi volgare che Boccaccio aveva già sperimentato nel *Filocolo*.

Il *Ninfale fiesolano*

Col *Ninfale fiesolano* (1344-1346) Boccaccio ritorna al poema in ottave, ma con intonazioni nuove. La storia dell'amore sfortunato del pastore Africo e della ninfa Mensola, da cui l'autore fa derivare i nomi di due affluenti dell'Arno, è narrata in un registro popolareggiante, guidato dal puro piacere della narrazione e non appesantito da sfoggi eruditi o da citazioni letterarie. È la più piacevole delle opere "minori", per il realismo psicologico con cui sono introdotti sentimenti quotidiani e personaggi vivacemente caratterizzati; l'amore dei due protagonisti è raffigurato con un atteggiamento divertito e disinvolto che ritroveremo nel *Decameron*, attraverso scelte di linguaggio vicine a quelle della poesia comico-realistica:

Sentì Africo, allora, gran letizia
veggendo che a ciò era contenta,
e donandole basci a gran dovizia,
a quel che bisognava s'argomenta;
più da natura che da lor malizia
atati s'alzâr su le vestimenta,
faccendo che lor due parevan uno,
tanto natura insegnò a ciascheduno.

- *«Lietissime feste»* (da *Elegia di madonna Fiammetta*)
- *«Lì non si ride mai»* (da *Ninfale d'Ameto*)
- *L'amore di Africo e Mensola* (da *Ninfale fiesolano*)

Il *Decameron*

Fra il 1349 e il 1351 Boccaccio compone il *Decameron*, l'unica sua opera che valga veramente la pena di leggere; il genere della novella, nella sua brevità e varietà di forme, si rivela perfettamente adatto a condensare le intenzioni poetiche che si erano espresse confusamente nelle opere precedenti: la ricchezza e l'eterogeneità degli spunti narrativi, la ricerca di una prosa insieme elegante e vivace, il gusto per l'osservazione dei sentimenti umani, l'intenzione di intrattenere un pubblico raffinato.

L'UMANISTA

La vocazione umanistica

L'opera ha un immediato successo di pubblico e Boccaccio acquista un'ampia notorietà: il comune di Firenze gli affida incarichi pubblici e ambascerie che lo portano in Romagna, nell'amata Napoli, ad Avignone; ma le sue condizioni economiche restano insoddisfacenti e i viaggi accentuano il suo desiderio frustrato di trovare sistemazione presso una corte. Il modello di letterato che Boccaccio ora ha in mente è quello di Petrarca, che nel 1350 ha conosciuto personalmente e che venera come un maestro, nonostante la piccola differenza di età. Tra i due scrittori ▸D12 nasce un'amicizia affettuosa, alimentata dalla comune passione per la letteratura: sotto l'influenza di Petrarca, Boccaccio si distacca gradualmente dalla produzione narrativa in volgare per dedicarsi in modo sempre più esclusivo allo studio dei classici; fonda a Firenze un primo circolo di umanisti orientato verso interessi filologici ed eruditi, promuove l'insegnamento del greco, scopre egli stesso importanti opere antiche. Il distacco dalla letteratura d'intrattenimento è determinato anche dall'insorgere di scrupoli religiosi, che a un certo punto lo indurrebbero addirittura a bruciare il *Decameron*, se Petrarca stesso non lo dissuadesse con una lettera di appassionata esaltazione dell'autonomia della letteratura. Nel 1360, un po' per autentico sentimento religioso e un po' per garantirsi una rendita che gli consenta di darsi con maggior tranquillità agli studi, si fa chierico.

DOCUMENTO 12

«MIO OTTIMO MAESTRO»

L'intensa amicizia fra Boccaccio e Petrarca è testimoniata da uno scambio di lettere in latino tra i due scrittori. Se ne sono conservate circa trenta di Petrarca e sette di Boccaccio. In questo brano Boccaccio rievoca un incontro con l'amico avvenuto a Padova nel 1351.

Giovanni Boccaccio, *Epistola ix*, in *Opere in versi, Corbaccio, Trattatello in laude di Dante, Prose latine, Epistole*, a cura di P.G. Ricci, Ricciardi, Milano-Napoli, 1965; trad. dal latino di A. Colombo

Credo che tu ricordi, mio ottimo maestro, che non sono ancora passati tre anni da quando venni da te a Padova, ambasciatore del nostro senato[1], e dopo aver fatto l'ambasciata passai con te alcuni giorni, che trascorremmo quasi tutti allo stesso modo. Tu avevi tempo per i sacri studi[2]; io, desideroso dei tuoi scritti, me ne facevo delle copie. Quando poi il giorno volgeva al tramonto, ci levavamo insieme dalle nostre fatiche e andavamo in un tuo orticello già ornato di fronde e fiori al ritorno della primavera. [...] Sedendo e conversando a vicenda, prolungavamo fino a notte quanto restava del giorno in un ozio placido e lodevole.

1. **ambasciatore... senato**: Boccaccio aveva avuto dal comune di Firenze l'incarico di offrire a Petrarca una cattedra presso l'università della città, appena costituita.

2. **i sacri studi**: gli studi letterari e filosofici, *sacri* per i due amici.

Le ultime opere

L'ultima sua opera di invenzione è il *Corbaccio*, scritto in prosa volgare forse nel 1365. Boccaccio immagina che il fantasma del marito di una vedova da lui amata gli sveli tutte le brutture fisiche e morali di lei, come di tutte le altre donne, e lo esorti ad abbandonarla per darsi totalmente agli studi letterari. Il romanzo si pone in radicale contrasto con le opere precedenti: la simpatia e l'ammirazione per le donne si trasformano in aspra misoginia; il sentimento amoroso, fino a quel momento esaltato come esperienza che ingentilisce l'animo, viene presentato come una deviazione degradante, che distoglie l'uomo dallo studio, unica fonte di elevazione spirituale; lo stile, prima elegante e raffinato, si fa sgradevolmente violento, specie quando indugia a descrivere gli aspetti repellenti del corpo della donna e i suoi trucchi per mascherarli. La svolta intellettuale degli anni posteriori al *Decameron* è segnata anche dalla composizione di numerose opere in latino. A parte il *Bucolicum carmen*, raccolta di poesie pastorali sul modello di Virgilio, sono meticolose catalogazioni di luoghi, personaggi, situazioni della letteratura classica: *De montibus, silvis, fontibus, lacubus, fluminibus, stagnis et paludibus, et de nominibus maris* ("Monti, selve, fonti, laghi, fiumi, stagni e paludi, e denominazioni del mare"), *De casibus virorum illustrium* ("Le sventure degli uomini illustri"), *De claris mulieribus* ("Le donne illustri"), *Genealogie deorum gentilium* ("Genealogie degli dèi pagani"), veri e propri manuali di consultazione che avranno una diffusione enorme nelle scuole, esercitando una funzione importante nella formazione della cultura umanistica. In volgare, ma tutto informato a un'idea umanistica della letteratura, è il *Trattatello in laude di Dante*, dove l'autore della *Commedia* viene elogiato come figura esemplare di grande poeta e studioso, e biasimato per il suo coinvolgimento nelle vicende politiche, indegne della sublime attività del letterato.

• Contro le donne (da Corbaccio)

Gli ultimi anni

Nel 1373 Boccaccio riceve dal comune di Firenze l'incarico di leggere e commentare pubblicamente la *Commedia*: lo svolge per qualche mese, ma gli acciacchi della vecchiaia e una grave malattia lo costringono a interrompere le lezioni, delle quali ci restano le *Esposizioni sopra la Commedia di Dante*. Si ritira a Certaldo, dove fino alla morte continua a ricopiare manoscritti suoi e altrui, a limare e a perfezionare le sue opere. Sulla sua tomba alcuni versi latini celebrano la grande passione della sua vita:

Sotto questa pietra giacciono le ceneri e le ossa di Giovanni.
L'anima è davanti a Dio, ornata dai meriti dei travagli
della vita mortale. Suo padre fu Boccaccio,
sua patria Certaldo, suo culto la divina poesia.

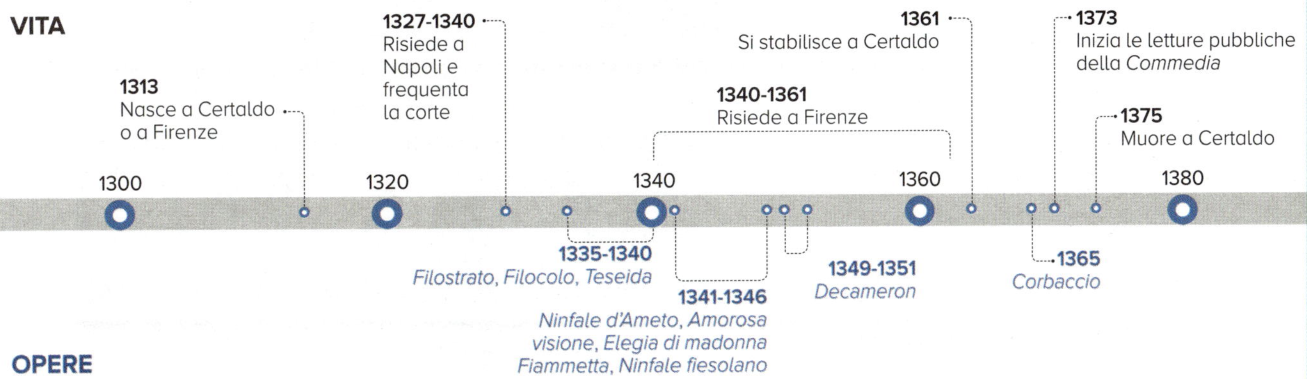

Il *Decameron*

I TEMI

Un libro contro la malinconia

«Io non son grave», scrive Boccaccio nel capitolo conclusivo del *Decameron* (1349-1351), «anzi son io sì lieve che io sto a galla nell'acqua». Ciò che forse colpisce di più il lettore di oggi è proprio questa sua capacità di veleggiare con leggerezza tra i più diversi aspetti della vita del suo tempo, libero dagli sfoggi eruditi e dalle intenzioni autobiografiche che appesantivano le opere giovanili, con la precisa volontà di divertire e appassionare chi lo legge. Fin dalle prime pagine il libro è dedicato
T97 esplicitamente alle donne; il suo scopo è «cacciar la malinconia», che le opprime quando sono preda delle sofferenze amorose e non possono distrarsi con quelle attività e quegli
T95 svaghi che sono riservati agli uomini. «In soccorso e rifugio» delle sue lettrici, «ristrette da' voleri, da' piaceri, da' comandamenti de' padri, delle madri, de' fratelli e de' mariti» e costrette a star rinchiuse «nel piccolo circuito delle loro camere», Boccaccio scrive «cento favole o parabole o istorie» dedicate a «piacevoli e aspri casi d'amore e altri fortunosi avvenimenti [...] così ne' moderni tempi avvenuti come negli antichi».

La trama

Le cento novelle sono raccontate in dieci giorni (*decameron*, nel greco approssimativo di Boccaccio) da un'«onesta brigata» di sette ragazze e
T98 tre ragazzi che, per sfuggire all'epidemia di peste che ha colpito Firenze nel 1348, si rifugiano in una villa sulle colline. Qui i dieci giovani, che hanno nomi simbolici o letterari, spesso tratti dalle precedenti opere di Boccaccio (Filostrato, Panfilo, Fiammetta), vivono lietamente, tra danze e canti, banchetti e piacevoli conversazioni, e ogni giorno raccontano una novella ciascuno, sul tema deciso dal "re" che eleggono per la giornata. Fanno eccezione la prima e la nona giornata, che sono ad argomento libero; e fa eccezione anche Dioneo, il più irriverente e licenzioso della compagnia, al quale è concesso il privilegio di narrare sempre per ultimo, e sul tema che preferisce. Nell'insieme i temi sono scelti e ordinati in modo da disegnare un quadro complessivo della vita umana: si parte dalle vicende dominate dalla fortuna o dallo spirito di iniziativa dell'uomo per passare agli amori felici o infelici, ai «leggiadri motti» che consentono di togliersi da un impaccio, alle beffe e infine alla celebrazione dei gesti generosi e magnanimi. La storia dei dieci giovani si conclude col loro ritorno a Firenze. In tre punti del libro (il proemio, l'in-
T96 troduzione alla quarta giornata, la conclusione) Boccaccio prende direttamente la parola per dichiarare le proprie intenzioni di scrittore e per confutare le accuse di leggerezza e di oscenità.

L'incontro tra dame e cavalieri in un giardino di Firenze mentre, a sinistra, vengono seppellite le vittime dell'epidemia della grande peste. Miniatura tratta da un manoscritto del *Decameron* del XV secolo. (Parigi, Bibliothèque de l'Arsenal/Photo12 / UIG/Getty Images)

Una nuova mentalità

La struttura del *Decameron* risponde all'esigenza, tipicamente medievale, di comporre un quadro completo di argomenti e nozioni entro uno schema unitario e compatto. In questa direzione vanno anche l'uso della simbologia dei numeri (il sette, il tre, il dieci, il cento) e il percorso ascensionale dal male al bene che si può intravedere nello sviluppo dei temi delle novelle: dalla prima giornata, prevalentemente dedicata alla rappresentazione dei vizi umani, all'ultima, che racconta storie di personaggi eccezionali per generosità e grandezza d'animo. Ma dentro questa struttura unitaria si esprime una mentalità decisamente nuova. Il libro si apre con una terribile descrizione della peste, vista come un trionfo della morte e del disordine, che sconvolge ogni norma morale e sociale: agli orrori dell'epidemia si contrappone la piccola società armoniosamente organizzata dai dieci giovani in villa, tutta basata su un'esaltazione di valori e di piaceri terreni, libera da scrupoli religiosi e da preoccupazioni soprannaturali. A differenza di Dante, che pronuncia perentori giudizi su ogni fatto e personaggio e filtra tutto il suo poema attraverso un punto di vista potentemente unitario, Boccaccio non si espone quasi mai in prima persona, ma fa raccontare le sue novelle da dieci narratori diversi, ciascuno con un suo carattere e una sua personalità: ne scaturisce un'immagine movimentata e mutevole della realtà, in cui nessun valore è presentato come assoluto e tutte le passioni umane – dalle più nobili alle più turpi – hanno uguale diritto di cittadinanza. Da questo punto di vista il *Decameron* si può leggere come rappresentazione di una società in movimento, in cui il saldo legame tra religione, morale e letteratura che stava alle spalle della *Commedia* è entrato in crisi e modelli di comportamento vecchi e nuovi si intrecciano in modo aperto e contraddittorio.

La cortesia e la società comunale

Tra i valori che coesistono e si confrontano nel *Decameron* uno spazio di tutto rilievo è riservato a quegli ideali cortesi e cavallereschi che Boccaccio aveva respirato alla corte napoletana e cantato nelle sue opere giovanili. A essi si informano i costumi dell'«onesta brigata» la cui storia fa da cornice alle novelle. I dieci giovani – colti, ricchi, raffinati – si danno a una vita fatta di eleganza e di misura, centrata sulla ricerca di divertimenti e piaceri signorili, che non contravvengono mai alle regole del buon gusto e del decoro: le passioni plebee e i temi scabrosi delle novelle più trasgressive sono tenuti a distanza, esorcizzati dalla finzione letteraria, e non contaminano la finezza aristocratica e l'irreprensibilità morale dei loro comportamenti.

Una coppia di sposi in una miniatura del 1470. (Cleveland, Museum of Art)

Al tema della cortesia sono totalmente dedicate le novelle della decima giornata, punto d'arrivo di quel percorso dal vizio alla virtù che si può intravedere nella struttura dell'opera. Qui l'esaltazione del disinteresse e del gusto per la gratuità tipici della mentalità cortese assumono dimensioni eroiche che vanno molto al di là dell'ideale di moderazione e di sereno decoro incarnato nell'«onesta brigata». Ne sono un esempio eloquente i personaggi pronti a donare senza limite né compenso se stessi e i propri averi: come Natan, tanto «grande e liberale» d'animo da mettersi spontaneamente nelle mani di Mitridanes che lo vuole uccidere per invidia (x.3); o come Griselda, che sopporta docilmente le più feroci violenze a cui il marito la sottopone per mettere alla prova la sua dedizione (x.10). Nelle novelle delle altre giornate i comportamenti cortesi assumono caratteristiche più ragionevoli, coniugandosi con la concretezza propria della mentalità mercantile: l'esempio più tipico è ▸T94 quello di Federigo degli Alberighi, che consuma «in cortesia» tutte le sue sostanze per amore di monna Giovanna, ma, quando infine lei si decide a sposarlo, mette la testa a posto e diventa «miglior massaio» (v.9). Si delinea così il valore della «saviezza», che attenua gli aspetti più estremi e astratti dell'ideale cortese per calarlo nel tessuto vivo della società comunale, secondo le aspirazioni della nuova classe dirigente borghese, desiderosa di appropriarsi a suo modo dei modelli di vita elaborati dal ceto signorile.

La fortuna e l'ingegno

Strettamente legata alla nuova mentalità mercantile è la visione laica del destino umano che emerge dal *Decameron*: le peripezie comiche o tragiche dei personaggi non sono guidate da un disegno provvidenziale ma dalla «fortuna», dal capriccio imprevedibile del caso. Questo non significa, naturalmente, che Boccaccio non creda in Dio; semplicemente non crede più alla sua presenza evidente nelle vicende terrene, che gli appaiono aleatorie, mutevoli, rischiose: proprio come dovevano sembrare ai mercanti, abituati a misurarsi con gli imprevisti e le incognite dei viaggi verso terre lontane, a fronteggiare le ascese e i fallimenti economici, a confrontarsi con i radicali e improvvisi cambiamenti di condizione sociale. Il tema della fortuna ispira a Boccaccio vicende aggrovigliate, ricche di svolte e di sorprese, condotte con ritmo rapido e serrato, che catturano l'interesse del lettore: i personaggi impoveriscono e arricchiscono, si perdono e si ritrovano, per i più stupefacenti e meravigliosi giochi della sorte, che si tratti di tempeste e di assalti di pirati sullo sfondo ampio del mare (ii.4, ii.6) o ▸T100 delle mille insidie nascoste nei quartieri malavitosi di Napoli (ii.5).

Nel tentativo di opporsi alla mutevolezza e all'instabilità delle cose umane i personaggi positivi del *Decameron* mettono in campo quelle risorse di intelligenza, calcolo, prontezza, spirito di iniziativa che consentono di fronteggiare e, se è possibile, di sfruttare a proprio vantaggio i capricci della fortuna: sono virtù tipicamente "borghesi", che ciascun personaggio utilizza per perseguire scopi individuali, spesso in concorrenza con gli altri. Amatissimo da Boccaccio è il tema della beffa, a cui sono dedicate due intere giornate (vii, viii) e molte novelle sparse: le astuzie di mogli e amanti per gabbare i mariti gelosi; i trucchi escogitati da giovani vogliosi per aggirare le resistenze di donne recalcitranti; la presa in giro, spesso feroce e spietata, della credulità degli sciocchi. A un livello spiritualmente più elevato la dote dell'ingegno serve per risolvere situazioni drammatiche, per rispondere con civiltà ed eleganza a comportamenti aggressivi, per dimostrare la propria intelligenza e il proprio valore. In questi casi lo strumento privilegiato è quasi sempre una perfetta padronanza della parola, e la virtù dell'ingegno, per la sua finezza e superiorità spirituale, si avvicina molto all'ideale della cortesia; ma non è appannaggio dei ceti signorili, anzi trascende i confini di classe e persino di religione per incarnarsi nei personaggi più vari. Al fianco di un intellettuale aristocratico come Guido Caval- ▸T104 canti, capace di svergognare con una battuta un gruppo di attaccabrighe (vi.9), troviamo ▸T103 Cisti, un semplice fornaio che dà una lezione di buone maniere al nobile messer Ge- ▸T107 ri Spina (vi.2); Chichibio, un cuoco tratto fuori d'impaccio dalla sua arguzia; e l'ebreo Melchisedech, che con una bellissima parabola sulla tolleranza religiosa – già narrata in ▸T27 una versione simile nel *Novellino* – sventa i disegni minacciosi del Saladino e ne conquista l'amicizia (i.3).

L'amore

I moventi che spingono i personaggi delle novelle a combattere contro la fortuna e a competere tra loro sono svariati, dal desiderio di ricchezza al puro gusto della sfida e dell'affermazione di sé, ma il più potente di tutti è l'amore. Nell'introduzione alla quarta giornata Boccaccio afferma esplicitamente che l'attrazione tra i sessi è una straordinaria fonte di piacere e di gioia, una legge della natura che è impossibile e dannoso reprimere. Si delinea così un capovolgimento della morale religiosa ufficiale. Nella novella di Nastagio degli Onesti (v.8) la scena della caccia infernale, tradizionalmente utilizzata dai predicatori per terrorizzare le mogli e dissuaderle dall'adulterio, viene ripresa con significato rovesciato, per indurre una giovane a cedere ai desideri del suo innamorato; e le numerose novelle sui costumi disinvolti di frati, monache e donne malmaritate contrappongono la sana vitalità dell'istinto erotico all'ipocrisia delle regole che pretendono di imprigionarlo. ▸T102

Boccaccio rappresenta il sentimento amoroso in tutte le sue forme e le sue sfumature, calandolo nei tipi umani e nelle situazioni sociali più diverse: il desiderio grevemente sensuale suscitato nel prete di Varlungo dalla Lisetta, «fresca foresozza, brunazza e ben tarchiata» (VIII.2), e la fervida e "cortese" devozione di Lisa per il re Pietro di Aragona (X.7); gli amori comici, che coniugano il piacere sessuale col gusto della trasgressione e della beffa, e le passioni infelici, ostacolate dalla fortuna, dalle convenzioni sociali, dagli interessi economici, che portano gli amanti alla disperazione e alla morte. Fra gli innamorati del *Decameron* un posto particolare spetta ad alcuni tragici personaggi femminili, che si discostano nettamente dalla tradizionale immagine della donna come passivo oggetto del desiderio. Un vero e proprio manifesto dei diritti della "carne" contro le barriere sociali è lo stupendo discorso pronunciato dalla principessa Ghismonda prima di avvelenarsi perché il padre ha fatto uccidere il valletto di cui è innamorata (IV.1: «Esser ti dové, Tancredi, manifesto, essendo tu di carne, aver generata figliuola di carne e non di pietra o di ferro; e ricordar ti dovevi e dei, quantunque tu ora sie vecchio, chenti e quali e con che forza vengano le leggi della giovanezza» [...] «riguarda alquanto a' principii delle cose: tu vedrai noi d'una massa di carne tutti la carne avere e da uno medesimo creatore tutte l'anime con iguali forze, con iguali potenze, con iguali vertù create»); la stessa appassionata determinazione muove una giovane di estrazione sociale più umile, come Lisabetta da Messina, che decapita il cadavere di Lorenzo, ucciso dai suoi fratelli, e lo tiene vicino a sé, consumandosi in una muta follia (IV.5). Ma non mancano le eroine "comiche", capaci di usare ogni astuzia per far giungere a buon fine il proprio desiderio: è il caso di monna Sismonda, che, oltre a escogitare un ingegnoso marchingegno per tradire il marito, lo svergogna davanti ai parenti, togliendo ogni credibilità alle sue proteste (VII.8); o di Peronella, che si prende la soddisfazione di far le corna al consorte sotto i suoi stessi occhi (VII.2); o ancora di madonna Filippa, che usa la sua prontezza di spirito di fronte al giudice per salvarsi la vita e rivendicare pari diritti per le donne (VI.7). E così via. ▸T101 ▸T106

La principessa Ghismonda con il cuore dell'amante Guiscardo fatto uccidere dal padre in un dipinto del Bacchiacca del 1520. (Miami, Lowe Art Museum)

LE FORME

La varietà delle forme narrative

Le trame delle cento novelle derivano in buona parte da una rielaborazione di diverse fonti (classiche e medievali, colte e popolari, trasmesse per iscritto e a voce), ma Boccaccio guarda al mondo che lo circonda con una curiosità nuova, lasciandosi alle spalle gli schematismi e l'elementarità tipici della narrativa precedente. Nelle sue mani la novella diventa un genere duttile e malleabile, perfettamente funzionale all'intenzione di rappresentare l'inesauribile varietà dei casi della vita, delle passioni e dei comportamenti umani, colti di volta in volta nella loro particolarità e concretezza. Così nel *Decameron* troviamo novelle brevi e lunghe, statiche o piene di movimento, centrate sulla complessità della trama o sulla personalità di un personaggio principale, basate sulla narrazione o sul dialogo; e ciascuna di esse mira a coinvolgere l'attenzione del lettore, puntando di volta in volta su effetti diversi: dall'ilarità alla commozione, dalla *suspense* all'identificazione psicologica alla sorpresa.

La lingua

Altrettanto varie sono le scelte stilistiche che Boccaccio mette in campo. La prosa risente sia dei precetti della retorica medievale sia dei modelli classici, ma non si irrigidisce in schemi precostituiti. Il discorso narrativo è generalmente modellato sulla struttura sintattica del latino, con periodi ampi e sinuosi, ricchi di gerundi e participi, in cui la subordinazione prevale sulla coordinazione e il verbo principale è collocato nella parte finale delle proposizioni (il che può creare parecchie difficoltà al lettore di oggi); ma nelle parti in cui la velocità dell'azione prende il sopravvento le frasi diventano brevi, il ritmo rapido e scattante. Nei dialoghi la lingua si modella sulle caratteristiche dei singoli personaggi: distesa e solenne nei discorsi degli eroi dell'ingegno e della cortesia; rapida e pungente negli scambi di battute dei personaggi comici; ora elevata e latineggiante ora infarcita di vocaboli popolari e dialettali, a seconda degli ambienti sociali e dei luoghi geografici dove sono ambientate le novelle. Così
▸T94 due aristocratici d'animo e di nascita come Federigo degli Alberighi e monna Giovanna si scambiano complimenti e dichiarazioni di stima con vocaboli scelti e giri di frase studiatissimi, da maestri dell'arte retorica (v.9); mentre un predicatore imbroglione co-
▸T105 me frate Cipolla imbastisce una sgangherata predica infarcita di strafalcioni, invenzioni verbali e doppi sensi osceni, che funge da caricatura della ciarlataneria dei frati e dell'ignoranza del loro pubblico campagnolo (vi.10). In altri casi Boccaccio usa le scelte les-
▸T99 sicali e sintattiche e gli schemi della retorica con intenzione ironica. Ser Ciappelletto (i.1), il più perverso dei peccatori del *Decameron*, imbroglia il santo frate che lo confes-

John William Waterhouse, *A Tale from the Decameron*, 1916. (Liverpool, Lever Art Gallery)

sa esibendo un linguaggio devoto e sospiroso da perfetto baciapile: poco prima i suoi turpissimi vizi erano stati evocati dal narratore con lo stile solenne con cui nel Medioevo si usavano elogiare le virtù degli eroi e dei santi: il contrasto tra le scelte stilistiche e la furfanteria del personaggio suscita l'ilarità e la simpatia del lettore, neutralizzando la negatività del giudizio morale.

La novella di Ser Ciappelletto in un'edizione miniata del *Decameron* del XV secolo. (Parigi, Bibliothèque Nationale de France)

L'ironia

Ma si può dire che l'ironia, in forma più o meno sfumata, sia presente in quasi tutte le pagine del *Decameron*, come elegante presa di distanza dell'autore dalle storie raccontate dai suoi personaggi. ▸T97 Nella conclusione del libro Boccaccio declina ogni responsabilità morale rispetto ai contenuti delle novelle, dette «ne' giardini, in luogo di sollazzo, tra persone giovani [...], in tempo nel quale andar con le brache in capo per iscampo di sé era alli più onesti non disdicevole». Si introduce così una distinzione – nuova per il Medioevo – tra la finzione letteraria e la vita reale, che consente a Boccaccio di muoversi con la stessa sovrana disinvoltura tra eroi e imbroglioni, nobildonne e prostitute, amanti appassionati e viziosi impenitenti, ispirato dal puro piacere di raccontare, e dal desiderio di divertire, sorprendere, appassionare i suoi lettori. Rispondendo alle «pinzochere» (bigotte) che gli rimproverano di aver trattato di «cose non assai convenienti né a dire né ad ascoltare ad oneste donne», reclama per lo scrittore la stessa libertà concessa ai pittori, che possono dipingere «Cristo maschio e Eva femina» senza che nessuno si scandalizzi. D'altra parte – conclude – le sue novelle sono state «scritte per cacciar la malinconia de le femine»: «chi ha a dir paternostri o a fare la torta al suo divoto [= confessore], lascile stare; elle non correranno di dietro a niuna a farsi leggere».

Boccaccio e i suoi lettori

INTERPRETAZIONI DEL *DECAMERON*

Il pubblico borghese e gli umanisti

Appena ultimato, il *Decameron* ebbe subito un grande successo come libro di piacevole lettura rivolto ai nuovi ceti borghesi, che si videro descritti direttamente in alcune novelle e che ammirarono nel libro l'esaltazione dell'intelligenza e dell'astuzia, le doti tipiche di questo ceto in ascesa. Non soddisfece invece il gusto aristocratico e classicistico degli intellettuali umanisti, che non ne apprezzarono l'uso del volgare e la destinazione a un vasto pubblico di non letterati. Già Petrarca affermava: «Se dicessi di averlo letto mentirei: il volume era davvero grosso, destinato al volgo e in prosa». Sulla sua scia gli umanisti considerarono il *Decameron* un'opera minore e predilessero il Boccaccio erudito delle ultime opere.

Un modello di stile

La situazione cambiò radicalmente nel Cinquecento, quando Pietro Bembo, nelle *Prose della volgar lingua* (Vol. 2, ▸D10, p. 134), sostenendo la pari dignità della letteratura in volgare e di quella in latino, indicò nel *Decameron* l'esempio perfetto di prosa, da accostare al modello del *Canzoniere* di Petrarca per la poesia. Da allora il capolavoro di Boccaccio fu unanimemente considerato un insuperabile modello di stile, e rimase un punto di riferimento per gli scrittori italiani fino al XVIII secolo.

«Ricorretto et emendato»

Anche a proposito degli aspetti ideologici e morali del *Decameron* non sono mancate le interpretazioni controverse e le discussioni. Nell'epoca della Controriforma il capolavoro di Boccaccio fu considerato dalla gerarchia ecclesiastica osceno e irriverente nei confronti della religione e inserito nell'*Indice dei libri proibiti* (1559). Si creò così una curiosa contraddizione: il modello dello stile da imitare stava in un libro che era proibito leggere. Il problema fu risolto confezionando un'edizione "purgata", che uscì a Firenze nel 1573: *Il "Decameron" di M. Giovanni Boccaccio cittadino fiorentino, ricorretto in Roma et emendato secondo l'ordine del sacro Concilio di Trento*. In questa edizione erano eliminate le parte giudicati empie o immorali, e quel che non si eliminò venne disinvoltamente alterato: per esempio l'imbroglione e seduttore frate Alberto non compariva più come frate.

Boccaccio e il Medioevo

Una sorta di capovolgimento di questa condanna si ebbe nell'Ottocento, quando l'atteggiamento "laico" di Boccaccio, la sua celebrazione dei piaceri e delle virtù terrene furono esaltati come espressione di una nuova visione dell'uomo, libera dall'ascetismo medievale, che avrebbe avuto il suo culmine nel Rinascimento. Nel *Decameron*, scriveva Francesco De Sanctis nella sua *Storia delle letteratura italiana* (1870), «il Medioevo con le sue visioni, le sue leggende, i suoi misteri, i suoi terrori e le sue ombre e le sue estasi, è cacciato dal tempio dell'arte». Questo giudizio si fondava su una contrapposizione un po' schematica tra un Medioevo tutto religioso e ascetico e un'età successiva, tutta terrena, concreta, materialistica. Gli studi successivi ci hanno restituito un'immagine più complessa: il Medioevo è l'età dei grandi mistici, ma anche l'epoca dell'ascesa della borghesia mercantile. Su questo sfondo sono stati messi in luce gli stretti legami di Boccaccio con la cultura e i costumi del suo tempo, e il *Decameron* è stato letto come manifestazione di una mentalità aristocratico-borghese tipica della nuova classe dirigente della società comunale.

Leggere il *Decameron* oggi

Un critico ha scritto che gli scrittori giocano partite con i lettori e i loro testi sono il campo di gioco; nel caso del *Decameron* la metafora è particolarmente azzeccata: il gioco è durato per secoli, ha appassionato pubblici di condizioni sociali e culturali diversissime, e pensiamo che possa funzionare benissimo anche con voi. L'unico ostacolo può derivare dalle difficoltà lessicali e dalle complicazioni sintattiche della prosa di Boccaccio, molto lontana dalla lingua d'uso comune già nel tempo in cui fu elaborata; per questo vi consigliamo di non spaventarvi per le singole parole o frasi che non capite ma di lasciarvi prendere dal ritmo complessivo della narrazione, dallo straordinario repertorio di personaggi, situazioni, emozioni creato da uno scrittore che ha concepito la letteratura come gioco elegante e regolato, e che ha mobilitato tutte le risorse del suo mestiere per disputare coi suoi lettori accanite e amichevoli partite.

FISSA I CONCETTI

ZTE ONLINE
Mettiti alla prova con gli esercizi interattivi

GIOVANNI BOCCACCIO (1313-1375)

VITA E FORMAZIONE LETTERARIA

- Vocazione alla poesia
  - Rifiuto del mestiere di mercante
- Vocazione umanistica
  - Amicizia con Petrarca
- Prime opere a Napoli, influenza della letteratura cortese: *Filostrato, Teseida, Filocolo*
- A Firenze, maturazione letteraria verso una rappresentazione più realistica:
  - *Ninfale d'Ameto*
  - *Amorosa visione*
  - *Elegia di madonna Fiammetta*
  - *Ninfale fiesolano*
- Ultimi anni, dopo il *Decameron*:
  - trattati in lingua latina
  - *Corbaccio*
  - *Trattatello in laude di Dante*

IL *DECAMERON*

Struttura:
- 100 novelle
- 10 giornate, 10 narratori
- 1 tema per ogni giornata (prima e nona giornata: argomento libero)

Forme:
- varietà delle forme narrative
- struttura sintattica modellata sul latino
- registro linguistico adattato alle caratteristiche del personaggio
- ironia (distinzione tra finzione letteraria e vita reale)

Temi
- Libro dedicato alle donne, contro la "malinconia"
- Nuova mentalità, tra cortesia e ideali della società comunale:
  - fortuna
  - ingegno
  - celebrazione dell'amore

BOCCACCIO E I SUOI LETTORI

- Successo tra i mercanti, scetticismo tra i letterati
- Modello per la prosa del Cinquecento (Bembo)
- "Ricorretto" e "emendato" durante la Controriforma
- Boccaccio espressione della complessità culturale del Medioevo

La vita e la formazione letteraria
- Quali furono le fonti di sostentamento di Boccaccio? Che tipo di sistemazione economica perseguì per tutta la vita?
- In quali luoghi e in quali ambienti si svolsero le sue vicende biografiche?
- Quale svolta culturale fu determinata dall'influenza di Petrarca? Quale effetto ne derivò sulla sua opera?
- Quali opere sono scritte in volgare e quali in latino?

Il *Decameron*
- Sintetizzate la struttura del *Decameron*. Quali aspetti della mentalità medievale emergono dall'ordinamento dell'opera?
- A quale situazione storica e ceto sociale si può collegare la compenetrazione attuata da Boccaccio tra la concretezza propria della mentalità mercantile e la virtù aristocratica della cortesia?
- Quale ruolo hanno la "fortuna" e l'"ingegno" nella visione del mondo di Boccaccio? In quale rapporto con la religione?
- In che senso il ruolo attribuito da Boccaccio alle donne come protagoniste e destinatarie del *Decameron* si distacca dalla tradizionale immagine della donna?
- Quale idea della letteratura viene contrapposta da Boccaccio alle accuse di immoralità rivolte alle sue novelle?

Boccaccio e i suoi lettori
- La fortuna di Boccaccio presso il pubblico contemporaneo e successivo è legata all'alternarsi di diversi giudizi tanto sullo stile quanto sui contenuti del *Decameron*: chi lo ha apprezzato? Chi lo ha criticato? In base a quali criteri?

4 GIOVANNI BOCCACCIO

I TESTI

UN TESTO ESEMPLARE — ANALISI

T94 ▸ Federigo degli Alberighi

È la nona novella della quinta giornata del *Decameron*, nella quale «si ragiona [*discorre*] di ciò che ad alcuno amante dopo alcuni fieri [*crudeli*] o sventurati accidenti felicemente avvenisse».

Federigo degli Alberighi[1] *ama e non è amato, e in cortesia spendendo si consuma*[2] *e rimangli un sol falcone*[3], *il quale, non avendo altro, dà a mangiare alla sua donna venutagli a casa; la qual, ciò sappiendo, mutata d'animo, il prende per marito e fallo ricco.*

Era già di parlar ristata Filomena, quando la reina, avendo veduto che più niuno a dover dire, se non Dioneo per lo suo privilegio[4], v'era rimaso, con lieto viso disse:

– A me omai appartiene di ragionare[5]; e io, carissime donne, da[6] una novella simile in parte alla precedente il[7] farò volentieri, non acciò solamente che conosciate quanto la vostra vaghezza possa ne' cuor gentili, ma perché apprendiate d'essere voi medesime, dove si conviene, donatrici de' vostri guiderdoni senza lasciarne sempre esser la fortuna guidatrice[8], la qual non discretamente ma, come s'aviene, smoderatamente il più delle volte dona[9].

1. ***Alberighi***: una delle più antiche famiglie della nobiltà fiorentina, ricordata anche da Dante nella *Commedia*.
2. ***in cortesia spendendo si consuma***: consuma le sue ricchezze, spendendo in manifestazioni di lusso e raffinatezza (*in cortesia*).
3. ***falcone***: la caccia con il falcone, un falco di maggiori dimensioni, era uno dei divertimenti preferiti dei nobili: il volatile, una volta lasciato libero, si lanciava sulla preda e, afferratala, la portava al cacciatore. Un falcone ben addestrato valeva somme enormi.
4. **se non... privilegio**: tra i giovani narratori, Dioneo ha il privilegio di parlare per ultimo e di scegliere liberamente il tema della sua novella; la "regina" (*reina*) della giornata prende la parola per penultima.
5. **A me... ragionare**: tocca a me parlare.
6. **da**: con.
7. **il**: lo.
8. **non acciò... guidatrice**: non solo affinché (*acciò... che*) sappiate quanto è il potere della vostra bellezza (*vaghezza*) nei cuori nobili, ma perché impariate a essere voi stesse, quando è bene (*si conviene*), a donare le vostre grazie (*guiderdoni*, "ricompense"), senza lasciare che sia sempre la sorte (*fortuna*) a guidare in questo.
9. **la qual... dona**: la quale sorte la maggior parte delle volte dà i suoi doni senza criterio ma, come succede, in modo capriccioso.

Dovete adunque sapere che Coppo di Borghese Domenichi, il quale fu nella nostra città, e forse ancora è[10], uomo di grande e di reverenda[11] auttorità ne' dí nostri, e per costumi e per vertú molto piú che per nobiltà di sangue chiarissimo[12] e degno d'eterna fama, essendo già d'anni pieno[13], spesse volte delle cose passate co' suoi vicini e con altri si dilettava di ragionare[14]: la qual cosa egli meglio e con piú ordine e con maggior memoria e ornato parlare che altro uom seppe fare. Era usato di dire, tra l'altre sue belle cose, che in Firenze fu già un giovane chiamato Federigo di messer Filippo Alberighi, in opera d'arme e in cortesia pregiato sopra ogni altro donzel di Toscana[15]. Il quale, sí come il piú de' gentili uomini avviene[16], d'una gentil donna chiamata monna Giovanna s'innamorò, ne' suoi tempi tenuta[17] delle piú belle donne e delle piú leggiadre che in Firenze fossero; e acciò che egli l'amor di lei acquistar potesse, giostrava, armeggiava[18], faceva feste e donava, e il suo[19] senza alcun ritegno spendeva; ma ella, non meno onesta che bella, niente di queste cose per lei fatte né di colui si curava che le faceva.

Spendendo adunque Federigo oltre a ogni suo potere molto e niente acquistando[20], sí come di leggiere adiviene[21], le ricchezze mancarono e esso rimase povero, senza altra cosa che un suo poderetto piccolo essergli rimasa[22], delle rendite del quale strettissimamente[23] vivea e oltre a questo un suo falcone de' miglior del mondo. Per che, amando piú che mai né parendogli piú potere essere cittadino[24] come disiderava, a Campi[25], là dove il suo poderetto era, se n'andò a stare. Quivi, quando poteva uccellando e senza alcuna persona richiedere, pazientemente la sua povertà comportava[26].

Ora avvenne un dí che, essendo cosí Federigo divenuto allo stremo[27], che il marito di monna Giovanna infermò[28], e veggendosi alla morte venire fece testamento; e essendo ricchissimo, in quello lasciò suo erede un suo figliuolo già grandicello e appresso questo[29], avendo molto amata monna Giovanna, lei, se avvenisse che il figliuolo senza erede legittimo morisse, suo erede substituí[30], e morissi.

10. **Coppo... è**: personaggio storico, fu un autorevole cittadino nella Firenze del Trecento. Dioneo precisa che, se non è morto di peste, è *ancora* vivo al tempo della narrazione; sappiamo che morì poco dopo il 1348.
11. **reverenda**: rispettabile.
12. **chiarissimo**: illustre.
13. **essendo... pieno**: essendo ormai in età avanzata.
14. **si dilettava di ragionare**: amava discorrere.
15. **in opera... Toscana**: apprezzato più di ogni altro giovane (*donzel*) della Toscana per l'uso delle armi (nei tornei) e per la cortesia. Il termine *cortesia* indica tutti quegli atteggiamenti di raffinatezza e generosità che, insieme al coraggio e all'abilità con le armi, costituivano il modello di vita dell'aristocrazia.
16. **sí come... avviene**: come accade per lo più (*il piú*) agli uomini di animo nobile.
17. **tenuta**: ritenuta.
18. **giostrava, armeggiava**: partecipava ai tornei (*giostrava*), faceva esercizi con le armi (*armeggiava*).
19. **il suo**: il suo patrimonio.
20. **niente acquistando**: senza guadagnare l'affetto della donna.
21. **di leggiere adiviene**: facilmente accade.
22. **senza... rimasa**: senza che gli fosse rimasto nient'altro oltre a un piccolo podere.
23. **strettissimamente**: in grandi ristrettezze.
24. **né parendogli... cittadino**: e sembrandogli di non poter ormai più vivere dignitosamente in città.
25. **Campi**: Campi Bisenzio, località vicina a Firenze.
26. **uccellando... comportava**: cacciando con il falcone (*uccellando*), e senza chiedere aiuto a nessuno, sopportava pazientemente la sua povertà.
27. **divenuto allo stremo**: ridotto in estrema povertà.
28. **infermò**: si ammalò.
29. **appresso questo**: dopo il figlio.
30. **substituí**: nominò al suo posto.

Una scena della novella di Federigo degli Alberighi in un'edizione miniata del *Decameron* del 1450. (Parigi, Bibliothèque de l'Arsenal)

Rimasa adunque vedova monna Giovanna, come usanza è delle nostre donne, l'anno di state[31] con questo suo figliuolo se n'andava in contado[32] a una sua possessione[33] assai vicina a quella di Federigo. Per che avvenne che questo garzoncello s'incominciò a dimesticare[34] con Federigo e a dilettarsi d'uccelli e di cani; e avendo veduto molte volte il falcon di Federigo volare e stranamente[35] piacendogli, forte disiderava d'averlo ma pure non s'attentava[36] di domandarlo, veggendolo a lui esser cotanto caro. E cosí stando la cosa, avvenne che il garzoncello infermò; di che la madre dolorosa[37] molto, come colei che piú no' n'avea[38] e lui amava quanto piú si poteva, tutto il dí standogli dintorno non restava di confortarlo e spesse volte il domandava se alcuna cosa era la quale egli disiderasse, pregandolo gliele dicesse, ché per certo, se possibile fosse a avere, procaccerebbe come l'avesse[39].

Il giovanetto, udite molte volte queste proferte[40], disse: «Madre mia, se voi fate che io abbia il falcone di Federigo, io mi credo prestamente guerire[41]».

La donna, udendo questo, alquanto sopra sé stette[42] e cominciò a pensar quello che far dovesse. Ella sapeva che Federigo lungamente l'aveva amata, né mai da lei una sola guatatura[43] aveva avuta, per che ella diceva: «Come manderò io o andrò a domandargli questo falcone, che è, per quel che io oda, il migliore che mai volasse e oltre a ciò il mantien nel mondo[44]? E come sarò io sí sconoscente[45], che a un gentile uomo al quale niuno altro diletto è piú rimaso[46], io questo gli voglia torre[47]?» E in cosí fatto pensiero impacciata[48], come che[49] ella fosse certissima d'averlo se 'l domandasse, senza sapere che dover dire, non rispondeva al figliuolo ma si stava[50].

Ultimamente tanto la vinse l'amor del figliuolo, che ella seco dispose, per contentarlo, che che esser ne dovesse, di non mandare ma d'andare ella medesima per esso e di recargliele[51], e risposegli: «Figliuol mio, confortati e pensa di guerire di forza[52], ché io ti prometto che la prima cosa che io farò domattina, io andrò per esso[53] e sí il ti recherò». Di che il fanciullo lieto il dí medesimo mostrò alcun miglioramento.

La donna la mattina seguente, presa un'altra donna in compagnia, per modo di diporto[54] se n'andò alla piccola casetta di Federigo e fecelo adimandare[55]. Egli, per ciò che non era tempo, né era stato a quei dí, d'uccellare, era in un suo orto e faceva certi suoi lavorietti acconciare[56]; il quale, udendo che monna Giovanna il domandava alla porta, maravigliandosi forte[57], lieto là corse.

La quale vedendol venire, con una donnesca piacevolezza[58] levataglisi incontro,

31. **l'anno di state**: ogni anno d'estate.
32. **contado**: la campagna che circonda la città.
33. **possessione**: possedimento.
34. **dimesticare**: entrare in amicizia.
35. **stranamente**: straordinariamente.
36. **s'attentava**: osava.
37. **dolorosa**: addolorata.
38. **come colei... n'avea**: poiché non aveva altri figli.
39. **procaccerebbe come l'avesse**: avrebbe fatto in modo che lui potesse averla.
40. **proferte**: proposte.
41. **prestamente guerire**: guarire velocemente.
42. **sopra sé stette**: restò assorta nei propri pensieri.
43. **guatatura**: sguardo.
44. **il mantien nel mondo**: lo mantiene in vita, in quanto Federigo si procura il cibo cacciando.
45. **sconoscente**: sconveniente.
46. **niuno... rimaso**: nessun altro piacere è rimasto ancora.
47. **torre**: togliere.
48. **impacciata**: incapace di risolversi.
49. **come che**: sebbene.
50. **si stava**: restava indecisa.
51. **seco dispose... recargliele**: decise, qualsiasi cosa (*che che*) dovesse succedere, di non mandare nessuno, ma di andare lei stessa a chiederlo, per poi portarlo al figlio.
52. **di forza**: con tutte le tue forze.
53. **per esso**: per chiedere il falcone.
54. **per modo di diporto**: fingendo di andare a passeggio per svago.
55. **fecelo adimandare**: fece chiedere di lui.
56. **per ciò che... acconciare**: poiché il tempo non era adatto a cacciare con il falcone, e non lo era stato in quei giorni, faceva sistemare (*acconciare*) al contadino certi suoi piccoli lavori.
57. **forte**: molto.
58. **donnesca piacevolezza**: grazia femminile.

avendola già Federigo reverentemente salutata, disse: «Bene stea Federigo!»[59] e seguitò: «Io son venuta a ristorarti[60] de' danni li quali tu hai già avuti per me amandomi piú che stato non ti sarebbe bisogno: e il ristoro è cotale, che io intendo con questa mia compagna insieme desinar teco dimesticamente[61] stamane».

Alla qual Federigo umilmente rispose: «Madonna, niun danno mi ricorda mai avere ricevuto per voi ma tanto di bene che, se io mai alcuna cosa valsi, per lo vostro valore e per l'amore che portato v'ho adivenne[62]. E per certo questa vostra liberale venuta m'è troppo piú cara che non sarebbe se da capo mi fosse dato da spendere quanto per adietro ho già speso, come che a povero oste siate venuta[63]»; e cosí detto, vergognosamente dentro alla sua casa la ricevette e di quella nel suo giardino la condusse, e quivi non avendo a cui farle tener compagnia a altrui[64], disse: «Madonna, poi che altri non c'è, questa buona donna moglie di questo lavoratore vi terrà compagnia tanto che io vada a far metter la tavola».

Egli, con tutto che la sua povertà fosse strema, non s'era ancor tanto avveduto quanto bisogno gli facea che egli avesse fuor d'ordine spese le sue ricchezze[65]; ma questa mattina niuna cosa trovandosi di che potere onorar la donna, per amor della quale egli già infiniti uomini onorati avea, il fé ravedere. E oltre modo angoscioso, seco stesso maledicendo la sua fortuna, come uomo che fuor di sé fosse or qua e or là trascorrendo[66], né denari né pegno[67] trovandosi, essendo l'ora tarda e il disidero grande di pure onorar d'alcuna cosa la gentil donna e non volendo, non che altrui, ma il lavorator suo stesso richiedere[68], gli corse agli occhi il suo buon falcone, il quale nella sua saletta vide sopra la stanga; per che, non avendo a che altro ricorrere, presolo e trovatolo grasso, pensò lui esser degna vivanda di cotal donna. E però, senza piú pensare, tiratogli il collo, a una sua fanticella il fé prestamente, pelato e acconcio, mettere in uno schedone[69] e arrostir diligentemente; e messa la tavola con tovaglie bianchissime, delle quali alcuna ancora avea, con lieto viso ritornò alla donna nel suo giardino e il desinare, che per lui[70] far si potea, disse essere apparecchiato. Laonde la donna con la sua compagna levatasi andarono a tavola e, senza saper che si mangiassero, insieme con Federigo, il quale con somma fede[71] le serviva, mangiarono il buon falcone.

E levate da tavola e alquanto con piacevoli ragionamenti[72] con lui dimorate, parendo alla donna tempo di dire quello per che andata era, cosí benignamente verso Federigo cominciò a parlare: «Federigo, ricordandoti tu della tua preterita vita e della mia onestà[73], la quale per avventura[74] tu hai reputata durezza e crudel-

59. **Bene stea Federigo**: "Federigo stia bene" (formula di saluto).
60. **ristorarti**: compensarti.
61. **dimesticamente**: alla buona.
62. **se io mai... adivenne**: se io mai ho avuto qualche qualità, ciò avvenne per il vostro valore e per l'amore che ho avuto per voi.
63. **questa... siate venuta**: per questa vostra generosa (*liberale*) visita provo un piacere molto maggiore di quello che proverei se mi fosse concesso di spendere di nuovo quanto per il passato ho già speso, sebbene (*come che*) siate venuta da un ospite povero.
64. **non avendo... altrui**: non avendo un'altra persona a cui farle tener compagnia.
65. **con tutto che... ricchezze**: per quanto la sua povertà fosse estrema, non si era ancora accorto tanto quanto sarebbe stato necessario (*quanto bisogno gli facea*) di avere speso le sue ricchezze fuori di ogni misura.
66. **or... trascorrendo**: aggirandosi qua e là per la casa.
67. **pegno**: oggetto di valore da offrire in pegno per ottenere un prestito.
68. **non... richiedere**: non volendo chiedere aiuto non solo a qualcun altro, ma meno che mai al suo contadino.
69. **a una sua fanticella... schedone**: lo fece mettere velocemente allo spiedo e arrostire con cura, dopo averlo pelato e preparato (*acconcio*), da una sua giovane fantesca.
70. **per lui**: da parte sua.
71. **somma fede**: grandissima reverenza.
72. **ragionamenti**: discorsi.
73. **della tua... e della mia onestà**: della tua vita passata (*preterita*) e della mia virtù (*onestà*: la resistenza che aveva opposto alla sua corte).
74. **per avventura**: forse.

tà, io non dubito punto[75] che tu non ti debbi maravigliare della mia presunzione sentendo quello per che principalmente qui venuta sono; ma se figliuoli avessi o avessi avuti, per li quali potessi conoscere di quanta forza sia l'amor che lor si porta, mi parrebbe esser certa che in parte m'avresti per iscusata. Ma come che tu no' n'abbia[76], io che n'ho uno, non posso però le leggi comuni dell'altre madri fuggire; le cui forze seguir convenendomi, mi conviene, oltre al piacer mio[77] e oltre a ogni convenevolezza e dovere, chiederti un dono il quale io so che sommamente t'è caro: e è ragione[78], per ciò che niuno altro diletto, niuno altro diporto[79], niuna consolazione lasciata t'ha la tua strema fortuna[80]; e questo dono è il falcon tuo, del quale il fanciul mio è sí forte invaghito, che, se io non gliele porto, io temo che egli non aggravi tanto nella infermità la quale ha, che poi ne segua cosa per la quale io il perda[81]. E per ciò ti priego, non per l'amore che tu mi porti, al quale tu di niente se' tenuto[82], ma per la tua nobiltà, la quale in usar cortesia s'è maggiore che in alcuno altro mostrata[83], che ti debba piacere di donarlomi, acciò che io per questo dono possa dire d'avere ritenuto in vita il mio figliuolo e per quello averloti sempre obligato[84]».

Federigo, udendo ciò che la donna adomandava e sentendo che servir non ne la potea per ciò che mangiar gliele avea dato, cominciò in presenza di lei a piagnere anzi che[85] alcuna parola risponder potesse. Il qual pianto la donna prima credette che da dolore di dover da sé dipartire il buon falcon divenisse piú che da altro, e quasi fu per dire che nol volesse[86]; ma pur sostenutasi[87], aspettò dopo il pianto la risposta di Federigo, il qual cosí disse: «Madonna, poscia che[88] a Dio piacque che io in voi ponessi il mio amore, in assai cose m'ho reputata la fortuna contraria e sonmi di lei doluto[89]; ma tutte sono state leggieri a rispetto di quello che ella[90] mi fa al presente, di che io mai pace con lei aver non debbo, pensando che voi qui alla mia povera casa venuta siete, dove, mentre che ricca fu, venir non degnaste, e da me un picciol don vogliate, e ella abbia sí fatto, che io donar nol vi possa: e perché questo esser non possa vi dirò brievemente. Come io udi' che voi, la vostra mercé[91], meco desinar volavate, avendo riguardo alla vostra eccellenzia e al vostro valore, reputai degna e convenevole cosa che con piú cara vivanda secondo la mia possibilità io vi dovessi onorare, che con quelle che generalmente per l'altre persone s'usano: per che, ricordandomi del falcon che mi domandate e della sua bontà, degno cibo da voi[92] il reputai, e questa mattina arrostito l'avete avuto in sul tagliere[93], il quale io per ottimamente allogato avea[94]; ma vedendo ora che in altra maniera il disideravate, m'è sí gran duolo[95] che servire non ve ne posso, che mai pace non me ne credo dare».

75. **punto**: per nulla.
76. **come... n'abbia**: sebbene tu non ne abbia (figli).
77. **le cui forze... mio**: dovendo piegarmi alla forza delle leggi dell'amor materno, debbo, contro la mia volontà.
78. **è ragione**: è giusto.
79. **diporto**: passatempo.
80. **strema fortuna**: misera condizione.
81. **ne segua... perda**: succeda qualcosa per cui io lo perda. La madre ha paura di usare la parola "morte" e usa un giro di parole per non nominarla direttamente.
82. **al quale... tenuto**: rispetto al quale non hai nessun dovere verso di me.
83. **mostrata**: da unire a *s'è*.
84. **per quello... obligato**: di averlo per sempre reso riconoscente a te per il tuo dono.
85. **anzi che**: prima che.
86. **da dolore... volesse**: provenisse dal dover allontanare da sé il suo bel falcone, e fu sul punto di dire che non lo voleva più.
87. **sostenutasi**: trattenutasi.
88. **poscia che**: da quando.
89. **in assai cose... doluto**: ho ritenuto che in moltissime cose la fortuna mi fosse contraria e molto di lei mi sono lamentato.
90. **ella**: la fortuna.
91. **la vostra mercé**: per vostra bontà.
92. **degno cibo da voi**: cibo degno di voi.
93. **tagliere**: piatto da portata.
94. **il quale... avea**: il quale (il falcone) io ritenevo di aver impiegato nel modo migliore.
95. **duolo**: dolore.

E questo detto, le penne e' piedi e 'l becco le fé in testimonianza di ciò gittare avanti. La qual cosa la donna vedendo e udendo, prima il biasimò[96] d'aver per dar mangiare a una femina ucciso un tal falcone, e poi la grandezza dell'animo suo, la quale la povertà non avea potuto né potea rintuzzare[97], molto seco medesima commendò[98]. Poi, rimasa fuori della speranza d'avere il falcone e per quello della salute del figliuolo entrata in forse, tutta malinconosa si dipartí[99] e tornossi al figliuolo. Il quale, o per malinconia che il falcone aver non potea o per la 'nfermità che pure a ciò il dovesse aver condotto[100], non trapassar molti giorni che egli con grandissimo dolor della madre di questa vita passò.

La quale, poi che piena di lagrime e d'amaritudine fu stata alquanto, essendo rimasa ricchissima e ancora giovane, piú volte fu da' fratelli costretta[101] a rimaritarsi. La quale, come che voluto non avesse, pur veggendosi infestare[102], ricordatasi del valore di Federigo e della sua magnificenzia[103] ultima, cioè d'avere ucciso un cosí fatto falcone per onorarla, disse a' fratelli: «Io volentieri, quando vi piacesse, mi starei[104]; ma se a voi pur piace che io marito prenda, per certo io non ne prenderò mai alcuno altro, se io non ho Federigo degli Alberighi».

Alla quale i fratelli, faccendosi beffe di lei, dissero: «Sciocca, che è ciò che tu di'? come vuoi tu lui che non ha cosa del mondo[105]?»

A' quali ella rispose: «Fratelli miei, io so bene che cosí è come voi dite, ma io voglio avanti[106] uomo che abbia bisogno di ricchezza che ricchezza che abbia bisogno d'uomo[107]».

Li fratelli, udendo l'animo di lei e conoscendo Federigo da molto[108], quantunque povero fosse, sí come ella volle, lei con tutte le sue ricchezze gli donarono. Il quale cosí fatta donna e cui egli cotanto amata avea per moglie vedendosi, e oltre a ciò ricchissimo, in letizia con lei, miglior massaio[109] fatto, terminò gli anni suoi. –

Giovanni Boccaccio, *Decameron*, giornata v, novella 9, a cura di V. Branca, Einaudi, Torino, 1991

96. **biasimò**: criticò.
97. **rintuzzare**: diminuire.
98. **seco medesima commendò**: lodò fra sé.
99. **tutta malinconosa si dipartì**: se ne andò piena di tristezza.
100. **per la 'nfermità... condotto**: per la malattia che comunque lo avrebbe condotto a quel punto.
101. **costretta**: fortemente sollecitata.
102. **infestare**: tormentare.
103. **magnificenzia**: grande generosità.
104. **mi starei**: farei a meno (di sposarmi).
105. **non ha cosa del mondo**: non possiede nulla.
106. **voglio avanti**: preferisco.
107. **uomo... bisogno d'uomo**: la frase pronunciata da Giovanna è tratta dal seguente aneddoto riportato da diversi scrittori antichi, tra i quali Cicerone, e riferito a Temistocle, famoso politico e stratega ateniese: «Un tale domandò a Temistocle se avrebbe dato in sposa la figlia ad un uomo onesto, ma povero, o piuttosto a un uomo poco stimato, ma ricco; e quegli rispose: – No, no: io voglio un uomo senza denari, piuttosto che denari senza uomo».
108. **da molto**: uomo di molto valore.
109. **massaio**: amministratore.

Una scena della novella di Federigo degli Alberighi in un'edizione miniata del *Decameron* del 1450. (Parigi, Bibliothèque de l'Arsenal)

ANALISI DEL TESTO

COMPRENDERE

Dalla "cortesia" alla "masserizia" All'inizio della novella il protagonista incarna al livello più alto i valori e i comportamenti della raffinata civiltà cortese elaborata dall'aristocrazia medievale (*in opera d'arme e in cortesia pregiato sopra ogni altro donzel di Toscana*, rr. 20-21). Fa parte di questo modello ideale l'innamoramento, *sì come il più de' gentili uomini avviene*; in linea con i canoni dell'amor cortese, si tratta di un amore senza speranza, per una donna sposata *non meno onesta che bella* (il tema è già accennato dalla narratrice nella "rubrica", l'introduzione alla novella).
Tipica degli ideali cortesi è anche la splendida vita a cui si dà Federigo in nome di una conquista d'amore impossibile: *giostrava, armeggiava, faceva feste e donava* (r. 24). Ma a questo punto interviene nel racconto un elemento non previsto in quegli ideali: il denaro. Federigo sembra non sapere, ma il narratore sa, che quel tenore di vita costa, e che le ricchezze spese *oltre a ogni suo potere* (r. 27) si esauriscono. Il cavaliere accetta con grande dignità la sua nuova condizione di povero, ma si rende conto improvvisamente di essere stato improvvido quando, insperatamente visitato dalla donna amata, non può far fronte ai suoi doveri di ospite (*non s'era ancor tanto avveduto quanto bisogno gli facea che egli avesse fuor d'ordine spese le sue ricchezze*, rr. 88-89), e la nuova situazione *il fé ravedere*.
Il "ravvedimento" è poi ribadito nel finale della novella: coronato il suo sogno di amore in seguito a una serie di circostanze, Federigo è *miglior massaio fatto*. Il campione della "cortesia" si è convertito alla virtù borghese della "masserizia".

Dall'amor cortese al matrimonio Un'evoluzione simile si può riscontrare nella storia d'amore che costituisce il centro della novella: il sentimento del protagonista ha tutti i caratteri dell'amore cortese, compreso quello di essere motivo di elevazione e di valore per l'innamorato (*se io mai alcuna cosa valsi, per lo vostro valore e per l'amore che portato v'ho adivenne*, rr. 80-81). Ma la conclusione nel matrimonio è contraria allo spirito dell'amor cortese: un matrimonio, oltre tutto, determinato da una serie di ragioni di opportunità dalla parte di lei, accompagnato da una sistemazione economica dalla parte di lui. Di nuovo, dai cieli degli ideali aristocratici precipitiamo nella prosa del buonsenso borghese.

CONTESTUALIZZARE

La conciliazione di due modelli Si può leggere dunque la novella come una parabola esemplare del passaggio da una civiltà aristocratica a una civiltà borghese; e, al centro della storia, il sacrificio del falcone viene ad assumere in questo senso un valore simbolico: la caccia al falcone è tipica dei costumi aristocratici, ed è tutto quello che resta a Federigo della sua condizione precedente; ma, proprio per un estremo gesto di cortesia, deve essere sacrificato e trattato banalmente come un pollo: *presolo e trovatolo grasso,* [...] *tiratogli il collo...* (rr. 97-98).
Nonostante questo, non si può dire che nella novella i valori della civiltà cortese siano rinnegati. Basta pensare che al centro sta la scena della visita di monna Giovanna a Federigo, l'unica scena del racconto, che occupa più della metà del testo; ed è un susseguirsi di nobili gesti e nobili discorsi: la *donnesca piacevolezza* di Giovanna, i *piacevoli ragionamenti*, il fatto stesso che la donna riveli la ragione per cui è venuta solo dopo il pranzo sono tutti elementi di un codice di comportamento raffinato, ispirato a valori superiori; il gesto di Federigo che sacrifica il suo bene più caro senza aspettarsi nessuna ricompensa, contro ogni logica utilitaria, assume un valore esemplare.
Una possibile conclusione è che Boccaccio manifesta un atteggiamento di conciliazione fra due modelli di vita: da un lato ammira la raffinatezza e lo splendore della civiltà cortese, dall'altro da buon borghese sa che bisogna fare i conti anche con le risorse economiche. Gli ideali cortesi erano sorti presso un ceto che viveva di rendita, che ricavava dai prodotti naturali dei feudi e dal lavoro dei servi quasi tutto quello che consumava, per cui non aveva bisogno di fare quel conto di entrate e uscite che è divenuto essenziale nella città mercantile in cui vive Boccaccio (*Spendendo* [...] *oltre a ogni suo potere molto e niente acquistando*, rr. 27-28). La borghesia di cui Boccaccio è interprete ha acquisito la ricchezza col lavoro, l'intraprendenza, il calcolo, e conosce il valore di queste cose; ma ora, giunta

al culmine della propria parabola, vuole far propri anche i comportamenti e i valori di quello che è stato il ceto dominante.

Forse si può vedere un simbolo di questa sintesi di valori nella figura del narratore a cui è attribuita l'origine della novella, quel Coppo di Borghese Domenichi *per costumi e per vertú molto piú che per nobiltà di sangue chiarissimo e degno d'eterna fama* (rr. 15-16), maestro del *ragionare* e dell'*ornato parlare*: un personaggio che per essere un modello di educazione raffinata non aveva bisogno della *nobiltà di sangue* (tra l'altro, che suo padre si chiamasse Borghese sarà una coincidenza, ma ai nostri occhi assume un aspetto simbolico).

ANALIZZARE

La struttura narrativa Come gran parte delle novelle del *Decameron*, anche questa, dopo la "rubrica" e la breve introduzione da parte del narratore di turno (rr. 2-12), si apre con un sommario che pone la situazione iniziale, si sviluppa in una scena centrale, e termina tornando a un sommario che espone la conclusione della vicenda. Per apprezzare questo gioco di diverse velocità narrative, basta osservare quanti eventi sono racchiusi in ciascuna delle tre parti e quanto spazio occupano:

SOMMARIO INIZIALE
- Federigo si innamora di monna Giovanna e si dà a una vita splendida sperando vanamente di conquistarla (rr. 18-26);
- si riduce in povertà e va a vivere in un suo poderetto (rr. 27-34);
- monna Giovanna resta vedova (rr. 35-39);
- passa l'estate col figlio in una casa vicina a quella di Federigo (rr. 40-42);
- il ragazzo frequenta Federigo e si appassiona del suo falcone (rr. 42-46);
- si ammala, la madre gli chiede se può soddisfare qualche suo desiderio (rr. 46-51);
- chiede il falcone di Federigo (rr. 52-53);
- monna Giovanna è in dubbio se chiedere il falcone a Federigo, e infine decide di farlo (rr. 54-68).

SCENA CENTRALE
- Visita di monna Giovanna a Federigo, sacrificio del falcone, richiesta da parte di monna Giovanna e risposta di Federigo (rr. 69-149).

SOMMARIO FINALE
- monna Giovanna torna a casa, il ragazzo muore (rr. 149-153);
- i fratelli di monna Giovanna insistono perché si risposi, lei sceglie Federigo (rr. 154-160);
- critica dei fratelli alla povertà di Federigo, nobile risposta di Giovanna (rr. 161-165);
- matrimonio e felicità di Federigo (rr. 166-170).

Come si vede, i due sommari includono ciascuno un tempo narrato non definito, ma misurabile in settimane o mesi, mentre la scena centrale, che occupa più di metà della novella, si riferisce a poche ore. Boccaccio definisce dunque chiaramente dove sta il cuore dell'interesse narrativo.

La sintassi e la retorica Boccaccio ha nobilitato la propria prosa ricorrendo a un periodare complesso, sostenuto, latineggiante. Tra i mezzi che usa a questo scopo, i più evidenti sono:
- l'uso di accumulare frasi subordinate, che precisano le circostanze di una situazione, davanti alla principale; tra le subordinate, la preferenza accordata a quelle al gerundio o al participio (*E oltre modo angoscioso, seco stesso maledicendo... gli corse agli occhi il suo buon falcone*, rr. 91-96);
- l'uso di frasi oggettive all'infinito, alla maniera latina (*pensò lui esser degna vivanda di cotal donna*, rr. 97-98);
- l'uso del pronome relativo a inizio di periodo (pure frequente in latino): si osservino per esempio il penultimo, il terzultimo e il quartultimo capoverso (rr. 154, 161, 163);
- l'uso di posporre il verbo ai suoi complementi, alla maniera degli scrittori classici latini (*dentro alla sua casa la ricevette e di quella nel suo giardino la condusse*, rr. 84-85).

Non bisogna però pensare che Boccaccio ricorra a questi procedimenti in modo meccanico e ripetitivo; è anzi attento a variare la struttura del periodo, a volte per semplici ragioni di gusto e di ritmo, a volte in funzione della situazione narrativa. Del primo caso può essere esempio questa sequenza di due gerundi, il primo anteposto al soggetto e ai complementi, il secondo posposto, in modo da creare una figura di chiasmo: *Spendendo adunque Federigo oltre a ogni suo potere molto e niente acquistando...* (rr. 27-28). Quanto al secondo, si può notare che ci sono momenti in cui la sintassi si fa semplice e lineare; questo accade in particolare in certe battute di discorso diretto di tono familiare, come quella di monna Giovanna al figlio: *«Figliuol mio, confortati...»* (rr. 65-67), o questa di Federigo a Giovanna: *«Madonna, poi che altri non c'è...»* (rr. 86-87).

Ma nel momento in cui l'autore vuol dare risalto alla nobiltà dei suoi protagonisti, allora i periodi diventano lunghi, complessi, arricchiti da figure retoriche. È il caso dei discorsi più impegnativi tenuti prima e dopo il pranzo; basta osservare il secondo di monna Giovanna, costruito su tre lunghi periodi che insieme occupano venti righe (rr. 107-124), nobilitato da una ricercata figura etimologica (*le cui forze seguir convenendomi, mi conviene, oltre al piacer mio e oltre a ogni convenevolezza*, rr. 114-115) e da una triplice anafora (*niuno altro diletto, niuno altro diporto, niuna consolazione*, rr. 116-117).
Boccaccio usa dunque i mezzi della sua sofisticata retorica per movimentare la narrazione e per concentrare l'effetto sui momenti più patetici o più significativi.

INTERPRETARE

Una storia d'amore senza sentimenti Per misurare la distanza che corre tra il mondo di Boccaccio e quello dei lettori moderni, si può riflettere su un punto: questa è una storia d'amore, ma d'amore vi si parla pochissimo. L'innamoramento, come sempre in Boccaccio, è dichiarato all'inizio in due parole, non è descritto come processo psicologico. L'amore di Federigo si riassume nella vita splendida e costosa all'inizio, poi nel sublime sacrificio del falcone; nel lieto fine si parla di *letizia* per il matrimonio con una donna molto amata e di tanto valore (ma anche per essere diventato *oltre a ciò ricchissimo*); di sentimenti, propriamente, non si parla mai.
Tanto più questo vale per monna Giovanna, alla quale sembra interessare solo la propria *onestà*, e che alla fine sposa Federigo non perché conquistata dal suo amore, ma, *come che voluto non avesse*, per non essere ulteriormente *infestata* dai fratelli; l'apprezzamento per il *valore* e la *magnificenzia* di Federigo vengono solo in seconda battuta. Il critico Carlo Muscetta, a proposito di questo personaggio, ha parlato di un «destino di creatura senza slanci», e nel colloquio con Federigo ha visto un «dramma [...] nell'incomunicabile confronto fra chi ama e chi non ama».

L'amore materno e la morte di un figlio A questo giudizio si può opporre che monna Giovanna è animata da un sentimento autentico, l'amore materno, l'unico che la spinge ad agire: ed è un sentimento moderno, estraneo ai luoghi comuni della cultura cortese. Ma anche questo sentimento, a ben guardare, ha nella novella un peso limitato: nel discorso a Federigo monna Giovanna ne parla con accenti toccanti, ma sembra quasi giustificarsene come di una legge di natura a cui nessuno può sfuggire (*le cui forze seguir convenendomi*, r. 114), un po' come altre eroine del *Decameron* giustificano le loro infrazioni alla morale sessuale con la forza di natura dell'amore.
Ancor più distante dalla sensibilità moderna è il modo in cui Boccaccio si sbriga della morte del bambino: tre righe per narrarla dopo il ritorno della madre dal colloquio con Federigo, meno di una riga per il dolore materno (*poi che piena di lagrime e d'amaritudine fu stata alquanto*, r. 154). La nostra sorpresa si tempera se riflettiamo che il lutto per la morte di un bambino non poteva essere sconvolgente come è oggi in un'epoca in cui era un evento frequente e normale in ogni famiglia, quando la maggioranza dei nati non raggiungeva l'età adulta. In sostanza il bambino compare solo come un ingranaggio del meccanismo narrativo: è necessario a spingere monna Giovanna alla sua richiesta, dunque alla scena centrale della novella, poi è necessario che sparisca per lasciare la madre unica erede e aprire la strada al lieto fine.

La vita come spettacolo In conclusione, a Boccaccio interessa raccontare una bella storia d'amore a lieto fine, gli interessano i bei gesti e i nobili discorsi dei protagonisti; molto meno gli interessano le motivazioni interiori, i sentimenti che animano i personaggi. In questa, che è una novella di cortesia, rispetto ad altre novelle di intrigo, beffa e bassi istinti, cambia il soggetto, non cambia l'atteggiamento fondamentale dell'autore, che è rivolto alla superficie delle cose, all'azione per l'azione, alla vita come spettacolo sempre vario. Noi lettori moderni siamo abituati a chiedere alla narrativa molte altre cose: analisi psicologica, problematica morale, critica sociale ecc. Ma nel momento in cui leggiamo Boccaccio, non ci è difficile dimenticare queste aspettative e immergerci nell'orizzonte di una narrazione che ci propone un altro modo di guardare le cose, in apparenza più superficiale, ma non meno capace di rappresentare l'inesauribile varietà dell'esperienza umana.

▸ p. 424

Il *Decameron*

- *Melchisedech e il Saladino* (giornata I, novella 3)
- *Landolfo Rufolo* (giornata II, novella 4)
- *La vita serena in villa* (giornata III, introduzione)
- *Tancredi e Ghismonda* (giornata IV, novella 1)
- *Calandrino e l'elitropia* (giornata VIII, novella 3)
- *Re Carlo* (giornata X, novella 6)

Il *Decameron* si apre con una descrizione della peste che infuria a Firenze, che è l'occasione perché dieci giovani (sette ragazze e tre ragazzi) si trasferiscano in una villa fuori città (▸T98); là si decide che ogni giorno ciascuno racconti una novella su un tema che sarà stabilito da chi avrà, a turno, la funzione di "re" o "reina" della giornata. Si crea così una cornice per la narrazione delle novelle, che saranno cento (dieci per dieci giornate): questa cornice è ripresa nell'introduzione a ciascuna giornata, che descrive le occupazioni dei giovani, e nella conclusione, che termina sempre con una ballata cantata dai giovani. Boccaccio si sofferma più volte a chiarire gli intenti e i caratteri dell'opera: nel proemio motiva la sua ispirazione e indica le donne innamorate come destinatarie ideali (▸T95); nell'introduzione alla quarta giornata si difende dall'accusa di aver scritto un'opera troppo leggera (▸T96); nella conclusione affronta apertamente le accuse di immoralità (▸T97).

SI DIFENDE DA COLORO CHE LO ACCUSAVANO DI ESSERE IMMORALE

I brani proposti sono ripresi dall'edizione del *Decameron*, a cura di Vittore Branca (Einaudi, Torino, 1991).

GIORNATE	ARGOMENTO	PERSONAGGI PRINCIPALI
Giornata I	«nella quale [...] si ragiona di quello che più aggrada a ciascuno»	I, 1: ser Ciappelletto (▸T99) I, 3: Melchisedech e il Saladino
Giornata II	«nella quale [...] si ragiona di chi da diverse cose infestato sia oltre alla sua speranza riuscito a lieto fine» (le cosiddette "novelle della fortuna")	II, 1: Martellino II, 4: Landolfo Rufolo II, 5: Andreuccio da Perugia (▸T100) II, 6: madama Beritola e i figliuoli
Giornata III	«nella quale [...] si ragiona di chi alcuna cosa molto disiderata con industria acquistasse o la perduta ricuperasse» (il tema dell'"industria umana")	III, 10: Alibech
Giornata IV	«nella quale [...] si ragiona di coloro li cui amori ebbero infelice fine»	IV, 1: Tancredi, prenze di Salerno IV, 5: Lisabetta da Messina (▸T101)
Giornata V	«nella quale [...] si ragiona di ciò che ad alcuno amante dopo alcuni fieri o sventurati accidenti felicemente avvenisse»	V, 8: Nastagio degli Onesti (▸T102) V, 9: Federigo degli Alberighi (▸T94)
Giornata VI	«nella quale [...] si ragiona di chi con alcuno leggiadro motto tentato si riscotesse o con pronta risposta o con avvedimento fuggì perdita, pericolo o scorno»	VI, 2: Cisti fornaio (▸T103) VI, 4: Chichibio (▸T107) VI, 7: madonna Filippa VI, 9: Guido Cavalcanti (▸T104) VI, 10: frate Cipolla (▸T105)
Giornata VII	INGANNI DELLE DONNE NEI CONFRONTI DEI MARITI «nella quale [...] si ragiona delle beffe le quali o per amore o per salvamento di loro le donne hanno già fatte a lor mariti senza essersene essi avveduti o no»	VII, 2: Peronella e il marito VII, 8: monna Sismonda (▸T106)
Giornata VIII	«nella quale [...] si ragiona di quelle beffe che tutto il giorno o donna ad uomo o uomo a donna o l'uno uomo all'altro si fanno»	VIII, 2: il prete da Varlungo e monna Belcolore VIII, 3: Calandrino
Giornata IX	«nella quale [...] si ragiona ciascuno secondo che gli piace e di quello che più gli aggrada» (predominanti beffe e motti arguti)	
Giornata X	«nella quale [...] si ragiona di chi liberamente o vero magnificamente alcuna cosa operasse intorno a' fatti d'amore o d'altra cosa»	X, 3: Mitridanes e Natan X, 6: il re Carlo X, 7: il re Pietro e Lisa X, 10: il marchese di Sanluzzo

T95 ▸ Il proemio

PERCORSO
- Le donne come soggetto e come oggetto della scrittura (I), p. 542

Il *Decameron* si apre con un proemio nel quale lo scrittore indica a quale pubblico si rivolge e le finalità dell'opera. Nella prima parte, che abbiamo omesso, Boccaccio dice che, avendo sofferto a lungo per un amore nobile e infelice, ha trovato grande conforto nelle parole degli amici; ora, per gratitudine, vuole a sua volta scrivere qualcosa che serva a consolare e a distrarre chi soffre pene d'amore, soprattutto le donne, che ne hanno particolare bisogno.

E chi negherà questo, quantunque egli si sia, non molto piú alle vaghe donne che agli uomini convenirsi donare[1]? Esse dentro a' dilicati petti, temendo e vergognando, tengono l'amorose fiamme nascose, le quali quanto piú di forza abbian che le palesi coloro il sanno che l'hanno provate[2]: e oltre a ciò, ristrette[3] da' voleri, da' piaceri, da' comandamenti de' padri, delle madri, de' fratelli e de' mariti, il piú del tempo nel piccolo circuito[4] delle loro camere racchiuse dimorano e quasi oziose sedendosi, volendo e non volendo in una medesima ora, seco rivolgendo[5] diversi pensieri, li quali non è possibile che sempre sieno allegri. E se per quegli alcuna malinconia, mossa da focoso disio[6], sopraviene nelle lor menti, in quelle conviene che con grave noia si dimori[7], se da nuovi ragionamenti non è rimossa: senza che[8] elle sono molto men forti che gli uomini a sostenere[9]; il che degli innamorati uomini non avviene, sí come noi possiamo apertamente vedere. Essi, se alcuna malinconia o gravezza di pensieri gli affligge, hanno molti modi da alleggiare o da passar quello[10]; per ciò che a loro, volendo essi, non manca l'andare a torno[11], udire e veder molte cose, uccellare[12], cacciare, pescare, cavalcare, giucare o mercatare[13]: de' quali modi ciascuno ha forza di trarre, o in tutto o in parte, l'animo a sé e dal noioso pensiero rimuoverlo[14] almeno per alcuno spazio di tempo, appresso[15] il quale, con un modo o con altro, o consolazion sopravviene o diventa la noia minore[16].

Il Giardino dei Piaceri in una miniatura tratta da un'edizione del *Roman de la Rose* del XV secolo. (Londra, British Library)

1. **questo... donare**: che è molto più opportuno (*convenirsi*) donare questo (conforto), per quanto piccolo (*quantunque egli*) sia, alle graziose (*vaghe*) donne che agli uomini.
2. **tengono... provate**: tengono nascoste le passioni (*fiamme*) amorose, e quanto queste siano più intense di quelle che vengono manifestate (*le palesi*), lo sa chi le ha provate o le prova.
3. **ristrette**: costrette, tenute a freno.
4. **nel piccolo circuito**: nello spazio angusto.
5. **seco rivolgendo**: rimuginando.
6. **focoso disio**: ardente passione d'amore.
7. **in quelle... si dimori**: è inevitabile (*conviene*) che resti nelle loro menti (*in quelle*) con grave dolore.
8. **senza che**: senza contare il fatto che.
9. **a sostenere**: nel sopportare.
10. **da alleggiare... quello**: per alleviare o far passare quel tormento.
11. **l'andare a torno**: la possibilità di andare in giro, fuori di casa.
12. **uccellare**: cacciare gli uccelli con le reti o le panie.
13. **giucare o mercatare**: giocare o commerciare.
14. **trarre... rimuoverlo**: richiamare l'animo e allontanarlo dall'angoscioso pensiero.
15. **appresso**: dopo.
16. **o consolazione... minore**: o la consolazione ha la meglio o il dolore diminuisce.

Adunque, acciò che per me in parte s'ammendi il peccato della fortuna[17], la quale dove meno era di forza, sí come noi nelle dilicate donne veggiamo, quivi piú avara fu di sostegno, in soccorso e rifugio di quelle che amano, per ciò che all'altre è assai[18] l'ago e 'l fuso e l'arcolaio, intendo di raccontare cento novelle, o favole o parabole o istorie che dire le vogliamo, raccontate in diece giorni da una onesta brigata[19] di sette donne e di tre giovani nel pistilenzioso tempo della passata mortalità fatta[20], e alcune canzonette dalle predette donne cantate al lor diletto. Nelle quali novelle piacevoli e aspri casi d'amore e altri fortunosi[21] avvenimenti si vederanno così ne' moderni tempi avvenuti come negli antichi; delle quali le già dette donne, che quelle leggeranno, parimente diletto delle sollazzevoli cose[22] in quelle mostrate e utile consiglio[23] potranno pigliare, in quanto potranno cognoscere quello che sia da fuggire e che sia similmente da seguitare[24]: le quali cose senza passamento di noia non credo che possano intervenire[25]. Il che se avviene, che voglia Idio che cosí sia, a Amore ne rendano grazie, il quale liberandomi da' suoi legami m'ha conceduto il potere attendere a' lor piaceri[26].

17. **acciò che... fortuna**: affinché da parte mia si ripari (*s'ammendi*) il torto fatto alle donne dalla sorte (che le ha poste in una condizione molto più difficile di quella riservata agli uomini).
18. **è assai**: basta, è sufficiente.
19. **onesta brigata**: compagnia beneducata, moralmente irreprensibile.
20. **nel pistilenzioso... fatta**: costituitasi durante il periodo pestilenziale della recente epidemia (la peste del 1348).
21. **fortunosi**: sottoposti alle mutevoli vicende della sorte.
22. **sollazzevoli cose**: vicende divertenti.
23. **consiglio**: insegnamento.
24. **seguitare**: seguire.
25. **le quali cose... intervenire**: non credo che queste cose possano accadere (*intervenire*) senza che passino anche i dolori.
26. **m'ha conceduto... piaceri**: mi ha permesso di potermi dedicare al loro svago.

DIALOGO CON IL TESTO

COMPRENDERE

Il diletto e l'utilità morale Boccaccio si presenta come un uomo che ha molto sofferto per amore ma che ora, liberato da quei *legami*, può dedicarsi a consolare le pene altrui raccontando piacevoli storie. La narrazione nasce dunque da una condizione di serenità interiore e si propone soprattutto il diletto dei lettori.

- **La tradizionale riflessione sulla letteratura le assegnava, accanto al fine del diletto, quello dell'utilità morale; individuate un passo in cui Boccaccio accenna anche a questo secondo scopo.**

Perché le donne Tra i destinatari dell'opera l'autore privilegia le donne, e in particolare le donne innamorate; a esse continuerà a rivolgersi in tutti i passi dell'opera in cui si indirizza ai lettori.

- **Boccaccio motiva la sua scelta con un'analisi della situazione delle donne nel suo tempo; ricavate dal testo le ragioni "naturali" e soprattutto sociali che a suo avviso rendono difficile la condizione femminile.**

Una nuova idea di letteratura Questa scelta di un pubblico ideale è significativa: si tratta di una platea vasta, non particolarmente colta, che legge per piacere e non per studio; ne risulta un'idea della letteratura più socievole, meno aristocratica, di quella corrente all'epoca.

I narratori Anche i dieci giovani della brigata trovano nell'atto del raccontare conforto e l'occasione per evadere dalla condizione di paura e dolore causata dall'epidemia di peste; anche essi, quindi, tentano di compensare una sorte sfortunata con una decisione intraprendente, centrata sull'arte della parola, sul potere terapeutico della narrazione e dell'ascolto di storie.

- **Boccaccio anticipa argomenti e tenore delle novelle: di che cosa parleranno le storie? Saranno tristi o felici? In quale tempo saranno ambientate?**

ANALIZZARE

Una sintassi complessa Nel proemio è particolarmente evidente la ricerca di un linguaggio elevato e solenne, caratterizzato da un periodare sostenuto e complesso, ricco di subordinate e di lunghe serie di termini paralleli.

- **Verificate queste caratteristiche facendo una parafrasi e l'analisi sintattica del primo periodo del secondo capoverso.**

CONTESTUALIZZARE

La novella come genere letterario Nel proemio Boccaccio, palesando la propria presenza ed esplicitando le finalità della sua opera, contribuisce alla definizione della novella come genere letterario, riconducibile all'atto creativo di un autore e indirizzato a un destinatario preciso, il pubblico delle donne a cui lo lega la sofferenza d'amore. Che a Boccaccio non sia estranea una riflessione letteraria sulla novella lo mostra il tentativo di definirla e caratterizzarla: le novelle saranno *favole*, cioè narrazioni anche maliziose come i *fabliaux* francesi, saranno racconti di vicende edificanti (*parabole*) o rievocazioni dei casi di personaggi storici (*istorie*).

- **La novità del *Decameron* si apprezza bene accostando il suo proemio con quello del *Novellino* (▸T26); confrontate i testi introduttivi alle due raccolte in relazione a stesura, forma e finalità delle novelle.**

CONFRONTARE

Motivi autobiografici in Boccaccio e Petrarca Il proemio del *Decameron* può esser confrontato col sonetto I del *Canzoniere* di Petrarca (▸T75), che ha la stessa funzione proemiale. C'è un analogo spunto autobiografico, ma è sviluppato dai due autori in modo ben diverso.

- **Spiegate di quale spunto si tratta e in che cosa consiste la differenza fra i due tipi di sviluppo.**

I dieci giovani protagonisti del *Decameron* nella villa fuori Firenze in cui si sono ritirati per sottrarsi alla peste in una miniatura di Taddeo Crivelli del 1467. (Oxford, Bodleian Library)

T96 ▸ «Le Muse son donne»

PERCORSO
- Le donne come soggetto e come oggetto della scrittura (I), p. 542

Presentiamo una scelta di brani tratti dall'introduzione alla IV giornata del *Decameron*, nella quale Boccaccio si difende dalle critiche che gli erano state fatte su alcune novelle divulgate prima che l'opera fosse terminata. Lo scrittore, come nel proemio, si rivolge alle donne, alle quali l'opera è dedicata.

Sono adunque, discrete[1] donne, stati alcuni che, queste novellette leggendo, hanno detto che voi mi piacete troppo e che onesta cosa non è che io tanto diletto prenda di piacervi[2] e di consolarvi e, alcuni han detto peggio, di commendarvi[3], come io fo. Altri, piú maturamente mostrando di voler dire, hanno detto che alla mia età[4] non sta bene l'andare omai dietro a queste cose, cioè a ragionar[5] di donne o a compiacer loro. E molti, molto teneri[6] della mia fama mostrandosi, dicono che io farei piú saviamente a starmi con le Muse in Parnaso[7] che con queste ciance[8] mescolarmi tra voi. [...]

Che io con le Muse in Parnaso mi debbia stare, affermo che è buon consiglio, ma tuttavia[9] né noi possiamo dimorare con le Muse né esse con essonoi[10]. Se quando avviene che l'uomo da lor si parte, dilettarsi di veder cosa che le somigli, questo non è cosa da biasimare[11]: le Muse son donne, e benché le donne quello che le Muse vagliono non vagliano[12], pure esse hanno nel primo aspetto[13] simiglianza di quelle, sí che, quando per altro non mi piacessero, per quello mi dovrebber piacere; senza che[14] le donne già mi fur cagione di comporre mille versi, dove le Muse mai non mi furono di farne alcun cagione[15]. Aiutaronmi elle bene e mostraronmi comporre[16] que' mille; e forse a queste cose scrivere, quantunque sieno umilissime, si sono elle venute parecchie volte a starsi meco[17], in servigio forse e in onore della simiglianza che le donne hanno a esse[18]; per che, queste cose tessendo, né dal monte Parnaso né dalle Muse non mi allontano quanto molti per avventura s'avisano[19]. [...]

E volendo per questa volta assai aver risposto, dico che dallo aiuto di Dio e dal vostro, gentilissime donne, nel quale io spero, armato, e di buona pazienza, con esso procederò avanti [...]. E se mai con tutta la mia forza a dovervi in cosa alcuna compiacere mi disposi[20], ora piú che mai mi vi disporrò, per ciò che io conosco che altra cosa dir non potrà alcun con ragione, se non che gli altri e io, che v'a-

1. **discrete**: sagge.
2. **onesta cosa... piacervi**: non è decente che mi piaccia tanto compiacervi.
3. **commendarvi**: lodarvi.
4. **alla mia età**: quando scrive il *Decameron*, Boccaccio è intorno ai quarant'anni.
5. **ragionar**: discorrere.
6. **molto teneri**: preoccupati (detto con ironia).
7. **farei... Parnaso**: farei cosa più saggia restando con le muse sul Parnaso (il monte abitato dalle muse e da Apollo, dio della poesia, secondo la mitologia greca). Le *Muse* indicano, in questo contesto, la poesia, intesa come forma d'arte più elevata rispetto alla prosa. Il consiglio rivolto a Boccaccio è pertanto di non dedicarsi alla novellistica, ma alla poesia.
8. **ciance**: chiacchiere di poco conto.
9. **tuttavia**: sempre, in maniera continuata.
10. **essonoi**: noi. Nell'italiano antico i pronomi personali possono essere rafforzati con *esso*.
11. **Se quando... biasimare**: quando avviene che uno si allontani da loro, se prova piacere vedendo cose che assomigliano a loro (cioè le donne), non è cosa da biasimare.
12. **quello... non vagliano**: non abbiano lo stesso valore delle Muse (*vagliono*, "valgono").
13. **nel primo aspetto**: a prima vista.
14. **senza che**: senza contare il fatto che.
15. **dove le Muse... cagione**: mentre le Muse non mi diedero motivo (*cagione*) di farne nemmeno uno.
16. **mostraronmi comporre**: mi mostrarono come comporre.
17. **a queste... a starsi meco**: mentre scrivevo queste cose, sebbene siano di modesto impegno (*umilissime*), sono venute spesso a stare con me (*meco*), per aiutarmi.
18. **a esse**: cioè alle Muse.
19. **per che... s'avisano**: per la qual cosa, componendo (*tessendo*) questo libro, non mi allontano dal monte Parnaso né dalle Muse quanto molti forse (*per avventura*) credono.
20. **a dovervi... mi disposi**: feci lo sforzo di compiacervi in alcuna cosa.

miamo, naturalmente operiamo[21]; alle cui leggi, cioè della natura, voler contrastare troppo gran forze bisognano, e spesse volte non solamente invano ma con grandissimo danno del faticante[22] s'adoperano. Le quali forze io confesso che io non l'ho né d'averle disidero in questo; e se io l'avessi, piú tosto a altrui le presterrei che io per me l'adoperassi. Per che tacciansi i morditori[23], e se essi riscaldar non si possono, assiderati si vivano[24] e ne' lor diletti, anzi appetiti corrotti standosi[25], me nel mio, questa brieve vita che posta n'è[26], lascino stare.

21. **naturalmente operiamo**: ci comportiamo secondo natura.
22. **del faticante**: di colui che si affatica per opporsi (*contrastare*) alle leggi della natura.
23. **morditori**: calunniatori.
24. **se essi... si vivano**: se essi non possono scaldarsi nella fiamma dell'amore, vivano nel gelo (*assiderati*).
25. **ne' lor diletti... standosi**: stando attaccati ai loro piaceri, anzi alle loro voglie malsane (*appetiti corrotti*).
26. **che posta n'è**: che ci è data.

Un girotondo di ragazze tratto da un particolare dell'affresco di Ambrogio Lorenzetti, *Effetti del Buon Governo*, 1338-1340. (Siena, Palazzo Pubblico)

DIALOGO CON IL TESTO

COMPRENDERE

La poesia, le donne, l'amore I detrattori di Boccaccio lo accusavano di scrivere per un pubblico femminile e di compiacere troppo tale pubblico, parlando d'amore ed esaltando la bellezza delle donne, mentre, data l'età ormai matura, avrebbe dovuto affrontare temi più elevati. Boccaccio replica affermando il principio secondo cui *le Muse son donne*: è un modo per riaffermare indirettamente quel legame tra la poesia e l'amore che fu essenziale per Boccaccio in quasi tutta la sua attività creativa.

- **Cercate nel testo i passi relativi alle critiche rivolte a Boccaccio e quelli che contengono le confutazioni dell'autore.**

CONTESTUALIZZARE

La forza naturale dell'amore Il punto centrale dell'argomentazione giunge alla fine del brano, dove l'autore afferma con forza che l'amore è una legge di natura alla quale non si può e non si deve resistere. È una concezione lontana da quella medievale, che condannava ogni indulgenza ai piaceri terreni, e valorizza invece la fisicità dell'uomo, proponendo una concezione naturalistica dell'amore che anticipa l'umanesimo.

La novella è un genere minore? Boccaccio parla di *novellette* e definisce *umilissime* le cose che sta scrivendo: con questo accetta il pregiudizio della cultura medievale per cui la novellistica è un genere minore e la prosa è inferiore alla poesia. Subito dopo però afferma che le Muse l'hanno aiutato nel comporre: al di là della modestia di rito, è dunque ben consapevole dell'alta qualità artistica della sua opera.

T97 ▸ «Troppa licenzia»

Nelle ultime pagine del *Decameron* l'autore torna a rivolgersi alle lettrici, sue destinatarie preferite, e discute apertamente le accuse di immoralità che potrebbero essere rivolte alla sua opera.

Saranno per avventura alcune di voi[1] che diranno che io abbia nello scriver queste novelle troppa licenzia[2] usata, sí come in fare alcuna volta dire alle donne e molto spesso ascoltare cose non assai convenienti né a dire né a ascoltare a oneste donne[3]. La qual cosa io nego, per ciò che niuna sí disonesta n'è, che, con onesti vocaboli dicendola, si disdica a alcuno[4]: il che qui mi pare assai convenevolmente bene aver fatto.

Ma presuppognamo che cosí sia[5], ché non intendo di piatir[6] con voi, che mi vincereste. Dico a rispondere perché io abbia ciò fatto, assai ragioni vengon prontissime[7]. Primieramente se alcuna cosa in alcuna n'è[8], la qualità delle novelle l'hanno richesta, le quali se con ragionevole occhio da intendente persona fian[9] riguardate, assai aperto sarà conosciuto, se io quelle della lor forma trar non avessi voluto, altramenti raccontar non poterlo[10]. [...]

Niuna corrotta mente intese mai sanamente parola[11]: e cosí come le oneste a quella non giovano, cosí quelle che tanto oneste non sono la ben disposta non posson contaminare[12], se non come il loto i solari raggi[13] o le terrene brutture le bellezze del cielo. Quali libri, quali parole, quali lettere son piú sante, piú degne, piú reverende[14] che quelle della divina Scrittura? E sí sono egli stati assai che, quelle perversamente intendendo, sé e altrui a perdizione hanno tratto[15]. Ciascuna cosa in se medesima è buona a alcuna cosa, e male adoperata può essere nociva di molte[16]; e cosí dico delle mie novelle. Chi vorrà da quelle malvagio consiglio e malvagia operazion trarre, elle nol vieteranno a alcuno, se forse in sé l'hanno, e torte e tirate fieno a averlo[17]: e chi utilità e frutto ne vorrà, elle nol negheranno, né sarà mai che altro che utile e oneste sien dette o tenute[18], se a que' tempi o a quelle persone si leggeranno per cui e pe' quali state son raccontate. [...]

Né dubito punto[19] che non sien di quelle ancor che diranno le cose dette esser

1. **Saranno... di voi**: vi saranno forse (*per avventura*) alcune di voi. L'autore si rivolge alle donne, a cui ha dedicato il libro.
2. **licenzia**: libertà dai freni morali.
3. **sí come... donne**: come, per esempio, nel far dire qualche volta alle donne e molto spesso ascoltare cose che non è opportuno che donne virtuose né dicano né ascoltino.
4. **per ciò che... a alcuno**: perché nelle novelle non c'è nessuna cosa tanto immorale (*sí disonesta*) che, se detta con parole decenti (*onesti vocaboli*), sia inadatta a qualcuno.
5. **che cosí sia**: cioè che alcuni punti del libro possano sembrare sconvenienti.
6. **piatir**: litigare.
7. **assai ragion... prontissime**: mi vengono in mente molto facilmente tanti motivi.
8. **se alcuna cosa in alcuna n'è**: se c'è qualcosa di sconveniente in qualche novella.
9. **fian**: saranno.
10. **assai aperto... non poterlo**: si riconoscerà chiaramente (*assai aperto*) che io non avrei potuto raccontarle diversamente, a meno di volerle snaturare (*della lor forma trar*).
11. **Niuna... parola**: nessuna mente moralmente corrotta ascoltò mai con purezza nessuna parola.
12. **così come... contaminare**: come le parole oneste non sono di aiuto alla mente corrotta, così le parole che non sono del tutto oneste non possono contaminare la mente moralmente sana (*ben disposta*).
13. **se non... raggi**: così come il fango non può guastare i raggi del sole.
14. **reverende**: degne di rispetto.
15. **e sí... tratto**: eppure ci sono stati molti che, interpretandole in maniera perversa, hanno portato sé e gli altri alla perdizione dell'anima. Si riferisce agli eretici.
16. **Ciascuna cosa... molte**: ogni cosa, in sé, è buona per qualche aspetto, e usata male può essere dannosa in molte cose.
17. **Chi vorrà... averlo**: se qualcuno vorrà trarre dalle mie novelle qualche pensiero o azione malvagi, esse non lo rifiuteranno a nessuno, se per caso lo contengono in sé, e se saranno distorte e costrette (*tirate*) fino a contenerlo (*fieno a averlo*).
18. **né sarà mai... tenute**: e non potranno mai essere dette e considerate (*tenute*) altro che utili e positive sul piano morale (*oneste*).
19. **punto**: affatto.

Un monaco si sollazza con una ragazza nella quarta novella della prima giornata. Miniatura tratta da un'edizione del *Decameron* del XV secolo. (Parigi, Bibliothèque de l'Arsenal)

troppe, piene e di motti e di ciance[20], e mal convenirsi a un uomo pesato e grave[21] aver cosí fattamente[22] scritto. A queste son io tenuto di render grazie e rendo, per ciò che da buon zelo movendosi tenere sono della mia fama[23]. Ma cosí alla loro opposizion vo' rispondere. Io confesso d'esser pesato e molte volte de' miei dí essere stato[24]; e per ciò, parlando a quelle che pesato non m'hanno, affermo che io non son grave[25], anzi son io sí lieve, che io sto a galla nell'acqua; e considerato che le prediche fatte da' frati per rimorder delle lor colpe gli uomini[26], il piú oggi piene di motti e di ciance e di scede[27], estimai che quegli medesimi non stesser male nelle mie novelle, scritte per cacciar la malinconia delle femine. Tuttavia, se troppo per questo ridessero, il lamento di Germia, la passione del Salvatore e il ramarichio della Maddalena[28] ne le potrà agevolmente guerire.

E chi starà in pensiero che ancor di quelle non si truovino che diranno che io abbia mala lingua e velenosa, per ciò che in alcun luogo scrivo il ver de' frati[29]? A queste che cosí diranno si vuol perdonare, per ciò che non è da credere che altro che giusta cagione le muova, per ciò che i frati son buone persone e fuggono il disagio[30] per l'amor di Dio, e macinano a raccolta[31] e nol ridicono; e se non che di tutti un poco viene del caprino, troppo sarebbe piú piacevole il piato loro[32].

Confesso nondimeno le cose di questo mondo non avere stabilità alcuna ma sempre essere in mutamento, e cosí potrebbe della mia lingua essere intervenuto[33];

20. **e di motti e di ciance**: di battute scherzose e di chiacchiere.
21. **pesato e grave**: ponderato e serio.
22. **così fattamente**: in tale maniera.
23. **da buon zelo... fama**: spinte da buona volontà, si preoccupano per la mia fama.
24. **esser pesato... stato**: di essere "pesato" e di esserlo stato molte volte nella mia vita. Doppio senso: *esser pesato*, oltre che "essere ponderato", significa anche "far sentire il proprio peso", nel rapporto sessuale.
25. **grave**: l'aggettivo viene usato nel doppio senso di "serio" e di "pesante".
26. **per rimorder... uomini**: per far sentire agli uomini il rimorso delle loro colpe.
27. **di ciance e di scede**: di chiacchiere e di spiritosaggini.
28. **il lamento... Maddalena**: testi religiosi di tono triste, quali le lamentazioni del profeta Geremia, i poemetti sulla Passione di Cristo e il lamento (*ramarichio*) della Maddalena sotto la croce.
29. **il ver de' frati**: la verità sulla corruzione dei frati.
30. **fuggono il disagio**: evitano i disagi, fanno i loro comodi.
31. **macinano a raccolta**: fanno come quei mulini che si mettono all'improvviso in moto dopo che si è raccolta una certa quantità d'acqua; la metafora vuol significare che i frati fanno l'amore di tanto in tanto e quindi con maggiore entusiasmo.
32. **se non che... piato loro**: se non fosse che tutti (i frati) puzzano un po' di capra (*di tutti viene del caprino*), sarebbe anche troppo piacevole il litigio (*piato*) con loro.
33. **della... intervenuto**: esser successo alla mia lingua.

la quale, non credendo io al mio giudicio, il quale a mio potere io fuggo nelle mie cose[34], non ha guari mi disse una mia vicina che io l'aveva la migliore e la piú dolce del mondo[35]: e in verità, quando questo fu, egli erano poche a scrivere[36] delle soprascritte novelle. E per ciò che animosamente[37] ragionan quelle cotali, voglio che quello che è detto basti lor per risposta.

E lasciando omai a ciascheduna e dire e credere come le pare, tempo è da por fine alle parole, Colui[38] umilmente ringraziando che dopo sí lunga fatica col suo aiuto n'ha al disiderato fine condotto. E voi, piacevoli donne, con la sua grazia in pace vi rimanete, di me ricordandovi, se a alcuna forse alcuna cosa[39] giova l'averle lette.

---

34. **il quale... mie cose**: evito quanto più posso (*a mio potere*) di usare il mio giudizio sui fatti miei.
35. **non... del mondo**: non molto tempo fa (*non ha guari*) una mia vicina mi disse che avevo la lingua migliore e più dolce del mondo. Altro doppio senso.
36. **egli... scrivere**: restavano poche novelle da scrivere; *egli* funge qui da soggetto impersonale premesso al verbo quando il vero soggetto segue (come in francese e in inglese).
37. **animosamente**: con astio.
38. **Colui**: Dio.
39. **alcuna cosa**: un poco.

DIALOGO CON IL TESTO

COMPRENDERE

La difesa di Boccaccio Concludendo la sua opera, Boccaccio si propone di respingere le accuse di immoralità, di eccessiva leggerezza e di irriverenza verso il clero, che già allora gli venivano rivolte e che avrebbero perseguitato il suo libro per secoli. La difesa contro la prima accusa è articolata in due punti:
- se l'autore si esprime liberamente, lo fa perché i contenuti di alcune novelle lo richiedono;
- l'immoralità non è mai nella pagina, ma nell'atteggiamento morboso del lettore.

● **Ripercorrendo il testo, individuate i punti in cui i due argomenti sono sviluppati e arricchiti di particolari.**

La rappresentazione sconveniente dei frati In maniera analoga, l'autore riprende un tema delicato nel rapporto con l'opinione pubblica come quello della condotta dei frati, che egli descrive spesso intenti ad accondiscendere ai piaceri terreni. L'autore qui ribadisce la sua posizione e rincara la dose con dettagli e precisazioni.

● **Cercatene qualche esempio nel testo.**

ANALIZZARE

Un brusco cambiamento di tono Nella seconda parte del testo Boccaccio cambia tono e replica ai suoi accusatori con alcune battute di spirito. È sorprendente che, subito dopo essersi difeso dall'accusa di immoralità, faccia ricorso a doppi sensi che, per i riferimenti sessuali, si prestano a cadere sotto lo stesso tipo di accusa.

● **Individuatene qualcuno nel testo.**

INTERPRETARE

Qual è il "vero" Boccaccio? Questo strano accostamento fra un'argomentazione seriamente motivata e una raffica di battute scollacciate rende ambiguo il testo.
Secondo voi quale potrebbe essere il vero atteggiamento di Boccaccio? Prende sul serio le obiezioni dei suoi interlocutori o le snobba? Oppure è in contraddizione con se stesso e non sa neppure lui quale atteggiamento prendere?

● **Per formulare un'ipotesi al riguardo potete fare riferimento alle informazioni sulla sua vita e sull'evoluzione del suo pensiero contenute nel profilo (p. 418).**

T98 ▸ La peste e l'onesta brigata

Nell'introduzione alla prima giornata del *Decameron*, Boccaccio descrive la terribile epidemia di peste che infuriò a Firenze nel 1348, occasione per l'incontro e l'evasione in villa dei giovani narratori. Presentiamo una scelta di passi da questo lungo prologo.

Dico adunque che già erano gli anni della fruttifera incarnazione del Figliuolo di Dio al numero pervenuti di milletrecentoquarantotto[1], quando nella egregia città di Fiorenza[2], oltre a ogn'altra italica bellissima, pervenne la mortifera pestilenza: la quale, per operazion de' corpi superiori o per le nostre inique opere da giusta ira di Dio a nostra correzione mandata sopra i mortali[3], alquanti anni davanti nelle parti orientali incominciata[4], quelle d'inumerabile quantità de' viventi avendo private, senza ristare d'un luogo in uno altro continuandosi[5], verso l'Occidente miserabilmente s'era ampliata. [...]

E fu questa pestilenza di maggior forza per ciò che essa dagli infermi di quella per lo comunicare insieme s'avventava a' sani, non altramenti che faccia il fuoco[6] alle cose secche o unte quando molto gli sono avvicinate. E piú avanti ancora ebbe di male[7]: ché non solamente il parlare e l'usare cogli infermi[8] dava a' sani infermità o cagione di comune morte, ma ancora il toccare i panni o qualunque altra cosa da quegli infermi stata tocca o adoperata pareva seco quella cotale infermità nel toccator[9] transportare. [...]

Dalle quali cose e da assai altre a queste simiglianti o maggiori nacquero diverse paure e imaginazioni in quegli che rimanevano vivi, e tutti quasi a un fine tiravano[10] assai crudele, ciò era di schifare[11] e di fuggire gl'infermi e le lor cose; e cosí faccendo, si credeva ciascuno a se medesimo salute acquistare. [...] E in tanta afflizione e miseria della nostra città era la reverenda auttorità delle leggi, così divine come umane, quasi caduta e dissoluta tutta per li ministri e essecutori di quelle, li quali, sí come gli altri uomini, erano tutti o morti o infermi o sí di famiglie rimasi stremi, che uficio alcuno non potean fare[12]; per la qual cosa era a ciascun licito quanto a grado gli era d'adoperare[13]. [...]

E lasciamo stare che l'uno cittadino l'altro schifasse e quasi niuno vicino avesse dell'altro cura e i parenti insieme rade volte o non mai si visitassero e di lontano: era con sí fatto spavento questa tribulazione entrata ne' petti degli uomini e delle donne, che l'un fratello l'altro abbandonava e il zio il nepote e la sorella il fratello e spesse volte la donna il suo marito; e, che maggior cosa è e quasi non credibile, li padri e le madri i figliuoli, quasi loro non fossero, di visitare e di servire schifavano. [...]

1. **che già... milletrecentoquarantotto**: erano già passati 1348 anni dall'incarnazione di Cristo. A Firenze l'anno iniziava il 25 marzo, con la ricorrenza dell'Annunciazione o Incarnazione, *fruttifera* in quanto è stata l'inizio della redenzione dell'umanità.
2. **Fiorenza**: forma latineggiante, al posto di Firenze che Boccaccio usa di solito.
3. **per operazion... mortali**: fosse dovuta all'influsso negativo degli astri (*corpi superiori*), o mandata dalla giusta ira di Dio agli uomini per punizione delle nostre cattive azioni (*inique opere*).
4. **alquanti... incominciata**: iniziata alcuni anni prima nelle terre d'Oriente. L'epidemia era esplosa in Asia nel 1346.
5. **senza ristare... continuandosi**: propagandosi da un luogo all'altro senza fermarsi.
6. **per ciò... il fuoco**: per il fatto che essa, a causa dei reciproci contatti (*per lo comunicare insieme*), dagli infermi si attaccava (*s'avventava*) ai sani, non diversamente da come fa il fuoco.
7. **E piú... male**: e produsse un male ancora maggiore.
8. **l'usare cogli infermi**: il frequentare gli ammalati.
9. **pareva... nel toccator**: sembrava causare quella malattia in chi aveva toccato il materiale infetto.
10. **a un fine tiravano**: portavano a una stessa conseguenza.
11. **schifare**: evitare.
12. **dissoluta tutta... fare**: resa nulla dal fatto che quanti dovevano farle applicare (*ministri e essecutori di quelle*) erano tutti o morti o ammalati o rimasti così privi (*stremi*) di dipendenti (*famiglie*) che non potevano svolgere nessun compito (*uficio*).
13. **era a ciascun... adoperare**: a ciascuno era permesso fare (*adoperare*) quanto gli piaceva.

Della minuta gente, e forse in gran parte della mezzana, era il raguardamento di molto maggior miseria pieno[14]: per ciò che essi, il piú o da speranza o da povertà ritenuti nelle lor case, nelle lor vicinanze standosi a migliaia per giorno infermavano[15], e non essendo né serviti né atati[16] d'alcuna cosa, quasi senza alcuna redenzione[17], tutti morivano. E assai n'erano che nella strada publica o di dí o di notte finivano, e molti, ancora che nelle case finissero[18], prima col puzzo de' lor corpi corrotti che altramenti facevano a' vicini sentire sé esser morti: e di questi e degli altri che per tutto morivano, tutto pieno[19]. [...]

A me medesimo incresce andarmi tanto tra tante miserie ravolgendo[20]: per che, volendo omai lasciare star quella parte di quelle che io acconciamente posso schifare[21], dico che, stando in questi termini la nostra città, d'abitatori quasi vota, addivenne, sí come io poi da persona degna di fede sentii, che nella venerabile chiesa di Santa Maria Novella, un martedí mattina, non essendovi quasi alcuna altra persona, uditi li divini ufici in abito lugubre quale a sí fatta stagione si richiedea[22], si ritrovarono sette giovani donne tutte l'una all'altra o per amistà o per vicinanza o per parentado congiunte[23], delle quali niuna il venti e ottesimo anno passato avea né era minor di diciotto, savia ciascuna e di sangue nobile e bella di forma e ornata di costumi e di leggiadra onestà[24]. [...]

Le quali, non già da alcuno proponimento tirate ma per caso in una delle parti della chiesa adunatesi, quasi in cerchio a seder postesi, dopo piú sospiri lasciato stare il dir de' paternostri, seco della qualità del tempo molte e varie cose cominciarono a ragionare[25].

E dopo alcuno spazio, tacendo l'altre, cosí Pampinea[26] cominciò a parlare: – Donne mie care, voi potete, cosí come io, molte volte avere udito che a niuna persona fa ingiuria chi onestamente usa la sua ragione[27]. Natural ragione è, di ciascuno che ci nasce[28], la sua vita quanto può aiutare e conservare e difendere: e concedesi questo tanto, che alcuna volta è già addivenuto che, per guardar quella[29], senza colpa alcuna si sono uccisi degli uomini. E se questo concedono le leggi, nelle sollecitudini delle quali è[30] il ben vivere d'ogni mortale, quanto maggiormente, senza offesa d'alcuno, è a noi e a qualunque altro onesto[31] alla conservazione della nostra vita prendere quegli rimedii che noi possiamo? [...] E per ciò, acciò che noi per ischifaltà o per traccutaggine non cadessimo in quello di che noi per av-

14. **Della minuta... pieno**: lo spettacolo (*il raguardamento*) offerto dalle classi inferiori (*minuta gente*) e da forse gran parte dei ceti intermedi, era molto più misero. Fino a questo punto Boccaccio ha parlato in generale o ha descritto i ceti superiori.
15. **il piú... infermavano**: trattenuti in casa per la maggior parte o dalla speranza (di non incontrare il contagio per strada) o dalla povertà (non avendo i mezzi per andarsene dalla città), restando in quei dintorni a migliaia si ammalavano ogni giorno.
16. **atati**: aiutati.
17. **senza alcuna redenzione**: senza scampo.
18. **ancora... finissero**: anche se morivano in casa.
19. **tutto pieno**: tutto era pieno (frase nominale).
20. **A me medesimo... ravolgendo**: dispiace anche a me continuare ad aggirarmi per tante miserie.
21. **che io... schifare**: che io posso evitare convenientemente (*acconciamente*), cioè senza rovinare il racconto.
22. **uditi... richiedea**: dopo aver sentito le funzioni religiose, vestite con abiti da lutto, come si addiceva a quella situazione.
23. **tutte l'una all'altra... congiunte**: tutte legate fra loro da amicizia o vicinato o parentela.
24. **leggiadra onestà**: elegante decoro.
25. **lasciato stare... ragionare**: avendo cessato di pregare (*dir de' paternostri*), cominciarono a fare molti e vari discorsi tra loro (*seco*) sulla situazione del momento (*della qualità del tempo*).
26. **Pampinea**: una delle sette giovani donne. In un passo precedente non citato, Boccaccio specifica che i nomi che egli dà alle donne sono fittizi, per ragioni di convenienza.
27. **a niuna... ragione**: non offende nessuno chi si avvale onestamente dei suoi diritti.
28. **ci nasce**: viene al mondo.
29. **alcuna volta... quella**: talvolta è già accaduto che, per conservare la propria vita.
30. **nelle sollecitudini... è**: alle cui cure è affidato.
31. **è a noi... altro onesto**: è, per noi e per qualunque altro, giusto ed onorevole.

ventura per alcuna maniera volendo potremmo scampare[32], non so se a voi quello se ne parrà che a me ne parrebbe: io giudicherei ottimamente fatto che noi, sí come noi siamo[33], sí come molti innanzi a noi hanno fatto e fanno, di questa terra[34] uscissimo, e fuggendo come la morte i disonesti essempli degli altri[35] onestamente a' nostri luoghi in contado, de' quali a ciascuna di noi è gran copia, ce ne andassimo a stare[36], e quivi quella festa, quella allegrezza, quello piacere che noi potessimo, senza trapassare in alcuno atto il segno della ragione[37], prendessimo. Quivi s'odono gli uccelletti cantare, veggionvisi verdeggiare i colli e le pianure, e i campi pieni di biade non altramenti ondeggiare che il mare, e d'alberi ben mille maniere, e il cielo piú apertamente, il quale, ancora che crucciato ne sia, non per ciò le sue bellezze eterne ne nega[38], le quali molto piú belle sono a riguardare che le mura vote della nostra città; e èvvi[39], oltre a questo, l'aere assai più fresco, e di quelle cose che alla vita bisognano in questi tempi v'è la copia maggiore e minore il numero delle noie[40]. Per ciò che, quantunque quivi[41] cosí muoiano i lavoratori come qui fanno i cittadini, v'è tanto minore il dispiacere[42] quanto vi sono piú che nella città rade le case e gli abitanti. E qui d'altra parte, se io ben veggio, noi non abbandoniam persona, anzi ne possiamo con verità dire molto più tosto abbandonate[43]: per ciò che i nostri, o morendo o da morte fuggendo, quasi non fossimo loro, sole in tanta afflizione n'hanno lasciate. Niuna riprensione adunque può cadere in cotal consiglio seguire[44]: dolore e noia e forse morte, non seguendolo, potrebbe avvenire. E per ciò, quando vi paia, prendendo le nostre fanti[45] e con le cose oportune faccendoci seguitare, oggi in questo luogo e domane in quello quella allegrezza e festa prendendo che questo tempo può porgere[46], credo che sia ben fatto a dover fare; e tanto dimorare in tal guisa, che noi veggiamo, se prima da morte non siam sopragiunte, che fine il cielo riserbi a queste cose[47]. E ricordivi che egli non si disdice piú a noi l'onestamente andare, che faccia a gran parte dell'altre lo star disonestamente[48].

L'altre donne, udita Pampinea, non solamente il suo consiglio lodarono, ma disiderose di seguitarlo avevan già piú particularmente tra sé cominciato a trattar del modo[49], quasi, quindi levandosi da sedere, a mano a mano[50] dovessero entrare in cammino.

32. **acciò che… scampare**: affinché, per ritrosia (*ischifaltà*) o per noncuranza (*traccutaggine*), non facciamo quella fine (*non cadessimo in quello*), alla quale forse (*per avventura*), volendo, potremmo sfuggire.
33. **sí come noi siamo**: cioè nella nostra condizione di donne sole.
34. **terra**: città.
35. **fuggendo… altri**: sfuggendo, insieme alla morte, agli esempi immorali degli altri. Nella descrizione della peste Boccaccio ha evidenziato il rilassamento dei costumi dei sopravvissuti.
36. **onestamente… stare**: ce ne andassimo a vivere in modo costumato nelle nostre proprietà in campagna (*contado*), delle quali ciascuna di noi ha abbondanza.
37. **senza trapassare… ragione**: senza uscire in nessun comportamento dai limiti di ciò che è ragionevole.
38. **il cielo… ne nega**: più apertamente (si vede) il cielo, che, sebbene sia irato con noi, non per questo ci toglie di ammirare le sue bellezze eterne.
39. **èvvi**: vi è.
40. **di quelle cose… noie**: c'è la più grande abbondanza di ciò che serve alla vita in questi tempi (tristi) e la minore quantità delle cose spiacevoli.
41. **quivi**: là (in campagna).
42. **il dispiacere**: lo spettacolo angoscioso della morte.
43. **anzi ne… abbandonate**: anzi possiamo piuttosto in verità dire di essere noi (*ne*) abbandonate.
44. **Niuna… seguire**: nessun rimprovero dunque può venirci nel seguire tale decisione.
45. **fanti**: domestiche.
46. **che questo… porgere**: che la situazione attuale può consentire.
47. **e tanto… cose**: e vivere in tal modo (*guisa*), finché non vediamo, se prima non siamo raggiunte dalla morte, come il cielo farà finire questi eventi.
48. **E ricordivi… disonestamente**: e ricordatevi che l'andarcene via (a vivere in villa) con compostezza e dignità non è per noi più disdicevole che per gran parte delle altre donne restare in città a vivervi in modo immorale.
49. **avevan già… del modo**: avevano già cominciato tra sé a pensare nei particolari al modo di realizzare il progetto.
50. **a mano a mano**: subito.

DIALOGO CON IL TESTO

COMPRENDERE

Il ruolo della cornice Creando una "cornice" alle novelle del *Decameron*, Boccaccio ha inteso farne un vero libro e non una semplice raccolta, dandogli quell'architettura complessiva, quelle simmetrie numeriche (dieci novelle per dieci giornate), che per la mentalità medievale erano necessarie a dare valore elevato a un'opera.
Oltre a questa funzione strutturale, nelle raccolte di novelle e fiabe medievali le cornici hanno altre funzioni. Nelle *Mille e una notte*, per esempio, Shahrazād narra per salvarsi la vita, perché con le novelle tiene desta l'attenzione del principe, che altrimenti la ucciderebbe; nei *Racconti di Canterbury* di Chaucer (▸T30), invece, i pellegrini raccontano per ingannare il tempo del viaggio. Nel *Decameron* sono presenti entrambe queste funzioni: la partenza dei dieci ragazzi salva loro la vita, perché li allontana dalla città infetta, e fa loro passare il tempo in modo piacevole mentre aspettano che la malattia sfoghi la sua virulenza e permetta loro di tornare.

- **La cornice colloca la storia nello spazio e nel tempo. Individuate i riferimenti cronologici e spaziali.**

Ricostruire il mondo Contemporaneamente, la cornice crea un ambiente ideale che offre ai narratori le condizioni più adatte per abbandonarsi al puro piacere del raccontare. Nella descrizione della peste l'autore sottolinea soprattutto il sovvertimento dei rapporti umani e la rottura di ogni forma di solidarietà: questa situazione non lo spinge a richiamare i suoi concittadini alla penitenza e alla preghiera, ma offre a dieci giovani l'occasione per ricostituire una loro società ideale, in condizioni di grande libertà: non avendo più famiglia, né vincoli di alcun tipo, tranne il freno interiore dell'*onestà*.

- **Nel brano da r. 16 a r. 30 Boccaccio mostra gli effetti devastanti della peste su diversi aspetti, pubblici e privati, della vita sociale. Individuate questi diversi aspetti.**
- **I giovani descritti nella "cornice" rappresentano il punto di vista dello scrittore: ripercorrendo il discorso di Pampinea, provate a elencare quei valori e quegli atteggiamenti che, secondo Boccaccio, si possono validamente contrapporre al disordine provocato della peste.**

ANALIZZARE

La forza della parola La cornice chiarisce subito che la ricostruzione del mondo distrutto dalla peste avverrà anche grazie alla parola. Pampinea è coerente con questo ideale. Il suo discorso (rr. 54-89) comincia con una *sententia* di carattere generale, come imponeva la retorica (*a niuna persona fa ingiuria chi onestamente usa la sua ragione*), e usa uno stile solenne, con periodi ampi e ipotattici, con domande retoriche, argomentazioni serrate e uso di *topoi* classicheggianti, come quello del *locus amoenus* per descrivere la villa in cui si ritirerà la brigata.

- **Nelle parole di Pampinea ricorrono molti termini che si riferiscono alla dignità e alla compostezza. Individuateli.**

CONFRONTI Molte novelle mostrano come saper parlare *onestamente*, cioè in modo adeguato, sia salvifico: ser Ciappelletto (I, 1) si salva dall'inferno e muore in odore di santità (▸T99); Chichibio cuoco sfugge alla morte minacciatagli dal padrone, che gli perdona una bugia (▸T107); frate Cipolla esce da una situazione difficile che gli farebbe perdere la credibilità (▸T105). E si potrebbe continuare.

Le ragioni di un *incipit* tragico L'autore chiede scusa per questo «orrido cominciamento», cioè per l'inizio lugubre e pieno di particolari tristi e macabri e in un passo che abbiamo omesso, paragona la descrizione della peste a «una montagna aspra e erta», dopo la quale si apre, però, «un bellissimo piano», che si presenta tanto più piacevole «quanto maggiore è stata del salire e dello smontare la gravezza».

- **Spiegate la similitudine, tenendo presente gli intenti artistici che hanno spinto Boccaccio a porre la peste all'inizio del libro.**

CONTESTUALIZZARE

Una «umana commedia» In questo modo il *Decameron* si colloca nel genere letterario della "commedia", nel senso che la retorica medievale dava a questo termine, ovvero una storia (non necessariamente destinata al teatro) che inizia male e finisce bene. È lo stesso senso che ha spinto Dante a definire così la sua *Commedia*, della quale Boccaccio vuole fornire una versione umana, ambientata in questo mondo, con tutta la varietà di vicende e tipi umani possibili.

ANALISI

T99 ▸ Ser Ciappelletto (I, 1)

PERCORSO
- Il comico e il satirico, p. 538

Nella prima giornata del *Decameron* i giovani narratori si abbandonano al piacere del narrare, senza esser vincolati da alcun tema.
Il protagonista della prima novella, ser Ciappelletto, viene presentato come «il piggior uomo che mai nascesse»; un tale personaggio viene a trovarsi in punto di morte in terra straniera, e la sua pessima fama costituisce un pericolo per coloro che lo ospitano, che rischiano di essere assaliti quando si saprà che in casa loro è morto senza assoluzione un tale farabutto. Come reagirà ser Ciappelletto, solo di fronte alla morte, per trarre i suoi ospiti d'impaccio?

Ser Cepparello con una falsa confessione inganna un santo frate e muorsi; e, essendo stato un pessimo uomo in vita, è morto reputato per santo e chiamato san Ciappelletto.

– Convenevole cosa è, carissime donne, che ciascheduna cosa la quale l'uomo fa, dallo ammirabile e santo nome di Colui, il quale di tutte fu facitore, le dea principio[1]. Per che, dovendo io al vostro novellare, sí come primo[2], dare cominciamento, intendo da una delle sue maravigliose cose incominciare, acciò che, quella udita, la nostra speranza in Lui, sí come in cosa impermutabile, si fermi[3] e sempre sia da noi il suo nome lodato. Manifesta cosa è che, sí come le cose temporali tutte sono transitorie e mortali, cosí in sé e fuor di sé esser piene di noia, d'angoscia e di fatica e a infiniti pericoli sogiacere[4]; alle quali senza niuno fallo né potremmo noi, che viviamo mescolati in esse e che siamo parte d'esse, durare né ripararci[5], se spezial grazia di Dio forza e avvedimento[6] non ci prestasse. La quale a noi e in noi non è da credere che per alcun nostro merito discenda, ma dalla sua propria benignità mossa e da' prieghi di coloro impetrata che, sí come noi siamo, furon mortali, e bene i suoi piaceri mentre furono in vita seguendo ora con Lui eterni son divenuti e beati[7]; alli quali noi medesimi, sí come a procuratori informati per esperienza della nostra fragilità, forse non audaci di porgere i prieghi nostri nel cospetto di tanto giudice, delle cose le quali a noi reputiamo oportune gli porgiamo[8]. E ancor piú in Lui, verso noi di pietosa liberalità pieno, discerniamo, che[9], non potendo l'acume[10] dell'occhio mortale nel segreto della divina mente trapassare in alcun modo, avvien forse tal volta che, da oppinione ingannati, tale dinanzi alla sua maestà facciamo procuratore che da quella con eterno essilio è iscacciato[11]:

1. **Convenevole cosa... principio**: è opportuno che l'uomo, qualsiasi cosa faccia, la inizi (*le dea principio*) nel nome santo e ammirabile di Dio, che di tutte le cose fu il creatore.
2. **sí come primo**: sta parlando Panfilo, a cui Pampinea, "regina" della giornata, ha affidato il compito di narrare la prima novella.
3. **la nostra... si fermi**: si rafforzi la nostra speranza in Dio, realtà immutabile ed eterna.
4. **Manifesta cosa... sogiacere**: è noto che, come tutte le cose di questo mondo (*temporali*, soggette al tempo) durano poco e sono destinate a morire, sono anche, per se stesse e per le circostanze esterne, soggette al dolore, all'angoscia, alla fatica e a infiniti pericoli. La proposizione principale (*Manifesta cosa è*) è seguita da due subordinate all'infinito, secondo una costruzione tipica del latino, nonostante la presenza all'inizio della congiunzione *che*.
5. **durare né ripararci**: resistere né trovare difesa.
6. **avvedimento**: intelligenza.
7. **La quale... beati**: non si deve credere che la grazia di Dio venga a noi per qualche nostro merito: essa è mossa dalla generosità divina e ottenuta (*impetrata*) dalle preghiere dei santi, che un tempo furono uomini come noi e che, realizzando in vita la volontà divina (*i suoi piaceri*), ora sono diventati eterni e beati con Dio.
8. **alli quali... porgiamo**: forse perché non osiamo rivolgere (*non audaci di porgere*) le nostre preghiere a un giudice tanto grande, rivolgiamo le nostre preghiere a loro, per ottenere ciò di cui abbiamo bisogno, considerandoli come intermediari (*procuratori*) che ben conoscono la fragilità umana.
9. **ancor piú... discerniamo, che**: in Dio, che è sempre pieno di generosità verso di noi, vediamo qualcosa di ancora più grande, e cioè che.
10. **acume**: acutezza.
11. **da oppinione... iscacciato**: da falsa opinione ingannati, scegliamo, come intermediario presso Dio, qualcuno che è stato da lui condannato all'inferno (*eterno essilio*).

e nondimeno Esso, al quale niuna cosa è occulta, piú alla purità del pregator[12] riguardando che alla sua ignoranza o allo essilio del pregato[13], cosí come se quegli fosse nel suo cospetto beato, essaudisce coloro che 'l priegano. Il che manifestamente potrà apparire nella novella la quale di raccontare intendo: manifestamente, dico, non il giudicio di Dio ma quel degli uomini seguitando[14].

Ragionasi adunque che essendo Musciatto Franzesi di ricchissimo e gran mercatante in Francia cavalier divenuto e dovendone in Toscana venire con messer Carlo Senzaterra, fratello del re di Francia, da papa Bonifazio addomandato e al venir promosso[15], sentendo egli li fatti suoi, sí come le piú volte son quegli de' mercatanti, molto intralciati in qua e in là e non potersi di leggiere né subitamente stralciare[16], pensò quegli commettere[17] a piú persone e a tutti trovò modo: fuor solamente in dubbio gli rimase cui lasciar potesse sofficiente a[18] riscuoter suoi crediti fatti a piú borgognoni[19]. E la cagione del dubbio era il sentire li borgognoni uomini riottosi e di mala condizione e misleali[20]; e a lui non andava per la memoria chi tanto malvagio uom fosse, in cui egli potesse alcuna fidanza avere, che opporre alla loro malvagità si potesse[21]. E sopra questa essaminazione pensando lungamente stato[22], gli venne a memoria un ser Cepparello da Prato, il quale molto alla sua casa in Parigi si riparava[23]; il quale, per ciò che piccolo di persona era e molto assettatuzzo[24], non sappiendo li franceschi che si volesse dir Cepparello, credendo che 'cappello', cioè 'ghirlanda' secondo il lor volgare a dir venisse, per ciò che piccolo era come dicemmo, non Ciappello ma Ciappelletto il chiamavano[25]: e per Ciappelletto era conosciuto per tutto, là dove pochi per ser Cepperello il conoscieno[26].

Era questo Ciappelletto di questa vita[27]: egli, essendo notaio, avea grandissima vergogna quando uno de' suoi strumenti[28], come che[29] pochi ne facesse, fosse altro che falso trovato[30]; de' quali tanti avrebbe fatti di quanti fosse stato richesto, e quegli piú volentieri in dono che alcuno altro grandemente salariato[31]. Testimonianze false con sommo diletto diceva, richesto e non richesto; e dandosi a quei tempi in Francia a' saramenti grandissima fede, non curandosi fargli falsi, tante quistioni malvagiamente vincea a quante a giurare di dire il vero sopra la sua fede era chia-

12. **purità del pregator**: buona fede di colui che prega.
13. **allo essilio del pregato**: al fatto che colui a cui rivolgiamo le nostre preghiere in realtà è all'inferno.
14. **manifestamente... seguitando**: non dal punto di vista del giudizio di Dio (che ci è sconosciuto), ma da quello degli uomini. In questa novella si parlerà di uno che è venerato come santo, mentre secondo il giudizio umano dovrebbe essere all'inferno; ma non possiamo sapere quale sia stato il vero giudizio di Dio.
15. **Ragionasi adunque... promosso**: si racconta che Musciatto Franzesi, grande e ricco mercante toscano che aveva ottenuto titoli nobiliari (*cavalier divenuto*) alla corte di Francia, dovendo seguire il fratello del re (Carlo di Valois, soprannominato "Senzaterra"), che era stato invitato e sollecitato (*addomandato e al venir promosso*) a scendere in Italia (nel 1301) da papa Bonifacio VIII (che voleva estendere la sua influenza su Firenze).
16. **sentendo... stralciare**: sapendo che i suoi affari, come avviene il più delle volte ai mercanti, erano molto intricati e sparsi in molti luoghi, e che non si potevano liquidare (*stralciare*) facilmente (*di leggiere*), né rapidamente.
17. **commettere**: affidare.
18. **sofficiente a**: capace di.
19. **borgognoni**: abitanti della Borgogna, regione francese.
20. **riottosi... misleali**: litigiosi, di indole malvagia e sleali.
21. **a lui non andava... si potesse**: non gli veniva in mente nessun uomo così cattivo da potersi fidare che sapesse opporsi alla loro malvagità.
22. **sopra questa... stato**: essendo stato a pensare a lungo su questo problema.
23. **si riparava**: chiedeva ospitalità.
24. **assettatuzzo**: elegante in modo troppo ricercato.
25. **non sappiendo... il chiamavano**: i francesi, non sapendo che cosa volesse dire Cepparello, credendo che venisse a significare, secondo la loro lingua, "cappello", cioè "ghirlanda" (francese *chapel*), siccome era piccolo lo chiamavano Ciappelletto (trascrizione fiorentina del francese *chapelet*).
26. **il conoscieno**: lo conoscevano.
27. **Era questo... vita**: Ser Ciappelletto conduceva questa vita.
28. **strumenti**: termine tecnico per indicare gli atti notarili (passaggi di proprietà, testamenti, contratti), che il notaio deve redigere con la massima precisione e veridicità.
29. **come che**: sebbene.
30. **fosse altro... trovato**: fosse trovato autentico (*altro che falso*).
31. **quegli più volentieri... salariato**: faceva documenti falsi gratis (*in dono*) più volentieri che documenti autentici ben pagati.

mato[32]. Aveva oltre modo piacere, e forte vi studiava[33], in commettere[34] tra amici e parenti e qualunque altra persona mali e inimicizie e scandali, de' quali quanto maggiori mali vedeva seguire tanto piú d'allegrezza prendea. Invitato a uno omicidio o a qualunque altra rea cosa, senza negarlo mai[35], volonterosamente v'andava, e piú volte a fedire[36] e a uccidere uomini con le proprie mani si ritrovò volentieri. Bestemmiatore di Dio e de' Santi era grandissimo, e per ogni piccola cosa, sí come colui che[37] piú che alcuno altro era iracundo. A chiesa non usava[38] giammai, e i sacramenti di quella tutti come vil cosa con abominevoli parole scherniva[39]; e cosí in contrario le taverne e gli altri disonesti[40] luoghi visitava volentieri e usavagli. Delle femine era cosí vago[41] come sono i cani de' bastoni; del contrario[42] piú che alcuno altro tristo uomo si dilettava. Imbolato avrebbe e rubato con quella coscienza che un santo uomo offerrebbe[43]. Gulosissimo e bevitor grande, tanto che alcuna volta sconciamente gli facea noia[44]. Giucatore e mettitore di malvagi dadi era solenne[45]. Perché mi distendo io in tante parole? egli era il piggiore uomo forse che mai nascesse. La cui malizia lungo tempo sostenne la potenzia e lo stato di messer Musciatto[46], per cui molte volte e dalle private persone, alle quali assai sovente faceva iniuria, e dalla corte, a cui tuttavia la facea, fu riguardato[47].

Venuto adunque questo ser Cepparello nell'animo a messer Musciatto, il quale ottimamente la sua vita conosceva, si pensò il detto messer Musciatto costui dovere esser tale quale la malvagità de' borgognoni il richiedea; e perciò, fattolsi chiamare, gli disse cosí: «Ser Ciappelletto, come tu sai, io sono per ritrarmi del tutto di qui: e avendo tra gli altri a fare co' borgognoni, uomini pieni d'inganni, non so cui io mi possa lasciare a riscuotere il mio da loro piú convenevole di te[48]. E perciò, con ciò sia cosa che tu niente facci al presente[49], ove a questo vogli intendere, io intendo di farti avere il favore della corte[50] e di donarti quella parte di ciò che tu riscoterai che convenevole sia».

Ser Ciappelletto, che scioperato si vedea e male agiato delle cose del mondo[51] e lui ne vedeva andare che suo sostegno e ritegno[52] era lungamente stato, senza niuno indugio e quasi da necessità costretto si diliberò[53], e disse che volea volentieri. Per che, convenutisi insieme, ricevuta ser Ciappelletto la procura[54] e le lettere favorevoli del re, partitosi messer Musciatto, n'andò in Borgogna dove quasi

32. **dandosi... chiamato**: siccome in quei tempi in Francia si credeva molto ai giuramenti (*saramenti*), e lui non si curava di farli falsi, vinceva slealmente tanti processi (*quistioni*), quanti erano quelli in cui era chiamato a giurare sulla sua parola.
33. **forte vi studiava**: molto vi si impegnava.
34. **commettere**: far nascere.
35. **senza negarlo mai**: senza rifiutarsi mai.
36. **fedire**: ferire.
37. **sí come colui che**: poiché.
38. **usava**: era solito andare.
39. **con abominevoli... scherniva**: prendeva in giro con parole orribili.
40. **disonesti**: immorali.
41. **vago**: desideroso; il paragone che segue era spesso usato per indicare quanti evitavano le donne perché omosessuali.
42. **del contrario**: di avere rapporti con gli uomini.
43. **Imbolato... offerebbe**: avrebbe rubato con l'astuzia (*Imbolato*) o con la violenza (*rubato*) con lo stesso scrupolo con cui un sant'uomo farebbe l'elemosina.
44. **sconciamente... noia**: tanto che spesso il mangiare e il bere gli provocavano malesseri sgradevoli e sconvenienti.
45. **mettitore... solenne**: era eccezionale nell'usare dadi truccati (*malvagi*).
46. **La cui malizia... Musciatto**: la potenza e lo stato sociale di messer Musciatto a lungo protesse la sua malvagità.
47. **dalle private... riguardato**: gli fu usato riguardo sia dai privati, a cui spesso recava oltraggi, sia dal tribunale (*corte*), che continuamente oltraggiava (*tuttavia*), commettendo ogni sorta di reati.
48. **non so... di te**: non so a chi (*cui*) io possa lasciare l'incarico di riscuotere da loro il mio denaro, più adatto (*convenevole*) di te.
49. **con ciò... presente**: dato che al momento non hai nulla da fare.
50. **ove a questo... corte**: qualora tu voglia occuparti di questo, io intendo farti avere la protezione della corte reale.
51. **scioperato... mondo**: sapeva di essere senza lavoro e in difficoltà economiche.
52. **ritegno**: difensore.
53. **si diliberò**: decise.
54. **procura**: il documento con cui Musciatto lo autorizzava ad agire per suo conto.

niuno il conoscea: e quivi fuori di sua natura[55] benignamente e mansuetamente cominciò a voler riscuotere e fare quello per che andato v'era, quasi si riserbasse[56] l'adirarsi al da sezzo[57].

E cosí faccendo, riparandosi in casa di due fratelli fiorentini, li quali quivi a usura[58] prestavano e lui per amor di messer Musciatto onoravano molto, avvenne che egli infermò[59]. Al quale i due fratelli fecero prestamente venir medici e fanti[60] che il servissero e ogni cosa oportuna alla sua santà[61] racquistare. Ma ogni aiuto era nullo, per ciò che il buono uomo[62], il quale già era vecchio e disordinatamente vivuto[63], secondo che i medici dicevano, andava di giorno in giorno di male in peggio come colui che aveva il male della morte; di che li due fratelli si dolevan forte.

E un giorno, assai vicini della camera nella quale ser Ciappelletto giaceva infermo, seco medesimo cominciarono a ragionare[64]. «Che farem noi» diceva l'uno all'altro «di costui? Noi abbiamo de' fatti suoi pessimo partito alle mani[65]: per ciò che il mandarlo fuori di casa nostra cosí infermo ne[66] sarebbe gran biasimo e segno manifesto di poco senno, veggendo la gente che noi l'avessimo ricevuto prima e poi fatto servire e medicare cosí sollecitamente, e ora, senza potere egli aver fatta cosa alcuna che dispiacer ci debbia, cosí subitamente di casa nostra e infermo a morte vederlo mandar fuori. D'altra parte, egli è stato sí malvagio uomo, che egli non si vorrà confessare né prendere alcuno sagramento della Chiesa; e, morendo senza confessione, niuna chiesa vorrà il suo corpo ricevere, anzi sarà gittato a' fossi a guisa d'un cane[67]. E, se egli si pur confessa, i peccati suoi son tanti e sí orribili, che il simigliante n'averrà[68], per ciò che frate né prete ci sarà che 'l voglia né possa assolvere: per che, non assoluto[69], anche sarà gittato a' fossi. E se questo avviene, il popolo di questa terra, il quale sí per lo mestier nostro, il quale loro pare iniquissimo e tutto il giorno ne dicon male, e sí per la volontà che hanno di rubarci, veggendo ciò si leverà a romore[70] e griderà: "Questi lombardi cani, li quali a chiesa non sono voluti ricevere, non ci si voglion piú sostenere[71]"; e correrannoci alle case e per avventura[72] non solamente l'avere ci ruberanno ma forse ci torranno oltre a ciò le persone[73]: di che noi in ogni guisa[74] stiam male se costui muore».

55. **fuori di sua natura**: contrariamente al suo carattere.
56. **si riserbasse**: lasciasse.
57. **al da sezzo**: da ultimo.
58. **a usura**: con interessi. Qualunque interesse sui prestiti era condannato dalla Chiesa come "usura", ma la pratica era ugualmente corrente.
59: **infermò**: si ammalò.
60. **fanti**: domestici.
61. **santà**: salute (francesismo).
62. **buono uomo**: detto con ironia.
63. **disordinatamente vivuto**: condotto una vita disordinata.
64. **ragionare**: parlare.
65. **Noi abbiamo... mani**: ci troviamo per causa sua in una bruttissima situazione.
66. **ne**: ci, per noi.
67. **sarà gittato... cane**: il suo corpo sarà gettato in un fosso come quello di un cane. La sepoltura in terra consacrata era negata a chi fosse morto in peccato, senza ricevere i sacramenti; nei fossati, scavati intorno alle mura, venivano gettati, insieme alle carogne degli animali, i cadaveri di tutti coloro che non potevano avere degna sepoltura (usurai, scomunicati...).
68. **il simigliante n'averrà**: si verificherà la stessa cosa.
69. **assoluto**: assolto.
70. **il popolo... a romore**: la gente di questa città *(terra)*, a causa del nostro mestiere (di usurai), che a loro sembra il peggiore di tutti e sempre ne parlano male, e a causa del desiderio che hanno di derubarci, vedendo ciò, comincerà dei tumulti.
71. **Questi lombardi... sostenere**: questi maledetti italiani, che non sono accettati in chiesa, non li vogliamo più sopportare nel nostro paese. In Francia e in Inghilterra gli Italiani erano chiamati "lombardi"; dato che spesso imprestavano denaro a interesse, il termine era sinonimo di usuraio.
72. **per avventura**: forse.
73. **le persone**: la vita.
74. **in ogni guisa**: in ogni modo.

Scena tratta dalla novella di Ser Ciappelletto in un'edizione miniata del *Decameron* del XV secolo. (Parigi, Bibliothèque Nationale de France)

Ser Ciappelletto, il quale, come dicemmo, presso giacea là dove costoro cosí ragionavano, avendo l'udire sottile, sí come le piú volte veggiamo aver gl'infermi, udí ciò che costoro di lui dicevano; li quali egli si fece chiamare e disse loro: «Io non voglio che voi d'alcuna cosa di me dubitiate[75] né abbiate paura di ricevere per me alcun danno. Io ho inteso ciò che di me ragionato avete e son certissimo che cosí n'averrebbe come voi dite, dove cosí andasse la bisogna come avvisate[76]: ma ella andrà altramenti. Io ho, vivendo, tante ingiurie fatte a Domenedio, che, per farnegli io una ora in su la mia morte, né piú né meno ne farà[77]; e per ciò procacciate di farmi venire un santo e valente frate, il piú[78] che aver potete, se alcun ce n'è; e lasciate fare a me, ché fermamente io acconcerò[79] i fatti vostri e' miei in maniera che starà bene e che dovrete esser contenti».

I due fratelli, come che[80] molta speranza non prendessono di questo, nondimeno se n'andarono a una religione[81] di frati e domandarono alcuno santo e savio uomo che udisse la confessione d'un lombardo che in casa loro era infermo; e fu lor dato un frate antico[82] di santa e di buona vita e gran maestro in Iscrittura[83] e molto venerabile uomo, nel quale tutti i cittadini grandissima e speziale divozione aveano, e lui menarono[84]. Il quale, giunto nella camera dove ser Ciappelletto giacea e allato postoglisi a sedere, prima benignamente il cominciò a confortare, e appresso il domandò quanto tempo era che egli altra volta confessato si fosse.

Al quale ser Ciappelletto, che mai confessato non s'era, rispose: «Padre mio, la mia usanza suole essere di confessarsi ogni settimana almeno una volta, senza che assai sono di quelle che io mi confesso piú[85]; è il vero che poi che io infermai, che son passati da[86] otto dí, io non mi confessai tanta è stata la noia[87] che la infermità m'ha data».

Disse allora il frate: «Figliuol mio, bene hai fatto, e cosí si vuol fare per innanzi; e veggio che, poi sí spesso ti confessi, poca fatica avrò d'udire o di dimandare[88]».

Disse ser Ciappelletto: «Messer lo frate, non dite cosí: io non mi confessai mai tante volte né sí spesso, che io sempre non mi volessi confessare generalmente di tutti i miei peccati che io mi ricordassi dal dí che io nacqui infino a quello che confessato mi sono[89]; e per ciò vi priego, padre mio buono, che cosí puntalmente d'ogni cosa mi domandiate come se mai confessato non mi fossi; e non mi riguardate perché io infermo sia, ché io amo molto meglio di dispiacere a queste mie carni che, faccendo agio loro[90], io facessi cosa che potesse essere perdizione dell'anima mia, la quale il mio Salvatore ricomperò[91] col suo prezioso sangue».

Queste parole piacquero molto al santo uomo e parvongli argomento[92] di bene disposta mente: e poi che a ser Ciappelletto ebbe molto commendato[93] questa sua usanza, il cominciò a domandare se egli mai in lussuria con alcuna femina peccato avesse.

75. **d'alcuna... dubitiate**: non abbiate paura di nulla per causa mia.
76. **dove... avvisate**: se le cose andassero come pensate.
77. **né più... farà**: non cambierà il conto, sarà la stessa cosa.
78. **il più**: il più santo.
79. **acconcerò**: sistemerò.
80. **come che**: sebbene.
81. **religione**: convento.
82. **antico**: avanti negli anni.
83. **Iscrittura**: lo studio della Bibbia (le Sacre Scritture).
84. **menarono**: condussero a casa.
85. **senza... confesso più**: senza contare che molte sono le settimane nelle quali mi confesso più di una volta.
86. **da**: circa.
87. **noia**: sofferenza.
88. **così... dimandare**: così si deve fare in futuro; e vedo che, poiché ti confessi così spesso, farò poca fatica nel domandare e nell'ascoltare i tuoi peccati.
89. **io non mi confessai... mi sono**: non mi confessai mai senza avere il desiderio di confessare in generale tutti i peccati che ricordassi dal momento della mia nascita.
90. **faccendo agio loro**: pensando alla loro comodità.
91. **ricomperò**: riscattò.
92. **argomento**: indizio.
93. **commendato**: lodato.

Al quale ser Ciappelletto sospirando rispose: «Padre mio, di questa parte mi vergogno io di dirvene il vero temendo di non peccare in vanagloria».

Al quale il santo frate disse: «Dí sicuramente[94], ché il vero dicendo né in confessione né in altro atto si peccò giammai».

Disse allora ser Ciappelletto: «Poiché voi di questo mi fate sicuro, e io il vi dirò[95]: io son cosí vergine come io usci' del corpo della mamma mia».

«Oh, benedetto sie tu da Dio!» disse il frate «come bene hai fatto! e, faccendolo, hai tanto piú meritato, quanto, volendo, avevi piú d'albitrio di fare il contrario che non abbiam noi e qualunque altri son quegli che sotto alcuna regola son constretti[96]».

E appresso questo il domandò se nel peccato della gola aveva a Dio dispiaciuto. Al quale, sospirando forte, ser Ciappelletto rispose di sí e molte volte; per ciò che, con ciò fosse cosa che[97] egli, oltre alli digiuni delle quaresime che nell'anno si fanno dalle divote persone, ogni settimana almeno tre dí fosse uso di digiunare in pane e in acqua, con quello diletto e con quello appetito l'acqua bevuta aveva, e spezialmente quando avesse alcuna fatica durata o adorando[98] o andando in pellegrinaggio, che fanno i gran bevitori il vino; e molte volte aveva disiderato d'avere cotali insalatuzze d'erbucce, come le donne fanno quando vanno in villa[99], e alcuna volta gli era paruto migliore il mangiare che non pareva a lui che dovesse parere a chi digiuna per divozione[100], come digiunava egli.

Al quale il frate disse: «Figliuol mio, questi peccati sono naturali e sono assai leggieri, e per ciò io non voglio che tu ne gravi piú la coscienza tua che bisogni. A ogni uomo avviene, quantunque santissimo sia, il parergli dopo lungo digiuno buono il manicare[101] e dopo la fatica il bere».

«Oh!» disse ser Ciappelletto «padre mio, non mi dite questo per confortarmi: ben sapete che io so che le cose che al servigio di Dio si fanno, si deono fare tutte nettamente e senza alcuna ruggine d'animo[102]: e chiunque altramenti fa, pecca».

Il frate contentissimo disse: «E io son contento che cosí ti cappia nell'animo[103] e piacemi forte la tua pura e buona conscienza in ciò. Ma dimmi: in avarizia hai tu peccato disiderando piú che il convenevole o tenendo quello che tu tener non dovesti?»

Al quale ser Ciappelletto disse: «Padre mio, io non vorrei che voi guardasti[104] perché io sia in casa di questi usurieri: io non ci ho a far nulla, anzi ci era venuto per dovergli ammonire e gastigare e torgli[105] da questo abominevole guadagno; e credo mi sarebbe venuto fatto, se Idio non m'avesse cosí visitato[106]. Ma voi dovete sapere che mio padre mi lasciò ricco uomo, del cui avere, come egli fu morto, diedi la maggior parte per Dio[107]; e poi, per sostentar la vita mia e per potere aiutare i poveri di Cristo, ho fatte mie piccole mercatantie[108] e in quelle ho disiderato

94. **sicuramente**: con tranquillità.
95. **e io il vi dirò**: allora io ve lo dirò.
96. **avevi più... son constretti**: avevi più libertà di agire diversamente di quanta ne abbiamo noi frati e tutti coloro che sono sottoposti alle regole di qualche ordine religioso.
97. **con ciò fosse cosa che**: sebbene.
98. **adorando**: pregando ad alta voce.
99. **villa**: campagna.
100. **alcuna volta... divozione**: qualche volta il cibo gli era piaciuto di più di quanto riteneva che dovesse piacere a chi digiuna per devozione.
101. **manicare**: mangiare.
102. **nettamente... d'animo**: perfettamente e senza alcuna macchia nell'animo.
103. **che cosí... nell'animo**: che tu abbia questi pensieri nell'animo.
104. **guardasti**: badaste.
105. **gastigare e torgli**: rimproverare e allontanarli.
106. **visitato**: per il perfetto cristiano, come Ciappelletto vuol apparire, il dolore è indizio della presenza di Dio, che ci mette alla prova per renderci santi.
107. **per Dio**: in elemosina.
108. **piccole mercatantie**: piccoli commerci.

di guadagnare. E sempre co' poveri di Dio, quello che guadagnato ho, ho partito per mezzo, la mia metà convertendo ne'[109] miei bisogni, l'altra metà dando loro: e di ciò m'ha sí bene il mio Creatore aiutato, che io ho sempre di bene in meglio fatti i fatti miei».

«Bene hai fatto:» disse il frate «ma come ti se' tu spesso adirato[110]?»

«Oh!» disse ser Ciappelletto «cotesto vi dico io bene che io ho molto spesso fatto; e chi se ne potrebbe tenere[111], veggendo tutto il dí gli uomini fare le sconce cose, non servare i comandamenti di Dio, non temere i suoi giudicii[112]? Egli sono state[113] assai volte il dí che io vorrei piú tosto essere stato morto che vivo, veggendo i giovani andar dietro alle vanità[114] e udendogli giurare e spergiurare, andare alle taverne, non visitar le chiese e seguir piú tosto le vie del mondo[115] che quella di Dio».

Disse allora il frate: «Figliuol mio, cotesta è buona ira, né io per me te ne saprei penitenza imporre; ma per alcun caso avrebbeti l'ira potuto inducere a fare alcuno omicidio o a dire villania[116] a persona o a fare alcuna altra ingiuria?»

A cui ser Ciappelletto rispose: «Oimè, messere, o voi mi parete uomo di Dio: come dite voi coteste parole? o s'io avessi avuto pure un pensieruzzo di fare qualunque s'è l'una delle cose che voi dite, credete voi che io creda che Idio m'avesse tanto sostenuto[117]? Coteste son cose da farle gli scherani[118] e i rei uomini, de' quali qualunque ora[119] io n'ho mai veduto alcuno, sempre ho detto: "Va, che Idio ti converta"».

Allora disse il frate: «Or mi dí, figliuol mio, che benedetto sie tu da Dio: hai tu mai testimonianza niuna falsa detta contra alcuno o detto male d'altrui o tolte dell'altrui cose senza piacere[120] di colui di cui sono?»

«Mai messer sí[121], » rispose ser Ciappelletto «che io ho detto male d'altrui; per ciò che io ebbi già un mio vicino che, al maggior torto del mondo, non faceva altro che batter la moglie, sí che io dissi una volta male di lui alli parenti della moglie, sí gran pietà mi venne di quella cattivella[122], la quale egli, ogni volta che bevuto avea troppo, conciava come Dio vel dica[123]».

Disse allora il frate: «Or bene, tu mi di' che se' stato mercatante: ingannasti tu mai persona cosí come fanno i mercatanti?»

«Gnaffé[124],» disse ser Ciappelletto «messer sí, ma io non so chi egli si fu: se non che, uno avendomi recati denari che egli mi doveva dare di panno che io gli avea venduto e io messigli in una mia cassa senza annoverare, ivi bene a un mese[125] trovai ch'egli erano quatro piccioli[126] piú che esser non doveano; per che, non rivedendo colui e avendogli serbati bene uno anno per rendergliele, io gli diedi per l'amor di Dio[127]».

---

109. **convertendo ne'**: utilizzando per.
110. **come... adirato**: quanto spesso ti sei adirato.
111. **chi... tenere**: chi potrebbe trattenersi.
112. **giudicii**: punizioni.
113. **Egli sono state**: ci sono state. *Egli* funge qui da soggetto impersonale premesso al verbo quando il vero soggetto segue (come in francese e in inglese).
114. **andar dietro alle vanità**: occuparsi di cose vane (come divertimenti, mode).
115. **le vie del mondo**: i modi di vivere mondani. Nel linguaggio religioso il *mondo*, luogo del peccato, si oppone al cielo e a Dio.
116. **dire villania**: offendere.
117. **o s'io... sostenuto**: o forse credete che, se io avessi soltanto per un attimo pensato di fare una delle cose che voi dite, Dio mi avrebbe tanto a lungo tollerato?
118. **scherani**: assassini.
119. **qualunque ora**: ogni volta che.
120. **senza piacere**: senza il consenso.
121. **Mai messer sí**: sì, certamente. Nell'italiano del Trecento "mai" unito a "sì" rafforza l'affermazione.
122. **cattivella**: poveretta.
123. **come Dio vel dica**: come solo Dio potrebbe dirvi.
124. **Gnaffé**: in fede mia.
125. **senza... mese**: senza contarli, lì, dopo un mese buono.
126. **piccioli**: monete di scarso valore.
127. **per l'amor di Dio**: in elemosina.

Disse il frate: «Cotesta fu piccola cosa, e facesti bene a farne quello che ne facesti».

E, oltre a questo, il domandò il santo frate di molte altre cose, delle quali di tutte rispose a questo modo; e volendo egli già procedere alla absoluzione, disse ser Ciappelletto: «Messere, io ho ancora alcun peccato che io non v'ho detto».

Il frate il domandò quale; e egli disse: «Io mi ricordo che io feci al fante mio, un sabato dopo nona, spazzare la casa e non ebbi alla santa domenica quella reverenza che io dovea[128]».

«Oh!» disse il frate «figliuol mio, cotesta è leggier cosa».

«Non,» disse ser Ciappelletto «non dite leggier cosa, ché la domenica è troppo da onorare, però che in cosí fatto dí risuscitò da morte a vita il nostro Signore».

Disse allora il frate: «O, altro hai tu fatto?»

«Messer sí, » rispose ser Ciappelletto «ché io, non avvedendomene, sputai una volta nella chiesa di Dio.»

Il frate cominciò a sorridere e disse: «Figliuol mio, cotesta non è cosa da curarsene: noi, che siamo religiosi, tutto il dí vi sputiamo».

Disse allora ser Ciappelletto: «E voi fate gran villania[129], per ciò che niuna cosa si convien tener netta come il santo tempio, nel quale si rende sacrificio a Dio».

E in brieve de' cosí fatti[130] ne gli disse molti; e ultimamente cominciò a sospirare e appresso a piagner forte, come colui che il sapeva troppo ben fare quando volea.

Disse il santo frate: «Figliuol mio, che hai tu?»

Rispose ser Ciappelletto: «Oimè, messere, ché un peccato m'è rimaso, del quale io non mi confessai mai, sí gran vergogna ho di doverlo dire; e ogni volta che io me ne ricordo piango come voi vedete, e parmi esser molto certo che Idio mai non avrà misericordia di me per questo peccato».

Allora il santo frate disse: «Va via[131], figliuolo, che è ciò che tu di'? Se tutti i peccati che furon mai fatti da tutti gli uomini, o che si debbon fare da tutti gli uomini mentre che[132] il mondo durerà, fosser tutti in uno uom solo, e egli ne fosse pentuto e contrito come io veggio te, sí è tanta la benignità e la misericordia di Dio, che, confessandogli egli, gliele perdonerebbe liberamente[133]: e per ciò dillo sicuramente».

Disse allora ser Ciappelletto sempre piagnendo forte: «Oimè, padre mio, il mio è troppo gran peccato, e appena posso credere, se i vostri prieghi non ci si adoperano[134], che egli mi debba mai da Dio esser perdonato».

A cui il frate disse: «Dillo sicuramente, ché io ti prometto di pregare Idio per te».

Ser Ciappelletto pur[135] piagnea e nol dicea, e il frate pure il confortava a dire; ma poi che ser Ciappelletto piagnendo ebbe un grandissimo pezzo tenuto il frate cosí sospeso, e egli gittò un gran sospiro e disse: «Padre mio, poscia che[136] voi

128. **che... dovea**: che io feci pulire la casa dal mio domestico (*fante*) un sabato dopo le tre del pomeriggio (*dopo nona*) e non ebbi per la domenica quel rispetto che dovevo avere. Il precetto del riposo domenicale iniziava alla sera del sabato, ma Ciappelletto lo anticipa per ostentare il suo zelo religioso.

129. **villania**: atto di maleducazione.

130. **de' così fatti**: di peccati (sottinteso) simili.

131. **Va via**: lascia stare.

132. **mentre che**: per tutto il tempo che.

133. **confessandogli... liberamente**: se egli li confessasse, Dio li perdonerebbe volentieri.

134. **se i vostri... adoperano**: se le vostre preghiere non vi contribuiscono (a ottenere il perdono).

135. **pur**: dà il senso di continuità dell'azione ("continuava a piangere", *piagnea*; più avanti, "continuava a confortarlo", *confortava*).

136. **poscia che**: poiché.

mi promettete di pregare Idio per me, e io il vi dirò: sappiate che, quando io era piccolino, io bestemmiai[137] una volta la mamma mia». E cosí detto rincominciò a piagner forte.

Disse il frate: «O figliuol mio, or parti[138] questo cosí gran peccato? o gli uomini bestemmiano tutto il giorno Idio, e sí perdona Egli volentieri a chi si pente d'averlo bestemmiato; e tu non credi che Egli perdoni a te questo? Non piagner, confortati, ché fermamente, se tu fossi stato un di quegli che il posero in croce, avendo la contrizione[139] che io ti veggio, sí ti perdonerebbe Egli».

Disse allora ser Ciappelletto: «Oimè, padre mio, che dite voi? la mamma mia dolce, che mi portò in corpo nove mesi il dí e la notte e portommi in collo piú di cento volte! troppo feci male a bestemmiarla e troppo è gran peccato; e se voi non pregate Idio per me, egli non mi serà perdonato».

Veggendo il frate non essere altro restato a dire a ser Ciappelletto, gli fece l'absoluzione e diedegli la sua benedizione, avendolo per santissimo uomo, sí come colui che[140] pienamente credeva esser vero ciò che ser Ciappelletto avea detto: e chi sarebbe colui che nol credesse, veggendo uno uomo in caso di morte dir cosí? E poi, dopo tutto questo, gli disse: «Ser Ciappelletto, con l'aiuto di Dio voi sarete tosto sano; ma se pure avvenisse che Idio la vostra benedetta e ben disposta anima chiamasse a sé, piacevi egli che 'l vostro corpo sia sepellito al nostro luogo[141]?»

Al quale ser Ciappelletto rispose: «Messer sí, anzi non vorrei io essere altrove, poscia che voi m'avete promesso di pregare Idio per me: senza che[142] io ho avuta sempre spezial[143] divozione al vostro Ordine. E per ciò vi priego che, come voi al vostro luogo sarete, facciate che a me vegna quel veracissimo corpo di Cristo[144] il quale voi la mattina sopra l'altare consecrate; per ciò che, come che io degno non ne sia, io intendo con la vostra licenzia[145] di prenderlo, e appresso la santa e ultima unzione[146], acciò che io, se vivuto son come peccatore, almeno muoia come cristiano».

Il santo uomo disse che molto gli piacea e che egli diceva bene, e farebbe che di presente[147] gli sarebbe apportato; e cosí fu.

Li due fratelli, li quali dubitavan forte non[148] ser Ciappelletto gl'ingannasse, s'eran posti appresso a un tavolato, il quale la camera dove ser Ciappelletto giaceva dividea da un'altra, e ascoltando leggiermente[149] udivano e intendevano ciò che ser Ciappelletto al frate diceva; e aveano alcuna volta sí gran voglia di ridere, udendo le cose le quali egli confessava d'aver fatte, che quasi scoppiavano: e fra sé talora dicevano: «Che uomo è costui, il quale né vecchiezza né infermità né paura di morte, alla qual si vede vicino, né ancora di Dio, dinanzi al giudicio del quale di qui a picciola ora[150] s'aspetta di dovere essere, dalla sua malvagità l'hanno potuto rimuovere, né far che egli cosí non voglia morire come egli è vivuto?» Ma pur vedendo che sí aveva detto che egli sarebbe a sepoltura ricevuto in chiesa, niente del rimaso[151] si curarono.

137. **bestemmiai**: offesi.
138. **parti**: ti sembra.
139. **contrizione**: pentimento.
140. **avendolo... colui che**: ritenendolo un uomo santissimo, poiché.
141. **piacevi... luogo**: siete contento che il vostro corpo sia sepolto nel nostro convento. *Egli*, soggetto impersonale (come in francese e in inglese) è normale nel toscano antico (vedi nota 113).
142. **senza che**: senza contare che.
143: **spezial**: particolare.
144. **veracissimo... Cristo**: l'Eucaristia.
145. **licenzia**: permesso.
146. **la santa e ultima unzione**: l'estrema unzione, il sacramento dei morenti.
147. **di presente**: subito.
148. **dubitavan forte non**: temevano molto che; l'utilizzo del *non* riprende la costruzione latina dei verbi che esprimono timore.
149. **leggiermente**: facilmente.
150. **di qui... ora**: tra poco tempo.
151. **rimaso**: rimanente.

Ser Ciappelletto poco appresso si comunicò: e peggiorando senza modo ebbe l'ultima unzione e poco passato vespro, quel dí stesso che la buona confessione fatta avea, si morí. Per la qual cosa li due fratelli, ordinato di quello di lui medesimo[152] come egli fosse onorevolemente sepellito e mandatolo a dire al luogo de' frati, e che essi vi venissero la sera a far la vigilia[153] secondo l'usanza e la mattina per lo corpo[154], ogni cosa a ciò oportuna dispuosero.

Il santo frate che confessato l'avea, udendo che egli era trapassato, fu insieme[155] col priore del luogo; e fatto sonare a capitolo[156], alli frati ragunati[157] in quello mostrò ser Ciappelletto essere stato santo uomo, secondo che per la sua confessione conceputo avea[158]; e sperando per lui[159] Domenedio dovere molti miracoli dimostrare, persuadette loro che con grandissima reverenzia e divozione quello corpo si dovesse ricevere. Alla qual cosa il priore e gli altri frati creduli s'acordarono: e la sera, andati tutti là dove il corpo di ser Ciappelletto giaceva, sopr'esso fecero una grande e solenne vigilia; e la mattina, tutti vestiti co' camisci e co' pieviali[160], con li libri in mano e con le croci innanzi cantando andaron per questo corpo e con grandissima festa e solennità il recarono alla lor chiesa, seguendo quasi tutto il popolo della città, uomini e donne. E nella chiesa postolo, il santo frate, che confessato l'avea, salito in sul pergamo[161] di lui cominciò e della sua vita, de' suoi digiuni, della sua virginità, della sua simplicità e innocenzia e santità maravigliose cose a predicare[162], tra l'altre cose narrando quello che ser Ciappelletto per lo suo maggior peccato piangendo gli avea confessato, e come esso appena gli avea potuto metter nel capo che Idio gliele dovesse perdonare, da questo volgendosi a riprendere[163] il popolo che ascoltava, dicendo: «E voi, maladetti da Dio, per ogni fuscello di paglia che vi si volge tra' piedi bestemmiate Idio e la Madre e tutta la corte di Paradiso».

E oltre a queste, molte altre cose disse della sua lealtà e della sua purità: e in brieve con le sue parole, alle quali era dalla gente della contrada data intera fede[164], sí il mise nel capo e nella divozion di tutti coloro che v'erano, che, poi che fornito fu l'uficio[165], con la maggior calca del mondo da tutti fu andato a basciargli[166] i piedi e le mani, e tutti i panni gli furono indosso stracciati[167], tenendosi[168] beato chi pure un poco di quegli potesse avere: e convenne[169] che tutto il giorno cosí fosse tenuto, acciò che da tutti potesse essere veduto e visitato. Poi, la vegnente notte, in una arca[170] di marmo sepellito fu onorevolemente in una cappella: e a mano a mano il dí seguente vi cominciarono le genti a andare e a accender lumi e a adorarlo, e per conseguente a botarsi e a appicarvi le imagini della cera[171]

152. **ordinato... medesimo**: avendo disposto, con il denaro di Ciappelletto (*di quello di lui medesimo*).
153. **vigilia**: veglia funebre.
154. **per lo corpo**: (venissero) a trasportare via il cadavere.
155. **fu insieme**: si mise d'accordo.
156. **fatto sonare a capitolo**: fatta suonare la campana per riunire i frati in assemblea (*capitolo*).
157. **ragunati**: radunati.
158. **secondo... avea**: secondo quanto aveva capito dalla confessione.
159. **per lui**: per suo tramite, grazie alla sua intercessione.
160. **co' camisci e co' pieviali**: coi camici e i piviali, solenni paramenti che vengono indossati dai sacerdoti durante le celebrazioni più importanti.
161. **pergamo**: pulpito.
162. **a predicare**: dipende da *cominciò*.
163. **da... riprendere**: prendendo occasione da questo per rimproverare.
164. **data intera fede**: creduto pienamente.
165. **fornito fu l'uficio**: fu finita la cerimonia.
166. **basciargli**: baciargli (in Boccaccio si trova sempre "basciare", forma che riproduce nella grafia la pronuncia toscana).
167. **stracciati**: per farne reliquie.
168. **tenendosi**: ritenendosi.
169. **convenne**: bisognò.
170. **arca**: tomba.
171. **a botarsi... cera**: i fedeli andavano nella chiesa in cui era custodito il corpo del santo a fare voti (*botarsi*); ottenuta la grazia, esponevano nella chiesa immagini di cera (gli "ex voto"), per mostrare pubblicamente la loro riconoscenza al santo.

secondo la promession fatta. E in tanto[172] crebbe la fama della sua santità e divozione a lui, che quasi niuno era che in alcuna avversità fosse, che a altro santo che a lui si botasse[173], e chiamaronlo e chiamano san Ciappelletto; e affermano molti miracoli Idio aver mostrati per lui e mostrare tutto giorno[174] a chi divotamente si raccomanda a lui.

Cosí adunque visse e morí ser Cepparello da Prato e santo divenne come avete udito. Il quale negar non voglio esser possibile lui esser beato nella presenza di Dio, per ciò che, come che la sua vita fosse scellerata e malvagia, egli poté in su lo stremo[175] aver sí fatta contrizione, che per avventura Idio ebbe misericordia di lui e nel suo regno il ricevette: ma per ciò che questo n'è[176] occulto, secondo quello che ne può apparire ragiono, e dico costui piú tosto dovere essere nelle mani del diavolo in perdizione che in Paradiso. E se cosí è, grandissima si può la benignità di Dio cognoscere verso noi, la quale non al nostro errore ma alla purità della fé riguardando, cosí faccendo noi nostro mezzano un suo nemico, amico credendolo, ci essaudisce[177], come se a uno veramente santo per mezzano della sua grazia ricorressimo. E per ciò, acciò che noi per la sua grazia nelle presenti avversità[178] e in questa compagnia cosí lieta siamo sani e salvi servati, lodando il suo nome nel quale cominciata l'abbiamo, Lui in reverenza avendo, ne' nostri bisogni gli ci raccomanderemo sicurissimi d'essere uditi. –

E qui si tacque.

172. **in tanto**: a tal punto.
173. **a altro... botasse**: non si votasse ad altro santo che a lui.
174. **tutto giorno**: sempre (equivale al francese *toujours*).
175. **in su lo stremo**: all'ultimo momento.
176. **n'è**: ci è.
177. **noi... essaudisce**: esaudisce le nostre preghiere mentre noi usiamo come intercessore (*mezzano*) un suo nemico, credendolo suo amico.
178. **nelle presenti avversità**: si riferisce alla pestilenza che ha fatto rifugiare i narratori in campagna.

Scena tratta dalla novella di Ser Ciappelletto in un'edizione miniata del *Decameron* del xv secolo. (Parigi, Bibliothèque Nationale de France)

DIALOGO CON IL TESTO

COMPRENDERE

Capovolgimento di prospettive ed effetti di sorpresa Il narratore, introducendo la novella, ne suggerisce il tema, e cioè l'infinita bontà di Dio, che accoglie le nostre suppliche anche se le inoltriamo attraverso intermediari indegni, da noi erroneamente ritenuti santi. Questo esordio è pronunciato con grande serietà (lo si vede anche dal periodare solenne), ma l'autore, nel corso della novella, sembra dimenticarsene, e pone i lettori nella stessa situazione dei due usurai che, udendo la confessione di ser Ciappelletto, *aveano alcuna volta sì gran voglia di ridere [...] che quasi scoppiavano* (rr. 296-297). Sembra che Boccaccio sia tutto preso dalle strabilianti trovate di ser Ciappelletto, un attore veramente eccezionale, una specie di eroe della menzogna, che non si lascia intimorire dalla paura del giudizio di Dio, e proprio al cospetto della morte dà la prova più alta della sua intelligenza priva di ogni scrupolo morale. L'attrattiva della novella sta in questo capovolgimento di prospettive, che sorprende le attese del lettore: ser Ciappelletto, peccatore gigantesco, si presenta piccolo di statura e di un'eleganza un po' affettata; è notaio, ci aspetteremmo di vederlo soddisfatto dall'esattezza dei documenti che redige, e invece è contento solo di riempirli di falsità; durante la confessione, da peccatore si tramuta in santo e capovolge i ruoli a tal punto che appare più rigoroso del confessore; dopo aver compiuto in vita soltanto malvagità, da morto viene invocato come santo.

La morale dell'utile, e un'apparente eccezione Un altro tema che percorre la novella è l'esasperata ricerca dell'utile personale, che esclude ogni sentimento generoso: Musciatto Franzesi rivuole indietro il suo denaro, ma i borgognoni sono di tutt'altro avviso; agli usurai non importa che il loro ospite muoia purché non ne abbiano danno; al frate interessa che il penitente venga seppellito in chiesa per la fama che deriverà al convento; i fedeli strappano gli abiti del morto per averne preziose reliquie.

- **L'unico personaggio che sembra non farsi guidare dall'interesse personale è il protagonista. Come si può definire il movente dei suoi comportamenti?**

ANALIZZARE

La velocità narrativa Le accelerazioni e i rallentamenti della narrazione sono funzionali agli effetti che l'autore vuole produrre nei lettori. Si possono notare in particolare:
- un sommario che riassume gli antefatti;
- una pausa dedicata alla descrizione del protagonista
- un secondo sommario;
- un'ampia scena dialogata;
- un sommario conclusivo.

- **Indicate nel testo i confini di ciascuna di queste parti. Quali di queste sono principalmente finalizzate a suscitare l'ilarità dei lettori?**

L'ambiguità della parola Il ritratto di ser Cepparello, notaio singolare che si vergogna a firmare atti autentici, è condotto con gli strumenti dell'ironia e del paradosso: impiego di parole che rimandano a significati opposti rispetto a quello letterale e accostamenti insoliti che sorprendono il lettore.

- **Individuate nella descrizione del protagonista (rr. 45-52) qualche esempio di questo uso del linguaggio.**

Nella lunga confessione che costituisce la parte più ampia della novella, tutti i vizi rappresentati nel ritratto iniziale sono capovolti nel loro opposto, producendo un effetto crescente di sorpresa e di ilarità.

- **Analizzate la trovata conclusiva di Ciappelletto nella parte finale del dialogo (rr. 247-259): che tipo di attesa suscita nel confessore (e nel lettore) preannunciando il peccato ancora non detto e dilazionandone a lungo la confessione? In che punto, attraverso un crescendo ben calcolato, Ciappelletto sembra divenuto lui stesso il confessore?**

INTERPRETARE

Il rapporto invenzione/realtà Dal punto di vista del rapporto invenzione/realtà, la novella presenta un singolare impasto di elementi realistici e storicamente precisi, e di comportamenti così eccezionali da apparire inverosimili.

- **Provate a distinguere quali sono, a vostro parere, gli uni e gli altri.**

Insegnamento, critica, elogio dell'intelligenza, divertimento? A lettura conclusa, ci si può chiedere quale sia stato l'intento più profondo di Boccaccio nello scrivere questa novella: ha voluto veramente far riflettere sulla misericordia divina? Ha voluto criticare la credulità con cui il popolo si fabbricava immagini di santi, o celebrare la pura intelligenza, e l'arte della menzogna come una sua manifestazione? O si è abbandonato al puro piacere di raccontare, di ridere e far ridere, costruendo un intreccio in cui si mescolano realismo e situazioni iperboliche?

- **Proponete una vostra interpretazione con riferimenti al testo, alla vostra esperienza di lettura e alle notizie sull'autore rintracciabili nel profilo (p. 418).**

ANALISI

T100 ▸ Andreuccio da Perugia (II, 5)

PERCORSO
- Lo spazio e il tempo nella letteratura e nell'arte (I), p. 546

Siamo nella seconda giornata del *Decameron*, in cui «si ragiona [*discorre*] di chi, da diverse cose infestato, sia oltre alla sua speranza [*al di là di quel che sperava*] riuscito a lieto fine». Si tratta dunque di storie avventurose, in cui regna sovrano il caso che distrugge e ricrea le fortune degli uomini. In questa novella siamo portati nei vicoli di Napoli, brulicanti di donne di facili costumi, ladri, sbirri, preti malandrini. Omettiamo l'introduzione della narratrice.

Andreuccio da Perugia, venuto a Napoli a comperar cavalli, in una notte da tre gravi accidenti soprapreso[1]*, da tutti scampato con un rubino si torna a casa sua.* [...]

Fu, secondo che io già intesi[2], in Perugia un giovane il cui nome era Andreuccio di Pietro, cozzone[3] di cavalli; il quale, avendo inteso che a Napoli era buon mercato[4] di cavalli, messisi in borsa cinquecento fiorin d'oro, non essendo mai piú[5] fuori di casa stato, con altri mercatanti là se n'andò: dove giunto una domenica sera in sul vespro, dall'oste suo informato la seguente mattina fu in sul Mercato[6], e molti ne vide e assai ne gli piacquero e di piú e piú mercato tenne, né di niuno potendosi accordare, per mostrare che per comperar fosse[7], sí come rozzo e poco cauto piú volte in presenza di chi andava e di chi veniva trasse fuori questa sua borsa de' fiorini che aveva.

E in questi trattati[8] stando, avendo esso la sua borsa mostrata, avvenne che una giovane ciciliana[9] bellissima, ma disposta per piccol pregio[10] a compiacere a qualunque uomo, senza vederla egli, passò appresso di lui e la sua borsa vide e subito seco disse: «Chi starebbe meglio di me se quegli denari fosser miei?» e passò oltre. Era con questa giovane una vecchia similmente ciciliana, la quale, come vide Andreuccio, lasciata oltre la giovane andare, affettuosamente corse a abbracciarlo: il che la giovane veggendo, senza dire alcuna cosa, da una delle parti la cominciò a attendere[11]. Andreuccio, alla vecchia rivoltosi e conosciutala, le fece gran festa, e promettendogli essa di venire a lui all'albergo, senza quivi tenere troppo lungo sermone[12], si partí: e Andreuccio si tornò a mercatare[13] ma niente comperò la mattina. La giovane, che prima la borsa d'Andreuccio e poi la contezza[14] della sua vecchia con lui aveva veduta, per tentare se modo alcuno trovar potesse a dovere aver quelli denari, o tutti o parte, cautamente incominciò a domandare chi colui fosse o donde[15] e che quivi facesse e come il conoscesse. La quale ogni cosa cosí particularmente de' fatti d'Andreuccio le disse come avrebbe per poco[16] detto egli stesso, sí come colei che lungamente in Cicilia col padre di lui e poi a Perugia dimorata era[17], e similmente le contò dove tornasse[18] e perché venuto fosse.

La giovane, pienamente informata e del parentado di lui e de' nomi, al suo ap-

1. ***da tre... soprapreso***: trovatosi coinvolto in tre gravi disavventure.
2. **secondo che... intesi**: secondo quanto ho sentito dire.
3. **cozzone**: sensale, mediatore.
4. **mercato**: commercio.
5. **mai più**: proprio mai.
6. **Mercato**: la piazza del mercato.
7. **di piú... fosse**: entrò in trattative per l'acquisto di parecchi cavalli, e non riuscendo a concludere l'affare su nessuno, per mostrare che aveva realmente intenzione di comperare.
8. **trattati**: trattative.
9. **ciciliana**: siciliana.
10. **piccol pregio**: poco prezzo.
11. **da una... attendere**: cominciò a osservarla stando in disparte.
12. **senza... sermone**: senza fermarsi a lungo a parlare.
13. **mercatare**: fare trattative.
14. **contezza**: conoscenza.
15. **donde**: da dove (sottinteso "venisse").
16. **per poco**: quasi quasi.
17. **sí come... era**: avendo abitato a lungo col padre di lui in Sicilia e poi a Perugia.
18. **le contò dove tornasse**: le raccontò dove albergasse.

petito fornire con una sottil malizia, sopra questo fondò la sua intenzione[19]; e a casa tornatasi, mise la vecchia in faccenda[20] per tutto il giorno acciò che[21] a Andreuccio non potesse tornare; e presa una sua fanticella[22], la quale essa assai bene a cosí fatti servigi aveva ammaestrata, in sul vespro la mandò all'albergo dove Andreuccio tornava.

La qual, quivi venuta, per ventura lui medesimo e solo trovò in su la porta e di lui stesso il domandò[23]. Alla quale dicendole egli che era desso[24] essa, tiratolo da parte, disse: «Messere, una gentil donna di questa terra, quando vi piacesse, vi parleria[25] volentieri». Il quale vedendola, tutto postosi mente e parendogli essere un bel fante della persona[26], s'avvisò questa donna dover di lui essere innamorata, quasi altro bel giovane che egli[27] non si trovasse allora in Napoli, e prestamente rispose che era apparecchiato[28] e domandolla dove e quando questa donna parlar gli volesse.

A cui la fanticella rispose: «Messere, quando di venir vi piaccia, ella v'attende in casa sua.»

Andreuccio presto, senza alcuna cosa dir nell'albergo, disse: «Or via mettiti avanti, io ti verrò appresso».

Laonde[29] la fanticella a casa di costei il condusse, la quale dimorava in una contrada chiamata Malpertugio[30], la quale quanto sia onesta contrada il nome medesimo il dimostra. Ma esso, niente di ciò sappiendo né suspicando[31], credendosi in uno onestissimo luogo andare e a una cara donna, liberamente[32], andata la fanticella avanti, se n'entrò nella sua casa; e salendo su per le scale, avendo la fanticella già la sua donna[33] chiamata e detto «Ecco Andreuccio», la vide in capo della scala farsi a aspettarlo.

Ella era ancora assai giovane, di persona grande e con bellissimo viso, vestita e ornata assai orrevolemente[34]; alla quale come Andreuccio fu presso, essa incontrogli da tre gradi discese[35] con le braccia aperte, e avvinghiatogli il collo alquanto stette senza alcuna cosa dire, quasi da soperchia[36] tenerezza impedita; poi lagrimando gli basciò[37] la fronte e con voce alquanto rotta disse: «O Andreuccio mio, tu sii il ben venuto!»

Esso, maravigliandosi di cosí tenere carezze, tutto stupefatto rispose: «Madonna[38], voi siate la ben trovata!»

Ella appresso, per la man presolo, suso nella sua sala il menò e di quella[39], senza alcuna altra cosa parlare, con lui nella sua camera se n'entrò, la quale di rose, di fiori d'aranci e d'altri odori tutta oliva[40], là dove egli un bellissimo letto incortinato[41] e molte robe su per le stanghe, secondo il costume di là, e altri assai belli e ricchi

19. **al suo appetito... intenzione**: per soddisfare il suo desiderio, con un sottile imbroglio, fondò il suo piano su queste informazioni.
20. **mise... faccenda**: tenne occupata.
21. **acciò che**: affinché.
22. **fanticella**: servetta, ragazzina.
23. **per ventura... domandò**: per caso trovò Andreuccio stesso solo sulla porta e gli chiese proprio di lui.
24. **che era desso**: che era lui (quello che cercava).
25. **parleria**: parlerebbe.
26. **tutto postosi... persona**: esaminatosi da capo a piede e sembrandogli di essere un bel giovane nell'aspetto.
27. **quasi altro... egli**: come se nessun altro bel giovane al di fuori di lui.
28. **apparecchiato**: pronto.
29. **Laonde**: e così.
30. **Malpertugio**: quartiere malfamato di Napoli, che prendeva nome da una piccola apertura nelle mura (*pertugio*), attraverso la quale si raggiungeva il mare per una scorciatoia.
31. **sappiendo né suspicando**: sapendo né sospettando.
32. **liberamente**: senza sospetti.
33. **donna**: padrona.
34. **orrevolmente**: onorevolmente, con eleganza e decoro.
35. **incontrogli... discese**: discese di tre gradini andandogli incontro.
36. **soperchia**: eccessiva.
37. **basciò**: baciò (la grafia della parola riproduce la pronuncia toscana).
38. **Madonna**: signora.
39. **suso nella sua sala... e di quella**: lo condusse al piano di sopra (*suso*) nel suo salotto, e da lì.
40. **oliva**: olezzava, profumava.
41. **incortinato**: circondato da tendaggi.

arnesi vide[42]; per le quali cose, sí come nuovo[43], fermamente credette lei dovere essere non men che gran donna.

E postisi a sedere insieme sopra una cassa che appiè del suo letto era, cosí gli cominciò a parlare: «Andreuccio, io sono molto certa che tu ti maravigli e delle carezze le quali io ti fo e delle mie lagrime, sí come colui che non mi conosci e per avventura mai ricordar non m'udisti[44]. Ma tu udirai tosto cosa la quale piú ti farà forse maravigliare, sí come è[45] che io sia tua sorella; e dicoti che, poi che Idio m'ha fatta tanta grazia che io anzi la mia morte ho veduto alcuno de' miei fratelli, come che[46] io disideri di vedervi tutti, io non morrò a quella ora che io consolata non muoia[47]. E se tu forse questo mai piú non udisti, io tel vo' dire. Pietro, mio padre e tuo, come io credo che tu abbi potuto sapere, dimorò lungamente in Palermo, e per la sua bontà e piacevolezza vi fu e è ancora da quegli che il conobbero amato assai. Ma tra gli altri che molto l'amarono, mia madre, che gentil donna fu e allora era vedova, fu quella che piú l'amò, tanto che, posta giù la paura del padre e de' fratelli e il suo onore, in tal guisa con lui si dimesticò, che io ne nacqui e sonne qual tu mi vedi[48]. Poi, sopravenuta cagione[49] a Pietro di partirsi di Palermo e tornare in Perugia, me con la mia madre piccola fanciulla lasciò, né mai, per quello che io sentissi, piú né di me né di lei si ricordò: di che io, se mio padre stato non fosse, forte il riprenderei[50] avendo riguardo alla ingratitudine di lui verso mia madre mostrata (lasciamo stare allo amore che a me come a sua figliuola non nata d'una fante né di vil femina[51] dovea portare), la quale le sue cose e sé parimente, senza sapere altrimenti chi egli si fosse, da fedelissimo amor mossa rimise nelle sue mani. Ma che è? Le cose mal fatte e di gran tempo passate sono troppo piú agevoli a riprendere che a emendare[52]: la cosa andò pur cosí. Egli mi lasciò piccola fanciulla in Palermo, dove, cresciuta quasi come io mi sono, mia madre, che ricca donna era, mi diede per moglie a uno da Gergenti[53], gentile uomo e da bene, il quale per amor di mia madre e di me tornò a stare[54] in Palermo; e quivi, come colui che è molto guelfo, cominciò a avere alcuno trattato col nostro re Carlo[55]. Il quale, sentito dal re Federigo prima che dare gli si potesse effetto[56], fu cagione di farci fuggire di Cicilia[57] quando io aspettava essere la maggior cavalleressa che mai in quella isola fosse[58]; donde[59], prese quelle poche cose che prender potemmo (poche dico per rispetto alle molte le quali avavamo), lasciate le terre e li palazzi, in questa terra[60] ne rifuggimmo, dove il re Carlo verso di noi trovammo sí grato che, ristoratici[61] in parte li danni li quali per lui ricevuti avavamo, e possessioni e

42. **molte... vide**: molti abiti (*robe*) posti su traverse di legno, secondo l'uso di quel paese (*di là*), e altre suppellettili (*arnesi*) belle e ricche.
43. **sí come nuovo**: essendo inesperto.
44. **sí come... non m'udisti**: poiché non mi conosci e forse (*per avventura*) non hai mai sentito parlare di me.
45. **sí come è**: cioè.
46. **come che**: sebbene.
47. **io non morrò... muoia**: in qualsiasi momento io debba morire, non potrò non morire felice.
48. **in tal guisa... vedi**: si legò con lui a tal punto che io nacqui da questa relazione, e ne sono discesa, quale mi vedi.
49. **sopravenuta cagione**: essendo sorto un motivo.
50. **forte il riprenderei**: lo rimprovererei aspramente.
51. **d'una... femina**: da una serva, né da una donna di bassa condizione.
52. **Ma che... emendare**: ma a che cosa serve lamentarsi? Le colpe commesse in un lontano passato è molto più facile biasimarle che correggerle.
53. **Gergenti**: Girgenti, l'attuale Agrigento.
54. **tornò a stare**: venne ad abitare.
55. **come colui... Carlo**: essendo un guelfo convinto, entrò in trattative con il re Carlo d'Angiò (*nostro* a Napoli). I guelfi, dopo che gli Angioini avevano perso la Sicilia a causa della rivolta dei Vespri siciliani, tramavano per riportare nell'isola il re di Napoli, Carlo II d'Angiò, e organizzavano congiure contro il re di Sicilia, Federico II d'Aragona.
56. **Il quale... effetto**: questa cospirazione, conosciuta dal re Federico di Sicilia prima che potesse realizzarsi.
57. **Cicilia**: Sicilia.
58. **la maggior... fosse**: la moglie del nobile più importante dell'isola. Secondo un uso tipico della lingua francese, il titolo di cavaliere viene usato al femminile per indicare la moglie del nobile (in francese: *chevaleresse*).
59. **donde**: perciò.
60. **terra**: città (Napoli).
61. **ristoratici**: risarcitici.

case ci ha date, e dà continuamente al mio marito, e tuo cognato che è[62], buona provisione[63], sí come tu potrai ancor vedere. E in questa maniera son qui, dove io, la buona mercé di Dio e non tua[64], fratel mio dolce, ti veggio.»

E cosí detto, da capo il rabbracciò e ancora teneramente lagrimando gli basciò la fronte.

Andreuccio, udendo questa favola cosí ordinatamente, cosí compostamente[65] detta da costei, alla quale in niuno atto[66] moriva la parola tra' denti né balbettava la lingua, e ricordandosi esser vero che il padre era stato in Palermo e per se medesimo[67] de' giovani conoscendo i costumi, che volentieri amano nella giovanezza, e veggendo le tenere lagrime, gli abbracciari e gli onesti basci, ebbe ciò che ella diceva piú che per vero[68]: e poscia che[69] ella tacque, le rispose: «Madonna, egli non vi dee parer gran cosa se io mi maraviglio: per ciò che nel vero, o che mio padre, per che che egli sel facesse, di vostra madre e di voi non ragionasse giammai[70], o che, se egli ne ragionò, a mia notizia venuto non sia[71], io per me niuna conscienza aveva di voi se non come se non foste; e emmi[72] tanto piú caro l'avervi qui mia sorella trovata, quanto io ci sono piú solo e meno questo sperava[73]. E nel vero io non conosco uomo di sí alto affare al quale voi non doveste esser cara, non che a me che un picciolo mercatante sono. Ma d'una cosa vi priego mi facciate chiaro: come sapeste voi che io qui fossi?»

Al quale ella rispose: «Questa mattina mel fé sapere una povera femina la qual molto meco si ritiene[74], per ciò che con nostro padre, per quello che ella mi dica, lungamente e in Palermo e in Perugia stette; e se non fosse che piú onesta cosa mi parea che tu a me venissi in casa tua[75] che io a te nell'altrui, egli ha gran pezza[76] che io a te venuta sarei.»

Appresso queste parole ella cominciò distintamente a domandare di tutti i suoi parenti nominatamente[77], alla quale di tutti Andreuccio rispose, per questo ancora piú credendo quello che meno di creder gli bisognava.

Essendo stati i ragionamenti[78] lunghi e il caldo grande, ella fece venire greco e confetti[79] e fé dar bere a Andreuccio; il quale dopo questo partir volendosi, per ciò che ora di cena era, in niuna guisa il sostenne[80], ma sembiante fatto di forte turbarsi[81] abbracciandol disse: «Ahi lassa[82] me, ché assai chiaro conosco come io ti sia poco cara! Che è a pensare che tu sii[83] con una tua sorella mai piú da te non veduta, e in casa sua, dove, qui venendo, smontato esser dovresti[84], e vogli di quella uscire per andare a cenare all'albergo? Di vero tu cenerai con esso meco[85]: e per-

62. **e tuo cognato che è**: che è allo stesso tempo tuo cognato.
63. **provisione**: stipendio.
64. **la buona mercé... non tua**: per dono di Dio e non di te (che non mi hai cercato).
65. **compostamente**: coerentemente.
66. **in niuno atto**: in nessun momento, qualsiasi cosa dicesse.
67. **per se medesimo**: per l'esperienza tratta dalla sua vita.
68. **ebbe... per vero**: prese per verità certissima le parole che la donna diceva.
69. **poscia che**: dopo che.
70. **per che che... giammai**: per qualunque motivo lo facesse, non parlò mai di vostra madre e di voi.
71. **a mia notizia... sia**: non me ne sia giunta notizia.
72. **emmi**: mi è.
73. **quanto io... sperava**: pensando di essere completamente solo a Napoli (*ci*, "qui"), Andreuccio non poteva sperare di trovarvi addirittura una sorella.
74. **molto meco si ritiene**: frequenta molto la mia casa.
75. **in casa tua**: nella casa della "sorella" Andreuccio deve trovarsi come in casa propria.
76. **egli ha gran pezza**: da un bel po' di tempo.
77. **nominatamente**: indicandoli per nome.
78. **ragionamenti**: discorsi.
79. **greco e confetti**: vino bianco e dolciumi.
80. **in niuna... sostenne**: in nessun modo lo permise.
81. **sembiante... turbarsi**: facendo finta di essere molto triste (per il suo congedo).
82. **lassa**: infelice.
83. **Che è... sii**: come è possibile pensare che tu ti trovi.
84. **smontato esser dovresti**: dovresti aver preso alloggio.
85. **con esso meco**: con me.

ché mio marito non ci sia, di che forte mi grava[86], io ti saprò bene secondo donna[87] fare un poco d'onore.»

Alla quale Andreuccio, non sappiendo altro che rispondersi, disse: «Io v'ho cara quanto sorella si dee avere, ma se io non ne vado, io sarò tutta sera aspettato a cena e farò villania[88]».

E ella allora disse: «Lodato sia Idio, se io non ho in casa per cui mandare[89] a dire che tu non sii aspettato! benché tu faresti assai maggior cortesia, e tuo dovere, mandare a dire a' tuoi compagni che qui venissero a cenare, e poi, se pure andare te ne volessi, ve ne potresti tutti andar di brigata[90]».

Andreuccio rispose che de' suoi compagni non volea quella sera, ma, poi che pure a grado l'era, di lui facesse il piacer suo[91]. Ella allora fé vista[92] di mandare a dire all'albergo che egli non fosse atteso a cena; e poi, dopo molti altri ragionamenti, postisi a cena e splendidamente di piú vivande serviti, astutamente quella menò per lunga[93] infino alla notte obscura; e essendo da tavola levati e Andreuccio partir volendosi, ella disse che ciò in niuna guisa soferrebbe[94], per ciò che Napoli non era terra da andarvi per entro[95] di notte, e massimamente un forestiere; e che come che egli a cena non fosse atteso aveva mandato a dire, cosí aveva dello albergo fatto il somigliante[96]. Egli, questo credendo e dilettandogli, da falsa credenza ingannato, d'esser con costei, stette. Furono adunque dopo cena i ragionamenti molti e lunghi non senza cagione[97] tenuti; e essendo della notte una parte passata, ella, lasciato Andreuccio a dormire nella sua camera con un piccol fanciullo che gli mostrasse se egli volesse nulla, con le sue femine in un'altra camera se n'andò.

Era il caldo grande: per la qual cosa Andreuccio, veggendosi solo rimaso, subitamente si spogliò in farsetto e trassesi i panni di gamba[98] e al capo del letto gli si pose; e richiedendo il naturale uso di dovere diporre il superfluo peso del ventre[99], dove ciò si facesse domandò quel fanciullo, il quale nell'uno de' canti della camera gli mostrò uno uscio e disse: «Andate là entro». Andreuccio dentro sicuramente[100] passato, gli venne per ventura[101] posto il piè sopra una tavola, la quale dalla contraposta parte sconfitta dal travicello sopra il quale era, per la qual cosa capolevando questa tavola con lui insieme se n'andò quindi giuso[102]: e di tanto l'amò Idio, che niuno male si fece nella caduta, quantunque alquanto cadesse da alto, ma tutto della bruttura, della quale il luogo era pieno, s'imbrattò. Il quale luogo, acciò che meglio intendiate e quello che è detto e ciò che segue, come stesse vi mostrerò. Egli era in un chiassetto stretto, come spesso tra due case veggiamo: sopra due travicelli, tra l'una casa e l'altra posti, alcune tavole eran confitte e il luogo da seder posto[103], delle quali tavole quella che con lui cadde era l'una.

86. **perché... mi grava**: sebbene mio marito non sia qui, cosa che mi dispiace molto.
87. **secondo donna**: per quel che una donna può fare.
88. **farò villania**: sarò maleducato.
89. **Lodato... mandare**: figuriamoci se in casa non ho un domestico da mandare.
90. **di brigata**: in compagnia.
91. **poi che... suo**: dato che così le piaceva, disponesse di lui a suo modo.
92. **fé vista**: fece finta.
93. **quella... lunga**: prolungò la cena.
94. **in niuna guisa soferrebbe**: in nessun modo permetterebbe.
95. **per entro**: in giro.
96. **aveva dello albergo... somigliante**: aveva fatto la stessa cosa per quanto riguardava il pernottamento.
97. **non senza cagione**: non senza un motivo (da parte della donna).
98. **si spogliò... di gamba**: si spogliò, restando in *farsetto* (una specie di corpetto che si indossava sopra la camicia) e si tolse *i panni di gamba* (le brache, le mutande e le calze).
99. **diporre... ventre:** perifrasi per indicare la necessità di andare al bagno.
100. **sicuramente**: senza sospetto.
101. **per ventura**: per caso.
102. **dalla contraposta... giuso**: era stata sconficcata (*sconfitta*), sull'altro lato (*dalla contraposta parte*), dalla trave sopra la quale poggiava, per cui capovolgendosi (*capolevando*), quest'asse precipitò giù, insieme con lui.

Andreuccio da Perugia si apparta in un vicolo di Napoli per defecare. Miniatura da un manoscritto del *Decameron* del 1450. (Parigi, Bibliothèque de l'Arsenal)

Ritrovandosi adunque là giú nel chiassetto Andreuccio, dolente del caso, cominciò a chiamare il fanciullo; ma il fanciullo, come sentito l'ebbe cadere, cosí corse a dirlo alla donna. La quale, corsa alla sua camera, prestamente cercò se i suoi panni v'erano; e trovati i panni e con essi i denari, li quali esso non fidandosi mattamente sempre portava addosso, avendo quello a che ella di Palermo, sirocchia d'un perugin faccendosi, aveva teso il lacciuolo[104], piú di lui non curandosi prestamente andò a chiuder l'uscio del quale egli era uscito quando cadde.

Andreuccio, non rispondendogli il fanciullo, cominciò piú forte a chiamare: ma ciò era niente[105]. Per che egli, già sospettando e tardi dello inganno cominciandosi a accorgere, salito sopra un muretto che quello chiassolino dalla strada chiudea e nella via disceso, all'uscio della casa, il quale egli molto ben riconobbe, se n'andò, e quivi invano lungamente chiamò e molto il dimenò[106] e percosse. Di che egli piagnendo, come colui che chiara vedea la sua disaventura, cominciò a dire: «Oimè lasso, in come piccol tempo ho io perduti cinquecento fiorini e una sorella!»

E dopo molte altre parole, da capo cominciò a battere l'uscio e a gridare; e tanto fece cosí, che molti de' circunstanti vicini, desti, non potendo la noia[107] sofferire, si levarono; e una delle servigiali della donna, in vista tutta sonnocchiosa, fattasi alla finestra proverbiosamente disse[108]: «Chi picchia là giú?»

«Oh!» disse Andreuccio «o non mi conosci tu? Io sono Andreuccio, fratello di madama Fiordaliso[109].»

Al quale ella rispose: «Buono uomo, se tu hai troppo bevuto, va dormi e tornerai domattina; io non so che Andreuccio né che ciance[110] son quelle che tu di'; va in buona ora e lasciaci dormir, se ti piace[111]».

«Come» disse Andreuccio «non sai che io mi dico? Certo sí sai; ma se pur son

103. **Egli era... posto**: il luogo in cui Andreuccio era caduto, era un vicoletto (*chiassetto*) stretto, come spesso possiamo vedere tra due case: su due travi poste fra le case erano inchiodate delle assi e ricavato il posto per sedere. Erano primitivi gabinetti che riversavano la loro *bruttura* nel *chiassetto*.

104. **avendo quello... lacciuolo**: avendo ottenuto ciò per cui lei, che era di Palermo, fingendosi sorella di un perugino, aveva teso la trappola.

105. **era niente**: non serviva a niente.

106. **dimenò**: scosse.

107. **noia**: fastidio.

108. **una... disse**: una delle serve della donna, in apparenza tutta assonnata, fattasi alla finestra, rimproverandolo (*proverbiosamente*) disse.

109. **madama Fiordaliso**: è il nome che la donna gli aveva raccontato di avere.

110. **ciance**: chiacchiere.

111. **in buona ora... piace**: una buona volta, per favore.

cosí fatti i parentadi[112] di Cicilia, che in sí piccol termine si dimentichino, rendimi almeno i panni miei, li quali lasciati v'ho, e io m'andrò volentier con Dio».

Al quale ella quasi ridendo disse: «Buono uomo, e' mi par che tu sogni», e il dir questo e il tornarsi dentro e chiuder la finestra fu una cosa.

Di che Andreuccio, già certissimo de' suoi danni, quasi per doglia fu presso a convertire in rabbia la sua grande ira, e per ingiuria propose[113] di rivolere quello che per parole riaver non potea; per che da capo, presa una gran pietra, con troppi maggior colpi che prima fieramente cominciò a percuoter la porta. La qual cosa[114] molti de' vicini avanti destisi e levatisi, credendo lui essere alcuno spiacevole il quale queste parole fingesse per noiare quella buona femina[115], recatosi a noia[116] il picchiare il quale egli faceva, fattisi alle finestre, non altramenti che a un can forestiere[117] tutti quegli della contrada abbaiano adosso, cominciarono a dire: «Questa è una gran villania a venire a questa ora a casa le buone femine e dire queste ciance; deh! va con Dio, buono uomo; lasciaci dormir, se ti piace; e se tu hai nulla a far con lei, tornerai domane, e non ci dar questa seccaggine stanotte.»

Dalle quali parole forse assicurato uno che dentro dalla casa era, ruffian[118] della buona femina, il quale egli né veduto né sentito avea, si fece alle finestre e con una boce[119] grossa, orribile e fiera disse: «Chi è laggiú?»

Andreuccio, a quella voce levata la testa, vide uno il quale, per quel poco che comprender poté, mostrava di dovere essere un gran bacalare[120], con una barba nera e folta al volto, e come se del letto o da alto sonno si levasse sbadigliava e stropicciavasi gli occhi: a cui egli, non senza paura, rispose: «Io sono un fratello della donna di là entro.»

Ma colui non aspettò che Andreuccio finisse la risposta, anzi piú rigido assai che prima disse: «Io non so a che io mi tegno che io non vegno là giú, e deati tante bastonate quante io ti vegga muovere[121], asino fastidioso e ebriaco[122] che tu dei essere, che questa notte non ci lascerai dormire persona[123]»; e tornatosi dentro serrò la finestra.

Alcuni de' vicini, che meglio conoscieno la condizion di colui[124], umilmente[125] parlando a Andreuccio dissero: «Per Dio, buono uomo, vatti con Dio, non volere stanotte essere ucciso costí: vattene per lo tuo migliore[126]».

Laonde Andreuccio, spaventato dalla voce di colui e dalla vista e sospinto da' conforti di coloro li quali gli pareva che da carità mossi parlassero, doloroso quanto mai alcuno altro e de' suoi denar disperato, verso quella parte onde il dí aveva la fanticella seguita, senza saper dove s'andasse, prese la via per tornarsi all'albergo. E a se medesimo dispiacendo per lo puzzo che a lui di lui veniva, disideroso di volgersi al mare per lavarsi, si torse a man sinistra e su per una via chiamata la Ruga Catalana[127] si mise. E verso l'alto della città andando, per ventura davanti si vide

112. **parentadi**: rapporti di parentela.
113. **per ingiuria propose**: con la violenza volle tentare.
114. **La qual cosa**: per cui.
115. **alcuno... femina**: un importuno che si inventasse quei discorsi per infastidire quella "buona donna" (ironico).
116. **recatosi a noi il**: infastiditi dal.
117. **can forestiere**: cane randagio.
118. **ruffian**: protettore.
119. **boce**: voce (è la forma dialettale napoletana).
120. **bacalare**: persona autorevole. Nelle università medievali il *baccalaris* era il dottore incoronato con l'alloro.
121. **Io non so... muovere**: io non so perché mi trattengo dal venire laggiù e dal darti tante bastonate fino a quando non ti vedrò più muovere.
122. **ebriaco**: ubriaco.
123. **persona**: nessuno, come il francese *personne*.
124. **la condizion di colui**: la situazione di Andreuccio.
125. **umilmente**: sottovoce, come se avessero paura.
126. **per lo tuo migliore**: per il tuo bene.
127. **la Ruga Catalana**: strada (*ruga*) che esiste ancor oggi e conduce dal porto al centro.

due che verso di lui con una lanterna in mano venieno, li quali temendo non[128] fosser della famiglia della corte[129] o altri uomini a mal far disposti, per fuggirli, in un casolare, il qual si vide vicino, pianamente ricoverò[130]. Ma costoro, quasi come a quello proprio luogo inviati andassero, in quel medesimo casolare se n'entrarono; e quivi l'un di loro, scaricati certi ferramenti che in collo avea, con l'altro insieme gl'incominciò a guardare, varie cose sopra quegli ragionando[131].

E mentre parlavano, disse l'uno: «Che vuol dir questo? Io sento il maggior puzzo che mai mi paresse sentire»; e questo detto, alzata alquanto la lanterna, ebber veduto il cattivel d'Andreuccio[132], e stupefatti domandar: «Chi è là?»

Andreuccio taceva, ma essi avvicinatiglisi con lume il domandarono che quivi cosí brutto[133] facesse: alli quali Andreuccio ciò che avvenuto gli era narrò interamente. Costoro, imaginando dove ciò gli potesse essere avvenuto, dissero fra sé: «Veramente in casa lo scarabone Buttafuoco fia stato questo[134]».

E a lui rivolti, disse l'uno: «Buono uomo, come che tu abbi perduti i tuoi denari, tu hai molto a lodare Idio che quel caso ti venne che tu cadesti né potesti poi in casa rientrare: per ciò che, se caduto non fossi, vivi sicuro che, come prima adormentato ti fossi, saresti stato amazzato e co' denari avresti la persona perduta. Ma che giova oggimai[135] di piagnere? Tu ne potresti cosí riavere un denaio come avere delle stelle del cielo[136]: ucciso ne potrai tu bene essere, se colui sente che tu mai ne facci parola».

E detto questo, consigliatisi alquanto, gli dissero: «Vedi, a noi è presa compassion di te: e per ciò, dove tu vogli con noi essere a fare alcuna cosa la quale a fare andiamo, egli ci pare esser molto certi che in parte ti toccherà il valere di troppo piú che perduto non hai[137]».

Andreuccio, sí come disperato, rispuose ch'era presto[138].

Era quel dí sepellito uno arcivescovo di Napoli, chiamato messer Filippo Minutolo[139], e era stato sepellito con ricchissimi ornamenti e con un rubino in dito il quale valeva oltre a cinquecento fiorin d'oro, il quale costoro volevano andare a spogliare; e cosí a Andreuccio fecer veduto[140].

Laonde Andreuccio, piú cupido che consigliato[141], con loro si mise in via; e andando verso la chiesa maggiore[142], e Andreuccio putendo[143] forte, disse l'uno: «Non potremmo noi trovar modo che costui si lavasse un poco dove che sia, che egli non putisse cosí fieramente[144]?»

Disse l'altro: «Sí, noi siam qui presso a un pozzo al quale suole sempre esser la carrucola e un gran secchione; andianne là e laverenlo spacciatamente[145]».

---

128. **temendo non**: temendo che (la negazione prosegue la costruzione dei verbi di timore in latino).
129. **della famiglia della corte**: guardie (letteralmente "al servizio della corte reale").
130. **ricoverò**: si rifugiò.
131. **varie cose... ragionando**: facendo vari discorsi su quelli.
132. **il cattivel d'Andreuccio**: quel disgraziato di Andreuccio.
133. **brutto**: sporco.
134. **Veramente... stato questo**: una cosa di questo genere sarà successa certamente nella casa di quel ladro e ruffiano di Buttafuoco (*scarabone*, napoletano, significa propriamente "scarafaggio", ma anche "ladro" e "scroccone"). Nei documenti dell'epoca è nominato un siciliano Francesco Buttafuoco, capo di una banda di malavitosi napoletani.
135. **oggimai**: ormai.
136. **Tu ne potresti... cielo**: potresti riavere uno spicciolo (il *denaio* era una moneta di pochissimo valore) come puoi avere delle stelle del cielo. In altre parole, è impossibile che Andreuccio riveda anche una minima parte dei soldi che gli sono stati sottratti.
137. **egli... non hai**: siamo sicuri che come tua parte (*in parte*) ti toccherà l'equivalente (*il valere*) di una somma molto superiore a quella che hai perso.
138. **presto**: disposto.
139. **Filippo Minutolo**: l'alto prelato, morto il 24 ottobre 1301, era stato effettivamente sepolto nel duomo di Napoli, in una tomba che ancor oggi si può vedere.
140. **veduto**: noto.
141. **piú cupido che consigliato**: avido più che avveduto.
142. **la chiesa maggiore**: il duomo di Napoli.
143. **putendo**: puzzando.
144. **fieramente**: fortemente.
145. **laverenlo spacciatamente**: lo laveremo in fretta.

Giunti a questo pozzo trovarono che la fune v'era ma il secchione n'era stato levato: per che insieme diliberarono di legarlo alla fune e di collarlo[146] nel pozzo, e egli là giù si lavasse e, come lavato fosse, crollasse la fune e essi il tirerebber suso; e cosí fecero.

Avvenne che, avendol costor nel pozzo collato, alcuni della famiglia della signoria, li quali e per lo caldo e perché corsi erano dietro a alcuno avendo sete, a quel pozzo venieno a bere: li quali come quegli due videro[147], incontanente[148] cominciarono a fuggire, li famigliari che quivi venivano a bere non avendogli veduti. Essendo già nel fondo del pozzo Andreuccio lavato, dimenò la fune. Costoro assetati, posti giù lor tavolacci e loro armi e lor gonnelle[149], cominciarono la fune a tirare credendo a quella il secchion pien d'acqua essere appicato[150]. Come Andreuccio si vide alla sponda del pozzo vicino, cosí, lasciata la fune, con le mani si gittò sopra quella. La qual cosa costor vedendo, da subita paura presi, senza altro dir lasciaron la fune e cominciarono quanto piú poterono a fuggire: di che Andreuccio si maravigliò forte, e se egli non si fosse bene attenuto, egli sarebbe infin nel fondo caduto forse non senza suo gran danno o morte; ma pure uscitone e queste arme trovate, le quali egli sapeva che i suoi compagni non avean portate, ancora piú s'incominciò a maravigliare.

Ma dubitando e non sappiendo che[151], della sua fortuna dolendosi, senza alcuna cosa toccar quindi diliberò di partirsi[152]: e andava senza saper dove. Cosí andando si venne scontrato[153] in que' due suoi compagni, li quali a trarlo del pozzo venivano; e come il videro, maravigliandosi forte, il domandarono chi del pozzo l'avesse tratto. Andreuccio rispose che non sapea, e loro ordinatamente disse come era avvenuto e quello che trovato aveva fuori del pozzo. Di che costoro, avvisatisi come stato era[154], ridendo gli contarono perché s'eran fuggiti e chi stati eran coloro che sú l'avean tirato. E senza piú parole fare, essendo già mezzanotte, n'andarono alla chiesa maggiore, e in quella assai leggiermente entrarono e furono all'arca[155], la quale era di marmo e molto grande; e con lor ferro il coperchio, ch'era gravissimo[156], sollevaron tanto quanto uno uomo vi potesse entrare, e puntellaronlo.

E fatto questo, cominciò l'uno a dire: «Chi entrerà dentro?»

A cui l'altro rispose: «Non io».

«Né io» disse colui «ma entrivi Andreuccio».

«Questo non farò io» disse Andreuccio.

Verso il quale ammenduni[157] costoro rivolti dissero: «Come non v'enterrai? In fé di Dio, se tu non v'entri, noi ti darem tante d'uno di questi pali di ferro[158] sopra la testa, che noi ti farem cader morto».

Andreuccio temendo v'entrò, e entrandovi pensò seco: «Costoro mi ci fanno entrare per ingannarmi, per ciò che, come io avrò loro ogni cosa dato, mentre che io penerò[159] a uscir dall'arca, essi se ne andranno pe' fatti loro e io rimarrò senza

146. **collarlo**: calarlo.
147. **li quali… videro**: appena i due ladri (*quegli due*) ebbero viste le guardie (*li quali*).
148. **incontanente**: subito.
149. **tavolacci… gonnelle**: scudi di legno (*tavolacci*), armi e sopravvesti (*gonnelle*).
150. **appicato**: appeso.
151. **dubitando e non sappiendo che**: avendo paura e non sapendo di che cosa.
152. **quindi… partirsi**: decise di andarsene da lì (*quindi*).
153. **si venne scontrato**: gli accadde di imbattersi.
154. **avvisatisi come stato era**: resisi conto di come erano andate le cose.
155. **in quella assai… arca**: vi entrarono assai facilmente e arrivarono al sepolcro.
156. **gravissimo**: pesantissimo.
157. **ammenduni**: tutti e due.
158. **ti darem tante… ferro**: ti daremo tante percosse con uno di questi pali di ferro.
159. **penerò**: faticherò.

cosa alcuna». E per ciò s'avisò di farsi innanzi tratto la parte sua[160]; e ricordatosi del caro[161] anello che aveva loro udito dire, come fu giú disceso cosí di dito il trasse all'arcivescovo e miselo a sé; e poi dato il pasturale e la mitra e' guanti[162] e spogliatolo infino alla camiscia[163], ogni cosa diè loro dicendo che piú niente v'avea[164]. Costoro, affermando che esser vi doveva l'anello, gli dissero che cercasse per tutto: ma esso, rispondendo che nol trovava e sembiante faccendo[165] di cercarne, alquanto gli tenne in aspettare. Costoro che d'altra parte eran sí come lui maliziosi, dicendo pur che ben cercasse, preso tempo[166], tiraron via il puntello che il coperchio dell'arca sostenea, e fuggendosi lui dentro dall'arca lasciaron racchiuso. La qual cosa sentendo Andreuccio, quale egli allor divenisse ciascun sel può pensare.

Egli tentò piú volte e col capo e con le spalle se alzare potesse il coperchio, ma invano si faticava: per che da grave dolor vinto, venendo meno cadde sopra il morto corpo dell'arcivescovo; e chi allora veduti gli avesse malagevolmente avrebbe conosciuto chi piú si fosse morto, o l'arcivescovo o egli. Ma poi che in sé fu ritornato, dirottissimamente cominciò a piagnere, veggendosi quivi senza dubbio all'un de' due fini dover pervenire: o in quella arca, non venendovi alcuni piú a aprirla, di fame e di puzzo tra' vermini del morto corpo convenirlo morire[167], o vegnendovi alcuni e trovandovi lui dentro, sí come ladro dovere essere appiccato[168].

E in cosí fatti pensieri e doloroso molto stando, sentí per la chiesa andar genti e parlar molte persone, le quali, sí come gli avvisava[169], quello andavano a fare che esso co' suoi compagni avean già fatto: di che la paura gli crebbe forte. Ma poi che costoro ebbero l'arca aperta e puntellata, in quistion caddero[170] chi vi dovesse entrare, e niuno il voleva fare; pur dopo lunga tencione[171] un prete disse: «Che paura avete voi? credete voi che egli vi manuchi[172]? Li morti non mangian gli uomini: io v'entrerò dentro io». E cosí detto, posto il petto sopra l'orlo dell'arca, volse il capo in fuori e dentro mandò le gambe per doversi giuso calare. Andreuccio, questo vedendo, in piè levatosi prese il prete per l'una delle gambe e fé sembiante di volerlo giú tirare. La qual cosa sentendo il prete mise uno strido grandissimo e presto dell'arca si gittò fuori; della qual cosa tutti gli altri spaventati, lasciata l'arca aperta, non altramente a fuggir cominciarono che se da centomilia diavoli fosser perseguitati.

La qual cosa veggendo Andreuccio, lieto oltre a quello che sperava, subito si gittò fuori e per quella via onde era venuto se ne uscí della chiesa; e già avvicinandosi al giorno, con quello anello in dito andando all'avventura, pervenne alla marina e quindi al suo albergo si abbatté[173]; dove li suoi compagni e l'albergatore trovò tutta la notte stati in sollecitudine de' fatti suoi[174]. A' quali ciò che avvenuto gli era raccontato, parve per lo consiglio dell'oste loro che costui incontanente si dovesse di Napoli partire; la qual cosa egli fece prestamente e a Perugia tornossi, avendo il suo[175] investito in uno anello, dove per comperare cavalli era andato.

160. **s'avisò di farsi... parte sua**: pensò di farsi la sua parte prima di tutto (*innanzi tratto*).
161. **caro**: prezioso.
162. **pasturale... guanti**: il bastone ricurvo (*pasturale*), il copricapo (*mitra*) e i guanti erano i simboli del potere del vescovo ed erano ornati d'oro e pietre preziose.
163. **camiscia**: camicia.
164. **v'avea**: c'era.
165. **sembiante faccendo**: facendo finta.
166. **preso tempo**: al momento giusto.
167. **convenirlo morire**: gli sarebbe toccato di morire.
168. **appiccato**: impiccato.
169. **avvisava**: sembrava.
170. **in quistion caddero**: si misero a litigare.
171. **tencione**: discussione.
172. **manuchi**: mangi.
173. **si abbatté**: si imbatté, capitò per caso.
174. **in sollecitudine... suoi**: in preoccupazione per lui.
175. **il suo**: il suo denaro.

DIALOGO CON IL TESTO

COMPRENDERE

La novella, così movimentata, è ricca di temi, che si possono raccogliere intorno a tre filoni: il racconto di iniziazione, la logica del profitto e la virtù dell'intelligenza, la "fortuna".

Un racconto di iniziazione Il "racconto di iniziazione", un genere narrativo che ha origini antiche, è la storia della maturazione di un giovane che entra nel mondo adulto tra errori e pericoli. All'inizio, appena arrivato a Napoli, mai uscito dalla sua città, Andreuccio è inesperto e si lascia facilmente ingannare. In seguito, grazie alle disavventure di cui è vittima, si fa più scaltro e avveduto.

- **Analizzando il suo atteggiamento al mercato e la reazione all'inganno che gli tende madonna Fiordaliso, notate i particolari che rivelano, spesso in maniera comica, la sua ingenuità.**
- **Nel seguito della novella, elencate le tappe attraverso le quali il personaggio, ammaestrato dagli eventi, diventa progressivamente più accorto e smaliziato.**

La logica del profitto e l'intelligenza Il mondo a cui il giovane viene iniziato è dominato da regole ferree e amorali, in cui ciascuno mira al suo utile senza scrupoli di sorta. L'intelligenza è la "virtù" più necessaria in questa realtà; essa è rappresentata da madonna Fiordaliso, l'antagonista di Andreuccio nella prima parte della novella. La sua abilità è in primo luogo abilità retorica: nel discorso con cui abbindola Andreuccio si rivela uno splendido uso della parola per commuovere, per convincere, per farsi amare.

- **Nella storia raccontata da madonna Fiordaliso individuate i particolari accuratamente scelti dalla donna per rendersi credibile e costruire un'immagine di sé nobile, tenera, disinteressata.**
- **La strategia messa in atto dalla donna diviene più brutale nell'animata scena di gruppo che segue la caduta di Andreuccio nella latrina; qui osservate attraverso quali particolari l'autore faccia intuire, senza parlarne esplicitamente, la sapiente regia che sta dietro a una serie di interventi che appaiono a prima vista casuali e spontanei.**

La "fortuna" Se la prima parte della novella è dominata dall'intelligenza, nel seguito della vicenda domina invece la "fortuna", il caso cieco che capovolge situazioni, provoca incontri imprevisti, assegna successi e insuccessi senza una logica comprensibile e prevedibile dagli esseri umani. La fortuna è però un'occasione per manifestare doti come l'intraprendenza e la scaltrezza: se il caso non può essere dominato, chi ha la giusta prontezza d'animo può approfittarne per favorire il raggiungimento dei propri scopi.

- **Quali imprevisti capovolgimenti di situazione rendono possibile il successo finale di Andreuccio?**

ANALIZZARE

La comicità e il realismo La novella rappresenta al massimo grado un genere narrativo "comico", nel senso in cui lo intendeva la teoria letteraria del Medioevo: si svolge in un ambiente sociale di infimo livello, tra ladri e prostitute, ed è piena di particolari bassi e ripugnanti. Nella scena che si svolge intorno alla tomba del vescovo si giunge poi a elementi e a situazioni narrative che saranno tipiche della letteratura da racconto dell'orrore.

- **Un ingrediente del comico (sia nel senso medievale sia in quello moderno) è spesso il realismo; elencate i particolari che rappresentano fedelmente la Napoli del tempo e i suoi abitanti.**

Il ritmo narrativo Il fascino della novella è affidato soprattutto al suo ritmo narrativo, al susseguirsi di vicende che scaturiscono l'una dall'altra con una cadenza sempre più serrata e incalzante.

- **Dividendo la novella in sequenze, o facendone un riassunto schematico, mostrate come la velocità narrativa aumenti progressivamente dall'inizio alla fine.**

INTERPRETARE

Evoluzione o involuzione di Andreuccio? Il cambiamento che Andreuccio subisce nel passaggio da Perugia, quieta e provinciale, a Napoli, vivace e cittadina, non è del tutto univoco: Andreuccio giunge a Napoli ingenuo ma onesto; le disavventure lo rendono sicuramente capace di fronteggiare la sorte (si fa complice dei due ladri e poi li imbroglia prevedendo il loro piano) a discapito però della morale. In altre parole, la scaltrezza che gli permette di cavarsela nello spietato mondo dei mercanti napoletani sembra sul piano etico in contraddizione con la sua iniziale rettitudine. Grazie all'avvedutezza maturata in seguito alle disavventure vissute a Napoli se ne torna a Perugia più astuto e non meno ricco. Ma quella che può essere letta come una conquista nel mondo dei mercanti è forse una perdita sul piano della morale.

- **Quale delle due interpretazioni vi sembra più persuasiva in base alle parole del testo e alla vostra esperienza di lettura?**

ANALISI

T101 ▸ Lisabetta da Messina (IV, 5)

Un grande amore eroico che resiste all'ostilità dell'ambiente e dura oltre la morte. La novella viene narrata nella quarta giornata, che ha per tema «coloro li cui amori ebbero infelice fine».

PERCORSO
- Le donne come soggetto e come oggetto della scrittura (I), p. 542

I fratelli d'Elisabetta uccidon l'amante di lei: egli l'apparisce in sogno e mostrale dove sia sotterato; ella occultamente disotterra la testa e mettela in un testo di bassilico[1]*, e quivi sú piagnendo ogni dí per una grande ora*[2]*, i fratelli gliele tolgono, e ella se ne muore di dolor poco appresso.* [...]

Erano adunque in Messina tre giovani fratelli e mercatanti[3], e assai ricchi uomini rimasi dopo la morte del padre loro, il quale fu da San Gimignano[4]; e avevano una loro sorella chiamata Elisabetta, giovane assai bella e costumata[5], la quale, che che se ne fosse cagione[6], ancora maritata non aveano. E avevano oltre a ciò questi tre fratelli in un lor fondaco[7] un giovinetto pisano chiamato Lorenzo, che tutti i lor fatti guidava e faceva[8]; il quale, essendo assai bello della persona e leggiadro molto, avendolo piú volte Lisabetta guatato[9], avvenne che egli le incominciò stranamente[10] a piacere. Di che Lorenzo accortosi e una volta e altra, similmente,

Una scena tratta dalla novella di Lisabetta da Messina in un dipinto del 1849 del pittore inglese John Everett Millais. (Liverpool, Walker Art Gallery)

1. ***testo di bassilico***: vaso di basilico.
2. ***per una grande ora***: a lungo.
3. **mercatanti**: mercanti.
4. **San Gimignano**: i documenti dell'epoca attestano la presenza a Messina di mercanti provenienti da San Gimignano, città della Toscana.
5. **costumata**: di buoni costumi, bene educata.
6. **che che... cagione**: qualunque ne fosse il motivo.
7. **fondaco**: magazzino e bottega.
8. **che tutti... faceva**: Lorenzo è l'uomo di fiducia dei tre mercanti; la sua posizione sociale ed economica resta però molto inferiore a quella di Lisabetta.
9. **guatato**: guardato con interesse.
10. **stranamente**: in maniera straordinaria.

lasciati suoi altri innamoramenti di fuori[11], incominciò a porre l'animo a lei; e sí andò la bisogna[12] che, piacendo l'uno all'altro igualmente, non passò gran tempo che, assicuratisi[13], fecero di quello che piú disiderava ciascuno.

E in questo continuando e avendo insieme assai di buon tempo e di piacere[14], non seppero sí segretamente fare, che una notte, andando Lisabetta là dove Lorenzo dormiva, che[15] il maggior de' fratelli, senza accorgersene ella[16], non se ne accorgesse. Il quale, per ciò che savio giovane era, quantunque molto noioso gli fosse a ciò sapere, pur mosso da piú onesto consiglio, senza far motto o dir cosa alcuna, varie cose fra sé rivolgendo intorno a questo fatto, infino alla mattina seguente trapassò[17]. Poi, venuto il giorno, a' suoi fratelli ciò che veduto aveva la passata notte d'Elisabetta e di Lorenzo raccontò; e con loro insieme, dopo lungo consiglio, diliberò di questa cosa, acciò che né a loro né alla sirocchia alcuna infamia ne seguisse, di passarsene tacitamente e d'infignersi del tutto d'averne alcuna cosa veduta o saputa[18] infino a tanto che tempo venisse nel quale essi, senza danno o sconcio di loro, questa vergogna, avanti che piú andasse innanzi, si potessero torre dal viso[19].

E in tal disposizion dimorando, cosí cianciando[20] e ridendo con Lorenzo come usati erano[21], avvenne che, sembianti faccendo d'andare fuori della città a diletto[22] tutti e tre, seco menaron[23] Lorenzo; e pervenuti in un luogo molto solitario e rimoto[24], veggendosi il destro[25], Lorenzo, che di ciò niuna guardia prendeva, uccisono[26] e sotterrarono in guisa[27] che niuna persona se n'accorse. E in Messina tornatisi dieder voce[28] d'averlo per loro bisogne[29] mandato in alcun luogo; il che leggiermente[30] creduto fu, per ciò che spesse volte eran di mandarlo da torno usati.

Non tornando Lorenzo, e Lisabetta molto spesso e sollecitamente[31] i fratei domandandone, sí come colei a cui la dimora lunga gravava[32], avvenne un giorno che, domandandone ella molto instantemente[33], che l'uno de' fratelli disse: «Che vuol dir questo? che hai tu a far di Lorenzo, che tu ne domandi cosí spesso? Se tu ne domanderai piú, noi ti faremo quella risposta che ti si conviene[34]». Per che la giovane dolente e trista, temendo e non sappiendo che[35], senza piú domandarne si stava e assai volte la notte pietosamente il[36] chiamava e pregava che ne venisse; e

11. **lasciati... fuori**: dopo aver lasciato perdere altri suoi amori esterni alla casa.
12. **bisogna**: faccenda.
13. **assicuratisi**: quando furono sicuri l'uno dell'amore dell'altra. O forse: "prese le opportune precauzioni per non farsi scoprire".
14. **avendo insieme... piacere**: trascorrendo insieme molte ore felici, con grande piacere.
15. **che**: la congiunzione consecutiva viene ripetuta dopo l'inciso.
16. **senza accorgersene ella**: senza che lei se ne accorgesse.
17. **per ciò... trapassò**: siccome era un giovane saggio, sebbene gli fosse molto doloroso (*noioso*) sapere ciò, pure, spinto da un pensiero più attento all'onore della famiglia (*onesto*), senza proferire una parola (*fare motto*) o dire nulla, aspettò (*trapassò*) fino alla mattina seguente, pensando fra sé varie cose intorno all'accaduto.
18. **dopo lungo... saputa**: dopo lunga riflessione (*consiglio*), decise insieme a loro di starsene zitti e di fingere di non aver visto o saputo assolutamente niente di questa cosa, affinché né a loro né alla sorella (*sirocchia*) ne venisse disonore.
19. **senza danno... viso**: senza loro danno o disonore (*sconcio*), potessero togliersi di torno questa vergogna, prima che andasse più avanti.
20. **cianciando**: chiacchierando e scherzando.
21. **come usati erano**: come avevano l'abitudine di fare.
22. **sembianti faccendo... diletto**: fingendo di andare fuori dalla città per divertimento.
23. **seco menaron**: condussero con sé.
24. **rimoto**: lontano e appartato.
25. **veggendosi il destro**: cogliendo il momento opportuno.
26. **uccisono**: uccisero.
27. **in guisa**: in modo.
28. **dieder voce**: sparsero la voce.
29. **per loro bisogne**: per necessità dei loro affari.
30. **leggiermente**: facilmente.
31. **sollecitamente**: con insistenza.
32. **sí come... gravava**: dato che il lungo ritardo la faceva soffrire.
33. **molto instantemente**: con grande insistenza.
34. **Se tu... si conviene**: se domanderai ancora (*piú*) di lui, noi ti daremo la risposta che meriti.
35. **non sappiendo che**: non sapendo di che cosa dovesse temere.
36. **il**: lo.

alcuna volta con molte lagrime della sua lunga dimora[37] si doleva e senza punto[38] rallegrarsi sempre aspettando si stava.

Avvenne una notte che, avendo costei molto pianto Lorenzo che non tornava e essendosi alla fine piagnendo adormentata, Lorenzo l'apparve nel sonno, pallido e tutto rabbuffato[39] e co' panni tutti stracciati e fracidi[40]: e parvele che egli dicesse: «O Lisabetta, tu non mi fai altro che chiamare e della mia lunga dimora t'atristi e me con le tue lagrime fieramente[41] accusi; e per ciò sappi che io non posso piú ritornarci[42], per ciò che l'ultimo dí che tu mi vedesti i tuoi fratelli m'uccisono». E disegnatole[43] il luogo dove sotterato l'aveano, le disse che piú nol chiamasse né l'aspettasse, e disparve.

La giovane, destatasi e dando fede alla visione, amaramente pianse. Poi la mattina levata, non avendo ardire di dire alcuna cosa a' fratelli, propose[44] di volere andare al mostrato luogo e di vedere se ciò fosse vero che nel sonno l'era paruto[45]. E avuta la licenzia d'andare alquanto fuor della terra a diporto, in compagnia d'una che altra volta con loro era stata[46] e tutti i suoi fatti sapeva, quanto piú tosto poté là se n'andò; e tolte via foglie secche che nel luogo erano, dove men dura le parve la terra quivi cavò[47]; né ebbe guari[48] cavato, che ella trovò il corpo del suo misero amante in niuna cosa ancora guasto né corrotto[49]: per che manifestamente conobbe essere stata vera la sua visione. Di che piú che altra femina dolorosa, conoscendo che quivi non era da piagnere[50], se avesse potuto volentier tutto il corpo n'avrebbe portato per dargli piú convenevole sepoltura; ma veggendo che ciò esser non poteva, con un coltello il meglio che poté gli spiccò dallo 'mbusto[51] la testa, e quella in uno asciugatoio inviluppata[52], e la terra sopra l'altro corpo[53] gittata, messala in grembo alla fante[54], senza essere stata da alcun veduta, quindi[55] si dipartí e tornossene a casa sua.

Quivi con questa testa nella sua camera rinchiusasi, sopra essa lungamente e amaramente pianse, tanto che tutta con le sue lagrime la lavò, mille basci[56] dandole in ogni parte. Poi prese un grande e un bel testo, di questi ne' quali si pianta la persa[57] o il basilico, e dentro la vi mise fasciata in un bel drappo; e poi messavi sú la terra, sú vi piantò parecchi piedi[58] di bellissimo bassilico salernetano, e quegli da niuna altra acqua che o rosata o di fior d'aranci[59] o delle sue lagrime non innaffiava giammai. E per usanza aveva preso di sedersi sempre a questo testo vicina e quello con tutto il suo disidero vagheggiare[60], sí come quello che il suo Lorenzo teneva nascoso: e poi che molto vagheggiato l'avea, sopr'esso andatasene comin-

37. **dimora**: assenza.
38. **punto**: affatto.
39. **rabbuffato**: con i capelli scompigliati.
40. **fracidi**: fradici.
41. **fieramente**: duramente.
42. **ritornarci**: ritornare lì.
43. **disegnatole**: dopo averle indicato.
44. **propose**: si propose.
45. **l'era paruto**: le era apparso.
46. **avuta la licenzia... stata**: avuto il permesso di uscire un po' fuori dalla città (*terra*), per svago (*a diporto*), in compagnia di una donna che in passato era stata al loro servizio.
47. **cavò**: scavò.
48. **guari**: molto.
49. **in niuna... corrotto**: in nessuna parte ancora rovinato o decomposto.
50. **Di che... piagnere**: addolorata di questo più che ogni altra donna al mondo, comprendendo che non era il momento di piangere.
51. **gli spiccò... 'mbusto**: gli staccò dal busto.
52. **in uno asciugatoio inviluppata**: avvolta in un telo.
53. **l'altro corpo**: il resto del corpo.
54. **fante**: la ragazza al suo servizio che l'accompagnava.
55. **quindi**: da lì.
56. **basci**: baci.
57. **persa**: maggiorana (una pianta aromatica).
58. **piedi**: piante con le radici.
59. **rosata... d'aranci**: distillata o dalle rose o dai fiori d'arancio.
60. **con tutto il... vagheggiare**: desiderare con tutta la sua passione.

Lisabetta recide la testa dal corpo dell'amante, assassinato dai suoi fratelli. Miniatura da un'edizione del *Decameron* del 1450. (Parigi, Bibliothèque de l'Arsenal)

ciava a piagnere, e per lungo spazio[61], tanto che[62] tutto il basilico bagnava, piagnea.

Il basilico, sí per lo lungo e continuo studio[63], sí per la grassezza della terra procedente dalla testa corrotta[64] che dentro v'era, divenne bellissimo e odorifero molto; e servando la giovane questa maniera del continuo[65], piú volte da' suoi vicin fu veduta. Li quali, maravigliandosi i fratelli della sua guasta[66] bellezza e di ciò che gli occhi le parevano della testa fuggiti[67], il disser loro: «Noi ci siamo accorti che ella ogni dí tiene la cotal maniera[68]». Il che udendo i fratelli e accorgendosene, avendonela alcuna volta ripresa e non giovando[69], nascosamente da lei fecero portar via questo testo; il quale non ritrovando ella con grandissima instanzia[70] molte volte richiese, e non essendole renduto[71], non cessando il pianto e le lagrime, infermò[72], né altro che il testo suo nella infermità domandava. I giovani si maravigliavan forte di questo adimandare, e per ciò vollero vedere che dentro vi fosse; e versata la terra, videro il drappo e in quello la testa non ancora sí consumata, che essi alla capellatura crespa non conoscessero lei essere quella di Lorenzo. Di che essi si maravigliaron forte e temettero non questa cosa si risapesse: e sotterrata quella, senza altro dire, cautamente di Messina uscitisi e ordinato come di quindi si ritraessero[73], se n'andarono a Napoli.

La giovane non restando di piagnere e pure il suo testo adimandando[74], piagnendo si morí, e cosí il suo disaventurato[75] amore ebbe termine. Ma poi a certo tempo divenuta questa cosa manifesta a molti, fu alcun che compuose quella canzone la quale ancora oggi si canta, cioè:

Qual esso fu lo malo cristiano[76],
che mi furò la grasta[77], *et cetera*. –

61. **lungo spazio**: molto tempo.
62. **tanto che**: fino a quando.
63. **studio**: cura.
64. **per la grassezza... corrotta**: per la fertilità della terra dovuta alla testa in decomposizione.
65. **servando... continuo**: mantenendo sempre la giovane questa abitudine.
66. **guasta**: sciupata, rovinata.
67. **dalla testa fuggiti**: scomparsi dal volto (tanto erano infossati).
68. **la cotal maniera**: il tale comportamento (cioè quello appena descritto).
69. **avendonela... giovando**: avendola più di una volta rimproverata inutilmente.
70. **instanzia**: insistenza.
71. **renduto**: reso.
72. **infermò**: si ammalò.
73. **ordinato... ritraessero**: avendo disposto il modo di trasferire fuori da Messina (*di quindi*) i loro affari.
74. **non restando... adimandando**: non cessando di piangere e chiedendo sempre il suo vaso.
75. **disaventurato**: sfortunato.
76. **lo malo cristiano**: il malvagio.
77. **che... la grasta**: che mi rubò (*furò*) la stoviglia di coccio (*grasta*), cioè il vaso da fiori.

DIALOGO CON IL TESTO

COMPRENDERE

Due forze in conflitto La tragedia di Lisabetta nasce dallo scontro fra due forze che sono tra i temi dominanti nel *Decameron*:
- da un lato l'amore, presentato da Boccaccio come una forza invincibile che possiede gli innamorati, che va al di là di tutti gli ostacoli sociali;
- dall'altro la logica inesorabile delle convenienze, dell'onore, considerato dal punto di vista dei mercanti come la rispettabilità necessaria a condurre i propri affari.

- **I fratelli di Lisabetta si comportano, dal principio alla fine, come se si trattasse di condurre a buon fine un'operazione commerciale; cercate nel testo le espressioni con cui viene qualificato questo loro atteggiamento.**
- **Al termine della novella hanno raggiunto gli scopi che si erano proposti?**
- **Il tema di questa novella è anticipato nel proemio del *Decameron* (▸T95): per quali aspetti?**

ANALIZZARE

Il non detto A differenza di altre novelle del *Decameron*, piene di dialoghi e di elaborati discorsi, questa è costruita tutta sui silenzi: quello gelido dei fratelli, che non hanno bisogno della parola per esercitare la loro violenza, e quello disperato di Lisabetta, che nella sua solitudine e impotenza può solo piangere.
La narrazione è sobria e stringata; per quanto la vicenda sia commovente, l'autore non spende una sola parola per sottolineare la commozione: delinea con precisione e concretezza l'ambiente, e poi procede con un racconto tutto cose e azioni. Notate come nelle ultime righe esso precipiti verso la conclusione tragica omettendo qualunque particolare, con una rapidità telegrafica: *piagnendo si morí, e cosí il suo disaventurato amore ebbe termine*.

INTERPRETARE

Da che parte sta Boccaccio? Nonostante l'assenza di commenti da parte del narratore, il critico Cesare Segre afferma: «Non occorrono parole di solidarietà verso Lisabetta per farci comprendere che Boccaccio è tutto dalla sua parte perché ne approva i sentimenti, perché partecipa al suo disperato attaccamento all'amato, oltre la sua morte, sino alla propria morte».

- **Discutete questo giudizio cercando nel testo i riscontri che possono avvalorarlo o confutarlo.**

CONFRONTARE

Due donne, due "morali della storia" La novella di Andreuccio da Perugia (▸T100) presenta con madonna Fiordaliso un personaggio femminile lontanissimo da Lisabetta; anche la valutazione sulla positività della "morale dell'utile" proposta dalle due novelle è nettamente diversa.

- **Confrontate le novelle da questi punti di vista.**

Innamoramenti La descrizione dell'innamoramento fra Lisabetta e Lorenzo può essere confrontata con il racconto della nascita dell'amore fra Paolo e Francesca (▸T56).

- **Quali affinità e differenze si possono notare fra i motivi di attrazione che fanno scoccare l'innamoramento e i primi sviluppi delle due storie d'amore?**

Lisabetta con il vaso di basilico in un dipinto di William Holman Hunt del 1867. (Newcastle, Laing Art Gallery)

IL DECAMERON
di Pier Paolo Pasolini

Il Decameron
Regia: Pier Paolo Pasolini
Sceneggiatura: Pier Paolo Pasolini
Cast: Ninetto Davoli (Andreuccio da Perugia), Franco Citti (ser Ciappelletto)
Paese e anno di produzione: Italia, Francia, Repubblica Federale di Germania (1971)
Durata: 110 minuti

Il *Decameron* di Boccaccio è, anche nei racconti tragici, un inno alla gioia di vivere; l'ottimismo di fondo che attraversa quest'opera deriva dal momento storico che il suo autore stava vivendo: l'esplosione di quella grandiosa novità che era la rivoluzione borghese. Questo è l'aspetto da cui Pier Paolo Pasolini ha dichiarato di essere stato più tentato quando ha deciso di affrontare uno dei "monumenti" della letteratura italiana. Solo che, coerentemente con la sua personale poetica, ha sostituito la gioia "borghese" di Boccaccio con l'innocente gioia popolare, trasportando l'ambientazione di quasi tutte le novelle a Napoli, in un mondo che a Pasolini sembrava fuori della storia, non toccato dall'inautenticità e dall'appiattimento tipici del mondo contemporaneo. «Ho scelto Napoli – ha avuto modo di dichiarare provocatoriamente Pasolini – non in polemica contro Firenze, ma contro tutta la stronza Italia neocapitalistica e televisiva». Il reale protagonista di questo film è infatti il mondo napoletano: i personaggi cambiano, si alternano, si sostituiscono, scompaiono, ma il loro mondo, il mondo napoletano, resta sempre lo stesso.

Nel *Decameron* di Pasolini (1970-1971 – 107') sono nove le novelle tratte dall'opera di Boccaccio, due delle quali – quella di ser Ciappelletto e quella di un allievo di Giotto, interpretato da Pasolini stesso – funzionano da filo conduttore. Le altre sono quelle di Andreuccio da Perugia, dell'ortolano Masetto, di Lisabetta, di Caterina e Ricciardo, di Tingoccio e Meuccio, di Donno Gianni e, per finire, dell'infedele Peronella. Il film – su cui grava ancora un divieto ai minori di 16 anni – all'epoca scandalizzò per l'esaltazione dell'atto sessuale e per l'infrazione di tabù allora ancora sentiti nella società italiana, ma rimane un film ilare e lieto, vitale e felice. Probabilmente, però, oggi, più che l'aspetto erotico, colpiscono maggiormente i denti storti, i nasi camusi, i lineamenti imperfetti dei volti degli attori, che sono per la maggior parte non professionisti. Per Pasolini la «lingua del cinema» aveva lo stesso codice della «lingua della realtà»: questo significa che il cinema "è scritto" con la realtà, e la prima realtà è proprio quella del corpo dell'attore che interpreta un personaggio. Di qui un'attenzione speciale ai corpi, in particolare a quelli del popolo, privi della levigatezza di lineamenti a cui il cinema ci ha abituato, ma carichi, nei loro difetti, di una «disperante bellezza», che esalta quella che Pasolini definiva la diversità antropologica del popolo in contrasto con il potere omologante del consumismo (che lui definiva un nuovo e più devastante fascismo).

Sopra Una scena tratta dal film *Il Decameron* diretto da Pier Paolo Pasolini.
A destra La locandina del film.

T102 ▸ Nastagio degli Onesti (V, 8)

Nella quinta giornata «si ragiona di ciò che a alcuno amante, dopo alcuni fieri o sventurati accidenti, felicemente avvenisse». Si tratta dunque di storie d'amore che nascono infelici ma si concludono positivamente. L'originalità di questa novella è nel fatto che il lieto fine è costruito a partire da una scena di orrori infernali.

Nastagio degli Onesti[1]*, amando una de' Traversari*[2]*, spende le sue ricchezze senza essere amato; vassene pregato da' suoi a Chiassi*[3]*; quivi vede cacciare a un cavaliere una giovane e ucciderla e divorarla da due cani; invita i parenti suoi e quella donna amata da lui a un desinare, la quale vede questa medesima giovane sbranare e temendo di simile avvenimento prende per marito Nastagio.* [...]

In Ravenna, antichissima città di Romagna, furon già assai nobili e gentili[4] uomini, tra' quali un giovane chiamato Nastagio degli Onesti, per la morte del padre di lui e d'un suo zio, senza stima[5] rimase ricchissimo. Il quale, sí come de' giovani avviene, essendo senza moglie s'innamorò d'una figliuola di messer Paolo Traversaro, giovane troppo piú nobile che esso non era[6], prendendo speranza con le sue opere[7] di doverla trarre a amar lui. Le quali, quantunque grandissime, belle e laudevoli fossero, non solamente non gli giovavano, anzi pareva che gli nocessero, tanto cruda e dura e salvatica[8] gli si mostrava la giovinetta amata, forse per la sua singular bellezza o per la sua nobiltà sí altiera e disdegnosa divenuta, che né egli né cosa che gli piacesse le piaceva[9]. La qual cosa era tanto a Nastagio gravosa a comportare[10], che per dolore piú volte dopo essersi doluto gli venne in disiderio d'uccidersi; poi, pur tenendosene[11], molte volte si mise in cuore di doverla del tutto lasciare stare, o se potesse d'averla in odio come ella aveva lui. Ma invano tal proponimento prendeva, per ciò che pareva che quanto piú la speranza mancava, tanto piú multiplicasse[12] il suo amore.

Perseverando adunque il giovane e nello amare e nello spendere smisuratamente, parve a certi suoi amici e parenti che egli sé e 'l suo avere parimente fosse per consumare[13]; per la qual cosa piú volte il pregarono e consigliarono che si dovesse di Ravenna partire e in alcuno altro luogo per alquanto tempo andare a dimorare, per ciò che, cosí faccendo, scemerebbe[14] l'amore e le spese. Di questo consiglio piú volte fece beffe Nastagio; ma pure, essendo da loro sollecitato, non potendo tanto dir di no, disse di farlo; e fatto fare un grande apparecchiamento[15], come se in Francia o in Ispagna o in alcuno altro luogo lontano andar volesse, montato a cavallo e da' suoi molti amici accompagnato di Ravenna uscí e andossen a un luogo fuor di Ravenna forse tre miglia, che si chiama Chiassi; e quivi fatti

---

1. ***Nastagio degli Onesti***: i documenti del tempo attestano che la famiglia apparteneva alla nobiltà ravennate.
2. ***una de' Traversari***: una donna della famiglia dei Traversari, anche questa ricordata tra le più ricche e nobili della città.
3. ***Chiassi***: Classe, località presso Ravenna anche oggi famosa per la sua pineta.
4. **gentili**: lo stesso che *nobili*.
5. **senza stima**: in misura inestimabile.
6. **troppo... era**: troppo più nobile di lui, per corrispondere al suo amore.
7. **con le sue opere**: con atti di "cortesia", come feste, banchetti, tornei, che lo facevano *spendere smisuratamente*, come dirà più avanti la narratrice di questa novella, Filomena.
8. **salvatica**: insensibile.
9. **né egli... piaceva**: non le piaceva né Nastagio né qualsiasi cosa che a lui piacesse.
10. **gravosa a comportare**: dura da sopportare.
11. **tenendosene**: trattenendosi dal farlo.
12. **multiplicasse**: aumentasse.
13. **egli... consumare**: fosse sul punto di consumare ugualmente la propria persona (per il dolore) e il suo patrimonio.
14. **scemerebbe**: farebbe diminuire.
15. **un grande apparecchiamento**: grandi preparativi.

venir padiglioni e trabacche[16], disse a color che accompagnato l'aveano che starsi[17] volea e che essi a Ravenna se ne tornassono. Attendatosi adunque quivi Nastagio cominciò a fare la piú bella vita e la piú magnifica che mai si facesse, or questi e or quegli altri invitando a cena e a desinare, come usato s'era[18].

Ora avvenne che, venendo quasi all'entrata di maggio[19], essendo un bellissimo tempo e egli entrato in pensiero della sua crudel donna, comandato a tutta la sua famiglia[20] che solo il lasciassero per piú poter pensare a suo piacere, piede innanzi piè se medesimo trasportò[21] pensando infino nella pigneta[22]. E essendo già passata presso che la quinta ora del giorno[23] e esso bene un mezzo miglio per la pigneta entrato, non ricordandosi di mangiare né d'altra cosa, subitamente gli parve udire un grandissimo pianto e guai altissimi messi[24] da una donna; per che, rotto il suo dolce pensiero, alzò il capo per veder che fosse e maravigliossi nella pigneta veggendosi. E oltre a ciò, davanti guardandosi, vide venire per un boschetto assai folto d'albuscelli e di pruni[25], correndo verso il luogo dove egli era, una bellissima giovane ignuda, scapigliata e tutta graffiata dalle frasche e da' pruni, piagnendo e gridando forte mercé[26]; e oltre a questo le vide a' fianchi due grandi e fieri mastini, li quali duramente[27] appresso correndole spesse volte crudelmente dove la giugnevano la mordevano; e dietro a lei vide venire sopra un corsier[28] nero un cavalier bruno, forte nel viso crucciato[29], con uno stocco[30] in mano, lei di morte con parole spaventevoli e villane minacciando. Questa cosa a un'ora[31] maraviglia e spavento gli mise nell'animo e ultimamente compassione della sventurata donna, dalla qual nacque disidero di liberarla da sí fatta angoscia e morte, se el potesse. Ma senza arme trovandosi, ricorse a prendere un ramo d'albero in luogo di bastone e cominciò a farsi incontro a' cani e contro al cavaliere.

Ma il cavaliere che questo vide gli gridò di lontano: «Nastagio, non t'impacciare[32], lascia fare a' cani e a me quello che questa malvagia femina ha meritato».

E cosí dicendo, i cani, presa forte la giovane ne' fianchi, la fermarono, e il cavaliere sopragiunto smontò da cavallo; al quale Nastagio avvicinatosi disse: «Io non so chi tu ti se' che me cosí cognosci, ma tanto ti dico che gran viltà è d'un cavaliere[33] armato volere uccidere una femina ignuda e averle i cani alle coste[34] messi come se ella fosse una fiera salvatica: io per certo la difenderò quant'io potrò».

Il cavaliere allora disse: «Nastagio, io fui d'una medesima terra teco[35], e eri tu ancora piccol fanciullo quando io, il quale fui chiamato messer Guido degli Anastagi[36], era[37] troppo piú innamorato di costei che tu ora non se' di quella de' Traversari; e per la sua fierezza e crudeltà andò sí la mia sciagura, che io un dí con questo stocco, il quale tu mi vedi in mano, come disperato m'uccisi, e sono alle pe-

16. **padiglioni e trabacche**: diversi tipi di tende.
17. **starsi**: fermarsi.
18. **come usato s'era**: come si era abituato a fare.
19. **venendo... maggio**: essendo quasi l'inizio di maggio.
20. **famiglia**: servitù.
21. **piede... trasportò**: passo dopo passo, se ne andò.
22. **pigneta**: pineta.
23. **essendo... giorno**: essendo quasi le undici (le ore si contavano a partire dall'alba, quindi in primavera da circa le sei).
24. **guai... messi**: lamenti (*guai*) altissimi emessi.
25. **d'albuscelli e di pruni**: d'arbusti e di rovi.
26. **mercé**: pietà.
27. **duramente**: rabbiosamente.
28. **corsier**: cavallo da battaglia.
29. **forte nel viso crucciato**: col viso molto adirato.
30. **stocco**: spada corta.
31. **a un'ora**: nello stesso tempo.
32. **non t'impacciare**: non ti mettere in mezzo.
33. **d'un cavaliere**: da parte di un cavaliere.
34. **coste**: costole.
35. **d'una medesima terra teco**: della tua stessa città.
36. **degli Anastagi**: gli Anastagi furono un'altra famiglia nobile di Ravenna.
37. **era**: ero.

ne eternali dannato. Né stette poi guari tempo[38] che costei, la qual della mia morte fu lieta oltre misura, morí, e per lo peccato della sua crudeltà e della letizia avuta de' miei tormenti, non pentendosene, come colei che non credeva in ciò aver peccato ma meritato[39], similmente fu e è dannata alle pene del Ninferno[40]. Nel quale come ella discese, cosí ne fu[41] e a lei e a me per pena dato, a lei di fuggirmi davanti e a me, che già cotanto l'amai, di seguitarla come mortal nemica, non come amata donna; e quante volte io la giungo, tante con questo stocco[42], col quale io uccisi me, uccido lei e aprola per ischiena[43], e quel cuor duro e freddo, nel qual mai né amor né pietà poterono entrare, con l'altre interiora insieme, sí come tu vedrai incontanente[44], le caccio di corpo e dolle[45] mangiare a questi cani. Né sta poi grande spazio[46] che ella, sí come la giustizia e la potenzia di Dio vuole, come se morta non fosse stata, risurge e da capo incomincia la dolorosa fugga, e i cani e io a seguitarla. E avviene che ogni venerdí in su questa ora io la giungo qui e qui ne fo lo strazio che vederai; e gli altri dí non credere che noi riposiamo, ma giungola[47] in altri luoghi ne' quali ella crudelmente contro a me pensò o operò; e essendole d'amante divenuto nemico, come tu vedi, me la conviene in questa guisa tanti anni seguitar[48] quanti mesi ella fu contro a me crudele. Adunque lasciami la divina giustizia mandare a essecuzione, né ti volere opporre a quello a che tu non potresti contrastare».

Nastagio, udendo queste parole, tutto timido[49] divenuto e quasi non avendo pelo addosso che arricciato non fosse, tirandosi adietro e riguardando alla misera giovane, cominciò pauroso a aspettare quello che facesse il cavaliere; il quale, finito il suo ragionare[50], a guisa d'un[51] cane rabbioso con lo stocco in mano corse addosso alla giovane, la quale inginocchiata e da' due mastini tenuta forte gli gridava mercé, e a quella con tutta sua forza diede per mezzo il petto[52] e passolla[53] dall'altra parte. Il qual colpo come la giovane ebbe ricevuto, cosí cadde boccone sempre piagnendo e gridando: e il cavaliere, messo mano a un coltello, quella aprí nelle reni, e fuori trattone il cuore e ogni altra cosa da torno, a' due mastini il gittò, li quali affamatissimi incontanente[54] il mangiarono. Né stette guari[55] che la giovane, quasi niuna di queste cose stata fosse[56], subitamente si levò in piè e cominciò a fuggire verso il mare, e i cani appresso di lei sempre lacerandola: e il cavaliere, rimontato a cavallo e ripreso il suo stocco, la cominciò a seguitare, e in picciola ora[57] si dileguarono in maniera che piú Nastagio non gli poté vedere.

Il quale, avendo queste cose vedute, gran pezza[58] stette tra pietoso e pauroso: e dopo alquanto gli venne nella mente questa cosa dovergli molto poter valere[59], poi che ogni venerdí avvenia; per che, segnato il luogo, a' suoi famigliari[60] se ne

38. **Né stette... tempo**: e non passò molto tempo.
39. **come colei... meritato**: in quanto credeva di non aver peccato facendo questo, ma di aver agito bene.
40. **Ninferno**: è la forma popolare di "inferno", che nasce dall'espressione "in inferno" erratamente divisa.
41. **ne fu**: ci fu.
42. **stocco**: spada.
43. **aprola per ischiena**: le apro il corpo squarciandole la schiena.
44. **incontanente**: subito.
45. **dolle**: le do.
46. **Né sta... spazio**: e non passa molto tempo.
47. **giungola**: la raggiungo.
48. **me la conviene... seguitar**: mi tocca di inseguirla in questo modo tanti anni.
49. **timido**: spaventato.
50. **ragionare**: parlare.
51. **a guisa d'un**: come un.
52. **diede per mezzo il petto**: colpì in mezzo al petto.
53. **passolla**: la trafisse.
54. **incontanente**: subito.
55. **Né stette guari**: né passo molto tempo.
56. **quasi niuna... stata fosse**: come se nessuna di queste cose fosse accaduta.
57. **in picciola ora**: in breve tempo.
58. **gran pezza**: per molto tempo.
59. **questa cosa... valere**: che questa cosa gli sarebbe potuta servire molto.
60. **famigliari**: servitori.

Il banchetto nel bosco organizzato da Nastagio degli Onesti in un dipinto di Sandro Botticelli del 1483. (Madrid, Museo del Prado)

tornò, e appresso, quando gli parve, mandato per piú suoi parenti[61] e amici, disse loro: «Voi m'avete lungo tempo stimolato che io d'amare questa mia nemica mi rimanga[62] e ponga fine al mio spendere, e io son presto di farlo dove voi una grazia m'impetriate[63], la quale è questa: che venerdí che viene voi facciate sí che messer Paolo Traversari e la moglie e la figliuola e tutte le donne lor parenti, e altre chi vi piacerà, qui sieno a desinar meco. Quello per che io questo voglia[64], voi il vedrete allora».

A costor parve questa assai piccola cosa a dover fare; e a Ravenna tornati, quando tempo fu, coloro invitarono li quali Nastagio voleva, e come che dura cosa fosse[65] il potervi menare[66] la giovane da Nastagio amata, pur v'andò con l'altre insieme. Nastagio fece magnificamente apprestar da mangiare e fece le tavole mettere sotto i pini dintorno a quel luogo dove veduto aveva lo strazio della crudel donna; e fatti metter gli uomini e le donne a tavola, sí ordinò[67], che appunto la giovane amata da lui fu posta a seder di rimpetto al luogo dove doveva il fatto intervenire.

Essendo adunque già venuta l'ultima vivanda, e il romor[68] disperato della cacciata giovane da tutti fu cominciato a udire. Di che maravigliandosi forte ciascuno e domandando che ciò fosse e niuno sappiendol dire, levatisi tutti diritti e riguardando che ciò potesse essere, videro la dolente giovane e 'l cavaliere e' cani; né guari stette che essi tutti furon quivi tra loro. Il romore fu fatto grande e a' cani e al cavaliere[69], e molti per aiutare la giovane si fecero innanzi; ma il cavaliere, parlando loro come a Nastagio aveva parlato, non solamente gli fece indietro tirare ma tutti gli spaventò e riempié di maraviglia; e faccendo quello che altra volta aveva fatto, quante donne v'aveva[70] (ché ve ne aveva assai che parenti erano state e della dolente giovane e del cavaliere e che si ricordavano dell'amore e della morte di lui) tutte cosí miseramente piagnevano come se a se medesime quello avesser veduto fare. La qual cosa al suo termine fornita[71], e andata via la donna e 'l cavaliere, mise costoro che ciò veduto aveano in molti e varii ragionamenti[72]. Ma tra gli altri

61. **mandato... parenti**: avendo fatti chiamare molti suoi parenti.
62. **mi rimanga**: cessi.
63. **son presto... m'impetriate**: son disposto a farlo, se mi aiutate a ottenere una cosa che molto desidero.
64. **Quello... voglia**: il motivo per cui io voglia questo.
65. **come che... fosse**: per quanto fosse cosa difficile.
66. **menare**: condurre.
67. **sí ordinò**: così dispose i posti a tavola.
68. **e il romor**: ecco che (e) il rumore.
69. **Il romore... cavaliere**: tutti gridarono contro i cani e il cavaliere.
70. **quante donne v'aveva**: tutte quante le donne che lì si trovavano.
71. **La qual cosa... fornita**: giunta al termine questa scena.
72. **ragionamenti**: discorsi.

che piú di spavento ebbero, fu la crudel giovane da Nastagio amata, la quale ogni cosa distintamente veduta avea e udita e conosciuto che a sé piú che a altra persona che vi fosse queste cose toccavano[73], ricordandosi della crudeltà sempre da lei usata verso Nastagio; per che già le parea fuggire dinanzi da lui adirato e avere i mastini a' fianchi.

E tanta fu la paura che di questo le nacque, che, acciò che[74] questo a lei non avvenisse, prima tempo non si vide, il quale quella medesima sera prestato le fu[75], che ella, avendo l'odio in amor tramutato, una sua fida cameriera segretamente a Nastagio mandò, la quale da parte di lei il pregò che gli dovesse piacere d'andare a lei, per ciò che ella era presta[76] di far tutto ciò che fosse piacer di lui. Alla qual Nastagio fece rispondere che questo gli era a grado[77] molto, ma che, dove le piacesse, con onor di lei voleva il suo piacere[78], e questo era sposandola per moglie. La giovane, la qual sapeva che da altrui che da lei rimaso non era che moglie di Nastagio stata non fosse[79], gli fece risponder che le piacea. Per che, essendo ella medesima la messaggera[80], al padre e alla madre disse che era contenta d'essere sposa di Nastagio, di che essi furon contenti molto.

E la domenica seguente Nastagio sposatala e fatte le sue nozze[81], con lei piú tempo lietamente visse. E non fu questa paura cagione solamente di questo bene, anzi sí tutte le ravignane[82] donne paurose ne divennero, che sempre poi troppo piú arrendevoli a' piaceri degli uomini furono che prima state non erano.

73. **toccavano**: riguardavano.
74. **acciò che**: affinché.
75. **prima tempo... fu**: appena vide l'occasione, che le si offrì la sera stessa.
76. **presta**: disposta.
77. **era a grado**: piaceva.
78. **dove le piacesse... piacere**: qualora anche a lei piacesse, egli voleva realizzare i propri desideri salvaguardando il suo onore.
79. **da altrui... non fosse**: non era dipeso da nessun altro se non da lei che non fosse diventata la moglie di Nastagio.
80. **messaggera**: la persona che presenta la domanda di matrimonio.
81. **sposatala... nozze**: l'espressione indica due momenti distinti: lo *sposare* era il fare promessa solenne di matrimonio, le *nozze* erano la celebrazione del matrimonio con feste solenni.
82. **ravignane**: ravennati.

DIALOGO CON IL TESTO

COMPRENDERE

Morale religiosa e morale mondana La "caccia infernale" era un tema diffuso nell'immaginario medievale; i predicatori la usavano come *exemplum* (un breve racconto inserito nella predica) per incutere nei fedeli il terrore delle pene dell'aldilà e per distoglierli dal peccare cedendo alla passione amorosa.
La trovata maliziosa di Boccaccio è di far servire la stessa scena a un fine opposto a quello che volevano i predicatori: per paura dell'inferno la bella Traversari accetta l'amore di Nastagio; non solo, ma le altre donne ravennati diventeranno *troppo più arrendevoli a' piaceri degli uomini*.
La morale mondana, in cui l'amore è sempre positivo e in cui la "pietà" consiste nell'accondiscendere al desiderio altrui, prende così il posto della morale ascetica che condanna il piacere.

- **Boccaccio è però un innovatore cauto, che non intende rovesciare completamente la morale sessuale tradizionale; quali aspetti del finale possono giustificare questa affermazione?**

Una narrazione "cavalleresca" Il cambiamento del significato morale della "caccia" ne muta anche i caratteri narrativi: nella scena non sono messi in evidenza gli aspetti soprannaturali, quelli atti a suscitare sgomento e terrore, ma soprattutto gli aspetti più spettacolari; e Nastagio non si comporta come un devoto cristiano atterrito dalla visione dell'inferno, ma piuttosto come un bravo cavaliere che cerca di intervenire in difesa della fanciulla perseguitata. E in seguito offrirà la stessa scena infernale ai suoi amici, come eccezionale attrazione durante un banchetto.

ANALIZZARE

La psicologia in secondo piano Interessato allo sviluppo della storia, Boccaccio lascia in secondo piano la psicologia dei personaggi.

- **Analizzate da questo punto di vista il personaggio della giovane Traversari, raccogliendo gli accenni al suo carattere e valutando quanto sia motivato il suo cambiamento finale di atteggiamento.**

Il racconto nel racconto Un interessante gioco narrativo è il racconto nel racconto: quello che il cavaliere infernale fa a Nastagio. È una storia parallela, portata alle estreme conseguenze.

- **Mettete in rilievo il parallelismo confrontando le espressioni che definiscono il carattere e i comportamenti di Nastagio e della sua donna da una parte, dei due personaggi infernali dall'altra.**

CONTESTUALIZZARE

Nobili e borghesi Alla vicenda di Nastagio non sono estranee le dinamiche socio-economiche del Trecento: Nastagio è nobile, ricco per eredità, e spende con magnificenza; i Traversari sono nobilissimi e disdegnano gli Onesti, meno nobili di loro. Da un lato si apre uno spaccato sulla scala di valori della società nobiliare, ormai superata e arbitraria; dall'altro i familiari di Nastagio tentano di persuaderlo a porre fine alla sua condotta rovinosa con ragionamenti di stampo borghese, basati sull'utilità. Nastagio non li accetta *in toto*, ma è pronto a far fruttare l'occasione della caccia infernale e con atteggiamento pratico e utilitaristico capisce che lo spavento che la sua vista ha procurato alla donna può tornargli utile; inoltre punta a ottenere un obiettivo più duraturo: il matrimonio.

- **Cercate nel testo i segni che mostrano come anche la donna sia mossa alla fine da una logica economica.**
- **Confrontate la vicenda di Nastagio con quella di Federigo degli Alberighi (▸T94): quale giudizio su nobiltà e borghesia emerge e si conferma?**

Boccaccio e Passavanti La distanza di Boccaccio dalla morale religiosa tradizionale può essere messa in evidenza dall'accostamento con l'*exemplum* di Jacopo Passavanti (▸T4), centrato anch'esso sul motivo della "caccia infernale".

- **Confrontate i peccati per cui sono dannate le due donne, e la diversità della morale che i due autori traggono dalla storia.**
- **Questa diversità si riflette anche nei particolari narrativi e descrittivi. Impostate un confronto puntuale fra le descrizioni che i due autori fanno della scena infernale attraverso una tabella di questo tipo:**

Passavanti	Boccaccio
in sulla mezzanotte sentì grandi strida	subitamente gli parve udire un grandissimo pianto e guai altissimi messi da una donna
vidde venire una femina in verso la fossa	vide venire per un boschetto assai folto [...] una bellissima giovane ignuda
...	...

- **Il confronto evidenzierà che il testo di Boccaccio è molto più ricco di particolari, eppure ne omette uno che in Passavanti è presente; provate a spiegare perché proprio quello non interessa a Boccaccio.**

Il banchetto per le nozze di Nastagio con cui si chiude la novella di Boccaccio in un dipinto di Sandro Botticelli del 1483. L'artista fiorentino ha dedicato alla novella un ciclo di quattro dipinti. (Firenze, Palazzo Pucci)

T103 ▸ Cisti fornaio (VI, 2)

La sesta giornata del *Decameron* ha per tema «chi, con alcuno leggiadro motto tentato, si riscotesse, o con pronta risposta o avvedimento fuggì perdita o pericolo o scorno». I protagonisti si caratterizzano dunque per l'abile uso della parola: messi in difficoltà da una battuta arguta (*leggiadro motto*), si riprendono con una pronta risposta o con l'astuzia (*avvedimento*), evitando brutte conseguenze. Il tema del "bel motto" era tradizionale nella novellistica.

Cisti fornaio con una sola parola fa raveder messer Geri Spina d'una sua trascutata domanda[1].

Molto fu da ciascuna delle donne e degli uomini il parlar di madonna Oretta[2] lodato, il qual comandò la reina a Pampinea che seguitasse[3]; per che ella cosí cominciò:

– Belle donne, io non so da me medesima vedere che piú in questo si pecchi, o la natura apparecchiando a una nobile anima un vil corpo, o la fortuna apparecchiando a un corpo dotato d'anima nobile vil mestiero[4], sí come in Cisti[5] nostro cittadino e in molti ancora abbiamo potuto vedere avvenire; il qual Cisti, d'altissimo animo fornito, la fortuna fece fornaio. E certo io maladicerei[6] e la natura parimente e la fortuna, se io non conoscessi la natura esser discretissima[7] e la fortuna aver mille occhi, come che gli sciocchi lei cieca figurino[8]. Le quali io avviso che, sí come molto avvedute, fanno quello che i mortali spesse volte fanno[9], li quali, incerti de' futuri casi, per le loro oportunità le loro piú care cose ne' piú vili luoghi delle lor case, sí come meno sospetti, sepelliscono[10], e quindi[11] ne' maggior bisogni le traggono, avendole il vil luogo piú sicuramente servate[12] che la bella camera non avrebbe. E cosí le due ministre del mondo[13] spesso le lor cose piú care nascondono sotto l'ombra dell'arti[14] reputate piú vili, acciò che di quelle alle necessità traendole[15] piú chiaro appaia il loro splendore. Il che quanto in poca cosa Cisti fornaio il dichiarasse, gli occhi dello 'ntelletto rimettendo a messer Geri Spina, il quale la novella di madonna Oretta contata, che sua moglie fu, m'ha tornata nella memoria, mi piace in una novelletta assai piccola dimostrarvi[16].

---

1. **con una... domanda**: con una sola frase (*parola*) induce messer Geri Spina a pentirsi di una sua richiesta indelicata (*trascutata*).
2. **il parlar... Oretta**: la battuta della protagonista della novella precedente.
3. **il qual... seguitasse**: la regina della giornata invita Pampinea a continuare con un nuovo racconto spiritoso come la battuta di madonna Oretta.
4. **che piú... mestiero**: chi compia un errore maggiore (*che piú in questo si pecchi*), o la natura procurando (*apparecchiando*) a un'anima nobile un corpo brutto (*vil*), o la sorte (*fortuna*) procurando un'occupazione modesta (*vil mestiero*) a un corpo dotato di un animo nobile.
5. **Cisti**: risulta da un documento dell'epoca che, nell'anno 1300, un Cisti, di professione fornaio, era tra i membri della confraternita che faceva capo alla chiesa di Santa Maria Ughi, nominata più avanti nella novella.
6. **maladicerei**: maledirei.
7. **discretissima**: piena di saggezza.
8. **come che... figurino**: sebbene gli sciocchi la raffigurino cieca.
9. **Le quali... fanno**: io ritengo (*avviso*) che esse (*Le quali*, cioè la natura e la fortuna), in quanto molto sagge, facciano quello che spesso fanno gli uomini.
10. **incerti... sepelliscono**: non sapendo che cosa succederà nel futuro (*futuri casi*), per ogni evenienza (*per le loro oportunità*) nascondono le cose più preziose nei luoghi più spregevoli delle loro case, in quanto meno sospetti.
11. **quindi**: da lì.
12. **servate**: conservate.
13. **le due ministre del mondo**: le due forze che governano il mondo (natura e fortuna).
14. **dell'arti**: dei lavori.
15. **acciò che... traendole**: affinché, quando le traggono alla luce del sole nel momento del bisogno.
16. **Il che quanto... piccola dimostrarvi**: mi piace dimostrarvi in una novella molto breve come il fornaio Cisti, in un'occasione molto modesta (*in poca cosa*), rendesse evidente questa verità (*Il che... il dichiarasse*), facendo riflettere (*gli occhi dello 'ntelletto rimettendo*) messer Geri Spina; quest'ultimo personaggio mi è stato richiamato alla memoria dalla novella di madonna Oretta che fu sua moglie.

Dico adunque che, avendo Bonifazio papa, appo il quale messer Geri Spina fu in grandissimo stato[17], mandati in Firenze certi suoi nobili ambasciadori per certe sue gran bisogne[18], essendo essi in casa di messer Geri smontati[19], e egli con loro insieme i fatti del Papa trattando[20], avvenne che, che se ne fosse cagione[21], messer Geri con questi ambasciadori del Papa tutti a piè quasi ogni mattina davanti a Santa Maria Ughi passavano, dove Cisti fornaio il suo forno aveva e personalmente la sua arte esserceva[22]. Al quale quantunque la fortuna arte assai umile data avesse, tanto in quella gli era stata benigna[23], che egli n'era ricchissimo divenuto, e senza volerla mai per alcuna altra abbandonare splendidissimamente vivea, avendo tra l'altre sue buone cose sempre i migliori vini bianchi e vermigli che in Firenze si trovassero o nel contado[24].

Il quale, veggendo ogni mattina davanti all'uscio suo passar messer Geri e gli ambasciadori del Papa, e essendo il caldo grande, s'avisò[25] che gran cortesia sarebbe il dar lor bere del suo buon vin bianco; ma avendo riguardo alla sua condizione e a quella di messer Geri, non gli pareva onesta cosa il presummere[26] d'invitarlo ma pensossi di tener modo[27] il quale inducesse messer Geri medesimo a invitarsi. E avendo un farsetto[28] bianchissimo indosso e un grembiule di bucato innanzi sempre, li quali piú tosto mugnaio che fornaio il dimostravano, ogni mattina in su l'ora che egli avvisava che messer Geri con gli ambasciadori dover passare[29] si faceva davanti all'uscio suo recare una secchia nuova e stagnata d'acqua fresca e un picciolo orcioletto bolognese[30] nuovo del suo buon vin bianco e due bicchieri che parevano d'ariento, sí eran chiari[31]: e a seder postosi, come essi passavano, e egli, poi che una volta o due spurgato s'era[32], cominciava a ber sí saporitamente questo suo vino, che egli n'avrebbe fatta venir voglia a' morti.

La qual cosa avendo messer Geri una e due mattine veduta, disse la terza: «Chente è[33], Cisti? è buono?»

Cisti, levato prestamente in piè, rispose: «Messer sí, ma quanto non vi potre' io dare a intendere, se voi non assaggiaste».

Messer Geri, al quale o la qualità o affanno piú che l'usato avuto[34] o forse il saporito bere, che a Cisti vedeva fare, sete avea generata, volto agli ambasciadori sorridendo disse: «Signori, egli è buono[35] che noi assaggiamo del vino di questo valente uomo: forse che è egli tale, che noi non ce ne penteremo»; e con loro insieme se n'andò verso Cisti.

Il quale, fatta di presente[36] una bella panca venire di fuor dal forno, gli pregò

17. **appo il quale... stato**: presso il quale messer Geri Spina ebbe una posizione molto importante. Geri Spina è un personaggio storico: di famiglia guelfa, fu legatissimo al papa Bonifacio VIII.
18. **gran bisogne**: esigenze importanti della sua politica.
19. **smontati**: alloggiati (letteralmente "scesi da cavallo").
20. **i fatti... trattando**: curando gli interessi del papa.
21. **che... cagione**: qualunque ne fosse il motivo.
22. **esserceva**: esercitava.
23. **tanto... benigna**: (la sorte) gli era stata tanto favorevole nel suo lavoro.
24. **nel contado**: nella campagna intorno alla città.
25. **s'avisò**: pensò.
26. **presummere**: avere la presunzione.
27. **tener modo**: tenere un comportamento.
28. **farsetto**: specie di giubbetto, di solito usato dalla gente di bassa condizione sociale.
29. **che egli... passare**: nella quale egli riteneva che messer Geri sarebbe passato con gli ambasciatori. Notate la sovrapposizione delle due costruzioni col *che* e con l'infinito.
30. **orcioletto bolognese**: vaso di terracotta che veniva fabbricato a Bologna.
31. **d'ariento... chiari**: d'argento, tanto erano lucenti. Si tratta di bicchieri di metallo e non di vetro.
32. **e... spurgato s'era**: ecco che Cisti, dopo aver sputato per terra una volta o due per pulirsi la bocca. Si tratta di un gesto allora diffuso tra i ceti popolari per gustare meglio qualcosa di prelibato.
33. **Chente è**: com'è.
34. **o la qualità... avuto**: o la qualità del tempo (cioè il caldo), o l'essersi affaticato più del solito.
35. **egli è buono**: è opportuno. *Egli* come soggetto di un'espressione impersonale è comune nell'italiano antico.
36. **di presente**: subito.

che sedessero; e alli lor famigliari[37], che già per lavare i bicchieri si facevano innanzi, disse: «Compagni, tiratevi indietro e lasciate questo servigio fare a me, ché io so non meno ben mescere[38] che io sappia infornare; e non aspettaste voi[39] d'assaggiarne gocciola!» E cosí detto, esso stesso, lavati quatro bicchieri belli e nuovi e fatto venire un piccolo orcioletto del suo buon vino, diligentemente diede bere a messer Geri e a' compagni, alli quali il vino parve il migliore che essi avessero gran tempo davanti[40] bevuto; per che, commendatol molto[41], mentre gli ambasciador vi stettero[42], quasi ogni mattina con loro insieme n'andò a ber messer Geri.

A' quali, essendo espediti[43] e partir dovendosi, messer Geri fece un magnifico convito, al quale invitò una parte de' piú orrevoli[44] cittadini, e fecevi invitare Cisti, il quale per niuna condizione[45] andar vi volle. Impose adunque messer Geri a uno de' suoi famigliari che per un fiasco andasse del vin di Cisti[46] e di quello un mezzo bicchier per uomo desse alle prime mense[47]. Il famigliare, forse sdegnato perché niuna volta bere aveva potuto del vino, tolse[48] un gran fiasco.

Il quale come Cisti vide, disse: «Figliuolo, messer Geri non ti manda a me».

Il che raffermando[49] piú volte il famigliare né potendo altra risposta avere, tornò a messer Geri e sí gliele disse[50]; a cui messer Geri disse: «Tornavi e digli che sí fo[51]: e se egli piú[52] cosí ti risponde, domandalo a cui io ti mando».

Il famigliare tornato disse: «Cisti, per certo messer Geri mi manda pure[53] a te».

Al quale Cisti rispose: «Per certo, figliuol, non fa[54]».

«Adunque, » disse il famigliare «a cui mi manda?»

Rispose Cisti: «A Arno».

Il che rapportando il famigliare a messer Geri, subito gli occhi gli s'apersero del lo 'ntelletto e disse al famigliare: «Lasciami vedere che fiasco tu vi porti»; e vedutol disse: «Cisti dice vero»; e dettagli villania[55] gli fece torre un fiasco convenevole.

Il quale Cisti vedendo disse: «Ora so io bene che egli ti manda a me», e lietamente glielo impié[56].

E poi quel medesimo dí fatto il botticello riempiere d'un simil vino e fattolo soavemente[57] portare a casa di messer Geri, andò appresso, e trovatolo gli disse: «Messere, io non vorrei che voi credeste che il gran fiasco stamane m'avesse spaventato; ma, parendomi che vi fosse uscito di mente ciò che io a questi dí[58] co' miei piccoli orcioletti v'ho dimostrato, cioè che questo non sia vin da famiglia[59], vel volli staman raccordare[60]. Ora, per ciò che io non intendo d'esservene piú guardiano[61], tutto ve l'ho fatto venire: fatene per innanzi[62] come vi piace».

Messer Geri ebbe il dono di Cisti carissimo e quelle grazie gli rendé che a ciò credette si convenissero, e sempre poi per da molto l'ebbe e per amico[63]. –

37. **famigliari**: servitori.
38. **mescere**: servire il vino.
39. **non aspettaste voi**: non vi venga in mente.
40. **gran tempo davanti**: da molto tempo.
41. **per che, commendatol molto**: per la qual cosa, dopo averlo molto lodato.
42. **mentre... stettero**: per tutto il tempo in cui gli ambasciatori rimasero là (a Firenze).
43. **essendo spediti**: avendo portato a termine il loro incarico.
44. **orrevoli**: onorevoli.
45. **per niuna condizione**: a nessun patto.
46. **per un fiasco... Cisti**: andasse a chiedere un fiasco del vino di Cisti.
47. **alle prime mense**: alle prime portate (quando gli invitati potevano gustarlo meglio).
48. **tolse**: prese.
49. **Il che raffermando**: confermando il servo questa cosa.
50. **sí gliele disse**: glielo riferì.
51. **che sí fo**: che così faccio (cioè: che ti mando proprio a lui).
52. **piú**: ancora.
53. **pure**: proprio
54. **non fa**: non fa questo, non ti manda a me.
55. **dettagli villania**: sgridatolo.
56. **impié**: riempì.
57. **soavemente**: delicatamente (per non intorbidare il vino).
58. **a questi dí**: in questi giorni.
59. **da famiglia**: di poco pregio, che si dà ai servi.
60. **raccordare**: ricordare.
61. **d'esservene piú guardiano**: di conservarlo ancora per voi.
62. **per innanzi**: da adesso in poi.
63. **per da molto... amico**: lo stimò molto e lo considerò suo amico.

DIALOGO CON IL TESTO

COMPRENDERE

Un'*anima nobile* in *vil mestiero* Nel corso della novella, su un vivace sfondo di vita cittadina, è descritto il rapporto che si instaura tra Cisti, uomo dal carattere nobile ma di condizione sociale modesta, e messer Geri Spina, appartenente a una delle famiglie più in vista di Firenze. Cisti compie un atto di "cortesia", virtù tipicamente aristocratica, ma contemporaneamente è molto attento a non scavalcare le gerarchie sociali, e rispetta la distanza che lo separa da Geri.

- **Cercate nel testo le espressioni che sottolineano questo rispetto nel suo comportamento e nelle sue parole.**

Un altro dislivello sociale è quello tra Cisti e i servitori di Geri Spina; il fornaio sembra porsi sul loro livello quando li chiama *compagni*, ma poi marca la distanza tra sé e la servitù.

- **Individuate nel testo le frasi e gli atteggiamenti di Cisti atti a ottenere questo scopo.**

Pur rispettoso dei limiti della sua posizione nella società, Cisti è fiero del proprio lavoro e ne difende la qualità e il valore, dando una lezione di comportamento allo stesso Geri.

- **Da quali punti del testo emerge la "cortesia" dei comportamenti di Cisti?**

ANALIZZARE

Una scena di "seduzione" La battuta di Cisti si può accostare ai «be' risposi» del *Novellino* (▸ T27), che rappresentano la tradizione novellistica precedente su questo tema. Tipica di Boccaccio è la forza narrativa e la finezza di scrittura apportata al genere della novella.
Un momento che evidenzia la maestria di Boccaccio è la scena centrale, nella quale Cisti esercita una specie di seduzione sulla sete di messer Geri e dei suoi compagni.

- **Individuate i particolari che esaltano la cura con cui Cisti esegue le operazioni tipiche del suo mestiere e l'opposizione tra *caldo*, *sete* e i concetti di *freschezza*, *ristoro*.**

CONTESTUALIZZARE

Un campione dei rapporti sociali Fra Cisti e messer Geri la comunicazione è possibile perché entrambi condividono i valori cortesi dell'eleganza, della raffinatezza, della misura. Nella novella rimane escluso da questa intesa il servo, incapace di capire anche l'arguzia delle battute di cui si fa tramite. Cisti e messer Geri sono esponenti rispettivamente della piccolo-media borghesia e dell'alta borghesia: Cisti, consapevole della differenza sociale, rimane nella propria condizione e messer Geri apprezza la rispettosa modestia. L'utilizzo degli spazi è indicativo dei rapporti di forza tra le classi: il ricco può entrare nello spazio (la bottega) del più umile, ma non il contrario; il ricco può muoversi e autodeterminarsi, l'umile rimane chiuso a lavorare nella sua bottega, senza prospettive di ascesa sociale. In questa rappresentazione serena dei rapporti fra le diverse componenti della borghesia c'è, più che un ritratto fedele della realtà, la proiezione del desiderio di Boccaccio.

INTERPRETARE

Boccaccio e le diseguaglianze sociali Nel preambolo alla novella, la narratrice prospetta un problema ai suoi ascoltatori: se la natura e la fortuna facciano un grave torto a un animo nobile, la prima ponendolo in un corpo brutto, la seconda attribuendogli un lavoro di scarso prestigio.

- **Considerando la soluzione che Boccaccio mette in bocca alla narratrice, provate a definire quale sia la sua opinione sulle disuguaglianze sociali.**

Una scena della novella di Cisti fornaio in un'edizione miniata del *Decameron* del 1450. (Parigi, Bibliothèque de l'Arsenal)

T104 ▸ Guido Cavalcanti (VI, 9)

Anche questa novella è raccontata nella sesta giornata, il cui tema sono i "motti", cioè battute brevi, argute e pungenti con le quali i protagonisti prendono il sopravvento su chi li provoca o si salvano da situazioni pericolose. Protagonista è il poeta stilnovista (p. 38) e amico di Dante, la cui forte personalità aveva molto colpito i fiorentini e si era impressa nel loro ricordo.

Guido Cavalcanti dice con un motto onestamente villania[1] *a certi cavalier fiorentini li quali soprapreso*[2] *l'aveano.* [...]

Dovete adunque sapere che ne' tempi passati furono nella nostra città assai belle e laudevoli usanze, delle quali oggi niuna ve n'è rimasa, mercé[3] della avarizia che in quella con le ricchezze è cresciuta, la quale tutte l'ha discacciate. Tralle quali n'era una cotale,[4] che in diversi luoghi per Firenze si ragunavano[5] insieme i gentili uomini delle contrade e facevano lor brigate di certo numero[6], guardando di mettervi tali che comportare potessono acconciamente le spese[7], e oggi l'uno, doman l'altro, e cosí per ordine tutti mettevan tavola, ciascuno il suo dí[8], a tutta la brigata; e in quella spesse volte onoravano e gentili uomini forestieri, quando ve ne capitavano, e ancora de' cittadini: e similmente si vestivano insieme[9] almeno una volta l'anno, e insieme i dí piú notabili[10] cavalcavano per la città e talora armeggiavano[11], e massimamente per le feste principali o quando alcuna lieta novella[12] di vittoria o d'altro fosse venuta nella città.

Tralle quali brigate n'era una di messer Betto Brunelleschi[13], nella quale messer Betto e' compagni s'erano molto ingegnato di tirare Guido di messer Cavalcante de' Cavalcanti[14], e non senza cagione: per ciò che, oltre a quello che egli fu un de' miglior loici che avesse il mondo e ottimo filosofo naturale (delle quali cose poco la brigata curava), si fu egli leggiadrissimo e costumato e parlante uom molto[15] e ogni cosa che far volle e a gentile uom pertenente[16] seppe meglio che altro uom fare; e con questo[17] era ricchissimo, e a chiedere a lingua sapeva onorare cui nell'animo gli capeva che il valesse[18]. Ma a messer Betto non era mai potuto venir fatto d'averlo[19], e credeva egli co' suoi compagni che ciò avvenisse per ciò che Guido alcuna volta speculando molto abstratto dagli uomini divenia[20]; e per ciò

1. **_dice... villania_**: con una battuta offende (*dice villania*) garbatamente.
2. **_soprapreso_**: colto di sorpresa.
3. **mercé**: a causa. Boccaccio, come Dante, ritiene che il desiderio di guadagno (*avarizia*) e gli arricchimenti abbiano causato la decadenza morale di Firenze.
4. **una cotale**: un'usanza di questo tipo. Come si legge di seguito, i nobili (*gentili uomini*) dei vari rioni di Firenze si riunivano in compagnie (*brigate*), e, a turno, ognuno offriva agli altri splendidi pranzi.
5. **si ragunavano**: si radunavano.
6. **di certo numero**: di un determinato numero di componenti.
7. **comportare... le spese**: potessero affontare le spese senza disagio.
8. **per ordine... dí**: a turno tutti offrivano un pranzo, ciascuno nel giorno assegnatogli.
9. **insieme**: tutti allo stesso modo.
10. **i dí piú notabili**: nei giorni di grande festa.
11. **armeggiavano**: facevano giostre e tornei.
12. **lieta novella**: buona notizia.
13. **Betto Brunelleschi**: personaggio storico, esponente della più antica e facoltosa nobiltà fiorentina; fu amico di Dante e di Guido Cavalcanti.
14. **nella quale... Cavalcanti**: nella quale compagnia Betto e i (*e'*) compagni si erano molto dati da fare per attirare Guido Cavalcanti, figlio di Cavalcante. Boccaccio lo introduce non come poeta, ma come filosofo ("loico") e studioso di scienze (*filosofo naturale*).
15. **leggiadrissimo... molto**: piacevolissimo, educato e buon conversatore.
16. **a gentile uom pertenente**: adatta a un uomo nobile.
17. **con questo**: oltre a questo.
18. **a chiedere... il valesse**: quanto più si possa richiedere (*a chiedere a lingua*), sapeva rendere onore a chi gli sembrava che lo meritasse.
19. **non era... d'averlo**: non gli era mai riuscito di averlo nel suo gruppo di amici.
20. **speculando... divenia**: dandosi a meditazioni filosofiche si isolava dagli altri uomini.

che egli alquanto tenea della oppinione degli epicuri[21], si diceva tralla gente volgare che queste sue speculazioni erano solo in cercare se trovar si potesse che Iddio non fosse[22].

Ora avvenne un giorno che, essendo Guido partito d'Orto San Michele[23] e venutosene per lo Corso degli Adimari infino a San Giovanni, il quale spesse volte era suo cammino[24], essendo arche grandi di marmo, che oggi sono in Santa Reparata, e molte altre dintorno a San Giovanni, e egli essendo tralle colonne del porfido che vi sono e quelle arche e la porta di San Giovanni, che serrata era[25], messer Betto con sua brigata a caval venendo su per la piazza di Santa Reparata, vedendo Guido là tra quelle sepolture, dissero: «Andiamo a dargli briga»[26]; e spronati i cavalli, a guisa d'uno assalto sollazzevole[27] gli furono quasi prima che egli se ne avvedesse, sopra e cominciarongli a dire: «Guido, tu rifiuti d'esser di nostra brigata; ma ecco, quando tu avrai trovato che Idio non sia, che avrai fatto[28]?».

A' quali Guido, da lor veggendosi chiuso, prestamente disse: «Signori, voi mi potete dire a casa vostra ciò che vi piace»; e posta la mano sopra una di quelle arche, che grandi erano, sí come colui che leggerissimo[29] era, prese un salto e fusi gittato dall'altra parte, e sviluppatosi da loro se n'andò[30].

Costoro rimaser tutti guatando l'un l'altro, e cominciarono a dire che egli era uno smemorato[31] e che quello che egli aveva risposto non veniva a dir nulla, con ciò fosse cosa che quivi dove erano non avevano essi a fare piú che tutti gli altri cittadini, né Guido meno che alcun di loro[32].

Alli quali messer Betto rivolto, disse: «Gli smemorati siete voi, se voi non l'avete inteso: egli ci ha onestamente[33] e in poche parole detta la maggior villania del mondo, per ciò che, se voi riguarderete bene, queste arche sono le case de' morti, per ciò che in esse si pongono e dimorano i morti; le quali egli dice che son nostra casa, a dimostrarci che noi e gli altri uomini idioti[34] e non letterati siamo, a comparazion di lui e degli altri uomini scienziati, peggio che uomini morti, e per ciò, qui essendo, noi siamo a casa nostra».

Allora ciascuno intese quello che Guido aveva voluto dire e vergognossi, né mai piú gli diedero briga, e tennero per innanzi[35] messer Betto sottile e intendente[36] cavaliere. –

21. **alquanto... epicuri**: era abbastanza vicino alle idee dei seguaci di Epicuro, antico pensatore greco noto per il suo materialismo; nel Medioevo si attribuiva l'etichetta di *epicuri* a quei filosofi che erano sospettati di essere atei e di non credere all'immortalità dell'anima.
22. **si diceva... non fosse**: tra la gente comune (*volgare*) si diceva che queste sue riflessioni filosofiche miravano solo a cercare se si potesse dimostrare che Dio non esistesse.
23. **Orto San Michele**: si tratta della chiesa di San Michele in Orto (poi Orsammichele), presso la quale sorgevano le case dei Cavalcanti.
24. **infino... cammino**: fino al battistero di San Giovanni, che era un percorso per lui abituale.
25. **essendo arche... serrata era**: trovandosi allora in quella zona alcuni grandi sarcofagi di marmo, che ora sono nella chiesa di Santa Reparata, e molti altri intorno al battistero di San Giovanni, ed essendo Cavalcanti nello spazio tra le colonne di porfido, che vi sono là, i sarcofagi e la porta di San Giovanni che era chiusa. La descrizione è molto precisa: la chiesa di Santa Reparata sorgeva dove ora si trova il duomo di Santa Maria del Fiore, le colonne di porfido poste allora tra la chiesa e il Battistero oggi fiancheggiano le porte di quest'ultimo, attorno a cui è visibile una parte dei sarcofagi (allora più numerosi).
26. **briga**: fastidio.
27. **a guisa... sollazzevole**: come per un attacco scherzoso.
28. **quando... fatto**: quando avrai dimostrato che Dio non esiste, che cosa avrai ottenuto.
29. **leggerissimo**: agilissimo.
30. **fusi gittato... se n'andò**: si trovò ad aver saltato dall'altra parte, e liberatosi (*sviluppatosi*) da loro se ne andò. Il trapassato remoto *fusi gittato* presenta l'azione come già conclusa in un istante.
31. **smemorato**: fuori di coscienza.
32. **con ciò... di loro**: dato che loro non c'entravano col luogo dove erano più degli altri cittadini, né Guido aveva a che farci meno di chiunque di loro.
33. **onestamente**: con bel garbo.
34. **idioti**: ignoranti.
35. **tennero per innanzi**: considerarono da allora in poi.
36. **intendente**: intelligente.

DIALOGO CON IL TESTO

COMPRENDERE

La nuova figura dell'intellettuale I giovani aristocratici della brigata praticano la virtù della "cortesia": consumano il loro patrimonio in sontuose feste e banchetti, ed eccellono nell'arte di "armeggiare". Boccaccio, nella cornice del *Decameron* e in varie novelle (▸T102) mostra di ammirare questo splendido modello di vita; ma qui contrappone all'antica "cortesia" la nuova figura dell'intellettuale che vive in sdegnosa solitudine ed è convinto che solo la ricerca del sapere possa dare senso alla vita. Boccaccio fu molto sensibile a quest'immagine idealizzata del sapiente negli anni successivi alla composizione del *Decameron*; nella sua opera maggiore esso convive con la simpatia per personaggi di ogni ceto sociale e livello culturale.

- **Cavalcanti appare dotato delle virtù cortesi e insieme severamente appartato nelle sue meditazioni; raccogliete i particolari descrittivi e narrativi attraverso i quali Boccaccio costruisce questa figura.**

ANALIZZARE

La risposta di Guido Il "motto" di Guido costituisce il momento culminante della novella: nella sua estrema concisione è capace di mostrare la sua prontezza intellettuale e il suo talento oratorio, qualità che gli permettono di trarsi d'impaccio in una situazione difficile.

- **Per comprendere la forza e la concentrazione della risposta di Cavalcanti, ampliatela sviluppando i significati che contiene.**

CONTESTUALIZZARE

Cavalcanti nella *Commedia* Dante accenna a Guido Cavalcanti, di cui fu amico, nel canto x dell'*Inferno* (▸T57), sullo sfondo desolato del cerchio degli eretici, gremito di sepolcri scoperchiati nei quali un giorno potrebbe essere rinchiuso anche Guido; è possibile che il ricordo di quel canto abbia suggerito a Boccaccio lo sfondo cimiteriale della novella.

- **Confrontate il diverso valore che i due autori attribuiscono al sospetto di eresia che gravava su Cavalcanti, e collocatelo all'interno del loro modo di concepire la religione e l'esperienza umana.**

L'ambientazione fiorentina In questa novella l'azione del personaggio è strettamente connessa con lo sfondo cittadino in cui si svolge: il percorso di Guido, la sua collocazione spaziale sono descritti con una precisione topografica insolita. Boccaccio sembra suggerire che la finezza intellettuale del protagonista non è indipendente dalla vivacità culturale della città in cui vive, a cui il pensiero dell'autore va con affetto, fin dall'attacco della narrazione (*furono nella nostra città assai belle e laudevoli usanze*).

La «leggerezza» di Cavalcanti In una delle sue *Lezioni americane* (Garzanti, Milano, 1988), quella dedicata alla «leggerezza», Italo Calvino fornisce una lettura della novella di Boccaccio particolarmente significativa sul piano intellettuale e morale, attribuendo un valore simbolico al *salto* di Cavalcanti: «Esiste una leggerezza della pensosità, così come tutti sappiamo che esiste una leggerezza della frivolezza; anzi la leggerezza pensosa può far apparire la frivolezza come pesante e opaca. Non potrei illustrare meglio questa idea che con una novella del *Decameron* (VI, 9) dove appare il poeta fiorentino Guido Cavalcanti. Boccaccio ci presenta Cavalcanti come un austero filosofo che passeggia meditando tra i sepolcri di marmo davanti a una chiesa. La *jeunesse dorée*[1] fiorentina cavalcava per la città in brigate che passavano da una festa all'altra, sempre cercando occasioni d'ampliare il loro giro di scambievoli inviti. Cavalcanti non era popolare tra loro, perché, benché fosse ricco ed elegante, non accettava mai di far baldoria con loro e perché la sua misteriosa filosofia era sospettata d'empietà. [...]
Ciò che ci colpisce è l'immagine visuale che Boccaccio evoca: Cavalcanti che si libera d'un salto «sì come colui che leggerissimo era». Se volessi scegliere un simbolo augurale per l'affacciarsi al nuovo millennio, sceglierei questo: l'agile salto improvviso del poeta-filosofo che si solleva sulla pesantezza del mondo, dimostrando che la sua gravità contiene il segreto della leggerezza, mentre quella che molti credono essere la vitalità dei tempi, rumorosa, aggressiva, scalpitante e rombante, appartiene al regno della morte, come un cimitero d'automobili arrugginite».

1. ***jeunesse dorée***: "gioventù dorata", espressione usata per indicare i giovani sostenitori della monarchia durante la fase finale della rivoluzione francese, e con cui qui Calvino intende i giovani fiorentini di buona famiglia.

T105 ▸ Frate Cipolla (VI, 10)

PERCORSO
- Il comico e il satirico, p. 538

Anche questa novella è narrata nella sesta giornata, che ha per tema l'uso pronto e intelligente della parola per fronteggiare situazioni difficili. Protagonista è uno dei frati di Sant'Antonio, noti nel Medioevo come fabbricanti di false reliquie: di notte raccoglievano nei cimiteri ossa di sconosciuti e di giorno le mostravano per le campagne come reliquie di santi, spillando laute offerte agli ingenui contadini. Il commercio era così scandaloso che papa Gregorio IX (1170-1241) dovette intervenire per condannarlo. Il tema dell'ipocrisia e degli inganni dei religiosi ricorre spesso nel *Decameron*, riprendendo una polemica molto diffusa all'epoca; ma dallo spirito sereno e ridanciano di Boccaccio possiamo aspettarci qualcosa di diverso da un'acre invettiva morale.

Frate Cipolla promette a certi contadini di mostrar loro la penna dell'agnolo Gabriello[1]*; in luogo della quale trovando carboni, quegli dice esser di quegli che arrostirono san Lorenzo*[2].

Essendo ciascuno della brigata della sua novella riuscito[3], conobbe Dioneo che a lui toccava il dover dire; per la qualcosa, senza troppo solenne comandamento aspettare, imposto silenzio a quegli che il sentito motto di Guido[4] lodavano, incominciò:

–Vezzose donne, quantunque io abbia per privilegio di poter di quel che piú mi piace parlare[5], oggi io non intendo di volere da quella materia separarmi della quale voi tutte avete assai acconciamente[6] parlato; ma, seguitando le vostre pedate[7], intendo di mostrarvi quanto cautamente con subito riparo uno de' frati di santo Antonio fuggisse uno scorno[8] che da due giovani apparecchiato[9] gli era. Né vi dovrà esser grave perché io, per ben dir la novella compiuta, alquanto in parlar mi distenda, se al sol guarderete il qual è ancora a mezzo il cielo[10].

Certaldo, come voi forse avete potuto udire, è un castel di Valdelsa posto nel nostro contado[11], il quale, quantunque piccol sia, già di nobili uomini e d'agiati fu abitato; nel quale, per ciò che buona pastura[12] vi trovava, usò un lungo tempo d'andare ogni anno una volta a ricoglier le limosine fatte loro dagli sciocchi un de' frati di santo Antonio, il cui nome era frate Cipolla, forse non meno per lo nome che per altra divozione[13] vedutovi volontieri, con ciò sia cosa che[14] quel terreno produca cipolle famose per tutta Toscana.

Era questo frate Cipolla di persona piccolo, di pelo rosso e lieto nel viso e il miglior brigante[15] del mondo: e oltre a questo, niuna scienza avendo, sí ottimo parlatore e pronto era, che chi conosciuto non l'avesse, non solamente un gran rettorico[16] l'avrebbe estimato, ma avrebbe detto esser Tulio medesimo o forse Quinti-

1. ***agnolo Gabriello***: l'arcangelo Gabriele, che secondo i Vangeli annunciò a Maria la futura nascita di Cristo.
2. ***san Lorenzo***: martire cristiano, che fu arso vivo su una graticola nel 258 d.C.
3. **della sua novella riuscito**: sbrigato dal compito di raccontare la propria novella.
4. **il sentito... Guido**: la giudiziosa battuta di Guido Cavalcanti, protagonista della novella precedente (▸T104).
5. **quantunque... parlare**: Dioneo ha il privilegio di poter raccontare quel che vuole, senza tener conto del tema della giornata, ma non intende avvalersene per questa volta.
6. **acconciamente**: elegantemente.
7. **seguitando... pedate**: seguendo le vostre orme.
8. **con subito... scorno**: con un rimedio immediato, un frate di sant'Antonio evitasse una brutta figura.
9. **apparecchiato**: preparato (riferito allo *scorno*).
10. **Né vi dovrà... cielo**: e non vi peserà se io, per raccontare bene la novella intera, mi dilunghi un poco nel parlare, se guarderete il sole, che è ancora a metà del cielo (è ancora presto).
11. **un castel... contado**: un borgo in Val d'Elsa posto nella campagna intorno alla nostra città di Firenze. La famiglia di Boccaccio era originaria di Certaldo.
12. **buona pastura**: buon pascolo, cioè buona raccolta di elemosine (*limosine* nel testo).
13. **non meno... divozione**: sia per il nome sia per la devozione.
14. **con... che**: dato che.
15. **brigante**: buon compagno di allegre brigate.
16. **gran rettorico**: maestro d'eloquenza.

liano[17]: e quasi di tutti quegli della contrada era compare o amico o benvogliente[18].

Il quale, secondo la sua usanza, del mese d'agosto tra l'altre v'andò una volta; e una domenica mattina, essendo tutti i buoni uomini e le femine delle ville da torno venuti alla messa nella calonica[19], quando tempo gli parve, fattosi innanzi disse: «Signori e donne[20], come voi sapete, vostra usanza è di mandare ogni anno a' poveri del baron[21] messer santo Antonio del vostro grano e delle vostre biade[22], chi poco e chi assai, secondo il podere[23] e la divozion sua, acciò che il beato santo Antonio vi sia guardia[24] de' buoi e degli asini e de' porci e delle pecore vostre; e oltre a ciò solete pagare, e spezialmente quegli che alla nostra compagnia scritti sono, quel poco debito che ogni anno si paga una volta[25]. Alle quali cose ricogliere io sono dal mio maggiore[26], cioè da messer l'abate, stato mandato; e per ciò con la benedizion di Dio, dopo nona[27], quando udirete sonare le campanelle, verrete qui di fuori della chiesa là dove io al modo usato vi farò la predicazione, e bascerete[28] la croce; e oltre a ciò, per ciò che divotissimi tutti vi conosco del barone messer santo Antonio, di spezial grazia[29] vi mostrerò una santissima e bella reliquia, la quale io medesimo già recai dalle sante terre[30] d'oltremare: e questa è una delle penne dell'agnol Gabriello, la quale nella camera della Vergine Maria rimase quando egli la venne a annunziare in Nazarette[31]». E questo detto si tacque e ritornossi alla messa.

Erano, quando frate Cipolla queste cose diceva, tra gli altri molti nella chiesa due giovani astuti molto, chiamato l'uno Giovanni del Bragoniera e l'altro Biagio Pizzini[32], li quali, poi che alquanto tra sé ebbero riso della reliquia di frate Cipolla, ancora che molto fossero suoi amici e di sua brigata[33], seco proposero di fargli di questa penna alcuna beffa. E avendo saputo che frate Cipolla la mattina desinava nel castello[34] con un suo amico, come a tavola il sentirono così se ne scesero alla strada[35], e all'albergo dove il frate era smontato se n'andarono con questo proponimento, che Biagio dovesse tenere a parole il fante[36] di frate Cipolla e Giovanni dovesse tralle cose del frate cercare di questa penna, chente che ella si fosse[37], e torgliele, per vedere come egli di questo fatto poi dovesse al popol dire.

Aveva frate Cipolla un suo fante, il quale alcuni chiamavano Guccio Balena e altri Guccio Imbratta, e chi gli diceva Guccio Porco[38]; il quale era tanto cattivo,

17. **Tulio... Quintiliano**: ci si riferisce a Marco Tullio Cicerone e Quintiliano, che sono gli autori dei più importanti trattati latini di retorica.
18. **compare... benvogliente**: *compare* (padrino di battesimo, o testimone di matrimonio), o *amico*, o *benvogliente* (si diceva di un superiore che trattasse un inferiore con benevola accondiscendenza).
19. **delle ville... calonica**: dei piccoli abitati (*ville*) intorno venuti a messa nella canonica (ovvero la chiesa parrocchiale).
20. **donne**: titolo di rispetto, derivato da *dominus*, che equivale all'attuale "signore".
21. **baron**: questo titolo feudale veniva attribuito anche ai santi (lo fa anche Dante, nel *Paradiso*).
22. **biade**: raccolti, in generale.
23. **il podere**: le possibilità.
24. **vi sia guardia**: vi protegga. Sant'Antonio è venerato come protettore degli animali domestici.
25. **spezialmente... volta**: in particolare quelli che sono iscritti alla *nostra compagnia* (confraternita, associazione di fedeli con scopi di culto e di carità), solete pagare la quota associativa (*quel poco debito*) che si paga una volta all'anno.
26. **maggiore**: superiore.
27. **dopo nona**: dopo le tre del pomeriggio. Le ore si contavano dall'alba.
28. **bascerete**: bacerete (la grafia riproduce la pronuncia toscana della parola).
29. **di spezial grazia**: per speciale concessione.
30. **sante terre**: la Terrasanta, la Palestina.
31. **la venne... Nazarette**: venne ad annunziarle, a Nazareth, la prossima nascita di Gesù.
32. **l'uno... e l'altro Biagio Pizzini**: i Bragoniera e i Pizzini erano due famiglie certaldesi.
33. **ancora che... brigata**: sebbene fossero suoi buoni amici e della sua compagnia.
34. **castello**: la parte alta del paese.
35. **alla strada**: alla strada maestra, nella parte bassa del borgo.
36. **tenere... il fante**: distrarre con le chiacchiere il servitore.
37. **chente... fosse**: qualunque cosa fosse.
38. **Guccio Balena... Porco**: gli attributi di questo personaggio si riferiscono alla sua corporatura robusta o alla sua scarsa igiene.

che egli non è vero che mai Lippo Topo ne facesse alcun cotanto[39]. Di cui spesse volte frate Cipolla era usato di motteggiare[40] con la sua brigata e di dire: «Il fante mio ha in sé nove cose[41] tali che, se qualunque è l'una di quelle fosse in Salamone o in Aristotile o in Seneca[42], avrebbe forza di guastare ogni lor vertú, ogni lor senno, ogni lor santità. Pensate adunque che uom dee essere egli, nel quale né vertú né senno né santità alcuna è, avendone nove[43]!»; e essendo alcuna volta domandato quali fossero queste nove cose e egli, avendole in rima messe, rispondeva: «Dirolvi: egli è tardo, sugliardo[44] e bugiardo; negligente, disubidente e maldicente; trascutato[45], smemorato e scostumato; senza che egli ha alcune altre teccherelle con queste, che si taccion per lo migliore[46]. E quel che sommamente è da rider de' fatti suoi è che egli in ogni luogo vuol pigliar moglie e tor casa a pigione[47]; e avendo la barba grande e nera e unta, gli par sí forte[48] esser bello e piacevole, che egli s'avisa[49] che quante femine il veggano tutte di lui s'innamorino, e, essendo lasciato, a tutte andrebbe dietro perdendo la coreggia[50]. È il vero che egli m'è d'un grande aiuto, per ciò che mai niun[51] non mi vuol sí segreto parlare, che egli non voglia la sua parte udire; e se avviene che io d'alcuna cosa sia domandato, ha sí gran paura che io non sappia rispondere, che prestamente risponde egli e sí e no, come giudica si convenga».

A costui, lasciandolo all'albergo, aveva frate Cipolla comandato che ben guardasse che alcuna persona non toccasse le cose sue, e spezialmente le sue bisacce, perciò che in quelle erano le cose sacre. Ma Guccio Imbratta, il quale era piú vago[52] di stare in cucina che sopra i verdi rami l'usignuolo, e massimamente se fante vi sentiva niuna[53], avendone in quella dell'oste una veduta, grassa e grossa e piccola e mal fatta, con un paio di poppe che parean due ceston da letame e con un viso che parea de' Baronci[54], tutta sudata, unta e affumicata, non altramenti che si gitti l'avoltoio alla carogna, lasciata la camera di frate Cipolla aperta e tutte le sue cose in abbandono, là si calò; e ancora che d'agosto fosse, postosi presso al fuoco a sedere, cominciò con costei, che Nuta aveva nome, a entrare in parole e dirle che egli era gentile uomo per procuratore[55] e che egli aveva de' fiorini piú di millantanove[56], senza quegli che egli aveva a dare altrui, che erano anzi piú che meno[57], e che egli sapeva tante cose fare e dire, che domine pure unquanche[58]. E senza riguardare a un suo cappuccio sopra il quale era tanto untume, che avrebbe con-

39. **tanto cattivo... cotanto**: così goffo e incapace (*cattivo*), che mai Lippo Topo (un personaggio proverbiale) ne combinò di grosse come lui.
40. **motteggiare**: scherzare.
41. **cose**: caratteristiche, detto in senso negativo: quindi difetti.
42. **se qualunque... Seneca**: se una sola di quelle si trovasse in Salomone (personaggio biblico di proverbiale saggezza), in Aristotele (il maggior filosofo antico) o in Seneca (scrittore latino di trattati morali).
43. **avendone nove**: avendo nove di quei difetti, uno solo dei quali avrebbe guastato i più savi e santi personaggi della storia.
44. **tardo, sugliardo**: pigro, sporco.
45. **trascutato**: disattento.
46. **senza che... migliore**: senza contare che ha alcuni altri difettucci (*teccherelle*) insieme a questi, di cui è meglio non parlare.
47. **tor casa a pigione**: prendere una casa in affitto, alloggiarsi.
48. **sí forte**: talmente.
49. **s'avisa**: crede.
50. **essendo lasciato... coreggia**: se lo si lasciasse fare, correrebbe dietro a tutte con tanta furia da perdere la cintura dei pantaloni (*coreggia*).
51. **niun**: nessuno.
52. **vago**: desideroso.
53. **se fante... niuna**: se si accorgeva che ci fosse una qualche serva.
54. **Baronci**: famiglia fiorentina proverbiale per la bruttezza.
55. **gentile uomo per procuratore**: nobiluomo tramite un rappresentante legale; l'espressione è insensata.
56. **millantanove**: "millanta" è un numero indeterminato, da filastrocca per bambini; Guccio lo precisa comicamente.
57. **senza quegli... meno**: senza contare quei fiorini che aveva di debito, che erano piuttosto più che meno di quelli che aveva. Continua il gioco delle affermazioni che si contraddicono comicamente: con l'aria di vantare la sua ricchezza, Guccio dice di possedere più debiti che soldi.
58. **domine pure unquanche**: neppure mai il suo padrone (*domine*).

dito il calderon d'Altopascio[59], e a un suo farsetto rotto e ripezzato e intorno al collo e sotto le ditella smaltato di sucidume, con piú macchie e di piú colori che mai drappi fossero tartereschi o indiani[60], e alle sue scarpette tutte rotte e alle calze sdrucite, le disse, quasi stato fosse il siri di Ciastiglione[61], che rivestir la voleva e rimetterla in arnese e trarla di quella cattività di star con altrui e senza gran possession d'avere ridurla in isperanza di miglior fortuna[62] e altre cose assai: le quali quantunque molto affettuosamente le dicesse, tutte in vento convertite[63], come le piú delle sue imprese facevano, tornarono in niente[64].

Trovarono adunque i due giovani Guccio Porco intorno alla Nuta occupato; della qual cosa contenti, per ciò che mezza la lor fatica era cessata, non contradicendolo alcuno[65] nella camera di frate Cipolla, la quale aperta trovarono, entrati, la prima cosa che venne lor presa[66] per cercare fu la bisaccia nella quale era la penna; la quale aperta, trovarono in un gran viluppo di zendado[67] fasciata una piccola cassettina; la quale aperta, trovarono in essa una penna di quelle della coda d'un pappagallo, la quale avvisarono dovere esser quella che egli promessa avea di mostrare a' certaldesi. E certo egli il poteva a quei tempi leggiermente far credere, per ciò che ancora non erano le morbidezze d'Egitto[68], se non in piccola quantità, trapassate in Toscana, come poi in grandissima copia con disfacimento di tutta Italia son trapassate[69]: e dove che elle poco conosciute fossero[70], in quella contrada quasi in niente erano dagli abitanti sapute; anzi, durandovi ancora la rozza onestà degli antichi, non che veduti avessero pappagalli ma di gran lunga la maggior parte mai uditi non gli avea ricordare[71]. Contenti adunque i giovani d'aver la penna trovata, quella tolsero e, per non lasciare la cassetta vota, vedendo carboni in un canto della camera, di quegli la cassetta empierono; e richiusala e ogni cosa racconcia[72] come trovata avevano, senza essere stati veduti, lieti se ne vennero con la penna e cominciarono a aspettare quello che frate Cipolla, in luogo della penna trovando carboni, dovesse dire.

Gli uomini e le femine semplici che nella chiesa erano, udendo che veder dovevano la penna dell'agnol Gabriello dopo nona, detta la messa, si tornarono a casa; e dettolo l'un vicino all'altro e l'una comare all'altra, come desinato ebbero ogni uomo[73], tanti uomini e tante femine concorsono[74] nel castello, che appena vi capeano[75], con disidero aspettando di veder questa penna. Frate Cipolla, avendo ben desinato e poi alquanto dormito, un poco dopo nona levatosi e sentendo la moltitudine grande esser venuta di contadini per dovere la penna vedere,

59. **calderon d'Altopascio**: i monaci dell'abbazia di Altopascio (presso Lucca) cuocevano la minestra per i poveri della zona in un calderone la cui grandezza era diventata proverbiale.
60. **a un suo farsetto... indiani**: a un suo *farsetto* (giubbetto senza maniche) rotto e rattoppato, e smaltato di sudiciume intorno al collo e sotto le ascelle (*ditella*), con più macchie e colori che ce ne fossero mai in tessuti tartari o indiani (stoffe pregiate importate dall'Oriente).
61. **il siri di Ciastiglione**: il signore di Châtillons in Francia, un potente feudatario.
62. **rimetterla in arnese... fortuna**: rimetterla in buone condizioni (*in arnese*) e liberarla da quella schiavitù (*cattività*) di dipendere da altri, e senza grandi proprietà portarla a sperare in una sorte migliore.
63. **convertite**: trasformate.
64. **tornarono in niente**: si risolsero in un nulla di fatto.
65. **per ciò che... alcuno**: perché metà della loro fatica era risparmiata (*cessata*), senza che nessuno si opponesse.
66. **venne... presa**: capitò loro in mano.
67. **viluppo di zendado**: involto di seta.
68. **morbidezze d'Egitto**: lussi raffinati dell'Oriente.
69. **in grandissima... trapassate**: sono entrate in grande abbondanza (*copia*), per la rovina di tutta Italia.
70. **dove che... fossero**: anche se altrove potevano essere un poco note.
71. **mai uditi... ricordare**: non ne aveva mai avuta conoscenza.
72. **racconcia**: rimessa a posto.
73. **ogni uomo**: tutti.
74. **concorsono**: accorsero.
75. **vi capeano**: ci potevano stare.

mandò[76] a Guccio Imbratta che là sú con le campanelle[77] venisse e recasse le sue bisacce. Il quale, poi che con fatica dalla cucina e dalla Nuta si fu divelto[78], con le cose addimandate con fatica lassú n'andò: dove ansando giunto, per ciò che il ber dell'acqua gli avea molto fatto crescere il corpo[79], per comandamento di frate Cipolla andatone in su la porta della chiesa, forte incominciò le campanelle a sonare.

Dove, poi che tutto il popolo fu ragunato, frate Cipolla, senza essersi avveduto che niuna sua cosa fosse stata mossa, cominciò la sua predica e in acconcio de' fatti suoi[80] disse molte parole; e dovendo venire al mostrar della penna dell'agnol Gabriello, fatta prima con gran solennità la confessione[81], fece accender due torchi[82] e soavemente sviluppando il zendado, avendosi prima tratto[83] il cappuccio, fuori la cassetta ne trasse. E dette primieramente alcune parolette a laude e a commendazione[84] dell'agnolo Gabriello e della sua reliquia, la cassetta aperse. La quale come piena di carboni vide, non sospicò[85] che ciò Guccio Balena gli avesse fatto, per ciò che nol conosceva da tanto[86], né il maladisse del male aver guardato che altri ciò non facesse, ma bestemmiò tacitamente sé, che a lui la guardia delle sue cose aveva commessa[87], conoscendol, come faceva, negligente, disubidente, trascutato e smemorato. Ma non per tanto, senza mutar colore, alzato il viso e le mani al cielo, disse sí che da tutti fu udito: «O Idio, lodata sia sempre la tua potenzia!»

Poi richiusa la cassetta e al popolo rivolto disse: «Signori e donne, voi dovete sapere che, essendo io ancora molto giovane, io fui mandato dal mio superiore in quelle parti dove apparisce il sole[88], e fummi commesso[89] con espresso comandamento che io cercassi tanto che io trovassi i privilegi del Porcellana[90], li quali, ancora che a bollar niente costassero, molto piú utili sono a altrui che a noi[91]. Per la qual cosa messom'io in cammino, di Vinegia partendomi e andandomene per lo Borgo de' Greci e di quindi per lo reame del Garbo cavalcando e per Baldacca, pervenni in Parione, donde, non senza sete, dopo alquanto pervenni in Sardigna[92]. Ma perché vi vo io tutti i paesi cerchi da me divisando[93]? Io capitai, passato il Braccio di San Giorgio, in Truffia e in Buffia[94], paesi molto abitati e con gran po-

76. **mandò**: mandò a dire.
77. **campanelle**: che venivano suonate per chiamare i fedeli.
78. **divelto**: staccato.
79. **per ciò che... corpo**: dato che era molto ingrassato a forza di bere acqua (l'affermazione è scherzosa: è il vino che lo aveva fatto ingrassare).
80. **in acconcio... suoi**: a sostegno dei suoi interessi.
81. **fatta... la confessione**: recitato solennemente il *Confiteor*, ovvero "atto di contrizione".
82. **torchi**: grossi ceri.
83. **tratto**: tolto. Si toglie il cappuccio in segno di reverenza.
84. **laude e commendazione**: lode ed elogio.
85. **sospicò**: sospettò.
86. **da tanto**: capace di fare un simile scherzo.
87. **bestemmiò... commessa**: maledisse in silenzio se stesso per avergli affidato la custodia delle sue cose.
88. **in quelle... sole**: può voler dire "in paesi d'Oriente" (dove sorge il sole), ma anche in un paese qualsiasi, dato che ovunque sorge il sole. Comincia il gioco di stupire gli ascoltatori pronunciando solennemente affermazioni ambigue o insensate, che sembrano dire cose straordinarie, mentre in realtà non dicono nulla.
89. **fummi commesso**: mi fu dato incarico.
90. **privilegi del Porcellana**: i documenti circa la concessione di particolari diritti (*privilegi*) al Porcellana: così si chiamava un ospedale di Firenze, ma i certaldesi potevano pensare a paesi remoti.
91. **li quali... a noi**: quei privilegi, sebbene siano accordati senza spese di bollo (dato il fine caritatevole dell'ospedale), sono più utili agli altri che a noi. Può significare che i privilegi "sono più utili agli altri, cioè ai poveri, che a noi frati", ma anche che essi "non costano nulla e non servono a niente".
92. **di Vinegia... Sardigna**: sono i nomi di zone di Firenze: *Vinegia* e *Borgo de' Greci* (contrade tra Piazza della Signoria e Santa Croce), *Garbo* (l'attuale via Condotta), *Baldacca* (una strada presso Orsanmichele), *Sardigna* nei pressi del quartiere di San Frediano; il gioco comico del predicatore consiste nel far credere agli ascoltatori che questi luoghi familiari siano le tappe di un suo favoloso viaggio che l'ha portato da Venezia alla Grecia, al regno del Garbo nell'Africa settentrionale, a Baghdad e infine in Sardegna.
93. **Ma perché... divisando**: ma perché sto a descrivere (*divisando*) tutti i paesi da me visitati (*cerchi*).
94. **Io capitai... Buffia**: San Giorgio è una località vicino a Firenze, ma il frate gioca sull'equivoco, dato che lo stretto del Bosforo veniva anche chiamato *Braccio* (canale) *di San Giorgio;* aggiunge poi gli immaginari paesi dei truffatori (*Truffia*) e dei buffoni (*Buffia*).

poli; e di quindi pervenni in terra di Menzogna, dove molti de' nostri frati e d'altre religioni[95] trovai assai, li quali tutti il disagio andavan per l'amor di Dio schifando, poco dell'altrui fatiche curandosi dove la loro utilità vedessero seguitare[96], nulla altra moneta spendendo che senza conio[97] per quei paesi: e quindi passai in terra d'Abruzzi, dove gli uomini e le femine vanno in zoccoli su pe' monti, rivestendo i porci delle lor busecchie medesime; e poco piú là trovai gente che portano il pan nelle mazze e 'l vin nelle sacca[98]: da' quali alle montagne de' bachi[99] pervenni, dove tutte l'acque corrono alla 'ngiú. E in brieve tanto andai adentro[100], che io pervenni mei infino in India Pastinaca[101], là dove io vi giuro per l'abito che io porto addosso che io vidi volare i pennati[102], cosa incredibile a chi non gli avesse veduti; ma di ciò non mi lasci mentire Maso del Saggio[103], il quale gran mercatante[104] io trovai là, che schiacciava noci e vendeva gusci a ritaglio[105]. Ma non potendo quello che io andava cercando trovare, per ciò che da indi in là si va per acqua, indietro tornandomene, arrivai in quelle sante terre[106] dove l'anno di state vi vale il pan freddo quatro denari e il caldo v'è per niente[107]. E quivi trovai il venerabile padre messer Nonmiblasmete Sevoipiace[108], degnissimo patriarca di Ierusalem. Il quale, per reverenzia dell'abito che io ho sempre portato del baron messer santo Antonio, volle che io vedessi tutte le sante reliquie le quali egli appresso di sé aveva; e furon tante che, se io ve le volessi tutte contare, io non ne verrei a capo in parecchie miglia[109], ma pure, per non lasciarvi sconsolate[110], ve ne dirò alquante. Egli primieramente mi mostrò il dito dello Spirito Santo cosí intero e saldo come fu mai, e il ciuffetto del serafino[111] che apparve a san Francesco, e una dell'unghie de' gherubini[112], e una delle coste del Verbum-caro-fatti-alle-finestre[113] e de' vestimenti della santa Fé catolica[114], e alquanti de' raggi della stella che apparve a' tre Magi in Oriente, e una ampolla del sudore di san Michele quando combatté col diavole, e la mascella della Morte di san Lazzero[115] e altre. E per ciò che io

95. **d'altre religioni**: di altri ordini religiosi.
96. **li quali... seguitare**: fingendo di esaltare la santità dei frati, con la sostituzione di qualche parola il predicatore traccia invece un comico ritratto dell'egoismo e della disonestà dei suoi confratelli: i frati tutti, per l'amore verso Dio, evitavano (invece di "affrontavano") ogni sacrificio per il prossimo, poco preoccupandosi delle sofferenze degli altri (dovrebbe dire: "delle proprie sofferenze"), purché ne venisse un utile per loro (per i frati; ma potrebbe anche voler dire "per gli altri").
97. **senza conio**: non coniata, falsa.
98. **vanno in zoccoli... sacca**: il frate descrive come straordinarie alcune cose del tutto ovvie, come camminare con gli zoccoli, insaccare la carne dei maiali nelle loro budella (*busecchie*), infilare in bastoni (*mazze*) i pani a forma di ciambelle, versare il vino in un otre (*sacca*).
99. **bachi**: Baschi.
100. **andai adentro**: mi inoltrai.
101. **mei... Pastinaca**: addirittura (*mei*) fino in India; col termine *Pastinaca* si indica una radice dolciastra, e frate Cipolla lo usa per alludere forse alle spezie e ai dolci dell'Oriente; ma il termine significava anche "fandonia".
102. **pennati**: coltellacci per potare; ma se si intende "pennuti", l'evento miracoloso diventa una banalità.
103. **non mi lasci... Saggio**: non permetta che io menta Maso del Saggio. Quest'ultimo, chiamato a testimone della verità, era un famoso burlone, come risulta da un'altra celebra novella, quella di Calandrino e l'elitropia (VIII, 3).
104. **mercatante**: mercante.
105. **a ritaglio**: al minuto.
106. **sante terre**: la Palestina.
107. **dove l'anno... niente**: dove d'estate il pane freddo costa quattro denari, e il caldo è gratuito; fatto straordinario, se si intende "il pane caldo", del tutto ovvio se si intende "il calore estivo".
108. **Nonmiblasmete Sevoipiace**: nome immaginario, costruito sul francese *ne me blâmez s'il vous plaît* ("non mi biasimate per favore").
109. **in parecchie miglia**: in molto tempo; il tempo è espresso in miglia, come se fosse una strada da percorrere.
110. **sconsolate**: rattristate. Usa il femminile per cortesia verso la parte femminile dell'uditorio.
111. **serafino**: angelo. Frate Cipolla approfitta dell'ingenuità dell'uditorio citando reliquie riferite a esseri incorporei.
112. **gherubini**: cherubini, una delle gerarchie degli angeli.
113. **una... finestre**: una delle costole del Verbo. *Verbum-caro-fatti-alle-finestre* è una storpiatura buffonesca di una frase del *Vangelo di Giovanni*: *Verbum caro factum est*, che significa «Il Verbo di Dio si fece carne» (in Cristo).
114. **santa Fé catolica**: l'espressione "santa fede cattolica" è burlescamente interpretata come se designasse una santa donna.
115. **la mascella... Lazzero**: l'osso della mascella della morte che colpì Lazzaro (poi risuscitato da Gesù); la morte veniva generalmente raffigurata sotto forma di scheletro.

Scena tratta dalla novella di Frate Cipolla in un'edizione miniata del *Decameron* del XV secolo. (Parigi, Bibliothèque Nationale de France)

liberamente gli feci copia delle piagge di Monte Morello in volgare e d'alquanti capitoli del Caprezio[116], li quali egli lungamente era andati cercando, mi fece egli partefice[117] delle sue sante reliquie: e donommi uno de' denti della Santa Croce[118] e in una ampoletta alquanto del suono delle campane del tempio di Salomone e la penna dell'agnol Gabriello, della quale già detto v'ho, e l'un de' zoccoli di san Gherardo da Villamagna[119] (il quale io, non ha molto, a Firenze donai a Gherardo di Bonsi[120], il quale in lui ha grandissima divozione) e diedemi de' carboni co' quali fu il beatissimo martire san Lorenzo arrostito; le quali cose io tutte di qua[121] con meco divotamente le recai, e holle[122] tutte. È il vero che il mio maggiore non ha mai sofferto che io l'abbia mostrate infino a tanto che certificato non s'è se desse sono o no[123]; ma ora che per certi miracoli fatti da esse e per lettere ricevute dal Patriarca fatto n'è certo, m'ha conceduta licenzia che io le mostri; ma io, temendo di fidarle altrui, sempre le porto meco. Vera cosa è che io porto la penna dell'agnol Gabriello, acciò che non si guasti, in una cassetta e i carboni co' quali fu arrostito san Lorenzo in un'altra; le quali son sí simiglianti l'una all'altra, che spesse volte mi vien presa l'una per l'altra, e al presente m'è avvenuto: per ciò che, credendomi io qui avere arrecata la cassetta dove era la penna, io ho arrecata quella dove sono i carboni. Il quale io non reputo che stato sia errore, anzi mi pare esser certo che volontà sia stata di Dio e che Egli stesso la cassetta de' carboni ponesse nelle mie mani ricordandom'io pur testé che la festa di san Lorenzo sia di qui a due dí[124]. E per ciò, volendo Idio che io col mostrarvi i carboni co' quali esso fu arrostito, raccenda nelle vostre anime la divozione che in lui aver dovete, non la penna che io voleva, ma i benedetti carboni spenti dall'omor[125] di quel santissimo corpo mi

116. **liberamente... Caprezio**: generosamente gli copiai in volgare alcuni pendii di Monte Morello e alcuni capitoli del Caprezio. *Monte Morello* è il nome di un colle vicino a Firenze, qui trasformato in libro. Ma tutta l'espressione può avere un significato equivoco, in quanto *gli feci copia* significa anche "gli diedi" e Monte Morello e Caprezio, nel linguaggio scurrile dell'epoca, indicavano parti del corpo.
117. **partefice**: partecipe.
118. **denti... Croce**: come la *santa Fé*, anche la *santa Croce* è trasformata in una santa esistita come donna.
119. **san Gherardo da Villamagna**: uno dei primi frati francescani, i quali portavano gli zoccoli in qualsiasi stagione.
120. **Gherardo di Bonsi**: autorevole politico della Firenze del Trecento.
121. **di qua**: di qua dal mare, nei nostri paesi.
122. **holle**: le ho.
123. **il mio maggiore... sono o no**: il mio superiore non mi ha permesso di mostrarle fin a quando non sia certificato se sono autentiche (*desse*, "proprio loro") o no.
124. **ricordandom'io... due dí**: essendomi ricordato soltanto poco fa (*pur testé*) che tra due giorni sarà la festa di san Lorenzo.
125. **omor**: gli umori del corpo che caddero sui carboni spegnendoli.

fé pigliare. E per ciò, figliuoli benedetti, trarretevi i cappucci e qua divotamente v'appresserete a vedergli. Ma prima voglio che voi sappiate che chiunque da questi carboni in segno di croce è tocco, tutto quello anno può viver sicuro che fuoco nol cocerà che non si senta[126]».

E poi che cosí detto ebbe, cantando una laude di san Lorenzo, aperse la cassetta e mostrò i carboni; li quali poi che alquanto la stolta moltitudine ebbe con ammirazione reverentemente guardati, con grandissima calca tutti s'appressarono a frate Cipolla e, migliori offerte dando che usati non erano, che con essi gli dovesse toccare il pregava ciascuno. Per la qual cosa frate Cipolla, recatisi questi carboni in mano, sopra li lor camiscion[127] bianchi e sopra i farsetti e sopra li veli delle donne cominciò a fare le maggior croci che vi capevano[128], affermando che tanto quanto essi scemavano a far quelle croci, poi ricrescevano nella cassetta, sí come egli molte volte aveva provato.

E in cotal guisa[129], non senza sua grandissima utilità avendo tutti crociati i certaldesi, per presto accorgimento[130] fece coloro rimanere scherniti, che lui, togliendogli la penna, avevan creduto schernire. Li quali stati alla sua predica e avendo udito il nuovo riparo preso da lui e quanto da lungi fatto si fosse[131] e con che parole, avevan tanto riso, che eran creduti smascellare. E poi che partito si fu il vulgo[132], a lui andatisene, con la maggior festa del mondo ciò che fatto avevan gli discoprirono[133] e appresso gli renderono la sua penna; la quale l'anno seguente gli valse non meno che quel giorno gli fosser valuti[134] i carboni. –

126. **può viver... senta**: può esser sicuro per tutto l'anno che non sarà bruciato dal fuoco senza accorgersene. Ancora una beffa ai certaldesi: un fatto ovvio è presentato come un miracolo mediante un tortuoso giro di parole.

127. **camiscion**: camiciotti usati dagli uomini.

128. **vi capevano**: ci potessero stare.

129. **cotal guisa**: questo modo.

130. **per presto accorgimento**: con un immediato accorgimento.

131. **il nuovo riparo... fosse**: l'originale rimedio che aveva adottato, e come l'avesse presa alla lontana.

132. **vulgo**: popolo.

133. **discoprirono**: rivelarono.

134. **valuti**: valsi.

DIALOGO CON IL TESTO

COMPRENDERE

Storie di burle Lo sfruttamento della credulità popolare a opera di frati senza scrupoli avrebbe potuto essere oggetto di polemica, o almeno di satira morale; Boccaccio lo risolve invece in una storia di burle intrecciate in cui il motivo che prevale è l'esaltazione delle doti tipiche dei personaggi cari a Boccaccio, l'intelligenza e l'abile uso della parola. Grazie a queste capacità un emerito imbroglione come frate Cipolla diventa simpatico e diverte il lettore.

La burla migliore Le due burle che si compiono nella novella hanno caratteri ed esiti diversi. I due giovani vogliono prendersi gioco di frate Cipolla e delle sue reliquie: è uno scherzo fine a se stesso. A frate Cipolla tocca la sfida più complessa: quella di non soccombere allo scherzo che gli è stato giocato, continuando ad alimentare la fede superstiziosa dei certaldesi. L'esito della novella celebra il trionfo dello scherzo di parole sullo scherzo di azioni: la potenza dell'affabulazione è tale che può avere la meglio anche su una beffa tutta materiale come quella tesa da Giovanni del Bragoniera e Biagio Pizzini.

- **Cercate nel testo le espressioni con cui Boccaccio celebra la vittoria della parola.**

Due sensi della comicità La situazione è completamente risolta in chiave comica, nei due sensi che possiamo dare alla parola: quello tecnico della retorica medievale, per la quale "comico" era ciò che si riferiva agli aspetti bassi, volgari della vita, e quello moderno di testo che suscita il riso.

- **Per quanto riguarda il primo senso, individuate le notazioni che, fin dalla prima, rapida descrizione di frate Cipolla, danno del personaggio un'immagine bonaria ma grossolana, di basso profilo.**

Frate Cipolla e Guccio Imbratta Un procedimento comico che dopo Boccaccio è stato ripreso e variato mille volte è quello della coppia comica: accanto al protagonista c'è un secondo personaggio che ne riproduce i caratteri, ma in forma più elementare e rozza.

- **Il servo Guccio rispecchia il suo padrone in forme degradate: confrontate i moventi che spingono i due personaggi, i rispettivi modi di procedere e i risultati che ottengono.**

ANALIZZARE

L'oratoria di frate Cipolla Il culmine comico della novella è nella predica di frate Cipolla, che stordisce il pubblico con un accumulo di espressioni ambigue e stravaganti:
- frasi che sembrano enunciare qualcosa di grande, e contemporaneamente lo svalutano o annullano;
- fatti che sembrano straordinari, ma possono anche essere intesi come comuni e banali;
- nomi geografici che possono riferirsi a paesi remoti o a località ben note a un fiorentino;
- nomi inventati o storpiati;
- interpretazioni assurde di termini e credenze della religione cattolica.

- **Individuate esempi di ciascuno di questi procedimenti comici.**
- **Analizzando il discorso di Guccio alla Nuta (rr. 82-95), notate come vi siano anticipati alcuni degli stessi procedimenti, ma in forma più rozza.**

Campagna vs. città Il fatto che la vicenda si svolga sullo sfondo di Certaldo, realtà ben nota a Boccaccio, non è privo di significato: gli abitanti del contado certaldese sono raffigurati come "villani", persone di campagna appunto, sciocche e superstiziose, facili quindi da abbindolare per uomini scaltri e capaci di un uso sapiente della parola.

- **Cercate nel testo le espressioni che contribuiscono a sottolineare l'ingenuità credulona dei certaldesi.**

Una comicità misurata ed efficace L'atteggiamento del narratore rispetto alla sua materia è in generale distaccato: da vero grande comico, Boccaccio non sottolinea con parole proprie la comicità di ciò che narra, lascia che a far ridere siano i fatti e i discorsi dei personaggi.
C'è però almeno un punto in cui alla comicità delle cose Boccaccio aggiunge un effetto comico "di parole", una sottolineatura stilistica. Nella scena di Guccio che "si cala" nella cucina (rr. 76-82), l'autore usa due similitudini con uccelli:

- **Spiegate in che cosa consiste il forte dislivello di intonazione tra le due e l'effetto ottenuto accostando a una stessa realtà due livelli stilistici così eterogenei.**

La predica di Frate Cipolla in una miniatura tratta da un'edizione del *Decameron* del XV secolo. (Parigi, Bibliothèque Nationale de France)

LITERARY COMPARISONS

Chaucer's *The Pardoner's Tale* and Boccaccio's *Frate Cipolla*

Earlier in this volume you read Chaucer's *The Pardoner's Tale* (*Il racconto dell'Indulgenziere*, ▸T30) the fourth story of the *Canterbury Tales*, and Boccaccio's *Frate Cipolla*, the tenth story of the sixth day of the *Decameron* (▸T105). Both stories focus on false hypocritical men who sell indulgences and relics to unsuspecting superstitious people in order to become rich.
In this section we are going to work with extracts from Chaucer's text in medieval English and make some comparisons and contrasts with Boccaccio's text.

Physical appearance and personality Look at these quotations from Chaucer's *General prologue* to the *Canterbury tales*, where he describes the Pardoner. (In the right column you can find the translation in modern English).

675 This Pardoner hadde heer as yelow as wex,	*This Pardoner had hair as yellow as wax*[1],
684 Swiche glarynge eyen hadde he as an hare.	*He had glaring eyes such as has a hare*[2].
688 A voys he hadde as smal as hath a goot.	*He had a voice as small as a goat has.*
689 No berd hadde he, ne never shold have;	*He had no beard, nor never should have*
690 As smothe it was as it were late shave.	*It (his face) was as smooth as if it were recently shaved.*
691 I trowe he were a gelding[3] or a mare[4].	*I thought he was a eunuch or effeminate.*

1. ***wax***: cera.
2. ***hare***: lepre.
3. **gelding**: cavallo castrato.
4. **mare**: cavalla.

● **What does Chaucer tell us about the physical appearance and personality of the Pardoner? And what does Boccaccio tell about frate Cipolla (read lines 21-25 of ▸T105)? Make some notes in the table below (if the authors say nothing on the subject leave the space blank).**

	Frate Cipolla	The Pardoner
Height	....	....
Hair	....	....
Face	....	....
Eyes	....	....
Voice	....	....
Education	....	....

● Who is kinder in their portrayal, Chaucer or Boccaccio?

The Pardoner and frate Cipolla at work In the *Prologue to the Pardoner's Tale*, before telling his story of the three young men who kill each other because of greed for money, the Pardoner speaks openly to the reader, explaining in detail how he tricks people. We are going to compare the Pardoner's theory with what frate Cipolla does in practice and discover if there are similarities.

● Complete the translation into modern English of the *Prologue to the Pardoner's Tale* using the sentences provided below.

I speak a few words | *by this trick* | *where I have come from* | *I show* | *the ignorant people are sitting down* | *add spice to my preaching* | *I stand like a* | *large glass containers* | *bits of cloth* | *more false trick stories* | *you have never heard before*

335	First I pronounce whennes that I come,	*First I say* ....,
341	And after that thanne telle I forth my tales;	*And after that I start to tell my stories;*
342	Bulles of popes and of cardynales	*Indulgences from popes and cardinals,*
343	Of patriarkes and bishopes I shewe,	*Of patriarchs and bishops* ....,
344	And in Latyn I speke a wordes fewe,	*And in Latin* ....,
345	To saffron with my predicacioun,	*To* ....,
347	Thanne shewe I forth my longe cristal stones,	*Then I show* ....,
348	Ycrammed ful of cloutes and of bones –	*Crammed full*[1] *of* .... *and of bones –*
349	Relikes been they, as wenen they echoon.	*And everyone supposes each one is a relic.*
389	By this gaude have I wonne, yeer by yeer,	.... *I have earned, year after year,*
390	An hundred mark sith I was pardoner.	*A hundred marks since I have been pardoner.*
391	I stonde lyk a clerk in my pulpet,	.... *clerk in my pulpit,*
392	And whan the lewed peple is doun yset,	*And when* ....,
393	I preche so as ye han herd bifoore	*I preach as* ....
394	And telle an hundred false japes moore.	*And tell a hundred* ....

1. ***Crammed full***: pieno zeppo.

● Work in small groups. Look back at the story of frate Cipolla. Can you find examples of where frate Cipolla does the same thing as the Pardoner? Make a note of the number of the line.

Language analysis In the Middle English text some words are identical to their modern English counterpart. However, some of them are similar from the point of view of pronunciation but have different spelling and some words are completely different.

● Look for the some examples in the two Middle English texts and fill in the table below.

Identical	....
Similar but with very different spelling	....
Totally different	....

More contrasts

● Which character is happier at the end of the stories? The Pardoner or frate Cipolla?

● Nowadays there are no longer any sellers of indulgences but can you think of some modern professions which try to trick people in the same way?

T106 ▸ Monna Sismonda (VII, 8)

PERCORSO
• Il comico e il satirico, p. 538

La settima giornata ha per tema «le beffe, le quali, o per amore o per salvamento di loro, le donne hanno già fatto a' lor mariti». Siamo dunque in un ambito tipicamente comico: beffe e affari di corna; la novella di monna Sismonda ne è un buon esempio.

Un diviene geloso della moglie, e ella, legandosi uno spago al dito la notte, sente il suo amante venire a lei; il marito se n'accorge, e mentre seguita[1] *l'amante la donna mette in luogo di sé nel letto un'altra femina, la quale il marito batte e tagliale le trecce, e poi va per*[2] *li fratelli di lei; li quali, trovando ciò non esser vero, gli dicono villania*[3]. [...]

Dovete dunque sapere che nella nostra città fu già un ricchissimo mercatante[4] chiamato Arriguccio Berlinghieri[5], il quale scioccamente, sì come ancora oggi fanno tutto 'l dì i mercatanti, pensò di volere ingentilire per moglie[6]; e prese una giovane gentil donna male a lui convenientesi[7], il cui nome fu monna Sismonda. La quale, per ciò che egli, sì come i mercatanti fanno, andava molto da torno[8] e poco con lei dimorava, s'innamorò d'un giovane chiamato Ruberto, il quale lungamente vagheggiata[9] l'avea. E avendo presa sua dimestichezza e quella forse men discretamente usando, per ciò che sommamente le dilettava[10], avvenne, o che Arriguccio alcuna cosa ne sentisse o come che s'andasse[11], egli ne diventò il più geloso uomo del mondo e lascionne stare l'andar da torno e ogn'altro suo fatto e quasi tutta la suo sollicitudine aveva posta in guardar ben costei[12], né mai adormentato si sarebbe se lei primieramente non avesse sentita entrar nel letto: per la qual cosa la donna sentiva gravissimo dolore, per ciò che in guisa niuna[13] col suo Ruberto esser poteva.

Or pure, avendo molti pensieri avuti a dover trovare alcun modo d'esser con essolui e molto ancora da lui essendone sollicitata, le venne pensato di tener questa maniera: che, con ciò fosse cosa che[14] la sua camera fosse lungo la via e ella si fosse molte volte accorta che Arriguccio assai a adormentarsi penasse[15] ma poi dormiva saldissimo[16], avvisò[17] di dover far venire Ruberto in su la mezzanotte all'uscio della casa e d'andargli a aprire e a starsi alquanto con essolui mentre il marito dormiva forte. E a fare che ella il sentisse quando venuto fosse, in guisa[18] che persona non se ne accorgesse, divisò[19] di mandare uno spaghetto fuori della finestra della camera, il quale con l'un de' capi vicino alla terra aggiugnesse[20], e l'altro capo mandatol basso infin sopra 'l palco[21] e conducendolo al letto suo, quello sotto i panni mettere, e quando essa nel letto fosse, legallosi[22] al dito grosso del piede; e appresso mandato questo a dire a Ruberto, gl'impose che, quando venisse, dovesse lo spa-

1. ***seguita***: insegue.
2. ***va per***: va a cercare.
3. ***gli dicono villania***: lo insultano.
4. **mercatante**: mercante.
5. **Arriguccio Berlinghieri**: non si hanno notizie di nessun Arrigo o Arriguccio all'interno della famiglia Berlinghieri, che acquisì una certa notorietà nel secondo Trecento.
6. **ingentilire per moglie:** nobilitarsi prendendo una moglie nobile.
7. **male a lui convenientesi**: non adatta a lui.
8. **da torno**: in giro (per affari).
9. **vagheggiata**: corteggiata.
10. **avendo... dilettava**: avendo cominciato a frequentarlo, e usando farlo con poca prudenza, perché le piaceva molto.
11. **come che s'andasse**: comunque andassero le cose.
12. **quasi... costei**: aveva posto quasi ogni suo impegno nel sorvegliarla bene.
13. **in guisa niuna**: in nessun modo.
14. **con ciò... che**: siccome.
15. **penasse**: facesse fatica.
16. **saldissimo**: profondamente.
17. **avvisò**: pensò.
18. **in guisa**: in modo.
19. **divisò**: decise.
20. **aggiugnesse**: arrivasse.
21. **palco**: pavimento.
22. **legallosi**: legarselo.

go tirare, e ella, se il marito dormisse, il lascerebbe andare e andrebbegli a aprire; e se egli non dormisse, ella il terrebbe fermo e tirerebbelo a sé, acciò che egli non aspettasse. La qual cosa piacque a Ruberto: e assai volte andatovi, alcuna gli venne fatto d'esser con lei e alcuna no.

Ultimamente, continuando costoro questo artificio così fatto, avvenne una notte che, dormendo la donna e Arriguccio stendendo il piè per lo letto, gli venne questo spago trovato; per che, postavi la mano e trovatolo al dito della donna legato, disse seco stesso[23]: «Questo dee essere qualche inganno.» E avvedutosi poi che lo spago usciva fuori per la finestra, l'ebbe per fermo[24]: per che, pianamente tagliatolo dal dito della donna, al suo il legò e stette attento per vedere quel che questo volesse dire. Né stette guari[25] che Ruberto venne e tirato lo spago, come usato era, Arriguccio si sentì[26]; e non avendoselo ben saputo legare, e Ruberto, avendo tirato forte e essendogli lo spago in man venuto, intese di doversi aspettare[27]; e così fece.

Arriguccio, levatosi prestamente e prese sue armi, corse all'uscio per dover vedere chi fosse costui e per fargli male. Ora era Arriguccio, con tutto che[28] fosse mercatante, un fiero uomo e un forte; e giunto all'uscio e non aprendolo soavemente come soleva far la donna, e Ruberto che aspettava, sentendolo, s'avvisò esser ciò che era[29], cioè che colui che l'uscio apriva fosse Arriguccio: per che prestamente cominciò a fuggire, e Arriguccio a seguitarlo. Ultimamente, avendo Ruberto un gran pezzo fuggito e colui non cessando di seguitarlo, essendo altressì Ruberto armato, tirò fuori la spada e rivolsesi, e incominciarono l'uno a volere offendere e l'altro a difendersi.

La donna, come Arriguccio aprì la camera svegliatasi e trovatosi tagliato lo spago dal dito, incontanente[30] s'accorse che il suo inganno era scoperto: e sentendo Arriguccio esser corso dietro a Ruberto, prestamente levatasi, avvisandosi ciò che doveva potere avvenire, chiamò la fante[31] sua, la quale ogni cosa sapeva, e tanto la predicò[32], che ella in persona di sé[33] nel suo letto la mise, pregandola che senza farsi conoscere quelle busse pazientemente ricevesse che Arriguccio le desse, per ciò che ella ne le renderebbe sì fatto merito, che ella non avrebbe cagione donde dolersi[34]. E spento il lume che nella camera ardeva, di quella s'uscì e nascosa in una parte della casa cominciò a aspettare quello che dovesse avvenire.

Essendo tra Arriguccio e Ruberto la zuffa, i vicini della contrada sentendola e levatisi cominciarono loro a dir male, e Arriguccio, per tema di non[35] esser conosciuto, senza aver potuto sapere chi il giovane si fosse o d'alcuna cosa offenderlo[36], adirato e di mal talento[37], lasciatolo stare, se ne tornò verso la casa sua; e pervenuto nella camera adiratamente cominciò a dire: «Ove se' tu, rea femina? Tu hai spento il lume perché io non ti truovi, ma tu l'hai fallita[38]!» E andatosene al letto, credendosi la moglie pigliare, prese la fante, e quanto egli poté menare le mani e'[39]

23. **seco stesso**: tra sé e sé.
24. **l'ebbe per fermo**: considerò la cosa sicura.
25. **Né stette guari**: non passò molto tempo.
26. **si sentì**: se ne accorse.
27. **intese... aspettare**: capì che doveva aspettare (che la donna gli aprisse).
28. **con tutto che**: nonostante.
29. **s'avvisò... era**: capì come stavano le cose.
30. **incontanente**: immediatamente.
31. **fante**: cameriera.
32. **predicò**: pregò.
33. **in persona di sé**: al proprio posto.
34. **per ciò... dolersi**: perché la avrebbe ricompensata in modo tale, che lei non avrebbe avuto motivo di dolersi.
35: **per tema di non**: per paura di (la negazione riflette la costruzione latina delle espressioni di timore).
36. **d'alcuna cosa offenderlo**: fargli nessun male.
37. **di mal talento**: di pessimo umore.
38. **l'hai fallita**: non ti è riuscito.
39. **e'**: e i (l'articolo si elide dopo una vocale).

La novella di monna Sismonda in un'edizione miniata del *Decameron* del 1450. (Parigi, Bibliothèque de l'Arsenal)

piedi tante pugna e tanti calci le diede, tanto che tutto il viso l'amaccò; e ultimamente le tagliò i capegli, sempre dicendole la maggior villania[40] che mai a cattiva femina si dicesse.

La fante piagneva forte, come colei che aveva di che[41]; e ancora che[42] ella alcuna volta dicesse «Oimè! Mercé[43] per Dio!», o «Non più!», era sì la voce dal pianto rotta e Arriguccio impedito dal suo furore, che discerner non poteva più quella esser d'un'altra femina che della moglie. Battutala adunque di santa ragione e tagliatile i capelli, come dicemmo, disse: «Malvagia femina, io non intendo di toccarti altramenti[44], ma io andrò per[45] li tuoi fratelli e dirò loro le tue buone opere, e appresso che essi vengan per te e fàccianne quello che essi credono che loro onor fia e ménintene[46]: ché per certo in questa casa non starai tu mai più». E così detto, uscito della camera, la serrò di fuori e andò tutto sol via.

Come monna Sismonda, che ogni cosa udita aveva, sentì il marito essere andato via, così, aperta la camera e racceso il lume, trovò la fante sua tutta pesta che piangeva forte; la quale come poté il meglio racconsolò e nella camera di lei la rimise, dove poi chetamente fattala servire e governare[47], sì di quello d'Arriguccio medesimo la sovvenne, che ella si chiamò per contenta[48]. E come la fante nella sua camera rimessa ebbe, così prestamente il letto della sua rifece e quella tutta racconciò[49] e rimise in ordine, come se quella notte niuna persona giaciuta vi fosse, e raccese la lampana e sé rivestì e racconciò, come se ancora a letto non si fosse andata; e accesa una lucerna e presi suoi panni, in capo della scala si pose a sedere e cominciò a cucire e a aspettare quello a che il fatto dovesse riuscire[50].

Arriguccio, uscito di casa sua, quanto più tosto[51] poté n'andò alla casa de' fratelli della moglie, e quivi tanto picchiò, che fu sentito e fugli aperto. Li fratelli della

40. **la maggior villania**: i peggiori insulti.
41. **come... che**: e ne aveva ben motivo.
42. **ancora che**: sebbene.
43. **Mercé**: pietà.
44. **altramenti**: ancora.
45. **andrò per**: andrò a cercare.
46. **fàccianne... e ménintene**: facciano di te quello che credono sarà giusto per il loro onore, e ti portino via di qui.
47. **governare**: assistere.
48. **sí di quello... contenta**: coi denari (di quello) di Arriguccio stesso la soccorse in modo tale (*sí*) che lei si sentì soddisfatta.
49. **racconciò**: riassettò.
50. **quello a che... riuscire**: come sarebbe andata a finire la cosa.
51. **tosto**: in fretta.

donna, che eran tre, e la madre di lei, sentendo che Arriguccio era, tutti si levarono e fatto accendere de' lumi vennero a lui e domandaronlo quello che egli a quella ora e così solo andasse cercando. A' quali Arriguccio, cominciandosi dallo spago che trovato aveva legato al dito del piè di monna Sismonda, infino all'ultimo di ciò che trovato e fatto avea narrò loro; e per fare loro intera testimonianza di ciò che fatto avesse, i capelli che alla moglie tagliati aver credeva lor pose in mano, aggiugnendo che per lei venissero e quel ne facessero che essi credessero che al loro onore appartenesse[52], per ciò che egli non intendeva di mai più in casa tenerla. I fratelli della donna, crucciati[53] forte di ciò che udito avevano e per fermo tenendolo[54], contro a lei innanimati[55], fatti accender de' torchi[56], con intenzione di farle un mal giuoco[57] con Arriguccio si misero in via e andaronne a casa sua. Il che veggendo la madre di loro, piagnendo gl'incominciò a seguitare or l'uno e or l'altro pregando che non dovessero queste cose così subitamente credere senza vederne altro o saperne, per ciò che il marito poteva per altra cagione esser crucciato con lei e averle fatto male e ora apporle questo[58] per iscusa di sé; dicendo ancora che ella si maravigliava forte come ciò potesse essere avvenuto, per ciò che ella conosceva ben la sua figliuola, sì come cole' che infino da piccolina l'aveva allevata, e molte altre parole simiglianti.

Pervenuti adunque a casa d'Arriguccio e entrati dentro, cominciarono a salir le scale; li quali monna Sismonda sentendo venir disse: «Chi è là?»

Alla quale l'un de' fratelli rispose: «Tu il saprai bene, rea femina, chi è.»

Disse allora monna Sismonda: «Ora che vorrà dir questo? Domine[59] aiutaci!» e levatasi in piè disse: «Fratelli miei, voi siate i ben venuti; che andate voi cercando a questa ora tutti e tre?»

Costoro, avendola veduta sedere e cuscire e senza alcuna vista[60] nel viso d'essere stata battuta, dove Arriguccio aveva detto che tutta l'aveva pesta, alquanto nella prima giunta[61] si maravigliarono e rifrenarono l'impeto della loro ira e domandarolla[62] come stato fosse quello di che Arriguccio di lei si doleva, minacciandola forte se ogni cosa non dicesse loro.

La donna disse: «Io non so ciò che io mi vi debba dire, né di che Arriguccio di me vi si debba esser doluto[63]». Arriguccio, vedendola, la guatava come smemorato, ricordandosi che egli l'aveva dati forse mille punzoni[64] per lo viso e graffiatogliele e fattole tutti i mali del mondo, e ora la vedeva come se di ciò niente fosse stato. In brieve i fratelli le dissero ciò che Arriguccio loro aveva detto e dello spago e delle battiture e di tutto.

La donna, rivolta a Arriguccio, disse: «Oimè, marito mio, che è quel ch'i' odo? Perché fai tu tener me rea femina[65] con tua gran vergogna, dove io non sono, e te malvagio uomo e crudele di quello che tu non se'[66]? E quando fostù questa not-

52. **per lei venissero... appartenesse**: venissero a prenderla e facessero di lei quel che credevano che fosse appropriato (appartenesse) al loro onore.
53. **crucciati**: arrabbiati.
54. **per fermo tenendolo**: credendolo vero.
55. **innanimati**: infuriati.
56. **torchi**: grossi ceri per farsi luce di notte.
57. **mal giuoco**: brutto scherzo.
58. **apporle questo**: accusarla di questo.
59. **Domine**: Signore (invocazione a Dio).
60. **alcuna vista**: nessun segno.
61. **nella prima giunta**: al primo incontro.
62. **domandarolla**: le domandarono.
63. **di che... doluto**: di che cosa Arriguccio si debba essere lamentato di me con voi.
64. **punzoni**: pugni.
65. **Perché... femina**: perché mi fai credere donna colpevole.
66. **e te... non se'**: e te (fai credere) uomo malvagio e crudele, che non sei.

te più in questa casa, non che con meco[67]? o quando mi battesti? Io per me non me ne ricordo.»

Arriguccio cominciò a dire: «Come, rea femina, non ci andammo noi a letto insieme? non ci tornai io, avendo corso dietro all'amante tuo? non ti diedi io dimolte busse e taglia 'ti i capelli?»

La donna rispose: «In questa casa non ti coricasti tu iersera. Ma lasciamo stare di questo, ché non ne posso altra testimonianza fare che le mie vere parole, e vegniamo a quello che tu di', che mi battesti e tagliasti i capelli. Me non battestù[68] mai, e quanti n'ha qui e tu altressì mi ponete mente[69] se io ho segno alcuno per tutta la persona di battitura: né ti consiglierei che tu fossi tanto ardito, che tu mano addosso mi ponessi, ché, alla croce di Dio, io ti sviserei[70]. Né i capelli altressì mi tagliasti, che io sentissi o vedessi, ma forse il facesti che io non me ne avvidi: lasciami vedere se io gli ho tagliati o no.» E levatisi suoi veli di testa mostrò che tagliati non gli avea ma interi.

Le quali cose e vedendo e udendo i fratelli e la madre cominciarono verso d'Arriguccio a dire: «Che vuoi tu dire, Arriguccio? Questo non è già quello che tu ne[71] venisti a dire che avevi fatto: e non sappiam noi come tu ti proverrai il rimanente.»

Arriguccio stava come trasognato e voleva pur dire: ma veggendo che quello che egli credeva poter mostrare non era così, non s'attentava di dir nulla.

La donna rivolta verso i fratelli disse: «Fratei miei, io veggio che egli è andato cercando che io faccia quello che io non volli mai fare, cioè che io vi racconti le miserie e le cattività[72] sue: e io il farò. Io credo fermamente che ciò che egli v'ha detto gli sia intervenuto[73] e abbial fatto, e udite come. Questo valente uomo, al qual voi nella mia mala ora[74] per moglie mi deste, che si chiama mercatante e che vuole esser creduto e che dovrebbe esser più temperato che uno religioso e più onesto che una donzella[75], son poche sere che egli non si vada inebbriando[76] per le taverne e or con questa cattiva femina e or con quella rimescolando; e a me si fa infino a mezzanotte e talora infino a matutino[77] aspettare nella maniera che mi trovaste. Son certa che, essendo bene ebbro, si mise a giacere con alcuna sua trista[78] e a lei, destandosi, trovò lo spago al piede e poi fece tutte quelle sue gagliardie[79] che egli dice, e ultimamente tornò a lei e battella e tagliolle i capelli; e non essendo ancora ben tornato in sé, si credette, e son certa che egli crede ancora, queste cose aver fatte a me: e se voi il porrete ben mente[80] nel viso, egli è ancora mezzo ebbro. Ma tuttavia, che che egli s'abbia di me detto, io non voglio che voi il vi rechiate se non come da uno ubriaco[81]; e poscia che[82] io gli perdono io, gli perdonate voi altressí.»

67. **quando... meco?**: quando mai fosti tu questa notte in questa casa, per non dire con me?
68. **battestù**: battesti tu (forma contratta dell'uso parlato fiorentino, come prima *fostù*).
69. **quanti... mente**: tutti voi che siete qui, e anche tu, osservatemi.
70. **alla croce... ti sviserei**: per la santa Croce (imprecazione), ti cambierei i connotati.
71. **ne**: ci (le due forme del pronome di prima persona plurale sono ugualmente frequenti nell'italiano letterario antico).
72. **miserie... cattività**: le meschinerie e le malvagità.
73. **intervenuto**: accaduto.
74. **nella mia mala ora**: per mia disgrazia.
75. **più temperato... donzella**: più moderato (nei costumi) che un frate e più corretto che una fanciulla.
76. **son poche... inebbriando**: sono poche le sere che non si va a ubriacare.
77. **matutino**: l'alba (letteralmente, la prima ora di preghiera per i frati).
78. **alcuna sua trista**: qualche sua donnaccia.
79. **gagliardie**: prove di forza.
80. **il porrete ben mente**: lo guarderete bene.
81. **che che... ubriaco**: qualunque cosa abbia detto di me, non voglio che lo prendiate come altro che un discorso da ubriaco.
82. **poscia che**: poiché.

La madre di lei, udendo queste parole, cominciò a fare romore e a dire: «Alla croce di Dio, figliuola mia, cotesto non si vorrebbe fare, anzi si vorrebbe uccidere questo can fastidioso e sconoscente[83], ché egli non ne fu degno d'avere una figliuola fatta come se' tu. Frate, bene sta[84]! basterebbe se egli t'avesse ricolta del fango[85]! Col malanno possa egli essere oggimai, se tu dei stare al fracidume delle parole d'un mercatantuzzo di feccia d'asino[86], che venutici di contado e usciti delle troiate vestiti di romagnuolo, con le calze a campanile e colla penna in culo, come egli hanno tre soldi, vogliono le figliuole de' gentili uomini e delle buone donne per moglie[87], e fanno arme[88] e dicono: "I' son de' cotali[89]" e "Quei di casa mia fecer così". Ben vorrei che'[90] miei figliuoli n'avesser seguito il mio consiglio, che ti potevano così orrevolmente acconciare in casa i conti Guidi con un pezzo di pane[91], e essi vollon pur darti a questa bella gioia[92], che, dove tu se' la miglior figliuola di Firenze e la più onesta, egli non s'è vergognato di mezzanotte di dir che tu sii puttana, quasi noi non ti conoscessimo. Ma alla fé di Dio[93], se me ne fosse creduto, e' se ne gli darebbe sì fatta gastigatoia, che gli putirebbe[94].» E rivolta a' figliuoli disse: «Figliuoli miei, io il vi dicea bene che questo non doveva potere essere. Avete voi udito come il buono vostro cognato tratta la sirocchia[95] vostra, mercatantuolo di quatro denari[96] che egli è? Ché, se io fossi come voi, avendo detto quello che egli ha di lei e faccendo quello che egli fa, io non mi terrei mai né contenta né appagata se io nol levassi di terra[97]; e se io fossi uomo come io son femina, io non vorrei che altri ch'io se ne 'mpacciasse[98]. Domine, fallo tristo[99], ubriaco doloroso[100] che non si vergogna!»

I giovani, vedute e udite queste cose, rivoltisi a Arriguccio gli dissero la maggior villania che mai a niun cattivo uom si dicesse; e ultimamente dissero: «Noi ti perdoniam questa sì come a ebbro, ma guarda che per la vita tua da quinci innanzi simili novelle noi non sentiamo più[101], ché per certo, se più nulla ce ne viene agli orecchi, noi ti pagheremo di questa e di quella»; e così detto se n'andarono.

Arriguccio, rimaso come uno smemorato, seco stesso[102] non sappiendo se quello che fatto avea era stato vero o se egli aveva sognato, senza più farne parola lasciò la moglie in pace; la qual non solamente con la sua sagacità[103] fuggì il pericolo soprastante ma s'aperse la via a poter fare nel tempo avvenire ogni suo piacere, senza paura alcuna più aver del marito.

---

83. **sconoscente**: ingrato.
84. **Frate, bene sta**: ma guarda un po' (modo di dire).
85. **Basterebbe... fango**: sarebbe già troppo se ti avesse raccolta dal fango (cioè, se ti avesse elevato da una condizione bassa, mentre in realtà è il contrario).
86. **Col malanno... asino**: a questo punto, vada in malora, se devi attenerti al marciume delle parole di un misero mercante di sterco d'asino.
87. **che venutici... moglie**: che, arrivati qui dalla campagna (*contado*) e usciti dai porcili (*troiate*), vestiti di panni rustici (il *romagnuolo* era una stoffa di lana grezza), con le calze cascanti (*a campanile*) e con la penna nella tasca posteriore (come usavano i mercanti), appena hanno tre soldi vogliono in moglie le figlie dei nobili e delle signore. La furia della madre si rivolge a tutti i mercanti arricchiti di recente.
88. **fanno arme**: si danno uno stemma, come le famiglie nobili.
89. **I' son de' cotali**: io vengo dalla tal famiglia. Vanteria riservata ai veri nobili.
90. **che'**: che i.
91. **ti potevano... pane**: avrebbero potuto onorevolmente sistemarti in casa dei conti Guidi (espressione proverbiale, per dire i più nobili) senza neppure spendere nella dote (*con un pezzo di pane*).
92. **questa bella gioia**: questo gioiello (ironico).
93. **alla fé di Dio**: per la santa fede (imprecazione).
94. **se... putirebbe**: se si desse retta a me, gli si darebbe per questo una lezione tale, che gli puzzerebbe; *e'* ("egli") è un soggetto impersonale preposto al verbo quando quello reale segue, secondo un uso frequente nel fiorentino antico.
95. **sirocchia**: sorella.
96. **mercatantuolo di quatro denari**: misero mercante da quattro soldi.
97. **non mi terrei... terra**: non mi sentirei contenta né soddisfatta se non lo togliessi dalla faccia della terra.
98. **che altri... 'mpacciasse**: che se ne occupasse un altro.
99. **Domine, fallo tristo**: Dio, maledicilo.
100. **doloroso**: fastidioso.
101. **guarda... più**: bada, se ti preme la vita, che da adesso in poi noi non sentiamo più simili notizie.
102. **seco stesso**: dentro di sé.
103. **sagacità**: astuzia.

DIALOGO CON IL TESTO

COMPRENDERE

Una comicità basata sull'azione Il tema degli inganni delle mogli ai danni dei mariti traditi è una delle varianti tipiche del tema della beffa, tradizionale nella novella.

In un primo tempo Boccaccio si attiene al trattamento tradizionale della beffa, con una comicità tutta giocata sugli equivoci, gli scambi di persona, il movimento e i continui cambiamenti di scena. In un simile modo di procedere, non c'è posto per gli indugi descrittivi o per le analisi psicologiche.

- **A riprova di ciò, notate quanto spazio è dedicato:**
  - **all'innamoramento di monna Sismonda e alle sue ragioni;**
  - **alla gelosia del marito;**
  - **alla caratterizzazione della donna, del marito e dell'amante.**

Un personaggio fortemente caratterizzato Solo nella seconda parte della novella entra in scena un personaggio più fortemente caratterizzato, la madre di monna Sismonda.

- **Individuate la sua prima comparsa, e osservate in che modo la prima battuta definisca già il suo atteggiamento e il suo ruolo nella vicenda.**

CONTESTUALIZZARE

Il contesto sociale La tirata finale della madre arricchisce l'effetto comico, ma introduce anche un elemento nuovo che va al di là del tema tradizionale. Arriguccio è un mercante arricchito che ha creduto di nobilitarsi sposando una donna di famiglia illustre, e per questo merita di essere cornuto e beffato. Notate come il disprezzo manifestato dalla suocera sia anticipato dalla narratrice nelle prime righe, dove dice che Arriguccio *scioccamente... pensò di voler ingentilire per moglie*; con questo la storia di beffa ereditata dalla tradizione è incorniciata tra due riferimenti che la collocano in un preciso contesto sociale, e ne fanno un altro momento di quell'osservazione divertita e curiosa di ogni aspetto della società da cui il *Decameron* trae in gran parte il suo fascino.

ANALIZZARE

Le variazioni del ritmo narrativo Come in altre novelle, l'effetto complessivo è propiziato dalle variazioni del ritmo narrativo, più veloce nelle parti dedicate agli antefatti, più disteso e rallentato nelle parti in cui sono concentrati gli effetti comici.

- **Analizzate la successione nella novella di sommari e scene e la variazione che si produce nella velocità della narrazione.**

Le espressioni volgari L'invettiva della madre è di per sé un piccolo capolavoro di comicità. L'effetto comico nasce soprattutto dal contrasto fra le pretese aristocratiche della suocera e la colorita volgarità, tutta plebea, del suo linguaggio. È da notare che le parole *culo* e *puttana* compaiono una sola volta nel *Decameron*, in questo luogo. In altre novelle, più "spinte" per l'argomento, Boccaccio si è attenuto al principio enunciato nel congedo dell'opera (▸T97), per cui nessuna cosa «sí disonesta n'è, che, con onesti vocaboli dicendola, si disdica a alcuno». Se qui invece accetta forme più volgari, è perché le usa non a nome proprio, ma ponendole in bocca a un personaggio che ne risulta comicamente caratterizzato.

ERICH AUERBACH

C10 ▸ Boccaccio e il sorgere dello “stile medio”

Nella sua opera fondamentale, *Mimesis. Il realismo nella letteratura occidentale*, pubblicata nel 1946, il filologo e critico tedesco Erich Auerbach (1892-1957) analizza una novella del Decameron (IV, 2) alla luce della dottrina medievale dei tre stili (▸T51): alto o “tragico”, medio o “elegiaco”, basso o “comico”.

Non v’è dubbio che svariate sono, nell’ambito dello stile medio, le sfumature del *Decamerone*, e che i confini sono molto ampi; però perfino là dove i racconti si avvicinano al tragico, il tono e l’atmosfera rimangono nel campo del sentimentale e del sensuale ed evitano il sublime e il grave; e anche là dove [...] si mettono a profitto motivi di grossa farsa, il linguaggio e la rappresentazione rimangono mobili, in quanto che innegabilmente narratore e ascoltatore rimangono sempre assai al di sopra dell’argomento, e guardandolo criticamente dall’alto si dilettano in maniera leggera ed elegante. La particolarità dello stile medio elegante può riconoscersi meglio proprio negli argomenti più popolari e realistici e perfino grossolanamente farseschi; poiché dalla forma di tali racconti è possibile dedurre l’esistenza d’un ceto sociale che, stando al di sopra degli strati inferiori della vita quotidiana, trae godimento dalla sua vivace rappresentazione, godimento che va in cerca di tipi umani fatti di sensi, e non di tipi sociali. Tutti i Calandrini, i fra Cipolla [...] sono, alla pari di frate Alberto e di Lisetta[1], personaggi ben altrimenti delineati che il villano o la pastorella ammessi nella poesia cortese[2]; essi sono perfino molto più vivi e nella loro forma particolare più precisi che le figure delle farse popolari [...], quantunque il pubblico a cui debbono piacere sia d’una condizione del tutto diversa. Evidentemente al tempo del Boccaccio esisteva una classe sociale di alta condizione, però non feudale, bensì appartenente all’aristocrazia cittadina, che provava un raffinato piacere nella realtà variopinta della vita, dovunque le si rivelasse. La separazione delle varie sfere si può certo dir conservata, in quanto i brani rozzamente realistici si svolgono in genere negli strati sociali inferiori, mentre quelli sentimentali, che tendono al tragico, si svolgono in genere in strati più alti; ma nemmeno si può dire che così sempre avvenga, poiché facilmente tra il mondo borghese e l’idilliaco sentimentale hanno luogo sconfinamenti [...].

I presupposti sociali per il sorgere d’uno stile medio nel senso antico[3], esistevano in Italia fin dalla prima metà del secolo XIV; era sorta nelle città una classe di borghesi patrizi, i cui costumi erano ancora con molti nodi legati alle forme e alle concezioni della cultura feudale-cortese, che però, in conseguenza d’una struttura

1. **Frate Alberto... Lisetta**: protagonisti della novella IV, 2, dalla quale è partita l’analisi del critico.
2. **il villano... cortese**: i personaggi di condizione sociale inferiore che potevano apparire in alcune forme della lirica medievale cortese, come quella detta appunto *pastorella*.
3. **uno stile... antico**: secondo l’autore nelle letterature classiche «vige la legge della separazione degli stili», ci sono cioè realtà sociali alte da rappresentare in stile tragico e realtà umili e quotidiane rappresentabili solo in stile comico; ci sono poi alcune forme intermedie, nelle

sociale totalmente diversa e sotto l'influsso di correnti preumanistiche[4], presto le dettero una nuova impronta, meno di casta e più personale e realistica. La visione interna ed esterna si ampliò e si liberò dai vincoli di casta che la restringevano, irruppe perfino sul terreno della scienza dianzi riservato ai chierici, dandole a poco a poco quella forma di cultura piacevole e alla mano che agevola i rapporti sociali. La lingua, dapprima così rude e rigida, diventò pieghevole, ricca, sfumata e fiorita, e si dimostrò compiacente ai bisogni di una vita sociale ricercata e colma d'elegante sensibilità; la letteratura sociale conquistò quanto prima non aveva ancor posseduto: la realtà attuale del mondo[5].

Erich Auerbach, *Frate Alberto*, in *Mimesis. Il realismo nella letteratura occidentale*, trad. dal tedesco di A. Romagnoli e H. Hinterhäuser, Einaudi, Torino, 1956

poesie pastorali e amorose.
4. **correnti preumanistiche**: correnti culturali che precorrono l'umanesimo quattrocentesco per l'ampiezza degli interessi e l'apertura al mondo terreno, come è il caso di Petrarca e in parte dello stesso Boccaccio.
5. **la realtà... mondo**: la capacità di rappresentare il mondo nella sua varietà, che non aveva posseduto una letteratura legata agli schemi rigidi della filosofia medievale e della gerarchia degli stili.

VITTORE BRANCA

C11 ▸ Boccaccio e il Medioevo

In Italia la problematica critica su Boccaccio, come su altri grandi autori, è stata impostata dalla *Storia della letteratura italiana* di Francesco De Sanctis (1871). La sua definizione era netta: aprendo il capitolo sul *Decameron* dopo quelli dedicati alla *Commedia* e al *Canzoniere*, De Sanctis scriveva: «Se ora apri il *Decamerone*, letta appena la prima novella, gli è come un cascar dalle nuvole [...]. Non è una evoluzione, ma è una catastrofe o una rivoluzione, che da un dì all'altro ti presenta il mondo mutato. Qui trovi il Medio evo non solo negato, ma canzonato». E più avanti: «Ecco, a così breve distanza, la commedia e l'anticommedia, la "divina commedia" e la sua parodia, la "commedia umana!"».
L'interpretazione desanctisiana del *Decameron* come negazione del Medioevo, seguita da altri critici, è stata radicalmente contestata dal maggiore studioso di Boccaccio del Novecento, Vittore Branca (1913-2004), docente di Letteratura italiana all'Università di Padova, curatore tra l'altro di un'edizione critica del *Decameron*; dalla sua opera fondamentale, *Boccaccio medievale*, traiamo il brano che segue, scritto nel 1956.

La serrata e massiccia tradizione critica che ha voluto vedere quasi costantemente nel *Decameron* il manifesto ideale di una nuova epoca, anzi la negazione e la beffa dell'età di mezzo, è stata deviata soprattutto [...] dalla concezione ottocentesca, neppure oggi spenta, che opponeva a un Medioevo tutto tenebre e superstizione la grande luce dell'Umanesimo. Il Medioevo era [...] la negazione dell'uomo e il trionfo della trascendenza: l'Umanesimo capovolgeva i termini e, accantonando la trascendenza, metteva sull'altare l'uomo. Dante era per questa critica il poeta di quell'umanità tutta assorta nelle realtà trascendenti; il Boccaccio gli si opponeva come il cantore di quella gioia e di quell'esaltazione della vita terrena che caratterizzava la nuova civiltà. Alla *Divina Commedia* succedeva dunque la «commedia umana», o meglio «del senso e della carne[1]»; alla mistica conclusione in cielo lo scanzonato epilogo nel cerchio leggiadro delle donne vezzose. [...]

1. **commedia... carne**: espressioni della *Storia della letteratura italiana* di De Sanctis.

Il capolavoro del Boccaccio, invece, proprio perché appare nei suoi aspetti più costituzionali e più validi come la tipica «commedia dell'uomo» rappresentata attraverso i paradigmi canonici alla visione cristiana e scolastica[2] della vita e insieme come una vasta e multiforme epopea della società medievale italiana colta e ritratta nel suo autunno splendido e lussureggiante, non si oppone alla *Divina Commedia* ma in qualche modo le si affianca e quasi la completa. Se si volesse vedere l'immagine del Medioevo soltanto in una di queste due opere, l'immagine che ne risulterebbe sarebbe falsa e unilaterale. [...] Il poema dantesco rappresenta la più grandiosa sistemazione, la più grandiosa *summa*[3] *poetica* dello speculare morale e intellettuale di quella società, ed è in qualche modo un estremo monito e una estrema profezia lanciata all'umanità intera partendo da quegli alti presupposti ideali: il *Decameron* è [...] anch'esso in certo senso una *summa*: la *summa* di quella vita faticosa, ricca di avventure e di agguati in cui ogni giorno l'uomo misurava le sue capacità e le sue virtù, e la borghesia e la folla più umile e anonima provavano la loro energia industriosa, il loro slancio operoso [...]: la *summa* di un mondo che – proprio secondo il pensiero scolastico – non è meno reale e non è meno valido di quello dominato dal trascendente che fu cantato da Dante.

Vittore Branca, *Tradizione medievale*, in *Boccaccio medievale e nuovi studi sul Decameron*, Sansoni, Firenze, 1981

2. **scolastica**: propria della filosofia scolastica, la teologia fondata sull'aristotelismo che ebbe il più autorevole esponente in Tommaso d'Aquino, a cui si ispirò anche Dante. Nel pensiero scolastico la realtà naturale terrena ha un suo valore autonomo, anche se è subordinata al piano della realtà soprannaturale trascendente.
3. ***summa***: in latino, "sintesi"; nel Medioevo il termine definiva un testo contenente in maniera organica e sistematica il sapere su una certa dottrina (per esempio, la *Summa theologica* di Tommaso d'Aquino).

ALBERTO MORAVIA

C12 ▶ Boccaccio, «un vagheggiatore dell'azione»

Alberto Moravia (1907-1990), uno dei più noti narratori italiani del Novecento, si è confrontato con la figura di Boccaccio in un saggio critico del 1953 di cui riportiamo qualche passo.

Ho sempre pensato che il Boccaccio, quest'uomo che ci viene dipinto placido e amante dei propri comodi, questo "Giovanni della tranquillità"[1], fosse nel fondo dell'animo suo, per compenso e forse anche per sublimazione[2], un vagheggiatore dell'azione. Con ogni probabilità era uno di quegli uomini che non possono godere degli agi e dei comodi se non immaginandosi nei disagi e nei pericoli; che hanno bisogno di fingersi una vita fantasticamente attiva per continuare a menare senza scosse né squilibri la solita esistenza tranquilla. [...]

1. **"Giovanni della tranquillità"**: che Boccaccio «non a caso fu detto "Giovanni della tranquillità"» è riferito da De Sanctis nella sua *Storia della letteratura italiana*, senza però citare la fonte della notizia.
2. **sublimazione**: termine della psicoanalisi che indica la trasformazione inconsapevole di istinti condannati in forme socialmente accettabili. In questo caso l'autore può aver pensato che Boccaccio sublimasse istinti aggressivi nella fantasia dell'azione.

In vari modi sono state spiegate le amoralità e l'indifferenza che molti credono di ravvisare nell'opera del Boccaccio. Si è detto che era un sensuale; come se la sensualità escludesse necessariamente una coscienza morale. Si è attributo quest'animo così poco severo al decadere dei costumi, al trapasso del Medio Evo cavalleresco nel tempo moderno borghese, al cambiarsi dell'antico concetto trascendente nell'immanenza[3] del Rinascimento.

Ma noi siamo convinti che la moralità non sia uno di quei fatti che seguono le mutazioni storiche come le mode o altri caratteri superficiali. Certamente il Boccaccio era un uomo altrettanto morale quanto Dante o il Manzoni. Il fatto che nelle sue novelle ci siano molti adulteri e molti inganni e al tempo stesso una certa superficialità ed indifferenza non deve trarre in abbaglio. A una lettura attenta il *Decamerone* si rivela un libro di moderata sensualità; e comunque non è mai o quasi mai sulla sensualità che si imperniano le vicende. E quanto alla superficialità e all'indifferenza, diciamo pure che esse sono un difetto soltanto se considerate da un punto di vista estrinseco; ma per portare a termine una tale opera, erano una necessità. [...]

Si fa troppo spesso un merito ai moralisti di aver messo alla gogna certi vizi. Ma ove si rifletta che dato il loro temperamento, essi hanno disperatamente bisogno di quei vizi, si vedrà che il merito non è poi tanto grande. Il Boccaccio invece, per la sua sete di avventura, aveva bisogno di tutt'altre cose. Prima di tutto di non essere appesantito e intralciato da alcun grave e severo concetto morale; di non dovere continuamente stabilire rapporti di giudizio morale tra sé e i personaggi, tra sé e il mondo. Questo era il lato negativo; per quello positivo, il Boccaccio aveva bisogno puramente e semplicemente di azione. Di una azione purchessia; visto che l'azione valeva in quanto era azione e non in quanto era buona o cattiva, triste o allegra, fantastica o reale. Occorre pensare, a questo punto, che il mondo doveva apparire all'invaghito Boccaccio infinitamente bello e vario, tutto godibile e desiderabile; e che doveva sembrargli un gran peccato scegliere in questa varietà e ricchezza un cantuccio in cui porre radici profonde; sacrificare tante possibilità a quella sola che gli spettava.

Alberto Moravia, *Boccaccio*, in *Opere. 1948-1968*, a cura di E. Siciliano, Bompiani, Milano, 1989

3. **concetto trascendente... immanenza**: per *concetto trascendente* si intende qui una visione del mondo tutta centrata sul soprannaturale, che trascende la realtà fisica; per *immanenza* il valore attribuito al mondo naturale in sé.

EDOARDO SANGUINETI

C13 ▸ Boccaccio, inventore della "Letteratura"

Edoardo Sanguineti (1930-2010) è stato uno dei maggiori poeti e critici letterari del secondo Novecento. Questo brano è tratto da *Gli ingranaggi del* Decameron, un saggio del 1975.

L'indice del *Decameron*, da solo, varrebbe, e vale, come monumentale impresa teorica, e si imporrebbe come carta di fondazione della novella europea.

Dire che il Boccaccio ha inventato la novella pare una facile e sterile *boutade*[1]. Ma si consideri il gesto con cui, alle soglie dell'opera, liquidando la classificazione ricevuta di «favole o parabole o istorie[2]», come non più produttiva e pertinente, egli sommuova le categorie tradizionali, e imposti l'idea di novella, per proporne una silloge[3], non più esemplare in senso morale, ma letterariamente certo paradigmatica, proprio come istituzione di un genere[4], e si vedrà subito che la battuta è carica di senso e di conseguenze. Perché il grande sforzo del Boccaccio, di teorico della letteratura, [...] è proprio quello di determinare un genere, di costituirlo nella sua autonomia, convogliando in quello un immenso materiale che prima andava rimescolato, senza individuarsi ancora, nelle categorie arcaiche delle storie impossibili, possibili e vere[5]. [...]

C'è la novella di fortuna e quella di desiderio, c'è la novella erotica a lieto e a infelice fine (il «lieto fine», anzi, alla lettera, è formula escogitata nel *Decameron*), ci sono i leggiadri motti e gli adulterî ingegnosi, c'è la beffa e c'è il gesto magnifico. E altro non c'è (o novella non è). Si possono ammettere forme miste e impure, trasformazionalmente resolubili[6], certo [...]: ma [...] il *Motif Index*[7] di ogni e qualunque possibile intreccio novellistico è già organizzato una volta per tutte.

Il successo del *Decameron* [...] non è tanto in un'arte della prosa, e magari in una canonizzazione linguistica, alla Bembo[8], tanto per dire: è, prima di tutto, nella magistrale decisione teorica che, fondando il genere, ne decide i confini e le classi, per l'occidente tutto, e per sei secoli, senza permettere più oltre correzioni apprezzabili. Si può tentare l'esercizio di sistemazione e di incasellamento, altrettanto bene, con Bandello o con Pirandello: le novelle, per noi, sono registrabili e repertoriabili ancora, in ultima istanza, [...], secondo la pianificazione boccaccesca, e insomma secondo le giornate del *Decameron*[9]. [...]

Se al limite siamo dunque tentati di dire che il cuore del *Decameron* non batte né in Ciappelletto né in Ghismonda, né in Lisabetta né in Cisti, né in Calandrino né in Griselda, ma addirittura nella cornice, sarebbe già un paradosso discreto, e potremmo fermarci. Ma poi, se non fossimo per giunta sospettati di iperbole celebrativa[10], saremmo ancora tentati di aggiungere qualcosa di più forte, se possibile, proclamando che il Boccaccio non ha soltanto inventato e classificato la novella occidentale moderna, producendone i paradigmi e inventariandone le strutture, esaurendo l'esplorazione del nostro narrabile, ma ha inventato, direttamente, la Letteratura, nell'accezione borghese della parola.

Insistiamo sulla cornice. Quella brigata che sfugge alla Peste della Storia [...], per isolarsi in Villa, e ivi trovare scampo, è la figura storica di quella meravigliosa e

1. ***boutade***: battuta, in francese.
2. **favole... istorie**: i termini che al tempo di Boccaccio definivano le narrazioni in prosa secondo la loro maggiore o minore aderenza alla realtà (vedi nota 5).
3. **silloge**: raccolta.
4. **letterariamente... genere:** esemplare (*paradigmatica*) dal punto di vista letterario, come modello di un nuovo genere.
5. **un immenso... vere**: il vasto patrimonio di testi narrativi dell'epoca, classificati dall'antichità secondo il diverso grado di verosimiglianza, che Boccaccio riprende e fonde nel genere nuovo della novella.
6. **trasformazionalmente resolubili**: ci sono novelle che, anche se non appartengono a uno dei modelli codificati dal *Decameron*, si possono analizzare (*resolubili*) in base alla ripresa, trasformazione e mescolanza di essi.
7. ***Motif Index***: catalogo degli elementi narrativi.
8. **Bembo**: Pietro Bembo, il letterato cinquecentesco che individuò nella lingua di Boccaccio un modello esemplare per la prosa italiana (▸Vol. 2, D10 p. 134).
9. **si può tentare... *Decameron***: tutte le novelle scritte dopo Boccaccio, da quelle di Matteo Bandello (▸Vol. 2, T30) a quelle di Luigi Pirandello (1867-1936), possono essere catalogate (*registrabili*) e definite (*repertoriabili*) in base al modello boccaccesco, coincidente con le tematiche delle dieci giornate del *Decameron*.
10. **iperbole celebrativa**: elogio esagerato.

feconda alienazione che fu il narrare, e anzi la Letteratura in universale[11], appunto, per quella classe borghese che, in figura del Boccaccio, inventando il suo genere, compie la sua conquista politica della parola[12]. [...]

Ma la fine del mito, che accompagna necessariamente la crisi del dominio dei nipotini postremi dei mercanti e dei banchieri, degli usurai e degli intellettuali forniti di pennaiuolo, è anche la fine di una tecnica e, per l'appunto, di un repertorio strutturale[13]. Se il Boccaccio registrava, quasi al magnetofono, la crisi della comunicazione orale[14], l'iscrizione del novellabile sopra la pagina, esattamente nella Letteratura, noi assistiamo, ormai, alla crisi della comunicazione per mezzo della pagina, per mezzo della Letteratura, in sintonia con la nuova Peste, che ha scosso le basi sociali di quel cerimoniale[15]. Verso altre forme di comunicazione, naturalmente, verso strutture che sono ancora da inventare, ancora da classificare.

Edoardo Sanguineti, *Gli ingranaggi del* Decameron, in *Giornalino 1973-1975*, Einaudi, Torino, 1976

11. **Quella brigata... universale**: la brigata di giovani che fugge dalla peste e si dedica al racconto è una rappresentazione di quel meraviglioso atto di superamento dei limiti della realtà (*Peste della Storia*) attraverso l'immaginazione (*alienazione*) che è stata per secoli la narrazione, e la letteratura in generale (*in universale*).
12. **quella classe... parola**: la classe borghese che, attraverso l'opera di Boccaccio, inventa un tipo di letteratura che rappresenta i suoi valori e i suoi ideali, e, grazie a questa presa di parola, acquista un'egemonia culturale nella società (*conquista politica della parola*).
13. **la fine... strutturale**: la fine di quel modo di raccontare (*mito*) è la necessaria conseguenza della crisi del ceto sociale che si sentiva rappresentato dalla parola scritta, soppiantata nella nostra epoca da altri canali comunicativi; è la fine di una *tecnica* espressiva e insieme la fine dei suoi temi e delle sue forme (*repertorio strutturale*). Il *pennaiuolo* era l'astuccio portatile in cui si tenevano infilate le penne d'oca e l'essenziale per scrivere: qui funge da metafora della scrittura in generale.
14. **il Boccaccio... orale**: con le sue novelle Boccaccio ha contribuito all'affermarsi della parola scritta sulla parola parlata.
15. **la nuova... cerimoniale**: i drammatici capovolgimenti storici (una *nuova Peste*, sconvolgente come quella narrata dal *Decameron*) che hanno modificato profondamente la società, causando la crisi delle abitudini e delle convenzioni sociali (*cerimoniale*) legati alla produzione e alla fruizione della letteratura scritta.

DIALOGO CON I TESTI

CONFRONTARE

1. I brani presentati sono esempi di una varietà di prospettive e metodi di interpretazione critica applicati a una stessa opera. Schematizzando, possiamo trovare manifestazioni di:
   - un approccio storicistico, in cui l'opera è interpretata alla luce di categorie storiche come "Medio Evo" e "Rinascimento";
   - un approccio sociologico, in cui l'opera è interpretata alla luce delle condizioni sociali in cui l'autore ha operato e del rapporto col suo pubblico;
   - un approccio psicologico (o più specificamente psicanalitico), in cui l'opera è interpretata alla luce di ipotesi sulla psicologia dell'autore;
   - un approccio letterario, in cui l'opera è interpretata in funzione delle sue caratteristiche intrinseche e della sua influenza sugli sviluppi successivi dei generi e delle forme letterarie.

   Individuate in ciascuno dei brani gli spunti che si possono ricondurre a uno di questi approcci, con opportuni riferimenti ai testi. Uno stesso brano può contenerne più di uno, e uno stesso approccio può essere presente in più di un brano.
2. Alcune idee comuni ricorrono in alcuni dei brani critici, anche se espresse con parole diverse. Individuate un'interpretazione del *Decameron* comune ad almeno due brani, e mostrate come viene presentata in ciascuno di essi.
3. Uno dei quattro autori mette in relazione l'epoca di Boccaccio con la nostra: di quale autore si tratta? Quali elementi di continuità e di discontinuità mette in luce fra le due epoche?

LABORATORIO DI ANALISI E SCRITTURA

RILETTURE (T94-T106)

COMPRENDERE

1. In diversi passi del *Decameron* (▸**T95-T97**), Boccaccio tratta le ragioni della sua opera: esplicita le finalità per cui ha deciso di comporla, indica il suo pubblico ideale e difende il proprio lavoro dalle critiche che gli erano state rivolte. Ripercorrendo i brani indicati, sintetizzate le idee di Boccaccio sugli scopi della sua scrittura e sul rapporto che lo legava al suo pubblico, quello ideale e quello reale.

ANALIZZARE

2. La lingua del *Decameron* è in generale molto elaborata, e il periodare macchinoso, ma non mancano passaggi di grande vivacità e inserimenti di espressioni parlate o dialettali. Estraete dalle novelle che conoscete alcuni passi che si distinguono per la solennità o per la vivacità e la vicinanza del parlato, e analizzateli per mostrare l'una o l'altra caratteristica.
3. Nelle novelle Boccaccio ha giocato con molta libertà sui rapporti tra invenzione e realtà, tra il verosimile e l'inverosimile. Esaminate, in una o più novelle, lo sfondo, i personaggi e le vicende e per ciascuno dei tre elementi dite:
   - se rappresenta una realtà normale, media, del tempo dell'autore;
   - se rappresenta qualcosa di reale, ma in modo fortemente idealizzato;
   - se trae spunto da elementi verosimili, ma ne esagera gli aspetti fino a farne una caricatura;
   - se rappresenta cose verosimili, ma eccezionali, estreme, al limite del credibile;
   - se esce del tutto dai limiti della verosimiglianza.
4. Gli inizi delle novelle del *Decameron* si attengono a uno schema abbastanza costante: la narratrice o il narratore dà alcune informazioni di cornice necessarie a capire la vicenda, come le seguenti:
   - descrizione del luogo in cui inizia, notizie sull'epoca;
   - cenni alla fonte da cui trae la storia;
   - presentazione di uno dei protagonisti e della sua condizione sociale;
   - situazione o evento iniziale da cui prende le mosse la vicenda.

   Osservando gli *incipit* delle novelle che conoscete (senza considerare la rubrica), notate quali di questi elementi ricorrono.

   Considerando una novella che conoscete di un autore moderno (Verga, Pirandello, Maupassant, Cechov ecc.), notate quali mutamenti sono introdotti rispetto allo schema boccaccesco.

INTERPRETARE

5. **ESERCIZIO GUIDATO** In alcune delle novelle che abbiamo presentato compaiono come protagonisti dei mercanti o degli usurai, esponenti di un ceto che era dominante nella Firenze del tempo di Boccaccio. Delineate i tratti comuni ai comportamenti di questi personaggi che rispecchiano la loro collocazione sociale. Da questo confronto si può a vostro parere ricavare un atteggiamento generale dell'autore nei confronti del mondo della mercatura e degli affari?

   GUIDA ALLA STESURA

   Da numerose novelle riportate nell'antologia si possono ricavare elementi per delineare le caratteristiche della mercatura nel Medioevo:
   - il mercante spesso prestava a interesse;
   - il prestito a interesse era definito usura e malvisto, tuttavia anche potenti personaggi dovevano ricorrervi;
   - il fine della mercatura era la ricerca del profitto;
   - per guadagnare occorreva assumersi dei rischi;
   - vi era una forte concorrenza commerciale;
   - il commercio sulle lunghe distanze comportava viaggi molto lunghi e assenze da casa;
   - vi erano importanti mercati e fiere.

   Individuate nelle novelle lette la presenza di tali aspetti e mettete in luce se compaiono come sfondo o come elementi che avviano la vicenda o ne determinano gli sviluppi.

   Rispetto alle novelle che avete individuato come significative per svolgere l'esercizio, compilate una scheda per ogni personaggio che appartiene al mondo della mercatura e degli affari, indicandone le

caratteristiche fisiche e psicologiche, i comportamenti che si possono riferire alla sua collocazione sociale. Dite se si tratta di personaggi dinamici, e in questo caso motivate la vostra affermazione. Rilevate anche l'eventuale presenza di giudizi del narratore.
Sulla base delle osservazioni fatte, provate a sviluppare una delle seguenti tesi:
a) a Boccaccio il mondo della mercatura e degli affari interessa semplicemente come repertorio di situazioni narrative interessanti;
b) il ceto mercantile incarna i nuovi ideali borghesi che Boccaccio celebra nel *Decameron*;
c) vi è in Boccaccio l'aspirazione a integrare ideali borghesi e ideale aristocratico della cortesia.

6. Nel proemio del *Decameron* (▸**T95**) l'autore afferma che il libro non solo offre «diletto», ma propone anche modelli di comportamento («quello che sia da fuggire e che sia similmente da seguitare»); sulla base delle novelle lette, provate a definire la «morale» che Boccaccio propone ai lettori e alle lettrici.
7. In varie novelle del *Decameron* si incontrano accenni alla religione e uomini di Chiesa tra i protagonisti. Ricercando questi elementi nelle novelle che avete letto, provate a definire l'atteggiamento di Boccaccio verso la religione e i suoi ministri.
8. Nella conclusione delle novelle il narratore ricava spesso dalla storia raccontata considerazioni che hanno un valore generale per tutti gli uomini. Ripercorrendo le conclusioni delle novelle che avete letto, cercate di definire se ne vien fuori una visione generale della vita e se vi prevalga l'ottimismo o il pessimismo.
9. I motivi fondamentali del *Decameron* sono stati così sintetizzati da Eugenio Montale: «Le quattro grandi molle del *Decamerone*, i quattro perni sui quali ruota tutto il complesso e formidabile mondo dei personaggi, sono l'amore, l'ingegno, la pura vitalità degli istinti e la virtù». Riferite le novelle che avete letto a uno o più di questi motivi. Indicate se a vostro parere esistono altri motivi di fondo che non rientrano nella lista di Montale.
10. Sulla tematica del *Decameron,* il critico Carlo Salinari ha scritto: «Nella realtà che lo circonda – accanto alle varie qualità di sollecitazioni amorose e, in molti casi, intrecciate con esse – Boccaccio scopre un'altra molla segreta che trasforma il mondo in un'immensa arena dove s'impegna una lotta feroce: è la molla dell'inganno, per cui il furbo continuamente trionfa sullo sciocco, si appropria delle sue cose, mortifica la sua personalità, afferma spavaldamente il suo diritto del più forte [...]. La crudeltà boccaccesca, in questo campo, è di una spietatezza atroce: lo sciocco, il beffato, è carne da macello, non ha nessun diritto, può essere profanato nei suoi sentimenti più segreti e profondi» (dall'introduzione a *Il Decameron,* Laterza, Bari, 1963).
Sulla base delle novelle di beffa e inganno che conoscete, dite se condividete questa affermazione e motivate il vostro giudizio.

CONFRONTARE

11. Francesco De Sanctis nella *Storia della letteratura italiana* (1871) stabilisce questo confronto tra Boccaccio da una parte e Dante e Petrarca dall'altra: «Non è il Boccaccio uno spirito superiore, che vede la società da un punto elevato e ne scopre le buone e cattive parti con perfetta e severa coscienza. È un artista che si sente uno con la società in mezzo a cui vive, e la dipinge con quella mezza coscienza che hanno gli uomini fluttuanti fra le mobili impressioni della vita senza darsi la cura di raccogliersi e analizzarle. Qualità che lo distingue sostanzialmente da Dante e dal Petrarca, spiriti raccolti [...]. Le rughe del pensiero non hanno mai traversato quella fronte, e nessuna ombra è calata sulla sua coscienza. Non a caso fu detto "Giovanni della tranquillità"» (*Storia della letteratura italiana*, I, Laterza, Bari, 1949)
Cercate nelle novelle che avete letto elementi che possano confermare o confutare questo giudizio.
12. Confrontate le figure femminili che si incontrano nelle novelle di Boccaccio con i modelli di donna elaborati dalla poesia stilnovistica, da Dante e da Petrarca.

ANALISI DEL TESTO

● Analizzate e commentate la novella *Guido Cavalcanti* (▸**T104**) rispondendo alle seguenti domande oralmente o per iscritto. Potete svolgere l'esercizio rispondendo separatamente a ogni domanda, o integrando le singole risposte in un discorso complessivo, nell'ordine che vi sembra più efficace.

COMPRENDERE

1. Fate una sintesi schematica del contenuto della novella.
2. Fate una parafrasi in lingua moderna del primo periodo (rr. 3-5).

ANALIZZARE

3. La novella contiene un solo sommario seguito da una sola scena; indicate il punto di confine tra le due parti e provate a definire la funzione del sommario.
4. Individuate le espressioni che presentano pensieri e sentimenti dei personaggi, vedendoli dall'interno, e osservate quanta parte hanno questi nella narrazione, rispetto alla presentazione dall'esterno di atteggiamenti e comportamenti.

INTERPRETARE

5. Fra i temi ricorrenti del *Decameron*, quali sono presenti in questa novella?
6. Quali valori sono incarnati nella figura del protagonista?

CONTESTUALIZZARE

7. Vi proponiamo alcuni testi che presentano una figura di intellettuale: un brano del *Novellino* (▸**T28**) e due brani di Petrarca (▸**T74**, ▸**T75**). Confrontate il ritratto di Guido Cavalcanti con uno di questi ritratti, o autoritratti, individuando analogie e differenze.

ANALISI DEL TESTO

● Analizzate la seguente novella del *Decameron* (giornata VI, novella 4), rispondendo alle domande del questionario oralmente o per iscritto. Potete svolgere l'esercizio rispondendo separatamente a ogni domanda, o integrando le singole risposte in un discorso complessivo, nell'ordine che vi sembra più efficace.

T107 ▸ Chichibio

ANALISI

Chichibio, cuoco di Currado Gianfigliazzi[1], con una presta parola[2] a sua salute[3] l'ira di Currado volge in riso e sé campa[4] dalla mala ventura minacciatagli da Currado.

[...]

Currado Gianfigliazzi, sì come ciascuna di voi e udito e veduto puote avere, sempre della nostra città è stato notabile cittadino, liberale e magnifico[5], e vita cavalleresca tenendo continuamente in cani e in uccelli[6] s'è dilettato, le sue opere maggiori al presente lasciando stare[7]. Il quale con un suo falcone avendo un dì presso a Peretola una gru ammazzata, trovandola grassa e giovane, quella mandò a un suo buon cuoco, il quale era chiamato Chichibio e era viniziano; e sì gli mandò dicendo[8] che a cena l'arrostisse e governassela[9] bene. Chichibio, il quale come nuovo bergolo era così pareva[10], acconcia[11] la gru, la mise a fuoco e con sollecitudine a cuocer la cominciò. La quale essendo già presso che cotta e grandissimo odor venendone, avvenne che una feminetta

1. **Currado Gianfigliazzi**: personaggio realmente vissuto tra i secoli XIII-XIV, membro di un'importante famiglia di banchieri fiorentini.
2. **una presta parola**: una battuta pronta.
3. **a sua salute**: per la propria salvezza.
4. **sé campa**: si salva.
5. **liberale e magnifico**: generoso nello spendere in una vita sontuosa.
6. **in cani e in uccelli**: nella caccia con cani e con falconi.
7. **le sue opere... stare**: senza parlare, per ora (*al presente*), delle sue azioni più importanti.
8. **gli mandò dicendo**: gli mandò a dire.
9. **governassela**: la preparasse.
10. **il quale... pareva**: che era, proprio come sembrava, uno straordinario sventato (*bergolo* era termine veneziano).
11. **acconcia**: preparata.

della contrada, la quale Brunetta era chiamata e di cui Chichibio era forte innamorato, entrò nella cucina, e sentendo l'odor della gru e veggendola pregò caramente Chichibio che ne le desse una coscia.

Chichibio le rispose cantando e disse: «Voi non l'avrì da mi[12], donna Brunetta, voi non l'avrì da mi.»

Di che donna Brunetta essendo turbata[13], gli disse: «In fé di Dio, se tu non la mi dai, tu non avrai mai da me cosa che ti piaccia», e in brieve le parole furon molte; alla fine Chichibio, per non crucciar[14] la sua donna, spiccata[15] l'una delle cosce alla gru, gliele diede.

Essendo poi davanti a Currado e a alcun suo forestiere[16] messa la gru senza coscia, e Currado, maravigliandosene, fece chiamare Chichibio e domandollo che fosse divenuta l'altra coscia della gru[17]. Al quale il vinizian bugiardo subitamente rispose: «Signor mio, le gru non hanno se non una coscia e una gamba.»

Currado allora turbato disse: «Come diavol non hanno che una coscia e una gamba? Non vid'io mai più gru che questa?»

Chichibio seguitò: «Egli è[18], messer, com'io vi dico; e quando vi piaccia, io il vi farò veder ne' vivi[19].»

Currado per amore de' forestieri che seco avea non volle dietro alle parole andare[20], ma disse: «Poi che tu di' di farmelo veder ne' vivi, cosa che io mai più non vidi né udi' dir che fosse, e io il voglio veder domattina e sarò contento; ma io ti giuro in sul corpo di Cristo che, se altramenti sarà, che io ti farò conciare in maniera, che tu con tuo danno ti ricorderai, sempre che tu ci viverai[21], del nome mio.»

Finite adunque per quella sera le parole, la mattina seguente, come il giorno apparve, Currado, a cui non era per lo dormire l'ira cessata, tutto ancor gonfiato[22] si levò e comandò che i cavalli fossero menati; e fatto montar Chichibio sopra un ronzino, verso una fiumana, alla riva della quale sempre soleva in sul far del dì vedersi delle gru, nel menò[23] dicendo: «Tosto[24] vedremo chi avrà iersera mentito, o tu o io.»

Chichibio, veggendo che ancora durava l'ira di Currado e che far gli conveniva pruova della sua bugia[25], non sappiendo come poterlasi fare cavalcava appresso a Currado con la maggior paura del mondo, e volentieri, se potuto avesse, si sarebbe fuggito; ma non potendo, ora innanzi e ora adietro e dallato si riguardava, e ciò che vedeva credeva che gru fossero che stessero in due piè.

Ma già vicini al fiume pervenuti, gli venner prima che a alcun vedute[26] sopra la riva di quello ben dodici gru, le quali tutte in un piè dimoravano, sì come quando dormono soglion fare; per che egli, prestamente mostratele a Currado, disse: «Assai bene potete, messer, vedere che iersera vi dissi il vero, che le gru non hanno

12. **Voi... da mi**: imitazione del dialetto veneziano di Chichibio.
13. **Di che... turbata**: per la qual cosa Brunetta, essendo seccata.
14. **crucciar**: fare arrabbiare.
15. **spiccata**: staccata.
16. **alcun suo forestiere**: qualche suo ospite.
17. **domandollo... gru**: gli chiese che cosa fosse successo all'altra coscia della gru.
18. **Egli è**: la cosa è.
19. **ne' vivi**: negli animali vivi.
20. **non volle... andare**: preferì non continuare la discussione.
21. **sempre che tu ci viverai**: finché vivrai su questa terra.
22. **gonfiato**: gonfio d'ira.
23. **nel menò**: lo condusse.
24. **Tosto**: subito.
25. **far... bugia**: gli toccava dimostrare quanto aveva affermato mentendo.
26. **gli venner... vedute**: prima degli altri gli capitò di vedere.

se non una coscia e un piè, se voi riguardate a quelle che colà stanno.»

Currado vedendole disse: «Aspettati, che io ti mostrerò che elle n'hanno due», e fattosi alquanto più a quelle vicino, gridò: «Ho, ho!», per lo qual grido le gru, mandato l'altro piè giù, tutte dopo alquanti passi cominciarono a fuggire; laonde[27] Currado rivolto a Chichibio disse: «Che ti par, ghiottone[28]? parti[29] che elle n'abbian due?»

Chichibio quasi sbigottito, non sappiendo egli stesso donde si venisse[30], rispose: «Messer sì, ma voi non gridaste "ho, ho!" a quella d'iersera; ché se così gridato aveste ella avrebbe così l'altra coscia e l'altro piè fuor mandata, come hanno fatto queste.»

A Currado piacque tanto questa risposta, che tutta la sua ira si convertì in festa e riso, e disse: «Chichibio, tu hai ragione: ben lo doveva fare.»

Così adunque con la sua pronta e sollazzevol[31] risposta Chichibio cessò la mala ventura[32] e paceficossi[33] col suo signore.

Giovanni Boccaccio, *Decameron*, a cura di V. Branca, Einaudi, Torino, 1991

27. **laonde**: allora.
28. **ghiottone**: birbante.
29. **parti**: ti pare.
30. **non sappiendo... venisse**: non sapendo lui stesso da dove gli venisse l'idea.
31. **sollazzevol**: divertente.
32. **cessò... ventura**: evitò un guaio.
33. **paceficossi**: fece pace.

COMPRENDERE

1. Definite il tema della novella, riconducendolo a uno dei temi dominanti del *Decameron*.
2. Fate una parafrasi del capoverso che comincia «Ma già vicini...» (rr. 48-52).

ANALIZZARE

3. Scegliete un periodo da cui appaia l'impostazione sostenuta e latineggiante della sintassi di Boccaccio e indicate gli aspetti che evidenziano tale impostazione.
4. Indicate gli aspetti da cui traspare la finzione che la novella sia raccontata oralmente.

INTERPRETARE

5. Indicate i valori di comportamento che nella novella sono presentati come positivi, attraverso le figure di Currado e Chichibio.

CONTESTUALIZZARE

6. Currado e Chichibio rappresentano due figure sociali che compaiono più volte nel *Decameron*; paragonate ciascuno dei due ad altri personaggi boccacceschi che conoscete che appartengano allo stesso ceto.

SCRIVERE UN TESTO ARGOMENTATIVO

● **ESERCIZIO GUIDATO** Facendo riferimento ai documenti forniti, scrivete un testo sull'argomento proposto.

LA FIGURA DEL MERCANTE

Giovanni Boccaccio, *Come tre fratelli diventano usurai*

Fu già nella nostra città un cavaliere il cui nome fu messer Tebaldo, il quale, secondo che alcuni vogliono, fu de' Lamberti, e altri affermano lui essere stato degli Agolanti [...]. Ma lasciando stare di quale delle due case si fosse, dico che esso fu ne' suoi tempi ricchissimo cavaliere, e ebbe tre figliuoli, de' quali il primo ebbe nome Lamberto, il secondo Tedaldo e il terzo Agolante, già belli e leggiadri giovani, quantunque il maggiore a diciotto anni non aggiugnesse[1], quando esso messer Tebaldo ricchissimo venne a morte e loro, sí come a legittimi suoi eredi, ogni suo bene e mobile e stabile lasciò. Li quali, veggendosi rimasi ricchissimi e di contanti e di possessioni, senza alcuno altro governo che del loro medesimo piacere[2], senza alcuno freno o ritegno cominciarono a spendere, tenendo grandissima famiglia[3] e molti e buoni cavalli e cani e uccelli e continuamente corte[4], donando e armeggiando e faccendo ciò non solamente che a gentili uomini s'appartiene ma ancor quello che nello appetito loro giovenile cadeva di voler fare[5]. Né lungamente fecero cotal vita, che il tesoro lasciato loro dal padre venne meno; e non bastando alle cominciate spese solamente le loro rendite, cominciarono a impegnare e a vendere le possessioni: e oggi l'una e doman l'altra vendendo, appena s'avvidero[6] che quasi al niente venuti furono e aperse loro gli occhi la povertà, li quali la ricchezza aveva tenuti chiusi.

Per la qual cosa Lamberto, chiamati un giorno gli altri due, disse loro qual fosse l'orrevolezza[7] del padre stata e quanta la loro e quale la loro ricchezza e chente[8] la povertà nella quale per lo disordinato loro spendere eran venuti; e come seppe il meglio, avanti che più della loro miseria apparisse, gli confortò[9] con lui insieme a vendere quel poco che rimaso era loro e andarsene via: e così fecero. E senza commiato chiedere o fare alcuna pompa[10] di Firenze usciti, non si ritennero sì furono[11] in Inghilterra; e quivi, presa in Londra una casetta, faccendo sottilissime spese, agramente[12] cominciarono a prestare a usura; e sì fu in questo loro favorevole la fortuna, che in pochi anni grandissima quantità di denari avanzarono.

Giovanni Boccaccio, *Decameron*, giornata II, novella 3, a cura di V. Branca, Einaudi, Torino, 1991

1. **aggiugnesse**: arrivasse.
2. **senza alcuno... piacere**: senza farsi guidare da altro che da ciò che gli piaceva.
3. **famiglia**: servitù.
4. **continuamente corte**: (tenendo) continuamente feste e ricevimenti.
5. **faccendo... fare**: facendo non solo quel che è adatto ai nobili, ma anche quello che capitava di volere ai loro desideri giovanili.
6. **appena s'avvidero**: si accorsero a fatica.
7. **orrevolezza**: dignità, alta posizione sociale.
8. **chente**: quale.
9. **avanti che... confortò**: li esortò, prima che la loro miseria si rivelasse ancor di più.
10. **alcuna pompa**: nessuna manifestazione apparente.
11. **non... sí furono**: non si fermarono finché non furono.
12. **agramente**: con accanimento, chiedendo condizioni dure.

Paolo da Certaldo, *Consigli a un giovane di buona famiglia*

Paolo da Certaldo fu un mercante che visse nella seconda metà del Trecento a Firenze, dove ebbe anche cariche pubbliche. Il *Libro di buoni costumi* è una raccolta di massime e consigli rivolti alla gioventù.

Molto ti guarda di non ispendere più ch'abbi in podere, sempre vogli avanzare ogni anno il quarto [...] [per quelle spese] non usate che possono venire altrui a dosso[1], [...] sì che, quando vengono, tu abbi di che farle senza toccare le possessioni o 'l tuo patrimonio o 'l mobile[2] che ti fu lasciato. Le dette spese non usate ne la casa e non continue sono queste: condannagioni, spese di brighe[3], malattie; e anche fanciulle a maritare. E anche, perché la famiglia sempre cresce, però si vuole avanzare e mettere innanzi quanto puoi con giusto modo. Guardati molto de le spese minute di fuori casa, ch'elle sono quelle cosa che votano la borsa e rodono le ricchezze [...]. E però ti guarda da le taverne; e anche non comperare tutte le buone derrate che vedi, che "la casa è fatta come la lupa: chi più vi reca, più vi si manuca[4]".

Guardati tu non indugi[5] in domane quello che puoi fare immantinente, e specialmente il bene. Per continua sollecitudine si vince ogni cosa; e leggesi che tanto cade la gocciola de l'acqua in su la pietra, che l'acqua la fora. Dunque sii sollecito e studioso e persevera quello ch'hai a fare, e verrati fatto.

In ogni terra[6] che vai o che stai, dì sempre bene di que' che reggono il Comune; e degli altri non dire però male, però che potrebbero montare in istato[7], e non t'avrebboro per amico di loro né di loro stato.

Paolo da Certaldo, *Libro di buoni costumi*, a cura di A. Schiaffini, Le Monnier, Firenze, 1945

1. **non usate... a dosso**: (spese) non ordinarie che possono capitare all'improvviso a chiunque (*altrui*).
2. **mobile**: denaro liquido.
3. **condannagioni... brighe**: condanne pecuniarie, spese per cause in tribunale.
4. **chi più... si manuca**: più vi si porta roba, più vi si mangia (proverbio).
5. **Guardati tu non indugi**: bada di non rimandare.
6. **terra**: città.
7. **montare in istato**: salire di condizione, diventare importanti.

Maestro del Biadaiolo, *Mercante di grano nella sua bottega*

Firenze, Biblioteca Laurenziana
(F. Antal, *La pittura fiorentina*, tav. 122).
(particolare)

Francesco Petrarca, *Contro la ricchezza*

In un trattato latino composto nel 1346, Petrarca contrapponeva la vita ritirata dell'uomo di studi o di religione alla vita agitata di coloro che sono spinti dalla sete del guadagno.

Abbandoniamo la città ai mercanti, agli avvocati, ai sensali, agli usurai, agli appaltatori, ai notai, ai medici; abbandoniamola ai profumieri, ai beccai, ai cuochi, ai fornai e ai salsicciai, agli alchimisti, ai lavandai, ai fabbri, ai tessitori [...]. Lascia che i ricchi contino i loro denari, servendosi per questo dell'aiuto dell'aritmetica. [...] Naturalmente le ricchezze che vorrebbero eterne si esauriranno, e fuggiranno i piaceri che con le mani cercano di trattenere: ma rimarranno quelle abitudini che desidereranno di non aver mai avuto, e li accompagneranno pur contro lor voglia. [...] Le ricchezze le avrà l'erede ingrato e forse un odiato nemico; il corpo lo avranno i vermi e le upupe[1], l'anima il Tartaro[2], il nome l'oblio senza fine[3]. Invece, per povero che sia, il giusto rimarrà nell'eterno ricordo. Non ci sfidi dunque all'emulazione una falsa prosperità, che è poi una vera miseria; siano allontanati da noi i ricchi molli ed effeminati. A loro siano care le terme, i bordelli, i grandi palazzi, le taverne; a noi le selve, i monti, i prati, le sorgenti. Seguano essi i desideri della carne e i guadagni, da qualsiasi parte provengano; noi gli studi liberali[4] e nobili. Se poi torna gradito unire allo studio qualche attività pratica, sia questa l'agricoltura e la caccia.

Francesco Petrarca, *De vita solitaria*, II, XV, in *Prose*, a cura di G. Martellotti et al., trad. dal latino di A. Bufano, Ricciardi, Milano-Napoli, 1955

1. **upupe**: uccelli che una tradizione infondata credeva frequentatori notturni dei cimiteri.
2. **Tartaro**: l'inferno (chiamato col nome che davano gli antichi al regno dei morti).
3. **il nome... fine**: il nome (del ricco) sarà oggetto di una eterna dimenticanza.
4. **liberali**: disinteressati, gli studi propri dello spirito libero.

Henri Pirenne, *Il mercante nella società medievale*

Ecco come un grande storico belga dei primi del Novecento presenta l'irruzione della nuova classe dei mercanti nella società medievale.

Salvo che nell'inverno, il mercante del Medioevo è continuamente in cammino: alcuni testi inglesi del XIII secolo lo indicano pittorescamente sotto il nome di «piedi polverosi».

Questo essere errante, questo vagabondo del commercio dovette certamente stupire fin dall'inizio, per la stranezza della maniera di vivere, la società agricola di cui urtava tutte le abitudini e in cui non vi era posto per lui. Egli portava il movimento fra gente attaccata alla terra, rivelava, a un mondo fedele alla tradizione e rispettoso di una gerarchia che fissava le funzioni e il rango di ciascuna delle classi, un'attività calcolatrice e razionalista nella quale la fortuna, invece di misurarsi alla condizione dell'uomo, dipendeva solamente dalla sua intelligenza e dalla sua energia. Non ci si deve quindi sorprendere se fece scandalo. La nobiltà disprezzò sempre questi *parvenus*[1] venuti fuori chissà da dove e di cui non poteva tollerare la fortuna insolente. Essa si irritava della loro superiore ricchezza, ed era umiliata di dover ricorrere nei momenti d'imbarazzo alla borsa di questi nuovi ricchi. [...]

Quanto al clero, il suo atteggiamento verso i mercanti fu ancora più sfavorevole. Per la Chiesa, la vita commerciale era pericolosa per la salvezza dell'anima: «il mercante – si legge in un testo attribuito a san Girolamo – difficilmente può piacere a Dio». Il commercio appare ai canonisti come una forma di usura. Essi condannavano la ricerca del profitto, che confondevano con l'avarizia.

Henri Pirenne, *Storia d'Europa: dalle invasioni al XVI secolo*, trad. dal francese di M.L. Paradisi, Sansoni, Firenze, 1991

1. ***parvenus***: nuovi ricchi.

GUIDA ALLA STESURA

Dai passi di Paolo da Certaldo potete ricavare un'immagine della mentalità che si formò nella borghesia mercantile fiorentina, con i suoi meriti e i suoi limiti. Le immagini riprodotte raffigurano dal vivo i mercanti impegnati in alcune delle loro attività, così come li vedeva un contemporaneo: che cosa stanno facendo, che tipo di vita conducono i personaggi raffigurati?

Il passo di Petrarca presenta un punto di vista aristocratico e umanistico sulle attività connesse al guadagno, opposto a quello di Paolo da Certaldo, mentre il brano dello storico Pirenne serve a inquadrare questi due punti di vista.

A questo punto, ritornando al brano della novella di Boccaccio, potete chiedervi quali aspetti della vita e della mentalità degli uomini d'affari medievali vi siano rappresentati, e quale sia l'atteggiamento dell'autore rispetto ai punti di vista accennati: la miniatura potrebbe rappresentare i personaggi della novella? Quali idee di Paolo da Certaldo sembrano condivise da Boccaccio?

Annotate le idee che potete raccogliere da questi confronti; esse vi serviranno a impostare un breve saggio che illustri alcuni aspetti della figura del mercante medievale, e delle diverse idee che se ne fecero i contemporanei.

SCRIVERE UN TESTO ARGOMENTATIVO

- Facendo riferimento ai documenti indicati, scrivete un testo sull'argomento proposto.

INVENZIONE E REALTÀ NEL *DECAMERON*

Nelle novelle Boccaccio ha giocato con molta libertà sui rapporti tra invenzione e realtà, tra verosimile e inverosimile. Esaminate, in quattro novelle a vostra scelta, lo sfondo, i personaggi e le vicende e per ciascuno dei tre elementi dite:

- se rappresenta una realtà normale, media, tipica del tempo dell'autore;
- se rappresenta qualcosa di reale, ma in modo fortemente idealizzato;
- se trae spunto da elementi verosimili, ma ne esagera gli aspetti fino a farne una caricatura;
- se rappresenta cose verosimili, ma eccezionali, estreme, al limite del credibile;
- se esce del tutto dai limiti della verosimiglianza.

ALLA MANIERA DI...

● **ESERCIZIO GUIDATO** La lingua del *Decameron* è piuttosto difficile per un lettore di oggi; alcuni scrittori si sono cimentati nell'impresa di tradurlo in italiano moderno. Riportiamo un brano dell'inizio della novella di Federigo degli Alberighi (▸**T94**) in due traduzioni, una di Aldo Busi, e l'altra di Bianca Pitzorno.

Anche Federico, come al solito accade ai blasonati, si innamorò di una blasonata, la nobile Giovanna, che a quei tempi era considerata una delle dame più belle e avvenenti di Firenze. Per potersi conquistare una nicchia nel suo cuore, partecipava ai tornei, faceva un duello dopo l'altro, dava ricevimenti e le inviava regali su regali senza badare a spese, ma la signora, non meno fedele che bella, era del tutto indifferente sia a queste giostre seduttive che al loro artefice, e così, con tutto quello spendere sconsiderato, Federico, com'è di regola in casi simili, si ritrovò sul lastrico, senza aver ottenuto da lei nemmeno mezza smorfia.

Aldo Busi, *Federigo degli Alberighi, ovvero gli eccessi dell'amore cortese*, in *Decamerone da un italiano all'altro. Prime cinque giornate*, Rizzoli, Milano, 1990

Come avviene spesso agli uomini di buoni sentimenti, Federigo si innamorò di una gentildonna, chiamata monna Giovanna, che godeva fama d'essere una delle più belle e leggiadre giovani di Firenze. Per conquistare l'amore della bella dama, Federigo cominciò a mettersi in mostra, duellando, partecipando a giostre e tornei, offrendo grandi feste e sontuosi regali e spendendo senza alcun riguardo il suo denaro.

La donna però, ch'era onesta quanto bella ed era sposata, non si curava affatto di lui, né di tutte quelle imprese compiute per attirare la sua attenzione. Da un lato Federigo spendeva oltre le proprie possibilità, dall'altro non aveva entrate che compensassero queste spese. E come avviene facilmente in questi casi, arrivò il momento che le sue ricchezze si prosciugarono ed egli cadde in miseria. Di tutto il suo gran patrimonio gli erano rimasti soltanto un poderetto, le cui rendite gli bastavano a stento per sopravvivere, e un falcone, che era però tra i migliori che ci fossero al mondo.

Bianca Pitzorno, *Il falcone di Federigo degli Alberighi*, in *Donne, mercanti e cavalieri, dieci novelle del Decamerone*, Bruno Mondadori, Milano, 1991

GUIDA ALLA STESURA

Dopo aver isolato il brano di Boccaccio corrispondente alle traduzioni (▸**T94**, rr. 20-33), confrontatele dai seguenti punti di vista.

- Sintassi: in quali punti la struttura del periodo boccaccesco è stata mantenuta e in quali è stata modificata da ciascuno dei traduttori?
- Tagli e aggiunte: quali tagli e aggiunte hanno effettuato Busi e Pitzorno rispetto al testo originale?
- Scelte lessicali: quale traduzione ricorre a espressioni più fantasiose e attualizzanti e quale si mantiene su un registro più misurato e fedele al significato originario? (Per cominciare potete considerate per esempio le diverse rese dell'aggettivo «gentile»).

Sulla base del confronto effettuato provate a individuare le intenzioni che sottostanno alle due traduzioni ed esprimete un vostro giudizio motivato.

- Si tratta di una pura e semplice trasposizione del testo originale in italiano moderno o di una rielaborazione creativa? Lo scopo prevalente è quello di semplificare la comprensione del testo per il lettore di oggi o di stuzzicare il suo gusto tramite qualche trovata sorprendente?
- Quale delle due traduzioni raggiunge maggiormente il suo scopo secondo voi? Quali scelte vi sembrano particolarmente efficaci e quali invece vi sembrano discutibili?

Confrontando l'originale con la traduzione che preferite, valutate quali significati o effetti narrativi vadano perduti, e se la maggiore leggibilità del testo vada o non vada a scapito di una piena comprensione e di un pieno godimento del testo boccacciano.

Provate a tradurre voi in italiano moderno una novella o una sua parte. Quella che vi proponiamo di fare non è una classica parafrasi, ma una riscrittura che conservi l'interesse narrativo e il sapore del testo originale.

La lingua del Decameron

Una sintassi latineggiante...

Uno stile da inventare All'epoca di Boccaccio la prosa narrativa in volgare non aveva una sua tradizione e quindi una sua lingua, a differenza della poesia lirica; Boccaccio non poté dunque lavorare per selezione su un repertorio di forme già consolidato, come fece Petrarca, ma dovette inventarsi una sua lingua quasi tutto da solo. Se il suo scopo era di dare dignità letteraria a un genere fino ad allora "minore" come la novella, non poteva certo appoggiarsi ai precedenti del *Novellino*, con la sua sintassi elementare e disarticolata, o agli scarni *exempla* dei predicatori. Gli unici che avevano cominciato a costruire una sintassi articolata erano i volgarizzatori di testi latini antichi, che avevano assorbito dagli originali qualche elemento della robusta e complessa struttura del periodo del latino classico.

Sintassi alla latina Lo stesso fece Boccaccio, creando una prosa in cui il latinismo della sintassi è l'aspetto più evidente: periodi ampi, ricchi di subordinate per lo più anteposte alla reggente, con abbondanza di frasi implicite (gerundi, participi, infiniti); tendenza a collocare il verbo alla fine della frase, e anche ad anteporre l'aggettivo al nome, il complemento all'elemento da cui dipende, secondo l'ordine delle parole tipico degli scrittori classici latini, rovesciato nelle lingue neolatine. Pochi esempi basteranno a ricordare queste caratteristiche.

- Complemento anteposto all'aggettivo da cui dipende: *già d'anni pieno* (▸T94, r. 16), *in opera d'arme e in cortesia pregiato* (▸T94, r. 20); aggettivo anteposto al nome: *degna e convenevole cosa* (▸T94, r. 138).
- Sistematica posposizione dei verbi; varie subordinate prima della principale: *La quale vedendol venire, con una donnesca piacevolezza levataglisi incontro, avendola già Federigo reverentemente salutata, disse: «...»* (▸T94, rr. 74-75).

Meritano di essere segnalati alcuni latinismi della sintassi forse meno vistosi dei precedenti.

Giovanni Boccaccio al lavoro nel suo studiolo in un'incisione del xv secolo. (Ann Ronan Picture Library/ Scala)

- Il gerundio è ampiamente usato anche con un soggetto esplicito diverso dalla reggente (uso divenuto molto raro nell'italiano moderno): *E in questi trattati stando, avendo esso la sua borsa mostrata, avvenne che una giovane ciciliana...* (▸T100, rr. 12-13); *e, promettendogli essa di venire a lui all'albergo... si partì* (▸T100, rr. 20-21); a volte il soggetto diverso è anche sottinteso (uso oggi condannato): *e, morendo senza confessione, niuna chiesa vorrà il suo corpo ricevere* (▸T99, rr. 101-102).
- Frequente l'uso di subordinate costruite su un participio, così da ottenere l'effetto dell'ablativo assoluto latino: *La qual cosa al suo termine fornita, e andata via la donna e 'l cavaliere, mise costoro...* (▸T102, rr. 128-129).
- Le frasi oggettive sono spesso costruite all'infinito anche con un soggetto esplicito diverso da quello della reggente; in questi casi l'italiano moderno vuole una subordinata esplicita introdotta da *che*, mentre il costrutto di Boccaccio imita l'accusativo con l'infinito proprio del latino: *e affermano molti miracoli Idio aver mostrati per lui* (▸T99, rr. 341-342).
- È tipico della prosa latina anche l'uso di cominciare un periodo con un pronome relativo, frequentissimo nel *Decameron*: *Alla quale dicendole egli... Il quale vedendola...* (▸T100, rr. 36-38);
- È ancora latineggiante la circonlocuzione *come colui che* con valore causale (latino *quippe qui*; nell'italiano contemporaneo si direbbe "in quanto"): *Di che egli piagnendo, come colui che chiara vedea la sua disaventura* (▸T100, rr. 181-182).
- Contribuisce poi all'andamento solenne del periodo, anche se non corrisponde a usi latini, la preferenza per congiunzioni composte (che già Dante aveva mostrato nel *Convivio*): le causali *per ciò che, con ciò sia cosa che*, la finale *acciò che*, le concessive *come che, ancora che*.

... ma senza monotonia

Variazioni stilistiche L'insieme di questi procedimenti può creare una prosa impacciata e pesante, che metta troppo in mostra lo sforzo di elevare il tono. Questo effettivamente accade talvolta nelle opere in prosa precedenti il *Decameron* – per esempio nella *Elegia di madonna Fiammetta* – e anche nel *Decameron*, per esempio, nell'introduzione generale o in alcune introduzioni alle giornate. Ma nelle novelle non succede quasi mai: Boccaccio non usa i suoi artifici stilistici con una sistematicità che generi monotonia, ma sa variare abilmente la struttura del periodo in funzione dell'efficacia narrativa. Osserviamo per esempio questo passo della novella di Andreuccio da Perugia (▸T100, rr. 326-330):

Ma poi che costoro ebbero l'arca aperta e puntellata, in quistion caddero chi vi dovesse entrare, e niuno il voleva fare; pur dopo lunga tencione un prete disse: «Che paura avete voi? credete voi che egli vi manuchi? Li morti non mangian gli uomini: io v'entrerò dentro io».

Si comincia con una subordinata seguita dalla sua principale, seguita da un'altra subordinata, tutte col verbo posposto ai complementi: sono le circostanze preparatorie dell'episodio. Ma subito viene una frase coordinata alla principale, in ordine naturale, *e niuno il voleva fare*: siamo al centro motore della situazione, la paura. Quel che segue non ha niente di artificioso: *un prete disse*, e il discorso diretto è fatto di frasi semplici, in ordine naturale, fino all'efficacissima ripetizione del pronome personale, *io v'entrerò dentro io*.

Irregolarità Questa flessibilità della prosa boccaccesca si può spingere fino a vere e proprie irregolarità sintattiche sul tipo di quelle che si trovano in molti prosatori suoi contemporanei, che non sono ammesse né dal latino né dall'italiano moderno: anacoluti, paraipotassi (inserimento di una congiunzione coordinante tra la subordinata e la principale), ripetizione della congiunzione *che* dopo un inciso. Più di una volta, infine, Boccaccio comincia una frase oggettiva con *che* e poi cambia la costruzione all'infinito: *in su l'ora che egli avvisava che messer Geri con gli ambasciadori dover passare* (▸T103, rr. 40-41); in casi come questo si ha l'impressione che l'autore abbia qualche problema a maneggiare il complicato meccanismo del suo periodo.

Le radici fiorentine

Latinismi lessicali Se l'impronta del latino è così evidente nella sintassi, sono rari i latinismi lessicali (*appo* per "presso", latino *apud*, ▸T103, r. 23).

Fiorentinismi Sono evidenti invece i segni che la base della lingua boccaccesca è il fiorentino parlato al suo tempo, a cominciare dalla fonetica, con la preferenza per i dittonghi *ie* e *uo*: *brieve, priego, truova*, e per la consonante *gn* al posto del gruppo *ng* (che fino a poco tempo fa si usava ancora a Firenze): *piagnere, giugnere, vegno, tegno*. C'è anche un fenomeno sintattico proprio del fiorentino ed estraneo al latino, l'uso di un soggetto impersonale *egli* quando il soggetto vero è posposto al verbo: *Egli sono state assai volte* (▸T99, r. 195-196); si tratta di un uso frequente nell'italiano antico, anche se non proprio obbligatorio come avviene invece in francese, inglese, tedesco, e scomparso dall'italiano moderno.

Morfologia Nella morfologia degli articoli e dei pronomi si nota una tendenza a regolarizzare le forme sui modelli che diventeranno propri dell'italiano: a differenza che negli scrittori più antichi, *il* prevale su *lo* come articolo, e *lo* su *il* come pronome; così si avvicinano alla regola moderna gli usi di *un, uno, una*. Resta invece una certa confusione dove sono in gioco i suoni *gli, li*: c'è una certa oscillazione nell'uso di *quegli* e *quelli*, mentre *gli* e *li* sono usati in modo diverso da oggi, e non sempre costante; ma intanto si afferma l'articolo *i*, che usiamo oggi.

QUESTIONI DI LINGUA

1. Fate l'analisi sintattica di un periodo, a vostra scelta ma di una certa lunghezza, di una delle novelle lette.
2. Nel brano ▸T97 ci sono almeno tre esempi di frasi oggettive o soggettive all'infinito. Individuateli.
3. Nella novella di *Nastagio degli Onesti* (▸T102) c'è un caso di paraipotassi nel racconto della caccia infernale (rr. 35-99); individuatelo e spiegate quale effetto stilistico produce.
4. Individuate un caso di ripetizione della congiunzione *che* nella novella di *Lisabetta da Messina* (▸T101).
5. Indicate il significato delle seguenti espressioni presenti nel *Decameron*:
   - *commendato* (▸T99, r. 147);
   - *onesto* (▸T95, r. 25; ▸T97, r. 13);
   - *ragionare* (▸T99, rr. 28, 94, 113, 116);
   - *vago* (▸T99, r. 61);
   - *ventura* (▸T100, rr. 35, 161, 231);
   - *villania* (▸T100, rr. 138, 206);
   - *far vista* (▸T100, r. 144), *far sembiante* (▸T100, r. 332);
   - *guisa, a guisa di, in cotal guisa* (▸T99, r. 103; ▸T100, r. 80).
6. Indicate il significato delle seguenti parole nei contesti indicati:
   - *commettere*: ▸T99, rr. 33, 52;
   - *noia*: ▸T95, r. 10.

Decamerone. Un classico riscritto?

INTERVISTA DI LUIGI IRDI AD ALDO BUSI

Prendete un testo di settecento anni fa, scritto in volgare trecentesco, e rifrullatelo in italiano corrente, per quanto possa essere corrente l'italiano di Aldo Busi. Busi va fiero di essere stato il primo traduttore dall'italiano all'italiano del *Decameron* di Giovanni Boccaccio anche se il termine «tradurre» suona un po' audace. Da quando in qua un classico della letteratura italiana ha bisogno di essere tradotto? «Le assicuro che per il *Decameron* era indispensabile. L'italiano del Trecento è una lingua totalmente straniera».

Andiamo al sodo. Ritrattare un classico è rischioso. Cambiandone le forme, si può facilmente tradire lo spirito dell'opera.

«Inevitabile, ahinoi».

E se uno riscrive la *Divina Commedia* e altera l'ispirazione trascendente di Dante?

«L'hanno tradotta in inglese, rendendola perfettamente comprensibile, come deve essere, e senza le note dedicate al linguaggio e al gergo, che sono delle gran rotture di palle. È arrivato il momento di tradurla anche in italiano».

Anche la *Commedia*?

«Certo. Guardi che il *Decamerone* è un testo per filologi, non per lettori. Ovvio che quando traduci devi capire se e quando il guadagno è superiore alla perdita. Molti elementi del testo vanno persi ed è un bene. Diversamente non si avrebbe mai nessun rinnovamento linguistico. Di qui a cento anni anche il mio *Decamerone* dovrà essere ritradotto».

Ma allora ci si dovrà chiedere quale sarà diventato il classico autentico.

«Lo saranno entrambi e ognuno potrà affrontare l'uno o l'altro».

Passi per il *Decamerone*. Ma cosa succederebbe se, per esempio, di qui a mille anni, venissero riscritti i *Vangeli* nella lingua del futuro. O la *Bibbia*?

«Si dovrà fare prima o poi».

Ma se uno riscrive, per esempio, la parabola della moltiplicazione dei pani e dei pesci in un modo diverso? Non c'è il pericolo di alterare in profondità il messaggio, i significati?

«È un rischio. Ma poi, scusi, se tra mille anni non ci saranno più i pesci, bisognerà pur raccontare la parabola della moltiplicazione dei pani e delle pillole, che so. A meno che, per rispettare i testi originali non si riempiano i Vangeli di note a piè di pagina, quelle rotture di palle di cui si diceva, per spiegare cosa erano i pesci. La materia si trasforma, lo scrittore si adegua». [...]

E allora?

«Se lei oggi legge il testo di Boccaccio in originale nemmeno vagamente le si increspano le labbra».

Mi lasci indovinare. Se uno legge la sua traduzione invece si sganascia dalle risate.

«Esatto. E poi è un problema di equilibri e di misura. Ciò che perdi qui, lo recuperi là, l'arrivo di nuove parole si inserisce con armonia. Nel mio *Decameron* ci sono parole come *hinterland*, *dadaumpa*, il ritornellino delle gemelle Kessler. Alla fine ridi e chi vince è il Boccaccio. Insomma, il *Decameron* era un libro morto, diciamo la verità. Si studiava un po' al liceo e amen. Ora non lo è più».

«il Venerdì di Repubblica», 4 marzo 2013

1. Quale delle seguenti proposizioni non è presente nelle domande dell'intervistatore?

A. □ Subordinata condizionale
B. □ Coordinata avversativa
C. □ Interrogativa indiretta
D. □ Modale implicita

2. Quali dubbi il giornalista sottopone ad Aldo Busi?

1. ....
2. ....

3. Indica se le seguenti affermazioni relative al testo sono vere o false. *Metti una crocetta per ogni riga.*

a. Busi integra con spunti narrativi originali il testo di Boccaccio. V F
b. Secondo Busi, la sua riscrittura del *Decamerone* è superiore all'originale. V F
c. Busi sostiene che in futuro anche la sua riscrittura del *Decamerone* dovrà essere aggiornata. V F
d. Busi si propone di favorire lo studio di Boccaccio nei licei. V F

Maraviglioso Boccaccio: la celebrazione dell'arte

PAOLO MEREGHETTI

Dell'opera di Boccaccio, i due registi espungono gli elementi più facili e triviali per privilegiare la riflessione sul narrare, cioè sulla forza dell'arte. Montate senza rispettare l'ordine letterario, selezionano due novelle dalla prima parte del *Decameron*, quella che racconta la lotta dell'uomo contro le forze della natura umana, a cominciare dall'amore (la prima della quarta giornata – Tancredi, Ghismunda e Guiscardo – e la nona della quinta giornata – Federigo degli Alberighi e monna Giovanna) e tre dalla seconda parte, quella che vede la lotta dell'uomo per la sua affermazione in un contesto più socioculturale (la terza novella dell'ottava giornata - Calandrino, Bruno e Buffalmacco –, la seconda della nona giornata – la badessa Usimbalda e la suora Isabetta – e la quarta dell'ultima giornata – messer Gentile de' Carisendi, Catalina e Nicoluccio) e le usano per rivendicare la centralità dei personaggi femminili (significativo lo stravolgimento del comportamento di Catalina, che non torna dal marito succubo della madre ma resta con l'amante che l'ha salvata) e l'importanza del narrare (le cinque novelle sottolineano tutte la centralità del narratore e della narrazione o rivendicano la verità dei fatti raccontati per mettere in rilievo il passaggio dalla realtà alla parola).

Il film cioè recupera l'operazione fatta da Boccaccio sulla narrativa medioevale, che rielabora per dare forma ai nuovi valori di una borghesia laica e orgogliosa, e insieme sfrutta la ricostruzione della peste a Firenze (che i tanti *Decameron* passati espungevano) per ribadire la forza della narrazione come antidoto alla contaminazione dei tempi.

Un doppio percorso, che rischia di sembrare in contraddizione ma che risponde invece al modo di filmare dei Taviani, attenti a definire una forma che metta in discussione la sua efficacia per rimandare al «brutto» lasciato fuori campo dopo la fuga dalla Firenze appestata.

In questa logica si giustificano e si spiegano l'eleganza essenziale e geometrica degli ambienti e quella colorata e vitale dei costumi, la contraddizione tra i volti sconosciuti dei dieci giovani fuggiti in campagna e diventati narratori e quella dei visi celebri dei personaggi delle novelle (Scamarcio, Puccini, Rossi Stuart, Smutniak, Riondino, Arena, Cortellesi, Crescentini, Trinca) e soprattutto uno stile di riprese controllato, che rimanda alla rappresentazione pittorica (pre)rinascimentale, fatta di eleganza e geometria. Per offrire allo spettatore un percorso capace di ribadire la bellezza e l'utilità del fare artistico e insieme sottolineare la forza vivifica dell'amore (e della donna).

Paolo Mereghetti, *I Taviani e la celebrazione dell'arte. Un* Decameron *che esalta le donne*, «Corriere della Sera», 25 febbraio 2015

1. "Espungono" (riga 1) significa:

A. □ sottolineano **B.** □ eliminano **C.** □ inseriscono **D.** □ inventano

2. Quale fra le seguenti affermazioni non rappresenta uno scopo del testo?

A. □ Dimostrare la corrispondenza tra l'ordine narrativo seguito nel film e quello del *Decameron*
B. □ Recensire il film *Maraviglioso Boccaccio*
C. □ Indicare le scelte stilistiche compiute nella realizzazione del film
D. □ Raccontare gli elementi essenziali della trama del film

3. Indica se le seguenti affermazioni relative al testo sono vere o false. *Metti una crocetta per ogni riga.*

a. I Taviani hanno selezionato novelle del *Decameron* dominate dalla lotta tra personaggi antagonisti. V F
b. Le novelle rappresentate nel film sottolineano la centralità delle figure femminili. V F
c. Come Boccaccio, i Taviani sottolineano i valori della classe borghese. V F
d. I Taviani eliminano ogni riferimento alla peste. V F

4. Il periodo conclusivo è costituito da una proposizione subordinata di quale tipo?

....

IL TEMA

La lirica d'amore

L'amore, tema ricorrente nella poesia di tutte le epoche, nel Medioevo assume significati specifici, sorprendenti per il lettore di oggi.

A

Amor è uno desio che ven da core
per abondanza di gran piacimento;
e li occhi in prima generan l'amore
e lo core gli dà nutricamento.

[Giacomo da Lentini]

1. **desio**: desiderio.
2. **piacimento**: piacere.
4. **nutricamento**: nutrimento.

B

Amore e 'l cor gentil sono una cosa,
sì come il saggio in suo dittare pone,
e così esser l'un sanza l'altro osa
com'alma razionai sanza ragione.

[Dante Alighieri]

2. **il saggio**: si riferisce a Guido Guinizzelli, iniziatore del «dolce stil nuovo». **in suo dittare pone**: afferma nei suoi componimenti.
3. **osa**: può.
4. **com'alma... ragione**: come l'anima razionale non può esistere senza la ragione.

C

Voi che per li occhi mi passaste 'l core
e destaste la mente che dormia,
guardate a l'angosciosa vita mia,
che sospirando la distrugge Amore.

[Guido Cavalcanti]

1. **passaste**: avete trafitto.
3. **guardate**: porgete attenzione.
4. **sospirando... Amore**: Amore distrugge per i sospiri che provoca.

D

Io combattei con Amor ed hol morto
e ch'io ho tanto pugnato mi pento:
però ch'io ebbi 'l dritto ed elli 'l torto,
convenne pur che rimanesse vénto.

[Cecco Angiolieri]

1. **hol morto**: l'ho ucciso.
2. **ch'io... pento**: mi pento di aver tanto indugiato.
3. **però... torto**: poiché io avevo ragione e lui torto.
4. **convenne... vénto**: fu giusto che fosse finalmente (*pur*) sconfitto.

E

S'amor non è, che dunque è quel ch'io sento?
Ma s'egli è amor, per Dio, che cosa e quale?
Se bona, ond'è l'effetto aspro mortale?
Se ria, ond'è sì dolce ogni tormento?

[Francesco Petrarca]

2. **s'egli... quale**: se è amore, in nome di Dio, che cos'è e qual è la sua natura.
3. **Se bona... morale**: se è una cosa buona, perché il suo effetto è un dolore mortale.
4. **Se ria... tormento**: se è una cosa cattiva, perché il tormento che ne deriva è così dolce.

Una scena galante tratta da una miniatura del *Codice Manesse*, 1305-1340. (Heidelberg, Biblioteca Universitaria)

PERCORSI TEMATICI

Quando leggiamo le opere dei poeti del Duecento e del Trecento, incontriamo concezioni dell'amore che in parte assomigliano all'esperienza che noi abbiamo di questo sentimento, in parte ne divergono, fino a darci un'impressione di estraneità, di grande distanza culturale.
I testi che trovate in questa pagina sono le prime quartine di cinque sonetti: può essere interessante confrontare tra loro i significati che la parola *amore* assume in ciascuna di esse.

Giacomo da Lentini (**testo A**) considera l'amore come un appassionante oggetto di speculazione intellettuale e si sforza di darne una definizione razionale caratterizzata dal massimo di precisione e di rigore: un desiderio che nasce dalla contemplazione della bellezza e viene alimentato dalla risposta emotiva dell'innamorato.

Anche il brano di Dante (**testo B**) ha un approccio speculativo al tema dell'amore, ma ne sottolinea un aspetto diverso: l'autentico sentimento amoroso non può essere provato da chiunque, ma scaturisce soltanto da un *cor gentil*, che è predisposto ad accoglierlo per una particolare elevatezza spirituale.

L'intonazione cambia radicalmente nell'*incipit* di Guido Cavalcanti (**testo C**): non un pacato andamento ragionativo, ma una drammatica apostrofe alla donna amata, da cui emerge un'immagine dell'amore come esperienza angosciosa, tragica, distruttiva.

Il tema della lotta senza tregua tra Amore e l'innamorato è ripreso da Cecco Angiolieri (**testo D**), che però si diverte a capovolgerlo comicamente, presentando se stesso come vincitore e l'amore come vittima.

Nella quartina di Petrarca (**testo E**) ritorna l'aspirazione a definire l'essenza e la natura dell'amore, già presente nei testi di Giacomo da Lentini e di Dante; ma il risultato non è una definizione univoca: l'amore si presenta al poeta come un'esperienza contraddittoria, legata a emozioni soggettive e contrastanti. Il desiderio di penetrare nei controsensi dell'amore rimane inappagato, e riesce a esprimersi soltanto attraverso domande senza risposta.

Questi assaggi possono dare un'idea della varietà di toni, modi e temi – alcuni abbastanza vicini alla nostra mentalità, altri molto lontani – che caratterizza la lirica amorosa tra Duecento e Trecento. Il percorso che vi suggeriamo nelle pagine seguenti si propone di approfondire il confronto, e di offrire qualche pista interpretativa.

IL PERCORSO

1. Dalla lirica trobadorica al "dolce stil novo"

Le basi della lirica amorosa sono poste, a partire dalla seconda metà del secolo XI, dai trovatori provenzali, che mettono in versi la concezione cortese dell'amore ed elaborano un repertorio di forme e motivi che saranno un punto di riferimento per la poesia successiva. In Italia un primo sviluppo di questa tematica si ha, nel secolo XIII, con i poeti della scuola siciliana, che ne accentuano gli aspetti intellettualistici, di ricerca teorica sulla natura del sentimento amoroso. A Bologna e a Firenze una generazione successiva di poeti rielabora le teorie dell'amore, arricchendole di nuovi elementi filosofici, morali e religiosi; nello stesso ambiente e negli stessi anni si sviluppa un filone comico-realistico, basato sul rovesciamento parodistico dei modi e dei temi codificati dalla tradizione cortese.

In Francia

La lirica trobadorica

- Guglielmo d'Aquitania, *Nella dolcezza della primavera* (▸**T8**)
- Bernart de Ventadorn, *Quando la lodoletta vedo*

In Italia

La scuola siciliana

- Giacomo da Lentini, *Amor è uno desio che ven da core* (▸**T10**)

Il "dolce stil novo"

- Guido Guinizzelli, *Io voglio del ver la mia donna laudare* (▸**T16**)
- Guido Cavalcanti, *Tu m'hai sì piena di dolor la mente* (▸**T18**)
- Guido Cavalcanti, *Perch'i' non spero di tornar giammai* (**T19**)

Il rovesciamento comico

- Cecco Angiolieri, *«Becchin'amor!». «Che vuo', falso tradito?»* (▸**T20**)
- Cecco Angiolieri, *La mia malinconia è tanta e tale*

- **Fra i testi di questa sezione sceglietene tre dai quali traspaiano con evidenza i caratteri della lirica amorosa cortese, stilnovista e comico-realistica, e confrontateli, mettendone in luce le differenze tematiche e stilistiche.**

2. Dante

La concezione idealizzata dell'amore cantata dalla poesia stilnovista raggiunge il suo culmine poetico e intellettuale nella *Vita nuova*. Radicalmente opposta è l'immagine della donna e della passione amorosa proposta dalle "rime petrose".

Vita nuova

- *Donne ch'avete intelletto d'amore* (▸**T45**)
- *Ben converrà che la mia donna mora*
- *Tanto gentile e tanto onesta pare* (▸**T42**)

Rime petrose

- *Così nel mio parlar voglio esser aspro* (▸**T49**)

- Individuate nei primi tre testi elencati, tratti dalla *Vita nuova*, gli elementi di continuità con la concezione stilnovista dell'amore.
- In *Ben converrà che la mia donna mora* e *Tanto gentile e tanto onesta pare*, Dante attribuisce un carattere mistico ed estatico dell'esperienza amorosa, anticipando il ruolo soprannaturale svolto da Beatrice nella *Commedia*. Da quali punti dei testi emerge questa tematica?
- Confrontate un testo a vostra scelta dalla *Vita nuova* con *Così nel mio parlar voglio esser aspro*, individuando le differenze tematiche e stilistiche.

3. Petrarca

Nel *Canzoniere* la tradizione lirica cortese si arricchisce di forme e significati, legati alla nuova concezione dell'amore elaborata da Petrarca: un sentimento legato all'esperienza unica e irripetibile di un individuo diviso tra sentimenti opposti e dedito a una minuziosa e ipersensibile autoanalisi.

Il *Canzoniere*

- *Erano i capei d'oro a l'aura sparsi* (▸**T70**)
- *Solo e pensoso i più deserti campi* (▸**T77**)
- *Benedetto sia 'l giorno e 'l mese e l'anno* (▸**T79**)
- *Padre del ciel, dopo i perduti giorni* (▸**T80**)
- *La vita fugge e non s' arresta un' ora* (▸**T87**)
- *Se lamentar augelli, o verdi fronde* (▸**T88**)
- *Zefiro torna, e 'l bel tempo rimena* (▸**T89**)
- *Gli occhi di ch' io parlai sì caldamente*

- Confrontate *Erano i capei d'oro a l'aura sparsi* con i sonetti di lode di Guinizzelli (▸T16) e di Dante (▸T42), mettendo in luce le somiglianze e le differenze fra l'immagine di Laura e quella della donna stilnovista, e le somiglianze e le differenze stilistiche.
- Da un confronto tra *Benedetto sia il giorno* e *Padre del ciel* può emergere il carattere travagliato e contraddittorio dell'esperienza amorosa petrarchesca: quale diversa interpretazione dell'amore per Laura viene data dai due sonetti?
- In *Solo e pensoso*, *Se lamentar augelli*, *Zefiro torna* Petrarca riprende il *topos* provenzale del rapporto tra la natura e i sentimenti del poeta. Sceglietene uno e confrontatelo con *Quando la lodoletta vedo* di Bernart de Ventadorn, individuando affinità e differenze.
- Negli ultimi due sonetti proposti il riferimento alla morte di Laura si intreccia con una riflessione più generale sull'esistenza. Individuate i temi attorno a cui ruota questa riflessione.

VERSO L'ESAME | Argomentare

La lirica amorosa dei secoli XIII-XIV presenta alcuni caratteri vicini all'attuale concezione dell'amore, altri molto lontani: secondo voi, sono più evidenti le permanenze o le differenze? E a quali motivazioni di tipo sociale, culturale ecc. sono dovute le une e le altre?
- Argomentate la vostra opinione, come se doveste sostenerla in un colloquio orale.
- Scrivete un testo su questo argomento, dopo aver scelto e analizzato tre testi tra quelli elencati sopra per argomentare le vostre idee.

IL TEMA

Il comico e il satirico

Anche nel Medioevo la letteratura poteva diventare veicolo di scherzi e battute non troppo diversi da quelli che ci scambiamo oggi. Ma la parola "comico" aveva un significato molto diverso da quello che le attribuiamo ai nostri giorni.

GUIDO CAVALCANTI

In un boschetto trova' pasturella

In un boschetto trova' pasturella
più che la stella – bella, al mi' parere.
Cavelli avea biondetti e ricciutelli,
e gli occhi pien' d'amor, cera rosata;
con sua verghetta pasturav'agnelli;
discalza, di rugiada era bagnata;
cantava come fosse 'namorata:
er'adornata – di tutto piacere.
D'amor la saluta' imantenente
e domandai s'avesse compagnia;
ed ella mi rispose dolzemente
che sola sola per lo bosco gia,
e disse: «Sacci, quando l'augel pia,
allor disìa – 'l me' cor drudo avere».
Po' che mi disse di sua condizione
e per lo bosco augelli audìo cantare
fra me stesso diss'i': «Or è stagione
di questa pasturella gio' pigliare».
Merzé le chiesi sol che di basciare
ed abracciar, – se le fosse 'n volere.
Per man mi prese, d'amorosa voglia,
e disse che donato m'avea 'l core;
menòmmi sott'una freschetta foglia,
là dov'i' vidi fior' d'ogni colore;
e tanto vi sentìo gioia e dolzore,
che 'l die d'amore – mi parea vedere.

Guido Cavalcanti, *Rime*, a cura di D. De Robertis, Einaudi, Torino, 1986

Un signore incontra una pastorella che fila in una miniatura tratta dal *Libro delle Ore di Enrico VIII*, XVI secolo. (New York, Morgan Library)

1. **trova'**: trovai.
2. **la stella**: le stelle; l'uso del singolare per il plurale è un tipo di metonimia.
4. **cera**: viso.
5. **verghetta**: bastoncino. **pasturav'**: custodiva al pascolo.
6. **discalza**: scalza.
8. **di tutto piacere**: di ogni bellezza.
9. **D'amor... imantenente**: con parole d'amore la salutai immediatamente.
12. **gia**: andava.
13-14. **Sacci... avere**: sappi che quando gli uccelli cinguettano (*l'augel pia*), allora il mio cuore desidera avere un innamorato (*drudo*).
15. **Po' che... condizione**: dopo che mi ebbe parlato della sua situazione.
16. **audìo**: udii.
17-18. **Or è... pigliare**: questo è il momento (*stagione*) di godere (*gio' pigliare*: prendere piacere) di questa pastorella.
19-20. **Merzé... volere**: le chiesi il piacere (*merzé*) solo di baciarla ed abbracciarla, se ne avesse desiderio.
21. **d'amorosa voglia**: spinta da desiderio amoroso.
23. **menòmmi... foglia**: mi condusse sotto le fresche foglie.
25. **sentìo... dolzore**: provai gioia e dolcezza.
26. **die**: dio.

LAPO FARINATA DEGLI UBERTI

Guido, quando dicesti pasturella

Guido, quando dicesti pasturella,
vorre' ch'avessi dett' un bel pastore:
chè si conven ad om che vogl' onore
se vol contar verace sua novella.
Tuttor verghetta avia piacent' e bella:
pertanto lo tu' dir non à fallore,
ch'i' non conosco re nè 'mperatore
che no l'avesse agiata camerella.
Ma dicem un' che fu tec' al boschetto
il giorno che si pasturan gli agnelli,
che non s'avvide se non d'un valletto
che cavalcava ed era biondetto
ed avea li suo' panni corterelli:
però rassetta, se vuo', tuo mottetto.

in Guido Cavalcanti, *Le rime*, a cura di E. Rivalta, Zanichelli, Bologna, 1902

2. **vorre'**: avrei preferito, sarebbe stato meglio.
3. **om che vogl'**: uno che desidera.
4. **contar... novella**: dire la verità quando racconta qualcosa.
5. **Tuttor... bella**: è pur vero (come tu hai raccontato) che aveva una *verghetta* piacevole e bella. Il riferimento è al v. 5 del componimento di Cavalcanti: l'autore gioca qui sul duplice significato della parola "verga", che vuol dire bastone, ma anche membro virile.
6. **non ha fallore**: non è sbagliato.
8. **no... camerella**: non avrebbe gradito il colpo di fortuna (*camerella*) che ti è capitato.
9-11. **Ma... valletto**: ma uno che era con te (*tec'*) nel boschetto il giorno che si portarono al pascolo gli agnelli mi dice che non si accorse se non di un ragazzino (*valletto*).
12. **cavalcava**: anche qui c'è un doppio senso osceno.
14. **però... mottetto**: perciò correggi (*rassetta*), se sei d'accordo, il tuo componimento.

Il primo testo, di Guido Cavalcanti, è ispirato al genere provenzale della "pastorella", caratterizzato da alcuni motivi fondamentali: l'incontro con una pastorella su uno sfondo naturale, il dialogo galante, l'appagamento del desiderio amoroso. Il tono gioioso, "ingenuo" e spensierato della poesia è sottolineato dall'elementarità dell'andamento sintattico, dalla vicinanza e semplicità delle rime, dall'uso insistito dei diminutivi.

Il secondo testo è di un contemporaneo del poeta (più precisamente un parente di sua moglie). L'autore, rivolgendosi a Cavalcanti, rilegge in chiave omosessuale il componimento del poeta stilnovista: l'ambientazione sognante è rimasta la stessa (il boschetto, la scena pastorale), ma la *pasturella* è diventata un *bel pastore* e il riferimento alla *verghetta* che nel testo originario la fanciulla impugnava per custodire il suo gregge si è trasformato in una pesante allusione oscena (ulteriormente appesantita dal doppio senso del *cavalcava* al v. 12). Il sapore beffardo del sonetto è accentuato dal fatto che Lapo Farinata degli Uberti riprende testualmente molte espressioni della ballata di Cavalcanti, e si diverte anche a prendere in giro il suo stile, imitandone l'uso delle rime e dei vezzeggiativi (*pasturella*, *verghetta*, *boschetto*, *biondetto*, *corterelli*).

Non abbiamo notizie sulla reazione di Cavalcanti di fronte a un testo così irriverente, ma l'immagine aristocratica ed elegante che ci è stata tramandata di lui ci fa supporre che abbia saputo prenderlo con sportività e autoironia. Ce n'è comunque abbastanza per mettere in discussione il clima serioso e un po' ingessato che lo studio della storia letteraria rischia di addensare intorno agli scrittori del passato.

Il percorso che segue si propone di esplorare questo ambito della letteratura medievale. Per cominciare dovremo prima di tutto misurarci col concetto di "stile comico", che nel Medioevo aveva un significato molto diverso da quello che gli attribuiamo oggi.

IL PERCORSO

1. Lo stile comico

Nel Medioevo il concetto di "comico" non si riferisce all'intenzione di suscitare ilarità nel lettore, ma al nesso che deve intercorrere tra gli aspetti umili e "bassi" della realtà e lo stile a essi adeguato. Un testo di poetica e quattro esempi letterari possono dare un'idea delle diverse intonazioni e dei diversi esiti a cui condusse questa concezione del rapporto fra scelte tematiche e registri stilistici.

La teoria degli stili

- Dante Alighieri, *I temi e gli stili* (▸**T51**)

Esempi di stile comico

- Cecco Angiolieri, *S'i' fosse foco, ardere 'il mondo* (▸**T21**)
- Dante Alighieri, *«Quelli ch'usurpa in terra il luogo mio...»* (▸**T67**)
- Cecco Angiolieri, *Tre cose solamente m'enno in grado*
- Rustico Filippi, *Dovunque vai, conteco porti il cesso*

- **Mettete in relazione la teoria medievale degli stili (▸T51) con uno degli esempi letterari a vostra scelta.**
- **Accostate l'invettiva tratta dal canto XXVII del *Paradiso* (▸T67) alla dichiarazione di poetica di Dante (▸T51): per quali aspetti il poeta applica le sue teorie sul comico e per quali aspetti le trasgredisce?**

2. La parodia

Una forma del comico presente tanto nella letteratura medievale quanto in quella contemporanea è la parodia, cioè la messa in caricatura di modi e temi della letteratura "alta". Ecco tre esempi di poesia comica accostati a momenti della poesia cortese presa a bersaglio dalla parodia.

La parodia

- Cielo d'Alcamo, *Rosa fresca aulentissima* (▸**T12**) → Guglielmo d'Aquitania, *Nella dolcezza della primavera* (▸**T8**)
- Cecco Angiolieri, *La mia malinconia è tanta e tale* → Guido Guinizzelli, *Io voglio del ver la mia donna laudare* (▸**T16**)
- Cecco Angiolieri, *«Becchin'amor!». «Che vuoi, falso tradito?»* (▸**T20**) → Guido Cavalcanti, *Tu m'hai sì piena di dolor la mente* (▸**T18**)

- **Scegliete uno degli accostamenti proposti, e indicate le scelte tematiche e stilistiche attraverso le quali i modi della poesia cortese sono capovolti e messi in caricatura.**

3. Il modo satirico

La satira come critica di costume che utilizza le forme del ridicolo e della deformazione grottesca è ben presente nella letteratura medievale, nell'ambito di diversi generi letterari. Una novella del più grande narratore del Trecento e un poemetto di un oscuro giullare prendono di mira due aspetti della vita sociale del tempo.

La satira

- Giovanni Boccaccio, *Frate Cipolla* (▸**T105**)
- Matazone da Caligano, *La nascita del villano*

- Per uno dei testi a scelta individuate l'aspetto della vita sociale preso di mira dall'autore ed esplicitate le critiche a esso rivolte.

4. Narrativa comica, umoristica, ironica

Il genere nel quale possiamo trovare la più grande varietà di aspetti del comico, nel senso moderno del termine, è la narrativa: dai fulminanti racconti del *Novellino* alle elaborate novelle di Boccaccio e dei suoi continuatori, a un classico della comicità come sarà il *Gargantua e Pantagruel* di Rabelais. Può essere interessante mettere a confronto le diverse strategie messe in campo di volta in volta dagli autori per suscitare l'ilarità dei lettori.

Il "carnevalesco"

- Teofilo Folengo, *Il proemio del Baldus* (▸**Vol. 2, T39**)
- François Rabelais, *La nascita di Gargantua* (▸**Vol. 2, T40**)

La novella

- *Novellino, «... e mostrolli il culo»* (▸**T28**)
- Giovanni Boccaccio, *Monna Sismonda* (▸**T106**)
- Giovanni Boccaccio, *Ser Ciappelletto* (▸**T99**)
- Giovanni Boccaccio, *Calandrino e l'elitropia*

- **Nelle novelle tratte dal *Novellino* e dal *Decameron* l'ilarità del lettore è sollecitata attraverso strategie narrative e stilistiche diverse (battute inattese, intonazioni ironiche, svolte narrative improvvise, trovate paradossali). Indicate in ciascuna di esse un momento che vi sembra comico (nel senso moderno) e analizzate i procedimenti di volta in volta messi in campo dall'autore.**
- **Nei testi di Folengo e Rabelais sono presenti le caratteristiche di quel tipo di comicità che è stato chiamato "carnevalesco": la sottolineatura delle realtà fisiologiche e corporali che il decoro morale e letterario imporrebbe di non nominare; la presa in giro delle idee religiose dominanti e gli accostamenti irriverenti tra cose sacre e cose profane; la giustapposizione di linguaggio aulico e linguaggio volgare. Individuate nei testi queste caratteristiche.**
- **Indicate fra i testi di questo percorso quelli che a vostro parere si possono meglio accostare a questo tipo di comicità, e spiegate i motivi della vostra scelta.**

COMPITO DI REALTÀ

Le modalità con cui un autore dei secoli XIII-XIV cercava di suscitare l'ilarità nel lettore e gli obiettivi che si prefiggeva sono così lontani dalle forme e dagli scopi della comicità contemporanea? Un modo per analizzare la questione è mettere a confronto alcuni esempi di comicità medievale e contemporanea.

- **La prima cosa da fare è scegliere collegialmente i testi da mettere a confronto: due esempi di comicità medievale e altrettanti di comicità contemporanea (per quest'ultima potete scegliere anche esempi cinematografici o televisivi).**
- **Una volta compiuta la scelta, dividetevi in quattro gruppi, ciascuno dei quali avrà il compito di sintetizzare e analizzare a casa uno degli esempi scelti e di presentarlo in classe ai compagni, mettendone in luce le principali caratteristiche comiche (contenuti, forme e tecniche, obiettivi) attraverso una breve relazione.**
- **Una volta che ogni gruppo avrà presentato la sua opera, confrontate in classe i quattro testi. A partire dalle questioni emerse dalla discussione, cercate di capire se qualcosa del linguaggio, dei contenuti e degli scopi della comicità medievale è ancora presente nella comicità dei nostri giorni.**

IL TEMA

Le donne come soggetto e come oggetto della scrittura (I)

La letteratura medievale assegna un ruolo centrale alle figure femminili. Ma quante donne avevano accesso alla scrittura?

La città delle dame, miniatura della pagina iniziale, 1405 circa. (Parigi, Bibliothèque Nationale de France)

Christine de Pizan (1364-1430), nata a Venezia e vissuta a Parigi nell'ambiente della corte, è la prima donna che riuscì a fare della scrittura una professione, ottenendo la protezione finanziaria di alcuni mecenati che le consentirono, una volta rimasta vedova, di mantenere i figli, la madre e una nipote. La sua opera principale è *La città delle dame* (1405), considerata il primo testo del femminismo europeo.

La miniatura che illustra la prima pagina del manoscritto è una puntuale trasposizione della scena iniziale. Nell'immagine di sinistra Christine, desolata per la lettura delle maldicenze sulle donne contenute negli scritti degli uomini, viene visitata da tre figure allegoriche femminili: la Ragione, munita di uno specchio dove ognuno può vedere se stesso «nella sua anima e coscienza»; la Rettitudine, provvista della «retta regola che distingue il bene dal male e il giusto dall'ingiusto»; la Giustizia, che impugna una coppa d'oro fino, destinata a «rendere a ciascuno ciò che gli è dovuto».
Le tre donne invitano l'autrice a edificare una cittadella fortificata perché le donne meritevoli possano finalmente avere «una piazzaforte dove ritirarsi e difendersi». Le mura e le torri di questa città metaforica saranno costituite dagli esempi mitologici, biblici e storici delle donne che hanno contribuito in modo risolutivo alla costruzione della civiltà, che Christine de Pizan racconterà, ispirandosi a varie fonti. La prima pietra su cui sono fondate le mura è la regina babilonese Semiramide, tradizionalmente considerata un simbolo della peccaminosità della donna, che invece l'autrice presenta come un esempio di libertà e di coraggio. Nell'immagine di destra sono raffigurate l'autrice e Giustizia impegnate nella costruzione della città.

Attraverso il velo trasparente dell'allegoria, *La città delle dame* afferma la necessità che le donne prendano direttamente la parola su se stesse e sul proprio ruolo nella società, per contrastare l'inevitabile parzialità dello sguardo maschile. Se consideriamo la letteratura medievale da questo punto di vista, possiamo notare che la centralità da essa riservata alle figure femminili, viste come oggetto di desiderio, passione, ammirazione, idealizzazione, contrasta con la grande scarsità di testi scritti da donne nella storia letteraria di quei secoli: un fenomeno spiegabile in parte con il numero limitato di donne che nel Medioevo avevano accesso alla scrittura, in parte con la sottovalutazione delle voci femminili da parte del gusto ufficiale che ci ha trasmesso le testimonianze del passato.

In questo modulo vi proponiamo di mettere a confronto le immagini della donna che emergono dagli scritti degli uomini con alcuni esempi di letteratura femminile; l'accostamento potrà offrire l'occasione per mettere in luce il diverso sguardo degli scrittori e delle scrittrici sull'esperienza religiosa, sull'amore e sul rapporto tra i sessi, ed eventualmente per avviare una discussione sul carattere sessuato o neutro della cultura e della letteratura.

IL PERCORSO

1. Le donne viste dagli uomini

La letteratura medievale attribuisce un ruolo centrale alla figura femminile, vista come oggetto di desiderio, passione, idealizzazione: queste diverse immagini, tutte elaborate da uomini, ci danno un'idea del posto occupato dalla donna nell'immaginario maschile dell'epoca.

La donna-diavolo	La donna cortese	La donna angelo e il suo opposto	Laura	Le donne del *Decameron*
• Jacopo Passavanti, *D'uno monaco che insuperbì* (▸**T5**)	• Andrea Cappellano, *L'amore nobilita* (▸**D5**, p. 18) • Guglielmo d'Aquitania, *Nella dolcezza della primavera* (▸**T8**) Guittone d'Arezzo, *Tuttor ch'eo dirò «gioi'», «giova cosa»*	• Guido Guinizzelli, *Io voglio del ver la mia donna laudare* (▸**T16**) • Dante Alighieri, *Tanto gentile e tanto onesta pare* (▸**T42**) • Cecco Angiolieri, *«Becchin'amor!». «Che vuo', falso tradito?»* (▸**T20**) Rustico Filippi, *Oi, dolce mio marito Aldobrandino*	• Francesco Petrarca, *Erano i capei d'oro a l'aura sparsi* (▸**T70**) • Francesco Petrarca, *Benedetto sia 'l giorno e 'l mese e l'anno* (▸**T79**) • Francesco Petrarca, *Padre del ciel, dopo i perduti giorni* (▸**T80**) Francesco Petrarca, *Gli occhi di ch' io parlai sì caldamente*	• Giovanni Boccaccio, *Il proemio* (▸**T95**) • Giovanni Boccaccio, *«Le Muse son donne»* (▸**T96**) • Giovanni Boccaccio, *Lisabetta da Messina* (▸**T101**) Giovanni Boccaccio, *Tancredi e Ghismonda*

- **Mettendo a confronto un testo a vostra scelta da ciascuna delle prime tre sezioni ("La donna diavolo", "La donna cortese", "La donna angelo e il suo opposto"), individuate i caratteri tipici delle tre figure femminili, e mettete in luce come questi caratteri scaturiscano da concetti, paure, aspirazioni provenienti da un punto di vista maschile sulla donna.**
- **In Petrarca la donna angelo degli stilnovisti acquista tratti più terreni: potete mettere in luce questo sviluppo attraverso un confronto fra *Erano i capei d'oro a l'aura sparsi* e *Tanto gentile e tanto onesta pare*.**
- **Petrarca, forse ancora più dei suoi predecessori, fa dell'immagine femminile un'occasione per parlare di sé, evocando, attraverso una vasta gamma di sfumature psicologiche, la nuova figura dell'individuo inquieto e problematico: accostate i sonetti *Benedetto sia il giorno*, *Padre del ciel* e *Gli occhi di ch' io parlai sì caldamente*, e mettete in luce il ruolo che ciascuno di essi attribuisce alla donna in relazione alla vicenda interiore del poeta.**
- **Nel *Decameron* le donne acquistano un ruolo da protagoniste: non solo oggetti del desiderio dell'uomo, ma soggetti dotati di sentimenti e desideri propri. Ripercorrendo i brani di Boccaccio, mettete in rilievo:**
  - **le motivazioni per le quali Boccaccio considera le donne come ispiratrici e destinatarie privilegiate del *Decameron*;**
  - **le informazioni sulla condizione delle donne nel Medioevo che si possono trarre dalle novelle;**
  - **i tratti psicologici e i comportamenti che fanno di Ghismonda e Lisabetta due personaggi femminili nuovi rispetto a quelli presentati dagli autori precedenti.**

2. Donne che scrivono

Alcuni testi scritti da donne ci offrono un altro sguardo sulla condizione e sull'esperienza femminile. Può essere interessante mettere a confronto le immagini di donna che ne emergono con quelle elaborate da autori maschi.

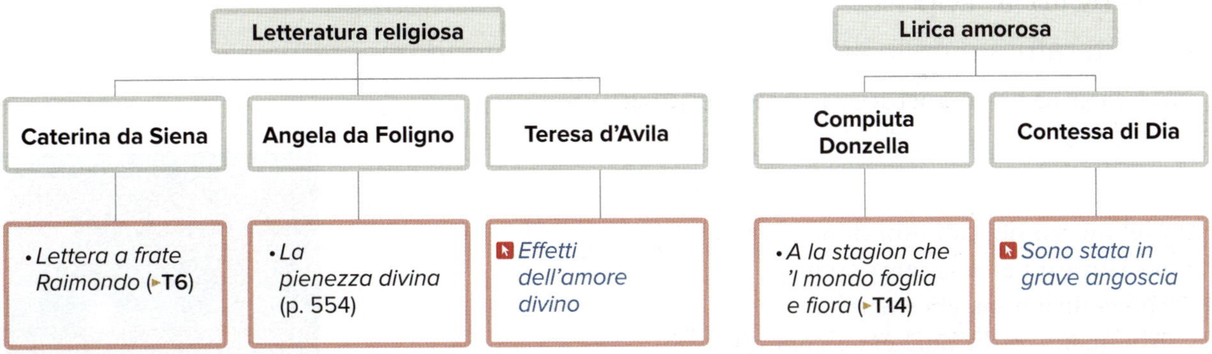

- Quale impronta specifica viene impressa nei testi di questa sezione dal fatto di essere scritti da donne? Provate a rispondere a questa domanda, facendo riferimento a:
  - il ruolo attribuito alla donna nel rapporto amoroso dalla Contessa di Dia;
  - la distanza di Compiuta Donzella dalla tematica tipicamente cortese della poesia toscana contemporanea (▸T14);
  - il modo in cui Angela da Foligno e Caterina da Siena vivono e rappresentano l'esperienza religiosa.
- Teresa d'Avila è una mistica dell'età della Controriforma. Confrontate il suo testo *Effetti dell'amore divino* con quelli di Angela da Foligno e di Caterina da Siena, individuando le affinità nel modo di vivere e rappresentare l'esperienza religiosa.

VERSO L'ESAME | Argomentare

- Confrontate il modo in cui scrittori e scrittrici dei secoli XIII-XIV affrontavano i temi dell'amore e dell'esperienza religiosa mettendo a paragone due o più testi tra quelli studiati. Secondo voi, tra i due approcci emerge una forte differenza di mentalità e di sensibilità? Si può parlare, per il periodo in questione, di una letteratura "maschile" e di una letteratura "femminile" con caratteristiche diverse? Scrivete un testo su questo argomento.

IL TEMA

Lo spazio e il tempo nella letteratura e nell'arte (I)

Nel Trecento la rappresentazione del tempo e dello spazio nella letteratura e nelle arti figurative cambia profondamente. Come si può interpretare questo fenomeno?

Nel mezzo del cammin di nostra vita
mi ritrovai per una selva oscura,
ché la diritta via era smarrita.
Ahi quanto a dir qual era è cosa dura
esta selva selvaggia e aspra e forte
che nel pensier rinnova la paura!
Tant' è amara che poco è più morte;
ma per trattar del ben ch'i' vi trovai,
dirò de l'altre cose ch'i' v'ho scorte.

Dante Alighieri, *Inferno* I, 1-9, in *La Divina Commedia*, a cura di N. Sapegno, La Nuova Italia, Firenze, 1997

1. **Nel mezzo... vita**: a 35 anni. Dante stesso nel *Convivio* afferma che la vita umana è come un arco, il cui colmo corrisponde al trentacinquesimo anno.
5. **selvaggia... forte**: incolta, intricata e difficile da percorrere.
6. **nel pensier**: solo a ripensarci.

Jean-Baptiste-Camille Corot, *Dante e Virgilio nella selva*, 1859. (Boston, Museum of Fine Arts)

Era adunque al tempo del marchese Azzo da Ferrara[1], un mercatante chiamato Rinaldo d'Asti per sue bisogne[2] venuto a Bologna; le quali avendo fornite[3] e a casa tornandosi, avvenne che, uscito di Ferrara e cavalcando verso Verona, s'abbatté in[4] alcuni li quali mercatanti parevano, e erano masnadieri[5] e uomini di malvagia vita e condizione, con li quali ragionando[6] incautamente s'accompagnò. Costor, veggendol mercatante ed estimando lui dovere portar denari, seco diliberarono che, come prima tempo si vedessero[7], di rubarlo: e per ciò, acciò che egli niuna suspicion prendesse[8], come uomini modesti e di buona condizione pure d'oneste cose e di lealtà andavano con lui favellando, rendendosi in ciò che potevano e sapevano umili e benigni verso di lui: per che egli d'avergli trovati si reputava in gran ventura[9], perciò che solo era con un suo fante a cavallo.

Giovanni Boccaccio, *Decameron*, giornata II, novella 2, a cura di V. Branca, Einaudi, Torino, 1991

1. **Azzo da Ferrara**: Azzo III d'Este, marchese di Ferrara dal 1293 al 1308.
2. **bisogne**: commissioni, affari.
3. **fornite**: portate a termine.
4. **s'abbatté in**: si incontrò con.
5. **masnadieri**: briganti.
6. **ragionando**: conversando.
7. **come prima tempo si vedessero**: non appena vedessero l'occasione propizia.
8. **acciò... prendesse**: per non suscitare in lui alcun sospetto.
9. **per che... ventura**: per la qual cosa egli si riteneva molto fortunato per averli incontrati.

Sia nell'*incipit* della *Commedia* sia in quello della novella di Boccaccio compaiono i protagonisti della storia che sta per essere narrata: Dante, che racconta in prima persona, e Rinaldo d'Asti, presentato da un narratore esterno; entrambi sono collocati nella situazione e nell'ambiente in cui si svolgono le loro vicende. Ciò che cambia è il modo in cui sono concepiti tanto i personaggi quanto la loro collocazione spazio-temporale.

Il narratore della *Commedia* non dà al lettore nessuna informazione sulla condizione sociale del personaggio che dice "io" né sulle circostanze che lo hanno condotto nella selva. L'unico dato anagrafico, relativo all'età, ha un significato evidentemente simbolico (il momento centrale, culminante della vita), e l'aggettivo *nostra* (v. 1) sta a indicare che la storia che sta per cominciare non è solo un'esperienza personale del protagonista, ma una vicenda esemplare, che rappresenta il cammino di ogni uomo e dell'intera umanità.
Qualcosa di simile vale per le circostanze di spazio e di tempo in cui è ambientata la storia: la selva non è collocata in un luogo geograficamente riconoscibile, e le sue caratteristiche rinviano ancora a un significato simbolico (l'angoscia, l'oscurità, lo smarrimento determinati dal peccato): non si tratta dunque di una selva specifica, ma della selva, in cui si smarriscono ogni uomo e l'intera umanità quando si allontanano da Dio. Il carattere esemplare, assoluto, dell'esperienza di Dante è sottolineato dall'assenza di coordinate cronologiche, come se la vicenda di peccato e redenzione che si sta avviando fosse una vicenda "eterna", valida per ogni luogo ed ogni tempo. È vero che, più avanti (*Inferno*, XXI, 112-114), il lettore, attraverso calcoli abbastanza complicati, potrà scoprire che Dante colloca l'inizio del viaggio nella notte di Venerdì Santo del 1300. Ma anche questo riferimento al giorno in cui si commemora la morte espiatrice di Cristo e all'anno del giubileo indetto da Bonifacio VIII – anno di perdono dei peccati – conferma che l'ambientazione temporale non vuole dare al lettore informazioni cronachistiche, ma conferire alla vicenda narrata un carattere salvifico, con implicazioni religiose e teologiche. Insomma, ogni riferimento al tempo e allo spazio in cui si colloca la storia ha un significato ulteriore, rinvia a verità che trascendono le circostanze e le realtà terrene.

Tutta diversa è la collocazione di spazio e di tempo che fa da sfondo alla novella di Boccaccio. Del protagonista sono specificate la provenienza (Asti), la professione (mercante), le circostanze che hanno determinato il viaggio (le commissioni a Bologna, la compagnia del servo), gli incidenti di percorso (l'incontro con i briganti). L'avventura si colloca in un tempo ben definito (quello di Azzo III di Ferrara) e in uno spazio geograficamente circostanziato (il percorso che va da Ferrara a Verona). Nessuno di questi riferimenti ha un valore simbolico né un'implicazione teologica o soprannaturale: la storia di Rinaldo è una delle infinite vicende umane che si svolgono nel mondo, in un certo luogo e in un certo tempo, senza nessuna pretesa di assolutezza e di esemplarità. Il carattere umano, terreno, dell'ambientazione spazio-temporale veicola una visione laica dell'esistenza, centrata su personaggi che vivono totalmente su questa terra.

I due brani testimoniano che nel giro di una generazione si è verificato un profondo cambiamento della rappresentazione dello spazio e del tempo. Come e perché è avvenuta una simile trasformazione? Il percorso che vi proponiamo scandisce alcune tappe di questo processo e suggerisce qualche chiave interpretativa.

IL PERCORSO

1. Una visione sacrale

Per l'uomo medievale la traccia del progetto di salvezza del Creatore è impressa nella conformazione della natura e nelle vicende umane. Il mondo è un "libro scritto da Dio", che l'uomo deve saper leggere per arrivare a lui, attraverso la ricerca delle verità allegoriche racchiuse nei fenomeni della realtà naturale; anche gli eventi storici rinviano a un disegno provvidenziale, che emerge dal loro svolgersi nel tempo.

Un "libro scritto da Dio"

Il mondo parla di Dio
- Ugo di San Vittore, *Un libro scritto da Dio* (▸**D2**, p. 13)
- Francesco d'Assisi, *Cantico delle creature* (▸**T1**)
- Alano di Lilla, *Quasi libro e pittura*

Identificazione fra storia sacra e storia profana
- Giovanni Villani, *Come si cominciò ad abitare il mondo* (▸**T32**)

Il disegno di Dio nell'ordine dell'universo
- Dante Alighieri, *L'ordine del mondo* (▸**T65**)

- **I brani di Ugo da San Vittore, Alano di Lilla, Francesco, Dante sono accomunati dal presupposto che gli eventi e i fenomeni naturali siano segni attraverso i quali l'uomo può risalire a Dio. Ci sono però differenze di accenti e di impostazione: le cose terrene hanno valore solo in quanto simboli di Dio o sono buone in se stesse? Fino a che punto il legame tra il mondo e Dio può essere colto con immediatezza e fino a che punto scaturisce da un lavoro di scavo interiore e/o di riflessione razionale? Individuate queste differenze confrontando tra loro i testi.**
- **In una visione sacrale del tempo e dello spazio, storia sacra e storia profana coincidono. Spiegate questo concetto con riferimento al brano di Giovanni Villani, e cercate di mettere in luce la differenza fra la sua impostazione storiografica e quella della storia che si studia oggi.**

2. Lo spazio-tempo del mercante

Con lo sviluppo della società comunale si delinea una mentalità laica, che si misura con gli eventi della storia e con le culture non cristiane con uno sguardo nuovo: le vicende umane non sembrano guidate da un disegno provvidenziale, ma da forze terrene, come il capriccio del caso e l'iniziativa e l'intelligenza umana.

Una mentalità laica

Lo sguardo del mercante viaggiatore
- Marco Polo, *«Un bello costume»* (▸**T33**)

Una visione laica della storia
- Dino Compagni, *Scrivere il vero delle cose certe* (▸**T34**, p. 157)
- Dino Compagni, *Le violenze dei neri e le viltà dei bianchi* (▸**T31**)

L'intelligenza e il caso
- Giovanni Boccaccio, *Andreuccio da Perugia* (▸**T100**)

- I tre autori presenti in questa sezione hanno in comune una concezione più laica delle vicende umane, da cui scaturisce una diversa rappresentazione del mondo e una nuova idea della storia. Individuate in ciascun testo gli elementi di laicità che lo caratterizzano, facendo riferimento: all'atteggiamento di Marco Polo di fronte a una cultura estranea agli usi della cristianità; al metodo storiografico di Dino Compagni, confrontato con quello di Giovanni Villani; all'ambientazione della novella di Andreuccio, alla "morale" che il narratore ne trae, alle forze che secondo lui determinano l'andamento delle cose umane.

3. Spazio e tempo come dimensioni interiori

Nell'opera di Petrarca lo spazio e il tempo sono presenti principalmente come dimensioni dell'esperienza individuale: il dialogo sereno o tormentato con la natura, il tema del ricordo e del rapido fluire delle cose umane.

Petrarca: il paesaggio come eco di sentimenti individuali

- Francesco Petrarca, *Erano i capei d'oro a l'aura sparsi* (▸**T70**)
- Francesco Petrarca, *L'ascesa al Monte Ventoso* (▸**T73**)
- Francesco Petrarca, *Voi ch'ascoltate in rime sparse il suono* (▸**T75**)
- Francesco Petrarca, *Solo e pensoso i più deserti campi* (▸**T77**)
- Francesco Petrarca, *La vita fugge e non s' arresta un' ora* (▸**T87**)
- Francesco Petrarca, *Zefiro torna e 'l bel tempo rimena* (▸**T89**)

- Negli ultimi tre sonetti di questa sezione, i temi della memoria, dello scorrere del tempo, del contrasto tra il passato e il presente svolgono una funzione importante nel definire la situazione esistenziale e psicologica del poeta. Metteteli a confronto da questo punto di vista, aiutandovi eventualmente con le rubriche Dialogo col testo.

4. Lo spazio nelle arti figurative

Fra Duecento e Trecento anche nelle arti figurative si può cogliere un processo di progressiva laicizzazione e umanizzazione della rappresentazione dello spazio.

Petrarca: il paesaggio come eco di sentimenti individuali

- Cimabue, Duccio di Buoninsegna, Giotto, Tre *Maestà* (▸**T39**)
- Giotto, *Compianto su Cristo morto* (▸**T40**)

- Aiutandovi con le rubriche Dialogo con l'opera, mettete a confronto il modo in cui è raffigurato lo spazio nei quattro dipinti: attraverso quali scelte formali si esprime una progressiva umanizzazione dell'impostazione spaziale?

COMPITO DI REALTÀ

- L'insegnante vi proporrà una serie di immagini risalenti al secolo XIV, senza fornirvi indicazioni né sull'autore né sull'anno in cui sono state realizzate. Ciascuno di voi dovrà analizzare e confrontare tra loro le immagini, indicando in quali la rappresentazione dello spazio è maggiormente "umanizzata". A questo punto avrà inizio una discussione collettiva, moderata dal docente, in cui ciascuno potrà intervenire per esprimere la propria opinione. Alla fine del dibattito l'insegnante, dopo aver fornito le indicazioni necessarie, chiederà alla classe di organizzare una mostra sul tema "Lo spazio e il tempo nella letteratura e nell'arte del Medioevo". Decidete insieme alcune immagini e testi esemplari che intendete proporre. Dividetevi in gruppi, ciascuno dei quali dovrà realizzare una scheda informativa su una delle opere analizzate.

DIALOGO CON L'EPOCA

Il Duecento e il Trecento

Le pagine introduttive del saggio *L'autunno del Medioevo* (1919) di Johan Huizinga (1872-1945) offrono un quadro vivace e movimentato della società del XIII e XIV secolo: un mondo di tensioni e di contrasti che non può essere racchiuso in una formula univoca. Attraverso i testi e le immagini di questo percorso potremo individuarne alcuni aspetti salienti.

Quando il mondo era più giovane di cinque secoli, tutti gli eventi della vita avevano forme ben più marcate che non abbiano ora. Fra dolore e gioia, fra calamità e felicità, il divario appariva più grande; ogni stato d'animo aveva ancora quel grado di immediatezza e di assolutezza che la gioia e il dolore hanno anch'oggi per lo spirito infantile. Ciascun evento, ciascun atto eran circondati da forme definite e espressive ed erano innalzati al livello di un preciso e rigido stile di vita. I grandi avvenimenti: la nascita, il matrimonio, la morte, partecipavano, per mezzo del sacramento, allo splendore del mistero divino; ma anche i casi meno importanti, un viaggio, un lavoro, una visita, erano tutti accompagnati da mille benedizioni, cerimonie, formole, usi.

Di fronte all'avversità e all'indigenza c'era minore possibilità di mitigare che oggigiorno; esse si presentavano più gravi e più crudeli. Le malattie contrastavano più spiccatamente colla salute; il freddo rigido e le tenebre angosciose dell'inverno costituivano un male più essenziale. Si godevano più intimamente e più avidamente gli onori e le ricchezze, perché contrastavano più che ora con la lamentevole povertà e l'abbiezione. [...] Ogni classe, ogni ceto, ogni professione si riconosceva all'abito. I grandi signori non si muovevano mai senza sfoggiare armi e livree che incutevano rispetto e suscitavano invidia. L'amministrazione della giustizia, la vendita di mercanzie, le nozze e i funerali, tutto si annunziava con cortei, grida, lamenti e musica. L'innamorato portava i colori della sua donna, i membri d'una confraternita l'emblema di essa, la fazione i colori e il blasone del suo signore. [...]

Se l'estate e l'inverno formavano allora un contrasto più forte che nella nostra esistenza, non minore era quello tra la luce e il buio, il silenzio e il rumore. La città moderna non conosce quasi più il buio perfetto o il vero silenzio, né l'effetto di un lumicino isolato nella notte o di un grido nella lontananza.

Le forme svariate e i contrasti continui, con cui tutto s'imponeva allo spirito, infondevano alla vita quotidiana un impeto, una emotività, che si manifesta nelle alternative di rozza baldoria, di crudeltà violenta e di profonda tenerezza fra cui oscillava la vita cittadina nel medioevo.

Johan Huizinga, *Autunno del Medioevo*, trad. dall'olandese di B. Jasink, Sansoni, Firenze 1992

PRIMA SEZIONE

AMOR SACRO E AMOR PROFANO

La concezione dell'amore nel Medioevo si manifesta in forme e ideali spesso opposti. Molti uomini di Chiesa si preoccupano di prendere le distanze da un'esaltazione indiscriminata di questo sentimento, richiamando i concetti di amore divino e carità cristiana (**Testo 1**). Ciononostante, l'esaltazione dell'amore carnale percorre inesorabile la cultura medievale e si manifesta in maniera caratteristica all'interno dei *Carmina Burana*, che esaltano i piaceri sensuali e propongono una visione della vita in aperto contrasto con quella dominante all'epoca (**Testo 3**). Anche la letteratura cortese elabora un raffinato codice di "leggi" amorose, del tutto indipendenti da basi religiose (**Testo 2**).
Un ulteriore esempio della complessità di questa tematica nella cultura medievale è l'esperienza mistica, in cui l'amore sacro è vissuto con una forte carica emotiva e un intenso coinvolgimento fisico e sensuale (**Testo 4**).

UGO DI SAN VITTORE

TESTO 1 ▸ Amore e cupidigia

Il brano che segue è tratto da "L'essenza dell'amore" (*De substantia dilectionis*), un breve trattato scritto verso il 1137. Nella riflessione di Ugo di San Vittore (▸D2, p. 13) la vita dell'uomo è vista sotto una luce positiva, anche nella sua dimensione mondana, purché tutte le sue facoltà ed energie siano orientate verso Dio. Così è dell'amore, che non viene condannato come manifestazione del peccato, ma sublimato e spiritualizzato fino a diventare la via privilegiata per giungere all'unione tra il Creatore e la creatura.

Ogni giorno c'intratteniamo a discutere dell'amore[1]. È nostro intendimento fare attenzione che esso non s'accenda nei nostri cuori come un fuoco, e da una piccola scintilla si tramuti in una fiamma, senza che ce ne accorgiamo: l'amore può rovinare oppure purificare tutta la nostra vita, perché da esso dipende tutto il nostro bene e tutto il nostro male.

La fonte dell'amore si trova nell'intimo di noi stessi ed è unica; essa alimenta due ruscelli: il primo è l'amore mondano e si chiama cupidigia[2], il secondo è l'amore divino ed è la carità.

Al centro di tutto sta il cuore umano, dal quale sgorga la sorgente dell'amore: l'amore spinto dall'istinto verso l'esterno[3] si chiama cupidigia, rivolto per desiderio verso l'interno[4] prende il nome di carità.

Vi sono dunque due ruscelli che derivano dalla sorgente dell'amore, la cupidigia e la carità: la cupidigia è l'origine di tutti i mali, la carità è l'origine di tutti i beni. Tutto il nostro bene e tutto il nostro male dipendono dunque dall'amore.

L'amore, per quanto sia misterioso, è certamente qualcosa di grande e da esso dipende tutto ciò che è in noi. Che cosa è l'amore, che cosa può l'amore e da dove viene?

Anche la Sacra Scrittura, ispirata da Dio, parla dell'amore: forse che di esso dovrebbero trattare esclusivamente coloro che hanno l'abitudine di avvilire ogni onesto sentimento[5]? Sono tanti coloro che di proposito ne spiegano i misteri, ep-

1. **Ogni giorno... dell'amore**: l'amore era oggetto di continue disquisizioni nell'ambito della letteratura cortese dei trovatori e dei romanzi cavallereschi.
2. **cupidigia**: desiderio sensuale.
3. **l'esterno**: il corpo, le cose materiali.
4. **l'interno**: lo spirito.
5. **avvilire... sentimento**: abbassare, involgarire ogni sentimento nobile.

pure sono pochi quelli che non arrossiscono a parlarne apertamente in pubblico!

E noi quale posizione prenderemo? Terremo forse lezione sull'amore in modo turpe e sfrontato, sebbene anche le persone impudiche non possano non arrossire, quando parlano in pubblico dell'amore?

Si osservi che è cosa ben diversa esaminare il vizio per sradicarlo, dall'istigare al vizio, al fine di distogliere gli altri dalla virtù e dalla verità. Noi riflettiamo attentamente sull'amore per conoscerlo, e poter quindi evitare eventuali pericoli, mentre altri fanno ricerche per sapere e imparano per mettere in pratica.

Che cos'è dunque quella potenza che si trova in noi e disperde in molti modi i nostri desideri, conducendo il nostro cuore in direzioni opposte? Ciò non è altro che l'amore: un movimento del cuore, uno e unico per natura, ma molteplice nelle sue azioni: quando si orienta in modo disordinato, cioè verso un oggetto illecito, si dice cupidigia; quando al contrario è ben ordinato, si chiama carità.

Ugo di San Vittore, *De Substantia dilectionis* ("L'essenza dell'amore"), trad. dal latino di V. Liccaro, in *Didascalicon*, Rusconi, Milano, 1987

ANDREA CAPPELLANO

TESTO 2 ▸ Amore e matrimonio

Nel primo libro del suo trattato *De amore* (▸ D5, p. 18), Andrea Cappellano si sofferma lungamente sui discorsi che innamorati di varia condizione sociale devono rivolgersi. In uno di questi dialoghi l'uomo e la donna si pongono la questione «se l'amore può avere luogo tra coniugi, e se la gelosia tra amanti può essere giustamente lodata». Per risolverla, rivolgono il quesito con una lettera alla contessa Maria di Champagne (che dovette essere una protettrice di Andrea); segue quella che l'autore presenta come la risposta della contessa.

La lettera spiega che il vostro dubbio è se tra coniugi può esserci amore e se la gelosia tra amanti è riprovevole, e che in entrambi i dubbi ciascuno di voi, contrastando l'opinione dell'altro, resta fermo nella sua idea, e che con la mia sentenza volete che si stabilisca chi dei due ha ragione. Perciò, avendo attentamente consi-

Una coppia di sposi con il loro seguito dipinti su un cassone nuziale in legno dallo Scheggia nel 1480. (Collezione privata)

derato l'affermazione di ciascuno di voi due e ricercato la verità, voglio subito in questo modo comporre la contesa[1]: con certezza dico che amore non può affermare il suo potere tra due coniugi, perché gli amanti si scambiano gratis ogni piacere senza nessun tipo di costrizione, mentre i coniugi sono per legge tenuti a obbedire l'uno alla volontà dell'altro senza potersi rifiutare. E come può accrescersi l'onore della coppia se fanno l'amore come gli amanti, dal momento che non cresce la gentilezza[2] né della moglie né del marito e non hanno niente di più di quanto per diritto avevano prima? E dico questo anche per un'altra ragione, perché il precetto d'amore insegna che neppure la moglie del re può meritare la corona d'amore se non è legata alla cavalleria d'amore[3] fuori del vincolo matrimoniale, mentre un'altra regola d'amore insegna che nessuno dei due può essere ferito da amore. Giustamente dunque amore non può accampare diritti tra coniugi. Ma un'altra ragione ancora contrasta l'amore tra coniugi, perché non può esserci tra loro vera gelosia senza la quale non c'è vero amore, secondo la regola d'amore che dice: Chi non è geloso non può amare.

Dunque, considerate sicura e certa questa mia sentenza, espressa con equità e confortata dal consiglio di moltissime altre donne.

Andrea Cappellano, *De Amore*, trad. dal latino medievale di J. Insana, ES, Milano, 1992

1. **comporre la contesa**: risolvere il conflitto (la questione è posta come una vera e propria questione giuridica).
2. **gentilezza**: nobiltà morale, "cortesia".
3. **non è legata... d'amore**: non ha un corteggiatore; con questo entra a far parte di un particolare "ordine", come era la cavalleria.

DIALOGO CON L'EPOCA

CARMINA BURANA

TESTO 3 ▶ Cogliamo le dolcezze di gioventù

I *Carmina Burana* (così detti dal nome del monastero in cui è stato trovato il manoscritto) sono una raccolta di oltre 200 componimenti anonimi in versi latini, destinati a essere cantati. Composti tra il secolo XII e gli inizi del XIII, provengono dall'ambiente dei *clerici vagantes*, gli studenti (*clerici*, perché in genere prendevano gli ordini ecclesiastici minori) che vagavano attraverso l'Europa spostandosi tra le scuole e le università, finendo talvolta per vivere da vagabondi e mendicanti.
Nel testo che segue viene ripreso l'antico tema epicureo dell'invito a godere la giovinezza prima che trascorra: l'amore e la bellezza sono gioie di cui godere finché si può.

Lasciamo stare gli studi,
è dolce stare in ozio,
e cogliamo le dolcezze
di gioventù, con abbandono!
è cosa adatta alla vecchiaia
pensare alle cose serie.
....
Veloce passa il tempo
dedicato agli studi,
ci spinge alla lascivia
la debole gioventù.

Passa la primavera della vita,
incalza il nostro inverno,
la vita ne soffre i danni,
gli affanni macerano il corpo.
Il sangue si raffredda, l'animo si indurisce,
le gioie diminuiscono,
già ci atterrisce la vecchiaia
col suo seguito di mali.
Veloce passa il tempo...

Imitiamo gli dèi!
è una massima saggia,
e già le reti d'amore
catturano i giovani.
Serviamo il nostro desiderio!
questo è costume degli dèi.
Scendiamo nelle piazze
tra le danze delle fanciulle.
Veloce passa il tempo...

Un oste tra i barili porge un bicchiere colmo di vino ai bevitori in una miniatura dal *Trattato sui Vizi* del xv secolo. (Londra, British Library)

Là, è cosa facile,
se ne vedono in abbondanza,
là splende nei movimenti
la seduzione dei corpi.
Mentre le fanciulle muovendosi
fanno gesti seducenti,
sto a vedere, e nel vederle
mi rapiscono a me stesso.
Veloce passa il tempo...

Carmina burana, a cura di P. Rossi, Bompiani, Milano, 1994; trad. dal latino medievale di A. Colombo

ANGELA DA FOLIGNO

TESTO 4 ▶ La pienezza divina

Tra le poche notizie relative alla vita di Angela da Foligno (1248-1309 circa), spicca il rapimento mistico che sperimentò durante un pellegrinaggio ad Assisi, evento che votò la sua vita futura alla ricerca di un'esistenza tutta interiore. Non fu lei, che non aveva cultura, a mettere per iscritto il racconto della sua esperienza mistica. Un certo fra' Arnaldo e altri suoi seguaci anonimi raccolsero dalla sua voce, in volgare umbro, il racconto delle sue esperienze, lo trascrissero in latino e gli diedero una forma organizzata.

1. *Così mi parlò quella fedele cristiana*[1]:

Un anno dopo che mi furon fatte quelle rivelazioni durante il tragitto ad Assisi[2], mentre pregavo e stavo per dire il *Pater noster*, d'un tratto venne una voce

1. ***Così... cristiana***: parla il redattore che riferisce il racconto di Angela.

2. **tragitto ad Assisi**: nel 1291 Angela fece un pellegrinaggio ad Assisi, che coincise con un momento decisivo della sua esperienza religiosa.

nell'anima e disse: «Tu sei piena di Dio». E difatti sentivo tutte le membra del mio corpo piene del piacere di Dio. E desideravo morire, come quella volta che, andata ad Assisi, caddi al ritorno rovesciata nella cella[3]; allo stesso modo caddi anche questa volta. E la mia compagna diceva che mi uscivano le lacrime dagli occhi aperti.

2. E allora mi si diceva, ed io lo sperimentavo, che Dio stava abbracciando la mia anima. Sentivo come era proprio così; e mi sembra che ora lo raccontiamo con parole bugiarde, perché era ben diverso da come può esser detto. Io stessa mi vergogno di voler insistere in questo discorso. Quell'altra volta, sulla via di San Francesco[4], mi aveva anche detto: «Io farò in te grandi cose al cospetto dei popoli[5]; in te sarò conosciuto[6], in te il mio nome riceverà lode da molte genti».

3. Questa seconda volta, l'altr'anno, mentre ero pure in orazione, d'un tratto mi furon dette parole molto piacevoli. E disse così: «Figlia mia, cara a me più che io non sia a te, tempio mio diletto[7], il cuore di Dio onnipotente posa ora sopra il tuo cuore». Insieme a queste parole mi raggiunse un sentore[8] di Dio più intenso di quanto avessi fin lì sperimentato; e anche tutti i membri corporei sentivano questo piacere. E ascoltandole svenni. E disse: «Dio onnipotente ha riposto molto amore in te più che in qualsiasi donna di questa città; egli si diletta in te».

Angela da Foligno, *Il libro dell'esperienza*, trad. dal latino di G. Pozzi, Adelphi, Milano, 1992

Andrea Cavalcanti detto il Buggiano, *Maddalena orante*, 1440. (Pescia, Chiesa di Santa Maria Maddalena, Oratorio)

3. **caddi... cella**: l'episodio è riferito in un precedente capitolo; dopo una visione della maestà e dell'amore divino che la fece «gridare senza ritegno», Angela cadde in deliquio nella sua cella, la stanzetta in cui viveva ritirata.
4. **via di San Francesco**: quella che da Spello conduce ad Assisi.
5. **al cospetto dei popoli**: di fronte alla gente.
6. **in te sarò conosciuto**: la gente mi conoscerà attraverso ciò che opererò in te (a parlare è la voce di Dio).
7. **tempio mio diletto**: Dio "abita" in Angela come in un tempio.
8. **sentore**: sensazione.

Confrontare e contestualizzare

- **Allo scopo di approfondire il tema del misticismo medievale, confrontate l'esperienza di Angela da Foligno con quella di Caterina da Siena (▸T6), specificando i punti in comune che si possono individuare.**
- **Rileggete il testo dei *Carmina Burana* in correlazione con alcuni esempi della poesia comico-popolare dei secoli XII-XIII a vostra scelta, individuando testi accomunati dall'espressione degli stessi valori.**
- **Ugo di San Vittore mostra le preoccupazioni che suscitava in ambienti religiosi una letteratura come quella di Andrea Cappellano, che ignorava la morale cristiana e teorizzava l'adulterio. Alla luce di questo aspetto mettete a confronto i brani Testo 1 e Testo 2.**

IL SETTIMO SIGILLO
di Ingmar Bergman

Il settimo sigillo
Regia: Ingmar Bergman
Sceneggiatura: Ingmar Bergman
Cast: Max von Sydow (Antonius Bock), Beng Ekerot (la Morte)
Paese e anno di produzione: Svezia (1956)
Durata: 96 minuti

Nel pensiero medievale, il mondo rimanda sempre a Dio e l'uomo intesse un dialogo continuo con il suo Creatore. Di conseguenza, l'immagine del Medioevo che noi moderni spesso ci costruiamo coincide con la visione di un universo coeso nella fede, non ancora intaccato dal dubbio e corroso dall'incredulità, in cui fede e ragione convivono. Lo svedese Ingmar Bergman (1918-2007), considerato uno dei più importanti registi del secolo scorso, ha sfidato questo luogo comune nel suo film *Il settimo sigillo* (1956). Il protagonista è un crociato che torna dalla Terrasanta, un campione del dubbio in piena crisi spirituale. Il rapporto dell'uomo con Dio è di fatto il cardine attorno a cui ruota il film. Ambientato in un plumbeo Medioevo, in cui infuriano pestilenza, fanatismo e violenza, la vita viene mostrata come un seguito di sofferenze e orrori, e alla sua svalutazione non corrisponde un'esaltazione di Dio. Anzi, Dio è muto, e il protagonista non riesce a scorgere i segni della sua presenza. «Voglio la certezza – esclama il crociato. – Voglio che Dio mi tenda la mano e scopra il suo volto nascosto e voglio che mi parli... Lo chiamo e lo invoco e se egli non risponde penso che non esiste. Allora la vita non è che un vuoto senza fine». La grazia, il cui solo intervento può garantire la salvezza, stenta a rivelarsi. Il film non offre una risposta univoca all'angoscia del cavaliere. Al fanatismo e all'intolleranza, presenti nel Medioevo ma non estranei alla nostra società, l'autore sa solo contrapporre l'umana tenerezza: in un'importante scena del film, una famiglia di saltimbanchi, incontrata lungo il suo ritorno a casa, offre al cavaliere fragole e latte, dandogli la possibilità di cogliere la gioia della vita attraverso un gesto semplice. Block, il crociato, può finalmente riconoscere se stesso nell'altro, ritrovando così fiducia nell'esistenza. È anche un recupero della fede? Questo il film non lo dice: Block non sfuggirà alla Morte – una vera e propria figura allegorica di stampo medievale – con la quale ha ingaggiato una disperata quanto inutile partita a scacchi, ma riuscirà per lo meno a distrarla e a far fuggire i saltimbanchi, riscattando una vita altrimenti considerata inutile. Nell'ultima scena affronterà quindi la Morte senza timori: essa stessa guiderà la danza macabra sul crinale di una collina, trascinandosi dietro in lugubre corteo il cavaliere e altri personaggi del film, e, insieme con loro, anche la possibilità di giungere alla fede attraverso la ragione.

Fotogramma della scena della danza macabra dal film *Il settimo sigillo*.

LA "DANZA MACABRA"
di Hrastovlje

Il tema iconografico della danza macabra, molto diffuso nel Basso Medioevo, consiste in un corteo danzante in cui vivi e morti si danno la mano. La rappresentazione delle diverse categorie sociali dell'epoca, unite in un unico corteo funereo-grottesco, assume una tonalità dissacrante e "carnevalesca".

L'immagine raffigura un particolare di un affresco di danza macabra dipinta dal pittore Giovanni da Castua nella Chiesa della SS. Trinità di Hrastovlje, in Slovenia. Uno dopo l'altro sfilano i rappresentanti dei vari ceti che gli scheletri accompagnano verso la morte: dal bambino al mendicante storpio, dal borghese al mercante, dal monaco al cardinale, dal papa al re e alla regina.

Giovanni da Castua, *Danza macabra*, 1490 circa. (Hrastovlje, Chiesa della SS. Trinità)

L'ARMATA BRANCALEONE
di Mario Monicelli

«Facciamo un film su un Medioevo cialtrone, fatto di poveri, di ignoranti, di ferocia, di fango e freddo; insomma tutto l'opposto di quello che ci insegnano a scuola, *Le Roman de la Rose*, Re Artù, e altre leziosità». Così Monicelli ricorda il modo in cui venne l'ispirazione per *L'armata Brancaleone*.

Il film narra le avventure di una sghangherata compagnia di ventura, capitanata da Brancaleone da Norcia, che scende dall'Italia centrale verso la Puglia per prendere possesso di un feudo rubato a un cavaliere morente. L'atmosfera ricostruita da Monicelli, pur riferendosi direttamente alla letteratura cavalleresca, si allontana dall'idealità di quel mondo per fornire un'immagine cruda e realistica del Medioevo italiano, alimentata da forti contrasti e da un'ancora più forte ironia. La caratterizzazione ideologica e sociale dei personaggi, riflessi dell'universo medievale, viene efficacemente ottenuta attraverso l'invenzione di una lingua che mescola il latino maccheronico ai dialetti regionali dell'Italia centrale. Questo linguaggio risulta particolarmente adatto ad alimentare una vena goliardica e picaresca che rappresenta l'elemento preponderante del film. D'altra parte, non mancano momenti di drammatica violenza, attraverso cui Monicelli intende rappresentare il lato più oscuro della realtà quotidiana nel Medioevo.

L'armata Brancaleone
Regia: Mario Monicelli
Sceneggiatura: Mario Monicelli, Age e Scarpelli
Cast: Vittorio Gassman (Brancaleone), Gian Maria Volonté (Teofilatto dei Leonzi), Carlo Pisacane (Abacuc)
Paese e anno di produzione: Italia (1966)
Durata: 120 minuti

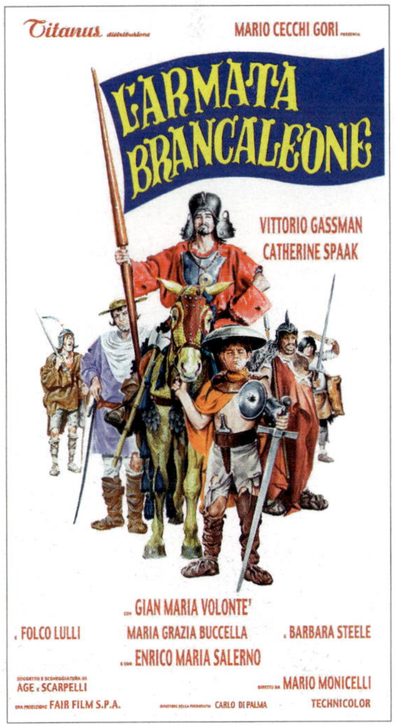

La locandina e una scena del film *L'armata Brancaleone*.

SECONDA SEZIONE

CHIERICI, NOBILI, CONTADINI, MERCANTI

Nel passaggio dal monachesimo feudale agli ordini della civiltà comunale, la figura del chierico subisce sviluppi e trasformazioni. La cultura comincia a essere elaborata e trasmessa non solo nei monasteri, ma anche nelle scuole cattedrali e nelle università. La vivacità di questi ambienti culturali è testimoniata dalle lotte tra i diversi maestri per affermare la propria supremazia e accaparrarsi più studenti (**Testo 5**).

Anche la cavalleria si trasforma radicalmente: nata come una semplice specializzazione militare, nel tempo diventa un repertorio di regole di comportamento, valori, rituali, nei quali gradualmente si riconosce l'intero ceto nobiliare (**Testo 6**).

All'ultimo gradino della scala sociale stanno i villani, di cui non abbiamo testimonianze dirette; possiamo farcene un'idea parziale dai cenni che ci hanno lasciato le classi dominanti, da cui emerge un'immagine negativa del mondo rurale: rozzo, ignorante, animalesco, incapace di sentimento e di pensiero (**Testo 7**).

Una figura sociale che acquista un ruolo crescente con il passaggio dal feudalesimo all'età comunale è quella dei mercanti. A partire dal XIV secolo essi cominciano a scrivere memoriali a uso dei loro discendenti, in cui si esprimono ideali nuovi, una morale in contrasto sia con la svalutazione dei beni terreni propugnata dalla Chiesa sia con il disprezzo per il denaro tipico dell'uomo di corte (**Testo 8**).

PIETRO ABELARDO

TESTO 5 ▸ Una disputa teologica

Pietro Abelardo (1079-1142), uno dei maggiori filosofi e teologi del secolo XII, è famoso soprattutto per la storia del suo contrastato amore con l'allieva Eloisa, che gli costò la castrazione, inflittagli per vendetta su mandato dei parenti di lei. Il libro che raccoglie le lettere scambiate più tardi fra i due, divenuti entrambi monaci, è introdotto da una lettera autobiografica di Abelardo a un amico, intitolata *Historia calamitatum* ("Storia delle mie disgrazie"). In essa l'autore, oltre alla storia del suo sventurato amore, narra la sua fortunata – ma contrastata – carriera di studioso, di cui è testimonianza il brano che riportiamo. Dopo aver frequentato la scuola di un famoso maestro di dialettica, Abelardo ne ha aperta una per conto proprio; in seguito, per approfondire la propria preparazione filosofica, frequenta la scuola di un vecchio teologo, Anselmo di Laon, ma presto lo giudica una nullità. Si inserisce qui l'episodio della disputa con altri discepoli dello stesso maestro.

Un giorno, dopo esserci esercitati a confrontare le *Sentenze*[1], noi studenti discutevamo amichevolmente tra noi. Uno di loro, come per mettermi alla prova, mi domandò che cosa pensassi dello studio delle Sacre Scritture, ed io, che fino allora avevo studiato solo la filosofia, risposi che quel tipo di studio era più utile di qualsiasi altro, perché permetteva di apprendere ciò che è necessario per la salvezza della nostra anima, ma che mi stupiva grandemente il fatto che delle persone istruite come loro non si accontentassero, per capire i commenti dei santi Padri[2], dei loro scritti o tutt'al più delle glosse[3], ma avessero bisogno anche di un maestro, di una guida. Molti dei presenti scoppiarono a ridere e mi domandarono se io mi ritenevo in grado di commentare da solo i Sacri Testi. Risposi che se volevano ero pronto a provare, ma essi si misero a gridare e a ridere ancora più forte, dicen-

1. ***Sentenze***: probabilmente una delle opere del maestro Anselmo di Laon.

2. **commenti... Padri**: i commenti alla Scrittura stesi nei primi secoli del cristianesimo da autori santificati dalla Chiesa.

3. **glosse**: annotazioni, commenti a margine.

do: «Certo che siamo d'accordo! Cercheremo e ti assegneremo un commento di qualche passo meno noto della Scrittura, e vedremo se quel che prometti è vero.» E tutti d'accordo scelsero un'oscurissima profezia di Ezechiele[4].

Io presi il commento e subito li invitai a venire il giorno dopo a sentire la mia spiegazione. Essi allora, con l'aria di darmi un consiglio che io non avevo certo richiesto, cominciarono a dirmi che su un argomento così difficile non dovevo aver fretta e che, data la mia inesperienza, avrei dovuto dedicarmi un po' più a lungo alla preparazione e alla comprensione del commento. A questo punto mi sentii offeso e risposi piuttosto irritato che non era mia abitudine imparare le cose per mezzo dell'esercizio mnemonico, ma per mezzo dell'intelligenza: e aggiunsi che avrei rinunciato definitivamente alla prova, se essi non fossero intervenuti alla mia lezione all'ora stabilita.

In realtà alla mia prima lezione erano presenti in pochi, perché a tutti sembrava ridicolo che un principiante come me si sobbarcasse tanto presto a un'impresa del genere. Ma la lezione piacque talmente a coloro che vi erano intervenuti che non solo si congratularono con me ma mi invitarono anche a continuare il mio commento secondo gli stessi criteri. La notizia del mio successo si diffuse fulmineamente, e anche coloro che non erano venuti alla prima lezione si precipitarono alla seconda e alla terza e tutti erano desiderosissimi di trascrivere le glosse che avevo dettato il primo giorno, all'inizio delle lezioni.

Naturalmente il mio successo accrebbe l'invidia del vecchio Anselmo, il quale, già infiammato contro di me dalle insinuazioni di quei suoi scolari, cominciò a osteggiare me e le mie lezioni di teologia proprio come Guglielmo[5] aveva fatto quando insegnavo filosofia.

Pietro Abelardo, *Storia delle mie disgrazie. Lettere d'amore di Abelardo e Eloisa*, trad. dal latino di F. Roncoroni, Garzanti, Milano, 1974

Una classe durante una lezione in una miniatura tratta dalle *Grandes Chroniques de France*, XIV secolo. (Castres, Bibliothèque Municipale)

4. **Ezechiele**: uno dei profeti dell'Antico Testamento, che si esprime attraverso visioni allegoriche di difficile interpretazione.
5. **Guglielmo**: Guglielmo di Champeaux, primo maestro di Abelardo, col quale aveva rotto perché osava discutere i suoi insegnamenti.

CHRÉTIEN DE TROYES

TESTO 6 ▶ Ammonimenti a un cavaliere

Il brano che presentiamo è tratto da uno dei più famosi romanzi cavallereschi, il *Perceval*, composto dal francese Chrétien de Troyes.

Figlio caro, voglio darvi un consiglio che conviene seguire e se vorrete ricordarlo ve ne verrà gran bene. Sarete presto cavaliere, se piacerà a Dio, così come credo. Se troverete vicino o lontano una dama che abbia bisogno di aiuto o una damigel-

DIALOGO CON L'EPOCA

la in pena, siate pronto a soccorrerle come esse ve lo chiederanno. Chi non porta onore alle dame non ha onore in cuore. Servite dame e damigelle. Ovunque sarete onorato. E se ne pregate una, guardatevi dall'importunarla; non fate nulla che le dispiaccia. Se vi concede un bacio, vi proibisco di chiedere altro, e fatelo per amor mio. Una damigella dà molto quando concede un bacio. Se porta anello al dito o borsa alla cintura, se per amore o per preghiera ve li concede, m'è caro che portiate l'anello e vi permetto di tenere anche la borsa. Caro figlio, ancora vi voglio dire che in cammino o al riparo non abbiate a lungo compagno che non ne domandiate il nome, perché dal nome si conosce l'uomo. Figlio caro, parlate con gli uomini d'onore, accompagnatevi ad essi. L'uomo d'onore non dà mai cattivo consiglio a chi s'accompagna con lui. Soprattutto vi voglio chiedere di andare a pregare Nostro Signore in chiesa e nei monasteri! Che in questo secolo vi conceda onore, permettendovi di comportarvi sì che perveniate a buon fine.

Chrétien de Troyes, *Perceval*, a cura di G. Agrati e M.L. Magini, Guanda, Parma, 1979

ANDREA CAPPELLANO

TESTO 7 ▶ L'amore dei contadini

Questo breve brano tratto dal *De Amore* affronta la questione se anche i contadini possano amare, e in che modo.

Dico che difficilmente i contadini sono cavalieri della corte d'amore ma sono naturalmente portati, come il cavallo o il mulo, alle opere di Venere[1] nel modo che l'impulso naturale insegna. Al contadino basta il lavoro quotidiano e il continuo piacere del vomere[2] e della zappa, senza mai pausa. E se talvolta, assai di rado, è spinto dagli aculei d'amore al di là della propria natura, non conviene insegnargli la dottrina d'amore, per non rendere infruttiferi, per mancanza di coltivatori, tutti i poderi che generalmente producono frutti grazie al suo lavoro, quando si dedicasse alle opere d'amore che per natura non gli appartengono. Ma se ti attrae l'amore delle contadine, ricordati di lodarle molto e, se ti capita l'opportunità, non indugiare a prendere ciò che vuoi e ad accoppiarti con la violenza, perché difficilmente potrai addolcirle fino al punto che decidano di accoppiarsi pacificamente o di permetterti i piaceri che desideri, se non c'è almeno la medicina di una piccola costrizione necessaria al loro pudore. E dico così non perché voglio persuaderti all'amore delle contadine ma perché tu possa brevemente sapere che comportamento tenere se per caso ti capitasse di amarle.

Andrea Cappellano, *De Amore*, libro I, trad. dal latino medievale di J. Insana, ES, Milano, 1992

Un cavaliere dona fiori a una dama in una miniatura tratta dal *Libro delle Ore di Enrico VIII*, XVI secolo. (New York, Morgan Library)

1. **alle opere di Venere**: all'attività sessuale (Venere è la dea dell'amore).
2. **vomere**: la lama dell'aratro.

GIOVANNI DI PAGOLO MORELLI

TESTO 8 ▶ Consigli a un giovane mercante

Man mano che i mercanti si affermarono nell'ambito della società comunale, acquistarono un rapporto più disinvolto con la scrittura: negli ultimi decenni del Trecento qualcuno di loro, oltre a tenere i soliti libri di conti e registri di affari, si dedicò alla stesura di libri più complessi, contenenti ricordi, insegnamenti, consigli tratti dalla sua esperienza di vita, a uso dei familiari e dei discendenti. È il caso dei *Ricordi* di Giovanni di Pagolo Morelli, nei quali tra l'altro l'autore si rivolge a un giovane mercante con esortazioni e ammaestramenti.

DIALOGO CON L'EPOCA

Fa d'essere cortese sopra a tutto e guarda che l'avarizia per veruno modo none istia appresso a te[1], ma usala ne'[2] giovani e uomini da bene, e temperatamente con buono modo[3], che tu non fussi riputato una bestia. Piglia asempro[4] da' tuoi pari: se ti fanno onore a te, fanne a loro, dà loro mangiare[5] alcuna volta in Firenze e simile in villa[6]. Abbi alla state una botte di buono trebbiano, dalla Torre o dal Bucine o da San Giovanni[7] o d'altri paesi dove nasce del buono; abbi de' tuoi vicini, de' tuoi compagni giovani e danne loro bere la mattina, come si richiede [...].

Ma chi usasse ingratitudine o altre villanie, isdegnane[8]; e vogli conoscere gente con dimostrare che tu te n'avvegga, acciò che non sia tenuto mentacatto[9]; e simile dà mangiare a de' tuoi vicini o compagnoni e parenti alcuna volta onorevolmente, come si richiede e come vedrai fare ad altri.

Dilettati di vagheggiare[10]! O una fanciulla bella e di persone[11] gentili e da bene: vavvi all'ore compitenti[12], quando se' uscito da bottega. Abbi uno compagnone fidato che ti faccia compagnia volentieri; piglia dimestichezza nella sua vicinanza[13] con persone da bene; sia costumato e piacevole[14], usa cortesia con que' giovani suoi vicini; fa cotai operazioni virtuose e che a lei sieno rapporte e ch'ella ti tenga costumato e saputo[15], e fatti volere bene pelle tue virtù. Favvi una volta l'anno sonare[16], ma non con troppa ispesa o burbanza[17] fa d'avere tre o quattro giovani da bene, e dillo loro e pollo in sagreto[18], e abbi i pifferi e quattro trombetti, e fav-

Sant'Omobono, protettore dei mercanti, in un dipinto di Pietro Lianori del 1420 circa. (Avignone, Musée du Petit Palais)

1. **per veruno... te**: non dimori in alcun modo presso di te.
2. **usala ne'**: usa la cortesia nei confronti dei.
3. **temperatamente... modo**: moderatamente e con buone maniere.
4. **asempro**: esempio.
5. **dà loro mangiare**: invitali a pranzo.
6. **simile in villa**: e fa la stessa cosa nella tua casa di campagna.
7. **Torre... San Giovanni**: paesi del Valdarno.
8. **isdegnane**: abbine sdegno, non frequentarlo.
9. **vogli... mentecatto**: abbi rapporti con persone a cui fai capire che te ne accorgi (dell'ingratitudine e delle villanie) , in modo che tu non sia ritenuto uno stupido.
10. **vagheggiare**: corteggiare.
11. **di persone**: figlia di persone.
12. **compitenti**: opportune, convenienti.
13. **piglia ... vicinanza**: acquista familiarità in sua compagnia.
14. **sia... piacevole**: sii educato e cortese.
15. **fa cotai... saputo**: abbi questi comportamenti virtuosi e fa' in modo che siano riferiti a lei, e che lei ti ritenga beneducato e saggio.
16. **Favvi ... sonare**: falle fare la serenata una volta all'anno.
17. **con... burbanza**: con troppa spesa e ostentazione.
18. **pollo in sagreto**: richiedi che sia segreto.

vi sonare: ispendi due fiorini e non più. E non più che una volta l'anno, ché saresti riputato un bestiuolo[19].

E così farai per diventare isperto, per darti a conoscere, per pigliare amicizia co' tuoi pari e per essere riputato da bene e gentile e costumato. Ma sopra tutto ti misura[20] in ogni cosa, e se non puoi largamente[21] fare queste cose, non le fare; se puoi, e ch'elle non ti isviino da bottega[22], falle, ma sia bene savio, ch'elle sono cose che alcuna volta fanno trascorrere i giovani a cose vituperose[23]: lenvassi[24] da bottega, giuocano e fanno male i fatti loro[25]. Da queste cose ti guarda[26]; e se t'avvedessi che le sopra dette cose ti guidassono a quest'altre, ischifale[27] e fuggile, e quelle e tutte altre che ti isviassono[28]; e sopra tutto guarti[29] dal giuoco e dalle ghiottornie[30] e cattive usanze.

Giovanni di Pagolo Morelli, *Ricordi*, a cura di V. Branca, Le Monnier, Firenze, 1956

19. **bestiuolo**: stupido, ignorante.
20. **ti misura**: moderati.
21. **largamente**: con molta spesa.
22. **non... bottega**: non ti distolgano dal lavoro.
23. **alcuna volta... vituperose**: a volte inducono i giovani a compiere cose vergognose.
24. **lenvassi**: si allontanano.
25. **i fatti loro**: i loro affari.
26. **ti guarda**: guardati.
27. **ischifale**: evitale.
28. **ti isviassono**: potrebbero sviarti.
29. **guarti**: guardati.
30. **ghiottornie**: comportamenti smodati.

Mercanti-banchieri riscuotono somme in oro mentre i contabili annotano le transazioni in una miniatura del XIV secolo. (Venezia, Biblioteca del Seminario Patriarcale)

Contestualizzare

- **Individuate un personaggio della letteratura dei secoli XIII-XIV che, a vostro avviso, incarni gli ideali del mercante esposti nel testo di Giovanni di Pagolo Morelli, specificando le ragioni della vostra scelta.**

Confrontare

- **Sia *L'armata Brancaleone* sia *Il settimo sigillo* forniscono – seppur attraverso atmosfere radicalmente diverse – una testimonianza di quanto mostra Huizinga in *Autunno del Medioevo*: la tonalità cruda, piena di *pathos*, della vita medievale. Giustificate quest'affermazione attraverso un'analisi comparata di alcune scene dei due film e del testo di Huizinga riportato.**
- **La danza macabra è una celebrazione nel contempo giocosa e tragica dell'esistenza umana nella sua totalità, compreso il momento della morte. Analizzate questo tema mettendo a confronto l'affresco della chiesa di Hrastovlje e la scena finale del *Settimo sigillo*, evidenziando analogie e differenze tematiche.**
- ***L'armata Brancaleone* fornisce un variopinto repertorio dei tipi sociali del Medioevo: confrontate i ritratti del chierico, del cavaliere e del contadino proposti nei testi riportati con alcuni personaggi del film di Monicelli. In particolare, analizzate come la figura di Brancaleone sia una riuscitissima parodia della letteratura cavalleresca, ponendola a confronto con quella del paladino Rolando celebrata nella *Chanson de Roland* (▸T24) e con gli ideali celebrati da Chrétien de Troyes.**

TERZA SEZIONE

VECCHI E NUOVI MODI DI VEDERE

Nel Medioevo non esisteva la distinzione, a cui oggi siamo abituati, tra la cultura "umanistica" e quella "scientifica". La consapevolezza che ogni cosa riconduce a Dio ed è una sua manifestazione portò alla formazione di un sapere "unico", in cui scienza e letteratura risultano perfettamente integrate.
Un esempio emblematico della concezione medievale del sapere sono i testi didattico-naturalistici dedicati a piante e minerali, molto diffusi e apprezzati all'epoca. Le informazioni in essi contenute uniscono una serie di credenze popolari di origine magico-pagana a una cultura dotta ed enciclopedica (**Testo 9**).
Una testimonianza della vivacità scientifica dell'epoca ce la dà la teoria dell'*impetus* con cui Buridano, uno dei più importanti filosofi del Medioevo, si proponeva di confutare la teoria aristotelica del moto, su cui si basava la scienza dell'epoca e la stessa concezione del cosmo (**Testo 10**). L'esigenza di sottoporre a critica un'*auctoritas* come quella aristotelica è la prova di come nel corso del secolo XIV la mentalità medievale stesse profondamente cambiando (**Testo 11**). L'evoluzione culturale di questi secoli fu dovuta anche a una serie di innovazioni tecniche, come gli occhiali, che rivoluzionarono la vita quotidiana degli uomini (**Testo 12**).

MARBODO DI RENNES

TESTO 9 ▸ L'elitropia

Il più celebre lapidario medievale è il *De lapidibus*, poemetto latino scritto da Marbodo di Rennes nel 1096 e considerato ancora nel secolo XVI un'opera di riferimento per la nascente gemmologia scientifica. Tra i frammenti che ci sono arrivati, proponiamo quello riguardante la fantastica pietra dell'elitropia.

L'elitropia è una gemma che ha un nome davvero espressivo
infatti posta ai raggi del sole in un vaso d'acqua
ne rifrange la luce virandola al sanguigno,
e così costringe la terra a subire una strana eclisse.
Vedrai poi l'acqua del vaso anche ribollire
ed essere intrisa al di fuori da un'improvvisa umidità,
come avviene quando un torbido nembo distilla acqua.
La pietra chiama le piogge del cielo e vela il sereno.
Offre la possibilità a chi la porta di fare molte profezie,
e prevedere alcune delle cose future.
A coloro a cui è concessa offre lodi di buona fama,
li preserva incolumi e allunga i tempi dell'esistenza.
Stagna il flusso del sangue, scaccia i veleni,
e non può sbagliare chi porta questa pietra.
Sono dati a questa gemma tanti benefici per dono divino,
e si dice che a lei sia concessa anche una più ampia potenza,
infatti se è unita all'erba dallo stesso nome,

consacrata con la parola e un giusto formulario,
sottrae chiunque la porta allo sguardo altrui.
Ce la fanno avere ora gli Etiopi, ora Cipro e l'Africa,
chiazzata di gocce come di sangue, è simile allo smeraldo.

Marbodo di Rennes, *Lapidari*, a cura di B. Basile, Carocci, Roma, 2006

GIOVANNI BURIDANO

TESTO 10 ▸ La teoria dell'*impetus*

Secondo Aristotele il moto di un proietto (un corpo lanciato nello spazio) richiede la presenza continua di un "motore" in contatto con esso, identificato con l'aria che lo circonda. Buridano sostenne invece che questo moto è dovuto a una forza impressa inizialmente – l'*impetus* – e che l'azione dell'aria è piuttosto quella d'indebolire gradualmente questo movimento, fino a farlo cessare. Applicò la stessa idea per spiegare il moto eterno dei cieli: a differenza di quanto affermava Aristotele – e di quanto credeva la cosmologia medievale – non c'era bisogno di credere in nessuna intelligenza motrice, ma bastava supporre un *impetus* iniziale impresso da Dio, che avrebbe dato l'avvio a un moto perpetuo, non esistendo per i corpi celesti nessuna forza corruttrice capace di arrestarlo.
Per comprendere l'importanza della teoria di Buridano, basti pensare al fatto che essa fu influente per gli studi di Galileo e che gli storici della scienza l'hanno associata alla nozione di quantità di moto e al principio d'inerzia elaborati da Newton.

Possiamo dunque e dobbiamo dire che al sasso o a un altro proietto viene impressa una tale cosa, la quale è la virtù motrice di quel proietto, e ciò pare meglio che ricorrere all'azione dell'aria per far muovere il proietto. Pare infatti piuttosto che l'aria resista al moto. Mi sembra perciò che si debba dire che il motore, muovendo il mobile, gli imprime un impeto o una certa virtù motrice (*vis motiva*) di quel mobile nella direzione nella quale il motore lo muoveva, sia verso l'alto sia verso il basso, sia lateralmente sia in cerchio, e quanto più velocemente il motore muove quel mobile, tanto più forte impeto gli imprimerà. E da quell'impeto è mosso il sasso dopo che il motore ha cessato di muovere. Ma a causa della resistenza dell'aria e della gravità del sasso, che inclina in una direzione contraria a quella verso cui l'impeto muove, quell'impeto si indebolisce (*remittitur*) continuamente. Perciò il moto di quella pietra diventa sempre più lento, e infine quell'impeto si consuma e corrompe a tal punto che la gravità della pietra ne ha ragione e muove la pietra in basso verso il suo luogo naturale. [...] Inoltre, non apparendo dalla Bibbia che ci siano intelligenze deputate a muovere i corpi celesti, si potrebbe dire che non si vede la necessità di porre tali intelligenze, poiché si potrebbe sostenere che Dio, quando creò il mondo, mosse ciascun orbe celeste come gli piacque, e muovendoli impresse in essi degli impeti che continuassero il moto senza bisogno di un suo ulteriore intervento... E quegl'impeti impressi nei corpi celesti non s'indebolivano né si corrompevano, non essendo nei corpi celesti inclinazione ad altri moti, né essendo in essi una resistenza corruttiva o repressiva di quell' impeto. Ma ciò non dico assertivamente, bensì in via ipotetica, chiedendo ai signori teologi che mi insegnino in che modo queste cose possano avvenire...

in Marshall Clagett, *La scienza della meccanica nel Medioevo*, trad. dall'inglese e dal latino di L. Sosio, Feltrinelli, Milano, 1981

FRANCESCO PETRARCA

TESTO 11 ▶ Contro gli aristotelici

Petrarca fu un personaggio pubblico di straordinaria notorietà, e fu sempre attento a difendere la propria immagine: ogni volta che si sentiva attaccato, rispondeva con libelli polemici di grande violenza. Uno dei suoi scontri fu con la filosofia aristotelica, che aveva dominato la teologia e la scienza nel secolo precedente, e nel Trecento continuava a prevalere nelle università. Quando il poeta, già anziano, viveva a Venezia, quattro giovani studiosi aristotelici, che frequentavano la sua casa e si dicevano suoi amici, cominciarono a dire che era un brav'uomo, ma ignorante, perché non si interessava alle questioni filosofiche e scientifiche importanti. Petrarca rispose con l'opuscolo *De sui ipsius et multorum ignorantia*, "L'ignoranza mia e di tanti altri", da cui riportiamo un passo.

Solevano essi proporre o qualche problema di filosofia aristotelica o qualche argomento di zoologia[1]. E io tacevo, o scherzavo, o stornavo il discorso, e talora domandavo sorridendo come mai Aristotile avesse potuto intendersi di cose simili, dato che non se ne ha alcuna conoscenza razionale e dato che l'esperienza n'è impossibile. Essi si stupivano e in cuor loro si sdegnavano; e mi guardavano come un bestemmiatore, che a credere vere le cose non si contenta dell'autorità di quel grand'uomo. Come se da filosofi e amatori della sapienza fossimo tutti divenuti aristotelici o meglio pitagorici, rinnovandosi quell'usanza ridicola per cui era lecito domandare soltanto se «egli» l'aveva detto. Ed «egli» era Pitagora, come scrive Cicerone[2]. Io ritengo che Aristotile sia stato un grand'uomo e pieno di dottrina, ma pur sempre un uomo; e perciò penso che abbia potuto ignorare qualcosa, anzi molte cose. Dirò di più, se lo consentono costoro che sono fanatici piuttosto che amici della verità: io credo, e non ho il minimo dubbio, che egli abbia completamente sbagliato strada non soltanto in piccole cose, dove l'errore è modesto e senza alcun pericolo, ma nelle cose più rilevanti, quelle riguardanti la nostra suprema salvezza[3]. E quantunque al principio dell'*Etica*[4] e alla fine abbia trattato ampiamente della felicità, io avrò cuore d'affermare – strillino pure quanto vogliono i miei censori – ch'egli non ebbe alcuna idea della vera felicità; tanto che su quest'argomento potrebbe essere non dico più sottile ma certo più felice una qualsiasi devota vecchierella, o un pescatore o un pastore o un contadino, timorati di Dio.

Francesco Petrarca, *De sui ipsius et multorum ignorantia*, "L'ignoranza mia e di tanti altri", trad. dal latino di P.G. Ricci, in *Prose*, a cura di G. Martellotti, Ricciardi, Milano-Napoli, 1955

1. **argomento di zoologia**: delle questioni zoologiche l'autore ha dato prima un elenco caricaturale: «quanti peli ha il leone sulla testa, quante piume l'avvoltoio nella coda, con quante spire il polipo abbraccia il naufrago; come gli elefanti si accoppino volgendosi le terga e come la loro gravidanza duri due anni...».
2. **pitagorici... Cicerone**: *ipse dixit*, "egli lo ha detto", era il motto con cui i seguaci dogmatici di una scuola filosofica chiudevano la bocca agli avversari; era stato creato dagli antichi seguaci di Pitagora, secondo la testimonianza di Cicerone, ma per Petrarca lo stesso modo di pensare era proprio degli aristotelici del suo tempo.
3. **quelle... salvezza**: le verità di fede, che riguardano la salvezza dell'anima. Aristotele, vissuto prima di Cristo, non poteva conoscerle.
4. ***Etica***: l'*Etica Nicomachea*, la principale opera aristotelica di argomento morale.

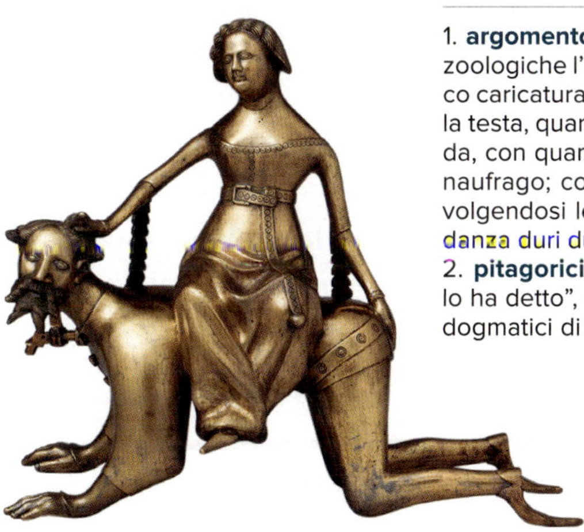

Aristotele soggiogato dalla bella Phyllis su una brocca per l'acqua in bronzo del XV secolo. (New York, Metropolitan Museum of Art)

UMBERTO ECO

TESTO 12 ▶ «Oculi de vitro cum capsula»

L'invenzione degli occhiali, risalente al secolo XIII, è una delle innovazioni tecniche che ha trasformato radicalmente la vita quotidiana e la storia della cultura. Nel romanzo storico *Il nome della rosa* (1980), Umberto Eco offre una testimonianza dello stupore che la visione degli occhiali poteva suscitare nel 1327, anno in cui è ambientata la vicenda raccontata.

Questo dipinto di Tommaso da Modena (1352) ritrae il cardinale Ugone di Provenza ed è la prima testimonianza iconografica degli occhiali (Treviso, convento di San Nicolò, Sala del Capitolo).

Guglielmo infilò le mani nel saio, dove esso si apriva sul petto a formare una sacca, e ne trasse un oggetto che già gli avevo visto tra le mani, e sul volto, nel corso del viaggio. Era una forcella, costruita così da potere stare sul naso di un uomo (e meglio ancora sul suo, così prominente e aquilino) come un cavaliere sta in groppa al suo cavallo o come un uccello su un trespolo. E ai due lati della forcella, in modo da corrispondere agli occhi, si espandevano due cerchi ovali di metallo, che rinserravano due mandorle di vetro spesse come fondi di bicchiere. [...]

Nicola prese la forcella che Guglielmo gli porgeva con grande interesse: "Oculi de vitro cum capsula[1]!" esclamò. "Ne avevo udito parlare da un certo fra Giordano che conobbi a Pisa! Diceva che non erano passati vent'anni da che erano stati inventati. Ma parlai con lui più di venti anni fa."

"Credo che siano stati inventati molto prima," disse Guglielmo, "ma sono di difficile fabbricazione, e ci vogliono maestri vetrai molto esperti. Costano tempo e lavoro. Dieci anni fa un paio di questi vitrei ab oculis ad legendum[2] sono stati venduti a Bologna per sei soldi. Io ne ebbi un paio in dono da un grande mae-

1. ***oculi... capsula***: occhi di vetro in un contenitore.
2. ***vitrei... legendum***: vetri che si pongono davanti agli occhi per leggere.

stro, Salvino degli Armati, più di dieci anni fa, e li ho conservati gelosamente per tutto questo tempo, come fossero – quali ormai sono – parte del mio stesso corpo."

"Spero me li lascerai esaminare uno di questi giorni, non mi spiacerebbe produrne di simili," disse emozionato Nicola.

"Certo," acconsentì Guglielmo," ma bada che lo spessore del vetro deve cambiare a seconda dell'occhio a cui si deve adattare, e bisogna tentare molte di queste lenti per provarle sul paziente, sino a che non si trova lo spessore buono."

Umberto Eco, *Il nome della rosa*, Garzanti, Milano, 1980

Contestualizzare e confrontare

- È possibile trovare un'eco letteraria del repertorio dei lapidari in *Al cor gentile rempaira sempre amore* di Guinizzelli (▸T15) e in una celebre beffa perpetrata ai danni di Calandrino di cui si narra nel *Decameron* (*Calandrino e l'elitropia*, giornata VIII, novella 3). Individuate il punto della poesia di Guinizzelli in cui si fa riferimento al potere delle pietre e mettete a confronto le facoltà dell'elitropia esposte da Marbodo con quelle magnificate da Maso del Saggio nella novella di Boccaccio.
- Il testo di Buridano e quello di Petrarca sono due interessanti testimonianze della vivacità del dibattito scientifico trecentesco. Riassumete le loro posizioni e indicate quale mutamento di mentalità documentano, a vostro avviso, le loro critiche all'*auctoritas* aristotelica.
- Individuate nel brano del *Nome della rosa* riportato i riferimenti a luoghi e personaggi legati alla storia dell'invenzione degli occhiali. Confrontate poi la descrizione di Eco con la raffigurazione degli occhiali nel dipinto di Tommaso da Modena.

VERSO L'ESAME | Argomentare

- Facendo riferimento ai testi proposti nella sezione "Amor sacro e amor profano", preparate un'esposizione sulle concezioni dell'amore nel Medioevo. Partite dall'analisi di uno dei testi proposti, continuate l'esposizione istituendo un confronto con gli altri testi, concludete elaborando le vostre riflessioni personali sull'argomento.
- Cercate in Internet immagini delle figure sociali tipiche del mondo medievale descritte nei testi della sezione "Chierici, cavalieri, contadini, mercanti", facendo attenzione a che esse corrispondano al periodo storico in questione. Realizzate poi una presentazione, indicando gli elementi distintivi dell'iconografia dei vari tipi sociali rappresentati.
- Dal punto di vista del sapere scientifico, spesso il Medioevo è stato considerato un'epoca di regresso. L'immagine di un'età oscura è stata però messa in discussione da chi ha riconosciuto l'importanza storica delle teorie e dei saperi scientifici sviluppatisi nei secoli dopo il Mille. Gli accesi dibattiti che coinvolsero logici e naturalisti nelle diverse università europee e le teorie che ne scaturirono (come quella dell'*impetus* di Buridano) ebbero un'importanza storica decisiva per la successiva rivoluzione scientifica di Copernico e Galileo. Preparate una relazione su questo tema.

SCRIVERE UNA RELAZIONE SU UN'ESPERIENZA DI LAVORO

All'esame di Stato dovrai parlare per una decina di minuti dell'Alternanza Scuola Lavoro: che **compiti** hai svolto e quali **competenze** hai acquisito.

Lo farai fra due anni e dovrai ricostruire una per una le esperienze di lavoro.

Allora ti sarà utile avere delle **brevi relazioni** su ciascuna di esse: le rileggerai, le rielaborerai e le userai per la presentazione. È importante che tu scriva queste relazioni subito dopo ogni esperienza, quando la memoria è fresca.

In una pagina

La relazione inizia con alcuni **dati**.

Prosegue con il **racconto** dell'esperienza.

Si conclude con una tua **valutazione**.

In tutto una pagina per ogni esperienza di lavoro.

Scritta bene

Scrivi **frasi brevi** con poche subordinate e usa gli **elenchi puntati** per scandire le informazioni.

Fai anche **foto** e **video** e salvali in una cartella. Ti sarà utile per documentare la tua esperienza.

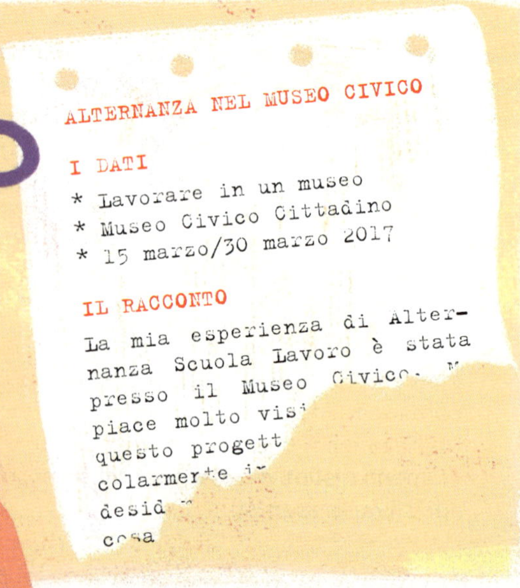

ALTERNANZA NEL MUSEO CIVICO

I DATI
* Lavorare in un museo
* Museo Civico Cittadino
* 15 marzo/30 marzo 2017

IL RACCONTO
La mia esperienza di Alter-
nanza Scuola Lavoro è stata
presso il Museo Civico.
piace molto vis
questo progett
colarmente
desid
cosa

disegna, incolla

ritaglia

fai foto

fai video

Divisa in tre parti

I dati

- **Titolo** dell'esperienza
- **Azienda** o **ente** presso cui l'hai svolta
- **Date** di inizio e di fine
- **Tutor** interno ed esterno

Il racconto

- Quali **compiti** ti sono stati assegnati?
- Quali **strumenti** hai usato (documenti, siti, attrezzature...)?
- Con **chi** hai lavorato (compagni e persone dell'azienda)?
- **Diario** di una giornata di lavoro.

La tua valutazione

- L'esperienza ti è stata utile?
- Che cosa hai imparato?
- Sei stato seguito dai tutor?
- Hai avuto difficoltà?
- Che suggerimenti daresti a un tuo compagno che decidesse di fare questa esperienza?
- In conclusione, l'esperienza ti è piaciuta?

Le parole della letteratura

AFORISMA (genere): breve sentenza che condensa in forma incisiva un pensiero filosofico o morale.

AGIOGRAFIA (genere): narrazione della vita di un santo composta per esaltare la sua figura e additarla ai lettori come esempio edificante.

AGNIZIONE (tecnica narrativa): riconoscimento improvviso dell'identità di un personaggio, che era rimasta a lungo ignota agli altri o anche a lui stesso: un personaggio scopre di chi è figlio, due personaggi scoprono di essere fratelli ecc.; è una tecnica antica, risalente al teatro greco classico, tipica dei romanzi popolari dalla trama intricata.

ALLEGORIA (figura retorica): nell'allegoria i personaggi e gli aspetti descrittivi stanno a rappresentare concetti, idee astratte: ciascun elemento visibile ha un significato che appartiene al mondo spirituale. A differenza di altre figure retoriche, l'allegoria non è limitata a una singola espressione, ma caratterizza un'intera opera, o una sua parte ampia: l'esempio più noto è la *Divina Commedia*, che può essere considerata come una grande allegoria, disseminata di allegorie più particolari (le tre fiere del canto I dell'*Inferno*, la sfilata degli ultimi canti del *Purgatorio*). Nella cultura medievale l'allegoria è un atteggiamento generale del pensiero, un modo di interpretare la realtà.

ALLITTERAZIONE (figura retorica): figura "di parole", che consiste nella ripetizione delle stesse "lettere" (più propriamente, degli stessi suoni) in una serie di parole; in senso stretto, si considera allitterazione solo quella che ricorre all'inizio delle parole. Esempio: «E *fra* arse *foglie*, come in *fermo fumo*» (Ungaretti).

ANACOLUTO (fenomeno sintattico): irregolarità nella costruzione di una frase, che comincia secondo una certa struttura sintattica e la cambia improvvisamente a metà. L'anacoluto è tipico del parlato, e nella scrittura letteraria è segno di disinvoltura, o di ricerca di un tono colloquiale. Esempi: «E parlerò di Luigi [...] che, per aver tenuta più lunga possessione in Italia, si sono visti meglio li suoi progressi» (Machiavelli); «Renzo, ora che l'Adda era, si può dir, passata, gli dava fastidio [...]» (Manzoni).

ANAFORA (figura retorica): figura "di parole", che consiste nella ripetizione di una stessa espressione all'inizio di due o più frasi, o all'inizio di un segmento successivo della stessa frase: è dunque un caso particolare di parallelismo (*v.*). Ha un effetto di sottolineatura enfatica di un'idea. Esempio: «*Per me si va* ne la città dolente, / *per me si va* ne l'etterno dolore, / *per me si va* tra la perduta gente» (Dante).

ANALOGIA (tecnica poetica): è un modo espressivo caratteristico di un filone della lirica moderna, quello che si rifà al simbolismo. Consiste di un intreccio di metafore sovrapposte in modo tale che non è più possibile distinguere un senso letterale e un senso inteso, come nei tropi tradizionali (*v.*), ma viene comunicato un insieme di idee molteplice e sfumato di cui è difficile dare una parafrasi, anche quando il senso non è oscuro. Esempi: «il limpido / stupore / dell'immensità» (Ungaretti); «pianure dove lo zolfo / era l'estate dei miti, / immobile» (Quasimodo).

ANASTROFE (figura retorica): figura "di parole", che consiste nell'inversione (*v.*) dell'ordine abituale di due o più termini successivi: il soggetto posto dopo il verbo («squarcia e sospinge l'iracondo soffio», Monti), il complemento posto prima del verbo («all'opre femminili intenta sedevi», Leopardi), il complemento di specificazione prima del nome che lo regge («Talor di lingua, e spesso di man prode», Foscolo).

ANTIFRASI (figura retorica): figura "di pensiero", che consiste nell'esprimere il contrario di ciò che si pensa. È il modo più comune in cui si manifesta la figura dell'ironia (*v.*).

ANTITESI (figura retorica): figura "di pensiero", che consiste nell'accostamento di due immagini o concetti opposti. Esempio: «sento nel mezzo de le *fiamme* un *gelo*» (Petrarca).

APOLOGETICO, APOLOGIA (modo): col termine di derivazione greca "apologia" si intende la difesa o l'esaltazione di un'idea, persona, istituzione. Si dicono "letteratura apologetica" le opere che mirano a rafforzare l'adesione alla religione cattolica; più in generale, si parla di toni apologetici per le opere che mirano a difendere da critiche un'istituzione o una condotta politica.

APOSTROFE (figura retorica): si ha quando il poeta o il narratore si rivolge all'improvviso a un personaggio o a un concetto personificato, con un effetto di concitazione emotiva. Esempio: «Ahi Pisa, vituperio de le genti» (Dante).

ARCAISMO (fenomeno lessicale): uso di una parola antica caduta in disuso nella lingua comune. Per esempio, nel verso di Leopardi «d'in su i veroni del paterno ostello», *ostello* ("casa") è un arcaismo. L'arcaismo connota in genere un registro linguistico aulico (*v.*).

ASINDETO (figura retorica): serie di frasi, o espressioni più brevi, coordinate senza l'uso di una congiunzione. Esempi: «Le donne, i cavallier, l'arme, gli amori, / le cortesie, l'audaci imprese io canto» (Ariosto); «il segreto ti fa più viva, il vento / desto nel rovo sei, sei tu venuta...» (Luzi).

ASSONANZA (artificio metrico): tipo di rima imperfetta, in cui si ha un'uguaglianza non completa fra i suoni finali di due versi. Esempio: «e irrequieta la tua fr*onte* / si confonde con l'alba, la nasc*onde*» (Montale).

AULICO (registro linguistico): termine derivante dal latino *aula*, che designava tra l'altro una corte, una reggia; indica un registro linguistico molto formale, adatto a circostanze solenni, caratterizzato da un lessico ricercato e da una sintassi elaborata.

BALLATA (genere): componimento lirico, in origine cantato ballando. È composto di un ritornello (o "ripresa") di pochi versi, che si alterna a una o più strofe di endecasillabi e settenari sul tipo di quelle della canzone (*v.*), ma più brevi. Di origine popolare, compare nella lirica cortese del Duecento ed è usata fino all'Ottocento. La ballata romantica (o "romanza") è un genere completamente diverso: è un componimento narrativo in versi di argomento leggendario, che predilige i toni cupi e tragici; è coltivata nella prima metà dell'Ottocento, e deriva dall'imitazione di modelli tedeschi.

BURLESCO (modo): il termine, derivato da *burla* ("beffa, scherzo"), si riferisce al tono scherzoso di un testo che invita a non prendere sul serio i suoi temi, ma ne sottolinea gli aspetti ridicoli.

CANTARE (genere): poemetto narrativo di argomento cavalleresco, in ottave; fu coltivato nel Trecento e Quattrocento, da poeti non molto colti, e spesso recitato per un pubblico popolare.

CANZONE (forma metrica): componimento lirico ampio, composto di strofe (dette *stanze*) di endecasillabi e settenari che ripetono uno stesso schema di rime. Nella canzone medievale l'ultima stanza, di solito più breve delle altre, è detta "congedo", perché in essa il poeta si congeda dal suo componimento, rivolgendosi direttamente a esso, o a un destinatario. La canzone compare alle origini della lirica italiana e ne è la forma tipica, assieme al sonetto, fino al primo Ottocento. Nella "canzone libera" adottata da Leopardi sono variabili la lunghezza delle stanze, l'alternanza di endecasillabi e settenari e la disposizione delle rime.

CANZONETTA (genere): componimento lirico, spesso per musica, fatto di strofette (per lo più quartine) di versi brevi (per lo più settenari o ottonari); è quasi sempre di tema amoroso. Coltivata soprattutto nel Seicento e Settecento, è la forma più tipica della lirica arcadica.

CAPITOLO (genere): componimento in terzine che tratta in tono discorsivo argomenti personali, riflessioni morali. Praticato dal Trecento al Cinquecento quando, a opera di Berni, diventa un genere decisamente comico.

CARNEVALESCO (modo): il carnevale, derivato da antichi riti pagani, era il momento in cui il popolo poteva manifestare liberamente i propri istinti vitali e la propria visione della vita, abbandonandosi a un'allegra dissacrazione delle autorità, delle istituzioni e dei valori dominanti. Si parla di "modo carnevalesco" per quelle opere che riprendono dalle tradizioni popolari motivi di parodia comica e sfrenata delle idee dominanti, e portano gioiosamente in primo piano gli aspetti bassi e materiali della vita.

CESURA (fenomeno metrico): pausa interna al verso, che ricorre obbligatoriamente in una certa posizione: non può cadere a metà di una parola, e spesso coincide con un segno di interpunzione. In senso più generico, si intende a volte per "cesura" una forte pausa interna a un verso, anche se non è regolata metricamente; nel verso di Leopardi (*A se stesso*) «ch'eterno io mi credei. Perì. Ben sento», la cesura metrica cade dopo *credei*, mentre il punto dopo *Perì* può essere chiamato "cesura" in senso lato.

CHIASMO (figura retorica): figura "di parole", che consiste nell'accostare due coppie di elementi uguali o simili in ordine scambiato: se il parallelismo (*v.*) ha struttura ABAB, il chiasmo ha struttura ABBA. Esempio: «L'onta irrita lo sdegno a la vendetta / e la vendetta poi l'onta rinova» (Tasso).

CLIMAX (figura retorica): figura

"di parole", che consiste nell'accumulazione di una serie di termini che esprimono un concetto con intensità crescente – *climax ascendente*; esempio: «O mia stella, o fortuna, o fato, o morte» (Petrarca) – o decrescente – *climax discendente*; esempio: «Diverse lingue, orribili favelle, / parole di dolore, accenti d'ira, / voci alte e fioche [...]» (Dante).

COLLOQUIALE (registro linguistico): tipo di lingua usato nella conversazione quotidiana, poco accurato, caratterizzato da un lessico limitato e ripetitivo e da una sintassi elementare. Uno scrittore che usa un registro colloquiale imita nella scrittura questo modo di esprimersi, scrive cioè come se trascurasse la forma linguistica.

COMICO (modo): è comico un testo che fa ridere apertamente, fondandosi di solito su effetti semplici, esteriori: il movimento, il caso imprevisto, la deformazione caricaturale, la messa in ridicolo di personaggi e istituzioni consacrati. La comicità è connessa per lo più a radici popolari e si serve di un registro linguistico basso, anche volgare, chiamando in causa gli aspetti quotidiani e corporali della vita. Si può anche definire "comico", richiamandosi alla codificazione medievale degli stili, un registro stilistico basso e plebeo, indipendentemente dall'intento di far ridere.

COMMEDIA (genere): testo teatrale che rappresenta personaggi e situazioni della vita comune, con un linguaggio colloquiale; è caratterizzata solitamente dal lieto fine e dall'intento di suscitare il riso degli spettatori. Nata nella Grecia classica, la commedia entra nella letteratura italiana ai primi del Cinquecento e dura fino a oggi. Mentre la commedia greca e latina è in versi, quella italiana è quasi sempre in prosa. A partire dal Settecento, nella commedia entrano anche elementi seri, e il genere si confonde a volte con quello del dramma (*v.*) moderno.

CONGEDO: *v.* CANZONE.

CONTAMINAZIONE (tecnica letteraria): procedimento che mescola elementi riferibili a modelli diversi: mescolanza di modi stilistici solitamente distinti, fusione in un testo di personaggi e motivi attinti a varie opere.

CONTRASTO (forma metrica): componimento poetico sotto forma di dialogo, in cui ciascuna strofa coincide con la battuta di uno dei due protagonisti. Molto diffuso nel Medioevo, scompare dopo il Cinquecento.

CRONACA (genere): opera storiografica che registra una serie di avvenimenti, di solito di ambito locale, in ordine cronologico, con un intento di ricordo e documentazione più che di interpretazione.

DECASILLABO (verso): verso di dieci sillabe quando è piano. È caratterizzato dall'ultimo accento sulla nona sillaba; altri due accenti cadono regolarmente sulla terza e sulla sesta, creando un ritmo martellante e marziale. Esempio: «Soffermàti sull'arida sponda, / volti i guardi al varcato Ticino» (Manzoni). Raro nella tradizione precedente, il decasillabo fu usato largamente nell'età romantica.

DECLAMATORIO (tono): intonazione enfatica che fa pensare al discorso in pubblico di un oratore, quando alza la voce.

DIALOGO (genere): testo che finge di riprodurre una conversazione tra diversi personaggi. I generi che hanno avuto più spesso forma di dialogo sono l'egloga (*v.*) e il trattato (*v.*). Si parla ovviamente di "dialogo" anche per le parti dei testi narrativi che riproducono le conversazioni tra i personaggi in forma diretta e per i testi destinati alla recitazione teatrale.

DIDASCALICO (genere e modo): la letteratura didascalica (detta anche "didattica") è quella che ha per scopo di trasmettere al lettore insegnamenti morali, religiosi, o anche pratici; di solito è in versi (poemi e poemetti didascalici). Fu coltivata nei primi secoli della letteratura italiana, poi nel Cinquecento, sulla scorta delle *Georgiche* di Virgilio, poema didascalico sull'agricoltura, e ancora nel Settecento, come mezzo di divulgazione della cultura filosofica e scientifica illuminista. In senso più generico, si definisce didascalico anche il modo espressivo di uno scrittore che spiega minutamente al lettore il significato di ciò che scrive e i concetti che usa.

DISCORSO INDIRETTO LIBERO (tecnica narrativa): mentre nel discorso diretto le parole dette (o pensate) da un personaggio vengono riprodotte così come si immagina che siano state pronunciate ("Disse: «Sono stanco»"), nel discorso indiretto le frasi sono poste in dipendenza da un verbo di "dire" o "pensare" ("Disse che era stanco"), con una modificazione dei tempi e delle persone verbali. Nel discorso indiretto libero vengono usate le forme proprie del discorso indiretto, ma senza farle dipendere da un verbo di "dire" o "pensare". Esempi: «Lo zio Crocifisso strillava [...] – Eh! s'è lavorato! potete dirlo anche voi, padron 'Ntoni! – ma per padron 'Ntoni ei si sarebbe buttato dall'alto del fariglione, com'è vero Iddio!» (si intende "diceva che"; Verga); «Certo a lui pareva che il soccorso gli fosse dovuto. Tanti anni di onesta attività fortunata venivano annullati da un istante di spensieratezza! Non era ammissibile questo» (si intende "pensava che"; Svevo).

DITIRAMBO (forma metrica): libera successione di versi di varia misura, senza schema fisso di rime. Nato nell'antica Grecia, fu ripreso in Italia nel Seicento da poeti classicisti come Chiabrera e Redi.

DRAMMA (genere): in senso generale è qualunque azione teatrale. In senso più specifico è il genere teatrale moderno (nato nel Settecento, predominante dal secondo Ottocento in poi) che elimina la distinzione fra tragedia e commedia, mirando a una rappresentazione seria della vita in tutti i suoi aspetti.

DRAMMA PASTORALE (genere): rappresentazione teatrale in versi (detta in origine "favola pastorale"), che presenta personaggi e situazioni collocati in un ambiente pastorale antico, mitico e di maniera, ispirato all'*Arcadia* di Sannazaro. Nasce nel teatro di corte del Cinquecento, contaminando elementi della tragedia e della commedia, e ha i suoi capolavori nell'*Aminta* di Tasso e nel *Pastor fido* di Guarini.

DRAMMATICO (modo): si riferisce ad atteggiamenti caratterizzati da forte passionalità, alla sottolineatura di situazioni tristi, agitate, conflittuali (quelle tipiche del dramma come genere teatrale). Può voler dire anche semplicemente "di teatro" ("autore drammatico": autore di teatro).

EGLOGA o ecloga (genere): componimento poetico di argomento pastorale, sorto nelle letterature classiche e ripreso da poeti italiani sia in latino sia in volgare.

ELEGIA (genere): componimento poetico latino dedicato per lo più a temi sentimentali, con la prevalenza di toni malinconici. Il metro era il distico elegiaco, composto di un esametro (*v.*) e di un pentametro (distico significa "coppia di versi"). L'elegia è stata coltivata dai poeti italiani che hanno scritto in latino; tra i metri "barbari" creati da Carducci c'è anche la riproduzione in italiano del distico elegiaco, ripresa da D'Annunzio nelle *Elegie romane*.

ELEGIACO (modo): si riferisce ad atteggiamenti e atmosfere dolcemente malinconici, nostalgici, sognanti, quali si incontrano negli esempi più noti dell'elegia latina.

ELLISSI NARRATIVA: *v.* VELOCITÀ NARRATIVA.

ELOCUZIONE: parte della retorica che studia gli artifici relativi alla forma linguistica del testo, in sostanza le figure retoriche (*v.*).

EMISTICHIO: il termine, di derivazione greca, significa "mezzo verso"; indica ciascuna delle due parti in cui può essere diviso un verso dalla cesura (*v.*). Per esempio, nei versi doppi (senario doppio, settenario doppio), ciascun senario o settenario costituisce un emistichio del verso doppio; nell'endecasillabo (*v.*), una cesura cade obbligatoriamente in posizione tale da isolare un primo emistichio costituito da un quinario o da un settenario.

ENCOMIO (genere): opera rivolta a elogiare, celebrare un personaggio importante; si parla in questo senso di "rime di encomio", o "encomiastiche".

ENDECASILLABO (verso): verso di undici sillabe (se è piano), con tre accenti metrici, i primi due in posizione variabile, l'ultimo obbligatoriamente sulla decima sillaba. È il verso più comune della poesia italiana, usato sciolto (*v.*) o in varie strutture strofiche, a volte alternato al settenario.

ENDECASILLABO SCIOLTO (metro): successione di endecasillabi non legati da rime. Apparso agli inizi del Cinquecento, è il metro tipico della tragedia e usato spesso nei poemi, in particolare nei poemi didascalici.

ENFASI (tono): atteggiamento che esibisce l'importanza di ciò che si dice e lo carica di emozione mediante esclamazioni, ripetizioni o altre scelte espressive che sottolineano il valore di ogni parola.

ENJAMBEMENT (artificio metrico): con questo prestito dal francese (che si potrebbe tradurre "scavalcamento") si indica il fatto che la fine di un verso cade tra parole strettamente legate sintatticamente, come tra aggettivo e nome, tra verbo e complemento oggetto ecc.; si crea così una sfasatura tra metro e sintassi, perché la fine di verso crea una spezzatura non naturale nella continuità della frase. Esempio: «Posa per sempre. *Assai / palpitasti.* Non val *cosa nessuna / i moti* tuoi, né di sospiri *è degna / la terra*» (Leopardi).

ENUMERAZIONE (figura retorica): figura "di parole", che consiste in un elenco ordinato di una serie di termini. Può essere per polisindeto (*v.*), quando i termini dell'elenco sono coordinati attraverso l'uso della congiunzione, o per asindeto (*v.*), quando la congiunzione è assente.

EPICA, POEMA EPICO (genere): genere costituito dai grandi poemi che narrano vicende guerresche o avventurose di eroi in cui un popolo riconosce le proprie radici storiche. Lo stile epico è caratterizzato da un linguaggio sostenuto e da un tono solenne. Il genere ha i suoi modelli esemplari nei poemi omerici e nell'*Eneide* di Virgilio.

EPICO (modo): atteggiamento che sottolinea la grandiosità e l'importanza storica degli eventi narrati, con una certa solennità di tono e un punto di vista distaccato del narratore.

EPIGRAMMA (genere): componimento in versi molto breve, concentrato tutto su una battuta arguta. Mentre nelle letterature classiche ha spesso carattere erotico, nelle letterature moderne è usato per lo più a scopo satirico.

EPISTOLA (genere): termine greco per "lettera", col quale si indicano di solito le lettere concepite fin dall'inizio come testi letterari destinati alla pubblicazione, anche se possono essere state indirizzate a un destinatario reale (esempio: le *Epistole* in latino di Dante). L'epistola in versi è stata coltivata in latino dal Medioevo all'umanesimo, in italiano soprattutto nel Settecento.

EPISTOLARE (genere di romanzo): romanzo costituito dalle lettere che si immaginano scritte dal protagonista, o scambiate fra due protagonisti. Ha i suoi esempi più famosi nel Settecento inglese e francese e in Italia nel primo Ottocento (l'*Ortis* di Foscolo), ma è coltivato fino a oggi.

EPITETO (termine retorico): aggettivo o altra locuzione posta come attributo o apposizione a un nome, per qualificarlo.

ERUDITO: un erudito è uno studioso che ha un ampio bagaglio di conoscenze minute e rare, di solito di carattere storico e filologico (*v.*); si dicono "opere erudite" quelle che raccolgono questo tipo di informazioni.

ESAMETRO (verso latino): verso tipico della poesia epica greca e latina, ripreso dai poeti italiani che hanno scritto in latino; è composto di sei "piedi" di due o tre sillabe ciascuno. Non può essere riprodotto esattamente in italiano, perché la metrica latina è basata sulla quantità (lunghezza o brevità) delle vocali, che in italiano non è rilevante. Una forma di esametro italiano si ottiene nella metrica "barbara" (usata soprattutto da Carducci) unendo due versi più brevi. Esempio: «Surge nel chiaro inverno la fosca turrita Bologna» (un settenario più un novenario).

ESPRESSIONISTA (carattere stilistico): il termine, adottato dalle avanguardie tedesche dei primi del Novecento, si è esteso a qualificare le opere artistiche e letterarie che ricorrono a un'esasperazione dei mezzi espressivi: colori accesi, deformazione grottesca, sottolineatura di particolari stridenti, accentuazione dei contrasti fisici e psicologici, uso di espressioni ricercate che accostano registri linguistici diversi.

ESTETICA: a partire dal Settecento, si denomina "estetica" la teoria filosofica che indaga la natura dell'arte, o più in generale il concetto del bello in quanto si distingue da altri valori (l'utile, il buono ecc.). In letteratura, quando si parla di "valore estetico" o di "valutazione estetica" di un'opera, ci si riferisce alla sua considerazione da un punto di vista puramente artistico, indipendente dal suo contenuto morale, sociale, documentario ecc.

FABULA (elemento narrativo): *v.* TRAMA.

FARSA (genere): breve rappresentazione comica, di una comicità elementare e buffonesca, usata di solito come intermezzo durante uno spettacolo teatrale. Di origine medievale, resta legata alle forme del teatro popolare.

FARSESCO (modo): si denomina "farsesco" l'aspetto di un testo che ricorda la comicità immediata e popolaresca della farsa (*v.*).

FAVOLA PASTORALE: *v.* DRAMMA PASTORALE.

FIABESCO (modo): designa gli aspetti di un testo che richiamano il mondo della fiaba, racconto popolare caratterizzato dagli elementi magici. Si parla di "tono fiabesco", anche in assenza di riferimenti soprannaturali, quando un testo crea un clima incantato, sognante, con mezzi espressivi apparentemente semplici e ingenui.

FIGURA ETIMOLOGICA (figura retorica): figura "di parole", che consiste nell'accostamento di due parole simili perché hanno una radice comune. Esempio: «il pietoso pastor *pianse* al suo *pianto*» (Tasso).

FIGURA RETORICA: si definiscono figure retoriche tutti gli artifici linguistici che in qualche modo si distaccano dall'espressione più semplice e diretta di un'idea. Si distinguono tradizionalmente in "figure di pensiero", che manipolano i significati – interrogazione retorica, antitesi, ironia, similitudine, i traslati (*v.*), ecc. –, e "figure di parole", che sfruttano il suono delle parole o la loro collocazione nel discorso – allitterazione, parallelismo, chiasmo, anafora ecc.

FILOLOGIA: quella parte degli studi letterari che si occupa della ricostruzione dei testi nella loro forma originaria e fornisce le informazioni utili alla loro interpretazione. I testi antichi, specialmente se provengono da una tradizione manoscritta, presentano molte varianti, dovute a errori dei copisti o a manomissioni volontarie; anche le diverse edizioni a stampa possono non essere identiche. Il filologo, confrontando le diverse versioni, cerca di correggere gli errori e di ricostruire per quanto possibile il testo corrispondente alla volontà dell'autore. Sono di pertinenza della filologia anche problemi come l'attribuzione di un testo a un dato autore quando sussistono dubbi, la datazione di un'opera, l'identificazione delle sue fonti, e simili. Ancora, rientrano nella filologia le ricerche linguistiche e documentarie che mirano a un'interpretazione esatta del testo, secondo il senso che l'autore e la cultura del suo tempo davano a determinate espressioni.

FLASHBACK (tecnica narrativa): modo di articolare l'intreccio narrativo (*v.*), tornando indietro nel tempo per inserire un episodio anteriore rispetto al momento a cui è giunta la narrazione; termine inglese (letteralmente "lampo all'indietro") usato dapprima nella critica cinematografica.

FOCALIZZAZIONE: *v.* PUNTO DI VISTA.

FORESTIERISMO (fenomeno lessicale): uso di una parola presa da una lingua straniera: è il termine generico che include i francesismi, gli anglicismi, i germanismi ecc.

FRANCESISMO (fenomeno lessicale): uso di una parola derivata dal francese: può essere adattato alla grafia e pronuncia italiana (esempio: *pimpante*) o conservare la forma originaria (esempio: *élite*).

GENERE LETTERARIO: tradizione di opere letterarie legate dalla ripresa di un certo repertorio di temi e di forme. Un genere letterario può avere dei modelli esemplari a cui riferirsi (per esempio, i poemi di Omero e Virgilio modelli del genere epico), e può essere più o meno codificato nelle teorie letterarie di un'epoca; la codificazione è tipica delle epoche di classicismo.

GROTTESCO (modo): presentazione di situazioni strane, paradossali, con l'insistenza su aspetti deformi o deformati nella rappresentazione.

IDILLICO (modo): si definisce "idillica" una presentazione di sentimenti e situazioni con caratteri idealizzati di dolcezza e serenità, che tendono a ignorare gli aspetti conflittuali della realtà.

IDILLIO (genere): nella letteratura greca antica l'*idillio* (letteralmente "quadretto") è una rappresentazione in versi di una scena di vita quotidiana, su sfondo agreste o pastorale. Il genere fu ripreso nella poesia europea dal Rinascimento al romanticismo. Leopardi diede al termine un senso nuovo, intitolando "Idilli" le sue poesie liriche di carattere più soggettivo. In senso lato, si parla di "idillio" ogni volta che si ha una rappresentazione letteraria della natura o della vita quotidiana con caratteri idealizzati di serenità e di pace.

INNO (genere): nella poesia greca antica era un componimento celebrativo dedicato a una divinità. Nelle letterature moderne il termine si usa in senso più ampio, per poesie di tono elevato celebranti valori religiosi o morali.

INTERVENTO DI REGIA (tecnica narrativa): con questo termine indichiamo quei passi in cui il narratore interviene in prima persona a segnalare al lettore gli spostamenti di tempo e di luogo nell'azione, cioè i punti in cui si ha un movimento dell'intreccio (*v.*). Esempio: «Lasciamoli andare, e torniamo un passo indietro a prendere Agnese e Perpetua, che abbiam lasciate in una certa stradetta» (Manzoni).

INTIMISTICO (tono): si dice di un testo che concentra l'interesse sul mondo interiore, o su un ambiente circoscritto (per esempio familiare), con l'attenzione rivolta ai sentimenti anche minimi più che ai dati materiali e sociali.

INTRECCIO (elemento narrativo): l'elaborazione della trama (*v.*), che può alterare in vario modo nella narrazione l'ordine cronologico delle vicende: l'autore, o il narratore, può tornare indietro a raccontare antefatti, o anticipare sviluppi futuri; questo movimento dei tempi narrativi può essere più o meno elaborato.

INVERSIONE (fenomeno sintattico): mutamento dell'ordine normale delle parole nella frase (aggettivo anteposto al nome, complemento anteposto al verbo ecc.); è tipica della prosa sostenuta e latineggiante, sull'esempio di Boccaccio, e della poesia di gusto classicista. Può assumere le forme dell'anastrofe (*v.*) e dell'iperbato (*v.*). Esempi: «non ebbe più che una figliuola, e più *felice sarebbe stato se quella avuta non avesse*» (Boccaccio); «*me* precettor d'amabil rito *ascolta*» (Parini).

IPALLAGE (figura retorica): figura grammaticale e semantica ("di pensiero"), che consiste nello spostare un aggettivo, concordandolo con un nome diverso da quello a cui propriamente si riferisce. Esempio: «tu guardi i campi *liberi* e fecondi" (Carducci; propriamente, "liberi" sono i coltivatori).

IPERBATO (figura retorica): figura "di parole" che consiste in un'inversione (*v.*) dell'ordine abituale delle parole nella frase, ottenuta allontanando due o più parole tra loro collegate attraverso l'inserimento di un terzo termine. Esempio: «Dolce e chiara è la notte e senza vento» (Leopardi).

IPERBOLE (figura retorica): è un traslato (*v.*) che sostituisce al termine proprio un'espressione esagerata, inverosimile, per evidenziarne enfaticamente un aspetto. Come per esempio quando diciamo, di qualcosa che si è prolungato troppo, che "è durato un secolo", o "una vita".

IPERBOLICO (modo): si dice di un testo che accumula espressioni volutamente eccessive, spesso con intento scherzoso.

IPOTASSI (fenomeno sintattico): struttura sintattica caratterizzata dalla presenza di diversi livelli di subordinazione. L'uso dell'ipotassi, in prosa come in poesia, determina la costruzione di frasi complesse e articolate e contribuisce dunque a uno stile "alto" e sostenuto. Esempio: «Né più mai toccherò le sacre sponde / ove il mio corpo fanciulletto giacque, / Zacinto mia, che te specchi nell'onde / del greco mar da cui vergine nacque / Venere, e fea quell'isole feconde / col suo primo sorriso, onde non tacque / le tue limpide nubi e le tue fronde / l'inclito verso di colui che l'acque / cantò fatali, ed il diverso esiglio, / per cui bello di fama e di sventura / baciò la sua petrosa Itaca Ulisse» (Foscolo).

IRONIA (figura retorica e modo): l'ironia consiste nell'affermare qualcosa lasciando capire che si intende dire altro, per lo più il contrario (*v.* antifrasi). Dalla sovrapposizione fra ciò che in superficie si dice e ciò che si intende nasce un senso di ambiguità, usato per esprimere sottilmente derisione, o distacco, o amarezza. Esempio: «una stabile guarnigione di soldati spagnoli, che *insegnavan la modestia* alle fanciulle e alle donne del paese, *accarezzavan* di tempo in tempo *le spalle* a qualche marito, a qualche padre [...]» (Manzoni). Oltre che come figura retorica, l'ironia può essere intesa come un modo espressivo che dà l'intonazione a tutto un testo.

LATINISMO (fenomeno lessicale): uso di un'espressione derivata dal latino. Quasi tutte le parole italiane sono derivate dal latino attraverso un processo spontaneo di trasmissione e modificazione; ma si ha un latinismo solo quando viene creato un termine di uso non comune, derivandolo direttamente dal latino con un'operazione consapevole e dotta. Per esempio, *surgere* per *sorgere* è un latinismo di forma, *ufficio* usato nel senso di "dovere" è un latinismo di significato.

LAUDA (genere): componimento in versi di argomento religioso, destinato in origine al canto corale. La *lauda drammatica* è in forma dialogata e può dare origine a una sacra rappresentazione (*v.*). La lauda nasce nel Duecento e se ne hanno esempi fino al Quattrocento.

LESSICO: l'insieme delle parole di una lingua, quale viene registrato nei dizionari; si riferisce anche all'insieme delle parole proprie di un registro linguistico (*v.*) – lessico aulico, colloquiale, triviale ecc. –, o alle scelte che un autore compie nel lessico di una lingua (scelte lessicali) e che caratterizzano il suo stile.

LIBELLO: *v.* pamphlet.

LIBERTY (tendenza stilistica): corrente di gusto che si diffuse sul finire dell'Ottocento nelle arti figurative e nell'arredamento; è caratterizzata dal gusto per la linea curva, per la decorazione elegante e capricciosa, per immagini raffinate e decadenti. Riferito a testi letterari, il termine designa immagini che ricordano la tipica figurazione *liberty*.

LIRICA (genere): la poesia lirica è quella che esprime la soggettività del poeta, in componimenti relativamente brevi e conclusi in sé; la brevità comporta un'espressione concentrata, una cura particolare degli aspetti formali, spesso una struttura metrica assai elaborata. Presente in tutte le epoche della letteratura, la poesia lirica compare in Italia alle origini con la scuola siciliana ed è il genere poetico più coltivato in ogni secolo, fino a diventare assolutamente dominante dal secondo Ottocento in poi. Nella prima metà del Novecento si è denominato *prosa lirica* un genere di testi in prosa brevi, non narrativi, di impronta soggettiva, che si valgono di artifici propri della poesia (stile raffinato, attenzione agli effetti sonori).

LIRICO (modo): si parla di "tono lirico", o "liricheggiante", o di "lirismo" a proposito di testi, anche in prosa, che presentino qualche carattere della poesia lirica: espressione soggettiva e patetica, uso di un linguaggio raffinato e metaforico, ricerca di effetti fonici e ritmici.

MADRIGALE (genere): componimento lirico breve, destinato alla musica. Nella forma più antica è composto di endecasillabi (due terzine seguite da una o due coppie a rima baciata), dal Cinquecento in poi è un'unica strofa di settenari ed endecasillabi liberamente alternati e rimati. È per lo più dedicato a temi sentimentali e galanti.

MELODRAMMA (genere): detto anche "opera in musica", o semplicemente "opera", è un componimento teatrale cantato e accompagnato da un'orchestra. Il testo letterario, in versi, è detto "libretto". Nasce in Italia verso il 1600 ed ha larghissima diffusione nel Settecento e Ottocento in tutta Europa. La produzione di melodrammi continua anche nel Novecento, ma il grande pubblico preferisce tuttora la forma ottocentesca del genere.

MELODRAMMATICO (modo): il termine, che si riferisce ad aspetti tipici del melodramma italiano dell'Ottocento, designa la ricerca di facili effetti drammatici e patetici ottenuti con un'enfasi sentimentale elementare ed ingenua.

METAFORA (figura retorica): traslato (*v.*) che sostituisce all'espressione propria un'espressione figurata che ha con la prima un rapporto di somiglianza; per questo è stata definita anche una similitudine abbreviata. Per esempio, la metafora «stracci di nubi chiare» (Pascoli) può essere parafrasata "nubi chiare *che sembrano* stracci". La somiglianza fra il termine figurato e quello proprio presuppone un termine intermedio (di solito taciuto) che rappresenta l'elemento di significato comune tra i due: per esempio, quando Petrarca chiama i ruscelli «liquidi cristalli», l'elemento comune è la limpidezza ("ruscelli *limpidi come* cristalli"). La metafora può riguardare nomi, verbi, aggettivi, e può presentarsi con una grande varietà di strutture sintattiche. Molto usata nei testi letterari, particolarmente in poesia, la metafora è di uso frequentissimo anche nella lingua comune, in espressioni come «il *collo* della bottiglia», «*frenare* l'inflazione», «una fantasia *sbrigliata*» ("libera come un cavallo senza briglie"); i sensi metaforici entrano spesso a far parte stabilmente del lessico, come estensioni del significato di una parola.

METONIMIA (figura retorica): traslato (*v.*) che sostituisce al termine proprio un termine che ha con il primo un rapporto di contiguità materiale o concettuale: l'effetto per la causa, il contenitore per il contenuto, il materiale per l'oggetto ecc. Molti esempi si incontrano nel linguaggio comune: «la bolletta della luce» (per "elettricità": l'effetto per la causa), «bere un bicchiere di vino» (contenitore per contenuto); nella lingua letteraria sono frequenti metonimie come *ferro* per "spada" (il materiale per l'oggetto).

METRICA: l'insieme dei diversi metri, cioè delle tecniche di versificazione usate dai poeti, e il loro studio teorico.

METRO: forma metrica di un particolare componimento poetico. Un metro è definito dal tipo o dai tipi di verso usati e dallo schema delle rime.

MITOLOGIA: l'insieme e lo studio dei miti di un popolo, cioè dei racconti leggendari relativi alle sue origini, ai suoi dèi ed eroi. In letteratura il termine è riferito prevalentemente alla mitologia pagana greco-romana, largamente presente nelle letterature classiche antiche, a cui si ispirano le correnti classiciste delle letterature moderne.

MODO: quando parliamo di "modo lirico, drammatico, satirico, comico" ecc., ci riferiamo a un atteggiamento dello scrittore verso la realtà rappresentata, che lo porta a selezionare nell'infinita varietà del mondo certi aspetti a preferenza di altri, attraverso le sue scelte tematiche e stilistiche. Queste scelte possono essere codificate in un genere letterario (*v.*); ma aspetti propri di un certo genere possono incontrarsi anche in un testo di genere diverso. Così possiamo parlare di aspetti "drammatici", o "idillici", o "satirici" di un romanzo, di intonazione "comica" o "tragica" di una poesia lirica, di momenti "lirici" di un poema, ecc. La nozione di modo, di per sé elastica e sfumata, si sovrappone in parte a quella di tono (*v.*).

MONOLOGO INTERIORE (tecnica narrativa): si ha quando l'autore riproduce i pensieri di un personaggio nel loro succedersi spontaneo ("flusso di coscienza"), senza alcun commento o spiegazione. È una tecnica tipica del romanzo novecentesco, e ha il suo prototipo nell'*Ulisse* di Joyce.

NARRATORE (elemento narrativo): nella storia letteraria si intende spesso per "narratore" semplicemente un autore di testi narrativi (romanziere, novelliere). Ma nell'analisi di un testo, il "narratore" è colui che racconta la storia, nella finzione narrativa, e in questo senso va distinto dalla figura storica dell'autore. Il narratore è la *voce* (*v.*) che narra, col suo *punto di vista* (*v.*).

NOVELLA (genere): componimento narrativo in prosa che può essere molto breve o estendersi fino a qualche decina di pagine. Il termine si applica soprattutto alla tradizione narrativa che comincia nel Duecento e ha il suo modello esemplare nel *Decameron*, variamente ripreso e imitato fino al Settecento; la novella classica è caratterizzata da un intreccio lineare, da un punto di vista narrativo esterno, dalla tematica centrata sul bel motto, la beffa, l'intrigo amoroso o avventuroso, condito a volte di elementi magici. A partire dall'Ottocento la narrazione breve assume caratteri diversi, e viene in genere definita "racconto" (*v.*); ma autori come Verga, Pirandello, Gadda hanno intitolato *Novelle* i loro racconti. La *novella in versi* è un genere dell'Ottocento, che in metri vari narra vicende patetiche, per lo più di carattere storico o leggendario.

NOVENARIO (verso): verso di nove sillabe quando è piano, caratterizzato dall'ultimo accento sull'ottava sillaba. Altri due accenti possono essere regolarmente sulla seconda e sulla quinta, e allora si crea un ritmo ternario cadenzato e cantilenante (– ´– –, – ´– –, – ´– –); esempio: «Il giorno fu pieno di lampi / ma ora verranno le stelle» (Pascoli), ma possono esistere altre forme più variate. Raro nella tradizione precedente, il novenario fu usato largamente da Pascoli.

ODE (genere): componimento lirico di una certa ampiezza, caratterizzato dallo stile sostenuto e da un argomento di alto significato ideale. Ispirata a modelli greci e latini, l'ode è coltivata nella letteratura italiana dal Cinquecento all'Ottocento; è composta di strofe che possono avere diverse strutture metriche, con prevalenza dei settenari e degli endecasillabi.

ONNISCIENTE: *v.* PUNTO DI VISTA.

ONOMATOPEA (fenomeno lessicale): creazione di una parola che imita un suono della natura. Alcune onomatopee sono entrate a far parte stabilmente del lessico (esempio: *chicchirichì*) e possono servire alla formazione di parole morfologicamente regolari (esempio *ticchettio*, *ticchettare*, da *tic tac*); negli ultimi decenni molte sono entrate nell'uso attraverso i fumetti, nella forma inglese (*gulp*, *crash*, *bang*...); altre onomatopee possono essere create espressamente e usate una sola volta, come accade in molti luoghi della poesia di Pascoli.

ONOMATOPEICO (effetto stilistico): si ha quando una certa combinazione di parole produce un suono che imita quello del fenomeno di cui si parla. Alcune parole, come *sibilo*, *rombo*, *scroscio*, *sciacquare*, hanno già in sé un effetto onomatopeico. Esempio: «rimbombò, rimbalzò, rotolò cupo» (Pascoli, *Il tuono*).

ORATORIO (tono): è l'intonazione enfatica che fa pensare al discorso in pubblico di un oratore. Si riferisce anche alla presenza di esplicite esortazioni morali o politiche.

OSSIMORO (figura retorica): figura "di pensiero", che consiste nell'unire in una stessa espressione due idee antitetiche. Esempio: «Lascia che la mia *fuga immobile* possa dire / forza a qualcuno o a me stesso» (Montale).

OTTAVA (metro): strofa di otto endecasillabi, i primi sei a rima alternata, gli ultimi due a rima baciata: ABABABCC. Metro tipico di poemi e poemetti, da Boccaccio fino al primo Ottocento.

OTTONARIO (verso): verso di otto sillabe quando è piano, caratterizzato dall'ultimo accento sulla settima sillaba. Nella forma più comune è accentato su tutte le sillabe dispari e crea un ritmo scandito e cantabile, adatto a forme liriche popolareggianti. Esempio: «Sulle rive della Dora / dove l'ombra è più romita» (Berchet).

PAMPHLET (genere): con questo termine, preso a prestito dall'inglese (ma pronunciato alla francese), si indica quello che con altro termine viene chiamato un *libello*: un libretto contenente uno scritto polemico o satirico.

PARALLELISMO (figura retorica): figura "di parole", che consiste nell'accostare due frasi (o gruppi minori di parole) che ripetono la stessa struttura sintattica, con un effetto di ritorno ritmico; è spesso combinato con l'antitesi (*v.*), col chiasmo (*v.*) e con l'anafora (*v.*). Esempio: «*Di pensier in pensier, di monte in monte* / mi guida Amor» (Petrarca).

PARATASSI (fenomeno sintattico): è l'accostamento di frasi coordinate, o di periodi di una sola proposizione, con scarse indicazioni dei rapporti logici; può essere usata per imitare le cadenze del parlato, e a volte crea l'impressione di un parlare frammentario, privo di controllo razionale. Esempi: «Di nuovo stasera salivo la collina; imbruniva, e di là dal muretto sporgevano le creste» (Pavese); «Per tutta la notte s'esala / l'odore che passa col vento. / Passa il lume su per la scala; / brilla al primo piano: s'è spento...» (Pascoli).

PARODIA (modo): imitazione comicamente deformata di una persona, di un comportamento o di un testo, che lo mette in ridicolo esagerandone alcuni aspetti.

PARONOMASIA (figura retorica): figura "di parole", che consiste nell'accostamento di due parole di suono molto simile, ma non legate da parentela etimologica né di significato. Esempio: «La folata che alzò l'*amaro aroma* / del mare [...]» (Montale).

PASTICHE (tecnica letteraria): con questo termine francese (derivato a sua volta dall'italiano *pasticcio*), si indica la contaminazione (*v.*), all'interno di un testo letterario, fra temi e procedimenti stilistici attinti ad autori diversi, e tra modi espressivi eterogenei.

PATETICO (tono): sottolineatura degli aspetti commoventi di un avvenimento o di una situazione.

PAUSA NARRATIVA: *v.* VELOCITÀ NARRATIVA.

PERSONIFICAZIONE (figura retorica): procedimento attraverso cui vengono attribuiti ad animali, piante, cose caratteri propri della persona umana. Viene detta anche prosopopea.

PIANO (verso): verso che termina con una parola piana, cioè accentata sulla penultima sillaba. È il caso più frequente in italiano, e per questo i versi prendono il nome dal numero di sillabe che hanno quando sono in forma piana.

PICARESCO (genere e modo): il romanzo picaresco, che nasce in Spagna alla metà del Cinquecento e si diffonde nel secolo successivo in vari paesi europei, è un genere narrativo ambientato negli strati sociali più bassi, tra personaggi che vivono di espedienti (*pìcaro* in spagnolo significa "furfante"). Il termine "picaresco" viene riferito anche a opere narrative più moderne che presentino avventure movimentate e ambienti sociali emarginati.

POEMA (genere): componimento in versi ampio, diviso in parti dette per lo più "canti"; ha di solito un contenuto narrativo. A seconda del carattere prevalente può essere definito poema cavalleresco, eroico, epico, allegorico, didascalico ecc. I metri tipici del poema sono la terzina, l'ottava, l'endecasillabo sciolto.

POEMETTO (genere): componimento poetico di media lunghezza (qualche centinaio di versi), che può essere o non essere diviso in canti. Presente nella tradizione italiana ininterrottamente dalle origini al Novecento, il poemetto può avere caratteristiche tematiche, stilistiche e metriche svariate.

POETICA: nel senso antico della parola, la poetica è la teoria della poesia, intesa come un insieme di definizioni generali (che cosa è la poesia, qual è il suo fine ecc.) e di precetti tecnici su come comporre poesia nei diversi generi; prototipi sono la *Poetica* di Aristotele (IV secolo a.C.) e l'*Ars poetica* di Orazio (I secolo a.C.). In questo senso la poetica è coltivata nel Medioevo e nel Rinascimento; dal Settecento il suo posto è preso dall'estetica (*v.*), che lascia cadere l'aspetto tecnico precettistico e inquadra la poesia in una teoria filosofica generale dell'arte e del bello. In epoca recente si è tornati a parlare di "poetiche" (al plurale) per indicare le riflessioni condotte direttamente dagli scrittori (siano poeti o prosatori) sulla letteratura e in particolare sulla propria opera: le idee che gli scrittori manifestano sui fini dell'attività letteraria, sulle proprie scelte tematiche e stilistiche, sulle tendenze che giudicano più adeguate al proprio tempo. In questo senso si parla della poetica di Leopardi, o di Verga, o anche, riferendosi a un movimento, di una poetica del naturalismo, del simbolismo, delle avanguardie ecc.

POLISINDETO (figura retorica): serie di frasi, o di espressioni più brevi, coordinate con ripetizione a ogni membro della congiunzione (di solito *e*). Esempio: «La vita fugge *e* non s'arresta un'ora, / *e* la morte vien dietro a gran giornate / *e* le cose presenti *e* le passate / mi fanno guerra, *e* le future ancora» (Petrarca).

PRESTITO LESSICALE: parola derivata ("presa a prestito") da una lingua straniera, sia nella forma originaria (esempio: *sport*, dall'inglese) sia in forma adattata (esempio: *guerriglia*, dallo spagnolo *guerrilla*). A seconda della lingua d'origine si parla di anglicismo, francesismo, ispanismo ecc.

PRETERIZIONE (figura retorica): figura "di pensiero", che consiste nell'affermare di voler tacere quello che ci si appresta a dire. Esempio: «Cesare taccio che per ogni piaggia / fece l'erbe sanguigne / di lor vene ove 'l nostro ferro mise» (Petrarca).

PROLESSI (tecnica narrativa): modo di articolare l'intreccio narrativo (*v.*), fornendo al lettore un'anticipazione di ciò che avverrà in seguito. Esempio: «*Il giorno che l'avrebbero ucciso*, Santiago Nasar si alzò alle 5,30 del mattino per andare ad aspettare il battello con cui arrivava il vescovo» (García Márquez).

PROSOPOPEA: *v.* PERSONIFICAZIONE.

PUNTO DI VISTA (elemento narrativo): indica da quale prospettiva, "con gli occhi di chi" sono viste le vicende raccontate. Può appartenere a un narratore esterno alle vicende, che conosce i pensieri dei personaggi e ogni circostanza, i precedenti e gli sviluppi futuri della storia (*punto di vista onnisciente*: è il caso più frequente fino a tutto l'Ottocento). Oppure il punto di vista può essere limitato (*focalizzato*) in vari modi: il narratore può limitarsi a registrare ciò che appare all'esterno, senza presumere di conoscere l'interiorità dei personaggi (focalizzazione esterna); oppure può filtrare la narrazione attraverso ciò che sa e pensa un personaggio (focalizzazione interna), come accade tipicamente nella narrazione in prima persona; ma questa identificazione si può avere anche con un personaggio, o una collettività, che restano rappresentati in terza persona. In un romanzo il punto di vista può anche variare, spostandosi da un personaggio all'altro o dall'interno all'esterno dei personaggi.

QUARTINA (elemento metrico): strofa composta di quattro versi in rima varia (baciata, alternata, incrociata ecc.). Diffusa già nell'antichità, è uno dei metri più utilizzati nella poesia di ogni epoca e paese.

RACCONTO (genere): termine che si comincia a usare nell'Ottocento al posto di "novella" (*v.*) per indicare un testo narrativo in prosa più breve del romanzo (tra "racconto lungo" e "romanzo breve" non ci sono confini chiari). Rispetto alla novella, il racconto moderno ha una maggiore varietà di soluzioni narrative: interesse per le descrizioni d'ambiente, elementi soggettivi, mobilità dell'intreccio e del punto di vista narrativo ecc.

REGISTRO LINGUISTICO: varietà (*v.*) di una lingua caratterizzata dal suo uso più o meno accurato e formale. I registri costituiscono una gamma continua, che va da quelli più informali e trascurati propri della conversazione quotidiana – registro familiare, colloquiale (*v.*) – a quelli più formali e accurati propri della lingua scritta colta – registro aulico (*v.*), illustre, letterario, ecc. Per uno scrittore i registri linguistici costituiscono una gamma di scelte stilistiche a sua disposizione.

RETORICA: la retorica nacque nella Grecia antica e fu sviluppata a Roma come arte del discorso pubblico tenuto nelle assemblee politiche, nelle cerimonie e nei tribunali. La retorica antica dedicò la propria attenzione soprattutto al discorso giudiziario; ma a partire dalla tarda antichità i suoi concetti furono applicati soprattutto alla composizione di testi letterari, e in questo senso è stata ripresa da studi recenti (retorica letteraria). La retorica ha tradizionalmente tre parti principali: l'invenzione (tecniche di scelta degli argomenti), la disposizione (strutturazione delle parti del testo) e l'elocuzione (*v.*), studio degli artifici usati per abbellire la forma linguistica del testo, detti figure retoriche (*v.*); quest'ultima è sempre stata la parte più sviluppata in sede letteraria. Esiste anche un uso spregiativo della parola, nato in età romantica, che definisce "retorico" un testo troppo artificioso, o un'espressione eccessivamente enfatica.

RIMA (elemento metrico): due o più versi sono in rima quando terminano con gli stessi suoni; l'uguaglianza di suono vale a partire dall'ultima vocale accentata del verso. La successione delle rime può essere organizzata in schemi: si parla di *rima baciata* quando rimano i versi contigui (AABB), di *rima alternata* (ABAB), *rima incrociata* (ABBA), *rima incatenata* o *terza rima* (ABA BCB CDC...).

RIMA INTERNA (artificio metrico): detta anche "rima al mezzo", si ha quando una delle due parole in rima non è in fine di verso, ma all'interno. Esempio: «Passata è la tempesta: / odo augelli far *festa*, e la gallina, [...]» (Leopardi).

RISPETTO (forma metrica): *v.* STRAMBOTTO.

RITMO NARRATIVO: l'alternanza di diverse velocità narrative (*v.*), con accelerazioni e rallentamenti, dà un certo ritmo a un testo narrativo.

ROMANZA (genere): *v.* BALLATA.

ROMANZESCO (modo): con questo aggettivo ci si riferisce alla presenza in un testo degli elementi tipici del romanzo popolare: casi straordinari ai limiti del possibile, coincidenze improbabili, colpi di scena, toni patetici.

ROMANZO (genere): nell'accezione moderna della parola, è un testo narrativo in prosa lungo, tale da occupare da solo un libro; nel Medioevo e nel Rinascimento si denominarono "romanzi" anche i componimenti narrativi in versi di argomento cavalleresco. In termini molto generali, il romanzo ha dei personaggi e una trama, di solito abbastanza complessa, che giunge a una conclusione lieta o tragica. È impossibile chiudere in una formula più precisa l'enorme varietà del romanzo moderno, che si fa comunemente cominciare dal *Don Chisciotte* di Cervantes (1605, 1615): il romanzo può essere realistico o fantastico, di argomento storico o contemporaneo, psicologico o sociale, di avventure, satirico ecc.: si definiscono così vari sottogeneri romanzeschi, ma un singolo romanzo può possedere molte di queste caratteristiche insieme. Alcuni elementi che qualificano il ruolo eccezionale del romanzo nelle letterature moderne sono la capacità di rappresentare una realtà umana problematica e complessa e la capacità di impiegare i più diversi ingredienti stilistici, attingendo a tutta la gamma dei registri (*v.*) della lingua letteraria e comune.

SACRA RAPPRESENTAZIONE (genere): genere teatrale che mette in scena episodi della storia sacra. È una forma di teatro popolare, tipica del Trecento e Quattrocento, recitata all'aperto da attori non professionisti, in occasione di feste religiose.

SAGGIO (genere): opera in prosa che espone e argomenta le opinioni dell'autore su una questione scientifica, morale, storica, politica, ecc. Rispetto al trattato (*v.*), ha più spesso intenti e qualità letterarie, data l'impostazione più soggettiva.

SARCASMO: espressione rivolta aggressivamente contro qualcosa o qualcuno, che colpisce il suo oggetto con un'ironia acre e distruttiva.

SATIRA (genere): componimento poetico di media lunghezza (da qualche decina a qualche centinaio di versi), che tratta discorsivamente temi morali, politici, di costume, mirando a una critica di errori e vizi, spesso con l'arma del ridicolo. Sorta nella letteratura latina, la satira è coltivata nella letteratura italiana dal Cinquecento al Settecento; il metro è la terzina (*v.*) o l'endecasillabo sciolto (*v.*). Si parla anche di "satira", in senso generico, per qualunque testo, anche in prosa, che attacchi una persona o un comportamento mettendolo in caricatura.

SATIRICO (modo): critica morale o sociale che si serve delle armi del ridicolo e della deformazione grottesca.

SCENA (elemento narrativo): tecnica di narrazione (*v.*) in cui il racconto segue l'azione in "tempo reale", a "velocità naturale". Il caso più frequente di scena è il dialogo (*v.*).

SDRUCCIOLO (verso): verso che termina con una parola sdrucciola, cioè accentata sulla terzultima sillaba. Metricamente equivale al corrispondente verso piano che abbia una sillaba in meno: per esempio un endecasillabo sdrucciolo ha dodici sillabe.

SENARIO (verso): verso di sei sillabe quando è piano, caratterizzato dall'ultimo accento sulla quinta sillaba. Un altro accento è sulla seconda, in modo che si crea un ritmo ternario cadenzato (– –́ –, – –́ –). Esempio: «Mi scosse, e mi corse / le vene il ribrezzo» (Pascoli). Il *senario doppio* consiste nell'accostamento di due senari, separati da una cesura (*v.*), che prolunga la cadenza ternaria; fu usato soprattutto in epoca romantica. Esempio: «Dagli atrii muscosi, – dai fòri cadenti / dai boschi, dall'arse – fucine stridenti» (Manzoni).

SERMONE (genere): componimento in versi (per lo più endecasillabi sciolti) affine alla satira (*v.*) e all'epistola in versi (*v.*), che tratta in tono discorsivo di questioni morali o letterarie.

SESTINA (forma metrica): componimento inventato dai trovatori provenzali e ripreso nella lirica italiana del Due e Trecento; è composto di sei strofe di sei endecasillabi che terminano con sei diverse parole-rima; le parole-rima si ripetono da una strofa all'altra, ma in ordine diverso, secondo un elaborato schema; il componimento è chiuso da una strofa di tre versi che devono contenere le sei parole-rima. Si chiama sestina anche una strofa di sei endecasillabi che può avere vari schemi di rime.

SETTENARIO (verso): verso di sette sillabe (se è piano), con due accenti metrici, il primo in posizione libera, il secondo obbligatoriamente sulla sesta sillaba. È il verso breve più usato nella lirica italiana, alternato all'endecasillabo (*v.*) o da solo, per lo più in quartine (*v.*) dal ritmo rapido e cantabile. Esempio: «Torna a fiorir la rosa / che pur dianzi languia» (Parini).

SIMILITUDINE (figura retorica): figura "di pensiero", che consiste nell'introdurre un paragone per evidenziare meglio un'immagine o un concetto; è introdotta da *come* o da espressioni equivalenti (*simile a…*, *pare un…*, *più di un…* ecc.). È frequentissima sia nel discorso comune sia in letteratura, in poesia e in prosa. Esempio: «L'artegliaria, *come tempesta*, fiocca / contra chi vuole al buon Ruggier far torto» (Ariosto).

SINEDDOCHE (figura retorica): traslato (*v.*) che consiste di solito nel nominare una parte di un oggetto al posto dell'oggetto intero; esempio: *tetto* per "casa" («e se da lunge i miei tetti saluto», Foscolo). Si può nominare anche l'intero per la parte (*America* per "Stati Uniti d'America"). A volte si dice sineddoche anche l'uso del singolare per il plurale, o viceversa; esempio: «L'*Arabo, il Parto, il Siro* / in suo sermon l'udì» (Manzoni).

SINESTESIA (figura retorica): è un tipo di metafora che associa percezioni appartenenti a sensi diversi. Esempi dalla lingua comune: "colore caldo", "suono dolce", "odore pungente". In letteratura, la sinestesia è frequente nella poesia simbolista e postsimbolista. Esempi: «pigolio di stelle» (Pascoli); «quella *musica* silenziosa *delle linee* immobili era così possente» (D'Annunzio: descrive un'architettura); «*La voce* dei pastori nelle gole / dei monti *si raggela*» (Luzi).

SOMMARIO (elemento narrativo): velocità di narrazione (*v.*) in cui gli eventi di un periodo abbastanza lungo vengono riassunti rapidamente, senza scene (*v.*) e dialoghi.

SONETTO (forma metrica): componimento lirico di 14 endecasillabi divisi in due quartine che ripetono le stesse rime alternate o incrociate (ABAB ABAB o ABBA ABBA) e due terzine che possono essere variamente rimate (CDC DCD, o CDE CDE, o altre soluzioni). Inventato dai poeti della scuola siciliana, resta la forma più tipica della lirica italiana fino a tutto l'Ottocento.

STILE: con questo termine, di uso ampio ed elastico, si designa l'insieme delle scelte espressive che caratterizzano la personalità di un autore ("stile di Manzoni"), o l'individualità di un'opera ("stile della *Gerusalemme liberata*"), o gli aspetti comuni a una corrente ("stile neoclassico", "stile ermetico"). Gli elementi che caratterizzano uno stile riguardano le scelte linguistiche (lessico, sintassi, varietà linguistiche), le scelte metriche, l'uso delle tecniche narrative (intreccio, punto di vista, velocità narrativa ecc.); questi elementi sono pertinenti allo stile in quanto rappresentano delle scelte compiute per produrre determinati effetti sul lettore. La retorica antica e medievale parlava di *stili* riferendosi non alla personalità dell'autore, ma a un insieme di norme codificate: si parlava di "stile sublime" (o "tragico"), "stile medio" e "stile umile" (o "comico") come modelli a cui l'autore doveva attenersi a seconda del carattere più o meno nobile dell'argomento e del genere letterario.

STORIOGRAFIA (genere): l'insieme delle opere che trattano di vicende e questioni storiche: cronache, trattati, saggi. L'intento di un testo storiografico è informativo e scientifico, ma a questo possono unirsi intenzioni e qualità letterarie.

STRAMBOTTO (forma metrica): componimento poetico popolare di argomento amoroso, in origine accompagnato da musica, in voga dal Duecento fino al Quattrocento. Dal punto di vista metrico, è un'ottava (*v.*) di endecasillabi generalmente in rima alternata. Nato in Sicilia, si diffuse in Italia centrale e assunse il nome di *rispetto*, modificando leggermente la sua struttura metrica.

STROFA (elemento metrico): sequenza di versi che costituiscono un'unità ritmica in un componimento poetico. Nella metrica tradizionale è definita da un numero fisso di versi che ripetono uno schema di rime (terzina, quartina, ottava...). Nella canzone libera leopardiana e nel verso libero novecentesco il numero e la disposizione dei versi sono variabili.

SUBLIME (tono): significa letteralmente "altissimo", "eccelso", e si riferisce alla presenza di sentimenti e pensieri elevati, conflitti estremi e sconvolgenti, rappresentati con atteggiamento serio e commosso, in un registro linguistico alto.

SUSPENSE (tecnica narrativa): si ha un effetto di *suspense* (prestito dall'inglese) quando il narratore tiene in sospeso il lettore sullo scioglimento di un enigma o sull'esito di una vicenda, suscitando uno stato di curiosità e attesa.

TEMPI NARRATIVI: *v.* INTRECCIO.

TERZINA (metro): strofa di tre versi usata in sequenze legate dalla rima incatenata: ABA BCB CDC...; la sequenza è di solito chiusa da un verso isolato, che rima con quello centrale dell'ultima terzina. Adottata da Dante nella *Commedia*, è stata usata fino all'Ottocento in componimenti poetici di una certa lunghezza: poemi, poemetti, satire, capitoli.

TITANICO (atteggiamento culturale): si dice "titanico" l'atteggiamento di chi desidera o sogna di superare i limiti dell'umano, sfidando le leggi divine o naturali, pur sentendo che è destinato a fallire. Atteggiamento diffuso nella cultura romantica. Il termine richiama il mito greco dei Titani, esseri semidivini che vollero sfidare gli dèi dell'Olimpo, furono sconfitti e cacciati nel Tartaro, la regione del mondo più oscura e profonda.

TONO: quando parliamo del "tono" (o "intonazione") di un testo, ci riferiamo a quei caratteri stilistici che ci fanno percepire la "voce" dell'autore come improntata a un certo stato d'animo, e nella lettura suggeriscono un andamento accelerato o pausato, una modulazione della voce piana o eccitata, sommessa o gridata.

TOPOS: termine greco (plurale: *topoi*) che designa, in letteratura, un motivo, un'idea, una descrizione, ripresi in modo molto simile da diversi autori attraverso i secoli. Per esempio, il *topos* del *locus amoenus* ("luogo ameno") è la descrizione di un angolo di campagna, o di un giardino, con caratteri idillici, che ricorre dall'antichità fino almeno al Cinquecento con una serie di caratteristiche fisse: l'ombra degli alberi, il canto degli uccelli, una fonte ecc. Un *topos* può consistere anche in un procedimento retorico; ad esempio, nel *topos* "dell'inesprimibile" l'autore manifesta l'altezza del proprio argomento dicendo di non avere parole per esprimerlo («O Deo, che sembra quando li occhi gira / dical'Amor, ch'i' nol savria contare», Cavalcanti).

TRAGEDIA (genere): testo teatrale che mette in scena personaggi importanti della storia o del mito alle prese coi più gravi conflitti ideali e morali, che si concludono generalmente in modo luttuoso; è quasi sempre in versi, e sempre in stile elevato. Nata nella Grecia classica, la tragedia entra nella letteratura italiana nel Cinquecento ed è coltivata fino ai primi del Novecento.

TRAGICO (modo): si dice "tragico" un testo, un episodio, una situazione narrativa, quando presenta conflitti terribili, eventi catastrofici, con un'intonazione seria che spinge il lettore a riflettere sui problemi supremi dell'esistenza.

TRAMA (elemento narrativo): detta anche *fabula* con un latinismo tecnico, è l'insieme degli eventi narrati, dei personaggi e delle situazioni, considerati nella loro sequenza cronologica ideale, indipendentemente dall'elaborazione a cui può averli sottoposti l'autore, cioè dall'intreccio (*v.*).

TRASLATO (tipo di figure retoriche): i traslati sono figure retoriche (*v.*) di pensiero che sostituiscono all'espressione diretta di un concetto un'altra espressione che ha con quella un qualche rapporto di significato. L'espressione usata viene così ad avere un "senso figurato". I traslati sono molto usati nei testi letterari, ma sono comunissimi anche nella lingua comune, e contribuiscono all'evoluzione dei significati delle parole. Il traslato usato più largamente è la metafora (*v.*).

TRATTATO (genere): opera in prosa che svolge sistematicamente un argomento filosofico o scientifico o tecnico. Oggi i trattati interessano per il loro contenuto e non da un punto di vista letterario, ma nei secoli passati è esistita una trattatistica scritta con intenti essenzialmente letterari.

TRIVIALE (registro linguistico): si riferisce a espressioni volgari, condannate dalle norme di buona educazione.

TRONCO (verso): verso che termina con una parola tronca, cioè accentata sull'ultima sillaba. Metricamente equivale al corrispondente verso piano che abbia una sillaba in più: per esempio un endecasillabo tronco ha dieci sillabe.

VARIETÀ LINGUISTICHE: sono le differenze che si riscontrano negli usi di una lingua a seconda di chi la usa e delle situazioni in cui viene usata. Alcune varietà dipendono dall'utente della lingua, per esempio dal suo luogo d'origine (*varietà regionali*). Altre dipendono dall'argomento del discorso: tali sono i *linguaggi settoriali* delle scienze e tecniche, caratterizzati da un lessico specialistico. Altre varietà, dette *registri linguistici* (*v.*), dipendono dalla situazione più o meno formale in cui viene usata la lingua.

VELOCITÀ NARRATIVA: è il rapporto fra la durata degli eventi narrati e il tempo impiegato a raccontarli o a leggerli: le due durate possono coincidere approssimativamente, come nei dialoghi e nelle *scene* (*v.*), oppure il racconto può essere più veloce dei fatti narrati, come nei *sommari* (*v.*). Si ha una *pausa* quando il narratore interpone un commento o una descrizione, e intanto la vicenda non procede; si ha un'*ellissi narrativa* quando gli eventi di un certo periodo sono completamente saltati nella narrazione.

VERSO (elemento metrico): è l'unità fondamentale della poesia: nella forma scritta corrisponde a una riga di testo (che caratteristicamente non utilizza tutto lo spazio del foglio), nell'esecuzione orale produce un effetto ritmico più o meno regolare. I versi regolari della tradizione italiana sono caratterizzati dal numero delle sillabe; più precisamente, dalla posizione dell'ultimo accento tonico, che nella forma più frequente (*verso piano*) è sulla penultima sillaba: per esempio un settenario ha l'ultimo accento sulla sesta sillaba ed è composto di sette sillabe se è piano. Un *verso tronco* è accentato sull'ultima sillaba e ha quindi una sillaba in meno (un settenario tronco ha sei sillabe). Un *verso sdrucciolo* reca l'ultimo accento sulla terzultima sillaba e ha quindi una sillaba in più (un settenario sdrucciolo ha otto sillabe).

VERSO LIBERO (metro): versificazione che alterna liberamente versi di varia misura, senza seguire uno schema. È il verso più usato dalla poesia novecentesca.

VOCE (elemento narrativo): è la voce che narra le vicende: può intervenire nel testo dicendo "io", o può restare impersonale (per esempio nei testi che si attengono ai canoni del naturalismo); può essere esterna alla vicenda o appartenere a un personaggio narrante, protagonista o testimone delle vicende. In un senso diverso, un po' più vago, si parla della presenza di diverse "voci" in un testo narrativo per riferirsi alla possibilità che il narratore assuma nella propria lingua le espressioni tipiche di un certo ambiente, o dica le cose così come le direbbe un certo personaggio, in modo da far sentire nella narrazione le loro "voci", anche al di là delle battute di discorso diretto o indiretto.

Indice dei nomi

Indice delle opere*

* I numeri in neretto indicano i testi presenti in antologia.

Referenze iconografiche

pp. 4, 28, 56, 550 Giotto, *Madonna di San Giorgio alla Costa*, 1295 circa. (Firenze, Museo Diocesano)

p. 24 Una lezione universitaria rappresentata sulla lastra tombale di Giovanni di Bonandrea, XIV secolo. (Bologna, Pinacoteca Nazionale)

p. 26 Studenti in lettura in un bassorilievo della tomba di Giovanni da Legnano realizzato da Jacobello e Pier Paolo Dalle Masegne, XIV-XV secolo. (Bologna, Museo Civico/Scala)

p. 48 Dirk Bouts, *San Giovanni Evangelista a Patmos*, 1465 circa, (Rotterdam, Museum Boijmans Van Beuningen)

pp. 50, 52 L'*Arca di Sant'Agostino*, 1362. (Pavia, Basilica di San Pietro in Ciel d'Oro)

p. 54 Uno studioso persiano in una miniatura del 1237. (Parigi, Bibliothèque Nationale de France)

p. 164 ***in alto*** Particolare tratto dalle *Storie della Genesi* di Wiligelmo (*Peccato originale*), 1099-1106. (Modena, Cattedrale di San Geminiano). ***In basso*** Rosone del Duomo di Modena, 1099-1106. (Annovi Frizio/ Flickr)

p. 165 ***in alto*** Una vetrata della Cattedrale di Notre-Dame a Chartres, 1200-1210. (Mossot/Flickr). ***Al centro*** Particolare tratto dall'*Adorazione dei Magi* di Nicola Pisano, 1260. (Pisa, Pulpito del Battistero). ***In basso*** Particolare tratto dal *Compianto su Cristo morto* di Giotto, 1303-1305. (Padova, Cappella degli Scrovegni)

p. 180 Simone Martini, *Maestà*, 1312-1315. (Siena, Palazzo Pubblico); Giotto, *Annuncio a Sant'Anna*, 1303-1305. (Padova, Cappella degli Scrovegni); scena della natività in un bassorilievo; scena della natività su un capitello scolpito dai maestri campionesi nel XII secolo. (Firenze, Museo Bardini)

p. 181 Bonaventura Berlinghieri, *Crocifissione*, 1255. (Firenze, Galleria degli Uffizi); Giotto, *Crocifissione*, 1290-1295. (Firenze, Santa Maria Novella)

p. 184, 204 La Vergine Maria in un particolare tratto dall'*Annunciazione* dipinta dal Beato Angelico nel 1437-1446 circa. (Firenze, Museo Nazionale di San Marco)

p. 332, 348 Particolare tratto dalla *Maestà* di Duccio di Boninsegna, 1308-1311. (Siena, Museo dell'Opera Metropolitana del Duomo)

p. 418, 432 Particolare tratto dalla *Resurrezione di un fanciullo* di Simone Martini, 1313-1318. (Assisi, Cappella di San Martino)